Edith Pauckner
Karwendelstraße 13
8120 Weilheim, T. 40516

Jean-Paul Sartre

Gesammelte Werke in Einzelausgaben

In Zusammenarbeit mit dem Autor
und Arlette El Kaim-Sartre
herausgegeben von Traugott König

Philosophische Schriften
Band 3

Romane und Erzählungen
Theaterstücke und Drehbücher
Philosophische Schriften
Schriften zur Literatur
Schriften zu Theater und Film
Schriften zur bildenden Kunst und Musik
Politische Schriften
Autobiographische Schriften
Tagebücher
Briefe
Reisen

Jean-Paul Sartre

Das Sein und das Nichts
Versuch einer phänomenologischen Ontologie

Herausgegeben von Traugott König
Deutsch von Hans Schöneberg
und Traugott König

Rowohlt

Die deutsche Ausgabe folgt der 1943 bei
der Librairie Gallimard, Paris, erschienenen Originalausgabe:
Jean-Paul Sartre: «L'être et le néant. Essai d'ontologie
phénoménologique»
Schutzumschlag- und Einbandgestaltung
Werner Rebhuhn

Erste Auflage der Neuübersetzung September 1991
Copyright © 1952, 1962, 1991 by Rowohlt Verlag GmbH,
Reinbek bei Hamburg
«L'être et le néant»
Copyright © 1943 by Librairie Gallimard, Paris
Alle deutschen Rechte vorbehalten
Gesetzt aus der Garamond (Linotronic 500)
Gesamtherstellung Clausen & Bosse, Leck
Printed in Germany
ISBN 3 498 06262 x

Für den Castor

Edith Pauckner
Karwendelstraße 13
8120 Weilheim, T. 40516

Die Ziffern am Außenrand der Seiten
verweisen auf die Seitenzahl der
französischen Originalausgabe von 1943.
Die Fußnoten stammen vom Autor,
die Anmerkungen von den Übersetzern.

Einleitung
Auf der Suche nach dem Sein

I
Die Idee des Phänomens

Das moderne Denken hat einen beachtlichen Fortschritt gemacht, indem es das Existierende auf die Reihe der Erscheinungen, die es manifestieren, reduzierte. Man wollte damit eine gewisse Zahl von Dualismen überwinden, die die Philosophie in Verlegenheit gebracht hatten, und sie durch den Monismus des Phänomens ersetzen. Ist das gelungen?

Gewiß hat man sich an erster Stelle des Dualismus entledigt, der im Existierenden das Innere dem Äußeren entgegensetzt. Es gibt kein Äußeres des Existierenden mehr, wenn man darunter eine Oberflächenhaut versteht, die den Blicken die wahre Natur des Gegenstands verhüllte. Und diese wahre Natur existiert ihrerseits nicht, wenn sie die geheime Realität des Dinges sein soll, die man ahnen oder vermuten, aber nie erreichen kann, weil sie dem betrachteten Gegenstand «innerlich» ist. Die Erscheinungen, die das Existierende manifestieren, sind weder innerlich noch äußerlich: sie sind einander alle gleichwertig, sie verweisen alle auf andere Erscheinungen, und keine von ihnen ist privilegiert. Die Kraft zum Beispiel ist nicht ein metaphysischer *conatus* unbekannter Art, der sich hinter seinen Wirkungen (Beschleunigungen, Umleitungen usw.) versteckte: sie ist die Gesamtheit dieser Wirkungen. Ebenso hat der elektrische Strom keine geheime Kehrseite: er ist nichts als die Gesamtheit der physikalisch-chemischen Wirkungen (Elektrolysen, Glühen eines Kohlefadens, Bewegung der Galvanometernadel usw.), die ihn manifestieren. Keine dieser Wirkungen genügt, ihn zu offenbaren. Aber sie zeigt nichts an, was *hinter ihr* wäre: sie zeigt sich selbst an und die totale Reihe. Daraus folgt evidentermaßen, daß der Dualismus von Sein und Erscheinen kein Bürgerrecht in der Philosophie mehr haben kann. Die Erscheinung verweist auf die totale Reihe der Erscheinungen und nicht auf ein verborgenes Reales, das das ganze *Sein* des Existierenden an sich gezogen hätte. Und die Erscheinung ist ihrerseits keine unkonsistente Manifestation dieses Seins. Solange man an noumenale Realitäten glauben konnte, hat man die Erscheinung als ein reines Negatives dargeboten. Sie war «das, was nicht das Sein ist»; sie hatte kein anderes Sein als das der Illusion und des Irrtums. Aber dieses Sein war selbst entlehnt, war selbst ein Trug, und die größte Schwierigkeit war, der Erscheinung genug Kohäsion und Existenz zu belassen, damit sie sich nicht von selbst innerhalb des nicht-phänomenalen Seins auflöste. Aber wenn wir uns einmal von dem losgemacht haben, was Nietzsche den «Wahn der Hinterweltler» nannte,[1] und wenn wir nicht mehr an das Sein-hinter-der-Erscheinung glauben, wird diese im Gegenteil volle Positivität, ist ihr Wesen ein «Erscheinen», das sich nicht mehr dem Sein entgegensetzt, sondern im Gegenteil dessen Maß ist. Denn das Sein eines Existierenden ist genau das, als was es *erscheint*. So gelangen wir zur Idee des *Phänomens*, wie man sie zum Beispiel in der «Phänomenologie» Husserls oder Heideggers antreffen kann,[2] zum Phänomen oder Relativen-Absoluten. Relativ bleibt das Phänomen, denn das «Erscheinen» setzt seinem Wesen nach jemanden voraus, dem etwas erscheint. Aber es hat nicht die doppelte Relativität der Kantischen *Erscheinung*[3]. Es zeigt nicht über seine Schulter hinweg ein wahres Sein an, das seinerseits das Absolute wäre. Was es ist, ist es absolut, denn es enthüllt sich, *wie es ist*. Das Phänomen kann als solches untersucht und beschrieben werden, denn es ist *absolut sich selbst anzeigend*.

Damit wird zugleich auch die Dualität von Potenz und Akt fallen. Alles ist *in actu*. Hinter dem Akt gibt es weder Potenz noch «Hexis»³ª noch Fähigkeit. Wir weigern uns zum Beispiel, unter «Genie» – in dem Sinn, wie man sagt, Proust «hatte Genie» oder «war» ein Genie – eine besondere Potenz zu verstehen, gewisse Werke hervorzubringen, die sich nicht genau in deren Hervorbringung erschöpfte. Prousts Genie ist weder das isoliert betrachtete Werk noch das subjektive Vermögen, es hervorzubringen: es ist das als die Gesamtheit der Manifestationen der Person betrachtete Werk. Deshalb können wir schließlich ebenso den Dualismus von Erscheinung und Wesen verwerfen. Die Erscheinung verbirgt nicht das Wesen, sie enthüllt es: sie *ist* das Wesen. Das Wesen eines Existierenden ist nicht mehr eine im Hohlraum dieses Existierenden steckende Fähigkeit, es ist das manifeste Gesetz, das die Aufeinanderfolge seiner Erscheinungen leitet, es ist die Regel [*raison*] der Reihe. Dem Nominalismus Poincarés, der eine physikalische Realität (zum Beispiel den elektrischen Strom) als die *Summe* ihrer verschiedenen Manifestationen definierte, stellte Duhem mit Recht seine eigene Theorie entgegen, die aus dem Begriff *die synthetische Einheit* dieser Manifestationen machte.⁴ Und sicher ist die Phänomenologie nichts weniger als ein Nominalismus. Aber letztlich ist das Wesen als Regel der Reihe nur das Band der Erscheinungen, das heißt selbst eine Erscheinung. Das erklärt, daß es eine Intuition der Wesen geben kann (zum Beispiel Husserls Wesensschau⁵). So manifestiert sich das phänomenale Sein, es manifestiert sein Wesen ebenso wie seine Existenz, und es ist nichts als die fest verbundene Reihe dieser Manifestationen.

Heißt das, daß es uns gelungen ist, *alle* Dualismen zu überwinden, indem wir das Existierende auf seine Manifestationen reduzierten? Es sieht vielmehr so aus, daß wir sie alle in einen neuen Dualismus verwandelt haben: in den des Endlichen und Unendlichen. Das Existierende ließe sich ja nicht auf eine *endliche* Reihe von Manifestationen reduzieren, da jede von ihnen ein Bezug zu einem sich ständig ändernden Subjekt ist. Wenn ein *Objekt* sich nur über eine einzige «Abschattung»[6] darböte, implizierte die bloße Tatsache, *Subjekt* zu sein, die Möglichkeit, die Gesichtspunkte *gegenüber* dieser «Abschattung» zu vervielfachen. Das genügt, um die betrachtete «Abschattung» bis ins Unendliche zu vervielfachen. Außerdem, wenn die Reihe der Erscheinungen endlich wäre, bedeutete das, daß die als erste erschienenen nicht die Möglichkeit haben, *wieder zu erscheinen*, was absurd ist, oder daß alle gleichzeitig gegeben sein können, was noch absurder ist. Bedenken wir, daß unsere Theorie des Phänomens die *Realität* des Dinges durch die *Objektivität* des Phänomens ersetzt und daß sie diese auf einen infiniten Regreß gegründet hat. Die Realität dieser Tasse besteht darin, daß sie da *ist* und daß sie Ich *nicht ist*. Wir können das so wiedergeben, daß die Reihe ihrer Erscheinungen durch eine *Regel* verbunden ist, die nicht von meinem Gutdünken abhängt. Aber die auf sich selbst reduzierte Erscheinung ohne Rückgriff auf die Reihe, von der sie ein Teil ist, könnte nur eine intuitive und subjektive Fülle sein: die Art, wie das Subjekt affiziert ist. Wenn sich das Phänomen als *transzendent* offenbaren soll, muß das Subjekt selbst die Erscheinung auf die totale Reihe hin transzendieren, von der sie ein Glied ist. Es muß *das* Rot über seinen Eindruck von Rot erfassen. *Das* Rot, das heißt die Regel der Reihe; *den* elektrischen Strom über die Elektrolyse usw. Aber wenn die Transzendenz des Objekts sich auf die Notwendigkeit gründet, daß sich die Erscheinung immer transzendieren läßt, ergibt sich daraus, daß ein Objekt prinzipiell die Reihe seiner Erscheinungen als unendlich setzt. So zeigt die Erscheinung, die *endlich* ist, sich selbst in ihrer Endlichkeit an, verlangt aber zugleich, auf das Unendliche hin überschritten zu werden, damit sie als Erscheinung-dessen-was-erscheint erfaßt werden kann. Diese neue Entgegensetzung, das «Endliche und das Unendliche» oder, besser, «das Unendliche im Endlichen», ersetzt den Dualismus von Sein und Erscheinen: was erscheint, ist ja nur ein *Aspekt* des Objekts, und das Objekt ist ganz und gar *in* diesem Aspekt und ganz und gar draußen. Ganz und gar *drinnen*, insofern es sich *in* diesem Aspekt manifestiert: es zeigt sich selbst als die Struktur der Erscheinung an, die zugleich die Regel der Reihe ist. Ganz und gar *draußen*, denn die Reihe selbst wird niemals erscheinen und kann nicht erscheinen. So stellt sich das Draußen von neuem dem Drinnen entgegen und das Sein-das-nicht-erscheint der Erscheinung. Ebenso kommt wieder eine gewisse «Potenz» in das Phänomen hinein und verleiht ihm eben seine Transzendenz: die Potenz, in einer Reihe von realen oder möglichen Erscheinungen entfaltet zu werden. Prousts Genie kommt, auch wenn es auf die hervorgebrachten Werke reduziert wird, nichtsdestoweniger der Unendlichkeit der möglichen Gesichtspunkte gleich, die man diesem Werk gegenüber einnehmen und «die Unerschöpflichkeit» des Proustschen Werks nennen kann. Aber ist diese Unerschöpflichkeit, die eine Transzendenz und einen infiniten Regreß impliziert, nicht eine «Hexis», sobald man sie am Objekt erfaßt? Das Wesen schließlich ist von der individuellen Erscheinung, die es manifestiert, radikal abgeschnitten, denn es ist prinzipiell das, was von einer unendlichen Reihe individueller Manifestationen manifestiert werden können muß.

Haben wir gewonnen oder verloren, wenn wir somit eine Vielfalt von Gegensätzen durch einen einzigen Dualismus ersetzen, der sie alle begründet? Das werden wir bald sehen. Für den Augenblick ist die erste Konsequenz der «Theorie des Phänomens», daß die Erscheinung nicht auf das Sein verweist wie das Kantische Phänomen auf das

Noumenon. Da es nichts hinter ihr gibt und sie sich nur selbst anzeigt (und die totale Reihe der Erscheinungen), kann sie nicht von einem anderen Sein als ihrem eigenen *getragen* werden, kann sie nicht das dünne Häutchen aus Nichts sein, das das Subjekt-Sein vom Absolut-Sein trennt. Wenn das Wesen der Erscheinung ein «*Erscheinen*» ist, das sich keinem *Sein* mehr entgegensetzt, gibt es ein legitimes Problem des *Seins dieses Erscheinens*. Dieses Problem wird uns hier beschäftigen und der Ausgangspunkt unserer Untersuchungen über das Sein und das Nichts sein.

II

*Das Seinsphänomen
und das Sein des Phänomens*

Die Erscheinung wird nicht von irgendeinem von ihr verschiedenen Existierenden getragen: sie hat ihr eigenes *Sein*. Das erste Sein, dem wir in unseren ontologischen Untersuchungen begegnen, ist also das Sein der Erscheinung. Ist es selbst eine Erscheinung? Das sieht zunächst so aus. Das Phänomen ist das, was sich manifestiert, und das Sein manifestiert sich allen in irgendeiner Weise, da wir darüber sprechen können und ein gewisses Verständnis davon haben. Somit muß es ein *Seinsphänomen* geben, eine Seinserscheinung, die als solche beschreibbar ist. Das Sein wird uns durch irgendein Mittel des unmittelbaren Zugangs, Langeweile, Ekel usw., enthüllt werden, und die Ontologie wird die Beschreibung des Seinsphänomens sein, wie es sich manifestiert, das heißt ohne Vermittlung. Dennoch ist es angebracht, jeder Ontologie eine Vorfrage zu stellen: ist das so erreichte Seinsphänomen mit dem Sein der Phänomene identisch, das heißt: ist das Sein, das sich mir enthüllt, das mir *erscheint*, von gleicher Natur wie das Sein der Existierenden, die mir erscheinen? Anscheinend gibt es da keine Schwierigkeit: Husserl hat gezeigt, wie eine eidetische Reduktion immer möglich ist, das heißt, wie man das konkrete Phänomen jederzeit auf sein Wesen hin überschreiten kann, und für Heidegger ist das «Dasein» [*réalité-humaine*] ontisch-ontologisch,⁷ das heißt, daß es das Phänomen immer auf sein Sein hin überschreiten kann. Aber der Übergang vom einzelnen Objekt zum Wesen ist Übergang vom Homogenen zum Homogenen. Ist es beim Übergang vom Existierenden zum Seinsphänomen ebenso? Heißt das Existierende auf das Seinsphänomen hin überschreiten es auf *sein* Sein hin überschreiten, wie man das einzelne Rot auf *sein* Wesen hin überschreitet? Sehen wir uns das näher an.

An einem einzelnen Objekt kann man immer Qualitäten wie Farbe, Geruch usw. unterscheiden. Und von ihnen ausgehend kann man immer ein Wesen fixieren, das sie implizieren, wie das Zeichen die Bedeutung impliziert. Die Gesamtheit «Objekt-Wesen» bildet ein organisiertes Ganzes: das Wesen ist nicht *im* Objekt, es ist der Sinn des Objekts, die Regel der Reihe von Erscheinungen, die es enthüllen. Aber das Sein ist weder eine erfaßbare Qualität des Objekts unter anderen noch ein Sinn des Objekts. Das Objekt verweist nicht auf das Sein wie auf eine Bedeutung: es wäre zum Beispiel unmöglich, das Sein als eine *Anwesenheit* zu definieren – da ja auch die *Abwesenheit* das Sein enthüllt, da nicht *da* sein ja immer noch sein ist. Das Objekt *besitzt* nicht das Sein, und seine Existenz ist weder eine Partizipation am Sein noch irgendeine andere Art von Beziehung. Es *ist*, das ist die einzige Art, seine Seinsweise zu definieren; denn das Objekt verdeckt nicht das Sein, enthüllt es aber auch nicht: es verdeckt es nicht, denn es wäre müßig, gewisse Qualitäten des Existierenden beiseite zu lassen, um hinter ihnen das Sein zu finden, das Sein ist gleichermaßen das Sein von ihnen allen – es enthüllt es nicht, denn es wäre müßig, sich an das Objekt zu halten, um dessen Sein zu erfassen. Das Existierende ist Phänomen, das heißt, es zeigt sich selbst als organisierte Gesamtheit von Qualitäten an. Sich selbst und nicht sein Sein. Das Sein ist einfach die Bedingung jeder Enthüllung: es ist Sein-zum-Enthüllen und nicht enthülltes Sein. Was bedeutet also dieses Überschreiten auf das Ontologische hin, von dem Heidegger spricht? Sicher kann ich diesen Tisch oder diesen Stuhl auf sein Sein hin überschreiten und die Frage nach dem Tisch-sein oder dem Stuhl-sein stellen. Aber in diesem Augenblick wende ich die Augen von dem Phänomen-Tisch ab, um sie auf das Phänomen-Sein zu richten, das nicht mehr die Bedingung jeder Enthüllung ist – sondern das selbst ein Enthülltes ist, eine Erscheinung, und das als solche seinerseits ein Sein benötigt, auf dessen Grundlage es sich enthüllen könnte.

Wenn sich das Sein der Phänomene nicht in ein Seinsphänomen auflöst und wenn wir trotzdem nichts über das Sein *sagen* können, außer wenn wir dieses Seinsphänomen befragen, dann muß vor allem genau geklärt werden, welches Verhältnis zwischen dem Seinsphänomen und dem Sein des Phänomens besteht. Das wird leichter sein, wenn wir bedenken, daß alle bisherigen Überlegungen direkt von der offenbarenden Intuition des Seinsphänomens inspiriert worden sind. Wenn wir *nicht das Sein* als Bedingung der Enthüllung betrachten, sondern das Sein als Erscheinung, die in Begriffen fixiert werden kann, haben wir zuallererst verstanden, daß die Erkenntnis allein nicht Aufschluß über das Sein geben kann, das heißt, daß sich das Sein des Phänomens nicht auf das Seinsphänomen reduzieren läßt. Mit einem Wort, das Seinsphänomen ist «ontologisch» in dem Sinn, wie man den Gottesbeweis des heiligen Anselm und des Descartes *ontologisch* nennt. Es ist ein Ruf nach Sein; als Phänomen verlangt es nach einer transphänomenalen Grundlage. Das Seinsphänomen verlangt die Transphänomenalität des Seins. Das heißt weder, daß sich das Sein *hinter* den Phänomenen versteckt findet (wir haben ja gesehen, daß das Phänomen das Sein nicht verdecken kann) – noch, daß das Phänomen ein Erscheinen ist, das auf ein besonderes Sein verweist (das Phänomen ist, *insofern es Erscheinen ist*, das heißt, es zeigt sich auf der Grundlage des Seins an). Die bisherigen Überlegungen implizieren, daß das Sein des Phänomens, obwohl dem Phänomen koextensiv, der Phänomenalität entgehen muß – nämlich nur insoweit zu existieren, als es sich offenbart – und daß es folglich über die von ihm gewonnene Erkenntnis hinausgeht und sie begründet.

III

Das präreflexive *Cogito und das Sein des* percipere

Man wird vielleicht einwenden wollen, daß die oben erwähnten Schwierigkeiten alle von einer bestimmten Auffassung des Seins herrühren, von einem gewissen ontologischen Realismus, der schon mit dem Begriff der *Erscheinung* ganz unvereinbar ist. Was das Sein der Erscheinung ausmacht, ist ja, daß sie *erscheint*. Und da wir die Realität auf das Phänomen beschränkt haben, können wir vom Phänomen sagen, daß es *ist*, wie es *erscheint*. Warum sollen wir das nicht zu Ende denken und sagen, daß das Sein der Erscheinung sein Erscheinen ist. Das ist dann lediglich eine neue Wortwahl für das alte *esse est percipi* Berkeleys. Und genau das macht ja etwa Husserl, wenn er nach der phänomenologischen Reduktion das Noema *nicht reell* nennt und erklärt, daß sein *esse* ein *percipi* sei.[8]

Es sieht nicht so aus, als könnte uns Berkeleys berühmte Formel zufriedenstellen. Und zwar aus zwei wesentlichen Gründen, von denen der eine von der Natur des *percipi*, der andere von der des *percipere* herrührt.

Natur des «percipere». – Wenn jede Metaphysik eine Theorie der Erkenntnis voraussetzt, so setzt ja umgekehrt jede Theorie der Erkenntnis eine Metaphysik voraus. Das bedeutet unter anderem, daß ein Idealismus, der das Sein auf seine Erkenntnis zu reduzieren suchte, zunächst das Sein der Erkenntnis auf irgendeine Weise sichern müßte. Wenn man diese dagegen von vornherein als gegeben setzt, ohne sich um eine Begründung ihres Seins zu bemühen, und wenn man dann behauptet, *esse est percipi*, so löst sich die Totalität «Wahrnehmung-Wahrgenommenes», da sie nicht von einem soliden Sein getragen wird, im Nichts auf. So kann das Sein der Erkenntnis nicht durch die Erkenntnis bemessen werden, es entgeht dem *percipi*.* So muß das Begründung-Sein des *percipere* und des *percipi* selbst dem *percipi* entgehen: es muß transphänomenal sein. Wir kommen zu unserem Ausgangspunkt zurück. Man wird uns zwar zugestehen, daß das *percipi* auf ein Sein verweist, das den Gesetzen der Erscheinung entgeht, man wird aber daran festhalten, daß dieses transphänomenale Sein das Sein des Subjekts ist. So verwiese das *percipi* auf das *percipiens* – das Erkannte auf die Erkenntnis und diese auf das erkennende Sein, insofern es *ist*, nicht insofern es erkannt ist, das heißt auf das Bewußtsein. Das hat Husserl begriffen: denn wenn auch das Noema für ihn ein nicht reelles Korrelat der Noesis ist, dessen ontologisches Gesetz das *percipi* ist, so erscheint ihm im Gegensatz dazu die Noesis als die *Realität*, deren Hauptmerkmal es ist, sich der Reflexion darzubieten, die sie *erkennt*, als «schon vorher dagewesen».[8a] Denn das Seinsgesetz des erkennenden Sub-

---

* Es versteht sich von selbst, daß jeder Versuch, das «percipere» durch eine andere *Haltung* der menschlichen-Realität zu ersetzen, ebenso unfruchtbar bliebe. Wenn man annähme, daß sich das Sein dem Menschen im «Handeln» offenbarte, müßte man freilich das Sein des Handelns außerhalb der Aktion sichern.

jekts ist es, *bewußt-zu-sein*. Das Bewußtsein ist nicht ein besonderer Erkenntnismodus, genannt innerster Sinn oder Erkenntnis von sich, sondern es ist die transphänomenale Seinsdimension des Subjekts.

Versuchen wir diese Seinsdimension besser zu verstehen. Wir sagten, daß das Bewußtsein das erkennende Sein ist, insofern es *ist*, und nicht, insofern es erkannt ist. Man muß also den Primat der Erkenntnis aufgeben, wenn man diese Erkenntnis selbst begründen will. Das Bewußtsein kann zwar erkennen und sich erkennen. Aber es ist in sich selbst etwas anderes als eine zu sich zurückgewandte Erkenntnis.

Alles Bewußtsein ist, wie Husserl gezeigt hat, Bewußtsein *von* etwas.[9] Das bedeutet, daß es kein Bewußtsein gibt, das nicht *Setzung* eines transzendenten Objekts wäre oder, wenn man lieber will, daß das Bewußtsein keinen «Inhalt» hat. Man muß auf diese neutralen «Gegebenheiten» verzichten, die sich je nach dem gewählten Bezugssystem als «Welt» oder als «Psychisches» konstituieren ließen. Ein Tisch ist nicht *im* Bewußtsein, nicht einmal als Vorstellung. Ein Tisch ist *im* Raum, neben dem Fenster usw. Die Existenz des Tisches ist ja ein Opazitätszentrum für das Bewußtsein; es würde einen endlosen Prozeß erfordern, den totalen Inhalt eines Dinges zu inventarisieren. Diese Opazität in das Bewußtsein einführen hieße die Inventur, die es von sich selbst machen kann, ins Unendliche ausdehnen, aus dem Bewußtsein ein Ding machen und das Cogito verwerfen. Der erste Schritt einer Philosophie muß also darin bestehen, die Dinge aus dem Bewußtsein zu verbannen und dessen wahres Verhältnis zur Welt wieder herzustellen, daß nämlich das Bewußtsein setzendes Bewußtsein *von der* Welt ist. Jedes Bewußtsein ist setzend, insofern es sich transzendiert, um ein Objekt zu erreichen, und es erschöpft sich in eben dieser Setzung: alles, was es an *Intention* in meinem aktuellen Bewußtsein gibt, ist nach draußen gerichtet, auf den Tisch; alle meine urteilenden oder praktischen Tätigkeiten, meine ganze momentane Affektivität transzendieren sich, zielen auf den Tisch und werden in ihm absorbiert. Nicht jedes Bewußtsein ist Erkenntnis (es gibt zum Beispiel affektive Bewußtseine), aber jedes erkennende Bewußtsein kann nur Erkenntnis von seinem Gegenstand sein.

Doch die notwendige und zureichende Bedingung dafür, daß ein erkennendes Bewußtsein Erkenntnis *von* seinem Gegenstand ist, besteht darin, daß es Bewußtsein von sich selbst als diese Erkenntnis seiend ist. Die notwendige Bedingung: wäre mein Bewußtsein nicht Bewußtsein, Bewußtsein von Tisch zu sein, so wäre es ja Bewußtsein von diesem Tisch, ohne Bewußtsein davon zu haben, daß es das ist oder, wenn man so will, ein Bewußtsein, das von sich selbst nichts wüßte, ein unbewußtes Bewußtsein – was absurd ist. Die zureichende Bedingung: ich brauche nur Bewußtsein zu haben, daß ich Bewußtsein von diesem Tisch habe, und ich habe tatsächlich Bewußtsein davon. Das reicht zwar nicht aus zu der Behauptung, daß dieser Tisch *an sich* existiert – wohl aber, daß er *für mich* existiert.

Was ist dieses Bewußtsein von Bewußtsein? Wir erliegen so sehr der Illusion vom Primat der Erkenntnis, daß wir sofort bereit sind, aus dem Bewußtsein von Bewußtsein eine *idea ideae* im Sinn Spinozas[10] zu machen, das heißt eine Erkenntnis von Erkenntnis. Wenn Alain die Evidenz: «Wissen heißt Bewußtsein von Wissen haben», ausdrücken will, so übersetzt er sie folgendermaßen: «Wissen ist wissen, daß man weiß.» So werden wir die *Reflexion* oder das setzende Bewußtsein vom Bewußtsein oder, besser noch, die *Erkenntnis vom Bewußtsein* definiert haben. Das wäre ein vollständiges Bewußtsein, das auf etwas gerichtet ist, das nicht es selbst ist, das heißt auf das reflektierte Bewußtsein. Es würde sich also transzendieren und, wie das setzende Bewußtsein *von der* Welt, darin erschöpfen, auf seinen Gegenstand zu zielen. Nur wäre dieser Gegenstand selbst ein Bewußtsein.

Es sieht nicht so aus, daß wir diese Interpretation des Bewußtseins von Bewußtsein akzeptieren könnten. Die Reduktion des Bewußtseins auf die Erkenntnis impliziert ja, daß man in das Bewußtsein die Subjekt-Objekt-Dualität einführt, die typisch für die Erkenntnis ist. Wenn wir aber das Gesetz des Paars erkennend-erkannt akzeptieren, wird ein drittes Glied notwendig, damit der Erkennende seinerseits erkannt wird, und wir stehen vor dem Dilemma: entweder bei irgendeinem Glied der Reihe: Erkanntes – erkanntes Erkennendes – erkanntes Erkennendes des Erkennenden usw. stehenbleiben. Dann fällt die Totalität des Phänomens ins Unerkannte, das heißt, wir stoßen immer auf eine ihrer selbst nicht bewußte Reflexion als letztes Glied – oder aber wir behaupten die Notwendigkeit eines infiniten Regresses (*idea ideae ideae* usw.), was absurd ist. So kommt hier zu der Notwendigkeit, die Erkenntnis ontologisch zu begründen, eine weitere hinzu: sie epistemologisch zu begründen. Heißt das nicht, daß man das Gesetz des Paars nicht in das Bewußtsein einführen darf? Das Bewußtsein von sich ist nicht paarig. Wenn wir den infiniten Regreß vermeiden wollen, muß es unmittelbarer und nicht kognitiver Bezug von sich zu sich sein.

Das reflexive Bewußtsein setzt übrigens das reflektierte Bewußtsein als seinen Gegenstand: im Reflexionsakt fälle ich Urteile über das reflektierte Bewußtsein, ich schäme mich seiner, ich bin stolz darauf, ich will es, lehne es ab usw. Mein unmittelbares Bewußtsein, wahrzunehmen, läßt kein Urteilen, Wollen oder Sich-Schämen zu. Es *erkennt* meine Wahrnehmung nicht, es *setzt* sie nicht: alles, was es an Intention in meinem aktuellen Bewußtsein gibt, ist nach draußen gerichtet, auf die Welt. Umgekehrt ist dieses spontane Bewußtsein von meiner Wahrnehmung *konstitutiv* für mein Wahrnehmungsbewußtsein. Mit anderen Worten, jedes objektsetzende Bewußtsein ist gleichzeitig nicht-setzendes Bewußtsein von sich selbst. Wenn ich die

Zigaretten in dieser Schachtel zähle, habe ich den Eindruck der Enthüllung einer objektiven Eigenschaft dieser Zigarettenmenge: *es sind zwölf.* Diese Eigenschaft erscheint meinem Bewußtsein als eine in der Welt existierende Eigenschaft. Ich muß nicht unbedingt ein setzendes Bewußtsein davon haben, daß ich sie zähle. Ich «erkenne mich nicht als zählend». Der Beweis dafür ist, daß Kinder, die spontan addieren können, hinterher nicht *erklären* können, wie sie das gemacht haben: die Tests von Piaget, die das zeigen, sind eine ausgezeichnete Widerlegung der Formel Alains: Wissen ist wissen, daß man weiß. Und doch habe ich in dem Moment, da sich mir diese Zigaretten als zwölf enthüllen, ein nicht-thetisches Bewußtsein von meiner Additionstätigkeit. Wenn man mich nämlich fragt: «Was tun Sie da?», antworte ich sofort: «Ich zähle», und diese Antwort meint nicht nur das instantane Bewußtsein, das ich durch die Reflexion erreichen kann, sondern auch die Bewußtseine, die vergangen sind, ohne reflektiert worden zu sein, die in meiner unmittelbaren Vergangenheit für immer *unreflektiert* sind. So hat die Reflexion keinerlei Primat gegenüber dem reflektierten Bewußtsein: dieses wird sich selbst nicht durch jene offenbart. Ganz im Gegenteil, das nicht-reflexive Bewußtsein ermöglicht erst die Reflexion: es gibt ein präreflexives Cogito, das die Bedingung des kartesianischen Cogito ist. Gleichzeitig ist das nicht-thetische Bewußtsein, zu zählen, eben die Bedingung meiner Additionstätigkeit. Wenn es anders wäre, wie könnte dann die Addition das vereinigende Thema meiner Bewußtseine sein? Damit dieses Thema eine ganze Reihe von Vereinigungs- und Rekognitionssynthesen beherrscht, muß es bei sich selbst anwesend sein, nicht als ein Ding, sondern als eine operative Intention, die nur als «erschlossen-erschließend» existieren kann, um einen Ausdruck Heideggers zu verwenden.[11] Zählen erfordert also Bewußtsein, zu zählen.

Gut, wird man sagen, aber das ist ein Zirkel. Denn muß

ich nicht *tatsächlich* zählen, damit ich Bewußtsein haben kann, zu zählen? Das stimmt. Dennoch ist das kein Zirkel, oder, wenn man so will, es ist gerade die Natur des Bewußtseins, daß es «als Zirkel» existiert. Man kann das so ausdrücken: jede bewußte Existenz existiert als Bewußtsein, zu existieren. Wir verstehen jetzt, warum das erste Bewußtsein von Bewußtsein nicht setzend ist: es ist ja eins mit dem Bewußtsein, von dem es Bewußtsein ist. Es bestimmt sich zugleich als Wahrnehmungsbewußtsein und als Wahrnehmung. Die Erfordernisse der Syntax zwangen uns bisher, vom «nicht-setzenden Bewußtsein *von* sich» zu sprechen. Aber wir können diesen Ausdruck nicht länger verwenden, weil das «*von sich*» noch die Idee von Erkenntnis weckt. (Wir werden von jetzt an das «von [*de*]» in Klammern setzen, um anzuzeigen, daß es nur einer grammatischen Regel entspricht.)

Dieses Bewußtsein (von) sich dürfen wir nicht als ein neues Bewußtsein betrachten, sondern als *den einzig möglichen Existenzmodus für ein Bewußtsein von etwas*. So wie ein ausgedehnter Gegenstand in den drei Dimensionen existieren muß, kann eine Intention, eine Lust, ein Schmerz nur als unmittelbares Bewußtsein (von) ihnen selbst existieren. Das Sein der Intention kann nur Bewußtsein sein, sonst wäre die Intention Ding im Bewußtsein. Man darf hier also nicht annehmen, daß irgendeine äußere Ursache (eine organische Störung, ein unbewußter Impuls, ein anderes «Erlebnis»[12]) ein psychisches Ereignis – eine Lust zum Beispiel – dazu bestimmen könnte, zu entstehen, und daß dieses in seiner materialen Struktur so bestimmte Ereignis andererseits gezwungen wäre, als Bewußtsein (von) sich zu entstehen. Damit würde man aus dem nicht-thetischen Bewußtsein eine *Qualität* des setzenden Bewußtseins machen (als wenn die Wahrnehmung als setzendes Bewußtsein von diesem Tisch obendrein noch die Qualität von Bewußtsein [von] sich hätte) und so in die Illusion vom theoretischen Primat der Erkenntnis zurückfallen. Man würde außerdem aus dem psychischen Ereignis ein Ding machen und es als bewußt *qualifizieren*, so wie ich zum Beispiel dieses Löschblatt als rosa qualifizieren kann. Die Lust läßt sich nicht – nicht einmal logisch – vom Bewußtsein von Lust unterscheiden. Das Bewußtsein (von) Lust ist für die Lust konstitutiv eben als der Modus ihrer Existenz, als der Stoff, aus dem sie gemacht ist, und nicht als eine Form, die sich hinterher einem hedonistischen Stoff aufprägte. Die Lust kann nicht «vor» dem Bewußtsein von Lust existieren – nicht einmal in Form von Virtualität, von Potenz. Eine potentielle Lust kann nur als Bewußtsein (von) Potentialität existieren, Virtualitäten von Bewußtsein gibt es nur als Bewußtsein von Virtualitäten.

Umgekehrt darf man nicht, wie ich eben zeigte, die Lust durch das Bewußtsein definieren, das ich von ihr habe. Damit verfiele man auf einen Idealismus des Bewußtseins, der uns auf Umwegen zum Primat der Erkenntnis zurückbrächte. Die Lust darf nicht hinter dem Bewußtsein verschwinden, das sie (von) sich selbst hat: das ist keine Vorstellung, sondern ein volles und absolutes konkretes Ereignis. Sie ist *ebensowenig* eine Qualität des Bewußtseins (von) sich wie das Bewußtsein (von) sich eine Qualität der Lust ist. Es gibt *ebensowenig zunächst* ein Bewußtsein, das *danach* die Affektion «Lust» erhielte wie Wasser, das man färbt, wie es zunächst eine Lust gibt (eine unbewußte oder psychologische), die dann die Qualität «bewußt» erhielte wie ein Lichtbündel. Es gibt ein unteilbares, unauflösliches Sein – keineswegs eine Substanz, die ihre Qualitäten als mindere Seinsweisen [*êtres*] trüge, sondern ein Sein, das durch und durch Existenz ist. Die Lust ist das Sein des Bewußtseins (von) sich, und das Bewußtsein (von) sich ist das Seinsgesetz der Lust. Das formuliert Heidegger sehr gut, wenn er schreibt (allerdings über das «Dasein»[13], nicht über das Bewußtsein): «Das Was-sein (essentia) dieses Seienden muß, sofern überhaupt davon gesprochen werden kann, aus seinem Sein (existentia) begriffen werden.»¹⁴ Das bedeutet, daß das Bewußtsein nicht als besonderes Exemplar einer abstrakten Möglichkeit hervorgebracht wird, sondern indem es innerhalb des Seins auftaucht, schafft und trägt es sein Wesen, das heißt die synthetische Anordnung seiner Möglichkeiten.

Das bedeutet ferner, daß der Seinstypus des Bewußtseins das Gegenteil von dem ist, den uns der ontologische Beweis offenbart: da das Bewußtsein nicht *möglich* ist, bevor es ist, sein Sein aber die Quelle und die Bedingung jeder Möglichkeit ist, impliziert seine Existenz sein Wesen. Das drückt Husserl treffend aus, wenn er von seiner «Notwendigkeit eines Faktums»¹⁵ spricht. Damit es ein Wesen der Lust gibt, muß es zunächst *das Faktum* eines Bewußtseins (von) dieser Lust geben. Und es wäre müßig, angebliche *Gesetze* des Bewußtseins vorzuschieben, deren gegliederte Gesamtheit sein Wesen konstituierte: ein Gesetz ist ein transzendentes Erkenntnisobjekt; es kann Bewußtsein von Gesetz geben, aber nicht Gesetz des Bewußtseins. Aus denselben Gründen ist es unmöglich, einem Bewußtsein eine andere Motivation zuzuschreiben als es selbst. Sonst müßte man annehmen, daß das Bewußtsein, insofern es eine Wirkung ist, sich nicht bewußt (von) sich ist. Es müßte in irgendeiner Weise sein, ohne daß es Bewußtsein, (zu sein), wäre. Wir verfielen der allzu häufigen Illusion, die aus dem Bewußtsein ein Halb-Unbewußtes oder eine Passivität macht. Aber das Bewußtsein ist durch und durch Bewußtsein. Es könnte also nur durch es selbst begrenzt werden.

Diese Bestimmung des Bewußtseins durch sich darf nicht als eine Genese, als ein Werden aufgefaßt werden, denn dann müßte man annehmen, daß das Bewußtsein seiner eigenen Existenz vorausgeht. Man darf diese Selbstschaffung auch nicht als einen Akt auffassen. Dann wäre ja das Bewußtsein Bewußtsein (von) sich als Akt, was nicht ist. Das Bewußtsein ist eine Existenzfülle, und diese Bestimmung von sich durch sich ist ein Wesensmerkmal. Es ist sogar klug, den Ausdruck «Ursache von sich» nicht zu mißbrauchen, weil er ein Fortschreiten, einen Bezug von Ursache-Sich zu Wirkung-Sich voraussetzte. Richtiger wäre, einfach zu sagen: das Bewußtsein existiert durch sich. Und darunter ist nicht zu verstehen, daß es sich «aus dem Nichts gewinnt». Es kann kein «Nichts an Bewußtsein» *vor* dem Bewußtsein geben. «Vor» dem Bewußtsein kann man nur eine Fülle an Sein annehmen, von dem kein Element auf ein abwesendes Bewußtsein verweisen kann. Damit es ein Nichts an Bewußtsein gibt, bedarf es eines Bewußtseins, das gewesen ist und nicht mehr ist, und eines Zeugenbewußtseins, das das Nichts des ersten Bewußtseins für eine Synthesis der Rekognition setzt. Das Bewußtsein geht dem Nichts voraus und «gewinnt sich» aus dem Sein.*

Man wird vielleicht einige Mühe haben, diese Schlußfolgerungen zu akzeptieren. Sieht man sie aber genauer an, werden sie völlig klar erscheinen: das Paradox ist nicht, daß es Existenzen durch sich gibt, sondern daß es nicht nur solche gibt. Wirklich undenkbar ist die passive Existenz, das heißt eine Existenz, die fortbesteht, ohne daß sie die Kraft hat, sich hervorzubringen oder zu erhalten. Von diesem Gesichtspunkt aus gibt es nichts Unintelligibleres als das Trägheitsprinzip. Und woher «käme» denn das Bewußtsein, wenn es von irgend etwas «kommen» könnte? Aus den Dunkelzonen des Unbewußten oder des Physiologischen? Aber wenn wir uns fragen, wie diese Dunkelzonen ihrerseits existieren können und woraus sie ihre Existenz gewinnen, sehen wir uns zum Begriff der

---

* Das bedeutet keineswegs, daß das Bewußtsein der Grund seines Seins ist. Es gibt vielmehr, wie wir später sehen werden, eine vollständige Kontingenz des Seins des Bewußtseins. Wir wollen nur zeigen: 1. daß *nichts* Ursache des Bewußtseins ist; 2. daß es Ursache seiner eigenen Seinsweise ist.

passiven Existenz zurückgeführt, das heißt, wir können absolut nicht mehr verstehen, wie diese nicht-bewußten Gegebenheiten, die ihre Existenz nicht aus sich selbst gewinnen, sie trotzdem fortbestehen lassen und noch die Kraft finden können, ein Bewußtsein hervorzubringen. Die große Beliebtheit, deren sich der Gottesbeweis *a contingentia mundi*[16] erfreut hat, zeigt dies zur Genüge.

Somit haben wir durch den Verzicht auf den Primat der Erkenntnis *das Sein* des Erkennenden entdeckt und sind auf das Absolute gestoßen, genau jenes Absolute, das die Rationalisten des 17. Jahrhunderts logisch als ein Erkenntnisobjekt definiert und konstituiert hatten. Aber gerade weil es sich um ein Absolutes an Existenz und nicht an Erkenntnis handelt, entgeht es jenem berühmten Einwand, ein erkanntes Absolutes sei kein Absolutes mehr, weil es relativ zu der Erkenntnis wird, die man von ihm gewinnt. Tatsächlich ist hier das Absolute nicht das Ergebnis einer logischen Konstruktion auf dem Gebiet der Erkenntnis, sondern das *Subjekt* der konkretesten Erfahrung. Und es ist keineswegs *relativ* zu dieser Erfahrung, denn es *ist* diese Erfahrung. Folglich ist es ein nicht-substantielles Absolutes. Der ontologische Irrtum des kartesianischen Rationalismus besteht darin, nicht gesehen zu haben, daß, wenn sich das Absolute durch den Primat der Existenz vor der Essenz definiert, es nicht als eine Substanz erfaßt werden kann. Das Bewußtsein hat nichts Substantielles, es ist eine reine «Erscheinung», insofern es nur in dem Maß existiert, wie es sich erscheint. Aber gerade weil es reine Erscheinung ist, weil es eine völlige Leere ist (da die ganze Welt außerhalb seiner ist), wegen dieser Identität von Erscheinung und Existenz an ihm kann es als das Absolute betrachtet werden.

IV

Das Sein des percipi

Es scheint, als wären wir am Ende unserer Untersuchung angekommen. Wir hatten die Dinge auf die verbundene Totalität ihrer Erscheinungen reduziert, dann haben wir festgestellt, daß diese Erscheinungen ein Sein verlangten, das selbst nicht mehr Erscheinung ist. Das *percipi* hat uns auf ein *percipiens* verwiesen, dessen Sein sich uns als Bewußtsein offenbart hat. So hätten wir die ontologische Grundlage der Erkenntnis erreicht, das erste Sein, dem alle anderen Erscheinungen erscheinen, das Absolute, zu dem jedes Phänomen relativ ist. Das ist nicht das Subjekt im Kantischen Sinn des Worts, sondern es ist die Subjektivität selbst, die Immanenz von sich zu sich. Damit sind wir dem Idealismus entgangen: für diesen wird das Sein von der Erkenntnis ermessen, was es dem Gesetz der Dualität unterwirft; es gibt nur *erkanntes* Sein, auch wenn es sich um das Denken selbst handelt: das Denken erscheint sich nur über seine eigenen Produkte, das heißt, wir erfassen es immer nur als die Bedeutung der gemachten Gedanken; und der Philosoph muß auf der Suche nach dem Denken die konstituierten Wissenschaften befragen, um es als Bedingung ihrer Möglichkeiten aus ihnen zu gewinnen. Wir dagegen haben ein Sein erfaßt, das der Erkenntnis entgeht und sie begründet, ein Denken, das sich keineswegs als Vorstellung oder als Bedeutung der ausgedrückten Gedanken darbietet, sondern das direkt erfaßt wird, insofern es ist – und diese Art des Erfassens ist kein Erkenntnisphänomen, sondern es ist die Struktur des Seins. Wir befinden uns jetzt auf dem Gebiet der Husserlschen Phänomenologie, obwohl Husserl selbst seiner ersten Intuition nicht immer treu gewesen ist. Sind wir damit zufrieden? Wir sind einem transphänomenalen Sein begegnet, aber ist es wirklich das Sein, auf das das Seinsphänomen verwies, ist es wirklich das Sein des Phänomens? Anders gesagt, genügt das Sein des Bewußtseins, um das Sein der Erscheinung als Erscheinung zu begründen? Wir haben dem Phänomen sein Sein entrissen, um es dem Bewußtsein zu geben, und wir rechneten damit, daß es es ihm dann zurückgeben würde. Kann es das? Das wird uns eine Untersuchung der ontologischen Erfordernisse des *percipi* lehren.

Halten wir zunächst fest, daß es ein Sein des wahrgenommenen Dinges gibt, insofern es wahrgenommen wird. Selbst wenn man diesen Tisch auf eine Synthese subjektiver Eindrücke reduzieren wollte, muß man mindestens bedenken, daß er sich über diese Synthese *als Tisch* offenbart, daß er deren transzendente Grenze, deren Grund und Ziel ist. Der Tisch steht der Erkenntnis gegenüber und kann der Erkenntnis, die man von ihm gewinnt, nicht gleichgesetzt werden, sonst wäre er Bewußtsein, das heißt reine Immanenz, und verschwände *als* Tisch. Aus demselben Grund kann er, auch wenn eine bloße Vernunftunterscheidung ihn von der Synthese subjektiver Eindrücke, über die man ihn erfaßt, trennen muß, diese Synthese wenigstens nicht *sein*: das hieße ihn auf eine synthetische Verbindungsaktivität reduzieren. Insofern also das Erkannte nicht in der Erkenntnis aufgehen kann, muß man ihm ein *Sein* zuerkennen. Dieses Sein, sagt man uns, ist das *percipi*. Erkennen wir zunächst an, daß sich das Sein des *percipi* ebensowenig auf das *percipiens* – das heißt auf das Bewußtsein – reduzieren läßt wie der Tisch auf die Verbindung der Vorstellungen. Allenfalls könnte man sagen, daß es *relativ* zu diesem Sein ist. Aber diese *Relativität* entbindet uns nicht von einer Untersuchung des Seins des *percipi*.

Der Modus des *percipi* ist das *Passiv*. Wenn also das Sein des Phänomens in seinem *percipi* besteht, so ist dieses Sein Passivität. Relativität und Passivität, das wären die charakteristischen Strukturen des *esse*, insofern dieses sich auf das *percipi* reduzierte. Was ist die Passivität? Ich bin passiv, wenn ich eine Veränderung erleide, deren Ursprung ich nicht bin – das heißt weder der Grund noch der Schöpfer. So erträgt mein Sein eine Seinsweise, deren Quelle es nicht ist. Nur, um etwas ertragen zu können, muß ich immerhin existieren, und daher befindet sich meine Existenz immer jenseits der Passivität. «Passiv ertragen» ist zum Beispiel ein Verhalten, das ich *durchhalte* und das meine Freiheit ebenso engagiert wie im Fall des «Entschieden-Zurückweisens». Wenn ich für immer «derjenige-der-beleidigt-worden-ist» sein soll, muß ich in meinem Sein fortdauern, das heißt, daß ich mich selbst mit der Existenz affiziere. Aber gerade dadurch mache ich mich gewissermaßen für mein Beleidigtsein verantwortlich und nehme es auf mich, höre ich auf, ihm gegenüber passiv zu sein. Daraus ergibt sich folgende Alternative: entweder bin ich nicht passiv in meinem Sein, dann werde ich zum Grund meiner Affektionen, auch wenn ich zuerst nicht ihr Ursprung gewesen bin – oder aber ich bin bis in meine Existenz hinein von Passivität affiziert, mein Sein ist ein empfangenes Sein, und dann fällt alles ins Nichts. So ist die Passivität ein doppelt relatives Phänomen: relativ zur Aktivität dessen, der handelt, und zur Existenz dessen, der leidet. Das impliziert, daß die Passivität nicht das Sein des passiven Existierenden selbst betreffen kann: sie ist die Beziehung eines Seins zu einem anderen Sein und nicht eines Seins zu einem Nichts. Es ist unmöglich, daß das *percipere* das *perceptum* des Seins *affiziert*, denn um affiziert werden zu können, müßte das *perceptum* bereits in irgendeiner Weise gegeben sein, müßte also existiert haben, bevor es das Sein empfangen hätte. Man kann sich eine *Schöpfung* vorstellen unter der Bedingung, daß das geschaffene Sein sich selbst übernimmt, sich vom Schöpfer losreißt und sich sofort über sich schließt und sein Sein auf sich nimmt: in diesem Sinn existiert ein Buch *gegen* seinen Autor. Aber wenn der Schöpfungsakt sich unendlich fortsetzen soll, wenn das geschaffene Sein bis in seine kleinsten Teile getragen wird, wenn es keine eigene Unabhängigkeit hat, wenn es *an ihm selbst* nur Nichts ist, dann unterscheidet sich das Geschöpf in keiner Weise von seinem Schöpfer, es geht in ihm auf; wir hatten es mit einer falschen Transzendenz zu tun, und der Schöpfer kann nicht einmal die Illusion haben, daß er aus seiner Subjektivität herauskommt.*

Übrigens verlangt die Passivität des Erleidenden eine gleiche Passivität beim Handelnden – das drückt das Prinzip von Aktion und Reaktion aus: weil man unsere Hand zerquetschen, zerdrücken, abhacken kann, kann unsere Hand zerquetschen, abhacken, zerdrücken. Welchen Teil an Passivität kann man der Wahrnehmung, der Erkenntnis zuordnen? Sie sind ganz Aktivität, ganz Spontaneität. Eben weil das Bewußtsein reine Spontaneität ist, weil ihm nichts etwas anhaben kann, kann es auf nichts einwirken. So würde das *esse est percipi* erfordern, daß das Bewußtsein als reine Spontaneität, die auf nichts *einwirken* kann, einem transzendenten Nichts das Sein verleiht, indem es ihm sein Nichts-an-Sein erhält: lauter Absurditäten. Husserl hat versucht, diesen Einwänden zu begegnen, indem er die Passivität in die *Noesis* einführte: das ist die *Hyle* oder der reine Erlebnisstrom und Stoff der passiven Synthesen.[17] Aber so hat er den Schwierigkeiten, die wir erwähnten, nur eine weitere hinzugefügt. Dadurch werden nämlich jene neutralen Gegebenheiten wieder eingeführt, deren Unmöglichkeit wir eben gezeigt haben. Sie sind zwar keine «Bewußtseinsinhalte», aber sie bleiben deshalb nur um so unintelligibler. Denn die *Hyle* kann ja kein Bewußtsein sein, sonst löste sie sich in Durchsichtigkeit auf und könnte nicht diese impressive und resistente Basis bieten, die auf das Objekt hin überschritten werden muß. Aber wenn sie nicht dem Bewußtsein zugehört, woher ge-

---

* Aus diesem Grund findet die kartesianische Lehre von der Substanz ihre logische Vollendung im Spinozismus.

winnt sie dann ihr Sein und ihre Opazität? Wie kann sie gleichzeitig die opake Resistenz der Dinge und die Subjektivität des Denkens bewahren? Ihr *esse* kann ihr nicht von einem *percipi* kommen, da sie nicht einmal wahrgenommen wird, da das Bewußtsein sie auf die Objekte hin transzendiert. Aber wenn sie es aus sich allein gewinnt, stoßen wir wieder auf das unlösbare Problem der Beziehung des Bewußtseins zu den unabhängig von ihm Existierenden. Und selbst wenn man Husserl zugestände, daß es eine hyletische Schicht der Noesis gibt, könnte man doch nicht verstehen, wie das Bewußtsein dieses Subjektive zur Objektivität hin transzendieren kann. Dadurch daß Husserl der *Hyle* die Eigenschaften des Dinges und die Eigenschaften des Bewußtseins verlieh, glaubte er den Übergang vom einen zum andern zu erleichtern, aber er hat damit nur ein hybrides Sein geschaffen, das vom Bewußtsein zurückgewiesen wird und nicht Teil der Welt sein kann.

Außerdem aber impliziert das *percipi*, wie wir gesehen haben, daß das Seinsgesetz des *perceptum* die Relativität ist. Wäre denkbar, daß das Sein des Erkannten relativ zur Erkenntnis ist? Was kann für ein Existierendes die Seinsrelativität bedeuten, außer daß dieses Existierende sein Sein in etwas anderem als in sich selbst hat, das heißt *in einem Existierenden, das es nicht ist*? Sicher wäre es nicht undenkbar, daß ein Sein außerhalb seiner wäre, wenn man darunter verstände, daß dieses Sein *seine eigne* Exteriorität ist. Aber das ist hier nicht der Fall. Das wahrgenommene Sein steht dem Bewußtsein gegenüber, von dem es nicht erreicht werden kann, und es kann nicht in es eindringen, und da es von ihm abgeschnitten ist, existiert es abgeschnitten von seiner eignen Existenz. Es würde nichts nützen, auf Husserlsche Weise etwas Nicht-Reelles daraus zu machen; auch als Nicht-Reelles muß es immerhin existieren.

Somit lassen sich die beiden Bestimmungen von *Relati-*

vität und *Passivität*, die Seinsweisen betreffen können, in keinem Fall auf das Sein anwenden. Das *esse* des Phänomens kann nicht sein *percipi* sein. Das transphänomenale Sein des Bewußtseins kann nicht das transphänomenale Sein des Phänomens begründen. Man sieht den Irrtum der Phänomenisten: nachdem sie mit Recht das Objekt auf die verbundene Reihe seiner Erscheinungen reduziert hatten, glaubten sie sein Sein auf die Sukzession seiner Seinsweisen reduziert zu haben, und deshalb haben sie es durch Begriffe erklärt, die sich nur auf Seinsweisen anwenden lassen, denn sie bezeichnen Beziehungen zwischen einer Pluralität bereits existierender Wesen [*êtres*].

V

Der ontologische Beweis

Man wird dem Sein nicht gerecht: wir glaubten, dem Sein des Phänomens keine Transphänomenalität zugestehen zu müssen, weil wir die Transphänomenalität des Seins des Bewußtseins entdeckt haben. Wir werden ganz im Gegenteil sehen, daß gerade diese Transphänomenalität die des Seins des Phänomens erfordert. Es gilt einen «ontologischen Beweis» nicht aus dem reflexiven Cogito, sondern aus dem *präreflexiven* Sein des *percipiens* herzuleiten. Das werden wir jetzt darzulegen versuchen.

Jedes Bewußtsein ist Bewußtsein *von* etwas. Diese Definition des Bewußtseins kann in zweierlei, ganz unterschiedlichem Sinn aufgefaßt werden: entweder verstehen wir darunter, daß das Bewußtsein konstitutiv ist für das Sein seines Objekts, oder aber es bedeutet, daß das Bewußtsein in seiner tiefsten Natur Bezug zu einem transzendenten Sein ist. Doch die erste Auffassung der Formel zerstört sich von selbst: Bewußtsein *von* etwas sein heißt einer konkreten und vollen Anwesenheit gegenüberstehen, die *nicht* das Bewußtsein ist. Man kann zwar Bewußtsein von einer Abwesenheit haben. Aber diese Abwesenheit erscheint notwendig auf einem Hintergrund von Anwesenheit. Nun haben wir gesehen, daß das Bewußtsein eine reale Subjektivität und der Eindruck eine subjektive Fülle ist. Aber diese Subjektivität kann nicht aus sich herauskommen, um ein transzendentes Objekt zu setzen, indem es ihm die Fülle eines Eindrucks verleiht. Wenn man also um jeden Preis will, daß das Sein des Phänomens vom Bewußtsein abhängt, muß sich das Objekt nicht durch seine *Anwesenheit* von dem Bewußtsein unterscheiden, sondern durch seine *Abwesenheit*, nicht durch seine Fülle, sondern durch sein Nichts. Wenn das Sein dem Bewußtsein zugehört, ist das Objekt nicht das Bewußtsein, und zwar nicht in dem Maß, wie es ein anderes Sein, sondern wie es ein Nicht-sein ist. Das ist der infinite Regreß, von dem wir im ersten Abschnitt sprachen. Bei Husserl reichte zum Beispiel die Beseelung des hyletischen Kerns durch die bloßen Intentionen, die in dieser Hyle ihre Erfüllung[18] finden können, nicht aus, uns aus der Subjektivität herauskommen zu lassen. Die wirklich objektivierenden Intentionen sind die leeren Intentionen, die über die anwesende und subjektive Erscheinung hinaus auf die unendliche Totalität der Reihe von Erscheinungen zielen. Das heißt außerdem, daß sie auf sie zielen, insofern nie alle gleichzeitig gegeben sein können. Es ist prinzipiell unmöglich, daß die unendlich vielen Glieder der Reihe gleichzeitig dem Bewußtsein gegenüber existieren, zusammen mit der realen Abwesenheit aller dieser Glieder außer einem, das die Grundlage der Objektivität ist. Als anwesende würden diese Eindrücke – auch als unendlich viele – im Subjektiven verschmelzen, doch ihre Abwesenheit verleiht ihnen das objektive Sein. So ist das Sein des Objekts ein reines Nicht-sein. Es definiert sich als ein *Mangel*. Es ist das, was sich entzieht, was prinzipiell nie gegeben sein wird, was sich in sukzessiven, flüchtigen Profilen darbietet. Aber wie kann das Nicht-sein die Grundlage des Seins sein? Wie wird das abwesende, *erwartete* Subjektive dadurch objektiv? Eine große Freude, die ich erhoffe, ein Schmerz, den ich fürchte, gewinnen dadurch eine gewisse Transzendenz, das gebe ich zu. Aber diese Transzendenz in der Immanenz läßt uns nicht aus dem Subjektiven herauskommen. Es stimmt zwar, daß die Dinge sich durch Profile darbieten – das heißt ganz einfach durch Erscheinungen. Und es stimmt auch, daß jede Erscheinung auf andere Erscheinungen verweist. Aber jede von ihnen ist schon für sich ganz allein ein *transzendentes Sein*, nicht eine subjektive impressive Materie – eine *Seinsfülle*, nicht ein Mangel –, eine *Anwesenheit*, nicht eine Abwesenheit. Es wäre ein müßiger Trick, die *Realität* des Objekts auf die impressive subjektive Fülle und seine *Objektivität* auf das Nicht-sein zu gründen: nie wird das Objektive aus dem Subjektiven hervorgehen noch das Transzendente aus der Immanenz, noch das Sein aus dem Nicht-sein. Aber, wird man sagen, Husserl definiert gerade das Bewußtsein als eine Transzendenz. In der Tat: das setzt er; und das ist seine wesentliche Entdeckung. Aber sobald er aus dem Noema als Korrelat der Noesis ein Nicht-Reelles macht, dessen *esse* ein *percipi* ist, wird er seinem Prinzip vollkommen untreu.[19]

Das Bewußtsein ist Bewußtsein *von* etwas: das bedeutet, daß die Transzendenz konstitutive Struktur des Bewußtseins ist; das heißt, das Bewußtsein entsteht als auf ein Sein *gerichtet*, das nicht es selbst ist. Das nennen wir den ontologischen Beweis. Man wird sicher einwenden, der Anspruch des Bewußtseins beweise nicht, daß dieser Anspruch befriedigt werden muß. Aber dieser Einwand vermag nichts gegen eine Analyse dessen, was Husserl Intentionalität nennt[20] und dessen Wesensmerkmal er verkannt hat. Wenn man sagt, das Bewußtsein ist Bewußtsein von etwas, so bedeutet das, daß es für das Bewußtsein kein

Sein gibt außerhalb dieser präzisen Obligation, offenbarende Intuition von etwas zu sein, das heißt von einem transzendenten Sein. Nicht nur mißlingt es der reinen Subjektivität, sich zu transzendieren, um das Objektive zu setzen, wenn sie zuerst gegeben ist, sondern eine «reine» Subjektivität würde auch verschwinden. Was man wirklich Subjektivität nennen kann, ist das Bewußtsein (von) Bewußtsein. Aber dieses Bewußtsein, Bewußtsein (zu sein), muß sich irgendwie qualifizieren, und es kann sich nur als offenbarende Intuition qualifizieren, andernfalls ist es nichts. Doch eine offenbarende Intuition impliziert ein Offenbartes. Die absolute Subjektivität läßt sich nur gegenüber einem Offenbarten konstituieren, die Immanenz läßt sich nur im Erfassen eines Transzendenten definieren. Man könnte meinen, hier so etwas wie ein Echo der Kantischen Widerlegung des problematischen Idealismus wiederzufinden. Aber man muß viel eher an Descartes denken. Wir sind hier auf der Ebene des Seins, nicht der Erkenntnis; es gilt nicht, zu zeigen, daß die Phänomene des inneren Sinns die Existenz objektiver, räumlicher Phänomene implizieren, sondern daß das Bewußtsein in seinem Sein ein nicht-bewußtes, transphänomenales Sein impliziert. Vor allem nützte es nichts zu antworten, daß ja die Subjektivität die Objektivität impliziere und daß sie sich selbst konstituiere, indem sie das Objektive konstituiert: wir haben gesehen, daß die Subjektivität unfähig ist, das Objektive zu konstituieren. Wer sagt, das Bewußtsein ist Bewußtsein *von* etwas, der sagt, daß es sich als erschlossene Erschließung eines Seins hervorbringen muß, das es nicht selbst ist und das sich als bereits existierend darbietet, wenn es es offenbart.

So waren wir von der reinen Erscheinung ausgegangen und sind im vollen Sein angekommen. Das Bewußtsein ist ein Sein, dessen Existenz die Essenz setzt, und umgekehrt ist es Bewußtsein von einem Sein, dessen Essenz die Existenz impliziert, das heißt, dessen Erscheinung verlangt *zu sein.* Das Sein ist überall. Sicher könnten wir auf das Bewußtsein die Definition anwenden, die Heidegger dem Dasein[21] vorbehält, und behaupten, daß es ein Sein ist, dem es «in seinem Sein *um* dieses Sein selbst geht», aber man müßte die Definition vervollständigen und etwa so formulieren: *das Bewußtsein ist ein Sein, dem es in seinem Sein um sein Sein geht, insofern dieses Sein ein Anderessein als es selbst impliziert.*

Es versteht sich, daß dieses Sein kein anderes ist als das transphänomenale Sein der Phänomene und nicht ein noumenales Sein, das sich hinter ihnen versteckte. Es ist das Sein dieses Tischs, dieses Tabakpäckchens, der Lampe, allgemeiner das Sein der Welt, das durch das Bewußtsein impliziert ist. Es verlangt einfach, daß das Sein dessen, was *erscheint*, nicht *lediglich* existiert, insofern es erscheint. Das transphänomenale Sein dessen, was *für das Bewußtsein* ist, ist selbst *an sich*.

VI

Das Sein an sich

Wir können jetzt einige Präzisierungen über das *Seinsphänomen* geben, das wir für unsere vorangegangenen Erwägungen befragt haben. Das Bewußtsein ist erschlossene Erschließung der Existierenden, und die Existierenden erscheinen gegenüber dem Bewußtsein auf der Grundlage ihres Seins. Dennoch ist es das Merkmal des Seins eines Existierenden, sich dem Bewußtsein nicht *selbst*, leibhaftig, zu enthüllen; man kann ein Existierendes nicht seines Seins berauben, das Sein ist die immer anwesende Grundlage des Existierenden, es ist überall in ihm und nirgendwo, es gibt kein Sein, das nicht Sein einer Seinsweise wäre und das man nicht über die Seinsweise erfaßte, die es gleichzeitig manifestiert und verhüllt. Dennoch kann das Bewußtsein das Existierende immer überschreiten, nicht auf sein Sein hin, aber auf den *Sinn* dieses Seins. Daher kann man es ontisch-ontologisch nennen, denn es ist ein fundamentales Merkmal seiner Transzendenz, daß es das Ontische auf das Ontologische hin transzendiert. Der Sinn des Seins des Existierenden, insofern er sich dem Bewußtsein enthüllt, ist das Seinsphänomen. Dieser Sinn hat selbst ein Sein, auf dessen Grundlage er sich manifestiert. Von diesem Gesichtspunkt aus kann man das berühmte Argument der Scholastik verstehen, wonach es in jeder das Sein betreffenden Aussage einen *circulus vitiosus* gäbe, da jedes Urteil über das Sein das Sein bereits impliziere. In Wirklichkeit ist da aber kein *circulus vitiosus*, denn es ist nicht notwendig, das Sein dieses Sinns von neuem auf seinen Sinn hin zu überschreiten: der Sinn des Seins gilt für das Sein jedes Phänomens, einschließlich seines eigenen Seins. Das Seinsphänomen ist nicht das Sein, das haben wir schon festgestellt. Aber es zeigt das Sein an und erfordert es – obwohl eigentlich der ontologische Beweis, den wir oben erwähnten, nicht *speziell* und nicht *ausschließlich* dafür gilt: es gibt *einen* ontologischen Beweis, der für den ganzen Bereich des Bewußtseins gilt. Aber dieser Beweis genügt, alle Lehren zu rechtfertigen, die wir aus dem Seinsphänomen gewinnen können. Das Seinsphänomen ist wie jedes primäre Phänomen dem Bewußtsein unmittelbar enthüllt. Wir haben von ihm in jedem Augenblick, was Heidegger ein vorontologisches Verstehen nennt,[22] das also nicht von Festlegung in Begriffen und von Aufklärung begleitet ist. Es geht für uns daher jetzt darum, dieses Phänomen zu befragen und zu versuchen, auf diese Weise den Sinn des Seins festzulegen. Wir müssen jedoch festhalten:

1. daß diese Aufklärung des Sinns des Seins nur für das Sein des Phänomens gilt. Da das Sein des Bewußtseins radikal anders ist, erfordert sein Sinn eine besondere Auf-

klärung, die von der erschlossenen Erschließung eines anderen Seinstypus, des Für-sich-seins, ausgehen muß, das wir weiter unten definieren werden und das dem An-sich-sein des Phänomens entgegengesetzt ist;

2. daß die Aufklärung des Sinns des An-sich-seins, die wir hier versuchen wollen, nur vorläufig sein kann. Die Aspekte, die sich uns erschließen werden, implizieren andere Bedeutungen, die wir später erfassen und festlegen müssen. Die vorangegangenen Überlegungen haben es insbesondere ermöglicht, zwei absolut voneinander getrennte Seinsbereiche zu unterscheiden: das Sein des *präreflexiven Cogito* und das Sein des Phänomens. Aber obwohl der Seinsbegriff jene Besonderheit hat, in zwei unkommunizierbare Bereiche gespalten zu sein, muß man doch erklären, daß diese beiden Bereiche unter dieselbe Rubrik gestellt werden können. Das macht die Untersuchung dieser beiden Seinstypen notwendig, und es ist evident, daß wir den Sinn des einen oder des anderen nur tatsächlich erfassen können, wenn wir ihre tatsächlichen Bezüge zum Begriff des Seins im allgemeinen ausmachen können und die Beziehungen, die sie vereinen. Wir haben ja durch die Untersuchung des nicht-setzenden Bewußtseins (von) sich festgestellt, daß das Sein des Phänomens auf keinen Fall auf das Bewußtsein *einwirken* kann. Damit haben wir eine *realistische* Auffassung der Bezüge des Phänomens zum Bewußtsein verworfen. Aber wir haben durch die Untersuchung der Spontaneität des nicht-reflexiven Cogito auch gezeigt, daß das Bewußtsein nicht aus seiner Subjektivität herauskommen könne, wenn diese ihm schon zu Beginn gegeben ist, und daß es weder auf das transzendente Sein einwirken noch ohne Widerspruch die Elemente von Passivität enthalten könne, die notwendig sind, wenn man von ihnen aus ein transzendentes Sein konstituieren können will: so haben wir die *idealistische Lösung des Problems* verworfen. Es sieht so aus, als hätten wir uns alle Türen zugeschlagen und uns dazu ver-

urteilt, das transzendente Sein und das Bewußtsein als zwei geschlossene Totalitäten ohne mögliche Kommunikation zu betrachten. Wir werden zeigen müssen, daß das Problem eine andere Lösung enthält, jenseits von Realismus und Idealismus.

Dennoch gibt es eine Anzahl von Merkmalen, die unmittelbar festgelegt werden können, weil sie sich größtenteils aus dem, was wir eben gesagt haben, von selbst ergeben.

Die klare Sicht des Seinsphänomens ist oft von einem ganz allgemeinen Vorurteil getrübt worden, das wir Kreationismus nennen wollen. Da man annahm, daß Gott der Welt das Sein gegeben habe, schien das Sein immer von einer gewissen Passivität befleckt zu sein. Aber eine *creatio ex nihilo* kann das Auftauchen des Seins nicht erklären, denn wenn das Sein in einer Subjektivität, auch einer göttlichen, konzipiert wird, bleibt es ein intrasubjektiver Seinsmodus. In dieser Subjektivität könnte es nicht einmal die *Vorstellung* einer Objektivität geben, und folglich könnte sie sich nicht einmal mit dem *Willen* affizieren, Objektives zu schaffen. Würde übrigens das Sein plötzlich durch die Fulguration, von der Leibniz spricht,[23] außerhalb des Subjektiven gesetzt, so könnte es sich nur gegen seinen Schöpfer als Sein behaupten, andernfalls löste es sich in ihm auf: die Theorie der *creatio continua* nimmt dem Sein, was die Deutschen «Selbständigkeit»[24] nennen, und läßt es daher in der göttlichen Subjektivität verschwinden. Wenn das Sein Gott gegenüber existiert, so deshalb, weil es sein eigener Träger ist, weil es nicht die geringste Spur der göttlichen Schöpfung bewahrt. Kurz gesagt, das An-sich-sein wäre, selbst wenn es erschaffen worden wäre, durch die Schöpfung *unerklärbar*, denn es übernimmt sein Sein jenseits derselben. Das ist gleichbedeutend mit der Aussage, daß das Sein unerschaffen ist. Aber man darf daraus nicht schließen, daß das Sein sich selbst schafft, denn das würde voraussetzen, daß es sich selbst vorgängig ist. Das Sein kann nicht *causa sui* sein wie das Bewußtsein. Das Sein ist *Sich* [*soi*]. Das bedeutet, daß es weder Passivität noch Aktivität ist. Diese beiden Begriffe sind *menschlich* und bezeichnen menschliches Verhalten. Aktivität gibt es, wenn ein bewußtes Sein über die Mittel für einen Zweck verfügt. Und passiv nennen wir die Objekte, auf die sich unsere Aktivität richtet, insofern sie nicht spontan auf den Zweck zielen, dem wir sie dienen lassen. Mit einem Wort, der Mensch ist aktiv, und die Mittel, die er anwendet, werden passiv genannt. Diese Begriffe verlieren, wenn sie verabsolutiert werden, jede Bedeutung. Besonders das Sein ist nicht aktiv: damit es einen Zweck und Mittel gibt, muß es Sein geben. Erst recht kann es nicht passiv sein, denn um passiv sein zu können, muß es sein. Die Konsistenz des Seins in sich ist jenseits von aktiv und passiv. Ebenso ist es jenseits der Negation wie der Affirmation. Die Affirmation ist immer Affirmation *von* etwas, das heißt, daß der affirmative Akt sich von der affirmierten Sache unterscheidet. Aber wenn wir eine Affirmation annehmen, in der das Affirmierte das Affirmierende ausfüllt und sich mit ihm vermischt, kann sich diese Affirmation nicht affirmieren wegen zu viel Fülle und wegen unmittelbarer Inhärenz des Noemas in der Noesis. Genau das ist das Sein, wenn wir es, um der größeren Klarheit willen, in bezug auf das Bewußtsein definieren: es ist das Noema in der Noesis, das heißt die Inhärenz in sich ohne den geringsten Abstand. Von diesem Gesichtspunkt aus darf man es nicht «Immanenz» nennen, denn die Immanenz ist trotz allem *Bezug* zu sich, sie ist der kleinste Abstand, den man von sich zu sich gewinnen kann. Aber das Sein ist kein Bezug zu sich, es ist *Sich* [*soi*]. Es ist eine Immanenz, die sich nicht realisieren kann, eine Affirmation, die sich nicht affirmieren kann, eine Aktivität, die nicht handeln kann, weil es sich mit sich selbst verfestigt hat. Alles geschieht so, als ob eine Seinsdekompression erforderlich wäre, um die Affirmation *von* sich aus dem Sein heraus zu befreien. Das heißt übrigens nicht, daß das Sein *eine* undifferenzierte Affirmation von sich ist: die Undifferenziertheit des An-sich ist jenseits einer Unendlichkeit von Affirmationen von sich, insofern es unendlich viele Arten von Selbstaffirmationen gibt. Wir fassen diese ersten Ergebnisse zusammen und sagen, *das Sein ist an sich*.

Aber wenn das Sein an sich ist, bedeutet das, daß es nicht auf sich verweist, wie das Bewußtsein (von) sich: dieses *Sich* ist es. Es ist es so sehr, daß die unaufhörliche Reflexion, die das Sich konstituiert, in einer Identität aufgeht. Deshalb ist das Sein im Grunde jenseits des *Sich*, und unsere erste Formel kann nur eine Annäherung sein, bedingt durch die Notwendigkeiten der Sprache. Tatsächlich ist das Sein sich selbst opak, eben weil es von sich selbst erfüllt ist. Das drücken wir besser aus, wenn wir sagen, *das Sein ist das, was es ist*. Diese Formel ist scheinbar streng analytisch. In Wirklichkeit läßt sie sich keineswegs auf das Identitätsprinzip zurückführen, insofern dieses das unbedingte Prinzip aller analytischen Urteile ist. Zunächst bezeichnet sie eine besondere Region des Seins: die des *Seins an sich*. Wir werden sehen, daß sich das Sein des *Für-sich* im Gegensatz dazu definieren läßt als das seiend, was es nicht ist, und als nicht das seiend, was es ist. Es handelt sich hier also um ein regionales und als solches synthetisches Prinzip. Außerdem muß die Formel: das Sein an sich *ist* das, was es ist, derjenigen entgegengestellt werden, die das Sein des Bewußtseins bezeichnet: dieses nämlich, wir werden es sehen, *hat das zu sein*, was es ist. Das gibt uns Aufschluß über die besondere Bedeutung, die man in dem Satz, das Sein *ist* das, was es ist, dem «ist» geben muß. Sobald Wesen [*êtres*] existieren, die das zu sein haben, was sie sind, ist das Faktum, das zu sein, was man ist, keineswegs ein rein axiomatisches Merkmal: es ist ein kontingentes Prinzip des Seins an sich. In diesem Sinn ist das Identitätsprinzip als Prinzip der analytischen Urteile auch ein regionales synthetisches Prinzip des Seins. Es bezeichnet die Opazität des An-sich-seins. Diese Opazität hat nichts zu tun mit unserer *Position* gegenüber dem An-sich, so wie wir es *erfahren* und *beobachten* müßten, weil wir «außerhalb» sind. Das An-sich-sein hat kein *Innen*, das einem *Außen* gegenüberstände und einem Urteil, einem Gesetz, einem Bewußtsein von sich analog wäre. Das An-sich hat kein Geheimnis: es ist *massiv*. In gewissem Sinn kann man es als eine Synthese bezeichnen. Aber es ist die unauflöslichste von allen: die Synthese von sich mit sich. Daraus ergibt sich evidentermaßen, daß das Sein in seinem Sein isoliert ist und daß es keinen Bezug zu dem unterhält, was nicht es ist. Die Übergänge, das Werden, alles, was die Aussage zuläßt, das Sein sei noch nicht das, was es sein wird, und es sei schon das, was es nicht ist, all das ist prinzipiell ausgeschlossen. Denn das Sein ist das Sein des Werdens, und daher ist es jenseits des Werdens. Es ist das, was es ist, das bedeutet, daß es durch sich selbst nicht einmal nicht das sein könnte, was es nicht ist; wir haben ja gesehen, daß es keinerlei Negation enthält. Es ist volle Positivität. Es kennt also keine *Alterität*: es setzt sich nie als *anderes* als ein anderes Sein; es kann keinerlei Bezug zu dem andern unterhalten. Es ist unbestimmt es selbst, und es erschöpft sich darin, es zu sein. Von diesem Gesichtspunkt aus werden wir später sehen, daß es der Zeitlichkeit entgeht. Es ist, und wenn es sich auflöst, kann man nicht einmal sagen, es sei nicht mehr. Oder es ist zumindest ein Bewußtsein, das von ihm als nicht mehr seiend Bewußtsein gewinnen kann, eben weil das Bewußtsein zeitlich ist. Aber das Sein selbst existiert nicht als ein Mangel, wo es war: die volle Seinspositivität hat sich über seiner Auflösung wiederhergestellt. Es war, und jetzt sind andere Wesen [*êtres*]: das ist alles.

Schließlich – das ist unser drittes Merkmal – das An-sich-sein *ist*. Das bedeutet, daß das Sein weder vom Möglichen abgeleitet noch auf das Notwendige zurückgeführt werden kann. Die Notwendigkeit betrifft die Verbindung der ideellen Aussagen, aber nicht die der Existierenden. Ein phänomenales Existierendes kann nie von einem anderen Existierenden abgeleitet werden, insofern es existierend ist. Das ist es, was wir die *Kontingenz* des An-sich-seins nennen. Aber das An-sich-sein kann auch nicht von einem *Möglichen* abgeleitet werden. *Das Mögliche* ist eine Struktur des *Für-sich*, das heißt, es gehört zu der anderen Seinsregion. Das An-sich-sein ist nie möglich oder unmöglich, es *ist*. Das äußert das Bewußtsein – in anthropomorphen Begriffen –, wenn es sagt, das Sein sei *zu viel*, das heißt, daß es das Sein absolut von *nichts* ableiten kann, weder von einem anderen Sein noch von einem *Möglichen*, noch von einem notwendigen Gesetz. Ungeschaffen, ohne Seinsgrund, ohne irgendeinen Bezug zu einem anderen Sein, ist das An-sich-sein zu viel für alle Ewigkeit.

Das Sein ist. Das Sein ist an sich. Das Sein ist das, was es ist. Das sind die drei Merkmale, die die vorläufige Untersuchung des Seinsphänomens uns dem Sein der Phänomene zuzuschreiben erlaubt. Für den Augenblick ist es uns nicht möglich, unsere Untersuchung weiter voranzutreiben. Nicht die Untersuchung des An-sich – das immer nur das ist, was es ist – wird uns seine Beziehungen zum Für-sich ausmachen und erklären lassen. So sind wir von den «Erscheinungen» ausgegangen und schrittweise dahingelangt, zwei Seinstypen festzustellen: das An-sich und das Für-sich, über die wir vorläufig nur oberflächliche und unvollständige Aufschlüsse haben. Eine Menge von Fragen bleiben noch ohne Antwort: was ist der tiefe *Sinn* dieser beiden Seinstypen? Aus welchen Gründen gehören beide dem *Sein* im allgemeinen zu? Was ist der Sinn des Seins, insofern es diese beiden radikal getrennten Seinsregionen in sich enthält? Wenn es sowohl dem Idealismus als auch dem Realismus mißlingt, die Bezüge zu erklären, die diese beiden *de jure* nicht kommunizierbaren Regionen *de facto* vereinigen, welche andere Lösung kann man diesem Problem geben? Und wieso kann das Sein des Phänomens transphänomenal sein?

Als Versuch, diese Fragen zu beantworten, haben wir das vorliegende Buch geschrieben.

Erster Teil

Das Problem des Nichts

Erstes Kapitel

Der Ursprung der Negation

I
Die Frage

Unsere Untersuchungen haben uns mitten in das Sein geführt. Aber sie sind zugleich in eine Sackgasse geraten, denn wir haben zwischen den beiden von uns entdeckten Seinsregionen keine Verbindung herstellen können. Wir hatten sicher eine für unsere Nachforschung schlechte Perspektive gewählt. Descartes hat vor einem ähnlichen Problem gestanden, als er sich mit den Beziehungen der Seele zum Körper beschäftigen mußte. Er riet damals, die Lösung auf dem Tatsachengebiet zu suchen, wo sich die Vereinigung der denkenden mit der ausgedehnten Substanz vollzog, das heißt in der Imagination. Der Rat ist wertvoll: zwar ist unser Anliegen nicht das von Descartes, und wir verstehen die Imagination nicht wie er. Aber man kann festhalten, daß man die beiden Glieder eines Verhältnisses nicht erst trennen kann, um dann zu versuchen, sie wieder zusammenzubringen: das Verhältnis ist Synthese. Deshalb können sich die *Ergebnisse* der Analyse nicht mit den *Momenten* dieser Synthese decken. Laporte sagt, daß man abstrahiert, wenn man das isoliert denkt, was niemals isoliert existieren kann. Das Konkrete dagegen ist eine Totalität, die durch sich allein existieren kann. Husserl ist derselben Ansicht: für ihn ist das Rot etwas Abstraktes, denn die Farbe kann nicht ohne die Figur existieren. Dagegen ist das raumzeitliche «Ding» mit all seinen Bestimmungen etwas Konkretes.²⁵ Unter diesem Gesichtspunkt ist das Bewußtsein etwas Abstraktes, denn es enthält in sich selbst einen ontologischen Ursprung in Richtung auf das An-sich, und andererseits ist das Phänomen auch etwas Abstraktes, da es dem Bewußtsein «erscheinen» muß. Das Konkrete kann nur die synthetische Totalität sein, von der das Bewußtsein wie auch das Phänomen lediglich Momente bilden. Das Konkrete ist der Mensch in der Welt mit jener spezifischen Vereinigung des Menschen mit der Welt, die zum Beispiel Heidegger «In-der-Welt-sein» nennt.²⁶ Wer wie Kant «die Erfahrung» auf ihre Möglichkeitsbedingungen hin untersucht oder wie Husserl eine phänomenologische Reduktion vornimmt, die die Welt auf den Zustand eines noematischen Korrelats des Bewußtseins reduziert, der beginnt ausdrücklich mit dem Abstrakten. Aber ebensowenig, wie man das Konkrete durch die Summierung oder Organisierung der Elemente, die man davon abstrahiert hat, rekonstruieren kann, kann man, im System Spinozas, die Substanz durch die endlose Summierung ihrer Modi erreichen.²⁷ Die Beziehung der Seinsregionen ist ein ursprüngliches Hervorbrechen, das der Struktur dieser Seinsweisen [êtres] selbst zugehört. Wir entdecken sie gleich zu Beginn unserer Untersuchung. Man braucht nur die Augen aufzumachen und in aller Naivität jene Totalität zu befragen, die der Mensch-in-der-Welt ist. Durch die Beschreibung dieser Totalität werden wir folgende zwei Fragen beantworten können: 1. Was ist das synthetische Verhältnis, das wir In-der-Welt-sein nennen? 2. Was müssen der Mensch und die Welt sein, damit das Verhältnis zwischen ihnen möglich ist? Genaugenommen greifen die beiden Fragen ineinander, und wir können nicht getrennt darauf antworten wollen. Aber jede der menschlichen Verhaltensweisen kann uns, da sie eine Verhaltensweise des Menschen in der Welt ist, gleichzeitig den Menschen, die Welt und das Verhältnis zwischen ihnen darbieten, insofern wir diese Verhaltensweisen als objektiv erfaßbare Realitäten betrachten und nicht als subjektive Affektionen, die sich nur dem Blick der Reflexion enthüllen.

Wir werden uns nicht mit dem Studium eines einzelnen Verhaltens begnügen. Wir werden im Gegenteil versuchen, mehrere zu beschreiben und von Verhalten zu Verhalten bis zu dem tiefen Sinn der Beziehung «Mensch-Welt» vorzudringen. Aber wir müssen vor allem ein primäres Verhalten wählen, das uns bei unserer Untersuchung als Leitfaden dienen kann.

Diese Untersuchung selbst liefert uns das erwünschte Verhalten: wenn ich diesen Menschen, der *ich* bin, erfasse, wie er in diesem Augenblick in der Welt ist, stelle ich fest, daß er sich gegenüber dem Sein in einer Fragehaltung befindet. Im selben Augenblick, in dem ich frage: «Gibt es ein Verhalten, das mir das Verhältnis des Menschen zur Welt offenbaren kann?», stelle ich eine Frage. Diese Frage kann ich ganz objektiv betrachten, denn es ist unwichtig, ob der Fragende ich selbst bin oder der Leser, der mich liest und mit mir fragt. Andererseits ist sie nicht einfach die objektive Gesamtheit der auf diesem Blatt aufgezeichneten Wörter: sie ist gleichgültig gegenüber den Zeichen, die sie ausdrücken. Kurz, es ist eine mit Bedeutung versehene menschliche Haltung. Was offenbart uns diese Haltung?

Bei jeder Frage befinden wir uns einem Sein gegenüber, das wir befragen. Jede Frage setzt also ein Sein voraus, das fragt, und ein Sein, das befragt wird. Sie ist nicht das primäre Verhältnis des Menschen zum An-sich-sein, sondern sie hält sich im Gegenteil in den Grenzen dieses Verhältnisses und setzt es voraus. Andererseits befragen wir das befragte Sein *über* etwas. Das, *worüber* ich das Sein befrage, hat an der Transzendenz des Seins teil: ich befrage das Sein über seine Seinsweisen oder über sein Sein. Von diesem Gesichtspunkt aus ist die Frage eine Variante der Erwartung: ich erwarte eine Antwort von dem befragten Sein. Das heißt, auf der Grundlage einer der Frage vorausgehenden Vertrautheit mit dem Sein erwarte ich von diesem Sein eine Enthüllung seines Seins oder seiner Seinsweise. Die Antwort wird ein Ja oder ein Nein sein. Die Existenz dieser beiden gleichermaßen objektiven und kontradiktorischen Möglichkeiten unterscheidet grundsätzlich die Frage von der Affirmation oder der Negation. Es gibt Fragen, die scheinbar keine negative Antwort enthalten – wie zum Beispiel die, die wir oben stellten: «Was offenbart uns diese Haltung?» Man sieht aber, daß es immer möglich ist, auf Fragen dieser Art mit «nichts» oder «niemand» oder «niemals» zu antworten. Also gebe ich in dem Augenblick, in dem ich frage: «Gibt es ein Verhalten, das mir das Verhältnis des Menschen zur Welt offenbaren kann?», *grundsätzlich* die Möglichkeit einer negativen Antwort zu wie: «Nein, ein solches Verhalten existiert nicht.» Das bedeutet, daß wir bereit sind, dem transzendenten Faktum der Nicht-Existenz eines solchen Verhaltens konfrontiert zu werden. Vielleicht ist man versucht, an die objektive Existenz eines Nicht-seins nicht zu glauben; man sagt einfach, daß das Faktum mich in diesem Fall auf meine Subjektivität verweist: ich entnähme dem transzendenten Sein, daß das gesuchte Verhalten eine bloße Fiktion ist. Aber dieses Verhalten eine bloße Fiktion nennen heißt die Negation maskieren, ohne sie wegzubringen. «Bloße Fiktion sein» ist hier gleich «nur eine Fiktion sein». Die Realität der Negation zerstören heißt außerdem die Realität der Antwort verschwinden lassen. Das Sein selbst ist es ja, das mir die Antwort gibt, dieses also ist es, das mir die Negation enthüllt. Es existiert also für den Fragenden die permanente, objektive Möglichkeit einer negativen Antwort. In bezug auf diese Möglichkeit setzt sich der Fragende, eben durch sein Fragen, in den Zustand von Nicht-Bestimmtheit: er *weiß nicht*, ob die Antwort affirmativ oder negativ sein wird. So ist die Frage eine zwischen zweierlei Nicht-sein [*non-êtres*] geschlagene Brücke: Nicht-sein des Wissens im Menschen, Möglichkeit des Nicht-seins im transzendenten Sein. Schließlich aber impliziert die Frage die Existenz einer Wahrheit. Durch die Frage selbst bestätigt der Fragende, daß er eine objektive Antwort erwartet, so daß man von ihr sagen kann: «So ist es und nicht anders.» Kurz, die Wahrheit führt, als Differenzierung des Seins, ein drittes Nicht-sein als für die Frage bestimmend ein: das begrenzende Nicht-sein. Dieses dreifache Nicht-sein bedingt jede Frage und besonders die metaphysische Frage – die *unsere* Frage ist.

Wir hatten die Suche nach dem Sein aufgenommen, und durch die Reihe unserer Fragen schienen wir mitten in das Sein hineingeführt zu sein. Doch als wir uns schon am Ziel glaubten, offenbart uns plötzlich ein Blick auf die Frage selbst, daß wir von Nichts umgeben sind. Die permanente Möglichkeit des Nicht-seins außer uns und in uns bedingt unsere Fragen über das Sein. Und es ist wieder das Nicht-sein, das die Frage eingrenzt: was das Sein *sein wird*, hebt sich notwendig vom Hintergrund dessen ab, was es *nicht ist*. Was auch immer diese Antwort sein mag, sie kann so formuliert werden: «Das Sein ist *dies* und außerhalb dessen *nichts*.»

So erscheint uns eine neue Komponente des Realen: das Nicht-sein. Um so mehr kompliziert sich unser Problem, denn wir haben nicht nur die Verhältnisse des menschlichen Seins zum An-sich-sein zu behandeln, sondern auch die Verhältnisse des Seins zum Nicht-sein sowie die des menschlichen Nicht-seins zum transzendenten Nicht-sein. Doch sehen wir genauer hin.

II

Die Negationen

Man wird uns entgegenhalten, das An-sich-sein könne keine negativen Antworten liefern. Haben wir nicht selbst gesagt, es sei jenseits der Affirmation wie der Negation? Übrigens scheint auch die auf sich selbst reduzierte banale Erfahrung uns kein Nicht-sein zu enthüllen. Ich denke, daß 1500 Francs in meiner Brieftasche sind, und finde nur 1300: das bedeutet keineswegs, wird man sagen, daß die Erfahrung mir das Nicht-sein von 1500 Francs aufgedeckt hat, sondern ganz einfach, daß ich dreizehn Hundert-Francs-Scheine gezählt habe. Die eigentliche Negation ist mir selbst zuzuschreiben, sie erschiene nur auf der Ebene eines Urteilsakts, durch den ich einen Vergleich zwischen dem erwarteten und dem erhaltenen Ergebnis anstelle. So wären die Negation einfach eine Qualität des Urteils und die Erwartung des Fragenden eine Erwartung des Antwort-Urteils. Was das Nichts betrifft, so hätte es seinen Ursprung in den negativen Urteilen, es wäre ein Begriff, der die transzendente Einheit aller solchen Urteile herstellte, eine Aussagefunktion vom Typus: «X ist nicht.» Man sieht, wohin diese Theorie führt: man wird darauf hingewiesen, daß das An-sich-sein volle Positivität ist und in sich selbst gar keine Negation enthält. Andererseits wird dieses negative Urteil als subjektiver Akt streng dem affirmativen Urteil gleichgesetzt: man sieht nicht, daß zum Beispiel Kant den verneinenden Urteilsakt in seinem inneren Aufbau vom bejahenden unterschieden hätte;[28] in beiden Fällen vollzieht man eine Synthese von Begriffen; nur vollzieht sich diese Synthese, die ein konkretes, volles Ereignis des psychischen Lebens ist, hier mittels der Kopula «ist» – und dort mittels der Kopula «ist nicht»: ebenso sind die manuelle Tätigkeit des Auslesens (Trennung) und die des Sammelns (Vereinigung) zwei objektive

Verhaltensweisen, die dieselbe faktische Realität besitzen. So stände die Negation «am Schluß» des Urteilsakts, ohne deshalb «im» Sein zu sein. Sie ist wie etwas Irreales zwischen zwei volle Realitäten eingeschlossen, von denen keine sie beansprucht: das über die Negation befragte Ansich-sein verweist auf das Urteil, da es nur das ist, was es ist – und das Urteil als gänzliche psychische Positivität verweist auf das Sein, weil es eine das Sein betreffende und folglich transzendente Negation formuliert. Die Negation als Ergebnis konkreter psychischer Operationen, durch die sie in ihrer Existenz erhalten wird, da sie unfähig ist, durch sich zu existieren, hat die Existenz eines noematischen Korrelats, ihr *esse* besteht ganz genau in ihrem *percipi*. Und das Nichts als begriffliche Einheit der negativen Urteile kann nicht die geringste Realität haben außer der, die die Stoiker ihrem *lecton* verliehen. Können wir uns dieser Auffassung anschließen?

Die Frage kann folgendermaßen gestellt werden: Steht die Negation als Struktur des Urteilssatzes am Ursprung des Nichts – oder ist im Gegenteil das Nichts als Struktur des Realen Ursprung und Grundlage der Negation? So hat uns das Problem des Seins auf das der Frage verwiesen, so wie die menschliche Haltung und das Problem der Frage uns auf das des Seins der Negation verweist.

Es ist evident, daß das Nicht-sein immer in den Grenzen einer menschlichen Erwartung erscheint. Weil ich erwarte, 1500 Francs zu finden, finde ich *nur* 1300. Weil der Physiker eine Bestätigung seiner Hypothese *erwartet*, kann die Natur zu ihm nein sagen. Es wäre also müßig, zu leugnen, daß die Negation auf der primären Grundlage eines Verhältnisses des Menschen zur Welt erscheint; die Welt entdeckt ihre Beispiele von Nicht-sein [*non-êtres*] nur dem, der sie zuerst als Möglichkeiten gesetzt hat. Heißt das aber, daß diese Beispiele von Nicht-sein auf bloße Subjektivität reduziert werden müssen? Heißt das, daß man ihnen die Wichtigkeit und den Existenztyp des stoischen *lecton*, des Husserlschen Noema zuschreiben muß?[29] Wir glauben nicht.

Zunächst ist es nicht wahr, daß die Negation nur eine Qualität des Urteils sei: die Frage wird durch ein fragendes Urteil formuliert, aber sie ist nicht Urteil: sie ist ein präjudikatives Verhalten; ich kann mit dem Blick, mit einer Geste fragen; durch die Frage stelle ich mich in gewisser Weise dem Sein gegenüber, und dieser Bezug zum Sein ist ein Seinsbezug, das Urteil ist nur dessen beliebiger Ausdruck. Ebenso ist es nicht notwendig ein *Mensch*, den der Fragende über das Sein befragt: dadurch, daß diese Auffassung der Frage ein intersubjektives Phänomen aus ihr macht, löst sie sie vom Sein ab, dem sie zugehört, und läßt sie als bloße Dialogmodalität in der Luft hängen. Man muß begreifen, daß die Dialogfrage im Gegenteil eine besondere Art der Gattung «Frage» ist und daß das befragte Sein zunächst kein denkendes Sein ist: wenn mein Auto eine Panne hat, dann sind es *der Vergaser, die Zündkerzen* usw., die ich befrage; wenn meine Uhr stehenbleibt, kann ich den Uhrmacher über die Ursachen dieses Stehenbleibens befragen, der Uhrmacher dagegen wird Fragen an die verschiedenen Mechanismen der Uhr stellen. Was ich vom Vergaser erwarte, was der Uhrmacher vom Räderwerk der Uhr erwartet, ist nicht ein Urteil, sondern eine Seinsenthüllung, auf deren Grundlage man ein Urteil fällen kann. Und wenn ich eine Seinsenthüllung *erwarte*, so deshalb, weil ich gleichzeitig auf die Eventualität der Enthüllung eines Nicht-seins vorbereitet bin. Wenn ich den Vergaser befrage, so deshalb, weil ich es für möglich halte, daß es im Vergaser «*nichts gibt*». So schließt meine Frage von Natur aus ein gewisses präjudikatives Verständnis des Nicht-seins ein; dieses präjudikative Verständnis ist an ihm selbst eine Seinsbeziehung zum Nicht-sein auf der Grundlage der ursprünglichen Transzendenz, das heißt einer Seinsbeziehung zum Sein.

Wenn im übrigen die eigentliche Natur der Frage dadurch verdunkelt wird, daß die Fragen oft von einem Menschen an andere Menschen gestellt werden, so muß man hier bedenken, daß zahlreiche nicht urteilende Verhaltensweisen dieses unmittelbare Verständnis des Nichtseins auf der Grundlage des Seins in seiner ursprünglichen Reinheit aufweisen. Wenn wir zum Beispiel die *Zerstörung* betrachten, so müssen wir zugeben, daß das eine *Tätigkeit* ist, die zwar das Urteil als Instrument benutzen kann, die aber nicht ausschließlich oder gar grundsätzlich als urteilend definiert werden kann. Sie weist also dieselbe Struktur wie die Frage auf. In einer Hinsicht ist der Mensch zwar das einzige Sein, durch das eine Zerstörung ausgeführt werden kann. Eine geologische Faltung, ein Gewitter zerstören nicht – oder wenigstens nicht *direkt*: sie verändern lediglich die Verteilung der Seinsmassen. Es gibt nach dem Gewitter nicht *weniger* als vorher. Es gibt *anderes*. Und sogar dieser Ausdruck ist unpassend, denn zur Setzung der Alterität bedarf es eines Zeugen, der die Vergangenheit in gewisser Weise behalten und mit der Gegenwart in der Form des «*Nicht-mehr*» vergleichen kann. Mangels eines solchen Zeugen gibt es Sein vor wie nach dem Gewitter: das ist alles. Wenn der Wirbelsturm den Tod gewisser Lebewesen herbeiführen kann, ist dieser Tod nur dann Zerstörung, wenn er als solche erlebt wird. Damit es Zerstörung geben kann, muß es zunächst ein Verhältnis des Menschen zum Sein geben, das heißt eine Transzendenz; und in den Grenzen dieses Verhältnisses muß der Mensch *ein* Sein als zerstörbar erfassen. Das setzt ein begrenzendes Abtrennen eines Seins im Sein voraus, was, wie wir anläßlich der Wahrheit gesehen haben, schon Nichtung ist. Das betrachtete Sein ist *dies* und außerhalb dessen *nichts*. Der Artillerist, dem man ein Ziel zuweist, bemüht sich, sein Geschütz in diese Richtung einzustellen, *unter Ausschluß* aller anderen. Aber das wäre noch nichts, wenn das Sein nicht als *zerbrechlich* enthüllt wäre. Und was ist die Zerbrechlichkeit, wenn nicht eine gewisse

Wahrscheinlichkeit von Nicht-sein für ein unter bestimmten Umständen gegebenes Sein? Ein Sein ist zerbrechlich, wenn es in seinem Sein eine bestimmte Möglichkeit von Nicht-sein birgt. Aber es ist wieder der Mensch, durch den die Zerbrechlichkeit dem Sein *geschieht*, denn die individualisierende Begrenzung, die wir eben erwähnten, ist Bedingung der Zerbrechlichkeit: *ein* Sein ist zerbrechlich, nicht aber das *ganze* Sein, das jenseits jeder möglichen Zerstörung ist. So läßt das Verhältnis individualisierender Begrenzung, das der Mensch auf der primären Grundlage seines Bezugs zum Sein zu *einem* Sein unterhält, die Zerbrechlichkeit in dieses Sein kommen als Erscheinung einer permanenten Möglichkeit von Nicht-sein. Aber das ist nicht alles: damit es Zerstörbarkeit geben kann, muß der Mensch sich gegenüber dieser Möglichkeit von Nicht-sein bestimmen, entweder positiv oder negativ: er muß die notwendigen Maßnahmen ergreifen, um sie zu verwirklichen (Zerstörung im eigentlichen Sinn) oder um sie, durch eine Negation des Nicht-seins, immer auf der Ebene einer bloßen Möglichkeit zu halten (Schutzmaßnahmen). Somit ist es der Mensch, der die Städte zerstörbar macht, gerade weil er sie als zerbrechlich und als wertvoll setzt und weil er für sie eine Gesamtheit von Schutzmaßnahmen ergreift. Und wegen der Gesamtheit dieser Maßnahmen kann ein Erdbeben oder ein Vulkanausbruch diese Städte oder diese menschlichen Bauten *zerstören*. Und der ursprüngliche Sinn und das Ziel des Krieges sind im kleinsten Bauwerk des Menschen enthalten. Man muß also zugeben, daß die Zerstörung eine wesenhaft menschliche Sache ist und *daß es der Mensch ist*, der seine Städte über Erdbeben oder direkt zerstört, der seine Schiffe über Wirbelstürme oder direkt zerstört. Zugleich muß man aber zugeben, daß die Zerstörung ein präjudikatives Verständnis des Nichts als solchen und ein Verhalten *gegenüber* dem Nichts voraussetzt. Außerdem ist die Zerstörung, obwohl sie dem Sein durch den Menschen geschieht, ein *objektives Faktum* und nicht ein Denken. In das Sein dieser Vase hat sich die Zerbrechlichkeit eingeprägt, und ihre Zerstörung wäre ein unumkehrbares und absolutes Ereignis, das ich nur feststellen könnte. Es gibt eine Transphänomenalität des Nicht-seins wie des Seins. Die Untersuchung des Verhaltens «Zerstörung» führt uns also zu denselben Ergebnissen wie die Untersuchung des Frageverhaltens.

Aber wenn wir uns eindeutig entscheiden wollen, brauchen wir nur ein negatives Urteil an ihm selbst zu betrachten und uns zu fragen, ob es das Nicht-sein mitten im Sein erscheinen läßt oder ob es sich darauf beschränkt, eine früher gemachte Entdeckung zu fixieren. Ich bin um vier Uhr mit Pierre verabredet. Ich komme eine viertel Stunde zu spät: Pierre ist immer pünktlich; hat er auf mich gewartet? Ich sehe mich im Lokal um, sehe mir die Gäste an und sage: «Er ist nicht da.» Ist das eine Intuition der Abwesenheit Pierres, oder tritt die Negation erst mit dem Urteil auf? Auf den ersten Blick erscheint es als absurd, hier von Intuition zu sprechen, weil es eben gerade keine Intuition von *nichts* geben kann und die Abwesenheit Pierres dieses nichts ist. Aber das populäre Bewußtsein bezeugt diese Intuition. Man sagt zum Beispiel: «Ich habe sofort gesehen, daß er nicht da war.» Handelt es sich um eine bloße Verlagerung der Negation? Sehen wir näher hin.

Sicher ist das Café, durch sich selbst, mit seinen Gästen, seinen Tischen und Stühlen, seinen Spiegeln, seinem Licht, seiner verrauchten Atmosphäre, den Geräuschen von Stimmen, von klappernden Untertassen, von Schritten, die es erfüllen, eine Seinsfülle. Und alle Einzelintuitionen, die ich haben kann, sind erfüllt von diesen Gerüchen, Klängen, Farben, lauter Phänomenen, die ein transphänomenales Sein haben. Ebenso ist die gegenwärtige Anwesenheit Pierres an einem Ort, den ich nicht kenne, auch Seinsfülle. Es scheint so, als fänden wir diese Fülle überall. Aber man muß beachten, daß es in der

Wahrnehmung immer Konstituierung einer Form auf einem Hintergrund gibt. Kein Objekt, keine Gruppe von Objekten ist speziell bestimmt, sich als Hintergrund oder als Form zu organisieren: alles hängt von der Richtung meiner Aufmerksamkeit ab. Wenn ich in dieses Café eintrete, um dort Pierre zu suchen, bildet sich eine synthetische Organisation aller Gegenstände des Cafés als Hintergrund, auf dem Pierre gegeben ist als der, der erscheinen soll. Und diese Organisation des Cafés als Hintergrund ist eine erste Nichtung. Jedes Element des Raums, Person, Tisch, Stuhl, sucht sich zu isolieren, sich von dem durch die Totalität der anderen Gegenstände konstituierten Hintergrund abzuheben und fällt in die Undifferenziertheit dieses Hintergrunds zurück, löst sich in diesem Hintergrund auf. Denn der Hintergrund ist das, was nur mitgesehen wird, das Objekt einer bloß marginalen Aufmerksamkeit. So ist diese erste Nichtung aller Formen, die erscheinen und versinken in der totalen Äquivalenz eines *Hintergrunds*, die notwendige Bedingung für das Erscheinen der Hauptform, die hier die Person Pierres ist. Und diese Nichtung ist meiner Intuition gegeben, ich bin Zeuge des sukzessiven Schwindens aller Gegenstände, die ich betrachte, besonders der Gesichter, die mich einen Augenblick festhalten («Ob das Pierre ist?») und die sich sofort auflösen, eben weil sie Pierres Gesicht «nicht sind». Würde ich jedoch Pierre endlich entdecken, so wäre meine Intuition durch ein festes Element erfüllt, ich wäre plötzlich von seinem Gesicht fasziniert, und das ganze Café würde sich um ihn herum zu diskreter Anwesenheit organisieren. Aber Pierre ist eben nicht da. Das soll keineswegs heißen, daß ich seine Abwesenheit an irgendeiner bestimmten Stelle des Lokals entdecke. Pierre ist von dem *ganzen* Café abwesend; seine Abwesenheit läßt das Café in seinem Schwinden erstarren, das Café bleibt *Hintergrund*, es verharrt dabei, sich meiner bloß marginalen Aufmerksamkeit als undifferenzierte Totalität darzubieten, es gleitet zurück, es verfolgt seine Nichtung. Doch für eine bestimmte Form macht es sich zu Hintergrund, es trägt sie überall vor sich her, es bietet sie mir überall dar, und diese Form, die sich immer wieder zwischen meinen Blick und die festen, realen Gegenstände des Cafés schiebt, ist gerade ein ständiges Schwinden, sie ist Pierre, der sich vom Nichtungshintergrund des Cafés als Nichts [*néant*] abhebt. So ist das der Intuition Dargebotene ein Flimmern von Nichts, das Nichts des Hintergrunds, dessen Nichtung die Erscheinung der Form herbeiruft und verlangt, und die Form – Nichts [*néant*], das wie ein nichts [*rien*] auf der Oberfläche des Hintergrunds dahingleitet. Was dem Urteil: «Pierre ist nicht da» als Grundlage dient, ist also genau das intuitive Erfassen einer zweifachen Nichtung. Und sicher setzt die Abwesenheit Pierres einen ersten Bezug von mir zu diesem Café voraus; es gibt eine Unzahl von Leuten, die ohne irgendeinen Bezug zu diesem Café sind, weil es an einer realen Erwartung mangelt, die ihre Abwesenheit feststellt. Aber ich erwarte, gerade Pierre zu sehen, und meine Erwartung hat Pierres Abwesenheit *geschehen* lassen wie ein reales, dieses Café betreffendes Ereignis, jetzt ist diese Abwesenheit ein objektives Faktum, ich habe sie *entdeckt*, und sie bietet sich als ein synthetischer Bezug zwischen Pierre und dem Raum dar, in dem ich ihn suche: der abwesende Pierre *sucht dieses Café heim* und ist die Bedingung für dessen nichtende Anordnung als *Hintergrund*. Dagegen sind die Urteile, die ich zum Spaß formulieren kann, wie «Wellington ist nicht in diesem Café, Paul Valéry ist auch nicht da» usw., rein abstrakte Bedeutungen, bloße Anwendungen des Negationsprinzips, ohne reale Grundlage oder Wirksamkeit, und es wird ihnen nie gelingen, einen *realen* Bezug zwischen dem Café, Wellington oder Valéry herzustellen: die Beziehung: «ist nicht» ist hier bloß *gedacht*. Das zeigt zur Genüge, daß das Nicht-sein den Dingen nicht durch das Negationsurteil geschieht: vielmehr wird das Negationsurteil durch das Nicht-sein bedingt und erhalten.

Wie könnte es übrigens anders sein? Wie könnten wir die verneinende Form des Urteils überhaupt begreifen, wenn alles Seinsfülle und Positivität ist? Einen Augenblick lang hatten wir geglaubt, die Negation könnte aus der Gegenüberstellung des erwarteten und des erhaltenen Ergebnisses hervorgehen. Sehen wir uns aber diese Gegenüberstellung an: hier ein erstes Urteil als konkreter, positiver psychischer Akt, der eine Tatsache feststellt: «In meiner Brieftasche sind 1300 Francs», und hier ein zweites, das auch nichts anderes als eine Tatsachenfeststellung und eine Affirmation ist: «Ich erwartete, 1500 Francs vorzufinden». Das sind also reale, objektive Tatsachen, positive, psychische Ereignisse, affirmative Urteile. Wo ist Platz für die Negation? Glaubt man, daß sie bloße Anwendung einer Kategorie ist? Und meint man, daß der Geist das *Nein* als Form des Auslesens und Trennens in sich besitzt? Aber in diesem Fall nimmt man der Negation noch die geringste Spur von Negativität. Wenn man annimmt, daß die Kategorie des Nein, eine *tatsächlich* im Geist existierende Kategorie als positives, konkretes Verfahren zum Zusammenbrauen und Systematisieren unserer Erkenntnisse, plötzlich ausgelöst wird durch die Anwesenheit gewisser affirmativer Urteile in uns und daß sie plötzlich gewisse Gedanken, die sich aus diesen Urteilen ergeben, mit ihrem Siegel prägt, dann hat man die Negation gründlich jeder negativen Funktion beraubt. Denn die Negation ist Existenzverweigerung. Durch sie wird ein Sein (oder eine Seinsweise) gesetzt und dann ins Nichts zurückgeworfen. Wenn die Negation Kategorie ist, wenn sie nur ein auf gewisse Urteile indifferent aufgesetzter Dämpfer ist, woher nimmt man dann, daß sie ein Sein nichten, es plötzlich auftauchen lassen und es benennen kann, um es ins Nicht-sein zurückzuwerfen? Wenn die vorhergegangenen Urteile Tatsachenfeststellungen sind wie die, die wir als Beispiel benutzt haben, muß die Negation wie eine freie Erfindung sein, muß sie uns von dieser Mauer von Positivität losreißen, die uns umschließt: sie ist eine plötzliche Unterbrechung, die auf keinen Fall aus den vorhergehenden Affirmationen *resultieren* kann, ein originales und unreduzierbares Ereignis. Aber wir sind hier in der Sphäre des Bewußtseins. Und das Bewußtsein kann eine Negation nur in Form von Negationsbewußtsein hervorbringen. Keine Kategorie kann das Bewußtsein «bewohnen» und sich dort aufhalten wie ein Ding. Das *Nein* als plötzliche intuitive Entdeckung erscheint als Bewußtsein (zu sein), Bewußtsein des Nein. Kurz, wenn es überall Sein gibt, so ist nicht nur das Nichts, wie Bergson meint, unfaßbar:[30] vom Sein wird man niemals die Negation ableiten. Die notwendige Bedingung dafür, daß es möglich ist, *nein* zu sagen, ist, daß das Nicht-sein eine ständige Anwesenheit ist, in uns und außer uns, daß das Nichts das Sein *heimsucht*.

Aber woher kommt das Nichts? Und wenn es die erste Bedingung des Frageverhaltens ist und, allgemeiner, jeder philosophischen oder wissenschaftlichen Untersuchung, was ist dann der primäre Bezug des menschlichen Seins zum Nichts, was ist das primäre nichtende Verhalten?

III

Die dialektische Auffassung des Nichts

Es ist noch zu früh, als daß wir uns vornehmen könnten, den *Sinn* dieses Nichts auszumachen, vor das die Frage uns plötzlich geworfen hat. Aber wir können schon jetzt einige Präzisierungen geben. Es wäre vor allem nicht schlecht, die Beziehungen des Seins zum Nicht-sein, das es heimsucht, zu fixieren. Wir haben ja einen gewissen Parallelismus zwischen den menschlichen Verhaltensweisen gegenüber dem Sein und gegenüber dem Nichts festgestellt; und wir sind sofort versucht, das Sein und das Nicht-sein als zwei komplementäre Komponenten des Realen zu betrachten wie Licht und Schatten: es würde sich dann um zwei streng gleichzeitige Begriffe handeln, die sich bei der Hervorbringung der Existierenden so vereinten, daß es müßig wäre, sie isoliert zu betrachten. Das reine Sein und das reine Nicht-sein wären zwei Abstraktionen, deren bloße Vereinigung die Basis konkreter Realitäten wäre.

Das ist gewiß der Gesichtspunkt Hegels. In seiner *Logik* untersucht er ja die Beziehungen zwischen Sein und Nicht-Sein, und er nennt diese Logik «das System der *reinen* Denkbestimmungen». Und er präzisiert seine Definition: «Beim Gedanken im gewöhnlichen Sinn stellen wir uns immer etwas vor, was nicht bloß reiner Gedanke ist, denn man meint ein Gedachtes damit, dessen Inhalt ein Empirisches ist. In der Logik werden die Gedanken so gefaßt, daß sie keinen anderen Inhalt haben als einen dem Denken selbst angehörigen und durch dasselbe hervorgebrachten.» Diese Bestimmungen sind zwar «das Innerste». Aber das «An-und-für-sich-selbst-Betrachten derselben hat den weiteren Sinn, daß wir aus dem Denken selbst diese Bestimmungen ableiten und aus ihnen selbst sehen, ob sie *wahrhafte* sind»[31]. Doch gehen die Bemühungen der Hegelschen Logik dahin, «die Unvollständigkeit der Begriffe zu verdeutlichen, (die sie) umschichtig betrachtet, und die Notwendigkeit, sich zu ihrem Verständnis zu einem vollständigeren Begriff aufzuschwingen, der sie aufhebt, indem er sie integriert»*. Man kann auf Hegel anwenden, was Le Senne von der Philosophie

---

* Jean Laporte, *Le problème de l'abstraction*, Presses Universitaires de France, Paris 1940, 25.

Hamelins sagt: «Jedes niedere Glied hängt vom höheren ab, so wie das Abstrakte vom Konkreten, das es benötigt, um es zu realisieren.»[32] Das wahrhafte Konkrete ist für Hegel das Existierende mit seinem Wesen, die Totalität, die durch die synthetische Integration aller abstrakten Momente hervorgebracht wird, die sich in jener aufheben, indem sie ihre Ergänzung verlangen. In diesem Sinn ist das Sein die abstrakteste und ärmste Abstraktion, wenn wir es an ihm selbst betrachten, das heißt, wenn wir es von seinem Sich-aufheben im Wesen trennen. In der Tat: «Das Sein verhält sich als das Unmittelbare zum Wesen als dem Mittelbaren. Die Dinge sind überhaupt, allein ihr Sein besteht darin, ihr Wesen zu zeigen. Das Sein macht sich zum Wesen, was man auch so ausdrücken kann: das Sein setzt das Wesen voraus. Aber wenn auch das Wesen im Verhältnis zum Sein als das Vermittelte erscheint, so ist doch das Wesen das *Ursprüngliche*. Das Sein geht in ihm in seinen Grund zurück; das Sein hebt sich in dem Wesen auf.»[33]

So wird das vom Wesen, das sein Grund ist, abgetrennte Sein die «einfache inhaltslose Unmittelbarkeit». Und so definiert es ja die *Phänomenologie des Geistes*: «... dieses reine *Sein* oder diese einfache Unmittelbarkeit macht ihre [der Sache] *Wahrheit* aus.» Wenn der Anfang der Logik das Unmittelbare sein soll, finden wir also den Anfang im *Sein*, das «die Bestimmungslosigkeit vor aller Bestimmtheit, das Bestimmungslose als Allererstes» ist.

Aber das derart bestimmungslose Sein «macht sich zu» seinem Gegenteil: «Dieses reine Sein», schreibt Hegel in der *Enzyklopädie*, «ist nun die *reine Abstraktion*, damit das *Absolut-Negative*, welches, gleichfalls unmittelbar genommen, das *Nichts* ist.»[34] Ist das Nichts tatsächlich nicht bloße Identität mit sich selbst, völlige Leere, Fehlen von Bestimmtheit und Inhalt? Das reine Sein und das reine Nichts sind also dasselbe. Oder vielmehr, es ist richtig zu sagen, daß sie sich unterscheiden. «Allein weil der Unterschied hier sich noch nicht bestimmt hat, denn eben Sein und Nichts sind noch das Unmittelbare, so ist er, wie er an denselben ist, das *Unsagbare*, die bloße *Meinung*.»[35] Das bedeutet konkret, «*daß es nirgend im Himmel und auf Erden etwas gebe, was nicht beides, Sein und Nichts, in sich enthielte*»[36].

Es ist noch zu früh, die Hegelsche Auffassung als solche zu diskutieren: erst die Gesamtheit der Ergebnisse unserer Untersuchung wird uns erlauben, zu ihr Stellung zu nehmen. Man muß lediglich darauf hinweisen, daß Hegel das Sein auf eine Bedeutung des Existierenden reduziert. Das Sein ist vom Wesen umschlossen, das seine Grundlage und sein Ursprung ist. Die ganze Hegelsche Theorie fußt auf der Idee, daß ein philosophischer Schritt erforderlich ist, um am Beginn der Logik das Unmittelbare vom Vermittelten her, das Abstrakte von dem es begründenden Konkreten her wiederzufinden. Aber wir haben schon darauf hingewiesen, daß das Sein sich nicht zum Phänomen verhält wie das Abstrakte zum Konkreten. Das Sein ist nicht «eine Struktur unter andern», ein Moment des Gegenstands, es ist eben die Bedingung aller Strukturen und aller Momente, es ist die Grundlage, auf der sich die Merkmale des Phänomens zeigen. Und ebenso unannehmbar ist, daß das Sein der Dinge darin besteht, «ihr Wesen zu zeigen». Denn dann bedürfte es eines Seins dieses Seins. Wenn übrigens das Sein der Dinge darin bestände zu zeigen, so wäre nicht einzusehen, wie Hegel ein reines Moment des Seins feststellen könnte, wo wir nicht einmal eine Spur dieser ersten Struktur finden würden. Es ist richtig, daß durch den Verstand das reine Sein fixiert, in eben seinen Bestimmungen isoliert und zum Erstarren gebracht wird. Aber wenn das Sich-Aufheben im Wesen das erste Merkmal des Seins bildet und wenn der Verstand sich darauf beschränkt, zu «bestimmen und in den Bestimmungen zu verharren», so sieht man nicht ein, wie er das Sein gerade nicht bestimmt als darin bestehend, zu zeigen. Man wird sagen, daß für Hegel jede Bestimmung Negation ist. Aber der Verstand beschränkt sich in diesem Sinne darauf, zu leugnen, daß sein Gegenstand *anderes* ist, als er ist. Das genügt zwar, um jeden dialektischen Schritt zu verhindern, aber es dürfte nicht genügen, noch den Keim des Sich-Aufhebens verschwinden zu lassen. Insofern sich das Sein *in etwas anderem* aufhebt, entgeht es den Bestimmungen des Verstandes, aber insofern es *sich* aufhebt, das heißt in seinem Innersten der Ursprung seines eigenen Sich-Aufhebens ist, muß es im Gegenteil, so wie es *ist*, dem Verstand erscheinen, der es in seinen eigenen Bestimmungen erstarren läßt. Wer behauptet, das Sein sei nur das, was es ist, der läßt zum mindesten das Sein unversehrt, insofern es sein Sich-Aufheben *ist*. Hier liegt die Zweideutigkeit des Hegelschen Begriffs «Sich-Aufheben», das bald ein Hervorbrechen aus der tiefsten Tiefe des betrachteten Seins zu sein scheint und bald eine äußere Bewegung, von der dieses Sein mitgerissen wird. Es genügt nicht, zu behaupten, daß der Verstand im Sein nur das findet, was es ist, man muß auch erklären, wie das Sein, das das ist, was es ist, *nur das* sein kann: eine derartige Erklärung würde ihre Legitimität aus der Betrachtung des Seinsphänomens als solchen herleiten und nicht aus den negierenden Verfahren des Verstandes.

Aber was hier geprüft werden muß, ist vor allem die Behauptung Hegels, wonach das Sein und das Nichts zwei Gegensätze bilden, deren Unterschied, auf der betrachteten Abstraktionsebene, nur eine bloße «Meinung» ist.

Nach hegelscher Art das Sein dem Nichts gegenüberstellen wie die These der Antithese heißt eine logische Gleichzeitigkeit zwischen ihnen voraussetzen. So tauchen gleichzeitig zwei Gegensätze auf wie die beiden Endglieder einer logischen Reihe. Aber man muß hier darauf achten, daß allein die Gegensätze diese Gleichzeitigkeit besitzen können, weil sie gleichermaßen positiv (oder gleichermaßen negativ) sind. Aber das Nicht-sein ist nicht konträr zum Sein, es ist zu ihm kontradiktorisch. Das impliziert ein logisches Später des Nichts gegenüber dem Sein, da es das zunächst gesetzte und dann negierte Sein ist. Es ist also nicht möglich, daß das Sein und das Nicht-sein Begriffe gleichen Inhalts sind, weil ja im Gegenteil das Nicht-sein einen unreduzierbaren Schritt des Geistes voraussetzt: was auch die primäre Ununterschiedenheit des Seins sein mag, das Nicht-sein ist diese *negierte* Ununterschiedenheit. Für Hegel «macht sich» das Sein zum Nichts, weil er implizit die Negation in seine Definition des Seins selbst eingeführt hat. Das versteht sich von selbst, da eine Definition negativ ist und Hegel uns gesagt hat, eine Formulierung Spinozas aufnehmend: *Omnis determinatio est negatio*. Und schreibt er nicht: «Durch irgendeine Bestimmung oder Inhalt, der in ihm unterschieden oder wodurch es [das Sein] als unterschieden von einem Anderen gesetzt würde, würde es nicht in seiner Reinheit festgehalten. Es ist die reine Unbestimmtheit und Leere. – Es ist *nichts* in ihm anzuschauen...»[37] Folglich ist er es, der von außen in das Sein diese Negation einführt, die er dann wieder vorfindet, wenn es sich zu Nicht-sein macht. Allein, hier liegt ein Wortspiel vor in bezug auf den Negationsbegriff selbst. Denn wenn ich jede Bestimmung und jeden Inhalt des Seins negiere, so ist das nur möglich, indem ich behaupte, daß es mindestens *ist*. Man mag also vom Sein negieren, was immer man will, man wird nicht erreichen können, daß es *nicht ist*, gerade eben weil man negiert, daß es dieses oder jenes sei. Die Negation kann den Seinskern des Seins nicht erreichen, das absolute Fülle und gänzliche Positivität ist. Dagegen ist das Nicht-sein eine Negation, die auf diesen Kern gänzlicher Dichte selbst zielt. In seinem Innern negiert sich das Nicht-sein. Wenn Hegel schreibt, daß das «*Sein* und *Nichts*... nichts als diese leeren Abstraktionen sind und jede von beiden so leer ist als die andere»[38], vergißt er, daß das Leere leer *von* etwas ist.* Doch das Sein ist leer *von* jeder Bestimmung außer der Identität mit sich selbst; aber das Nicht-sein ist leer *von Sein.* Kurz, was man hier gegen Hegel in Erinnerung bringen muß, ist, daß das Sein *ist* und daß das Nichts *nicht ist.*

Selbst wenn also das Sein nicht der Träger irgendeiner differenzierten Qualität wäre, so wäre das Nichts ihm logisch später, da es das Sein voraussetzt, um es negieren zu können, denn die unreduzierbare Qualität des *Nein* kommt zu dieser ununterschiedenen Seinsmasse hinzu, um sie preiszugeben. Das bedeutet nicht nur, daß wir es ablehnen müssen, *Sein* und *Nicht-sein* auf dieselbe Ebene zu stellen, sondern auch, daß wir uns davor hüten müssen, das Nichts jemals als einen ursprünglichen Abgrund zu setzen, aus dem das Sein hervorginge. Der Gebrauch, den wir vom Begriff des Nichts in seiner vertrauten Form machen, setzt immer eine vorhergehende Spezifizierung des Seins voraus. In dieser Hinsicht ist es erstaunlich, daß die Sprache uns ein Nichts an *Dingen* («*nichts*») und ein Nichts an Menschen («*niemand*») bietet. Aber die Spezifizierung wird in der Mehrzahl der Fälle noch weiter getrieben: man sagt, indem man auf eine besondere Sammlung von Gegenständen hinweist: «Faß *nichts* an», das heißt ganz genau, nichts von dieser Sammlung. Ähnlich antwortet jemand, den man nach ganz bestimmten Ereignissen des privaten oder öffentlichen Lebens fragt: «Ich weiß *nichts*», und dieses nichts enthält die Gesamtheit der Tatsachen, nach denen man ihn gefragt hat. Auch Sokrates bezeichnet in seinem berühmten Satz: «Ich weiß, daß ich nichts weiß» mit diesem *nichts* genau die Totalität des betrachteten Seins als Wahrheit. Wenn wir uns für einen Augenblick den Gesichtspunkt der naiven Kosmogonien zu

---

* Das ist um so merkwürdiger, als er der erste ist, der bemerkt hat, daß jede Negation bestimmte Negation ist, das heißt sich auf einen Inhalt bezieht.

eigen machten und uns zu fragen versuchten, was «da war», bevor eine Welt da war, und wenn wir dann antworten «*nichts*», so wären wir gezwungen zuzugeben, daß dieses «bevor» wie dieses «nichts» retroaktiv sind. Was wir *heute* negieren, *wir*, die wir im Sein eingerichtet sind, ist, daß vor diesem Sein Sein da war. Die Negation geht hier von einem Bewußtsein aus, das sich zu den Ursprüngen zurückwendet. Wenn wir dieser ursprünglichen Leere ihre Eigenschaft nähmen, leer zu sein *von dieser Welt* und von jeder Gesamtheit, die die Form von Welt angenommen hat, sowie auch ihre Eigenschaft eines *Vorher*, die ein *Nachher* voraussetzt, dem gegenüber ich es als Vorher konstituiere, würde die Negation selbst schwinden und einer totalen Unbestimmtheit Platz machen, die undenkbar wäre, selbst und vor allem als Nichts. So könnten wir in Umkehrung der Formel Spinozas sagen, daß jede Negation Bestimmung ist. Das bedeutet, daß das Sein früher als das Nichts ist und es begründet. Das heißt nicht nur, daß das Sein dem Nichts gegenüber einen logischen Vorrang hat, sondern auch, daß es das Sein ist, von dem das Nichts konkret seine Wirksamkeit herleitet. Das drückten wir dadurch aus, daß wir sagten, das *Nichts sucht das Sein heim*. Das bedeutet, daß das Sein in keiner Weise des Nichts bedarf, um sich erfassen zu lassen, und daß man seinen Begriff erschöpfend untersuchen kann, ohne darin die kleinste Spur des Nichts zu finden. Im Gegensatz dazu kann das Nichts, *das nicht ist*, nur eine entliehene Existenz haben: vom Sein nimmt es sein Sein; sein Nichts an Sein wird nur in den Grenzen des Seins angetroffen, und das totale Verschwinden des Seins wäre nicht der Beginn der Herrschaft des Nicht-seins, sondern im Gegenteil das gleichzeitige Schwinden des Nichts: *Nicht-sein gibt es nur an der Oberfläche des Seins*.

IV
Die phänomenologische Auffassung des Nichts

Es ist wahr, daß man die Komplementarität von Sein und Nichts auch anders auffassen kann. Man kann in beiden zwei gleichermaßen notwendige Komponenten des Realen sehen, aber ohne daß dabei das Sein zum Nichts «sich macht», wie bei Hegel, oder ohne daß man, wie wir es versuchten, auf der Nachherigkeit des Nichts besteht: man könnte im Gegenteil den Akzent auf die wechselseitigen Abweisungskräfte legen, die Sein und Nicht-sein aufeinander ausüben, wobei das Reale in gewisser Weise die aus diesen antagonistischen Kräften resultierende Spannung wäre. Auf diese neue Auffassung orientiert sich Heidegger.*

Man braucht nicht lange, um den Fortschritt seiner Theorie des Nichts gegenüber der Hegels zu sehen. Zunächst sind Sein und Nicht-sein keine leeren Abstraktionen mehr. In seinem Hauptwerk hat Heidegger die Berechtigung der Frage nach dem Sein gezeigt: dieses hat nicht mehr den Charakter eines scholastischen Universals, den es bei Hegel noch behielt; es gibt einen Sinn des Seins, der aufgeklärt werden muß; es gibt ein «vorontologisches Verstehen» des Seins, das in jedem Verhalten des «Daseins [*réalité-humaine*]»[39] eingeschlossen ist, das heißt in jedem seiner Entwürfe. Ebenso erweisen sich die Aporien, die man aufzuzeigen pflegt, sobald ein Philosoph an das Problem des Nichts rührt, als belanglos: sie gelten nur, insofern sie den Gebrauch des Verstandes begrenzen, und sie zeigen einfach, daß dieses Problem nicht *in den Bereich* des Verstandes fällt. Es gibt im Gegenteil zahlreiche Haltungen des «Daseins [*réalité-humaine*]», die ein «Ver-

---

* Martin Heidegger, *Qu'est-ce que la métaphysique?*, Gallimard, Paris 1938 (Übersetzung: Henry Corbin).

stehen» des Nichts implizieren: Haß, Abwehr, Bedauern usw. Es gibt sogar für das «Dasein» eine permanente Möglichkeit, sich «vor» dem Nichts zu befinden und es als Phänomen zu entdecken: die Angst. Trotzdem verfällt Heidegger, auch wenn er die Möglichkeiten eines konkreten Erfassens des Nichts feststellt, nicht dem Irrtum Hegels, er bewahrt dem Nicht-sein nicht ein Sein, auch nicht ein abstraktes Sein: das Nichts ist nicht, es *nichtet* sich.[40] Es wird von der Transzendenz getragen und bedingt. Bekanntlich wird für Heidegger das Sein des Daseins [*réalité-humaine*] als «In-der-Welt-sein» definiert. Und die Welt ist die synthetische Gesamtheit der «Zuhandenheiten» [*réalités-ustensiles*][41], insofern sie in immer weiteren Kreisen aufeinander verweisen und insofern der Mensch sich aus dieser Ganzheit her zu bedeuten gibt, was er ist.[42] Das bedeutet einerseits, daß das «Dasein [*réalité-humaine*]» auftaucht, insofern es vom Sein *umschlossen* ist, im Sein «sich befindet»[43] – und andererseits, daß es das Dasein [*réalité-humaine*] ist, das macht, daß dieses Sein, das es umdrängt, sich in Form von Welt um es herum anordnet. Aber es kann das Sein als zu Welt organisierte Totalität nur erscheinen lassen, indem es es überschreitet. Für Heidegger ist jedes Bestimmen Überschreiten, da es Zurückweichen, Einnahme eines Gesichtspunkts voraussetzt. Dieses Überschreiten der Welt, eben als Bedingung für das Auftauchen der Welt als solcher, vollzieht das «Dasein» *in Richtung auf sich selbst*. Das Merkmal der Selbstheit[44] ist ja, daß der Mensch von dem, was er ist, immer getrennt ist durch die ganze Weite des Seins, das er nicht ist. Er bedeutet sich selbst von der anderen Seite der Welt, und er verinnerlicht sich vom Horizont her zu sich selbst hin zurückkehrend: der Mensch ist «ein Wesen der Ferne»[45]. In dieser Verinnerlichungsbewegung, die das ganze Sein durchdringt, taucht das Sein auf und organisiert sich als Welt, ohne daß es einen Vorrang der Bewegung vor der Welt oder der Welt vor der Bewegung gäbe. Aber dieses

Erscheinen des Selbst jenseits der Welt, das heißt der Ganzheit des Realen, ist ein Auftauchen des «Daseins [*réalité-humaine*]» im Nichts. Allein im Nichts kann man das Sein überschreiten. Gleichzeitig ist vom Gesichtspunkt des Jenseits der Welt das Sein als Welt organisiert, was einerseits bedeutet, daß das Dasein [*réalité-humaine*] entsteht als Auftauchen des Seins im Nicht-sein, und andererseits, daß die Welt im Nichts «aussteht». Die Angst ist die Entdeckung dieser zweifachen, fortwährenden Nichtung. Und von diesem Überschreiten der Welt aus realisiert das «Dasein» die Kontingenz der Welt, das heißt, es stellt die Frage: «Warum ist überhaupt Seiendes und nicht vielmehr Nichts?»[46] Die Kontingenz der Welt erscheint also dem Dasein [*réalité-humaine*], insofern es sich im Nichts niedergelassen hat, um sie zu erfassen.

So schließt also das Nichts das Sein von allen Seiten ein und wird zugleich damit aus dem Sein vertrieben; so gibt sich das Nichts als das, wodurch die Welt ihre Weltkonturen erhält. Kann diese Lösung uns zufriedenstellen?

Zwar kann man nicht leugnen, daß das Erfassen der Welt als Welt nichtend ist. Sobald die Welt als Welt erscheint, gibt sie sich als *nur dies seiend*. Das notwendige Gegenstück zu diesem Erfassen ist also das Auftauchen des «Daseins [*réalité-humaine*]» im Nichts. Aber woher kommt das Vermögen des «Daseins [*réalité-humaine*]», im Nicht-sein aufzutauchen? Ohne jeden Zweifel besteht Heidegger mit Recht auf der Tatsache, daß die Verneinung ihren Grund aus dem Nichts gewinnt. Aber wenn das Nichts die Verneinung begründet, so weil es das *Nein* als seine wesenhafte Struktur in sich einschließt. Anders gesagt, nicht als unbestimmte Leere oder als Anderssein, das sich nicht als Anderssein setzte,* begründet das Nichts die Verneinung. Es ist der Ursprung des verneinenden Urteils, weil es selbst Verneinung ist. Es begründet die Ver-

---

* Was Hegel «unmittelbares Anderssein» nennen würde.

neinung als *Akt*, weil es die Verneinung als *Sein* ist. Das Nichts kann nur Nichts sein, wenn es sich ausdrücklich als Nichts von der Welt nichtet; das heißt, wenn es sich in seiner Nichtung ausdrücklich auf diese Welt hin richtet, um sich als Abweisung der Welt zu konstituieren. Das Nichts trägt das Sein in sich. Aber wieso gibt das Auftauchen [des Daseins] über diese nichtende Abweisung Aufschluß? Keineswegs kann die Transzendenz, die «Entwurf von sich über... hinaus» ist, das Nichts begründen, ist es doch vielmehr das Nichts, das gerade mitten in der Transzendenz ist und sie bedingt. Merkmal der Heideggerschen Philosophie ist jedoch, daß das «Dasein» mit positiven Ausdrücken beschrieben wird, von denen jeder implizite Verneinungen verdeckt. Das Dasein ist «außerhalb seiner, in der Welt», es ist «ein Wesen der Ferne», es ist «Sorge», es ist «seine eigenen Möglichkeiten» usw. All das läuft darauf hinaus zu sagen: das Dasein «*ist nicht*» an sich, es «*ist nicht*» zu sich selbst in einer unmittelbaren Nähe, und es «überschreitet» die Welt, insofern es sich selbst als *nicht an sich seiend* und als *nicht die Welt seiend* setzt. Insofern hat Hegel gegen Heidegger recht, wenn er erklärt, daß der Geist das Negative ist. Nur kann man beiden dieselbe Frage in fast gleicher Form stellen: zu Hegel muß man sagen: «Es genügt nicht, den Geist als die Vermittlung und das Negative zu setzen, man muß die Negativität als Struktur des Seins des Geistes zeigen. Was muß der Geist sein, damit er sich als negativ konstituieren kann?» Und Heidegger kann man fragen: «Wenn die Verneinung die primäre Struktur der Transzendenz ist, was muß dann die primäre Struktur des ‹Daseins [*réalité-humaine*]› sein, damit es die Welt transzendieren kann?» In beiden Fällen zeigt man uns eine verneinende Tätigkeit und kümmert sich nicht darum, diese Tätigkeit auf ein negatives Sein zu gründen. Und Heidegger macht außerdem aus dem Nichts eine Art intentionales Korrelat der Transzendenz, ohne zu sehen, daß er es schon in die Transzendenz selbst eingefügt hat als deren ursprüngliche Struktur.

Was soll aber außerdem die Behauptung, daß das Nichts die Verneinung begründe, wenn man danach eine Theorie des Nicht-seins aufstellt, die als Hypothese das Nichts von jeder konkreten Verneinung trennt? Wenn ich *jenseits* der Welt im Nichts auftauche, wie kann dieses weltjenseitige Nichts diese kleinen Lachen von Nicht-sein begründen, denen wir jeden Augenblick innerhalb des Seins begegnen? Ich sage, «Pierre ist nicht da», «Ich habe kein Geld mehr» usw. Muß man wirklich die Welt auf das Nichts hin überschreiten und dann bis zum Sein zurückkehren, um solche alltäglichen Urteile zu begründen? Und wie kann die Operation ablaufen? Es handelt sich keineswegs darum, die Welt in das Nichts gleiten zu lassen, sondern einfach darum, in den Grenzen des Seins einem Gegenstand ein Attribut zu verweigern. Kann man sagen, daß jedes verweigerte Attribut, jedes verneinte Sein durch ein und dasselbe weltjenseitige Nichts geschluckt wird, daß das Nicht-sein wie die Fülle dessen ist, was nicht ist, daß die Welt im Nicht-sein aussteht wie das Reale innerhalb der Möglichkeiten? In diesem Fall müßte jede Verneinung ein besonderes Überschreiten zum Ursprung haben: das Überschreiten des Seins auf das Andere hin. Aber was ist dieses Überschreiten, wenn nicht ganz einfach die Hegelsche Vermittlung – und haben wir nicht schon vergeblich von Hegel den nichtenden Grund der Vermittlung verlangt? Und übrigens, selbst wenn die Erklärung für die radikalen und einfachen Verneinungen zuträfe, die einem bestimmten Gegenstand jede Art von Anwesenheit innerhalb des Seins verweigern («der Kentaur *existiert nicht*»[47] – «*Es gibt keinen* Grund dafür, daß er sich verspätet» – «Die alten Griechen *praktizierten nicht* die Polygamie») und die allenfalls dazu beitragen können, das Nichts zu konstituieren als eine Art geometrischen Ort aller verfehlten Entwürfe, aller unrichtigen Vorstellungen, aller verschwundenen Wesen [*êtres*] oder solcher, deren Idee nur erfunden ist, dann würde diese Interpretation des

Nicht-seins für einen gewissen Typus von Realitäten – sogar die meisten – nicht mehr zutreffen, die das Nicht-sein in ihrem Sein einschließen. Wie kann man denn annehmen, daß ein Teil von ihnen im Universum ist und ein ganzer anderer Teil außerhalb im weltjenseitigen Nichts?

56 Nehmen wir als Beispiel den Begriff des Abstands, der die Bestimmung einer Plazierung, die Lokalisierung eines Punkts bedingt. Es ist leicht einzusehen, daß dieser Begriff ein negatives Moment enthält: zwei Punkte haben einen Abstand voneinander, wenn sie durch eine gewisse Strecke voneinander *getrennt* sind. Das heißt, daß die Strecke als positives Attribut eines Abschnitts der Geraden hier als Negation einer absoluten, undifferenzierten Nähe auftritt. Man wird vielleicht sagen wollen: der Abstand *ist nur* die Strecke des Abschnitts, von dem die beiden betrachteten Punkte A und B die Grenzen sind. Aber sieht man nicht, daß man in diesem Fall die Richtung der Aufmerksamkeit gewechselt und unter dem Deckmantel desselben Worts der Intuition einen anderen Gegenstand gegeben hat? Der organisierte Komplex, der durch den Abschnitt *mit* seinen beiden Grenzpunkten konstituiert wird, kann ja der Erkenntnis zwei verschiedene Gegenstände liefern. Man kann sich nämlich *den Abschnitt* zum unmittelbaren Gegenstand der Intuition geben; in diesem Fall bildet dieser Abschnitt eine volle, konkrete Spannung, von der die Strecke ein positives Attribut ist, und die beiden Punkte A und B erscheinen nur als ein Moment der Gesamtheit, das heißt, insofern sie durch den Abschnitt selbst als seine Grenzen impliziert sind: dann zieht sich die aus dem Abschnitt und seiner Strecke vertriebene Negation in die beiden *Grenzen* zurück: wer sagt, daß B die Grenze des Abschnitts ist, der sagt, daß der Abschnitt sich über diesen Punkt hinaus *nicht ausdehnt*. Die Negation ist hier sekundäre Struktur des Gegenstands. Wenn man dagegen seine Aufmerksamkeit auf die beiden Punkte A und B lenkt, heben sie sich als unmittelbare Gegenstände der Intuition

auf einem Raumhintergrund ab. Der Abschnitt verschwindet als voller, konkreter Gegenstand und wird von den beiden Punkten aus als das Leere, das Negative, das sie trennt, erfaßt: die Negation entweicht den Punkten, die aufhören, *Grenzen* zu sein, und kennzeichnet die Strecke des Abschnitts selbst als *Abstand*. So kann also die durch den Abschnitt und seine beiden Enden konstituierte totale Form mit der intrastrukturalen Negation auf zwei Weisen erfaßt werden. Oder vielmehr, es gibt zwei Formen, und die Bedingung des Erscheinens der einen ist die Auflösung der anderen, genauso wie man in der Wahrnehmung den einen Gegenstand als *Form* konstituiert, indem man den anderen Gegenstand zurückdrängt, bis man daraus einen *Hintergrund* gemacht hat, und umgekehrt. In beiden Fällen finden wir die gleiche Menge Negation vor, die bald in den Begriff der Grenzen und bald in den des Abstands übergeht, aber in keinem Fall beseitigt werden kann. Kann man sagen, daß der Begriff des Abstands ein psychologischer ist und daß er nur die Ausdehnung bezeichnet, die man *durchlaufen* muß, um vom Punkt A zum Punkt B zu gelangen? Wir antworten, daß dieselbe Negation in diesem «*Durchlaufen*» eingeschlossen ist, denn dieser Begriff drückt genau den passiven Widerstand der Entfernung aus. Wir nehmen durchaus mit Heidegger an, daß das «Dasein [*réalité-humaine*]» «ent-fernend»[48] ist, das heißt, daß es als das in der Welt auftaucht, was Abstände schafft und gleichzeitig verschwinden läßt. Doch selbst wenn dieses Ent-fernen die notwendige Bedingung dafür ist, daß es im allgemeinen eine Entfernung «gibt», so schließt es doch die Entfernung in sich ein als die negative Struktur, die überwunden werden muß. Es wäre müßig, den Abstand auf das einfache Ergebnis einer *Messung* zu reduzieren: im Verlauf der vorangegangenen Beschreibung ist gerade deutlich geworden, daß die beiden Punkte und der Abschnitt, der zwischen ihnen enthalten ist, die unauflösbare Einheit dessen haben, was die Deutschen eine «Gestalt»[49] nennen. Die Negation ist der Kitt, der diese Einheit realisiert. Sie definiert genau den unmittelbaren Bezug, der diese beiden Punkte verbindet und sie der Intuition als die unauflösbare Einheit des Abstands darbietet. Man verdeckt diese Negation nur, wenn man den Abstand auf das Maß einer Strecke reduzieren zu können meint, denn gerade sie ist der *Seinsgrund* dieses Maßes.

Was wir durch die Untersuchung des *Abstands* gezeigt haben, hätten wir ebensogut durch Beschreibung von Realitäten wie Abwesenheit, Veränderung, Anderssein, Abweisung, Bedauern, Zerstreuung usw. sichtbar machen können. Es gibt eine unendliche Zahl von Realitäten, die nicht nur Urteilsgegenstände sind, sondern vom menschlichen Sein erfahren, bekämpft, gefürchtet usw. werden und die in ihrer inneren Struktur von der Negation bewohnt sind als einer notwendigen Bedingung ihrer Existenz. Wir werden sie Negativitäten [*négatités*] nennen. Kant hatte ihre Bedeutung geahnt, als er von *limitativen* Urteilen (*Nicht*sterblichkeit der Seele) sprach,[50] einer Art von Synthesen aus dem Negativen und dem Positiven, wo die Negation Bedingung von Positivität ist. Die Funktion der Negation variiert je nach der Natur des betrachteten Gegenstands: zwischen den völlig positiven Realitäten (die gleichwohl die Negation enthalten als Bedingung der Deutlichkeit ihrer Konturen, als das, was sie bei dem festhält, was sie sind) und solchen, deren Positivität nur ein Schein ist, der ein Loch aus Nichts verbirgt, sind alle Zwischenstufen möglich. Es wird jedenfalls unmöglich, diese Negationen in ein weltjenseitiges Nichts zu verweisen, denn sie sind im Sein verstreut, vom Sein getragen und Bedingungen der Realität. Das weltjenseitige Nichts gibt über die absolute Negation Aufschluß; aber wir haben ja soeben ein Gewimmel von weltjenseitigen Wesen [*êtres*] entdeckt, die ebensoviel Realität und Effizienz besitzen wie die anderen Wesen [*êtres*], die aber Nicht-sein in sich einschließen. Sie erfordern eine Erklärung, die in den

Grenzen des Realen bleibt. Wenn das Nichts nicht vom Sein getragen wird, löst es sich *als Nichts* auf, und wir fallen auf das Sein zurück. Das Nichts kann sich nur auf einen Grund von Sein nichten; wenn Nichts gegeben sein kann, so weder vor noch nach dem Sein, noch in allgemeiner Weise außerhalb des Seins, sondern nur innerhalb des Seins selbst, in seinem Kern, wie ein Wurm.

V

Der Ursprung des Nichts

Es ist jetzt angebracht, zurückzuschauen und den zurückgelegten Weg zu ermessen. Wir haben zuerst die Frage nach dem Sein gestellt. Dann haben wir diese Frage selbst als einen Typus menschlichen *Verhaltens* betrachtet und sie unsererseits befragt. Wir mußten daraufhin erkennen: Wenn die Negation nicht existiert, kann keine Frage gestellt werden, vor allem nicht die nach dem Sein. Aber diese Negation selbst hat uns, näher betrachtet, auf das Nichts als ihren Ursprung und ihren Grund verwiesen: damit es in der Welt Negation geben kann und wir uns folglich über das Sein befragen können, muß das Nichts in irgendeiner Weise gegeben sein. Wir haben dann gemerkt, daß man das Nichts nicht *außerhalb* des Seins erfassen kann, weder als komplementären, abstrakten Begriff noch als unendliches Milieu, in dem das Sein aussteht. Das Nichts muß innerhalb des Seins gegeben sein, damit wir diesen besonderen Typus von Realitäten begreifen können, den wir Negativitäten genannt haben. Aber dieses innerweltliche Nichts kann vom An-sich-sein nicht hervorgebracht werden: der Seinsbegriff als volle Positivität enthält nicht das Nichts als eine seiner Strukturen. Man kann nicht einmal sagen, daß er es ausschließt: er ist ohne jeden Bezug zu ihm. Von daher die Frage, die sich uns nun mit besonderer Dringlichkeit stellt: Wenn das Nichts weder außerhalb des Seins noch vom Sein her erfaßt werden kann und wenn es andererseits, da es Nicht-sein ist, die notwendige Kraft, «sich zu nichten», nicht aus sich gewinnen kann, *woher kommt dann das Nichts?*

Wenn man das Problem genauer angehen will, muß man zunächst anerkennen, daß wir dem Nichts die Eigenschaft, «sich zu nichten», nicht zugestehen können. Denn obwohl das Verb «sich nichten» erdacht worden ist, um dem Nichts noch den leisesten Anflug von Sein zu nehmen, muß man zugeben, daß allein *das Sein* sich nichten kann, denn wie auch immer, um sich nichten zu können, muß man sein. Aber das Nichts *ist nicht*. Wenn wir davon sprechen können, so deshalb, weil es nur einen Anschein von Sein hat, ein entliehenes Sein, wie wir oben festgestellt haben. Das Nichts ist nicht, das Nichts «*wird geseint [est été]*»[51]; das Nichts nichtet sich nicht, das Nichts «wird genichtet». Also bleibt, daß ein Sein existieren muß – das nicht das An-sich sein könnte – und das die Eigenschaft hat, das Nichts zu nichten, es mit seinem Sein zu tragen, es ständig mit seiner eigenen Existenz zu stützen, *ein Sein, durch das das Nichts zu den Dingen kommt.* Aber wie muß dieses Sein in bezug auf das Nichts sein, damit durch es das Nichts zu den Dingen kommt? Zunächst muß man beachten, daß das betreffende Sein nicht passiv sein kann in bezug auf das Nichts: es kann es nicht empfangen; das Nichts könnte zu diesem Sein nicht *kommen*, es sei denn durch ein anderes Sein – was uns unendlich weiterverwiese. Andererseits kann aber das Sein, durch das das Nichts zur Welt kommt, das Nichts nicht *hervorbringen* und gleichzeitig indifferent gegenüber dieser Hervorbringung bleiben wie die Ursache der Stoiker, die ihre Wirkung hervorbringt, ohne sich zu verändern. Es wäre undenkbar, daß ein Sein, das volle Positivität ist, außerhalb seiner ein transzendentes Nichts an Sein aufrechterhielte und schaffte, denn im Sein gäbe es nichts, wodurch das Sein sich auf das Nicht-sein hin überschreiten könnte. Das Sein, durch das das Nichts in die Welt kommt, muß das Nichts in seinem Sein nichten, und auch so liefe es noch Gefahr, das Nichts als ein Transzendentes innerhalb der Immanenz zu etablieren, wenn es nicht das Nichts in seinem Sein *im Hinblick auf sein Sein* nichtete. Das Sein, durch das das Nichts in die Welt kommt, ist ein Sein, in dem es in seinem Sein um das Nichts seines Seins geht: *das Sein, durch das das Nichts zur Welt kommt, muß sein eigenes Nichts sein.* Und darunter darf man nicht einen nichtenden Akt verstehen, der seinerseits eine Grundlage im Sein erforderte, sondern ein ontologisches Merkmal des erforderten Seins. Fragt sich nur, in welcher delikaten, erlesenen Region des Seins wir dem Sein, das sein eigenes Nichts ist, begegnen werden.

Bei unserer Untersuchung wird uns eine umfassendere Prüfung des Verhaltens helfen, das unser Ausgangspunkt gewesen ist. Wir müssen also auf die Frage zurückkommen. Man wird sich daran erinnern, wie wir sahen, daß jede Frage ihrem Wesen nach die Möglichkeit einer negativen Antwort setzt. In der Frage befragt man ein Sein über sein Sein oder seine Seinsweise. Und diese Seinsweise oder dieses Sein ist verhüllt: es bleibt immer eine Möglichkeit offen, daß es sich als ein Nichts enthüllt. Aber gerade weil man damit rechnet, daß ein Existierendes sich immer als *nichts* enthüllen kann, setzt jede Frage ein nichtendes Abrücken vom Gegebenen voraus, das eine bloße zwischen dem Sein und dem Nichts oszillierende *Präsentation* wird. Es kommt also darauf an, daß der Fragende ständig die Möglichkeit hat, sich von den Kausalreihen zu lösen, die das Sein konstituieren und die nur Sein hervorbringen können. Denn wenn wir annähmen, daß die Frage im Fragenden durch den universalen Determinismus bestimmt sei, so wäre sie nicht mehr intelligibel und nicht einmal mehr denkbar. Eine reale Ursache bringt ja eine reale Wirkung hervor, und das verursachte Sein ist durch die Ursache ganz und gar in die Positivität engagiert: in dem Maß, wie es in seinem Sein von der Ursache abhängt, kann es darin nicht den kleinsten Keim von Nichts geben; insofern der Fragende gegenüber dem Befragten so etwas wie einen nichtenden Abstand einnehmen können muß, entgeht er der Kausalordnung der Welt, löst er sich vom Leim des Seins. Das bedeutet, daß er durch eine zweifache Nichtungsbewegung das Befragte sich selbst gegenüber nichtet, indem er es in einen *neutralen* Zustand zwischen dem Sein und dem Nicht-sein versetzt – und daß er sich selbst gegenüber dem Befragten nichtet, indem er sich vom Sein losreißt, um die Möglichkeit eines Nicht-seins aus sich hervorgehen lassen zu können. So ist mit der Frage eine gewisse Dosis Negatität in die Welt eingeführt: wir sehen, wie das Nichts die Welt irisiert und auf den Dingen schimmert. Aber gleichzeitig geht die Frage von einem Fragenden aus, der sich selbst in seinem Sein als fragend motiviert, indem er vom Sein abhebt. Sie ist also ihrer Definition nach ein menschlicher Prozeß. Der Mensch bietet sich, wenigstens in diesem Fall, als ein Sein dar, das das Nichts in der Welt aufbrechen läßt, insofern es sich selbst zu diesem Zweck mit Nicht-sein affiziert.

Diese Hinweise können uns als Leitfaden für eine Untersuchung der Negatitäten dienen, von denen wir vorhin sprachen. Ohne jeden Zweifel sind es transzendente Realitäten: der Abstand zum Beispiel drängt sich uns als etwas auf, mit dem man rechnen muß, was man mit Anstrengung überwinden muß. Indessen sind diese Realitäten von ganz besonderer Natur: sie markieren alle unmittelbar einen wesentlichen Bezug der menschlichen-Realität zur Welt. Sie leiten ihren Ursprung von einem Akt des menschlichen Seins her, entweder von einer Erwartung oder von einem Entwurf, sie markieren alle einen Aspekt des Seins, insofern es dem Menschenwesen [*être humain*] erscheint, das sich in die Welt engagiert. Und die Bezüge des Menschen zur Welt, die durch die Negativitäten angezeigt werden, haben nichts gemeinsam mit den Beziehungen *a posteriori*, die sich aus unserer empirischen Aktivität ergeben. Es handelt sich auch nicht um jene Bezüge der *Zuhandenheit* [*ustensilité*], durch die sich nach Heidegger die Gegenstände der Welt dem «Dasein [*réalité-humaine*]» enthüllen. Jede Negativität erscheint vielmehr als eine der wesentlichen Bedingungen dieses Utensilitätsbezugs. Damit die Totalität des Seins sich um uns herum als Utensilien anordnet, damit sie sich in differenzierte Gesamtheiten aufteilt, die aufeinander verweisen und *verwendbar sein* können, muß die Negation auftauchen, und zwar nicht als ein Ding unter anderen Dingen, sondern als eine kategoriale Rubrik, die die Anordnung und Aufteilung der großen Seinsmassen in Dinge leitet. So bewirkt das Auftauchen des Menschen im Milieu des Seins, das ihn «umschließt», daß sich eine Welt enthüllt. Aber das wesentliche und ursprüngliche Moment dieses Auftauchens ist die Negation. So haben wir also das erste Ziel dieser Untersuchung erreicht: der Mensch ist das Sein, durch das das Nichts zur Welt kommt. Aber diese Frage ruft sofort eine andere hervor: Was muß der Mensch in seinem Sein sein, damit durch ihn das Nichts zum Sein kommt?

Sein kann immer nur Sein erzeugen, und wenn der Mensch in diesen Zeugungsprozeß eingeschlossen ist, wird aus ihm nur Sein hervorgehen. Wenn er nach diesem Prozeß fragen, das heißt ihn in Frage stellen können soll, dann muß er ihn als eine Gesamtheit vor Augen haben, das heißt sich selbst *außerhalb des Seins* stellen und damit die Seinsstruktur des Seins schwächen können. Dennoch ist es der «menschlichen-Realität» nicht gegeben, die Seinsmasse, die ihr gegenübergestellt ist, auch nur vorläufig zu vernichten. Was sie modifizieren kann, das ist ihr *Bezug* zu diesem Sein. Ein bestimmtes Existierendes aus dem Kreislauf herausnehmen heißt für sie sich selbst aus dem Kreislauf gegenüber diesem Existierenden herausnehmen.

In diesem Fall entgeht sie ihm, ist außer Reichweite, es kann nicht auf sie einwirken, sie hat sich *jenseits eines Nichts* zurückgezogen. Dieser Möglichkeit der menschlichen-Realität, ein Nichts abzusondern, von dem sie isoliert wird, hat Descartes, nach den Stoikern, einen Namen gegeben: *Freiheit.*[51a] Aber Freiheit ist hier nur ein Wort. Wenn wir weiter in die Frage eindringen wollen, dürfen wir uns nicht mit dieser Antwort begnügen und müssen uns jetzt fragen: Was muß die menschliche Freiheit sein, wenn durch sie das Nichts zur Welt kommen soll?

Es ist uns noch nicht möglich, das Freiheitsproblem in seinem ganzen Umfang zu behandeln.* Denn die bisher vollzogenen Schritte zeigen klar, daß die Freiheit keine Fähigkeit der menschlichen Seele ist, die isoliert betrachtet und beschrieben werden könnte. Was wir zu definieren versuchten, ist das Sein des Menschen, insofern die Erscheinung des Nichts von ihm bedingt wird, und dieses Sein ist uns als Freiheit erschienen. So ist die Freiheit als die für die Nichtung des Nichts erforderliche Bedingung keine *Eigenschaft*, die unter anderen zum Wesen des menschlichen Seins gehörte. Wir haben übrigens schon darauf hingewiesen, daß das Verhältnis der Existenz zum Wesen beim Menschen nicht dem gleicht, was es für die Dinge der Welt ist. Die menschliche Freiheit geht dem Wesen des Menschen voraus und macht dieses möglich, das Wesen des menschlichen Seins steht in seiner Freiheit aus. Was wir Freiheit nennen, ist also unmöglich *vom Sein* der «menschlichen-Realität» zu unterscheiden. Der Mensch ist keineswegs *zunächst*, um *dann* frei zu sein, sondern es gibt keinen Unterschied zwischen dem Sein des Menschen und seinem «*Frei-sein*». Es gilt hier also nicht ohne Umschweife eine Frage anzugehen, die erschöpfend nur im Licht einer genauen Klärung des menschlichen Seins behandelt werden kann, sondern wir

---

* Siehe Vierter Teil, Erstes Kapitel.

haben die Freiheit in Verbindung mit dem Problem des Nichts zu behandeln, und zwar genau in dem Maß, wie sie sein Erscheinen bedingt.

Was zunächst mit Evidenz erscheint, ist, daß die menschliche-Realität sich nur dann von der Welt losreißen kann – in der Frage, im methodischen Zweifel, im skeptischen Zweifel, in der 'Εποχή⁵² usw. –, wenn sie von Natur aus ein Losreißen von sich selbst ist. Das hatte Descartes gesehen, der den Zweifel auf die Freiheit gründet, indem er für uns die Möglichkeit beansprucht, unsere Urteile auszusetzen – und so nach ihm auch Alain. In diesem Sinn behauptet auch Hegel die Freiheit des Geistes, insofern der Geist die Vermittlung, das heißt das Negative ist. Und außerdem ist es eine der Strömungen der zeitgenössischen Philosophie, im menschlichen Bewußtsein eine Art Losreißen von sich zu sehen: das ist der Sinn der Heideggerschen Transzendenz; die Intentionalität Husserls und Brentanos⁵²ᵃ hat auch, in mehr als einer Hinsicht, das Merkmal eines Losreißens von sich. Wir aber betrachten die Freiheit noch nicht als Innenstruktur des Bewußtseins: uns fehlen im Augenblick die Instrumente und die Technik für ein solches Unternehmen. Was uns jetzt interessiert, ist eine zeitliche Operation, da die Frage wie der Zweifel ein Verhalten ist: sie setzt voraus, daß das menschliche Sein zunächst mitten im Sein ruht und sich dann durch ein nichtendes Abrücken von ihm losreißt. Es ist also ein Verhältnis zu sich während eines zeitlichen Prozesses, das wir hier als Bedingung der Nichtung betrachten. Wir wollen einfach zeigen, daß man durch Gleichsetzung des Bewußtseins mit einer unbegrenzten Kausalreihe es in eine Seinsfülle verwandelt und dadurch in die unbegrenzte Totalität des Seins zurückkehren läßt, wie es die Müßigkeit der Bemühungen des psychologischen Determinismus zeigt, sich vom universalen Determinismus zu lösen und sich als eine besondere Reihe zu konstituieren. Das Zimmer des Abwesenden, die Bücher, in denen er blätterte, die Gegenstände, die er berührte, sind durch sich selbst nur *Bücher, Gegenstände*, das heißt volle Aktualitäten: selbst die Spuren, die er hinterlassen hat, können als seine Spuren nur innerhalb einer Situation entziffert werden, in der er schon als abwesend gesetzt ist; das Buch mit den Eselsohren, mit den abgegriffenen Seiten ist nicht durch sich selbst ein Buch, in dem Pierre geblättert hat, in dem er nicht mehr blättert: es ist ein Band mit geknickten, abgenutzten Seiten, es kann nur auf sich verweisen oder auf anwesende Gegenstände, auf das Licht, das ihn beleuchtet, auf den Tisch, der ihn trägt, wenn man den Band als gegenwärtige, transzendente Motivation meiner Wahrnehmung oder sogar als den synthetischen, geregelten Strom meiner sinnlichen Eindrücke betrachtet. Es würde nichts nützen, sich auf eine Kontiguitätsassoziation zu berufen, wie Platon im *Phaidon*, durch die ein Bild [*image*]⁵³ des Abwesenden am Rand der Wahrnehmung der Lyra oder der Kithara, die er berührt hat, erschiene. Dieses Bild ist, an ihm selbst und im Geist der klassischen Theorien betrachtet, eine gewisse Fülle, ein konkretes, positives psychisches Faktum. Infolgedessen muß man ein doppelgesichtiges negatives Urteil über es fällen: ein subjektives, um zu bedeuten, daß das Bild *keine* Wahrnehmung ist – ein objektives, um zu verneinen, daß dieser Pierre, dessen Bild ich forme, gegenwärtig *da ist*. Das ist das berühmte Problem der Merkmale des wahren Bildes, das so viele Psychologen von Taine bis Spaier beschäftigt hat.⁵⁴ Wie man sieht, beseitigt die Assoziation das Problem nicht: sie verschiebt es auf die reflexive Ebene. Aber auf jeden Fall verlangt sie eine Negation, das heißt zumindest ein nichtendes Abrücken des Bewußtseins von dem als subjektives Phänomen erfaßten Bild, gerade wenn es dieses als ein nur subjektives Phänomen setzen will. Wie ich an anderer Stelle* zu zeigen versucht habe, ist es radikal unmöglich, daß wir das Bild *zunächst*

---

* *L'imagination*. Alcan, Paris 1936 [deutsch: *Die Imagination* als eine wiederauflebende Wahrnehmung setzen und es *danach* von den aktuellen Wahrnehmungen unterscheiden. Das Bild muß in seiner Struktur selbst eine nichtende Thesis enthalten. Es konstituiert sich als Bild, indem es seinen Gegenstand als *woanders* existierend oder *nicht* existierend setzt. Es trägt eine doppelte Negation in sich: es ist zunächst Nichtung der Welt (insofern es nicht die Welt ist, die den als Bild anvisierten Gegenstand gegenwärtig als aktuellen Wahrnehmungsgegenstand darböte), sodann Nichtung des Gegenstands des Bildes (insofern er als nicht aktuell gesetzt ist) und gleichzeitig Nichtung seiner selbst (insofern es nicht ein konkreter, voller psychischer Prozeß ist). Daß ich Pierres Abwesenheit im Zimmer erfasse, ließe sich auch nicht durch die berühmten «Leerintentionen» Husserls erklären,[55] die zum großen Teil für die Wahrnehmung konstitutiv sind. Es gibt ja zwischen den verschiedenen Wahrnehmungsintentionen *Motivations*bezüge (aber Motivation ist nicht Verursachung), und die einen dieser Intentionen sind voll, das heißt angefüllt mit dem, worauf sie abzielen, und die anderen leer. Aber da gerade die Materie, die die Leerintentionen anfüllen müßte, *nicht ist*, kann sie auch nicht diese Leerintentionen in ihrer Struktur motivieren. Und da die anderen Intentionen voll sind, können sie die Leerintentionen, insofern sie leer sind, ebensowenig motivieren. Außerdem sind diese Intentionen psychische Naturen, und es wäre ein Fehler, sie wie Dinge zu betrachten, das heißt wie Behälter, die zunächst gegeben sind, je nachdem leer oder angefüllt sein können und von Natur aus indifferent gegenüber ihrem Zustand von Leere oder Angefülltsein sind. Husserl scheint dieser verdinglichenden [*chosiste*] Täuschung nicht immer entgangen zu sein. Um leer sein zu können, muß eine Intention sich ihrer selbst als leer bewußt sein, und zwar als leer

in: Jean-Paul Sartre, *Die Transzendenz des Ego, Philosophische Essays 1931–1939*, Rowohlt, Reinbek 1982].

gerade *von der* Materie, auf die sie abzielt. Eine Leerintention konstituiert sich selbst als leer genau in dem Maß, wie sie ihre Materie als nicht-existierend oder abwesend setzt. Kurz, eine Leerintention ist ein Negationsbewußtsein, das sich auf einen Gegenstand hin transzendiert, den es als abwesend oder nicht-existierend setzt. So verlangt Pierres Abwesenheit, wie wir sie auch erklären mögen, um festgestellt oder gespürt werden zu können, ein negatives Moment, durch das das Bewußtsein, mangels jeder vorherigen Bestimmung, sich selbst als Negation konstituiert. Indem ich den, der nicht mehr im Zimmer ist, von meinen Wahrnehmungen des von ihm bewohnten Zimmers aus erfasse, werde ich notwendig zu einem Denkakt gezwungen, den kein vorheriger Zustand bestimmen oder motivieren kann, kurz, zu einem Bruch mit dem Sein in mir selbst. Und insofern ich fortwährend Negatitäten benutze, um die Existierenden zu isolieren oder zu bestimmen, das heißt, um sie zu denken, ist die Sukzession meiner «Bewußtseine» ein ununterbrochenes Ablösen der Wirkung von der Ursache, da jeder nichtende Prozeß verlangt, seinen Ursprung nur von sich selbst herzuleiten. Insofern mein gegenwärtiger Zustand die Fortsetzung meines vorherigen Zustands wäre, würde jeder Spalt, durch den die Negation hineingleiten könnte, völlig verstopft sein. Jeder psychische Nichtungsprozeß impliziert also einen Schnitt zwischen der unmittelbaren psychischen Vergangenheit und der Gegenwart. Dieser Schnitt ist genau das Nichts. Zumindest, wird man sagen, bleibt die Möglichkeit einer sukzessiven Implikation zwischen den nichtenden Prozessen. Meine Feststellung der Abwesenheit Pierres könnte noch für mein Bedauern, ihn nicht zu sehen, bestimmend sein; die Möglichkeit eines Determinismus der Nichtungen hätte man damit nicht ausgeschlossen. Aber abgesehen davon, daß die erste Nichtung der Reihe notwendig von den vorherigen positiven Prozessen abgelöst werden muß, was kann denn eine

Motivation des Nichts durch das Nichts bedeuten? Ein Sein kann zwar ständig *sich nichten*, aber in dem Maß, wie es sich nichtet, verzichtet es darauf, der Ursprung eines anderen Phänomens zu sein, und sei es einer zweiten Nichtung.

Bleibt zu erklären, was diese Abtrennung, diese Loslösung der Bewußtseine ist, von der jede Negation bedingt wird. Wenn wir das als Motivation aufgefaßte vorherige Bewußtsein betrachten, sehen wir sofort mit Evidenz, daß *nichts* zwischen diesen und den gegenwärtigen Zustand hineingeglitten ist. Es hat keine Unterbrechung im Strom des zeitlichen Ablaufs gegeben: andernfalls kämen wir auf die unannehmbare Konzeption von der unendlichen Teilbarkeit der Zeit und des Zeitpunkts oder Augenblicks als Grenze der Teilung zurück. Es hat auch keinen plötzlichen Einschub eines opaken Elements gegeben, das das Vorherige vom Nachherigen getrennt hätte, so wie eine Messerklinge eine Frucht in zwei Teile schneidet. Aber auch keine *Schwächung* der motivierenden Kraft des vorherigen Bewußtseins: es bleibt das, was es ist, es verliert nichts von seiner Dringlichkeit. Was das Vorherige vom Nachherigen trennt, ist gerade *nichts*. Und dieses nichts [*rien*] ist absolut unüberwindlich, eben weil es nichts ist; denn in jedem zu überwindenden Hindernis steckt etwas Positives, das sich als etwas zu Überwindendes darbietet. Aber in dem Fall, der uns beschäftigt, würde man vergebens einen zu brechenden Widerstand, ein zu überwindendes Hindernis suchen. Das vorherige Bewußtsein ist immer *da* (wenngleich mit der Modifikation von «Vergangensein»), es unterhält immer eine Interpretationsbeziehung zum gegenwärtigen Bewußtsein, aber auf der Grundlage dieses existentiellen Bezugs ist es aus dem Spiel, aus dem Kreislauf gebracht, ausgeklammert, genau wie in den Augen dessen, der die phänomenologische «Ἐποχή»[55a] praktiziert, die Welt in ihm und außer ihm. Die Bedingung dafür, daß die menschliche-Realität die Welt ganz oder teilweise negieren kann, ist also, daß sie das Nichts [*néant*] in sich trägt als das *nichts* [*rien*]⁵⁶, durch das ihre Gegenwart von ihrer ganzen Vergangenheit getrennt ist. Aber das ist noch nicht alles, denn das betreffende *nichts* [*rien*] hätte noch nicht den Sinn des Nichts [*néant*]: eine Aussetzung des Seins, die unbenannt bliebe, die kein Bewußtsein von einer Seins-Aussetzung wäre, käme von außerhalb des Bewußtseins und hätte zur Folge, es in zwei Teile zu schneiden und damit wieder Opazität in diese absolute Luzidität hineinzubringen.* Im übrigen wäre dieses nichts [*rien*] keineswegs negativ. Das Nichts [*néant*] ist, wie wir oben gesehen haben, Grundlage der Negation, weil es sie in sich birgt, weil es die Negation als Sein ist. Also muß sich das bewußte Sein in bezug auf seine Vergangenheit als durch ein Nichts [*néant*] von dieser Vergangenheit getrennt konstituieren; es muß Bewußtsein von diesem Seinsschnitt sein, aber nicht als von einem Phänomen, das es erleidet, sondern als von einer Bewußtseinsstruktur, die es ist. Die Freiheit ist das menschliche Sein, das seine Vergangenheit aus dem Spiel bringt, indem es sein eigenes Nichts [*néant*] absondert. Wohlgemerkt, diese erste Notwendigkeit, sein eigenes Nichts [*néant*] zu sein, erscheint dem Bewußtsein nicht sporadisch anläßlich einzelner Negationen: es gibt keinen Augenblick des psychischen Lebens, wo nicht, zumindest als sekundäre Strukturen, negative oder fragende Verhaltensweisen erscheinen; und ständig lebt sich das Bewußtsein selbst als Nichtung seines vergangenen Seins.

Aber man wird sicher glauben, man könne uns hier einen Einwand entgegenhalten, dessen wir uns oft bedient haben: wenn das nichtende Bewußtsein nur als Nichtungsbewußtsein existiert, müßte man einen fortwährenden Bewußtseinsmodus definieren und beschreiben können, der *als* Bewußtsein gegenwärtig und Nichtungs-

---

* Siehe Einleitung: III.

bewußtsein wäre. Gibt es ein solches Bewußtsein? Das ist also die neue Frage, die sich hier stellt: wenn die Freiheit das Sein des Bewußtseins ist, muß das Bewußtsein als Bewußtsein von Freiheit sein. Welche Form nimmt dieses Bewußtsein von Freiheit an? In der Freiheit *ist* das menschliche Sein seine eigene Vergangenheit (wie auch seine eigene Zukunft) in Form von Nichtung. Wenn unsere Analysen uns nicht fehlgeleitet haben, muß für das menschliche Sein, insofern es sich bewußt ist, zu sein, eine bestimmte Art existieren, sich seiner Vergangenheit und seiner Zukunft gegenüber als etwas zu halten als diese Vergangenheit und diese Zukunft seiend und zugleich nicht seiend. Wir können auf diese Frage eine unmittelbare Antwort liefern: in der Angst gewinnt der Mensch Bewußtsein von seiner Freiheit, oder, wenn man lieber will, die Angst ist der Seinsmodus der Freiheit als Seinsbewußtsein, in der Angst steht die Freiheit für sich selbst in ihrem Sein in Frage.

Wenn Kierkegaard vor der Schuld die Angst beschreibt, kennzeichnet er sie als Angst vor der Freiheit. Aber Heidegger, von dem man weiß, wie sehr er von Kierkegaard beeinflußt war,* betrachtet im Gegenteil die Angst als das Erfassen des Nichts. Diese beiden Beschreibungen der Angst scheinen uns nicht kontradiktorisch: im Gegenteil, sie implizieren einander.

Man muß zunächst Kierkegaard recht geben: die Angst unterscheidet sich von der Furcht dadurch, daß die Furcht Furcht vor den Wesen [*êtres*] der Welt ist und daß die Angst Angst vor mir ist.[57] Das Schwindelgefühl ist Angst, insofern ich davor schaudere, nicht etwa in den Abgrund zu fallen, sondern mich hinabzustürzen. Eine Situation, die Furcht hervorruft, insofern sie von außen her mein Leben und mein Sein zu verändern droht, ruft Angst hervor, inso-

---

* Jean Wahl, *Études kierkegaardiennes*: Kierkegaard et Heidegger, Aubier, Paris 1938.

fern ich meinen eigenen Reaktionen auf diese Situation mißtraue. Die Artillerievorbereitung, die dem Angriff vorausgeht, kann bei dem Soldaten, der dem Beschuß ausgesetzt ist, Furcht hervorrufen, aber die Angst beginnt bei ihm, wenn er das Verhalten vorauszusehen versucht, das er dem Beschuß entgegensetzt, wenn er sich fragt, ob er «durchhalten» können wird. Ebenso kann der Einberufene, der bei Kriegsbeginn zu seiner Truppe kommt, manchmal Furcht vor dem Tod haben; aber viel öfter hat er «Furcht, sich zu fürchten», das heißt, daß er sich vor sich selbst ängstigt. Meist sind gefährliche oder bedrohliche Situationen vieldeutig: sie werden über ein Furchtgefühl oder ein Angstgefühl erfaßt, je nachdem ob man die Situation als auf den Menschen einwirkend oder den Menschen als auf die Situation einwirkend ansieht. Der Mensch, der «einen schweren Schlag» erhalten, bei einem Börsenkrach einen großen Teil seines Vermögens verloren hat, kann vor der drohenden Armut Furcht haben. Er wird sich sofort danach ängstigen, wenn er unter nervösem Händeringen (symbolische Reaktion auf die Aktion, die sich zwar aufdrängt, aber noch vollkommen unbestimmt bleibt) schreit: «Was soll ich machen? Was soll ich bloß machen?» In diesem Sinn schließen Furcht und Angst einander aus, da die Furcht unreflektiertes Erfassen des Transzendenten und die Angst reflexives Erfassen des Selbst ist; das eine entsteht aus der Zerstörung des anderen, und der normale Prozeß in dem eben erwähnten Fall ist ein ständiger Übergang vom einen zum anderen. Aber es gibt auch Situationen, wo die Angst rein erscheint, das heißt, ohne daß die Furcht ihr je vorherginge oder nachfolgte. Wenn man mir zum Beispiel eine neue und mit einer heiklen und schmeichelhaften Aufgabe verbundene Würde verliehen hat, kann ich mich bei dem Gedanken ängstigen, daß ich vielleicht nicht fähig bin, sie zu erfüllen, ohne daß ich dabei die geringste Furcht vor den Folgen meines möglichen Scheiterns habe.

Was bedeutet Angst in den verschiedenen Beispielen, die ich angeführt habe? Nehmen wir das Beispiel des Schwindels. Schwindel kündigt sich durch Furcht an: ich bin auf einem schmalen Pfad ohne Geländer, der an einem Abgrund entlangführt. Der Abgrund bietet sich mir als etwas *zu Vermeidendes* dar, er ist eine Lebensgefahr. Zugleich erfasse ich eine gewisse Anzahl von Ursachen, die sich aus dem allgemeinen Determinismus ergeben und diese Lebensgefahr in Realität verwandeln können: ich kann auf einem Stein ausgleiten und in den Abgrund stürzen, die lockere Erde des Pfades kann unter meinen Schritten nachgeben. Über diese verschiedenen Befürchtungen bin ich mir selbst als ein Ding gegeben, bin ich in bezug auf diese Möglichkeiten passiv, sie kommen von draußen zu mir, insofern ich *auch* ein Gegenstand der Welt bin, der der allgemeinen Anziehungskraft unterworfen ist, sind es nicht *meine* Möglichkeiten. In diesem Augenblick erscheint die *Furcht*, durch die ich mich von der Situation her selbst erfasse als zerstörbares Transzendentes mitten unter Transzendenten, als Gegenstand, der den Ursprung seines künftigen Verschwindens nicht an sich hat. Die Reaktion wird reflexiver Art sein: ich werde auf die Steine des Weges «achten», ich werde mich möglichst weit vom Rand des Pfades entfernt halten. Ich realisiere mich als mit allen seinen Kräften die bedrohliche Situation abwehrend, ich entwerfe vor mir eine gewisse Anzahl künftiger Verhaltensweisen, die die Gefahren der Welt von mir fernhalten sollen. Diese Verhaltensweisen sind *meine* Möglichkeiten. Ich entgehe der Furcht, gerade weil ich mich auf eine Ebene stelle, wo *meine* eigenen Möglichkeiten sich an die Stelle transzendenter Wahrscheinlichkeiten setzen, wo die menschliche Aktivität keinen Platz hatte. Aber diese Verhaltensweisen erscheinen mir, eben weil sie *meine* Möglichkeiten sind, nicht als durch fremde Ursachen bestimmt. Nicht nur ist es nicht völlig gewiß, daß sie wirksam sein werden, sondern es ist vor allem nicht völlig gewiß, daß sie angenommen werden, denn sie haben durch sich nicht genügend Existenz; in Abwandlung des Ausdrucks von Berkeley [58] könnte man sagen, ihr «Sein ist ein Angenommen-werden» und ihre «Seinsmöglichkeit ist nur ein Angenommen-werden-Müssen».* Deshalb ist ihre Möglichkeit notwendig durch die Möglichkeit kontradiktorischer Verhaltensweisen (auf die Steine im Weg *nicht* achten, rennen, an etwas anderes denken) und die Möglichkeit konträrer Verhaltensweisen bedingt (mich in den Abgrund stürzen). Das Mögliche, das ich zu *meinem* konkreten Möglichen mache, kann als mein Mögliches nur erscheinen, indem es sich vom Hintergrund der Gesamtheit der logischen Möglichkeiten, die die Situation enthält, abhebt. Aber auch diese abgewiesenen Möglichkeiten haben ihrerseits kein anderes Sein als ihr «Angenommen-werden», ich selbst erhalte sie im Sein, und umgekehrt ist ihr gegenwärtiges Nicht-sein ein «Nicht-Angenommen-werden-müssen». Keine äußere Ursache wird sie beseitigen. Ich selbst bin die permanente Quelle ihres Nicht-seins, ich engagiere mich in sie; um *mein* Mögliches erscheinen zu lassen, setze ich die anderen Möglichkeiten, um sie zu nichten. Das würde keine Angst hervorbringen, wenn ich mich selbst in meinen Bezügen zu diesen Möglichkeiten als eine ihre Wirkungen hervorbringende Ursache erfassen könnte. In diesem Fall wäre die als mein Mögliches definierte Wirkung genau bestimmt. Aber sie hörte dann auf, *möglich* zu sein, sie würde einfach zukünftig. Wenn ich also Angst und Schwindel vermeiden wollte, müßte ich nur die Motive (Selbsterhaltungstrieb, vorherige Furcht usw.), die mich die betreffende Situation zurückweisen lassen, als etwas betrachten können, was für mein vorheriges Verhalten in derselben Weise *bestimmend* ist, wie die Anwesenheit einer gegebenen Masse an einem bestimmten Punkt für die durch andere Massen beschriebenen Bahnen

---

* Wir kommen im Zweiten Teil auf die Möglichkeiten zurück.

bestimmend ist: ich müßte also in mir einen strengen psychologischen Determinismus erfassen. Aber ich ängstige mich gerade deshalb, weil meine Verhaltensweisen nur *mögliche* sind, und das bedeutet genau, daß ich, während ich eine Gesamtheit von Motiven *zur* Abwehr dieser Situation konstituiere, im gleichen Augenblick diese Motive als nicht wirksam genug erfasse. Im selben Augenblick, wo ich mich selbst als *Schaudern* vor dem Abgrund erfasse, habe ich Bewußtsein von diesem Schaudern als für mein mögliches Verhalten *nicht bestimmend*. Einerseits ruft dieses Schaudern ein Vorsichtsverhalten hervor, es ist an ihm selbst Entwurf dieses Verhaltens, und andererseits setzt es die späteren Entwicklungen dieses Verhaltens nur als mögliche, eben weil ich es nicht als *Ursache* dieser späteren Entwicklungen erfasse, sondern als Forderung, Ruf usw. usw. Wir haben gesehen, daß das Seinsbewußtsein das Sein des Bewußtseins ist. Es handelt sich hier also nicht um eine Betrachtung, die ich nach einem schon konstituierten Schaudern anstellen könnte: eben das Sein des Schauderns ist es, sich selbst zu erscheinen als etwas, was *nicht die Ursache* des Verhaltens ist, das es hervorruft. Kurz, um die Furcht zu vermeiden, die mir eine transzendente, genau bestimmte Zukunft darbietet, flüchte ich mich in die Reflexion, aber diese hat mir nur eine unbestimmte Zukunft zu bieten. Das besagt, daß ich, indem ich ein bestimmtes Verhalten als *möglich* konstituiere, und gerade weil es *mein* Mögliches ist, mir darüber klar werde, daß *nichts* mich zwingen kann, dieses Verhalten anzunehmen. Trotzdem bin ich durchaus dort hinten in der Zukunft, ist es durchaus sie, zu der ich gleich an der Biegung des Pfads mit allen meinen Kräften hinstrebe, und in diesem Sinn besteht bereits ein Bezug zwischen meinem künftigen und meinem gegenwärtigen Sein. Aber in diesen Bezug ist ein Nichts hineingeglitten: ich *bin* nicht der, der ich sein werde. Zunächst bin ich es nicht, weil Zeit mich davon trennt. Ferner weil das, was ich bin, nicht der

Grund dessen ist, was ich sein werde. Schließlich weil überhaupt kein aktuell Existierendes genau das bestimmen kann, was ich sein werde. Da ich jedoch schon das bin, was ich sein werde (sonst wäre ich nicht interessiert, dieser oder jener zu sein), *bin ich derjenige, der ich sein werde, nach dem Modus, es nicht zu sein.* Über mein Schaudern werde ich auf die Zukunft hin getragen, und es nichtet sich, insofern es die Zukunft als möglich konstituiert. Das Bewußtsein, seine eigene Zukunft nach dem Modus des Nicht-seins zu sein, ist genau das, was wir *Angst* nennen. Und gerade die Nichtung des Schauderns als *Motiv*, die eine Verstärkung des Schauderns als *Zustand* zur Folge hat, hat als positives Gegenstück die Erscheinung der anderen Verhaltensweisen (besonders derjenigen, die darin besteht, sich in den Abgrund zu stürzen) als *meine möglichen* Möglichkeiten. Wenn *nichts* mich zwingt, mein Leben zu retten, hindert mich *nichts*, mich in den Abgrund zu stürzen. Das entscheidende Verhalten wird aus einem Ich hervorgehen, das ich noch nicht bin. So hängt das Ich, das ich bin, an ihm selbst von dem Ich ab, das ich noch nicht bin, und zwar genau in dem Maß, wie das Ich, das ich noch nicht bin, nicht von dem Ich abhängt, das ich bin. Und der Schwindel erscheint als das Erfassen dieser Abhängigkeit. Ich nähere mich dem Abgrund, und ich bin es, den meine Blicke in seiner Tiefe suchen. Von diesem Augenblick an spiele ich mit meinen Möglichkeiten. Indem meine Augen den Abgrund von oben nach unten durchlaufen, mimen sie meinen möglichen Sturz und realisieren ihn symbolisch; zugleich läßt das Selbstmordverhalten, weil es «mein mögliches» Mögliches wird, seinerseits mögliche Motive erscheinen, es anzunehmen (der Selbstmord würde die Angst beenden). Glücklicherweise bieten sich diese Motive ihrerseits, lediglich weil sie Motive eines Möglichen sind, als unwirksam, als nicht-bestimmend dar: sie können ebensowenig den Selbstmord *hervorbringen*, wie mein Schaudern vor dem Sturz mich *bestimmen* kann, ihn zu vermeiden. Diese Gegen-Angst beendet im allgemeinen die Angst, indem sie sie in Unentschlossenheit verwandelt. Die Unentschlossenheit ruft ihrerseits die Entschlossenheit hervor: man entfernt sich plötzlich vom Rand des Abgrunds und setzt seinen Weg fort.

Das Beispiel, das wir hier analysiert haben, hat uns das gezeigt, was wir «Angst vor der Zukunft» nennen könnten. Es gibt noch eine andere: die Angst vor der Vergangenheit. Es ist die des Spielers, der frei und aufrichtig beschlossen hat, nicht mehr zu spielen, und der, wenn er in die Nähe des «grünen Tisches» kommt, alle seine Entschlüsse plötzlich «dahinschwinden» sieht. Man hat dieses Phänomen oft so beschrieben, als ob der Anblick des Spieltisches eine Tendenz in uns wiedererweckte, die mit unserem vorherigen Entschluß in Konflikt geriete und uns schließlich ihm zum Trotz mitrisse. Abgesehen davon, daß eine solche Beschreibung in verdinglichenden [*chosistes*] Begriffen gemacht wird und den Geist mit antagonistischen Kräften bevölkert (zum Beispiel der allzuberühmte «Kampf der Vernunft gegen die Leidenschaften» der Moralisten), gibt sie nicht Aufschluß über die Tatsachen. In Wirklichkeit – die Briefe Dostojewskis bezeugen es – gibt es nichts in uns, was einer inneren *Debatte* ähnlich ist, als ob wir Motive und Triebkräfte abzuwägen hätten, bevor wir uns entscheiden. Die vorherige Entscheidung, «nicht mehr zu spielen», ist immer *da*, und in der Mehrzahl der Fälle wendet sich der Spieler, wenn er in die Nähe des Spieltisches gerät, zu ihr zurück, um sie um Hilfe zu bitten: denn er will nicht spielen, oder vielmehr, da er seinen Entschluß am Tag vorher gefaßt hat, denkt er sich noch als einen, der nicht mehr spielen will, glaubt er an eine Wirkung dieses Entschlusses. Aber was er dann in der Angst erfaßt, das ist gerade die totale Unwirksamkeit des vergangenen Entschlusses. Er ist zwar da, aber erstarrt, wirkungslos, *überschritten* gerade durch die Tatsache, daß ich Bewußtsein *von* ihm habe. Er ist noch *Ich*, insofern ich

70

über den Zeitstrom meine Identität mit mir selbst fortwährend realisiere, aber er ist nicht mehr *Ich*, weil er *für* mein Bewußtsein ist. Ich entgehe ihm, er verfehlt den Auftrag, den ich ihm gegeben hatte. Da noch *bin* ich er nach dem Modus des Nicht-seins. Was der Spieler in diesem Augenblick erfaßt, ist wieder der permanente Bruch des Determinismus, das Nichts, das ihn von sich selbst trennt: ich hätte so sehr gewünscht, nicht mehr zu spielen; erst gestern hatte ich ein synthetisches Erfassen der Situation (drohender Ruin, Verzweiflung meiner Angehörigen) als einer, die *mir verbietet* zu spielen. Es schien mir, daß ich auf diese Weise so etwas wie eine *reale Schranke* zwischem dem Spiel und mir errichtet hätte, und nun merke ich plötzlich, daß dieses synthetische Erfassen nur noch eine Ideenerinnerung, eine Gefühlserinnerung ist: damit sie mir wieder helfen kann, *muß ich es ex nihilo wiederherstellen* und aus freien Stücken; es ist nur noch eine meiner Möglichkeiten, wie die Tatsache des Spielens eine andere ist, nicht mehr und nicht weniger. Diese Furcht, meine Familie zu betrüben, muß ich *wiederfinden*, als erlebte Furcht wiedererschaffen, sie hält sich hinter mir wie ein knochenloses Phantom, es hängt von mir allein ab, daß ich ihr mein Fleisch verleihe. Ich bin allein und nackt vor der Versuchung wie am Tag vorher, und nachdem ich geduldig Barrieren und Mauern errichtet habe, nachdem ich mich in den magischen Kreis eines Entschlusses eingeschlossen habe, merke ich mit Angst, daß *nichts* mich hindert zu spielen. Und die Angst, *das bin Ich*, denn durch die bloße Tatsache, daß ich mich als Seinsbewußtsein zur Existenz bringe, mache ich mich diese Vergangenheit guter Entschlüsse, *die ich bin, nicht sein*.

Vergeblich würde man einwenden, daß die einzige Bedingung für diese Angst die Unkenntnis des unterschwelligen psychologischen Determinismus sei: ich sei ängstlich, weil ich die realen, wirksamen Triebkräfte nicht kenne, die im Dunkel des Unbewußten mein Handeln bestimmen. Wir können zunächst antworten, daß die Angst uns nicht als ein *Beweis* der menschlichen Freiheit erschienen ist: diese hat sich uns vielmehr als die notwendige Bedingung der Frage dargeboten. Wir wollten nur zeigen, daß ein spezifisches Freiheitsbewußtsein existiert, und wir haben zeigen wollen, daß dieses Bewußtsein die Angst ist. Das bedeutet, daß wir die Angst, in ihrer wesentlichen Struktur, als Freiheitsbewußtsein aufweisen wollten. Unter diesem Gesichtspunkt würde die Existenz eines psychologischen Determinismus die Ergebnisse unserer Beschreibung nicht entkräften: entweder ist ja die Angst ungekannte Unkenntnis dieses Determinismus – und dann erfaßt sie sich tatsächlich als Freiheit. Oder man behauptet, die Angst sei Bewußtsein davon, daß wir die realen Ursachen unserer Handlungen nicht kennen. Die Angst käme dann von dem, was wir von den monströsen Motiven ahnen, die, verborgen in unserem tiefsten Inneren, plötzlich schuldhafte Handlungen auslösen könnten. Aber in diesem Fall würden wir uns plötzlich als *Dinge der Welt* erscheinen und wären für uns selbst unsere eigene transzendente Situation. Dann würde die Angst verschwinden, um der *Furcht* Platz zu machen, denn die Furcht ist synthetisches Erfassen des Transzendenten als etwas Furchtbaren.

Diese Freiheit, die sich uns in der Angst enthüllt, läßt sich durch die Existenz dieses *nichts* [*rien*] kennzeichnen, das sich zwischen die Motive und die Handlung einschiebt. Nicht *weil* ich frei bin, entgeht meine Handlung der Bestimmung der Motive, sondern im Gegenteil, die Struktur der Motive als unwirksamer ist Bedingung meiner Freiheit. Und wenn man fragt, was dieses *nichts* ist, das die Freiheit begründet, antworten wir, daß man es nicht beschreiben kann, weil es *nicht ist*, daß man aber wenigstens seinen Sinn angeben kann, insofern dieses nichts durch das menschliche Sein in seinen Bezügen zu ihm selbst *geseint* wird [*est été*]. Es entspricht der Notwendigkeit, daß das

Motiv nur als Motiv erscheinen kann, als Korrelat eines Bewußtseins *von* einem Motiv. Kurz, sobald wir auf die Hypothese von den Bewußtseinsinhalten verzichten, müssen wir zugeben, daß es *im* Bewußtsein niemals ein Motiv gegeben hat: das gibt es nur *für* das Bewußtsein. Und gerade weil das Motiv nur als Erscheinung auftauchen kann, konstituiert es sich selbst als unwirksam. Es hat zwar nicht die Exteriorität der raum-zeitlichen Dinge, es gehört immer der Subjektivität an und wird als *meines* erfaßt, aber es ist von Natur Transzendenz in der Immanenz, und das Bewußtsein entgeht ihm gerade dadurch, daß es das Motiv setzt, denn dem Bewußtsein obliegt es jetzt, dem Motiv seine Bedeutung und seine Wichtigkeit zu verleihen. So ist das *nichts* [*rien*], das das Motiv vom Bewußtsein trennt, als Transzendenz in der Immanenz gekennzeichnet; indem sich das Bewußtsein selbst als Immanenz hervorbringt, nichtet es das nichts [*rien*], durch das es für sich selbst als Transzendenz existiert. Aber man sieht, daß dieses Nichts [*néant*], das die Bedingung jeder transzendenten Negation ist, nur von zwei anderen primären Nichtungen her aufgeklärt werden kann: 1. das Bewußtsein *ist nicht* sein eigenes Motiv, insofern es *leer* von jedem Inhalt ist. Das verweist uns auf eine nichtende Struktur des präreflexiven Cogito; 2. das Bewußtsein ist gegenüber seiner Vergangenheit und seiner Zukunft wie gegenüber einem Selbst, das es nach dem Modus des Nicht-seins ist. Das verweist uns auf eine nichtende Struktur der Zeitlichkeit.

Es kann hier noch nicht darum gehen, diese beiden Nichtungstypen aufzuklären: im Moment verfügen wir nicht über die notwendigen Techniken. Wir wollen nur darauf hinweisen, daß die endgültige Erklärung der Negation nur innerhalb einer Beschreibung des Bewußtseins (von) sich und der Zeitlichkeit gegeben werden kann.

Man muß hier nur festhalten, daß die Freiheit, die sich durch die Angst manifestiert, durch eine ständig erneuerte

Obligation gekennzeichnet ist, das *Ich*, von dem das freie Sein bezeichnet wird, wieder hervorzubringen. Wenn wir vorhin zeigten, daß meine Möglichkeiten beängstigend sind, weil es nur von *mir* abhängt, sie in ihrer Existenz zu erhalten, so sollte das nicht heißen, daß sie von einem *Ich* herkämen, das, zumindest seinerseits, zunächst gegeben wäre und im Zeitstrom von einem Bewußtsein zu einem anderen Bewußtsein überginge. Der Spieler, der von neuem die synthetische Wahrnehmung einer *Situation* realisieren muß, die ihm zu spielen verbietet, muß damit zugleich das *Ich* neu erfinden, das diese Situation einschätzen kann, das «in Situation ist». Dieses Ich mit seinem apriorischen und historischen Inhalt ist das *Wesen* des Menschen. Und die Angst als Manifestation der Freiheit gegenüber von sich bedeutet, daß der Mensch immer durch ein Nichts [*néant*] von seinem Wesen getrennt ist. Man muß hier das Wort von Hegel wieder aufnehmen: «Wesen ist, was gewesen ist.»[59] Das Wesen ist all das vom menschlichen Sein, was man mit den Worten angeben kann: das *ist*. Und deshalb ist es die Totalität der Merkmale, die die Handlung *erklären*. Aber die Handlung ist immer über dieses Wesen hinaus, sie ist nur insofern menschliche Handlung, als sie jede Erklärung überschreitet, die man von ihr gibt, eben weil beim Menschen alles, was man mit der Formel angeben kann: das ist, gerade deshalb *gewesen ist*. Der Mensch trägt ständig ein präjudikatives Verständnis seines Wesens mit sich, aber gerade deshalb ist er von ihm durch ein Nichts [*néant*] getrennt. Das Wesen ist all das, was die menschliche-Realität von sich selbst als *gewesen* erfaßt. Und hier erscheint die Angst als Erfassen des Selbst, insofern es als fortwährender Modus des Losreißens von dem, was ist, existiert; mehr noch: insofern es sich als solches existieren macht. Denn wir können niemals ein «Erlebnis»[60] als eine lebende Konsequenz dieser *Natur*, die die unsere ist, erfassen. Der Strom unseres Bewußtseins konstituiert diese Natur nach und nach, aber sie bleibt immer hinter uns und sucht uns heim als der permanente Gegenstand unseres retrospektiven Verstehens. Insofern diese Natur eine Forderung ist, ohne eine Zuflucht zu sein, wird sie als beängstigend erfaßt.

In der Angst ängstigt sich die Freiheit vor sich selbst, insofern sie immer von *nichts* weder angestachelt noch behindert wird. Bleibt, wird man sagen, daß die Freiheit eben als eine permanente Struktur des menschlichen Seins definiert worden ist: wenn die Angst sie manifestiert, müßte sie ein permanenter Zustand meiner Affektivität sein. Sie ist aber im Gegenteil völlig exzeptionell. Wie soll man die Seltenheit des Angstphänomens erklären?

Zunächst muß man festhalten, daß die geläufigsten Situationen unseres Lebens, die, in denen wir unsere Möglichkeiten in der aktiven Realisation dieser Möglichkeiten und durch sie als solche erfassen, sich uns nicht durch die Angst manifestieren, weil eben die Struktur dieser Möglichkeiten das geängstigte Erfassen ausschließt. Die Angst ist ja die Erkenntnis einer Möglichkeit als *meiner* Möglichkeit, das heißt, sie konstituiert sich, wenn das Bewußtsein sich durch das Nichts [*néant*] von seinem Wesen abgeschnitten oder eben durch seine Freiheit von der Zukunft getrennt sieht. Das bedeutet, daß ein nichtendes nichts [*rien*] mir jede Entschuldigung nimmt und daß gleichzeitig das, was ich als mein zukünftiges Sein entwerfe, immer genichtet und auf den Rang einer bloßen Möglichkeit reduziert wird, weil die Zukunft, die ich bin, außerhalb meiner Reichweite bleibt. Aber man muß darauf hinweisen, daß wir es bei diesen verschiedenen Fällen mit einer zeitlichen Form zu tun haben, bei der ich mich in der Zukunft erwarte, bei der «ich mich auf der anderen Seite dieser Stunde, dieses Tages oder dieses Monats mit mir verabrede». Die Angst ist die Besorgnis, mich bei dieser Verabredung nicht anzutreffen, gar nicht mehr hingehen zu wollen. Aber ich kann mich auch in Handlungen engagiert finden, die mir meine Möglichkeiten in demselben Augenblick enthüllen, in dem sie sie realisieren. Indem ich diese Zigarette anzünde, erfahre ich meine konkrete Möglichkeit oder, wenn man so will, meinen Wunsch zu rauchen; durch die Handlung selbst, mit der ich dieses Papier und diese Feder an mich heranziehe, gebe ich mir die Tätigkeit des Arbeitens an diesem Buch als meine unmittelbarste Möglichkeit: nun bin ich darin engagiert, und ich entdecke sie genau in dem Moment, in dem ich mich schon in sie hineinstürze. Sie bleibt zwar in diesem Augenblick meine Möglichkeit, weil ich mich in jedem Augenblick von meiner Arbeit abwenden, das Heft zurückschieben, die Kappe auf den Füller schrauben kann. Aber diese Möglichkeit, die Tätigkeit zu unterbrechen, wird dadurch in den Hintergrund gedrängt, daß die Tätigkeit, die sich mir über meine Handlung enthüllt, sich als transzendente und relativ unabhängige Gestalt zu kristallisieren neigt. Das Bewußtsein des Menschen *in Tätigkeit* ist unreflektiertes Bewußtsein. Es ist Bewußtsein *von* etwas, und das Transzendente, das sich ihm enthüllt, ist von besonderer Natur: es ist eine *Forderungsstruktur* der Welt, die korrelativ komplexe Utensilitätsbezüge an ihm enthüllt. Im Akt des Hinschreibens der Buchstaben, die ich hinschreibe, enthüllt sich der ganze, noch unvollendete Satz als passive Forderung, hingeschrieben zu werden. Sie ist genau der Sinn der Buchstaben, die ich forme, und ihr Appell wird nicht in Frage gestellt, eben weil ich die Wörter nicht hinschreiben kann, ohne diese auf sie hin zu transzendieren, und weil ich sie als notwendige Bedingung des Sinns der Wörter entdecke, die ich hinschreibe. Gleichzeitig und genau im Rahmen des Akts offenbart und organisiert sich ein indikativer Utensilienkomplex (Feder-Tinte-Papier-Zeilen-Rand usw.), ein Komplex, der für sich selbst nicht erfaßt werden kann, aber innerhalb der Transzendenz auftaucht, die mir den zu schreibenden Satz als passive Forderung enthüllt. So bin ich, in der Quasi-Allgemeinheit der täglichen Handlungen, engagiert, ich habe gewettet, und ich entdecke meine Möglichkeiten, indem ich sie als Forderungen, Dringlichkeiten, Utensilitäten realisiere, und zwar genau im Akt des Realisierens. Sicher bleibt in jeder Handlung dieser Art die Möglichkeit, diese Handlung in Frage zu stellen, insofern sie auf entferntere, wesentlichere Zwecke verweist, die ihre letzten Bedeutungen und meine wesentlichen Möglichkeiten sind. Der Satz zum Beispiel, den ich schreibe, ist die Bedeutung der Buchstaben, die ich aufzeichne, aber das ganze Werk, das ich hervorbringen will, ist die Bedeutung des Satzes. Und dieses Werk ist eine Möglichkeit, bei der ich Angst spüren kann: es ist wirklich *mein* Mögliches, und ich weiß nicht, ob ich es morgen fortführen werde; morgen kann meine Freiheit in Bezug zu ihm ihre nichtende Macht ausüben. Nur, diese Angst impliziert das Erfassen des Werks als solchen als *meine* Möglichkeit: ich muß mich direkt ihm gegenüber plazieren und meinen Bezug zu ihm realisieren. Das heißt, daß ich im Hinblick darauf nicht nur objektive Fragen stellen muß wie: «Soll ich dieses Buch schreiben?», denn solche Fragen verweisen mich einfach auf umfassendere objektive Bedeutungen wie: «Ist es angebracht, es *in diesem Moment* zu schreiben?», «Überschneidet es sich nicht mit irgendeinem anderen Buch?», «Ist sein Stoff von hinreichendem Interesse? Ist er genügend durchdacht?» usw., lauter Bedeutungen, die transzendent bleiben und sich als eine Menge von Forderungen der Welt darbieten. Damit sich meine Freiheit im Hinblick auf das Buch, das ich schreibe, ängstigt, muß dieses Buch in seinem Bezug zu mir erscheinen, das heißt, ich muß einerseits mein *Wesen* entdecken als *das, was ich gewesen bin* (ich bin «dieses Buch schreiben wollend» gewesen, ich habe es entworfen, ich habe geglaubt, es könnte interessant sein, es zu schreiben, und ich habe mich so konstituiert, daß man *mich nicht mehr verstehen* kann, ohne zu berücksichtigen, daß dieses Buch mein wesentliches Mögliches *gewesen ist*); andererseits muß ich das Nichts [*néant*] entdecken, das meine Freiheit von diesem Wesen trennt («es schreiben wollend» *ich bin gewesen*, aber *nichts*, auch nicht das, was ich gewesen bin, kann mich zwingen, es zu schreiben); schließlich muß ich das Nichts [*néant*] entdecken, das mich von dem trennt, was ich sein werde (ich entdecke die permanente Möglichkeit, es aufzugeben, eben als die Bedingung der Möglichkeit, es zu schreiben, und eben als den Sinn meiner Freiheit). Ich muß meine Freiheit genau in der Konstitution des Buchs als mein Mögliches erfassen, insofern sie in der Gegenwart und in der Zukunft mögliche Zerstörerin dessen ist, was ich bin. Das heißt, ich muß mich auf die Ebene der Reflexion begeben. Solange ich auf der Handlungsebene bleibe, ist das zu schreibende Buch nur die ferne, vorausgesetzte Bedeutung des Handelns, die mir meine Möglichkeiten enthüllt: es ist nur deren Implikation, es ist nicht thematisiert und für sich gesetzt, «steht nicht in Frage»; es wird weder als notwendig noch als zufällig begriffen, es ist nur der permanente ferne Sinn, von dem aus ich verstehen kann, was ich gegenwärtig schreibe, und deshalb wird es als *Sein* begriffen, das heißt, nur, indem ich es setze als den *existierenden Grund*, auf dem mein gegenwärtiger existierender Satz auftaucht, kann ich meinem Satz einen bestimmten Sinn verleihen. In jedem Augenblick sind wir ja in die Welt geworfen und engagiert. Das bedeutet, daß wir handeln, bevor wir unsere Möglichkeiten setzen, und daß diese Möglichkeiten, die als realisiert oder sich realisierend entdeckt werden, auf einen jeweiligen Sinn verweisen, der besondere Handlungen verlangte, um in Frage gestellt werden zu können. Der Wecker, der morgens klingelt, verweist auf die Möglichkeit, an meine Arbeit zu gehen, die *meine* Möglichkeit ist. Aber den Appell des Weckers als Appell erfassen heißt aufstehen. Eben der Akt des Aufstehens ist also beruhigend, denn er weicht der Frage aus: «Ist die Arbeit *meine* Möglichkeit?», und er versetzt mich folglich nicht in die Lage, die Möglichkeit des Quietismus, der Zurückweisung der Arbeit und schließlich der Zurückweisung der Welt und des Todes zu erfassen. Kurz, insofern den Sinn des Klingelns erfassen heißt bei seinem Appell schon aufgestanden sein, schützt mich dieses Erfassen vor der beängstigenden Intuition, daß ich es bin, der dem Wecker seine Forderung verleiht: ich und ich allein. In derselben Weise schließt das, was man die alltägliche Moralität nennen könnte, die ethische Angst aus. Es gibt ethische Angst, wenn ich mich in meinem ursprünglichen Bezug zu den Werten betrachte. Diese sind ja Forderungen, die eine Grundlage verlangen. Aber diese Grundlage kann auf keinen Fall das *Sein* sein, denn jeder Wert, der seine ideale Natur auf sein Sein gründete, hörte gerade dadurch auf, ein Wert zu sein, und realisierte die Heteronomie meines Willens. Der Wert leitet sein Sein aus seiner Forderung her und nicht seine Forderung aus seinem Sein. Er bietet sich also nicht einer kontemplativen Intuition dar, die ihn als Wert *seiend* erfassen und ihm gerade dadurch seine Rechte auf meine Freiheit nehmen würde. Sondern er kann sich im Gegenteil nur einer aktiven Freiheit enthüllen, die ihn nur dadurch als Wert existieren macht, daß sie ihn als solchen anerkennt. Folglich ist meine Freiheit die einzige Grundlage der Werte, und *nichts*, absolut nichts rechtfertigt mich, diesen oder jenen Wert, diese oder jene Werteskala zu übernehmen. Als Sein, durch das die Werte existieren, bin ich nicht zu rechtfertigen. Und meine Freiheit ängstigt sich, die unbegründete Begründung der Werte zu sein. Sie ängstigt sich außerdem, weil die Werte, da sie sich ihrem Wesen nach einer Freiheit enthüllen, sich nicht enthüllen können, ohne damit gleichzeitig «in Frage gestellt» zu sein, denn die Möglichkeit, die Werteskala umzustürzen, erscheint komplementär als *meine* Möglichkeit. Diese Angst vor den Werten ist Anerkennung der Idealität der Werte.

Aber gewöhnlich ist meine Haltung den Werten gegenüber äußerst beruhigend. Denn ich bin ja in eine Welt von

Werten engagiert. Die beängstigende Wahrnehmung der Werte als durch meine Freiheit im Sein gehalten ist ein späteres, vermitteltes Phänomen. Das Unvermittelte ist die Welt mit ihrer Dringlichkeit, und in dieser Welt, in die ich mich engagiere, lassen meine Handlungen die Werte auffliegen wie Rebhühner, durch meine Empörung wird mir der Antiwert «Gemeinheit» gegeben, in meiner Bewunderung der Wert «Größe». Vor allem offenbart mir mein Gehorsam gegenüber einer Menge von Tabus, der real ist, diese Tabus als tatsächlich existierend. Nicht nach Betrachtung der moralischen Werte sind die Bürger, die sich selbst «anständige Leute» nennen, anständig: sondern sie sind seit ihrem Auftauchen in der Welt in ein Verhalten geworfen, dessen Sinn die Anständigkeit ist. So gewinnt die Anständigkeit ein Sein, sie wird nicht in Frage gestellt; die Werte sind auf meinen Weg gestreut als tausend kleine reale Aufforderungen, ähnlich den Schildern, die verbieten, den Rasen zu betreten.

In dem, was wir die Welt des Unmittelbaren nennen können, die sich unserem unreflektierten Bewußtsein darbietet, erscheinen wir uns also nicht *zunächst*, um *danach* in Unternehmungen geworfen zu werden. Sondern unser Sein ist unmittelbar «in Situation», das heißt, daß es in Unternehmungen *auftaucht* und sich zunächst erkennt, insofern es sich auf diesen Unternehmungen spiegelt. Wir entdecken uns also in einer von Forderungen bevölkerten Welt, mitten in Entwürfen «auf dem Weg zur Realisierung»: ich schreibe, ich werde rauchen, ich treffe mich heute abend mit Pierre, ich darf nicht vergessen, Simon zu antworten, ich habe nicht das Recht, Claude länger die Wahrheit zu verbergen. Alle diese winzigen passiven Erwartungen des Realen, alle diese banalen, alltäglichen Werte leiten ihren Sinn in Wahrheit von einem ersten Entwurf meiner selbst her, der wie die Wahl meiner selbst in der Welt ist. Aber gerade dieser Entwurf meiner selbst auf eine erste Möglichkeit hin, durch den es Werte, Appelle, Erwartungen und ganz allgemein eine Welt gibt, erscheint mir nur jenseits der Welt als der abstrakte, logische Sinn und die abstrakte, logische Bedeutung meiner Unternehmungen. Für das übrige gibt es konkret Wecker, Schilder, Steuererklärungen, Polizisten, lauter Geländer gegen die Angst. Aber sobald sich die Unternehmung von mir entfernt, sobald ich auf mich selbst verwiesen bin, weil ich mich in der Zukunft erwarten muß, entdecke ich mich plötzlich als den, der dem Wecker seinen Sinn gibt, der es sich wegen eines Schildes versagt, ein Beet oder eine Wiese zu betreten, der der Anordnung des Chefs ihre Dringlichkeit verleiht, der über das Interesse des Buchs entscheidet, das er schreibt, kurz, als den, der macht, daß Werte existieren, um sein Handeln durch ihre Forderungen bestimmen zu können. Allein und in der Angst tauche ich gegenüber dem einzigen und ersten Entwurf auf, der mein Sein konstituiert, alle Barrieren, alle Geländer zerbrechen, genichtet durch das Bewußtsein von meiner Freiheit: bei keinem Wert finde ich und kann ich Zuflucht finden vor der Tatsache, daß ich es bin, der die Werte am Sein erhält; nichts kann mich gegen mich selbst sichern, abgeschnitten von der Welt und meinem Wesen durch dieses Nichts, das ich *bin*, habe ich den Sinn der Welt und meines Wesens zu realisieren: ich entscheide darüber, allein, unlegitimierbar und ohne Entschuldigung.

Die Angst ist also das reflexive Erfassen der Freiheit durch sie selbst, und in diesem Sinn ist sie Vermittlung, denn obwohl unmittelbares Bewußtsein von ihr selbst, taucht sie aus der Negation der Appelle der Welt auf, erscheint sie, sobald ich mich von der Welt, in die ich mich engagiert hatte, löse, um mich selbst als Bewußtsein zu erfassen, das ein vorontologisches Verständnis seines Wesens und einen präjudikativen Sinn für seine Möglichkeiten hat; sie steht im Gegensatz zum Geist der Ernsthaftigkeit, der die Werte von der Welt aus erfaßt und in der beruhigenden, verdinglichen Substantifizierung der Werte liegt. Im

Ernsthaften definiere ich mich vom Gegenstand aus, indem ich *a priori* alle Unternehmungen als unmöglich beiseite lasse, die ich nicht gerade unternehme, und den Sinn, den meine Freiheit der Welt gegeben hat, als von der Welt kommend und für meine Verpflichtungen und mein Sein konstitutiv erfasse. In der Angst erfasse ich mich als total frei und gleichzeitig als gar nicht verhindern können, daß der Sinn der Welt ihr durch mich geschieht.

Man darf jedoch nicht annehmen, daß es genügt, sich auf die reflexive Ebene zu begeben und seine fernen oder unmittelbaren Möglichkeiten zu betrachten, damit man sich in einer *reinen* Angst erfaßt. In jedem Fall von Reflexion entsteht die Angst als Struktur des reflexiven Bewußtseins, insofern sie das reflektierte Bewußtsein betrachtet; indessen kann ich gegenüber meiner eigenen Angst verschiedene Verhaltensweisen annehmen, vor allem Fluchtverhaltensweisen. Alles geschieht ja so, als wenn unser wesentliches, unmittelbares Verhalten gegenüber der Angst die Flucht wäre. Der psychologische Determinismus ist, bevor er eine theoretische Konzeption wird, zunächst ein Entschuldigungsverhalten oder, wenn man so will, die Grundlage aller Entschuldigungsverhalten. Er ist ein reflexives Verhalten gegenüber der Angst, er behauptet, daß es in uns antagonistische Kräfte gibt, deren Existenztypus dem der Dinge vergleichbar ist, er versucht die Leeren, die uns umgeben, auszufüllen, die Verbindungen der Vergangenheit zur Gegenwart, der Gegenwart zur Zukunft wiederherzustellen, er versieht uns mit einer *Natur*, die unsere Handlungen hervorbringt, und er macht aus eben diesen Handlungen transzendente, er stattet sie mit einer Inertheit und einer Exteriorität aus, die ihnen ihren Grund in anderem als in ihnen selbst zuweisen und die außerordentlich beruhigen, weil sie ein unaufhörliches Spiel von *Entschuldigungen* konstituieren, er leugnet diese Transzendenz der menschlichen-Realität, die sie in der Angst jenseits ihres eigenen Wesens auftauchen läßt; indem er uns darauf reduziert, *immer nur das zu sein, was wir sind*, führt er gleichzeitig die absolute Positivität des An-sich-seins in uns wieder ein und integriert uns dadurch wieder in das Sein.

Aber dieser Determinismus als reflexive Abwehr der Angst bietet sich nicht als eine reflexive *Intuition* dar. Er vermag nichts gegen die *Evidenz* der Freiheit, deshalb bietet er sich als Zufluchtsglaube dar, als das ideale Ziel, zu dem wir vor der Angst fliehen können. Auf dem Gebiet der Philosophie ergibt sich das aus der Tatsache, daß die deterministischen Psychologen nicht behaupten, ihre These auf die reinen Gegebenheiten der inneren Beobachtung zu gründen. Sie stellen sie als eine befriedigende Hypothese dar, deren Wert daher kommt, daß sie über die Tatsachen Aufschluß gibt – oder als ein für jede Psychologie notwendiges Postulat. Sie geben die Existenz eines unmittelbaren Freiheitsbewußtseins zu, das ihnen ihre Gegner entgegenhalten unter der Bezeichnung «Beweis durch die Intuition des innersten Sinns». Doch sie lenken die Diskussion auf den *Wert* dieser inneren Enthüllung. So wird die Intuition, durch die wir uns als erste Ursache unserer Zustände und unserer Handlungen erfassen, von niemandem diskutiert. Indessen ist jeder von uns in der Lage, zu versuchen, die Angst zu vermitteln, indem er sich über sie erhebt und sie als eine Illusion *beurteilt*, die aus der Unwissenheit kommt, in der wir uns in bezug auf die realen Ursachen unserer Handlungen befinden. Das Problem, das sich dann stellt, liegt darin, wie weit wir an diese Vermittlung glauben. Ist eine beurteilte Angst eine entwaffnete Angst? Offensichtlich nicht; hier entsteht aber ein neues Phänomen, ein Ablenkungsprozeß in bezug auf die Angst, der abermals eine nichtende Kraft in ihm voraussetzt.

Für sich allein würde der Determinismus nicht ausreichen, diese Ablenkung zu begründen, denn er ist nur ein Postulat oder eine Hypothese. Er ist ein konkreterer

Fluchtversuch, der sich eben auf dem Gebiet der Reflexion vollzieht. Er ist zunächst ein Ablenkungsversuch in bezug auf die *meinem* Möglichen entgegengesetzten Möglichkeiten. Wenn ich mich als Verständnis eines Möglichen als *meines* Möglichen konstituiere, muß ich seine Existenz am Ziel meines Entwurfs anerkennen und es erfassen als Ichselbst, dort hinten, der ich mich in der Zukunft erwarte, durch ein Nichts von mir getrennt. In diesem Sinn erfasse ich mich als ersten Ursprung meines Möglichen, und das nennt man gewöhnlich das Freiheitsbewußtsein, es ist diese Struktur des Bewußtseins und nur sie, die die Anhänger des freien Willens meinen, wenn sie von der Intuition des innersten Sinns sprechen. Aber es kommt vor, daß ich gleichzeitig versuche, mich von der Konstituierung der anderen Möglichkeiten, die *meinem* Möglichen widersprechen, *abzulenken*. Ja ich kann gar nicht umhin, ihre Existenz durch dieselbe Bewegung zu setzen, die das gewählte Mögliche als meines erzeugt, ich kann nicht verhindern, daß ich sie als *lebendige* Möglichkeiten konstituiere, das heißt als solche, die *die Möglichkeit haben, meine Möglichkeiten zu werden*. Aber ich versuche, sie als mit einem transzendenten, rein logischen Sein ausgestattet zu sehen, kurz, als Dinge. Wenn ich auf der reflexiven Ebene die Möglichkeit, dieses Buch zu schreiben, als *meine* Möglichkeit betrachte, lasse ich zwischen dieser Möglichkeit und meinem Bewußtsein ein Nichts an Sein auftauchen, das sie als Möglichkeit konstituiert und das ich gerade in der permanenten Möglichkeit erfasse, daß die Möglichkeit, es nicht zu schreiben, *meine* Möglichkeit sei. Aber ich versuche mich gegenüber dieser Möglichkeit, es nicht zu schreiben, so zu verhalten wie gegenüber einem beobachtbaren Gegenstand, und ich lasse das in mich eindringen, was ich dort sehen will: ich versuche, sie als etwas zu erfassen, was nur zur Erinnerung erwähnt werden muß, was mich gar nicht betrifft. Sie soll mir gegenüber äußere Möglichkeit sein, wie es die Bewegung gegenüber dieser unbewegten Kugel ist. Wenn ich das erreichen könnte, würden die *meinem* Möglichen antagonistischen Möglichkeiten, als logische Entitäten konstituiert, ihre Wirksamkeit verlieren; sie wären nicht mehr bedrohlich, weil sie *Äußeres* wären, weil sie mein Mögliches eingrenzten wie rein *denkbare* Eventualitäten, das heißt im Grunde denkbar *durch* einen anderen oder als *Möglichkeiten eines anderen, der sich in der gleichen Lage befände*. Sie würden der objektiven Situation zugehören wie eine transzendente Struktur: oder, wenn man lieber will und um die Terminologie Heideggers zu benutzen: *ich* werde dieses Buch schreiben, aber *man* könnte es auch nicht schreiben.[61] So verhehlte ich mir, daß sie *Ich-selbst* sind und immanente Bedingungen der Möglichkeit meines Möglichen. Sie behielten gerade genug Sein, um meinem Möglichen seinen Charakter von Grundlosigkeit, von freier Möglichkeit eines freien Seins zu erhalten, aber ihre Bedrohlichkeit wäre ihnen genommen: sie *interessierten* mich nicht, das ausgewählte Mögliche erschiene wegen der Auswahl als mein einziges konkretes Mögliches, und infolgedessen wäre das Nichts, das mich von ihm trennt und das ihm seine Möglichkeit gerade verleiht, aufgefüllt.

Aber die Flucht vor der Angst ist nicht nur Ablenkungsversuch gegenüber der Zukunft: sie versucht auch, die Drohung der Vergangenheit zu entwaffnen. Was ich hier zu fliehen versuche, ist eben meine Transzendenz, insofern sie mein Wesen trägt und überschreitet. Ich behaupte, daß ich mein Wesen *bin* nach dem Seinsmodus des Ansich. Gleichzeitig aber lehne ich ab, dieses Wesen als etwas zu betrachten, was seinerseits geschichtlich konstituiert ist und daher die Handlung impliziert wie der Kreis seine Eigenschaften. Ich erfasse es oder versuche wenigstens, es zu erfassen als den ersten Anfang meines Möglichen, und ich gebe keineswegs zu, daß es an ihm selbst einen Anfang hat; ich behaupte also, daß eine Handlung frei sei, wenn sie mein Wesen genau widerspiegelt. Außerdem aber ver-

suche ich, diese Freiheit, die mich beunruhigte, wenn sie Freiheit *gegenüber* dem Ich wäre, in das Innere meines Wesens, das heißt meines Ichs, zu verlegen. Es geht darum, das Ich als einen kleinen Gott zu betrachten, der mich bewohnte und meine Freiheit besäße wie eine metaphysische Fähigkeit. Es wäre nicht mehr mein Sein, das als Sein frei wäre, sondern mein Ich, das frei wäre innerhalb meines Bewußtseins. Eine außerordentlich beruhigende Fiktion, denn die Freiheit ist in ein opakes Sein versenkt worden: insofern mein Wesen nicht Durchsichtigkeit ist, in der Immanenz transzendent ist, würde die Freiheit eine seiner Eigenschaften. Kurz, es geht darum, meine Freiheit in meinem Ich zu erfassen als die Freiheit *eines Anderen*.*
Man sieht die Hauptthemen dieser Fiktion: mein Ich wird Ursprung seiner Handlungen, wie ein Anderer Ursprung der seinen wird als einer bereits konstituierten Person. Gewiß, es lebt und verändert sich, man wird sogar zugeben, daß jede seiner Handlungen dazu beitragen kann, es zu verändern. Aber diese harmonischen, fortgesetzten Veränderungen werden nach dem biologischen Typus gedacht. Sie ähneln denen, die ich bei meinem Freund Pierre feststellen kann, wenn ich ihn nach einer Trennung wiedersehe. Diesen beruhigenden Forderungen hat Bergson[62] ausdrücklich entsprochen, als er seine Theorie vom tiefen Ich aufstellte, das dauert und sich organisiert, das ständig zeitgleich ist mit dem Bewußtsein, das ich von ihm gewinne, und das von diesem nicht überschritten werden kann, das am Ursprung unserer Handlungen steht, nicht wie eine umwälzende Gewalt, sondern wie ein Vater, der seine Kinder zeugt, so daß die Handlung, ohne aus dem Wesen als rigorose Konsequenz hervorzugehen, ohne auch nur vorhersehbar zu sein, doch einen beruhigenden Bezug zu diesem Wesen unterhält, eine Familienähnlichkeit: die Handlung geht weiter als dieses Wesen, aber in

---

* Siehe Dritter Teil, Erstes Kapitel.

derselben Richtung, sie behält zwar eine gewisse Unreduzierbarkeit, aber wir erkennen uns und erfahren uns in ihr, wie ein Vater sich im Sohn, der sein Werk fortführt, erkennen und erfahren kann. So hat Bergson durch eine Projektion der Freiheit – die wir in uns erfassen – in einen psychischen Gegenstand, der das Ich ist, dazu beigetragen, unsere Angst zu verbergen, aber auf Kosten eben des Bewußtseins. Was er so konstituiert und beschrieben hat, ist nicht unsere Freiheit, so wie sie sich selbst erscheint: *es ist die Freiheit eines Anderen.*

Das ist also die Gesamtheit der Prozesse, durch die wir uns unsere Angst zu verbergen suchen: wir erfassen unser Mögliches, indem wir vermeiden, die anderen Möglichkeiten zu betrachten, aus denen wir die Möglichkeiten eines undifferenzierten Anderen machen: dieses Mögliche wollen wir nicht als durch eine reine, nichtende Freiheit am Sein gehalten sehen, sondern wir versuchen es zu erfassen als durch einen schon konstituierten Gegenstand erzeugt, der nichts anderes ist als unser Ich, betrachtet und beschrieben wie *die Person* eines Anderen. Wir möchten von der ersten Intuition das bewahren, was sie uns als unsere Unabhängigkeit und unsere Verantwortlichkeit bietet, aber es kommt uns darauf an, alles zu dämpfen, was an ihr ursprüngliche Nichtung ist; im übrigen sind wir immer bereit, uns in den Glauben an den Determinismus zu flüchten, wenn diese Freiheit uns belastet oder wir eine Entschuldigung brauchen. So fliehen wir vor der Angst, indem wir versuchen, uns *von außen her* als *Anderen* oder als *ein Ding* zu erfassen. Was man gewöhnlich Offenbarung des innersten Sinns oder erste Intuition unserer Freiheit nennt, hat nichts Ursprüngliches: es ist ein schon konstruierter Prozeß, ausdrücklich dazu bestimmt, uns die Angst zu verbergen, die wirkliche «unmittelbare Gegebenheit» unserer Freiheit.

Gelingt es uns, durch diese verschiedenen Konstruktionen unsere Angst zu ersticken oder zu verhüllen? Sicherlich können wir sie nicht unterdrücken, denn wir *sind* Angst. Was das Sie-Verschleiern betrifft, so muß man, abgesehen davon, daß die Natur des Bewußtseins und seine Durchsichtigkeit uns verbieten, den Ausdruck wörtlich zu nehmen, den besonderen Verhaltenstypus beachten, den wir damit bedeuten: wir können einen äußeren Gegenstand verbergen, weil er unabhängig von uns existiert; aus demselben Grund können wir unseren Blick oder unsere Aufmerksamkeit von ihm abwenden, das heißt ganz einfach die Augen auf irgendeinen anderen Gegenstand richten; von diesem Moment an gewinnt jede Realität – die meine und die des Gegenstands – ihr eigenes Leben zurück, und der zufällige Bezug, der das Bewußtsein mit dem Ding vereinigte, verschwindet, ohne dadurch die eine oder andere Existenz zu verändern. Aber wenn ich das *bin*, was ich verschleiern will, erhält die Frage einen ganz anderen Aspekt: ich kann ja einen bestimmten Aspekt meines Seins nur dann «nicht sehen» wollen, wenn ich über den Aspekt, den ich nicht sehen will, genau im Bilde bin. Das bedeutet, daß ich ihn in meinem Sein anzeigen muß, um mich von ihm abwenden zu können; mehr noch, ich muß ständig daran denken, um aufzupassen, daß ich nicht daran denke. Darunter ist nicht nur zu verstehen, daß ich notwendig das, vor dem ich fliehen will, ständig mit mir herumtragen muß, sondern auch, daß ich den Gegenstand meiner Flucht im Auge haben muß, um ihn zu fliehen, was bedeutet, daß die Angst, ein intentionales Augenmerk auf die Angst und eine Flucht vor der Angst zu beruhigenden Mythen in der Einheit ein und desselben Bewußtseins gegeben sein müssen. Kurz, ich fliehe, um nicht zu wissen, aber ich kann nicht umhin zu wissen, daß ich fliehe, und die Flucht vor der Angst ist nur ein Modus, sich der Angst bewußt zu werden. So kann sie eigentlich weder verborgen noch vermieden werden. Vor der Angst fliehen oder die Angst sein kann jedoch nicht ganz dasselbe sein: wenn ich meine Angst bin, um vor ihr zu fliehen, setzt das voraus, daß ich mich gegenüber dem, was ich bin, dezentrieren kann, daß ich die Angst sein kann in der Form, «sie nicht zu sein», daß ich über ein nichtendes Vermögen innerhalb der Angst verfügen kann. Dieses nichtende Vermögen nichtet die Angst, insofern ich sie fliehe, und nichtet sich selbst, insofern *ich sie bin, um sie zu fliehen*. Das ist das, was man *Unaufrichtigkeit* [*mauvaise foi*] nennt. Es geht also nicht darum, die Angst aus dem Bewußtsein zu vertreiben oder sie als unbewußtes psychisches Phänomen zu konstituieren: sondern ich kann mich ganz einfach unaufrichtig in das Erfassen der Angst begeben, die ich bin, und diese Unaufrichtigkeit, die das Nichts, das ich mir gegenüber *bin*, ausfüllen soll, impliziert gerade dieses Nichts, das durch sie aufgehoben wird.

Wir stehen am Ende unserer ersten Beschreibung. Die Untersuchung der Negation kann uns nicht noch weiter bringen. Sie hat uns die Existenz eines besonderen Verhaltenstypus aufgedeckt: das Verhalten gegenüber dem Nichtsein, das eine spezielle Transzendenz voraussetzt, die man gesondert untersuchen muß. Wir haben also zwei menschliche Ek-stasen vor uns: die Ek-stase, die uns in das An-sich-sein wirft, und die Ek-stase, die uns in das Nicht-sein engagiert. Unser erstes Problem, das nur die Bezüge des Menschen zum Sein betraf, scheint dadurch beträchtlich kompliziert zu sein; aber es ist auch nicht unmöglich, daß wir wertvolle Aufschlüsse für das Verständnis *jeder* Transzendenz gewinnen, wenn wir unsere Analyse der Transzendenz zum Nicht-sein hin zu Ende führen. Außerdem kann das Problem des Nichts von unserer Untersuchung nicht ausgeschlossen werden: wenn sich der Mensch gegenüber dem An-sich-sein *verhält* – und unsere philosophische Frage ist ein Typus dieses Verhaltens –, so weil er dieses Sein *nicht ist*. Wir finden also das Nicht-sein als Bedingung der Transzendenz zum Sein hin wieder. Wir müssen uns an das Problem des Nichts klammern und dürfen es vor seiner völligen Aufklärung nicht loslassen.

Freilich hat die Untersuchung des Fragens und Verneinens alles hergegeben, was sie konnte. Wir wurden von dort auf die empirische Freiheit verwiesen als Nichtung des Menschen innerhalb der Zeitlichkeit und als notwendige Bedingung des transzendenten Erfassens der Negatitäten. Bleibt noch diese empirische Freiheit selbst zu begründen. Sie kann nicht die erste Nichtung und die Grundlage jeder Nichtung sein. Sie trägt ja dazu bei, Transzendenzen in der Immanenz zu konstituieren, die alle negativen Transzendenzen bedingen. Aber gerade die Tatsache, daß sich die Transzendenzen der empirischen Freiheit in der Immanenz *als Transzendenzen* konstituieren, zeigt uns, daß es sich um sekundäre Nichtungen handelt, die die Existenz eines ursprünglichen Nichts voraussetzen: sie sind nur ein Stadium in der analytischen Regression, die uns von den «Negatitäten» genannten Transzendenzen zu dem Sein führt, das sein eigenes Nichts ist. Offenbar muß man also die Grundlage jeder Negation in einer Nichtung suchen, die sich *genau innerhalb der Immanenz* vollzieht; in der absoluten Immanenz, in der reinen Subjektivität des instantanen Cogito müssen wir den ursprünglichen Akt entdecken, durch den der Mensch sich selbst sein eigenes Nichts ist. Was muß das Bewußtsein in seinem Sein sein, damit der Mensch in ihm und von ihm aus in der Welt auftauchen kann als das Sein, das sein eigenes Nichts ist und durch das das Nichts zur Welt kommt?

Es scheint uns hier das Instrument zur Lösung dieses neuen Problems zu fehlen: die Negation betrifft direkt nur die Freiheit. In der Freiheit selbst also ist das Verhalten zu suchen, das es uns erlaubt, weiter vorzustoßen. Diesem Verhalten jedoch, das uns bis an die Schwelle der Immanenz führen wird und das dennoch hinreichend objektiv bleibt, damit wir objektiv seine Möglichkeitsbedingungen ausmachen können, sind wir schon begegnet. Haben wir nicht soeben festgestellt, daß wir in der Unaufrichtigkeit die-Angst-*waren-um*-sie-*zu-fliehen*, und zwar in der

Einheit ein und desselben Bewußtseins? Wenn die Unaufrichtigkeit möglich sein soll, müssen wir also in ein und demselben Bewußtsein die Einheit des Seins und des Nicht-seins antreffen können, das Sein-um-nicht-zu-sein. Die Unaufrichtigkeit wird also jetzt Gegenstand unserer Frage sein. Damit der Mensch fragen kann, muß er sein eigenes Nichts sein können, das heißt: er kann nur dann Ursprung des Nicht-seins im Sein sein, wenn sich sein Sein in ihm selbst, durch ihn selbst mit Nichts durchdringt: so erscheinen die Transzendenzen der Vergangenheit und der Zukunft im zeitlichen Sein der menschlichen-Realität. Aber die Unaufrichtigkeit ist instantan. Was also muß das Bewußtsein in der Instantaneität des präreflexiven Cogito sein, wenn der Mensch unaufrichtig sein können soll?

Zweites Kapitel

Die Unaufrichtigkeit
[La mauvaise foi]

I
Unaufrichtigkeit und Lüge

Das menschliche Sein ist nicht nur das Sein, durch das sich Negativitäten in der Welt enthüllen, es ist auch das, das sich selbst gegenüber negative Haltungen einnehmen kann. Wir hatten in unserer Einleitung das Bewußtsein definiert als «ein Sein, dem es in seinem Sein um sein Sein geht, insofern dieses Sein ein Anderes-sein als es selbst impliziert». Aber nach der Aufklärung des Frageverhaltens wissen wir nun, daß diese Formel auch so geschrieben werden kann: «Das Bewußtsein ist ein Sein, für das in seinem Sein Bewußtsein vom Nichts seines Seins ist.» Im Verbot oder Veto zum Beispiel negiert das menschliche Sein eine künftige Transzendenz. Aber diese Negation ist nicht konstatierend. Mein Bewußtsein beschränkt sich nicht darauf, eine Negativität zu *betrachten*. Es konstituiert sich selbst leibhaftig als Nichtung einer Möglichkeit, die eine andere menschliche-Realität als *ihre* Möglichkeit entwirft. Darum muß es in der Welt als ein *Nein* auftauchen, und als ein Nein erfaßt ja der Knecht zunächst den Herrn oder der Gefangene, der auszubrechen sucht, den Posten, der ihn bewacht. Es gibt sogar Menschen (Wächter, Aufseher, Gefängniswärter usw.), deren soziale Realität allein die des Nein ist, die leben und sterben werden, ohne jemals etwas anderes auf der Erde gewesen zu sein als ein großes Nein. Andere, die das Nein in ihrer Subjektivität selbst tragen, konstituieren sich als menschliche Person nichtsdestoweniger als eine ständige Negation: der Sinn und die Funktion dessen, was Scheler «den Menschen des Ressentiments»[63] nennt, ist das Nein. Aber es gibt noch subtilere Verhaltensweisen, deren Beschreibung uns noch weiter in die Intimität des Bewußtseins führte: die Ironie gehört dazu. In der Ironie vernichtet der Mensch in der Einheit ein und derselben Handlung, was er setzt, er läßt glauben, damit man ihm nicht glaubt, er behauptet, um zu leugnen, und er leugnet, um zu behaupten, er schafft einen positiven Gegenstand, der aber kein anderes Sein hat als sein Nichts. So lassen uns die Negationshaltungen gegenüber sich selbst eine neue Frage stellen: Was muß der Mensch in seinem Sein sein, damit es ihm möglich ist, sich zu leugnen? Aber es kann nicht darum gehen, die Haltung von «Negation von sich» in ihrer Universalität zu nehmen. Die Verhaltensweisen, die sich unter dieser Rubrik einordnen lassen, sind zu verschieden, wir liefen Gefahr, nur die abstrakte Form davon zurückzubehalten. Man muß wählen und eine bestimmte Haltung untersuchen, die für die menschliche-Realität wesentlich und zugleich so ist, daß das Bewußtsein seine Negation, statt sie nach außen zu richten, gegen sich selbst kehrt. Diese Haltung schien uns die *Unaufrichtigkeit* sein zu müssen.

Oft setzt man sie mit der Lüge gleich. Ohne zu unterscheiden, sagt man von einer Person, sie sei unaufrichtig oder sie belüge sich selbst. Wir stimmen zwar zu, daß die Unaufrichtigkeit ein Sich-selbst-Belügen ist, sofern nur das Sich-selbst-Belügen vom Lügen schlechthin unterschieden wird. Die Lüge ist eine negative Haltung, das wird man zugeben. Aber diese Negation betrifft nicht das Bewußtsein selbst, sie zielt nur auf das Transzendente. Das Wesen der Lüge impliziert ja, daß der Lügner über die Wahrheit, die er entstellt, vollständig im Bilde ist. Man lügt nicht über das, was man nicht weiß, man lügt nicht, wenn man einen Irrtum verbreitet, dem man selbst erliegt, man lügt nicht, wenn man sich irrt. Das Ideal des Lügners wäre also ein zynisches Bewußtsein, das an sich die Wahrheit behauptet, sie in seinen Worten verneint und für sich selbst diese Negation verneint. Diese zweifache negative Haltung betrifft Transzendentes: die behauptete Tatsache ist transzendent, da sie nicht existiert, und die erste Negation betrifft eine *Wahrheit*, das heißt einen besonderen Typus von Transzendenz. Was die innere Negation angeht, die ich korrelativ zur Affirmation der Wahrheit für mich vollziehe, so betrifft sie *Worte*, das heißt ein Ereignis der Welt. Im übrigen ist die innere Disposition des Lügners positiv: sie könnte Gegenstand eines affirmativen Urteils sein: der Lügner hat die Absicht, zu täuschen, und er versucht nicht, sich diese Absicht zu verhehlen oder die Transluzidität des Bewußtseins zu verbergen; im Gegenteil, er beruft sich auf sie, wenn es darum geht, über sekundäre Verhaltensweisen zu entscheiden, sie übt explizit eine regulierende Kontrolle über alle Haltungen aus. Was die hervorgekehrte Absicht angeht, die Wahrheit zu sagen («Ich will Sie nicht täuschen, das ist wahr, ich schwöre es» usw.), so ist sie zwar Gegenstand einer inneren Negation, wird deshalb aber auch nicht vom Lügner als *seine* Absicht anerkannt. Sie wird gespielt, gemimt, sie ist die Absicht der Person, die er vor den Augen seines Gesprächspartners spielt, aber diese Person ist, gerade weil sie *nicht ist*, ein Transzendentes. So bringt die Lüge die Innenstruktur des gegenwärtigen Bewußtseins nicht ins Spiel, alle Negationen, die die Lüge konstituieren, betreffen Gegenstände, die eben deshalb aus dem Bewußtsein vertrieben sind, sie erfordert also keine besondere ontologische Begründung, und die Erklärungen, die die Existenz der Negation im allgemeinen erfordert, sind im Fall der Täuschung ohne Veränderung gültig. Gewiß haben wir die ideale Lüge definiert; gewiß kommt es ziemlich oft vor, daß der Lügner mehr oder weniger Opfer seiner Lüge wird, daß er sie sich halb einredet: aber diese geläufigen,

87

vulgären Formen der Lüge sind zugleich auch entartete Aspekte von ihr, sie stellen Zwischenglieder zwischen Lüge und Unaufrichtigkeit dar. Die Lüge ist ein Transzendenzverhalten.

Aber die Lüge ist ja ein normales Phänomen dessen, was Heidegger «Mitsein»[64] nennt. Sie setzt meine Existenz voraus, die Existenz des *anderen*, meine Existenz *für* den anderen und die Existenz des anderen *für* mich. So begreift man unschwer, daß der Lügner in aller Klarheit den Entwurf der Lüge machen und ein vollkommenes Verständnis der Lüge und der Wahrheit, die er verändert, haben muß. Es genügt, daß eine prinzipielle Opazität dem *andern* seine Absichten verbirgt, es genügt, daß der andere die Lüge für die Wahrheit halten kann. Durch die Lüge behauptet das Bewußsein, daß es von Natur aus als *dem Andern verborgen* existiert, es profitiert von der ontologischen Dualität des Ich und des Ich des Andern.

Das kann für die Unaufrichtigkeit nicht gelten, wenn diese, wie wir gesagt haben, wirklich ein *Sich-selbst*-Belügen ist. Bei der Unaufrichtigkeit geht es zwar auch darum, eine unangenehme Wahrheit zu verbergen oder einen angenehmen Irrtum als Wahrheit hinzustellen. Die Unaufrichtigkeit hat also scheinbar die Struktur der Lüge. Aber alles ist dadurch verändert, daß ich in der Unaufrichtigkeit mir selbst die Wahrheit verberge. Daher gibt es hier keine Dualität von Täuscher und Getäuschtem. Die Unaufrichtigkeit impliziert im Gegenteil ihrem Wesen nach die Einheit *eines* Bewußtseins. Das bedeutet nicht, daß sie nicht durch das «Mitsein» bedingt sein kann, wie übrigens alle Phänomene der menschlichen-Realität, aber das «Mitsein» kann nur dann Unaufrichtigkeit hervorrufen, wenn es sich als eine *Situation* darbietet, die durch Unaufrichtigkeit überschritten werden kann; die Unaufrichtigkeit kommt nicht von außen zur menschlichen-Realität. Man erleidet seine Unaufrichtigkeit nicht, man wird nicht von ihr infiziert, sie ist kein *Zustand*. Sondern das Bewußtsein affiziert sich selbst mit Unaufrichtigkeit. Es bedarf einer primären Intention und eines Unaufrichtigkeitsentwurfs; dieser Entwurf impliziert ein Verständnis der Unaufrichtigkeit als solcher und ein präreflexives Erfassen (von) dem Bewußtsein, daß es sich in Unaufrichtigkeit verwirklicht. Daraus folgt zunächst, daß der, den man belügt, und der, der lügt, ein und dieselbe Person sind, was bedeutet, daß ich als Täuschender die Wahrheit kennen muß, die mir als Getäuschtem verborgen ist. Mehr noch, ich muß diese Wahrheit sehr genau kennen, *um* sie sorgfältiger vor mir verstecken zu können – und zwar nicht in zwei verschiedenen Momenten der Zeitlichkeit, wodurch sich zur Not ein Anschein von Dualität wiederherstellen ließe –, sondern in der vereinigenden Struktur ein und desselben Entwurfs. Wie kann also die Lüge bestehen, wenn die Dualität, die sie bedingt, aufgehoben ist? Zu dieser Schwierigkeit kommt eine andere, die von der totalen Transluzidität des Bewußtseins herrührt. Wer sich mit Unaufrichtigkeit affiziert, muß Bewußtsein (von) seiner Unaufrichtigkeit haben, weil ja das Sein des Bewußtseins Seinsbewußtsein ist. Ich muß also offenbar wenigstens darin aufrichtig sein, daß ich mir meiner Unaufrichtigkeit bewußt bin. Dann aber vernichtet sich dieses ganze psychische System. Denn man wird zugeben, daß, wenn ich absichtlich und zynisch versuche, mich zu belügen, ich bei diesem Unternehmen vollkommen scheitere, die Lüge zurückweicht und sich unter meinem Blick auflöst; sie wird *von hinten* zerstört, eben durch das Bewußtsein, mich zu belügen, das sich unbarmherzig diesseits meines Entwurfs als eben seine Bedingung konstituiert. Hier liegt ein *verschwimmendes* Phänomen vor, das nur in seiner eigenen Unterschiedenheit und durch sie existiert. Solche Phänomene sind zwar häufig, und wir werden sehen, daß es tatsächlich ein «Verschwimmen» der Unaufrichtigkeit gibt, es ist evident, daß sie ständig zwischen Aufrichtigkeit und Zynismus hin und her schwankt. Aber wenn auch die

Existenz der Unaufrichtigkeit sehr prekär ist, wenn sie zu jener Art psychischer Strukturen gehört, die man «metastabil» nennen könnte, so hat sie doch nichtsdestoweniger eine autonome und dauerhafte Form; sie kann sogar für eine sehr große Zahl von Personen der normale Aspekt des Lebens sein. Man kann in der Unaufrichtigkeit *leben*, was nicht heißen soll, daß man keine plötzlichen Anfälle von Zynismus oder Aufrichtigkeit hat, was aber doch einen konstanten und besonderen Lebensstil impliziert. Unsere Verlegenheit scheint also außerordentlich groß zu sein, weil wir ja die Unaufrichtigkeit weder abstreiten noch verstehen können.

Um diesen Schwierigkeiten zu entgehen, greift man gern auf das Unbewußte zurück. Bei der psychoanalytischen Interpretation zum Beispiel benutzt man die Hypothese einer Zensur, die wie eine Demarkationslinie mit Zoll, Paß- und Devisenkontrolle usw. aufgefaßt wird, um die Dualität von Täuscher und Getäuschtem wiederherzustellen. Der Instinkt – oder, wenn man lieber will, die primären Triebe und die durch unsere individuelle Geschichte konstituierten Triebkomplexe – bildet hier die *Realität*. Er ist weder *wahr* noch *falsch*, da er nicht *für sich* existiert. Er *ist* einfach, geradeso wie dieser Tisch, der weder wahr noch falsch *an sich* ist, sondern einfach *real*. Was nun die bewußten Symbolisierungen des Instinkts betrifft, so müssen sie nicht für Erscheinungen, sondern für reale psychische Fakten gehalten werden. Die Phobie, die Fehlleistung, der Traum existieren real als konkrete Bewußtseinsfakten, genauso wie die Worte und Haltungen des Lügners konkrete und real existierende Verhaltensweisen sind. Das Subjekt steht einfach vor diesen Phänomenen wie der Getäuschte vor den Verhaltensweisen des Täuschers. Es konstatiert sie in ihrer Realität und muß sie interpretieren. Es gibt eine *Wahrheit* der Verhaltensweisen des Täuschers: wenn der Getäuschte sie mit der Situation in Verbindung bringen könnte, in der der Täuscher sich befindet, und mit dessen Lügenentwurf, dann würden sie, als lügenhafte Verhaltensweisen, zu integrierenden Bestandteilen der Wahrheit. Ebenso gibt es eine Wahrheit der symbolischen Akte: diese entdeckt der Psychoanalytiker, wenn er sie mit der geschichtlichen Situation des Kranken, mit den unbewußten Komplexen, die sie ausdrücken, mit der Barriere der Zensur in Verbindung bringt. So täuscht sich das Subjekt über den *Sinn* seiner Verhaltensweisen, es erfaßt sie in ihrer konkreten Existenz, aber nicht in ihrer *Wahrheit*, da es sie nicht von einer primären Situation und von einer psychischen Konstitution herleiten kann, die ihm fremd bleiben. Freud hat ja durch die Unterscheidung des «Es» vom «Ich» die psychische Masse in zwei Teile gespalten. Ich *bin* Ich, aber ich bin nicht *Es*. Ich habe keinerlei privilegierte Position gegenüber meinem nicht bewußten Psychismus. Ich *bin* meine eigenen psychischen Phänomene, insofern ich sie in ihrer bewußten Realität konstatiere: ich bin zum Beispiel dieser Drang, das eine oder andere Buch aus dieser Auslage zu stehlen, ich bin mit diesem Drang eins, ich kläre ihn auf, und ich bestimme mich im Hinblick auf ihn, den Diebstahl zu begehen. Aber ich *bin* diese psychischen Fakten nicht, insofern ich sie passiv erleide und gezwungen bin, über ihren Ursprung und ihre wirkliche Bedeutung ebenso Hypothesen aufzustellen wie der Wissenschaftler über Natur und Wesen eines äußeren Phänomens: zum Beispiel ist dieser Diebstahl, den ich als einen unmittelbaren, durch Seltenheit, Interessantheit oder Preis des zu entwendenden Buchs bestimmten Drang interpretiere, in *Wahrheit* ein von Selbstbestrafung hergeleiteter Prozeß, der mehr oder weniger direkt mit einem Ödipuskomplex in Verbindung steht. Es gibt also eine Wahrheit des Drangs zum Diebstahl, die nur durch mehr oder weniger wahrscheinliche Hypothesen erreicht werden kann. Das Kriterium dieser Wahrheit wird der Umfang der bewußten psychischen Fakten sein, die sie erklärt; von einem mehr pragmatischen Gesichtspunkt aus auch der Erfolg der psychiatrischen Behandlung, die sie ermöglicht. Schließlich wird zur Entdeckung dieser Wahrheit auch die Mitwirkung des Psychoanalytikers benötigt, der als der *Vermittler* zwischen meinen unbewußten Trieben und meinem bewußten Leben erscheint. *Ein Anderer* erscheint, der allein imstande ist, die Synthese zwischen der unbewußten Thesis und der bewußten Antithesis herzustellen. Ich kann mich nur vermittels des Anderen erkennen, was besagt, daß ich mich in bezug auf *mein «Es»* in der Position eines *Andern* befinde. Wenn ich einige psychoanalytische Kenntnisse habe, kann ich unter besonders günstigen Umständen versuchen, mich selbst zu analysieren. Aber dieser Versuch kann nur gelingen, wenn ich jeder Art von Intuition mißtraue, wenn ich *von außen her* auf meinen Fall abstrakte Schemata und erlernte Regeln anwende. Die Resultate werden, ob sie nun allein durch meine Bemühungen oder unter Mitwirkung eines Fachmanns erreicht wurden, nie die Gewißheit besitzen, die die Intuition verleiht; sie werden einfach die immer größer werdende Wahrscheinlichkeit wissenschaftlicher Hypothesen haben. Die Ödipuskomplex-Hypothese ist wie die Atomhypothese nichts anderes als eine «experimentelle Idee»; sie unterscheidet sich, wie Peirce sagt,[65] nicht von der Gesamtheit der Experimente, die man mit ihr machen, und der Wirkungen, die man mit ihr voraussehen kann. So ersetzt die Psychoanalyse den Begriff der Unaufrichtigkeit durch die Vorstellung von einer Lüge ohne Lügner, die verständlicher macht, wieso ich nicht mich belügen, aber *belogen werden* kann, weil sie mich ja in bezug auf mich selbst in die Situation des Andern mir gegenüber bringt, sie ersetzt die Dualität von Täuscher und Getäuschtem als wesentliche Bedingung der Lüge durch die von «Es» und «Ich», sie führt in meine tiefste Subjektivität die intersubjektive Struktur des *Mitseins* ein. Können wir uns mit diesen Erklärungen zufriedengeben?

Näher betrachtet ist die psychoanalytische Theorie nicht so einfach, wie sie zuerst aussieht. Es stimmt nicht, daß sich das «Es» in bezug auf die Hypothese des Psychoanalytikers als ein Ding darbietet, denn das Ding ist gegenüber den Vermutungen über es indifferent, und das «Es» wird im Gegenteil von diesen *berührt*, wenn sie sich der Wahrheit nähern. Freud macht ja auf Widerstände aufmerksam, die entstehen, wenn der Arzt sich am Ende der ersten Periode der Wahrheit nähert. Diese Widerstände sind von außen erfaßte objektive Verhaltensweisen: der Kranke zeigt Mißtrauen, weigert sich zu sprechen, gibt erfundene Schilderungen seiner Träume und entzieht sich manchmal ganz der psychoanalytischen Behandlung. Aber man wird doch fragen dürfen, welcher Teil von ihm selbst derart Widerstand leisten kann. Das «Ich» als psychische Gesamtheit der Bewußtseinsfakten kann es nicht sein: es könnte ja nicht argwöhnen, daß der Psychiater dem Ziel näherkommt, da es dem *Sinn* seiner eigenen Reaktionen genauso gegenübersteht wie der Psychiater selbst. Allenfalls kann es den Wahrscheinlichkeitsgrad der aufgestellten Hypothesen objektiv einschätzen, so wie es ein Zeuge der Analyse tun könnte, und zwar nach dem Umfang der von ihnen erklärten subjektiven Fakten. Übrigens würde ihm diese Wahrscheinlichkeit an Gewißheit zu grenzen scheinen, so daß es deswegen nicht bedrückt sein könnte, da es ja sich meistens selbst durch einen *bewußten* Entschluß auf die psychoanalytische Therapie eingelassen hat. Kann man einwenden, daß der Kranke über die täglichen Enthüllungen durch den Psychoanalytiker beunruhigt ist und daß er versucht, sich ihnen zu entziehen, indem er gleichzeitig in seinen eigenen Augen so tut, als wolle er die Behandlung fortsetzen? In diesem Fall ist es nicht mehr möglich, zur Erklärung der Unaufrichtigkeit auf das Unbewußte zurückzugreifen: sie ist da, in vollem Bewußtsein, mit allen ihren Widersprüchen. So möchte der Psychoanalytiker übrigens diese Widerstände nicht erklären: für ihn sind sie dumpf und tief, sie kommen von weit her, sie haben ihre Wurzeln in der Sache selbst, die man klären will.

Doch sie können auch nicht aus dem Komplex hervorgehen, der ans Licht gebracht werden soll. Als solcher wäre dieser Komplex eher der Mitarbeiter des Psychoanalytikers, da er darauf aus ist, sich im klaren Bewußtsein auszudrücken, da er die Zensur zu überlisten und umgehen sucht. Die einzige Ebene, auf der wir die Weigerung des Subjekts situieren können, ist die der Zensur. Nur sie kann an den Fragen oder Enthüllungen des Psychoanalytikers erfassen, daß sie den realen Trieben, die sie verdrängen möchte, mehr oder weniger nahekommen, sie allein, denn nur sie kann *wissen*, was sie verdrängt.

Wenn wir also die Sprache und die verdinglichte [*chosiste*] Mythologie der Psychoanalyse verwerfen, so bemerken wir, daß die Zensur kennen muß, was sie verdrängt, damit sie ihre Aktivität differenziert ausüben kann. Wenn wir wirklich auf alle Metaphern verzichten, die die Verdrängung als einen Stoß blinder Kräfte hinstellen, dann müssen wir zwangsläufig zugeben, daß die Zensur *wählen* und, um zu wählen, etwas *sich vorstellen* muß. Woher käme es sonst, daß sie die erlaubten sexuellen Triebe passieren läßt, daß sie die Bedürfnisse (Hunger, Durst, Schlaf) im klaren Bewußtsein sich auszudrücken duldet? Und wie wäre es zu erklären, daß sie ihre Wachsamkeit *lockern*, daß sie sogar durch die Verstellungen des Instinkts *getäuscht* werden kann? Aber es genügt nicht, daß sie die verfemten Triebe unterscheidet, sie muß sie auch als *zu verdrängende* erfassen, was bei ihr mindestens eine Vorstellung von ihrer eigenen Aktivität impliziert. Kurz, wie könnte die Zensur die zu verdrängenden Triebe unterscheiden, ohne sich bewußt zu sein, daß sie sie unterscheidet? Kann man ein Wissen annehmen, das Unwissen von sich ist? Wissen ist wissen, daß man weiß, sagte Alain. Sagen wir lieber: jedes Wissen ist Wissensbewußtsein. So implizieren die Widerstände des Kranken auf der Ebene der Zensur eine Vorstellung des Verdrängten als solchen, ein Verständnis des Ziels, das die Fragen des Psychoanalytikers anstreben, und einen Akt synthetischer Verbindung, durch die sie die *Wahrheit* des verdrängten Komplexes mit der psychoanalytischen Hypothese vergleicht, die auf ihn zielt. Und diese verschiedenen Operationen wiederum implizieren, daß sich die Zensur (von) sich bewußt ist. Aber von welchem Typus kann das Bewußtsein (von) sich der Zensur sein? Es muß Bewußtsein (davon) sein, Bewußtsein des zu verdrängenden Triebs zu sein, aber gerade, *um nicht von ihm Bewußtsein zu sein*. Was kann das andres heißen, als daß die Zensur unaufrichtig sein muß? Die Psychoanalyse hat uns dabei nichts gewinnen lassen, weil sie ja, um die Unaufrichtigkeit zu beseitigen, zwischen das Unbewußte und das Bewußtsein ein autonomes unaufrichtiges Bewußtsein gesetzt hat. Deshalb haben ihre Bemühungen, eine wirkliche Dualität auszumachen – ja sogar eine Trinität (Es, Ich, Über-Ich[66]) –, die sich durch die Zensur ausdrückt, zu nichts weiter geführt als zu einer verbalen Terminologie. Gerade das Wesen der reflexiven Idee von etwas «*sich* verheimlichen» impliziert die Einheit ein und desselben Psychismus und infolgedessen eine zweifache Aktivität innerhalb der Einheit mit dem Ziel, einerseits die zu verbergende Sache zu behalten und zu bezeichnen, andererseits sie zurückzudrängen und zu verschleiern; jeder der beiden Aspekte dieser Aktivität ist dem anderen komplementär, das heißt, er impliziert ihn in seinem Sein. Trotz ihrer Trennung des Bewußten vom Unbewußten durch die Zensur ist es der Psychoanalyse nicht gelungen, die beiden Phasen des Akts zu trennen, weil ja die Libido ein blinder Conatus zum bewußten Ausdruck und das bewußte Phänomen ein passives, falsches Ergebnis ist: sie hat einfach diese doppelte Aktivität von Abweisung und Anziehung auf der Ebene der Zensur lokalisiert. Zur Erklärung der Einheit des Gesamtphänomens (Verdrängung des Triebs, der sich verstellt und in symbolischer Form «passiert») müssen zudem noch verstehbare Verbindungen zwischen seinen verschiedenen Momenten ausgemacht werden. Wie kann der verdrängte Trieb «sich verstellen», wenn er nicht enthält: 1. das Bewußtsein, verdrängt zu werden, 2. das Bewußtsein, abgewiesen worden zu sein, weil er das ist, was er ist, 3. einen Verstellungsentwurf? Keine mechanische Theorie der Verdichtung oder der Übertragung kann diese Modifikationen erklären, mit denen der Trieb sich selbst affiziert, denn die Beschreibung des Verstellungsprozesses impliziert einen versteckten Rückgriff auf die Finalität. Und wie lassen sich andererseits die Lust oder die Angst erklären, die die symbolische, bewußte Befriedigung des Triebs begleiten, wenn das Bewußtsein nicht jenseits der Zensur ein dunkles Verständnis des zu erreichenden Ziels einschließt, insofern es gleichzeitig ersehnt und verboten ist? Durch seine Verwerfung der bewußten Einheit des Psychischen ist Freud gezwungen, überall eine magische Einheit vorauszusetzen, die die Phänomene auf Distanz und über die Widerstände hinweg miteinander verbindet, so wie die primitive Partizipation die verhexte Person mit der ihr nachgebildeten Wachsfigur vereinigt. Der unbewußte «Trieb»[67] ist durch Partizipation mit dem Merkmal «verdrängt» oder «verfemt» affiziert, das sich ganz durch ihn hindurchzieht, ihn färbt und magisch seine Symbolisierungen hervorruft. Und ähnlich ist das bewußte Phänomen ganz durch seinen symbolischen Sinn gefärbt, obwohl es diesen Sinn nicht durch sich selbst und im klaren Bewußtsein erfassen kann. Aber abgesehen von ihrer grundsätzlichen Schwäche beseitigt die Erklärung durch Magie nicht die Koexistenz – auf der unbewußten Stufe, auf der Stufe der Zensur und auf der des Bewußtseins – zweier kontradiktorischer und komplementärer Strukturen, die sich gegenseitig implizieren und zerstören. Man hat die Unaufrichtigkeit hypostasiert und «verdinglicht [*chosifié*]», man hat ihr nicht ausweichen können. Das hat den Wiener Psychiater Stekel veranlaßt, sich von der psychoanalytischen Schule loszusagen und in *Die Geschlechtskälte der Frau*[68] zu schreiben: «Jedesmal, wenn es mir gelang, meine Untersuchungen weit genug vorzutreiben, habe ich festgestellt, daß der Kern der Psychose bewußt war.» Und außerdem zeugen die Fälle, über die er in seiner Arbeit berichtet, von einer pathologische Unaufrichtigkeit, die der Freudismus nicht erklären könnte. Es handelt sich zum Beispiel um Frauen, die eine eheliche Enttäuschung frigid gemacht hat, das heißt also, die es fertigbringen, sich die Lust, die ihnen der Geschlechtsakt verschafft, zu verhehlen. Zunächst wird man feststellen, daß es für sie darum geht, sich nicht tief in halbphysiologischem Dunkel steckende Komplexe zu verheimlichen, sondern objektiv aufweisbare Verhaltensweisen, die sie in dem Augenblick, in dem sie sie annehmen, nicht umhin können zu registrieren: häufig teilt ja der Ehemann Herrn Stekel mit, daß seine Frau objektive Zeichen von Lust gezeigt habe, und es sind gerade diese Zeichen, die die darüber befragte Frau wild zu verleugnen sich bemüht. Es handelt sich hier um eine *Ablenkungs*tätigkeit. Ebenso lehren uns die Bekenntnisse, die Stekel hervorzulocken versteht, daß diese pathologisch frigiden Frauen sich bemühen, sich im voraus von der Lust abzulenken, die sie fürchten: viele lenken zum Beispiel ihre Gedanken während des Geschlechtsakts auf ihre täglichen Beschäftigungen ab, überschlagen ihr Wirtschaftsgeld. Wer würde hier von Unbewußtem sprechen? Wenn jedoch die frigide Frau ihr Bewußtsein von der Lust, die sie empfindet, auf diese Weise *ablenkt*, so keineswegs zynisch und in voller Übereinstimmung mit sich selbst: es geschieht, *um sich zu beweisen*, daß sie frigide ist. Wir haben es hier genau mit einem Phänomen von Unaufrichtigkeit zu tun, weil ja die versuchten Anstrengungen, die empfundene Lust nicht zu teilen, das Eingeständnis implizieren, daß die Lust empfunden wird, und zwar gerade deshalb, *um sie zu verleugnen.* Aber wir sind nicht mehr auf dem Gebiet der Psychoanalyse. So kann einerseits die Erklärung durch das Unbewußte, weil sie die psychische Einheit zerbricht, solche Fakten nicht erklären, die auf den ersten Blick in ihren Bereich zu fallen scheinen. Und andererseits gibt es unendlich viele Fälle von unaufrichtigen Verhaltensweisen, die diesen Erklärungstypus explizit ausschließen, weil ihr Wesen impliziert, daß sie nur in der Transluzidität des Bewußtseins erscheinen können. Wir finden das Problem, das wir zu umgehen versucht hatten, ungelöst wieder.

II
Die Verhaltensweisen der Unaufrichtigkeit

94 Wenn wir aus den Schwierigkeiten herauskommen wollen, müssen wir die Verhaltensweisen der Unaufrichtigkeit genauer prüfen und ihre Beschreibung versuchen. Diese Beschreibung wird es uns vielleicht erlauben, mit größerer Genauigkeit die Möglichkeitsbedingungen der Unaufrichtigkeit auszumachen, daß heißt, auf unsere Ausgangsfrage zu antworten: «Was muß der Mensch in seinem Sein sein, wenn er unaufrichtig sein können soll?»

Da ist zum Beispiel eine Frau, die zu einer ersten Verabredung gegangen ist. Sie kennt die Absichten, die der Mann, der mit ihr spricht, ihr gegenüber hegt, ganz genau. Sie weiß auch, daß sie früher oder später eine Entscheidung treffen muß. Aber sie will deren Dringlichkeit nicht spüren: sie hält sich allein an das, was die Haltung ihres Partners an Respekt und Diskretion bietet. Sie erfaßt dieses Verhalten nicht als einen Versuch, das zu realisieren, was man «die ersten Annäherungen» nennt, das heißt, sie will die Möglichkeiten zeitlicher Entwicklung nicht sehen, die dieses Verhalten aufweist: sie schränkt dieses Benehmen auf das ein, was es in der Gegenwart ist, sie will in den Sätzen, die man an sie richtet, nichts anderes hören als ihren expliziten Sinn, wenn man zu ihr sagt: «Ich bewundere Sie sehr», so entschärft sie diesen Satz um seinen sexuellen Hintergrund, sie legt den Reden und dem Verhalten ihres Gesprächspartners unmittelbare Bedeutungen bei, die sie als objektive Eigenschaften betrachtet. Der Mann, der mit ihr spricht, erscheint ihr ehrlich und respektvoll, so wie der Tisch rund oder viereckig, die Tapete blau oder grau ist. Und die somit der Person, der sie zuhört, beigelegten Eigenschaften sind so in einer verdinglichten [*chosiste*] Permanenz erstarrt, die nichts anderes ist als die Projektion ihrer strikten Gegenwart in den zeitlichen Ablauf. Sie ahnt ja nicht, was sie wünscht: sie ist zutiefst empfänglich für die Begierde, die sie erregt, aber diese rohe und nackte Begierde würde sie erniedrigen und ihr Abscheu einflößen. Trotzdem würde sie nichts Reizvolles an einem Respekt finden, der einzig und allein Respekt wäre. Zu ihrer Befriedigung bedarf es eines Gefühls, das sich ganz an ihre *Person* wendet, das heißt an ihre volle Freiheit, und das eine Anerkennung ihrer Freiheit ist. Aber gleichzeitig muß dieses Gefühl ganz und gar Begierde sein, das heißt, es muß sich an ihren Körper als Objekt wenden. Diesmal weigert sie sich also, die Begierde als das zu erfassen, was sie ist, sie gibt ihr nicht einmal einen Namen, sie erkennt sie nur in dem Maß an, wie sie sich auf die Bewunderung, die Achtung, den Respekt hin transzendiert und gänzlich in den gehobeneren Formen aufgeht, die sie hervorbringt, so daß sie darin nur noch als eine Art Wärme und Dichte erscheint. Aber jetzt ergreift man ihre Hand. Diese Handlung ihres Gesprächspartners droht die Situation zu verändern, indem sie eine unmittelbare Entscheidung herbeiruft: diese Hand preisgeben heißt von sich aus dem Flirt zustimmen, sich engagieren. Sie zurückziehen heißt diese unklare und unstabile Harmonie zerstören, die den Reiz der Stunde ausmacht. Es kommt darauf an, den Augenblick der Entscheidung soweit wie möglich hinauszuschieben. Man weiß, was nun geschieht: die junge Frau gibt ihre Hand preis, aber *sie merkt nicht*, daß sie sie preisgibt. Sie merkt es nicht, weil es sich zufällig so fügt, daß sie in diesem Augenblick ganz Geist ist. Sie reißt ihren Gesprächspartner zu den höchsten Regionen der Gefühlsspekulation mit, sie spricht vom Leben, von ihrem Leben, sie zeigt sich unter ihrem wesentlichen Aspekt: eine Person, ein Bewußtsein. Und inzwischen ist die Scheidung von Körper und Seele vollbracht; die Hand ruht inert zwischen den warmen Händen ihres Partners: weder zustimmend noch widerstrebend – ein Ding.

Wir können sagen, diese Frau sei unaufrichtig. Aber wir sehen sofort, daß sie verschiedene Verfahren benutzt, um sich in dieser Unaufrichtigkeit zu halten. Sie hat die Verhaltensweisen ihres Partners entschärft, indem sie sie darauf reduziert hat, nur das zu sein, was sie sind, das heißt, nach dem Modus des An-sich zu existieren. Aber sie gestattet es sich, seine Begierde zu genießen, insofern sie sie als etwas erfaßt, was nicht das ist, was es ist, das heißt, insofern sie ihre Transzendenz anerkennt. Kurz, während sie die Gegenwart ihres eigenen Körpers zutiefst spürt – vielleicht bis zur Erregung –, realisiert sie sich als jemand, der sein eigener Körper *nicht ist*, und sie betrachtet ihn von ihrer Höhe herab als einen passiven Gegenstand, dem Ereignisse *zustoßen* können, der sie aber weder hervorrufen noch vermeiden kann, weil alle seine Möglichkeiten außerhalb von ihm liegen. Welche Einheit finden wir in diesen verschiedenen Aspekten der Unaufrichtigkeit? Sie ist eine gewisse Kunst, widersprüchliche Begriffe zu bilden, das heißt solche, die eine Idee und die Negation dieser Idee in sich vereinigen. Der so erzeugte Basisbegriff benutzt die doppelte Eigenschaft des menschlichen Seins, eine *Faktizität* und eine *Transzendenz* zu sein. Diese beiden Aspekte der menschlichen-Realität sind durchaus koordinierbar und müssen es sein. Aber die Unaufrichtigkeit will sie weder koordinieren noch in einer Synthese übersteigen. Ihr geht es darum, unter Wahrung ihrer Unterschiede ihre Identität zu behaupten. Die Faktizität muß behauptet werden als die Transzendenz *seiend*, und die Transzendenz als die Faktizität *seiend*, so daß man in dem Augenblick, da man die eine erfaßt, plötzlich der anderen konfrontiert sein kann. Der Prototyp von unaufrichtigen Formulierungen wird uns durch gewisse berühmte Sätze geliefert, die genau dazu erfunden worden sind, bei einem unaufrichtigen Gemüt ihre ganze Wirkung zu entfalten. Bekannt ist etwa der Titel eines Buchs von Jacques Chardonne: *L'amour, c'est beaucoup plus que l'amour* [Liebe ist viel mehr als Liebe]. Man sieht, wie hier eine Einheit entsteht aus der *gegenwärtigen* Liebe in ihrer Faktizität, «Berührung zweier Epidermen», Sinnlichkeit, Egoismus, Proustschem Eifersuchtsmechanismus, Adlerschem Geschlechterkampf usw. – und der Liebe als *Transzendenz*, dem «Feuerstrom» Mauriacs, dem Verlangen nach Unendlichkeit, dem platonischen Eros, der dumpfen kosmischen Intuition eines Lawrence usw. Hier geht man von der Faktizität aus und befindet sich plötzlich, jenseits der Gegenwart und der faktischen Kondition des Menschen, jenseits des Psychologischen, mitten in der Metaphysik. Umgekehrt wirft uns der Titel eines Stückes von Sarment, *Je suis trop grand pour moi* [Ich bin zu groß für mich], der ebenfalls die Merkmale der Unaufrichtigkeit aufweist, zunächst mitten in die Transzendenz, um uns plötzlich in den engen Grenzen unseres faktischen Wesens einzusperren. Man findet diese Strukturen in dem berühmten Satz wieder: «Er ist geworden, was er war» oder in seiner nicht weniger berühmten Umkehrung: «Wie in ihn selbst schließlich die Ewigkeit ihn wandelt.»[69] Diese verschiedenen Formulierungen haben natürlich nur den *Anschein* der Unaufrichtigkeit, sie sind explizit in dieser paradoxen Form erdacht worden, um den Geist zu frappieren und ihn durch ein Rätsel zu verwirren. Aber gerade dieser Anschein ist für uns wichtig. Was hier zählt, ist, daß sie keine neuen und solide strukturierten Begriffe bilden; sie sind im Gegenteil so gebaut, daß sie in ununterbrochener Auflösung bleiben, so daß ein ununterbrochenes Gleiten von der naturalistischen Gegenwart in die Transzendenz und umgekehrt möglich ist. Man sieht ja, welchen Gebrauch die Unaufrichtigkeit von diesen Urteilen machen kann, die alle darauf abzielen, festzustellen, daß ich nicht das bin, was ich bin. Wenn ich nur das wäre, was ich *bin*, könnte ich zum Beispiel einen Vorwurf, den man mir macht, ernsthaft betrachten, mich gewissenhaft befragen, und ich wäre vielleicht gezwungen, seine Richtigkeit anzuerkennen. Aber gerade durch die Transzendenz entgehe ich allem, was ich bin. Ich brauche die Berechtigung des Vorwurfs nicht einmal zu diskutieren, so wie Suzanne zu Figaro sagt: «Beweisen, daß ich recht habe, hieße anerkennen, daß ich unrecht haben kann.» Ich bin auf einer Ebene, wo mich kein Vorwurf treffen kann, denn das, was ich wirklich *bin*, ist meine Transzendenz; ich fliehe vor mir, ich entwische mir, ich lasse meine Lumpen in den Händen des Kritikers zurück. Doch die für die Unaufrichtigkeit notwendige Zweideutigkeit kommt daher, daß man hier behauptet, ich *sei* meine Transzendenz nach dem Seinsmodus des Dinges. Nur so kann ich ja das Gefühl haben, allen diesen Vorwürfen zu entgehen. In diesem Sinn reinigt unsere junge Frau die Begierde von dem, was sie Demütigendes an sich hat, indem sie in ihr nur die reine Transzendenz sehen will, die es ihr sogar erspart, sie zu benennen. Umgekehrt ist aber das «Ich bin zu groß für mich», indem es uns die in Faktizität verwandelte Transzendenz zeigt, die Quelle einer Unzahl von Entschuldigungen für unsere Mißerfolge oder Schwächen. Ebenso hält die junge Kokette die Transzendenz aufrecht, insofern der Respekt und die Achtung, die durch die Verhaltensweisen ihres Anbeters zum Ausdruck kommen, schon auf der Ebene des Transzendenten sind. Aber sie hält diese Transzendenz an, sie beschwert sie mit der ganzen Faktizität der Gegenwart: der Respekt ist nichts anderes als Respekt, er ist eine erstarrte Überschreitung, die sich auf nichts mehr hin überschreitet.

Aber wenn auch dieser metastabile Begriff «Transzendenz-Faktizität» eines der Basisinstrumente der Unaufrichtigkeit ist, so ist er doch nicht der einzige seiner Art. Man benutzt ebenso eine andere Duplizität der menschlichen-Realität, die wir grob umschreiben können, indem wir sagen, ihr Für-sich-sein impliziert komplementär dazu ein Für-Andere-sein. Es ist mir immer möglich, auf irgendeine meiner Verhaltensweisen zwei Blicke, den meinen und den des Andern, konvergieren zu lassen. Doch das Verhalten wird in beiden Fällen nicht dieselbe Struktur aufweisen. Aber wie wir später sehen werden, wie es jeder empfindet, besteht zwischen diesen beiden Aspekten meines Seins kein Unterschied von Schein und Sein, als ob ich mir selbst die Wahrheit meiner selbst wäre und als ob ein anderer nur ein entstelltes Bild von mir besäße. Die gleiche Seinswürde meines Seins für Andere und meines Seins für mich selbst ermöglicht eine ständig sich auflösende Synthese und ein ständiges Entwischspiel des Für-sich zum Für-Andere und des Für-Andere zum Für-sich hin. Wir haben auch gesehen, welchen Gebrauch unsere junge Frau von unserem Innerweltlich-sein[70] machte, das heißt von unserer inerten Anwesenheit eines passiven Gegenstands unter anderen Gegenständen, um sich plötzlich der Funktionen ihres In-der-Welt-seins zu entledigen, das heißt des Seins, das macht, daß es eine Welt gibt, indem es sich über die Welt hinaus auf seine eigenen Möglichkeiten entwirft. Weisen wir schließlich auf die Vermischungssynthesen hin, die mit der nichtenden Ambiguität der drei zeitlichen Ek-stasen spielen und gleichzeitig behaupten, daß ich das bin, was ich gewesen bin (der Mensch, der absichtlich bei einer Periode seines Lebens *stehenbleibt* und sich weigert, die späteren Veränderungen in Betracht zu ziehen), und daß ich nicht das bin, was ich gewesen bin (der Mensch, der sich angesichts von Vorwürfen oder Groll völlig von seiner Vergangenheit lossagt und auf seiner Freiheit und seiner ständigen *Re*-kreation besteht). In allen diesen Begriffen, die bei den Argumenten nur eine Übergangsrolle haben und aus der Schlußfolgerung eliminiert werden wie die imaginären Größen in den Berechnungen der Physiker, finden wir die gleiche Struktur wieder: es geht darum, die menschliche-Realität als ein Sein zu konstituieren, das das ist, was es nicht ist, und das nicht das ist, was es ist.

Aber was ist wirklich nötig, damit diese Auflösungsbegriffe wenigstens einen Anschein von Existenz erhalten können, damit sie dem Bewußtsein einen Augenblick lang erscheinen können, wenn auch nur in einem Schwundprozeß? Eine kurze Untersuchung der Idee der Ehrlichkeit, der Antithese zur Unaufrichtigkeit, wird in dieser Hinsicht sehr aufschlußreich sein. Die Ehrlichkeit bietet sich nämlich als eine Forderung dar und ist infolgedessen kein *Zustand*. Welches Ideal soll in diesem Fall erreicht werden? Der Mensch soll *für sich selbst* nur das sein, was er *ist*, kurz, er soll voll und einzig das sein, was er *ist*. Aber ist das nicht genau die Definition des An-sich – oder, wenn man lieber will, das Identitätsprinzip? Heißt das Sein der Dinge als Ideal setzen nicht gleichzeitig zugeben, daß dieses Sein nicht der menschlichen-Realität zugehört und daß das Identitätsprinzip keineswegs ein allgemein universales Axiom ist, sondern nur ein synthetisches Prinzip, das eine bloß regionale Allgemeinheit genießt? Damit also die Begriffe der Unaufrichtigkeit uns wenigstens für einen Augenblick täuschen können, damit die Freimütigkeit der «reinen Herzen» (Gide, Kessel) für die menschliche-Realität als Ideal gelten kann, darf das Identitätsprinzip kein konstitutives Prinzip der menschlichen-Realität darstellen, darf die menschliche-Realität nicht notwendig das sein, was sie ist, muß sie das sein können, was sie nicht ist. Was bedeutet das?

Wenn der Mensch das ist, was er ist, dann ist die Unaufrichtigkeit für immer unmöglich, und die Freimütigkeit hört auf, sein Ideal zu sein, und wird zu seinem Sein; aber ist der Mensch das, was er ist, und, überhaupt, wie kann man das *sein*, was man ist, da man doch als Seinsbewußtsein ist? Wenn die Freimütigkeit oder Ehrlichkeit ein allgemeiner Wert ist, dann dient selbstverständlich ihre Maxime «Man muß das sein, was man ist» nicht einzig als regulatives Prinzip für die Urteile und Begriffe, durch die ich das ausdrücke, was ich bin. Sie setzt nicht einfach ein Ideal des Erkennens, sondern ein *Seins*ideal, sie bietet uns eine absolute Adäquation des Seins mit sich selbst als Seinsprototyp. In diesem Sinn müssen wir uns *sein machen*, was wir sind. Aber was *sind wir denn*, wenn wir die ständige Verpflichtung haben, uns das sein zu machen, was wir sind, wenn wir nach dem Seinsmodus sind, das sein zu müssen, was wir sind? Beobachten wir einen Kellner im Café. Er hat lebhafte und eifrige Bewegungen, etwas allzu präzise, etwas allzu schnelle, er kommt mit einem etwas zu lebhaften Schritt auf die Gäste zu, er verbeugt sich mit etwas zuviel Beflissenheit, seine Stimme, seine Blicke drücken ein Interesse aus, das etwas zuviel Aufmerksamkeit für die Bestellung des Gastes enthält, nun kommt er endlich zurück und versucht, mit seinem Gang die unbeugsame Strenge irgendeines Automaten zu imitieren, während er gleichzeitig sein Tablett mit einer Art Seiltänzerkühnheit trägt, indem er es in einem ständig labilen und ständig gestörten Gleichgewicht hält, das er mit einer leichten Bewegung des Arms und der Hand ständig wiederherstellt. Sein ganzes Verhalten wirkt auf uns wie ein Spiel. Er bemüht sich, seine Bewegungen ineinanderübergehen zu lassen, als wären sie Mechanismen, die einander steuern, seine Mimik und sogar seine Stimme wirken wie Mechanismen; er legt sich die Geschmeidigkeit und erbarmungslose Schnelligkeit der Dinge bei. Er spielt, es macht ihm Spaß. Aber was spielt er? Man braucht ihn nicht lange zu beobachten, um sich darüber klarzuwerden: er spielt Kellner *sein*. Darin liegt nichts Überraschendes: das Spiel ist eine Art Sichzurechtfinden und Erkunden. Das Kind spielt mit seinem Körper, um ihn zu erforschen, um eine Bestandsaufnahme davon zu machen; der Kellner spielt mit seiner Stellung, um sie zu *realisieren*. Das ist für ihn ebenso notwendig wie für jeden Kaufmann: ihre Stellung ist ganz Zeremonie, die Kundschaft verlangt von ihnen, daß sie sie wie eine Zeremonie realisieren, es gibt den Tanz des Lebensmittelhändlers, des Schneiders, des Auktionators, durch den sie sich bemühen, ihre Kundschaft davon zu überzeugen, daß sie weiter nichts sind als ein Lebensmittelhändler, ein Auktionator, ein Schneider. Ein Lebensmittelhändler, der träumt, ist für den Käufer beleidigend, weil er nicht mehr ganz ein Lebensmittelhändler ist. Die Höflichkeit verlangt, daß er sich in den Grenzen seiner Lebensmittelhändlerfunktion hält, wie der Soldat beim Strammstehen sich zum Soldat-Ding macht mit geradeaus gerichtetem Blick, der aber nicht sieht, der nicht mehr dazu da ist, zu sehen, denn die Vorschrift und nicht sein augenblickliches Interesse bestimmt den Punkt, den er zu fixieren hat (den «auf zehn Schritt fixierten» Blick). Das sind Vorkehrungen, die den Menschen in dem einsperren sollen, was er ist. Als ob wir in der ständigen Furcht lebten, daß er daraus entweicht, daß er plötzlich aus seiner Stellung herausspringt und sie umgeht. Aber parallel dazu kann ja der Kellner von innen her nicht unmittelbar Kellner sein, so wie dieses Tintenfaß Tintenfaß *ist* oder das Glas Glas ist. Er kann durchaus reflexive Urteile oder Begriffe über seine Stellung haben. Er weiß genau, was sie «bedeutet»: die Verpflichtung, um fünf Uhr aufzustehen, vor dem Öffnen des Lokals den Boden zu kehren, die Kaffeemaschine anzustellen usw. Er kennt die Rechte, die mit ihr verbunden sind: das Recht auf Trinkgeld, die gewerkschaftlichen Rechte usw. Aber alle diese Begriffe, alle diese Urteile verweisen auf das Transzendente. Es handelt sich um abstrakte Möglichkeiten, um Rechte und Pflichten, die einem «Rechtssubjekt» verliehen sind. Und es ist gerade dieses Subjekt, das *ich zu sein habe* und das ich überhaupt nicht bin. Nicht, daß ich es nicht sein möchte, oder daß ich wollte, daß es ein anderes wäre. Vielmehr gibt es kein gemeinsames Maß zwischen seinem Sein und dem meinen. Es ist für die andern und für mich selbst eine «Vorstellung», das bedeutet, daß ich es nur *als Vorstellung* sein kann. Aber gerade wenn ich es mir vorstelle, bin ich es überhaupt nicht, ich bin von ihm getrennt wie das Objekt vom Subjekt, getrennt *durch nichts* [*rien*], aber dieses nichts isoliert mich von ihm, ich kann es nicht sein, ich kann nur *spielen, es zu sein*, das heißt mir einbilden, daß ich es sei. Und eben dadurch affiziere ich es mit Nichts [*néant*]. Ich mag noch so sehr die Funktionen eines Kellners erfüllen, ich kann es nur in neutralisierter Weise sein, so wie der Schauspieler Hamlet ist, indem ich mechanisch die *typischen Bewegungen* meines Berufs mache und mich über diese zum Analogon* genommenen Bewegungen als imaginären Kellner betrachte. Was ich zu realisieren versuche, ist ein An-sich-sein des Kellners, als ob es nicht gerade in meiner Macht stände, meinen beruflichen Pflichten und Rechten ihren Wert und ihre Dringlichkeit zu verleihen, als ob es nicht meine freie Wahl wäre, jeden Morgen um fünf Uhr aufzustehen oder im Bett zu bleiben, auf die Gefahr hin, entlassen zu werden. Als ob ich gerade dadurch, daß ich diese Rolle in der Existenz halte, sie nicht gänzlich transzendierte, mich nicht als ein «*Jenseits*» meiner Stellung konstituierte. Doch es besteht kein Zweifel, daß ich in gewissem Sinn Kellner *bin* – könnte ich mich

---

* Siehe *L'imaginaire*: Conclusion, Gallimard, Paris 1940 [deutsch: Jean-Paul Sartre, *Das Imaginäre*, Rowohlt, Reinbek 1971, 279 ff].

nicht anderfalls ebensogut Diplomat oder Journalist nennen? Aber wenn ich es bin, dann kann das nicht nach dem Modus des An-sich-seins sein. Ich bin es nach dem Modus, *das zu sein, was ich nicht bin*. Es handelt sich übrigens nicht nur um die sozialen Stellungen; ich bin nie irgendeine meiner Haltungen, meiner Verhaltensweisen. Der Schönredner ist der, der reden *spielt*, weil er nicht *redend sein* kann: der aufmerksame Schüler, der aufmerksam *sein* will, den Blick auf den Lehrer geheftet, die Ohren weit geöffnet, erschöpft sich derartig, den Aufmerksamen zu spielen, daß er schließlich gar nichts mehr hört. Ständig von meinem Körper, von meinen Handlungen abwesend bin ich mir selbst zum Trotz diese «göttliche Abwesenheit», von der Valéry spricht. Ich kann weder sagen, daß ich hier *bin*, noch, daß ich nicht hier *bin*, so wie man sagt: «diese Streichholzschachtel *ist* auf dem Tisch»: das hieße mein «In-der-Welt-sein» mit einem «Innerweltlich-sein» gleichsetzen. Noch, daß ich stehend *bin*, noch, daß ich sitzend *bin*: das hieße meinen Körper mit der idiosynkratischen Totalität gleichsetzen, von der er nur eine der Strukturen ist. Überall entgehe ich dem Sein, und dennoch bin ich.

Aber es gibt einen Seinsmodus, der nur noch mich betrifft: ich bin traurig. Bin ich diese Traurigkeit, die ich bin, nicht nach dem Modus, das zu sein, was ich bin? Was ist sie aber, wenn nicht die intentionale Einheit, die die Gesamtheit meiner Verhaltensweisen zusammenfaßt und belebt? Sie ist der Sinn dieses trüben Blicks, den ich auf die Welt werfe, dieser gebeugten Schultern, dieses Kopfes, den ich hängen lasse, dieser Schlaffheit meines ganzen Körpers. Aber weiß ich denn nicht im selben Augenblick, in dem ich jede dieser Verhaltensweisen annehme, daß ich sie auch werde nicht annehmen können? Es braucht bloß plötzlich ein Fremder aufzutauchen, und ich werde den Kopf heben, mein lebhaftes und munteres Auftreten wieder annehmen, was wird von meiner Traurigkeit bleiben,

wenn ich mich nicht selbstgefällig mit ihr verabrede, gleich nach dem Weggang des Besuchers? Ist übrigens diese Traurigkeit nicht selbst ein *Verhalten*, ist es nicht das Bewußtsein, das sich selbst mit Traurigkeit affiziert als magischer Zuflucht gegen eine zu bedrängende Situation?*
Und heißt in diesem Fall traurig sein nicht zunächst sich traurig machen. Gut, kann man sagen. Aber heißt sich das *Sein* der Traurigkeit geben nicht trotz allem dieses Sein *empfangen*? Gleichviel im Grunde, woher ich es empfange. Tatsache ist, daß ein Bewußtsein, das sich mit Traurigkeit affiziert, traurig *ist*, gerade eben deswegen. Aber das heißt die Natur des Bewußtseins schlecht verstehen: das Traurig-sein ist kein fertiges Sein, das ich mir gebe, so wie ich dieses Buch meinem Freund geben kann. Ich bin nicht fähig, mich *mit Sein zu affizieren*. Wenn ich mich traurig mache, muß ich mich mit meiner Traurigkeit durch und durch traurig machen, ich kann nicht von dem erhaltenen Elan profitieren und meine Traurigkeit, ohne sie neu zu erschaffen und zu tragen, weiterlaufen lassen wie einen inerten Körper, der nach dem Anstoß seine Bewegung fortsetzt: es gibt keine Inertheit im Bewußtsein. Wenn ich mich traurig mache, so weil ich nicht traurig *bin*; das Sein der Traurigkeit entgeht mir gerade durch den Akt und in dem Akt, durch den ich mich damit affiziere. Das An-sich-sein der Traurigkeit sucht mein Bewußtsein (von) traurig sein ständig heim, aber es ist wie ein Wert, den ich nicht realisieren kann, wie ein regulativer Sinn meiner Traurigkeit, nicht wie ihre konstitutive Modalität.

Kann man sagen, daß, wenigstens, mein Bewußtsein *ist*, was auch immer der Gegenstand oder Zustand sein mag, zu dessen Bewußtsein es sich macht? Aber wie läßt sich

---

* *Esquisse d'une théorie des émotions*, Hermann, Paris 1939 [deutsch: *Skizze einer Theorie der Emotionen* in: Jean-Paul Sartre, *Die Transzendenz des Ego. Philosophische Essays 1931-1939*, Rowohlt, Reinbek 1982].

mein Bewußtsein (von) traurig sein von der Traurigkeit unterscheiden? Ist das nicht eins? In gewisser Weise stimmt, daß mein Bewußtsein *ist*, wenn man darunter versteht, daß es für Andere Teil der Seinstotalität ist, über die Urteile gefällt werden können. Aber man muß darauf hinweisen, wie Husserl richtig gesehen hat, daß mein Bewußtsein einem Andern ursprünglich als eine Abwesenheit erscheint.[71] Es ist der immer anwesende Gegenstand als *Sinn* aller meiner Haltungen und Verhaltensweisen – und der immer abwesende, denn es bietet sich der Intuition Anderer als eine ständige Frage, besser noch, als eine ständige Freiheit dar. Wenn Pierre mich ansieht, so weiß ich zwar, daß er mich ansieht, seine Augen – Dinge der Welt – sind auf meinen Körper gerichtet – ein Ding der Welt: das ist das objektive Faktum, von dem ich sagen kann: es *ist*. Aber es ist auch ein Faktum *der Welt*. Der Sinn dieses Blicks ist keineswegs, und genau das stört mich: was ich auch tue – lächeln, versprechen, drohen –, nichts kann die Zustimmung *auslösen*, ich weiß, daß das freie Urteil, das ich verlange, immer jenseits ist, ich spüre es in meinen Verhaltensweisen selbst, die nicht mehr den *Arbeits*charakter haben, den sie in bezug auf die Dinge behalten, und die für mich selbst in dem Maß, wie ich das freie Urteil an den Andern binde, nur einfache *Präsentationen* sind, die darauf warten, als gefällig oder ungefällig, ehrlich oder unehrlich usw. konstituiert zu werden, und zwar durch eine Wahrnehmung, die immer jenseits aller meiner Anstrengungen, sie hervorzurufen, liegt und von ihnen nur dann hervorgerufen werden wird, wenn sie ihnen von selbst ihre Kraft verleiht, die nur ist, insofern sie sich von außen hervorrufen läßt, *die also wie ihre eigne Mittlerin mit dem Transzendenten ist*. So setzt sich das objektive Faktum des An-sich-seins des Bewußtseins des Andern, um sich in Negativität und in Freiheit aufzulösen: das Bewußtsein des Andern *ist* als nicht seiend, sein An-sich-sein von «hier und jetzt» ist, nicht zu sein.

Das Bewußtsein des Andern ist das, was es nicht ist.
Und im übrigen erscheint mir mein eignes Bewußtsein in seinem Sein nicht wie das Bewußtsein des Andern. Es ist, weil es sich macht, da sein Sein Seinsbewußtsein ist. Das bedeutet aber, daß das Machen das Sein trägt; das Bewußtsein hat sein eigenes Sein zu sein, es wird nie durch das Sein gestützt, das Bewußtsein trägt das Sein innerhalb der Subjektivität, was wiederum bedeutet, daß es vom Sein bewohnt ist, aber daß es es keineswegs ist: *es ist nicht das, was es ist.*

Was bedeutet unter diesen Bedingungen das Ideal der Ehrlichkeit wenn nicht eine unmöglich zu erfüllende Aufgabe, deren Sinn schon mit der Struktur meines Bewußtseins in Widerspruch steht. Ehrlich sein, sagten wir, ist das sein, was man ist. Das setzt voraus, daß ich nicht ursprünglich das bin, was ich bin. Aber hier wird natürlich das «du sollst, also kannst du» Kants mitverstanden. Ich kann ehrlich *werden*: das ist in meiner Pflicht und meinem Bemühen um Ehrlichkeit impliziert. Aber wir stellen ja gerade fest, daß die ursprüngliche Struktur des «nicht das sein, was man ist» von vornherein jedes Werden auf das An-sich-sein hin oder «das sein, was man ist» unmöglich macht. Und diese Unmöglichkeit ist dem Bewußtsein nicht verborgen: sie ist im Gegenteil gerade der Stoff des Bewußtseins, sie ist die ständige Geniertheit, die wir spüren, sie ist genau unsere Unfähigkeit, uns wiederzuerkennen, uns zu konstituieren als das seiend, was wir sind, sie ist diese Notwendigkeit, die verlangt, daß wir, sobald wir uns als ein bestimmtes Sein setzen durch ein legitimes Urteil, das auf die innere Erfahrung gegründet oder von apriorischen oder empirischen Prämissen korrekt abgeleitet ist, durch eben diese Setzung dieses Sein überschreiten – und zwar nicht auf ein anderes Sein hin: auf das Leere, auf das *nichts* [*rien*] hin. Wie können wir also Anderen vorwerfen, nicht ehrlich zu sein, oder uns über unsere Ehrlichkeit freuen, da uns doch diese Ehrlichkeit gleichzeitig als unmöglich erscheint? Wie können wir uns in der Rede, in der Beichte, in der Gewissenserforschung überhaupt um Ehrlichkeit bemühen, da doch diese Bemühung ihrem Wesen nach zum Scheitern verurteilt ist und wir zur selben Zeit, da wir sie bekunden, ein präjudikatives Verständnis ihrer Vergeblichkeit haben? Wenn ich mich prüfe, geht es mir ja darum, das genau zu bestimmen, was ich bin, um mich dann zu entschließen, es unumwunden zu sein – auch wenn ich mich später auf die Suche nach Mitteln begeben muß, die mich ändern können. Aber was heißt das anderes, als daß es mir darum geht, mich als ein Ding zu konstituieren? Werde ich die Gesamtheit der Motive und Triebkräfte bestimmen können, die mich dazu getrieben haben, dieses oder jenes zu tun? Aber das heißt bereits einen kausalen Determinismus postulieren, der den Strom meiner Bewußtseine als eine Folge physikalischer Zustände konstituiert. Kann ich in mir «Triebe» entdecken, wenn auch nur, um sie mir mit Scham einzugestehen? Aber heißt das nicht absichtlich vergessen, daß diese Triebe sich nur unter meiner Mitwirkung realisieren, daß sie keine Kräfte der Natur sind, sondern daß ich ihnen erst durch eine ständige Entscheidung über ihren Wert ihre Wirksamkeit verleihe? Kann ich ein Urteil über meinen Charakter, über meine Natur fällen? Heißt das nicht mir im gleichen Augenblick verhehlen, was ich ohnehin weiß, daß ich auf diese Weise eine Vergangenheit beurteile, der meine Gegenwart *per definitionem* entgeht? Der Beweis dafür ist, daß derselbe Mensch, der in Ehrlichkeit setzt, daß er das ist, was er faktisch war, sich über den Groll Anderer entrüstet und ihn zu entwaffnen sucht, indem er behauptet, daß er nicht mehr das sein kann, was er war. Man wundert und ärgert sich leicht, daß gerichtliche Strafen einen Menschen treffen, der in seiner neuen Freiheit der Schuldige, der er war, *nicht mehr ist*. Aber gleichzeitig verlangt man von diesem Menschen, daß er sich wiedererkennt als dieser Schuldige *seiend*. Was ist dann also die

Ehrlichkeit, wenn nicht eben ein Phänomen der Unaufrichtigkeit? Hatten wir denn nicht gezeigt, daß es in der Unaufrichtigkeit darum geht, die menschliche-Realität als ein Sein zu konstituieren, das das ist, was es nicht ist, und nicht das ist, was es ist?

Ein Homosexueller hat häufig ein unerträgliches Schuldgefühl, und seine ganze Existenz bestimmt sich in bezug auf dieses Gefühl. Man vermutet daher leicht, daß er unaufrichtig sei. Und tatsächlich kommt es oft vor, daß dieser Mensch, auch wenn er seine homosexuelle Neigung anerkennt, auch wenn er jeden einzelnen Fehler, den er begangen hat, einen nach dem andern gesteht, mit allen seinen Kräften ablehnt, sich als «*einen Päderasten*» zu betrachten. Sein Fall ist immer «besonders», einzigartig; er gerät durch Spiel, Zufall, Mißgeschick hinein; es sind vergangene Irrtümer, sie erklären sich durch eine bestimmte Auffassung des Schönen, der die Frauen nicht genügen können; man muß darin eher die Wirkungen eines unruhigen Suchens sehen als die Manifestationen eines sehr tief eingewurzelten Triebs usw. usw. Das ist gewiß ein Mensch von einer Unaufrichtigkeit, die ans Komische grenzt, da er alle Fakten, die ihm zugerechnet werden, anerkennt, sich aber weigert, die Konsequenz daraus zu ziehen, die sich aufzwingt. Deshalb geht seinem Freund, der sein strengster Zensor ist, diese Duplizität auf die Nerven: der Zensor verlangt nur eins – und dann wird er sich vielleicht nachsichtig zeigen: daß der Schuldige sich schuldig bekennt, daß der Homosexuelle unumwunden erklärt – gleichviel, ob in Demut oder als Anspruch – «*Ich bin ein Päderast*». Wir fragen hier: Wer ist unaufrichtig? Der Homosexuelle oder der Verteidiger der Ehrlichkeit? Der Homosexuelle erkennt seine Fehler, aber er kämpft mit allen seinen Kräften gegen die erdrückende Perspektive, daß seine Irrtümer ihm ein *Schicksal* konstituieren. Er will sich nicht als ein Ding betrachten lassen; er hat das dunkle, aber starke Verständnis, daß ein Homosexueller nicht homosexuell ist, wie dieser Tisch Tisch ist oder wie dieser Rothaarige rothaarig ist. Ihm scheint, daß er jedem Irrtum entgeht, sobald er ihn setzt und anerkennt, ja daß die psychische Dauer durch sich selbst ihn von jedem Fehler reinwäscht, ihm eine unbestimmte Zukunft konstituiert, ihn neu wiedergeboren werden läßt. Hat er unrecht? Erkennt er nicht durch sich selbst den einzigartigen und unreduzierbaren Charakter der menschlichen-Realität? Seine Haltung schließt also ein unleugbares Verständnis der Wahrheit ein. Aber gleichzeitig bedarf er dieser fortwährenden Wiedergeburt, dieses ständigen Ausbrechens, um zu leben; er muß sich ständig außer Reichweite bringen, um dem schrecklichen Urteil der Kollektivität zu entgehen. Deshalb spielt er mit dem Wort *Sein*. Er hätte ja recht, wenn er den Satz: «Ich bin nicht Päderast» in dem Sinn von: «Ich bin nicht das, was ich bin» verstände. Das heißt, wenn er erklärte: «In dem Maß, wie eine Reihe von Verhaltensweisen als päderastisch definiert sind und ich diese Verhaltensweisen angenommen habe, bin ich ein Päderast. In dem Maß, wie sich die menschliche-Realität jeder Definition durch die Verhaltensweisen entzieht, bin ich keiner.» Aber er gleitet heimlich zu einer anderen Auffassung des Wortes «sein» hinüber. Er versteht «nicht sein» im Sinne von «nicht an sich sein». Er erklärt, «nicht Päderast zu sein» in dem Sinn, wie dieser Tisch ein Tintenfaß *nicht ist*. Er ist unaufrichtig.

Aber der Verteidiger der Ehrlichkeit kennt durchaus die Transzendenz der menschlichen-Realität und versteht es, sich notfalls zu seinen Gunsten auf sie zu berufen. Er benutzt sie sogar und setzt sie bei seiner gegenwärtigen Forderung: Will er nicht im Namen der Ehrlichkeit – also der Freiheit –, daß der Homosexuelle sich zu sich selbst zurückwendet und sich als homosexuell anerkennt; gibt er nicht zu verstehen, daß ein solches Bekenntnis ihm Nachsicht verschaffen wird? Was bedeutet das anderes, als daß der Mensch, der sich als homosexuell anerkennt, nicht mehr *derselbe* ist wie der Homosexuelle, der zu sein er anerkennt, und daß er in den Bereich der Freiheit und des guten Willens entkommt? Er verlangt von ihm also, daß er das ist, was er ist, damit er nicht mehr das ist, was er ist. Das ist der tiefe Sinn der Redensart: «Gestandene Schuld ist halb verziehen.» Er verlangt vom Schuldigen, daß er sich als ein Ding konstituiert, gerade damit er ihn nicht mehr als Ding behandelt. Und dieser Widerspruch ist konstitutiv für die Forderung von Ehrlichkeit. Wer sieht denn nicht, wie beleidigend für einen Anderen und wie beruhigend für mich ein Ausspruch ist wie: «Ach was! Das ist ein Päderast», der mit einem Strich eine beunruhigende Freiheit ausstreicht und von da an alle Handlungen eines Anderen als unerbittliche Konsequenzen ihres Wesens zu konstituieren sucht. Das aber fordert der Zensor von seinem Opfer: daß es sich selbst als Ding konstituiere, daß es ihm seine Freiheit wie ein Lehen zurückgebe, damit er sie ihm dann wie ein Lehnsherr seinem Lehnsmann von neuem übergeben kann. Der Verteidiger der Ehrlichkeit ist unaufrichtig, insofern er sich beruhigen will, während er zu urteilen vorgibt, insofern er von einer Freiheit verlangt, sich als ein Ding zu konstituieren. Es handelt sich hier lediglich um eine Episode aus dem Kampf der Bewußtseine auf Leben und Tod, den Hegel «das Verhältnis von Herr und Knecht» nennt. Man wendet sich an ein Bewußtsein, um von ihm im Namen seiner Bewußtseinsnatur zu verlangen, sich als Bewußtsein radikal zu zerstören, indem man es auf eine Wiedergeburt jenseits dieser Zerstörung hoffen läßt.

Gut, kann man sagen, aber unser Mann macht sich mißbräuchlich aus der Ehrlichkeit eine Waffe gegen Andere. Man muß die Ehrlichkeit nicht in den Beziehungen des «Mitseins»[72] suchen, sondern dort, wo sie rein ist, in den Beziehungen gegenüber sich selbst. Aber wer sieht nicht, daß die objektive Ehrlichkeit sich auf die gleiche Weise konstituiert? Wer sieht nicht, daß der ehrliche Mensch sich als ein Ding konstituiert, gerade um durch den Ehrlichkeitsakt dieser Dinghaftigkeit zu entgehen? Der Mensch, der sich eingesteht, daß er böse ist, hat seine beunruhigende «Freiheit-zum-Bösen» gegen eine leblose Bosheit eingetauscht: er *ist* böse, er stimmt mit sich überein, er ist das, was er ist. Gleichzeitig aber bricht er aus diesem *Ding* aus, weil er ja der ist, der es betrachtet, weil es ja von ihm abhängt, es vor seinem Blick aufrechtzuerhalten oder es sich in einer Unzahl von Einzelakten auflösen zu lassen. Er gewinnt aus seiner Ehrlichkeit ein *Verdienst*, und der nun verdiente Mann ist nicht der böse, insofern er böse ist, sondern insofern er jenseits seiner Bosheit ist. Gleichzeitig ist die Bosheit entwaffnet, da sie außer auf der Ebene des Determinismus nichts ist und da ich, indem ich sie eingestehe, meine Freiheit ihr gegenüber setze; meine Zukunft ist jungfräulich, alles ist mir erlaubt. So weicht die Wesensstruktur der Ehrlichkeit nicht von der der Unaufrichtigkeit ab, weil sich ja der ehrliche Mensch konstituiert als das, was er ist, *um es nicht zu sein*. Das erklärt die von allen anerkannte Wahrheit, daß man unaufrichtig werden kann, weil man sich so sehr darum bemüht, ehrlich zu sein. Das wäre, sagt Valéry, Stendhals Fall. Die totale und ständige Ehrlichkeit als ständige Anstrengung, mit sich übereinzustimmen, ist von Natur aus eine ständige Anstrengung, sich von sich zu distanzieren; man befreit sich von sich gerade durch den Akt, durch den man sich zum Objekt für sich macht. Ständig das inventarisieren, was man ist, heißt sich ständig verleugnen und sich in eine Sphäre flüchten, wo man nichts weiter als ein reiner, freier Blick ist. Die Unaufrichtigkeit, sagten wir, hat zum Ziel, sich außer Reichweite zu bringen, sie ist eine Flucht. Nun stellen wir fest, daß man dieselben Ausdrücke benutzen muß, um die Ehrlichkeit zu definieren. Was heißt das?

Das Ziel der Ehrlichkeit und das der Unaufrichtigkeit sind ja letztlich nicht so sehr voneinander verschieden. Es gibt zwar eine Ehrlichkeit, die sich auf die Vergangenheit bezieht und die uns hier nicht beschäftigt; ich bin ehrlich, wenn ich gestehe, irgendein Vergnügen oder irgendeine Absicht *gehabt zu haben*. Wir werden sehen, daß diese Ehrlichkeit nur dann möglich ist, wenn das Sein des Menschen sich bei seinem Sturz in die Vergangenheit als ein An-sich-sein konstituiert. Aber uns geht es hier nur um die Ehrlichkeit, die auf sich selbst in der gegenwärtigen Immanenz aus ist. Was ist ihr Ziel? Machen, daß ich mir das eingestehe, was ich bin, damit ich schließlich mit meinem Sein übereinstimme; also machen, daß ich nach dem Modus des An-sich bin, was ich nach dem Modus von «Nicht-das-sein-was-ich-bin» bin. Und ihr Postulat ist, daß ich im Grunde schon nach dem Modus des An-sich das bin, was ich zu sein habe. So finden wir am Grund der Ehrlichkeit ein unaufhörliches Spiel von Spiegel und Spiegelung, einen fortwährenden Übergang von dem Sein, das das ist, was es ist, zu dem Sein, das nicht das ist, was es ist, und, umgekehrt, von dem Sein, das nicht das ist, was es ist, zu dem Sein, das das ist, was es ist. Und was ist das Ziel der Unaufrichtigkeit? Machen, daß ich bin, was ich bin nach dem Modus von «Nicht-das-sein-was-man-ist», oder daß ich nicht das bin, was ich bin nach dem Modus von «Das-sein-was-man-ist». Wir finden hier dasselbe Spiegelspiel wieder. Damit es nämlich eine Ehrlichkeitsintention gibt, muß ich ursprünglich zugleich das sein und nicht das sein, was ich bin. Die Ehrlichkeit schreibt mir nicht eine Seinsart oder besondere Qualität zu, sondern sie strebt hinsichtlich dieser Qualität danach, mich von einem Seinsmodus in einen anderen Seinsmodus übergehen zu lassen. Und diesen zweiten Seinsmodus, das Ideal der Ehrlichkeit, zu erreichen, ist mir von Natur aus versagt, und im selben Augenblick, in dem ich mich bemühe, ihn zu erreichen, habe ich das dunkle präjudikative Verständnis, daß ich ihn nicht erreichen werde. Aber ebenso muß ich, um eine Unaufrichtigkeitsintention auch nur ins Auge fassen zu können, in meinem Sein von Natur aus meinem Sein entgehen.

Wenn ich traurig oder feige wäre, so wie dieses Tintenfaß Tintenfaß ist, könnte die Möglichkeit der Unaufrichtigkeit nicht einmal ins Auge gefaßt werden. Ich könnte nicht nur meinem Sein nicht entgehen, sondern ich könnte mir nicht einmal vorstellen, daß ich ihm entgehen kann. Aber wenn die Unaufrichtigkeit als einfacher Entwurf möglich ist, so eben deshalb, weil es keinen so scharfen Unterschied zwischen sein und nicht sein gibt, sobald es sich um mein Sein handelt. Die Unaufrichtigkeit ist nur möglich, weil sich die Ehrlichkeit bewußt ist, von Natur aus ihr Ziel zu verfehlen. Ich kann nur dann versuchen, mich als *nicht feige seiend* zu erfassen, während ich es doch «bin», wenn dieses «feige sein» selbst gerade in dem Augenblick «in Frage» steht, wo es ist, wenn es selbst *eine* Frage ist, wenn es gerade in dem Augenblick, wo ich es erfassen will, mir gänzlich entgeht und sich vernichtet. Die Bedingung dafür, daß ich mich um Unaufrichtigkeit bemühen kann, ist, daß ich in gewissem Sinn dieser Feige *nicht bin*, der ich nicht sein will. Aber wenn ich feige *nicht wäre* nach dem bloßen Modus von Nicht-das-sein-was-man-nicht-ist, wäre ich «aufrichtig», indem ich erklärte, daß ich nicht feige bin. So muß ich außerdem dieser unfaßbare, schwindende Feige, der ich nicht bin, auf irgendeine Weise sein. Und darunter darf man nicht verstehen, daß ich «ein bißchen» feige sein muß, das heißt: «in einem gewissen Maß feige – und nicht-feige in einem gewissen Maß». Nein: ich muß zugleich und unter allen Aspekten total feige sein und nicht sein. In diesem Fall erfordert also die Unaufrichtigkeit, daß ich nicht das bin, was ich bin, das heißt, daß es einen unwägbaren Unterschied gibt, der im Seinsmodus der menschlichen-Realität das Sein vom Nicht-sein trennt. Aber die Unaufrichtigkeit beschränkt sich nicht darauf, die Eigenschaften zurückzuweisen, die ich besitze, das Sein nicht zu sehen, das ich bin. Sie versucht auch, mich als das seiend zu konstituieren, was ich nicht bin. Sie erfaßt mich positiv als mutig, während ich es nicht bin. Und das wiederum ist nur möglich, wenn ich das bin, was ich nicht bin, das heißt, wenn das Nicht-sein in mir nicht einmal das Sein als Nicht-sein hat. Sicher ist es notwendig, daß ich mutig *nicht bin*, sonst wäre die Unaufrichtigkeit nicht *Un*-Aufrichtigkeit. Aber außerdem muß mein Bemühen um Unaufrichtigkeit das ontologische Verständnis einschließen, daß ich gerade im Normalfall meines Seins das, was ich *bin*, nicht wirklich bin und daß es keinen so großen Unterschied gibt zwischen dem Sein von «Traurig-sein» zum Beispiel – was ich *bin* nach dem Modus von «Nicht-das-sein-was-ich-bin» – und dem «Nicht-sein» des Nicht-mutig-seins, das ich mir verhehlen will. Außerdem und vor allem muß gerade die Seinsnegation Gegenstand einer fortwährenden Nichtung sein, muß gerade der Sinn des «Nicht-seins» in der menschlichen-Realität fortwährend in Frage stehen. Wenn ich mutig *nicht wäre*, so wie dieses Tintenfaß nicht ein Tisch ist, daß heißt, wenn ich in meiner Feigheit isoliert, auf sie versteift, unfähig wäre, sie mit ihrem Gegensatz in Beziehung zu bringen, wenn ich nicht fähig wäre, mich als feige zu *bestimmen*, das heißt, den Mut an mir *zu leugnen* und dadurch meiner Feigheit gerade in dem Augenblick, in dem ich sie setze, zu entgehen, wenn es mir nicht grundsätzlich *unmöglich* wäre, mit meinem *Nicht-mutig-sein* ebenso wie mit meinem *Feige-sein* übereinzustimmen, wäre mir jeder Unaufrichtigkeitsentwurf versagt. Also muß, damit die Unaufrichtigkeit möglich sein soll, die Ehrlichkeit selbst unaufrichtig sein. Die Möglichkeitsbedingung der Unaufrichtigkeit ist, daß die menschliche-Realität in ihrem unmittelbarsten Sein, in der Innenstruktur des präreflexiven Cogito das ist, was sie nicht ist, und nicht das ist, was sie ist.

III

Der «Glaube [foi]» der Unaufrichtigkeit [mauvaise foi]

Aber wir haben bisher nur die Bedingungen angegeben, die die Unaufrichtigkeit denkbar machen, die Seinsstrukturen, die es erlauben, Unaufrichtigkeitsbegriffe zu bilden. Wir können uns nicht auf diese Überlegungen beschränken: wir haben die Unaufrichtigkeit noch nicht von der Lüge unterschieden; die von uns beschriebenen doppeldeutigen Begriffe könnten ohne jeden Zweifel von einem Lügner benutzt werden, um seinen Gesprächspartner zu verwirren, obwohl ihre Doppeldeutigkeit, da sie auf das Sein des Menschen gegründet ist und nicht auf irgendeinen empirischen Umstand, allen erscheinen kann und muß. Das wahre Problem der Unaufrichtigkeit kommt evidentermaßen daher, daß die Unaufrichtigkeit [*mauvaise foi*] *ein Glaube [foi] ist*. Sie kann weder zynische Lüge noch Evidenz sein, wenn Evidenz der intuitive Besitz des Gegenstands ist. Aber insofern man das Übereinstimmen des Seins mit seinem Gegenstand Glauben nennt, wenn der Gegenstand nicht oder undeutlich gegeben ist, dann ist die Unaufrichtigkeit Glauben, und das wesentliche Problem der Unaufrichtigkeit ist ein Glaubensproblem. Wie kann man unaufrichtig an Begriffe glauben, die man ausdrücklich ersinnt, um sich zu überzeugen? Man muß ja bedenken, daß der Unaufrichtigkeitsentwurf selbst unaufrichtig sein muß: ich bin nicht erst am Ende meines Bemühens unaufrichtig, wenn ich meine doppeldeutigen Begriffe gebildet und mich überzeugt habe. In Wirklichkeit habe ich mich nicht überzeugt: soweit ich es sein konnte, bin ich es immer gewesen. Und gerade in dem Augenblick, in dem ich beabsichtige, mich unaufrichtig zu machen, mußte ich gegenüber diesen Absichten unaufrichtig sein. Mir sie als unaufrichtig vorzustellen wäre Zynismus gewesen; ehrlich an ihre Unschuld zu glauben wäre Aufrichtigkeit gewesen. Der Entschluß, unaufrichtig zu sein, wagt nicht, seinen Namen zu nennen, er glaubt und glaubt nicht, daß er unaufrichtig sei, er glaubt und glaubt nicht, daß er aufrichtig sei. Sobald die Unaufrichtigkeit aufgetaucht ist, entscheidet *er* über die ganze spätere Haltung und in gewisser Weise über die Weltanschauung[73] der Unaufrichtigkeit. Denn die Unaufrichtigkeit bewahrt nicht die Normen und Kriterien der Wahrheit, so wie sie vom aufrichtigen kritischen Denken akzeptiert werden. Worüber sie nämlich zunächst entscheidet, ist die Natur der Wahrheit. Mit der Unaufrichtigkeit erscheint eine Wahrheit, eine Denkmethode, ein Seinstypus der Gegenstände; und diese Unaufrichtigkeitswelt, mit der das Subjekt sich plötzlich umgibt, hat das ontologische Merkmal, daß in ihr das Sein das ist, was es nicht ist, und nicht das ist, was es ist. Infolgedessen erscheint ein eigentümlicher Evidenztypus: die *nicht überzeugende* Evidenz. Die Unaufrichtigkeit erfaßt Evidenzen, aber sie findet sich von Anfang an damit ab, von diesen Evidenzen nicht erfüllt, nicht überzeugt und in Aufrichtigkeit verwandelt zu werden: sie macht sich demütig und bescheiden, sie wisse wohl, sagt sie, daß der Glaube Entschluß ist und daß man nach jeder Intuition entscheiden und *wollen muß, was ist*. So entscheidet die Unaufrichtigkeit in ihrem ursprünglichen Entwurf und von ihrem Auftauchen an über die genaue Natur ihrer Forderungen, sie zeichnet sich vollständig ab in dem von ihr gefaßten Beschluß, *nicht zuviel zu verlangen*, sich für befriedigt zu halten, wo sie kaum überzeugt ist, und ihre Übereinstimmungen mit ungewissen Wahrheiten durch Entschluß zu erzwingen. Dieser ursprüngliche Entwurf der Unaufrichtigkeit ist eine unaufrichtige Entscheidung über die Natur des Glaubens. Wohlgemerkt handelt es sich hier nicht um eine reflektierte, willentliche Entscheidung, sondern um eine spontane Bestimmung unseres Seins. Man *läßt sich* unaufrichtig werden, so wie man einschläft, und man ist unaufrichtig, so wie man träumt. Ist dieser Seinsmodus einmal realisiert, so ist es ebenso schwierig, aus ihm herauszukommen wie aufzuwachen: denn wie Wachsein oder Traum ist die Unaufrichtigkeit eine Weise, in der Welt zu sein, die durch sich selbst danach strebt, fortzubestehen, auch wenn ihre Struktur zum *metastabilen* Typus gehört. Aber die Unaufrichtigkeit ist sich ihrer Struktur bewußt und hat ihre Vorkehrungen getroffen, indem sie beschlossen hat, daß die metastabile Struktur die Struktur des Seins und daß die Nicht-Überzeugung die Struktur aller Überzeugungen sei. Doch wenn die Unaufrichtigkeit Glaube ist und in ihrem ursprünglichen Entwurf ihre eigene Negation einschließt (sie bestimmt sich dazu, kaum überzeugt zu sein, um sich davon zu überzeugen, daß ich das bin, was ich nicht bin), dann muß zu Anfang ein Glaube möglich sein, der von sich will, daß er kaum überzeugt ist. Welches sind die Möglichkeitsbedingungen eines solchen Glaubens?

Ich glaube, daß mein Freund Pierre mir zugetan ist. Ich glaube es *aufrichtig*. Ich glaube es und habe keine von Evidenz begleitete Intuition davon, denn eben der Gegenstand bietet sich seiner Natur nach nicht der Intuition dar. Ich *glaube es*, das heißt, ich gebe mich Vertrauensregungen hin, ich beschließe, daran zu glauben und mich an diesen Beschluß zu halten, ich verhalte mich schließlich so, als ob ich dessen sicher wäre, all das in der synthetischen Einheit ein und derselben Haltung. Was ich so als Aufrichtigkeit definiere, würde Hegel das *Unmittelbare* nennen, es ist der Köhlerglaube. Hegel würde sofort zeigen, daß das Unmittelbare die Vermittlung herbeiruft und daß der Glaube, indem er *Glaube für sich* wird, in den Zustand von Nicht-Glauben übergeht.[74] Wenn ich *glaube*, daß mein Freund Pierre mich gern hat, so heißt das, daß seine Freundschaft mir als der Sinn aller seiner Handlungen erscheint. Der Glaube ist ein besonderes Bewußtsein *vom*

Sinn der Handlungen Pierres. Aber wenn ich weiß, daß ich glaube, erscheint mir der Glaube als bloße subjektive Bestimmung ohne äußeres Korrelat. Das macht schon aus dem Wort «glauben» einen unterschiedslos benutzten Ausdruck zur Bezeichnung der festen Unerschütterlichkeit des Glaubens («Mein Gott, ich glaube an dich») und seines wehrlosen, streng subjektiven Charakters («Ist Pierre mein Freund? Ich weiß es nicht: ich glaube es»). Aber die Natur des Bewußtseins ist so, daß in ihm das Mittelbare und das Unmittelbare ein und dasselbe Sein sind. Glauben ist wissen, daß man glaubt, und wissen, daß man glaubt, ist nicht mehr glauben. So ist glauben nicht mehr glauben, weil es nur glauben ist, und zwar in der Einheit eines einzigen nichtsetzenden Bewußtseins (von) sich. Allerdings haben wir hier die Beschreibung des Phänomens überspitzt, indem wir es mit dem Wort *wissen* bezeichneten; das nichtsetzende Bewußtsein ist nicht *Wissen*. Aber es ist gerade wegen seiner Transluzidität am Ursprung jedes Wissens. So ist das nichtsetzende Bewußtsein (von) Glauben Zerstörer des Glaubens. Aber gleichzeitig impliziert gerade das Gesetz des präreflexiven Cogito, daß das Sein des Glaubens das Bewußtsein von Glauben sein muß. So ist der Glaube ein Sein, das sich in seinem eigenen Sein in Frage stellt, das sich nur in seiner Zerstörung realisieren kann, das sich nur sich selbst manifestieren kann, indem es sich negiert; es ist ein Sein, für das Sein Erscheinen und Erscheinen Sich-Negieren ist. Glauben ist nicht glauben. Man sieht den Grund: das Sein des Bewußtseins ist, durch sich zu existieren, also sich sein zu machen und dadurch sich zu übersteigen. In diesem Sinn ist das Bewußtsein fortwährend Sichentgehen, der Glaube wird Nicht-Glaube, das Unmittelbare wird Vermittlung, das Absolute relativ und das Relative absolut. Das Ideal der Aufrichtigkeit (das glauben, was man glaubt) ist wie das der Ehrlichkeit (das sein, was man ist) ein Ideal von Ansich-sein. Jeder Glaube ist nicht Glaube genug, man glaubt niemals an das, was man glaubt. Und infolgedessen ist der ursprüngliche Entwurf der Unaufrichtigkeit nur die Benutzung dieser Selbstzerstörung des Bewußtseinsfaktums. Wenn jeder aufrichtige Glaube ein unmöglicher Glaube ist, dann ist jetzt Raum für jeden unmöglichen Glauben. Meine Unfähigkeit, zu *glauben*, daß ich mutig bin, schreckt mich nicht mehr ab, weil ja eben jeder Glaube nie genug glauben kann. Ich definiere diesen unmöglichen Glauben als *meinen* Glauben. Zwar kann ich mir nicht verhehlen, daß ich glaube, um nicht zu glauben, und daß ich nicht glaube, *um* zu glauben. Aber die subtile, totale Vernichtung der Unaufrichtigkeit durch sich selbst kann mich nicht überraschen: sie existiert im Grund jedes Glaubens. Was ist das also? *Weiß* ich, sobald ich *glauben* will, ich sei mutig, daß ich feige bin? Und diese Gewißheit sollte meinen Glauben zerstören? Aber *zunächst bin* ich nicht mehr mutig als feige, wenn man das nach dem Seinsmodus des An-sich verstehen soll. Zweitens *weiß* ich nicht, daß ich mutig bin, eine derartige Sicht auf mich kann nur von *Glauben* begleitet sein, denn sie überschreitet die reine reflexive Gewißheit. Drittens ist es zwar richtig, daß es der Unaufrichtigkeit nicht gelingt, das zu glauben, was sie glauben will. Aber sie ist ja gerade insofern Unaufrichtigkeit, als sie es hinnimmt, nicht das zu glauben, was sie glaubt. Die Aufrichtigkeit will vor dem «Nicht-das-glauben-was-man-glaubt» in das Sein fliehen; die Unaufrichtigkeit flieht vor dem Sein in das «Nicht-das-glauben-was-man-glaubt». Sie hat im voraus jeden Glauben entwaffnet: den, den sie erlangen möchte, und zugleich den, vor dem sie fliehen will. Indem sie diese Selbstzerstörung des Glaubens *will*, von wo aus das Wissen zur Evidenz hin entweicht, zerstört sie den Glauben, den man ihr entgegenstellt, der sich selbst *als nur* Glaube offenbart. So können wir das primäre Unaufrichtigkeitsphänomen besser verstehen.

In der Unaufrichtigkeit gibt es weder zynische Lüge noch geschickte Vorbereitung trügerischer Begriffe. Sondern der primäre Unaufrichtigkeitsakt ist darauf aus, das zu fliehen, was man nicht fliehen kann, das zu fliehen, was man ist. Doch gerade der Fluchtentwurf enthüllt der Unaufrichtigkeit eine innere Auflösung mitten im Sein, und sie will diese Auflösung sein. Das kommt in Wahrheit daher, daß die beiden unmittelbaren Haltungen, die wir gegenüber unserm Sein einnehmen können, genau durch die Natur dieses Seins und sein unmittelbares Verhältnis zum An-sich bedingt sind. Die Aufrichtigkeit sucht die innere Auflösung meines Seins zum An-sich hin zu fliehen, das sie sein müßte und nicht ist. Die Unaufrichtigkeit sucht vor dem An-sich in die innere Auflösung meines Seins zu fliehen. Aber gerade diese Auflösung negiert sie, wie sie an sich selbst negiert, Unaufrichtigkeit zu sein. Indem sie durch das «Nicht-das-sein-was-man-ist» das An-sich flieht, das ich nicht bin nach dem Modus, das zu sein, was man nicht ist, zielt die Unaufrichtigkeit, die sich als Unaufrichtigkeit negiert, auf das An-sich, das ich nicht bin nach dem Modus von «Das-nicht-sein-was-man-nicht-ist».* Wenn die Unaufrichtigkeit möglich ist, so weil sie die unmittelbare, ständige Bedrohung jedes Entwurfs des menschlichen Seins ist, weil das Bewußtsein in seinem Sein ein ständiges Risiko von Unaufrichtigkeit enthält. Und der Ursprung dieses Risikos ist, daß das Bewußtsein, gleichzeitig und in seinem Sein, das ist, was es nicht ist,

---

* Wenn es gleichgültig ist, ob man aufrichtig oder unaufrichtig ist, weil die Unaufrichtigkeit die Aufrichtigkeit wiedererfaßt und sogar zum Ursprung ihres Entwurfs zurückgleitet, so soll das nicht heißen, daß man der Unaufrichtigkeit nicht radikal entgehen könnte. Aber das setzt eine Übernahme des verdorbenen Seins durch sich selbst voraus, die wir Authentizität nennen werden und deren Beschreibung nicht hierhergehört.

und nicht das ist, was es ist. Im Licht dieser Bemerkungen können wir nun an die ontologische Untersuchung des Bewußtseins gehen, insofern es nicht die Totalität des menschlichen Seins ist, sondern der instantane Kern dieses Seins.

Zweiter Teil
Das Für-sich-sein

Erstes Kapitel

Die unmittelbaren Strukturen des Für-sich

I

Die Anwesenheit bei sich

Die Negation hat uns auf die Freiheit verwiesen, diese auf die Unaufrichtigkeit und die Unaufrichtigkeit auf das Sein des Bewußtseins als Bedingung ihrer Möglichkeit. Wir müssen also im Licht der Forderungen, die wir in den vorigen Kapiteln ausgemacht haben, die Beschreibung wieder aufnehmen, die wir in der Einleitung dieses Buchs versucht hatten, das heißt, wir müssen wieder in den Bereich des präreflexiven Cogito zurückkehren. Aber das Cogito bietet immer nur das, was man von ihm verlangt. Descartes hatte es auf seinen funktionalen Aspekt hin befragt: «Ich *zweifle*, ich *denke*», und da er ohne Leitfaden von diesem funktionalen Aspekt zur existentiellen Dialektik übergehen wollte, verfiel er dem Irrtum des Substantialismus. Durch diesen Fehler belehrt ist Husserl ängstlich auf der Ebene der funktionalen Beschreibung geblieben. Daher ist er niemals über die bloße Beschreibung der Erscheinung als solcher hinausgegangen, hat sich im Cogito eingeschlossen und verdient trotz seinem Abstreiten eher Phänomenist als Phänomenologe genannt zu werden; und sein Phänomenismus grenzt jeden Augenblick an den Kantischen Idealismus. Heidegger will diesen Phänomenismus der Beschreibung vermeiden, der zur megarischen, antidialektischen Isolierung der Wesenheiten führt, und wendet sich daher unmittelbar der existentiellen Analyse zu, ohne den Weg über das Cogito zu gehen. Da aber dem «Dasein»[75] von Anfang an die Bewußtseinsdimension entzogen wurde, kann es diese Dimension nie mehr zurückgewinnen. Heidegger stattet das Dasein [*réalité-humaine*] mit einem Selbstverständnis aus, das er als einen «ekstatischen Ent-wurf» seiner eigenen Möglichkeiten definiert. Und wir beabsichtigen nicht, die Existenz dieses Entwurfs zu leugnen. Aber was wäre ein Verständnis, das, an sich selbst, nicht Bewußtsein (von) Verständnis-sein wäre? Dieser ek-statische Charakter der menschlichen-Realität fällt in ein verdinglichtes [*chosiste*] und blindes An-sich zurück, wenn er nicht dem Bewußtsein von Ekstase entspringt. Man muß zwar vom Cogito ausgehen, kann aber, eine berühmte Formel parodierend, von ihm sagen, das es zu allem führt, wenn man nur aus ihm herausgelangt. Unsere bisherigen Untersuchungen, die sich auf die Möglichkeitsbedingungen bestimmter Verhaltensweisen bezogen, hatten nur das Ziel, uns in die Lage zu versetzen, das Cogito nach seinem Sein zu befragen und uns das dialektische Instrument zu liefern, mit dem wir im Cogito selbst das Mittel finden konnten, uns der Instantaneität zur Seinstotalität hin zu entziehen, die durch die menschliche-Realität konstituiert wird. Kehren wir daher zur Beschreibung des nicht-thetischen Bewußtseins (von) sich zurück, prüfen wir ihre Ergebnisse, und fragen wir uns, was für das Bewußtsein die Notwendigkeit bedeutet, das zu sein, was es nicht ist, und nicht das zu sein, was es ist.

Das Sein des Bewußtseins, schrieben wir in der Einleitung, ist ein Sein, dem es «in seinem Sein *um* dieses Sein selbst geht»[76]. Das bedeutet, daß das Sein des Bewußtseins nicht mit sich selbst in einer vollständigen Adäquation koinzidiert. Diese Adäquation, die die des An-sich ist, wird durch die einfache Formel wiedergegeben: das Sein ist das, was es ist. Im An-sich ist keine Seinsparzelle, die nicht ohne Distanz zu sich selbst wäre. In dem so verstandenen

Sein gibt es nicht die kleinste Andeutung einer Dualität; wir können das ausdrücken, indem wir sagen, daß die Seinsdichte des An-sich unendlich ist. Es ist das Volle. Das Identitätsprinzip kann synthetisch genannt werden, nicht nur, weil es seine Reichweite auf eine bestimmte Seinsregion beschränkt, sondern vor allem, weil es das Unendliche der Dichte in sich zusammenfaßt. A ist A bedeutet: A existiert unter einer unendlichen Kompression, in einer unendlichen Dichte. Die Identität ist der Grenzbegriff der Vereinigung; es ist nicht wahr, daß das An-sich eine synthetische Vereinigung seines Seins benötigt: an der äußersten Grenze ihrer selbst verschwindet die Einheit und geht in die Identität über. Das Identische ist das Ideal des Einen, und das Eine kommt durch die menschliche-Realität in die Welt. Das An-sich ist von sich selbst voll, und man kann sich keine totaler Fülle, keine vollkommenere Adäquation von Enthaltenem und Enthaltendem vorstellen: es gibt nicht die geringste Leere im Sein, den kleinsten Riß, durch den das Nichts hineingleiten könnte.

Das Charakteristikum des Bewußtseins dagegen ist es, daß es eine Seinsdekompression ist. In der Tat ist es unmöglich, es als Koinzidenz mit sich zu definieren. Von diesem Tisch kann ich sagen, daß er schlicht und einfach *dieser* Tisch ist. Aber ich kann mich nicht darauf beschränken, von meinem Glauben zu sagen, er sei Glaube: mein Glaube ist Bewußtsein (von) Glaube. Man hat oft gesagt, der reflexive Blick verändere das Bewußtseinsfaktum, auf das er sich richtet. Husserl selbst gibt zu, daß die Tatsache, «gesehen zu werden», für jedes «Erlebnis»[77] eine totale Modifikation nach sich zieht. Wir glauben indessen gezeigt zu haben, daß die erste Bedingung jeder Reflexivität ein präreflexives Cogito ist. Dieses Cogito setzt freilich kein Objekt, es bleibt innerhalb des Bewußtseins. Aber es ist dem reflexiven Cogito nichtsdestoweniger homolog, insofern es als die erste Notwendigkeit für das unreflektierte Bewußtsein erscheint, daß dieses von ihm selbst gesehen wird; es enthält also ursprünglich diese aufhebende Eigenschaft, für einen Zeugen zu existieren, obwohl dieser Zeuge, für den das Bewußtsein existiert, es selbst ist. Durch die bloße Tatsache also, daß mein Glaube als Glaube erfaßt wird, ist er *nur noch Glaube*, das heißt, daß er schon nicht mehr Glaube ist, sondern getrübter Glaube. Das ontologische Urteil «Der Glaube ist Bewußtsein (von) Glaube» kann daher keinesfalls als ein Identitätsurteil genommen werden: Subjekt und Attribut sind radikal voneinander verschieden, jedoch in der unauflösbaren Einheit eines selben Seins.

Gut, wird man sagen, aber zumindest muß man sagen, daß das Bewußtsein (von) Glaube Bewußtsein (von) Glaube ist. Wir finden auf dieser Ebene die Identität und das An-sich wieder. Es ging nur darum, die richtige Ebene zu wählen, wo wir unseren Gegenstand erfassen könnten. Aber das ist nicht wahr: wer behauptet, das Bewußtsein (von) Glaube sei Bewußtsein (von) Glaube, distanziert das Bewußtsein vom Glauben, löst die Klammer auf und macht aus dem Glauben einen Gegenstand für das Bewußtsein, springt plötzlich auf die Ebene der Reflexivität. Ein Bewußtsein (von) Glaube, das nur Bewußtsein (von) Glaube wäre, müßte ja Bewußtsein (von) ihm selbst haben als Bewußtsein (von) Glaube. Der Glaube würde bloße transzendente, noematische Qualifikation des Bewußtseins; das Bewußtsein wäre frei, sich nach Belieben gegenüber diesem Glauben zu bestimmen; es gliche dem unerschütterlichen Blick, den das Bewußtsein Victor Cousins auf die psychischen Phänomene wirft, um sie der Reihe nach aufzuklären.[78] Doch die Analyse des methodischen Zweifels, die Husserl versucht hat, hat die Tatsache ins Licht gerückt, daß allein das reflexive Bewußtsein sich von dem distanzieren kann, was das reflektierte Bewußtsein setzt. Nur auf der reflexiven Ebene kann man eine ἐποχή, eine Ausklammerung, versuchen, kann man das, was Husserl «Mitmachen»[79] nennt, verweigern. Das Bewußtsein (von) Glaube unterscheidet sich nicht vom Glauben, obwohl es den Glauben unwiderruflich verändert, es *ist*, *um* zu glauben. Daher müssen wir einräumen, daß das Bewußtsein (von) Glaube Glaube ist. So erfassen wir dieses doppelte Verweisungsspiel an seinem Ursprung: das Bewußtsein (von) Glaube ist Glaube, und der Glaube ist Bewußtsein (von) Glaube. In keinem Fall können wir sagen, das Bewußtsein sei Bewußtsein und der Glaube sei Glaube. Jedes dieser Glieder verweist auf das andere und geht in das andere über, und trotzdem ist jedes Glied von dem anderen verschieden. Weder Glaube noch Lust, noch Freude können, wie wir sahen, existieren, *bevor* sie bewußt sind, das Bewußtsein ist das Maß ihres Seins; aber es ist nichtsdestoweniger wahr, daß der Glaube, eben weil er nur als *getrübt* existieren kann, von Anfang an als etwas existiert, was sich selbst entgeht, was die Einheit aller Begriffe sprengt, in die man ihn einschließen wollen kann.

Bewußtsein (von) Glaube und Glaube sind also ein und dasselbe Sein, dessen Charakteristikum die absolute Immanenz ist. Sobald man aber dieses Sein erfassen will, entgleitet es zwischen den Fingern, und wir finden uns einer Andeutung von Dualität gegenüber, einem Spiel von Spiegelungen, denn das Bewußtsein ist Spiegelung; aber gerade als Spiegelung ist es das Reflektierende, und wenn wir es als reflektierend zu erfassen versuchen, entschwindet es, und wir fallen auf die Spiegelung zurück. Diese Struktur des Spiegelung-Spiegelnden hat die Philosophen verwirrt, die sie durch einen infiniten Regreß erklären wollten, entweder indem sie wie Spinoza eine *idea-ideae* setzten, die eine *idea-ideae-ideae* usw. erfordert, oder indem sie wie Hegel die Rückkehr zu sich als das wahrhafte Unendliche definierten.[80] Aber die Einführung des Unendlichen in das Bewußtsein ist, außer daß es das Phänomen erstarren läßt und verdunkelt, nur eine erklärende Theorie, die ausdrücklich dazu bestimmt ist, das Sein des Bewußtseins auf das des An-sich zu reduzieren. Die objektive Existenz des Spiegelung-Spiegelnden, wenn wir es hinnehmen, wie es sich darbietet, zwingt uns im Gegenteil, einen vom An-sich unterschiedenen Seinsmodus anzunehmen: nicht eine Einheit, die eine Dualität enthält, nicht eine Synthese, die die abstrakten Momente von These und Antithese überschreitet und aufhebt, sondern eine Dualität, die Einheit *ist*, eine Spiegelung, die ihr eigenes Reflektieren *ist*. Wenn wir nämlich das totale Phänomen zu erreichen suchen, das heißt die Einheit dieser Dualität oder dieses Bewußtseins (von) Glaube, verweist es uns sogleich auf eines der Glieder, und dieses Glied verweist uns seinerseits auf die vereinigende Organisation der Immanenz. Wenn wir aber umgekehrt von der Dualität als solcher ausgehen und Bewußtsein und Glaube als ein Paar setzen wollen, gelangen wir zu Spinozas *idea-ideae* und verfehlen das präreflexive Phänomen, das wir untersuchen wollten. Denn das präreflexive Bewußtsein ist Bewußtsein (von) sich. Und eben diesen Begriff *Sich* muß man untersuchen, denn er definiert das Sein des Bewußtseins selbst.

Halten wir zunächst fest, daß der Ausdruck An-sich, den wir der Tradition entlehnt haben, um das transzendente Sein zu bezeichnen, ungeeignet ist. An der Grenze der Koinzidenz mit sich verschwindet das Sich, um dem identischen Sein Platz zu machen. Das *Sich* kann keine Eigenschaft des An-sich-seins sein. Es ist von Natur aus ein *Reflektiertes*, wie die Syntax zur Genüge zeigt und vor allem die logische Strenge der lateinischen Syntax und die strengen Unterscheidungen, die die Grammatik zwischen dem Gebrauch von *eius* und *sui* macht. Das *Sich* verweist, doch es verweist eben auf das *Subjekt*. Es zeigt einen Bezug des Subjekts zu sich selbst an, und dieser Bezug ist eben eine Dualität, aber eine besondere Dualität, da sie besondere verbale Symbole fordert. Doch andererseits bezeichnet das *Sich* nicht das Sein, weder als Subjekt noch als Objekt. Betrachte ich etwa das «sich» in «er langweilt sich», so stelle ich fest, daß es sich ein wenig öffnet, um hinter sich das Subjekt selbst erscheinen zu lassen. Es ist keineswegs das Subjekt, da das Subjekt sich ohne Bezug zu sich in der Identität des An-sich verdichten würde; es ist auch keine konsistente Artikulation des Realen, da es das Subjekt hinter sich erscheinen läßt. Das *Sich* kann tatsächlich nicht als ein reales Existierendes erfaßt werden: das Subjekt kann nicht Sich *sein*, denn die Koinzidenz mit sich läßt, wie wir sahen, das Sich verschwinden. Aber ebensowenig kann es Sich *nicht sein*, da das Sich Anzeige des Subjekts selbst ist. Das *Sich* stellt somit eine ideale Distanz in der Immanenz des Subjekts zu sich selbst dar, eine Weise, *nicht seine eigene Koinzidenz zu sein*, der Identität zu entgehen, gerade indem es sie als Einheit setzt, kurz, in einem dauernd instabilen Gleichgewicht zu sein zwischen der Identität als absoluter Kohäsion ohne die geringste Verschiedenheit und der Einheit als Synthese einer Vielfalt. Das nennen wir die *Anwesenheit bei sich*. Das Seinsgesetz des Für-sich, als ontologische Grundlage des Bewußtseins, ist, es selbst zu sein in der Form von Anwesenheit bei sich.

Diese Anwesenheit bei sich hat man oft als eine Existenzfülle verstanden, und ein unter Philosophen sehr verbreitetes Vorurteil schreibt dem Bewußtsein die höchste Seinswürde zu. Dieses Postulat kann jedoch nur nach einer fortgeschritteneren Beschreibung des Anwesenheitsbegriffs aufrechterhalten werden. Jede «*Anwesenheit bei*» impliziert ja Dualität, also zumindest virtuelle Trennung. Die Anwesenheit des Seins bei sich impliziert eine Ablösung des Seins von sich. Die Koinzidenz des Identischen ist die wahre Seinsfülle, eben weil in dieser Koinzidenz kein Platz für irgendeine Negativität gelassen ist. Sicher kann das Identitätsprinzip an das Prinzip des Nicht-Widerspruchs appellieren, wie Hegel gesehen hat.[81] Das Sein, das das ist, was es ist, muß das Sein sein können, das nicht das ist, was es nicht ist. Aber zunächst kommt ja diese Negation, wie alle anderen, durch die menschliche-

Realität an die Oberfläche des Seins, wie wir gezeigt haben, und nicht durch eine dem Sein selbst eigene Dialektik. Zudem kann dieses Prinzip nur die Beziehungen des Seins zum *Äußeren* kennzeichnen, da es ja die Beziehungen des Seins zu dem, was es nicht ist, bestimmt. Es handelt sich somit um ein für die *äußeren Beziehungen* konstitutives Prinzip, so wie sie einer bei dem An-sich-sein anwesenden und in die Welt engagierten menschlichen-Realität erscheinen können; es betrifft nicht die inneren Beziehungen des Seins; solche Beziehungen, insofern sie ein Anderssein setzen würden, existieren nicht. Das Identitätsprinzip ist die Negation jeder Art von Beziehung innerhalb des An-sich-seins. Die Anwesenheit bei sich setzt dagegen voraus, daß ein nicht spürbarer Riß in das Sein gekommen ist. Wenn es bei sich anwesend ist, so weil es nicht völlig Sich ist. Die Anwesenheit ist eine unmittelbare Verminderung der Koinzidenz, denn sie setzt Trennung voraus. Wenn wir aber jetzt fragen: *was* trennt das Subjekt von ihm selbst, so müssen wir gestehen, daß es *nichts* ist. Was üblicherweise trennt, ist ein Abstand im Raum, eine Zeitspanne, ein psychologischer Gegensatz oder einfach die Individualität von zwei Mitanwesenden, kurz, eine *qualifizierte* Realität. In dem Fall aber, der uns beschäftigt, kann *nichts* das Bewußtsein (von) Glaube von dem Glauben trennen, da der Glaube *nichts anderes* ist als das Bewußtsein (von) Glaube. In die Einheit eines präreflexiven Cogito ein diesem Cogito äußeres qualifiziertes Element einführen hieße seine Einheit sprengen, seine Transluzidität zerstören; im Bewußtsein wäre dann etwas, von dem es nicht Bewußtsein wäre und was nicht an sich selbst als Bewußtsein existierte. Die Trennung, die den Glauben von ihm selbst trennt, läßt sich gesondert weder erfassen noch auch nur denken. Sucht man sie aufzuspüren, entschwindet sie: man findet den Glauben als reine Immanenz wieder. Will man indessen den Glauben als solchen fassen, dann ist der Riß da, erscheint, wenn man ihn nicht sehen will, und verschwindet, sobald man ihn zu betrachten sucht. Dieser Riß ist also das reine Negative. Der Abstand, die Zeitspanne, der psychologische Gegensatz können an sich selbst erfaßt werden und enthalten als solche Elemente von Positivität, sie haben eine einfache negative *Funktion*. Aber der Riß innerhalb des Bewußtseins ist ein nichts [*rien*] außerhalb dessen, was er verneint, und kann nur Sein haben, insofern man ihn nicht sieht. Dieses Negative, das Nichts an Sein und zugleich Nichtungsvermögen ist, ist das *Nichts* [*néant*]. Nirgends könnten wir es in einer solchen Reinheit fassen. Überall sonst muß man ihm auf irgendeine Weise das An-sich-sein als Nichts verleihen. Aber das Nichts, das innerhalb des Bewußtseins auftaucht, *ist nicht*. Es *wird geseint* [*est été*]. Der Glaube zum Beispiel ist keine Kontiguität eines Seins mit einem anderen Sein, er ist *seine eigene* Anwesenheit bei sich, seine eigene Seinsdekompression. Andernfalls würde die Einheit des Für-sich in die Dualität von zwei An-sich zerfallen. Das Für-sich muß also sein eigenes Nichts sein. Das Sein des Bewußtseins als Bewußtsein ist, *in Distanz von sich* als Anwesenheit bei sich zu existieren, und diese Null-Distanz, die das Sein in seinem Sein trägt, ist das Nichts [*Néant*]. Damit also ein *Sich* existiert, muß die Einheit dieses Seins ihr eigenes Nichts umfassen als Nichtung des Identischen. Denn das Nichts, das sich in den Glauben einschleicht, ist *sein* Nichts, das Nichts des Glaubens als Glaube an sich, als blinder und voller Glaube, als «Köhlerglaube». Das Für-sich ist das Sein, das sich selbst dazu bestimmt zu existieren, insofern es nicht mit sich selbst koinzidieren kann.

Von daher versteht man, daß wir, als wir ohne Leitfaden dieses präreflexive Cogito befragten, das Nichts nirgendwo *gefunden* haben. Man *findet*, man *enthüllt* das Nichts nicht, so wie man ein Sein finden, enthüllen kann. Das Nichts ist stets ein *Woanders*. Es ist die Notwendigkeit für das Für-sich, immer nur in der Form des Woanders in bezug auf sich selbst zu existieren, als ein Sein zu existieren, das sich dauernd mit einer Seinsinkonsistenz affiziert. Diese Inkonsistenz verweist übrigens nicht auf ein anderes Sein, sie ist nur dauernder Verweis von sich auf sich, der Spiegelung auf das Spiegelnde, des Spiegelnden auf die Spiegelung. Dennoch ruft dieser Verweis innerhalb des Für-sich keine unendliche Bewegung hervor, er ist in der Einheit eines einzigen Akts gegeben: die unendliche Bewegung gehört erst dem reflexiven Blick an, der das Phänomen als Totalität erfassen will und, ohne innehalten zu können, von der Spiegelung auf das Spiegelnde, vom Spiegelnden auf die Spiegelung verwiesen wird. So ist das Nichts dieses Loch im Sein, dieser Sturz des An-sich zum Sich, wodurch sich das Für-sich konstituiert. Aber dieses Nichts kann nur «geseint werden», wenn seine geborgte Existenz korrelativ zu einem nichtenden Akt des Seins ist. Diesen fortdauernden Akt, durch den sich das An-sich zu Anwesenheit bei sich vermindert, nennen wir ontologischen Akt. Das Nichts ist die Infragestellung des Seins durch das Sein, das heißt eben das Bewußtsein oder Für-sich. Es ist ein absolutes Ereignis, das durch das Sein zum Sein kommt und, ohne das Sein zu haben, dauernd vom Sein getragen wird. Da das Sein an sich durch seine totale Positivität in seinem Sein isoliert ist, kann kein Sein Sein hervorbringen, und nichts kann durch das Sein zum Sein kommen außer dem Nichts. Das Nichts ist die eigene Möglichkeit des Seins und seine einzige Möglichkeit. Zudem erscheint diese ursprüngliche Möglichkeit nur in dem absoluten Akt, der sie realisiert. Da das Nichts Nichts an Sein ist, kann es nur durch das Sein selbst zum Sein kommen. Und sicher kommt es durch ein besonderes Sein zum Sein, nämlich durch die menschliche-Realität. Aber dieses Sein konstituiert sich als menschliche-Realität, insofern es nichts als der ursprüngliche Entwurf seines eignen Nichts ist. Die menschliche-Realität ist das Sein, insofern es in seinem Sein und für sein Sein einziger Grund des Nichts innerhalb des Seins ist.

II
Die Faktizität des Für-sich

Doch das Für-sich *ist*. Es ist, wird man sagen, und sei es als Sein, das nicht das ist, was es ist, und das das ist, was es nicht ist. Es ist, da der Entwurf der Ehrlichkeit zumindest denkbar ist, was auch immer die Klippen sein mögen, die sie scheitern lassen. Es ist als Ereignis, so wie ich sagen kann: Philipp II. *ist gewesen*, mein Freund Pierre ist, existiert; er ist, insofern er in einer Lage erscheint, die er nicht gewählt hat, insofern Pierre französischer Bürger von 1942 ist, Schmitt Berliner Arbeiter von 1870 *war*; er *ist*, insofern er in eine Welt geworfen ist, einer «Situation» ausgeliefert ist, er ist, insofern er reine Kontingenz ist, insofern für ihn wie für die Dinge der Welt, wie für diese Mauer, diesen Baum, diese Tasse sich die ursprüngliche Frage stellen läßt: «Warum ist dieses Sein so und nicht anders?» Er ist, insofern es an ihm etwas gibt, dessen Grund er nicht ist: seine *Anwesenheit bei der Welt*.

Dieses Erfassen des Seins durch sich selbst als nicht sein eigener Grund seiend, ist der Grund jedes Cogito. In dieser Hinsicht ist bemerkenswert, daß es sich dem *reflexiven Cogito* Descartes' unmittelbar entdeckt. Denn wenn Descartes seine Entdeckung nutzen will, erfaßt er sich selbst als ein unvollkommenes Sein, «da er zweifelt». Aber in diesem unvollkommenen Sein stellt er die Anwesenheit der Idee von Vollkommenem fest. Er nimmt also ein Auseinanderklaffen wahr zwischen dem Seinstypus, den er denken kann, und dem Sein, das er ist. Dieses Auseinanderklaffen oder dieser Seinsmangel steht am Anfang des zweiten Gottesbeweises. Läßt man die scholastische Terminologie weg, bleibt von diesem Beweis der ganz deutliche Sinn, daß das Sein, das an ihm die Idee von Vollkommenem besitzt, nicht sein eigener Grund sein kann, sonst hätte es sich dieser Idee entsprechend hervorgebracht. Mit anderen Worten: ein Sein, das sein eigener Grund wäre, könnte nicht das geringste Auseinanderklaffen zwischen dem, was es ist, und dem, was es denkt, zulassen, denn es würde sich seinem Verständnis des Seins entsprechend hervorbringen und könnte nur denken, was es ist. Aber dieses Erfassen des Seins als eines Seinsmangels angesichts des Seins ist zunächst ein Erfassen seiner eigenen Kontingenz durch das Cogito. Ich denke, also bin ich. Was bin ich? Ein Sein, das nicht sein eigener Grund ist, das, als Sein, anderes sein könnte, als es ist, insofern es sein Sein nicht erklärt. Diese erste Intuition unserer eigenen Kontingenz bietet Heidegger als erste Motivation des Übergangs vom Uneigentlichen zum Eigentlichen dar. Sie ist Sorge, «Ruf des Gewissens»[82], Schuldigsein. Heideggers Beschreibung läßt jedoch allzu deutlich die Bemühung erkennen, ontologisch eine Ethik zu begründen, um die er sich angeblich nicht kümmert, wie auch seinen Humanismus mit dem religiösen Sinn des Transzendenten zu versöhnen. Die Intuition unserer Kontingenz ist nicht mit einem Schuldgefühl gleichsetzbar. Dennoch bleibt bestehen, daß im Erfassen unser selbst durch uns selbst wir uns mit den Eigenschaften eines nicht zu rechtfertigenden Faktums erscheinen.

Aber haben wir uns nicht eben noch* als Bewußtsein erfaßt, das heißt als ein «Sein, das durch sich existiert»? Wie können wir in der Einheit ein und desselben Auftauchens im Sein dieses Sein sein, das durch sich existiert, ohne der Grund seines Seins zu sein? Oder mit anderen Worten, wie kann das Für-sich, das, insofern es *ist*, nicht sein eignes Sein ist, in dem Sinn, daß es dessen Grund wäre, wie kann es, insofern es Für-sich ist, Grund seines eignen Nichts sein? Die Antwort ist in der Frage enthalten.

Denn wenn das Sein der Grund des Nichts ist als Nich-

---

* Siehe Einleitung: III.

tung seines eignen Seins, so heißt das deshalb nicht, daß es der Grund seines Seins ist. Um sein eignes Sein begründen zu können, müßte es in Distanz zu sich existieren, und das würde eine gewisse Nichtung des begründeten wie des begründenden Seins implizieren, eine Dualität, die Einheit wäre: wir gelangten damit wieder zum Fall des Für-sich. Mit einem Wort, jeder Versuch, die Idee eines Seins zu denken, das Grund seines Seins wäre, führt sich selbst zum Trotz zu der Idee eines Seins, das, als An-sich-sein kontingent, Grund seines eigenen Nichts wäre. Der Verursachungsakt, durch den Gott *causa sui* ist, ist ein nichtender Akt wie jede Übernahme von sich durch sich, genau in dem Maß, wie die erste Notwendigkeitsrelation eine Rückkehr zu *sich*, eine Reflexivität ist. Und diese ursprüngliche Notwendigkeit ihrerseits erscheint auf dem Grund eines kontingenten Seins, eben desjenigen, das *ist*, *um* Ursache von sich zu sein. Wenn Leibniz das Notwendige vom Möglichen aus definieren will – eine von Kant aufgegriffene Definition –, so geschieht das vom Gesichtspunkt der Erkenntnis und nicht vom Gesichtspunkt des Seins.[83] Der Übergang vom Möglichen zum Sein, so wie ihn Leibniz versteht (das Notwendige ist ein Sein, dessen Möglichkeit die Existenz impliziert), kennzeichnet den Übergang von unserer Unwissenheit zur Erkenntnis. Die Möglichkeit kann hier ja nur im Hinblick auf unser Denken Möglichkeit sein, da sie der Existenz vorausgeht. Sie ist in bezug auf das Sein, dessen Möglichkeit sie ist, äußere Möglichkeit, da das Sein aus ihr hervorgeht wie eine Konsequenz aus einem Prinzip. Aber wir haben oben darauf hingewiesen, daß der Möglichkeitsbegriff unter zwei Aspekten betrachtet werden kann. Man kann ja daraus eine subjektive Angabe machen (es ist möglich, daß Pierre gestorben ist, bedeutet die Unwissenheit, in der ich mich hinsichtlich seines Schicksals befinde), und in diesem Fall entscheidet der Zeuge über das Mögliche in Anwesenheit der Welt; das Sein hat seine Möglichkeit außerhalb seiner im bloßen Blick, der seine Seinschancen abschätzt; die Möglichkeit kann *uns* zwar vor dem Sein gegeben sein, aber sie ist *uns* gegeben, und sie ist nicht Möglichkeit *von* diesem Sein; es gehört nicht zur Möglichkeit der Billardkugel, die auf dem Tuch rollt, durch eine Falte des Stoffs umgelenkt zu werden; die Möglichkeit der Umlenkung gehört ebensowenig zum Tuch, sie kann nur durch den Zeugen synthetisch als eine äußere Beziehung festgestellt werden. Aber die Möglichkeit kann uns auch als ontologische Struktur des Realen erscheinen: dann gehört sie zu gewissen Seinsweisen [*êtres*] als *ihre* Möglichkeit, sie ist die Möglichkeit, die sie *sind*, die sie zu sein haben. In diesem Fall erhält das Sein seine eigenen Möglichkeiten am Sein, es ist ihr Grund, und deshalb läßt sich hier die Notwendigkeit des Seins nicht aus seiner Möglichkeit ableiten. Mit einem Wort, Gott ist, wenn er existiert, kontingent.

Das Sein des Bewußtseins bleibt daher kontingent, insofern dieses Sein an sich ist, *um* sich in Für-sich zu nichten, das heißt, es gehört nicht dem Bewußtsein zu, es sich zu geben oder es von anderen zu empfangen. Abgesehen davon, daß der ontologische wie der kosmologische Beweis scheitern, ein notwendiges Sein zu konstituieren, können die Erklärung und der Grund meines Seins, insofern ich *ein solches* Sein bin, nicht im notwendigen Sein gesucht werden: die Prämissen: «Alles, was kontingent ist, muß seinen Grund in einem notwendigen Sein finden. Ich bin kontingent», kennzeichnen einen Wunsch, zu begründen, und nicht die erklärende Rückbindung an eine reale Begründung. Dieser Beweis könnte ja keinesfalls über *diese* Kontingenz Aufschluß geben, sondern nur über die abstrakte Kontingenzidee im allgemeinen. Zudem handelt es sich dabei um einen Wert, nicht um ein Faktum.* Aber wenn das Sein an-sich kontingent ist,

---

* Diese Argumentation beruht explizit auf den *Erfordernissen* der Vernunft.

übernimmt es sich selbst, indem es sich in Für-sich vermindert. Es ist, um sich in Für-sich zu verlieren. Mit einem Wort, das Sein *ist* und kann nur sein. Doch die eigentliche Möglichkeit des Seins – die sich im Nichtungsakt enthüllt – ist, als Bewußtsein Grund seiner selbst zu sein durch den Opferakt, der es nichtet; das Für-sich ist das An-sich, das sich als An-sich verliert, um sich als Bewußtsein zu begründen. So gewinnt das Bewußtsein aus sich selbst sein Bewußtsein-sein und kann nur auf sich selbst verweisen, insofern es seine eigene Nichtung ist, aber *was* sich in Bewußtsein nichtet, ohne daß es Grund des Bewußtseins genannt werden kann, ist das kontingente An-sich. Das An-sich kann nichts begründen; wenn es sich selbst begründet, so indem es sich die Modifikation des Für-sich gibt. Es ist Grund seiner selbst, insofern es *schon nicht mehr* An-sich ist; und hier begegnen wir dem Ursprung jedes Grundes. Wenn das An-sich-sein weder sein eigener Grund noch der anderer Seinsweisen [*êtres*] sein kann, so kommt der Grund schlechthin durch das Für-sich zur Welt. Das Für-sich als genichtetes An-sich begründet nicht nur sich selbst, sondern mit ihm erscheint der Grund zum erstenmal.

Doch dieses An-sich, versunken und genichtet in dem absoluten Ereignis, das das Erscheinen des Grundes oder das Auftauchen des Für-sich ist, bleibt innerhalb des Für-sich als dessen ursprüngliche Kontingenz. Das Bewußtsein ist sein eigener Grund, aber es bleibt kontingent, daß es ein Bewußtsein *gibt* statt schlicht und einfach An-sich bis ins Unendliche. Das absolute Ereignis oder Für-sich ist kontingent genau in seinem Sein. Wenn ich die Gegebenheiten des präreflexiven Cogito entziffere, stelle ich zwar fest, daß das Für-sich auf sich verweist. Was es auch sei, es ist es nach dem Modus von Seinsbewußtsein. Der Durst verweist auf das Durstbewußtsein, das er *ist*, als auf seinen Grund – und umgekehrt. Aber die Totalität «Gespiegelt-spiegelnd» wäre, wenn sie gegeben sein könnte, Kontingenz und An-sich. Doch kann diese Totalität nicht erreicht werden, weil ich ja weder sagen kann, daß das Durstbewußtsein Durstbewußtsein ist, noch daß der Durst Durst ist. Sie ist da als genichtete Totalität, als schwindende Einheit des Phänomens. Wenn ich das Phänomen als Pluralität erfasse, so zeigt sich diese Pluralität selbst als totalitäre Einheit an, und damit ist ihr Sinn die Kontingenz, das heißt, ich kann mich fragen: Warum bin ich Durst, warum bin ich Bewußtsein von diesem Glas, von diesem Ich? Sobald ich aber diese Totalität an sich selbst betrachte, nichtet sie sich unter meinem Blick, *ist sie nicht*, ist sie, um nicht zu sein, und ich komme wieder zu dem Für-sich in seiner Andeutung von Dualität als Grund seiner selbst: ich habe diese Wut, weil ich mich als Wutbewußtsein hervorbringe: hebt man diese Selbstverursachung auf, die das Sein des Für-sich konstituiert, so findet man nichts mehr, nicht einmal die «Wut-an-sich», denn die Wut existiert von Natur aus als Für-sich. So wird das Für-sich von einer fortdauernden Kontingenz getragen, es übernimmt sie und assimiliert sie sich, ohne sie jemals aufheben zu können. Diese dauernd schwindende Kontingenz des An-sich, die das Für-sich heimsucht und es an das An-sichsein bindet, ohne jemals faßbar zu sein, nennen wir die *Faktizität* des Für-sich. Diese Faktizität erlaubt uns zu sagen, daß es *ist*, daß es *existiert*, obwohl wir sie nie *realisieren* können und immer nur über das Für-sich erfassen. Wir wiesen oben darauf hin, daß wir nie etwas sein können, ohne es sein zu spielen.* «Wenn ich Kellner bin», schrieben wir, «kann das nur nach dem Modus sein, *es nicht zu sein*.»[84] Und das ist wahr: könnte ich Kellner sein, so würde ich mich plötzlich als ein kontingenter Identitätsblock konstituieren. Das ist nicht: dieses kontingente Sein an sich entgeht mir ständig. Damit ich jedoch

---

* Erster Teil, Zweites Kapitel: II: Die Verhaltensweisen der Unaufrichtigkeit.

den Verpflichtungen, die mein Beruf mit sich bringt, frei einen Sinn geben kann, muß gewissermaßen innerhalb des Für-sich als dauernd schwindende Totalität das An-sich-sein als schwindende Kontingenz meiner *Situation* gegeben sein. Das geht ja aus der Tatsache hervor, daß ich zwar Kellner *sein spielen* muß, um es zu sein, aber noch so sehr Diplomat oder Matrose spielen kann: ich werde es nicht sein. Dieses unfaßbare *Faktum* meiner Lage, dieser unspürbare Unterschied, der die realisierende Komödie von der bloßen Komödie trennt, bewirkt, daß das Für-sich, obwohl es den *Sinn* seiner Situation wählt und sich selbst als Grund seiner selbst in einer Situation konstituiert, seine Position *nicht wählt*. Daher erfasse ich mich selbst als total verantwortlich für mein Sein, insofern ich sein Grund bin, und zugleich total als nicht zu rechtfertigen. Ohne die Faktizität könnte das Bewußtsein seine Bindungen an die Welt wählen, so wie die Seelen im «Staat»[85] ihre Lebensweisen wählen: ich könnte mich dazu bestimmen, «als Arbeiter oder als Bürger geboren zu werden». Andererseits kann aber die Faktizität mich nicht als Bürger oder Arbeiter *seiend* konstituieren. Sie ist eigentlich nicht einmal ein *Widerstand* des Faktums, da ich nur, indem ich sie in die Infrastruktur des *präreflexiven Cogito* übernehme, ihr ihren Sinn und ihren Widerstand verleihen werde. Sie ist nur ein Hinweis, den ich mir selbst von dem Sein gebe, das ich erreichen muß, um das zu sein, was ich bin. Es ist unmöglich, sie in ihrer rohen Nacktheit zu erfassen, da alles, was wir von ihr finden, schon übernommen und frei konstruiert ist. Das bloße Faktum, «da zu sein», an diesem Tisch, in diesem Zimmer, ist bereits der reine Gegenstand eines Grenzbegriffs und kann als solcher nicht erreicht werden. Und doch ist es in meinem «Bewußtsein, da zu sein» als dessen volle Kontingenz enthalten, als das genichtete An-sich, auf dessen Grund das Für-sich sich selbst hervorbringt als Bewußtsein, da zu sein. Das Für-sich, das sich selbst als Bewußtsein, da zu sein, vertieft, wird in sich immer nur *Motivationen* entdecken, das heißt, es wird dauernd auf sich selbst und seine konstante Freiheit verwiesen (Ich bin da, um... usw.). Aber die Kontingenz, die diese Motivationen durchdringt in eben dem Maß, in dem sie sich total selbst begründen, ist die Faktizität des Für-sich. Der Bezug des Für-sich, das als Für-sich sein eigener Grund ist, zur Faktizität läßt sich korrekt bezeichnen: die Notwendigkeit eines Faktums. Und eben diese Notwendigkeit eines Faktums erfassen Descartes und Husserl als die Evidenz des Cogito konstituierend. Notwendig ist das Für-sich, insofern es sich selbst begründet. Daher ist es der reflektierte Gegenstand einer apodiktischen Intuition: ich kann nicht zweifeln, daß ich bin. Aber insofern dieses Für-sich, so wie es ist, auch nicht sein könnte, hat es die ganze Kontingenz des Faktums. So wie meine nichtende Freiheit sich selbst durch die Angst erfaßt, ist sich das Für-sich seiner Faktizität bewußt: es hat das Gefühl seiner völligen Grundlosigkeit [*gratuité*], es erfaßt sich als *für nichts* da seiend, als *zu viel*.

Man darf die Faktizität nicht mit jener kartesianischen Substanz verwechseln, deren Attribut das Denken ist.[86] Gewiß existiert die denkende Substanz nur, insoweit sie denkt, und hat als geschaffenes Ding an der Kontingenz des *ens creatum* teil. Aber sie *ist*. Sie behält völlig den Charakter des An-sich, wenn auch das Für-sich ihr Attribut ist. Das nennt man die substantialistische Illusion Descartes'. Für uns verweist dagegen das Erscheinen des Für-sich oder absolute Ereignis gerade auf das Bemühen eines An-sich, *sich* zu begründen; es entspricht einem Versuch des Seins, die Kontingenz seines Seins aufzuheben; aber dieser Versuch führt zur Nichtung des An-sich, weil das An-sich nicht *sich* begründen kann, ohne das *Sich* oder den reflexiven und nichtenden Verweis in die absolute Identität seines Seins einzuführen und ohne sich daher in *Für-sich* zu vermindern. Das Für-sich entspricht somit einer dekomprimierenden Destrukturierung des An-sich, und das An-sich nichtet sich und löst sich auf in seinem Versuch, sich zu begründen. Daher ist es keine Substanz, deren Attribut das Für-sich wäre und die das Denken hervorbrächte, ohne sich in dieser Hervorbringung selbst zu erschöpfen. Es bleibt einfach im Für-sich als eine Seinserinnerung, als seine nicht zu rechtfertigende *Anwesenheit bei der Welt*. Das An-sich-sein kann sein Nichts begründen, aber nicht sein Sein; in seiner Dekompression nichtet es sich in ein Für-sich, das als Für-sich sein eigener Grund wird; aber seine Kontingenz als An-sich bleibt unberührt. Nur das *bleibt* als Faktizität vom An-sich im Für-sich und macht, daß das Für-sich nur eine faktische Notwendigkeit hat, das heißt, daß es der Grund seines *Bewußtsein-seins* oder seiner *Existenz* ist, daß es aber auf keinen Fall seine *Anwesenheit* begründen kann. So kann das Bewußtsein auf keinen Fall umhin, zu sein, und trotzdem ist es für sein Sein total verantwortlich.

III

Das Für-sich und das Sein des Wertes

Eine Untersuchung der menschlichen-Realität muß beim Cogito beginnen. Aber das kartesianische «Ich denke» wurde in einer instantaneistischen Perspektive der Zeitlichkeit konzipiert. Läßt sich innerhalb des Cogito ein Mittel finden, diese Instantaneität zu transzendieren? Wenn die menschliche-Realität auf das Sein des «Ich denke» beschränkt wäre, hätte sie nur eine Augenblickswahrheit. Und es ist ja wahr, daß sie bei Descartes eine instantane Totalität ist, da sie von sich selbst aus keinerlei Anspruch auf die Zukunft erhebt, da es eines Akts von *creatio continua* bedarf, um sie von einem Augenblick zum anderen übergehen zu lassen.⁸⁷ Kann man aber eine Wahrheit des Augenblicks auch nur denken? Und bezieht das Cogito nicht auf seine Weise Vergangenheit und Zukunft ein? Heidegger ist so sehr davon überzeugt, daß das «Ich denke» Husserls nur eine faszinierende und klebrige Lerchenfalle ist, daß er in seiner Beschreibung des Daseins⁸⁸ den Rekurs auf das Bewußtsein völlig vermieden hat. Sein Ziel ist, es unmittelbar als *Sorge* zu zeigen, das heißt als etwas, was im Selbstentwurf auf die Möglichkeiten hin, die es *ist*, sich selbst entgeht. Diesen Selbstentwurf aus sich heraus nennt er das «Verstehen»⁸⁹, und er erlaubt ihm, das Dasein [*réalité-humaine*] als «erschließenderschlossen» darzustellen. Aber dieser Versuch, *zunächst* das Sichentgehen des Daseins zu zeigen, trifft seinerseits auf unüberwindliche Schwierigkeiten: man kann die Dimension «Bewußtsein» nicht *zunächst* fortlassen, und sei es auch, um sie dann wiedereinzuführen. Das Verstehen hat nur Sinn, wenn es Bewußtsein von Verstehen ist. Meine Möglichkeit kann als *meine* Möglichkeit nur existieren, wenn mein Bewußtsein sich auf das Verstehen hin entgeht. Andernfalls fällt das ganze System des Seins und seiner Möglichkeiten ins Unbewußte, das heißt ins Ansich. Wir sind hier wieder auf das Cogito zurückgeworfen. Man muß von ihm ausgehen. Kann man es erweitern, ohne die Vorteile der reflexiven Evidenz zu verlieren? Was hat uns die Beschreibung des Für-sich enthüllt?

Zunächst sind wir auf eine Nichtung gestoßen, mit der sich das Sein des Für-sich in seinem Sein affiziert. Und diese Enthüllung des Nichts schien uns die Grenzen des Cogito nicht zu überschreiten. Aber sehen wir genauer hin.

Das Für-sich kann die Nichtung nicht aufrechterhalten, ohne sich selbst als *Seinsmangel* zu bestimmen. Das bedeutet, daß die Nichtung nicht mit einer bloßen Einführung des Leeren in das Bewußtsein zusammenfällt. Nicht ein äußeres Sein hat das An-sich aus dem Bewußtsein vertrieben, sondern das Für-sich bestimmt sich fortwährend selbst dazu, das An-sich *nicht zu sein*. Das bedeutet, daß es sich selbst nur vom An-sich her und gegen das An-sich begründen kann. So stellt die Nichtung als Seinsnichtung die ursprüngliche Verbindung zwischen dem Sein des Für-sich und dem Sein des An-sich dar. Das konkrete und reale An-sich ist gänzlich anwesend innerhalb des Bewußtseins als das, was es sich selbst bestimmt nicht zu sein. Das Cogito muß uns notwendig dazu bringen, diese totale und doch unerreichbare Anwesenheit des An-sich zu entdecken. Und sicher wird die Tatsache dieser Anwesenheit eben die Transzendenz des Für-sich sein. Aber gerade die Nichtung ist der Ursprung der als ursprüngliche Verbindung des Für-sich mit dem An-sich verstandenen Transzendenz. Hier ahnen wir eine Möglichkeit, aus dem Cogito herauszukommen. Und wir werden später tatsächlich sehen, daß es der tiefere Sinn des Cogito ist, seinem Wesen nach aus sich herauszuspringen. Es ist aber noch nicht an der Zeit, diese Eigenschaft des Für-sich zu beschreiben. Was die ontologische Beschreibung unmittelbar erscheinen ließ, ist, daß dieses Sein Grund seiner selbst als Seinsmangel ist, das heißt, daß es sich in seinem Sein bestimmen läßt durch ein Sein, das es nicht ist.

Es gibt jedoch viele Arten von Nichtsein, und einige unter ihnen berühren keineswegs die innere Natur des Seins, das nicht das ist, was es nicht ist. Wenn ich zum Beispiel von einem Tintenfaß sage, es sei kein Vogel, so bleiben das Tintenfaß und der Vogel von dieser Negation unberührt. Diese ist eine äußere Beziehung, die nur durch eine bezeugende menschliche-Realität hergestellt werden kann. Dagegen gibt es einen Typus von Negationen, der einen inneren Bezug herstellt zwischen dem, was man negiert, und dem, an dem man es negiert.* Von allen inneren

---

* Zu diesem Negationstyp gehört die Hegelsche Entgegensetzung. Aber diese Entgegensetzung muß sich selbst begründen

Negationen ist diejenige, die am tiefsten in das Sein eindringt, diejenige, die *in ihrem Sein* das Sein, *an dem* sie negiert, mit dem Sein, *das* sie negiert, konstituiert, der *Mangel*. Dieser Mangel gehört nicht zur Natur des Ansich, das ganz Positivität ist. Er erscheint in der Welt nur mit dem Auftauchen der menschlichen-Realität. Nur in der menschlichen Welt kann es Mängel geben. Ein Mangel setzt eine Dreiheit voraus: das, was mangelt, oder das Mangelnde, das, dem das Mangelnde mangelt, oder das Existierende, und eine Totalität, die durch den Mangel aufgelöst wurde und durch die Synthese des Mangelnden und des Existierenden wieder hergestellt würde: das *Verfehlte*. Das Sein, das der Intuition der menschlichen-Realität dargeboten ist, ist stets *das, dem etwas mangelt*, oder das Existierende. Sage ich zum Beispiel, der Mond[90] sei nicht voll und es mangele ihm ein Viertel, so fälle ich dieses Urteil über die volle Intuition einer Mondsichel. So ist das, was der Intuition gegeben ist, ein An-sich, das in sich selbst weder vollständig noch unvollständig ist, sondern ganz einfach das *ist*, was es *ist*, ohne Bezug zu anderen Seinsweisen [êtres]. Damit dieses An-sich als Mondsichel erfaßt werden kann, muß eine menschliche-Realität das Gegebene auf den Entwurf der realisierten Totalität hin überschreiten – hier die Scheibe des Vollmonds – und dann auf das Gegebene zurückkommen und es als Mondsichel konstituieren. Das heißt es in seinem Sein von der Totalität aus realisieren, die sein Grund wird. Und in eben diesem Überschreiten wird das *Mangelnde* gesetzt als das, dessen

---

auf der ursprünglichen inneren Negation, das heißt auf dem Mangel. Wird zum Beispiel das Unwesentliche seinerseits zum Wesentlichen, so deshalb, weil es als ein Mangel innerhalb des Wesentlichen empfunden wird. [G. W. F. Hegel, *Logik* II, Erster Teil, Zweites Buch, Zweites Kapitel. B. 3. u. C. Anmerkung 3, in: *Werke*, Suhrkamp, Frankfurt 1969–1971, Bd. 6, 55–58 und 74–80.]

synthetische Beifügung zum Existierenden die synthetische Totalität des Mangelhaften wieder herstellt. In diesem Sinn ist das *Mangelnde* von gleicher Natur wie das Existierende, man brauchte die Situation nur umzukehren, damit es Existierendes würde, dem das Mangelnde mangelt, während das Existierende Mangelndes würde. Dieses Mangelnde als Komplement des Existierenden ist in seinem Sein bestimmt durch die synthetische Totalität des Mangelhaften. *In der menschlichen Welt* also ist das unvollständige Sein, das sich der Intuition als Mangelndes darbietet, in seinem Sein durch das Mangelhafte konstituiert – das heißt durch das, was es nicht ist; so verleiht der Vollmond der Mondsichel sein Sichelsein; das, was nicht ist, bestimmt das, was ist; es ist im Sein des Existierenden als Korrelativ einer menschlichen Transzendenz, aus sich hinauszuführen bis zu dem Sein, das es nicht ist, als zu seinem *Sinn*.

Die menschliche-Realität, durch die der Mangel in der Welt erscheint, muß selbst ein Mangel sein. Denn der Mangel kann zum Sein nur durch den Mangel kommen, das An-sich kann für das An-sich nicht Anlaß von Mangel sein. Mit anderen Worten, damit das Sein mangelnd oder mangelhaft sein kann, muß sich ein Sein zu seinem eignen Mangel machen; nur ein Sein, das mangelt, kann das Sein auf das Mangelhafte hin überschreiten.

Daß die menschliche-Realität Mangel ist, wäre schon durch die Existenz der Begierde als menschliches Faktum bewiesen. Wie könnte man denn die Begierde erklären, wenn man in ihr einen psychischen *Zustand* sehen wollte, das heißt ein Sein, das seiner Natur nach das ist, was es ist? Ein Sein, das das ist, was es ist, soweit es als das seiend, was es ist, angesehen wird, verlangt nichts für sich, um sich zu vervollständigen. Ein unvollständiger Kreis verlangt Vervollständigung nur, insofern er von der menschlichen Transzendenz überschritten wird. An sich ist er als offene Kurve vollständig und völlig positiv. Ein psychischer Zustand, der mit der Suffizienz dieser Kurve existierte, könnte nicht außerdem noch das mindeste «Verlangen nach» anderem besitzen: er wäre er selbst, ohne irgendeine Beziehung zu dem, was nicht er ist; um ihn als Hunger oder Durst konstituieren zu können, wäre eine äußere Transzendenz erforderlich, die ihn auf die Totalität «gestillter Hunger» hin überschritte, wie sie die Mondsichel auf den Vollmond hin überschreitet. Man kann sich nicht aus der Affäre ziehen, indem man aus der Begierde einen *conatus* macht nach dem Bild einer physikalischen Kraft. Denn auch wenn man dem *conatus* die Wirkung einer Ursache zuschriebe, könnte er wiederum an ihm selbst nicht die Eigenschaften eines Gelüstes nach einem anderen Zustand haben. Als Zustände *hervorbringend* ist der *conatus* nicht mit der Begierde als *Verlangen* nach einem Zustand gleichzusetzen. Ein Rückgriff auf den psycho-physiologischen Parallelismus würde die Schwierigkeiten ebensowenig beseitigen: der Durst als organisches Phänomen, als «physiologischer» Wasserbedarf existiert nicht. Der des Wassers beraubte Organismus zeigt bestimmte positive Phänomene, zum Beispiel eine bestimmte Gerinnungsverdickung der Blutflüssigkeit, die ihrerseits gewisse andere Phänomene hervorruft. Das Ganze ist ein positiver Zustand des Organismus, der nur auf sich selbst verweist, genau wie die Verdickung einer Lösung, deren Wasser verdampft, nicht an ihr selbst als eine Begierde der Lösung nach Wasser betrachtet werden kann. Setzt man eine genaue Übereinstimmung des Psychischen und des Physiologischen voraus, so kann diese Übereinstimmung, wie Spinoza gesehen hat[91], nur auf der Grundlage ontologischer Identität beruhen. Das Sein des psychischen Durstes wird folglich das Sein an sich eines *Zustands* sein, und damit sind wir von neuem auf eine bezeugende Transzendenz verwiesen. Aber dann ist der Durst Begierde *für* diese Transzendenz, nicht für ihn selbst: er ist Begierde in den Augen eines Anderen. Soll aber die Begierde für sich selbst Begierde sein können, so muß sie die Transzendenz selbst sein, das heißt, sie muß von Natur aus Sichentgehen hin zum begehrten Gegenstand sein. Mit anderen Worten, sie muß ein Mangel sein – aber nicht ein Mangel-als-Gegenstand, ein erlittener, durch das Überschreiten, das sie nicht ist, geschaffener Mangel: sie muß ihr eigener Mangel an... sein. Die Begierde ist Seinsmangel, sie wird in ihrem innersten Sein von dem Sein heimgesucht, nach dem sie Begierde ist. So bezeugt sie die Existenz des Mangels im Sein der menschlichen-Realität. Ist aber die menschliche-Realität Mangel, so taucht durch sie im Sein die Dreiheit des Existierenden, des Mangelnden und des Mangelhaften auf. Welches sind genau die drei Glieder dieser Dreiheit?

Was hier die Rolle des Existierenden spielt, ist das, was sich dem Cogito als das Unmittelbare der Begierde darbietet; es ist zum Beispiel dieses Für-sich, das wir als nicht das seiend, was es ist, und das seiend, was es nicht ist, erfaßt haben. Aber was ist eigentlich das Mangelhafte?

Zur Beantwortung dieser Frage müssen wir wieder auf den Mangelbegriff zurückkommen und die Verbindung näher bestimmen, die das Existierende mit dem Mangelnden vereinigt. Diese Verbindung kann nicht bloße Kontiguität sein. Wenn das, was mangelt, gerade in seiner Abwesenheit so tief innerhalb des Existierenden anwesend ist, so, weil das Existierende und das Mangelnde in der Einheit derselben Totalität gleichzeitig erfaßt und überschritten werden. Und das, was sich selbst als Mangel konstituiert, kann dies nur tun, indem es sich auf eine große aufgelöste Form hin überschreitet. Demnach ist der Mangel Erscheinung auf dem Grund einer Totalität. Dabei ist übrigens nicht so wichtig, ob diese Totalität ursprünglich gegeben war und jetzt aufgelöst ist («die Arme der Venus von Milo *fehlen...*») oder ob sie noch nie realisiert wurde («es fehlt ihm an Mut»). Wichtig ist nur, daß das Mangelnde und das Existierende als etwas gegeben sind oder erfaßt werden, was sich in der Einheit der mangelhaften Totalität vernichten muß. Was immer mangelt, mangelt *dem... für...* Und was in der Einheit eines ursprünglichen Auftauchens gegeben ist, ist das *für*, gedacht als etwas, was noch nicht oder nicht mehr ist, eine Abwesenheit, auf die hin das verstümmelte Existierende, das sich gerade dadurch als verstümmelt konstituiert, sich überschreitet oder überschritten wird. Was ist das *für* der menschlichen-Realität?

Das Für-sich als Grund seiner selbst ist das Auftauchen der Negation. Es begründet sich, insofern es *an ihm selbst* ein gewisses Sein oder eine Seinsweise negiert. Was es negiert oder nichtet, ist, wie wir wissen, das An-sich-sein. Aber nicht ein beliebiges An-sich-sein: die menschliche-Realität ist vor allem ihr eigenes Nichts. Was sie als Fürsich an ihr selbst negiert oder nichtet, kann nur *Sich* sein. Und da sie in ihrem Sinn konstituiert ist durch diese Nichtung und diese Anwesenheit dessen in ihr, was sie als Genichtetes nichtet, ist es das verfehlte *Sich als An-sich-sein*, das den Sinn der menschlichen-Realität ausmacht. Insofern die menschliche-Realität in ihrem ursprünglichen Bezug zu sich nicht das ist, was sie ist, ist ihr Bezug zu sich nicht ursprünglich und kann seinen Sinn nur von einem ersten Bezug erhalten, der *Null-Bezug* oder Identität ist. Das Sich, das das wäre, was es ist, läßt das Für-sich als etwas erfassen, was nicht das ist, was es ist; die in der Definition des Für-sich negierte Beziehung – die als solche zunächst gesetzt werden muß – ist eine ihm selbst als dauernd abwesend gegebene Beziehung des Für-sich nach dem Modus der Identität. Der Sinn dieser subtilen Störung, durch die der Durst sich entgeht und nicht Durst ist, insofern er Durstbewußtsein ist, ist ein Durst, der Durst wäre und der es heimsucht. Was das Für-sich verfehlt, ist das Sich – oder Sich-selbst als An-sich.

Dieses verfehlte An-sich darf aber nicht mit dem der Faktizität verwechselt werden. Bei seinem Scheitern, sich selbst zu begründen, ist das An-sich der Faktizität in reiner Anwesenheit des Für-sich bei der Welt aufgegangen. Das verfehlte An-sich dagegen ist reine Abwesenheit. Das Scheitern des Begründungsakts hat außerdem aus dem An-sich das Für-sich auftauchen lassen als Grund seines eignen Nichts. Aber der Sinn des verfehlten Begründungsakts bleibt als transzendent. Das Für-sich ist in seinem Sein Scheitern, weil es *nur* Grund seiner selbst als Nichts ist. Ja dieses Scheitern ist sein Sein selbst, aber es hat nur Sinn, wenn es sich selbst als Scheitern *in Anwesenheit* des Seins erfaßt, das zu sein es gescheitert ist, das heißt des Seins, das Grund seines Seins wäre und nicht nur Grund seines Nichts, das heißt, das sein Grund *als* Koinzidenz mit sich wäre. Das Cogito verweist von Natur aus auf das, was ihm mangelt, und auf das, was es verfehlt, weil es ein Cogito ist, das vom Sein heimgesucht wird, wie Descartes richtig gesehen hat; und das ist der Ursprung der Transzendenz: die menschliche-Realität ist ihr eignes Überschreiten auf das hin, was sie verfehlt, sie überschreitet sich auf das besondere Sein hin, das sie wäre, wenn sie das wäre, was sie ist. Die menschliche-Realität ist nicht etwas, was zunächst existierte und dem es dann an diesem und jenem mangelte: sie existiert zunächst als Mangel und in unmittelbarer synthetischer Verbundenheit mit dem, was sie verfehlt. Das reine Ereignis, durch das die menschliche-Realität als Anwesenheit bei der Welt auftaucht, wird also an ihr selbst durch sich als *ihr eigener Mangel* erfaßt. Die menschliche-Realität erfaßt sich in ihrem Zur-Existenz-Kommen als unvollständiges Sein. Sie erfaßt sich als etwas, was ist, insofern es nicht ist, in Anwesenheit der besonderen Totalität, die sie verfehlt und die sie ist in der Form, sie nicht zu sein, und die das ist, was sie ist. Die menschliche-Realität ist dauerndes Überschreiten auf eine Koinzidenz mit sich hin, die niemals gegeben ist. Wenn das Cogito zum Sein hin *tendiert*, so weil es sich durch sein Auftauchen selbst zum Sein hin überschreitet, indem es sich in seinem Sein als das Sein qualifiziert, dem die Koinzidenz mit sich mangelt, um das zu sein, was es ist. Das Cogito ist unlösbar an das An-sich-sein gebunden, nicht wie ein Denken an seinen Gegenstand – wodurch das An-sich relativiert würde –, sondern wie ein Mangel an das, was seinen Mangel definiert. In diesem Sinn ist der zweite kartesianische Gottesbeweis zwingend:[92] das unvollkommene Sein überschreitet sich zum vollkommenen Sein hin; das Sein, das Grund nur seines Nichts ist, überschreitet sich zu dem Sein hin, das Grund seines Seins ist. Doch das Sein, auf das hin sich die menschliche-Realität überschreitet, ist nicht ein transzendenter Gott: es ist innerhalb ihrer selbst, es ist nur sie selbst als Totalität.

Diese Totalität ist ja nicht das bloße kontingente An-sich des Transzendenten. Was das Bewußtsein als das Sein erfaßt, auf das hin es sich überschreitet, würde, wenn es bloßes An-sich wäre, mit der Vernichtung des Bewußtseins zusammenfallen. Aber das Bewußtsein überschreitet sich keineswegs auf seine Vernichtung hin, es will sich nicht an der Grenze seiner Überschreitung im Identitäts-An-sich verlieren. Für das Für-sich als solches beansprucht das Für-sich das An-sich-sein.

Dieses dauernd abwesende Sein, von dem das Für-sich heimgesucht wird, ist somit es selbst als zu An-sich erstarrt. Es ist die unmögliche Synthese des Für-sich und des An-sich: es wäre sein eigener Grund, nicht als Nichts, sondern als Sein, und behielte die notwendige Transluzidität des Bewußtseins in sich und gleichzeitig die Koinzidenz des Seins an sich mit sich. Es bewahrte diese Rückwendung zu sich in sich auf, von der jede Notwendigkeit und jeder Grund bedingt wird. Aber diese Rückwendung zu sich geschähe ohne Distanz, sie wäre keineswegs Anwesenheit bei sich, sondern Identität mit sich. Kurz, dieses Sein wäre genau das *Sich*, das, wie wir zeigten, nur als dauernd schwindender Bezug existieren kann, aber sie wäre es als substantielles Sein. So taucht die menschliche-Realität als solche in Anwesenheit von ihrer eigenen Totalität oder Sich als Mangel an dieser Totalität auf. Und diese Totalität kann von Natur aus nicht gegeben sein, da sie in sich die unvereinbaren Eigenschaften des An-sich und Für-sich vereinigt. Und man werfe uns nicht vor, willkürlich ein Sein dieser Art zu erfinden: wenn diese Totalität, deren Sein und absolute Abwesenheit als Transzendenz jenseits der Welt hypostasiert wird durch eine nachträgliche Bewegung der Meditation, so nennt man sie Gott. Und ist Gott nicht sowohl ein Sein, das das ist, was es ist, insofern es ganz Positivität und Grund der Welt ist – als auch ein Sein, das nicht das ist, was es ist, und das das ist, was es nicht ist, insofern es Bewußtsein von sich und notwendiger Grund seiner selbst ist? Die menschliche-Realität leidet in ihrem Sein, weil sie zum Sein auftaucht als dauernd heimgesucht von einer Totalität, die sie ist, ohne sie sein zu können, da sie gerade das An-sich nicht erreichen könnte, ohne sich als Für-sich zu verlieren. Sie ist also von Natur aus unglückliches Bewußtsein[93] ohne mögliche Überschreitung des Unglückszustands.

Aber was ist eigentlich dieses Sein, auf das hin sich das unglückliche Bewußtsein überschreitet, in seinem Sein? Kann man sagen, daß es nicht existiert? Diese Widersprüche, die wir an ihm finden, beweisen nur, daß es nicht *realisiert* werden kann. Und nichts kann diese evidente Wahrheit widerlegen: das Bewußtsein kann nur als in dieses Sein *engagiert* existieren, von dem es rundherum umschlossen ist und von dessen Schein-Anwesenheit es durchdrungen ist – diesem Sein, das es ist und das doch nicht es ist. Kann man sagen, es sei ein dem Bewußtsein *relatives* Sein? Das hieße es mit dem Objekt einer *These* verwechseln. Dieses Sein ist nicht durch das Bewußtsein und vor das Bewußtsein gesetzt; es gibt kein Bewußtsein *von* diesem Sein, da es das nicht thetische Bewußtsein (von) sich heimsucht. Es markiert es als seinen Seins-Sinn, und das Bewußtsein ist nicht weniger Bewußtsein *von* ihm, wie es Bewußtsein *von* sich ist. Trotzdem kann es auch nicht dem Bewußtsein entgehen: sondern insofern es sich zum Sein bringt als Bewußtsein (von) Sein, ist es da. Und es ist gerade nicht das Bewußtsein, das diesem Sein seinen Sinn verleiht wie diesem Tintenfaß oder diesem Bleistift; sondern ohne dieses Sein, das es in Form, es nicht zu sein, ist, wäre das Bewußtsein nicht Bewußtsein, das heißt Mangel: vielmehr gewinnt es aus ihm seine Bewußtseinsbedeutung für es selbst. Dieses Sein taucht gleichzeitig mit dem Bewußtsein auf, sowohl innerhalb als auch außerhalb des Bewußtseins, es ist die absolute Transzendenz in der absoluten Immanenz, es gibt weder eine Priorität dieses Seins gegenüber dem Bewußtsein noch des Bewußtseins gegenüber diesem Sein: sie *bilden ein Paar*. Sicher kann es nicht ohne das Für-sich existieren, aber das Für-sich kann auch nicht ohne es existieren. Das Bewußtsein verhält sich in bezug auf dieses Sein nach dem Modus, dieses Sein zu *sein*, denn dieses Sein ist dieses Bewußtsein selbst, aber als ein Sein, das das Bewußtsein nicht sein kann. Dieses Sein ist das Bewußtsein selbst, innerhalb des Bewußtseins und unerreichbar, als eine Abwesenheit und ein Unrealisierbares, und seine Natur ist, seinen eigenen Widerspruch in sich einzuschließen; sein Bezug zum Für-sich ist eine totale Immanenz, die sich in totaler Transzendenz vollendet.

Dieses Sein darf übrigens nicht als etwas aufgefaßt werden, was beim Bewußtsein bloß mit den abstrakten Merkmalen anwesend ist, die unsere Untersuchungen festgestellt haben. Das konkrete Bewußtsein taucht in Situation auf und ist einzelnes und individualisiertes Bewußtsein *von* dieser Situation und (von) sich selbst in Situation. Bei diesem konkreten Bewußtsein ist das Sich anwesend, und alle konkreten Eigenschaften des Bewußtseins haben ihre Korrelate in der Totalität des Sich. Das Sich ist individuell, und als seine individuelle Vollendung sucht es das Für-sich heim. Ein Gefühl ist beispielsweise Gefühl in Anwesenheit einer Norm, das heißt eines Gefühls vom gleichen Typus, das jedoch das wäre, was es ist. Diese Norm oder Totalität des affektiven Sich ist direkt anwesend als *erlittener* Mangel innerhalb des Leidens selbst. Man leidet und man leidet darunter, nicht genug zu leiden. Das Leiden, von dem wir *sprechen*, ist niemals völlig das, das wir empfinden. Was wir das «schöne» oder das «gute» oder das «wahre» Leiden nennen, das uns bewegt, ist das Leiden, das wir im Gesicht der anderen lesen, mehr noch auf den Porträts, auf dem Gesicht einer Statue, auf einer Tragödienmaske. Es ist ein Leiden, das *Sein* hat. Es bietet sich uns als ein kompaktes objektives Ganzes dar, das nicht unser Kommen abgewartet hat, um zu sein, und das über das Bewußtsein hinausgeht, das wir von ihm gewinnen; es ist da, mitten in der Welt, undurchdringlich und dicht wie dieser Baum oder dieser Stein, es dauert; kurz, es ist das, was es ist: wir können von ihm sagen: dieses Leiden, das sich durch diesen Rictus, dieses Stirnrunzeln äußert. Es wird von der Physiognomie getragen und dargeboten, aber nicht geschaffen. Es hat sich auf sie gelegt, es ist jenseits von Passivität und Aktivität, Negation und Affirmation: es ist. Und doch kann es nur als Bewußtsein von sich sein. Wir wissen genau, daß diese Maske nicht die unbewußte Grimasse eines Schlafenden ausdrückt noch den Rictus eines Toten: sie verweist auf Möglichkeiten, auf eine Situation in der Welt. Das Leiden ist der bewußte Bezug zu diesen Möglichkeiten, zu dieser Situation, aber erstarrt, in die Bronze des Seins gegossen; und als solches fasziniert es uns: es ist wie eine verminderte Approximation dieses Leidens-an-sich, das unser eigenes Leiden heimsucht. Dagegen ist das Leiden, das *ich* empfinde, niemals genug Leiden, weil es sich als an sich nichtet gerade durch den Akt, durch den es sich begründet. Es entgeht sich als Leiden auf das Leidensbewußtsein hin. Ich kann niemals von ihm *überrascht* werden, denn es ist nur in genau dem Maß, wie ich es empfinde. Seine Transluzidität nimmt ihm jede Tiefe. Ich kann es nicht betrachten, wie ich das der Statue betrachte, da ich es mache und es kenne. Wenn schon gelitten werden muß, so möchte ich, daß mein Leiden mich erfaßt und mich wie ein Gewitter überzieht: ich muß es jedoch zur Existenz erheben in meiner freien Spontaneität. Ich möchte es zugleich sein und erdulden, aber dieses enorme, opake Leiden, das mich aus mir heraus versetzen würde, streift mich dauernd mit seinem Flügel, und ich kann es nicht erfassen, ich finde nur *mich*, mich, der klagt und jammert, mich, der ich, um dieses Leiden, das ich bin, zu realisieren, unaufhörlich die Leidenskomödie spielen muß. Ich ringe die Arme, ich schreie, damit Seinsweisen [*êtres*] an sich, Töne, Gebärden durch die Welt gehen, geritten von dem Leiden an sich, das ich nicht sein kann. Jede Klage, jede Physiognomie dessen, der leidet, will eine Statue des Leidens an sich meißeln. Aber diese Statue wird stets nur durch die anderen und für die anderen existieren. Mein Leiden leidet darunter, das zu sein, was es nicht ist, und nicht das zu sein, was es ist; sowie es mit sich eins zu sein glaubt, entgeht es sich, durch nichts von sich getrennt, durch dieses Nichts, dessen Grund es selber ist. Es schwatzt, weil es nicht genug ist, aber sein Ideal ist das Schweigen. Das Schweigen der Statue, des bedrückten Menschen, der den Kopf hängen läßt und wortlos sein Gesicht verhüllt. Aber *für mich* spricht dieser schweigende Mensch nicht. In sich selbst schwatzt er unaufhörlich, denn die Worte der inneren Rede sind wie Skizzen des «Sich» des Leidens. In meinen Augen ist er von Leiden «überwältigt»: in sich fühlt er sich verantwortlich für diesen Schmerz, den er will, indem er ihn nicht will, und den er nicht will, indem er ihn will, und der von einer dauernden Abwesenheit heimgesucht wird, der des reglosen, stummen Leidens, das das *Sich* ist, die konkrete, unerreichbare Totalität des Für-sich, das leidet, das *Für* der menschlichen-Realität im Leiden. Wie man sieht, ist dieses Leiden-Sich, von dem mein Leiden heimgesucht wird, niemals durch dieses *gesetzt*. Und mein wirkliches Leiden ist kein *Bemühen*, das Sich zu erreichen. Aber es kann Leiden nur *sein* als Bewußtsein (von) *nicht genug Leiden sein* in Anwesenheit dieses vollen und abwesenden Leidens.

Wir können jetzt genauer bestimmen, was das Sein des Sich ist: es ist der Wert. Der Wert ist ja von jener doppelten Eigenschaft affiziert, die die Moralisten sehr unvollständig erklärt haben, nämlich unbedingt zu sein und nicht zu sein. Als Wert hat der Wert ja das Sein; aber dieses normative Existierende hat gerade kein Sein als Realität. Sein Sein ist, Wert zu sein, das heißt, nicht Sein zu sein. So ist das Sein des Wertes als Wert das Sein dessen, das kein Sein hat. Der Wert scheint also unfaßbar: nimmt man ihn als Sein, so läuft man Gefahr, seine Irrealität völlig zu verkennen und ihn wie die Soziologen zu einer faktischen Forderung unter anderen Fakten zu machen. In diesem Fall tötet die Kontingenz des Seins den Wert. Wenn man aber umgekehrt nur für die Idealität der Werte einen Blick hat, nimmt man ihnen das Sein, und ohne Sein lösen sie sich auf. Sicher kann ich, wie Scheler gezeigt hat[94], von konkreten Exemplifikationen zur Intuition der Werte gelangen: ich kann das Edle an einer edlen Tat erfassen. Aber der so begriffene Wert bietet sich nicht als etwas dar, was auf der gleichen Ebene im Sein wie der Akt ist, den er valorisiert – wie zum Beispiel die Wesenheit «Rot» in Bezug zum einzelnen Rot. Er bietet sich als ein Jenseits der betrachteten Handlungen dar, als die Grenze, zum Beispiel, des unendlichen Fortschreitens der edlen Handlungen. Der Wert ist jenseits des Seins. Wollen wir uns aber nicht mit Worten begnügen, so müssen wir zugeben, daß dieses Sein, das jenseits des Seins ist, wenigstens in gewisser Weise das Sein besitzt. Diese Überlegungen genügen zu der Annahme, daß die menschliche-Realität das ist, wodurch der Wert in die Welt kommt. Der Sinn des Wertes ist, das zu sein, auf das hin ein Sein sein Sein überschreitet:

jede valorisierte Handlung ist Losreißen von ihrem Sein in Richtung auf... Da der Wert immer und überall das Jenseits aller Überschreitungen ist, kann er als die unbedingte Einheit aller Seinsüberschreitungen betrachtet werden. Und dadurch bildet er ein Paar mit der Realität, die ursprünglich ihr Sein überschreitet und durch die das Überschreiten zum Sein kommt, das heißt mit der menschlichen-Realität. Und man sieht auch, daß der Wert, da er das unbedingte Jenseits aller Überschreitungen ist, ursprünglich das Jenseits des überschreitenden Seins selbst sein muß, denn nur auf diese Weise kann er das ursprüngliche Jenseits aller möglichen Überschreitungen sein. Wenn jedes Überschreiten sich überschreiten können muß, muß ja das überschreitende Sein *a priori* überschritten sein, *insofern* es genau die Quelle der Überschreitungen ist; so ist der in seinem Ursprung erfaßte oder höchste Wert das Jenseits und das *Für* der Transzendenz. Er ist das Jenseits, das alle meine Überschreitungen überschreitet und begründet, auf das hin ich mich aber niemals selbst überschreiten kann, eben weil meine Überschreitungen ihn voraussetzen. Er ist das *Verfehlte* aller Mängel, nicht das Mangelnde. Der Wert ist das Sich, insofern es das Fürsich in seinem Inneren heimsucht als das, für das es ist. Der höchste Wert, auf den hin das Bewußtsein sich in jedem Augenblick durch sein Sein selbst überschreitet, ist das absolute Sein des Sich mit seinen Eigenschaften von Identität, Reinheit, Permanenz usw. und insofern es Grund von sich ist. Das ermöglicht uns zu verstehen, warum der Wert zugleich sein und nicht sein kann. Er ist als der Sinn und das Jenseits jedes Überschreitens, er ist als das abwesende An-sich, das das Für-sich-sein heimsucht. Sobald man ihn aber betrachtet, sieht man, daß er selbst Überschreiten dieses An-sich-seins ist, da er *es sich gibt*. Er ist jenseits seines eigenen Seins, denn da sein Sein vom Typus der Koinzidenz mit sich ist, überschreitet er sofort dieses Sein, seine Permanenz, seine Reinheit, seine Konsistenz, seine

Identität, sein Schweigen, indem er diese Eigenschaften als Anwesenheit bei sich beansprucht. Und wenn man umgekehrt damit anfängt, ihn als Anwesenheit bei sich zu betrachten, so ist diese Anwesenheit sofort in An-sich verfestigt, erstarrt. Zudem ist er in seinem Sein die verfehlte Totalität, zu der hin ihn ein Sein sich sein macht. Er taucht für ein Sein auf, nicht insofern dieses Sein das ist, was es ist, in voller Kontingenz, sondern insofern es Grund seiner eigenen Nichtung ist. In diesem Sinn sucht der Wert das Sein heim, insofern es sich begründet, nicht insofern es ist: er sucht die *Freiheit* heim. Das bedeutet, daß die Beziehung des Wertes zum Für-sich eine ganz spezielle ist: er ist das Sein, das es zu sein hat, insofern es Grund seines Seinsnichts ist. Und wenn es dieses Sein zu sein hat, so weder unter Einwirkung eines äußeren Zwangs noch weil der Wert, wie der erste Beweger des Aristoteles,[95] eine faktische Anziehung auf es ausüben würde, noch kraft einer von seinem Sein empfangenen Eigenschaft, sondern weil es sich in seinem Sein sein macht als etwas, was dieses Sein zu sein hat. Mit einem Wort, das *Sich*, das Für-sich und ihre Beziehung halten sich in den Grenzen einer unbedingten Freiheit – in dem Sinn, das *nichts* den Wert existieren macht, wenn es nicht diese Freiheit ist, die gleichzeitig mich selbst existieren macht – und zugleich in den Grenzen der konkreten Faktizität, insofern das Für-sich als Grund seines Nichts nicht Grund seines Seins sein kann. Es gibt also eine totale Kontingenz des *Für-den-Wertseins*, die danach auf die ganze Moral zurückkommt, um sie zu durchdringen und zu relativieren – und gleichzeitig eine freie und absolute Notwendigkeit.*

---

* Man könnte versucht sein, die betrachtete Dreiheit in die Sprache Hegels zu übersetzen und aus dem An-sich die These zu machen, aus dem Für-sich die Antithese und aus dem An-sich-Für-sich oder Wert die Synthese. Doch man muß hier festhalten, daß dem Für-sich zwar das An-sich *mangelt*, aber

Der Wert wird in seinem ursprünglichen Auftauchen keineswegs durch das Für-sich *gesetzt*: er ist ihm konsubstantiell – derart, daß es keinerlei Bewußtsein gibt, das nicht von *seinem* Wert heimgesucht würde, und daß die menschliche-Realität im weiten Sinn das Für-sich und den Wert umfaßt. Wenn der Wert das Für-sich nur heimsucht, ohne durch es gesetzt zu sein, so weil er nicht Gegenstand einer These ist: dann müßte sich das Für-sich ja selbst Setzungsgegenstand sein, da Wert und Für-sich nur in der konsubstantiellen Einheit eines Paars auftauchen können. Das Für-sich als nicht-thetisches Bewußtsein (von) sich existiert also nicht dem Wert *gegenüber*, so wie für Leibniz die Monade «allein, Gott gegenüber» existiert.[96] Der Wert ist also in diesem Stadium gar nicht *erkannt*, da die Erkenntnis den Gegenstand dem Bewußtsein gegenüber setzt. Er ist nur mit der nicht-thetischen Transluzidität des Für-sich gegeben, das sich als Seinsbewußtsein sein macht, er ist überall und nirgends, im Innern des nichtenden Bezugs «Spiegelung-spiegelnd», anwesend und unerreichbar, einfach erlebt als der konkrete Sinn dieses Mangels, der mein gegenwärtiges Sein ausmacht. Damit der Wert Gegenstand einer These wird, muß das Für-sich, das

dem An-sich nicht das Für-sich. Es gibt also keine Wechselseitigkeit in der Entgegensetzung. Mit einem Wort, das Für-sich bleibt unwesentlich und kontingent in Bezug zum An-sich, und eben diese Unwesentlichkeit haben wir oben seine Faktizität genannt. Außerdem wäre die Synthese oder der Wert ja eine Rückkehr zur These, also eine Rückwendung zu sich. Aber da er nicht realisierbare Totalität ist, ist das Für-sich kein Moment, das überschritten werden könnte. Als solches ähnelt es seiner Natur nach eher den «zweideutigen» Realitäten Kierkegaards. Außerdem finden wir hier ein Doppelspiel einseitiger Entgegensetzungen: dem Für-sich mangelt einerseits das An-sich, dem es selbst nicht mangelt; aber andererseits mangelt ihm sein Mögliches (oder mangelndes Für-sich), dem es wiederum selbst nicht mangelt.

er heimsucht, vor dem Blick der Reflexion erscheinen. Das reflexive Bewußtsein setzt ja das reflektierte *Erlebnis*[97] in seiner Mangelnatur und läßt zugleich den Wert hervortreten als den unerreichbaren Sinn dessen, was verfehlt wird. So kann das reflexive Bewußtsein eigentlich moralisches Bewußtsein genannt werden, da es nicht auftauchen kann, ohne zugleich die Werte zu enthüllen. Es versteht sich, daß ich in meinem reflexiven Bewußtsein frei bleibe, meine Aufmerksamkeit auf sie zu richten oder sie außer acht zu lassen – genauso, wie es von mir abhängt, ob ich auf dem Tisch meinen Füller oder mein Tabakpäckchen genauer betrachte. Ob sie nun aber Gegenstand einer eingehenderen Aufmerksamkeit sind oder nicht, sie *sind*.

Daraus ist jedoch nicht zu schließen, daß der reflexive Blick das einzige ist, was den Wert erscheinen lassen kann, und daß wir durch Analogie die Werte unseres Für-sich in die Welt der Transzendenz projizieren. Wenn der Gegenstand der Intuition ein Phänomen der menschlichen-Realität ist, aber transzendent, bietet er sich sofort mit seinem Wert dar, denn das Für-sich Anderer ist kein verborgenes Phänomen, das sich nur als die Konklusion eines Analogieschlusses darböte. Er manifestiert sich ursprünglich meinem Für-sich, und selbst seine Anwesenheit ist, wie wir sehen werden, als Für-Andere notwendige Bedingung der Konstituierung des Für-sich als solchen. Und in dem Auftauchen des Für-Andere ist der Wert wie in dem Auftauchen des Für-sich gegeben, wenn auch nach einem unterschiedlichen Seinsmodus. Aber wir können nicht das objektive Begegnen der Werte in der Welt behandeln, solange wir nicht die Natur des Für-Andere geklärt haben. Wir stellen daher die Untersuchung dieser Frage bis zum Dritten Teil des vorliegenden Werkes zurück.

IV
Das Für-sich und das Sein der Möglichkeiten

Wir haben gesehen, daß die menschliche-Realität ein Mangel ist und daß es ihr als Für-sich an einer bestimmten Koinzidenz mit sich selbst mangelt. Konkret mangelt es jedem besonderen Für-sich (Erlebnis)[98] an einer gewissen besonderen konkreten Realität, von deren synthetischer Assimilation es in *Sich* verwandelt würde. Es hat Mangel *an... für...*, wie es der unvollständigen Scheibe des Mondes *an* dem mangelt, was für ihre Vervollständigung und Verwandlung in Vollmond nötig wäre. So taucht das Mangelnde im Transzendenzprozeß auf und bestimmt sich durch eine Rückwendung zum Existierenden vom Mangelhaften her. Das so definierte Mangelnde ist in bezug zum Existierenden transzendent und komplementär. Es ist somit von gleicher Natur: was der Mondsichel mangelt, damit sie Mond wäre, ist eben ein Stück Mond; was dem stumpfen Winkel ABC mangelt, damit er zwei rechte bildete, ist der spitze Winkel CBD. Was somit dem Für-sich mangelt, damit es sich dem Sich integrieren könnte, ist Für-sich. Es kann sich jedoch keinesfalls um ein fremdes Für-sich handeln, das heißt ein Für-sich, das ich nicht bin. Da ja das aufgetauchte Ideal die Koinzidenz des Sich ist, ist das mangelnde Für-sich ein Für-sich, das ich *bin*. Andererseits aber, wenn ich es nach dem Modus der Identität wäre, würde das Ganze An-sich werden. Ich bin das mangelnde Für-sich nach dem Modus, daß ich das Für-sich zu sein habe, das ich nicht bin, um mich mit ihm in der Einheit des Sich zu identifizieren. Der ursprüngliche transzendente Bezug des Für-sich zum Sich versucht somit dauernd etwas wie einen Identifizierungsentwurf des Für-sich mit einem abwesenden Für-sich, das es *ist* und das ihm *mangelt*. Was sich als *das eigene Mangelnde* jedes Für-sich darbietet und was sich streng definiert als etwas, was genau diesem Für-sich und keinem anderen mangelt, das ist das Mögliche des Für-sich. Das Mögliche taucht auf der Grundlage einer Nichtung des Für-sich auf. Es wird nicht *hinterher* thematisch begriffen als Mittel, das Sich zu erreichen. Sondern das Auftauchen des Für-sich als Nichtung des An-sich und Seinsdekompression läßt das Mögliche auftauchen als einen der Aspekte dieser Seinsdekompression, das heißt als eine Weise, in Distanz zu sich das zu sein, was man ist. So kann das Für-sich nicht erscheinen, ohne vom Wert heimgesucht und auf seine eignen Möglichkeiten hin entworfen zu werden. Aber sobald es uns auf seine Möglichkeiten verweist, treibt das Cogito uns aus dem Augenblick heraus zu dem hin, was es in der Weise ist, es nicht-zu-sein.

Um jedoch besser verstehen zu können, wieso die menschliche-Realität ihre eigenen Möglichkeiten ist und zugleich nicht ist, müssen wir zu dem Begriff des *Möglichen* zurückkehren und ihn zu klären versuchen.

Mit dem Möglichen verhält es sich wie mit dem Wert: es ist äußerst schwierig, sein Sein zu verstehen, denn es bietet sich als dem Sein vorhergehend dar, dessen reine Möglichkeit es ist, und muß doch, zumindest als Mögliches, das Sein haben. Man sagt ja: «Es *ist* möglich, daß er kommt.» Seit Leibniz nennt man gern ein Ereignis «möglich», das nicht in eine existierende Kausalreihe eingebunden ist, so daß man es mit Sicherheit bestimmen kann, und das keinen Widerspruch, weder mit sich selbst noch mit dem betrachteten System, enthält.[99] Definiert man es so, dann ist das Mögliche nur für den Blick der Erkenntnis möglich, da wir das betrachtete Mögliche weder bejahen noch verneinen können. Daraus ergeben sich zwei Haltungen gegenüber dem Möglichen: man kann wie Spinoza annehmen, daß es nur für den Blick unserer Unwissenheit existiert und daß es verschwindet, wenn diese verschwindet.[100] In diesem Fall ist das Mögliche nur ein subjektives Stadium auf dem Weg zur vollkommenen Erkenntnis; es

141 hat nur die Realität eines psychischen Modus; als verworrenes oder lückenhaftes Denken hat es konkretes Sein, aber nicht als Eigenschaft der Welt. Man kann aber auch wie Leibniz die Unendlichkeit der Möglichkeiten zum Gegenstand der Gedanken des göttlichen Verstandes machen, was ihnen eine Art absoluter Realität verleiht; wobei man dem göttlichen *Willen* die Macht vorbehält, das beste System unter ihnen zu realisieren.[101] Obwohl die Verkettung der Wahrnehmungen der Monade streng determiniert ist und ein allwissendes Wesen die Entscheidung Adams von der Formel seiner Substanz selbst her mit Gewißheit feststellen könnte, ist es in diesem Fall nicht absurd, zu sagen: «Es ist möglich, daß Adam den Apfel nicht pflückt.» Das bedeutet nur, daß ein anderes System von Mitmöglichkeiten [*compossibles*] als Denken des göttlichen Verstandes existiert, so daß Adam darin vorkommt als jemand, der die Frucht vom Baum der Erkenntnis nicht gegessen hat. Aber ist diese Auffassung von der Spinozas so sehr verschieden? Die Realität des Möglichen ist ja einzig die des göttlichen *Denkens*. Das bedeutet, daß es das Sein hat als Denken, das gar nicht realisiert worden ist. Sicher ist hier die Idee der Subjektivität bis zur Grenze getrieben worden, denn es handelt sich um das göttliche Bewußtsein, nicht um das meine; und wenn man sich bemüht hat, zu Beginn Subjektivität mit Endlichkeit gleichzusetzen, verschwindet die Subjektivität, sobald der Verstand unendlich wird. Trotzdem bleibt, daß das Mögliche ein Denken ist, das *nur Denken ist*. Es scheint, daß Leibniz selber den Möglichkeiten eine Autonomie und eine Art Eigengewicht verleihen wollte, da mehrere der von Couturat[102] veröffentlichten metaphysischen Fragmente uns zeigen, wie die Möglichkeiten sich selbst zu Systemen von Mitmöglichkeiten anordnen, wobei das vollste, das reichste von sich aus dahin tendiert, sich zu realisieren. Aber das ist nur die Skizze einer Doktrin, und Leibniz hat sie nicht entwickelt – sicher, weil das nicht sein konnte:

den Möglichkeiten eine Tendenz zum Sein hin geben bedeutet entweder, daß das Mögliche schon volles Sein ist und die gleiche Seinsweise wie das Sein hat – so wie man der Knospe eine Tendenz, Blume zu werden, verleihen kann –, oder aber, daß das Mögliche innerhalb des göttlichen Verstandes schon eine Kraft-Idee ist und daß das Maximum von Kräfte-Ideen, zum System angeordnet, automatisch den göttlichen Willen auslöst. Aber in diesem letzten Fall kommen wir nicht aus dem Subjektiven heraus. Definiert man also das Mögliche als nicht kontradiktorisch, so kann es das Sein nur haben als Denken eines Seins, das der realen Welt oder aber der reinen Erkenntnis der Welt, wie sie ist, vorausgeht. In beiden Fällen verliert das Mögliche seine Möglichkeitsnatur und löst sich im subjektiven Sein der Vorstellung auf.

Doch dieses Vorgestellt-sein des Möglichen kann keinen Aufschluß über seine Natur geben, da es sie im Gegenteil zerstört. Wir erfassen das Mögliche im gängigen Gebrauch, den wir davon machen, keineswegs als einen Aspekt unserer Unwissenheit und auch nicht als eine nicht kontradiktorische Struktur, die einer nicht realisierten Welt am Rande dieser Welt zugehört. Das Mögliche erscheint uns als eine Eigenschaft der Wesen [*êtres*]. Nachdem ich zum Himmel geblickt habe, entscheide ich: «Es ist möglich, daß es regnet», und ich verstehe hier «möglich» nicht als «ohne Widerspruch zum gegenwärtigen Zustand des Himmels». Diese Möglichkeit gehört als eine Drohung dem Himmel zu, sie stellt einen Übergang der wahrgenommenen Wolken zum Regen dar, und diesen Übergang tragen die Wolken in sich selbst, was nicht bedeutet, daß er realisiert werden wird, sondern nur, daß die Seinsstruktur der Wolke Transzendenz zum Regen hin ist. Die Möglichkeit ist hier als Zugehörigkeit zu einem einzelnen Sein gegeben, von dem sie ein *Können* ist, wie es die Tatsache verdeutlicht, daß man über einen Freund, den man erwartet, sowohl sagen kann: «Es ist möglich, daß er kommt» als auch: «Er *kann* kommen». Das Mögliche läßt sich also nicht auf eine subjektive Realität reduzieren. Es geht auch nicht dem Realen oder dem Wahren voraus. Es ist vielmehr eine konkrete Eigenschaft schon existierender Realitäten. Damit der Regen möglich ist, muß es Wolken am Himmel geben. Das Sein zu beseitigen, um das Mögliche in seiner Reinheit herzustellen, ist ein absurdes Unternehmen; der oft zitierte Schritt, der über das Mögliche vom Nicht-Sein zum Sein geht, entspricht nicht dem Realen. Der mögliche Zustand ist zwar noch nicht; es ist aber der mögliche Zustand eines gewissen Existierenden, das durch sein Sein die Möglichkeit und das Nicht-Sein seines künftigen Zustandes trägt.

Gewiß könnten uns diese Erwägungen zur aristotelischen «Potenz» führen.[103] Und es hieße, von der Charybdis zur Skylla geraten, wenn die rein *logische* Konzeption des Möglichen nur um den Preis vermieden würde, daß wir in eine *magische* Konzeption gerieten. Das An-sichsein kann nicht «in Potenz sein» noch «Potenzen haben». An sich ist es das, was es ist, in der absoluten Fülle seiner Identität. Die Wolke ist nicht «Regen in Potenz», sie ist an sich eine bestimmte Menge Wasserdampf, der bei einer gegebenen Temperatur und einem gegebenen Druck genau das ist, was er ist. Das An-sich ist *in actu*. Man kann aber ziemlich klar verstehen, wie der wissenschaftliche Blick bei seinem Versuch, die Welt zu entmenschlichen, die Möglichkeiten als *Potenzen* angetroffen und sich ihrer entledigt hat, indem er aus ihnen die reinen subjektiven Ergebnisse unserer logischen Berechnung und unserer Unwissenheit machte. Der erste wissenschaftliche Schritt ist korrekt: das Mögliche kommt durch die menschliche-Realität zur Welt. Diese Wolken können sich nur in Regen verwandeln, wenn ich sie auf den Regen hin überschreite, ebenso wie der unvollständigen Mondscheibe nur dann eine Sichel fehlt, wenn ich sie auf den Vollmond hin überschreite. Mußte man dann aber aus dem Möglichen eine bloße Gegebenheit unserer psychischen Subjektivität machen? Ebenso wie es Mangel auf der Welt nur geben kann, wenn er durch ein Sein auf die Welt kommt, das sein eigener Mangel ist, kann es auch Möglichkeit auf der Welt nur geben, wenn sie durch ein Sein kommt, das sich selbst seine eigene Möglichkeit ist. Aber die Möglichkeit kann ihrem Wesen nach gerade nicht mit dem bloßen *Denken* der Möglichkeiten zusammenfallen. Wenn die Möglichkeit nicht zunächst als objektive Struktur der Wesen [*êtres*] oder eines einzelnen Wesens [*être*] gegeben ist, kann das *Denken*, wie man es auch betrachten mag, nicht das Mögliche als seinen Denkinhalt in sich einschließen. Wenn wir nämlich die Möglichkeiten innerhalb des göttlichen Verstandes als Inhalt des göttlichen Denkens betrachten, so werden sie schlicht und einfach *konkrete Vorstellungen*. Nehmen wir rein hypothetisch an – und obwohl nicht einzusehen ist, woher einem ganz positiven Sein diese negative Macht kommen soll –, daß Gott die Macht, zu verneinen, hätte, das heißt, über seine Vorstellungen negativ zu urteilen: man würde dennoch nicht begreifen, wie er diese Vorstellungen in *Möglichkeiten* verwandelte. Die Verneinung hätte höchstens die Wirkung, sie als «ohne reale Entsprechung» zu konstituieren. Aber zu sagen, daß der Kentaur nicht existiert, heißt keineswegs behaupten, daß er möglich ist. Weder die Behauptung noch die Verneinung können einer Vorstellung die Eigenschaft einer Möglichkeit geben. Und wenn man behauptet, daß diese Eigenschaft durch eine Synthese von Behauptung und Verneinung gegeben werden könne, so ist immer noch zu bedenken, daß eine Synthese keine Summe ist und daß man diese Synthese als organische Totalität mit einer eigenen Bedeutung ausweisen muß und nicht von den Elementen her, deren Synthese sie ist. Ebenso kann die bloße subjektive negative Feststellung unserer Unwissenheit hinsichtlich des Bezugs einer unserer Ideen zum Realen nicht über den Möglichkeitscharakter dieser Vorstellung Aufschluß geben: sie kann uns ihr gegenüber nur indifferent machen, aber ihr nicht dieses *Recht* auf das Reale geben, das die Grundstruktur des Möglichen ist. Wenn man hinzufügt, daß gewisse Tendenzen mich mit Vorliebe dieses oder jenes erwarten lassen, so können wir antworten, daß diese Tendenzen die Transzendenz keineswegs erklären, sondern sie im Gegenteil voraussetzen: wie wir sahen, müssen sie bereits als Mangel existieren. Wenn zudem das Mögliche nicht in irgendeiner Weise gegeben ist, können sie uns zwar anregen, zu *wünschen*, daß meine Vorstellung der Realität adäquat entspricht, aber sie können mir kein Recht auf das Reale geben. Mit einem Wort, das Erfassen des Möglichen als solchen setzt ein ursprüngliches Überschreiten voraus. Jedes Bemühen, das Mögliche von einer Subjektivität her auszumachen, die das wäre, was sie ist, das heißt, die sich über sich schlösse, ist prinzipiell zum Scheitern verurteilt.

Wenn es aber wahr ist, daß das Mögliche eine Option auf das Sein ist, und wenn es wahr ist, daß das Mögliche nur durch ein Sein, das seine eigene Möglichkeit ist, auf die Welt kommen kann, impliziert das für die menschliche-Realität die Notwendigkeit, ihr Sein in der Form einer Option auf ihr Sein zu sein. Es gibt Möglichkeit, wenn ich, statt schlicht und einfach das zu sein, was ich bin, wie das Recht bin, das zu sein, was ich bin. Aber dieses Recht selbst trennt mich von dem, was zu sein ich das Recht habe. Das Recht auf Besitz erscheint nur, wenn man mir meinen Besitz streitig macht, wenn er mir schon faktisch in irgendeiner Weise nicht mehr gehört. Der ruhige Genuß dessen, was ich besitze, ist schlicht und einfach eine Tatsache und kein Recht. Damit es Mögliches gibt, muß also die menschliche-Realität, insofern sie sie selbst ist, etwas anderes als sie selbst sein. Dieses Mögliche ist jenes Element des Für-sich, das ihm von Natur aus entgeht, insofern es Für-sich ist. Das Mögliche ist ein neuer Aspekt der Nichtung des An-sich im Für-sich.

Wenn das Mögliche tatsächlich nur durch ein Sein, das seine eigene Möglichkeit ist, auf die Welt kommen kann, so deshalb, weil das An-sich, da es von Natur aus das ist, was es ist, keine Möglichkeiten «haben» kann. Sein Bezug zu einer Möglichkeit kann nur von außen hergestellt werden durch ein Sein, das sich den Möglichkeiten selbst gegenüberstellt. Die Möglichkeit, von einer Falte des Billardtuchs aufgehalten zu werden, gehört weder der rollenden Kugel noch dem Tuch an: sie kann nur in der Anordnung der Kugel und des Tuchs zu einem System auftauchen, die durch ein Sein hergestellt wird, das ein Verständnis der Möglichkeiten hat. Da aber dieses Verständnis ihm weder *von außen* kommen kann, das heißt vom An-sich, noch sich darauf beschränken kann, nur ein Denken als subjektiver Modus des Bewußtseins zu sein, muß es mit der objektiven Struktur des Seins zusammenfallen, das das Mögliche versteht. Die Möglichkeit als Möglichkeit verstehen oder seine eigenen Möglichkeiten sein ist ein und dieselbe Notwendigkeit für das Sein, in dem es in seinem Sein um sein Sein geht. Aber seine eigene Möglichkeit sein heißt gerade sich durch sie definieren, sich durch den Teil von sich selbst definieren, der man nicht ist, sich definieren als Sichentgehen nach... Mit einem Wort, sobald ich über mein unmittelbares Sein Aufschluß geben will, einfach insofern es das ist, was es nicht ist, und nicht das ist, was es ist, bin ich schon aus ihm herausgeworfen auf einen Sinn hin, der unerreichbar ist und in keiner Weise mit einer immanenten subjektiven Vorstellung gleichgesetzt werden kann. Wenn Descartes sich durch das Cogito als *Zweifel* erfaßt, kann er nicht hoffen, diesen Zweifel als methodischen Zweifel oder einfach als Zweifel zu definieren, wenn er sich auf das beschränkt, was der reine instantane Blick erfaßt. Der Zweifel läßt sich nur von der stets für ihn offenen Möglichkeit her verstehen, daß eine Evidenz ihn «aufhebt»; er läßt sich als Zweifel nur erfassen, insofern er auf noch nicht realisierte, aber immer offene Möglichkeiten einer 'ἐποχή [103a] verweist. Kein Bewußtseinsfaktum ist genaugenommen *dieses* Bewußtsein – auch wenn man dieses Bewußtsein wie Husserl ziemlich künstlich mit intrastrukturellen Protentionen [104] ausstattete, die in ihrem Sein keinerlei Mittel haben, das Bewußtsein, von dem sie eine Struktur sind, zu überschreiten, und die daher elend in sich selbst zusammensinken und Fliegen gleichen, die gegen das Fenster stoßen, ohne die Scheibe durchfliegen zu können –, sobald man ein Bewußtsein als Zweifel, Wahrnehmung, Durst usw. definieren will, verweist es uns auf das Nichts dessen, was noch nicht ist. Das Bewußtsein (von) lesen ist nicht Bewußtsein (von) dem Lesen dieses Buchstabens, dieses Worts, dieses Satzes oder sogar dieses Abschnitts – sondern Bewußtsein (von) dem Lesen *dieses Buchs*, was mich auf alle noch nicht gelesenen, alle schon gelesenen Seiten verweist, was *per definitionem* das Bewußtsein von sich losreißt. Ein Bewußtsein, das nur Bewußtsein von dem, was es ist, wäre, würde zu buchstabieren gezwungen sein.

Konkret ist jedes *Für-sich* Mangel an einer bestimmten Koinzidenz mit sich. Das bedeutet, daß es von der Anwesenheit dessen heimgesucht wird, mit dem es koinzidieren müßte, um *Sich* zu sein. Da aber diese Koinzidenz in Sich auch Koinzidenz mit Sich ist, ist das, was dem Für-sich als das Sein mangelt, dessen Assimilation es zum Sich machen würde, wiederum das Für-sich. Wir haben gesehen, daß das Für-sich «Anwesenheit bei sich» ist: was der Anwesenheit bei sich mangelt, kann ihr nur als Anwesenheit bei sich fehlen. Der bestimmende Bezug des Für-sich zu seinem Möglichen ist eine nichtende Lockerung der Verbindung von Anwesenheit bei sich: diese Lockerung geht bis zur Transzendenz, da die Anwesenheit bei sich, die dem Für-sich mangelt, Anwesenheit bei Sich ist, das *nicht ist*. Also ist das Für-sich, insofern es nicht *Sich* ist, eine Anwesenheit bei sich, der es an einer gewissen Anwesenheit bei sich mangelt, und als

Mangel dieser Anwesenheit ist es Anwesenheit bei sich. Jedem Bewußtsein *mangelt es an... für...* Doch wohlgemerkt, der Mangel geschieht ihm nicht von außen wie der der Mondsichel dem Mond. Der Mangel des Für-sich ist ein Mangel, der es *ist*. Die Skizze einer Anwesenheit bei sich als das, was dem Für-sich mangelt, ist das, was das Sein des Für-sich als Grund seines eigenen Nichts konstituiert. Das Mögliche ist eine konstitutive Abwesenheit des Bewußtseins, insofern dieses sich selbst macht. Ein Durst – zum Beispiel – ist nie genug Durst, insofern er sich zu Durst macht, er wird von der Anwesenheit des Sich oder Sich-Durstes heimgesucht. Insofern er aber von diesem konkreten Wert heimgesucht wird, stellt er sich in seinem Sein in Frage als etwas, dem es an einem gewissen Für-sich mangelt, das ihn als *gestillten Durst* realisieren würde und das ihm das An-sich-sein verliehe. Dieses mangelnde Für-sich ist das Mögliche. Es stimmt ja nicht, daß ein Durst nur zu seiner Vernichtung als Durst strebt: es gibt keinerlei Bewußtsein, das seine Aufhebung als solches beabsichtigt. Trotzdem ist der Durst ein Mangel, wie wir oben gezeigt haben. Als solcher will er *sich stillen*; aber dieser gestillte Durst, der sich in einem Koinzidenzakt durch die synthetische Assimilation des Für-sich-als-Verlangen oder des Durstes mit dem Für-sich-als-Reflexion oder Trinkakt realisieren würde, wird nicht als Aufhebung von Durst angestrebt, im Gegenteil. Er ist der zur Seinsfülle übergegangene Durst, der Durst, der den Trank erfaßt und sich einverleibt, wie die aristotelische Form die Materie erfaßt und verwandelt,[105] er wird der ewige Durst. Der Gesichtspunkt des Menschen, der trinkt, um seinen Durst loszuwerden, ist ein nachträglicher und reflexiver Gesichtspunkt wie der des Menschen, der in öffentliche Häuser geht, um sein sexuelles Verlangen loszuwerden. Im unreflektierten und naiven Zustand wollen der Durst, das sexuelle Verlangen sich selbst genießen, sie suchen diese Koinzidenz mit sich, die

die Befriedigung ist, wo der Durst sich genau in dem Moment als Durst erkennt, in dem das Trinken ihn stillt, wo er gerade durch dieses Stillen seinen Mangelcharakter verliert und sich zugleich in der Stillung und durch sie zu Durst macht. So hat Epikur zugleich recht und unrecht: durch sich selbst ist das Verlangen tatsächlich eine Leere. Doch kein unreflektierter Entwurf will diese Leere einfach aufheben. Das Verlangen tendiert durch sich selbst dazu fortzubestehen, der Mensch hängt wild an seinem Verlangen. Das Verlangen will eine gefüllte Leere sein, die jedoch ihre Füllung formt wie eine Gußform die Bronze, die man hineingegossen hat. Das Mögliche des Durstbewußtseins ist das Bewußtsein zu trinken. Man weiß übrigens, daß die Koinzidenz des *Sich* unmöglich ist, denn das durch die Realisierung des Möglichen erreichte Für-sich wird sich als Für-sich sein machen, das heißt mit einem anderen Horizont von Möglichkeiten. Daher die ständige Enttäuschung, die die Stillung begleitet, das berühmte: «Das ist alles?», das nicht die konkrete Lust meint, die die Befreiung verschafft, sondern das Schwinden der Koinzidenz mit sich. Hier ahnen wir den Ursprung der Zeitlichkeit, da der Durst sein Mögliches ist und es zugleich nicht *ist*. Dieses Nichts, das die menschliche-Realität von sich selbst trennt, ist am Ursprung der Zeit. Aber darauf werden wir zurückkommen. Festzuhalten ist, daß das Für-sich von der Anwesenheit bei sich, die ihm mangelt und sein eigentliches Mögliches ist, einerseits durch *nichts* getrennt ist und andererseits durch die Totalität des in der Welt Existierenden, insofern das mangelnde oder mögliche Für-sich als *Anwesenheit* bei einem gewissen Zustand der Welt Für-sich ist. Das Sein, über das hinaus das Für-sich die Koinzidenz mit sich entwirft, ist in diesem Sinn die Welt oder unendliche Seinsdistanz, jenseits deren der Mensch sich mit seinem Möglichen verbinden muß. Wir werden den Bezug des Für-sich zu dem Möglichen, das es ist, «*Zirkel* der Selbstheit» nennen – und «*Welt*» die Totalität des Seins, insofern sie von dem Zirkel der Selbstheit durchschritten wird.

Jetzt können wir den Seinsmodus des Möglichen klären. Das Mögliche ist das, *woran* es dem Für-sich mangelt, *um* Sich sein zu können. Daher kann man nicht sagen, daß es als Mögliches *ist*, außer man versteht unter Sein das eines Existierenden, das «*geseint wird*», insofern es nicht geseint wird, oder, wenn man so will, die Erscheinung dessen, was ich bin, auf Distanz. Es existiert nicht als reine Vorstellung, und wäre sie auch verneint, sondern als ein realer Seinsmangel, der als Mangel jenseits des Seins ist. Es hat das Sein eines Mangels, und als Mangel mangelt es ihm an Sein. Das Mögliche ist nicht, das Mögliche möglicht sich in genau dem Maß, in dem sich das Für-sich sein macht, es bestimmt durch schematische Skizzierung einen Nichtsbereich, den das Für-sich jenseits seiner selbst ist. Natürlich ist es nicht zunächst thematisch gesetzt: es skizziert sich jenseits der Welt und gibt meiner gegenwärtigen Wahrnehmung ihren Sinn, insofern sie Erfassen der Welt im Selbstheitszirkel ist. Es ist aber auch nicht unbekannt oder unbewußt: es skizziert die Grenzen des nicht setzenden Bewußtseins (von) sich als nicht setzenden Bewußtseins. Das unreflektierte Bewußtsein (von) Durst ist Erfassen *von dem* Glas Wasser als begehrenswert ohne zentripetale Setzung des Sich als Ziel des Verlangens. Die mögliche Stillung erscheint jedoch als nicht positionelles Korrelat des nicht setzenden Bewußtseins (von) sich am Horizont des innerweltlichen Glases.

Edith Pauckner
Karwendelstraße 13
8120 Weilheim, T. 40516

V

Das Ich und der Zirkel der Selbstheit

In einem Aufsatz der *Recherches philosophiques*[106] haben wir zu zeigen versucht, daß das Ego nicht in den Bereich des Für-sich gehört. Wir wollen nicht darauf zurückkommen. Halten wir hier nur den Grund für die Transzendenz des Ego fest: als vereinigender Pol der «Erlebnisse»[107] ist das Ego An-sich, nicht Für-sich. Wäre es nämlich «von dem Bewußtsein» [*de la conscience*], so wäre es für sich selbst sein eigner Grund in der Transluzidität des Unmittelbaren. Aber dann wäre es das, was es nicht wäre, und wäre nicht das, was es wäre, und das ist keineswegs der Seinsmodus des Ich [*Je*]. Das Bewußtsein, das ich von dem Ich habe, schöpft es ja nie aus, und es ist auch nicht das Bewußtsein, wodurch das Ich zur Existenz kommt: das Ich bietet sich stets als vor dem Bewußtsein *gewesen* dar – und zugleich als im Besitz von Tiefen, die sich allmählich zu enthüllen haben. Das Ego erscheint dem Bewußtsein somit als ein transzendentes An-sich, ein Existierendes der menschlichen Welt, nicht als *von dem* Bewußtsein [*de la conscience*]. Daraus ist aber nicht zu schließen, daß das Für-sich schlicht und einfach eine «unpersönliche» Kontemplation ist. Bloß, das Ego ist keineswegs der personalisierende Pol eines Bewußtseins, das ohne es im unpersönlichen Stadium bliebe, sondern im Gegenteil, das Bewußtsein in seiner fundamentalen Selbstheit ermöglicht unter gewissen Bedingungen die Erscheinung des Ego als das transzendente Phänomen dieser Selbstheit. Wir haben ja gesehen, daß es unmöglich ist, vom An-sich zu sagen, daß es *Sich* ist. Es *ist* ganz einfach. Und in diesem Sinn wird man von dem Ich [*Je*], aus dem man sehr zu Unrecht den Bewohner des Bewußtseins gemacht hat, sagen, daß es das «Mich [*Moi*]» des Bewußtseins ist, aber nicht, daß es sein eignes *Sich* wäre. Wenn man das Reflektiert-sein des Für-sich in ein An-sich hypostasiert hat, fixiert und zerstört man die Bewegung der Reflexion auf sich: das Bewußtsein wäre reiner Verweis auf das Ego als auf sein *Sich*, aber das Ego verweist auf nichts mehr, man hat den Reflexivitätsbezug in einen bloßen zentripetalen Bezug verwandelt, wobei das Zentrum übrigens ein Opazitätskern ist. Wir haben im Gegenteil gezeigt, daß das *Sich* grundsätzlich das Bewußtsein nicht bewohnen kann. Es ist, wenn man so will, *der Grund* [*la raison*] der unendlichen Bewegung, durch die die Spiegelung auf das Spiegelnde verweist und dieses auf die Spiegelung; es ist *per definitionem* ein Ideal, eine Grenze, und erst durch die nichtende Realität der Anwesenheit des Seins bei dem Sein in der Einheit des Seins als Seinstypus taucht es als Grenze auf. Sobald das Bewußtsein auftaucht, macht es sich durch die reine nichtende Bewegung der Reflexion zu einem *personalen*: denn was einem Sein die personale Existenz verleiht, ist nicht der Besitz eines Ego – das nur das *Zeichen* der Persönlichkeit ist –, sondern das Faktum, für sich als Anwesenheit bei sich zu existieren. Doch außerdem zieht diese erste reflexive Bewegung eine zweite oder Selbstheit nach sich. In der Selbstheit bezieht sich mein Mögliches auf mein Bewußtsein und bestimmt es als das, was es ist. Die Selbstheit stellt einen fortgeschritteneren Nichtungsgrad dar als die reine Anwesenheit des vorreflexiven Cogito bei sich, so daß das Mögliche, das ich bin, nicht reine Anwesenheit beim Für-sich ist wie die Spiegelung beim Spiegelnden, sondern *abwesende-Anwesenheit*. Deshalb ist die Existenz der *Verweisung* als Seinsstruktur des Für-sich noch genauer markiert. Das Für-sich ist es selbst *dahinten*, außer Reichweite, in den Fernen seiner Möglichkeiten. Und diese freie Notwendigkeit, dahinten zu sein, was man in Form von Mangel ist, konstituiert die Selbstheit oder den zweiten wesentlichen Aspekt der Person. Und wie wäre auch die Person zu definieren, wenn nicht als freier Bezug zu sich? Die Welt dagegen, das heißt die Totalität der Wesen [*êtres*], insofern sie innerhalb des Selbstheitszirkels existieren, kann nur das sein, was die menschliche-Realität auf sich hin überschreitet, oder, nach der Definition Heideggers,[108] «das, aus dem her das Dasein *sich zu bedeuten gibt*»*. Das Mögliche, das *mein* Mögliches ist, ist ja mögliches Für-sich und als solches Anwesenheit beim An-sich als Bewußtsein *von* dem An-sich. Was ich der Welt gegenüber suche, ist die Koinzidenz mit einem Für-sich, das ich bin und das Bewußtsein *von* der Welt ist. Dieses Mögliche aber, das beim anwesenden Bewußtsein *nicht-thetisch* anwesend-abwesend ist, ist nicht als Gegenstand eines setzenden Bewußtseins anwesend, sonst wäre es reflektiert. Der gestillte Durst, der meinen jetzigen Durst heimsucht, ist sich nicht (von) sich bewußt als gestillter Durst: er ist thetisches Bewußtsein *von dem Glas-das-sich-austrinken-läßt* und nicht-setzendes Bewußtsein (von) sich. Der Durst läßt sich also auf das Glas hin transzendieren, *von dem er* Bewußtsein *ist*, und als Korrelat dieses möglichen nicht-thetischen Bewußtseins sucht das ausgetrunkene-Glas das volle Glas als sein Mögliches heim und konstituiert es als ein auszutrinkendes Glas. So ist die Welt von Natur aus *meine*, insofern sie das Korrelat an-sich des Nichts ist, das heißt des notwendigen Hindernisses, hinter dem ich mich als das wiederfinde, was ich in der Form von «es-zu-sein-haben» bin. Ohne Welt keine Selbstheit, keine Person; ohne die Selbstheit, ohne die Person keine Welt. Aber diese Zugehörigkeit der Welt zur Person ist nie auf der Ebene des vorreflexiven Cogito *gesetzt*. Es wäre absurd zu sagen, daß die Welt, insofern sie erkannt ist, als meine erkannt ist. Und trotzdem ist diese «Ichheit [*moïté*]» der Welt eine flüchtige und doch immer anwesende Struktur, die ich *lebe*. Die Welt (*ist*) meine,

---

* Im Dritten Kapitel dieses Teils werden wir sehen, was an dieser Definition – die wir vorläufig übernehmen – unzureichend und abwegig ist.

weil sie von Möglichkeiten heimgesucht ist, von denen Bewußtseine die möglichen Bewußtseine (von) sich sind, die *ich bin*, und diese Möglichkeiten als solche geben ihr ihre Einheit und ihren Sinn als Welt.

Die Prüfung der negativen Verhaltensweisen und der Unaufrichtigkeit hat uns ermöglicht, die ontologische Untersuchung des Cogito anzugehen, und das Sein des Cogito erschien uns als das Für-sich-sein. Dieses Sein hat sich vor unseren Augen auf den Wert und die Möglichkeiten hin transzendiert, wir konnten es nicht in den substantialistischen Grenzen der Instantaneität des kartesianischen Cogito halten. Aber genau deshalb können wir uns nicht mit den erzielten Resultaten begnügen: wenn das Cogito die Instantaneität zurückweist und wenn es sich auf seine Möglichkeiten hin transzendiert, so kann das nur im zeitlichen Überschreiten sein. «In der Zeit» ist das Fürsich seine eigenen Möglichkeiten nach dem Modus des «Nicht-seins»; in der Zeit erscheinen meine Möglichkeiten am Horizont der Welt, die sie zu meiner machen. Wenn also die menschliche-Realität sich selbst als zeitliche erfaßt und wenn der Sinn ihrer Transzendenz ihre Zeitlichkeit ist, können wir nicht hoffen, daß das Sein des Fürsich geklärt wird, bevor wir die Bedeutung des Zeitlichen beschrieben und fixiert haben. Erst dann können wir mit der Untersuchung des Problems beginnen, das uns beschäftigt: das der ursprünglichen Beziehungen des Bewußtseins zum Sein.

Zweites Kapitel

Die Zeitlichkeit

I

Phänomenologie der drei zeitlichen Dimensionen

150 Die Zeitlichkeit ist evidentermaßen eine organisierte Struktur, und die drei sogenannten «Elemente» der Zeit: Vergangenheit, Gegenwart, Zukunft, dürfen nicht wie eine Kollektion von «Daten» betrachtet werden, aus denen die Summe zu ziehen ist – wie zum Beispiel eine unendliche Reihe von «jetzt», von denen die einen noch nicht und die anderen nicht mehr sind –, sondern als strukturierte Momente einer ursprünglichen Synthese. Andernfalls ständen wir zunächst vor dem Paradox: die Vergangenheit ist nicht mehr, die Zukunft ist noch nicht, und von der instantanen Gegenwart weiß jeder, daß sie überhaupt nicht ist, sie ist nur die Grenze einer unendlichen Teilung wie der Punkt ohne Ausdehnung. So vernichtet sich die ganze Reihe, und zwar doppelt, da zum Beispiel das zukünftige «Jetzt» als zukünftiges ein Nichts ist und sich als Nichts realisieren wird, wenn es in den Zustand des gegenwärtigen «Jetzt» übergeht. Die einzige mögliche Methode, die Zeitlichkeit zu untersuchen, ist, sie als eine Totalität anzugehen, die ihre sekundären Strukturen beherrscht und ihnen ihre Bedeutung verleiht. Das werden wir nie aus den Augen verlieren. Dennoch können wir uns nicht auf eine Untersuchung des Seins der Zeit einlassen, ohne vorher durch eine vorontologische phänomenologische Beschreibung den allzuoft dunklen Sinn ihrer drei

Dimensionen geklärt zu haben. Nur müssen wir diese phänomenologische Beschreibung als ein vorläufiges Unternehmen ansehen, dessen Ziel es lediglich ist, uns zu einer Intuition der allgemeinen Zeitlichkeit zu führen. Und vor allem muß man jede betrachtete Dimension *auf dem Hintergrund* der zeitlichen Totalität erscheinen lassen, wobei wir immer die «Unselbständigkeit»[109] dieser Dimension im Gedächtnis gegenwärtig haben müssen.

A) Die Vergangenheit

Jede Theorie über das Gedächtnis impliziert eine Prämisse über das Sein der Vergangenheit. Diese Prämissen, die niemals geklärt wurden, haben das Problem der Erinnerung und das der Zeitlichkeit im allgemeinen verdunkelt. Daher ist endgültig die Frage zu stellen: Was ist *das Sein* eines vergangenen Seins? Der gesunde Menschenverstand schwankt zwischen zwei gleich verschwommenen Auffassungen: das Vergangene, sagt man, ist nicht mehr. Von diesem Gesichtspunkt aus will man anscheinend allein dem Gegenwärtigen das Sein zuschreiben. Diese ontologische Prämisse hat die berühmte Theorie der Zerebralspuren[110] hervorgebracht: da das Vergangene nicht mehr ist, da es sich in das Nichts aufgelöst hat, kann, falls die Erinnerung weiter existiert, dies nur als *gegenwärtige* Modifikation unseres Seins geschehen; das wird zum Beispiel ein gegenwärtig markierter Eindruck auf einer Gruppe von Gehirnzellen sein. So ist alles gegenwärtig: der Körper, die gegenwärtige Wahrnehmung und das Vergangene als gegenwärtige Spur im Körper; alles ist *in actu*: denn die Spur hat nicht eine virtuelle Existenz *als* Erinnerung; sie ist ganz und gar *aktuelle* Spur. Kehrt die Erinnerung zurück, so in der Gegenwart, infolge eines gegenwärtigen Prozesses, das heißt als Bruch eines protoplasmischen Gleichgewichts in der betreffenden Zellgruppierung. Der psycho-physiologische Parallelismus, der instantan und außer-zeitlich ist, muß dann erklären, wieso dieser physiologische Prozeß Korrelat eines streng psychischen, aber gleich gegenwärtigen Phänomens ist: der Erscheinung des Erinnerung-Bildes im Bewußtsein. Der neuere Begriff *Engramm* trägt auch nicht mehr bei, außer daß er diese Theorie mit einer pseudowissenschaftlichen Terminologie ausstattet. Wenn aber alles Gegenwart ist, wie ist dann die *Passivität* der Erinnerung zu erklären, das heißt die Tatsache, daß ein sich erinnerndes Bewußtsein in seiner Intention die Gegenwart transzendiert, um das Ereignis dort, wo es *war*, anvisieren zu können. Wir haben an anderer Stelle gezeigt, daß es gar nicht möglich ist, das Bild [*image*][111] von der Wahrnehmung zu unterscheiden, wenn man zunächst aus diesem eine wiedererstehende Wahrnehmung gemacht hat.* Hier stehen wir vor den gleichen Unmöglichkeiten. Aber darüber hinaus nehmen wir uns selbst das Mittel, die Erinnerung vom Bild zu unterscheiden: weder die «Schwäche» der Erinnerung noch ihre Blässe, noch ihre Unvollständigkeit, noch die Widersprüche zu den Gegebenheiten der Wahrnehmung lassen sie vom Fiktion-Bild unterscheiden, da dieses die gleichen Merkmale hat; und außerdem können diese Merkmale, die *gegenwärtige* Qualitäten der Erinnerung sind, uns nicht aus der Gegenwart herauskommen lassen, um uns zur Vergangenheit hinzulenken. Vergebens wird man die Zugehörigkeit der Erinnerung zum Ich oder zur «Ichheit [*moïté*]» geltend machen wie bei Claparède, ihre «Intimität» wie bei James.[112] Entweder manifestieren diese Merkmale nur eine gegenwärtige Atmosphäre, die die Erinnerung umgibt – und dann bleiben sie gegenwärtige und verweisen auf die Gegenwart. Oder sie sind bereits

---

* *L'imagination*, Alcan, Paris 1936 [deutsch: *Die Imagination* in: Jean-Paul Sartre, *Die Transzendenz des Ego, Philosophische Essays 1931–1939*, Rowohlt, Reinbek 1982].

eine Beziehung zum Vergangenen als solchem – aber dann setzen sie voraus, was zu erklären ist. Man hat geglaubt, das Problem los zu sein, indem man das Wiedererkennen auf einen Lokalisierungsversuch reduzierte und diesen auf eine Gesamtheit besonderer intellektueller Operationen, die durch die Existenz von «sozialen Rahmen des Gedächtnisses» erleichtert werden. Solche Operationen existieren zweifelsohne und müssen Gegenstand einer psychologischen Untersuchung sein. Ist aber der Bezug zum Vergangenen nicht irgendwie gegeben, so könnten sie ihn nicht herstellen. In einem Wort, hat man einmal aus dem Menschen einen Insulaner gemacht, der in der instantanen Insel seiner Gegenwart eingeschlossen ist, und sind alle Seinsmodi, sobald sie erscheinen, ihrem Wesen nach zu einer ständigen Gegenwart verurteilt, so hat man sich radikal aller Mittel beraubt, seinen ursprünglichen Bezug zum Vergangenen zu verstehen. Ebensowenig wie die «Genetisten» die Ausdehnung aus unausgedehnten Elementen konstituieren konnten,[113] können wir die Dimension «Vergangenheit» aus Elementen konstituieren, die allein der Gegenwart entliehen sind.

Dem landläufigen Bewußtsein fällt es übrigens derart schwer, der Vergangenheit eine reale Existenz abzusprechen, daß es zugleich mit dieser ersten These eine andere, ebenso ungenaue Auffassung übernimmt, nach der die Vergangenheit eine Art Ehrenexistenz hätte. Vergangen sein wäre für ein Ereignis ganz einfach zur Ruhe gesetzt sein, seine Wirksamkeit verlieren, ohne das Sein zu verlieren. Die Bergsonsche Philosophie hat diese Idee aufgegriffen:[114] indem ein Ereignis zur Vergangenheit wird, hört es nicht auf zu sein, es hört ganz einfach auf zu wirken, aber es bleibt «an seinem Platz», an seinem Datum, für alle Ewigkeit. Wir haben also der Vergangenheit das Sein wiedergegeben, und das ist gut so, wir behaupten sogar, daß die Dauer Vielheit wechselseitiger Durchdringung ist und die Vergangenheit sich ständig mit der Gegenwart zusammenfügt. Aber damit haben wir diese Zusammenfügung und wechselseitige Durchdringung nicht erklärt; wir haben nicht erklärt, daß die Vergangenheit «wiedererstehen», uns heimsuchen, kurz, *für uns* existieren kann. Wenn die Vergangenheit unbewußt ist, wie Bergson meint, und wenn das Unbewußte das Nichtwirkende ist, wie kann sie sich dann in das Gefüge unseres gegenwärtigen Bewußtseins einfügen? Sollte sie eine eigene Kraft haben? Aber dann ist diese Kraft gegenwärtig, da sie auf die Gegenwart einwirkt. Wie kann sie von der Vergangenheit als solcher ausgehen? Kann man wie Husserl die Frage umkehren und im gegenwärtigen Bewußtsein ein Spiel von «Retentionen»[115] zeigen, die die früheren Bewußtseine festnageln, sie an ihrem Datum festhalten und sie hindern, sich zu vernichten? Wenn aber das Cogito Husserls zunächst als instantan gegeben ist, gibt es kein Mittel, aus ihm herauszukommen. Wir haben im vorigen Kapitel gesehen, wie die «Protentionen» vergeblich an die Fensterscheiben der Gegenwart stoßen, ohne sie durchbrechen zu können. Das gleiche gilt für die Retentionen. Husserl wurde während seiner ganzen philosophischen Laufbahn von der Idee der Transzendenz und der Überschreitung heimgesucht. Aber die philosophischen Instrumente, über die er verfügte, vor allem seine idealistische Auffassung der Existenz, nahmen ihm die Mittel, über diese Transzendenz Aufschluß zu geben: seine Intentionalität ist nur deren Karikatur. Das Husserlsche Bewußtsein kann sich in Wirklichkeit weder zur Welt noch zur Zukunft oder Vergangenheit hin transzendieren.

Wir haben also nichts gewonnen, wenn wir der Vergangenheit das Sein zugestehen, denn nach den Begriffen dieses Zugeständnisses müßte sie für uns als nicht seiend sein. Ob die Vergangenheit *sei*, wie Bergson und Husserl meinen, oder ob sie *nicht mehr sei*, wie Descartes meint,[116] hat kaum Bedeutung, wenn man erst einmal die Brücken zwischen ihr und unserer Gegenwart abgebrochen hat.

Denn wenn man der Gegenwart als «Anwesenheit bei der Welt» ein Privileg verleiht, versetzt man sich zur Erörterung des Problems der Vergangenheit in die Perspektive des inner-weltlichen Seins. Man geht davon aus, daß wir zunächst als Zeitgenossen dieses Stuhls oder dieses Tischs existieren, man läßt sich die Bedeutung des Zeitlichen durch die Welt anzeigen. Wenn man sich aber mitten in die Welt versetzt, verliert man jede Möglichkeit, das, was *nicht mehr ist*, von dem, was *nicht ist*, zu unterscheiden. Immerhin, wird man sagen, ist das, was nicht mehr ist, zumindest gewesen, während das, was nicht ist, überhaupt keinerlei Verbindung mit dem Sein hat. Das ist richtig. Aber das Seinsgesetz des inner-weltlichen Augenblicks kann, wie wir gesehen haben, in den einfachen Worten ausgedrückt werden: «Das Sein ist» – die eine massive Fülle von Positivitäten anzeigen, wo nichts von dem, was *nicht ist*, auf irgendeine Weise vorgestellt werden kann, und sei es durch eine Spur, eine Leere, einen Rückruf, eine «Hysteresis»[117]. Das Sein, das ist, erschöpft sich ganz darin, zu sein; es hat nichts zu tun mit dem, was nicht ist, was nicht mehr ist. Keine Negation, ob radikal oder abgeschwächt zu einem «nicht mehr», kann in dieser absoluten Dichte Platz finden. Danach kann die Vergangenheit durchaus auf ihre Weise existieren: die Brücken sind abgebrochen. Das Sein hat seine Vergangenheit nicht einmal «vergessen»: das wäre noch eine Art Verbindung. Die Vergangenheit ist von ihm abgeglitten wie ein Traum.

Die Auffassungen Descartes' und Bergsons können also beide zurückgewiesen werden, weil beide unter den gleichen Einwand fallen. Ob es sich darum handelt, die Vergangenheit zu vernichten oder ihr die Existenz eines Hausgottes zu bewahren, diese Autoren haben ihr Schicksal *gesondert* betrachtet, indem sie es von der Gegenwart isolierten; und was auch immer ihre Auffassung vom Bewußtsein war, sie haben ihm die Existenz des An-sich verliehen, sie haben es als etwas betrachtet, was das ist, was es war. Man braucht sich dann nicht zu wundern, wenn es ihnen nicht gelingt, die Vergangenheit mit der Gegenwart zu verbinden, denn die so verstandene Gegenwart wird die Vergangenheit mit aller Macht zurückweisen. Hätten sie aber das Zeitphänomen in seiner Totalität betrachtet, hätten sie gesehen, daß «meine» Vergangenheit zunächst *meine* ist, das heißt, daß sie gemäß einem gewissen Sein existiert, das ich *bin*. Die Vergangenheit ist nicht *nichts*, sie ist auch nicht die Gegenwart, sondern sie ist schon von ihrem Ursprung an eine gewisse Gegenwart und eine gewisse Zukunft gebunden. Diese «Ichheit», von der Claparède sprach, ist keine subjektive Nuance, von der die Erinnerung durchbrochen würde: es ist ein ontologischer Bezug, der die Vergangenheit mit der Gegenwart vereinigt. Meine Vergangenheit erscheint nie in der Isolierung ihres Vergangenseins [*passéité*], es wäre sogar absurd, anzunehmen, daß sie als solche *existieren* könnte: sie ist ursprünglich Vergangenheit *dieser* Gegenwart. Und das ist zunächst zu klären.

Ich schreibe, daß Paul im Jahre 1920 Schüler der École polytechnique war. *Wer* ist das, der «war»? Natürlich Paul; aber welcher Paul? Der junge Mann von 1920? Aber die einzige Zeit des Verbs «sein», die Paul im Jahre 1920 zukommt, insofern man ihm die Qualität Polytechnikstudent zuschreibt, ist die Gegenwart. Solange er war, mußte man von ihm sagen: «er ist». Wenn es ein Vergangenheit gewordener Paul ist, der Polytechnikstudent gewesen ist, ist jeder Bezug zur Gegenwart abgebrochen: der Mann, der diese Qualifikation trug, das Subjekt, ist mit seinem Attribut dahinten, im Jahre 1920, geblieben. Wenn wir wollen, daß eine Wiedererinnerung möglich bleibt, müßte man nach dieser Hypothese eine rekognitive Synthese annehmen, die aus der Gegenwart kommt, um den Kontakt mit der Vergangenheit aufrechtzuerhalten. Eine undenkbare Synthese, wenn sie nicht ein ursprünglicher Seinsmodus ist. Mangels einer derartigen Synthese müssen wir die Vergangenheit ihrer erhabenen Isolierung überlassen. Was würde übrigens eine solche Spaltung der Persönlichkeit bedeuten? Proust nimmt zwar die sukzessive Pluralität der Ich an, wenn wir aber diese Auffassung wörtlich nehmen, läßt sie uns in die unüberwindlichen Schwierigkeiten zurückfallen, auf die seinerzeit die Assoziationisten[118] gestoßen sind. Man wird vielleicht die Hypothese einer Permanenz in der Veränderung empfehlen: derjenige, der einmal Polytechnikstudent war, ist derselbe Paul, der 1920 existierte und gegenwärtig existiert. Es ist der, von dem man früher sagte: «er *ist* Polytechnikstudent», und von dem man jetzt sagt: er *ist* ehemaliger Polytechnikstudent». Aber dieser Rückgriff auf die Permanenz kann uns nicht aus der Affäre ziehen: wenn nichts den Fluß der «Jetzt» gegenläufig wieder aufnimmt, um die zeitliche Reihe zu konstituieren und in dieser Reihe permanente Eigenschaften, so ist die Permanenz nichts als ein gewisser Inhalt jedes individuellen «Jetzt», instantan und ohne Dichte. Es muß eine Vergangenheit geben und folglich etwas oder jemanden, der diese Vergangenheit *war*, damit es eine Permanenz gibt; statt daß diese helfen könnte, die Zeit zu konstituieren, setzt sie sie vielmehr voraus, um sich in ihr zu enthüllen und mit ihr die Veränderung zu enthüllen. Wir kommen also wieder auf das zurück, was wir weiter oben vermuteten: wenn die existentielle Remanenz des Seins in Form von Vergangenheit nicht ursprünglich aus meiner aktuellen Gegenwart auftaucht, wenn meine gestrige Vergangenheit nicht wie eine Transzendenz meiner heutigen Gegenwart nach rückwärts ist, dann haben wir jede Hoffnung verloren, die Vergangenheit mit der Gegenwart zu verbinden. Sage ich also von Paul, daß er Polytechnikstudent *war*, so spreche ich von dem Paul, der gegenwärtig *ist* und von dem ich auch sage, daß er vierzig Jahre alt *ist*. Es ist nicht der Jugendliche, der Polytechnikstudent *war*. Solange er war, mußte man von diesem sagen: er *ist*. Der Vierzigjährige *war* es. Eigentlich *war* es auch der Dreißigjährige. Aber was wäre dieser Dreißigjährige wiederum ohne den Vierzigjährigen, der es war? Und der Vierzigjährige selbst «*war*» Polytechnikstudent an der äußersten Spitze seiner Gegenwart. Und schließlich hat gerade das Sein des «Erlebnisses»[119] die Aufgabe, Vierzigjähriger, Dreißigjähriger, Jugendlicher nach dem Modus von es «*gewesen-sein*» zu sein. Von diesem «Erlebnis» sagt man heute, daß es *ist*; von dem Vierzigjährigen und von dem Jugendlichen hat man auch zu ihrer Zeit gesagt, sie *sind*; heute sind sie Teil der Vergangenheit, und die Vergangenheit selbst *ist*, so wie sie gegenwärtig die Vergangenheit Pauls oder dieses «Erlebnisses» ist. Die einzelnen Zeiten des Perfekts bezeichnen also ein jeweiliges Sein [*êtres*], das real existiert, wenn auch nach verschiedenen Seinsmodi, wobei jedoch das eine *ist* und zugleich *das andere war*; die Vergangenheit ist als Vergangenheit *von* etwas oder von jemandem gekennzeichnet, man *hat* eine Vergangenheit. Dieses Utensil, diese Gesellschaft, dieser Mensch *haben* ihre Vergangenheit. Es gibt nicht zunächst eine allgemeine Vergangenheit, die sich dann in konkrete Vergangenheiten spezifizieren würde. Im Gegenteil, was wir zuerst antreffen, sind *einzelne* Vergangenheiten. Und das eigentliche Problem – mit dem wir uns im folgenden Kapitel beschäftigen werden – ist, zu erfassen, durch welchen Prozeß diese individuellen Vergangenheiten sich vereinigen können, um *die* Vergangenheit zu bilden.

Man wird vielleicht einwenden, daß wir uns die Sache leichtgemacht haben, indem wir ein Beispiel wählten, in dem das Subjekt, das «war», gegenwärtig noch existiert. Man wird uns andere Fälle nennen. So kann ich zum Beispiel von Pierre, der tot ist, sagen: «Er liebte die Musik.» In diesem Fall sind Subjekt und Attribut vergangen. Und es gibt keinen aktuellen Pierre, von dem her dieses Vergangen-sein auftauchen könnte. Wir stimmen dem zu. Wir stimmen dem sogar soweit zu, daß wir anerkennen, daß die Vorliebe für die Musik für Pierre nie *vergangen* war.

Pierre ist stets gleichzeitig mit dieser Vorliebe gewesen, die *seine* Vorliebe war; seine lebendige Persönlichkeit hat sie nicht überlebt, noch umgekehrt. Was vergangen ist, ist hier folglich Pierre-die-Musik-liebend. Und ich kann dieselbe Frage stellen wie vorhin: *von wem* ist dieser vergangene-Pierre die Vergangenheit? Das könnte nicht in bezug auf eine universelle Gegenwart sein, die reine Seinsaffirmation ist; es ist also die Vergangenheit *meiner* Aktualität. Und tatsächlich ist Pierre für-mich gewesen und bin ich für-ihn gewesen. Wie wir sehen werden, hat Pierres Existenz mich bis ins Mark getroffen, sie war Teil einer Gegenwart «in der Welt, für-mich und für-Andere», die *meine* Gegenwart war, zu Lebzeiten Pierres – eine Gegenwart, die ich gewesen bin. So sind die verschwundenen konkreten Objekte vergangen, insofern sie Teil der konkreten Vergangenheit eines Überlebenden sind. «Das Schreckliche am Tod ist», sagt Malraux, «daß er das Leben in Schicksal verwandelt.» Darunter ist zu verstehen, daß er das «Für-sich-für-Andere» auf ein bloßes «Für-Andere» reduziert. Für das Sein des toten Pierre heute bin ich allein verantwortlich in meiner Freiheit. Und die Toten, die nicht gerettet und an Bord der konkreten Vergangenheit eines Überlebenden transportiert werden konnten, sind nicht *vergangen*, sondern sie und ihre Vergangenheiten sind vernichtet.

Es gibt also Wesen [*êtres*], die eine Vergangenheit haben. Wir haben eben unterschiedslos ein Instrument, eine Gesellschaft, einen Menschen erwähnt. Waren wir dazu berechtigt? Kann man allen beendeten Existierenden ursprünglich eine Vergangenheit zuschreiben oder nur gewissen Kategorien unter ihnen? Das werden wir leichter bestimmen können, wenn wir diesen sehr eigenartigen Begriff: eine Vergangenheit «haben», näher untersuchen. Man kann nicht eine Vergangenheit «haben», wie man ein Auto oder einen Rennstall «hat». Das heißt, die Vergangenheit kann nicht von einem gegenwärtigen Sein besessen werden, das ihr strikt äußerlich bliebe, wie ich zum Beispiel außerhalb meines Füllfederhalters bleibe. Mit einem Wort, insofern das Besitzen gewöhnlich einen *externen* Bezug des Besitzenden zum Besessenen ausdrückt, ist der Ausdruck Besitzen unzureichend. Die äußeren Bezüge würden einen unüberbrückbaren Abgrund zwischen Vergangenheit und Gegenwart verschleiern, die zwei faktische Gegebenheiten ohne reale Kommunikation wären. Sogar die absolute Durchdringung der Gegenwart durch die Vergangenheit, wie Bergson sie sich denkt, löst die Schwierigkeit nicht, weil diese Durchdringung, die Zusammenfügung der Vergangenheit mit der Gegenwart ist, im Grunde aus der Vergangenheit selbst kommt und nur ein *Bewohnungs*bezug ist. Die Vergangenheit kann dann zwar als *in* der Gegenwart seiend begriffen werden, aber man hat sich die Mittel genommen, diese Immanenz anders darzustellen als die eines Steins auf dem Grund des Flusses. Die Vergangenheit kann die Gegenwart zwar heimsuchen, sie kann sie nicht *sein*; die Gegenwart *ist* ihre Vergangenheit. Untersucht man daher die Bezüge der Vergangenheit zur Gegenwart von der Vergangenheit her, kann man nie *interne* Beziehungen von der einen zur anderen feststellen. Folglich kann ein An-sich, dessen Gegenwart das ist, was sie ist, keine Vergangenheit «haben». Die Beispiele, die Chevalier zur Stützung seiner These anführt, vor allem die Tatsachen der Hysteresis,[119a] erlauben nicht, eine Einwirkung der Vergangenheit der Materie auf ihren gegenwärtigen Zustand anzunehmen. Tatsächlich kann jedes von ihnen durch die üblichen Mittel des mechanistischen Determinismus interpretiert werden. Von zwei Nägeln, sagt Chevalier, ist der eine soeben hergestellt und nie benutzt worden, der andere ist verbogen gewesen und dann mit dem Hammer wieder geradegeschlagen worden: sie sehen völlig gleich aus. Der eine dringt jedoch beim ersten Schlag ganz gerade in die Wand ein, der andere wird wieder krumm: Einwirkung der Vergangenheit. Nach unserer Meinung muß man etwas unaufrichtig sein, wenn man hier die Einwirkung der Vergangenheit sieht; diese unverständliche Erklärung des Seins, das Dichte ist, kann leicht ersetzt werden durch die einzig mögliche Erklärung: die äußeren Erscheinungen dieser Nägel sind gleich, aber ihre gegenwärtigen molekularen Strukturen sind merklich verschieden. Und der gegenwärtige molekulare Zustand ist in jedem Augenblick die genaue Wirkung des vorhergehenden molekularen Zustands, was für den Wissenschaftler keineswegs bedeutet, daß es einen «Übergang» vom einen zum anderen Augenblick bei Permanenz der Vergangenheit gäbe, sondern nur eine irreversible Verbindung zwischen den Inhalten von zwei Augenblicken der physikalischen Zeit. Wer als Beweis für diese Permanenz der Vergangenheit die Remanenz der Magnetisierung in einem Stück Weicheisen anführt, beweist nicht viel mehr an Ernsthaftigkeit: es handelt sich hier um ein Phänomen, das seine Ursache überlebt, nicht um eine Subsistenz der Ursache als Ursache *im vergangenen Zustand*. Der Stein, der das Wasser durchlöchert hat, ist schon lange auf dem Grund des Teichs angekommen, wenn die konzentrischen Wellen noch seine Oberfläche kräuseln: um dieses Phänomen zu erklären, beruft man sich keineswegs auf irgendeine Einwirkung der Vergangenheit; sein Mechanismus ist fast sichtbar. Es scheint nicht, daß die Tatsachen der Hysteresis oder Remanenz eine Erklärung anderer Art erfordern. In Wirklichkeit ist klar, daß der Ausdruck «eine Vergangenheit *haben*», der eine Art des Besitzens annehmen läßt, wobei der Besitzende passiv sein könnte, und der auf die Materie angewandt als solcher nicht schockiert, durch den Ausdruck seine eigene Vergangenheit *sein* ersetzt werden muß. Es gibt Vergangenheit nur für eine Gegenwart, die nicht existieren kann, ohne dort-hinten, hinter ihr, ihre Vergangenheit zu sein, das heißt: eine Vergangenheit haben nur die Wesen [*êtres*], die so beschaffen sind, daß es in ihrem Sein um ihr Vergangenheit-sein geht, die ihre Vergangenheit *zu sein haben*. Diese Erwägungen erlauben uns, dem An-sich *a priori* Vergangenheit abzusprechen (was wiederum nicht heißt, daß wir es in die Gegenwart einschließen müßten). Wir werden die Frage nach der Vergangenheit der *Lebewesen* nicht entscheiden. Wir weisen lediglich darauf hin, daß, falls man dem Leben eine Vergangenheit zuschreiben muß – was keineswegs sicher ist –, vorher zu beweisen wäre, daß das Sein des Lebens so ist, daß es eine Vergangenheit umfaßt. Mit einem Wort, man müßte vorher beweisen, daß die lebende Materie *etwas anderes* als ein physikalisch-chemisches System ist. Die umgekehrte Bemühung – von Chevalier –, die darin besteht, die stärkere Dringlichkeit der Vergangenheit als konstitutiv für die Originalität des Lebens auszugeben, ist ein völlig bedeutungsloses Hysteron-Proteron[119b]. Nur für die menschliche-Realität ist die Existenz einer Vergangenheit manifest, da ausgemacht wurde, daß sie *das zu sein hat, was sie ist*. Durch das Für-sich kommt die Vergangenheit in die Welt, denn sein «Ich bin» ist in der Form eines «Ich bin *mich*».

158 Was bedeutet also «war»? Zunächst sehen wir, daß es ein Transitiv ist. Wenn ich sage: «Paul ist müde», so kann man vielleicht bestreiten, daß die Kopula einen ontologischen Wert hat, man wird vielleicht darin nur eine Inhärenzangabe sehen wollen. Sagen wir aber: «Paul *war* müde», springt die wesentliche Bedeutung des «war» in die Augen: der gegenwärtige Paul ist aktuell verantwortlich, diese Müdigkeit in der Vergangenheit gehabt zu haben. Würde er diese Müdigkeit nicht mit seinem Sein aufrechterhalten, so gäbe es nicht einmal Vergessen dieses Zustands, sondern ein «Nicht-mehr-sein», streng identisch mit einem «Nicht-sein». Die Müdigkeit wäre *verloren*. Das gegenwärtige Sein ist also der Grund seiner eigenen Vergangenheit; und durch diesen Begründungscharakter wird das «war» manifest. Aber man darf das nicht so ver-

stehen, daß es es nach dem Modus der Indifferenz und ohne davon tief modifiziert zu werden begründet: «war» bedeutet, daß das gegenwärtige Sein in seinem Sein der Grund seiner Vergangenheit zu sein hat, indem es selbst diese Vergangenheit *ist*. Was bedeutet das; wie kann die Gegenwart die Vergangenheit *sein*?

Der Knoten der Frage steckt offensichtlich in dem Ausdruck «war», der, als Zwischenglied zwischen Gegenwart und Vergangenheit, selbst weder ganz Gegenwart noch ganz Vergangenheit ist. Er kann ja weder das eine noch das andere sein, denn in diesem Fall wäre er innerhalb der Zeit enthalten, die sein Sein bezeichnen würde. Der Ausdruck «war» bezeichnet also den ontologischen Sprung von der Gegenwart in die Vergangenheit und stellt eine ursprüngliche Synthese dieser beiden Zeitlichkeitsmodi dar. Was ist unter dieser Synthese zu verstehen?

Ich sehe zunächst, daß der Ausdruck «war» ein Seinsmodus ist. In diesem Sinn *bin* ich meine Vergangenheit. Ich habe sie nicht, ich bin sie: was man mir über eine Handlung sagt, die ich gestern getan habe, eine Stimmung, die ich gehabt habe, läßt mich nicht gleichgültig: ich bin verletzt oder geschmeichelt, ich rege mich darüber auf oder kümmere mich nicht darum, ich bin bis ins Mark getroffen. Ich distanziere mich nicht von meiner Vergangenheit. Zwar kann ich auf lange Sicht eine solche Distanzierung versuchen, ich kann erklären, daß «ich nicht mehr das bin, was ich war», eine Veränderung, einen Fortschritt vorgeben. Aber es handelt sich um eine sekundäre Reaktion, die sich als solche darbietet. Meine Seinssolidarität mit meiner Vergangenheit in diesem und jenem besonderen Punkt verneinen heißt sie für die Gesamtheit meines Lebens bejahen. An der Grenze, in dem infinitesimalen Augenblick meines Todes, werde ich nur noch meine Vergangenheit sein. Sie allein wird mich dann definieren. Das will Sophokles ausdrücken, wenn er Deianeira in den *Trachinierinnen* sagen läßt: «Ein altes Wort ist allen Menschen kund: Daß keiner vor dem Tod sein Leben kennt, ob es ein gutes oder schlechtes war.»¹²⁰ Das ist auch der Sinn des Satzes von Malraux, den wir oben zitiert haben: «Der Tod verwandelt das Leben in Schicksal.» Das erschüttert auch den Gläubigen, wenn er mit Entsetzen realisiert, daß im Moment des Todes das Spiel aus ist, keine Karte mehr zu spielen bleibt. Der Tod vereinigt uns mit uns selbst, wie uns die Ewigkeit in uns selbst verwandelt hat. Im Moment des Todes *sind* wir, das heißt, wir sind wehrlos gegenüber den Urteilen der Anderen; man kann *in Wahrheit* entscheiden, was wir sind, wir haben keinerlei Chance mehr, der Bilanz zu entgehen, die eine allwissende Intelligenz aufstellen könnte. Und die Reue der letzten Stunde ist eine totale Anstrengung, dieses ganze Sein, das sich *auf uns* langsam abgelagert und verfestigt hat, zu sprengen, ein letztes Aufbäumen, mit dem wir uns von dem distanzieren wollen, was wir *sind*. Vergeblich: der Tod läßt dieses Aufbäumen mit allem übrigen erstarren, es fügt sich nur noch dem ein, was ihm vorausging, als ein Faktor unter anderen, als eine einzelne Bestimmung, die sich nur von der Totalität her verstehen läßt. Durch den Tod verwandelt sich das Für-sich für immer in An-sich, insofern es völlig in die Vergangenheit geglitten ist. So ist die Vergangenheit die immer wachsende Totalität des An-sich, das wir sind. Doch solange wir nicht tot sind, sind wir dieses An-sich nicht nach dem Modus der Identität. Wir *haben es zu sein*. Das Nachtragen hört gewöhnlich mit dem Tod auf: der Mensch hat sich ja mit seiner Vergangenheit vereinigt, er *ist sie*, ohne deshalb für sie verantwortlich zu sein. Solange er lebt, ist er Gegenstand meines Nachtragens, das heißt, ich werfe ihm seine Vergangenheit vor, nicht nur insofern er *sie ist*, sondern insofern er sie in jedem Augenblick wieder aufgreift und am Sein erhält, insofern er für sie *verantwortlich* ist. Es stimmt nicht, daß das Nachtragen den Menschen in dem, was er war, erstarren läßt, sonst würde es den Tod überleben: es richtet sich an den Lebenden, der frei in seinem Sein das ist, was er war. Ich bin meine Vergangenheit, und wenn ich nicht wäre, existierte meine Vergangenheit nicht mehr, weder *für* mich noch für *irgendwen*. Sie hätte überhaupt keine Beziehung mehr zur Gegenwart. Das bedeutet keineswegs, daß sie nicht wäre, sondern nur, daß ihr Sein unaufdeckbar wäre. Ich bin derjenige, durch den meine Vergangenheit in diese Welt kommt. Jedoch *gebe* ich ihr nicht das Sein. Anders gesagt, sie existiert nicht als «meine» Vorstellung. Nicht weil ich mir meine Vergangenheit «vorstelle», existiert sie. Sondern weil ich meine Vergangenheit *bin*, tritt sie in die Welt, und von ihrem In-der-Welt-sein her kann ich sie mir entsprechend einem gewissen psychologischen Prozeß vorstellen. Sie ist das, was ich zu sein habe, aber sie unterscheidet sich naturgemäß von meinen Möglichkeiten. Das Mögliche, das ich ebenfalls zu sein habe, bleibt, als mein konkretes Mögliches, das, dessen Gegenteil ebenso möglich ist – wenn auch in einem geringeren Grad. Die Vergangenheit dagegen ist das, was ohne jede Möglichkeit irgendeiner Art ist, was seine Möglichkeiten aufgebraucht hat. *Ich habe das zu sein*, was überhaupt nicht mehr von meinem Sein-können abhängt, was schon an sich alles ist, was es sein kann. Die Vergangenheit, die ich bin, habe ich zu sein ohne irgendeine Möglichkeit, sie nicht zu sein. Ich übernehme für sie die ganze Verantwortung, als wenn ich sie ändern könnte, und doch kann ich nichts anderes sein als sie. Wir werden später sehen, daß wir dauernd die Möglichkeit bewahren, die *Bedeutung* der Vergangenheit zu ändern, insofern diese eine Ex-Gegenwart ist, die *eine Zukunft gehabt hat*. Dem Inhalt der Vergangenheit als solchem kann ich jedoch nichts nehmen oder hinzufügen. Anders gesagt, die Vergangenheit, die *ich war*, ist das, was sie ist; sie ist ein An-sich wie die Dinge der Welt. Und der Seinsbezug, den ich mit der Vergangenheit zu unterhalten habe, ist ein Bezug vom Typus des An-sich. Das heißt der Identifizierung mit sich.

Doch andererseits bin ich meine Vergangenheit nicht. Ich *bin* sie nicht, weil ich sie *war*. Das Nachtragen des Andern überrascht und entrüstet mich stets: wie kann man in dem, der ich *bin*, den hassen, der ich *war*? Das antike Denken hat großes Gewicht auf diese Tatsache gelegt: ich kann nichts über mich aussagen, was nicht schon falsch geworden wäre, sobald ich es aussage. Hegel hat dieses Argument nicht verschmäht.[121] Was ich auch tue, was ich auch sage, in dem Moment, wo ich es *sein* will, *tat* ich es, *sagte* ich es bereits. Doch untersuchen wir diese Aporie genauer: sie besagt ja, daß jedes Urteil, das ich über mich fälle, schon falsch ist, sobald ich es fälle, das heißt, daß ich *etwas anderes* geworden bin. Aber was ist unter *etwas anderes* zu verstehen? Wenn wir damit einen Modus der menschlichen-Realität meinen, der den gleichen existentiellen Typus hätte wie der, dem man die gegenwärtige Existenz abstreitet, so heißt das, daß wir uns in der Zuteilung des Prädikats zum Subjekt geirrt haben und daß ein anderes Prädikat zuzuteilen bliebe: man hätte es nur in der unmittelbaren Zukunft anzielen müssen. In gleicher Weise wird ein Jäger, der auf einen Vogel zielt, ihn *dort, wo er ihn sieht*, verfehlen, weil der Vogel schon nicht mehr an dieser Stelle ist, sobald das Geschoß dorthin kommt. Er wird ihn im Gegenteil treffen, wenn er ein wenig voraus zielt, auf einen Punkt, an den der Vogel noch nicht gekommen ist. Der Vogel ist nicht mehr an dieser Stelle, denn er *ist schon* an einer anderen; jedenfalls *ist* er irgendwo. Wir werden aber sehen, daß diese eleatische Auffassung der Bewegung zutiefst irrig ist: kann man wirklich sagen, daß der Pfeil in A B *ist*, dann ist die Bewegung eine Aufeinanderfolge von Unbeweglichkeiten. Meint man ebenso, es gäbe einen infinitesimalen Augenblick, der nicht mehr ist, in dem ich das gewesen bin, was ich schon nicht mehr bin, so konstituiert man mich aus einer Reihe von erstarrten Zuständen, die wie die Bilder einer Laterna magica aufeinanderfolgen. Wenn ich es aber nicht *bin*, so nicht wegen einer leichten Divergenz zwischen urteilendem Denken und Sein, einer Verzögerung zwischen Urteil und Tatsache, sondern weil prinzipiell, in meinem unmittelbaren Sein, in der Anwesenheit meiner Gegenwart ich es nicht *bin*. Mit einem Wort, nicht weil es eine Änderung gibt, ein als Übergang zum Heterogenen in der Homogenität des Seins verstandenes Werden, *bin* ich nicht das, was ich war; sondern im Gegenteil, wenn es ein Werden geben kann, so deshalb, weil mein Sein prinzipiell meinen Seinsweisen heterogen ist. Die Erklärung der Welt durch das Werden als Synthese von Sein und Nicht-sein ist schnell gegeben. Hat man aber bedacht, daß das werdende Sein diese Synthese nur sein könnte, wenn es sie für es selbst wäre in einem Akt, der sein eigenes Nichts begründete? Wenn ich schon nicht mehr das bin, was ich war, habe ich es doch zu sein in der Einheit einer nichtenden Synthese, die ich selbst am Sein erhalte, sonst hätte ich keinerlei Beziehung zu dem, was ich nicht mehr bin, und meine volle Positivität würde das dem Werden wesentliche Nicht-sein ausschließen. Das Werden kann nicht ein *Gegebenes* sein, ein unmittelbarer Seinsmodus des Seins, denn wenn wir uns ein solches Sein denken, könnten das Sein und das Nicht-sein in seinem Innern nur nebeneinandergestellt sein, und keinerlei auferlegte oder *externe* Struktur kann sie miteinander verschmelzen. Die Verbindung des Seins und des Nicht-seins kann nur intern sein: im Sein als Sein muß das Nicht-sein auftauchen, im Nichtsein muß das Sein aufragen, und das kann nicht ein Faktum, ein Naturgesetz sein, sondern ein Auftauchen des Seins, das sein eigenes Seinsnichts ist. Wenn ich also meine eigene Vergangenheit nicht *bin*, kann das nicht nach dem ursprünglichen Modus des Werdens sein, sondern insofern ich *sie zu sein habe, um sie nicht zu sein*, und ich *sie nicht zu sein habe, um sie zu sein*. Dies muß uns über die Natur des Modus «*war*» aufklären: wenn ich nicht das bin, was ich war, so nicht, weil ich mich schon verändert habe, womit die Zeit als schon gegeben vorausgesetzt wäre, sondern weil ich in bezug auf mein Sein nach dem Modus der internen Verbindung des *Nicht-seins* bin.

Insofern ich meine Vergangenheit *bin*, kann ich also nicht sie sein; gerade diese Notwendigkeit, meine Vergangenheit zu sein, ist der einzige mögliche Grund der Tatsache, daß ich sie nicht bin. Sonst werde ich sie in jedem Augenblick nicht sein, aber auch nicht sie nicht sein, außer in den Augen eines streng externen Zeugen, der übrigens selbst seine Vergangenheit im Modus des *Nicht-seins* zu sein hätte.

Diese Erwägungen können uns verstehen lassen, wieviel Ungenaues im Skeptizismus Heraklitscher Herkunft steckt, der allein darauf insistiert, daß ich schon nicht mehr das bin, was ich zu sein behaupte. Sicher, alles, wovon man sagen kann, daß ich es bin, bin ich nicht. Aber es ist schlecht ausgedrückt, wenn man behauptet, daß ich es *schon* nicht mehr bin, denn ich bin es nie gewesen, falls man darunter «an sich sein» versteht; und andererseits folgt daraus auch nicht, daß ich mich irre, wenn ich sage, daß ich es bin, denn ich muß es ja sein, um es nicht zu sein: ich bin es im Modus des «*war*».

Alles, wovon man sagen kann, daß ich es *bin* im Sinn des An-sich-seins, mit einer vollen kompakten Dichte (er ist jähzornig, er ist Beamter, er ist unzufrieden), ist also immer *meine Vergangenheit*. In der Vergangenheit bin ich das, was ich bin. Aber andererseits ist diese schwere Seinsfülle hinter mir, eine absolute Distanz schneidet sie von mir ab und läßt sie ohne Kontakt, ohne Adhärenzen außerhalb meiner Reichweite zurückfallen. Wenn ich glücklich war oder gewesen bin, so weil ich es nicht bin. Aber das heißt nicht, daß ich unglücklich *bin*: denn glücklich *sein* kann ich nur in der Vergangenheit; nicht *weil* ich eine Vergangenheit habe, trage ich so mein Sein hinter mir: sondern die Vergangenheit ist gerade *nur* diese ontologische Struktur, die mich zwingt, das zu sein, was ich *von hinten her* bin. Eben das bedeutet «war». Das Für-sich existiert *per definitionem* unter dem Zwang, sein Sein zu übernehmen, und es kann nichts sein als für-sich. Es kann jedoch sein Sein nur durch ein Wiederaufgreifen dieses Seins übernehmen, durch das es *in Distanz* zu diesem Sein gebracht wird. Gerade durch die Behauptung, daß ich nach dem Modus des An-sich *bin*, entgehe ich dieser Behauptung, denn sie impliziert in ihrer Natur selbst eine Negation. So ist das Für-sich immer jenseits dessen, was es ist, allein weil es es für-sich ist und es zu sein hat. Gleichzeitig aber bleibt *sein* Sein und nicht ein anderes Sein hinter ihm. So verstehen wir den Sinn des «war», der einfach den Seinstypus des Für-sich kennzeichnet, das heißt die Beziehung des Für-sich zu seinem Sein. Die Vergangenheit ist das An-sich, das ich bin als *überschritten*.

Bleibt noch zu untersuchen, auf welche Art das Für-sich seine eigene Vergangenheit «war». Bekanntlich erscheint das Für-sich in dem ursprünglichen Akt, durch den sich das An-sich nichtet, um sich zu begründen. Das Für-sich ist sein eigener Grund, insofern es sich zum Scheitern des An-sich macht, um das seine zu sein. Aber damit ist es ihm noch nicht gelungen, sich vom An-sich zu befreien. Das überschrittene An-sich bleibt und sucht es heim als seine ursprüngliche Kontingenz. Es kann es nie erreichen noch sich jemals als dieses oder jenes *seiend* erfassen, aber es kann auch nicht umhin, das, was es ist, auf Distanz von sich zu sein. Diese Kontingenz, diese Schwere des Für-sich auf Distanz, die es nie *ist*, die es aber zu sein hat als überschrittene und im Überschreiten selbst aufbewahrte Schwere, ist die *Faktizität*, aber es ist auch die Vergangenheit. Faktizität und Vergangenheit sind zwei Wörter, die ein und dasselbe bezeichnen. Die Vergangenheit nämlich ist wie die Faktizität die unverwundbare Kontingenz des An-sich, die ich zu sein habe ohne jede Möglichkeit, sie nicht zu sein. Sie ist das Unvermeidbare der Tatsachennotwendigkeit, nicht als Notwendigkeit, sondern als Tatsache. Sie ist das Tatsachesein, das den Inhalt meiner Motivationen nicht bestimmen kann, das sie aber mit seiner Kontingenz durchzieht, weil sie es weder aufheben noch ändern können, sondern weil es im Gegenteil das ist, was sie notwendig mit sich führen, um es zu modifizieren, was sie aufbewahren, um es zu fliehen, was sie zu sein haben, gerade in ihrem Bemühen, es nicht zu sein, von dem aus sie sich zu dem machen, was sie sind. Daher gilt für jeden Augenblick: ich *bin nicht* Diplomat und Matrose, ich bin Lehrer, obwohl ich dieses Sein nur spielen kann, ohne es je erreichen zu können. Wenn ich nicht in die Vergangenheit zurückkehren kann, so nicht wegen irgendeiner magischen Kraft, die sie unerreichbar machte, sondern einfach, weil sie an-sich ist und ich fürmich bin; die Vergangenheit ist das, was ich bin, ohne es leben zu können. Die Vergangenheit ist die Substanz. Und in diesem Sinn müßte das kartesianische Cogito eher heißen: «Ich denke, also war ich.» Was täuscht, ist die scheinbare Homogenität von Vergangenheit und Gegenwart. Denn die Scham, die ich gestern empfunden habe, war Für-sich, als ich sie empfand. Man glaubt also, daß sie heute Für-sich geblieben ist, man schließt also zu Unrecht: ich kann nicht mehr dorthin zurückkehren, weil sie *nicht mehr ist*. Doch man muß den Bezug umkehren, um zum Wahren zu gelangen: zwischen Vergangenheit und Gegenwart besteht absolute Heterogenität, und ich kann nicht in sie eintreten, weil sie *ist*. Und die einzige Art, in der ich sie sein könnte, ist, daß ich selbst an sich wäre, um mich in Form der Identifikation in ihr zu verlieren: das ist mir seinem Wesen nach verwehrt. Die Scham, die ich gestern empfunden habe und die Scham für sich war, ist ja gegenwärtig immer noch Scham, und sie läßt sich ihrem Wesen nach als noch für-sich beschreiben. Aber sie *ist nicht* mehr für sich in ihrem Sein, denn sie ist nicht mehr als Spiegelung-spiegelndes. Als für-sich beschreibbar *ist* sie ganz einfach. Die Vergangenheit gibt sich als An-sich *gewordenes* Für-sich? Solange ich diese Scham lebe, ist sie nicht das, was sie ist. Jetzt, wo ich sie *war*, kann ich sagen: *das war* eine Scham; hinter mir ist sie das geworden, was sie war; sie hat nun die Permanenz und Konstanz des An-sich, sie ist ewig zu ihrem Datum, sie hat die totale Zugehörigkeit des An-sich zu sich selbst. Die Vergangenheit, die zugleich für-sich und an-sich ist, *ähnelt* also in einer Hinsicht dem Wert oder Sich, die wir im vorigen Kapitel beschrieben haben; wie er stellt sie eine bestimmte Synthese des Seins dar, das das ist, was es nicht ist, und nicht das ist, was es ist, mit dem, das das ist, was es ist. In diesem Sinn kann man von einem sich verflüchtigenden Wert der Vergangenheit sprechen. Von daher kommt es, daß die Erinnerung uns das Sein, das wir waren, mit einer Seinsfülle darbietet, die ihm eine Art Poesie verleiht. Indem dieser Schmerz, den wir *hatten*, in der Vergangenheit erstarrt, hört er nicht auf, den Sinn eines Für-sich zu haben, und trotzdem existiert er an ihm selbst, mit der stummen Starrheit des Schmerzes eines Andern, des Schmerzes einer Statue. Er braucht jetzt nicht mehr vor sich zu erscheinen, um sich existieren zu machen. Er ist, und sein Für-sich-Charakter ist keineswegs der Seinsmodus seines Seins, sondern wird im Gegenteil einfach eine Seinsweise, eine Qualität. Weil die Psychologen das Psychische immer nur *in der Vergangenheit* betrachtet haben, behaupteten sie, das Bewußtsein sei eine Qualität, durch die das Psychische affiziert werden kann oder nicht, ohne in seinem Sein modifiziert zu werden. Das vergangene Psychische *ist zunächst*, und es ist dann Für-sich, wie Pierre blond ist, wie dieser Baum eine Eiche ist.

Aber genau deshalb gilt: die Vergangenheit, die dem Wert *ähnelt, ist nicht* der Wert. Im Wert wird das Für-sich Sich, indem es sein Sein überschreitet und begründet, es kommt zu einer Übernahme des An-sich durch das Sich; die Kontingenz des Seins weicht daher der Notwendigkeit. Die Vergangenheit dagegen ist zunächst An-sich. Das

Für-sich wird durch das An-sich am Sein gehalten, sein Seinsgrund ist nicht mehr, Für-sich zu sein: es ist An-sich geworden und erscheint uns daher in seiner reinen Kontingenz. Es gibt überhaupt keinen *Grund*, weshalb unsere Vergangenheit so oder so sein muß: sie erscheint in der Totalität ihrer Reihe als das reine Faktum, das als Faktum zu berücksichtigen ist, als das *Grundlose* [*gratuit*]. Kurz, sie ist der umgekehrte Wert, das durch das An-sich wieder aufgegriffene und zum Erstarren gebrachte Für-sich, durchdrungen und geblendet von der vollen Dichte des An-sich, so sehr durch das An-sich verdickt, daß es als Spiegelung für das Spiegelnde und Spiegelndes für die Spiegelung nicht mehr existieren kann, sondern einfach als eine Indikation an sich für das Paar Spiegelndes-Spiegelung. Deshalb kann die Vergangenheit allenfalls der Gegenstand sein, der von einem Für-sich angezielt wird, das den Wert *realisieren* und der Angst entfliehen will, die ihm die dauernde Abwesenheit des Sich einflößt. Sie ist jedoch ihrem Wesen nach vom Wert radikal verschieden: sie ist genau der Indikativ, von dem kein Imperativ abgeleitet werden kann, sie ist das jedem Für-sich eigentümliche Faktum, das kontingente und unabänderliche Faktum, das ich *war*.

So ist die Vergangenheit ein durch das An-sich wieder ergriffenes und ertränktes Für-sich. Wie kann das geschehen? Wir haben beschrieben, was *Vergangen-sein* für ein Ereignis bedeutet und *eine Vergangenheit haben* für eine menschliche-Realität. Wir haben gesehen, daß die Vergangenheit ein ontologisches Gesetz des Für-sich ist, das heißt, daß alles, was ein Für-sich sein kann, es dort unten, hinter sich, außer Reichweite sein muß. In diesem Sinn können wir das Wort Hegels übernehmen: «*Wesen ist, was gewesen ist.*»[122] Mein Wesen ist in der Vergangenheit, das ist das Gesetz seines Seins. Aber wir haben nicht erklärt, warum ein konkretes Ereignis des Für-sich Vergangenheit *wird*. Wie wird ein Für-sich, das seine Vergangenheit *war*, die Vergangenheit, die ein neues Für-sich zu sein hat? Der Übergang zur Vergangenheit ist Seinsmodifikation. Was für eine Modifikation ist das? Um das zu verstehen, müssen wir zunächst den Bezug des *gegenwärtigen* Für-sich zum Sein erfassen. Wie zu erwarten war, verweist uns somit die Untersuchung der Vergangenheit auf die der Gegenwart.

B) Die Gegenwart

Im Unterschied zur Vergangenheit, die An-sich ist, ist die Gegenwart Für-sich. Was ist ihr Sein? Es gibt eine der Gegenwart eigene Antinomie: einerseits definiert man sie gern durch das *Sein*; gegenwärtig ist das, was im Gegensatz zur Zukunft ist, die noch nicht ist, und zur Vergangenheit, die nicht mehr ist. Andererseits aber stieße eine strenge Analyse, die die Gegenwart von allem, was nicht sie ist, das heißt von der Vergangenheit und von der unmittelbaren Zukunft, abzulösen suchte, tatsächlich nur auf einen infinitesimalen Augenblick, nämlich, wie Husserl in seinen Vorlesungen *Zur Phänomenologie des inneren Zeitbewußtseins*[123] bemerkt, die ideale Grenze einer bis ins Unendliche fortgesetzten Teilung: ein Nichts. Wie immer, wenn wir die Untersuchung der menschlichen-Realität von einem neuen Gesichtspunkt aus angehen, stoßen wir also wieder auf das unzertrennliche Paar, das Sein und das Nichts.

Was ist die erste Bedeutung der Gegenwart? Klar ist, daß das, was in der Gegenwart existiert, sich durch seinen *Anwesenheits*charakter[124] von jeder anderen Existenz unterscheidet. Der Soldat oder der Schüler antwortet bei namentlichem Aufruf «Hier» [*Présent*] im Sinn von *adsum*. Und *gegenwärtig* steht sowohl im Gegensatz zu *abwesend* wie zu *vergangen*. Der Sinn der *Gegenwart* ist also die Anwesenheit bei... Wir müssen uns daher fragen, *wobei* die Gegenwart Anwesenheit ist und *was* anwesend ist. Das wird uns zweifellos dazu führen, dann das Sein der Gegenwart selbst zu erhellen.

Meine Gegenwart ist, anwesend zu sein. Anwesend wobei? An diesem Tisch, in diesem Zimmer, in Paris, auf der Welt, kurz, beim An-sich-sein. Ist aber umgekehrt das An-sich-sein auch *bei mir* anwesend und beim An-sich-sein, das es nicht ist? Wäre es so, dann wäre die Gegenwart eine Wechselbeziehung von Anwesenheiten. Man sieht leicht ein, daß es nicht so ist. Die Anwesenheit bei… ist ein interner Bezug des gegenwärtigen Seins zu den Wesen [êtres], bei denen es anwesend ist. In keinem Fall kann es sich um die bloße externe Kontiguitätsbeziehung handeln. Die Anwesenheit bei… bedeutet die Existenz außerhalb von sich bei… Was anwesend bei… sein kann, muß in seinem Sein so sein, daß es in diesem einen Seinsbezug zu den anderen Wesen [êtres] gibt. Ich kann nur dann bei diesem Stuhl anwesend sein, wenn ich mit ihm in einem ontologischen Synthesebezug verbunden bin, wenn ich dort drüben im Sein dieses Stuhls bin als dieser Stuhl *nicht seiend*. Das Sein, das anwesend bei… ist, kann daher nicht in Ruhe «*an-sich*» sein, das An-sich kann ebensowenig gegenwärtig sein, wie es vergangen sein kann: es *ist* ganz einfach. Irgendeine Gleichzeitigkeit eines An-sich mit einem anderen An-sich kann nicht in Frage kommen, außer vom Gesichtspunkt eines Seins aus, das mit den beiden An-sich zugleich anwesend wäre und in sich selbst die Fähigkeit von Anwesenheit hätte. Die Gegenwart kann daher nur Anwesenheit des Für-sich beim An-sich-sein sein. Und diese Anwesenheit kann nicht die Wirkung eines Zufalls, einer Gleichzeitigkeit sein; durch jede Gleichzeitigkeit wird sie vielmehr schon vorausgesetzt und muß eine ontologische Struktur des Für-sich sein. Dieser Tisch muß bei diesem Stuhl anwesend sein in einer Welt, die von der menschlichen-Realität als eine Anwesenheit heimgesucht wird. Anders gesagt, man könnte sich keinen Typus von Existierendem vorstellen, der zunächst *für-sich* wäre und *danach* beim Sein anwesend. Sondern das Für-sich macht sich zur Anwesenheit beim Sein, indem es sich Für-sich sein macht, und hört auf, Anwesenheit zu sein, indem es aufhört, Für-sich zu sein. Das Für-sich definiert sich als Anwesenheit beim Sein.

Bei welchem Sein macht sich das Für-sich zu Anwesenheit? Die Antwort ist klar: bei dem ganzen An-sich-sein ist das Für-sich Anwesenheit. Oder vielmehr, die Anwesenheit des Für-sich macht, daß es eine Totalität des An-sich-seins gibt. Denn durch eben diesen Modus von Anwesenheit beim Sein als Sein ist jede Möglichkeit ausgeschlossen, daß das Für-sich bei einem privilegierten Sein *eher anwesend* wäre als bei anderen Wesen [êtres]. Selbst wenn die Faktizität seiner Existenz macht, daß es eher *da* als woanders ist, ist *da* sein nicht *anwesend* sein. Das Da-sein bestimmt nur die Perspektive, nach der sich die Anwesenheit bei der Totalität des An-sich realisiert. Dadurch macht das Für-sich, daß die Wesen [êtres] *für* eine gleiche Anwesenheit sind. Die Wesen [êtres] enthüllen sich als zugleich anwesend in einer Welt, wo das Für-sich sie mit seinem eigenen Blut vereinigt durch das totale ek-statische Selbstopfer, das sich Anwesenheit nennt. «Vor» dem Opfer des Für-sich wäre es unmöglich gewesen, zu sagen, ob die Wesen [êtres] zusammen oder getrennt existieren. Aber das Für-sich ist das Sein, durch das die Gegenwart in die Welt kommt; die Wesen [êtres] der Welt sind zugleich anwesend, insofern bei ihnen allen ein gleiches Für-sich anwesend ist. Was man gewöhnlich Gegenwart nennt, unterscheidet sich für die An-sich genau von ihrem Sein, obwohl es *nichts darüber hinaus* ist: es ist nur ihre gemeinsame Anwesenheit, insofern ein Für-sich bei ihnen anwesend ist.

Wir wissen jetzt, *was anwesend ist* und *wobei* das Anwesende anwesend ist. Aber was ist *Anwesenheit*?

Wir haben gesehen, daß dies nicht die als eine einfache Exterioritätsbeziehung gedachte reine Koexistenz zweier Existierender sein kann, denn zur Herstellung dieser Koexistenz würde sie ein drittes Glied erfordern. Im Fall der Koexistenz der innerweltlichen Dinge existiert dieses dritte Glied: es ist das Für-sich, das diese Koexistenz herstellt, indem es sich bei allen zugleich anwesend macht. Aber im Fall der Anwesenheit des Für-sich beim An-sichsein könnte es kein drittes Glied geben. Kein Zeuge, und sei es Gott, kann diese Anwesenheit *herstellen*, das Fürsich selbst kann sie nur erkennen, wenn sie *bereits ist*. Dennoch kann sie nicht nach dem Modus des An-sich sein. Das bedeutet, daß ursprünglich das Für-sich Anwesenheit beim Sein ist, insofern es sein eigener Koexistenzzeuge ist. Wie ist das zu verstehen? Wir wissen, daß das Für-sich das Sein ist, das in Form eines Zeugen seines Seins existiert. Nun ist das Für-sich beim Sein anwesend, wenn es intentional auf dieses Sein außerhalb seiner gerichtet ist. Und es muß so eng am Sein haften, wie ohne Identifikation möglich ist. Wir werden im nächsten Kapitel sehen, daß diese Adhärenz deshalb realistisch ist, weil das Fürsich in einer ursprünglichen Verbindung mit dem Sein als Sich entsteht: es ist sich selbst Zeuge als dieses Sein *nicht seiend*. Und somit ist es außerhalb von sich, auf und in dem Sein als dieses Sein nicht seiend. Das konnten wir übrigens gerade aus der Bedeutung der Anwesenheit ableiten: die Anwesenheit bei einem Sein impliziert, daß man durch ein Interioritätsband an dieses Sein gebunden ist, sonst wäre keinerlei Verbindung der Gegenwart mit dem Sein möglich; aber dieses Interioritätsband ist ein negatives Band, es negiert am gegenwärtigen Sein, daß es das Sein sei, bei dem es anwesend ist. Sonst würde sich das Interioritätsband in bloße Identifizierung auflösen. Die Anwesenheit des Für-sich beim Sein impliziert also, daß das Für-sich Zeuge von sich ist in Anwesenheit des Seins als das Sein nicht seiend; die Anwesenheit beim Sein ist Anwesenheit des Für-sich, insofern es nicht ist. Denn die Negation bezieht sich nicht auf eine Verschiedenheit der Seinsweise, die das Für-sich vom Sein unterschiede, sondern auf eine Seinsverschiedenheit. Eben das drückt man kurz aus, wenn man sagt, daß die Gegenwart *nicht ist*.

Was bedeutet dieses Nicht-sein der Gegenwart und des Für-sich? Um das zu erfassen, müssen wir auf das Für-sich, seinen Existenzmodus zurückkommen und kurz eine Beschreibung seiner ontologischen Beziehung zum Sein skizzieren. Vom Für-sich als solchem läßt sich nie sagen: es *ist*, so wie man zum Beispiel sagt: es *ist* neun Uhr, das heißt im Sinn der totalen Übereinstimmung des Seins mit sich selbst, die das Sich setzt und aufhebt und die den Anschein der Passivität erweckt. Denn das Für-sich hat die Existenz einer Erscheinung, die mit dem Zeugen einer Spiegelung gekoppelt ist, die auf ein Spiegelndes verweist, ohne daß es irgendeinen Gegenstand gäbe, dessen Spiegelung Spiegelung wäre. Das Für-sich hat kein Sein, weil sein Sein stets auf Distanz ist: dort drüben im Spiegelnden, wenn man die Erscheinung betrachtet, die nur *für* das Spiegelnde Erscheinung oder Spiegelung ist; dort drüben in der Spiegelung, wenn man das Spiegelnde betrachtet, das an sich nur noch reine Funktion ist, *diese* Spiegelung zu spiegeln. Außerdem ist das Für-sich aber in sich selbst nicht das Sein, denn es macht sich explizit für-sich sein als das Sein nicht seiend. Es ist Bewußtsein von… als innere Negation von… Die Grundstruktur der Intentionalität und der Selbstheit ist die Negation als *interner* Bezug des Für-sich zum Ding; das Für-sich konstituiert sich draußen, ausgehend vom Ding als Negation dieses Dinges; somit ist sein erster Bezug zum An-sich-sein Negation; es «ist» nach dem Modus des Für-sich, das heißt als verstreutes Existierendes, insofern es sich sich selbst als das Sein nicht seiend offenbart. Es entgeht dem Sein auf zweifache Weise, durch innere Auflösung und ausdrückliche Negation. Und die Gegenwart ist genau diese Negation des Seins, dieses Entweichen aus dem Sein, insofern das Sein *da* ist als das, aus dem man entweicht. Das Für-sich ist in Form von Flucht beim Sein anwesend; die Gegenwart ist ständige Flucht gegenüber dem Sein. Damit haben wir den ersten Sinn der Gegenwart präzisiert: die Gegenwart *ist nicht*; der gegenwärtige Augenblick entspringt einer realisierenden und verdinglichten [chosiste] Auffassung des Für-sich; diese Auffassung führt dazu, das Für-sich mittels dessen zu kennzeichnen, was *ist* und bei dem es anwesend ist, zum Beispiel mittels des Zeigers auf dem Zifferblatt. In diesem Sinn wäre es absurd zu sagen, es sei für das Für-sich neun Uhr; sondern das Für-sich kann bei einem auf neun Uhr stehenden Zeiger anwesend sein. Was man fälschlich die Gegenwart nennt, ist das Sein, bei dem die Gegenwart Anwesenheit ist. Es ist unmöglich, die Gegenwart in Form eines Augenblicks zu erfassen, denn der Augenblick wäre der Moment, in dem die Gegenwart *ist*. Doch die Gegenwart ist nicht, sie macht sich gegenwärtig [*se présentifie*] in Form von Flucht.

Aber die Gegenwart ist nicht nur sich gegenwärtig machendes Nicht-sein des Für-sich. Als Für-sich hat sie ihr Sein außerhalb, vor und hinter sich. Hinter sich *war* sie ihre Vergangenheit, und vor sich *wird* sie ihre Zukunft *sein*. Sie ist Flucht aus dem zugleich gegenwärtigen Sein und aus dem Sein, das sie war, zu dem Sein hin, das sie sein wird. Als Gegenwart ist sie nicht das, was sie ist (Vergangenheit), und ist das, was sie nicht ist (Zukunft). Damit sind wir auf die Zukunft verwiesen.

C) *Die Zukunft*

Halten wir zunächst fest, daß das An-sich weder Zukunft sein noch einen Teil Zukunft enthalten kann. Wenn ich diese Mondsichel betrachte, ist der Vollmond zukünftig nur «in der Welt», die sich der menschlichen-Realität enthüllt: durch die menschliche-Realität kommt die Zukunft in die Welt. An sich ist dieses Mondviertel das, was es ist. Nichts an ihm ist Potenz. Es ist Akt. Es gibt also ebensowenig Zukunft wie Vergangenheit als Phänomen ursprünglicher Zeitlichkeit des An-sich-seins. Die Zukunft des An-sich würde, wenn sie existierte, *an-sich* existieren, vom Sein abgeschnitten wie die Vergangenheit. Auch wenn man wie Laplace einen totalen Determinismus annähme,[125] der einen künftigen Zustand *vorherzusehen* erlaubte, so müßte sich dieser künftige Umstand doch von einer vorausgehenden Enthüllung der Zukunft als solcher abheben, von einem Zu-künftig-sein [*être-à-venir*] der Welt – andernfalls ist die Zeit eine Illusion, und die Chronologie verschleiert eine streng logische Ordnung von Deduzierbarkeit. Wenn sich die Zukunft am Horizont der Welt abhebt, so kann das nur durch ein Sein sein, das seine eigene Zukunft [*avenir*] ist, das heißt, das für sich selbst zu-künftig [*à-venir*] ist, dessen Sein durch ein Zu-sich-kommen seines Seins konstituiert wird. Wir treffen hier wieder auf ek-statische Strukturen, analog zu denen, die wir bei der Vergangenheit beschrieben haben. Nur ein Sein, das sein Sein zu sein hat, statt es einfach zu sein, kann eine Zukunft haben.

Aber was genau ist das, seine Zukunft sein? Und welchen Seinstypus hat die Zukunft? Man muß zunächst auf die Idee verzichten, die Zukunft existiere als *Vorstellung*. Zuallererst wird die Zukunft selten «vorgestellt». Und wenn sie es wird, ist sie, wie Heidegger meint,[126] thematisch erfaßt und hört auf, *meine* Zukunft zu sein, um der indifferente Gegenstand meiner Vorstellung zu werden. Sodann, würde sie vorgestellt, könnte sie nicht der «Inhalt» meiner Vorstellung sein, denn dieser Inhalt, wenn es Inhalt gäbe, müßte gegenwärtig sein. Läßt sich sagen, daß dieser gegenwärtige Inhalt durch eine «zukünftigende» [*futurante*] Intention belebt werden kann? Das hätte keinerlei Sinn. Auch wenn diese Intention existierte, müßte sie selbst gegenwärtig sein – und dann ist das Problem der Zukunft völlig unlösbar –, oder sie müßte die Gegenwart in die Zukunft transzendieren, und dann ist das Sein dieser Intention zu-künftig, man muß der Zukunft ein vom bloßen «percipi» verschiedenes Sein zuerkennen. Wenn im übrigen das Für-sich in seiner Gegenwart begrenzt wäre, wie könnte es sich die Zukunft vorstellen? Wie hätte es die Kenntnis oder die Vorahnung von ihr? Keine ausgeprägte Idee könnte ihm ein Äquivalent davon liefern. Wenn man zunächst die Gegenwart in die Gegenwart eingeschlossen hat, kann sie natürlich nie aus ihr herauskommen. Es nützte nichts, sie als «zukunftsträchtig» auszugeben. Entweder bedeutet dieser Ausdruck nichts, oder er bezeichnet eine aktuelle Effizienz der Gegenwart, oder aber er zeigt das Seinsgesetz des Für-sich an als das, was sich selbst Zukunft ist, und in diesem letzten Fall ist damit nur angegeben, was zu beschreiben und zu erklären ist. «Zukunftsträchtig» oder «Erwartung der Zukunft» oder «Erkenntnis der Zukunft» kann das Für-sich nur auf dem Hintergrund einer ursprünglichen präjudikativen Beziehung von sich zu sich sein: man kann sich für das Für-sich nicht die geringste Möglichkeit einer thematischen Voraussicht denken, und sei es die der determinierten Zustände des wissenschaftlichen Universums, außer wenn es das Sein ist, das von der Zukunft her zu sich selbst kommt, das Sein, das sich existieren macht als sein Sein außerhalb seiner selbst in der Zukunft habend. Nehmen wir ein einfaches Beispiel: diese Stellung, die ich lebhaft auf dem Tennisplatz einnehme, hat Sinn nur durch die Bewegung, die ich anschließend mit meinem Schläger machen werde, um den Ball über das Netz zurückzuschlagen. Ich gehorche dabei aber weder der «klaren Vorstellung» der zukünftigen Bewegung noch dem «festen Willen», sie auszuführen. Vorstellungen und Wollungen sind von den Psychologen erfundene Idole. Die künftige Bewegung kehrt, ohne auch nur thematisch gesetzt zu sein, nach hinten zurück zu den Stellungen, die ich einnehme, um sie zu erhellen, zu verbinden und zu verändern. Ich bin zunächst aus einem Guß da drüben auf dem Platz, den Ball zurückschlagend, als Selbstmangel, und die Zwischenstellungen, die ich einnehme, sind nur Mittel, mich dem künftigen Zustand zu nähern, um in ihm aufzugehen, wobei jede von ihnen ihren ganzen Sinn nur *durch* diesen künftigen Zustand hat. Es gibt keinen Moment meines Bewußtseins, der nicht ebenso durch einen inneren Bezug zu einer Zukunft definiert wäre; ob ich schreibe, rauche, trinke oder mich ausruhe, der Sinn meiner Bewußtseine ist immer auf Distanz, dort drüben, draußen. In diesem Sinn sagt Heidegger mit Recht: «...das Dasein [ist] ständig ‹mehr›, als es tatsächlich ist, wollte man es und könnte man es als Vorhandenes in seinem Seinsbestand registrieren.»[127] Mehr noch, ein solches Registrieren wäre unmöglich, da man dann aus der Gegenwart ein An-sich machen würde. So hat man zwar richtig gesagt, daß die Finalität die umgekehrte Kausalität sei, das heißt die Effizienz des künftigen Zustandes. Aber man hat allzuoft vergessen, diese Formel wörtlich zu nehmen.

Man darf unter Zukunft nicht ein «Jetzt» verstehen, das noch nicht wäre. Wir fielen damit in das An-sich zurück, und vor allem müßten wir die Zeit als einen gegebenen, statischen Behälter betrachten. Die Zukunft ist *das, was ich zu sein habe*, insofern ich vermag, es nicht zu sein. Erinnern wir uns, daß sich das Für-sich dem Sein gegenwärtig macht als dieses Sein nicht seiend und sein Sein in der Vergangenheit gewesen seiend. Diese Gegenwärtigkeit ist Flucht. Es handelt sich nicht um eine verzögerte und ruhende Anwesenheit beim Sein, sondern um einen Ausbruch aus dem Sein nach... Und diese Flucht ist doppelt, denn indem die Gegenwärtigkeit das Sein flieht, das sie nicht ist, flieht sie das Sein, das sie war. *Wohin* flieht sie? Vergessen wir nicht, daß das Für-sich, insofern es sich dem Sein gegenwärtig macht, um es zu fliehen, ein Mangel ist. Das Mögliche ist das, *woran* es dem Für-sich mangelt, um Sich zu sein oder, wenn man lieber will, die Erscheinung dessen, was ich bin, auf Distanz. Von daher erfaßt man den Sinn der Flucht, die Gegenwärtigkeit ist: sie ist

Flucht *zu ihrem Sein hin*, das heißt zu dem Sich, das sie durch Koinzidenz mit dem, woran es ihr mangelt, sein wird. Die Zukunft ist der Mangel, der sie, als Mangel, vom An-sich der Anwesenheit losreißt. Würde es ihr an nichts mangeln, so fiele sie in das Sein zurück und verlöre sogar die *Anwesenheit beim Sein*, für die sie die Isolierung der vollständigen Identität eintauschte. Der Mangel als solcher erlaubt ihr, Anwesenheit zu sein; weil sie außerhalb ihrer selbst ist auf ein Mangelndes hin, das jenseits der Welt ist, kann sie außerhalb ihrer selbst als Anwesenheit bei einem An-sich sein, das sie nicht ist. Die Zukunft ist das bestimmende Sein, das das Für-sich jenseits des Seins zu sein hat. Es gibt eine Zukunft, weil das Für-sich sein Sein zu sein hat, statt es ganz einfach zu sein. Dieses Sein, das das Für-sich zu sein hat, kann nicht in der Weise der zugleich anwesenden An-sich sein, sonst wäre es, ohne daß es geseint zu werden hat; man kann es sich daher nicht als einen vollständig definierten Zustand vorstellen, dem allein die Anwesenheit mangelte, wie Kant sagt, daß die Existenz dem Gegenstand des Begriffs nichts weiter hinzufügt.[128] Es kann aber auch nicht umhin, zu existieren, sonst wäre das Für-sich nur ein *Gegebenes*. Es ist das, was sich das Für-sich sein macht, indem es sich fortwährend für-sich als unvollendet in Bezug zu ihm erfaßt. Es ist das, wovon das Paar Spiegelung-Spiegelndes auf Distanz heimgesucht wird und wodurch die Spiegelung durch das Spiegelnde (und umgekehrt) als ein Noch-nicht erfaßt wird. Aber dieses Mangelnde muß eben gerade in der Einheit eines einzigen Auftauchens mit dem mangelnden Für-sich gegeben sein, sonst gäbe es nichts, in Bezug zu dem sich das Für-sich als Noch-nicht erfassen könnte. Die Zukunft wird dem Für-sich als das enthüllt, was das Für-sich noch nicht ist, insofern sich das Für-sich nicht-thetisch für sich konstituiert als ein Noch-nicht in der Perspektive dieser Enthüllung und insofern es sich sein macht als ein Entwurf seiner selbst aus der Gegenwart zu dem hin, was es noch nicht ist. Und gewiß kann die Zukunft nicht ohne diese Enthüllung sein. Und diese Enthüllung verlangt selbst, sich enthüllt zu werden, das heißt, sie verlangt die Enthüllung des Für-sich gegenüber sich selbst, sonst würde die Gesamtheit Enthüllung-Enthülltes in das Unbewußte, das heißt in das An-sich, fallen. Nur ein Sein, das sich selbst sein Enthülltes ist, das heißt, dem es in seinem Sein um dieses Sein selbst geht,[129] kann somit eine Zukunft haben. Umgekehrt aber kann ein solches Sein nur in der Perspektive eines Noch-nicht für sich sein, denn es erfaßt sich selbst als ein Nichts, das heißt als ein Sein, dessen Seinskomplement auf Distanz zu sich ist. Auf Distanz, das heißt jenseits des Seins. Also ist alles, was das Für-sich jenseits des Seins ist, die Zukunft.

Was bedeutet dieses «jenseits»? Zu seinem Verständnis müssen wir festhalten, daß die Zukunft ein wesentliches Merkmal des Für-sich hat: sie ist (künftige) Anwesenheit beim Sein. Und Anwesenheit dieses Für-sich *hier*, des Für-sich, dessen Zukunft sie ist. Wenn ich sage: *ich* werde glücklich sein, ist es dieses gegenwärtige Für-sich, das glücklich sein wird, das aktuelle «Erlebnis»[130] mit allem, was es *war* und was es hinter sich herzieht. Und es wird es als Anwesenheit beim Sein sein, das heißt als zukünftige Anwesenheit des Für-sich bei einem mitzukünftigen Sein. So daß das, was mir als der Sinn des gegenwärtigen Für-sich gegeben ist, gewöhnlich das mitzukünftige Sein ist, insofern es sich dem zukünftigen Für-sich enthüllen wird als das, bei dem dieses Für-sich anwesend sein wird. Denn das Für-sich ist thetisches Bewußtsein *von der* Welt in Form von Anwesenheit und nicht-thetisches Bewußtsein *von* sich. Was sich somit gewöhnlich dem Bewußtsein enthüllt, ist die *zukünftige Welt*, ohne daß es darauf achtet, daß das die Welt ist, insofern sie einem Bewußtsein erscheinen wird, die Welt, insofern sie als zukünftig gesetzt ist durch die Anwesenheit eines zukünftigen [*à venir*] Für-sich. Diese Welt hat als zukünftige nur Sinn, insofern ich dort anwesend bin als *ein anderer*, der ich *sein werde*, in einer anderen physischen, affektiven, sozialen usw. Position. Dennoch ist sie es, die am Ende meines gegenwärtigen Für-sich und jenseits des An-sich-seins ist, und deshalb gerade neigen wir dazu, die Zukunft zunächst als einen Zustand der Welt darzustellen und uns dann auf diesem Welthintergrund erscheinen zu lassen. Wenn ich schreibe, habe ich Bewußtsein *von den* Wörtern als geschriebenen und zu schreibenden. Die Wörter allein erscheinen als die Zukunft, die mich erwartet. Aber die bloße Tatsache, daß sie als *zu schreibende* erscheinen, impliziert, daß Schreiben als nicht-thetisches Bewußtsein (von) sich die Möglichkeit ist, die ich bin. Also zieht die Zukunft als zukünftige Anwesenheit eines Für-sich bei einem Sein das An-sich-sein mit sich in die Zukunft. Dieses Sein, bei dem es anwesend sein wird, ist der Sinn des mit dem anwesenden Für-sich zugleich anwesenden An-sich, wie die Zukunft der Sinn des Für-sich ist. Die Zukunft ist Anwesenheit bei einem mitzukünftigen Sein, weil das Für-sich nur außerhalb von sich beim Sein existieren kann und die Zukunft ein zukünftiges Für-sich ist. Aber so, durch die Zukunft, kommt ein Zukünftiges in die Welt, das heißt, das Für-sich *ist* sein Sinn als Anwesenheit bei einem Sein, das jenseits des Seins ist. Durch das Für-sich wird ein Jenseits-des-Seins enthüllt, bei dem es das zu sein hat, was es ist. Ich muß, nach der berühmten Formel, «werden, was ich war», aber ich muß es werden in einer ihrerseits *gewordenen* Welt. Und in einer Welt, die geworden ist *von dem aus*, was sie ist. Das bedeutet, daß ich der Welt eigne Möglichkeiten gebe von dem Zustand aus, den ich an ihr erfasse: der Determinismus erscheint auf dem Hintergrund des künftigenden Entwurfs meiner selbst. So unterscheidet sich die Zukunft vom Imaginären, wo ich ebenfalls das bin, was ich nicht bin, wo ich ebenfalls meinen Sinn in einem Sein finde, das ich zu sein habe, wo aber dieses Für-sich, das ich zu sein habe, vom Nichtungsgrund der Welt auftaucht, *neben* der Welt des Seins.

Indessen ist die Zukunft nicht allein Anwesenheit des Für-sich bei einem jenseits des Seins situierten Sein. Sie ist etwas, was auf das Für-sich, das ich bin, wartet. Dieses Etwas bin ich selbst: wenn ich sage, daß *ich* glücklich sein werde, so ist klar, daß es mein gegenwärtiges Ich ist, das, seine Vergangenheit hinter sich herziehend, glücklich sein wird. Die Zukunft bin also ich, insofern ich mich erwarte als Anwesenheit bei einem Sein jenseits des Seins. Ich entwerfe mich auf die Zukunft hin, um dort mit dem zu verschmelzen, woran es mir mangelt, das heißt mit dem, dessen synthetische Hinzufügung zu meiner Gegenwart bewirken würde, daß ich das bin, was ich bin. Das also, was das Für-sich zu sein hat als Anwesenheit beim Sein jenseits des Seins, ist seine eigene Möglichkeit. Die Zukunft ist der ideale Punkt, wo die plötzliche und unendliche Kompression der Faktizität (Vergangenheit), des Für-sich (Gegenwart) und seines Möglichen (Zukunft) endlich das *Sich* auftauchen ließe als Existenz an sich des Für-sich. Und der Entwurf des Für-sich auf die Zukunft hin, die es *ist*, ist ein Entwurf auf das An-sich hin. In diesem Sinn hat das Für-sich seine Zukunft zu sein, weil es der Grund dessen, was es ist, nur sich gegenüber und jenseits des Seins sein kann: die Natur des Für-sich selbst ist es, ein «stets zukünftiges Hohles» sein zu müssen. Deshalb wird es in der Gegenwart nie *geworden* sein, was es in der Zukunft zu sein hatte. Die ganze Zukunft des gegenwärtigen Für-sich fällt als Zukunft mit diesem Für-sich selbst in die Vergangenheit. Sie wird die vergangene Zukunft eines gewissen Für-sich oder zweites Futur sein. Diese Zukunft *realisiert* sich nicht. Was sich realisiert, ist ein durch die Zukunft *bezeichnetes* Für-sich, das sich in Verbindung mit dieser Zukunft konstituiert. Auf dem Tennisplatz zum Beispiel hat meine Endstellung vom Hintergrund der Zukunft aus alle meine einzelnen Zwischenstellungen bestimmt, und schließlich ist sie durch eine letzte Stellung eingeholt worden, die identisch ist mit dem, was sie als Sinn meiner

Bewegungen in der Zukunft war. Aber eben dieses «Einholen» ist rein ideal, es vollzieht sich nicht real: die Zukunft läßt sich nicht einholen, sie gleitet in die Vergangenheit als frühere Zukunft, und das gegenwärtige Für-sich enthüllt sich in seiner ganzen Faktizität als Grund seines eigenen Nichts und damit von neuem als Mangel einer neuen Zukunft. Daher rührt die ontologische Enttäuschung, die das Für-sich bei jedem Ausgang in die Zukunft erwartet: «Wie schön war die Republik unter dem Kaiserreich!» Selbst wenn meine Gegenwart in ihrem Inhalt streng identisch ist mit der Zukunft, auf die hin ich mich über das Sein hinaus entwarf, ist es doch nicht *diese* Gegenwart, auf die hin ich mich entwarf, denn ich entwarf mich auf die Zukunft als Zukunft hin, das heißt als Punkt des Einholens meines Seins, als Ort des Auftauchens des *Sich*.

Wir sind nun besser imstande, die Zukunft nach ihrem Sein zu befragen, da diese Zukunft, die ich zu sein habe, einfach meine *Möglichkeit* ist, jenseits des Seins beim Sein anwesend zu sein. In diesem Sinn ist die Zukunft der Vergangenheit streng entgegengesetzt. Zwar ist die Vergangenheit das Sein, das ich außerhalb von mir bin, aber es ist das Sein, das ich ohne Möglichkeit bin, es nicht zu sein. Das nannten wir: seine Vergangenheit *hinter* sich sein. Die Zukunft, die ich zu sein habe, ist dagegen in ihrem Sein so, daß ich sie nur sein *kann*: denn meine Freiheit unterhöhlt sie insgeheim in ihrem Sein. Das bedeutet, daß die Zukunft den Sinn meines gegenwärtigen Für-sich konstituiert als den Entwurf seiner Möglichkeit, daß sie jedoch keineswegs mein künftiges Für-sich vorausbestimmt, da das Für-sich stets allein gelassen ist bei dieser nichtenden Verpflichtung, der Grund seines Nichts zu sein. Die Zukunft zeichnet nur den Rahmen vor, in dem sich das Fürsich sein machen wird als eine dem Sein sich gegenwärtig machende Flucht zu einer anderen Zukunft hin. Sie ist das, was ich wäre, wenn ich nicht frei wäre, und was ich nur *zu sein haben* kann, weil ich frei bin. Zur selben Zeit, in der sie am Horizont erscheint, um mir anzukündigen, was ich von dem aus, was ich sein werde, bin («Was machst du?» «Ich *bin* dabei, diesen Teppich anzunageln, dieses Bild an die Wand zu hängen»), entwaffnet sie sich schon gemäß ihrer Natur einer künftigen Für-sich-Gegenwart, weil das Für-sich, das sein wird, nach dem Modus sein wird, sich selbst zu sein zu bestimmen, und da die Zukunft, als Vorzeichnung dieses Für-sich vergangene Zukunft geworden, es nur noch als vergangene anregen kann, das zu sein, was es sich sein macht. In einem Wort, ich bin meine Zukunft in der konstanten Perspektive der Möglichkeit, sie nicht zu sein. Deshalb diese Angst, die wir oben beschrieben haben und die daher kommt, daß ich diese Zukunft, die ich zu sein habe und die meiner Gegenwart ihren Sinn gibt, nicht genügend bin: denn ich bin ein Sein, dessen Sinn stets problematisch ist. Vergebens möchte sich das Für-sich an sein Mögliches ketten als an das Sein, das es außerhalb seiner selbst ist, das es aber zumindest *mit Sicherheit* außerhalb seiner selbst ist: das Für-sich kann stets nur auf problematische Weise seine Zukunft sein, denn es ist von ihr getrennt durch ein Nichts, das es ist: mit einem Wort, es ist frei, und seine Freiheit ist sich selbst ihre eigene Grenze. Frei sein heißt zum Freisein verurteilt sein. So hat die Zukunft als Zukunft kein Sein. Sie ist nicht *an sich*, und sie ist auch nicht nach dem Seinsmodus des Für-sich, da sie der *Sinn* des Für-sich ist. Die Zukunft ist nicht, sondern *vermöglicht* sich. Die Zukunft ist die dauernde Vermöglichung der Möglichkeiten als der Sinn des gegenwärtigen Für-sich, insofern dieser Sinn problematisch ist und als solcher dem gegenwärtigen Für-sich radikal entgeht.

Die so beschriebene Zukunft entspricht nicht einer homogenen, chronologisch geordneten Folge von künftigen Augenblicken. Es gibt zwar eine Hierarchie meiner Möglichkeiten. Aber diese Hierarchie entspricht nicht der Ordnung der universellen Zeitlichkeit, wie diese sich auf den Grundlagen der ursprünglichen Zeitlichkeit herstellt. Ich *bin* eine Unendlichkeit von Möglichkeiten, denn der Sinn des Für-sich ist komplex und nicht auf eine Formel zu bringen. Aber die eine Möglichkeit ist für den Sinn des gegenwärtigen Für-sich bestimmender als die andere, die in der universellen Zeit näher liegt. Die Möglichkeit, um zwei Uhr einen Freund zu besuchen, den ich seit zwei Jahren nicht mehr gesehen habe, ist beispielsweise wirklich ein Mögliches, das ich bin. Aber die näher liegenden Möglichkeiten – Möglichkeiten, mit dem Taxi, dem Bus, der Metro oder zu Fuß dorthin zu kommen – bleiben gegenwärtig unbestimmt. Ich *bin keine* dieser Möglichkeiten. Daher gibt es Löcher in der Reihe meiner Möglichkeiten. Diese Löcher werden im Bereich der Erkenntnis aufgefüllt durch die Konstituierung einer homogenen, lückenlosen Zeit – im Bereich des Handelns durch den Willen, das heißt durch die meinen Möglichkeiten entsprechende rationale und thematisierende Wahl von Möglichkeiten, die *meine* Möglichkeiten nicht sind und nicht sein werden und die ich nach dem Modus der totalen Indifferenz realisieren werde, um ein Mögliches *einzuholen*, das ich bin.

II

Ontologie der Zeitlichkeit

A) Die statische Zeitlichkeit

Unsere phänomenologische Beschreibung der drei zeitlichen Ek-stasen muß uns erlauben, jetzt die Zeitlichkeit als totalitäre Struktur anzugehen, die die sekundären ekstatischen Strukturen in sich zusammenfügt. Aber diese neue Untersuchung muß von zwei verschiedenen Gesichtspunkten aus gemacht werden.

Die Zeitlichkeit wird oft als ein Undefinierbares betrachtet. Jeder nimmt jedoch an, daß sie vor allem Sukzession ist. Und die Sukzession läßt sich ihrerseits als eine Ordnung definieren, deren Ordnungsprinzip die Beziehung Vorher-Nachher ist. Eine nach Vorher-Nachher angeordnete Vielheit, das ist die zeitliche Vielheit. Man muß also zuerst die Konstitution und die Erfordernisse der Ausdrücke «*vorher*» und «*nachher*» betrachten. Das werden wir die zeitliche *Statik* nennen, da diese Begriffe «vorher» und «nachher» unter ihrem strikt ordnenden Aspekt und unabhängig von dem eigentlichen Wechsel untersucht werden können. Aber die Zeit ist nicht nur eine feststehende Ordnung für eine bestimmte Vielheit: wenn wir die Zeitlichkeit genauer betrachten, konstatieren wir das *Faktum* der Sukzession, das heißt das Faktum, daß dieses Nachher ein Vorher *wird*, daß die Gegenwart Vergangenheit *wird* und die Zukunft zweites Futur. Das wird an zweiter Stelle unter der Bezeichnung zeitliche *Dynamik* zu untersuchen sein. Ohne jeden Zweifel ist in der zeitlichen Dynamik das Geheimnis der statischen Konstitution der Zeit zu suchen. Es empfiehlt sich jedoch, die Schwierigkeiten zu teilen. In einer Hinsicht kann man nämlich sagen, daß die zeitliche Statik gesondert betrachtet werden kann als eine gewisse formale Struktur der Zeitlichkeit – was Kant die *Ordnung* der Zeit nennt – und daß die Dynamik dem materiellen Fluß oder, nach der Kantischen Terminologie, dem *Ablauf* der Zeit entspricht.[131] Es ist also angebracht, diese Ordnung und diesen Ablauf nacheinander zu betrachten.

Die Ordnung «Vorher-Nachher» ist zunächst durch ihre Unumkehrbarkeit definiert. Man nennt eine Reihe sukzessiv, deren Glieder man nur nacheinander und in einer einzigen Richtung betrachten kann. Aber man hat – gerade weil die Glieder der Reihe sich *eines nach dem andern* enthüllen und jedes die andern ausschließt – in dem *Vorher* und *Nachher* Formen von Trennung sehen wollen.

Und tatsächlich trennt mich ja die Zeit beispielsweise von der Realisierung meiner Wünsche. Ich bin gezwungen, auf diese Realisierung zu warten, weil sie *nach* anderen Ereignissen situiert ist. Ohne die Sukzession der «Nachher» wäre ich *sofort* das, was ich sein will, es gäbe keine Distanz mehr zwischen mir und mir und keine Trennung mehr zwischen Handeln und Traum. Gerade diese Trennungskraft der Zeit haben die Romanciers und die Lyriker betont wie auch eine verwandte Idee, die übrigens zur zeitlichen Dynamik gehört: daß jedes «Jetzt» dazu bestimmt ist, ein «Früher» zu werden. Die Zeit nagt und höhlt aus, sie trennt und flieht. Und außerdem heilt sie als etwas Trennendes – indem sie den Menschen von seinem Leiden oder dem Gegenstand seines Leidens trennt.

«Laß die Zeit wirken», sagt der König zu Don Rodrigo.[132] Ganz allgemein war man vor allem von der Notwendigkeit betroffen, daß jedes Sein in eine unendliche Zerstreuung aufeinanderfolgender *Nachher* zersplittert ist. Selbst das *Dauerhafte*, selbst dieser Tisch, der unveränderlich bleibt, während ich mich ändere, muß sein Sein in der zeitlichen Zerstreuung ausbreiten und brechen. Die Zeit trennt mich von mir selbst, von dem, was ich gewesen bin, von dem, was ich sein will, von dem, was ich tun will, von den Dingen und vom Andern. Und die Zeit wird als praktisches Maß der Distanz gewählt: man ist eine halbe Stunde von jener Stadt, eine Stunde von jener anderen entfernt, man braucht drei Tage, um jene Arbeit zu verrichten usw. Aus diesen Prämissen geht hervor, daß eine zeitliche Sicht der Welt und des Menschen in eine Zerbröckelung von Vorher und Nachher zerfallen wird. Die Einheit dieser Zerbröckelung, das zeitliche Atom wird der *Augenblick* sein, der *vor* bestimmten und *nach* anderen Augenblicken seinen Platz hat, ohne innerhalb seiner eigenen Form ein Vorher oder Nachher zu enthalten. Der Augenblick ist unteilbar und zeitlos, da die Zeitlichkeit ja Sukzession ist; aber die Welt zerfällt in einen unendlichen

Staub von Augenblicken, und für Descartes zum Beispiel ist es ein Problem, zu verstehen, *wie* es einen Übergang von einem Augenblick zu einem andern Augenblick geben kann; denn die Augenblicke sind nebeneinander gesetzt, das heißt durch *nichts* getrennt und doch ohne jede Verbindung.¹³³ Ähnlich fragt sich Proust, wie sein Ich von einem Augenblick zum andern gelangen kann, wieso er zum Beispiel nach einer durchschlafenen Nacht genau sein Ich vom Vortag wiederfindet und nicht irgendein anderes; und, noch radikaler, versuchen die Empiristen vergeblich, nachdem sie die Permanenz des Ich geleugnet haben, eine Art transversaler Einheit quer durch die Augenblicke des psychischen Lebens herzustellen. Betrachtet man also die auflösende Kraft der Zeitlichkeit isoliert, muß man zugeben, daß die Tatsache, in einem gegebenen Augenblick existiert zu haben, kein Recht konstituiert, im folgenden Augenblick zu existieren, ja nicht einmal eine Hypothek oder eine Option auf die Zukunft. Und das Problem ist dann, zu erklären, daß es eine Welt gibt, das heißt verbundene Veränderungen und Permanenzen in der Zeit.

Dennoch ist die Zeitlichkeit nicht nur und nicht einmal zunächst Trennung. Um sich darüber klarzuwerden, braucht man nur die Begriffe *Vorher* und *Nachher* genauer zu betrachten. Wir sagen: A kommt *nach* B. Wir haben damit eine ausdrückliche *Ordnungs*beziehung zwischen A und B hergestellt, was also ihre Vereinigung innerhalb dieser Ordnung selbst voraussetzt. Gäbe es zwischen A und B keinen anderen Bezug als diesen, würde er zumindest ausreichen, um ihre Verbindung zu sichern, denn er würde dem Denken erlauben, vom einen zum andern zu gehen und sie in einem Sukzessionsurteil zu vereinigen. Wenn also die Zeit Trennung ist, so ist sie wenigstens eine Trennung spezieller Art: eine Teilung, die vereinigt. Gut, wird man sagen, aber diese vereinigende Beziehung ist *par excellence* eine externe Beziehung. Haben die Assoziationisten, als sie zu beweisen versuchten, daß die Eindrücke des Geistes nur durch rein externe Bindungen aneinander festgehalten würden, nicht letztlich alle assoziativen Verbindungen auf die als bloße «Kontiguität» verstandene Beziehung Vorher-Nachher reduziert?

Ohne Zweifel. Aber hat nicht Kant gezeigt, daß es der empirischen Einheit und somit der Vereinigung des zeitlich Verschiedenen bedarf, damit die geringste Bindung empirischer Assoziation überhaupt denkbar ist?[134] Sehen wir uns die assoziationistische Theorie genauer an. Sie geht einher mit einer monistischen Auffassung vom Sein als überall An-sich-sein. Jeder Eindruck des Geistes ist an ihm selbst das, was er ist, er isoliert sich in seiner gegenwärtigen Fülle, er enthält keine Spur der Zukunft, keinen Mangel. Als Hume seine berühmte Herausforderung[135] veröffentlicht, hat er sich bemüht, das Gesetz aufzustellen, das er aus der Erfahrung herzuleiten behauptet: man kann einen starken oder schwachen Eindruck untersuchen, wie man will, man wird in ihm selbst nichts finden als ihn selbst, so daß jede Verbindung eines Vorhergehenden und eines Folgenden, wie konstant sie auch sein mag, unverständlich bleibt. Nehmen wir also einen zeitlichen Inhalt A an, der als ein Sein an sich existiert, und einen zeitlichen Inhalt B, dem ersteren nachfolgend und in der gleichen Weise existierend, das heißt in der Selbst-Zugehörigkeit der Identität. Zunächst ist festzustellen, daß diese Identität mit sich sie dazu zwingt, daß jeder ohne irgendeine Trennung von sich existiert, wäre sie auch zeitlich, also in der Ewigkeit oder im Augenblick, was auf dasselbe hinausläuft, da der Augenblick, der innerlich keineswegs durch die Verbindung Vorher-Nachher definiert ist, zeitlos ist. Man fragt sich, wie unter diesen Bedingungen der Zustand A dem Zustand B *vorhergehen* kann. Es wäre müßig zu antworten, daß nicht die *Zustände* einander vorhergehen oder nachfolgen, sondern die *Augenblicke*, in denen sie enthalten sind: denn die Augenblicke sind gemäß der Hypothese *an sich* wie die Zustände. Nun setzt die Vorzeitigkeit von A gegenüber B in der Natur von A selbst (Augenblick oder Zustand) eine Unvollständigkeit voraus, die auf B zielt. Ist A vorzeitig zu B, so kann A diese Bestimmung *in B* bekommen. Sonst kann weder das Auftauchen noch die Vernichtung des in seinem Augenblick isolierten B dem ebenso in dem seinen isolierten A die mindeste besondere Qualität verleihen. In einem Wort, wenn A vorzeitig zu B sein soll, muß es in seinem Sein selbst *in B* als sich Zukünftigem sein. Und umgekehrt, wenn B nachzeitig zu A sein soll, muß es in A hinter sich selbst herziehen, das ihm seinen Sinn von Nachzeitigkeit verleihen wird. Wenn wir also A und B *a priori* das Sein an sich zugestehen, ist es unmöglich, zwischen ihnen die geringste Sukzessionsverbindung herzustellen. Diese Verbindung wäre in der Tat nur eine rein externe Beziehung, und als solche bleibt sie, wie man einräumen müßte, in der Luft, ohne Substrat, ohne auf A oder B übergreifen zu können, in einer Art von zeitlosem Nichts.

Es bleibt die Möglichkeit, daß diese Beziehung Vorher-Nachher nur für einen Zeugen existieren kann, der sie herstellt. Aber wenn dieser Zeuge *zugleich* in A und in B sein kann, so deshalb, weil er selbst zeitlich ist, und das Problem stellt sich erneut für ihn. Oder er kann im Gegenteil die Zeit transzendieren durch eine Gabe zeitlicher Allgegenwart, die der Zeitlosigkeit gleichkommt. Bei dieser Lösung sind Descartes und Kant gleicherweise stehengeblieben: für sie wird die zeitliche Einheit, innerhalb deren sich der synthetische Bezug Vorher-Nachher enthüllt, der Vielfalt der Augenblicke durch ein Sein verliehen, das selbst der Zeitlichkeit entgeht. Sie gehen beide von der Voraussetzung einer Zeit aus, die eine Form von Teilung ist und die sich selbst in reine Vielfalt auflöst. Da die Einheit der Zeit nicht von der Zeit selbst geliefert werden kann, beauftragen sie ein außerzeitliches Sein damit: Gott und seine *creatio continua* bei Descartes, das «Ich denke» und seine Formen synthetischer Einheit bei Kant.[136] Nur wird bei dem ersten die Zeit durch ihren materiellen Inhalt vereinigt, der durch eine dauernde *creatio ex nihilo* in der Existenz gehalten wird, bei dem zweiten dagegen werden die reinen Begriffe des Verstandes auf die Form der Zeit selbst angewandt. Jedenfalls ist ein *Zeitloses* (Gott oder das «Ich denke») damit beauftragt, *Zeitlose* (die Augenblicke) mit ihrer Zeitlichkeit zu versehen. Die Zeitlichkeit wird eine bloße externe, abstrakte Beziehung zwischen zeitlosen Substanzen; man will sie ganz aus un-zeitlichen Materialien rekonstruieren. Es ist evident, daß eine solche Rekonstruktion, die zunächst gegen die Zeit unternommen wird, anschließend nicht zum Zeitlichen führen kann. Entweder verzeitlichen wir das Zeitlose implizit und heimlich, oder aber falls wir ihm gewissenhaft seine Zeitlosigkeit bewahren, wird die Zeit eine bloße menschliche Illusion, ein Traum. Wenn nämlich die Zeit *real* ist, muß Gott «warten, bis der Zucker schmilzt»; er muß dort drüben in der Zukunft und gestern in der Vergangenheit sein, um die Verbindung der Momente bewirken zu können, denn er muß sie dort nehmen, wo sie sind. Seine Pseudo-Zeitlosigkeit verschleiert somit andere Begriffe, den der zeitlichen Unendlichkeit und der zeitlichen Allgegenwart. Aber diese können einen Sinn nur haben für eine synthetische Form eines Losreißens von sich, das keineswegs mehr dem Sein an sich entspricht. Stützt man hingegen zum Beispiel die Allwissenheit Gottes auf seine Außerzeitlichkeit, so braucht er überhaupt nicht zu warten, bis der Zucker schmilzt, um zu *sehen*, daß er schmelzen wird. Aber dann können die Notwendigkeit zu warten und folglich die Zeitlichkeit nur eine Illusion darstellen, die aus der menschlichen Endlichkeit resultiert, die chronologische Ordnung ist dann nichts als die konfuse Wahrnehmung einer logischen und ewigen Ordnung. Das Argument kann ohne jede Änderung auf das Kantische «Ich denke» angewandt werden. Es wäre müßig, einzuwenden, daß bei Kant die Zeit als solche eine Einheit hat, da sie als *apriorische* Form aus dem Zeitlosen auftaucht; denn es geht weniger darum, über die totale Einheit ihres Auftauchens als vielmehr über die innerzeitlichen Verbindungen des Vorher und des Nachher Aufschluß zu geben. Kann man von einer virtuellen Zeitlichkeit sprechen, durch die die Vereinigung zum Akt übergegangen ist? Aber diese virtuelle Sukzession ist noch weniger verständlich als die reale Sukzession, von der wir eben sprachen. Was ist eine Sukzession, die auf ihre Vereinigung wartet, um Sukzession zu werden? Zu wem, zu was gehört sie? Und wie könnte andererseits das Zeitlose, wenn sie nicht schon irgendwo gegeben ist, sie absondern, ohne dabei jede Zeitlosigkeit zu verlieren, wie könnte sie überhaupt aus ihm hervorgehen, ohne es zu durchbrechen? Zudem ist hier schon die Vereinigungsidee völlig unverständlich. Wir haben ja zwei an ihrem Platz, ihrem Zeitpunkt isolierte Ansich vorausgesetzt. Wie kann man sie vereinigen? Handelt es sich um eine *reale* Vereinigung? In diesem Fall finden wir uns entweder mit bloßen Worten ab – und die Vereinigung greift nicht auf zwei in ihrer jeweiligen Identität und Vollständigkeit isolierte An-sich über –, oder man muß eine Einheit neuer Art konstituieren, nämlich die ek-statische Einheit: jeder Zustand wird außerhalb seiner, dort drüben sein, um *vor* oder *nach* dem andern sein zu können. Allerdings wird es dann notwendig gewesen sein, ihr Sein zu durchbrechen, es zu dekomprimieren, mit einem Wort, es zu verzeitlichen und nicht nur beide einander anzunähern. Wie wird aber die zeitlose Einheit des «Ich denke» als bloße Denkfähigkeit imstande sein, diese Seinsdekompression zu vollziehen? Können wir annehmen, daß die Vereinigung *virtuell* ist, das heißt, daß man über die Eindrücke hinaus einen dem Husserlschen Noema ziemlich ähnlichen Einheitstyp entworfen hat? Aber wie kann ein Zeitloses, das Zeitlose zu vereinigen hat, eine Vereinigung von der Art der Sukzession konzipieren? Ist aber, wie man dann einräumen muß, das *esse* der Zeit ein *percipi*, wie läßt sich dann das *percipitur* konstituieren; mit einem Wort, wie kann ein Sein von un-zeitlicher Struktur in ihrer Zeitlosigkeit isolierte An-sich als zeitliche erfassen (oder als solche intentionalisieren)? Insofern die Zeitlichkeit zugleich Trennungsform und Syntheseform ist, läßt sie sich also weder von einem Zeitlosen ableiten noch Zeitlosen *von außen* aufzwingen.

In Reaktion auf Descartes hat Leibniz und in Reaktion auf Kant hat Bergson in der Zeitlichkeit lediglich einen bloßen Immanenz- und Kohäsionsbezug sehen wollen. Leibniz hält das Problem des Übergangs von einem Augenblick zum andern und seine Lösung, die *creatio continua*, für ein Scheinproblem mit einer überflüssigen Lösung: ihm zufolge hätte Descartes die *Kontinuität* der Zeit vergessen.[137] Wenn wir die Kontinuität der Zeit behaupten, verbieten wir uns, diese als aus Augenblicken gebildet aufzufassen, und wenn es keinen Augenblick mehr gibt, gibt es keinen Bezug Vorher-Nachher zwischen den Augenblicken mehr. Die Zeit ist eine weite Ablauf-Kontinuität, der man keinesfalls erste Elemente zuschreiben darf, die an-sich existierten.

Dabei vergäße man, daß das Vorher-Nachher auch eine Form ist, die trennt. Wenn die Zeit eine *gegebene* Kontinuität ist mit einer unleugbaren Tendenz zur Trennung, kann man die Frage von Descartes in einer anderen Form stellen: Woher kommt die kohäsive Kraft der Kontinuität? Zwar gibt es keine nebeneinandergestellten ersten Elemente in einem Kontinuum. Das aber gerade, weil es *zunächst* Vereinigung ist. Weil ich die Gerade ziehe, wie Kant sagt, ist die in der Einheit eines einzigen Akts realisierte Gerade etwas anderes als ein aus Punkten bestehendes Unendliches. Wer *zieht* aber die Zeit? Kurz, diese Kontinuität ist ein *Faktum*, das man erklären muß. Sie kann keine Lösung sein. Man erinnere sich übrigens an die bekannte Definition Poincarés:[138] eine Reihe a, b, c ist kontinuierlich, wenn man schreiben kann: a = b, b = c, a ÷ c. Diese Definition ist ausgezeichnet, weil sie uns tatsächlich einen Seinstypus vermuten läßt, der das ist, was er nicht ist, und nicht das ist, was er ist: auf Grund eines Axioms, a = c; auf Grund der Kontinuität selbst, a ÷ c. Also ist a äquivalent mit c und ist es nicht. Und b gleich a und gleich c ist verschieden von sich selbst, insofern a nicht gleich c ist. Aber diese scharfsinnige Definition bleibt ein bloßes Gedankenspiel, solange wir sie in der Perspektive des An-sich betrachten. Und wenn sie uns auch einen Seinstypus liefert, der ist und zugleich nicht ist, so liefert sie uns doch weder seine Prinzipien noch seinen Grund. Alles muß noch getan werden. Man sieht, welchen Dienst uns die Kontinuität besonders bei der Untersuchung der Zeitlichkeit leisten kann, da sie zwischen den Augenblick a und den Augenblick c, wie nah sie einander sein mögen, ein Zwischenglied b einfügt, so daß es, nach der Formel a = b, b = c, a ÷ c, ununterscheidbar von a und ununterscheidbar von c ist, die völlig unterscheidbar voneinander sind. Dieses wird den Bezug Vorher-Nachher realisieren, es wird sich selbst vorher sein, insofern es von a und von c ununterscheidbar ist. Natürlich. Aber wie kann ein solches Sein existieren? Woher kommt ihm seine ek-statische Natur? Wieso vollendet sich diese Spaltung nicht, die sich in ihm abzeichnet, wieso explodiert es nicht in zwei Stücke, von denen das eine mit a und das andere mit b verschmilzt? Wie kann man übersehen, daß seine Einheit ein Problem ist? Vielleicht hätte uns eine genauere Untersuchung der Möglichkeitsbedingungen dieses Seins gezeigt, daß allein das Für-sich auf diese Weise in der ek-statischen Einheit von sich existieren kann. Aber gerade diese Untersuchung ist nicht gemacht worden, und die zeitliche Kohäsion bei Leibniz verschleiert im Grunde die Kohäsion durch absolute Immanenz des Logischen, das heißt die Identität. Aber wenn nun die chronologische Ordnung kontinuierlich ist, kann sie nicht mit der Identitätsordnung übereinstimmen, denn das Kontinuum ist mit der Identität nicht vereinbar.

Ähnlich scheint Bergson mit seiner Dauer, die melodische Organisation und Vielheit wechselseitiger Durchdringung ist,[139] nicht zu sehen, daß eine Organisation von Vielheit einen Organisationsakt voraussetzt. Er hat gegen Descartes recht, wenn er den *Augenblick* aufhebt; aber Kant hat gegen ihn recht mit der Behauptung, daß es keine *gegebene* Synthese gibt. Diese Bergsonsche Vergangenheit, die der Gegenwart anhaftet und sie sogar durchdringt, ist höchstens eine rhetorische Figur. Das zeigen schon die Schwierigkeiten, auf die Bergson in seiner Theorie des Gedächtnisses gestoßen ist.[140] Denn wenn die Vergangenheit, wie er behauptet, das Nichtwirkende ist, so kann sie nur hinten bleiben, sie wird nie zurückkehren und die Gegenwart in Form von Erinnerung durchdringen, falls nicht ein gegenwärtiges Sein die Aufgabe übernommen hat, außerdem ek-statisch in der Vergangenheit zu existieren. Sicher ist es für Bergson ein gleiches Sein, das dauert. Aber gerade das macht die Notwendigkeit ontologischer Klärungen nur noch spürbarer. Denn wir wissen schließlich nicht, ob es das Sein ist, das dauert, oder ob es die Dauer ist, die das Sein ist. Und wenn die Dauer das Sein *ist*, muß man uns sagen, was die ontologische Struktur der Dauer ist; und wenn dagegen das Sein dauert, muß man uns zeigen, was in seinem Sein ihm zu dauern erlaubt.

Was können wir am Schluß dieser Erörterung folgern? Zunächst: die Zeitlichkeit ist eine auflösende Kraft, aber innerhalb eines vereinigenden Akts, sie ist weniger eine reale Vielheit – die nachträglich keinerlei Einheit erhalten könnte und daher gerade nicht als Vielheit existieren würde – als vielmehr eine Quasi-Vielheit, eine sich abzeichnende Dissoziation innerhalb der Einheit. Man darf nicht versuchen, den einen oder den andern dieser beiden Aspekte gesondert zu betrachten: setzt man zunächst die zeitliche Einheit, so läuft man Gefahr, von der unumkehrbaren Sukzession als *Sinn* dieser Einheit nichts mehr zu verstehen; betrachtet man aber die auflösende Sukzession als das ursprüngliche Merkmal der Zeit, so läuft man Gefahr, nicht einmal mehr verstehen zu können, daß es *eine* Zeit gibt. Wenn es also weder irgendeine Priorität der Einheit gegenüber der Vielheit noch der Vielheit gegenüber der Einheit gibt, muß man die Zeitlichkeit als eine Einheit auffassen, die *sich* vervielfältigt, das heißt, daß die Zeitlichkeit nur ein Seinsbezug innerhalb desselben Seins sein kann. Wir können sie nicht als einen Behälter betrachten, dessen Sein *gegeben* wäre, denn damit verzichteten wir für immer darauf, zu verstehen, wie sich dieses An-sich-sein in Vielheit aufspalten kann oder wie sich das An-sich der kleinsten Behälter oder Augenblicke in der Einheit *einer* Zeit wieder vereinigen kann. Die Zeitlichkeit *ist* nicht. Nur ein Sein von einer bestimmten Seinsstruktur kann in der Einheit seines Seins zeitlich sein. Das Vorher und das Nachher sind, wie wir festgestellt haben, nur als interne Beziehung verständlich. Das Vorher läßt sich dort hinten im Nachher als Vorher bestimmen und umgekehrt. In einem Wort, das Vorher ist nur verständlich, wenn es das Sein ist, das sich selbst *vorher* ist. Das heißt, die Zeitlichkeit kann nur den Seinsmodus eines Seins bezeichnen, das selbst außer sich ist. Die Zeitlichkeit muß die Struktur der Selbstheit haben. Nur weil ja das Sich dort hinten außerhalb seiner selbst Sich ist, in seinem Sein, kann es vor oder nach sich sein, kann es allgemein Vorher und Nachher geben. Zeitlichkeit kommt nur als Innenstruktur eines Seins vor, das sein Sein zu sein hat, das heißt als Innenstruktur des Für-sich. Nicht, daß das Für-sich eine ontologische Priorität gegenüber der Zeitlichkeit hätte. Sondern die Zeitlichkeit ist das Sein des Für-sich, insofern es sie ekstatisch zu sein hat. Die Zeitlichkeit ist nicht, sondern das Für-sich verzeitlicht sich, indem es existiert.

Umgekehrt ermöglicht uns unsere phänomenologische Untersuchung der Vergangenheit, der Gegenwart und der

Zukunft zu zeigen, daß das Für-sich nur in zeitlicher Form sein kann.

Indem das Für-sich im Sein als Nichtung des An-sich auftaucht, konstituiert es sich zugleich in allen möglichen Nichtungsdimensionen. Von welcher Seite man es auch betrachtet, es ist das Sein, das nur mit einem Faden an sich selbst hängt, oder, genauer noch, das Sein, das, indem es ist, alle möglichen Dimensionen seiner Nichtung existieren macht. In der Antike nannte man die tiefe Verbundenheit und die Zerstreuung des jüdischen Volks «Diaspora». Dieses Wort kann uns dazu dienen, den Seinsmodus des Für-sich zu bezeichnen: es ist diasporisch. Das An-sichsein hat nur eine Seinsdimension, aber die Erscheinung des Nichts als das, was innerhalb des Seins *geseint wird*, kompliziert die existentielle Struktur, indem sie die ontologische Fata Morgana des Sich entstehen läßt. Wir werden später sehen, daß die Reflexion, die Transzendenz und das In-der-Welt-sein, das Für-Andere-sein mehrere Dimensionen der Nichtung darstellen oder, wenn man lieber will, mehrere ursprüngliche Bezüge des Seins zu sich. Das Nichts führt also die Quasi-Vielheit innerhalb des Seins ein. Diese Quasi-Vielheit ist die Grundlage aller innerweltlichen Vielheiten, denn eine Vielheit setzt eine erste Einheit voraus, innerhalb deren die Vielheit sich abzeichnet. Insofern ist es nicht wahr, was Meyerson behauptet, daß es einen Skandal des Verschiedenen gäbe und daß die Verantwortung für diesen Skandal dem Realen zufällt.[141] Das An-sich ist nicht verschieden, es ist nicht Vielheit, und damit es die Vielheit als Merkmal seines Innerweltlich-seins erhält, ist das Auftauchen eines Seins nötig, das bei jedem in seiner Identität isolierten An-sich zugleich anwesend ist. Durch die menschliche-Realität kommt die Vielheit in die Welt, die Quasi-Vielheit innerhalb des Für-sich-seins bewirkt, daß die Zahl sich in der Welt enthüllt. Aber was ist der Sinn dieser vielfachen oder quasi-vielfachen Dimensionen des Für-sich? Es sind seine verschiedenen Bezüge zu seinem Sein. Solange man ganz einfach das ist, was man ist, gibt es nur eine Art, sein Sein zu sein. Aber sobald man nicht mehr sein Sein ist, tauchen gleichzeitig verschiedene Arten auf, es zu sein und zugleich nicht zu sein. Wenn wir uns an die ersten Ekstasen halten – die den ursprünglichen Sinn der Nichtung kennzeichnen und zugleich die *geringste* Nichtung darstellen –, so kann und muß das Für-sich folgendes zugleich sein: 1. nicht das sein, was es ist; 2. das sein, was es nicht ist; 3. in der Einheit eines ständigen Verweisens das sein, was es nicht ist, und nicht das sein, was es ist. Es handelt sich genau um drei ek-statische Dimensionen, wobei der Sinn der Ekstase die Distanz zu sich ist. Ein Bewußtsein, das nicht nach diesen drei Dimensionen existierte, ist undenkbar. Und wenn das Cogito zuerst die eine von ihnen entdeckt, so heißt das keineswegs, daß diese die erste sei, sondern nur, daß sie sich leichter enthüllt. Aber durch sich selbst ist sie «unselbständig»[142] und läßt sofort die andern Dimensionen sehen. Das Für-sich ist ein Sein, das zugleich in allen seinen Dimensionen existieren muß. Hier ist *Distanz*, als Distanz zu sich begriffen, nichts Reales, nichts, das in allgemeiner Weise wie an sich *sei*: sie ist einfach das nichts [*rien*], das Nichts [*néant*], das als Trennung «*geseint wird*». Jede Dimension ist eine Art, sich vergeblich auf das Sich hin zu entwerfen, das, was man ist, jenseits eines Nichts zu sein, eine verschiedene Weise, diese Seinsabschwächung, diese Seinsfrustration zu sein, die das Für-sich zu sein hat. Sehen wir uns jede von ihnen einzeln an.

In der ersten hat das Für-sich sein Sein hinter sich zu sein als das, was es ist, ohne dessen Grund zu sein. Sein Sein ist da, bei ihm, aber ein Nichts trennt es davon, das Nichts der Faktizität. Das Für-sich als Grund seines Nichts – und als solches notwendig – ist von seiner ursprünglichen Kontingenz insofern getrennt, als es sie weder loswerden noch in ihr aufgehen kann. Es ist für es selbst, aber nach dem Modus des Unabänderlichen und des Grundlosen [*gratuit*]. Sein Sein ist für es, aber es ist nicht für dieses Sein, denn eben diese Wechselseitigkeit des Spiegelung-Spiegelnden ließe die ursprüngliche Kontingenz dessen verschwinden, was *ist*. Gerade weil sich das Für-sich in der Form des Seins erfaßt, ist es in Distanz wie ein Spiegelung-Spiegelndes-Spiel, das in das An-sich eingegangen ist und in dem nicht mehr die Spiegelung das Spiegelnde existieren macht und das Spiegelnde die Spiegelung. Dieses Sein, das das Für-sich zu sein hat, gibt sich daher als etwas, worauf man nicht mehr zurückkommen kann, eben weil das Für-sich es nicht nach dem Modus Spiegelung-Spiegelnd begründen kann, sondern insofern es lediglich die Verbindung dieses Seins zu ihm selbst begründet. Das Für-sich begründet nicht das Sein dieses Seins, sondern nur das Faktum, daß dieses Sein *gegeben* sein kann. Dabei handelt es sich um eine unbedingte Notwendigkeit: was auch immer das betrachtete Für-sich sein mag, es *ist* in einem gewissen Sinn, es ist, weil es benannt werden kann, weil man bestimmte Merkmale von ihm behaupten oder verneinen kann. Aber insofern es Für-sich ist, ist es nie das, was es ist. Was es ist, ist hinter ihm, als das dauernd *Überschrittene*. Eben diese überschrittene Faktizität nennen wir Vergangenheit. Die Vergangenheit ist also eine notwendige Struktur des Für-sich, denn das Für-sich kann nur als nichtendes Überschreiten existieren, und dieses Überschreiten impliziert ein Überschrittenes. In welchem Moment wir also ein Für-sich betrachten, es kann nie erfaßt werden als etwas, was noch keine Vergangenheit hat. Man darf nicht glauben, daß das Für-sich zunächst existiert und in der absoluten Neuheit eines Seins ohne Vergangenheit in der Welt auftaucht, um sich dann erst nach und nach eine Vergangenheit zu konstituieren. Sondern wie auch immer das Auftauchen des Für-sich in der Welt sein mag, es kommt in der ek-statischen Einheit eines Bezugs zu seiner Vergangenheit zur Welt; es gibt keinen absoluten Anfang, der Vergangenheit würde, ohne

Vergangenheit zu haben, sondern da das Für-sich als Für-sich seine Vergangenheit zu sein hat, kommt es *mit* einer Vergangenheit zur Welt. Diese wenigen Bemerkungen erlauben es, das Problem der Geburt in einem etwas andern Licht zu sehen. Es scheint in der Tat skandalös, daß das Bewußtsein in irgendeinem Moment «erscheint», daß es auf einmal den Embryo «bewohnt», kurz, daß es einen Moment gibt, in dem das entstehende Lebewesen ohne Bewußtsein ist, und einen Moment, in dem ein Bewußtsein ohne Vergangenheit sich in es einschließt. Aber dieser Skandal schwindet, sobald sich zeigt, daß es kein Bewußtsein ohne Vergangenheit geben kann. Das heißt jedoch nicht, daß jedes Bewußtsein ein im An-sich erstarrtes früheres Bewußtsein voraussetzt. Dieser Bezug des gegenwärtigen Für-sich zu dem An-sich *gewordenen* Für-sich verhüllt uns den ursprünglichen Vergangenseinsbezug, der ein Bezug des Für-sich zum reinen An-sich ist. Denn als Nichtung des An-sich taucht ja das Für-sich in der Welt auf, und durch dieses absolute Ereignis konstituiert sich die Vergangenheit als solche als ursprünglicher nichtender Bezug des Für-sich zum An-sich. Was ursprünglich das Sein des Für-sich konstituiert, ist dieser Bezug zu einem Sein, das *nicht* Bewußtsein ist, das in der totalen Nacht der Identität existiert und das zu sein das Für-sich dennoch gezwungen ist, außerhalb seiner, hinter ihm. Mit diesem Sein, auf das man das Für-sich in keinem Fall *zurückführen* kann, dem gegenüber das Für-sich eine absolute Neuheit darstellt, empfindet das Für-sich eine tiefe Seinssolidarität, die durch das Wort *vorher* gekennzeichnet ist: das An-sich ist das, was das Für-sich *vorher* war. In diesem Sinn versteht man sehr gut, daß unsere Vergangenheit uns keineswegs als durch einen deutlichen, klaren Strich begrenzt erscheint – wie es wäre, wenn das Bewußtsein in der Welt hervorbrechen könnte, *bevor* es eine Vergangenheit hat –, sondern daß es sich im Gegenteil in einem zunehmenden Dunkel verliert bis in Finsternisse, die dennoch *wir selbst* sind; man versteht den ontologischen Sinn dieser schockierenden Solidarität mit dem Fetus, die wir weder leugnen noch begreifen können. Denn dieser Fetus *war* schließlich ich, er stellt die de-facto-Grenze meines Gedächtnisses dar, aber nicht die de-jure-Grenze meiner Vergangenheit. Es gibt ein metaphysisches Problem der Geburt, insofern ich neugierig sein kann, zu erfahren, wie *ich* aus *einem solchen* Embryo geboren bin; und dieses Problem ist vielleicht unlösbar. Aber das ist kein ontologisches Problem: wir haben uns nicht zu fragen, warum es eine Geburt der Bewußtseine geben kann, denn das Bewußtsein kann sich selbst nur als Nichtung von An-sich erscheinen, das heißt als *schon geboren*. Die Geburt als ekstatischer Seinsbezug zum An-sich, das sie nicht ist, und als apriorische Konstitution des Vergangenseins ist ein Seinsgesetz des Für-sich. Für-sich-sein heißt *geboren sein*. Aber deshalb braucht man nicht danach *metaphysische* Fragen über das An-sich zu stellen, aus dem das Für-sich geboren ist, wie etwa: «Wieso gab es ein An-sich *vor* der Geburt des Für-sich, wieso ist das Für-sich gerade aus *diesem* An-sich geboren statt aus einem andern usw.» Alle diese Fragen berücksichtigen nicht, daß nur durch das Für-sich Vergangenheit schlechthin existieren kann. Wenn es ein *Vorher* gibt, so deshalb, weil das Für-sich in der Welt aufgetaucht ist und man es vom Für-sich her feststellen kann. In dem Maß, wie das An-sich ein bei dem Für-sich mitanwesendes Faktum ist, erscheint eine *Welt* an Stelle der An-sich-Isoliertheiten. Und in dieser Welt ist es möglich, etwas zu bezeichnen und zu sagen: *dieser* Gegenstand, *jener* Gegenstand. Insofern also das Für-sich in seinem Auftauchen zum Sein eine Welt von Mitanwesenheiten existieren macht, macht es auch sein «Vorher» erscheinen als mitanwesend bei den An-sich in einer Welt oder, wenn man lieber will, in einem Zustand der Welt, der vergangen ist. Einerseits erscheint also das Für-sich als *aus der* Welt geboren, denn das An-sich, aus dem es geboren ist, ist innerweltlich als vergangenes Mitanwesendes unter vergangenen Mitanwesenden: in der Welt und von der Welt aus taucht ein Für-sich auf, das vorher nicht war und das geboren wird. Aber andererseits macht das Fürsich, daß ein Vorher überhaupt existiert und in diesem Vorher Mitanwesende, die in der Einheit einer vergangenen Welt vereinigt sind und von denen man das eine oder das andere *bezeichnen* und sagen kann: *dieser* Gegenstand. Es gibt nicht *zunächst* eine universelle Zeit, in der plötzlich ein Für-sich erschiene, das noch keine Vergangenheit hat. Sondern von der *Geburt* aus, als ursprüngliches, apriorisches Seinsgesetz des Für-sich, enthüllt sich eine Welt mit einer universellen Zeit, in der man einen Moment bezeichnen kann, wo das Für-sich noch nicht war, und einen Moment, wo es erscheint, Wesen [*êtres*], *aus denen* es nicht geboren ist, und ein Wesen [*être*], *aus dem* es geboren ist. Die Geburt ist das Auftauchen des absoluten Bezugs von Vergangensein als ekstatisches Sein des Für-sich im An-sich. Durch sie erscheint eine Vergangenheit der Welt. Wir kommen darauf zurück. Hier sei nur darauf hingewiesen, daß das Bewußtsein oder Für-sich ein Sein ist, das jenseits eines Unabänderlichen, das es ist, zum Sein auftaucht, und daß dieses Unabänderliche, insofern es hinter dem Für-sich innerweltlich ist, die Vergangenheit ist. Als unabänderliches Sein, das ich zu sein habe ohne jede Möglichkeit, es nicht zu sein, geht die Vergangenheit nicht in die Einheit «Spiegelung-Spiegelnd» des «Erlebnisses»[143] ein: sie ist draußen. Dennoch ist sie auch nicht wie das, *von dem* es Bewußtsein gibt, so wie zum Beispiel der wahrgenommene Stuhl das ist, von dem es wahrnehmendes Bewußtsein gibt. Im Fall der Wahrnehmung des Stuhls gibt es Thesis, das heißt Erfassung und Behauptung des Stuhls als des An-sich, das das Bewußtsein nicht ist. Was das Bewußtsein nach dem Seinsmodus des Für-sich zu sein hat, ist das Nicht-Stuhl-sein. Denn sein «Nicht-Stuhl-sein» ist, wie wir sehen werden, in Form von Bewußtsein (von)Nicht-sein, das heißt Erscheinung von Nicht-sein, für einen Zeugen, der nur da ist, um dieses Nicht-sein zu bezeugen. Die Verneinung ist also explizit und konstituiert das Seinsband zwischen dem wahrgenommenen Gegenstand und dem Für-sich. Das Für-sich ist nichts weiter als dieses transluzide Nichts [*Rien*], das Verneinung des wahrgenommenen Dinges ist. Aber obwohl die Vergangenheit *draußen* ist, ist hier die Verbindung nicht vom gleichen Typus, denn das Für-sich gibt sich als die Vergangenheit seiend. Daher kann es keine *Thesis* der Vergangenheit geben, denn man setzt nur das, was man nicht ist. Bei der Wahrnehmung des Gegenstands übernimmt sich das Für-sich also für sich als dieser Gegenstand nicht seiend, während das Für-sich bei der Enthüllung der Vergangenheit sich als die Vergangenheit *seiend* übernimmt und von ihr nur durch seine Natur eines Für-sich, das nichts sein kann, getrennt ist. Also gibt es keine *Thesis* der Vergangenheit, und doch ist die Vergangenheit dem Für-sich nicht immanent. Sie sucht das Für-sich gerade in dem Moment heim, in dem sich das Für-sich als dieses oder jenes besondere Einzelding nicht seiend übernimmt. Sie ist nicht der Gegenstand des *Blicks* des Für-sich. Dieser sich selbst transluzide Blick richtet sich über das Ding hinaus auf die Zukunft. Die Vergangenheit als Ding, das man *ist*, ohne es zu setzen, als das, was einen heimsucht, ohne bemerkt zu werden, ist hinter dem Für-sich, außerhalb seines thematischen Feldes, das als das von ihm Beleuchtete vor ihm liegt. Die Vergangenheit ist «an das Für-sich gestellt», übernommen als das, was es zu sein hat, ohne von ihm behauptet oder geleugnet, thematisiert, absorbiert werden zu können. Das heißt sicher nicht, daß die Vergangenheit für mich nicht Thesisobjekt sein kann, noch etwa, daß sie nicht oft thematisiert wird. Aber dann ist sie Gegenstand einer expliziten Untersuchung, und in diesem Fall behauptet sich das Für-sich als diese Vergangenheit, die von ihm gesetzt wird, *nicht seiend*. Die Vergangenheit ist nicht mehr *hinten*: sie hört durchaus nicht auf, Vergangenheit zu sein, aber *ich* höre auf, sie zu *sein*: nach dem primären Modus war ich meine Vergangenheit, ohne sie zu kennen (aber keineswegs ohne davon Bewußtsein zu haben), nach dem sekundären Modus erkenne ich meine Vergangenheit, aber ich war sie nicht mehr. Wie, wird man sagen, ist es möglich, daß ich Bewußtsein von meiner Vergangenheit habe, wenn nicht nach dem thetischen Modus? Aber die Vergangenheit ist doch *da*, konstant, sie ist sogar der Sinn des Gegenstands, den ich betrachte und den ich schon gesehen habe, der vertrauten Gesichter, die mich umgeben, sie ist der Beginn der Bewegung, die gegenwärtig andauert und von der ich nicht sagen könnte, daß sie zirkulär ist, wenn ich selbst nicht für die Vergangenheit der Zeuge ihres Beginns wäre, sie ist der Ursprung und das Sprungbrett aller meiner Handlungen, sie ist diese dauernd gegebene Dichte der Welt, die erlaubt, daß ich mich orientiere und zurechtfinde, sie ist ich selbst, insofern ich mich als eine Person lebe (es gibt auch eine künftige Struktur des Ego), kurz, sie ist mein kontingentes grundloses Band zur Welt und zu mir selbst, insofern ich sie dauernd als totales Geworfensein lebe. Die Psychologen nennen das *Wissen*. Aber abgesehen davon, daß sie es durch eben diesen Ausdruck «psychologisieren», nehmen sie sich das Mittel, darüber Aufschluß zu geben. Denn das Wissen ist überall und bedingt alles, selbst das Gedächtnis: mit einem Wort, das intellektuelle Gedächtnis setzt das Wissen voraus, und was ist ihr Wissen, falls man darunter ein gegenwärtiges Faktum verstehen soll, wenn nicht ein intellektuelles Gedächtnis? Dieses geschmeidige, einfühlsame, wechselnde Wissen, das den Stoff all unserer Gedanken ausmacht und aus tausend leeren Hinweisen besteht, aus tausend hinter uns weisenden Bezeichnungen, ohne Bild, ohne Wörter, ohne Thesis, das ist meine konkrete Vergangenheit, insofern ich sie war, als unabänderliche rückwärtige-Tiefe all meiner Gedanken und all meiner Gefühle.

In seiner zweiten Nichtungsdimension erfaßt sich das Für-sich als ein gewisser Mangel. Es *ist* dieser Mangel, und es ist auch das *Mangelnde*, denn es hat das zu sein, was es ist. Trinken oder Trinkender sein heißt nie zu trinken aufgehört haben, Trinkender zu sein haben noch über den Trinkenden hinaus, der ich bin. Und wenn ich «zu trinken aufgehört habe», *habe ich getrunken*: das Ganze gleitet in die Vergangenheit. Augenblicklich trinkend, bin ich also der Trinkende, der ich zu sein habe und der ich nicht bin; jede Bezeichnung meiner selbst entgleitet mir in die Vergangenheit, wenn die Bezeichnung schwer und voll sein soll, wenn sie die Dichte des Identischen haben soll. Erreicht sie mich in der Gegenwart, so deshalb, weil sie sich selbst in das Noch-nicht aufspaltet, weil sie mich als unvollendete Totalität bezeichnet, die sich nicht vollenden kann. Dieses Noch-nicht ist durch die nichtende Freiheit des Für-sich angenagt. Es ist nicht nur Auf-Distanz-sein: es ist Seinsverminderung. Hier ist das Für-sich, das in der ersten Nichtungsdimension sich voraus war, hinter sich zurück. Sich voraus, hinter sich zurück: niemals *Sich*. Das ist der eigentliche Sinn der beiden Ek-stasen Vergangenheit und Zukunft, und deshalb ist der Wert an sich von Natur aus die Ruhe an sich, die Zeitlosigkeit! Die Ewigkeit, die der Mensch sucht, ist nicht die Unendlichkeit der Dauer, dieses vergeblichen Hinter-sich-her-Rennens, für das ich selbst verantwortlich bin: sie ist die Ruhe an sich, die Unzeitlichkeit der absoluten Koinzidenz mit sich.

In der dritten Dimension schließlich entgeht das im ständigen Spiel des Spiegelung-Spiegelnden zerstreute Für-sich sich selbst in der Einheit ein und derselben Flucht. Hier ist das Sein überall und nirgends: wo man es auch zu erfassen sucht, es ist gegenüber, es ist sich entgangen. Dieses Hin und Her innerhalb des Für-sich ist *die Anwesenheit* beim Sein.

Zugleich Gegenwart, Vergangenheit und Zukunft, sein Sein in drei Dimensionen zerstreuend, ist das Für-sich zeitlich allein deshalb, weil es sich nichtet. Keine dieser Dimensionen hat eine ontologische Priorität vor den anderen, keine von ihnen kann ohne die beiden anderen existieren. Trotzdem ist der Akzent auf die Ek-stase der Gegenwart zu legen – und nicht wie bei Heidegger auf die Ek-stase der Zukunft [144] –, weil das Für-sich als Selbstenthüllung seine Vergangenheit *ist* als das, was es in einem nichtenden Überschreiten für-sich-zu-sein hat, und als Selbstenthüllung ist es Mangel und wird von seiner Zukunft heimgesucht, das heißt von dem, was es dort drüben, auf Distanz, für sich ist. Die Gegenwart kommt ontologisch nicht «vor» der Vergangenheit und Zukunft, sie wird genauso durch sie bedingt, wie sie diese bedingt, aber sie ist die Hohlform des Nicht-seins, das für die totale synthetische Form der Zeitlichkeit unerläßlich ist.

So ist die Zeitlichkeit nicht eine universelle Zeit, die alle Wesen [*êtres*] und besonders die menschlichen-Realitäten enthält. Sie ist auch kein Entwicklungsgesetz, das sich dem Sein von außen aufzwänge. Sie ist auch nicht das Sein, sondern sie ist die Innenstruktur des Seins, das seine eigne Nichtung ist, das heißt der dem Für-sich-sein eigne *Seinsmodus*. Das Für-sich ist das Sein, das sein Sein in der diasporischen Form der Zeitlichkeit zu sein hat.

B) *Dynamik der Zeitlichkeit*

Daß das Auftauchen des Für-sich notwendig nach den drei Dimensionen der Zeitlichkeit geschieht, lehrt uns nichts über das Problem der *Dauer*, das zur Dynamik der Zeit gehört. Auf den ersten Blick scheint dieses Problem ein zweifaches zu sein: Warum erleidet das Für-sich diese Modifikation seines Seins, die es Vergangenheit *werden* läßt? Und warum taucht ein neues Für-sich *ex nihilo* auf, um die Gegenwart jener Vergangenheit zu werden?

Dieses Problem ist dadurch lange verdeckt gewesen, daß das menschliche Sein als *An-sich* aufgefaßt wurde. Der Kern der Kantischen Widerlegung des Berkeleyschen Idealismus und ein Lieblingsargument von Leibniz ist, daß die Veränderung von sich aus die Permanenz impliziert.[145] Wenn wir danach eine bestimmte zeitlose Permanenz annehmen, die *durch die Zeit hindurch* bleibt, so reduziert sich die Zeitlichkeit darauf, nur das Maß und die Ordnung der Veränderung zu sein. Ohne Veränderung keinerlei Zeitlichkeit, da die Zeit dem Permanenten und dem Identischen nichts anhaben könnte. Wenn aber wie bei Leibniz die Veränderung selbst als die logische Explizitation eines Bezugs von Schlüssen zu Prämissen gegeben ist, das heißt als die Entwicklung der Attribute eines permanenten Subjekts, dann gibt es keine reale Zeitlichkeit mehr.

Aber diese Auffassung beruht auf manchen Irrtümern. Erstens kann die Subsistenz eines permanenten Elements *neben* dem, was sich ändert, der Veränderung nicht erlauben, sich als solche zu konstituieren, außer in den Augen eines Zeugen, der selbst Einheit dessen wäre, was sich ändert, und dessen, was bleibt. Mit einem Wort, die *Einheit* der Veränderung und des Permanenten ist für die Konstitution der Veränderung als solcher notwendig. Aber gerade dieser Ausdruck Einheit, den Leibniz und Kant überstrapaziert haben, bedeutet nicht viel. Was will man mit dieser Einheit von disparaten Elementen sagen? Ist sie nur eine rein äußere Verbindung? Dann hat sie keinen Sinn. Sie muß *Seins*einheit sein. Aber diese Seinseinheit verlangt, daß das Permanente das *sei*, was sich verändert; und dadurch ist sie erstens ek-statisch und verweist auf das Fürsich, insofern es seinem Wesen nach das ek-statische Sein ist; außerdem zerstört sie den *An-sich*-Charakter der Permanenz und der Veränderung. Man sage nicht, daß Permanenz und Veränderung hier als Phänomene genommen werden und nur ein *relatives* Sein haben: das An-sich ist den Phänomenen nicht entgegengesetzt wie das Noumenon. Ein Phänomen ist an sich, gerade nach unserer Definition, wenn es das ist, was es ist, sei es auch in Relation zu einem Subjekt oder einem anderen Phänomen. Und das Erscheinen der *Relation* als etwas, was die Phänomene in Bezug zueinander bestimmt, setzt im übrigen vorher das Auftauchen eines ek-statischen Seins voraus, das das sein kann, was es nicht ist, um damit das Anderswo und den Bezug zu begründen.

Der Rückgriff auf die Permanenz zur Begründung der Veränderung ist übrigens völlig nutzlos. Was man zeigen will, ist, daß eine absolute Veränderung eigentlich keine Veränderung mehr ist, da *nichts* mehr bleibt, was sich änderte – oder dem gegenüber es eine Veränderung gäbe. Tatsächlich aber genügt es, daß das, was sich ändert, im vergangenen Modus sein früherer Zustand *ist*, damit die Permanenz überflüssig wird; in diesem Fall kann die Veränderung absolut sein, es kann sich um eine Metamorphose handeln, die das gesamte Sein betrifft: es wird sich gleichwohl als Veränderung gegenüber einem früheren Zustand konstituieren, den es in der Vergangenheit im Modus des «*war*» sein wird. Da diese Beziehung zur Vergangenheit an die Stelle der Pseudonotwendigkeit der Permanenz tritt, kann und muß sich das Problem der Dauer anläßlich absoluter Veränderungen stellen. Übrigens gibt es keine anderen, auch nicht «in der Welt». Bis zu einer bestimmten Schwelle sind sie inexistent und erstrecken sich nach Überschreiten dieser Schwelle auf die totale Gestalt, wie die Experimente der Gestaltpsychologen gezeigt haben.

Handelt es sich aber außerdem um die menschliche-Realität, so ist das, was notwendig ist, die reine, absolute Veränderung, die übrigens sehr wohl Veränderung sein kann ohne *etwas*, was sich änderte, und die Dauer selbst ist. Auch wenn wir zum Beispiel die absolut leere Anwesenheit eines Für-sich bei einem permanenten An-sich annähmen, als bloßes Bewußtsein dieses Für-sich, so würde gerade die Existenz des Bewußtseins die Zeitlichkeit implizieren, da es das, was es ist, unverändert in der Form des «Es-gewesen-seins» zu sein hätte. Es gäbe also nicht Ewigkeit, sondern konstante Notwendigkeit für das gegenwärtige Für-sich, Vergangenheit einer neuen Gegenwart zu werden, und dies kraft des Seins des Bewußtseins selbst. Und wenn man uns sagte, daß dieses ständige Übernehmen der Gegenwart in der Vergangenheit durch eine neue Gegenwart eine interne Veränderung des Für-sich impliziere, so würden wir antworten, daß dann die Zeitlichkeit des Für-sich Grund der Veränderung ist und nicht die Veränderung die Zeitlichkeit begründet. Nichts kann uns also diese Probleme verdecken, die zunächst unlösbar scheinen: Warum *wird* die Gegenwart Vergangenheit? Was ist diese neue Gegenwart, die dann hervorbricht? Woher kommt sie, und warum tritt sie auf? Und wie ja unsere Hypothese eines «leeren» Bewußtseins zeigt, geht es hier nicht um die Notwendigkeit für eine Permanenz, von Augenblick zu Augenblick zu stürzen und doch materiell eine Permanenz zu bleiben: es geht um die Notwendigkeit für das Sein, was es auch sei, sich zugleich völlig zu verwandeln, Form und Inhalt, in der Vergangenheit zu versinken und sich gleichzeitig *ex nihilo* auf die Zukunft hin hervorzubringen.

Gibt es hier zwei Probleme? Untersuchen wir das genauer: die Gegenwart kann nur *vorübergehen*, wenn sie das *Vorher* eines Für-sich wird, das sich daraus als das *Nachher* konstituiert. Es gibt also ein einziges Phänomen: Auftauchen einer neuen Gegenwart, die die Gegenwart, die sie *war*, vergangen macht, und Vergangenmachen einer Gegenwart, das das Erscheinen eines Für-sich nach sich zieht, für das diese Gegenwart Vergangenheit werden wird. Das Phänomen des zeitlichen Werdens ist eine globale Modifikation, da eine Vergangenheit, die Vergangenheit *von* nichts wäre, keine Vergangenheit mehr wäre und da eine Gegenwart notwendig Gegenwart *von* dieser Vergangenheit sein muß. Diese Metamorphose betrifft übrigens nicht allein die reine Gegenwart: die Vorvergangenheit und die Zukunft sind in gleicher Weise betroffen. Die Vergangenheit der Gegenwart, die die Modifikation von Vergangensein erlitten hat, wird Vergangenheit einer Vergangenheit oder Plusquamperfekt. In dieser Hinsicht ist die Heterogenität der Gegenwart und der Vergangenheit mit einem Schlag aufgehoben, da das, was sich als Gegenwart von der Vergangenheit unterschied, Vergangenheit geworden ist. Im Lauf der Metamorphose bleibt die Gegenwart Gegenwart dieser Vergangenheit, aber sie wird vergangene Gegenwart dieser Vergangenheit. Das bedeutet zunächst, daß sie der Reihe der Vergangenheit, die von ihr aus bis zur Geburt zurückreicht, homogen ist, ferner, daß sie ihre Vergangenheit nicht mehr in der Form ist, daß sie zu sein hat, sondern nach dem Modus, daß sie sie zu sein gehabt hat. Die Verbindung zwischen Vergangenheit und Plusquamperfekt ist eine Verbindung, die nach dem Modus des An-sich ist; und sie erscheint auf der Grundlage des gegenwärtigen Für-sich. Dieses trägt die Reihe der Vergangenheit und der zu einem einzigen Block verschmolzenen Plusquamperfekte.

Die Zukunft andererseits hört, wenn auch ebenso von der Metamorphose betroffen, nicht auf, Zukunft zu sein, das heißt, außerhalb des Für-sich zu bleiben, voraus, jenseits des Seins, aber sie wird Zukunft einer Vergangenheit oder vollendete Zukunft. Sie kann zwei Arten von Beziehungen zu der neuen Gegenwart unterhalten, je nachdem, ob es sich um die unmittelbare oder die ferne Zukunft handelt. Im ersten Fall gibt sich die Gegenwart als etwas, was diese Zukunft gegenüber der Vergangenheit *ist*: «Das, was ich erwartete, ist da.» Sie ist die Gegenwart ihrer Vergangenheit nach dem Modus der vollendeten Zukunft dieser Vergangenheit. Zur gleichen Zeit aber, in der sie als die Zukunft dieser Vergangenheit Für-sich ist, realisiert sie sich als Für-sich, also als nicht das seiend, was die Zukunft zu sein verhieß. Es kommt zu einer Aufspaltung: die Gegenwart wird vollendete Zukunft der Vergangenheit und verneint zugleich, daß sie *diese* Zukunft ist. Und die ursprüngliche Zukunft wird nicht realisiert: sie ist nicht mehr Zukunft gegenüber der Gegenwart, aber sie hört nicht auf, Zukunft gegenüber der Vergangenheit zu sein. Sie wird die unrealisierbare Mitgegenwart der Gegenwart und bewahrt eine totale *Idealität*. «Das ist es also, was ich erwartete?» Sie bleibt der Gegenwart ideal mitgegenwärtige Zukunft als unrealisierter Zukunft der Vergangenheit dieser Gegenwart.

Handelt es sich um die entfernte Zukunft, so bleibt sie gegenüber der neuen Gegenwart Zukunft, verliert jedoch ihren Möglichkeitscharakter, wenn die Gegenwart sich nicht selbst als Mangel *dieser* Zukunft konstituiert. In diesem Fall wird die vollendete Zukunft indifferentes Mögliches gegenüber der neuen Gegenwart, aber nicht *ihr* Mögliches. In diesem Sinn vermöglicht sie sich nicht mehr, sondern sie empfängt das An-sich-sein als Mögliches. Sie wird *gegebenes* Mögliches, das heißt Mögliches an sich eines An-sich gewordenen Für-sich. Gestern ist es möglich gewesen – als mein Mögliches –, daß ich nächsten Montag aufs Land fahre. Heute ist dieses Mögliche nicht mehr *mein* Mögliches, es bleibt das thematisierte Objekt meiner Betrachtung als das stets zukünftige Mögliche, *das ich gewesen bin*. Aber seine einzige Verbindung mit meiner Gegenwart ist, daß ich diese Vergangenheit gewordene Gegenwart nach dem Modus des «war» zu sein habe, deren Mögliches jenseits meiner Gegenwart zu sein sie nicht aufgehört hat. Aber Zukunft und vergangene Gegenwart haben sich auf der Grundlage meiner Gegenwart zu Ansich verfestigt. So geht die Zukunft im Lauf des zeitlichen Prozesses in An-sich über, ohne jemals ihren Zukunftscharakter zu verlieren. Solange sie nicht von der Gegenwart erreicht ist, wird sie einfach *gegebene* Zukunft. Ist sie aber erreicht, wird sie vom *Idealitäts*charakter affiziert;

aber diese Idealität ist Idealität *an sich*, da sie sich als *gegebener* Mangel einer *gegebenen* Vergangenheit darbietet und nicht als das Mangelnde, das ein gegenwärtiges Fürsich nach dem Modus des *Nicht-seins* zu sein hat. Wenn die Zukunft überschritten ist, bleibt sie am Rande der Reihe der Vergangenheiten für immer als vollendete Zukunft: vollendete Zukunft irgendeiner Plusquamperfekt gewordenen Vergangenheit, ideale Zukunft, die einer Vergangenheit gewordenen Gegenwart als mitgegenwärtig gegeben ist.

Zu untersuchen bleibt die Metamorphose des gegenwärtigen Für-sich in Vergangenheit mit dem dazugehörigen Auftauchen einer neuen Gegenwart. Es wäre falsch zu glauben, daß es sich hier um Aufhebung der früheren Gegenwart mit dem Auftauchen einer Gegenwart *an-sich* handelt, die ein *Bild* der verschwundenen Gegenwart behielte. In einer Hinsicht wäre es fast angebracht, zur Wahrheitsfindung die Begriffe umzukehren, da das Vergangenmachen der ehemaligen Gegenwart Übergang zum An-sich ist, während das Erscheinen einer neuen Gegenwart Nichtung *von* diesem An-sich ist. Die Gegenwart ist kein neues An-sich, sie ist das, was nicht ist, was jenseits des Seins ist; sie ist das, von dem man «es ist» nur in der Vergangenheit sagen kann; die Vergangenheit ist nicht beseitigt, sie ist das, was geworden ist, was es war, sie ist das Sein der Gegenwart. Kurz, wir haben es zur Genüge betont, der Bezug der Gegenwart zur Vergangenheit ist ein Seinsbezug, nicht ein Vorstellungsbezug.

Deshalb ist das erste Merkmal, das uns auffällt, die Wiederergreifung des Für-sich durch das Sein, als ob es nicht mehr die Kraft hätte, sein eigenes Nichts zu unterhalten. Der tiefe Riß, den das Für-sich zu sein hat, füllt sich aus, das Nichts, das «geseint werden» muß, hört auf, es zu sein, es wird in dem Maß vertrieben, wie das vergangen gemachte Für-sich-sein eine *Qualität* des An-sich wird. Wenn ich in der Vergangenheit irgendeine Trauer empfunden habe, so nicht mehr, insofern ich mich sie habe empfinden machen, diese Trauer hat nicht mehr das genaue Maß an Sein, das eine Erscheinung haben kann, die sich zu ihrem eignen Zeugen macht; sie ist, weil sie gewesen ist, das Sein geschieht ihr gleichsam wie eine externe Notwendigkeit. Die Vergangenheit ist eine verkehrte Fatalität: das Für-sich kann sich das sein machen, was es will, es kann nicht der Notwendigkeit entgehen, für ein neues Für-sich unabänderlich das zu sein, was es sein wollte. Daher ist die Vergangenheit ein Für-sich, das aufgehört hat, transzendente Anwesenheit beim An-sich zu sein. Selbst An-sich, ist es *mitten in die Welt* gefallen. Das, was ich zu sein habe, bin ich als Anwesenheit bei der Welt, die ich nicht bin, aber das, was ich *war*, war ich mitten in der Welt, in der Art der Dinge, als innerweltlich Existierendes. Trotzdem kann diese Welt, in der das Für-sich das zu sein hat, was war, nicht dieselbe sein, bei der es gegenwärtig anwesend ist. So konstituiert sich die Vergangenheit des Für-sich als vergangene Anwesenheit bei einem vergangenen Zustand der Welt. Auch wenn die Welt keinerlei Änderung erfahren hat, während das Für-sich von der Gegenwart in die Vergangenheit «überging», so wird sie doch als etwas erfaßt, was dieselbe formale Veränderung erfahren hat, die wir vorhin innerhalb des Für-sich-seins beschrieben. Eine Veränderung, die nur eine Spiegelung der wirklichen internen Veränderung des Bewußtseins ist. Anders gesagt, das Für-sich, das als An-sich gewordene ehemalige Anwesenheit beim Sein in die Vergangenheit fällt, wird ein «innerweltliches» Sein, und die Welt wird in der vergangenen Dimension *behalten* als das, in dessen Innerweltlichsein das vergangene Für-sich an sich ist. Wie die Sirene, deren menschlicher Körper in einem Fischschwanz endet, endet das weltjenseitige Für-sich hinter sich als *Ding in der Welt*. Ich bin jähzornig, melancholisch, ich habe den Ödipuskomplex oder den Minderwertigkeitskomplex, für immer, aber in der Vergangenheit, in der Form des «war», innerweltlich, so wie ich Beamter oder Einarmiger oder Proletarier bin. In der Vergangenheit schließt mich die Welt ein, und ich verliere mich im universellen Determinismus, aber ich transzendiere meine Vergangenheit radikal auf die Zukunft hin in eben dem Maße, wie ich «sie war».

Ein Für-sich, das sein ganzes Nichts ausgedrückt hat, das vom An-sich wieder erfaßt ist und sich in der Welt auflöst, das ist die Vergangenheit, die ich zu sein habe, das ist die Umwandlung des Für-sich. Aber diese Umwandlung vollzieht sich in Einheit mit dem Erscheinen eines Für-sich, das sich als Anwesenheit bei der Welt nichtet und das die Vergangenheit, die von ihm transzendiert wird, zu sein hat. Was ist der Sinn dieses Auftauchens? Man darf darin nicht das Erscheinen eines neuen Seins sehen. Alles geschieht so, als ob die Gegenwart ein ständiges Seinsloch wäre, sofort ausgefüllt und ständig neu entstehend; als ob die Gegenwart eine ständige Flucht vor dem Verkleben zu «An-sich» wäre, das sie bis zum schließlichen Sieg des An-sich bedroht, der sie in eine Vergangenheit hineinziehen wird, die nicht mehr Vergangenheit irgendeines Für-sich ist. Dieser Sieg ist der Tod, denn der Tod ist das radikale Anhalten der Zeitlichkeit durch Vergangenmachen des ganzen Systems oder, wenn man lieber will, Wiedererfassen der menschlichen Totalität durch das An-sich.

Wie können wir diesen dynamischen Charakter der Zeitlichkeit *erklären*? Wenn diese keineswegs – und wir hoffen, das gezeigt zu haben – eine kontingente Qualität ist, die sich dem Sein des Für-sich hinzufügt, so muß man zeigen können, daß ihre Dynamik eine Wesensstruktur des Für-sich ist als des Seins, das sein eigenes Nichts zu sein hat. Wir befinden uns offenbar wieder an unserem Ausgangspunkt.

Aber hier gibt es in Wahrheit kein Problem. Wenn wir eins vermuteten, so deshalb, weil wir trotz unseren Bemühungen, das Für-sich als solches zu denken, nicht umhinkamen, es in An-sich erstarren zu lassen. Denn wenn wir vom An-sich ausgehen, kann das Erscheinen der Veränderung ein Problem bilden: wenn das An-sich das ist, was es ist, wie kann es das dann nicht mehr sein? Geht man dagegen von einem adäquaten Verständnis des Für-sich aus, so ist es nicht mehr die Veränderung, die zu erklären ist, sondern vielmehr die Permanenz, falls sie existieren könnte. Betrachten wir nämlich unsere Beschreibung der *Ordnung* der Zeit außerhalb von allem, was ihr durch ihren Ablauf geschehen kann, so wird klar, daß eine auf ihre Ordnung reduzierte Zeitlichkeit sofort Zeitlichkeit *an-sich* würde. Der ekstatische Charakter des zeitlichen Seins würde nichts daran ändern, da dieser Charakter in der Vergangenheit wiederzufinden ist, und zwar nicht als für das Für-sich konstitutiv, sondern als eine vom An-sich getragene Qualität. Wenn wir nämlich eine Zukunft betrachten, insofern sie schlicht und einfach Zukunft eines Für-sich ist, das Für-sich einer bestimmten Vergangenheit ist, und wenn wir meinen, daß die Veränderung ein neues Problem gegenüber der Beschreibung der Zeitlichkeit als solcher ist, verleihen wir der Zukunft als *dieser* Zukunft eine instantane Unbeweglichkeit, machen wir aus dem Für-sich eine erstarrte Qualität, die man bezeichnen kann; die Gesamtheit wird schließlich *geschehene* Totalität, die Zukunft und die Vergangenheit grenzen das Für-sich ein und setzen ihm gegebene Grenzen. Die Gesamtheit als Zeitlichkeit, die *ist*, findet sich versteinert rings um einen festen Kern, der der gegenwärtige Augenblick des Für-sich ist, und das Problem besteht dann darin, zu erklären, wie aus diesem Augenblick ein anderer Augenblick mit seinem Gefolge von Vergangenheit und Zukunft auftauchen kann. Wir sind dem Instantaneismus entgangen, insofern der Augenblick die einzige Realität an-sich wäre, begrenzt durch ein Zukunftsnichts und ein Vergangenheitsnichts, doch sind wir wieder in ihn zurückgefallen, indem wir implizit eine Sukzession von zeitlichen Totalitäten annahmen, von denen jede um einen Augenblick zentriert ist. Mit einem Wort, wir haben dem Augenblick ekstatische Dimensionen verliehen, aber wir haben ihn deswegen nicht aufgehoben, was bedeutet, daß wir die zeitliche Totalität durch das Zeitlose tragen lassen; die Zeit, wenn sie *ist*, wird wieder ein Traum.

Aber die Veränderung gehört von Natur aus dem Fürsich an, insofern dieses Für-sich Spontaneität ist. Eine Spontaneität, von der man sagen könnte: sie *ist*, oder einfach: *diese* Spontaneität, müßte sich durch sich selbst definieren lassen, das heißt, sie wäre Grund nicht nur ihres Seinsnichts, sondern auch ihres Seins, und das Sein erfaßte sie gleichzeitig wieder, um sie zu Gegebenem erstarren zu lassen. Eine Spontaneität, die sich als Spontaneität setzt, ist zugleich gezwungen, das zurückzuweisen, was sie setzt, sonst würde ihr Sein Erreichtes, und als Erreichtes würde sie fortfahren, es zu sein. Und diese Zurückweisung selbst ist ein Erreichtes, das sie zurückweisen muß, falls sie nicht in einer inerten Verlängerung ihrer Existenz verkleben will. Man wird sagen, daß diese Begriffe von Verlängerung und Erreichtem schon die Zeitlichkeit voraussetzen, und das ist richtig. Aber die Spontaneität konstituiert ja selbst das Erreichte durch die Zurückweisung und die Zurückweisung durch das Erreichte, denn sie kann nicht sein, ohne sich zu verzeitlichen. Ihre besondere Natur besteht darin, nicht von dem Erreichten zu profitieren, das von ihr konstituiert wird, indem sie sich als Spontaneität realisiert. Anders läßt sich die Spontaneität nicht denken, sofern man sie nicht zu einem Augenblick zusammenzieht und eben dadurch zu An-sich erstarren läßt, das heißt eine transzendente Zeit voraussetzt. Es ist müßig einzuwenden, daß wir nichts denken können außer in zeitlicher Form und daß unsere Darlegung eine *petitio principii* enthält, da wir das Sein verzeitlichen und gleich danach die Zeit daraus hervorgehen lassen; es ist müßig, uns an die Stellen der *Kritik*[146] zu erinnern, wo Kant zeigt, daß eine zeitliche Spontaneität undenkbar, aber nicht kontradiktorisch ist. Eine Spontaneität, die nicht aus sich selbst entwiche und die nicht aus diesem Entweichen selbst entwiche, von der man sagen könnte: sie *ist* dieses, und die sich in eine unveränderliche Benennung einschließen ließe, scheint uns dagegen gerade ein Widerspruch zu sein und käme letztlich einer besonderen affirmativen Wesenheit gleich, ewiges Subjekt, das nie Prädikat ist. Und eben ihr Spontaneitätscharakter konstituiert gerade die Unumkehrbarkeit ihres Entweichens, denn sobald sie erscheint, weist sie sich zurück, und die Ordnung «Setzung-Zurückweisung» ist nicht umkehrbar. Die Setzung selbst endet ja in der Zurückweisung, ohne jemals die affirmative Fülle zu erreichen, sonst würde sie sich in einem instantanen An-sich erschöpfen, und nur als *zurückgewiesene* geht sie in der Totalität ihrer Vollendung zum Sein über. Die vereinigende Reihe des «Erreichten-Zurückgewiesenen» hat zudem eine ontologische Priorität gegenüber der *Veränderung*, denn die Veränderung ist bloß der Bezug der materiellen Inhalte der Reihe. Nun haben wir aber gezeigt, daß die Unumkehrbarkeit der Verzeitlichung notwendig ist für die völlig leere *apriorische* Form einer Spontaneität.

Zur Darlegung unserer These haben wir den Spontaneitätsbegriff benutzt, der unseren Lesern wahrscheinlich eher vertraut ist. Aber wir können jetzt diese Ideen in der Perspektive des Für-sich und mit unserer eigenen Terminologie wieder aufnehmen. Ein Für-sich, das nicht dauerte, bliebe sicher Negation des transzendenten An-sich und Nichtung seines eigenen Seins in der Form des «Spiegelung-Spiegelnden». Aber diese Nichtung würde ein *Gegebenes*, das heißt, sie erhielte die Kontingenz des An-sich und das Für-sich hörte auf, der Grund seines eigenen Nichts zu sein; es wäre nichts mehr, weil es es zu sein hätte, aber in der nichtenden Einheit des Paares «Spiegelung-Spiegelndes» *wäre* es. Die Flucht des Für-sich ist Zurückweisung der Kontingenz durch eben den Akt, der es als Grund seines Nichts konstituiert. Aber diese Flucht konstituiert gerade das als Kontingenz, was geflohen wird: das geflohene Für-sich wird zurückgelassen. Es kann sich nicht vernichten, da ich es *bin*, aber es kann ebensowenig als Grund seines eigenen Nichts sein, da es das nur in der Flucht sein kann: es hat sich *vollendet*. Was für das Für-sich als Anwesenheit bei... gilt, trifft natürlich auch für die Totalität der Verzeitlichung zu. Diese Totalität *ist* nie vollendet, sie ist Totalität, die sich zurückweist und die sich flieht, sie ist Von-sich-losreißen in der Einheit des gleichen Auftauchens, ungreifbare Totalität, die in dem Moment, wo sie sich gibt, schon jenseits dieses Sich-Gebens ist.

So ist die Zeit des Bewußtseins die menschliche-Realität, die sich als Totalität verzeitlicht, die sich selbst ihre eigne Nichtvollendung ist, sie ist das Nichts, das als detotalisierendes Ferment in eine Totalität hineingleitet. Diese Totalität, die sich hinterherläuft und sich zugleich zurückweist, die in sich selbst keinerlei Grenze ihrer Überschreitung finden könnte, weil sie ihre eigene Überschreitung ist und sich auf sich selbst hin überschreitet, könnte in keinem Fall in den Grenzen eines Augenblicks existieren. Es gibt nie einen Augenblick, in dem man behaupten könnte, daß das Für-sich ist, eben weil das Für-sich nie ist. Die Zeitlichkeit dagegen verzeitlicht sich ganz und gar als Zurückweisung des Augenblicks.

III

Ursprüngliche Zeitlichkeit und psychische Zeitlichkeit: Die Reflexion

Das Für-sich dauert in Form von nicht-thetischem Bewußtsein (von) Dauern. Aber ich kann «die fließende Zeit spüren» und mich selbst als Sukzessionseinheit erfassen. In diesem Fall habe ich Bewußtsein *von* Dauern. Dieses Bewußtsein ist thetisch und ähnelt stark einer Erkenntnis, ganz wie die Dauer, die sich vor meinem Blick verzeitlicht, einem Erkenntnisgegenstand ziemlich nahe kommt. Welcher Bezug kann zwischen der ursprünglichen Zeitlichkeit und dieser psychischen Zeitlichkeit existieren, der ich begegne, sobald ich mich selbst als «dauernd» erfasse? Dieses Problem führt uns sofort zu einem anderen Problem, denn das Bewußtsein *von* Dauer ist Bewußtsein von einem Bewußtsein, das dauert; die Frage nach der Natur und den Geltungen dieses thetischen Bewußtseins von Dauer stellen heißt folglich die Frage nach der Natur und den Geltungen der Reflexion stellen. Denn der Reflexion erscheint ja die Zeitlichkeit in Form von psychischer Dauer, und alle Prozesse von psychischer Dauer gehören dem reflektierten Bewußtsein an. Bevor wir daher fragen, wie eine psychische Dauer sich als immanenter Reflexionsgegenstand konstituieren kann, müssen wir versuchen, die Vorfrage zu beantworten: Wie ist die Reflexion möglich für ein Sein, das nur in der Vergangenheit sein kann? Von Descartes und Husserl wird die Reflexion als ein bevorzugter Intuitionstypus dargeboten, da sie das Bewußtsein in einem Akt von gegenwärtiger und instantaner Immanenz erfaßt.[147] Wird sie ihre Gewißheit behalten, wenn das Sein, über das sie zu entscheiden hat, ihr gegenüber *vergangen* ist? Und läuft nicht unsere ganze Ontologie Gefahr, alle ihre Geltungen zu verlieren, da sie ja ihren Grund in einer reflexiven Erfahrung hat? Aber ist es wirklich gerade das vergangene Sein, das den Gegenstand der reflexiven Bewußtseine bilden muß? Und muß sich die Reflexion selbst, wenn sie Für-sich ist, auf eine instantane Existenz und Gewißheit beschränken? Wir können darüber nur entscheiden, wenn wir zum reflexiven Phänomen zurückkehren, um seine Struktur zu bestimmen.

Die Reflexion ist das Für-sich, das *von* sich selbst Bewußtsein hat. Da das Für-sich schon nicht-thetisches Bewußtsein (von) sich ist, pflegt man die Reflexion als ein neues, plötzlich erschienenes Bewußtsein darzustellen, das auf das reflektierte Bewußtsein gerichtet ist und in Symbiose mit ihm lebt. Man erkennt hier die alte *idea ideae* Spinozas wieder.

Aber abgesehen von der Schwierigkeit, das Auftauchen des reflexiven Bewußtseins *ex nihilo* zu erklären, ist es völlig unmöglich, über seine absolute Einheit mit dem reflektierten Bewußtsein Aufschluß zu geben, eine Einheit, die als einzige die Geltungen und die Gewißheit der reflexiven Intuition denkbar macht. Wir können ja hier das *esse* des Reflektierten nicht als ein *percipi* definieren, da sein Sein gerade so ist, daß es nicht wahrgenommen zu werden braucht, damit es existiert. Und sein erster Bezug zur Reflexion kann nicht die vereinigende Beziehung einer Vorstellung zu einem denkenden Subjekt sein. Wenn das erkannte Existierende den gleichen Seinsrang haben soll wie das erkennende Existierende, so ist im Grunde der Bezug dieser beiden Existierenden in der Perspektive des naiven Realismus zu beschreiben. Aber dann stoßen wir gerade auf die Hauptschwierigkeit des Realismus: Wie können zwei isolierte Ganze, die voneinander unabhängig und mit jener Seinssuffizienz ausgestattet sind, die die Deutschen «Selbständigkeit»[148] nennen, zueinander Bezüge unterhalten, und zumal diesen Typus interner Beziehungen, den man Erkenntnis nennt? Fassen wir die Reflexion *zunächst* als ein autonomes Bewußtsein auf, werden wir sie *nie* hinterher mit dem reflektierten Bewußtsein wieder vereinigen können. Sie werden immer zwei sein, und wenn das reflexive Bewußtsein unmöglicherweise Bewußtsein *von* dem reflektierten Bewußtsein sein könnte, könnte das nur eine *externe* Verbindung zwischen den beiden Bewußtseinen sein, höchstens könnten wir uns vorstellen, daß die in sich isolierte Reflexion eine Art Bild des reflektierten Bewußtseins besitzt, und wir würden in den Idealismus zurückfallen; die reflexive Erkenntnis und besonders das Cogito würden ihre Gewißheit verlieren und dafür nur eine gewisse Wahrscheinlichkeit erhalten, die im übrigen schlecht definierbar wäre. Die Reflexion muß daher durch eine Seinsverbindung mit dem Reflektierten vereinigt sein, das reflexive Bewußtsein muß das reflektierte Bewußtsein *sein*.

Indessen kann es sich hier nicht um eine totale Identifizierung des Reflexiven mit dem Reflektierten handeln, die das Phänomen der Reflexion mit einem Schlag beseitigen würde und nur die phantomhafte Dualität «Spiegelung-Spiegelndes» bestehen ließe. Wir finden hier abermals jenen Seinstypus wieder, der das Für-sich definiert: die Reflexion verlangt, wenn sie apodiktische Evidenz sein soll, daß das Reflexive das Reflektierte *ist*. Insofern sie jedoch *Erkenntnis* ist, muß das Reflektierte für das Reflexive Objekt sein, was Seinstrennung impliziert. Das Reflexive muß also reflektiert und zugleich nicht reflektiert sein. Diese ontologische Struktur haben wir bereits innerhalb des Für-sich entdeckt. Aber sie hatte da nicht ganz dieselbe Bedeutung. Sie setzte nämlich in den beiden Gliedern «Gespiegeltes und Spiegelndes» der sich abzeichnenden Dualität eine radikale «Unselbständigkeit» voraus, das heißt eine solche Unfähigkeit, sich gesondert zu setzen, daß die Dualität sich dauernd verflüchtigte und jedes Glied, indem es sich für das andere setzte, das andere *wurde*. Aber im Fall der Reflexion verhält es sich etwas anders, da das reflektierte «Spiegelung-Spiegelndes» für ein reflexives «Spiegelung-Spiegelndes» existiert. Anders gesagt, das Reflektierte ist für das Reflexive *Erscheinung*, ohne daß es deshalb aufhörte, Zeuge (von) sich zu sein, und das Reflexive ist *Zeuge* des Reflektierten, ohne daß es deshalb aufhörte, sich selbst Erscheinung zu sein. Das Reflektierte ist sogar nur *insofern* Erscheinung für das Reflexive, als es sich in sich spiegelt, und das Reflexive kann nur insofern Zeuge sein, als es Bewußtsein (davon) ist, es zu sein, das heißt genau in dem Maß, wie dieser Zeuge, der es ist, Spiegelung für ein Spiegelndes ist, das es auch ist. Reflektiertes und Reflexives tendieren also beide zur «Selbständigkeit», und das *nichts* [*rien*], das sie trennt, entzweit sie tiefer, als das Nichts [*néant*] des Für-sich die Spiegelung vom Spiegelnden trennt. Allerdings ist festzuhalten: 1. daß die Reflexion als Zeuge nur in der Erscheinung und durch sie ihr Zeugesein haben kann, das heißt, daß es durch seine Reflexivität zutiefst in seinem Sein betroffen ist und als solches nie die erstrebte «Selbständigkeit» erreichen kann, da es sein Sein aus seiner Funktion gewinnt und seine Funktion aus dem reflektierten Für-sich; 2. daß das Reflektierte zutiefst durch die Reflexion beeinträchtigt wird, in dem Sinn, daß es Bewußtsein (von) sich ist als reflektiertes Bewußtsein *von* diesem oder jenem transzendenten Phänomen. Es weiß sich erblickt; man kann es, um ein deutliches Bild zu gebrauchen, am besten mit einem Menschen vergleichen, der über einen Tisch gebeugt schreibt und der beim Schreiben zugleich weiß, daß er von jemandem, der hinter ihm steht, beobachtet wird. Es hat also bereits sozusagen Bewußtsein (von) sich selbst als etwas, das ein *Draußen* oder vielmehr den Umriß eines *Draußen* hat, das heißt, es macht sich selbst zum Gegenstand für..., so daß sein Sinn eines Reflektierten untrennbar vom Reflexiven ist, dort hinten, in Distanz zu ihm in dem Bewußtsein existiert, durch das es reflektiert wird. In diesem Sinn besitzt es ebensowenig «Selbständigkeit» wie das Reflexive selbst. Husserl sagt uns, daß das Reflektierte sich gibt als vor der Reflexion dagewesen seiend.[149] Aber wir dürfen uns hier nicht täuschen: die «Selbständigkeit» des Unreflektierten als Unreflektiertem gegenüber jeder möglichen Reflexion geht nicht in das Reflexionsphänomen über, da eben gerade das Phänomen seinen Charakter von Unreflektiertem verliert. Ein reflektiertes werden heißt für ein Bewußtsein in seinem Sein eine tiefe Modifikation erfahren und gerade die «Selbständigkeit» verlieren, die es als «gespiegelt-spiegelnde» Quasi-Totalität besaß. Kurz, in dem Maß, wie ein Nichts das Reflektierte vom Reflexiven trennt, muß dieses Nichts, das sein Sein nicht aus sich selbst gewinnen kann, «geseint werden». Darunter ist zu verstehen, daß allein eine vereinigende Seinsstruktur ihr eigenes Nichts sein kann, in der Weise, daß sie *es zu sein hat*. Weder das Reflexive noch das Reflektierte kann dieses trennende Nichts dekretieren. Aber die Reflexion ist *ein Sein*, ganz wie das unreflektierte Fürsich, nicht ein Seinszusatz, *ein Sein, das sein eigenes Nichts zu sein hat*; dies ist nicht das Erscheinen eines neuen Bewußtseins, das auf das Für-sich gerichtet ist, es ist eine intrastrukturelle Modifikation, die vom Für-sich in ihm selbst realisiert wird, mit einem Wort, es ist das Für-sich selbst, das sich existieren macht nach dem Modus reflexiv-reflektiert, statt einfach nach dem Modus Spiegelung-Spiegelndes zu sein, wobei dieser neue Seinsmodus übrigens den Modus Spiegelung-Spiegelndes als primäre interne Struktur bestehen läßt. Wer auf mich reflektiert, ist nicht irgendein reiner zeitloser Blick, ich bin es selbst, ich, der dauert, verstrickt im Zirkel meiner Selbstheit, in Gefahr in der Welt, mit meiner Geschichtlichkeit. Nur, das Für-sich, das ich bin, lebt diese Geschichtlichkeit und dieses Sein in der Welt und diesen Selbstheitszirkel hier nach dem Modus der reflexiven Aufspaltung.

Wie wir gesehen haben, ist das Reflexive vom Reflektierten durch ein Nichts getrennt. So ist das Reflexionsphänomen eine Nichtung des Für-sich, die ihm nicht von außen geschieht, sondern die es *zu sein hat*. Woher kann diese weitergetriebene Nichtung kommen? Was kann ihre Motivation sein?

Im Auftauchen des Für-sich als Anwesenheit beim Sein gibt es eine ursprüngliche Zersplitterung: das Für-sich verliert sich draußen, beim An-sich und in den drei zeitlichen Ek-stasen. Es ist außerhalb seiner selbst, und in seinem Innersten ist dieses Für-sich-sein ek-statisch, da es sein Sein woanders suchen muß, im Spiegelnden, wenn es sich zur Spiegelung macht, in der Spiegelung, wenn es sich als Spiegelndes setzt. Das Auftauchen des Für-sich bestätigt das Scheitern des An-sich, das nicht sein eigener Grund sein konnte. Die Reflexion bleibt eine permanente Möglichkeit des Für-sich als Versuch einer Übernahme von Sein. Durch die Reflexion versucht das Für-sich, das sich außerhalb seiner verliert, sich in seinem Sein zu verinnern, das ist eine zweite Anstrengung, sich selbst zu begründen, es geht für es darum, *für sich selbst das zu sein, was es ist*. Denn wenn die Quasi-Dualität Spiegelung-Spiegelndes zu einer Totalität zusammengefaßt würde für einen Zeugen, der sie selbst wäre, wäre sie in ihren eigenen Augen das, was sie ist. Es geht im Grunde darum, das Sein zu übersteigen, das vor sich flieht, indem es das, was es ist, nach dem Modus, es nicht zu sein, ist, und das abläuft und zugleich sein eigenes Ablaufen ist, das ihm durch die Finger rinnt, und daraus ein *Gegebenes* zu machen, ein Gegebenes, das, endlich, das *ist, was es ist*; es geht darum, in der Einheit eines Blicks diese nichtvollendete Totalität zusammenzufassen, die nur deshalb nicht vollendet ist, weil sie sich selbst ihre Nichtvollendung ist, herauszukommen aus der Sphäre der dauernden Verweisung, die sich selbst Verweisung zu sein hat, und eben weil man den Maschen dieser Verweisung entgangen ist, sie *sein zu machen* als *gesehene* Verweisung, das heißt als Verweisung, die das ist, was sie ist. Aber zugleich muß dieses Sein, das sich übernimmt und als Gegebenes begründet, das heißt, das sich die Kontingenz des Seins verleiht, um sie zu retten, indem es sie begründet, selbst das sein, was es übernimmt und begründet, das, was es vor der ek-statischen Zerstreuung rettet. Die Motivation der Reflexion besteht in einem doppelten gleichzeitigen Bemühen um Objektivierung und Verinnerung. Für sich selbst als das Objekt-an-sich sein in der absoluten Einheit der Verinnerung, das ist das, was das Reflexion-Sein zu sein hat.

Diese Anstrengung, sich selbst sein eigener Grund zu sein, seine eigene Flucht verinnert wieder aufzunehmen und zu beherrschen, schließlich diese Flucht zu *sein*, statt sie als Flucht, die sich flieht, zu verzeitlichen, muß scheitern, und eben dieses Scheitern ist die Reflexion. Dieses Sein, das sich verliert, hat *selbst* es zu übernehmen, und es muß diese Übernahme nach dem Seinsmodus sein, der der seine ist, das heißt nach dem Modus des Für-sich, also der Flucht. Denn *als Für-sich* bemüht sich das Für-sich, das zu sein, was es ist, oder, anders gesagt, wird es *für sich* das sein, was es für-sich-ist. Die Reflexion oder der Versuch, das Für-sich durch Rückwendung zu sich zu übernehmen, endet also im Erscheinen des Für-sich für das Für-sich. Das Sein, das im Sein gründen will, ist selbst nur Grund seines eigenen Nichts. Die Gesamtheit bleibt also genichtetes An-sich. Zugleich kann die Rückwendung des Seins zu sich nur eine *Distanz* erscheinen lassen zwischen dem, was sich zurückwendet, und dem, zu dem die Rückwendung geschieht. Diese Rückwendung zu sich ist Losreißen von sich, um sich zurückzuwenden. Diese Rückwendung läßt das reflexive Nichts erscheinen. Denn die strukturelle Notwendigkeit des Für-sich verlangt, daß es in seinem Sein nur durch ein Sein zurückgewonnen werden kann, das selbst in Form von Für-sich existiert. Das Sein, das die Übernahme vollzieht, muß sich also nach dem Modus des Für-sich konstituieren, und das Sein, das übernommen werden soll, muß als Für-sich existieren. Und diese beiden Sein müssen *dasselbe Sein* sein, aber gerade indem es *sich* übernimmt, macht es zwischen sich und sich in der Einheit des Seins eine absolute Distanz existieren. Dieses Reflexionsphänomen ist eine permanente Möglichkeit des Für-sich, weil die reflexive Spaltung [*scissiparité*] im reflektierten Für-sich in Potenz ist: es genügt ja, daß das spiegelnde Für-sich sich *für-es* als Zeuge *der* Spiegelung setzt und daß das Für-sich als Spiegelung sich *für es* als Spiegelung dieses Spiegelnden setzt. Als Bemühung eines Für-sich, ein Für-sich zurückzugewinnen, das es nach dem Modus des Nichtseins ist, ist die Reflexion also ein intermediäres Nichtungsstadium zwischen der Existenz des Für-sich schlechthin und der Existenz *für Andere* als Akt der Wiedergewinnung eines Für-sich durch ein Für-sich, das es nicht ist nach dem Modus des Nicht-seins.*

Kann die so beschriebene Reflexion in ihren Geltungen und ihrer Tragweite durch die Tatsache beschränkt werden, daß sich das Für-sich verzeitlicht? Das glauben wir nicht.

Zwei Reflexionsarten sind zu unterscheiden, wenn wir das reflexive Phänomen in seinen Bezügen zur Zeitlichkeit erfassen wollen: die Reflexion kann rein oder unrein sein. Die reine Reflexion, bloße Anwesenheit des reflexiven Für-sich beim reflektierten Für-sich, ist zugleich die ursprüngliche Form der Reflexion und ihre ideale Form; die, auf deren Grund die unreine Reflexion erscheint, und auch die, die nie zunächst *gegeben* ist, die, die durch eine Art Katharsis gewonnen werden muß. Die unreine oder

---

* Wir finden hier diese «Entzweiung» des «Sichselbstgleichen» wieder, in der Hegel das Besondere des Bewußtseins sieht. Statt jedoch wie in der *Phänomenologie des Geistes* zu einer höheren Intergration zu führen, läßt diese Entzweiung das Nichts, das das Bewußtsein von sich trennt, nur noch tiefer und unüberwindlicher werden. Das Bewußtsein ist hegelianisch, aber das ist seine größte Illusion. [G. W. F. Hegel, *Phänomenologie des Geistes*, A, III: Kraft und Verstand; *Werke*, a. a. O., Bd. 3, 132 f.]

komplizenhafte Reflexion, von der wir später sprechen werden, schließt die reine Reflexion ein, überschreitet sie jedoch, weil sie ihre Prätentionen weiter ausdehnt.

Was sind die Geltungen und die Ansprüche der reinen Reflexion auf Evidenz? Es ist evident, daß das Reflexive das Reflektierte *ist*. Wenn wir davon abweichen, haben wir keinerlei Mittel, die Reflexion zu legitimieren. Aber das Reflexive *ist* das Reflektierte in völliger Immanenz, wenn auch in der Form des «Nicht-an-sich-seins». Das zeigt schon die Tatsache, daß das Reflektierte für die Reflexion nicht ganz Objekt, sondern *Quasi-Objekt* ist. In der Tat bietet sich das reflektierte Bewußtsein der Reflexion noch nicht als ein *Draußen* dar, das heißt als ein Sein, dem gegenüber man «einen Gesichtspunkt einnehmen», einen Abstand realisieren, die Distanz vergrößern oder verringern kann, die davon trennt. Damit das reflektierte Bewußtsein «von außen gesehen» würde und damit die Reflexion sich ihm gegenüber orientieren könnte, dürfte das Reflexive nicht das Reflektierte sein nach dem Modus von nicht das sein, was es nicht ist: diese Spaltung wird nur in der Existenz *für Andere* realisiert. Die Reflexion ist eine Erkenntnis, das ist nicht zu bezweifeln, sie hat einen Setzungscharakter; sie affirmiert das reflektierte Bewußtsein. Aber wie wir gleich sehen werden, ist jede Affirmation durch eine Negation bedingt: *dieses* Objekt affirmieren heißt gleichzeitig negieren, daß ich dieses Objekt bin. Erkennen heißt zu anderem *sich machen*. Nun kann sich aber gerade das Reflexive nicht völlig zu anderem als das Reflektierte machen, da es *ist, um das Reflektierte zu sein*. Seine Affirmation wird unterwegs aufgehalten, da sich seine Negation nicht vollständig realisiert. Es löst sich also nicht vollständig vom Reflektierten ab und kann es nicht «von einem Gesichtspunkt aus» umfassen. Seine Erkenntnis ist totalitär, es ist eine blitzartige Intuition und ohne Relief, ohne Ausgangs- und Ankunftspunkt. Alles ist mit einem Schlag in einer Art absoluter Nähe gegeben. Was wir gewöhnlich *Erkennen* nennen, setzt Reliefs, Flächen, eine Ordnung, eine Hierarchie voraus. Selbst die mathematischen Wesenheiten enthüllen sich uns mit einer Orientierung in bezug auf andere Wahrheiten, auf gewisse Konsequenzen; sie enthüllen sich nie mit allen ihren Merkmalen gleichzeitig. Aber die Reflexion, die uns das Reflektierte nicht als ein Gegebenes darbietet, sondern als das Sein, das wir zu sein haben, in einer Ununterschiedenheit ohne Gesichtspunkt, ist eine durch sich selbst überflutete Erkenntnis ohne Erklärung. Zugleich wird sie nie durch sich selbst überrascht, sie *lehrt* uns nichts, sie *setzt* nur. In der Erkenntnis eines transzendenten Objekts gibt es *Enthüllung* des Objekts, und das enthüllte Objekt kann uns enttäuschen oder verwundern. Aber in der reflexiven Enthüllung gibt es Setzung eines Seins, das bereits in seinem Sein Enthüllung war. Die Reflexion beschränkt sich darauf, diese Enthüllung für sich existieren zu machen; das enthüllte Sein offenbart sich nicht als ein gegebenes, sondern mit dem Merkmal «schon enthüllt». Die Reflexion ist mehr *Wiedererkennen* als Erkennen. Sie impliziert ein vor-reflexives Verständnis dessen, was sie zurückgewinnen will, als ursprüngliche Motivation der Rückgewinnung.

Aber wenn das Reflexive das Reflektierte *ist*, wenn diese Seinseinheit die Geltungen der Reflexion begründet und beschränkt, so ist hinzuzufügen, daß das Reflektierte selbst seine Vergangenheit und seine Zukunft *ist*. Obwohl das Reflexive fortwährend durch die Totalität des Reflektierten überflutet wird, die es nach dem Modus des nicht seins ist, dehnt es also ohne Zweifel seine Apodiktizitätsgeltungen auf diese Totalität selbst aus, die es ist. Die reflexive Errungenschaft von Descartes, das Cogito, darf daher nicht auf den infinitesimalen Augenblick beschränkt werden. Das konnte man übrigens aus der Tatsache schließen, daß das *Denken* ein Akt ist, der die Vergangenheit einbezieht und sich durch die Zukunft vorskizzieren läßt. Ich *zweifle*, also bin ich, sagt Descartes. Was bliebe aber vom methodischen Zweifel, wenn man ihn auf den Augenblick beschränken könnte? Ein Aussetzen des Urteils vielleicht. Aber ein Aussetzen des Urteils ist kein Zweifel, es ist nur eine notwendige Struktur davon. Zum Zweifel gehört, daß dieses Aussetzen durch das Ungenügen der Gründe für eine Affirmation oder Negation motiviert ist – was auf die Vergangenheit verweist – und daß es absichtlich bis zum Auftreten neuer Elemente aufrechterhalten wird, was schon Entwurf der Zukunft ist. Der Zweifel erscheint auf dem Hintergrund eines vorontologischen Verständnisses des *Erkennens* und von Erfordernissen das Wahre betreffend. Dieses Verständnis und diese Erfordernisse, die dem Zweifel seine ganze Bedeutung geben, engagieren die Totalität der menschlichen-Realität und ihr In-der-Weltsein, sie setzen die Existenz des *Objekts* einer Erkenntnis und eines Zweifels voraus, das heißt einer transzendenten Permanenz in der universellen Zeit; also ist der Zweifel ein verbundenes *Verhalten*, ein Verhalten, das einen der Modi des In-der-Welt-seins der menschlichen-Realität darstellt. Sich als zweifelnd entdecken heißt sich selbst schon voraus in der Zukunft sein, die das Ziel, das Aufhören und die Bedeutung dieses Zweifels enthält, hinter sich in der Vergangenheit, die die konstituierenden Motivationen des Zweifels und seine Phasen enthält, außerhalb von sich in der Welt als Anwesenheit bei dem Objekt, an dem man zweifelt. Das gleiche würde auf jede reflexive Feststellung zutreffen: ich lese, ich träume, ich nehme wahr, ich handle. Das führt uns entweder dazu, der Reflexion jede apodiktische Evidenz abzusprechen: dann löst sich die ursprüngliche Erkenntnis, die ich von mir habe, im Wahrscheinlichen auf, selbst meine Existenz ist nur eine Wahrscheinlichkeit, denn mein Im-Augenblick-sein ist kein Sein, oder aber wir müssen die Geltungen der Reflexion auf die menschliche Totalität ausdehnen, das heißt auf die Vergangenheit, die Zukunft, die Gegenwart, das Objekt.

Wenn wir aber richtig gesehen haben, ist die Reflexion das Für-sich, das sich selbst als Totalität in fortwährender Unvollständigkeit zu übernehmen versucht. Sie ist die Affirmation der Enthüllung des Seins, das sich selbst seine eigene Enthüllung ist. Da sich das Für-sich verzeitlicht, folgt daraus: 1. daß die Reflexion, als Seinsmodus des Fürsich, als Verzeitlichung sein muß und daß sie selbst ihre Vergangenheit und ihre Zukunft ist; 2. daß sie von Natur aus ihre Geltungen und ihre Gewißheit bis zu den Möglichkeiten, die ich *bin*, und bis zur Vergangenheit, die ich *war*, ausdehnt. Das Reflexive ist nicht Erfassen eines instantanen Reflektierten, aber es ist nicht selbst Instantaneität. Das bedeutet nicht, daß das Reflexive *mit* seiner Zukunft die Zukunft des Reflektierten erkennt und *mit* seiner Vergangenheit die Vergangenheit des zu erkennenden Bewußtseins. Im Gegenteil, durch die Zukunft und die Vergangenheit unterscheiden sich das Reflexive und das Reflektierte in der Einheit ihres Seins. Die Zukunft des Reflexiven ist ja die Gesamtheit der besonderen Möglichkeiten, die das Reflexive als Reflexives zu sein hat. Es kann als solches nicht ein Bewußtsein von der reflektierten Zukunft einschließen. Dasselbe gilt für die reflexive Vergangenheit, obwohl diese letztlich in der Vergangenheit des ursprünglichen Für-sich aufgeht. Aber wenn die Reflexion ihre Bedeutung aus ihrer Zukunft und ihrer Vergangenheit gewinnt, ist sie schon, als fliehende Anwesenheit bei einer Flucht, ek-statisch während dieser ganzen Flucht. Anders gesagt, das Für-sich, das sich nach dem Modus der reflexiven Aufspaltung existieren macht, gewinnt als Für-sich seinen Sinn von seinen Möglichkeiten und von seiner Zukunft, in diesem Sinn ist die Reflexion ein diasporisches Phänomen; aber als *Anwesenheit bei sich* ist es Anwesenheit, die bei allen seinen ek-statischen Dimensionen anwesend ist. Bleibt zu erklären, wird man sagen, warum dieser angeblich apodiktischen Reflexion so viele Irrtümer unterlaufen können gerade hinsichtlich dieser Vergangenheit, die zu erkennen man sie berechtigt. Ich antworte, daß sie nie irrt in genau dem Maß, wie sie die Vergangenheit als das erfaßt, von dem die Gegenwart in nicht thematischer Form heimgesucht wird. Wenn ich sage: «Ich lese, ich zweifle, ich hoffe usw.», so gehe ich, wie wir gezeigt haben, schon weit über meine Gegenwart hinaus zur Vergangenheit hin. In keinem dieser Fälle kann ich mich täuschen. Die Apodiktizität der Reflexion steht außer Zweifel, in dem Maß, in dem sie die Vergangenheit gerade so erfaßt, wie sie für das reflektierte Bewußtsein ist, das zu sein hat. Unterläuft mir hingegen mancher Irrtum, wenn ich mich, nach dem reflexiven Modus, an meine vergangenen Gefühle oder Ideen erinnere, so deshalb, weil ich auf der Ebene der Erinnerung bin: in diesem Moment *bin* ich nicht mehr meine Vergangenheit, sondern thematisiere sie. Dann handelt es sich nicht mehr um den reflexiven Akt.

Die Reflexion ist also Bewußtsein *von den drei* ek-statischen Dimensionen. Sie ist nicht-thetisches Bewußtsein (von) Ablauf und thetisches Bewußtsein *von* Dauer. Für sie beginnen Vergangenheit und Gegenwart des Reflektierten wie *Quasi-Draußen* [*des quasi-dehors*] zu existieren, in dem Sinn, daß sie nicht nur in der Einheit eines Für-sich festgehalten werden, das ihr Sein erschöpft, indem es es zu sein hat, sondern auch *für* ein Für-sich, das durch ein Nichts von ihnen getrennt ist, für ein Für-sich, das ihr Sein nicht zu sein hat, obwohl es mit ihnen in der Einheit eines Seins existiert. Durch die Reflexion sucht auch der Ablauf wie ein in der Immanenz skizziertes Draußen zu *sein*. Aber die reine Reflexion entdeckt die Zeitlichkeit wiederum nur in ihrer ursprünglichen Nicht-Substantialität, ihrer Weigerung, an-sich zu sein, sie entdeckt die Möglichkeiten *als Möglichkeiten*, entlastet durch die Freiheit des Für-sich, sie enthüllt die Gegenwart als transzendent, und wenn ihr die Vergangenheit als An-sich erscheint, so auf dem Grund der Gegenwart. Sie enthüllt schließlich das

Für-sich in seiner detotalisierten Totalität als die unvergleichbare Individualität, die sie *selbst ist* nach dem Modus, daß sie sie zu sein hat; sie enthüllt es als das «Reflektierte» *par excellence*, das Sein, das immer nur als *Sich* ist und das dieses «Sich» stets auf Distanz von ihm selbst ist, in der Zukunft, in der Vergangenheit, in der Welt. Die Reflexion erfaßt also die Zeitlichkeit, insofern sie sich als der einzigartige und unvergleichbare Seinsmodus einer Selbstheit enthüllt, das heißt als Geschichtlichkeit.

Aber die psychologische Dauer, die wir kennen und mit der wir täglich arbeiten, als Sukzession von organisierten zeitlichen Formen, ist der Geschichtlichkeit entgegengesetzt. Sie ist ja das konkrete Gewebe psychischer Ablaufeinheiten. Diese Freude ist zum Beispiel eine organisierte Form, die nach einer Trauer erscheint, und vorher hat es diese Demütigung gegeben, die ich gestern empfunden habe. Zwischen diesen Ablaufeinheiten, Qualitäten, Zuständen, Handlungen stellen sich gewöhnlich Beziehungen von Vorher und Nachher her, und diese Einheiten können auch zum *Datieren* dienen. So befindet sich das reflexive Bewußtsein des Menschen-in-der-Welt, in seiner täglichen Existenz, psychischen Objekten gegenüber, die das sind, was sie sind, die auf dem zusammenhängenden Gewebe unserer Zeitlichkeit wie Zeichnungen und Motive auf einer Tapete erscheinen und die aufeinanderfolgen in der Art der Dinge der Welt in der universellen Zeit, das heißt, die einander ablösen, ohne untereinander andere Beziehungen zu unterhalten als rein externe Sukzessionsbeziehungen. Man spricht von einer Freude, die ich *habe* oder *gehabt habe*, man sagt, es ist *meine* Freude, als wenn ich deren Träger wäre und sie sich von mir abhöbe, wie die endlichen Modi bei Spinoza sich auf dem Hintergrund des Attributs abheben.[150] Man sagt sogar, *ich empfinde* diese Freude, als wenn sie sich wie ein Siegel auf das Gewebe meiner Zeitlichkeit prägte oder, besser noch, als wenn die Anwesenheit dieser Gefühle, Ideen, Zustände in mir eine

Art *Heimsuchung* wäre. Diese psychische Dauer, die durch den konkreten Ablauf autonomer Organisationen konstituiert wird, das heißt im Grunde durch die Sukzession psychischer *Fakten*, Bewußtseins*fakten*, können wir nicht als Illusion bezeichnen: ihre Realität ist es ja, die den Gegenstand der Psychologie ausmacht; praktisch stellen sich die konkreten Bezüge zwischen den Menschen, Ansprüche, Eifersüchteleien, Rachegefühle, Beeinflussungen, Kämpfe, Täuschungen usw., auf der Ebene des psychischen Faktums her. Trotzdem ist undenkbar, daß das unreflektierte Für-sich, das sich in seinem Auftauchen vergeschichtlicht, diese Qualitäten, Zustände und Handlungen *selbst ist*. Seine Seinseinheit würde sich in der Vielheit von einander äußerlichen Existierenden auflösen, das ontologische Problem der Zeitlichkeit erschiene von neuem, und diesmal hätten wir uns um die Mittel gebracht, es zu lösen, denn wenn es dem Für-sich möglich ist, seine eigene Vergangenheit zu sein, wäre doch es absurd, von meiner Freude zu verlangen, daß sie die ihr vorausgegangene Trauer sei, nicht einmal nach dem Modus des «Nicht-seins». Die Psychologen geben uns eine eingeschränkte Vorstellung von dieser ek-statischen Existenz, wenn sie behaupten, daß die psychischen Fakten einander relativ sind und daß das Donnern, das man nach einer langen Stille hört, als «Donnern-nach-einer-langen-Stille» wahrgenommen wird. Das klingt zwar gut, aber sie haben es sich versagt, diese Relativität in der Sukzession zu erklären, indem sie ihr jede ontologische Grundlage nahmen. Erfaßt man aber das Für-sich in seiner Geschichtlichkeit, so verflüchtigt sich die psychische Dauer, die Zustände, die Qualitäten und die Handlungen verschwinden und machen dem Für-sich-sein als solchem Platz, das nur als die einzigartige Individualität ist, deren Vergeschichtlichungsprozeß unteilbar ist. Es läuft ab, ruft sich aus dem Grund der Zukunft, belastet sich mit der Vergangenheit, die es war, vergeschichtlicht seine Selbstheit, und wir wissen, daß es, nach dem primären oder unreflektierten Modus, Bewußtsein von der Welt ist und nicht *von* sich. So können die Qualitäten, die Zustände keine Seinsweisen [*êtres*] in seinem Sein sein (in dem Sinn, in dem die Ablaufeinheit *Freude* Bewußtseins-«Inhalt» oder Bewußtseins-«Faktum» wäre), es existieren von ihm nur nicht setzende interne Färbungen, die keine anderen als es selbst sind, insofern es für sich ist, und die außerhalb seiner nicht wahrgenommen werden können.

Wir befinden uns hier zwei Zeitlichkeiten gegenüber: der ursprünglichen Zeitlichkeit, deren Verzeitlichung wir *sind*, und der psychischen Zeitlichkeit, die als unvereinbar mit dem Seinsmodus unseres Seins erscheint und zugleich als eine intersubjektive Realität, Gegenstand der Wissenschaft, Ziel der menschlichen Handlungen (in dem Sinn zum Beispiel, wie ich alles daran setze, «mich von Anny lieben zu machen», bei ihr «*Liebe zu mir zu erregen*»). Diese psychische Zeitlichkeit, die evidentermaßen *abgeleitet* ist, kann nicht direkt aus der ursprünglichen Zeitlichkeit hervorgehen; diese konstituiert nur sich selbst. Die psychische Zeitlichkeit ist dagegen unfähig, *sich* zu konstituieren, denn sie ist nur eine sukzessive Faktenordnung. Im übrigen kann die psychische Zeitlichkeit dem unreflektierten Für-sich, das reine ek-statische Anwesenheit bei der Welt ist, nicht erscheinen: sie enthüllt sich der Reflexion, die Reflexion muß sie konstituieren. Aber wie kann die Reflexion das, wenn sie schlicht und einfach Enthüllung der Geschichtlichkeit ist, die sie ist?

Hier muß man die reine Reflexion von der unreinen oder konstituierenden unterscheiden: denn die unreine Reflexion konstituiert die Sukzession der psychischen Fakten oder *Psyche*. Und was sich zuerst im täglichen Leben darbietet, ist die unreine oder konstituierende Reflexion, wenn sie auch die reine Reflexion als ihre ursprüngliche Struktur in sich einschließt. Aber diese kann nur infolge einer Veränderung erreicht werden, die sie an sich selbst vornimmt und die Katharsisform hat. Es ist hier nicht der Ort, die Motivation und die Struktur dieser Katharsis zu beschreiben. Uns geht es um die Beschreibung der unreinen Reflexion, insofern sie Konstituierung und Enthüllung der psychischen Zeitlichkeit ist.

Wie wir sahen, ist die Reflexion ein Seinstypus, wo das Für-sich ist, um sich selbst das zu sein, was es ist. Die Reflexion ist also kein launisches Auftauchen in der reinen Seinsindifferenz, sondern sie bringt sich in der Perspektive eines *um-zu* hervor. Wir haben ja gerade hier gesehen, daß das Für-sich das Sein ist, das, in seinem Sein, Grund eines «um-zu» ist. Die Bedeutung der Reflexion ist also ihr Sein-um-zu. Insbesondere ist das Reflexive das Reflektierte, das sich selbst nichtet, *um* sich wiederzugewinnen. Insofern also das Reflexive das Reflektierte zu sein hat, entgeht es dem Für-sich, das es als Reflexives in der Form ist, «es zu sein zu haben». Wäre dies jedoch nur, um das Reflektierte zu sein, das es zu sein hat, würde es dem Für-sich nur entgehen, um es wiederzufinden; überall, und wie immer es sich affiziert, ist das Für-sich verurteilt, fürsich-zu-sein. Eben das entdeckt in der Tat die reine Reflexion. Aber die unreine Reflexion, die die erste, spontane (aber nicht *ursprüngliche*) reflexive Bewegung ist, ist-um das Reflektierte als an-sich zu sein. Ihre Motivation ist an ihr selbst in der – von uns beschriebenen – doppelten Verinnerungs- und Objektivierungsbewegung: das Reflektierte als An-sich erfassen, um sich zu diesem An-sich zu machen, das man erfaßt. Die unreine Reflexion ist also Erfassen des Reflektierten als solchen nur in einem Selbstheitszirkel, wo sie sich in unmittelbarem Bezug mit einem An-sich befindet, das sie zu sein hat. Andererseits ist jedoch dieses An-sich, das sie zu sein hat, das *Reflektierte*, insofern das Reflexive es als an-sich seiend zu erfassen versucht. Das bedeutet, daß in der unreinen Reflexion drei Formen existieren: das Reflexive, das Reflektierte und ein An-sich, das das Reflexive zu sein hat, insofern dieses An-sich das Reflektierte wäre, und das nichts anderes ist als das *um-zu* des reflexiven Phänomens. Dieses An-sich ist hinter dem Für-sich-Reflektierten [*réfléchi-pour-soi*] durch eine Reflexion vorskizziert, die das Reflektierte durchzieht, um es zu übernehmen und zu begründen, es ist wie die Projektion des Für-sich-Reflektierten in das An-sich als Bedeutung; sein Sein ist keineswegs, zu sein, sondern *geseint zu werden* wie das Nichts. Es ist das Reflektierte als reines Objekt für das Reflexive. Sobald die Reflexion einen Gesichtspunkt gegenüber dem Reflexiven einnimmt, sobald sie diese blitzartige und relieflose Intuition verläßt, wo sich das Reflektierte dem Reflexiven ohne Gesichtspunkt darbietet, sobald sie sich als das Reflektierte *nicht seiend* setzt und das bestimmt, *was es ist*, läßt die Reflexion hinter dem Reflektierten ein bestimmbares, qualifizierbares An-sich erscheinen. Dieses transzendente An-sich oder dieser vom Reflektierten in das Sein geworfene Schatten ist das, was das Reflexive *zu sein hat*, insofern es das ist, was das Reflektierte *ist*. Es ist weder mit dem *Wert* des Reflektierten gleichzusetzen – der sich der Reflexion in der totalitären und undifferenzierten Intuition darbietet – noch mit dem *Wert*, der das Reflexive als nicht-thetische Abwesenheit heimsucht und als das *um-zu* des reflexiven Bewußtseins, insofern es nicht setzendes Bewußtsein (von) sich ist. Es ist der notwendige Gegenstand jeder Reflexion; damit es auftaucht, braucht die Reflexion nur das Reflektierte als Gegenstand zu betrachten: eben der Entschluß, durch den sich die Reflexion dazu bestimmt, das Reflektierte als Gegenstand zu betrachten, läßt das An-sich als transzendente Objektivierung des Reflektierten erscheinen. Und der Akt, durch den sich die Reflexion dazu bestimmt, das Reflektierte als Gegenstand zu nehmen, ist in sich selbst: 1. Setzung des Reflexiven als das Reflektierte *nicht seiend*, 2. Einnehmen eines Gesichtspunkts gegenüber dem Reflektierten. In Wirklichkeit sind diese beiden Momente übrigens eins, da die konkrete Negation, zu der sich das Reflexive gegenüber dem Reflektierten macht, sich gerade *in der und durch die* Tatsache manifestiert, einen Gesichtspunkt einzunehmen. Wie man sieht, liegt der objektivierende Akt in der strikten Fortsetzung der reflexiven Aufspaltung, da diese Aufspaltung durch Vertiefung des Nichts entsteht, das die Spiegelung vom Spiegelnden trennt. Die Objektivierung übernimmt die reflexive Bewegung als das Reflektierte nicht seiend, *um* das Reflektierte als Gegenstand für das Reflexive erscheinen zu lassen. Nur ist diese Reflexion unaufrichtig, denn wenn sie das Band zu zerschneiden scheint, das das Reflektierte mit dem Reflexiven verbindet, wenn sie zu deklarieren scheint, daß das Reflexive das Reflektierte *nicht ist* nach dem Modus, nicht das zu sein, was man nicht ist, während im ursprünglichen reflexiven Auftauchen das Reflexive das Reflektierte nicht ist nach dem Modus, nicht das zu sein, was man ist, so geschieht dies, *um* danach die Identitätsbehauptung zu übernehmen und von diesem An-sich zu behaupten, daß «ich *es* bin». In einem Wort, die Reflexion ist unaufrichtig, insofern sie sich konstituiert als Enthüllung des *Gegenstands, der ich mir bin*. Aber an zweiter Stelle ist diese radikalere Nichtung kein reales und metaphysisches Ereignis: das reale Ereignis, der dritte Nichtungsprozeß, ist das *Für-Andere*. Die unreine Reflexion ist ein mißlungener Versuch des Für-sich, zugleich *Anderes zu sein* und *es selbst zu bleiben*. Der hinter dem reflektierten Für-sich erschienene transzendente Gegenstand ist das einzige Sein, von dem das Reflexive in diesem Sinn sagen könnte, daß es *es nicht ist*. Aber es ist ein Seinsschatten. Es wird geseint, und das Reflexive hat es zu sein, um es nicht zu sein. Diesen Seinsschatten, ein notwendiges und ständiges Korrelat der unreinen Reflexion, untersucht der Psychologe unter dem Namen *psychisches Faktum*. Das psychische Faktum ist also der Schatten des Reflektierten, insofern das Reflexive es ekstatisch zu sein hat nach dem Modus des Nichtseins. Die

Reflexion ist somit unrein, wenn sie sich als «Intuition des Für-sich als An-sich» darbietet; was sich ihr enthüllt, ist nicht die zeitliche und nicht-substantielle Geschichtlichkeit des Reflektierten; es ist, jenseits dieses Reflektierten, eben die Substantialität organisierter Ablaufformen. Die Einheit dieser virtuellen Seinsweisen [êtres] nennt man *psychisches Leben* oder *Psyche*, virtuelles und transzendentes An-sich, das die Verzeitlichung des Für-sich umspannt. Die reine Reflexion ist stets nur eine Quasi-Erkenntnis; aber nur von der Psyche kann es reflexive Erkenntnis geben. Man findet natürlich in jedem psychischen Gegenstand die Merkmale des realen Reflektierten wieder, jedoch in An-sich vermindert. Darüber wird uns eine kurze apriorische Beschreibung der Psyche Aufschluß geben können. 209

1. Unter Psyche verstehen wir das *Ego*, seine Zustände, seine Qualitäten und seine Akte. Das *Ego* stellt unter der zweifachen grammatischen Form des Ich [*Je*] und des Ich [*Moi*] unsere *Person* als transzendente psychische Einheit dar. Wir haben es woanders beschrieben.[151] Als *Ego* sind wir Subjekte *de facto* und *de jure*, aktiv und passiv, willentlich Handelnde, mögliche Gegenstände eines Wert- oder Verantwortungsurteils.

Die Qualitäten des *Ego* stellen die Gesamtheit der Virtualitäten, Latenzen, Potenzen dar, die unseren Charakter und unsere Gewohnheiten (im griechischen Sinn von *Hexis*) konstituieren. Jähzornig, fleißig, eifersüchtig, ehrgeizig, sinnlich usw. sein ist eine Seins-«Qualität». Daneben muß man aber auch Qualitäten anderer Art erkennen, die ihren Ursprung in unserer Geschichte haben und die wir *Gewohnheiten* nennen: ich kann *gealtert, erschöpft, verbittert*, geschwächt, erfolgreich sein; ich kann mir erscheinen als jemand, der «durch einen Erfolg Selbstvertrauen erworben hat», oder aber als einer, der «allmählich Neigungen und Gewohnheiten, die Sexualität eines Kranken angenommen hat» (infolge einer langen Krankheit).

Im Gegensatz zu den Qualitäten, die «in Potenz» existieren, bieten sich die *Zustände* als *in actu* existierend dar. Haß, Liebe, Eifersucht sind Zustände. Eine Krankheit ist ein Zustand, insofern sie durch den Kranken als psychophysiologische Realität erfaßt wird. In gleicher Weise können eine Anzahl von Charakteristika, die sich von außen her mit meiner Person verbinden, insofern ich sie lebe, *Zustände* werden: die Abwesenheit (in bezug auf eine bestimmte Person), das Exil, die Entehrung, der Triumph sind Zustände. Man sieht, was die Qualität vom Zustand unterscheidet: nach meinem gestrigen Zorn bleibt meine «Reizbarkeit» übrig als bloße latente Veranlagung zum Jähzorn. Dagegen lebt nach Pierres Handeln und dem Ressentiment, das ich deswegen empfunden habe, mein Haß weiter als eine *aktuelle* Realität, obwohl mein Denken gegenwärtig mit einem anderen Gegenstand beschäftigt ist. Die Qualität ist zudem eine angeborene oder erworbene Geistesdisposition, die dazu beiträgt, meine Person zu *qualifizieren*. Der Zustand dagegen ist vielmehr akzidentell und kontingent: er ist *etwas, was mir geschieht*. Doch gibt es Zwischenformen zwischen Zuständen und Qualitäten: so war zum Beispiel der Haß des Pozzo di Borgo auf Napoleon konstitutiv für die *Person* Pozzo, obwohl er faktisch existierte und einen kontingenten affektiven Bezug zwischen Pozzo und Napoleon darstellte.[152]

Unter *Akten* ist jede synthetische Aktivität der Person zu verstehen, das heißt jede Disposition von Mitteln im Hinblick auf Zwecke, nicht insofern das Für-sich seine eigenen Möglichkeiten ist, sondern insofern der Akt eine transzendente psychische Synthese darstellt, die es leben muß. So ist zum Beispiel das Training des Boxers ein Akt, weil es das Für-sich übersteigt und stützt, das sich andererseits in diesem und durch dieses Training realisiert. Das gleiche gilt für die Forschung des Wissenschaftlers, für die Arbeit des Künstlers, für den Wahlkampf des Politikers.

In all diesen Fällen stellt der Akt als psychisches Sein eine transzendente Existenz und die objektive Seite des Bezugs des Für-sich zur Welt dar.

2. Das «Psychische» bietet sich einzig und allein einer besonderen Kategorie von Erkenntnisakten dar: den Akten des reflexiven Für-sich. Auf der unreflektierten Ebene ist ja das Für-sich seine eignen Möglichkeiten nach dem nicht-thetischen Modus, und da seine Möglichkeiten mögliche Anwesenheiten bei der Welt jenseits des gegebenen Zustands der Welt sind, ist das, was sich thetisch, aber nicht thematisch durch sie enthüllt, ein Zustand der Welt, der mit dem gegebenen Zustand synthetisch verbunden ist. Die an der Welt vorzunehmenden Modifikationen bieten sich somit thetisch in den anwesenden Dingen als objektive Potentialitäten dar, die sich zu realisieren haben, indem sie unseren Körper als Instrument ihrer Realisation benutzen. So sieht der wütende Mensch auf dem Gesicht seines Gesprächspartners die objektive Qualität, einen Faustschlag herauszufordern. Daher die Ausdrücke «Ohrfeigengesicht», «Fresse zum Dreinschlagen» usw. usw. Unser Körper erscheint hier nur wie ein Medium in Trance. Durch ihn hat sich eine bestimmte Potentialität der Dinge zu realisieren (das zu-trinkende-Getränk, die zu-leistende-Hilfe, der zu-vernichtende-Schädling usw.), die währenddessen auftauchende Reflexion erfaßt die ontologische Beziehung des Für-sich zu seinen Möglichkeiten, jedoch als *Gegenstand*. So taucht der *Akt* als virtueller Gegenstand des reflexiven Bewußtseins auf. Es ist mir also unmöglich, zur gleichen Zeit und auf der gleichen Ebene Bewußtsein *von* Pierre und *von* meiner Freundschaft zu ihm zu haben: diese beiden Existenzen sind stets durch die Dichte eines Für-sich getrennt. Und dieses Für-sich selbst ist eine verborgene Realität: im Fall des nicht reflektierten Bewußtseins ist es, aber nicht thetisch, und es verschwindet vor dem Gegenstand der Welt und seinen Potentialitäten. Im Fall des reflexiven Auftauchens wird es auf den

virtuellen Gegenstand hin überschritten, den das Reflexive zu sein hat. Nur ein *reines* reflexives Bewußtsein kann das reflektierte Für-sich in seiner Realität entdecken. Wir nennen *Psyche* die organisierte Totalität dieser virtuellen und transzendenten Existierenden, die die unreine Reflexion ständig begleiten und die den natürlichen Gegenstand der *psychologischen* Untersuchungen darstellen.

3. Die Gegenstände sind, obwohl virtuell, keine Abstrakta, sie werden vom Reflexiven nicht leer anvisiert, sondern bieten sich als das konkrete An-sich dar, das das Reflexive jenseits des Reflektierten zu sein hat. Wir nennen *Evidenz* die unmittelbare und «leibhaftige» Anwesenheit des Hasses, des Exils, des methodischen Zweifels beim reflexiven Für-sich. Um sich davon zu überzeugen, daß diese Anwesenheit existiert, braucht man nur an die Fälle unserer persönlichen Erfahrung zu denken, wo wir versucht haben, uns an eine tote Liebe, an eine gewisse intellektuelle Atmosphäre zu erinnern, die wir früher erlebt haben. In diesen Fällen hatten wir deutlich das Bewußtsein, diese verschiedenen Gegenstände *leer* anzuvisieren. Wir konnten besondere Begriffe von ihnen bilden, eine literarische Beschreibung davon versuchen, aber wir wußten, daß sie nicht da waren. Ähnlich gibt es für eine lebendige Liebe Unterbrechungsperioden, in denen wir *wissen*, daß wir lieben, aber es durchaus nicht *fühlen*. Diese «Intermissionen des Herzens» sind von Proust sehr gut beschrieben worden. Dagegen ist es möglich, eine Liebe voll zu erfassen, sie zu betrachten. Dafür ist jedoch ein besonderer Seinsmodus des reflektierten Für-sich erforderlich: *über* meine momentane Sympathie, die das Reflektierte eines reflexiven Bewußtseins geworden ist, kann ich meine Freundschaft zu Pierre erfassen. Mit einem Wort, es gibt kein anderes Mittel, diese Qualitäten, diese Zustände oder diese Akte zu vergegenwärtigen, als sie über ein reflektiertes Bewußtsein zu erfassen, dessen Schatten und Objektivierung im An-sich sie sind.

Aber diese Möglichkeit, eine Liebe gegenwärtig zu machen, beweist besser als alle Argumente die Transzendenz des Psychischen. Wenn ich meine Liebe plötzlich entdecke, wenn ich sie *sehe*, erfasse ich zugleich, daß sie *gegenüber* dem Bewußtsein ist. Ich kann ihr gegenüber Gesichtspunkte einnehmen, sie beurteilen, ich bin nicht in ihr eingebunden wie das Reflexive im Reflektierten. Eben deshalb erfasse ich sie als Für-sich *nicht seiend*. Sie ist unendlich schwerer, opaker, konsistenter als diese absolute Transparenz. Daher ist die *Evidenz*, mit der sich das Psychische der Intuition der unreinen Reflexion darbietet, nicht apodiktisch. Es besteht ja ein Auseinanderklaffen zwischen der Zukunft des reflektierten Für-sich, die dauernd durch meine Freiheit ausgehöhlt und erleichtert wird, und der dichten und drohenden Zukunft meiner Liebe, die ihr gerade ihren Sinn von *Liebe* gibt. Erfaßte ich nämlich im psychischen Gegenstand seine Zukunft einer Liebe nicht als gesichert, wäre es dann noch eine Liebe? Fiele sie nicht auf die Stufe einer *Laune*? Und legt nicht die Laune selbst die Zukunft fest, insofern sie sich als etwas darbietet, was Laune bleiben und sich nie in Liebe verwandeln soll? Die stets genichtete Zukunft des Für-sich verhindert somit jede Bestimmung an sich des Für-sich als Für-sich, das liebt oder haßt; und der projizierte Schatten des reflektierten Für-sich besitzt natürlich eine in An-sich verminderte Zukunft, die eins mit dem Schatten ist und seinen Sinn bestimmt. Aber in Korrelation mit der fortwährenden Nichtung reflektierter Zukünfte bleibt die organisierte psychische Gesamtheit mit ihrer Zukunft nur *wahrscheinlich*. Und darunter darf keineswegs eine externe Qualität verstanden werden, die aus einer Beziehung zu meiner Erkenntnis herkäme und die sich gegebenenfalls in Gewißheit verwandeln könnte, sondern ein ontologisches Charakteristikum.

4. Der psychische Gegenstand als der Schatten des reflektierten Für-sich besitzt in verminderter Form die

Merkmale des Bewußtseins. Insbesondere erscheint er da als eine vollendete und wahrscheinliche Totalität, wo sich das Für-sich in der diasporischen Einheit einer detotalisierten Totalität existieren macht. Das bedeutet, das über die drei ek-statischen Dimensionen der Zeitlichkeit erfaßte Psychische erscheint als durch die Synthese einer Vergangenheit, einer Gegenwart und einer Zukunft konstituiert. Eine Liebe, eine Unternehmung ist die organisierte Einheit dieser drei Dimensionen. Es genügt ja nicht, zu sagen, daß eine Liebe eine Zukunft «hat», als wenn die Zukunft dem Gegenstand, den sie kennzeichnet, äußerlich wäre: die Zukunft gehört vielmehr zu der organisierten Ablaufform «Liebe», denn es ist deren Sein in der Zukunft, das der Liebe ihren Sinn von Liebe gibt. Weil jedoch das Psychische an-sich ist, kann weder seine Gegenwart Flucht noch seine Zukunft reine Möglichkeit sein. Es gibt in diesen Ablaufformen eine wesentliche Priorität der Vergangenheit, die das ist, was das Für-sich *war*, und die bereits die Verwandlung des Für-sich in An-sich voraussetzt. Das Reflexive projiziert ein mit den drei zeitlichen Dimensionen versehenes Psychisches, aber es konstituiert diese drei Dimensionen einzig und allein mit dem, was das Reflektierte *war*. Die Zukunft *ist* bereits: Wie wäre meine Liebe sonst Liebe? Nur ist sie noch nicht *gegeben*: sie ist ein «Jetzt», das noch nicht enthüllt ist. Sie verliert somit ihren Charakter von *Möglichkeit-die-ich-zu sein-habe*: meine Liebe, meine Freude *haben ihre Zukunft nicht zu sein*, sie *sind* sie in der ruhigen Indifferenz des Nebeneinander, wie dieser Füllfederhalter zugleich Feder und dort Kappe ist. Ähnlich wird die Gegenwart in ihrer realen Qualität, *dazusein*, erfaßt. Nur ist dieses Da-sein als Dagewesen-sein konstituiert. Die Gegenwart ist schon ganz konstituiert und von Kopf bis Fuß ausgerüstet, sie ist ein «Jetzt», das der Augenblick bringt und nimmt wie ein fertiges Kostüm; sie ist eine Karte, die aus dem Spiel geht und wieder hineinkommt. Der Übergang eines «Jetzt» von der

Zukunft zur Gegenwart und von der Gegenwart zur Vergangenheit läßt es keinerlei Veränderung erleiden, da es in jedem Fall, zukünftig oder nicht, schon vergangen ist. Das zeigt deutlich der naive Rückgriff der Psychologen auf das Unbewußte zur Unterscheidung der drei «Jetzt» des Psychischen: *Gegenwart* nennt man ja das Jetzt, das dem Bewußtsein gegenwärtig ist. Ein Jetzt, das zur Zukunft übergegangen ist, hat genau die gleichen Merkmale, aber es wartet in den Dunkelzonen des Unbewußten, und wenn wir es in diesem undifferenzierten Milieu nehmen, können wir in ihm nicht die Vergangenheit von der Zukunft unterscheiden: eine Erinnerung, die im Unbewußten weiterlebt, ist ein vergangenes «Jetzt» und zugleich, insofern sie darauf wartet, geweckt zu werden, ein zukünftiges «Jetzt». Die psychische Form ist somit nicht «*zu sein*», sie ist bereits *fertig*; sie ist schon ganz vollständig, Vergangenheit, Gegenwart, Zukunft, nach dem Modus «*ist gewesen*». Für die «Jetzt», die die psychische Form bilden, geht es nur noch darum, nacheinander, vor der Rückkehr zur Vergangenheit, die Taufe des Bewußtseins zu erhalten.

Daraus ergibt sich, daß in der psychischen Form zwei kontradiktorische Seinsmodalitäten koexistieren, denn sie ist zugleich *bereits fertig* und erscheint in der kohäsiven Einheit eines Organismus und kann gleichzeitig nur in einer Sukzession von «Jetzt» existieren, von denen jedes dazu tendiert, sich in An-sich zu isolieren. Zum Beispiel geht diese Freude vom einen Augenblick zum anderen über, weil ihre Zukunft bereits als Endergebnis und *gegebener* Sinn ihrer Entwicklung existiert, nicht als das, was sie zu sein hat, sondern als das, was sie in der Zukunft schon «gewesen ist».

Die innere Kohäsion des Psychischen ist ja nichts anderes als die ins An-sich hypostasierte Seinseinheit des Fürsich. Ein Haß hat keine Teile: er ist keine Summe von Verhaltensweisen und Bewußtseinen, sondern bietet sich über die Verhaltensweisen und die Bewußtseine als die teilelose zeitliche Einheit ihrer Erscheinungen dar. Indessen erklärt sich die Seinseinheit des Für-sich durch den ek-statischen Charakter seines Seins: es hat in voller Spontaneität das zu sein, was es sein wird. Das Psychische dagegen «wird-geseint». Das bedeutet, daß es unfähig ist, sich durch sich zur Existenz zu bestimmen. Es wird gegenüber dem Reflexiven durch eine Art von Inertheit gestützt; und die Psychologen haben oft seinen «pathologischen» Charakter hervorgehoben. In diesem Sinn kann Descartes von den «Leidenschaften der Seele»[153] sprechen; wegen dieser Inertheit kann das Psychische, obwohl es nicht auf derselben Seinsebene wie die Existierenden der Welt ist, als in Beziehung zu diesen Existierenden erfaßt werden. Eine Liebe ist als durch den geliebten Gegenstand «hervorgerufen» gegeben. Infolgedessen wird die totale Kohäsion der psychischen Form unverständlich, da sie diese Kohäsion nicht *zu sein hat*, da sie nicht ihre eigene Synthese ist, da ihre Einheit den Charakter eines Gegebenen hat. In dem Maß, wie ein Haß eine gegebene Sukzession von fertigen und inerten «Jetzt» ist, finden wir in ihm den Keim einer unendlichen Teilbarkeit. Und doch wird diese Teilbarkeit maskiert, negiert, insofern das Psychische die Objektivierung der ontologischen Einheit des Für-sich ist. Daher eine Art *magischer* Kohäsion zwischen den sukzessiven «Jetzt» des Hasses, die sich als *Teile* darbieten, nur um dann ihre Äußerlichkeit zu verneinen. Diese Zweideutigkeit wird augenfällig in Bergsons Theorie über das Bewußtsein, das dauert und das «Vielheit wechselseitiger Durchdringung» ist.[154] Was Bergson hier erfaßt, ist das Psychische, nicht das als Für-sich verstandene Bewußtsein. Was bedeutet denn «wechselseitige Durchdringung»? Nicht das prinzipielle Fehlen jeder Teilbarkeit. Denn zur wechselseitigen Durchdringung muß es Teile geben, die sich wechselseitig durchdringen. Doch diese Teile, die prinzipiell in ihre Isolierung zurückfallen müßten, fließen durch eine magische und völlig unerklärte Kohäsion ineinander, und diese totale Verschmelzung fordert jetzt die Analyse heraus. Bergson denkt keineswegs daran, diese Eigenart des Psychischen auf eine absolute Struktur des Für-sich zu gründen: er stellt sie als ein Gegebenes fest; eine bloße «Intuition» enthüllt ihm, daß das Psychische eine verinnerte Vielheit ist. Was ihren Charakter von Inertheit, von passivem Datum noch unterstreicht, ist, daß sie existiert, ohne *für* ein thetisches oder nicht-thetisches Bewußtsein zu sein. Sie ist, ohne Bewußtsein (von) sein zu sein, da der Mensch sie in der natürlichen Haltung völlig verkennt und zu ihrem Erfassen der Rückgriff auf die Intuition notwendig ist. So kann ein Gegenstand der Welt existieren, ohne gesehen zu werden, und sich hinterher enthüllen, nachdem wir uns die für seine Entdeckung erforderlichen Instrumente angefertigt haben. Die Merkmale der psychischen Dauer sind für Bergson ein reines kontingentes Erfahrungsfaktum; sie sind so, weil man sie so vorfindet, das ist alles. So ist die psychische Zeitlichkeit ein inertes *Datum*, der bergsonschen Dauer ziemlich verwandt, die ihre innere Kohäsion *erleidet*, ohne sie zu schaffen, die fortwährend verzeitlicht wird, ohne *sich* zu verzeitlichen, wo sich die irrationale und magische faktische wechselseitige Durchdringung von Elementen, die nicht durch eine ekstatische Seinsbeziehung vereinigt *sind*, nur mit einer magischen Verhexung auf Distanz vergleichen läßt und eine Vielheit von bereits fertigen «Jetzt» verschleiert. Und diese Merkmale kommen nicht von einem Irrtum der Psychologen, von einem Erkenntnisfehler, sie sind für die psychische Zeitlichkeit als Hypostase der ursprünglichen Zeitlichkeit konstitutiv. Die absolute Einheit des Psychischen ist ja die Projektion der ontologischen und ek-statischen Einheit des Für-sich. Aber da sich diese Projektion im An-sich vollzieht, das das ist, was es ist in der distanzlosen Nähe der Identität, zerbröckelt die ek-statische Einheit zu einer Unendlichkeit von «Jetzt», die das sind, was sie sind, und die genau deshalb dazu tendieren, sich in ihrer Identität-an-sich zu isolieren. Da also die psychische Zeitlichkeit sowohl am An-sich wie am Fürsich partizipiert, enthält sie einen unüberwindlichen Widerspruch. Das darf uns jedoch nicht verwundern: da sie von der unreinen Reflexion hervorgebracht wurde, ist es natürlich, daß sie zu dem, was sie nicht ist, «*geseint werde*» und daß sie das nicht sei, zu dem sie «geseint-wird».

Das wird eine Untersuchung der Beziehungen, die die psychischen Formen innerhalb der psychischen Zeit zueinander unterhalten, noch deutlicher machen. Halten wir zunächst fest, daß die wechselseitige Durchdringung zum Beispiel die Verbindung der Gefühle innerhalb einer komplexen psychischen Form regelt. Jeder kennt jene von Neid «nuancierten» Freundschaftsgefühle, jene trotz allem von Achtung «durchdrungenen» Haßgefühle, jene amourösen Kameraderien, die die Romanciers oft beschrieben haben. Auch ist gewiß, daß wir eine von Neid nuancierte Freundschaft in der Weise erfassen wie eine Tasse Kaffee mit einem Wölkchen Milch. Sicher ist diese Approximation grob. Trotzdem ist gewiß, daß die amouröse Freundschaft sich nicht als eine bloße Spezifizierung der Gattung Freundschaft darbietet, wie das gleichschenklige Dreieck eine Spezifizierung der Gattung Dreieck ist. Die Freundschaft bietet sich als ganz von der Liebe durchdrungen dar, und trotzdem ist sie nicht die Liebe, «macht sich nicht» zu Liebe: sonst würde sie ihre Autonomie einer Freundschaft verlieren. Aber es konstituiert sich ein Gegenstand, inert und an-sich, den die Sprache kaum benennen kann, wo sich die autonome Liebe an-sich magisch durch die ganze Freundschaft erstreckt wie das Bein in der stoischen σύγχυσις durch das ganze Meer.[155]

Aber die psychischen Prozesse implizieren auch die Fernwirkung früherer Formen auf spätere Formen. Wir haben uns diese Fernwirkung nicht nach der Art der einfachen Kausalität zu denken, die man beispielsweise in der klassischen Mechanik findet und die die total inerte Existenz eines in den Augenblick eingeschlossenen beweglichen Körpers voraussetzt; ebensowenig nach Art der physischen Kausalität in der Auffassung Stuart Mills, die durch die konstante und unbedingte Sukzession zweier Zustände definiert ist, deren jeder in seinem eigenen Sein den anderen ausschließt.[156] Insofern das Psychische Objektivierung des Für-sich ist, besitzt es eine verminderte Spontaneität, die als interne und gegebene Qualität seiner Form und im übrigen untrennbar von seiner Kohäsionskraft erfaßt wird. Es kann sich daher nicht streng als durch die vorhergehende Form *hervorgebracht* darbieten. Aber andererseits kann sich diese Spontaneität nicht selbst zur Existenz bestimmen, da sie nur als Bestimmung unter anderen eines gegebenen Existierenden erfaßt wird. Daraus folgt, daß die vorhergehende Form aus der Ferne eine Form gleicher Natur entstehen zu lassen hat, die sich spontan als Ablaufform organisiert. Es gibt hier kein Sein, das seine Zukunft und seine Vergangenheit *zu sein hat*, sondern nur Sukzessionen vergangener, gegenwärtiger und zukünftiger Formen, die aber alle nach dem Modus des «Es-gewesen-seins» existieren und die einander aus der Ferne beeinflussen. Dieser Einfluß manifestiert sich entweder durch Durchdringung oder durch Motivierung. Im ersten Fall erfaßt das Reflexive zwei psychische Gegenstände, die zunächst getrennt gegeben waren, als einen einzigen Gegenstand. Daraus entsteht entweder ein neuer psychischer Gegenstand, von dem jede Charakteristik die Synthese der beiden anderen sein wird, oder ein an ihm selbst unverständlicher Gegenstand, der sich gleichzeitig als ganz der eine und ganz der andere darbietet, ohne daß es eine Veränderung des einen oder des anderen gäbe. Bei der Motivierung dagegen bleiben die beiden Gegenstände an ihrem Platz. Als organisierte Form und Vielheit wechselseitiger Durchdringung kann jedoch ein psychischer Gegenstand gleichzeitig nur vollständig auf einen anderen vollständigen Gegenstand einwirken. Daraus ergibt sich eine totale Fernwirkung durch magischen Einfluß des einen auf den anderen. Es ist zum Beispiel meine Demütigung von gestern, die meine schlechte Laune von heute morgen vollständig motiviert. Daß diese Fernwirkung völlig magisch und irrational ist, beweisen besser als jede Analyse die vergeblichen Bemühungen der intellektualistischen Psychologen, sie, im Bereich des Psychischen bleibend, auf eine durch intellektuelle Analyse verständliche Kausalität zu reduzieren. So sucht Proust fortwährend, durch intellektualistische Zerlegung in der zeitlichen Sukzession der psychischen Zustände rationale Kausalitätsverbindungen zwischen diesen Zuständen zu finden. Aber am Ende dieser Analysen kann er uns nur Ergebnisse wie dieses anbieten:

«Denn sobald Swann sie (Odette) sich wieder ohne Widerwillen vorstellen konnte, sobald er wieder Freundlichkeit in ihrem Lächeln sah und *der Wunsch, sie jedem anderen wegzunehmen, nicht mehr seiner Liebe durch die Eifersucht beigemischt war, wurde* diese Liebe vor allem *wieder* ein Geschmack an den Empfindungen, die Odettes Person ihm vermittelte, an dem Vergnügen, das Heben ihres Blicks, die Entstehung ihres Lächelns, die Intonierung ihrer Stimme wie ein Schauspiel zu bewundern oder wie ein Phänomen zu erforschen. Und dieses Vergnügen, von allen andern unterschieden, *hatte schließlich in ihm ein Bedürfnis nach ihr geschaffen*, das nur sie durch ihre Gegenwart oder ihre Briefe befriedigen konnte… *Gerade durch den Chemismus seines Leidens*, nachdem er *mit seiner Liebe Eifersucht hergestellt hatte*, fing er wieder an, *Zärtlichkeit*, Mitleid für Odette zu erzeugen.»*

Dieser Text betrifft offensichtlich das Psychische. Man

---

* Marcel Proust, *Du côté de chez Swann*, Deuxième partie: *Un amour de Swann* [*À la recherche du temps perdu* I, Bibliothèque de la Pléiade, Gallimard, Paris 1954, 304]. Die Hervorhebungen sind von mir.

findet ja in ihm individualisierte und von Natur aus getrennte Gefühle, die aufeinander einwirken. Aber Proust sucht ihre Wirkungen zu erhellen und zu klassifizieren, in der Hoffnung, dadurch die Alternativen, durch die Swann hindurchmuß, verständlich zu machen. Er beschränkt sich nicht darauf, die Feststellungen, die er selbst hat machen können (der «oszillierende» Übergang der haßerfüllten Eifersucht in die zärtliche Liebe), zu beschreiben, er will diese Feststellungen erklären.

Was sind die Ergebnisse dieser Analyse? Ist die Unverständlichkeit des Psychischen behoben? Man sieht leicht, daß diese etwas willkürliche Reduktion der großen psychischen Formen auf einfachere Elemente im Gegenteil nur die magische Irrationalität der Beziehungen zeigt, in denen die psychischen Gegenstände zueinander stehen. Inwiefern wird der «Wunsch, sie jedem anderen wegzunehmen», der Liebe durch die Eifersucht «beigemischt»? Und nachdem dieser Wunsch einmal der Liebe hinzugefügt wurde (immer das Bild des dem Kaffee «beigemischten» Milchwölkchens), wieso hindert er sie, *wieder* «ein Geschmack an den Empfindungen, die Odettes Person ihm vermittelte», zu *werden*? Und wie kann das Vergnügen ein Bedürfnis *schaffen*? Und wie kann die Liebe diese Eifersucht *herstellen*, die wiederum ihr den Wunsch *beimischen* wird, Odette jedem anderen wegzunehmen? Und wie wird sie, von diesem Wunsch befreit, von neuem Zärtlichkeit *herstellen*? Proust versucht hier, einen symbolischen «Chemismus» zu konstituieren, aber die chemischen Bilder, die er verwendet, sind nur dazu fähig, Motivationen und irrationale Wirkungen zu maskieren. Man versucht, uns zu einer mechanistischen Interpretation des Psychischen zu verleiten, die seine Natur vollständig entstellen würde, ohne verständlicher zu sein. Und trotzdem kann man nicht umhin, uns zwischen den Zuständen seltsame, fast zwischenmenschliche Beziehungen (schaffen, herstellen, beimischen) zu zeigen, die fast vermuten lassen, daß diese psychischen Objekte beseelte Kräfte sind. Bei Prousts Beschreibungen zeigt die intellektualistische Analyse in jedem Augenblick ihre Grenzen: sie kann ihre Zerlegungen und ihre Klassifikationen nur an der Oberfläche und auf einem Hintergrund totaler Irrationalität durchführen. Man muß darauf verzichten, das Irrationale der psychischen Kausalität zu reduzieren: diese Kausalität ist die Verminderung eines ek-statischen Für-sich, das sein Sein auf Distanz zu sich ist, in Magisches, in ein An-sich, das das ist, was es ist an seinem Platz. Die magische Fernwirkung durch Beeinflussung ist das notwendige Ergebnis dieser Lockerung der Seinsbindungen. Der Psychologe muß diese irrationalen Bindungen beschreiben und sie als eine erste Gegebenheit der psychischen Welt nehmen.

So konstituiert sich das reflexive Bewußtsein als Bewußtsein *von* Dauer, und dadurch erscheint dem Bewußtsein die psychische Dauer. Als Projektion der ursprünglichen Zeitlichkeit in das An-sich ist diese psychische Zeitlichkeit ein virtuelles Sein, dessen phantomhafter Ablauf nicht aufhört, die ek-statische Verzeitlichung des Für-sich zu begleiten, insofern diese durch die Reflexion erfaßt wird. Aber sie verschwindet vollständig, wenn das Für-sich auf der unreflektierten Ebene bleibt oder wenn die unreine Reflexion sich reinigt. Die psychische Zeitlichkeit ist der ursprünglichen darin ähnlich, daß sie als ein Seinsmodus konkreter Gegenstände erscheint und nicht als ein Rahmen oder eine prästabilierte Regel. Die psychische Zeit ist nur die verbundene Kollektion der zeitlichen Gegenstände. Aber ihre wesentliche Verschiedenheit von der ursprünglichen Zeitlichkeit ist, daß sie *ist*, während diese sich verzeitlicht. Als solche kann sie nur mit Vergangenheit konstituiert werden, und die Zukunft kann nur eine Vergangenheit sein, die nach der gegenwärtigen Vergangenheit kommen wird, das heißt, daß die leere Form Vorher-Nachher hypostasiert wird und die Beziehungen zwischen gleichermaßen vergangenen Gegenständen regelt.

Zugleich muß diese psychische Dauer, die nicht durch sich sein kann, fortwährend *geseint werden*. Zwischen der Juxtapositionsvielheit und der absoluten Kohäsion des ekstatischen Für-sich fortwährend oszillierend, ist diese Zeitlichkeit aus «Jetzt» zusammengesetzt, die gewesen sind, die an dem Platz bleiben, der ihnen zugewiesen ist, die sich aber aus der Ferne in ihrer Totalität beeinflussen; das macht sie der magischen Dauer des Bergsonismus ziemlich ähnlich. Sobald man sich auf die Ebene der unreinen Reflexion begibt, das heißt der Reflexion, die das Sein, das ich bin, zu bestimmen sucht, erscheint eine ganze Welt, von der diese Zeitlichkeit bevölkert wird. Diese Welt, als virtuelle Anwesenheit und wahrscheinlicher Gegenstand meiner reflexiven Intention ist die psychische Welt oder Psyche. Einerseits ist ihre Existenz rein ideal; andererseits ist sie, weil sie *geseint-wird*, weil sie sich dem Bewußtsein enthüllt; sie ist «mein Schatten», sie ist das, was sich mir enthüllt, wenn ich *mich sehen* will; da sie zudem das sein kann, von dem aus sich das Für-sich bestimmt, das zu sein, was es zu sein hat (ich gehe nicht zu dieser oder jener Person «wegen» der Antipathie, die ich ihr gegenüber empfinde, ich entscheide mich zu dieser oder jener Handlung in Anbetracht meines Hasses oder meiner Liebe, ich lehne es ab, über Politik zu diskutieren, denn ich kenne mein jähzorniges Temperament und will mich nicht reizen lassen), existiert diese Phantomwelt als *reale Situation* des Für-sich. Mit dieser transzendenten Welt, die im unendlichen Werden antihistorischer Indifferenz liegt, konstituiert sich genau als virtuelle Seinseinheit die sogenannte «interne» oder «qualitative» Zeitlichkeit, die die Objektivierung der ursprünglichen Zeitlichkeit in An-sich ist. Das ist die erste Skizze eines «Außen»: das Für-sich sieht sich fast vor seinen eigenen Augen ein Außen verleihen; aber dieses Außen ist rein virtuell. Wir werden später sehen, wie das Für-Andere-sein die Skizze dieses «Außen» *realisiert*.

Drittes Kapitel

Die Transzendenz

219 Um zu einer möglichst vollständigen Beschreibung des Für-sich zu kommen, hatten wir als Leitfaden die Untersuchung der negativen Verhaltensweisen gewählt. Die permanente Möglichkeit des Nicht-seins außerhalb von uns und in uns bedingt ja, wie wir sahen, die Fragen, die wir stellen können, und die Antworten, die man darauf geben kann. Aber unser erstes Ziel war nicht nur, die negativen Strukturen des Für-sich zu enthüllen. In unserer Einleitung waren wir auf ein Problem gestoßen, und dieses Problem wollten wir lösen: Was ist die ursprüngliche Beziehung der menschlichen-Realität zum Sein der Phänomene oder An-sich-sein? Schon in der Einleitung haben wir ja die realistische und die idealistische Lösung zurückweisen müssen. Es schien uns gleichzeitig, daß das transzendente Sein keineswegs auf das Bewußtsein einwirken kann und daß das Bewußtsein das Transzendente nicht «konstruieren» kann, indem es seiner Subjektivität entlehnte Elemente objektiviert. Wir haben dann begriffen, daß der ursprüngliche Bezug zum Sein nicht die externe Beziehung sein kann, die zwei anfänglich isolierte Substanzen vereinigen würde. Wir schrieben: «Die Beziehung der Seinsregionen ist ein ursprüngliches Hervorbrechen, das der Struktur dieser Seinsweisen [*êtres*] selbst angehört.»[157] Das Konkrete hat sich uns als die synthetische Totalität enthüllt,

von der das Bewußtsein wie das Phänomen nur Artikulationen bilden. Wenn aber einerseits das in seiner Isolierung betrachtete Bewußtsein eine Abstraktion ist, wenn die Phänomene – und sogar das Seinsphänomen – gleichermaßen abstrakt sind, insofern sie als Phänomene nicht existieren können, ohne einem Bewußtsein zu *erscheinen*, so kann doch das Sein der Phänomene, als An-sich, das das ist, was es ist, nicht als eine Abstraktion betrachtet werden. Es braucht, um zu sein, nur sich selbst, es verweist nur auf sich. Andererseits hat unsere Beschreibung des Für-sich es uns im Gegenteil als so entfernt wie möglich von einer Substanz und vom An-sich gezeigt; wir haben gesehen, daß es seine eigene Nichtung ist und daß es nur in der ontologischen Einheit seiner Ek-stasen sein kann. Wenn also die Beziehung des Für-sich zum An-sich ursprünglich konstitutiv für das Sein selbst sein soll, das sich in Beziehung setzt, so heißt das nicht, daß sie für das An-sich konstitutiv sein kann, sondern sie kann das nur für das Für-sich sein. Allein im Für-sich ist der Schlüssel dieses Bezugs zum Sein zu suchen, den man zum Beispiel Erkenntnis nennt. Das Für-sich ist in seinem Sein für seine Beziehung zum An-sich verantwortlich, oder, wenn man lieber will, es bringt sich ursprünglich auf der Grundlage einer Beziehung zum An-sich hervor. Das haben wir bereits gespürt, als wir das Bewußtsein definierten als «ein Sein, dem es in seinem Sein um sein Sein geht, insofern dieses Sein ein Anderes-sein als es selbst impliziert»[158]. Aber seit wir diese Definition formulierten, haben wir neue Erkenntnisse gewonnen. Vor allem haben wir den tiefen Sinn des Für-sich als Grund seines eigenen Nichts erfaßt. Ist es jetzt nicht an der Zeit, mit Hilfe dieser Erkenntnisse diese ek-statische Beziehung des Für-sich zum An-sich, auf deren Grundlage das *Erkennen* und das *Handeln* im allgemeinen erscheinen können zu bestimmen und zu erklären? Sind wir jetzt nicht in der Lage, auf unsere erste Frage zu antworten? Um nicht-thetisches Bewußtsein (von) sich sein zu können, muß das Bewußtsein thetisches Bewußtsein *von* etwas sein, das haben wir festgestellt. Doch was wir bis jetzt untersucht haben, ist das Für-sich als ursprünglicher Seinsmodus des nicht-thetischen Bewußtseins (von) sich. Werden wir nicht gerade dadurch veranlaßt, das Für-sich eben in seinen Beziehungen zum An-sich zu beschreiben, insofern diese konstitutiv für sein Sein sind? Können wir nicht jetzt eine Antwort finden auf Fragen wie diese: Wenn das An-sich das ist, was es ist, wie und warum hat das Für-sich in seinem Sein Erkenntnis des An-sich zu sein? Und was ist Erkenntnis im allgemeinen?

I

Die Erkenntnis als Beziehungstypus zwischen dem Für-sich und dem An-sich

Es gibt keine andere Erkenntnis als eine intuitive. Die Deduktion und der Diskurs, fälschlich Erkenntnisse genannt, sind nur Instrumente, die zur Intuition führen. Sobald man diese erreicht hat, verschwinden vor ihr die dazu benutzten Mittel; in den Fällen, wo sie nicht erreicht werden kann, bleiben Beweisführung und Diskurs wie Wegweiser, die auf eine Intuition außer Reichweite hinweisen; wenn sie schließlich erreicht wurde, aber kein gegenwärtiger Modus meines Bewußtseins ist, bleiben die Maximen, deren ich mich bediene, als Ergebnisse früher vollzogener Operationen, als das, was Descartes «Ideenerinnerungen» nannte. Und fragt man, was die Intuition ist, wird Husserl in Übereinstimmung mit der Mehrzahl der Philosophen antworten, sie sei die leibhaftige Anwesenheit der «Sache»[159] beim Bewußtsein. Die Erkenntnis ist also von dem Seinstypus, den wir im vorhergehenden Kapitel unter dem Namen «Anwesenheit bei...» beschrieben haben. Aber wir hatten gerade festgestellt, daß das An-sich nie von selbst *Anwesenheit* sein kann. Das Anwesend-sein ist ja ein ek-statischer Seinsmodus des Für-sich. Wir sind also gezwungen, die Glieder unserer Definition umzukehren: Die Intuition ist die Anwesenheit des Bewußtseins bei der Sache. Auf die Natur und den Sinn dieser Anwesenheit des Für-sich beim Sein müssen wir also jetzt zurückkommen.

Wir haben in unserer Einleitung mit Hilfe des nicht aufgeklärten Begriffs «Bewußtsein» die Notwendigkeit für das Bewußtsein festgestellt, Bewußtsein *von* irgendeiner Sache zu sein. Durch das aber, wovon es Bewußtsein ist, unterscheidet es sich in seinen eignen Augen und kann es Bewußtsein (von) sich sein; ein Bewußtsein, das nicht Bewußtsein *von* irgendeiner Sache wäre, wäre Bewußtsein (von) nichts. Jetzt haben wir jedoch den ontologischen Sinn des Bewußtseins oder Für-sich geklärt. Wir können das Problem daher in präziseren Begriffen stellen und uns fragen: Was kann diese Notwendigkeit für das Bewußtsein bedeuten, Bewußtsein-zu-sein *von* irgendeiner Sache, wenn man es auf der ontologischen Ebene betrachtet, das heißt in der Perspektive des Für-sich-seins? Wir wissen, daß das Für-sich Grund seines eigenen Nichts ist in Gestalt der phantomhaften Dyade: Spiegelung-Spiegelndes. Das Spiegelnde ist nur, um die Spiegelung zu spiegeln, und die Spiegelung ist Spiegelung nur, insofern sie auf das Spiegelnde verweist. Die beiden sich abzeichnenden Glieder der Dyade weisen also aufeinander hin, und jedes engagiert sein Sein in das Sein des anderen. Aber wenn das Spiegelnde nichts anderes als Spiegelndes *dieser* Spiegelung ist und wenn die Spiegelung nur charakterisiert werden kann durch ihr «*Sein-um* sich in *diesem* Spiegelnden zu spiegeln», vernichten sich die beiden Glieder der Quasi-Dyade gemeinsam, indem sie ihre beiden Nichtse aneinander stützen. Das Spiegelnde muß *irgendeine Sache* spiegeln, damit sich die Gesamtheit nicht im nichts [*rien*] auflöst. Aber wenn die Spiegelung andererseits *irgendeine Sache* wäre, unabhängig von ihrem Sein-um-sich-zu-spiegeln, müßte sie nicht als Spiegelung, sondern als An-sich qualifiziert werden. Das hieße die Opazität in das System «Spiegelung-Spiegelndes» einführen und vor allem die sich abzeichnende Aufspaltung vollenden. Denn im Fürsich *ist* die Spiegelung *auch* das Spiegelnde. Aber wenn die Spiegelung qualifiziert ist, trennt sie sich vom Spiegelnden, und ihre Erscheinung trennt sich von ihrer Realität; das Cogito wird unmöglich. Die Spiegelung kann nur dann gleichzeitig «etwas zu Spiegelndes» und *nichts* sein, wenn sie sich durch eine andere Sache als die Spiegelung qualifizieren läßt oder, wenn man lieber will, wenn sie sich als Beziehung zu einem Draußen, das sie nicht ist, spiegelt. Was die Spiegelung für das Spiegelnde definiert, ist immer *das, bei dem sie Anwesenheit ist*. Selbst eine auf der Ebene des Unreflektierten erfaßte Freude ist nichts anderes als die «gespiegelte» Anwesenheit bei einer heiteren und offenen Welt voller glücklicher Aussichten. Aber die wenigen vorangegangenen Zeilen lassen uns schon voraussehen, daß das *Nicht-sein* eine Wesensstruktur der Anwesenheit ist. Die Anwesenheit schließt eine radikale Negation als Anwesenheit bei dem ein, was man nicht ist. Anwesend bei mir ist das, was nicht ich ist. Man wird übrigens bemerken, daß dieses «Nicht-sein» *a priori* durch jede Erkenntnistheorie impliziert ist. Es ist unmöglich, den Objektbegriff zu konstruieren, wenn wir ursprünglich keinen negativen Bezug haben, der das Objekt als das bezeichnet, was das Bewußtsein *nicht ist*. Das gab der Ausdruck «Nicht-Ich» ganz gut wieder, der eine Zeitlang Mode war, ohne daß man bei denen, die ihn gebrauchten, das geringste Bemühen erkennen konnte, dieses «Nicht», das ursprünglich die äußere Welt qualifizierte, zu begründen. In der Tat, weder die Verbindung der Vorstellungen noch die Notwendigkeit gewisser subjektiver Gesamtheiten, noch die zeitliche Unumkehrbarkeit, noch der infinite Regreß können dazu dienen, das Objekt als solches zu konstituieren, das heißt als Grund einer weiteren Negation, die das Nicht-Ich herausschnitte und es dem Ich als solchem entgegensetzte, wenn genau diese Negation nicht *zunächst* gegeben wäre und wenn sie nicht der *apriorische* Grund jeder Erfahrung wäre. Die Sache ist vor jedem Vergleich, vor jeder Konstruktion das, was beim Bewußtsein anwesend ist vom Bewußtsein *nicht seiend*. Der ursprüngliche Anwesenheitsbezug als Grund der Erkenntnis ist negativ. Aber da die Negation durch das Für-sich zur Welt kommt und die Sache das ist, was sie ist, in der absoluten Indifferenz der Identität, kann es nicht die Sache sein, die sich setzt als das Für-sich nicht seiend. Die Negation kommt vom Für-sich selbst. Diese Negation darf nicht nach dem Typus eines Urteils aufgefaßt werden, das sich auf die Sache selbst bezöge und ihr abstritte, daß sie das Für-sich wäre: dieser Negationstypus wäre nur denkbar, wenn das Für-sich eine fertige Substanz wäre, und selbst in diesem Fall könnte es nur von einem Dritten ausgehen, der von außen einen negativen Bezug zwischen zwei Wesen [*êtres*] herstellen würde. Aber durch die ursprüngliche Negation konstituiert sich das Für-sich als die Sache *nicht seiend*. So daß die Definition, die wir vorhin vom Bewußtsein gegeben haben, sich in der Perspektive des Für-sich folgendermaßen formulieren läßt: «Das Fürsich ist ein Sein, für das sein Sein in seinem Sein in Frage steht, insofern dieses Sein wesenhaft eine gewisse Weise ist, ein Sein *nicht zu sein*, das es zugleich als anderes als es setzt.» Die Erkenntnis erscheint also als ein Seinsmodus. Erkennen ist weder ein nachträglich hergestellter Bezug zwischen zwei Seinsweisen [*êtres*] noch eine Aktivität der einen dieser beiden Seinsweisen [*êtres*], noch eine Qualität oder Eigenschaft oder Fähigkeit. Es ist eben das Sein des Für-sich, insofern es Anwesenheit bei... ist, das heißt, insofern es sein Sein zu sein hat, indem es sich ein gewisses Sein, bei dem es anwesend ist, nicht sein macht. Das bedeutet, daß das Für-sich nur nach dem Modus einer Spiegelung sein kann, die sich als ein gewisses Sein nicht seiend spiegeln macht. Das «irgendeine Sache», von dem das Gespiegelte qualifiziert werden muß, damit sich das Paar «Spiegelung-Spiegelndes» nicht im Nichts auflöst, ist reine Negation. Das Gespiegelte läßt sich *draußen* bei einem gewissen Sein als dieses Sein *nicht seiend* qualifizieren; das ist genau das, was man Bewußtsein *von* etwas sein nennt.

Aber wir haben zu präzisieren, was wir unter dieser ursprünglichen Negation verstehen. Es sind in der Tat zwei Negationstypen zu unterscheiden: die externe und die interne Negation. Die erste erscheint als eine bloße Exterioritätsverbindung, die durch einen Zeugen zwischen zwei Wesen [*êtres*] hergestellt wird. Wenn ich zum Beispiel sage: «Die Tasse ist nicht das Tintenfaß», so ist evident, daß der Grund dieser Negation weder in der Tasse noch im Tintenfaß liegt. Beide Gegenstände sind einfach das, was sie sind. Die Negation ist wie eine kategoriale und ideale Verbindung, die ich zwischen ihnen herstelle, ohne sie im geringsten zu modifizieren, ohne sie um die geringste Qualität reicher oder ärmer zu machen: sie werden durch diese negative Synthese nicht einmal berührt. Da sie weder dazu dient, sie zu bereichern noch sie zu konstituieren, bleibt sie streng extern. Aber man kann den Sinn der anderen Negation schon erraten, wenn man Sätze betrachtet wie: «Ich bin nicht reich» oder «Ich bin nicht schön». Mit einer gewissen Melancholie ausgesprochen bedeuten sie nicht nur, daß man sich eine gewisse Qualität abspricht, sondern daß dieses Absprechen selbst das positive Sein, dem man sie abgesprochen hat, in seiner internen Struktur beeinflußt. Wenn ich sage: «Ich bin nicht schön», beschränke ich mich nicht darauf, mir als konkretem Ganzen eine bestimmte Eigenschaft abzusprechen, die dadurch in das Nichts übergeht, und dabei die positive

Totalität meines Seins intakt läßt (wie wenn ich sage: «Die Vase ist nicht weiß, sie ist grau» – «Das Tintenfaß ist nicht auf dem Tisch, es ist auf dem Kamin»): ich will bedeuten, daß «nicht schön sein» eine gewisse negative Eigenschaft meines Seins ist, die mich vom Innern her charakterisiert, und als Negativität ist es eine reale Qualität meiner selbst, nicht schön zu sein, und diese negative Qualität erklärt beispielsweise meine Melancholie ebenso wie meine gesellschaftlichen Mißerfolge. Unter interner Negation verstehen wir eine solche Beziehung zwischen zwei Seinsweisen [êtres], bei der das, was von der anderen verneint wird, die andere durch eben ihre Abwesenheit innerhalb ihres Wesens qualifiziert. Die Negation wird dann eine wesenhafte Seinsverbindung, da zumindest die eine der Seinsweisen [êtres], auf die sie sich bezieht, so ist, daß sie auf die andere verweist, daß sie die andere in ihrem Innern als eine Abwesenheit trägt. Es ist trotzdem klar, daß dieser Negationstypus nicht auf das An-sich-sein angewendet werden kann. Er gehört seiner Natur nach dem Für-sich an. Allein das Für-sich kann in seinem Sein durch ein Sein, das es nicht ist, bestimmt werden. Und wenn die interne Negation in der Welt erscheinen kann – wie wenn man zum Beispiel von einer Perle sagt, sie sei falsch, von einer Frucht, sie sei nicht reif, von einem Ei, es sei nicht frisch usw. –, kommt sie durch das Für-sich zur Welt wie jede Negation schlechthin. Wenn es also allein dem Für-sich zukommt, zu erkennen, so deshalb, weil es ihm allein zukommt, sich zu erscheinen als nicht das seiend, was es erkennt. Und da hier Erscheinen und Sein eins sind – weil das Für-sich das Sein seiner Erscheinung hat –, muß man verstehen, daß das Für-sich in seinem Sein das Sein des Objekts, das es nicht ist, einschließt, insofern es in seinem Sein in Frage steht als *dieses* Sein nicht seiend.

Man muß sich hier von einer Illusion lösen, die man so formulieren könnte: Um sich selbst als solches Sein *nicht seiend* konstituieren zu können, muß man vorher, in welcher Weise auch immer, eine Erkenntnis von diesem Sein haben, denn ich kann nicht über meine Verschiedenheiten von einem Sein urteilen, von dem ich nichts weiß. Es ist gewiß, daß wir in unserer empirischen Existenz nicht wissen können, worin wir uns von einem Japaner oder einem Engländer, von einem Arbeiter oder einem Souverän unterscheiden, bevor wir irgendeinen Begriff von diesen verschiedenen Seinsweisen [êtres] haben. Aber diese empirischen Unterscheidungen können uns hier nicht als Basis dienen, denn wir beginnen die Untersuchung einer ontologischen Beziehung, die jede Erfahrung möglich machen muß, und diese Untersuchung soll feststellen, wie ein Objekt schlechthin für das Bewußtsein existieren kann. Es geht also nicht, daß ich irgendeine Erfahrung habe von dem Objekt als Objekt, das nicht ich ist, bevor ich es als Objekt konstituiere. Was dagegen jede Erfahrung möglich macht, ist ein *apriorisches* Auftauchen des Objekts für das Subjekt oder, da das Auftauchen das ursprüngliche Faktum des Für-sich ist, ein ursprüngliches Auftauchen des Für-sich als Anwesenheit bei dem Objekt, das es nicht ist. Man muß also die Glieder der vorherigen Formel umkehren: Der fundamentale Bezug, durch den das Für-sich zu sein hat als *dieses* besondere Sein, bei dem es anwesend ist, nicht seiend, ist die Grundlage jeder Erkenntnis dieses Seins. Aber wir müssen diese erste Beziehung genauer beschreiben, wenn wir sie verständlich machen wollen.

An der intellektualistischen Illusion, die wir im vorigen Abschnitt entlarvt haben, bleibt wahr, daß ich mich nicht dazu bestimmen kann, ein Objekt nicht zu sein, das ursprünglich von jeder Verbindung mit mir abgeschnitten ist. Ich kann nicht verneinen, daß ich *solches* Sein bin *in Distanz* zu diesem Sein. Wenn ich mir ein völlig in sich geschlossenes Sein denke, wird dieses Sein in sich selbst lediglich das sein, was es ist, und es wird sich daher in ihm weder für eine Negation noch für eine Erkenntnis Platz finden. Nur von dem Sein aus, das es nicht ist, kann in der

Tat ein Sein *sich anzeigen lassen*, was es nicht ist. Das bedeutet im Fall der internen Negation, daß das Für-sich dort hinten in und an dem Sein, das es nicht ist, sich erscheint als das nicht seiend, was es nicht ist. In diesem Sinn ist die interne Negation eine konkrete ontologische Verbindung. Es handelt sich hier durchaus nicht um jene empirischen Negationen, wo die verneinten Qualitäten sich zunächst durch ihre Abwesenheit oder sogar ihr Nichtsein unterscheiden. In der internen Negation wird das Für-sich an dem, was es verneint, erdrückt. Die verneinten Qualitäten sind genau das, was beim Für-sich am meisten anwesend ist, aus ihnen gewinnt es seine negative Kraft und erneuert sie fortwährend. In diesem Sinn muß man sie als einen konstitutiven Faktor seines Seins sehen, denn es muß dort hinten außerhalb seiner an ihnen sein, es muß *sie* sein, um verneinen zu können, daß es sie ist. Mit einem Wort, der Ausgangspunkt der internen Negation ist das *An-sich*, die Sache, die *da ist*; und außerhalb ihrer gibt es nichts, nur eine Leere, ein Nichts, das sich von der Sache nur durch eine reine Negation unterscheidet, deren Inhalt *diese* Sache liefert. Die Schwierigkeit, auf die der Materialismus bei der Ableitung der Erkenntnis vom Objekt stößt, kommt daher, daß er eine Substanz von einer anderen Substanz her hervorbringen will. Aber diese Schwierigkeit kann uns nicht aufhalten, denn wir behaupten, daß es außerhalb des An-sich *nichts* gibt, außer einer Spiegelung dieses nichts [*rien*], die selbst durch das An-sich polarisiert und definiert ist, insofern sie genau das Nichts *dieses* An-sich ist, das individualisierte nichts [*rien*], das nur nichts ist, weil es das An-sich *nicht* ist. In diesem ek-statischen Bezug, der für die interne Negation und die Erkenntnis konstitutiv ist, ist also das leibhaftige An-sich konkreter Pol in seiner Fülle, und das Für-sich ist nichts anderes als die Leere, von der sich das An-sich abhebt. Das Für-sich ist außerhalb seiner im An-sich, da es sich durch das, was es nicht ist, definieren läßt; die erste

Verbindung des An-sich zum Für-sich ist also eine Seinsverbindung. Aber diese Verbindung ist weder ein *Mangel* noch eine *Abwesenheit*. Im Fall der Abwesenheit lasse ich mich ja durch ein Sein bestimmen, das ich nicht bin und das nicht ist oder nicht da ist: das heißt, das, was mich bestimmt, ist wie ein Hohlraum inmitten dessen, was ich meine empirische Fülle nenne. Dagegen stellt in der als ontologische Seinsverbindung verstandenen Erkenntnis das Sein, das ich nicht bin, die absolute Fülle des An-sich dar. Und ich bin dagegen das Nichts, die Abwesenheit, die sich von diesem Vollen her zur Existenz bestimmt. Das bedeutet, daß in diesem Seinstypus, den man Erkennen nennt, das einzige *Sein*, das man antreffen kann und das fortwährend *da* ist, das *Erkannte* ist. Das Erkennende ist nicht, es ist nicht erfaßbar. Es ist nichts anderes als das, was macht, daß es ein *Da-sein* des Erkannten gibt, eine Anwesenheit – denn von sich selbst ist das Erkannte weder anwesend noch abwesend, es ist einfach. Aber diese Anwesenheit des Erkannten ist Anwesenheit bei *nichts*, da das Erkennende reine Spiegelung eines Nicht-seins ist, sie erscheint daher, durch die vollständige Transluzidität des erkannten Erkennenden hindurch, als *absolute* Anwesenheit. Die psychologische und empirische Exemplifizierung dieser ursprünglichen Beziehung wird uns durch die Fälle von *Faszination* geliefert. In diesen Fällen, die das unmittelbare Faktum des Erkennens darstellen, ist das Erkennende ja absolut nichts als eine reine Negation, es befindet sich nirgends und gewinnt sich nirgends zurück, es *ist nicht*; die einzige Qualifikation, die es tragen kann, ist, daß es genau ein solches faszinierendes Objekt *nicht ist*. In der Faszination gibt es nur noch ein riesiges Objekt in einer verlassenen Welt. Und trotzdem ist die faszinierte Intuition keineswegs *Verschmelzung* mit dem Objekt. Denn die Bedingung dafür, daß es Faszination gibt, ist, daß sich das Objekt mit einem absoluten Relief auf dem Hintergrund einer Leere abhebt, das heißt, daß ich eben gerade unmittelbare Negation des Objekts bin und nichts als das. Diese reine Negation finden wir auch an der Basis der pantheistischen Intuitionen, die Rousseau manchmal als konkrete psychische Ereignisse seiner Geschichte beschrieben hat.[160] Er erklärt uns dann, daß er mit dem Universum «verschmelze», daß plötzlich die Welt allein anwesend war als absolute Anwesenheit und unbedingte Totalität. Gewiß können wir diese totale und verlassene Anwesenheit der Welt, ihr reines «Da-sein» verstehen, gewiß nehmen wir durchaus an, daß es in diesem privilegierten Moment nichts anderes gegeben hat als die Welt. Aber das bedeutet nicht, wie Rousseau es annehmen will, daß es Verschmelzung des Bewußtseins mit der Welt gebe. Diese Verschmelzung würde Erstarrung des Für-sich in An-sich bedeuten und damit Verschwinden der Welt und des An-sich als Anwesenheit. Es ist wahr, daß es in der pantheistischen Intuition nichts anderes gibt als nur die Welt, außer dem, was bewirkt, daß das An-sich als Welt anwesend ist, das heißt einer reinen Negation, die nicht-thetisches Bewußtsein (von) sich als Negation ist. Und eben weil die Erkenntnis nicht *Abwesenheit*, sondern *Anwesenheit* ist, gibt es *nichts*, was das Erkennende vom Erkannten trennt. Man hat oft die Intuition als unmittelbare Anwesenheit des Erkannten beim Erkennenden definiert, aber selten hat man über die Erfordernisse des Begriffs *unmittelbar* reflektiert. Die Unmittelbarkeit ist die Abwesenheit jedes Vermittlers: und das versteht sich von selbst, sonst wäre allein der Vermittler erkannt und nicht das Vermittelte. Wenn wir aber gar kein Vermittelndes setzen können, müssen wir gleichzeitig die Kontinuität und die Diskontinuität als Anwesenheitstypus des Erkennenden beim Erkannten ablehnen. Wir können ja nicht annehmen, daß es Kontinuität zwischen Erkennendem und Erkanntem gibt, denn diese setzt ein vermittelndes Zwischenglied voraus, das zugleich Erkennendes und Erkanntes ist, was die Autonomie des Erkennenden gegenüber dem Erkannten aufhebt, indem es das Sein des Erkennenden in das Sein des Erkannten einbringt. Dann verschwindet die Objektstruktur, da das Objekt verlangt, als Sein des Für-sich durch das Für-sich absolut verneint zu werden. Doch ebensowenig können wir den ursprünglichen Bezug des Für-sich zum An-sich als einen *Diskontinuitäts*bezug betrachten. Die Trennung zwischen zwei diskontinuierlichen Elementen ist zwar eine Leere, das heißt ein *nichts* [*rien*], aber ein *realisiertes* nichts, das heißt *An-sich*. Dieses substantialisierte nichts [*rien*] ist als solches eine nicht leitende Dichte, es zerstört das Unmittelbare der Anwesenheit, denn es ist als nichts [*rien*] etwas geworden. Die Anwesenheit des Für-sich beim An-sich, die sich weder in Kontinuitäts- noch in Diskontinuitätsbegriffen ausdrücken läßt, ist reine *verneinte Identität*. Um sie faßbarer zu machen, gebrauchen wir einen Vergleich: Wenn zwei Kurven einander berühren, so stellen sie einen Typus von Anwesenheit ohne Vermittler dar. Daher erfaßt das Auge nur *eine einzige Linie* auf der ganzen Länge ihrer Berührung. Würde man die beiden Kurven verdecken und könnte man nur die Länge A B sehen, an der sie einander berühren, wäre es unmöglich, sie zu unterscheiden. Was sie trennt, ist tatsächlich *nichts*: es gibt hier weder Kontinuität noch Diskontinuität, sondern reine Identität. Decken wir plötzlich die beiden Figuren auf, so erfassen wir sie von neuem als auf ihrer ganzen Länge zwei: und das kommt nicht von einer schroffen tatsächlichen Trennung, die plötzlich zwischen ihnen realisiert worden wäre, sondern daher, daß die beiden Bewegungen, durch die wir die beiden Kurven *ziehen*, um sie wahrnehmen zu können, je eine Negation als konstituierenden Akt einschließen. Was also die beiden Kurven an eben dem Ort ihrer Berührung trennt, ist *nichts*, nicht einmal eine Distanz: es ist eine reine Negativität als Gegenstück einer konstituierenden Synthese. Dieses Bild wird uns den Bezug von Unmittelbarkeit besser erfassen lassen, der das Erkennende ursprünglich mit dem Erkannten vereinigt. Gewöhnlich bezieht sich ja eine Negation auf «etwas», was vor der Negation besteht und ihren Stoff konstituiert: Wenn ich zum Beispiel sage, daß das Tintenfaß nicht der Tisch ist, sind Tisch und Tintenfaß bereits konstituierte Objekte, deren Sein an sich die Stütze des Negativurteils bildet. Aber im Fall des Bezugs «Erkennendes-Erkanntes» gibt es nichts auf seiten des Erkennenden, was die Stütze der Negation bilden könnte: es «gibt» gar keine Verschiedenheit, kein Unterscheidungsprinzip, das das Erkennende vom Erkannten *an-sich* trennt. Sondern in der totalen Ununterschiedenheit des Seins gibt es nichts als eine Negation, die nicht einmal ist, die *zu sein hat*, die sich nicht einmal als Negation setzt. So daß die Erkenntnis und das Erkennende selbst schließlich nichts weiter sind als das Faktum, daß es Sein «gibt», daß sich das Sein an sich *gibt* und sich als Relief vom Hintergrund dieses nichts [*rien*] abhebt. In diesem Sinn können wir die Erkenntnis reine Einsamkeit des Erkannten nennen. Damit ist deutlich genug gesagt, daß das ursprüngliche Erkenntnisphänomen dem Sein nichts *hinzufügt* und nichts erschafft. Durch es wird das Sein nicht bereichert, denn die Erkenntnis ist reine Negativität. Sie macht nur, *daß es Sein gibt*. Aber dieses Faktum, «daß es Sein gibt», ist keine interne Bestimmung des Seins – das das ist, was es ist –, sondern der Negativität. In diesem Sinn ist jede Enthüllung eines positiven Charakters des Seins das Gegenstück einer ontologischen Bestimmung des Für-sich in seinem Sein als reine Negativität. Wie wir später sehen werden, ist zum Beispiel die Enthüllung der Räumlichkeit des Seins eins mit dem nicht setzenden Erfassen des Für-sich durch sich selbst als *unausgedehnt*. Und die Unausgedehntheit des Für-sich ist keineswegs eine mysteriöse positive Eigenschaft von Spiritualität, die sich unter einer negativen Bezeichnung verbergen würde: sie ist eine von Natur aus ek-statische Beziehung, denn durch die Ausdehnung des transzendenten An-sich und in ihr läßt sich das Für-sich seine eigene Unausgedehntheit anzeigen und realisiert sie. Das Für-sich kann nicht zunächst unausgedehnt sein, um dann in Beziehung zu einem ausgedehnten Sein zu treten, denn, wie auch immer wir den Begriff des Unausgedehnten betrachten, er kann nicht durch sich Sinn haben, er ist nichts als Negation der Ausdehnung. Könnte man, was unmöglich ist, die Ausdehnung der enthüllten Bestimmungen des An-sich aufheben, bliebe das Für-sich nicht *unräumlich*, es wäre weder ausgedehnt noch unausgedehnt, und es würde unmöglich, es auf irgendeine Weise in Bezug zur Ausdehnung zu charakterisieren. In diesem Sinn ist die Ausdehnung eine transzendente Bestimmung, die das Für-sich in genau dem Maß zu erfassen hat, wie es sich selbst als ausgedehnt verneint. Der Begriff, der uns diesen internen Bezug des Erkennens und des Seins am besten zu bezeichnen scheint, ist deshalb das Wort «realisieren», das wir vorhin benutzten, mit seinem doppelten ontologischen und gnostischen Sinn. Ich realisiere ein Projekt, insofern ich ihm Sein gebe, aber ich *realisiere* auch meine Situation, insofern ich sie lebe, sie mit meinem Sein sein mache; ich «realisiere» das Ausmaß einer Katastrophe, die Schwierigkeit eines Unternehmens. Erkennen ist *Realisieren* im doppelten Sinn des Ausdrucks. Es ist machen, daß es Sein gibt, indem es die gespiegelte Negation dieses Seins zu sein hat: das *Reale* ist *Realisierung*. Diese interne realisierende Negation, die das An-sich enthüllt, indem sie das Für-sich in seinem Sein bestimmt, nennen wir Transzendenz.

II
Über die Bestimmung als Negation

Bei *welchem* Sein ist das Für-sich Anwesenheit? Halten wir gleich fest, daß die Frage schlecht gestellt ist: das Sein ist das, was es ist, es kann in sich selbst nicht die Bestimmung «dieses» besitzen, die auf die Frage «welches?» antwortet. Mit einem Wort, die Frage hat nur dann Sinn, wenn sie in einer Welt gestellt wird. Folglich kann das Für-sich nicht bei *diesem* mehr als bei *jenem* anwesend sein, da es seine Anwesenheit ist, die macht, daß es vielmehr ein «Dieses» statt ein «Jenes» *gibt*. Unsere Beispiele haben uns jedoch ein Für-sich gezeigt, das konkret verneint, daß es ein *solches* einzelnes Sein sei. Aber das kommt daher, daß wir den Erkenntnisbezug vor allem in dem Bemühen beschrieben, seine Negativitätsstruktur aufzudecken. In diesem Sinn war diese Negativität gerade deshalb, weil sie an Beispielen enthüllt wurde, schon sekundär. Die Negativität als ursprüngliche Transzendenz bestimmt sich nicht von einem *Dieses* her, sondern sie macht, daß ein *Dieses* existiert. Die ursprüngliche Anwesenheit des Für-sich ist *Anwesenheit* beim Sein. Können wir dann sagen, daß sie Anwesenheit beim *ganzen* Sein ist? Aber wir würden wieder unserem vorherigen Irrtum verfallen. Denn die Totalität kann nur durch das Für-sich zum Sein kommen. Eine Totalität setzt ja einen internen Seinsbezug zwischen den Gliedern einer Quasi-Vielheit voraus, ebenso wie eine Vielheit, um diese Vielheit sein zu könnnen, einen internen totalisierenden Bezug zwischen ihren Elementen voraussetzt; in diesem Sinn ist die Addition selbst ein synthetischer Akt. Die Totalität kann zu den Wesen [*êtres*] nur durch ein Sein kommen, das in deren Anwesenheit seine eigene Totalität zu sein hat. Das ist genau der Fall des Für-sich, einer detotalisierten Totalität, die sich in einer fortwährenden Unvollständigkeit verzeitlicht. Das Für-sich in seiner Anwesenheit beim Sein macht, daß es *das ganze Sein* gibt. Wir müssen uns darüber klar sein, daß *dieses* Sein nur auf dem Anwesenheitshintergrund des *ganzen* Seins als *dieses* benannt werden kann. Das heißt keineswegs, daß *ein* Sein das *ganze* Sein braucht, um existieren zu können, sondern daß sich das Für-sich realisiert als realisierende Anwesenheit bei diesem Sein auf dem ursprünglichen Hintergrund einer realisierenden Anwesenheit beim *Ganzen*. Aber umgekehrt kann sich die Totalität als interne ontologische Beziehung der «Dieses» nur in den einzelnen «Dieses» und durch sie enthüllen. Das bedeutet, daß sich das Für-sich als realisierende Anwesenheit beim ganzen Sein realisiert als realisierende Anwesenheit bei den «Dieses» – und bei den einzelnen «Dieses» als realisierende Anwesenheit beim ganzen Sein. Mit anderen Worten, die Anwesenheit des Für-sich bei der *Welt* kann sich nur durch seine Anwesenheit bei einer oder mehreren einzelnen Dingen realisieren, und umgekehrt kann sich seine Anwesenheit bei einem besonderen Ding nur auf dem Hintergrund einer Anwesenheit bei der Welt realisieren. Die Wahrnehmung artikuliert sich nur auf dem ontologischen Hintergrund der Anwesenheit bei der Welt, und die Welt enthüllt sich konkret als Hintergrund jeder einzelnen Wahrnehmung. Bleibt zu erklären, wie das Auftauchen des Für-sich zum Sein bewirken kann, daß es ein *Ganzes* und *Diese* gibt.

Die Anwesenheit des Für-sich beim Sein *als Totalität* kommt daher, daß das Für-sich nach dem Modus, das zu sein, was es nicht ist, und nicht das zu sein, was es ist, seine eigene Totalität zu sein hat als detotalisierte Totalität. Insofern es sich ja in der Einheit eines selben Auftauchens als *alles* das sein macht, was das Sein nicht ist, hält sich das Sein ihm gegenüber als *alles* das, was das Für-sich nicht ist. Die ursprüngliche Negation ist also radikale Negation. Das Für-sich, das sich als seine eigene Totalität dem Sein gegenüber hält, ist, da es selbst das Ganze der Negation ist,

Negation des Ganzen. Die vollendete Totalität oder Welt enthüllt sich also als konstitutiv für das Sein der unvollendeten Totalität, durch die das Sein der Totalität zum Sein auftaucht. Durch die *Welt* läßt sich das Für-sich sich selbst als detotalisierte Totalität anzeigen, was bedeutet, daß das Für-sich allein durch sein Auftauchen Enthüllung des Seins als Totalität ist, insofern das Für-sich seine eigne Totalität nach dem detotalisierten Modus zu sein hat. Somit ist der Sinn des Für-sich draußen im Sein, aber nur durch das Für-sich erscheint der Sinn des Seins. Diese Totalisierung des Seins *fügt dem Sein nichts hinzu*, sie ist nichts als die Weise, in der sich das Sein als das Für-sich nicht seiend enthüllt, die Weise, in der es Sein *gibt*; sie erscheint *außerhalb des Für-sich*, jeder Beeinträchtigung entgehend, als das, was das Für-sich in seinem Sein bestimmt. Aber die Enthüllung des Seins als Totalität ist keine Beeinträchtigung des Seins, ebensowenig wie das Zählen von *zwei* Tassen auf dem Tisch jede der Tassen in ihrer Existenz oder ihrer Natur beeinträchtigt. Dennoch ist sie keine bloße subjektive Modifikation des Für-sich, da im Gegenteil erst durch es jede Subjektivität möglich ist. Aber wenn das Für-sich das Nichts sein muß, durch das es Sein «gibt», so kann es ursprünglich Sein nur als Totalität geben. Somit ist die Erkenntnis *die Welt*; mit Heidegger zu reden: die Welt und «darüber hinaus – *nichts*».[161] Indessen ist dieses «nichts [*rien*]» nicht ursprünglich das, in dem die menschliche-Realität auftaucht. Dieses *nichts* [*rien*] ist die menschliche-Realität selbst als die radikale Negation, durch die die Welt sich enthüllt. Und gewiß, das bloße Erfassen der Welt als Totalität läßt *auf seiten der Welt* ein Nichts erscheinen, von dem diese Totalität getragen und eingerahmt wird. Dieses Nichts bestimmt sogar die Totalität als solche, als das absolute nichts [*rien*], das außerhalb der Totalität gelassen wird: eben deshalb fügt die Totalisierung dem Sein nichts hinzu, da sie nur das Ergebnis der Erscheinung des Nichts als Grenze des Seins ist. Aber dieses Nichts *ist* nichts außer der menschlichen-Realität, die sich selbst erfaßt als aus dem Sein ausgeschlossen und fortwährend jenseits des Seins, im Umgang mit dem nichts [*rien*]. Es kommt auf dasselbe hinaus, wenn man sagt: die menschliche-Realität ist das, wodurch sich das Sein als Totalität enthüllt – oder die menschliche-Realität ist das, was bewirkt, daß es nichts außerhalb des Seins «*gibt*». Als Möglichkeit, daß es ein Jenseits der Welt gibt, insofern 1. diese Möglichkeit das Sein als Welt enthüllt, 2. die menschliche-Realität diese Möglichkeit zu sein hat, konstituiert dieses nichts [*rien*], mit der ursprünglichen Anwesenheit beim Sein, den Zirkel der Selbstheit.

Aber die menschliche-Realität macht sich nur insofern zur unvollendeten Totalität der Negationen, als sie über eine konkrete Negation hinausgeht, die sie als aktuelle Anwesenheit beim Sein zu sein hat. Wäre sie tatsächlich bloßes Bewußtsein (davon), synkretische und undifferenzierte Negation zu sein, könnte sie sich nicht selbst bestimmen und könnte daher keine konkrete, wenn auch detotalisierte Totalität ihrer Bestimmungen sein. Sie ist nur insofern Totalität, als sie durch alle ihre sonstigen Negationen der konkreten Negation entgeht, die sie gegenwärtig ist: ihr Sein kann seine eigene Totalität nur in dem Maße *sein*, wie es Überschreiten der partiellen Struktur, die es ist, auf das Ganze hin ist, das es zu sein hat. Sonst wäre es einfach das, was es ist, und könnte keineswegs als Totalität oder als Nicht-Totalität betrachtet werden. In dem Sinn also, wie eine partielle negative Struktur auf dem Hintergrund der undifferenzierten Negationen erscheinen muß, die ich bin – und zu denen sie gehört –, lasse ich mir durch das An-sich-sein eine bestimmte konkrete Realität anzeigen, die nicht zu sein ich zu sein habe. Das Sein, das ich gegenwärtig *nicht bin*, insofern es auf dem Hintergrund der Totalität des Seins erscheint, ist das *Dieses*. Dieses, das ist das, was ich gegenwärtig nicht bin, insofern ich nichts nach Art des Seins zu sein habe; es ist das, was sich auf undifferenziertem Seinshintergrund enthüllt, um mir die konkrete Negation anzuzeigen, die ich auf dem totalisierenden Hintergrund meiner Negationen zu sein habe. Diese ursprüngliche Beziehung des Ganzen und des «Dieses» ist die Quelle der Beziehung zwischen dem Hintergrund und der Gestalt, die die «Gestalttheorie»[162] aufgedeckt hat. Das «Dieses» erscheint stets auf einem Hintergrund, das heißt auf der undifferenzierten Totalität des Seins, insofern das Für-sich dessen radikale und synkretische Negation ist. Aber es kann sich stets in dieser undifferenzierten Totalität auflösen, sobald ein anderes Dieses auftaucht. Aber da die Erscheinung des Dieses oder der Gestalt auf dem Hintergrund korrelativ zur Erscheinung meiner eigenen konkreten Negation auf dem synkretischen Hintergrund einer radikalen Negation ist, impliziert sie, daß ich diese totale Negation bin und zugleich nicht bin oder, wenn man lieber will, daß ich sie nach dem Modus des «Nichtseins» bin, daß ich sie nicht nach dem Modus des Seins bin. Nur so erscheint ja die gegenwärtige Negation auf dem Hintergrund der radikalen Negation, die sie ist. Sonst wäre sie völlig von ihr abgeschnitten, oder sie würde in ihr verschmelzen. Die Erscheinung des *Dieses* auf dem *Ganzen* ist korrelativ zu einer gewissen Weise, die das Für-sich hat, Negation seiner selbst zu sein. Es gibt ein *Dieses*, weil ich meine künftigen Negationen noch nicht und meine vergangenen Negationen nicht mehr bin. Die Enthüllung des *Dieses* setzt voraus, daß eine gewisse Negation «akzentuiert wird» unter Zurücktreten der anderen im synkretischen Verschwinden des Hintergrunds, das heißt, daß das Für-sich nur als eine Negation existieren kann, die sich über dem Zurücktreten der radikalen Negativität in Totalität konstituiert. Das Für-sich *ist nicht* die Welt, die Räumlichkeit, die Permanenz, die Materie, kurz, das An-sich schlechthin, sondern seine Weise, all-dies-nicht-zu-sein, ist, auf dem totalen Negativitätshintergrund dieser Tisch, dieses Glas, dieses Zimmer nicht zu sein zu haben. Das *Dieses* setzt also eine Negation der Negation voraus – aber eine Negation, die die radikale Negation zu sein hat, die von ihr negiert wird, eine Negation, die nicht aufhört, sich durch einen ontologischen Faden an sie zu binden, und die bereit bleibt, durch das Auftauchen eines anderen Dieses mit ihr zu verschmelzen. In diesem Sinn enthüllt sich das «Dieses» als Dieses durch Zurücktreten aller anderen «Dieses» in Welthintergrund, seine Bestimmung – die der Ursprung *aller* Bestimmungen ist, ist eine Negation. Wohlgemerkt, diese Negation ist – von seiten des Dieses gesehen – ganz ideal. Sie fügt dem Sein nichts hinzu und nimmt ihm nichts weg. Das als «Dieses» betrachtete Sein ist das, was es ist, und hört nicht auf, es zu sein, es wird nicht. Als solches kann es nicht außerhalb seiner *in* dem Ganzen als Struktur des Ganzen sein und ebensowenig außerhalb seiner in dem Ganzen, um an ihm selbst seine Identität mit dem Ganzen zu negieren. Die Negation kann zum *Dieses* nur durch ein Sein kommen, das zugleich Anwesenheit beim Ganzen des Seins und beim Dieses zu sein hat, das heißt durch ein ek-statisches Sein. Und da sie das Dieses als Sein an sich intakt läßt, da sie keine reale Synthese aller Dieses zu Totalität vollzieht, ist die für das *Dieses* konstitutive Negation von *externem* Typus und die Beziehung des Dieses zum Ganzen eine Exterioritätsbeziehung. So sehen wir die Bestimmung als externe Negation erscheinen, die korrelativ zur radikalen und ekstatischen internen Negation ist, die *ich* bin. Das erklärt den zweideutigen Charakter der *Welt*, die sich zugleich als synthetische Totalität und als rein additive Kollektion aller «Dieses» enthüllt. Insofern ja die Welt Totalität ist, die sich als das enthüllt, an dem das Für-sich radikal sein eigenes Nichts zu sein hat, bietet sie sich als Ununterschiedenheitssynkretismus dar. Doch insofern diese radikale Nichtung stets jenseits einer konkreten und gegenwärtigen Nichtung ist, erscheint die Welt stets bereit, sich wie eine Schachtel zu öffnen, um ein oder mehrere «Dieses» erscheinen zu lassen, die innerhalb der Ununterschiedenheit des Hintergrundes *schon das waren*, was sie jetzt als unterschiedene Gestalt sind. Wenn wir uns zum Beispiel schrittweise einer Landschaft nähern, die uns in groben Umrissen gegeben war, sehen wir Objekte erscheinen, die sich als bereits dagewesen darbieten als Elemente einer diskontinuierlichen Kollektion von «Dieses»; in den Experimenten der Gestalttheorie zersplittert daher der kontinuierliche Hintergrund, sobald er als Gestalt wahrgenommen wird, zu einer Vielheit von diskontinuierlichen Elementen. Als Korrelat einer detotalisierten Totalität erscheint somit die Welt als entschwindende Totalität in dem Sinn, daß sie nie reale Synthese ist, sondern ideale Begrenzung einer Kollektion von *Dieses* durch das nichts [*rien*]. Das *Kontinuierliche* als formale Qualität des Hintergrunds läßt also das Diskontinuierliche erscheinen als Typus der externen Beziehung zwischen dem *Dieses* und der Totalität. Genau dieses fortwährende Entschwinden der Totalität in einer Kollektion, des Kontinuierlichen in Diskontinuierlichem nennt man *Raum*. Der Raum kann ja nicht ein *Sein* sein. Er ist ein beweglicher Bezug zwischen Wesen [*êtres*], die gar keinen Bezug haben. Er ist die totale Unabhängigkeit der An-sich, insofern sie sich einem Sein, das Anwesenheit beim «ganzen» An-sich ist, als deren *wechselseitige* Unabhängigkeit enthüllt; er ist die einzige Weise, in der sich Wesen [*êtres*] dem Sein, durch das der Bezug zur Welt kommt, als ohne jeden Bezug enthüllen können; das heißt die reine Exteriorität. Und da diese Exteriorität weder dem einen noch dem anderen der betrachteten *Dieses* angehören kann und da sie im übrigen als rein lokale Negativität selbstzerstörerisch ist, kann sie weder von sich sein, noch «geseint werden». Das verräumlichende Sein ist das Für-sich, insofern es mit dem Ganzen und dem Dieses zugleich anwesend ist; der Raum ist nicht die Welt, sondern die Instabilität der als Totalität erfaßten Welt, insofern sie sich stets in externe Vielheit auflösen

233

kann. Der Raum ist weder der Hintergrund noch die Gestalt, sondern die Idealität des Hintergrunds, insofern er sich stets in Gestalten auflösen kann, er ist weder das Kontinuierliche noch das Diskontinuierliche, sondern der permanente Übergang des Kontinuierlichen zum Diskontinuierlichen. Die Existenz des Raums ist der Beweis, daß das Für-sich, indem es macht, daß es Sein *gibt*, dem Sein *nichts* hinzufügt, er ist die Idealität der Synthese. In diesem Sinn ist er zugleich Totalität, insofern er seinen Ursprung aus der Welt gewinnt, und zugleich *nichts*, insofern er zu dem Gewimmel der *Dieses* führt. Er läßt sich nicht durch die konkrete Intuition erfassen, weil er nicht ist, sondern ständig verräumlicht wird. Er hängt von der Zeitlichkeit ab und erscheint in der Zeitlichkeit, insofern er nur durch ein Sein zur Welt kommen kann, dessen Seinsmodus die Verzeitlichung ist, denn er ist die Weise, in der dieses Sein sich ek-statisch verliert, um das Sein zu realisieren. Die räumliche Beschaffenheit des *Dieses* fügt sich dem Dieses nicht synthetisch hinzu, sondern sie ist nur sein «*Platz*», das heißt sein Exterioritätsbezug zum Hintergrund, insofern dieser Bezug zu Vielheit externer Bezüge mit anderen *Dieses* zerfallen kann, sobald der Hintergrund selbst sich in eine Gestaltenvielfalt auflöst. In diesem Sinn wäre es müßig, den Raum als eine Gestalt aufzufassen, die den Phänomenen durch die *apriorische* Struktur unserer Empfindung verliehen wird: der Raum kann keine Gestalt sein, denn er ist *nichts*; er ist im Gegenteil das Zeichen dafür, daß durch das Für-sich nichts zum Ansich hinzukommen kann außer der Negation – und auch nur als ein externer Bezugstypus, der das, was er vereinigt, intakt läßt. Was das Für-sich betrifft, so ist es nicht der Raum, weil es sich gerade als das An-sich-sein nicht seiend erfaßt, insofern sich ihm das An-sich nach dem Exterioritätsmodus enthüllt, den man Ausdehnung nennt. Eben insofern es an ihm selbst die Exteriorität negiert, indem es sich als ek-statisch erfaßt, verräumlicht es den Raum.

Denn das Für-sich ist mit dem An-sich nicht in einem Bezug von Juxtaposition oder von indifferenter Exteriorität: seine Beziehung zum An-sich als Grundlage aller Beziehungen ist die interne Negation, und es ist im Gegenteil das, wodurch das An-sich-sein zur indifferenten Exteriorität in Bezug zu anderen in einer Welt existierenden Wesen [*êtres*] kommt. Wenn die Indifferenzexteriorität als eine an sich und durch sich existierende Substanz hypostasiert wird – was nur auf einer niederen Stufe der Erkenntnis geschehen kann –, bildet sie unter dem Namen Geometrie den Gegenstand eines besonderen Forschungstypus und wird eine reine Spezifizierung der abstrakten Theorie der Vielheiten.

Bleibt zu bestimmen, welchen Seinstypus die externe Negation besitzt, insofern sie durch das Für-sich zur Welt kommt. Wir wissen, daß sie nicht dem *Dieses* angehört: diese Zeitung verneint nicht von sich selbst, der Tisch zu sein, von dem sie sich abhebt, sonst wäre sie ek-statisch außerhalb ihrer in dem Tisch, den sie negiert, und ihre Beziehung zu ihm wäre eine interne Negation; gerade dadurch würde sie aufhören, an-sich zu sein, um für-sich zu werden. Die bestimmende Beziehung des *Dieses* kann also weder dem *Dieses* noch dem *Jenes* angehören; sie kreist sie ein, ohne sie zu berühren, ohne ihnen irgendein neues Merkmal zu verleihen; sie läßt sie so, wie sie sind. In diesem Sinn müssen wir die berühmte Formel Spinozas: «*Omnis determinatio est negatio*», von der Hegel sagte, sie sei «von unendlicher Wichtigkeit»,[163] modifizieren und vielmehr erklären, daß jede Bestimmung, die nicht dem Sein angehört, das seine eigenen Bestimmungen zu sein hat, ideale Negation ist. Es wäre übrigens undenkbar, daß es anders wäre. Selbst wenn wir in der Weise eines empirio-kritizistischen Psychologismus die Dinge als bloß subjektive Inhalte betrachteten, könnte man nicht verstehen, daß das Subjekt interne synthetische Negationen zwischen diesen Inhalten realisierte, außer wenn es *sie ist* in einer radikalen ek-statischen Immanenz, von der jede Hoffnung auf einen Übergang zur Objektivität zunichte gemacht würde. Noch weniger können wir uns vorstellen, daß das Für-sich deformierende synthetische Negationen zwischen Transzendenzen vollzöge, die es nicht ist. In diesem Sinn kann die für das Dieses konstitutive externe Negation nicht als ein *objektives* Merkmal des Dinges erscheinen, wenn wir unter objektiv das verstehen, was von Natur aus dem An-sich angehört – oder das, was auf die eine oder andere Weise das Objekt, wie es ist, *real* konstituiert. Aber wir dürfen daraus nicht schließen, daß die externe Negation eine subjektive Existenz als bloßer Seinsmodus des Für-sich hat. Dieser Existenztypus des Für-sich ist reine interne Negation, die Existenz einer externen Negation in ihm würde seine Existenz selbst annullieren. Sie kann folglich nicht eine Weise sein, die Phänomene zu disponieren und zu klassifizieren, insofern sie lediglich subjektive Phantasmen wären, sie kann auch nicht das Sein «subjektivieren», insofern seine Enthüllung konstitutiv für das Für-sich ist. Ihre Exteriorität selbst erfordert also, daß sie «in der Luft» schwebt, dem Für-sich wie dem An-sich *äußerlich*. Aber andererseits, gerade weil sie Exteriorität ist, kann sie nicht durch sich sein, lehnt sie alle Stützen ab, ist sie von Natur aus «unselbständig»[164] und kann sich trotzdem auf keine Substanz beziehen. Sie ist ein *nichts* [rien]. Gerade weil das Tintenfaß nicht der Tisch ist – und auch nicht die Pfeife, nicht das Glas usw. –, können wir es als Tintenfaß erfassen. Und doch, wenn ich sage: das Tintenfaß ist nicht der Tisch, *denke ich nichts*. Die Bestimmung ist also ein *nichts* [rien], das als interne Struktur weder dem Ding noch dem Bewußtsein angehört, sondern dessen Sein es ist, vom Für-sich *zitiert-zu-werden* über ein System innerer Negationen, in denen sich das An-sich enthüllt in seiner Indifferenz gegenüber all dem, was nicht Sich [soi] ist. Insofern sich das Für-sich durch das An-sich das, was es nicht ist, nach dem Modus der internen Negation anzeigen läßt, enthüllt sich in der Welt die Indifferenz des An-sich, insofern sie Indifferenz ist, die das Für-sich nicht zu sein zu sein hat, als Bestimmung.

III

*Qualität und Quantität,
Potentialität, Utensilität*

Die Qualität ist nichts anderes als das Sein des *Dieses*, sobald es außerhalb jeder externen Beziehung zur Welt oder zu anderen *Dieses* betrachtet wird. Nur zu oft wurde sie als eine bloße subjektive Bestimmung angesehen, und ihr Qualität-sein wurde dann mit der Subjektivität des Psychischen gleichgesetzt. Das Problem schien dann vor allem zu sein, die Konstitution eines Objekt-Pols zu erklären, verstanden als die transzendente Einheit der Qualitäten. Wir haben gezeigt, daß dieses Problem unlösbar ist. Eine Qualität objektiviert sich nicht, wenn sie subjektiv ist. Angenommen, wir hätten die Einheit eines Objekt-Pols jenseits der Qualitäten projiziert, so würde sich jede von ihnen bestenfalls direkt als das subjektive Ergebnis der Einwirkung der Dinge auf uns darbieten. Aber das Gelb der Zitrone ist kein subjektiver Wahrnehmungsmodus der Zitrone: es *ist* die Zitrone. Und es ist auch nicht wahr, daß das Objekt-X als die leere Form erscheint, die verschiedenartige Qualitäten zusammenhält. Tatsächlich erstreckt sich die Zitrone ganz durch ihre Qualitäten, und jede ihrer Qualitäten erstreckt sich ganz durch jede der anderen. Das Saure der Zitrone ist gelb, das Gelb der Zitrone ist sauer; man ißt die Farbe eines Kuchens, und der Geschmack dieses Kuchens ist das Instrument, das seine Form und seine Farbe dem enthüllt, was wir die alimentäre Intuition nennen; umgekehrt, wenn ich meinen Finger in einen Topf

Marmelade stecke, ist die klebrige Kälte dieser Marmelade für meine Finger Enthüllung ihres süßen Geschmacks. Die Flüssigkeit, die Lauheit, die bläuliche Farbe, die Wellenbewegung des Wassers eines Schwimmbeckens sind immer gleichzeitig das eine durch das andere gegeben, und diese totale gegenseitige Durchdringung heißt das *Dieses*. Die Experimente der Maler und besonders Cézannes haben deutlich gezeigt: es ist nicht wahr, daß eine synthetische Notwendigkeit, wie Husserl glaubt, die Farbe und die Form unbedingt vereinigt;[165] die Form ist vielmehr Farbe und Licht; wenn der Maler irgendeinen dieser Faktoren variieren läßt, variieren die anderen auch, nicht, weil sie durch irgendein Gesetz verbunden wären, sondern weil sie im Grunde nur ein und dasselbe Sein sind. In diesem Sinn ist jede Qualität des Seins das ganze Sein; sie ist die Anwesenheit seiner absoluten Kontingenz, sie ist seine Indifferenzunreduzierbarkeit; das Erfassen der Qualität fügt dem Sein nichts hinzu außer der Tatsache, daß *es Sein wie dieses gibt*. In diesem Sinn ist die Qualität durchaus kein äußerer Aspekt des Seins: denn das Sein kann, da es keinerlei «Innen» hat, auch kein «Außen» haben. Damit es Qualität gibt, ist lediglich notwendig, daß es Sein *gibt* für ein Nichts, das von Natur aus das Sein *nicht ist*. Dennoch ist das Sein nicht *an sich* Qualität, obwohl es nichts mehr oder weniger ist. Aber die Qualität ist *das ganze Sein*, das sich in den Grenzen des «es gibt» enthüllt. Sie ist keineswegs das *Außen* des Seins, sondern das ganze Sein, insofern es Sein nicht *für* das Sein geben kann, sondern allein für das, das sich es nicht sein macht. Die Beziehung des Für-sich zur Qualität ist ontologische Beziehung. Die Intuition der Qualität ist keineswegs passive Betrachtung eines Gegebenen, und der Geist ist keineswegs ein Ansich, das in dieser Betrachtung das bleibt, was es ist, das heißt in Bezug zu dem betrachteten *Dieses* im Modus der Indifferenz verharrt. Aber das Für-sich läßt sich von der Qualität das anzeigen, was es nicht ist. Das Rot als Farbe dieses Heftes wahrnehmen heißt sich selbst als interne Negation dieser Qualität spiegeln. Das heißt, daß die Wahrnehmung der Qualität nicht «Erfüllung»[166] ist, wie Husserl will, sondern Formung einer Leere als einer *von* dieser Qualität bestimmten Leere. In diesem Sinn ist die Qualität eine fortwährend unerreichbare Anwesenheit. Die Beschreibungen der Erkenntnis sind allzuoft alimentär. Es bleibt noch zuviel Prälogismus in der epistemologischen Philosophie, und wir haben uns noch nicht von dieser primitiven Illusion befreit (die wir später zu erklären haben werden), nach der Erkennen gleich Essen ist, das heißt das erkannte Objekt einnehmen, sich damit füllen (Erfüllung) und es verdauen («Assimilation»). Das ursprüngliche Phänomen der Wahrnehmung läßt sich besser erklären, wenn man das Faktum hervorhebt, daß die Qualität in bezug auf uns in einem Bezug absoluter Nähe steht – sie «*ist da*», sie sucht uns heim –, ohne sich zu geben oder zu verweigern, aber man muß hinzufügen, daß diese Nähe eine Distanz impliziert. Sie ist das, was unmittelbar außer Reichweite ist, was uns *per definitionem* uns selbst als eine Leere anzeigt, deren Betrachtung unseren Seinsdurst nur steigern kann wie der Anblick der unerreichbaren Speisen den Hunger des Tantalus vergrößerte. Die Qualität ist Anzeigen dessen, was wir nicht sind, und des Seinsmodus, der uns verwehrt ist. Die Wahrnehmung des Weißen ist Bewußtsein von der prinzipiellen Unmöglichkeit, daß das Für-sich als Farbe existiert, das heißt als das, was es ist. Nicht nur unterscheidet sich das Sein also nicht von seinen Qualitäten, sondern jede Wahrnehmung von Qualität ist auch Wahrnehmung eines *Dieses*, die Qualität, was sie auch sei, enthüllt sich uns als ein Sein. Der Duft, den ich plötzlich mit geschlossenen Augen einatme, ist, noch ehe ich ihn auf ein duftendes Objekt bezogen habe, schon ein *Duft-sein* und nicht ein subjektiver Eindruck; das Licht, das am Morgen durch meine geschlossenen Augenlider dringt, ist schon ein Licht-sein. Das wird evident erscheinen, wenn man nur bedenkt, daß die Qualität *ist*. Als Sein, das das ist, was es ist, kann sie zwar einer Subjektivität *erscheinen*, aber sie kann sich nicht in das Gefüge dieser Subjektivität einfügen, die das ist, was sie nicht ist, und nicht das ist, was sie ist. Wenn wir sagen, daß die Qualität ein Qualität-sein ist, so statten wir sie keineswegs mit einem mysteriösen, der Substanz analogen Träger aus, sondern weisen nur darauf hin, daß ihr Seinsmodus radikal unterschieden ist vom Seinsmodus «Für-sich». Das Sein des Weißen oder des Sauren kann ja keineswegs als ekstatisch erfaßt werden. Wenn man nur fragt, wieso das «Dieses» Qualitäten haben kann, antworten wir, daß sich ja das *Dieses* als Totalität auf dem Hintergrund der Welt freisetzt und als undifferenzierte Einheit darbietet. Das Für-sich kann sich von verschiedenen Gesichtspunkten aus angesichts des *Dieses* negieren, und es enthüllt die Qualität als ein neues *Dieses* auf dem Dinghintergrund. Jedem negierenden Akt, durch den die Freiheit des Für-sich spontan ihr Sein konstituiert, entspricht eine totale Enthüllung des Seins «durch Abschattung». Diese Abschattung ist nichts als ein vom Für-sich selbst realisierter Bezug des Dinges zum Für-sich. Es ist absolute Bestimmung der Negativität: denn es genügt weder, daß das Fürsich durch eine ursprüngliche Negation das Sein nicht *ist*, noch, daß es *dieses* Sein nicht ist; damit seine Bestimmung als Seinsnichts vollständig ist, muß es sich noch realisieren als eine gewisse unersetzbare Weise, *dieses* Sein nicht zu sein; und diese absolute Bestimmung, die Bestimmung der Qualität als Profil des Dieses ist, gehört der Freiheit des Für-sich an; sie *ist nicht*: sie ist als «zu sein»; das kann sich jeder gegenwärtig machen, wenn er sieht, wie sehr die Enthüllung *einer* Qualität des Dinges immer als eine *über* eine Freiheit erfaßte faktische Grundlosigkeit [*gratuité*] erscheint; ich kann nicht machen, daß diese Rinde nicht grün ist, aber es hängt von mir ab, ob ich sie als rauhes-Grün oder als grüne-Rauheit erfasse. Aber der Bezug Gestalt-Hintergrund ist hier ziemlich verschieden von der Beziehung des *Dieses* zur Welt. Denn die Gestalt erscheint ja nicht auf einem undifferenzierten Hintergrund, sondern ist völlig vom Hintergrund durchdrungen, behält ihn in sich als ihre eigene undifferenzierte Dichte. Wenn ich die Rinde als Grün erfasse, enthüllt sich ihre «Leuchtkraft-Rauheit» als interner undifferenzierter Hintergrund und Seinsfülle des Grüns. Es gibt hier keinerlei Abstraktion in dem Sinn, daß die Abstraktion trennt, was vereinigt ist, denn das Sein erscheint stets ganz und gar in seinem Profil. Aber die Realisierung des Seins bedingt die Abstraktion, denn die Abstraktion ist nicht die Wahrnehmung einer Qualität «in der Luft», sondern einer Dieses-Qualität, wo die Ununterschiedenheit des internen Hintergrunds zum absoluten Gleichgewicht tendiert. Das abstrakte Grün verliert seine Seinsdichte nicht – sonst wäre es nichts mehr als ein subjektiver Modus des Für-sich –, sondern die Leuchtkraft, Form, Rauheit usw., die sich über es darbieten, lösen sich in dem nichtenden Gleichgewicht der bloßen *Massivität* auf. Die Abstraktion ist indessen ein Phänomen von Anwesenheit beim Sein, da das abstrakte Sein seine Transzendenz bewahrt. Aber sie kann sich nur als eine Anwesenheit beim Sein jenseits des Seins realisieren: sie ist Überschreiten. Diese Anwesenheit des Seins kann nur auf der Ebene der Möglichkeit realisiert werden und insofern das Für-sich seine eigenen Möglichkeiten zu sein hat. Das Abstrakte enthüllt sich als der Sinn, den die Qualität zu sein hat als bei der Anwesenheit eines künftigen Für-sich mitanwesend. So ist das abstrakte Grün der künftige-Sinn des konkreten *Dieses*, insofern es sich mir durch seine Abschattung «grün-leuchtend-rauh» enthüllt. Es ist die dieser Abschattung eigene Möglichkeit, insofern sie sich über die Möglichkeiten, die ich bin, enthüllt; das heißt, insofern sie *geseint wird* [*est étée*]. Aber das verweist uns auf die Utensilität[167] und auf die Zeitlichkeit der Welt: wir werden darauf zurückkommen. Für den

Augenblick soll uns die Bemerkung genügen, daß das Abstrakte das Konkrete wie eine im An-sich erstarrte Möglichkeit heimsucht, die das Konkrete zu sein hat. Was auch immer unsere Wahrnehmung als ursprünglicher Kontakt mit dem Sein ist, das Abstrakte ist immer *da*, jedoch als *zukünftig*, und in der Zukunft, mit meiner Zukunft erfasse ich es: es ist Korrelat der eigenen Möglichkeit meiner gegenwärtigen konkreten Negation als Möglichkeit, diese Negation *nur noch zu sein*. Das Abstrakte ist der Sinn des *Dieses*, insofern es sich der Zukunft über meine Möglichkeit enthüllt, die Negation, die ich zu sein habe, in An-sich erstarren zu lassen. Wenn man uns an die klassischen Aporien der Abstraktion erinnert, können wir antworten, daß sie daher kommen, daß man die Konstitution des Dieses und den Abstraktionsakt als voneinander verschieden annimmt. Wenn das *Dieses* seine eigenen Abstrakta nicht enthält, gibt es gewiß keinerlei Möglichkeit, sie nachträglich aus ihm zu gewinnen. Aber gerade in der Konstitution des *Dieses* als *Dieses* vollzieht sich die Abstraktion als das, was meiner Zukunft die Abschattung enthüllt. Das Für-sich ist «abstrahierend», nicht weil es eine psychologische Abstraktion vollziehen kann, sondern weil es als Anwesenheit beim Sein mit einer Zukunft, das heißt mit einem Jenseits des Seins, auftaucht. An-sich ist das Sein weder konkret noch abstrakt, weder gegenwärtig noch zukünftig: es ist das, was es ist. Dennoch bereichert die Abstraktion das Sein nicht, sie ist nur die Enthüllung eines Seinsnichts jenseits des Seins. Aber wir wetten, daß man die klassischen Einwände gegenüber der Abstraktion nicht formulieren kann, ohne sie implizit von der Betrachtung des Seins als eines *Dieses* abzuleiten.

Der ursprüngliche Bezug der *Dieses* untereinander kann weder Wechselwirkung noch Kausalität sein und nicht einmal Auftauchen auf gleichem Welthintergrund. Denn wenn wir das bei einem *Dieses* anwesende Für-sich voraussetzen, existieren die anderen Dieses gleichzeitig «in der Welt», aber undifferenziert: sie bilden den Hintergrund, auf dem das betrachtete *Dieses* sich als Relief abhebt. Damit irgendein Bezug zwischen einem *Dieses* und einem anderen *Dieses* entsteht, muß das zweite Dieses sich enthüllen, indem es anläßlich einer ausdrücklichen Negation, die das Für-sich zu sein hat, vom Welthintergrund auftaucht. Aber zugleich muß jedes *Dieses* vom anderen als das andere *nicht seiend* durch eine rein externe Negation auf Distanz gehalten werden. Die ursprüngliche Beziehung zwischen *Diesem* und *Jenem* ist also eine externe Negation. *Jenes* erscheint als nicht *Dieses* seiend. Und diese externe Negation enthüllt sich dem Für-sich als ein Transzendentes, sie ist außerhalb, sie ist *an-sich*. Wie ist sie zu verstehen?

Die Erscheinung des *Dieses-Jenes* kann sich zunächst nur als Totalität hervorbringen. Der erste Bezug ist hier die Einheit einer unauflösbaren Totalität; das Für-sich bestimmt sich *en bloc*, «Dieses-Jenes» auf dem Welthintergrund nicht zu sein. Das «Dieses-Jenes» ist mein ganzes Zimmer, insofern ich dort anwesend bin. Diese konkrete Negation verschwindet nicht während der Auflösung des konkreten Blocks in Dieses *und* Jenes. Sie ist im Gegenteil gerade die Bedingung der Auflösung. Aber auf diesem Anwesenheitshintergrund und durch diesen Anwesenheitshintergrund läßt das Sein seine Indifferenzexteriorität erscheinen: sie enthüllt sich mir darin, daß die Negation, die ich bin, mehr eine Vielheit-Einheit als eine undifferenzierte Totalität ist. Mein negatives Auftauchen beim Sein zerfällt in unabhängige Negationen, die keine andere Verbindung haben, als Negationen zu sein, die ich zu sein habe, das heißt, die ihre interne Einheit aus mir und nicht aus dem Sein gewinnen. Ich bin bei diesem Tisch, bei diesen Stühlen anwesend und konstituiere mich als solcher synthetisch als polyvalente Negation, doch ist diese rein interne Negation, insofern sie Negation *von* dem Sein ist, mit Zonen von Nichts durchsetzt; sie nichtet sich als Negation, sie ist detotalisierte Negation. Durch diese Streifen von Nichts, die ich als mein eigenes Negationsnichts zu sein habe, scheint die Indifferenz des Seins durch. Aber ich habe diese Indifferenz durch dieses Negationsnichts zu realisieren, das ich zu sein habe, nicht insofern ich ursprünglich beim Dieses anwesend bin, sondern insofern ich auch beim Jenes anwesend bin. In meiner Anwesenheit beim Tisch und durch sie realisiere ich die Indifferenz des Stuhls – den ich gleichfalls gegenwärtig nicht zu sein zu sein habe – als Abwesenheit eines Sprungbretts, ein Aufhalten meines Schwungs zum Nicht-sein hin, eine Unterbrechung des Zirkels. *Jenes* erscheint neben diesem innerhalb einer totalitären Enthüllung als das, von dem ich keineswegs profitieren kann, um mich zu bestimmen, nicht dieses zu sein. Die Spaltung kommt also vom Sein, aber *es gibt* Spaltung und Trennung nur durch die Anwesenheit des Für-sich beim ganzen Sein. Die Negation der Einheit der Negationen, insofern sie Enthüllung der Indifferenz des Seins ist und die Indifferenz des Dieses am Jenes und des Jenes am *Dieses* erfaßt, ist Enthüllung des ursprünglichen Bezugs der *Dieses* als externe Negation. Das Dieses ist nicht Jenes. Diese externe Negation in der Einheit einer auflösbaren Totalität wird durch das Wort «und» ausgedrückt. «Dieses ist nicht Jenes» schreibt sich «dieses *und* jenes». Die externe Negation hat die doppelte Beschaffenheit, an-sich-zu-sein und reine Idealität zu sein. Sie ist ansich, insofern sie keineswegs dem Für-sich angehört, gerade über die absolute Interiorität seiner eigenen Negation (da ich in der ästhetischen Intuition ein imaginäres Objekt erfasse) entdeckt das Für-sich die Indifferenz des Seins als Exteriorität. Es handelt sich übrigens keineswegs um eine Negation, die das Sein zu sein hat: sie gehört keinem der betrachteten *Dieses* an; sie *ist* schlechthin; sie ist das, was sie ist. Aber zugleich ist sie keineswegs ein Merkmal des *Dieses*, sie ist durchaus nicht als eine seiner Qualitäten. Sie ist sogar völlig unabhängig von den *Dieses*, eben weil sie weder dem einen noch dem anderen angehört. Denn die Indifferenz des Seins ist *nichts*, wir können sie weder denken noch auch nur wahrnehmen. Sie bedeutet schlicht und einfach, daß die Nichtung oder die Veränderungen des *Jenes* keineswegs die *Dieses* einbeziehen können; in diesem Sinn ist sie nur ein die *Dieses* trennendes *Nichts* an-sich, und dieses Nichts ist die einzige Weise, in der das Bewußtsein die Identitätskohäsion realisieren kann, die das Sein kennzeichnet. Dieses ideale Nichts an-sich ist die *Quantität*. Die Quantität ist ja reine Exteriorität; sie hängt überhaupt nicht von den addierten Gliedern ab und ist nur die Behauptung ihrer Unabhängigkeit. Zählen heißt innerhalb einer auflösbaren und schon gegebenen Totalität eine ideale Unterscheidung machen. Die durch die Addition erhaltene Zahl gehört keinem der gezählten *Dieses* an und ebensowenig der auflösbaren Totalität, insofern sie sich als Totalität enthüllt. Diese drei Männer, die vor meinen Augen reden, zähle ich nicht, insofern ich sie zunächst als «Gruppe im Gespräch» erfasse; und die Tatsache, daß ich *drei* zähle, läßt die konkrete Einheit ihrer Gruppe völlig intakt. «Gruppe von dreien» zu sein ist keine konkrete Eigenschaft der Gruppe. Aber es ist auch keine Eigenschaft ihrer Glieder. Von keinem von ihnen kann man sagen, er sei drei, nicht einmal, er sei *dritter* – denn die Qualität Dritter ist nur eine Spiegelung der Freiheit des Für-sich, das zählt; jeder von ihnen kann dritter sein, keiner von ihnen ist es. Der Quantitätsbezug ist also eine Beziehung an-sich, aber eine rein negative Exteriotitätsbeziehung. Und eben weil sie weder den Dingen noch den Totalitäten angehört, isoliert sie sich und hebt sich an der Oberfläche der Welt als eine Spiegelung von Nichts auf dem Sein ab. Als reine Exteriotitätsbeziehung zwischen den Dieses ist sie selbst den Dieses äußerlich und schließlich sich selbst äußerlich. Sie ist die unfaßbare Indifferenz des Seins – die nur erscheinen kann, *wenn es Sein gibt*, und die, obwohl dem Sein angehörend, ihm nur von einem

Für-sich zukommen kann, insofern diese Indifferenz sich nur durch die unendliche Entäußerung eines Exterioritätsbezugs enthüllen kann, der dem Sein und sich selbst äußerlich sein muß. Raum und Quantität sind also nur ein und derselbe Negationstypus. Nur dadurch, daß sich *Dieses* und *Jenes* als ohne irgendeinen Bezug zu mir enthüllen, der ich mein eigener Bezug bin, kommen der Raum und die Quantität zur Welt, denn beide sind der Bezug der Dinge, die keinerlei Bezug haben, oder, wenn man lieber will, das Bezugsnichts, erfaßt als Bezug durch das Sein, das sein eigener Bezug ist. Gerade dadurch zeigt sich, daß das, was man mit Husserl die *Kategorien* nennt[168] (Einheit-Vielheit-Bezug des Ganzen zum Teil – mehr und weniger – um herum – neben – in der Folge von – erster, zweiter usw. – eins, zwei, drei usw. – in und außerhalb von – usw. usw.), bloß ein ideales Umrühren der Dinge ist, das sie völlig intakt läßt, ohne sie um ein Jota reicher oder ärmer zu machen, und daß sie nur die unendliche Verschiedenheit der Weisen anzeigen, in denen die Freiheit des Für-sich die Indifferenz des Seins realisieren kann.

Wir haben das Problem des ursprünglichen Bezugs des Für-sich zum Sein behandelt, als ob das Für-sich ein bloßes instantanes Bewußtsein wäre, so wie es sich dem kartesianischen Cogito enthüllen kann. Wir waren aber schon auf das Sichentgehen des Für-sich gestoßen, insofern es notwendige Bedingung des Erscheinens der *Dieses* und der Abstrakta ist. Aber der ek-statische Charakter des Für-sich war noch lediglich implizit. Wenn wir um der Klarheit der Darstellung willen so vorgehen mußten, so ist daraus nicht zu schließen, daß das Sein sich einem Sein enthüllt, das zunächst Gegenwart wäre, um sich hinterher eine Zukunft zu konstituieren. Vielmehr enthüllt sich das An-sich-sein einem Sein, das als sich selbst zukünftig auftaucht. Das bedeutet, daß die Negation, zu der sich das Für-sich in Anwesenheit des Seins macht, eine ek-statische Zukunftsdimension hat: insofern ich nicht das bin, was ich bin (ek-statische Beziehung zu meinen eigenen Möglichkeiten), habe ich das An-sich-sein als enthüllende Realisierung des *Dieses* nicht-zu-sein. Das bedeutet, daß ich Anwesenheit beim Dieses bin in der Unvollendetheit einer detotalisierten Totalität. Was folgt hieraus für die Enthüllung des Dieses?

Insofern ich immer jenseits dessen bin, was ich bin, mir selbst zukünftig, erscheint mir das Dieses, bei dem ich anwesend bin, als etwas, was ich auf mich selbst hin überschreite. Das Wahrgenommene ist ursprünglich das Überschrittene, es ist wie eine Leitung des Kreislaufs der Selbstheit, und es erscheint in den Grenzen dieses Kreislaufs. In dem Maße, wie ich mich zur Negation des *Dieses* mache, fliehe ich diese Negation zu einer komplementären Negation hin, deren Verschmelzung mit der ersten das An-sich, das ich bin, erscheinen machen soll; und diese mögliche Negation ist in Seinsverbindung mit der ersten, sie ist nicht beliebig, sondern genau die komplementäre Negation meiner Anwesenheit beim Ding. Aber da sich das Für-sich als Anwesenheit als nicht-setzendes Bewußtsein (*von*) sich konstituiert, läßt es sich außerhalb seiner durch das Sein das anzeigen, was es nicht ist; es gewinnt sein Sein außen nach dem Modus «Spiegelung-Spiegelndes» wieder; die komplementäre Negation, die es als seine eigene Möglichkeit ist, ist also Anwesenheit-Negation, das heißt, daß das Für-sich sie zu sein hat als nicht-thetisches Bewußtsein (von) sich und als thetisches Bewußtsein des Seins-jenseits-des-Seins. Und das Sein-jenseits-des-Seins ist mit dem gegenwärtigen *Dieses* verbunden, nicht etwa durch irgendeinen Exterioritätsbezug, sondern durch ein präzises Komplementaritätsband, das in genauer Korrelation mit dem Bezug des Für-sich und seiner Zukunft steht. Und zuallererst enthüllt sich das *Dieses* in der Negation eines Seins, das sich dieses nicht-sein macht, nicht als bloße Anwesenheit, sondern als Negation, die sich selbst zukünftig ist, die ihre eigene Möglichkeit jenseits ihrer

Gegenwart ist. Und diese Möglichkeit, von der die reine Anwesenheit als ihr unerreichbarer Sinn heimgesucht wird und als das, was ihr mangelt, um *an-sich* zu sein, ist zunächst wie eine Projektion der gegenwärtigen Negation als Engagement. Jede Negation nämlich, die nicht jenseits ihrer selbst, in der Zukunft, als Möglichkeit, die auf sie zukommt und zu der hin sie flieht, den Sinn eines Engagements hätte, verlöre ja ihre ganze Negationsbedeutung. Was das Für-sich negiert, negiert es «mit Zukunftsdimension», ob es sich dabei um eine externe Negation handelte: dieses ist nicht jenes, dieser Stuhl ist kein Tisch – oder um eine es selbst betreffende interne Negation. Wenn wir sagen, «dieses ist nicht jenes», setzen wir die Exteriorität des Dieses in Bezug zu Jenem, sei es für jetzt und für die Zukunft – sei es im strikten «Jetzt», aber dann hat die Negation einen *provisorischen* Charakter, der die Zukunft als reine Exteriorität in Bezug zu der gegenwärtigen Bestimmung «Dieses *und* Jenes» konstituiert. In beiden Fällen kommt der Negation ihr Sinn von der Zukunft her; jede Negation ist ek-statisch. Insofern sich das Für-sich in der Zukunft negiert, enthüllt das *Dieses*, zu dessen Negation es sich macht, sich als von der Zukunft her zu sich selbst kommend. Die Möglichkeit, daß das Bewußtsein nichtthetisch ist als Bewußtsein (von) Vermögen, Dieses nicht zu sein, enthüllt sich als *Potentialität* des Dieses, das zu sein, was es ist. Die erste Potentialität des Objekts, als Korrelat des Engagements, ontologische Struktur der Negation, ist die *Permanenz*, die fortwährend vom Hintergrund der Zukunft zu ihm kommt. Die Enthüllung des Tisches als Tisch erfordert eine Permanenz *von* Tisch, die aus der Zukunft zu ihm kommt und die keineswegs ein bloß konstatiertes *Gegebenes* ist, sondern eine Potentialität. Im übrigen kommt diese Permanenz nicht aus einer im zeitlich Unendlichen gelegenen Zukunft zum Tisch: die unendliche Zeit existiert noch nicht; der Tisch enthüllt sich nicht so, als hätte er die Möglichkeit, unendlich Tisch zu sein. Die Zeit, um die es sich hier handelt, ist weder endlich noch unendlich: doch die Potentialität läßt die Dimension der Zukunft erscheinen.

Aber der zukünftige Sinn der Negation ist, das zu sein, was der Negation des Für-sich mangelt, um Negation *an sich* werden zu können. In diesem Sinn ist die Negation, in der Zukunft, Präzisierung der gegenwärtigen Negation. In der Zukunft enthüllt sich der genaue Sinn dessen, was ich nicht-zu-sein habe, als Korrelat der genauen Negation, die ich zu-sein habe. Die polymorphe Negation des *Dieses*, wo das Grün von einer Totalität «Rauheit-Licht» gebildet ist, erhält erst dann ihren Sinn, wenn sie Negation *des* Grün zu sein hat, das heißt eines Grün-seins, dessen Hintergrund zum Gleichgewicht der Undifferenziertheit tendiert: in einem Wort, der abwesende-Sinn meiner polymorphen Negation ist eine gestraffte Negation eines Grün, das auf undifferenziertem Hintergrund noch reineres Grün wäre. So kommt das reine Grün zum «Grün-Rauheit-Licht» vom Hintergrund der Zukunft als sein Sinn. Wir erfassen hier den Sinn dessen, was wir *Abstraktion* nannten. Das Existierende *besitzt* nicht sein Wesen wie eine gegenwärtige Qualität. Es ist sogar Negation des Wesens: das Grün *ist nie* grün. Aber das Wesen kommt vom Hintergrund der Zukunft zum Existierenden als ein Sinn, der nie gegeben ist und der es immer heimsucht. Es ist das reine Korrelat der reinen Idealität meiner Negation. In diesem Sinn gibt es nie eine abstraktierende Operation, falls man darunter einen psychologischen, affirmativen Ausleseakt versteht, der von einem konstituierten Geist ausgeführt wird. Es ist keineswegs so, daß man gewisse Qualitäten von den Dingen her abstrahiert, man muß im Gegenteil sehen, daß die Abstraktion als ursprünglicher Seinsmodus des Für-sich notwendig ist, damit es schlechthin Dinge und eine Welt gibt. Das Abstrakte ist eine Struktur der Welt, die notwendig für das Auftauchen des Konkreten ist, und das Konkrete ist nur insofern konkret, als es auf sein Abstraktes hin geht und sich durch das Abstrakte das ankündigen läßt, was es ist: das Für-sich ist in seinem Sein enthüllend-abstrahierend. Unter diesem Gesichtspunkt sind also die Permanenz und das Abstrakte eins. Wenn der Tisch als Tisch eine Permanenzpotentialität hat, so in dem Maß, wie er Tisch zu sein hat. Die Permanenz ist reine Möglichkeit für ein «Dieses», seinem Wesen konform zu sein.

Wir haben im zweiten Teil dieses Werkes gesehen, daß das Mögliche, das ich bin, und die Gegenwart, die ich fliehe, zueinander im Bezug dessen, was mangelt, zu dem, dem es mangelt, stehen. Die ideale Verschmelzung dessen, was mangelt, mit dem, dem das Mangelnde mangelt, als unrealisierbare Totalität, sucht das Für-sich heim und konstituiert es in seinem Sein selbst als Seins-Nichts. Es ist, sagten wir, das An-sich-für-sich oder der *Wert*. Aber dieser Wert wird auf der unreflektierten Ebene durch das Für-sich nicht thetisch erfaßt, er ist nur Seinsbedingung. Wenn unsere Deduktionen stimmen, so muß sich dieses fortwährende Anzeigen einer unrealisierbaren Verschmelzung nicht als Struktur des unreflektierten Bewußtseins erscheinen, sondern als transzendentes Anzeigen einer idealen Struktur des Objekts. Diese Struktur ist leicht zu enthüllen; korrelativ zum Anzeigen einer Verschmelzung der polymorphen Negation mit der abstrakten Negation, die ihr Sinn ist, muß sich ein transzendentes ideales Anzeigen enthüllen: das einer Verschmelzung des existierenden Dieses mit seinem zukünftigen Wesen. Und diese Verschmelzung muß so sein, daß das Abstrakte Grundlage des Konkreten und zugleich das Konkrete Grundlage des Abstrakten ist; mit anderen Worten, die konkrete Existenz «in Fleisch und Blut» muß das Wesen *sein*, das Wesen muß sich selbst als totale Konkretion hervorbringen, das heißt mit dem vollen Reichtum des Konkreten, ohne daß wir jedoch in ihm etwas anderes finden könnten als es selbst in seiner vollkommenen Reinheit.

Oder, wenn man lieber will, die Form muß sich selbst – und total – ihr eigener Stoff sein. Und umgekehrt muß sich auch der Stoff als absolute Form hervorbringen. Diese unmögliche und fortwährend angezeigte Verschmelzung des Wesens und der Existenz gehört weder der Gegenwart noch der Zukunft an, sie zeigt vielmehr die Verschmelzung der Vergangenheit, der Gegenwart und der Zukunft an und bietet sich als *zu vollziehende* Synthese der zeitlichen Totalität dar. Sie ist der Wert als Transzendenz; sie ist das, was man *Schönheit* nennt. Die Schönheit stellt somit einen idealen Zustand der Welt dar, als Korrelat einer idealen Realisierung des Für-sich, wo sich das Wesen und die Existenz der Dinge einem Sein als Identität enthüllen würden, das, in eben dieser Enthüllung, mit ihm selbst in der absoluten Einheit des An-sich verschmelzen würde. Eben weil das Schöne nicht nur eine zu vollziehende transzendente Synthese ist, sondern sich nur in einer Totalisierung unser selbst und durch sie verwirklichen kann, ebendeshalb *wollen* wir das Schöne und erfassen das Universum als des Schönen *ermangelnd* in dem Maße, wie wir uns selbst als einen Mangel erfassen. Aber das Schöne ist ebensowenig eine Potentialität der Dinge, wie das An-sich-für-sich eine eigene Möglichkeit des Für-sich ist. Es sucht die Welt als etwas Unrealisierbares heim. Und in dem Maße, wie der Mensch das Schöne in der Welt *realisiert*, realisiert er es nach dem imaginären Modus. Das heißt, in der ästhetischen Intuition erfasse ich ein imaginäres Objekt über eine imaginäre Realisierung meiner selbst als Totalität an-sich und für-sich. Das Schöne als Wert wird gewöhnlich nicht thematisch als der-Welt-unerreichbarer-Wert expliziert. Es wird an den Dingen implizit als eine Abwesenheit erfaßt; es enthüllt sich implizit über die *Unvollkommenheit* der Welt.

Diese ursprünglichen Potentialitäten sind nicht die einzigen, die das *Dieses* kennzeichnen. In dem Maß nämlich, wie das Für-sich sein Sein jenseits seiner Gegenwart zu sein hat, ist es Enthüllung eines Jenseits des qualifizierten Seins, das vom Grund des Seins zum Dieses kommt. Insofern das Für-sich jenseits der Mondsichel[169] bei einem Sein-jenseits-des-Seins ist, das der zukünftige Vollmond ist, wird der Vollmond Potentialität der Mondsichel; insofern das Für-sich jenseits der Knospe bei der Blüte ist, ist die Blüte Potentialität der Knospe. Die Enthüllung dieser neuen Potentialitäten impliziert einen ursprünglichen Bezug zur Vergangenheit. In der Vergangenheit hat sich die Verbindung der Mondsichel mit dem Mond, der Knospe mit der Blüte allmählich enthüllt. Und die Vergangenheit des Für-sich ist für das Für-sich als Wissen. Aber dieses Wissen bleibt nicht als ein inertes Gegebenes. Es ist zwar hinter dem Für-sich, unerkennbar als solches und unerreichbar. Aber in der ek-statischen Einheit seines Seins läßt sich das Für-sich von dieser Vergangenheit her das ankündigen, was es in der Zukunft ist. Mein den Mond betreffendes Wissen entgeht mir als thematische Erkenntnis. Aber ich bin *es*, und meine Weise, es zu sein, ist – zumindest in gewissen Fällen –, daß sie das, was ich nicht mehr bin, in Gestalt dessen, was ich noch nicht bin, zu mir kommen läßt. Diese Negation des *Dieses* – das ich gewesen bin – bin ich auf doppelte Weise: nach dem Modus des Nicht-mehr-seins und des Noch-nicht-seins. Ich bin jenseits der Mondsichel als Möglichkeit einer radikalen Negation des Mondes als voller Scheibe, und korrelativ mit der Rückkehr meiner künftigen Negation zu meiner Gegenwart kehrt der Vollmond zur Mondsichel zurück, um sie zu *Dieses* als Negation zu bestimmen: er ist das, was ihm mangelt, und das, dessen Mangel ihn als Mondsichel sein läßt. In der Einheit einer gleichen ontologischen Negation schreibe ich also der Mondsichel als Mondsichel die Zukunftsdimension zu – in Form von Permanenz und Wesen – und konstituiere sie als Mondsichel durch die bestimmende Rückkehr dessen zu ihr, was ihr mangelt. So entsteht die Skala der Potentialitäten, die von der Permanenz bis zu den *Potenzen* reicht. Indem die menschliche-Realität sich auf ihre eigene Negationsmöglichkeit hin überschreitet, macht sie sich das sein, durch das die Negation durch Überschreiten zur Welt kommt; durch die menschliche-Realität kommt der *Mangel* zu den Dingen in Form von «Potenz», «Unvollständigkeit», «Aufschub», «Potentialität».

Trotzdem kann das transzendente Sein des Mangels nicht die Natur des ek-statischen Mangels in der Immanenz haben. Sehen wir genauer hin. Das An-sich hat nicht seine eigene Potentialität zu sein nach dem Modus des Noch-nicht. Die Enthüllung des An-sich ist ursprünglich Enthüllung der Indifferenzidentität. Das An-sich ist das, was es ist, ohne jede ek-statische Zerstreuung seines Seins. Es hat daher seine Permanenz oder sein Wesen oder das Mangelnde, das ihm mangelt, keineswegs *zu sein*, wie ich meine Zukunft zu sein habe. Mein Auftauchen in der Welt macht korrelativ die Potentialitäten auftauchen. Aber diese Potentialitäten erstarren in eben ihrem Auftauchen, sie werden durch die *Exteriorität* angegriffen. Wir finden hier den doppelten Aspekt des Transzendenten wieder, das gerade in seiner Zweideutigkeit den Raum entstehen ließ: eine Totalität, die sich in Exterioritätsbeziehungen aufsplittert. Die Potentialität kommt aus der Tiefe der Zukunft auf das *Dieses* zurück, um es zu bestimmen, aber der Bezug des *Dieses* als An-sich zu seiner Potentialität ist ein Exterioritätsbezug. Die Mondsichel ist als *ermangelnd* oder *entbehrend* bestimmt – in Bezug zum Vollmond. Aber zugleich enthüllt sie sich als vollständig das seiend, was sie ist, dieses konkrete Zeichen am Himmel, das nichts benötigt, um das zu sein, was es ist. Das gleiche gilt für diese Knospe oder dieses Streichholz, das das ist, was es ist, dem sein Sinn als Streichholz-sein äußerlich bleibt, das sich zwar entzünden *kann*, aber gegenwärtig dieses Stück weißes Holz mit einem schwarzen Kopf ist. Die Potentialitäten des *Dieses* bieten sich, wenn auch in strengem

Zusammenhang mit ihm, als An-sichs dar und sind im Indifferenzzustand in Bezug zu ihm. Dieses Tintenfaß *kann* zerschlagen, gegen den Marmor des Kamins geworfen werden, wo es zerbrechen wird. Aber diese Potentialität ist ganz und gar von ihm abgeschnitten, denn sie ist nur das transzendente Korrelat *meiner* Möglichkeiten, es gegen den Marmor des Kamins zu werfen. An ihm selbst ist es weder zerbrechlich noch unzerbrechlich: es *ist*. Das heißt keineswegs, daß ich ein *Dieses* außerhalb jeder Potentialität betrachten kann: allein dadurch, daß ich meine Zukunft bin, enthüllt sich das *Dieses* als mit Potentialitäten versehen; das Streichholz als ein Stück weißes Holz mit einem schwarzen Kopf erfassen heißt nicht ihm jede Potentialität entziehen, sondern nur ihm neue verleihen (eine neue Permanenz – ein neues Wesen). Damit das Dieses ganz ohne Potentialitäten wäre, müßte ich eine reine Gegenwart sein, was undenkbar ist. Nur, das *Dieses* hat verschiedene Potentialitäten, die *äquivalent* sind, das heißt in einem Äquivalenzzustand in Bezug zu ihm. Denn es hat ja keineswegs *sie zu sein*. Außerdem sind meine Möglichkeiten gar nicht, sondern vermöglichen sich, da sie von innen her durch meine Freiheit angegriffen werden. Das heißt, was auch immer mein Mögliches sei, sein Gegenteil ist ebenfalls möglich. Ich kann dieses Tintenfaß zerschlagen, aber ebensogut in eine Schublade stellen; ich kann jenseits der Mondsichel den Vollmond anvisieren, aber ebensogut die Permanenz der Sichel als solcher verlangen. Folglich ist das Tintenfaß mit äquivalenten Möglichkeiten versehen: in eine Schublade gestellt oder zerschlagen zu werden. Diese Mondsichel kann ein offener Bogen am Himmel sein oder eine unfertige Scheibe. Diese Potentialitäten, die auf das *Dieses* zurückkommen, ohne daß sie durch es geseint werden und es zu sein haben, nennen wir *Wahrscheinlichkeiten*, um auszudrücken, daß sie im Seinsmodus des An-sich existieren. Meine Möglichkeiten sind nicht, sie vermöglichen sich. Aber die Wahrscheinlichkeiten «verwahrscheinlichen» sich nicht: sie *sind an sich* als wahrscheinliche. In diesem Sinn *ist* das Tintenfaß, aber sein *Tintenfaß-sein* ist ein Wahrscheinliches, denn «das Tintenfaß-zu-sein-haben» des Tintenfasses ist eine reine Erscheinung, die sich sofort in Exterioritätsbeziehung auflöst. Diese Potentialitäten oder Wahrscheinlichkeiten, die der Sinn des Seins sind, jenseits des Seins, eben weil sie *an-sich sind jenseits des Seins*, sind *Nichtse* [*riens*]. Das Wesen des Tintenfasses *wird geseint* als Korrelat der möglichen Negation des Für-sich, aber es ist nicht das Tintenfaß, und es ist nicht das Sein: insofern es an sich ist, ist es hypostasierte verdinglichte Negation, das heißt genau, daß es ein nichts [*rien*] ist, es gehört zu der Hülle aus Nichts, die die Welt umgibt und bestimmt. Das Für-sich enthüllt das Tintenfaß als Tintenfaß. Aber diese Enthüllung vollzieht sich jenseits des Seins des Tintenfasses, in der Zukunft, die nicht ist; alle Potentialitäten des Seins, von der qualifizierten Permanenz bis zur qualifizierten Potentialität, definieren sich als das, was das Sein *noch nicht ist*, ohne daß es jemals wirklich *sie zu sein* hätte. Auch hier fügt die Erkenntnis dem Sein nichts hinzu und nimmt ihm nichts weg, sie versieht es mit keiner neuen Qualität. Sie macht, daß es Sein gibt, indem sie es auf ein Nichts [*néant*] hin überschreitet, das zu ihm nur negative Exterioritätsbezüge unterhält: dieser Charakter eines reinen Nichts der Potentialität geht deutlich genug aus den Verfahren der Naturwissenschaft hervor, die zur Feststellung bloßer Exterioritätsbeziehungen das Potentielle, das heißt das Wesen und die Potenzen, radikal übergeht. Aber andererseits erscheint ihre Notwendigkeit als signifikative Struktur der Wahrnehmung so deutlich, daß man nicht darauf zu insistieren braucht: die wissenschaftliche Erkenntnis kann ja die potentialisierende Struktur der Wahrnehmung weder überschreiten noch übergehen; sie setzt sie im Gegenteil voraus.

Wir haben zu zeigen versucht, wie die Anwesenheit des

Für-sich beim Sein dieses als *Ding* enthüllte; und um der Klarheit der Darstellung willen mußten wir die verschiedenen Strukturen des Dinges nacheinander zeigen: das Dieses und die Räumlichkeit, die Permanenz, das Wesen und die Potentialitäten. Es versteht sich aber, daß diese sukzessive Darstellung keiner realen Priorität von bestimmten dieser Momente vor den anderen entspricht: das Auftauchen des Für-sich macht, daß sich das Ding mit der Totalität seiner Strukturen enthüllt. Es gibt übrigens keine, die nicht alle anderen implizierte: das *Dieses* hat nicht einmal logische Vorgängigkeit gegenüber dem Wesen, es setzt es im Gegenteil voraus, und umgekehrt ist das Wesen Wesen *von* Diesem. Ähnlich kann das Dieses als Qualität-sein nur auf dem Welthintergrund erscheinen, aber die Welt ist Kollektion der *Dieses*; und die auflösende Beziehung der Welt zu den *Dieses* und der Dieses zur Welt ist die Räumlichkeit. Es gibt hier also keinerlei substantielle Form, keinerlei Einheitsprinzip, die *hinter* den Erscheinungsweisen des Phänomens stünden: alles ist mit einemmal gegeben ohne irgendeinen Vorrang. Aus den gleichen Gründen wäre es falsch, dem *Vorstellenden* irgendeinen Vorrang zu geben. Unsere Beschreibungen haben uns zwar das *Ding in der Welt* hervorheben lassen, und wir könnten daher zu glauben versucht sein, daß sich die Welt und das Ding dem Für-sich in einer Art kontemplativer Intuition enthüllen: erst nachträglich würden die Objekte in einer praktischen Utensilitätsordnung in Bezug zueinander gebracht. Ein solcher Irrtum wird vermieden, wenn man bedenkt, daß die Welt innerhalb des Zirkels der Selbstheit erscheint. Sie ist das, was das Für-sich von sich selbst trennt, oder, um einen Heideggerschen Ausdruck zu gebrauchen, «das, aus dem her das Dasein *sich zu bedeuten* gibt, zu welchem Seienden und wie es sich dazu verhalten *kann*»[170]. Dieser Entwurf des Für-sich auf sich hin, der die Selbstheit konstituiert, ist keineswegs eine kontemplative Ruhe. Es ist, wie wir sagten, ein Mangel, aber keineswegs ein *gegebener* Mangel: es ist ein Mangel, der sich selbst sein eigener Mangel zu sein hat. Denn wohlgemerkt, ein *festgestellter* Mangel oder Mangel an-sich löste sich ja in Exteriorität auf; das haben wir auf den vorhergehenden Seiten gezeigt. Aber ein Sein, das sich selbst als Mangel konstituiert, kann sich nur dort hinten an *dem*, was ihm mangelt und das es *ist*, bestimmen, kurz, durch ein ständiges Losreißen von sich zu dem Sich hin, das es zu sein hat. Das bedeutet, daß der Mangel sich selbst sein eigener Mangel nur sein kann als *abgelehnter Mangel*: die einzige wirklich *interne* Verbindung zwischen dem, dem etwas mangelt, und dem, was mangelt, ist die Ablehnung. In dem Maß nämlich, wie das Sein, dem etwas mangelt, *nicht das ist*, was ihm mangelt, erfassen wir in ihm eine Negation. Aber wenn diese Negation sich nicht in bloße Exteriorität auflösen soll – und mit ihr jede Negationsmöglichkeit im allgemeinen –, liegt ihre Grundlage in der Notwendigkeit für das Sein, dem etwas mangelt, das *zu sein*, was ihm mangelt. Die Grundlage der Negation ist also Negation von Negation. Aber diese Grundlage-Negation ist ebensowenig ein *Gegebenes* wie der Mangel, von dem sie ein wesentliches Moment ist: sie ist als zu sein habend; das Für-sich macht sich in der phantomhaften Einheit «Spiegelung-Spiegelndes» sein eigener Mangel sein, das heißt, es entwirft sich auf ihn hin, indem es ihn ablehnt. Nur als *aufzuhebender* Mangel kann der Mangel interner Mangel für das Für-sich sein, und das Für-sich kann seinen eigenen Mangel nur realisieren, indem es ihn zu sein hat, das heißt, indem es Entwurf auf seine Aufhebung hin ist. Der Bezug des Für-sich zu seiner Zukunft ist also nie statisch oder gegeben; vielmehr kommt die Zukunft zur Gegenwart des Für-sich, um es in seinem Inneren zu bestimmen, insofern das Für-sich schon dort hinten in der Zukunft als seine Aufhebung ist. Das Für-sich kann *hier* nur Mangel sein, wenn es *dort hinten* Aufhebung des Mangels ist; aber eine Aufhebung, die es nach dem Modus des Nicht-seins zu sein hat. Diese ursprüngliche Beziehung erlaubt dann auch, empirisch einzelne Mängel als *erlittene* oder *ertragene* zu konstatieren. Sie ist schlechthin Grundlage der Affektivität; sie ist es auch, die man psychologisch zu erklären versucht, indem man in das Psychische jene Idole und Phantome einbringt, die man *Triebe* und *Gelüste* nennt. Diese Triebe oder diese Kräfte, die man gewaltsam in die Psyche einführt, sind an ihnen selbst nicht verstehbar, denn der Psychologe bietet sie uns als an sich existierende dar, das heißt, daß gerade ihrem *Kraft*charakter durch ihre innere Indifferenzruhe widersprochen und ihre Einheit in bloße Exterioritätsbeziehung zersplittert wird. Wir können sie nur erfassen als Projektion einer immanenten Seinsbeziehung des Für-sich zu sich ins An-sich, und diese ontologische Beziehung ist eben der *Mangel*.

Aber dieser Mangel kann durch das unreflektierte Bewußtsein nicht thetisch erfaßt und erkannt werden (ebensowenig wie er der unreinen und komplizenhaften Reflexion erscheint, die ihn als psychisches Objekt, das heißt als Trieb oder als Gefühl, erfaßt). Er ist nur der reinigenden Reflexion zugänglich, mit der wir uns hier nicht zu beschäftigen haben. Auf der Ebene des Bewußtseins *von der* Welt also kann er sich nur in Projektion erscheinen als ein transzendentes und ideales Merkmal. Denn wenn das, was dem Für-sich mangelt, ideal Anwesenheit bei einem Sein-jenseits-des-Seins ist, wird das Sein-jenseits-des-Seins ursprünglich als Mangel-beim-Sein erfaßt. So enthüllt sich die Welt als durch zu realisierende Abwesenheiten heimgesucht, und jedes *Dieses* erscheint mit einem Gefolge von Abwesenheiten, die es anzeigen und bestimmen. Diese Abwesenheiten unterscheiden sich im Grunde nicht von den Potentialitäten. Nur erfassen wir deren Bedeutung besser. So zeigen die Abwesenheiten das *Dieses* als *Dieses* an, und umgekehrt weist das *Dieses* auf die Abwesenheiten hin. Da jede Abwesenheit Sein-jenseits-des-

Seins ist, das heißt abwesendes An-sich, weist jedes *Dieses* auf einen anderen Zustand seines Seins oder auf andere Wesen [*êtres*] hin. Aber diese Organisation in Verweisungskomplexen erstarrt selbstverständlich und versteinert zu An-sich, da es sich um An-sich handelt, alle diese stummen und versteinerten Anzeigen, die bei ihrem Auftauchen in die Indifferenz der Isolierung zurückfallen, ähneln einem steinernen Lächeln, den leeren Augen einer Statue. So erscheinen die Abwesenheiten, die hinter den Dingen erscheinen, nicht als durch die Dinge *gegenwärtig* zu machende Abwesenheiten. Man kann ebensowenig sagen, daß sie sich als *durch mich* zu realisierende enthüllen, da das Ich eine transzendente Struktur der Psyche ist, die nur dem reflexiven Bewußtsein erscheint. Es sind reine Forderungen, die als «zu füllende Leeren» mitten im Selbstheitszirkel auftragen. Doch als «durch das Für-sich zu füllende Leeren» manifestieren sie sich dem unreflektierten Bewußtsein durch eine direkte und personale Dringlichkeit, die als solche *erlebt* wird, ohne daß sie auf *irgendwen* bezogen oder thematisiert ist. Eben dadurch, daß sie als Ansprüche erlebt werden, enthüllt sich das, was wir in einem anderen Kapitel ihre Selbstheit genannt haben. Es sind die *Aufgaben*; und diese Welt ist eine Welt von *Aufgaben*. In bezug auf die Aufgaben ist das Dieses, das sie anzeigen, sowohl «Dieses *von* diesen Aufgaben» – das heißt das einmalige An-sich, das sich durch sie bestimmt und als das angezeigt wird, was sie erfüllen kann – und das, was diese Aufgaben keineswegs *zu* sein hat, da es in der absoluten Einheit der Identität ist. Diese Verbindung in der Isolierung, diesen Inertheitsbezug im Dynamischen nennen wir den Bezug von Mittel zu Zweck. Es ist ein durch die Exteriorität vermindertes, abgeschliffenes Sein-für, dessen transzendente Idealität nur verstanden werden kann als Korrelat des Seins-für, das das Für-sich zu sein hat. Und das Ding, insofern es in der ruhigen Seligkeit der Indifferenz ruht und zugleich jedoch jenseits von ihm zu erfüllende Aufgaben anzeigt, die ihm das ankündigen, was es zu sein hat, ist das Instrument oder das Utensil. Der ursprüngliche Bezug der Dinge untereinander, der auf der Grundlage der quantitativen Beziehung der Dieses erscheint, ist also der *Utensilitäts*bezug. Und diese Utensilität ist den vorhin aufgezeigten Strukturen nicht nachstehend oder untergeordnet: einerseits setzt sie sie voraus, andererseits wird sie von ihnen vorausgesetzt. Das Ding ist keineswegs zunächst Ding und danach erst Utensil; es ist keineswegs zunächst Utensil und enthüllt sich danach erst als Ding: es ist *Utensil-Ding*. Zwar wird es sich der späteren Forschung des Wissenschaftlers als lediglich *Ding* enthüllen, das heißt als aller Utensilität beraubt. Doch nur deshalb, weil der Wissenschaftler sich nur darum bemüht, die reinen Exterioritätsbeziehungen festzustellen; das Ergebnis dieser wissenschaftlichen Forschung ist übrigens, daß das Ding selbst, jeder Instrumentalität beraubt, sich verflüchtigt und in absoluter Exteriorität endet. Man sieht, inwiefern die Formel Heideggers zu berichtigen ist: gewiß, die Welt erscheint im Selbstheitszirkel, da aber der Zirkel nicht-thetisch ist, kann die Anzeige dessen, was ich bin, nicht selbst thetisch sein. In der Welt sein heißt nicht der Welt auf sich selbst hin entgehen, sondern der Welt auf ein Jenseits der Welt hin entgehen, das die zukünftige Welt ist. Was die Welt mir anzeigt, ist nur «weltlich». Doch wenn die unendliche Verweisung der Utensilien nie auf ein Für-sich verweist, das ich bin, ist die Totalität der Utensilien das genaue Korrelat meiner Möglichkeiten. Und da ich meine Möglichkeiten *bin*, ist die Ordnung der Utensilien in der Welt das ins An-sich projizierte Bild meiner Möglichkeiten, das heißt dessen, was ich bin. Doch dieses weltliche Bild kann ich nie entziffern: ich passe mich ihm im Handeln und durch es an; nur durch die reflexive Aufspaltung kann ich mir selbst ein Objekt sein. Nicht durch Unauthentizität also verliert sich die menschliche-Realität in der Welt; sondern In-der-Welt-sein heißt für sie sich radikal in der Welt verlieren durch eben die Enthüllung, die macht, daß es eine Welt gibt, heißt unaufhörliches Verwiesensein von Utensil zu Utensil, ohne auch nur die Möglichkeit eines «Wozu», ohne anderen Rückgriff als die reflexive Enthüllung. Vergeblich würde man uns entgegnen, daß die Kette der «Für-was» am «Für-wen» (Worumwillen)[171] festgemacht ist. Gewiß verweist uns das «Worumwillen» auf eine Struktur des Seins, die wir noch nicht aufgeklärt haben: das Für-Andere. Und das «Für-wen» erscheint ständig hinter den Instrumenten. Aber dieses *Für-wen*, dessen Konstitution vom «Für-was» verschieden ist, unterbricht die Kette nicht. Es ist nur ein Glied von ihr, und es erlaubt nicht, wenn es in der Perspektive der Instrumentalität gesehen wird, dem An-sich zu entkommen. Gewiß, dieser Arbeitsanzug ist für den Arbeiter. Aber damit der Arbeiter das Dach ausbessern kann, ohne sich schmutzig zu machen. Und warum soll er sich nicht schmutzig machen? Damit er nicht den größten Teil seines Lohns für Kleidung ausgibt. Dieser Lohn wird ihm ja als das Minimum an Geld zugestanden, das ihm ermöglicht, seinen Unterhalt zu bestreiten; und er «unterhält sich», um seine Arbeitskraft auf die Ausbesserung von Dächern anwenden zu können. Und warum muß er das Dach reparieren? Damit es nicht in das Büro regnet, wo Angestellte eine Buchhaltungsarbeit erledigen, usw. Das bedeutet keineswegs, daß wir den Andern stets als ein Instrument besonderer Art erfassen müßten, sondern nur, daß wir, sobald wir den Andern von der Welt her betrachten, deshalb durchaus nicht der unendlichen Verweisung der Utensilitätskomplexe entgehen.

In dem Maß also, wie das Für-sich sein eigener Mangel als Ablehnung ist, korrelativ zu seinem Elan auf sich hin, enthüllt sich ihm das Sein auf dem Welthintergrund als Utensil-Ding, und die Welt taucht als undifferenzierter Hintergrund von anzeigenden Utensilitätskomplexen auf. Die Gesamtheit dieser Verweisungen ist bar jeder Bedeutung, aber in dem Sinn, daß es nicht einmal die Möglichkeit gibt, auf dieser Ebene das Problem der Bedeutung zu stellen. Man arbeitet, um zu leben, und man lebt, um zu arbeiten. Die Frage nach dem Sinn der Totalität «Leben-Arbeit»: «Warum arbeite ich, ich, der ich lebe? Warum leben, wenn nur zum Arbeiten?» kann nur auf der reflexiven Ebene gestellt werden, da sie eine Entdeckung des Für-sich durch sich selbst impliziert.

Bleibt zu erklären, warum die Utensilität als Korrelat der reinen Negation, die ich bin, in der Welt auftauchen kann. Wieso bin ich nicht sterile und unbegrenzt wiederholte Negation des *Dieses* als reines *Dieses*? Wie kann diese Negation eine Vielheit von Aufgaben enthüllen, die mein Bild sind, wenn ich nichts bin als das reine Nichts [*néant*], das ich zu sein habe? Zur Beantwortung dieser Frage muß man sich daran erinnern, daß das Für-sich nicht schlicht und einfach eine Zukunft ist, die zur Gegenwart kommt. Es hat auch seine Vergangenheit in der Form des «War» zu sein. Und die ek-statische Implikation der drei zeitlichen Dimensionen ist so, daß das Für-sich, wenn es ein Sein ist, das sich den Sinn dessen, was es war, von seiner Zukunft anzeigen läßt, im gleichen Auftauchen auch ein Sein ist, das sein *Wird* zu sein hat in den Perspektiven eines gewissen «War», dem es entflieht. In diesem Sinn ist die Bedeutung einer zeitlichen Dimension stets *woanders* zu suchen, in einer anderen Dimension; wir nannten das die *Diaspora*; denn die diasporische Seinseinheit ist keine reine *gegebene* Zugehörigkeit: sie ist die Notwendigkeit, die Diaspora zu *realisieren*, indem man sich dort hinten, draußen, in der Einheit des Sich bedingen läßt. Die Negation also, die ich bin und die das «Dieses› enthüllt, hat somit nach dem Modus des «War» *zu sein*. Diese reine Negation, die, als bloße *Anwesenheit*, nicht ist, hat ihr Sein hinter sich, als Vergangenheit oder Faktizität. Als solche ist sie zugegebenermaßen nie Negation ohne Wurzeln. Sie ist im Gegenteil *qualifizierte* Negation, falls man darunter verstehen will, daß sie ihre Qualifizierung hinter sich herzieht als das Sein, das nicht-zu-sein sie hat in Form des «War». Die Negation taucht als nicht-thetische Negation der Vergangenheit nach dem Modus der internen Bestimmung auf, insofern sie sich zu thetischer Negation des *Dieses* macht. Und das Auftauchen vollzieht sich in der Einheit eines doppelten «Sein, um zu», da die Negation sich nach dem Modus Spiegelung-Spiegelndes zur Existenz bringt als Negation *des* Dieses, *um* der Vergangenheit, die sie ist, zu entgehen, und sie entgeht der Vergangenheit, *um* sich von dem *Dieses* zu lösen, indem sie ihm in ihrem Sein auf die Zukunft hin entflieht. Wir nennen das den *Gesichtspunkt* des Für-sich gegenüber der Welt. Dieser Gesichtspunkt, der sich mit der Faktizität gleichsetzen läßt, ist ekstatische Qualifikation der Negation als ursprünglicher Bezug zum An-sich. Andererseits jedoch ist, wie wir sahen, das Für-sich alles, was es ist, nach dem Modus des «War» als ek-statische Zugehörigkeit zur Welt. Nicht in der Zukunft finde ich *meine* Anwesenheit wieder, da die Zukunft mir die Welt als Korrelat eines zukünftigen Bewußtseins liefert; sondern mein Sein erscheint mir in der Vergangenheit, wenn auch nicht-thematisch, im Rahmen des An-sich-seins, das heißt als innerweltliches Relief. Sicher ist auch dieses Sein noch Bewußtsein von ..., das heißt Für-sich; aber es ist ein in An-sich erstarrtes Für-sich und folglich ein in die Innerweltlichkeit gefallenes Bewußtsein *von der* Welt. Der Sinn des Realismus, des Naturalismus und des Materialismus liegt in der Vergangenheit: diese drei Philosophien sind Beschreibungen der Vergangenheit, als wäre sie Gegenwart. Das Für-sich ist also doppelte Flucht vor der Welt: es entgeht seinem eigenen Innerweltlich-sein als Anwesenheit bei einer Welt, vor der es flieht. Das Mögliche ist das freie Ziel der Flucht. Das Fürsich kann nicht zu einem Transzendenten hin fliehen, das es nicht ist, sondern nur zu einem Transzendenten hin, das es ist. Das nimmt dieser fortwährenden Flucht jede Möglichkeit des Anhaltens; wenn es erlaubt ist, ein banales Bild zu gebrauchen, das jedoch meinen Gedanken besser erfassen läßt, so erinnere man sich an den Esel, der einen Karren hinter sich herzieht und eine Mohrrübe erreichen will, die man an das Ende eines an der Deichsel befestigten Stockes gebunden hat. Jeder Versuch des Esels, die Mohrrübe zu schnappen, bewirkt, daß sich das ganze Gespann vorwärts bewegt mitsamt der Mohrrübe, die stets im selben Abstand vom Esel bleibt. So laufen wir einem Möglichen nach, das durch eben unser Laufen erscheint, das nichts als unser Laufen ist und sich eben dadurch als unerreichbar definiert. Wir laufen auf uns selbst zu, und wir sind deshalb das Sein, das sich nicht einholen kann. Einerseits ist dieses Laufen bar jeder Bedeutung, da das Ziel nie gegeben, sondern erfunden und projiziert ist in dem Maß, wie wir auf es zulaufen. Und andererseits können wir ihm diese Bedeutung, die es zurückweist, nicht absprechen, da trotz allem das Mögliche der Sinn des Fürsich ist: sondern vielmehr gibt es und gibt es nicht einen Sinn der Flucht.

Doch gerade in dieser Flucht vor der Vergangenheit, die ich bin, zur Zukunft hin, die ich bin, zeichnet sich die Zukunft in Bezug zur Vergangenheit ab, während sie der Vergangenheit gleichzeitig ihren ganzen Sinn gibt. Die Zukunft ist die Vergangenheit, die als gegebenes An-sich auf ein An-sich hin überschritten wird, das sein eigener Grund wäre, das heißt, das wäre, insofern ich es zu sein hätte. Mein Mögliches ist die freie Übernahme meiner Vergangenheit, insofern diese Übernahme sie retten kann, indem sie sie begründet. Ich entfliehe dem grundlosen Sein, das ich war, zu dem begründenden Akt hin, der ich nur nach dem Modus des «Wäre» sein kann. Das Mögliche ist also der Mangel, den sich das Für-sich sein macht, das heißt das, was der gegenwärtigen Negation mangelt, insofern sie *qualifizierte* Negation ist (das heißt Negation, die ihre Qualität außerhalb ihrer in der Vergangenheit hat).

Als solches ist es selbst qualifiziert. Nicht als *Gegebenes*, das seine eigene Qualität an der Welt des An-sich wäre, sondern als Anzeige der Übernahme, die die ek-statische Qualifizierung, die das Für-sich *war*, begründen würde. So ist der Durst dreidimensional: er ist gegenwärtige Flucht vor einem Zustand von Leere, der das Für-sich war. Und eben diese Flucht verleiht dem *gegebenen* Zustand seinen Charakter von Leere oder von Mangel: in der Vergangenheit kann der Mangel nicht Mangel sein, denn das *Gegebene* kann nur «mangeln», wenn es durch ein Sein überschritten wird, das seine eigene Transzendenz ist. Aber diese Flucht ist Flucht auf etwas hin, und dieses «auf etwas hin» gibt ihr ihren Sinn. Als solche ist sie selbst *sich schaffender Mangel*, das heißt Konstitution des Gegebenen in der Vergangenheit als Mangel oder Potentialität und zugleich freie Übernahme des Gegebenen durch ein Fürsich, das sich in der Form «Spiegelung Spiegelndes» zu Mangel macht, das heißt als Mangelbewußtsein. Und *dieses, auf das hin* der Mangel sich entflieht, insofern er sich in seinem Mangel-sein durch das bedingen läßt, woran es ihm mangelt, ist die Möglichkeit, die er ist, Durst zu sein, der nicht mehr Mangel wäre, das heißt Durst-Stillung. Das Mögliche ist Anzeige von Stillung, und der Wert, als Phantom-Sein, von dem das Für-sich rundum umgeben und durchdrungen ist, ist die Anzeige eines Durstes, der zugleich *gegeben* wäre – wie er «es war» – und Übernahme – wie das Spiel des «Spiegelung-Spiegelnden» ihn ek-statisch konstituiert. Wie man sieht, handelt es sich um eine Fülle, die sich selbst als Durst bestimmt. Zur Skizzierung dieser Fülle liefert der ek-statische Bezug Vergangenheit-Gegenwart die Struktur «Durst» als ihren Sinn, und das Mögliche, das ich bin, muß als Reflexion die eigentliche Dichte, das Füll-Fleisch liefern. Meine Anwesenheit beim Sein, durch die es als *Dieses* bestimmt wird, ist also Negation des Dieses, *insofern ich auch qualifizierter Mangel bei Diesem* bin. Und in dem Maß, wie mein Mögliches mögliche Anwesenheit beim Sein jenseits des Seins ist, enthüllt die Qualifizierung meines Möglichen ein Sein-jenseits-des-Seins als das Sein, dessen Mitanwesenheit streng an eine zukünftige Stillung gebunden ist. So enthüllt sich in der Welt die *Abwesenheit* als zu realisierendes Sein, insofern dieses Sein Korrelat des Möglich-seins ist, *woran es mir mangelt*. Das Glas Wasser erscheint als zu-trinkendes, das heißt als Korrelat eines Durstes, der nicht-thetisch und in seinem Sein selbst als zu stillend erfaßt wird. Aber diese Beschreibungen, die alle eine Beziehung zur Zukunft der Welt implizieren, werden klarer sein, wenn wir jetzt zeigen, wie sich auf der Grundlage der ursprünglichen Negation die Zeit der Welt oder universelle Zeit dem Bewußtsein enthüllt.

IV

Die Weltzeit

255 Die universelle Zeit kommt durch das Für-sich zur Welt. Das An-sich verfügt über keine Zeitlichkeit, eben weil es an-sich ist und weil die Zeitlichkeit der vereinigende Seinsmodus eines Seins ist, das fortwährend auf Distanz zu sich ist. Das Für-sich dagegen ist Zeitlichkeit, aber es ist nicht Bewußtsein *von* Zeitlichkeit, außer wenn es sich selbst im Bezug «reflexiv-reflektiert» hervorbringt. Nach dem unreflektierten Modus entdeckt es die Zeitlichkeit *am* Sein, das heißt draußen. Die universelle Zeitlichkeit ist *objektiv*.

A) Die Vergangenheit

Das «Dieses» erscheint nicht als eine Gegenwart, die in der Folge Vergangenheit zu werden hätte und die vorher Zukunft war. Sobald ich dieses Tintenfaß wahrnehme, hat es schon in seiner Existenz seine drei zeitlichen Dimensionen. Und insofern ich es als Permanenz erfasse, das heißt als Wesen, ist es schon in der Zukunft, obwohl ich ihm nicht in meiner aktuellen Anwesenheit gegenwärtig bin, sondern als mir-selbst-zu-künftig. Und zugleich kann ich es nur als schon in der Welt dagewesen erfassen, insofern ich schon selbst als Anwesenheit dort war. In diesem Sinn existiert keine «Synthesis der Rekognition», falls man darunter eine progressive Identifizierung versteht, die durch sukzessive Organisation der «Jetzt» dem wahrgenommenen Ding eine *Dauer* verliehe. Sondern das Für-sich führt das Aufbrechen seiner Zeitlichkeit am ganzen enthüllten An-sich entlang wie längs einer endlosen, monotonen Mauer, deren Ende es nicht sieht. Ich bin diese ursprüngliche Negation, die ich zu sein habe, nach dem Modus des Noch-nicht und des Schon, bei dem Sein, das das ist, was es ist. Nehmen wir also an, daß in einer unbeweglichen Welt ein Bewußtsein auftaucht bei einem einzigen Sein, das unveränderlich das ist, was es ist, so wird dieses Sein sich mit einer unveränderlichen Vergangenheit und Zukunft enthüllen, die keinerlei «Operation» einer Synthese benötigen und eins sind mit seiner Enthüllung selbst. Die *Operation* wäre nur notwendig, wenn das Für-sich seine eigene Vergangenheit zugleich festzuhalten und zu konstituieren hätte. Aber allein deshalb, weil es seine eigene Vergangenheit wie auch seine eigene Zukunft *ist*, kann die Enthüllung des An-sich nur verzeitlicht sein. Das «Dieses» enthüllt sich zeitlich, nicht weil es sich in einer *apriorischen* Form des inneren Sinns wie in einem Prisma brechen würde, sondern weil es sich einer Enthüllung, deren Sein selbst Verzeitlichung ist, enthüllt. Die Un-Zeitlichkeit des Seins wird jedoch in seiner Enthüllung selbst *vorgestellt*: insofern das *Dieses* durch eine Zeitlichkeit, die sich verzeitlicht, und in ihr erfaßt wird, erscheint es ursprünglich als zeitlich; insofern es aber das ist, was es ist, weigert es sich, seine eigene Zeitlichkeit zu *sein*, es *spiegelt* nur die Zeit; zudem verweist es den inneren ek-statischen Bezug – der am Ursprung der Zeit ist – als eine bloße objektive Exterioritätsbeziehung. Die Permanenz als Kompromiß zwischen der zeitlosen Identität und der ek-statischen Einheit der Verzeitlichung erscheint also als das bloße Dahingleiten von Augenblicken an-sich – kleine Nichtse [*néants*], voneinander getrennt und wieder verbunden durch einen bloßen Exterioritätsbezug – auf der Oberfläche eines Seins, das eine unzeitliche Unveränderlichkeit bewahrt. Es ist also nicht wahr, daß die Zeitlosigkeit des Seins uns entgeht: sie ist im Gegenteil *in der Zeit gegeben*, sie begründet die Seinsweise der universellen Zeit.

Insofern also das Für-sich das «war», was es ist, erscheint ihm das Utensil oder das Ding als *schon* dagewesen. Das Für-sich kann nur als Anwesenheit, die *war*, Anwesenheit beim *Dieses* sein; jede Wahrnehmung ist an ihr selbst und ohne irgendeine «Operation» ein Wiedererkennen. Doch das, was sich durch die ek-statische Einheit der Vergangenheit und der Gegenwart hindurch enthüllt, ist ein identisches Sein. Es wird gar nicht als in Vergangenheit und Gegenwart *dasselbe* seiend erfaßt, sondern als *es* seiend. Die Zeitlichkeit ist nur ein Sehorgan. Doch dieses *es*, das es *ist*, *war* das Dieses schon. So erscheint es als eine Vergangenheit habend. Nur weigert es sich, diese Vergangenheit zu *sein*, es *hat* sie nur. Die Zeitlichkeit ist also, insofern sie objektiv erfaßt wird, ein bloßes Phantom, denn sie bietet sich nicht als Zeitlichkeit des Für-sich dar und auch nicht als Zeitlichkeit, die das An-sich zu sein hat. Gleichzeitig kann die transzendente Vergangenheit, die als Transzendenz An-sich ist, nicht als das sein, was die Gegenwart zu sein hat, sie isoliert sich in einem Phantom von

«Selbständigkeit»[172]. Und da jeder Moment der Vergangenheit eine «gewesene Gegenwart» ist, setzt sich diese Isolierung innerhalb der Vergangenheit selbst fort. Das unveränderliche *Dieses* enthüllt sich so über ein unendliches Zerflattern und Zerstückeln von phantomhaften An-sich. So enthüllt sich mir dieses Glas oder dieser Tisch: sie dauern nicht, sie *sind*; und die Zeit gleitet über sie hinweg. Man wird sicher sagen, daß ich ihre Veränderungen nicht *sehe*. Aber damit bringt man unpassend einen wissenschaftlichen Gesichtspunkt hinein. Dieser durch nichts gerechtfertigte Gesichtspunkt wird durch unsere Wahrnehmung selbst widerlegt: *die* Pfeife, *der* Bleistift, all diese Wesen [êtres], die sich in jedem ihrer «Profile» ganz darbieten und deren Permanenz gänzlich indifferent gegenüber der Vielfalt der Profile ist, sind auch, obwohl sie sich in der Zeitlichkeit enthüllen, jeder Zeitlichkeit transzendent. Das «Ding» existiert mit einem Schlag als «Gestalt», das heißt als ein Ganzes, das durch keine der oberflächlichen und parasitären Veränderungen, die wir an ihm sehen können, affiziert wird. Jedes *Dieses* enthüllt sich mit einem Seinsgesetz, das seine *Schwelle* bestimmt, das heißt das Änderungsniveau, wo es aufhört, das zu sein, was es ist, und einfach nicht mehr ist. Und dieses Seinsgesetz, durch das die «Permanenz» ausgedrückt wird, ist eine unmittelbar enthüllte Struktur seines Wesens, es bestimmt eine Grenz-Potentialität des Dieses – nämlich die, aus der Welt zu verschwinden. Wir werden darauf zurückkommen. Das Für-sich erfaßt also die Zeitlichkeit *am* Sein als bloße Spiegelung, die sich auf der Oberfläche des Seins abspielt ohne irgendeine Möglichkeit, es zu modifizieren. Diese absolute und phantomhafte Nichtsheit der Zeit bringt der Wissenschaftler unter dem Namen Homogenität auf den Begriff. Aber das transzendierende und am An-sich vollzogene Erfassen der ek-statischen Einheit des verzeitlichenden Für-sich vollzieht sich als Wahrnehmen einer leeren Form zeitlicher Einheit ohne irgendein Sein, das diese Einheit begründete, in dem es *sie ist*. So erscheint also auf der Ebene Gegenwart-Vergangenheit diese seltsame Einheit der absoluten Zerstreuung, die die äußere Zeitlichkeit ist, wo jedes Vorher und jedes Nachher ein von den anderen durch seine Indifferenzexteriorität isoliertes «An-sich» ist und wo diese Augenblicke trotzdem in der Seinseinheit desselben Seins vereinigt sind, wobei dieses gemeinsame Sein oder diese Zeit nichts anderes ist als die als Notwendigkeit und Substantialität verstandene Zerstreuung selbst. Diese Widersprüchlichkeit kann nur auf der doppelten Grundlage des Für-sich und des An-sich *erscheinen*. Von daher wird für die wissenschaftliche Reflexion, insofern sie die Exterioritätsbeziehung zu hypostasieren sucht, das An-sich verstanden – das heißt in Leerform gedacht – nicht als eine über die Zeit anvisierte Transzendenz, sondern als ein Inhalt, der von Augenblick zu Augenblick geht; ja, sogar als eine Vielheit von Inhalten, die einander äußerlich und streng *gleich* sind.

Unsere Beschreibung der universellen Zeitlichkeit ist bisher in der Hypothese versucht worden, daß nichts vom Sein herkommt außer seiner zeitlosen Unveränderlichkeit. Aber *etwas* kommt gerade vom Sein: das, was wir mangels eines besseren Ausdrucks Verschwinden und Erscheinen nennen wollen. Dieses Erscheinen und dieses Verschwinden müssen den Gegenstand einer rein metaphysischen und nicht ontologischen Erhellung bilden, denn man kann ihre Notwendigkeit weder von den Seinsstrukturen des Für-sich noch von denen des An-sich her verstehen: ihre Existenz ist die eines kontingenten und metaphysischen Faktums. Wir wissen nicht genau, was im Erscheinungsphänomen vom Sein her kommt, da dieses Phänomen bereits das Faktum eines verzeitlichten Dieses ist. Die Erfahrung lehrt uns indessen, daß es Auftauchen und Nichten verschiedener «*Dieses*» gibt, und da wir nun wissen, daß die Wahrnehmung das An-sich und außerhalb des An-sich *nichts* enthüllt, können wir das An-sich als die Grundlage dieses Auftauchens und dieses Nichtens betrachten. Zudem sehen wir klar, daß das Identitätsprinzip als Seinsgesetz des An-sich verlangt, daß das Verschwinden und das Erscheinen dem erschienenen oder verschwundenen An-sich total äußerlich sind: andernfalls wäre das An-sich und wäre zugleich nicht. Das Verschwinden kann nicht dieser Seinsverlust sein, der ein Ende ist. Nur das Für-sich kann diese Verluste kennen, da es sich selbst sein eigenes Ende ist. Das Sein als Quasi-Affirmation, wo das Affirmierende durch das Affirmierte verfestigt wird, existiert ohne innere Endlichkeit in der eigenen Spannung seiner «Sich-Affirmation». Sein «Bis-da» ist ihm total äußerlich. Das Verschwinden bedeutet also nicht die Notwendigkeit eines *Nachher*, das sich nur in einer Welt und für ein Für-sich manifestieren kann, sondern eines *Quasi-Nachher*. Dieses Quasi-Nachher kann man so ausdrücken: das An-sich-sein kann die Vermittlung zwischen ihm selbst und seinem Nichts nicht vollziehen. Ebenso sind auch die Erscheinungen nicht *Abenteuer* des erscheinenden Seins. Dieses Sichvoraussein, das von dem Abenteuer vorausgesetzt würde, können wir nur im Für-sich finden, dessen Erscheinen wie Ende innere Abenteuer sind. Das Sein ist das, was es ist. Es ist, ohne «zu sein anzufangen», ohne Kindheit oder Jugend: das Erschienene ist nicht seine eigene Neuheit, es ist von vornherein Sein ohne Bezug zu einem Vorher, das es nach dem Modus des *Nichtseins* zu sein hätte und wo es als reine Abwesenheit zu sein hätte. Auch hier finden wir eine Quasi-Sukzession wieder, das heißt eine vollständige Exteriorität des Erschienenen in Bezug zu seinem Nichts.

Damit aber diese absolute Exteriorität in der Form des «Es gibt» gegeben sein kann, ist bereits eine Welt erforderlich; das heißt das Auftauchen eines Für-sich. Die absolute Exteriorität des An-sich in Bezug zum An-sich macht, daß das Nichts selbst, das das Quasi-Vorher des

Erscheinens oder des Quasi-Nachher des Verschwindens ist, nicht einmal in der Fülle des Seins Platz hat. Nur in der Einheit einer Welt und auf einem Welthintergrund kann ein *Dieses*, das *nicht war*, erscheinen, kann dieser Bezug von-Fehlen-von-Bezug enthüllt werden, der die Exteriorität ist; das Seinsnichts, das die Vorgängigkeit in Bezug zu einem Erschienenen ist, das «nicht war», kann nur retrospektiv zu einer Welt kommen durch ein Für-sich, das sein eigenes Nichts und seine eigene Vorgängigkeit ist. Das Auftauchen und das Nichten des *Dieses* sind also zweideutige Phänomene: das, was durch das Für-sich zum Sein kommt, ist auch hier ein reines Nichts, das Noch-nicht-sein und das Nicht-mehr-sein. Das betrachtete Sein ist nicht deren Grundlage und auch nicht die *vorher* oder *nachher* als Totalität erfaßte Welt. Doch insofern andererseits das Auftauchen sich in der Welt durch ein Für-sich enthüllt, das sein eigenes Vorher und sein eigenes Nachher ist, bietet sich das Erscheinen zunächst als ein Abenteuer dar; wir erfassen das erschienene *Dieses* als schon in der Welt daseiend als seine eigene Abwesenheit, insofern wir selbst bei einer Welt schon anwesend waren, von der es abwesend war. So kann das Ding aus seinem eigenen Nichts auftauchen. Es handelt sich hierbei nicht um eine begriffliche Sicht des Geistes, sondern um eine ursprüngliche Struktur der Wahrnehmung. Die Experimente der Gestalttheorie[173] zeigen klar, daß die reine Erscheinung stets als ein dynamisches Auftauchen erfaßt wird, das Erschienene *rennt* vom Grund des Nichts zum Sein. Wir haben hier zugleich den Ursprung des «Kausalitätsprinzips». Das Ideal der Kausalität ist nicht die Negation des Erschienenen als solchen, wie Meyerson[174] will, und ebensowenig die Zuweisung einer permanenten Exterioritätsverbindung zwischen zwei Phänomenen. Die erste Kausalität ist das Erfassen des Erschienenen, bevor es erscheint, als schon daseiend in seinem eigenen Nichts und sein Erscheinen vorbereitend. Die Kausalität ist bloß das erste Erfassen der Zeitlichkeit des

Erschienenen als ek-statischer Seinsweise. Aber der *Abenteuer*charakter des Ereignisses wie die ek-statische Konstitution des Erscheinens zerfallen in der Wahrnehmung selbst, das Vorher und das Nachher erstarren in ihrem An-sich-Nichts, das Erschienene in seiner indifferenten Identität; das Nicht-sein des Erschienenen im vorhergehenden Augenblick enthüllt sich als indifferente Fülle des in diesem Augenblick existierenden Seins, der Kausalitätsbezug löst sich in bloßen Exterioritätsbezug zwischen den dem Erschienenen vorhergehenden «Dieses» und dem Erschienenen selbst auf. Die Zweideutigkeit des Erscheinens und des Verschwindens kommt also daher, daß sie sich wie die Welt, wie der Raum, wie die Potentialität und die Utensilität, wie die universelle Zeit selbst darbieten unter dem Aspekt von Totalitäten in fortwährendem Zerfall.

Das ist also die Vergangenheit der Welt, bestehend aus homogenen Augenblicken, die miteinander durch einen bloßen Exterioritätsbezug verbunden sind. Das Für-sich geht, wie wir schon festgestellt haben, durch seine Vergangenheit im An-sich auf. In der Vergangenheit enthüllt sich das An-sich gewordene Für-sich als innerweltlich seiend: es *ist*, es hat seine Transzendenz verloren. Und deshalb macht sich sein Sein vergangen *in* der Zeit: es gibt keinen Unterschied zwischen der Vergangenheit des Für-sich und der Vergangenheit der Welt, die mit ihm anwesend war, außer daß das Für-sich seine eigene Vergangenheit zu sein hat. So gibt es nur *eine* Vergangenheit, die Vergangenheit des Seins ist oder *objektive* Vergangenheit, *in* der ich war. Meine Vergangenheit ist Vergangenheit in der Welt, Zugehörigkeit zur Totalität des vergangenen Seins, die ich bin, die ich fliehe. Das bedeutet, daß es für eine der zeitlichen Dimensionen eine Koinzidenz gibt zwischen der ek-statischen Zeitlichkeit, die ich zu sein habe, und der Weltzeit als reinem gegebenem Nichts. Durch die Vergangenheit gehöre ich der universellen Zeitlichkeit an, durch die Gegenwart und die Zukunft entgehe ich ihr.

B) Die Gegenwart

Die Gegenwart des Für-sich ist Anwesenheit beim Sein, und als solche ist sie nicht. Aber sie ist Enthüllung *von* dem Sein. Das Sein, das der Anwesenheit erscheint, bietet sich dar als *in der Gegenwart seiend*. Aus diesem Grund bietet sich die Gegenwart antinomisch dar als nicht seiend, wenn sie erlebt wird, und als einziges Maß des Seins, insofern es sich als das seiend enthüllt, was es in der Gegenwart ist. Nicht daß das Sein die Gegenwart nicht überstiege, aber dieser Seinsüberfluß kann nur über das Wahrnehmungsorgan, das die Vergangenheit ist, erfaßt werden, das heißt als das, was nicht mehr ist. So *ist* dieses Buch auf meinem Tisch in der Gegenwart, und es *war* (identisch mit sich selbst) in der Vergangenheit. Die Gegenwart enthüllt sich also über die ursprüngliche Zeitlichkeit als das universelle Sein, und zugleich ist sie nichts – nichts weiter als das Sein –, sie ist bloßes Dahingleiten längs des Seins, bloßes Nichts.

Die vorhergehenden Überlegungen könnten anzudeuten scheinen, daß vom Sein nichts zur Gegenwart kommt außer seinem Sein. Das hieße vergessen, daß sich das Sein dem Für-sich entweder als unbeweglich oder als in Bewegung enthüllt und daß die beiden Begriffe Bewegung und Ruhe in dialektischem Bezug zueinander stehen. Nun kann aber die Bewegung ontologisch weder von der Natur des Für-sich abgeleitet werden noch von seiner fundamentalen Beziehung zum An-sich, noch von dem, was wir ursprünglich im Phänomen des Seins entdecken können. Eine Welt ohne Bewegung wäre denkbar. Man kann sich zwar nicht die Möglichkeit einer Welt ohne Veränderung vorstellen, außer als rein formale Möglichkeit, aber Veränderung ist keineswegs Bewegung. Die Veränderung ist Änderung der Qualität des *Dieses*; sie vollzieht sich, wie wir sahen, *en bloc* durch Auftauchen oder Zerfall einer Form. Die Bewegung setzt dagegen die Permanenz der Quiddität voraus. Wenn ein *Dieses* von einem Ort zum anderen verlagert werden und während dieser Verlagerung zugleich eine radikale Änderung seines Seins erleiden müßte, würde diese Änderung die Bewegung negieren, da es *nichts* mehr gäbe, was in Bewegung wäre. Die Bewegung ist bloßer Ortswechsel eines *Dieses*, das im übrigen unverändert bleibt, wie es ja das Postulat der Homogenität des Raums klar genug zeigt. Die Bewegung, die man aus keinem Wesensmerkmal der anwesenden Existierenden herleiten kann, die durch die eleatische Ontologie geleugnet wurde und in der kartesianischen Ontologie den bekannten Rückgriff auf den «Schnipser»[175] erforderlich machte, hat somit den exakten Wert eines Faktums, sie hat teil an der ganzen Kontingenz des Seins und muß als ein Gegebenes hingenommen werden. Zwar werden wir gleich sehen, daß ein Für-sich erforderlich ist, damit es Bewegung «gibt», weshalb die exakte Feststellung dessen, was in der reinen Bewegung vom Sein herkommt, besonders schwierig ist; aber es steht jedenfalls außer Zweifel, daß das Fürsich, hier wie woanders, dem Sein *nichts hinzufügt*; hier wie woanders ist es das reine Nichts [*Rien*], auf dessen Grund sich die Bewegung erhebt. Aber wenn uns eben durch die Natur der Bewegung untersagt ist, ihre *Ableitung* zu versuchen, ist doch zumindest ihre *Beschreibung* möglich und sogar notwendig. Was müssen wir also als *Sinn* der Bewegung verstehen?

Man glaubt, die Bewegung sei bloße *Affizierung* des Seins, da das Bewegte sich *nach* der Bewegung so wiederfindet, wie es vorher war. Oft wurde zum Prinzip erhoben, daß die Verlagerung die verlagerte Gestalt nicht verformt, so evident schien es, daß die Bewegung sich dem Sein hinzufüge, ohne es zu modifizieren: und es ist, wie wir sahen, gewiß, daß die Quiddität des Dieses unverändert bleibt. Für diese Auffassung ist nichts bezeichnender als der Widerstand, auf den Theorien wie die von Fitzgerald über die «Kontraktion» oder von Einstein[176] über die

«Veränderlichkeit der Masse» gestoßen sind, weil sie das, was das Sein des Beweglichen ausmacht, besonders anzugreifen schienen. Daher kommt offensichtlich das Prinzip der Relativität der Bewegung, das vollkommen einleuchtet, wenn diese ein äußerliches Merkmal des Seins ist und wenn keine intrastrukturelle Modifikation sie bestimmt. Die Bewegung wird dann eine derart *externe* Beziehung des Seins zu seiner Umgebung, daß es gleichbedeutend ist, zu sagen, das Sein ist in Bewegung und seine Umgebung im Ruhezustand, oder, umgekehrt, die Umgebung ist in Bewegung und das betrachtete Sein im Ruhezustand. Von diesem Gesichtspunkt aus erscheint die Bewegung weder als ein Sein noch als ein Seinsmodus, sondern als ein völlig entsubstantialisierter Bezug.

Aber die Tatsache, daß das Bewegte beim Start und beim Ziel mit sich selbst identisch ist, das heißt bei den beiden Stasen, die die Bewegung einrahmen, besagt nichts über das, was es gewesen ist, als es *in Bewegung* war. Ebenso könnte man sagen, daß das Wasser, das in einem Kessel kocht, während des Siedens keine Veränderung erfährt, unter dem Vorwand, daß es die gleichen Merkmale aufweist, wenn es kalt und wenn es wieder erkaltet ist. Die Tatsache, daß man dem Bewegten verschiedene sukzessive Positionen während seiner Bewegung zuschreiben kann und daß es in jeder Position sich selbst gleich erscheint, darf uns ebensowenig aufhalten, denn diese Positionen definieren den durchquerten Raum und nicht die Bewegung selbst. Im Gegenteil, diese mathematische Tendenz, das Bewegte wie ein Sein im Ruhezustand zu behandeln, das man auf einer Linie verschiebt, ohne es aus seinem Ruhezustand zu ziehen, diese Tendenz steht am Ursprung der eleatischen Aporien.

Die Behauptung, daß das Sein in seinem Sein unverändert bleibt, ob es im Ruhezustand oder in Bewegung ist, muß uns somit als ein bloßes Postulat erscheinen, das wir nicht ohne Kritik hinnehmen können. Um es dieser Kritik zu unterziehen, kommen wir auf die Argumente der Eleaten und besonders auf das des Pfeils zurück. Man sagt uns, wenn der Pfeil die Position AB passiert, «ist» er dort, genau wie ein Pfeil im Ruhezustand dort wäre, mit dem Anfang seiner Spitze in A und dem Ende seines Schaftes in B. Das scheint evident, wenn man annimmt, daß die Bewegung das Sein überlagert und daß folglich nichts aufdeckt, ob das Sein in Bewegung oder im Ruhezustand ist. Mit einem Wort, wenn die Bewegung ein Akzidens des Seins ist, sind Bewegung und Ruhezustand nicht unterscheidbar. Die Argumente, die man gewöhnlich der berühmtesten Aporie der Eleaten, der von Achill und der Schildkröte,[177] entgegenhält, verfangen hier nicht. Wozu soll man denn einwenden, daß die Eleaten mit der unendlichen Teilbarkeit des Raums gerechnet haben, ohne in gleicher Weise die der Zeit zu berücksichtigen? Es handelt sich hier ja nicht um *Position* oder Augenblick, sondern um *Sein*. Wir nähern uns einer korrekten Auffassung des Problems, wenn wir den Eleaten antworten, daß sie nicht die Bewegung betrachtet haben, sondern den Raum, der die Bewegung umspannt. Wir beschränken uns aber jetzt darauf, die Frage anzugeben, ohne sie zu lösen: Wie muß das Sein des Bewegten sein, damit seine Quiddität unverändert bleibt und damit es trotzdem in seinem Sein von einem Sein im Ruhezustand verschieden ist?

Wenn wir versuchen, unsere Widerstände gegen die Argumente Zenons zu klären, so stellen wir fest, daß sie einer gewissen natürlichen Auffassung der Bewegung entstammen: wir gehen davon aus, daß der Pfeil AB «passiert», aber einen Ort *passieren* scheint uns nicht gleichbedeutend zu sein mit *dort bleiben*, das heißt *dort sein*. Allerdings vermengen wir im allgemeinen die Dinge, denn wir nehmen an, daß das Bewegte AB nur passiert (das heißt, das es dort nie *ist*), und zugleich setzen wir weiterhin voraus, daß, an sich selbst, es *ist*. Auf diese Weise wäre es zugleich an sich und wäre nicht in AB. Hier liegt der Ursprung der Aporie der Eleaten: Wieso *wäre* der Pfeil nicht in AB, da er doch in AB *ist*? Anders gesagt, um die eleatische Aporie zu vermeiden, muß man auf das allgemein angenommene Postulat verzichten, nach dem das Sein in Bewegung sein An-sich-sein bewahrt. AB nur passieren heißt In-Passage-sein. Was heißt passieren? Es heißt zugleich an einem Ort sein und nicht dort sein. In keinem Moment kann man sagen, daß das in Passage befindliche Sein hier *ist*, sofern man es nicht plötzlich anhält; aber ebensowenig kann man sagen, daß es nicht ist, noch, daß es *dort* nicht ist oder *woanders* ist. Sein Bezug zu dem Ort ist kein *Besetzungs*bezug. Wir haben aber oben gesehen, daß der *Platz* eines in Ruhe befindlichen «Dieses» sein Exterioritätsbezug zum Hintergrund ist, insofern dieser Bezug zu Vielheit externer Bezüge mit anderen «Dieses» zerfallen kann, sobald der Hintergrund selbst sich in eine Formenvielfalt auflöst.* Die Grundlage des Raums ist somit die wechselseitige Exteriorität, die durch das Für-sich zum Sein kommt und deren Ursprung ist, daß das Sein das ist, was es ist. Mit einem Wort, das Sein selbst definiert seinen Ort, indem es sich einem Für-sich als indifferent gegenüber anderen Wesen [*êtres*] enthüllt. Und diese Indifferenz ist nichts als eben seine Identität, sein Mangel an ek-statischer Realität, insofern sie durch ein Für-sich erfaßt wird, das bereits Anwesenheit bei anderen «Dieses» ist. Allein weil das *Dieses* das ist, was es ist, *besetzt* es also einen Platz, *ist* es an einem Ort, das heißt, wird es durch das Für-sich mit den anderen Dieses in Bezug gesetzt als *keinen Bezug mit ihnen habend*. Der Raum ist das Nichts an Bezug als Bezug durch das Sein erfaßt, das sein eigener Bezug ist. Einen Ort *passieren*, statt dort zu sein, kann also nur in Seinsbegriffen interpretiert werden. Das bedeutet, daß der Ort zwar durch das Sein begründet wird, das Sein jedoch nicht mehr genügt,

* Drittes Kapitel: II.

auch seinen Ort zu begründen: es skizziert ihn nur; seine Exterioritätsbeziehungen mit den anderen «Dieses» können durch das Für-sich nicht hergestellt werden, weil es sie von einem Dieses aus, das *ist*, herstellen muß. Jedoch können sich diese Beziehungen nicht vernichten, weil das Sein, von dem aus sie sich herstellen, kein bloßes Nichts ist. Allein eben in dem «Jetzt», in dem man sie herstellt, ist es schon äußerlich zu ihnen, das heißt, gleichzeitig mit ihrer Enthüllung enthüllen sich *schon* neue Exterioritätsbeziehungen, deren Grundlage das betrachtete Dieses ist und die mit den ersten in einem Exterioritätsbezug sind. Aber diese kontinuierliche Exteriorität der räumlichen Beziehungen, die den Ort des Seins definieren, kann ihren Grund nur in der Tatsache finden, daß das betrachtete *Dieses* äußerlich zu sich ist. Und zu sagen, das *Dieses* passiere einen Ort, bedeutet ja, daß es schon nicht mehr dort ist, wenn es dort noch ist, das heißt, daß es in Bezug zu ihm selbst nicht in einem ek-statischen Seinsbezug ist, sondern in einem bloßen Exterioritätsbezug. Somit gibt es «Ort» in dem Maß, wie sich das «Dieses» als äußerlich zu anderen «Dieses» enthüllt. Und es gibt Passage an diesem Ort in dem Maß, wie sich das Sein nicht mehr in dieser Exteriorität zusammenfassen läßt, sondern ihr im Gegenteil schon äußerlich ist. So ist die Bewegung das Sein eines Seins, das sich äußerlich ist. Die einzige metaphysische Frage, die sich anläßlich der Bewegung stellt, ist die nach der Exteriorität zu sich. Was haben wir darunter zu verstehen?

In der Bewegung verändert sich das Sein *um nichts*, wenn es von A nach B übergeht. Das bedeutet, daß sich seine *Qualität*, insofern sie das Sein darstellt, das sich dem Für-sich als *Dieses* enthüllt, nicht in eine andere Qualität verwandelt. Die Bewegung ist keineswegs dem Werden vergleichbar; sie verändert die Qualität nicht in ihrem *Wesen*, ebensowenig wie sie sie *aktualisiert*. Die Qualität bleibt genau das, was sie ist: ihre Seinsweise wird verändert. Diese rote Kugel, die auf dem Billardtisch rollt, hört nicht auf, rot zu *sein*, aber das Rot, das sie *ist*, ist sie nicht in der gleichen Weise, wie als sie im Ruhezustand war: es bleibt in der Schwebe zwischen Verschwinden und Permanenz. Insofern es schon in B ist, ist es ja dem, was es in A war, äußerlich, es gibt eine Vernichtung des Rot; insofern es sich aber, jenseits von B, in C wiederfindet, ist es eben dieser Vernichtung äußerlich. So entgeht es dem Sein durch das Verschwinden und dem Verschwinden durch das Sein. Es findet sich also eine Kategorie von «Dieses» in der Welt, deren Besonderheit ist, nie zu sein, ohne daß sie deshalb Nichtse wären. Der einzige Bezug, den das Für-sich ursprünglich an diesen *Dieses* erfassen kann, ist der Exterioritätsbezug zu sich. Denn da die Exteriorität das *Nichts* [rien] ist, muß es ein Sein geben, das sich selbst sein eigener Bezug ist, damit es eine «Exteriorität zu sich» geben kann. Mit einem Wort, es ist uns unmöglich, in reinen An-sich-Begriffen das zu definieren, was sich einem Für-sich als Exteriorität-zu-sich enthüllt. Diese Exteriorität kann sich nur für ein Sein entdecken, das zu sich selbst *dahinten* schon das ist, was es *hier* ist, das heißt für ein Bewußtsein. Diese Exteriorität-zu-sich, die als eine bloße Krankheit des Seins erscheint, das heißt als die Unmöglichkeit für gewisse Dieses, zugleich Sich zu sein und ihr eigenes Nichts zu sein, muß durch etwas markiert werden, was als ein *Nichts* [rien] *in der Welt* ist, das heißt als ein substantifiziertes Nichts [rien]. Da ja die Exteriorität-zu-sich keineswegs ek-statisch ist, ist der Bezug des Bewegten zu sich selbst bloßer Indifferenzbezug und kann sich nur einem Zeugen entdecken. Es ist ein Verschwinden, das sich nicht bewirken kann, und ein Erscheinen, das sich nicht bewirken kann. Dieses Nichts [*rien*], das die Exteriorität-zu-sich mißt und bezeichnet, ist die *Bewegungsbahn* als Konstitution von Exteriorität in der Einheit eines selben Seins. Die Bewegungsbahn ist die Linie, die sich zieht, das heißt eine plötzliche Erscheinung von synthetischer Einheit im Raum, eine Täuschung, die sofort in unendliche Exterioritätsvielheit zerfällt. Wenn das *Dieses* im Ruhezustand ist, *ist* der Raum; wenn es in Bewegung ist, so *erzeugt sich oder wird* der Raum. Die Bewegungsbahn ist *nie*, denn sie ist *nichts*: sie verflüchtigt sich sofort in bloße Exterioritätsbeziehungen zwischen verschiedenen Orten, das heißt in der bloßen Indifferenzexteriorität oder Räumlichkeit. Die Bewegung *ist* ebensowenig; sie ist das Minder-Sein eines Seins, das weder zu verschwinden noch vollständig zu sein vermag; sie ist das Auftauchen der Indifferenzexteriorität mitten im An-sich. Dieses bloße Aufflackern von Sein ist kontingentes Abenteuer des Seins. Das Für-sich kann es nur über die zeitliche Ek-stase und in einer permanenten ek-statischen Identifizierung des Bewegten mit sich erfassen. Diese Identifizierung setzt keinerlei Operation und vor allem keine «Synthesis der Rekognition» voraus, sondern ist für das Für-sich nichts anderes als die ek-statische Seinseinheit der Vergangenheit mit der Gegenwart. Somit bewirkt die *zeitliche* Identifizierung des Bewegten mit sich, daß sich über die konstante Position seiner eigenen Exteriorität die Bewegungsbahn enthüllt, das heißt der Raum in Gestalt eines sich verflüchtigenden Werdens auftaucht. Durch die Bewegung erzeugt sich der Raum in der Zeit; die Bewegung zieht die Linie als Trasse der Exteriorität zu sich. Die Linie verschwindet in der gleichen Zeit wie die Bewegung, und dieses Phantom zeitlicher Einheit des Raums löst sich kontinuierlich im zeitlosen Raum auf, das heißt in der reinen Zerstreuungsvielheit, die ohne Werden *ist*.

Das Für-sich ist, in der Gegenwart, Anwesenheit beim Sein. Aber die ewige Identität des Permanenten erlaubt nicht, diese Anwesenheit als eine Spiegelung auf den Dingen zu erfassen, da nichts das, was ist, von dem, was in der Permanenz war, unterscheiden läßt. Die *gegenwärtige* Dimension der universellen Zeit wäre also unerfaßbar, wenn es die Bewegung nicht gäbe. Die Bewegung bestimmt die universelle Zeit zur reinen Gegenwart. Zunächst, weil sie sich als *gegenwärtiges* Aufflackern enthüllt: schon, in der Vergangenheit, ist sie nur noch eine verschwindende Linie, eine Spur, die verschwimmt; in der Zukunft ist sie überhaupt nicht, weil sie nicht ihr eigener Entwurf sein kann; sie ist wie das konstante Fortschreiten eines Risses in der Wand. Ihr Sein hat im übrigen die unfaßbare Zweideutigkeit des Augenblicks, denn man kann weder sagen, daß sie ist, noch, daß sie nicht ist; zudem, kaum erscheint sie, schon ist sie überschritten und äußerlich zu sich. Sie entspricht daher vollkommen der Gegenwart des Fürsich: die Exteriorität des Seins zu sich, das weder zu sein noch nicht zu sein vermag, schickt dem Für-sich das – auf die Ebene des An-sich projizierte – Bild eines Seins zurück, das das zu sein hat, was es nicht ist, und nicht das zu sein hat, was es ist. Der ganze Unterschied ist der, der die Exteriorität zu sich – wo das Sein nicht ist, um seine eigene Exteriorität zu sein, sondern die im Gegenteil durch die Identifizierung eines ek-statischen Zeugen «Sein ist [*est être*]» – von der bloßen verzeitlichenden Ek-stase trennt, wo das Sein das zu sein hat, was es nicht ist. Das Für-sich läßt sich durch das sich Bewegende seine Gegenwart anzeigen; es ist seine eigene Gegenwart simultan zur aktuellen Bewegung, die Bewegung wird damit betraut sein, die universelle Zeit zu *realisieren*, insofern sich das Für-sich seine eigene Gegenwart durch die Gegenwart des Bewegten anzeigen läßt. Diese Realisierung wird die wechselseitige Exteriorität der Augenblicke zur Geltung bringen, da die Gegenwart des Bewegten sich – eben wegen der Natur der Bewegung – als Exteriorität zu ihrer eigenen Vergangenheit und Exteriorität zu dieser Exteriorität definiert. Die endlose Teilung der Zeit ist in dieser absoluten Exteriorität begründet.

C) Die Zukunft

Die ursprüngliche Zukunft ist Möglichkeit dieser Anwesenheit, die ich jenseits des Realen bei einem An-sich zu sein habe, das jenseits des realen An-sich ist. Meine Zukunft bringt als zukünftige Mitanwesenheit die Skizze einer zukünftigen Welt mit sich, und wie wir gesehen haben, ist es diese zukünftige Welt, die sich dem Für-sich, das ich sein werde, enthüllt, und sind es nicht die eigentlichen Möglichkeiten des Für-sich, die nur durch den reflexiven Blick erkennbar sind. Da meine Möglichkeiten als der Sinn dessen, was ich bin, zugleich als ein Jenseits des An-sich auftauchen, bei dem ich Anwesenheit bin, ist die Zukunft des An-sich, das sich meiner Zukunft enthüllt, in direkter, enger Verbindung mit dem Realen, bei dem ich Anwesenheit bin. Sie ist das modifizierte gegenwärtige An-sich, denn meine Zukunft ist nichts anderes als meine Möglichkeiten von Anwesenheit bei einem An-sich, das ich modifiziert haben würde. So enthüllt sich meiner Zukunft die Zukunft der Welt. Sie besteht aus der Skala der Potentialitäten, die von der bloßen Permanenz und dem reinen Wesen des Dinges bis zu den Potenzen reicht. Sobald ich das Wesen des Dinges fixiere, es als Tisch oder Tintenfaß erfasse, bin ich schon dort hinten in der Zukunft, zunächst weil sein Wesen nur eine Mitanwesenheit bei meiner späteren Möglichkeit ist, nur-noch-diese-Negation-zu-sein, sodann, weil eben seine Permanenz und seine Utensilität als Tisch oder als Tintenfaß uns auf die Zukunft verweisen. In den vorigen Abschnitten haben wir diese Beobachtungen genügend entwickelt, so daß wir nicht weiter auf sie einzugehen brauchen. Wir wollen lediglich festhalten, daß jedes Ding von seinem Erscheinen als Utensil-Ding an sofort bestimmte seiner Strukturen und Eigenschaften in der Zukunft ansiedelt. Vom Erscheinen der Welt und der «Dieses» an *gibt es* eine universelle Zukunft. Allerdings haben wir weiter oben festgestellt, daß jeder zukünftige «Zustand» der Welt ihr fremd bleibt in voller wechselseitiger Indifferenzexteriorität. Es gibt *mehrere* Zukünfte der Welt, die sich durch *Chancen* definieren und autonome Wahrscheinlichkeiten werden, die sich nicht verwahrscheinlichen, aber als Wahrscheinlichkeiten *sind* als ganz konstituierte, aber noch nicht realisierte «Jetzt» mit ihrem genau bestimmten Inhalt. Diese Zukünfte gehören jedem «Dieses» oder jeder Kollektion von «Dieses» an, aber sie sind *draußen*. Was ist dann also die universelle *Zukunft*? Wir haben sie als den abstrakten Rahmen dieser Hierarchie von Äquivalenzen zu sehen, die die Zukünfte sind, Behälter wechselseitiger Exterioritäten, der selbst Exteriorität ist, Summe von An-sich, die selbst an sich ist. Das heißt, daß es eine Zukunft gibt und geben wird, gleich welches Wahrscheinliche sich durchsetzen muß, aber deshalb ist diese der Gegenwart indifferente und äußerliche Zukunft, zusammengesetzt aus einander indifferenten «Jetzt» und vereinigt durch den substantifizierten Bezug von Vorher–Nachher (insofern dieser Bezug ohne seinen ek-statischen Charakter nur noch den Sinn einer externen Negation hat), eine Reihe von leeren Behältern, die durch die Einheit der Zerstreuung miteinander verbunden sind. In diesem Sinn erscheint die Zukunft einmal als eine Dringlichkeit und eine Bedrohung, insofern ich die Zukunft eines *Dieses* eng mit seiner Gegenwart verbinde durch den Entwurf meiner eigenen Möglichkeiten über das Mitanwesende hinaus, ein anderes Mal löst sich diese Bedrohung in reine Exteriorität auf, und ich erfasse die Zukunft nur noch unter dem Aspekt eines bloßen formalen Behälters, indifferent zu dem, was ihn füllt, und dem Raum homogen als bloßes Exterioritätsgesetz, und schließlich wieder entdeckt sie sich als ein Nichts an-sich, insofern sie bloße Zerstreuung jenseits des Seins ist.

Somit gewinnen die zeitlichen Dimensionen, über die uns das unzeitliche Dieses gegeben ist, eben mit seiner Un-Zeitlichkeit, neue Qualitäten, sobald sie am Objekt erscheinen: das An-sich-sein, die Objektivität, die Indifferenzexteriorität, die absolute Zerstreuung. Insofern sich die Zeit einer ek-statischen Zeitlichkeit entdeckt, die sich verzeitlicht, ist sie überall Transzendenz zu sich und Verweis vom Vorher auf das Nachher und vom Nachher auf das Vorher. Aber insofern sich die Zeit am An-sich erfassen läßt, hat sie die Transzendenz zu sich nicht *zu sein*, sie wird in ihr geseint. Die Kohäsion der Zeit ist ein bloßes Phantom, objektive Spiegelung des ek-statischen Entwurfs des Für-sich auf sich selbst hin und der bewegten Kohäsion der menschlichen-Realität. Aber diese Kohäsion hat *keinerlei Seinsgrund*, wenn man die Zeit durch sich selbst betrachtet, sie zerfällt sofort in eine absolute Vielheit von Augenblicken, die, getrennt betrachtet, jede zeitliche Natur verlieren und sich schlicht und einfach auf die totale Un-Zeitlichkeit des *Dieses* reduzieren. Die Zeit ist also reines Nichts an-sich, das ein *Sein* nur durch eben den Akt zu haben scheint, in dem das Für-sich sie überschreitet, um sie zu benutzen. Allerdings ist dieses Sein von einer besonderen Form, die sich auf dem undifferenzierten Zeithintergrund abhebt und die wir die Zeit*spanne* [*laps*] nennen wollen. Tatsächlich ist unsere erste Wahrnehmung der objektiven Zeit *praktisch*: indem ich meine Möglichkeiten jenseits des mitanwesenden Seins *bin*, entdecke ich die objektive Zeit als das Korrelat des Nichts in der Welt, das mich von meinem Möglichen trennt. Von diesem Gesichtspunkt aus erscheint die Zeit als organisierte endliche Form innerhalb einer unbegrenzten Zerstreuung; die Zeit*spanne* ist Zeitkomprimat innerhalb einer absoluten Dekompression, und eben der Entwurf unser selbst auf unsere Möglichkeiten hin realisiert die Kompression. Dieses Zeitkomprimat ist zwar eine Form von Zerstreuung und von Trennung, denn es drückt in der Welt die Distanz aus, die mich von mir selbst trennt. Aber da andererseits ich mich auf ein Mögliches hin immer nur über eine organisierte Reihe von abhängigen Möglichkeiten entwerfe, die das sind, was ich zu sein habe, um... zu sein, und da deren nicht-thematische und nicht-setzende Enthüllung in der nicht-setzenden Enthüllung des größeren Möglichen, auf das hin ich mich entwerfe, gegeben ist, enthüllt sich mir die Zeit als objektive zeitliche Form, als organisierte Staffelung der Wahrscheinlichkeiten: diese objektive Form oder *Spanne* ist wie die *Bewegungsbahn* meines Akts.

Somit erscheint die Zeit durch *Bewegungsbahnen*. Aber ebenso wie sich die räumlichen Bewegungsbahnen dekomprimieren und in bloße statische Räumlichkeit zerfallen, zerfällt auch die zeitliche Bewegungsbahn, sobald sie nicht einfach als das erlebt wird, was unser Warten auf uns selbst objektiv umspannt. Die Wahrscheinlichkeiten, die sich mir entdecken, tendieren ja ihrer Natur nach dazu, sich in *Wahrscheinlichkeiten an sich* zu isolieren und einen streng abgetrennten Bruchteil der objektiven Zeit zu besetzen, die *Zeitspanne* verflüchtigt sich, die Zeit zeigt sich als das Schillern von Nichts auf der Oberfläche eines völlig un-zeitlichen Seins.

V

Die Erkenntnis

Diese knappe Skizzierung, wie sich die Welt dem Für-sich enthüllt, erlaubt uns eine Schlußfolgerung. Wir gestehen dem Idealismus zu, daß das Sein des Für-sich Erkennen des Seins ist, fügen jedoch hinzu, daß es ein Sein dieses Erkennens gibt. Die Identität des Seins des Für-sich und der Erkenntnis kommt nicht daher, daß das Erkennen das Maß des Seins ist, sondern daher, daß sich das Für-sich das, was es ist, vom An-sich anzeigen läßt, das heißt daher, daß es in seinem Sein Bezug zum Sein ist. Die Erkenntnis ist nichts anderes als die Anwesenheit des Seins beim Für-sich, und das Für-sich ist nur das nichts [*rien*], das diese Anwesenheit realisiert. Somit ist die Erkenntnis von Natur aus ek-statisches Sein und deshalb mit dem ek-statischen Sein des Für-sich eins. Man kann weder sagen, daß das Für-sich zuerst ist und dann erkennt, noch, daß es nur ist, insofern es erkennt oder erkannt wird, wodurch sich das Sein in einer regelhaften Unendlichkeit von einzelnen Erkenntnissen verflüchtigte. Sondern das absolute Auftauchen des Für-sich mitten im Sein und jenseits des Seins, von dem Sein her, das es nicht ist, und als Negation dieses Seins und Nichtung von sich, dieses absolute und erste Ereignis ist die Erkenntnis. Mit einem Wort, nach einer radikalen Umkehrung der idealistischen Position geht die Erkenntnis im Sein auf: sie ist weder ein Attribut noch eine Funktion, noch ein Akzidens des Seins; sondern *es gibt* nur Sein. Von diesem Gesichtspunkt aus erscheint es notwendig, die idealistische Position gänzlich aufzugeben, und vor allem wird es möglich, den Bezug des Für-sich zum An-sich als eine fundamentale ontologische Beziehung zu betrachten; am Schluß dieses Buches werden wir diese Artikulation des Für-sich in Bezug zum An-sich sogar als die ständig bewegliche Skizze einer Quasi-Totalität betrachten können, die wir das *SEIN* werden nennen können. Vom Gesichtspunkt dieser Totalität aus ist das Auftauchen des Für-sich nicht nur das absolute Ereignis für das Für-sich, es ist auch *etwas, was dem An-sich geschieht*, das einzige mögliche Abenteuer des An-sich: alles geschieht ja so, als ob sich das Für-sich eben durch seine Nichtung als «Bewußtsein von...» konstituierte, das heißt eben durch seine Transzendenz diesem Gesetz des An-sich entginge, in dem die Affirmation durch das Affirmierte verfestigt wird. Das Für-sich wird durch seine Negation von sich Affirmation *von* dem An-sich. Die intentionale Affirmation ist wie die Kehrseite der internen Negation; es kann Affirmation nur durch ein Sein geben, das sein eigenes Nichts ist, und von einem Sein, das nicht das affirmierende Sein ist. Dann aber *geschieht* in der Quasi-Totalität des SEINS die Affirmation dem An-sich: es ist das Abenteuer des An-sich, *affirmiert zu werden*. Es geschieht dem An-sich, daß sich diese Affirmation, die durch das An-sich nicht als Affirmation *von* sich vollzogen werden konnte, ohne sein An-sich-sein zu zerstören, durch das Für-sich realisiert; sie ist wie eine passive Ek-stase des An-sich, von der es unverändert gelassen wird und die sich dennoch in ihm und von ihm her vollzieht. Alles geschieht so, als ob es eine Passion des Für-sich gäbe, das sich selbst verlöre, damit dem An-sich die Affirmation «Welt» geschieht. Und diese Affirmation existiert zwar nur *für* das Für-sich, sie ist das Für-sich selbst und verschwindet mit ihm. Aber sie ist nicht *im* Für-sich, denn sie ist die Ek-stase selbst, und wenn das Für-sich das eine ihrer Glieder (das affirmierende) ist, ist das andere, das An-sich, *real* bei ihm anwesend; draußen, am Sein gibt es eine Welt, die sich mir entdeckt.

Dem Realisten dagegen räumen wir ein, daß das Sein selbst in der Erkenntnis beim Bewußtsein anwesend ist und daß das Für-sich dem An-sich *nichts* hinzufügt, außer eben die Tatsache, *daß es An-sich gibt*, das heißt die affirmative Negation. Wir haben uns ja bemüht zu zeigen, daß die Welt und das Utensil-Ding, der Raum und die Quantität wie die universelle Zeit bloße substantialisierte Nichtse sind und das reine Sein, das sich durch sie enthüllt, in nichts modifizieren. In diesem Sinn ist alles gegeben, alles ist ohne Distanz und in seiner ganzen Realität bei mir anwesend; *nichts* von dem, was ich sehe, kommt von mir, es gibt *nichts* außerhalb dessen, was ich sehe oder sehen könnte. Das Sein ist überall um mich herum, es scheint, als könne ich es berühren, es fassen; die *Vorstellung* als psychisches Ereignis ist eine reine Erfindung der Philosophen. Aber dieses Sein, das mich von allen Seiten «umschließt» und von dem *nichts* mich trennt, genau *nichts* trennt mich von ihm, und dieses nichts [*rien*] ist, weil es Nichts [*néant*] ist, unüberschreitbar. «Es gibt» Sein, weil ich Negation des Seins bin, und die Weltlichkeit, die Räumlichkeit, die Quantität, die Utensilität, die Zeitlichkeit kommen zum Sein nur, weil ich Negation des Seins bin, sie fügen dem Sein nichts hinzu, sie sind reine genichtete Bedingungen des «Es gibt», sie realisieren das *Es gibt* nur. Aber diese Bedingungen, die *nichts sind*, trennen mich radikaler vom Sein, als prismatische Deformationen es tun würden, in denen ich es noch zu entdecken hoffen könnte. Zu sagen, daß es Sein gibt, ist nichts, und doch ist es das Vollziehen einer totalen Metamorphose, denn Sein *gibt es* nur für ein Für-sich. Das Sein ist weder in seiner eigenen Qualität noch in seinem Sein *relativ* zum Für-sich, und dadurch entgehen wir dem kantischen Relativismus; aber das ist es in seinem «Es gibt», da das Für-sich in seiner internen Negation das affirmiert, was sich nicht affirmieren kann, das Sein erkennt, *so wie es ist*, während das «so wie es ist» nicht dem Sein angehören kann. In diesem Sinn ist das Für-sich unmittelbare Anwesenheit beim Sein, und zugleich schiebt es sich wie eine unendliche Distanz zwischen sich selbst und das Sein. Das Ideal des Erkennens ist ja das, was-man-erkennt-zu-sein, und seine ursprüngliche Struktur, was-erkannt-ist-nicht-zu-sein. Weltlichkeit, Räumlichkeit usw. drücken dieses Nicht-sein nur aus. So finde ich mich selbst überall zwischen mir und dem Sein als das nichts [*rien*] wieder, das das Sein *nicht ist*. Die Welt ist menschlich. Man sieht die ganz besondere Stellung des Bewußtseins: das Sein ist überall, an mir, um mich herum, es lastet auf mir, es belagert mich, und ich bin fortwährend von Sein zu Sein verwiesen, dieser Tisch, der da ist, ist Sein und weiter *nichts*; dieser Fels, dieser Baum, diese Landschaft: Sein und sonst *nichts*. Ich will dieses Sein fassen und finde nur noch *mich*. Das heißt, die zwischen dem Sein und dem Nicht-sein stehende Erkenntnis verweist mich auf das absolute Sein, wenn ich sie als subjektive will, und verweist mich auf mich selbst, wenn ich das Absolute zu fassen glaube. Der Sinn der Erkenntnis ist das, was er nicht ist, und ist nicht das, was er ist, denn um das Sein, so wie es ist, erkennen zu können, müßte man dieses Sein sein, aber ein «so wie es ist» gibt es nur, weil ich nicht das Sein bin, das ich erkenne, und wenn ich es würde, verschwände das «so wie es ist» und könnte nicht einmal mehr gedacht werden. Es handelt sich hier weder um einen Skeptizismus – der gerade voraussetzt, daß das *so wie es ist* dem Sein angehört – noch um einen Relativismus. Die Erkenntnis konfrontiert uns mit dem Absoluten, und es gibt eine Wahrheit der Erkenntnis. Aber diese Wahrheit bleibt, obwohl sie uns nichts mehr und nichts weniger als das Absolute liefert, strikt menschlich.

Man wird sich vielleicht darüber wundern, daß wir das Problem des Erkennens behandelt haben, ohne nach dem Körper und den Sinnen zu fragen oder uns ein einziges Mal auf sie zu beziehen. Es liegt nicht in unserer Absicht, die Rolle des Körpers zu verkennen oder zu vernachlässigen. Aber es kommt vor allem darauf an, in der Ontologie wie überall sonst, eine strenge Ordnung in der Darstellung einzuhalten. Und der Körper erscheint zunächst, was auch seine Funktion sein mag, als *Erkanntes*. Wir können somit weder die Erkenntnis auf ihn beziehen noch von ihm handeln, bevor wir das Erkennen definiert haben, noch aus ihm, wie auch immer, das Erkennen in seiner fundamentalen Struktur ableiten. Zudem hat der Körper – unser Körper – die Besonderheit, wesenhaft das *durch andere Erkannte* zu sein: das, was ich erkenne, ist der Körper der anderen, und das Wesentliche von dem, was ich von meinem Körper *weiß*, kommt von der Art, wie die anderen ihn sehen. Die Natur *meines* Körpers weist mich also auf die Existenz Anderer hin und auf mein Für-Andere-sein. Mit ihm entdecke ich für die menschliche-Realität einen anderen Existenzmodus, der ebenso fundamental wie das Für-sich-sein ist und den ich das Für-Andere-sein nenne. Wenn ich den Bezug des Menschen zum Sein erschöpfend beschreiben will, muß ich jetzt die Untersuchung dieser neuen Struktur meines Seins angehen: das Für-Andere. Denn die menschliche-Realität muß in ihrem Sein in einem und demselben Auftauchen Für-sich-für-Andere sein.

Dritter Teil
Das Für-Andere

Erstes Kapitel

Die Existenz Anderer

I

Das Problem

Wir haben die menschliche-Realität von den negativen Verhaltensweisen und vom Cogito aus beschrieben. Wir haben nach diesem Leitfaden entdeckt, daß die menschliche-Realität für-sich-war. Ist das *alles*, was sie ist? Ohne unsere Haltung einer reflexiven Beschreibung aufzugeben, können wir Bewußtseinsmodi antreffen, die, obwohl sie in sich selbst streng für-sich bleiben, einen radikal verschiedenen ontologischen Strukturtypus anzuzeigen scheinen. Diese ontologische Struktur ist *meine*, in Hinsicht auf *mich* sorge ich mich, und dennoch entdeckt mir dieses Sorgen «für-mich» ein Sein, das *mein* Sein ist ohne für-mich-zu-sein.

Betrachten wir zum Beispiel das Schamgefühl. Es handelt sich um einen Bewußtseinsmodus, dessen Struktur mit allen denen identisch ist, die wir bisher beschrieben haben. Es ist nicht-setzendes Bewußtsein (von) sich als Scham, und als solches ist es ein Beispiel für das, was die Deutschen «Erlebnis»[178] nennen, es ist der Reflexion zugänglich. Außerdem ist seine Struktur intentional, es ist schamerfülltes Erfassen *von* etwas, und dieses etwas bin *ich*. Ich schäme mich dessen, was ich *bin*. Die Scham realisiert also eine intime Beziehung von mir zu mir: durch die Scham habe ich einen Aspekt *meines* Seins entdeckt. Und dennoch ist die Scham, obwohl gewisse komplexe, abgeleitete Formen der Scham auf der reflexiven Ebene erscheinen können, ursprünglich kein Reflexionsphänomen. Welche Ergebnisse man auch immer im Alleinsein durch die religiöse *Praktik* der Scham erhalten mag, die Scham ist in ihrer primären Struktur Scham *vor jemandem*. Ich habe mich ungeschickt oder grob benommen: dieses Benehmen haftet an mir, ich beurteile und tadle es nicht, ich lebe es einfach, ich realisiere es nach dem Modus des Für-sich. Aber plötzlich hebe ich den Kopf: jemand war da und hat mich gesehen. Mit einemmal realisiere ich die ganze Grobheit meines Benehmens und schäme mich. Meine Scham ist gewiß nicht reflexiv, denn die Anwesenheit Anderer bei meinem Bewußtsein, und sei es in der Weise eines Katalysators, ist unvereinbar mit der reflexiven Haltung: im Feld meiner Reflexion kann ich immer nur dem Bewußtsein begegnen, das meines ist. Doch der Andere ist der unentbehrliche Vermittler zwischen mir und mir selbst: ich schäme mich meiner, *wie ich Anderen erscheine*. Und eben durch das Erscheinen Anderer werde ich in die Lage versetzt, über mich selbst ein Urteil wie über ein Objekt zu fällen, denn als Objekt erscheine ich Anderen. Aber trotzdem ist dieses Anderen erschienene Objekt kein müßiges Bild im Geist eines andern. Dieses Bild wäre ja dann vollständig Anderen zuzuschreiben und könnte mich nicht «berühren». Ich könnte ihm gegenüber Ärger oder Wut empfinden wie vor einem schlechten Porträt von mir, das mir einen häßlichen oder gemeinen Ausdruck verleiht, den ich nicht habe; aber ich könnte nicht bis ins Mark getroffen werden: die Scham ist ihrer Natur nach *Anerkennung*. Ich erkenne an, daß ich *bin*, wie Andere mich sehen. Es handelt sich jedoch nicht um ein Vergleichen dessen, was ich für mich bin, mit dem, was ich für Andere bin, wie wenn ich in mir, nach dem Seinsmodus des Für-sich, ein Äquivalent dessen fände, was ich für Andere bin. Zunächst wird dieses Vergleichen als konkrete psychische Operation in uns nicht angetroffen: die Scham ist ein unmittelbares Erschauern, das mich von Kopf bis Fuß durchläuft, ohne jede diskursive Vorbereitung. Ferner ist dieses Vergleichen unmöglich: das, was ich in der distanzlosen, abstandslosen, perspektivlosen Intimität des Für-sich bin, kann ich nicht mit diesem nicht zu rechtfertigenden Sein an-sich in Bezug setzen, das ich für Andere bin. Es gibt hier weder Normalmaß noch Korrespondenztabelle. Schon der Begriff *Grobheit* impliziert ja eine intermonadische Beziehung. Ganz allein ist man nicht grob. So hat der Andere mir nicht nur das enthüllt, was ich war: er hat mich nach einem neuen Seinstypus konstituiert, der neue Qualifikationen tragen muß. Dieses Sein war vor dem Erscheinen Anderer nicht in Potenz in mir, denn es hätte im Für-sich nicht Platz finden können; und selbst wenn man mir einen Körper zuschreiben wollte, der vollständig konstituiert wäre, *bevor* dieser Körper für die Anderen ist, könnte man darin nicht meine Grobheit oder meine Ungeschicklichkeit in Potenz unterbringen, denn sie sind Bedeutungen, und als solche überschreiten sie den Körper und verweisen gleichzeitig auf einen Zeugen, der fähig ist, sie zu verstehen, und auf die Totalität meiner menschlichen-Realität. Aber dieses neue Sein, das *für* Andere erscheint, liegt nicht *in* Anderen; ich bin dafür verantwortlich, wie jenes Erziehungssystem zeigt, das darin besteht, die Kinder sich dessen «schämen zu lassen», was sie sind. So ist die Scham *sich seiner vor Anderen schämen*; diese beiden Strukturen sind untrennbar. Aber gleichzeitig benötige ich Andere, um alle Strukturen meines Seins voll erfassen zu können; das Für-sich verweist auf das Für-Andere. Wenn wir also die Seinsbeziehung des Menschen zum An-sich-sein in ihrer Totalität erfassen wollen, können wir uns nicht mit den in den vorigen Kapiteln dieses Buchs skizzierten Beschreibungen begnügen: wir müssen auf zwei besonders gefährliche Fragen antworten: zuerst auf die nach der Existenz Anderer, dann auf die nach meinem *Seins*bezug zum Sein Anderer.

II
Die Klippe des Solipsismus

Es ist seltsam, daß das Problem der anderen die Realisten nie ernstlich beunruhigt hat. In dem Maß, in dem der Realist sich «alles gibt», erscheint es ihm unbezweifelbar, daß er sich den Anderen gibt. Was ist realer mitten im Realen als Andere. Das ist eine denkende Substanz von gleichem Wesen wie ich, die sich nicht in sekundäre und primäre Qualitäten auflösen läßt und deren Wesensstrukturen ich in mir finde. Doch in dem Maß, wie der Realismus versucht, über das Erkennen durch eine Einwirkung der Welt auf die denkende Substanz Aufschluß zu geben, hat er sich nicht darum gekümmert, eine unmittelbare Wechselwirkung der denkenden Substanzen aufeinander auszumachen: vermittels der Welt kommunizieren sie miteinander; zwischen dem Bewußtsein des Andern und meinem sind mein Körper als Ding der Welt und der Körper des Andern die notwendigen Vermittler. Die Seele des Andern ist also von der meinen durch die ganze Distanz getrennt, die zunächst meine Seele von meinem Körper trennt, dann meinen Körper vom Körper des Andern, schließlich den Körper des Andern von seiner Seele. Und wenn es nicht gewiß ist, daß der Bezug des Für-sich zum Körper ein Exterioritätsbezug ist (wir werden dieses Problem später zu behandeln haben), so ist doch wenigstens evident, daß die Beziehung meines Körpers zum Körper des Andern eine Beziehung reiner indifferenter Exteriorität ist. Wenn die Seelen durch ihre Körper getrennt sind, sind sie unterschieden, wie dieses Tintenfaß von diesem Buch unterschieden ist, das heißt, daß man sich keinerlei unmittelbare Anwesenheit der einen bei der andern denken kann. Und selbst wenn man eine unmittelbare Anwesenheit meiner Seele beim Körper des Andern annimmt, fehlt noch die ganze Dichte eines Körpers, damit ich seine Seele erreiche. Wenn daher der Realismus seine Gewißheit auf die «leibhaftige» Anwesenheit des raum-zeitlichen Dinges bei meinem Bewußtsein gründet, so kann er nicht die gleiche Evidenz für die Realität der Seele des Andern beanspruchen, da sich, wie er selbst zugibt, diese Seele der meinen nicht leibhaftig darbietet: sie ist eine Abwesenheit, eine Bedeutung, der Körper deutet auf sie hin, ohne sie preiszugeben; kurz, in einer auf die Intuition gegründeten Philosophie gibt es keinerlei Intuition der Seele des Andern. Doch wenn man nicht mit Worten spielen will, bedeutet das, daß der Realismus der Intuition *Anderer* überhaupt keinen Platz einräumt: es wäre müßig, zu sagen, daß uns doch mindestens der Körper des andern gegeben ist und daß dieser Körper eine gewisse Anwesenheit des Andern oder eines Teils des Andern ist: es ist wahr, daß der Körper, als eine ihrer Strukturen, der Totalität angehört, die wir «menschliche-Realität» nennen. Aber gerade nur insofern er in der unauflöslichen Einheit dieser Totalität existiert, ist er *Körper des Menschen*, wie das Organ lebendes Organ nur in der Totalität des Organismus ist. Dadurch daß die Position des Realismus uns den Körper als keineswegs in die menschliche Totalität eingefügt darbietet, sondern abgesondert wie einen Stein oder einen Baum oder ein Stück Wachs, hat sie ebenso sicher den Körper getötet, wie wenn das Messer des Physiologen ein Stück Fleisch von der Totalität des Lebenden trennt. Nicht der *Körper Anderer* ist bei der realistischen Intuition anwesend: es ist *ein* Körper. Ein Körper, der zwar besondere Aspekte hat und eine besondere «Hexis», aber zur großen Familie der Körper gehört. Wenn es wahr ist, daß für einen spiritualistischen Realismus die Seele leichter zu erkennen ist als der Körper, wird der Körper leichter zu erkennen sein als die Seele des Andern.

Im Grunde kümmert sich der Realist ziemlich wenig um dieses Problem: er hält ja die Existenz des Andern für gewiß. Deshalb beschäftigt sich die realistische und positivistische Psychologie des 19. Jahrhunderts, da sie die Existenz meines Nächsten als ausgemacht annimmt, ausschließlich damit, festzustellen, welche Mittel ich habe, diese Existenz zu erkennen und am Körper die Nuancen eines Bewußtseins zu entziffern, das mir fremd ist. Der Körper, sagt man, ist ein Objekt, dessen Hexis eine besondere Interpretation erfordert. Die Hypothese, die am besten über sein Verhalten Aufschluß gibt, ist die eines dem meinen analogen Bewußtseins, dessen verschiedene Emotionen er spiegelt. Bleibt zu erklären, *wie* wir zu dieser Hypothese kommen: einmal wird man uns sagen, das geschehe in Analogie zu dem, was ich von mir selbst weiß, dann wieder, die Erfahrung lehre uns, zum Beispiel das plötzliche Rotwerden eines Gesichts als Ankündigung von Schlägen und wütenden Schreien zu entziffern. Man wird gern zugeben, daß diese Prozesse uns vom Andern nur eine *wahrscheinliche* Erkenntnis geben können: es bleibt stets wahrscheinlich, daß der Andere nur ein Körper ist. Wenn die Tiere Maschinen sind, warum sollte dann der Mensch, den ich auf der Straße vorbeigehen sehe, nicht auch eine sein? Warum wäre die radikale Hypothese der Behavioristen nicht richtig? Was ich auf diesem Gesicht erfasse, ist nichts als die Wirkung gewisser Muskelkontraktionen, und diese sind ihrerseits nur das Ergebnis einer Nerveneinwirkung, deren Bahn ich kenne. Warum nicht die Gesamtheit dieser Reaktionen auf einfache oder bedingte Reflexe zurückführen? Aber die meisten Psychologen bleiben von der Existenz des Andern als totalitärer Realität überzeugt, die von gleicher Struktur wäre wie ihre eigene. Für sie ist die Existenz des Andern gewiß und die Erkenntnis, die wir von ihr haben, wahrscheinlich. Man sieht den Sophismus des Realismus. In Wirklichkeit muß man die Glieder dieser Behauptung umkehren und anerkennen, daß, wenn der Andere für uns nur durch die Erkenntnis zugänglich ist, die wir von ihm haben, und wenn diese Erkenntnis nur eine mutmaßliche ist, auch die Existenz des Andern nur eine mutmaßliche ist und daß es die

Rolle der kritischen Reflexion ist, ihren genauen Wahrscheinlichkeitsgrad zu bestimmen. So ist der Realist, weil er die Realität der äußeren Welt gesetzt hat, durch eine merkwürdige Umkehrung gezwungen, in den Idealismus zu fallen, wenn er die Existenz des Andern betrachtet. Wenn der Körper ein reales Objekt ist, das auf die denkende Substanz real einwirkt, wird der Andere eine bloße Vorstellung, weil dessen *esse* ein bloßes *percipi* ist, das heißt, weil dessen Existenz durch die Erkenntnis gemessen wird, die wir von ihm haben. Die moderneren Theorien der *Einfühlung*, der *Sympathie* und der *Gestalten*[179] verbessern nur die Beschreibung unserer Mittel, Andere gegenwärtig zu machen, aber sie stellen die Diskussion nicht auf die richtige Ebene: ob der Andere zunächst *gefühlt* wird oder ob er in der Erfahrung erscheint als eine besondere Gestalt vor jeder Gewohnheit und in Abwesenheit jedes analogischen Schließens, so bleibt doch nichtsdestoweniger bestehen, daß das bedeutende und gefühlte Objekt, daß die expressive Gestalt schlicht und einfach auf eine menschliche Totalität verweisen, deren Existenz schlicht und einfach mutmaßlich bleibt.

Wenn uns der Realismus somit auf den Idealismus verweist, ist es dann nicht klüger, wenn wir uns unmittelbar in die kritische idealistische Perspektive begeben? Da der Andere «meine Vorstellung» ist, ist es dann nicht besser, diese Vorstellung innerhalb eines Systems zu befragen, das die Gesamtheit der Objekte auf eine verbundene Gruppierung von Vorstellungen reduziert und das jede Existenz nach der Erkenntnis beurteilt, die ich von ihr gewinne?

Wir werden bei einem Kant jedoch wenig Hilfe finden: da er ja ganz damit beschäftigt ist, die allgemeinen Gesetze der Subjektivität festzustellen, die für alle dieselben sind, hat er die Frage der *Personen* nicht behandelt. Das Subjekt ist nur das gemeinsame Wesen dieser Personen, es kann die Bestimmung ihrer Vielheit ebensowenig zulassen, wie für Spinoza das Wesen des Menschen zuläßt, das der konkreten Menschen zu bestimmen. Es scheint also zunächst, daß Kant das Problem des Andern unter diejenigen eingereiht hätte, die nicht zu seiner Kritik gehören. Sehen wir jedoch näher hin: der Andere als solcher ist in unserer Erfahrung gegeben; er ist ein Objekt, und ein besonderes Objekt. Kant hat sich auf den Standpunkt des reinen Subjekts gestellt, um die Möglichkeitsbedingungen nicht nur eines Objekts im allgemeinen, sondern der verschiedenen Objektekategorien zu bestimmen: das physische, das mathematische, das schöne oder häßliche Objekt und das, das teleologische Merkmale aufweist. Von diesem Gesichtspunkt aus hat man seinem Werk Lücken vorwerfen können und zum Beispiel in Nachfolge Diltheys die Möglichkeitsbedingungen des historischen Objekts feststellen, daß heißt eine «Kritik der historischen Vernunft» versuchen wollen.[180] Wenn es wahr ist, daß der Andere einen besonderen Objekttypus darstellt, der sich unserer Erfahrung entdeckt, ist es gerade in der Perspektive eines rigorosen Kantianismus gleichfalls notwendig, sich zu fragen, wie die Erkenntnis des Andern möglich ist, daß heißt, die Möglichkeitsbedingungen der Erfahrung der anderen festzustellen.

Es wäre ja völlig verfehlt, das Problem der Anderen mit dem der noumenalen Realitäten gleichzusetzen. Gewiß, wenn «Andere» existieren und wenn sie mir ähnlich sind, kann sich die Frage ihrer intelligiblen Existenz für sie so stellen, wie sich die Frage meiner noumenalen Existenz für mich stellt; dieselbe Antwort wird gewiß auch für sie und für mich zutreffen: diese noumenale Existenz kann nur gedacht, aber nicht erfaßt werden. Aber wenn ich den Andern in meiner täglichen Erfahrung beobachte, beobachte ich durchaus keine noumenale Realität, ebensowenig wie ich meine intelligible Realität erfasse oder beobachte, wenn ich von meinen Emotionen oder von meinen empirischen Gedanken Kenntnis nehme. Der Andere ist ein Phänomen, das auf andere Phänomene verweist: auf ein Phänomen-Wut, die er mir gegenüber empfindet, auf eine Reihe von

Gedanken, die ihm als Phänomene seines innersten Sinns erscheinen: was ich am Andern beobachte, ist nichts weiter als das, was ich in mir selbst finde. Nur sind diese Phänomene radikal von allen anderen verschieden.

In erster Linie manifestiert sich die Erscheinung Anderer in meiner Erfahrung durch die Anwesenheit organisierter Formen wie der Mimik und des Ausdrucks, der Handlungen und der Verhaltensweisen. Diese organisierten Formen verweisen auf eine organisatorische Einheit, die sich grundsätzlich außerhalb unserer Erfahrung befindet. Es ist die Wut des Andern, die, insofern sie seinem innersten Sinn erscheint und sich von Natur aus meiner Wahrnehmung entzieht, die Bedeutung ausmacht und vielleicht die Ursache für die Reihe von Phänomenen ist, die ich in meiner Erfahrung unter dem Namen Ausdruck oder Mimik erfasse. Der Andere, als synthetische Einheit seiner Erfahrungen und als Wille ebenso wie als Passion, organisiert *meine* Erfahrung. Es handelt sich nicht um die bloße Einwirkung eines unerkennbaren Noumenons auf meine Sensibilität, sondern um die Konstitution von verbundenen Phänomengruppen im Feld meiner Erfahrung durch ein Sein, das nicht ich ist. Und im Unterschied zu allen anderen verweisen diese Phänomene nicht auf mögliche Erfahrungen, sondern auf Erfahrungen, die grundsätzlich außerhalb meiner Erfahrungen sind und einem System angehören, das mir unzugänglich ist. Andererseits aber ist die Möglichkeitsbedingung jeder Erfahrung, daß das Subjekt seine Eindrücke zu einem verbundenen System organisiert. Deshalb finden wir in den Dingen «nur das, was wir in sie hineingelegt haben». Der andere kann uns also nicht ohne Widerspruch als der erscheinen, der unsere Erfahrung organisiert: es ergäbe sich eine Überdetermination des Phänomens. Können wir hier noch die Kausalität anwenden? Diese Frage ist gut geeignet, den zweideutigen Charakter des Andern in einer kantischen Philosophie zu markieren. Die Kausalität kann ja nur Phänomene untereinander verbinden. Aber die Wut, die der Andere empfindet, ist gerade ein Phänomen, und der wütende Ausdruck, den ich wahrnehme, ein anderes. Kann es zwischen ihnen eine kausale Verbindung geben? Es würde ihrer phänomenalen Natur entsprechen, und in diesem Sinn versage ich mir nicht, die Röte von Pauls Gesicht als die Wirkung seiner Wut zu betrachten: das gehört zu meinen gängigen Behauptungen. Andererseits aber hat die Kausalität nur Sinn, wenn sie Phänomene *ein und derselben* Erfahrung verknüpft und dazu beiträgt, diese Erfahrung zu konstituieren. Kann sie als Brücke zwischen zwei radikal getrennten Erfahrungen dienen? Man muß hier bedenken, daß, wenn ich sie in dieser Eigenschaft benutze, ich sie ihrer Natur einer *idealen* Vereinigung von empirischen Erscheinungen beraube: die Kantische Kausalität ist Vereinigung der Momente *meiner* Zeit in Gestalt der Unumkehrbarkeit. Wie kann man annehmen, daß sie meine Zeit und die des andern vereinigt? Welche zeitliche Beziehung kann man herstellen zwischen dem Entschluß, sich auszudrücken, ein im Zusammenhang der Erfahrung des Andern erschienenes Phänomen, und dem Ausdruck als Phänomen *meiner* Erfahrung? Die Simultaneität? Die Sukzession? Aber wie kann ein Augenblick *meiner* Zeit im Bezug der Simultaneität oder Sukzession zu einem Augenblick der Zeit des Andern stehen? Selbst wenn eine prästabilierte und in der Kantischen Perspektive übrigens unverstehbare Harmonie die beiden betreffenden Zeiten einander Augenblick für Augenblick entsprechen ließe, blieben sie nichtsdestoweniger *zwei* Zeiten ohne Beziehung, denn für jede von ihnen ist die vereinigende Synthese der Momente ein Akt des Subjekts. Die Allgemeinheit der Zeiten ist bei Kant nur die Allgemeinheit eines Begriffs, sie bedeutet lediglich, daß jede Zeitlichkeit eine definierte Struktur haben muß, daß die Möglichkeitsbedingungen einer zeitlichen Erfahrung für alle Zeitlichkeiten gültig sind. Aber diese Identität des Wesens der Zeit verhindert die nicht kommunizierbare Verschiedenheit der

Zeiten ebensowenig, wie die Identität des Wesens des Menschen die nicht kommunizierbare Verschiedenheit der menschlichen Bewußtseine verhindert. Da also der Bezug der Bewußtseine von Natur aus undenkbar ist, kann der Begriff des *Andern* unsere Erfahrung nicht *konstituieren*: man muß ihn, mit den teleologischen Begriffen, unter die *regulativen* Begriffe einordnen. Der Andere gehört demnach zur Kategorie der «als ob», er ist eine Hypothese *a priori*, die keine andere Rechtfertigung hat als die Einheit, die sie in unserer Erfahrung herzustellen ermöglicht und die nicht ohne Widerspruch gedacht werden kann. Es ist zwar möglich, schon anläßlich der Erkenntnis, die Einwirkung einer intelligiblen Realität auf unsere Sensibilität zu begreifen, aber es ist dagegen nicht einmal denkbar, daß ein Phänomen, dessen Realität streng relativ zu seinem Erscheinen in der Erfahrung Anderer ist, *real* auf ein Phänomen *meiner Erfahrung* einwirkt. Und selbst wenn wir annähmen, daß die Einwirkung eines Intelligiblen sich gleichzeitig auf meine Erfahrung und auf die Anderer erstreckt (in dem Sinn, in dem die intelligible Realität Andere in demselben Maß wie mich affizierte), bliebe es trotzdem radikal unmöglich, einen Parallelismus und eine Tabelle von Entsprechungen zwischen zwei Systemen aufzustellen oder auch nur zu postulieren, die sich spontan konstituieren.*

Aber entspricht andererseits die Eigenschaft eines regulativen Begriffs wirklich dem Begriff des Andern? Es geht ja nicht darum, eine stärkere Einheit zwischen den Phänomenen meiner Erfahrung mittels eines rein formalen Begriffs herzustellen, der nur Detailentdeckungen in den Objekten zuließe, die mir erscheinen. Es geht nicht um eine Art *apriorische* Hypothese, die das Feld meiner Erfahrung nicht

---

* Selbst wenn wir der Kantischen Metaphysik der Natur und der Tafel der Prinzipien zustimmten, die Kant aufgestellt hat, wäre es doch möglich, sich von diesen Prinzipien aus radikal andere Physiken zu denken.

überschreitet und zu neuen Nachforschungen innerhalb der Grenzen dieses Feldes anregt. Die Wahrnehmung des Andern-als-Objekt verweist auf ein kohärentes Vorstellungssystem, und dieses System *ist nicht das meine*. Das bedeutet, daß der Andere in meiner Erfahrung nicht ein Phänomen ist, das auf meine Erfahrung verweist, sondern daß er sich grundsätzlich auf Phänomene bezieht, die außerhalb jeder für mich möglichen Erfahrung liegen. Zwar läßt der Begriff des Andern Entdeckungen und Voraussichten innerhalb meines Vorstellungssystems, eine engere Verkettung der Phänomene zu: dank der Hypothese der *anderen* kann ich *diese* Geste von *diesem* Ausdruck her voraussehen. Aber dieser Begriff bietet sich nicht wie jene wissenschaftlichen Bezeichnungen dar (zum Beispiel die imaginären Zahlen), die im Lauf einer physikalischen Berechnung als Instrumente auftreten, ohne in der empirischen Problemstellung enthalten zu sein, und dann aus den Ergebnissen wieder ausgeschieden werden. Der Begriff des Andern ist nicht rein instrumental: er existiert keineswegs, *um* der Vereinigung der Phänomene zu dienen, sondern es muß im Gegenteil gesagt werden, daß gewisse Phänomenkategorien nur *für* ihn zu existieren scheinen. Die Existenz eines von meinem radikal verschiedenen Bedeutungs- und Erfahrungssystems ist der feste Rahmen, auf den verschiedene Phänomenreihen in ihrem Ablauf *hinweisen*. Und dieser grundsätzlich außerhalb meiner Erfahrung liegende Rahmen füllt sich nach und nach. Diesen *Andern*, dessen Verhältnis zu mir wir nicht erfassen können und der nie gegeben ist, konstituieren wir nach und nach als ein konkretes Objekt: er ist nicht das Instrument, das dazu dient, ein Ereignis meiner Erfahrung vorauszusehen, sondern die Ereignisse meiner Erfahrung dienen dazu, den Andern als Andern zu konstituieren, das heißt als Vorstellungssystem außer Reichweite wie ein konkretes und erkennbares Objekt. Was ich ständig *über* meine Erfahrungen anvisiere, sind die Gefühle des Andern, die Ideen des Andern, die

Wollungen des Andern, den Charakter des Andern. Der Andere ist ja nicht nur der, den ich sehe, sondern auch der, *der mich sieht*. Ich beobachte den Andern, insofern er ein verbundenes Erfahrungssystem außer Reichweite ist, in dem ich als ein Objekt unter anderen figuriere. Aber in dem Maß, wie ich mich bemühe, die konkrete Natur dieses Vorstellungssystems zu bestimmen und den Platz, den ich dort als Objekt einnehme, transzendiere ich radikal das Feld meiner Erfahrung: ich beschäftige mich mit einer Reihe von Phänomenen, die meiner Intuition grundsätzlich nie zugänglich sein können, und ich überschreite infolgedessen die Rechte meiner Erkenntnis; ich versuche, Erfahrungen miteinander zu verbinden, die nie meine Erfahrungen sein werden, und infolgedessen kann diese Konstruktions- und Vereinigungsarbeit in keiner Weise der Vereinigung meiner eignen Erfahrung dienen: in dem Maß, wie der Andere eine Abwesenheit ist, entzieht er sich der *Natur*. Man kann den *Andern* also nicht als regulativen Begriff qualifizieren. Zwar entgehen auch Ideen, wie zum Beispiel die Welt, grundsätzlich meiner Erfahrung: aber wenigstens beziehen sie sich auf sie und haben Sinn nur durch sie. Der Andere dagegen bietet sich in einem gewissen Sinn als die radikale Negation meiner Erfahrung dar, denn er ist der, für den ich nicht Subjekt, sondern Objekt bin. Als Erkenntnissubjekt bemühe ich mich also, dasjenige Subjekt als Objekt zu bestimmen, das meinen Subjektcharakter leugnet und mich seinerseits als Objekt bestimmt.

Also kann der *andere* in der idealistischen Perspektive weder als konstitutiver Begriff noch als regulativer Begriff meiner Erkenntnis betrachtet werden. Er wird als *real* erfaßt, und trotzdem kann ich seinen realen Bezug zu mir nicht erfassen, ich konstruiere ihn als Objekt, und trotzdem wird er nicht durch die Intuition geliefert; ich setze ihn als *Subjekt*, und trotzdem betrachte ich ihn als Objekt meiner Gedanken. Für den Idealisten bleiben also nur zwei Lösungen: entweder sich des Begriffs des andern ganz entledigen und nachweisen, daß er für die Konstitution meiner Erfahrung nutzlos ist; oder die reale Existenz des Andern behaupten, das heißt eine reale und außerempirische Kommunikation zwischen den Bewußtseinen setzen.

Die erste Lösung ist unter der Bezeichnung Solipsismus bekannt: wenn sie indessen ihrer Benennung gemäß als Behauptung meines ontologischen *Alleinseins* formuliert wird, ist sie eine völlig ungerechtfertigte und grundlose, rein metaphysische Hypothese, denn sie läuft auf die Aussage hinaus, daß außerhalb meiner *nichts* existiert, sie überschreitet also das strikte Feld meiner Erfahrung. Aber wenn sie sich bescheidener als eine Weigerung darstellt, den festen Boden der Erfahrung zu verlassen, als einen positiven Versuch, vom Begriff des Andern keinen Gebrauch zu machen, ist sie völlig logisch, bleibt sie auf der Ebene des kritischen Positivismus und leitet, obwohl sie den tiefsten Tendenzen unseres Seins widerspricht, ihre Rechtfertigung von den Widersprüchen des Begriffs der *anderen* in der idealistischen Perspektive her. Eine Psychologie, die, wie der «Behaviorismus» Watsons [181], exakt und objektiv sein will, übernimmt im Grunde nur den Solipsismus als Arbeitshypothese. Es geht nicht darum, im Feld meiner Erfahrung die Anwesenheit von Objekten zu leugnen, die wir «psychische Wesen» nennen können, sondern nur darum, eine Art ἐποχή zu praktizieren, die die Existenz von Vorstellungssystemen betrifft, die durch ein Subjekt organisiert und außerhalb meiner Erfahrungen situiert sind.

Gegenüber dieser Lösung haben Kant und die Mehrzahl der Nachkantianer die Existenz des Andern immer behauptet. Aber sie können sich nur auf den gesunden Menschenverstand oder auf unsere tiefen Tendenzen berufen, um ihre Behauptung zu rechtfertigen. Bekanntlich nennt Schopenhauer den Solipsisten einen in einer unbezwinglichen Grenzfestung verschanzten Irren.[183] Das ist ein Eingeständnis der Ohnmacht. Durch die Setzung der Existenz des andern sprengt man ja plötzlich die Rahmen des Idealismus und fällt in einen metaphysischen Realismus zurück. Wenn wir eine Pluralität geschlossener Systeme setzen, die nur von draußen kommunizieren können, stellen wir zunächst implizit den Substanzbegriff wieder her. Ohne Zweifel sind diese Systeme nicht-substantiell, da sie bloße Vorstellungssysteme sind. Aber ihre wechselseitige Exteriorität ist Exteriorität *an-sich*; sie ist, ohne erkannt zu sein; wir erfassen ihre Wirkungen nicht einmal mit Gewißheit, da die solipsistische Hypothese immer möglich bleibt. Wir beschränken uns darauf, dieses Nichts an-sich als ein absolutes Faktum zu setzen: es ist ja nicht relativ zu unserer Erkenntnis des Andern, sondern im Gegenteil, es bedingt sie vielmehr selbst. Auch wenn die Bewußtseine nur bloße begriffliche Phänomenverbindungen sind, auch wenn das Gesetz ihrer Existenz das *percipere* und das *percipi* ist, bleibt dennoch bestehen, daß die *Vielheit* dieser Beziehungssysteme Vielheit an-sich ist und sie unmittelbar in Systeme an-sich verwandelt. Doch wenn ich setze, daß meine Erfahrung der Wut des Andern als Korrelat eine subjektive Erfahrung von Wut in einem andern System hat, stelle ich außerdem noch das System des wahren Bildes wieder her, von dem loszukommen Kant sich so sehr bemühte. Zwar handelt es sich um einen Übereinstimmungsbezug zwischen zwei Phänomenen, der in den Gesten und in der Mimik wahrgenommenen Wut und der als phänomenale Realität des inneren Sinns erfaßten Wut – und nicht um einen Bezug zwischen einem Phänomen und einem Ding an sich. Nichtsdestoweniger bleibt aber bestehen, daß hier das Kriterium der Wahrheit die Konformität des Denkens mit seinem Objekt ist, nicht die Übereinstimmung der Vorstellungen untereinander. Gerade weil hier ein Rückgriff auf das Noumenon ausgeschlossen ist, verhält sich ja das Phänomen der empfundenen Wut zu dem der konstatierten Wut wie das *objektive Reale* zu seinem Bild. Das Problem ist eben das der adäquaten Vorstellung, da es *ein Reales* gibt und einen Erfassungsmodus dieses Realen. Wenn es sich um meine eigene Wut handelte, könnte ich ja ihre subjektiven und ihre physiologischen und objektiv aufweisbaren Manifestationen als zwei Wirkungsreihen einer gleichen Ursache betrachten, ohne daß die eine der Reihen die *Wahrheit* der Wut oder ihrer *Realität* darstellte und die andere nur ihre Wirkung oder ihr Bild. Aber wenn die eine der Phänomenreihen im Andern liegt und die andere in mir, funktioniert die eine als die Realität der andern, und das realistische Schema der Wahrheit ist das einzige, das sich hier anwenden ließe.

Wir haben also die realistische Problemstellung nur aufgegeben, weil sie notwendig beim Idealismus endete; wir haben uns absichtlich in die idealistische Perspektive begeben und nichts dabei gewonnen, denn diese endet umgekehrt in dem Maß, wie sie die solipsistische Hypothese zurückweist, bei einem dogmatischen und total ungerechtfertigten Realismus. Sehen wir nun, ob wir diese brüske Umkehrung der Doktrinen begreifen und aus diesem Paradox eine Lehre ziehen können, die eine korrekte Fragestellung erleichtert.

Am Anfang des Problems der Existenz des Andern gibt es eine fundamentale Voraussetzung: der Andere ist tatsächlich der *andere*, das heißt das Ich, das Ich *nicht ist*; wir erfassen hier also eine Negation als konstitutive Struktur des Anderer-seins. Die dem Idealismus und dem Realismus gemeinsame Voraussetzung ist, daß die konstituierende Negation Exterioritätsnegation ist. Der Andere ist der, der nicht Ich ist und der ich nicht bin. Dieses *nicht* zeigt ein Nichts als *gegebenes* Trennungselement zwischen dem Andern und mir selbst an. Zwischen dem Andern und mir selbst *gibt es* ein Trennungs-Nichts. Dieses Nichts leitet seinen Ursprung weder von mir selbst noch vom Andern oder von einer Wechselbeziehung zwischen dem Andern und mir selbst her; sondern es ist im Gegenteil ursprünglich die Grundlage jeder Beziehung zwischen dem Andern und mir als primäres Fehlen einer Beziehung. Denn der Andere erscheint mir ja empirisch anläßlich der Wahrnehmung eines Körpers, und dieser Körper ist ein meinem Körper äußeres An-sich; der Beziehungstypus, der diese beiden Körper vereinigt und trennt, ist die räumliche Beziehung wie der Bezug der Dinge, die untereinander keinen Bezug haben, wie die reine Exteriorität, insofern sie gegeben ist. Der Realist, der den *Andern* über seinen Körper zu erfassen glaubt, meint also, daß er vom Andern getrennt ist wie ein Körper von einem andern Körper, was bedeutet, daß der ontologische Sinn der in dem Urteil: «Ich bin nicht Paul» enthaltenen Negation vom selben Typus ist wie der der in dem Urteil: «Der Tisch ist nicht der Stuhl» enthaltenen Negation. Da die Trennung der Bewußtseine den Körpern zuzurechnen ist, gibt es also etwas wie einen ursprünglichen Raum zwischen den verschiedenen Bewußtseinen, das heißt, genau, ein *gegebenes* Nichts, eine absolute und passiv erlittene Distanz. Der Idealismus reduziert zwar meinen Körper und den Körper des Andern auf objektive Vorstellungssysteme. Für Schopenhauer ist mein Körper nichts anderes als das «unmittelbare Objekt».[184] Aber damit ist die absolute Distanz zwischen den Bewußtseinen nicht beseitigt. Ein totales Vorstellungssystem – das heißt jede Monade –, das nur durch sich selbst begrenzt sein kann, kann keinen Bezug zu dem unterhalten, was nicht es ist. Das erkennende Subjekt kann weder ein anderes Subjekt begrenzen noch sich durch es begrenzen lassen. Es ist durch seine positive Fülle isoliert, und infolgedessen wird zwischen ihm selbst und einem andern ebenso isolierten System eine *räumliche* Trennung beibehalten als der Typus der Exteriorität. So ist es wieder der *Raum*, der implizit mein Bewußtsein von dem des Andern trennt. Allerdings muß man hinzufügen, daß der Idealist, ohne darauf zu achten, auf einen «dritten Menschen»[185] zurückgreift, um diese

Exterioritätsnegation erscheinen zu lassen. Denn wie wir sahen, erfordert jede externe Beziehung, insofern sie nicht durch ihre eigenen Glieder konstituiert ist, einen Zeugen, der sie setzt. So drängt sich für den Idealisten wie für den Realisten eine Folgerung auf: Da uns der Andere in einer räumlichen Welt enthüllt wird, trennt uns ein realer oder idealer Raum vom Andern.

Diese Voraussetzung hat eine schwerwiegende Konsequenz: Wenn ich tatsächlich in Bezug zum Andern nach dem Modus der Indifferenzexteriorität sein muß, kann ich in meinem Sein durch das Auftauchen oder das Verschwinden des Andern nicht stärker affiziert sein als ein An-sich durch das Auftauchen oder das Verschwinden eines andern An-sich. Sobald der Andere nicht durch sein Sein auf mein Sein einwirken kann, ist demnach die einzige Art, in der er sich mir enthüllen kann, meiner Erkenntnis als *Objekt* zu erscheinen. Darunter ist aber zu verstehen, daß ich den Andern als die Vereinigung konstituieren muß, die meine Spontaneität einer Verschiedenheit von Eindrücken aufzwingt, das heißt, daß ich der bin, der den Andern im Feld seiner Erfahrung konstituiert. Der Andere kann für mich also nur ein *Bild* sein, auch wenn im übrigen die ganze von mir aufgebaute Theorie der Erkenntnis darauf abzielt, diesen Bildbegriff zurückzuweisen; und nur ein Zeuge, der gleichzeitig außerhalb meiner selbst und des Andern wäre, könnte das Bild mit dem Modell vergleichen und entscheiden, ob es wahr ist. Dazu wäre dieser Zeuge übrigens nur dann berechtigt, wenn er seinerseits mir und dem Andern gegenüber nicht in einem Exterioritätsbezug stände, sonst würde er uns nur durch Bilder kennen. Er müßte in der ek-statischen Einheit seines Seins zugleich *hier* sein, bei mir als *interne* Negation meiner selbst, und *dort* beim Andern als *interne* Negation des Andern. So ist dieser Rückgriff auf Gott, den man bei Leibniz finden würde,[186] lediglich ein Rückgriff auf die Interioritätsnegation: das verheimlicht der theologische

*Schöpfungs*begriff: Gott ist und ist zugleich nicht Ich selbst und der Andere, da er uns erschafft. Er muß ja Ich selbst *sein*, um meine Realität ohne Vermittlung und in einer apodiktischen Evidenz erfassen zu können, und er darf nicht Ich sein, um seine Unparteilichkeit als Zeuge wahren und dort drüben der Andere sein und nicht sein zu können. Das Bild der Schöpfung ist hier das adäquateste, denn im Schöpfungsakt sehe ich, was ich erschaffe, bis zum Grund – denn das, was ich erschaffe, das bin ich –, und trotzdem stellt sich das, was ich erschaffe, mir entgegen, indem es sich in einer Objektivitätsaffirmation wieder über sich schließt. So läßt uns die verräumlichende Voraussetzung keine Wahl: man muß auf Gott zurückgreifen oder einem Probabilismus verfallen, der dem Solipsismus die Tür offenläßt. Aber dieser Begriff von einem Gott, der seine Geschöpfe *ist*, bringt uns in eine neue Verlegenheit: die, welche das Problem der Substanzen im nachkartesianischen Denken ausdrückt. Wenn Gott Ich ist und wenn er der Andere ist, was garantiert mir dann meine eigne Existenz? Wenn die Schöpfung *creatio continua* sein soll, bleibe ich immer in der Schwebe zwischen einer besonderen Existenz und einer pantheistischen Verschmelzung im Schöpfer-Wesen [l'Être Créateur]. Wenn die Schöpfung ein ursprünglicher Akt ist und wenn ich mich gegen Gott abgeschlossen habe, garantiert nichts mehr Gott meine Existenz, denn er ist mit mir nur noch durch einen Exterioritätsbezug verbunden, so wie der Bildhauer mit der fertigen Statue, und wiederum kann er mich nur durch Bilder erkennen. Unter diesen Bedingungen läßt der Gottesbegriff, wenn er uns auch die Interioritätsnegation als die einzig mögliche Verbindung zwischen den Bewußtseinen enthüllt, seine ganze Unzulänglichkeit erscheinen: Gott ist weder notwendig noch hinreichend als Garant der Existenz des andern; außerdem setzt die Existenz Gottes als Vermittler zwischen mir und dem Andern schon die Anwesenheit eines Andern bei mir selbst in Interioritätsverbindung voraus, da Gott, ausgestattet mit den Wesensqualitäten eines Geistes, als die Quintessenz des Andern erscheint und da er schon in Interioritätsverbindung mit mir selbst sein können muß, damit eine reale Grundlage der Existenz des Andern für mich gültig ist. Es scheint also, daß eine positive Theorie der Existenz des Andern gleichzeitig den Solipsismus vermeiden und den Rückgriff auf Gott entbehren können müßte, wenn sie meine ursprüngliche Beziehung zum Andern als eine Interioritätsnegation betrachtete, das heißt als eine Negation, die die ursprüngliche Unterschiedenheit des Andern und meiner selbst in genau dem Maß setzt, wie sie mich durch den Andern bestimmt und den Andern durch mich bestimmt. Ist es möglich, die Frage unter diesem Aspekt zu sehen?

III

Husserl, Hegel, Heidegger

Die Philosophie des 19. und des 20. Jahrhunderts hat offenbar begriffen, daß man dem Solipsismus nicht entgehen konnte, wenn man das Ich-Selbst und den Andern zunächst unter dem Gesichtspunkt zweier getrennter Substanzen betrachtete: jede Vereinigung dieser Substanzen muß ja für unmöglich gehalten werden. Deshalb zeigt uns die Überprüfung der modernen Theorien ein Bemühen, innerhalb der Bewußtseine eine fundamentale und transzendente Verbindung zum Andern zu erfassen, die für jedes Bewußtsein schon in seinem Auftauchen konstitutiv wäre. Aber wenn man das Postulat der externen Negation aufzugeben scheint, behält man seine wesentliche Konsequenz bei, das heißt die Behauptung, meine fundamentale Verbindung zum Andern werde durch die *Erkenntnis* realisiert.

Wenn sich Husserl in den *Cartesianischen Meditationen* und in *Formale und transzendentale Logik* [187] bemüht, den Solipsismus zu widerlegen, so glaubt er das durch den Hinweis geleistet zu haben, daß der Rückgriff auf den Andern unentbehrliche Bedingung der Konstituierung einer Welt ist. Da wir nicht detailliert auf diese Lehre eingehen wollen, beschränken wir uns darauf, ihren entscheidenden Ansatz zu zeigen: für Husserl ist die Welt, so wie sie sich dem Bewußtsein enthüllt, intermonadisch. Der Andere ist dort nicht nur anwesend als irgendeine konkrete, empirische Erscheinung, sondern als eine permanente Bedingung ihrer Einheit und ihres Reichtums. Ob ich diesen Tisch oder diesen Baum oder diese Mauer allein oder in Gesellschaft betrachte, der Andere ist immer da als eine Schicht konstitutiver Bedeutungen, die dem von mir betrachteten Objekt selbst angehören; kurz, als der wahre Garant seiner Objektivität. Und da unser psychophysisches Ich mit der Welt gleichzeitig besteht, ein Teil der Welt ist und mit der Welt der phänomenologischen Reduktion unterliegt, erscheint der Andere als eben für die Konstitution dieses Ich notwendig. Wenn ich an der Existenz von Pierre, meinem Freund, zweifeln soll – oder an der anderer schlechthin –, insofern diese Existenz grundsätzlich außerhalb meiner Erfahrung liegt, muß ich auch an meinem konkreten Sein, an meiner empirischen Realität als Lehrer zweifeln, der diese und jene Neigung, diese Gewohnheiten, diesen Charakter hat. Es gibt kein Vorrecht für *mein* Ich: mein empirisches Ego und das empirische Ego des Andern erscheinen zu gleicher Zeit in der Welt; und die allgemeine Bedeutung «Anderer» ist notwendig für die Konstituierung des einen wie des andern dieser «Egos». So ist jedes Objekt keineswegs, wie für Kant, durch eine bloße Beziehung zum *Subjekt* konstituiert, sondern erscheint in meiner konkreten Erfahrung als polyvalent, es bietet sich von Anfang an als mit Bezugssystemen zu einer unbegrenzten Pluralität von Bewußtseinen ausgestattet dar; *am* Tisch, *an* der Wand entdeckt der Andere sich mir als das, worauf sich das betrachtete Objekt fortwährend bezieht, genauso wie beim konkreten Erscheinen von Pierre oder Paul.

Sicher sind diese Sehweisen ein Fortschritt gegenüber den klassischen Lehren. Es ist nicht zu bestreiten, daß das Utensil-Ding, sobald es entdeckt ist, auf eine Pluralität von Für-sich verweist. Wir werden darauf zurückzukommen haben. Auch ist gewiß, daß die Bedeutung «Anderer» weder von der Erfahrung noch von einem anläßlich der Erfahrung gemachten Analogieschluß herkommen kann, sondern ganz im Gegenteil: im Licht des Begriffs *Anderer* interpretiert sich die Erfahrung. Heißt das, daß der Begriff des Andern *a priori* ist? Wir werden im folgenden versuchen, ihn zu bestimmen. Aber trotz diesen unbestreitbaren Vorzügen scheint uns die Theorie Husserls nicht spürbar verschieden von der Kants zu sein. Denn wenn mein empirisches Ego nicht sicherer ist als das des Andern, so hat ja Husserl das transzendentale Subjekt beibehalten, das davon radikal verschieden ist und stark dem Subjekt Kants ähnelt. Was man also zeigen müßte, ist nicht der Parallelismus der empirischen «Egos», den niemand bezweifelt, sondern der der transzendentalen Subjekte. Denn der Andere ist ja *nie* diese empirische Persönlichkeit, die sich in meiner Erfahrung vorfindet: es ist das transzendentale Subjekt, auf das diese Persönlichkeit von Natur aus verweist. So ist das eigentliche Problem das der Verbindung der transzendentalen Subjekte jenseits der Erfahrung. Wenn man erwidert, daß *für die Konstituierung* der noematischen Gesamtheit das transzendentale Subjekt von Anfang an auf andere Subjekte verweist, so läßt sich leicht erwidern, daß es darauf verweist als auf *Bedeutungen*. Der Andere wäre hier als eine ergänzende Kategorie, die zuließe, eine Welt zu konstituieren, nicht als ein reales Sein, das jenseits dieser Welt existiert. Und zweifellos impliziert die «Kategorie» des Andern eben in ihrer

Bedeutung eine Verweisung von der andern Seite der Welt auf ein Subjekt, aber diese Verweisung kann nur hypothetisch sein, sie hat nur den Wert eines vereinigenden Begriffsinhalts; sie gilt in der Welt und für sie, ihre Rechte sind auf die Welt beschränkt, und der Andere ist von Natur außerhalb der Welt. Husserl hat sich übrigens schon der Möglichkeit begeben, zu verstehen, was das weltjenseitige *Sein* des Andern bedeuten kann, denn er definiert ja das *Sein* als die bloße Anzeige einer unendlichen Reihe durchzuführender Operationen. Besser kann man das Sein nicht nach der Erkenntnis bemessen. Denn selbst wenn man zugibt, daß die Erkenntnis schlechthin das Sein ermißt, ermißt sich das Sein des Andern in seiner Realität durch die Erkenntnis, die der Andere von sich selbst gewinnt, nicht durch die, die ich davon gewinne. Was durch mich zu erfassen ist, ist ja der Andre, nicht insofern ich von ihm Erkenntnis gewinne, sondern insofern er von sich Erkenntnis gewinnt, was unmöglich ist: das würde nämlich die innere Identifikation meiner selbst mit dem Andern voraussetzen. Wir finden hier also jene prinzipielle Unterschiedenheit zwischen dem Andern und mir selbst wieder, die nicht von der Exteriorität unserer Körper herkommt, sondern von der einfachen Tatsache, daß jeder von uns in Interiorität existiert und daß eine gültige Erkenntnis der Interiorität nur in Interiorität zustande kommen kann, wodurch prinzipiell jede *Erkenntnis* des Andern so, wie er sich erkennt, das heißt, wie er ist, ausgeschlossen ist. Husserl hat das übrigens eingesehen, denn er definiert den «Anderen», so wie er sich unserer konkreten Erfahrung entdeckt, als eine *Abwesenheit*.[188] Aber wie kann man, wenigstens in der Philosophie Husserls, eine volle Intuition von einer Abwesenheit haben? Der Andere ist das Objekt von Leerintentionen, der Andere verweigert sich grundsätzlich und flieht: die einzige Realität, die bleibt, ist also die *meiner* Intention: der Andere ist das leere Noema, das meinem Hinzielen zum Andern in dem

Maß entspricht, wie er in meiner Erfahrung konkret erscheint; er ist in dem Maß eine Gesamtheit von Vereinigungs- und Konstituierungsoperationen meiner Erfahrung, wie er als ein transzendentaler Begriff erscheint. Husserl hält dem Solipsismus entgegen, daß die Existenz des Andern so sicher ist wie die der Welt – wobei er meine psychophysische Existenz in die Welt einbezieht; aber der Solipsist sagt ja nichts anderes: sie ist ebenso sicher, sagt er, aber nicht sicherer. Die Existenz der Welt, fügt er hinzu, wird ermessen durch die Erkenntnis, die ich von ihr gewinne; hinsichtlich der Existenz des Andern kann es nicht anders sein.

Ich habe früher geglaubt, dem Solipsismus entgehen zu können, indem ich Husserl die Existenz seines transzendentalen «Ego» abstritt.* Es schien mir damals, daß nichts mehr in meinem Bewußtsein blieb, was in Bezug zum Andern bevorrechtigt gewesen wäre, da ich es seines Subjekts entledigte. Aber obwohl ich überzeugt bleibe, daß die Hypothese eines transzendentalen Subjekts nutzlos und schädlich ist, bringt der Verzicht darauf die Frage der Existenz des Andern keinen Schritt weiter. Auch wenn es außerhalb des empirischen Ego *nichts anderes* als das Bewußtsein *von* diesem Ego gäbe – das heißt ein transzendentales Feld ohne Subjekt –, bliebe nichtsdestoweniger bestehen, daß meine Behauptung des Andern die Existenz eines ähnlichen transzendentalen Feldes jenseits der Welt postuliert und erfordert; und folglich ist auch hier die einzige Art, dem Solipsismus zu entgehen, der Nachweis, daß mein transzendentales Bewußtsein in seinem Sein selbst durch die weltjenseitige Existenz anderer Bewußtseine desselben Typus affiziert ist. Weil Husserl das Sein auf eine Reihe von

---

* *La transcendance de l'ego* in: *Recherches philosophiques* VI, Paris 1936/37 [deutsch: *Die Transzendenz des Ego* in: Jean-Paul Sartre, *Die Transzendenz des Ego. Philosophische Essays 1931–1939*, Rowohlt, Reinbek 1982].

Bedeutungen reduziert hat, ist die einzige Verbindung, die er zwischen meinem Sein und dem des Andern herstellen konnte, die der *Erkenntnis*; er kann demnach ebensowenig wie Kant dem Solipsismus entgehen.

Wenn wir die Regeln der Chronologie außer acht lassen und dafür denen einer Art von zeitloser Dialektik folgen, scheint uns die Lösung, die Hegel dem Problem im ersten Teil der *Phänomenologie des Geistes* gibt, ein erheblicher Fortschritt gegenüber der von Husserl zu sein. Nicht mehr für die Konstituierung der Welt und meines empirischen Ego ist ja die Erscheinung des Andern unentbehrlich, sondern für die Existenz meines Bewußtseins als Bewußtsein von sich. Denn als Selbstbewußtsein [*conscience de soi*] erfaßt das Ich sich selbst.[189] Die Gleichung «Ich = Ich oder Ich bin Ich» ist der genaue Ausdruck dieser Tatsache. Zunächst ist dieses Selbstbewußtsein reine Gleichheit mit sich selbst, reines Fürsichsein. Es hat die Gewißheit von sich, aber diese Gewißheit hat noch keine Wahrheit. Diese Gewißheit wäre ja nur insoweit wahr, wie «sein eigenes Fürsichsein sich ihm als selbständiger Gegenstand... dargestellt hätte»[190]. Also ist das Selbstbewußtsein zunächst eine Art synkretistische Beziehung ohne Wahrheit zwischen einem Subjekt und einem noch nicht objektivierten Objekt, das dieses Subjekt selbst ist. In seinem Drang, «seinen Begriff zu realisieren und in allem sich das Bewußtsein seiner zu geben», strebt es danach, «sich seiner selbst zu entäußern und sich dadurch Gegenständlichkeit und Dasein zu geben»[191]: es geht darum, das «Ich bin Ich» auseinanderzulegen und sich selbst als Gegenstand hervorzubringen, um das letzte Stadium der Entfaltung zu erreichen – ein Stadium, das natürlich andererseits der erste Beweggrund für das Werden des Bewußtseins ist –, nämlich das allgemeine Selbstbewußtsein, «das sich in anderen Selbstbewußtsein[en], und zwar ihnen gleich, so wie sie ihm selbst gleich, erkennt»[192]. Der Vermittler ist der *andere*. Der andere erscheint mit mir selbst, da das Selbstbewußtsein durch das Ausschließen alles anderen mit sich gleich ist. Das primäre Faktum ist also die Pluralität der Bewußtseine, und diese Pluralität wird in Form einer gedoppelten Wechselbeziehung des Ausschließens realisiert. Hier haben wir die Verbindung durch innere Negation, nach der wir eben suchten. Kein äußeres Nichts an sich trennt mein Bewußtsein vom Bewußtsein des Andern, sondern durch die Tatsache, Ich zu sein, schließe ich den andern aus: der andere ist das, was mich ausschließt, indem er Er ist, das, was ich ausschließe, indem ich Ich bin. Die Bewußtseine sind in einer gegenseitigen Verschränkung ihres Seins direkt aufeinander bezogen. Das ermöglicht uns gleichzeitig, die Art zu bestimmen, in der der Andere mir erscheint: er ist das, was Anderes ist als ich, er bietet sich also als unwesentlicher Gegenstand mit dem Charakter des Negativen dar. Aber dieser andere ist auch ein Selbstbewußtsein. So wie er mir als ein gemeiner Gegenstand erscheint, versenkt in das Sein des Lebens. Und genauso erscheine ich dem Andern: als «unmittelbares, sinnliches und *konkretes Dasein*». Hegel stellt sich hier nicht auf den Boden der einseitigen Beziehung, die von mir (erfaßt durch das Cogito) zum Andern geht, sondern auf den Boden der Wechselbeziehung, die er als «Selbstanschauung des einen im anderen» definiert.[193] Tatsächlich ist jeder nur insofern absolut für sich, als er sich dem Andern entgegensetzt; entgegen und gegenüber dem Andern behauptet er sein Recht auf Individualität. So kann auch das Cogito selbst kein Ausgangspunkt für die Philosophie sein; es kann ja nur daraus entstehen, daß ich mir selbst als Individualität erscheine, und dieses Erscheinen ist durch die Anerkennung des Andern bedingt. Statt daß sich das Problem des Andern vom Cogito aus stellt, ist es im Gegenteil die Existenz des Andern, durch die das Cogito möglich wird als das abstrakte Moment, wo sich das Ich als Gegenstand erfaßt. So ist das «Moment», das Hegel das *Für-ein-Anderes-Sein*[194] nennt, ein notwendiges Stadium der Entfaltung des Selbstbewußtseins; die Erfahrung der

Innerlichkeit geht durch den andern. Aber der Andere ist für mich nur in dem Maß von Interesse, wie er ein anderes Ich ist, ein Gegenstand-Ich für mich, und umgekehrt, wie er mein Ich spiegelt, das heißt ich für ihn Gegenstand bin. Wegen dieser Notwendigkeit, daß ich nur dort drüben im Andern für mich Gegenstand sein kann, muß ich vom andern die *Anerkennung* meines Seins erlangen. Aber wenn mein Bewußtsein *für sich* durch ein anderes Bewußtsein mit sich selbst vermittelt werden muß, dann hängt sein Fürsichsein – und folglich sein Sein schlechthin – vom andern ab. So wie ich dem Andern erscheine, so bin ich. Da außerdem der Andere so ist, wie er mir erscheint, und mein Sein vom Andern abhängt, hängt auch die Art, in der ich mir erscheine – das heißt das Moment der Entfaltung meines Selbstbewußtseins –, von der Art ab, in der der Andere mir erscheint. Der Wert meiner Anerkennung durch den Andern hängt von der Anerkennung des Andern durch mich ab. In dem Maß, wie der Andere mich als an einen Körper geknüpft und in das *Leben* versenkt erfaßt, bin ich also selbst nur *ein anderer*. Um zu erreichen, daß der Andere mich anerkennt, muß ich mein eigenes Leben daransetzen. Sein Leben daransetzen heißt nämlich sich als nicht an die gegenständliche Weise oder an irgendein bestimmtes Dasein geknüpft offenbaren, als «nicht an das Leben geknüpft». Aber zugleich gehe ich auf den *Tod* des andern. Das bedeutet, daß ich mich durch einen Andern vermitteln lassen will, der lediglich Anderer sein soll, das heißt durch ein unselbständiges Bewußtsein, dessen Wesensmerkmal es ist, nur für ein anderes Bewußtsein zu existieren. Das wird in demselben Moment geschehen, da ich mein Leben wage, denn im Kampf mit dem Anderen habe ich von meinem sinnlichen Sein abstrahiert, als ich es *wagte*; im Gegensatz dazu zieht der Andere der Freiheit das Leben vor und zeigt damit, daß er sich nicht als nicht an die gegenständliche Weise geknüpft hat setzen können. Er bleibt also an die äußeren Dinge schlechthin gebunden; er erscheint mir und sich selbst als *unwesentlich*. Er ist der *Knecht*, und ich bin der *Herr*; für ihn bin *ich* das Wesen. So erscheint die berühmte Beziehung «Herr-Knecht», die Marx so tief beeinflussen sollte. Wir haben hier nicht auf ihre Einzelheiten einzugehen. Wir wollen lediglich darauf hinweisen, daß der Knecht die Wahrheit des Herrn ist; aber diese einseitige und ungleiche Anerkennung ist unzureichend, denn die Wahrheit seiner Selbstgewißheit ist für den Herrn unwesentliches Bewußtsein; er ist also des *Fürsichseins* als *Wahrheit* nicht gewiß. Zum Erlangen dieser *Wahrheit* «fehlt das Moment, daß, was der Herr gegen den Anderen tut, er auch gegen sich selbst, und was der Knecht gegen sich, er auch gegen den Anderen tue»[195]. In diesem Moment wird das allgemeine Selbstbewußtsein erscheinen, «das sich in anderen Selbstbewußtsein[en], und zwar ihnen gleich, so wie sie ihm selbst gleich, erkennt».

Hegels geniale Intuition ist hier also, daß er mich *in meinem Sein* vom Andern abhängen macht. Ich bin, sagt er, ein Fürsichsein, das nur durch einen Andern für sich ist. Das heißt also, daß der Andere in mein Inneres eindringt. Er kann nicht angezweifelt werden, ohne daß ich an mir selbst zweifle, da ja das «Selbstbewußtsein... nur real [ist], insofern es seinen Widerschein in anderen weiß»[196]. Und da der Zweifel selbst ein Bewußtsein impliziert, das für sich existiert, bedingt die Existenz des andern meinen Versuch, sie anzuzweifeln, genau wie bei Descartes meine Existenz den methodischen Zweifel bedingt. So scheint der Solipsismus endgültig außer Gefecht zu sein. Von Husserl zu Hegel haben wir einen immensen Fortschritt gemacht: zunächst ist die Negation, die den Andern konstituiert, eine direkte innere und wechselseitige; ferner belangt und trifft sie jedes Bewußtsein im Tiefsten seines Seins; das Problem wird auf der Ebene des inneren Seins, des allgemeinen und transzendentalen Ich gestellt; denn in meinem wesentlichen Sein bin ich vom wesentlichen Sein des Andern abhängig, und statt daß man mein Sein für mich selbst meinem Sein für Andere entgegensetzen muß, erscheint das Für-Andere-Sein als eine notwendige Bedingung meines Fürmichseins.

Und dennoch, trotz ihrer Weite, trotz dem Reichtum und der Tiefe der Einzelbeobachtungen, von der die Theorie von Herr und Knecht voll ist, gelingt es ihr, uns zufriedenzustellen?

Hegel hat zwar die Frage nach dem Sein der Bewußtseine gestellt. Er untersucht das Für-sich-sein und das Für-Andere-Sein und legt jedes Bewußtsein als die *Realität* des andern einschließend dar. Aber es ist nicht weniger gewiß, daß dieses ontologische Problem überall in Erkenntnisbegriffen formuliert bleibt. Der große Antrieb für den Kampf der Bewußtseine ist das Bemühen jedes einzelnen, seine Selbstgewißheit in *Wahrheit* zu verwandeln. Und wir wissen, daß diese Wahrheit nur erreicht werden kann, insofern mein Bewußtsein für den Andern *Gegenstand* und zugleich der Andere *Gegenstand* für mein Bewußtsein wird. So bleibt Hegel bei der vom Idealismus gestellten Frage – wie kann der andere für mich Gegenstand werden? – auf dem Boden des Idealismus stehen: wenn es in Wahrheit ein Ich gibt, für das der *Andere* Gegenstand ist, so deshalb, weil es einen *Andern* gibt, für den das Ich Gegenstand ist. Immer noch ist die Erkenntnis hier Maß des Seins, und Hegel kann sich nicht einmal denken, daß es ein Für-Andere-Sein geben kann, das nicht letztlich auf ein «Gegenstand-sein» reduzierbar ist. Deshalb kann das allgemeine Selbstbewußtsein, das sich durch alle diese dialektischen Phasen hindurch zu befreien sucht, nach seinem eigenen Geständnis einer reinen leeren Form gleichgesetzt werden: dem «Ich bin Ich». «Dieser Satz des Selbstbewußtseins», schreibt er, «ist ohne allen Inhalt.»[197] Und an anderer Stelle: »(es ist) die Bewegung der absoluten Abstraktion, alles unmittelbare Sein zu vertilgen und nur das rein negative Sein des sichselbstgleichen Bewußtseins zu sein.»[198] Das Ziel dieses dialektischen Konflikts, das allgemeine Selbstbewußtsein, ist mitten in seinen Wandlungen nicht reicher geworden, es hat sich vielmehr völlig entblößt, es ist nur noch das «ich weiß, daß andere mich als sich selbst wissen» [199]. Doch für den absoluten Idealismus sind ja Sein und Erkennen eins. Aber wohin führt uns diese Gleichsetzung?

Zuallererst hat dieses «Ich bin Ich» als reine allgemeine Gleichheitsformel nichts mit dem konkreten Bewußtsein gemeinsam, das wir in unserer Einleitung zu beschreiben versucht haben. Wir hatten dort festgestellt, daß das Sein des Bewußtseins (von) sich nicht in Erkenntnisbegriffen definierbar ist. Die Erkenntnis beginnt mit der *Reflexion*, aber das Spiel des «Spiegelung-Spiegelnden» ist nicht ein Subjekt-Objekt-Paar, auch nicht implizite, es hängt *in seinem Sein* von keinem transzendenten Bewußtsein ab, sondern sein Seinsmodus ist eben gerade, für sich selbst in Frage zu sein. Im Ersten Kapitel des Zweiten Teils haben wir dann gezeigt, daß die Beziehung der Spiegelung zum Spiegelnden keineswegs eine Identitätsbeziehung ist und nicht auf Hegels «Ich = Ich oder Ich bin Ich» reduziert werden kann. Die Spiegelung macht sich nicht das Spiegelnde sein; es handelt sich dabei um ein Sein, das sich in seinem Sein nichtet und das vergeblich versucht, sich mit sich selbst als *Sich* zu verschmelzen. Wenn es wahr ist, daß diese Beschreibung die einzige ist, die das ursprüngliche Bewußtseinsfaktum verstehbar macht, dann wird man zu dem Urteil kommen, daß es Hegel nicht gelingt, über jene abstrakte Verdoppelung des Ich Aufschluß zu geben, die er als Äquivalent des Selbstbewußtseins darlegt. Schließlich sind wir dazu gelangt, das reine, unreflektierte Bewußtsein vom transzendentalen Ich, von dem es verdunkelt wurde, zu befreien, und wir haben gezeigt, daß die Selbstheit als Grundlage der persönlichen Existenz ganz verschieden von einem Ego oder von einer Verweisung des Ego auf sich selbst ist. Es kann also nicht in Frage kommen, das Bewußtsein in Begriffen transzendentaler Egologie zu definieren.

Kurz, das Bewußtsein ist ein konkretes Sein *sui generis* und nicht eine abstrakte und nicht zu rechtfertigende Identitätsbeziehung, es ist Selbstheit und nicht Sitz eines opaken und nutzlosen Ego, sein Sein ist einer transzendentalen Reflexion zugänglich, und es gibt eine *Wahrheit* des Bewußtseins, die nicht von Anderen abhängt, sondern das *Sein* des Bewußtseins existiert, da unabhängig von der Erkenntnis, vor seiner *Wahrheit*; auf diesem Boden ermißt das Sein die Wahrheit, wie beim naiven Realismus, denn die Wahrheit einer reflexiven Intuition ermißt sich an ihrer Übereinstimmung mit dem Sein: das Bewußtsein *war da*, bevor es erkannt wurde. Wenn also das Bewußtsein sich gegenüber dem Andern behauptet, so heißt das, daß es die Anerkennung seines Seins und nicht die einer abstrakten Wahrheit beansprucht. Es leuchtet in der Tat nicht recht ein, daß es bei dem erbitterten und gefahrvollen Kampf zwischen Herr und Knecht einzig und allein um die Anerkennung einer so dürftigen und so abstrakten Formel wie «Ich bin Ich» gehen soll. Übrigens gäbe es in eben diesem Kampf einen Betrug, da ja das schließlich erreichte Ziel das allgemeine Selbstbewußtsein wäre, «die Anschauung seiner als ... des an sich seienden»[200]. Hier wie überall muß man gegen Hegel Kierkegaard ins Feld führen, der die Ansprüche des Individuums als solchen vertritt. Das Individuum verlangt seine Erfüllung als Individuum, die Anerkennung seines konkreten Seins und nicht das objektive Auseinanderlegen einer allgemeinen Struktur. Ohne Zweifel setzen die *Rechte*, die ich beim Andern geltend mache, die Allgemeinheit des *Selbst*; die Achtbarkeit der Personen verlangt die Anerkennung meiner Person als allgemeiner. Aber es ist mein konkretes individuelles Sein, das in dieses Allgemeine einfließt und es ausfüllt, für *dieses* Da-sein beanspruche ich Rechte, das Einzelne ist hier Träger und Grundlage des Allgemeinen; das Allgemeine kann in diesem Fall keine Bedeutung haben, wenn es nicht *zum Zwecke* des Individuellen existiert.

Aus dieser Gleichsetzung von Sein und Erkennen ergibt sich hier noch eine ganze Anzahl von Irrtümern oder Unmöglichkeiten. Wir werden sie hier unter zwei *Hauptpunkten* zusammenfassen, das heißt, wir richten gegen Hegel einen doppelten Optimismusvorwurf.

Zum ersten scheint Hegel an einem epistemologischen Optimismus zu leiden. Denn er ist der Ansicht, daß die *Wahrheit* des Selbstbewußtseins erscheinen kann, das heißt, daß unter dem Namen Anerkennung meiner durch Andere und Anderer durch mich eine objektive Übereinstimmung zwischen den Bewußtseinen realisiert werden kann. Diese Anerkennung kann gleichzeitig und wechselseitig sein: «ich weiß, daß andere mich als sich selbst wissen», sie bringt *in Wahrheit* die Allgemeinheit des Selbstbewußtseins hervor. Aber das korrekte Nennen des Problems des Andern macht diesen Übergang zum Allgemeinen unmöglich. Denn wenn der Andere mich auf mein «Selbst» verweisen soll, so muß es wenigstens am Schluß der dialektischen Entwicklung ein gemeinsames Maß geben zwischen dem, was ich für ihn bin, was er für mich ist, was ich für mich bin, was er für sich ist. Zwar existiert diese Homogenität am Anfang nicht, Hegel gibt es zu: die Beziehung «Herr–Knecht» ist nicht wechselseitig. Aber er behauptet, daß die Wechselseitigkeit hergestellt werden kann. Gleich zu Anfang setzt er nämlich – und zwar so geschickt, daß es wie beabsichtigt aussieht – *Gegenständlichkeit* mit *Leben* gleich. Der andere, sagt er, erscheint mir als Gegenstand. Doch der Gegenstand ist *Ich* im Andern. Und wenn er diese Gegenständlichkeit genauer definieren will, unterscheidet er drei Elemente: «Die Selbstanschauung des einen im anderen ist 1. das abstrakte Moment der *Diesselbigkeit*. 2. Jedes hat aber auch die Bestimmung, für das andere als ein äußerliches Objekt und insofern [als] unmittelbares, sinnliches und *konkretes* Dasein zu erscheinen. 3. Jeder ist absolut für sich und einzeln gegen das andere...»[201] Wie man sieht, ist das abstrakte Moment der Diesselbigkeit in der Erkenntnis des Andern gegeben. Es ist mit zwei anderen Momenten der totalen Struktur gegeben. Was aber bei einem Philosophen der Synthese erstaunlich ist, Hegel hat sich nicht gefragt, ob diese drei Elemente nicht so aufeinander reagieren, daß sie eine neue, der Analyse widerstrebende Gestalt konstituieren. Er präzisiert seinen Standpunkt in der *Phänomenologie des Geistes* und erklärt, daß der Andere zunächst als unwesentlich erscheint (das ist der Sinn des oben zitierten dritten Moments) und als «in das Sein des Lebens versenkte Bewußtsein[e]»[202]. Aber es handelt sich um eine bloße Koexistenz des abstrakten Moments und des *Lebens*. Es genügt also, daß ich oder der andere unser Leben wagen, damit wir eben dadurch, daß wir uns der Gefahr aussetzen, die analytische Trennung von Leben und Bewußtsein realisieren: «...wie der andere für ihn, so [vollbringt] er für den anderen, jeder an sich selbst durch sein eigenes Tun und wieder durch das Tun des anderen diese reine Abstraktion des Fürsichseins [...] Die *Darstellung* seiner aber als der reinen Abstraktion des Selbstbewußtseins besteht darin, sich als reine Negation seiner gegenständlichen Weise zu zeigen, oder es zu zeigen, an kein bestimmtes *Dasein* geknüpft, ...nicht an das Leben geknüpft zu sein».[203] Zwar erklärt Hegel weiter unten, daß das Selbstbewußtsein, durch die Erfahrung des Daransetzens des Lebens und der Furcht des Todes, lernt, «daß ihm das Leben so wesentlich ist als das reine Selbstbewußtsein»[204]; aber das geschieht unter einem ganz anderen Gesichtspunkt, und es bleibt nichtsdestoweniger bestehen, daß ich immer die reine *Wahrheit* des Selbstbewußtseins, im andern, von seinem *Leben* trennen kann. So erfaßt der Knecht das Selbstbewußtsein des Herrn, er ist dessen *Wahrheit*, wenn auch, wie wir gesehen haben, diese Wahrheit noch keineswegs adäquat ist.

Aber ist es dasselbe, ob man sagt, daß der Andere mir grundsätzlich als Gegenstand erscheint oder daß er mir als an irgendein besonderes Dasein geknüpft, als in das *Leben* versenkt erscheint? Wenn wir hier auf der Ebene der reinen logischen Hypothesen bleiben, werden wir zuallererst feststellen, daß der Andere einem Bewußtsein sehr wohl in Form eines Gegenstands gegeben sein kann, ohne daß dieser Gegenstand genau an jenen kontingenten Gegenstand geknüpft ist, den man einen lebenden Körper nennt. *De facto* bietet uns unsere Erfahrung nur bewußte und lebende Individuen, aber *prinzipiell* muß man feststellen, daß der Andere für mich Gegenstand ist, weil er Anderer ist, und nicht, weil er anläßlich eines Gegenstand-Körpers erscheint; sonst würden wir in die verräumlichende Täuschung zurückfallen, von der wir vorhin sprachen. Was am Andern als Anderem wesentlich ist, das ist also die Gegenständlichkeit und nicht das Leben. Hegel war übrigens von dieser logischen Feststellung ausgegangen. Aber wenn es wahr ist, daß die Bindung eines Bewußtseins an das Leben keineswegs «das abstrakte Moment des Selbstbewußtseins» in seiner Natur entstellt, das dort bleibt, versenkt, immer entdeckbar, gilt das dann auch für die Gegenständlichkeit? Anders gesagt, da wir wissen, daß ein Bewußtsein *ist*, bevor es erkannt wird, ist dann ein erkanntes Bewußtsein nicht total modifiziert, eben weil es erkannt ist? Heißt als Gegenstand für ein Bewußtsein erscheinen noch Bewußtsein sein? Diese Frage ist leicht zu beantworten: das Sein des Bewußtseins von sich ist so, daß es in seinem Sein um sein Sein geht, das bedeutet, daß es reine Interiorität ist. Es ist fortwährend Verweisung auf ein *Sich*, das es zu sein hat. Sein Sein definiert sich dadurch, daß es dieses Sein *ist* nach dem Modus, das zu sein, was es nicht ist, und nicht das zu sein, was es ist. Sein Sein ist also radikales Ausschließen jeder Gegenständlichkeit: ich bin der, der nicht für mich selbst Gegenstand sein kann, der für sich die Existenz in Gegenstandsform nicht einmal denken kann (außer auf der Ebene der reflexiven Spaltung – aber wir haben gesehen, daß die Reflexion das Drama des Seins ist, das für es selbst nicht Gegenstand sein kann). Dies nicht wegen eines Mangels an Abstand oder einer intellektuellen Voreingenommenheit oder einer Grenze meiner Erkenntnis, sondern weil die Gegenständlichkeit eine explizite Negation verlangt: der Gegenstand ist das, was nicht zu sein ich mich mache, während *ich* dagegen der bin, der zu sein ich mich mache. Ich folge mir überall, ich kann mir nicht entgehen, ich ergreife mich wieder von hinten, und selbst wenn ich versuchen könnte, mich zum Gegenstand zu machen, wäre ich schon Ich innerhalb des Gegenstands, der ich bin, und eben vom Zentrum dieses Gegenstands aus hätte ich das Subjekt zu sein, das ihn betrachtet. Das spürte Hegel übrigens, als er sagte, die Existenz des andern sei dafür notwendig, daß ich für mich Gegenstand bin. Aber als er behauptete, daß das Selbstbewußtsein sich durch das «Ich bin Ich» ausdrückt, das heißt, als er es der Erkenntnis von sich gleichsetzte, versäumte er, die Konsequenzen aus dieser ersten Feststellungen zu ziehen, da er in das Bewußtsein selbst so etwas wie einen potentiellen Gegenstand einführte, den der Andere nur freizulegen hat, ohne ihn zu modifizieren. Aber wenn Gegenstand sein gerade *Nicht-Ich-sein* ist, modifiziert die Tatsache, für ein Bewußtsein Gegenstand zu sein, das Bewußtsein radikal, nicht in dem, was es für sich ist, sondern in seinem Erscheinen für Andere. Das Bewußtsein Anderer kann ich lediglich betrachten, und deshalb erscheint es mir als reine Gegebenheit, statt das zu sein, was Ich zu sein hat. Es bietet sich mir in der allgemeinen Zeit dar, das heißt in der ursprünglichen Zerstreuung der Momente, statt mir in der Einheit seiner eigenen Verzeitlichung zu erscheinen. Denn das einzige Bewußtsein, das mir in seiner eigenen Verzeitlichung erscheinen kann, ist das *meine*, und es kann das nur, indem es auf jede Gegenständlichkeit verzichtet. Kurz, das *Für-sich* kann als Für-sich durch den Andern nicht erkannt werden. Der Gegenstand, den ich unter der Bezeichnung «Anderer» erfasse, erscheint mir in einer radikal *anderen* Form;

der Andere ist nicht *für sich*, wie er mir erscheint, ich erscheine mir nicht, wie ich *für den Andern* bin; ich bin ebenso unfähig, mich für mich zu erfassen, wie ich für den Andern bin, wie das, was der Andere für sich ist, von dem Gegenstand-Anderen aus zu erfassen, der mir erscheint. Wie könnte man also einen allgemeinen Begriff konzipieren, der unter der Bezeichnung Selbstbewußtsein mein *Bewußtsein* für mich und (von) mir und meine *Erkenntnis* des Andern subsumiert? Aber mehr noch: nach Hegel ist der Andere Gegenstand, und ich begreife mich als Gegenstand im Andern. Eine dieser Behauptungen zerstört aber die andere: damit ich mir als Gegenstand im Andern erscheinen könnte, müßte ich den Andern als Subjekt erfassen, das heißt in seiner Interiorität wahrnehmen. Aber insofern der Andere mir als Gegenstand erscheint, kann meine Gegenständlichkeit für ihn mir nicht erscheinen: ich erfasse zwar, daß der Gegenstand-Andere sich durch Intentionen und Handlungen *auf mich bezieht*, aber eben weil er Gegenstand ist, wird der Spiegel-Andere trüb und spiegelt nichts mehr, denn diese Intentionen und diese Handlungen sind Dinge der Welt, in der Weltzeit wahrgenommen, festgestellt, betrachtet, und ihre Bedeutung ist für mich Gegenstand. So kann ich mir nur als transzendente Qualität erscheinen, auf die sich die Handlungen des Andern und seine Intentionen beziehen; da aber die Gegenständlichkeit des Andern meine Gegenständlichkeit für ihn zerstört, erfasse ich mich als inneres Subjekt als das, worauf sich diese Intentionen und Handlungen beziehen. Und man muß dieses Erfassen von mir durch mich selbst in reinen Bewußtseins-, nicht in Erkenntnisbegriffen verstehen: da ich das zu sein habe, was ich in Form ek-statischen Bewußtseins (von) mir bin, erfasse ich den Andern als einen auf mich verweisenden Gegenstand. So scheitert Hegels Optimismus: zwischen Gegenstand-Anderem und Ich-Subjekt gibt es gar kein gemeinsames Maß, ebensowenig wie zwischen dem Bewußtsein (von) sich und dem Bewußtsein *von* dem Andern. Ich kann mich nicht *im* Andern erkennen, wenn der Andere zunächst für mich Gegenstand ist, und ich kann den Andern auch nicht in seinem wahren Sein erfassen, das heißt in seiner Subjektivität. Keinerlei allgemeine Erkenntnis kann aus der Beziehung der Bewußtseine hergeleitet werden. Wir nennen das ihre ontologische Trennung.

Aber es gibt bei Hegel noch eine andere, fundamentalere Form von Optimismus. Es ist das, was man den ontologischen Optimismus nennen muß. Für ihn ist die Wahrheit ja Wahrheit des Ganzen. Er nimmt den Gesichtspunkt der Wahrheit, das heißt des Ganzen, ein, um das Problem des Andern anzugehen. Wenn also der Hegelsche Monismus die Beziehung der Bewußtseine betrachtet, versetzt er sich in keinerlei einzelnes Bewußtsein. Obwohl das Ganze zu realisieren ist, ist es schon da als die Wahrheit von allem, was wahr ist; wenn Hegel schreibt: «Das Selbstbewußtsein ist zunächst... sichselbstgleich durch das Ausschließen alles *anderen aus sich*»[205], hat er sich ins Ganze begeben, außerhalb der Bewußtseine, die er vom Gesichtspunkt des Absoluten aus betrachtet. Denn *die* Bewußtseine sind Momente des Ganzen, Momente, die an sich selbst «unselbständig»[206] sind, und das Ganze ist Vermittler zwischen den Bewußtseinen. Daher ein ontologischer Optimismus parallel zum epistemologischen Optimismus: die Pluralität kann und soll auf die Totalität hin überschritten werden. Doch kann Hegel die Realität dieses Überschreitens nur deshalb behaupten, weil er sie sich zu Beginn gegeben hat. Tatsächlich hat er sein eigenes Bewußtsein vergessen, *ist* er das Ganze, und in diesem Sinn löst er das Problem *der* Bewußtseine deshalb so leicht, weil es für ihn in dieser Hinsicht nie ein wirkliches Problem gegeben hat. Er stellt sich ja nicht die Frage der Beziehungen seines eigenen Bewußtseins zu dem des Andern, sondern von dem seinen völlig abstrahierend untersucht er ganz einfach den Bezug der Bewußtseine der Anderen untereinander, das heißt den Bezug von Bewußtseinen, die für ihn schon Gegenstände sind, deren Natur für ihn gerade darin besteht, ein besonderer Gegenstandstypus zu sein – der Subjekt-Gegenstand –, und die von seinem totalitären Gesichtspunkt aus einander streng äquivalent sind, statt daß irgendeins von ihnen von den anderen durch ein besonderes Vorrecht getrennt wäre. Aber wenn Hegel sich vergißt, so können wir Hegel nicht vergessen. Das bedeutet, daß wir auf das Cogito zurückverwiesen sind. Wenn nämlich, wie wir festgestellt haben, das Sein meines Bewußtseins keinesfalls auf die Erkenntnis reduzierbar ist, dann kann ich mein Sein nicht auf eine allgemeine Wechselbeziehung hin transzendieren, von wo aus ich gleichzeitig mein Sein und das der anderen als äquivalent sehen könnte: ich muß im Gegenteil mich *in meinem Sein* etablieren und das Problem des Andern von meinem Sein aus stellen. Kurz, der einzig sichere Ausgangspunkt ist die Interiorität des Cogito. Darunter ist zu verstehen, daß jeder von seiner eigenen Interiorität aus das Sein des Andern als eine Transzendenz wiederfinden können muß, die eben das Sein dieser Interiorität bedingt, was notwendig impliziert, daß die Vielheit der Bewußtseine grundsätzlich unüberschreitbar ist, denn ich kann mich zwar *in Richtung auf* ein Ganzes transzendieren, aber nicht mich in diesem Ganzen etablieren, um mich zu betrachten und Andere zu betrachten. Kein logischer oder epistemologischer Optimismus kann also diesen Skandal der Pluralität der Bewußtseine beenden. Wenn Hegel das geglaubt hat, so deshalb, weil er nie die Natur jener besonderen Seinsdimension erfaßt hat, die das Bewußtsein (von) sich ist. Die Aufgabe, die eine Ontologie sich stellen kann, ist, diesen Skandal zu beschreiben und ihn eben in der Natur des Seins zu begründen: aber sie ist unfähig, ihn zu überschreiten. Es kann sein – wir werden es gleich besser sehen –, daß man den Solipsismus widerlegen und zeigen kann, daß die Existenz des Andern für uns evident und gewiß ist. Aber selbst wenn wir die Existenz des Andern an der apodiktischen Gewißheit des Cogito – das heißt meiner eigenen Existenz – hätten partizipieren lassen, hätten wir deswegen den Andern nicht in Richtung auf irgendeine inter-monadische Totalität «überschritten». Die Zerstreuung und der Kampf der Bewußtseine werden das bleiben, was sie sind: wir werden bloß ihre Grundlage und ihren wirklichen Bereich entdeckt haben.

Was hat uns diese lange Kritik gebracht? Einfach das: mein Bezug zu Anderen ist zunächst und fundamental eine Beziehung von Sein zu Sein, nicht von Erkenntnis zu Erkenntnis, wenn der Solipsismus zu widerlegen sein soll. Wir haben ja Husserls Scheitern gesehen, der auf dieser besonderen Ebene das Sein nach der Erkenntnis bemißt, und Hegels Scheitern, der Erkenntnis und Sein gleichsetzt. Aber wir haben ebenfalls anerkannt, daß Hegel die Diskussion auf ihr wirkliches Niveau zu bringen vermocht hat, wenn auch seine Sicht durch das Postulat des absoluten Idealismus getrübt ist. Anscheinend hat Heidegger in *Sein und Zeit* aus den Überlegungen seiner Vorgänger Nutzen gezogen und hat sich von folgender zweifacher Notwendigkeit zutiefst überzeugt: 1. Das Verhältnis der «Daseine [*réalités-humaines*]» muß ein Seinsbezug sein; 2. dieser Bezug muß die «Daseine [*réalités-humaines*]» in ihrem wesenhaften Sein voneinander abhängig machen.[207] Entspricht wenigstens seine Theorie diesen beiden Forderungen? In seiner schroffen und etwas barbarischen Art, den gordischen Knoten lieber zu durchschlagen, als zu versuchen, ihn zu lösen, antwortet er auf die gestellte Frage mit einer bloßen *Definition*. Er hat mehrere – übrigens nur durch Abstraktion trennbare – Momente im «In-der-Welt-sein», das das Dasein [*réalité-humaine*] kennzeichnet, entdeckt. Diese Momente sind «Welt», «In-Sein» und «Sein». Er hat die *Welt* beschrieben als «das, aus dem her das Dasein *sich zu bedeuten gibt*, zu welchem Seienden und wie es sich dazu verhalten *kann*»[208]; «das In-Sein» hat er definiert als «Befindlichkeit» und «Verstehen»;²⁰⁹ bleibt noch vom *Sein* zu sprechen, das heißt von dem Modus, nach dem das Dasein [*réalité-humaine*] sein In-der-Welt-sein ist. Es ist das «Mitsein»²¹⁰, sagt er uns. So ist der Seinscharakter des Daseins [*réalité-humaine*], daß es sein Sein *mit* den anderen ist. Es handelt sich nicht um einen Zufall; ich bin nicht *zunächst*, damit dann eine Kontingenz mich dem Andern *begegnen* läßt: hier geht es um eine Wesensstruktur meines Seins. Aber diese Struktur wird nicht von außen und von einem totalitären Gesichtspunkt her ermittelt, wie bei Hegel: Heidegger geht zwar nicht vom Cogito aus im kartesianischen Sinn der Entdeckung des Bewußtseins durch es selbst; sondern das Dasein [*réalité-humaine*], das sich ihm enthüllt und dessen Strukturen er durch Begriffe festzulegen sucht, ist sein eigenes. «Dasein ist je *meines*»²¹¹, schreibt er. Indem ich das vorontologische Verständnis, das ich von mir selbst habe, expliziere, erfasse ich das Mit-Anderen-sein als eine Wesensart meines Seins. Kurz, ich entdecke die transzendente Beziehung zum Andern als mein eigenes Sein konstituierend, genauso wie ich entdeckt habe, daß das In-der-Welt-sein mein Dasein [*réalité-humaine*] bemißt. Von nun an ist das Problem des Andern nur noch ein Scheinproblem: der Andere ist nicht mehr zunächst diese einzelne Existenz, der ich in der Welt begegne – und die für meine Existenz nicht unentbehrlich sein könnte, da ich existierte, bevor ich ihr begegnete –, er ist das ex-zentrische Glied, das zur Konstituierung meines Seins beiträgt. Die Prüfung meines Seins, insofern es mich aus mir hinauswirft zu Strukturen hin, die mir entgehen und mich zugleich definieren, diese Prüfung enthüllt mir ursprünglich den Andern. Halten wir außerdem fest, daß der Typus der Verbindung zum Andern gewechselt hat: für den Realismus, den Idealismus, Husserl, Hegel war der Beziehungstypus der Bewußtseine *das Sein-für*: der Andere erschien mir und konstituierte mich sogar, insofern er *für* mich oder ich *für* ihn war; problematisch war die gegenseitige Anerkennung von einander gegenübergestellten Bewußtseinen, die einander *in der Welt* erschienen und sich gegenübertraten. *«Das Mitsein»* hat eine ganz andere Bedeutung: «mit» bezeichnet nicht den wechselseitigen Anerkennungs- und Kampfbezug, der sich daraus ergab, daß *mitten in* der Welt ein anderes Dasein [*réalité-humaine*] als meines erscheint. Es drückt vielmehr eine Art ontologische Solidarität zur Ausnutzung dieser Welt aus. Der andere ist mit mir nicht ursprünglich verbunden wie eine ontische Realität, die mitten in der Welt unter dem «Zeug [*ustensiles*]»[212] erscheint als ein besonderer Gegenstandstypus; in diesem Fall wäre er schon vermindert, und der Bezug, der ihn mit mir vereinigte, könnte nie Wechselseitigkeit erlangen. Der andere ist nicht *Gegenstand*. Er bleibt in seiner Verbindung zu mir Dasein [*réalité-humaine*], das Sein, durch das er mich in meinem Sein bestimmt, ist sein reines Sein als «In-der-Welt-sein» – und es ist bekannt, daß «in» im Sinn von «colo», «habito» verstanden werden muß, nicht von «insum»;[213] In-der-Welt-sein heißt die Welt heimsuchen, nicht in ihr verklebt sein – und in meinem «In-der-Welt-sein» bestimmt er mich. Unsere Beziehung ist keine *frontale* Opposition, es ist vielmehr eine gegenseitige Abhängigkeit *von der Seite her*: insofern ich mache, daß eine Welt als «Zeugganzes» [*complexe d'ustensiles*] existiert, dessen ich mich zum Zweck meines Daseins [*réalité-humaine*] bediene, lasse ich mich in meinem Sein durch ein Sein bestimmen, das macht, daß dieselbe Welt zum Zweck seines Daseins [*réalité*] als «Zeugganzes» [*complexe d'ustensiles*] existiert. Man darf übrigens dieses *Mitsein* nicht als ein bloßes passiv empfangenes Seite-an-Seite mit meinem Sein verstehen. Sein ist für Heidegger seine eigenen Möglichkeiten sein, sich sein machen. Es ist also ein Seinsmodus, den ich mich sein mache. Und das ist so wahr, daß ich für mein Sein für Andere verantwortlich bin, insofern ich es frei in der Eigentlichkeit [*authenticité*] oder der Uneigentlichkeit [*inauthenticité*]²¹⁴ realisiere. In voller Freiheit und durch eine ursprüngliche Wahl realisiere ich zum Beispiel mein Mitsein in der Form des «Man». Und wenn man fragt, wie mein «Mitsein» für-mich existieren kann, ist zu antworten, daß ich mir aus der Welt zu bedeuten gebe, was ich bin. Zumal wenn ich im Modus der Uneigentlichkeit [*inauthenticité*], des «Man» bin, verweist mich die Welt zurück als eine unpersönliche Spiegelung meiner uneigentlichen Möglichkeiten unter dem Aspekt von «Zeug» und «Zeugganzheiten», die «Jedermann» gehören und die mir gehören, insofern ich «Jedermann» bin: Anzüge von der Stange, öffentliche Verkehrsmittel, Parks, öffentliche Orte, Schutzdächer, damit *irgendeiner* sich unterstellen kann usw. So lasse ich mich als *irgendeiner* bedeuten aus der hinweisenden Zeugmannigfaltigkeit, die mich als ein «Worumwillen»²¹⁵ anzeigt, und der Zustand der Uneigentlichkeit – der mein gewöhnlicher Zustand ist, solange ich nicht die Konversion zur Eigentlichkeit realisiert habe – enthüllt mir mein «Mitsein» nicht als die Beziehung einer einmaligen Persönlichkeit mit anderen ebenso einmaligen Persönlichkeiten, nicht als die gegenseitige Verbindung der «unersetzbarsten der Wesen»²¹⁵ᵃ, sondern als eine totale Austauschbarkeit der Glieder der Beziehung. Die Bestimmtheit der Glieder fehlt noch, ich bin dem andern nicht entgegengestellt, denn ich bin nicht Ich: wir haben die soziale Einheit des *Man*. Das Problem auf der Ebene der Unkommunizierbarkeit individueller Subjekte stellen, hieße ein Hysteron-Proteron²¹⁶ begehen; die Welt auf den Kopf stellen: Eigentlichkeit und Individualität muß man verdienen: ich bin meine eigene Eigentlichkeit nur, wenn ich mich unter dem Einfluß des «*Rufs des Gewissens*» mit *Entschlossenheit*²¹⁷ auf den Tod hin entwerfe als auf meine eigenste Möglichkeit. In diesem Moment enthülle ich mich mir selbst in der Eigentlichkeit und hebe auch die anderen mit mir zum Eigentlichen empor.

Das empirische Bild, das die Heideggersche Intuition am besten symbolisieren würde, ist nicht das des Kampfs, sondern das der *Mannschaft*. Der ursprüngliche Bezug des andern zu meinem Bewußtsein ist nicht das *Du und Ich*, sondern das *Wir*, und das Heideggersche «Mitsein» ist nicht die klare und deutliche Position eines Individuums gegenüber einem andern Individuum, ist nicht die *Erkenntnis*, sondern die dumpfe Gemeinschaftsexistenz des Mitspielers mit seiner Mannschaft, diese Existenz, die der Rhythmus der Ruder oder die regelmäßigen Bewegungen des Steuermanns den Ruderern spürbar machen und die ihnen das gemeinsam zu erreichende Ziel, die zu überholende Barke oder Jolle und die ganze Welt (Zuschauer, sportliche Leistung usw.), die sich am Horizont abzeichnet, *manifestiert*. Auf dem gemeinsamen Hintergrund dieser Koexistenz löst mich plötzlich die schroffe Enthüllung meines «Seins-zum-Tode» in ein absolutes «gemeinsames Alleinsein» heraus und erhebt zugleich die anderen bis zu diesem Alleinsein empor.

Diesmal hat man uns gegeben, was wir wollten: ein Sein, das das Sein des Andern in seinem Sein impliziert. Und doch können wir uns nicht als zufriedengestellt betrachten. Zunächst bietet uns Heideggers Theorie eher die Andeutung der zu findenden Lösung als diese Lösung selbst. Auch wenn wir ohne Vorbehalte diese Ersetzung des «Fürseins» durch das «Mitsein» annähmen, bliebe sie für uns eine einfache Behauptung ohne Grund. Wir begegnen zwar gewissen empirischen Zuständen unseres Seins – insbesondere dem, was die Deutschen mit dem unübersetzbaren Ausdruck *Stimmung*[218] bezeichnen –, die eher eine Koexistenz von Bewußtseinen zu enthüllen scheinen als eine Oppositionsbeziehung. Aber gerade diese Koexistenz müßte man erklären. Warum wird sie die einzige Grundlage unseres Seins, warum ist sie der fundamentale Typus unseres Bezugs zu den anderen, warum hielt sich Heidegger für berechtigt, von dieser empirischen und ontischen Feststellung des «Mitseins» zur Setzung der Koexistenz als ontologischer Struktur meines «In-der-Welt-seins» überzugehen? Und welchen Seinstypus hat diese Koexistenz? In welchem Maß wird die Negation, die aus dem Andern *einen andern* macht und die ihn als unwesentlich konstituiert, beibehalten? Geraten wir nicht in einen Monismus, wenn man sie vollständig unterdrückt? Und wenn man sie als Wesensstruktur des Bezugs zum Andern erhalten muß, welcher Modifiktion muß man sie unterziehen, damit sie den *Oppositions*charakter verliert, den sie im Für-Andere-sein hatte, und damit sie diesen Charakter solidarisierender Bindung gewinnt, die gerade die Struktur des «Mitseins» ist? Und wie können wir von da zur konkreten Erfahrung des Andern in der Welt übergehen, wie wenn ich von meinem Fenster aus einen Passanten sehe, der auf der Straße geht? Sicher ist es verlockend, mich als einen zu verstehen, der sich durch den Elan seiner Freiheit, durch die Wahl seiner einmaligen Möglichkeiten von dem undifferenzierten Hintergrund des Menschlichen abhebt – und vielleicht enthält diese Konzeption einen wichtigen Teil an Wahrheit. Aber sie ruft, wenigstens in dieser Form, beträchtliche Einwände hervor.

Zunächst trifft sich hier der ontologische Gesichtspunkt mit dem abstrakten Gesichtspunkt des Kantischen Subjekts. Wer sagt, daß *das* Dasein [*réalité-humaine*] – auch wenn es *mein* Dasein [*réalité-humaine*] ist – qua ontologische Struktur «mit-ist», der sagt, daß es qua Natur mit-ist, das heißt wesenhaft und allgemein. Auch wenn diese Behauptung bewiesen wäre, würde das nicht zulassen, irgendein konkretes *Mitsein* zu erklären; anders gesagt, die ontologische Koexistenz, die als Struktur meines «In-der-Welt-seins» erscheint, kann keineswegs einem ontischen «Mitsein» als Grundlage dienen, wie zum Beispiel die Koexistenz, die in meiner Freundschaft mit Pierre erscheint oder in dem Paar, das ich mit Annie bilde. Tatsächlich müßte gezeigt werden, daß «das Mit-Pierre-sein» oder «das Mit-Annie-sein» eine konstitutive Struktur meines Konkret-seins ist. Aber das ist von Heideggers Gesichtspunkt aus unmöglich. Der andere kann in der Beziehung «mit», auf der ontologischen Ebene, konkret ja ebensowenig bestimmt werden wie das direkt gemeinte Dasein [*réalité-humaine*], dessen *alter ego* er ist: er ist ein abstraktes und daher *unselbständiges*[219] Glied, das in sich keineswegs das Vermögen hat, *dieser* andere zu werden, Pierre oder Annie. So kann uns die Beziehung des «Mitseins»[219a] keineswegs dazu dienen, das psychologische und konkrete Problem der Anerkennung des Anderen zu lösen. Es gibt zwei unkommunizierbare Ebenen und zwei Probleme, die getrennte Lösungen verlangen. Das ist, wird man sagen, nur einer der Aspekte von Heideggers Schwierigkeit, allgemein von der ontologischen auf die ontische Ebene zu gelangen, vom «In-der-Welt-sein» schlechthin zu meiner Beziehung zu *diesem* besonderen «Zeug» [*ustensile*], von meinem Sein-zum-Tode, das aus meinem Sterben meine wesentlichste Möglichkeit macht, zu *diesem* «ontischen» Tod, den ich durch Zusammentreffen mit diesem oder jenem äußeren Existierenden haben werde. Aber diese Schwierigkeit kann in allen anderen Fällen zur Not verdeckt sein, da es zum Beispiel das Dasein [*réalité-humaine*] ist, das macht, daß eine Welt existiert, in der eine Todesgefahr, die es betrifft, sich verbirgt: mehr noch, wenn die Welt ist, so heißt das, daß sie «tödlich» ist, so wie man sagt, eine Wunde sei tödlich. Aber die Unmöglichkeit, von einer Ebene auf die andere überzugehen, springt dagegen beim Problem des Andern in die Augen. Wenn das Dasein [*réalité-humaine*] im ekstatischen Auftauchen seines In-der-Welt-seins macht, daß eine Welt existiert, kann man ja deshalb von seinem Mitsein nicht sagen, daß es ein anderes Dasein [*réalité-humaine*] auftauchen macht. Gewiß bin ich das Sein, durch das es Sein «gibt»[220]. Kann man sagen, daß ich das Sein bin, durch das es ein anderes Dasein [*réalité-*

humaine] «gibt»? Wenn man darunter versteht, daß ich das Sein bin, durch das es *für mich* ein anderes Dasein [*réalité-humaine*] gibt, so ist das eine Binsenwahrheit. Wenn man sagen will, daß ich das Sein bin, durch das es überhaupt andere gibt, fallen wir in den Solipsismus zurück. Denn dieses Dasein [*réalités-humaine*], «mit dem» ich bin, ist selbst «mit-mir-in-der-Welt», es ist die freie Begründung einer Welt (Wie kommt es, daß es die *meine* ist? Man kann vom Mitsein nicht die Identität der Welten herleiten, «worin» die Daseine [*réalités-humaines*] sind), es ist seine eigenen Möglichkeiten. Es ist also *für es*, ohne zu warten, daß ich sein Sein in der Form des «es gibt» existieren mache. So kann ich eine Welt als «tödlich» konstituieren, aber nicht ein Dasein [*réalité-humaine*] als konkretes Sein, das seine eigenen Möglichkeiten ist. Mein Mitsein, von «meinem» Sein aus erfaßt, kann nur als eine in *meinem* Sein begründete reine Forderung betrachtet werden, die nicht den geringsten Beweis der Existenz des Andern, die geringste Brücke zwischen mir und dem andern konstituiert.

Gerade dadurch, daß diese ontologische Beziehung von mir zu einem abstrakten Andern meinen Bezug zu Anderen schlechthin bestimmt, erleichtert sie keineswegs eine besondere und ontische Beziehung von mir zu Pierre, macht vielmehr jede konkrete Verbindung meines Seins zu einem in meiner Erfahrung gegebenen einzelnen Andern radikal unmöglich. Wenn nämlich meine Beziehung zu Anderen *a priori* ist, erschöpft sie jede Beziehungsmöglichkeit mit Anderen. Empirische und kontingente Beziehungen können weder Spezifizierungen noch Einzelfälle von ihr sein; Spezifizierungen eines Gesetzes gibt es nur unter zwei Umständen: entweder ist das Gesetz induktiv von empirischen und einzelnen Fakten abgeleitet; und das ist hier nicht der Fall; oder es ist *a priori* und vereinigt die Erfahrung, wie die Begriffe Kants. Aber gerade in diesem Fall gilt es nur in den Grenzen der Erfahrung: ich finde in den Dingen nur das, was ich hineingelegt habe. Das Inbezugsetzen von zweierlei konkreten «In-der-Welt-sein» kann nicht *meiner* Erfahrung angehören; es entgeht also dem Bereich des *Mitseins*. Aber da das Gesetz gerade seinen eigenen Bereich *konstituiert*, schließt es *a priori* jedes reale Faktum aus, das nicht von ihm konstruiert würde. Die Existenz einer Zeit als *apriorische* Form meiner Sinnlichkeit würde mich *a priori* von jeder Verbindung mit einer noumenalen Zeit ausschließen, die die Kennzeichen eines Seins hätte. So macht die Existenz eines ontologischen und folglich *apriorischen* «Mitseins» jede ontische Verbindung mit einem konkreten Dasein [*réalité-humaine*], das als ein absolutes Transzendentes *für-sich* auftauchte, unmöglich. Das als Struktur meines Seins begriffene «Mitsein» isoliert mich ebenso sicher wie die Argumente des Solipsismus. Die Heideggersche *Transzendenz* ist also ein unaufrichtiger Begriff: sie beabsichtigt zwar, den Idealismus zu überschreiten, und erreicht das in dem Maß, wie dieser uns eine in sich selbst ruhende und ihre eigenen Bilder betrachtende Subjektivität darbietet. Aber der so überschrittene Idealismus ist nur eine Bastardform des Idealismus, eine Art empirio-kritizistischer Psychologismus. Das Heideggersche Dasein [*réalité-humaine*] existiert außerhalb von sich. Aber gerade diese Existenz außerhalb von sich ist in der Lehre Heideggers die Definition des *Selbst*. Sie ähnelt weder der Platonischen Ek-stase, wo die Existenz wirklich Entrückung [*aliénation*] ist, Existenz bei einem andern, noch der Vision in Gott Malebranches,[220a] noch unserer eigenen Auffassung der Ek-stase und der inneren Negation. Heidegger entgeht dem Idealismus nicht: seine Flucht aus sich heraus als *apriorische* Struktur seines Seins isoliert ihn ebenso sicher wie die Reflexion Kants über die *apriorischen* Bedingungen unserer Erfahrung; was das Dasein [*réalité-humaine*] am unerreichbaren Ende dieser Flucht aus sich heraus tatsächlich findet, ist immer noch sich: die Flucht aus sich heraus ist Flucht zu sich hin, und die Welt erscheint als bloße Distanz von sich zu sich. Vergebens sucht man folglich in *Sein und Zeit* das gleichzeitige Überschreiten jedes Idealismus und jedes Realismus. Und die Schwierigkeiten, denen der Idealismus schlechthin begegnet, wenn es darum geht, die Existenz konkreter, uns ähnlicher Wesen [*êtres*] zu begründen, die als solche unserer Erfahrung entgehen, die gerade in ihrer Konstituierung nicht von unserem *Apriori* abhängen, diese Schwierigkeiten erheben sich weiterhin vor der Bemühung Heideggers, das «Dasein [*réalité-humaine*]» aus seinem Alleinsein herauszuholen. Scheinbar wird er mit ihnen fertig, weil er das «außerhalb-von-sich» bald als «außerhalb-von-sich-zu-sich-hin» auffaßt und bald als «außerhalb-von-sich-im-Andern». Aber diese zweite Auffassung des «außerhalb von sich», die er auf dem Umweg über seine Überlegungen heimlich einschiebt, ist strikt unvereinbar mit der ersten: gerade innerhalb seiner Ek-stasen bleibt das Dasein [*réalité-humaine*] allein. Die Existenz des Andern hat nämlich – und das wird der neue Gewinn sein, den wir aus der kritischen Prüfung der Heideggerschen Lehre ziehen – die Natur eines kontingenten und unreduzierbaren Faktums. Man *begegnet* dem Andern, man konstituiert ihn nicht. Und wenn uns diese Tatsache trotzdem unter dem Blickwinkel der Notwendigkeit erscheinen soll, so nicht derjenigen, die zu den «Möglichkeitsbedingungen unserer Erfahrung» gehört oder, wenn man lieber will, der ontologischen Notwendigkeit: die Notwendigkeit der Existenz des Andern muß, wenn sie existiert, eine «kontingente Notwendigkeit» sein, das heißt eben vom Typus der *faktischen Notwendigkeit*, mit der das Cogito sich aufdrängt. Wenn es möglich sein soll, daß der Andere uns gegeben ist, so durch ein direktes Erfassen, das der Begegnung ihren Faktizitätscharakter läßt, wie das Cogito selbst meinem eigenen Denken seine ganze Faktizität läßt, und das trotzdem an der Apodiktizität des Cogito selbst, das heißt an seiner Unbezweifelbarkeit, teilhat.

Dieses lange Exposé einer Lehrmeinung wird also nicht nutzlos gewesen sein, wenn es uns ermöglicht, die notwendigen und zureichenden Bedingungen der Gültigkeit einer Theorie der Existenz der Anderen zu präzisieren.

1. Eine solche Theorie muß keinen neuen *Beweis* der Existenz der Anderen beibringen, ein besseres Argument gegen den Solipsismus als die anderen. Wenn nämlich der Solipsismus verworfen werden muß, so kann das nur sein, weil er unmöglich ist oder, wenn man lieber will, weil niemand wirklich Solipsist ist. Die Existenz der Anderen wird immer anzweifelbar sein, sofern man nur in Worten und abstrakt am Anderen zweifelt, so wie ich schreiben kann, ohne das auch nur denken zu können: «Ich zweifle an meiner eigenen Existenz.» Kurz, die Existenz des Andern darf keine *Wahrscheinlichkeit* sein. Die Wahrscheinlichkeit kann nämlich nur die Gegenstände betreffen, die in unserer Erfahrung erscheinen oder von denen neue Wirkungen in unserer Erfahrung auftauchen können. Wahrscheinlichkeit gibt es nur, wenn ihre Bestätigung oder Entkräftung jeden Augenblick möglich sein kann. Wenn der Andere grundsätzlich und in seinem «Für-sich» außerhalb meiner Erfahrung ist, wird die Wahrscheinlichkeit seiner Existenz als eines *andern Selbst* weder bestätigt noch entkräftet werden können, sie kann weder zunehmen noch abnehmen, noch auch nur bemessen werden: sie verliert also gerade ihr Wahrscheinlichkeitssein und wird eine bloße Romancierannahme. In derselben Weise hat Lalande gezeigt*, daß eine Hypothese über die Existenz von Lebewesen auf dem Planeten Mars bloße Annahme bleibt und ohne irgendeine «Chance», wahr oder falsch zu sein, solange wir nicht über wissenschaftliche Instrumente oder Theorien verfügen, die es uns ermöglichen, Tatsachen auftauchen zu lassen, die diese Hypothese bestätigen

---

* André Lalande, *Les théories de l'induction et de l'expérimentation*, 1929.

oder entkräften. Aber die Struktur des Andern ist grundsätzlich eine solche, daß keine neue Erfahrung gemacht werden kann, daß keine neue Theorie die Hypothese von seiner Existenz bestätigen oder entkräften wird, daß kein Instrument neue Tatsachen aufdecken wird, die mich veranlassen, diese Hypothese zu behaupten oder zu verwerfen. Wenn also der Andere bei mir nicht unmittelbar anwesend ist und wenn seine Existenz nicht so sicher ist wie die meine, ist jede Annahme über sie total sinnlos. Aber ich nehme ja die Existenz des Andern gerade nicht an: ich behaupte sie. Eine Theorie der Existenz des Andern muß mich also einfach in meinem Sein befragen, den Sinn dieser Behauptung klären und präzisieren und vor allem, statt einen Beweis zu erfinden, eben die Grundlage dieser Gewißheit darlegen. Anders gesagt, Descartes hat seine Existenz nicht *bewiesen*. Ich habe ja tatsächlich immer gewußt, daß ich existiere, ich habe nie aufgehört, das Cogito zu praktizieren. Ebenso beweisen meine Widerstände gegenüber dem Solipsismus – die ebenso lebhaft sind wie die, die ein Versuch, am Cogito zu zweifeln, hervorrufen könnte –, daß ich immer gewußt habe, daß der Andere existiert, daß ich immer ein totales, wenn auch implizites *Verständnis* seiner Existenz gehabt habe, daß dieses «vorontologische» Verständnis ein sichereres und tieferes Verständnis der Natur des Andern und seines Seinsbezugs zu meinem Sein in sich schließt als alle Theorien, die man außerhalb seiner hat aufstellen können. Wenn die Existenz des Andern nicht eine müßige Annahme, ein bloßer Roman ist, so deshalb, weil es etwas wie ein Cogito gibt, das sie betrifft. Dieses Cogito muß man aufdecken, seine Strukturen müssen erklärt, seine Tragweite und seine Geltungen bestimmt werden.

2. Aber andererseits hat uns Hegels Scheitern gezeigt, daß der einzig mögliche Ausgangspunkt das kartesianische Cogito ist. Nur dieses stellt uns übrigens auf den Boden jener faktischen Notwendigkeit, die die der Existenz

des Andern ist. Was wir also, in Ermangelung eines besseren, das Cogito der Existenz des Andern nennen, verschmilzt mit meinem eigenen Cogito. Das erneut untersuchte Cogito muß mich aus ihm heraus auf den Andern werfen, wie es mich aus ihm heraus auf das An-sich geworfen hat; und das nicht, indem es mir eine *apriorische* Struktur meiner selbst enthüllt, die auf einen ebenso *apriorischen* Andern zielte, sondern indem es mir die konkrete und unbezweifelbare Anwesenheit *dieses* oder *jenes* konkreten Andern entdeckt, wie es mir schon meine unvergleichbare, kontingente, jedoch notwendige, konkrete Existenz enthüllt hat. Also muß man vom Für-sich verlangen, uns das Für-Andere zu liefern, muß man von der absoluten Immanenz verlangen, uns in die absolute Transzendenz zurückzuwerfen: im Innersten meiner selbst muß ich nicht *Gründe* finden, an den Andern *zu glauben*, sondern den Andern selbst als den, der nicht ich ist.

3. Und was das Cogito uns enthüllen soll, ist kein Gegenstand-Anderer. Man hätte längst einmal darüber nachdenken sollen, daß, wer Gegenstand sagt, *wahrscheinlich* sagt. Wenn der Andere für mich Gegenstand ist, verweist er mich auf die Wahrscheinlichkeit. Aber die Wahrscheinlichkeit gründet sich ausschließlich auf die unendliche Kongruenz unserer Vorstellungen. Da der Andere weder eine Vorstellung ist noch ein Vorstellungssystem, noch eine notwendige Einheit unserer Vorstellungen, kann er nicht *wahrscheinlich* sein; er kann nicht *zunächst* Gegenstand sein. Wenn er also *für uns* ist, kann er es weder als konstitutiver Faktor unserer Erkenntnis der Welt sein noch als konstitutiver Faktor unserer Erkenntnis des Ich, sondern insofern er unser Sein «interessiert», und nicht, insofern er *a priori* dazu beitrüge, es zu konstituieren, sondern insofern er es konkret und «ontisch» unter den empirischen Umständen unserer Faktizität interessiert.

4. Wenn es darum geht, für den Andern in gewisser Weise das zu versuchen, was Descartes für Gott mit jenem

ungewöhnlichen «Beweis durch die Vollkommenheitsidee»²²¹ versucht hat, der ganz durch die Intuition der Transzendenz beherrscht ist, sind wir gezwungen, für unser Erfassen des Andern als Andern einen bestimmten Negationstypus zurückzuweisen, den wir äußere Negation genannt haben. Der Andere muß dem Cogito als Ich *nicht seiend* erscheinen. Diese Negation läßt sich auf zweierlei Weise verstehen: entweder ist sie bloße äußere Negation und trennt den Andern von mir selbst wie eine Substanz von einer andern Substanz – in diesem Fall ist jedes Erfassen des Andern *per definitionem* unmöglich –, oder aber sie ist innere Negation, was synthetische und aktive Verbindung der beiden Glieder bedeutet, deren jedes sich konstituiert, indem es sich am andern negiert. Diese negative Beziehung ist also wechselseitig und von zweifacher Interiorität. Das bedeutet zunächst, daß die Vielheit der «Anderen» nicht eine *Kollektion* sein kann, sondern eine *Totalität* – in diesem Sinn geben wir Hegel recht –, da jeder Andere sein Sein im andern findet; aber auch, daß diese Totalität so ist, daß es grundsätzlich unmöglich ist, «den Gesichtspunkt des Ganzen» einzunehmen. Wir haben ja gesehen, daß kein abstrakter Bewußtseinsbegriff aus dem Vergleich meines Für-mich-selbst-seins mit meiner Gegenständlichkeit für Andere hervorgehen kann. Außerdem ist diese Totalität – wie die des Für-sich – detotalisierte Totalität, denn da die Existenz-für-Andere radikale Abweisung des Andern ist, ist keine totalitäre und vereinigende Synthese der «Anderen» möglich.

Von diesen wenigen Erwägungen aus werden wir versuchen, unsererseits die Frage des Andern anzugehen.

IV
Der Blick

Die Frau, die ich auf mich zukommen sehe, der Mann, der auf der Straße vorübergeht, der Bettler, den ich von meinem Fenster aus singen höre, sind für mich *Gegenstände*, daran besteht kein Zweifel. Also ist es richtig, daß wenigstens eine der Modalitäten der Anwesenheit Anderer bei mir die *Gegenständlichkeit* ist. Aber wir haben gesehen, daß die Existenz Anderer bloße Annahme bleibt, wenn diese Gegenstandsbeziehung die fundamentale Beziehung Anderer zu mir selbst ist. Es ist aber nicht nur eine Annahme, sondern *wahrscheinlich*, daß diese Stimme, die ich höre, die eines Menschen und nicht der Gesang aus einem Grammophon ist, es ist unendlich *wahrscheinlich*, daß der Vorübergehende, den ich wahrnehme, ein Mensch ist und nicht ein vollendeter Roboter. Das bedeutet, daß meine Wahrnehmung des Andern als Gegenstand, ohne die Grenzen der Wahrscheinlichkeit zu verlassen und gerade wegen dieser Wahrscheinlichkeit, ihrem Wesen nach auf ein fundamentales Erfassen des Andern verweist, wo der Andere sich mir nicht mehr als Gegenstand, sondern als «leibhaftige Anwesenheit» entdecken wird. Kurz, damit ein Anderer wahrscheinlicher Gegenstand und nicht der Traum von einem Gegenstand ist, muß seine Gegenständlichkeit nicht auf ein ursprüngliches, mir unerreichbares Alleinsein verweisen, sondern auf eine fundamentale Verbindung, wo der Andere sich anders manifestiert als durch die Erkenntnis, die ich von ihm gewinne. Die klassischen Theorien sind zu Recht der Ansicht, daß jeder wahrgenommene menschliche Organismus auf etwas *verweist* und daß das, worauf er verweist, der Grund und die Garantie seiner Wahrscheinlichkeit ist. Aber ihr Irrtum besteht in dem Glauben, daß diese Verweisung eine getrennte Existenz anzeigt, ein Bewußtsein, das hinter seinen wahrnehmbaren Manifestationen ist, wie das Noumenon hinter der Empfindung²²² bei Kant. Ob dieses Bewußtsein nun in getrenntem Zustand existiert oder nicht, das Gesicht, das ich sehe, weist nicht auf dieses Bewußtsein hin, und dieses Bewußtsein ist auch nicht die *Wahrheit* des wahrscheinlichen Gegenstands, den ich wahrnehme. Die faktische Verweisung auf ein gepaartes Auftauchen, wo der andere für mich Anwesenheit ist, ist außerhalb der eigentlichen Erkenntnis gegeben – auch wenn sie in einer dunklen und unaussprechbaren Form vom Typus der Intuition verstanden wird –, kurz, einem «Mit-dem-andern-gepaart-sein». Mit anderen Worten, man hat allgemein das Problem des Andern betrachtet, als wenn die erste Beziehung, durch die der Andere sich enthüllt, die Gegenständlichkeit wäre, das heißt, als wenn der Andere sich zunächst – direkt oder indirekt – unserer Wahrnehmung enthüllte. Aber da diese Wahrnehmung gerade von Natur aus auf etwas anderes als auf sich selbst *sich bezieht* und da sie weder auf eine unendliche Reihe von Erscheinungen gleichen Typus verweisen kann – wie es für den Idealismus die Wahrnehmung des Tischs oder des Stuhls tut – noch auf eine isolierte, mir grundsätzlich unerreichbare Entität, muß es ihr Wesen sein, sich auf eine erste Beziehung meines Bewußtseins zu dem des Andern zu beziehen, in der der Andere mir direkt als Subjekt, wenn auch in Verbindung mit mir, gegeben sein muß, und die der fundamentale Bezug, der eigentliche Typus meines Für-Andere-seins ist.

Trotzdem kann es hier nicht darum gehen, daß wir uns auf irgendeine mystische Erfahrung oder auf etwas Unaussprechbares beziehen. Denn der Andere erscheint uns in der alltäglichen Realität, und seine Wahrscheinlichkeit bezieht sich auf die alltägliche Realität. Das Problem präzisiert sich also: Gibt es in der alltäglichen Realität eine ursprüngliche Beziehung zum Andern, die ständig anvisiert werden und sich mir folglich entdecken kann, außerhalb jeder Bezugnahme auf ein religiöses oder mystisches Unerkennbares? Um das zu wissen, muß man diese banale Erscheinung des Andern im Feld meiner Wahrnehmung genauer befragen: da *sie* es ist, die sich auf diesen fundamentalen Bezug bezieht, muß sie fähig sein, uns den Bezug, auf den sie sich bezieht, wenigstens als anvisierte Realität aufzudecken.

Ich befinde mich in einem öffentlichen Park. Nicht weit von mir sehe ich einen Rasen und längs des Rasens Stühle. Ein Mensch geht an den Stühlen vorbei. Ich sehe diesen Menschen, ich erfasse ihn gleichzeitig als einen Gegenstand und als einen Menschen. Was bedeutet das? Was will ich sagen, wenn ich von diesem Gegenstand behaupte, daß *es ein Mensch ist*?

Wenn ich denken müßte, daß er nichts anderes als eine Puppe ist, würde ich die Kategorien auf ihn anwenden, die mir gewöhnlich dazu dienen, die raum-zeitlichen «Dinge» zu gruppieren. Das heißt, ich würde ihn als etwas erfassen, was «neben» den Stühlen ist, 2,20 m vom Rasen entfernt, einen gewissen Druck auf den Boden ausübt usw. Sein Bezug zu den anderen Gegenständen wäre vom rein additiven Typus; das bedeutet, daß ich ihn verschwinden lassen könnte, ohne daß die Beziehungen der anderen Gegenstände untereinander dadurch merklich modifiziert würden. Kurz, *durch ihn* erschiene keine neue Beziehung zwischen diesen Dingen meines Universums: *auf meiner Seite* zu instrumentellen Komplexen gruppiert und synthetisiert, würden sie *auf der seinen* in Vielheiten von Indifferenzbeziehungen zerfallen. Ihn *dagegen als Menschen* wahrnehmen heißt eine nicht additive Beziehung des Stuhls zu ihm erfassen, eine *distanzlose* Organisation der Dinge meines Universums um diesen bevorrechtigten Gegenstand herum registrieren. Der Rasen bleibt zwar 2,20 m von ihm entfernt; aber *als Rasen* ist er mit ihm auch in einer Beziehung verbunden, von der die Distanz transzendiert und zugleich umfaßt wird. Die beiden Glieder der Distanz sind alles andere als indifferent, austauschbar und in einem Wechselverhältnis, sondern die Distanz *entfaltet sich von dem Menschen aus*, den ich sehe, und *bis zu* dem Rasen als das synthetische Auftauchen einer einseitigen Beziehung. Es handelt sich um eine Beziehung *ohne Teile*, die mit einem Schlag gegeben ist und innerhalb deren sich eine Räumlichkeit entfaltet, die nicht *meine* Räumlichkeit ist, denn statt eine Gruppierung der Gegenstände *auf mich hin* zu sein, handelt es sich um eine Orientierung, *die mich flieht*. Zwar ist diese Beziehung ohne Distanz und ohne Teile keineswegs die von mir gesuchte ursprüngliche Beziehung des Andern zu mir selbst: zunächst betrifft sie nur den Menschen und die Dinge der Welt. Ferner ist sie noch Erkenntnisgegenstand; ich drücke das zum Beispiel aus, indem ich sage, daß dieser Mensch den Rasen *sieht* oder daß er sich anschickt, den Rasen trotz der Verbotstafel zu betreten usw. Schließlich behält sie einen bloßen Wahrscheinlichkeitscharakter bei: zunächst ist es *wahrscheinlich*, daß dieser Gegenstand ein Mensch ist; ferner bleibt es, auch wenn gewiß ist, daß es einer ist, nur wahrscheinlich, daß er den Rasen in dem Moment, in dem ich ihn wahrnehme, *sieht*: er kann über irgendein Vorhaben nachdenken, ohne daß ihm seine Umgebung deutlich bewußt wird, er kann blind sein usw. usw. Trotzdem hat diese neue Beziehung des Menschen-als-Gegenstand zum Rasen-als-Gegenstand eine Besonderheit: sie ist mir ganz gegeben, denn sie ist da, in der Welt, als Gegenstand, den ich erkennen kann (ich drücke ja eine gegenständliche Beziehung aus, wenn ich sage: Pierre hat einen Blick auf seine Uhr geworfen, Jeanne hat aus dem Fenster gesehen usw. usw), und gleichzeitig entgeht sie mir ganz; in dem Maß, in dem der Mensch-als-Gegenstand das fundamentale Glied dieser Beziehung ist, in dem Maß, in dem sie *auf ihn zugeht*, entgeht sie mir, ich kann mich nicht in das Zentrum stellen; die Distanz, die sich im synthetischen Auftauchen dieser ersten Beziehung zwischen dem Rasen und dem Menschen entfaltet, ist eine Negation der Distanz, die ich – als reinen Typus äußerer Negation – zwischen diesen beiden Gegenständen herstelle. Sie erscheint als eine reine *Desintegration* der Beziehungen, die ich zwischen den Objekten meines Universums wahrnehme. Und nicht ich bin es, der diese Desintegration realisiert; sie erscheint mir als eine Beziehung, die ich über die Distanzen, die ich ursprünglich zwischen den Dingen herstelle, leer anvisiere. Sie ist wie ein Hinter-Grund der Dinge, der mir grundsätzlich entgeht und der ihnen von außen verliehen wird. Erscheint also unter den Gegenständen *meines* Universums ein Element der Desintegration eben dieses Universums, so nenne ich das das Erscheinen *eines* Menschen in meinem Universum. Der Andere, das ist zunächst die permanente Flucht der Dinge auf ein Ziel hin, das ich gleichzeitig in einer gewissen Distanz von mir als Gegenstand erfasse und das mir entgeht, insofern es um sich herum seine eigenen Distanzen entfaltet. Aber diese Desintegration greift immer mehr um sich; wenn zwischen dem Rasen und dem Andern ein distanzloser und Distanz schaffender Bezug existiert, existiert ein solcher notwendig zwischen dem Andern und der Statue, die auf ihrem Sockel *mitten im* Rasen steht, zwischen dem Andern und den großen Kastanienbäumen entlang der Allee; ein ganzer Raum gruppiert sich um den Andern herum, und dieser Raum ist *mit meinem Raum* gemacht; es ist eine Umgruppierung aller Gegenstände, die mein Universum bevölkern, der ich beiwohne und die mir entgeht. Diese Umgruppierung hört dort nicht auf; der Rasen ist qualifiziertes Ding: es ist *dieser* grüne Rasen, der für den Andern existiert; in diesem Sinn steht sogar die Qualität des Gegenstands, sein tiefes und kräftiges Grün in direkter Beziehung zu diesem Menschen; dieses Grün wendet dem Andern eine Seite zu, die mir entgeht. Ich erfasse die *Beziehung* des Grün zum Andern als einen gegenständlichen Bezug, aber ich kann das Grün nicht erfassen, *wie* es dem Andern erscheint. So ist plötzlich ein Gegenstand erschienen, der mir die Welt gestohlen hat. Alles ist an seinem Platz, alles existiert immer noch für mich, aber alles ist von einer unsichtbaren und erstarrten Flucht auf einen neuen Gegenstand hin durchzogen. Die Erscheinung des Andern in der Welt entspricht also einem erstarrten Entgleiten des ganzen Universums, einer Dezentrierung der Welt, die die Zentrierung, die ich in derselben Zeit herstelle, unterminiert.

Aber der *Andere* ist auch Gegenstand *für mich*. Er gehört zu *meinen* Distanzen: der Mensch ist dort, zwanzig Schritte von mir entfernt, er wendet *mir* den Rücken zu. Als solcher ist er wieder 2,20 m vom Rasen, sechs Meter von der Statue entfernt; dadurch ist die Desintegration meines Universums in den Grenzen dieses Universums selbst enthalten, es handelt sich nicht um eine Flucht der Welt auf das Nichts hin oder aus sich heraus. Sondern es scheint eher, daß es mitten in seinem Sein von einem Abflußloch durchbohrt ist und fortwährend durch dieses Loch abfließt. Das Universum, das Abfließen und das Abflußloch, wieder ist alles zurückgewonnen, wiedererfaßt und zum Gegenstand erstarrt: das alles ist *für mich* da als eine partielle Struktur der Welt, obwohl es sich tatsächlich um die totale Desintegration des Universums handelt. Oft ist es mir übrigens möglich, diese Desintegrationen in engeren Grenzen zu halten: hier ist zum Beispiel ein Mensch, der beim Gehen liest. Die Desintegration des Universums, die er darstellt, ist rein virtuell: er hat Ohren, die nicht hören, Augen, die nur sein Buch sehen. Zwischen seinem Buch und ihm erfasse ich eine unleugbare distanzlose Beziehung vom Typus derjenigen, die vorhin den Spaziergänger mit dem Rasen verband. Aber diesmal hat sich die Gestalt über sich selbst geschlossen: ich habe einen vollen Gegenstand zu erfassen. Mitten in der Welt kann ich sagen «lesender-Mensch», wie ich sagen würde «kalter Stein», «Nieselregen»; ich erfasse eine geschlossene «Gestalt»²²³, deren wesentliche Eigenschaft das *Lesen* bildet und die im übrigen blind und taub ist, sich schlicht und einfach wie ein raum-zeitliches Ding erkennen und wahrnehmen läßt und mit dem Rest der Welt in der bloßen Beziehung indifferenter Exteriorität zu sein scheint. Lediglich gerade die Eigenschaft «lesender-Mensch» als Bezug des Menschen zum Buch ist ein bestimmter kleiner Riß meines Universums; innerhalb dieser festen und sichtbaren Gestalt entsteht ein bestimmter Abfluß, sie ist nur scheinbar massiv, ihr eigentlicher Sinn ist, mitten in meinem Universum, zehn Schritt von mir entfernt, innerhalb dieser Massivität eine streng regulierte und lokalisierte Flucht zu sein.

Mit alldem verlassen wir keineswegs den Bereich, wo der Andere *Gegenstand* ist. Höchstens haben wir es hier mit einem besonderen Gegenständlichkeitstyp zu tun, der demjenigen ziemlich nahekommt, den Husserl mit dem Wort *Abwesenheit*²²⁴ bezeichnet, ohne daß er jedoch darauf aufmerksam macht, daß der Andere nicht als die Abwesenheit eines Bewußtseins in bezug auf den Körper, den ich sehe, definiert wird, sondern durch die Abwesenheit der Welt, die ich gerade innerhalb meiner Wahrnehmung dieser Welt wahrnehme. Auf dieser Ebene ist der Andere ein Gegenstand der Welt, der sich durch die Welt definieren läßt. Aber diese Beziehung von Flucht und Abwesenheit der Welt in bezug auf mich ist nur wahrscheinlich. Wenn sie die Gegenständlichkeit des Andern definiert, auf welche ursprüngliche Anwesenheit des Andern bezieht sie sich dann? Wir können jetzt antworten: Wenn der Objekt-Andere in Verbindung mit der Welt als der Gegenstand definiert ist, der das *sieht*, was ich sehe, muß meine fundamentale Verbindung mit dem Subjekt-Andern auf meine permanente Möglichkeit zurückgeführt werden können, durch Andere *gesehen zu werden*. Das heißt, in der Enthüllung meines Objekt-seins für den Andern und durch sie muß ich die Anwesenheit seines Subjekt-seins erfassen können. Denn ebenso wie der Andere für mich-als-Subjekt ein wahrscheinliches Objekt ist, kann ich mich nur für ein gewisses Subjekt als wahrscheinliches Objekt werdend entdecken. Diese Enthüllung kann sich nicht aus der Tatsache ergeben, daß *mein* Universum für den Objekt-Andern Objekt ist, als wenn der Blick des Andern, nachdem er auf dem Rasen und auf den Objekten der Umgebung umherirrte, sich, eine bestimmte Richtung einschlagend, auf mich heftete. Ich habe darauf hingewiesen, daß ich nicht Objekt für ein Objekt sein kann: es bedarf einer radikalen Verwandlung des Andern, die ihn der Gegenständlichkeit entkommen ließe. Ich kann also den Blick, den der Andere auf mich wirft, nicht als eine der möglichen Manifestationen seines gegenständlichen Seins betrachten: der Andere kann *mich* nicht so ansehen, wie er den Rasen ansieht. Und außerdem kann sich gerade meine Gegenständlichkeit nicht *für mich* aus der Gegenständlichkeit der Welt ergeben, da ja ich es bin, durch den es eine Welt *gibt*; das heißt der, der grundsätzlich nicht das Objekt für sich selbst sein kann. Dieser Bezug, den ich «Vom-Andern-gesehen-werden» nenne, ist also keineswegs eine der durch das Wort *Mensch* bezeichneten Beziehungen unter anderen, sondern stellt ein unreduzierbares Faktum dar, das man weder vom Wesen des Objekt-Andern noch von meinem Subjekt-sein ableiten kann. Ganz im Gegenteil, wenn der Begriff des Objekt-Andern einen Sinn haben soll, so kann er ihn nur von der Verwandlung und von der Verminderung dieser ursprünglichen Beziehung haben. Kurz, das, worauf sich mein Erfassen des Andern in der Welt als *wahrscheinlich ein Mensch seiend* bezieht, ist meine permanente Möglichkeit, *von-ihm-gesehen-zu-werden*, das heißt die permanente Möglichkeit für ein Subjekt, das mich sieht, sich an die Stelle des von mir gesehenen Objekts zu setzen. Das «Vom-Andern-gesehen-werden» ist die *Wahrheit* des «Den-Andern-sehens». Demnach kann der Begriff des Andern in keinem Fall ein isoliertes und weltjenseitiges Bewußtsein meinen, das ich nicht einmal denken kann; der Mensch wird durch Bezug zur Welt und durch Bezug zu mir selbst definiert; er ist jener Gegenstand der Welt, der ein inneres Abfließen des Universums bestimmt, eine innere Hämorrhagie; er ist das Subjekt, das sich mir in dieser Flucht vor mir selbst zur Objektivation hin entdeckt. Aber die ursprüngliche Beziehung von mir selbst zum Andern ist nicht nur eine abwesende Wahrheit, die über die konkrete Anwesenheit eines Objekts in meinem Universum anvisiert wird; sie ist auch ein konkreter alltäglicher Bezug, dessen Erfahrung ich in jedem Augenblick mache: in jedem Augenblick *sieht mich der Andere an*: es ist für uns also leicht, an konkreten Beispielen die Beschreibung dieser fundamentalen Verbindung zu versuchen, die die Basis jeder Theorie des Andern bilden muß; wenn der Andere grundsätzlich der ist, *der mich ansieht*, müssen wir den Sinn des Blicks des Andern erklären können.

Jeder auf mich gerichtete Blick manifestiert sich in Verbindung mit dem Erscheinen einer sinnlichen Gestalt in unserem Wahrnehmungsfeld, aber im Gegensatz zu dem, was man glauben könnte, ist er an keine bestimmte Gestalt gebunden. Was *am häufigsten* einen Blick manifestiert, ist sicher das Sichrichten zweier Augäpfel auf mich. Aber er ist ebensogut anläßlich eines Raschelns von Zweigen, eines von Stille gefolgen Geräuschs von Schritten, eines halboffenen Fensterladens, der leichten Bewegung eines Vorhangs gegeben. Bei einem Handstreich erfassen die Männer, die durch das Gebüsch kriechen, nicht zwei Augen als einen *zu vermeidenden Blick*, sondern ein ganzes weißes Bauernhaus, das sich auf einem Hügel gegen den Himmel abhebt. Es versteht sich von selbst, daß der so konstituierte Gegenstand den Blick erst nur als wahrscheinlich manifestiert. Es ist nur wahrscheinlich, daß hinter dem Gebüsch, das sich eben bewegt hat, jemand im Hinterhalt liegt, der mir auflauert. Aber diese Wahrscheinlichkeit soll uns im Augenblick nicht aufhalten: wir kommen darauf zurück; worauf es zunächst ankommt, ist, den Blick an ihm selbst zu definieren. Das Gebüsch, das Bauernhaus sind ja nicht der Blick: sie repräsentieren nur das *Auge*, denn das Auge wird zunächst nicht als Sinnesorgan des Sehens erfaßt, sondern als Träger des Blicks. Sie verweisen also nie auf die leiblichen Augen des hinter dem Vorhang, hinter einem Fenster des Bauernhauses auf der Lauer liegenden Spähers: für sich allein sind es schon Augen. Andererseits ist der Blick weder eine unter anderen Qualitäten des Objekts, das als Auge fungiert, noch die totale Gestalt dieses Objekts, noch ein «weltlicher» Bezug, der zwischen diesem Objekt und mir entsteht. Ganz im Gegenteil, statt den Blick *an* den Objekten, die ihn manifestieren, wahrzunehmen, erscheint mein Erfassen eines auf mich gerichteten Blicks auf dem Hintergrund der Zerstörung der Augen, die «mich ansehen»: wenn ich den Blick erfasse, höre ich auf, die Augen wahrzunehmen: sie sind da, sie bleiben im Feld meiner Wahrnehmung als reine *Präsentationen*, aber ich mache davon keinen Gebrauch, sie sind neutralisiert, aus dem Spiel, sie sind nicht mehr Objekt einer These, sie bleiben im Zustand der «Ausschaltung», in dem sich die Welt für ein Bewußtsein befindet, das die von Husserl vorgeschriebene phänomenologische Reduktion vollzogen hat.[225] Nie können wir Augen, während sie uns ansehen, schön oder häßlich finden, ihre Farbe feststellen. Der Blick des Andern verbirgt seine Augen, scheint *vor sie* zu treten. Diese Täuschung kommt daher, daß die Augen als Objekte meiner Wahrnehmung in einer genauen Distanz bleiben, die sich von mir zu ihnen ausbreitet – kurz, ich bin bei den Augen ohne Distanz anwesend, aber sie sind von der Stelle entfernt, wo ich «mich befinde» –, während der Blick ohne Distanz auf mir ruht und mich zugleich auf Distanz hält, das heißt, daß seine unmittelbare Anwesenheit bei mir eine Distanz ausbreitet, die mich von ihm fernhält. Ich kann also meine

Aufmerksamkeit nicht auf den Blick lenken, ohne daß meine Wahrnehmung sich zugleich damit auflöst und in den Hintergrund tritt. Es geschieht hier etwas Analoges zu dem, was ich an anderer Stelle zur Frage des Imaginären* zu zeigen versucht habe; wir können, sagte ich dort, nicht gleichzeitig wahrnehmen und imaginieren, es kann nur das eine oder das andere sein. Hier würde ich sagen: wir können nicht die Welt wahrnehmen und gleichzeitig einen auf uns fixierten Blick erfassen; es muß entweder das eine oder das andere sein. Wahrnehmen ist nämlich *anblicken*, und einen Blick erfassen ist nicht ein Blick-Objekt in der Welt erfassen (außer, wenn dieser Blick nicht auf uns gerichtet ist), sondern Bewußtsein davon erlangen, *angeblickt zu werden*. Der Blick, den die *Augen* manifestieren, von welcher Art sie auch sein mögen, ist reiner Verweis auf mich selbst. Was ich unmittelbar erfasse, wenn ich die Zweige hinter mir knacken höre, ist nicht, daß *jemand da ist*, sondern daß ich verletzlich bin, daß ich einen Körper habe, der verwundet werden kann, daß ich einen Platz einnehme und daß ich in keinem Fall aus dem Raum entkommen kann, wo ich wehrlos bin, kurz, daß ich *gesehen werde*. So ist der Blick zunächst ein Mittelglied, das von mir auf mich selbst verweist. Von welcher Beschaffenheit ist dieses Mittelglied? Was bedeutet für mich: gesehen werden?

Nehmen wir an, ich sei aus Eifersucht, aus Neugier, aus Verdorbenheit so weit gekommen, mein Ohr an eine Tür zu legen, durch ein Schlüsselloch zu gucken. Ich bin allein und auf der Ebene des nicht-thetischen Bewußtseins (von) mir. Das bedeutet zunächst, daß es kein *Ich* gibt, das mein Bewußtsein bewohnt. Also nichts, worauf ich meine Handlungen beziehen könnte, um sie zu qualifizieren. Sie werden keineswegs *erkannt*, sondern *ich bin sie*, und allein

---

* *L'imaginaire*, Gallimard, Paris 1940 [deutsch: Jean-Paul Sartre, *Das Imaginäre*, Rowohlt, Reinbek 1971].

deshalb tragen sie ihre totale Rechtfertigung in sich selbst. Ich bin reines Bewußtsein *von den* Dingen, und die Dinge, im Zirkel meiner Selbstheit gefangen, bieten mir ihre Potentialitäten als Antwort meines nicht-thetischen Bewußtseins (von) meinen eigenen Möglichkeiten dar. Das bedeutet, daß hinter dieser Tür ein Schauspiel «zu sehen», eine Unterhaltung «zu hören» ist. Die Tür, das Schlüsselloch sind zugleich Instrumente und Hindernisse: sie stellen sich als «mit Vorsicht zu handhaben» dar; das Schlüsselloch bietet sich dar als «aus der Nähe und ein wenig von der Seite zu sehen» usw. Nun «tue ich, was ich zu tun habe»; keine transzendente Sicht verleiht meinen Handlungen den Charakter von etwas *Gegebenem*, über das ein Urteil gefällt werden könnte: mein Bewußtsein klebt an meinen Handlungen; es *ist* meine Handlungen; sie werden nur durch die zu erreichenden Zwecke und durch die zu verwendenden Instrumente geleitet. Meine Haltung zum Beispiel hat gar kein «Draußen», ist reines Inbezugsetzen des Instruments (Schlüsselloch) mit dem zu erreichenden Zweck (zu sehendes Schauspiel), eine bloße Art, mich in der Welt zu verlieren, mich durch die Dinge aufsaugen zu lassen wie die Tinte durch ein Löschblatt, damit sich ein auf einen Zweck hin orientierter Utensilienkomplex synthetisch auf dem Welthintergrund abhebt. Die Ordnung ist umgekehrt wie die Kausalordnung: der zu erreichende Zweck organisiert alle Momente, die ihm vorhergehen; der Zweck rechtfertigt die Mittel, die Mittel existieren nicht für sich selbst und außerhalb des Zwecks. Die Gesamtheit existiert übrigens nur durch Bezug auf einen freien Entwurf meiner Möglichkeiten: gerade die Eifersucht als Möglichkeit, die ich *bin*, organisiert diesen Utensilitätskomplex, indem sie ihn auf sich selbst hin transzendiert. Aber diese Eifersucht *bin* ich, ich erkenne sie nicht. Nur der weltliche Utensilitätskomplex könnte mich über sie belehren, wenn ich ihn betrachtete, anstatt ihn zu schaffen. Diese Gesamtheit in der Welt mit ihrer doppelten umgekehrten Bestimmtheit – es gibt nur deshalb ein Schauspiel hinter der Tür *zu sehen*, weil ich eifersüchtig bin, aber meine Eifersucht ist nichts außer der bloßen objektiven Tatsache, daß es hinter der Tür ein Schauspiel *zu sehen gibt* – nennen wir *Situation*. Diese Situation spiegelt mir zugleich meine Faktizität und meine Freiheit; anläßlich einer bestimmten objektiven Struktur der mich umgebenden Welt weist sie mir meine Freiheit in Form von frei zu erledigenden Aufgaben zu; es gibt da keinerlei Zwang, weil meine Freiheit an meinen Möglichkeiten nagt und die Potentialitäten der Welt sich korrelativ dazu lediglich anzeigen und anbieten. Deshalb kann ich mich nicht wirklich als in einer Situation *seiend* definieren: zunächst weil ich keineswegs setzendes Bewußtsein von mir selbst bin; ferner weil ich mein eigenes Nichts bin. In diesem Sinn – und weil ich ja das bin, was ich nicht bin, und nicht das bin, was ich bin – kann ich mich nicht einmal definieren als wirklich dabei *seiend*, an Türen zu lauschen, ich entgehe dieser vorläufigen Definition meiner selbst durch meine ganze Transzendenz; hier ist, wie wir gesehen haben, der Ursprung der Unaufrichtigkeit; so kann ich mich nicht nur nicht *erkennen*, sondern mein Sein selbst entgeht mir – obwohl ich eben dieses Meinem-Sein-entgehen *bin* –, und ich bin nichts ganz und gar; es gibt nichts *da* als ein reines Nichts, von dem eine objektive, sich von der Welt abhebende bestimmte Gesamtheit, ein reales System, eine Anordnung von Mitteln im Hinblick auf einen Zweck umgeben ist und herausgestellt wird.

Jetzt habe ich Schritte im Flur gehört: man sieht mich. Was soll das heißen? Das heißt, daß ich in meinem Sein plötzlich getroffen bin und daß wesentliche Modifikationen in meinen Strukturen erscheinen – Modifikationen, die ich durch das reflexive Cogito erfassen und begrifflich fixieren kann.

Zunächst existiere ich nun als *Ich* für mein unreflektiertes Bewußtsein. Gerade diesen Einbruch des Ich hat man am häufigsten beschrieben: ich sehe *mich*, weil *man* mich sieht, hat man schreiben können. In dieser Form ist das nicht ganz richtig. Aber sehen wir genauer hin: solange wir das Für-sich in seinem Alleinsein betrachteten, konnten wir behaupten, daß das unreflektierte Bewußtsein nicht durch ein Ich bewohnt sein könnte: das Ich bot sich als Objekt nur dem reflexiven Bewußtsein dar. Aber jetzt ist das Ich dabei, das unreflektierte Bewußtsein heimzusuchen. Nun ist aber das unreflektierte Bewußtsein Bewußtsein *von der* Welt. Das Ich existiert für dieses also auf der Ebene der Objekte der Welt; diese Rolle, die nur dem reflexiven Bewußtsein zufiel: das Gegenwärtig machen des Ich, gehört jetzt dem unreflektierten Bewußtsein an. Doch das reflexive Bewußtsein hat direkt das Ich zum Objekt. Das unreflektierte Bewußtsein erfaßt die *Person* nicht direkt und nicht als *sein* Objekt: die Person ist dem Bewußtsein gegenwärtig, insofern *sie Objekt für Andere ist*. Das bedeutet, daß ich mit einem Schlag Bewußtsein von mir habe, insofern ich mir entgehe, nicht insofern ich der Grund meines eigenen Nichts bin, sondern insofern ich meinen Grund außerhalb von mir habe. Ich bin für mich nur als reine Verweisung auf Andere. Trotzdem darf man darunter nicht verstehen, daß das Objekt der Andere ist und daß das meinem Bewußtsein gegenwärtige *Ego* eine sekundäre Struktur oder eine Bedeutung des Andern-als-Objekt ist; der Andere ist hier nicht Objekt und kann, wie wir gezeigt haben, nicht Objekt sein, ohne daß zugleich das Ich aufhört, Objekt-für-Andere zu sein und sich auflöst. So ziele ich weder auf den Andern als Objekt noch auf mein *Ego* als Objekt für mich selbst, ich kann nicht einmal eine Leerintention auf dieses *Ego* richten wie auf ein mir gegenwärtig unerreichbares Objekt; denn es ist von mir durch ein Nichts getrennt, das ich nicht ausfüllen kann, weil ich es erfasse, *insofern es nicht für mich ist* und grundsätzlich für den *andern* existiert; ich ziele also gar nicht darauf ab, insofern es mir eines Tages gegeben sein könnte, sondern im Gegenteil, insofern es mich grundsätzlich flieht und mir nie angehören wird. Und dennoch *bin* ich es, ich weise es nicht zurück wie ein fremdes Bild, sondern es ist mir gegenwärtig wie ein Ich, das ich *bin*, ohne es zu *erkennen*, denn in der Scham (in anderen Fällen im Hochmut) entdecke ich es; die Scham oder der Stolz enthüllen mir den Blick des Andern und mich selbst am Ziel dieses Blicks, sie lassen mich die Situation eines Erblickten *erleben*, nicht *erkennen*. Die Scham aber ist, wie wir zu Beginn dieses Kapitels anmerkten, Scham über *sich*, sie ist *Anerkennung* dessen, daß ich wirklich dieses Objekt *bin*, das der Andere anblickt und beurteilt. Ich kann mich nur meiner Freiheit schämen, insofern sie mir entgeht und *gegebenes* Objekt wird. So ist ursprünglich das Band zwischen meinem unreflektierten Bewußtsein und meinem angeblickten-*Ego* ein Band nicht des Erkennens, sondern des Seins. Ich bin, jenseits aller Erkenntnis, die ich haben kann, dieses Ich, das ein anderer erkennt. Und dieses Ich, das ich bin, bin ich in einer Welt, die der Andere mir entfremdet hat, denn der Blick des Andern umfaßt mein Sein und korrelativ die Wände, die Tür, das Schlüsselloch; alle diese Utensilien-Dinge, in deren Mitte ich bin, wenden dem andern eine Seite zu, die mir grundsätzlich entgeht. So bin ich mein *Ego* für den andern inmitten einer Welt, die zum andern hin abfließt. Aber vorhin hatten wir das Abfließen *meiner* Welt zum Objekt-Andern eine innere Hämorrhagie nennen können: der Aderlaß wurde nämlich durch die Tatsache aufgefangen und lokalisiert, daß ich diesen Andern, auf den hin diese Welt ausblutete, zum Objekt *meiner* Welt erstarren ließ; so war nicht ein Tropfen Blut verloren, alles war zurückgewonnen, eingekreist, lokalisiert, wenn auch in einem Sein, in das ich nicht eindringen konnte. Jetzt aber hat im Gegenteil die Flucht kein Ende, sie verliert sich nach außen, die Welt fließt aus der Welt ab, und ich fließe aus mir ab; der Blick des Andern macht mich jenseits meines Seins in dieser Welt sein, inmitten einer Welt, die *diese hier* und zugleich jenseits dieser Welt ist. Welche Art von Bezügen kann ich zu diesem Sein unterhalten, das ich bin und das die Scham mir entdeckt?

Erstens eine Seinsbeziehung. Ich *bin* dieses Sein. Keinen Augenblick denke ich daran, es zu leugnen, meine Scham ist ein Geständnis. Später könnte ich Unaufrichtigkeit anwenden, um es mir zu verbergen, aber auch die Unaufrichtigkeit ist ein Geständnis, denn sie ist ein Bemühen, das Sein zu fliehen, das ich bin. Aber dieses Sein, das ich bin, bin ich weder nach dem Modus von «Zu-sein-haben» noch nach dem von «war»: ich begründe es nicht in seinem Sein; ich kann es nicht direkt hervorbringen, aber es ist auch nicht die indirekte, genaue Wirkung meiner Handlungen, wie wenn mein Schatten auf der Erde oder meine Spiegelung in der Glasscheibe sich in Verbindung mit den Gebärden bewegen, die ich mache. Dieses Sein, das ich bin, bewahrt eine gewisse Unbestimmtheit, eine gewisse Unvorhersehbarkeit. Und diese neuen Eigentümlichkeiten kommen nicht nur daher, daß ich den Andern nicht *erkennen* kann, sie kommen auch und vor allem daher, daß der Andere frei ist; oder, um genau zu sein und in Umkehrung der Begriffe, die Freiheit des Andern wird mir über die beunruhigende Unbestimmtheit des Seins enthüllt, das ich für ihn bin. So ist dieses Sein nicht mein Mögliches, es geht nicht immer um es innerhalb meiner Freiheit: es ist im Gegenteil die Grenze meiner Freiheit, ihre «verdeckte Seite», so wie man von der «verdeckten Seite der Spielkarten» spricht, es ist mir als eine Last aufgebürdet, die ich trage, ohne mich jemals nach ihr umdrehen zu können, um sie zu erkennen, ohne auch nur ihr Gewicht spüren zu können; wenn es mit meinem Schatten vergleichbar ist, dann mit einem Schatten, der auf eine sich bewegende und unvorhersehbare Materie fällt, die so beschaffen ist, daß kein Bezugssystem es ermöglichen würde, die aus diesen Bewegungen sich ergebenden Deformationen zu berechnen. Und dennoch handelt es sich um *mein* Sein und nicht um ein Bild meines Seins. Es handelt sich um mein Sein, wie es sich in die und durch die Freiheit des Andern einschreibt. Alles geschieht so, als ob ich eine Seinsdimension hätte, von der ich durch ein radikales Nichts getrennt wäre: und dieses Nichts ist die Freiheit des Andern; der Andere hat mein Für-ihn-sein sein zu machen, insofern er sein Sein zu sein hat, so engagiert mich jede meiner freien Verhaltensweisen in eine neue Umgebung, wo schon die Materie meines eigenen Seins die unvorhersehbare Freiheit eines andern ist. Und dennoch beanspruche ich gerade durch meine Scham diese Freiheit eines andern als meine, behaupte ich eine tiefe Einheit der Bewußtseine, nicht jene Harmonie der Monaden, die man manchmal als Objektivitätsgarantie genommen hat, sondern eine Seinseinheit, denn ich akzeptiere und will, daß die anderen mir ein Sein verleihen, das ich anerkenne.

Die Scham enthüllt mir aber, daß ich dieses Sein *bin*. Nicht nach dem Modus von «war» oder von «Zu-sein-haben», sondern *an-sich*. Allein kann ich mein «Sitzen» nicht realisieren; höchstens kann man sagen, daß ich es bin und es gleichzeitig nicht bin. Es genügt, daß der Andere mich anblickt, damit ich das bin, was ich bin. Zwar nicht für mich selbst: es wird mir nie gelingen, dieses Sitzen zu realisieren, das ich im Blick des Andern erfasse, ich werde immer Bewußtsein bleiben; wohl aber für den andern. Wieder einmal erstarrt das nichtende Entweichen des Für-sich, wieder einmal bildet sich das An-sich an dem Für-sich neu. Aber wieder einmal vollzieht sich diese Metamorphose *auf Distanz*: für den andern *sitze ich*, wie dieses Tintenfaß *auf* dem Tisch *steht*; für den andern *bin ich* über das Schlüsselloch *gebeugt*, wie dieser Baum vom Wind *gebeugt* ist. So habe ich für den andern meine Transzendenz abgelegt. Denn für jeden, der sich zu deren Zeugen macht, das heißt sich als jemand bestimmt, der diese Transzendenz *nicht ist*, wird sie ja rein festgestellte, gegebene-Transzendenz, das heißt, sie erhält allein dadurch eine Natur, daß der *andere* ihr nicht durch irgendeine Deformation oder durch eine Brechung, die er ihr über seine Kategorien zufügte, sondern durch sein Sein selbst ein Außen verleiht. Wenn es einen andern gibt, wer er auch sei, wo er auch sei, was immer seine Bezüge zu mir sein mögen, auch wenn er auf mich nicht anders als durch das bloße Auftauchen seines Seins einwirkt, ich habe ein Außen, ich bin eine *Natur*; mein Sündenfall ist die Existenz des andern; und die Scham ist – wie der Stolz – die Wahrnehmung meiner selbst als Natur, wenn auch eben diese Natur mir entgeht und als solche unerkennbar ist. Es ist genaugenommen nicht so, daß ich spüre, daß ich meine Freiheit verliere und ein *Ding* werde, sondern sie ist dort, außerhalb meiner gelebten Freiheit, wie ein gegebenes Attribut jenes Seins, das ich für den andern bin. Ich erfasse den Blick des andern gerade innerhalb meiner *Handlung* als Verhärtung und Entfremdung meiner eigenen Möglichkeiten. Ich fühle ja durch die Furcht, durch das ängstliche oder vorsichtige Warten, daß sich diese Möglichkeiten, die ich *bin* und die die Bedingung meiner Transzendenz sind, woanders einem andern darbieten als solche, die ihrerseits durch seine eigenen Möglichkeiten transzendiert werden müssen. Und der andere als Blick ist nur das: meine transzendierte Transzendenz. Zwar *bin* ich stets meine Möglichkeiten nach dem Modus des nicht-thetischen Bewußtseins (von) diesen Möglichkeiten; aber gleichzeitig entfremdet der Blick sie mir: bis dahin erfaßte ich thetisch diese Möglichkeiten auf der Welt und in der Welt als Potentialität der Utensilien; die düstere Ecke im Flur zeigte mir die Möglichkeit als eine einfache potentielle Qualität ihres Halbdunkels, als eine Aufforderung ihrer Dunkelheit, mich zu verstecken: diese Qualität oder Utensilität des Gegenstands gehörte nur ihr allein an und bot sich als eine objektive und ideale Eigenschaft dar, die ihre reale

Zugehörigkeit zu dem Komplex anzeigte, den wir *Situation* genannt haben. Aber mit dem Blick des Andern prägt sich eine neue Organisation der Komplexe der ersten auf. Mich als gesehen erfassen heißt ja mich als *in der Welt* und von der Welt aus gesehen erfassen. Der Blick löst mich nicht aus dem Universum heraus, er sucht mich innerhalb meiner Situation und erfaßt von mir nur unzerstörbare Bezüge zu den Utensilien: wenn ich als sitzend gesehen werde, muß ich als «auf-einem-Stuhl-sitzend» gesehen werden, wenn ich als gebeugt gesehen werde, dann als «über-das-Schlüsselloch-gebeugt» usw. Aber zugleich impliziert die Selbstentfremdung, die das *Gesehenwerden* ist, die Entfremdung der Welt, die ich organisiere. Ich werde als auf diesem Stuhl sitzend gesehen, insofern ich ihn nicht sehe, insofern es unmöglich ist, daß ich ihn sehe, insofern er mir entgeht und sich mit anderen Bezügen und anderen Distanzen inmitten anderer Gegenstände, die gleichfalls für mich eine geheime Seite haben, zu einem neuen und anders orientierten Komplex organisiert. Ich, der ich, insofern ich meine Möglichkeiten bin, das bin, was ich nicht bin, und nicht das bin, was ich bin, jetzt *bin ich* also jemand. Und das, was ich bin – und was mir grundsätzlich entgeht –, bin ich *mitten in der Welt*, insofern sie mir entgeht. Daher zerfällt mein Bezug zum Gegenstand und zur Potentialität des Gegenstands unter dem Blick des Andern und erscheint mir in der Welt als meine Möglichkeit, den Gegenstand zu benutzen, insofern diese Möglichkeit mir grundsätzlich entgeht, das heißt, insofern sie durch den andern auf seine eigenen Möglichkeiten hin überschritten wird. Zum Beispiel wird die Potentialität des dunklen Winkels einfach dadurch gegebene Möglichkeit, mich in dem Winkel zu verstecken, daß der Andere sie auf seine Möglichkeit hin überschreiten kann, mit seiner Taschenlampe in den Winkel hineinzuleuchten. Sie ist da, diese Möglichkeit, ich erfasse sie, aber als abwesend, als *im andern*, durch meine Angst und durch meinen

Entschluß, auf dieses Versteck zu verzichten, das «wenig sicher» ist. So sind meine Möglichkeiten meinem unreflektierten Bewußtsein gegenwärtig, insofern der andere *mich belauert*. Wenn ich seine zu allem bereite Haltung sehe, seine Hand in der Tasche, wo er eine Waffe hat, seinen Finger auf dem Klingelknopf, um «bei der geringsten Bewegung meinerseits» die Wache alarmieren zu können, lerne ich meine Möglichkeiten, während ich sie *bin*, zugleich von außen her und durch ihn kennen, etwa so, wie man sein Denken objektiv durch die Sprache kennenlernt, während man es denkt, *um* es in die Sprache einfließen zu lassen. Diese Tendenz, zu fliehen, die mich beherrscht und mich mitreißt und die ich *bin*, lese ich in diesem lauernden Blick und in jenem andern Blick: der auf mich gerichteten Waffe. Der andere lehrt sie mich, insofern er sie vorausgesehen und ihr schon vorgebeugt hat. Er lehrt sie mich, insofern er sie überschreitet und unwirksam macht. Aber ich erfasse nicht dieses Überschreiten selbst, ich erfasse bloß den Tod meiner Möglichkeit. Ein subtiler Tod: denn meine Möglichkeit, mich zu verstecken, bleibt noch *meine* Möglichkeit; insofern ich sie *bin*, lebt sie immer noch; und unaufhörlich macht mir die dunkle Ecke Zeichen, zeigt mir ihre Potentialität. Aber wenn die Utensilität definiert wird als die Tatsache, «auf etwas hin überschritten werden zu können», dann wird meine Möglichkeit selbst Utensilität. Meine Möglichkeit, mich in dem Winkel zu verstecken, wird das, was der Andere auf seine Möglichkeit hin überschreiten kann, mich zu demaskieren, mich zu identifizieren, mich zu ergreifen. *Für den Andern* ist sie ein Hindernis und zugleich ein Mittel wie alle Utensilien. Ein Hindernis, denn sie zwingt ihn zu gewissen neuen Handlungen (auf mich zugehen, seine Taschenlampe anmachen). Ein Mittel, denn einmal in dieser Sackgasse entdeckt, «bin ich gefangen». Anders gesagt: jede gegen den Andern gerichtete Handlung kann grundsätzlich für den Andern ein Instrument sein, das ihm gegen mich dienen kann. Und ich erfasse gerade den Andern nicht in der klaren Sicht dessen, was er aus meiner Handlung machen kann, sondern in einer Furcht, die alle meine Möglichkeiten als ambivalente *erlebt*. Der Andere ist der versteckte Tod meiner Möglichkeiten, insofern ich diesen Tod als mitten in der Welt versteckt erlebe. Die Verbindung meiner Möglichkeit zum Utensil ist nur noch die zweier Instrumente, die draußen miteinander angeordnet sind im Hinblick auf einen Zweck, der mir entgeht. Es sind *gleichzeitig* die Dunkelheit der düsteren Ecke und meine Möglichkeit, mich dort zu verstecken, die durch den Andern überschritten werden, wenn er den Winkel mit seiner Lampe beleuchtet, bevor ich eine Bewegung habe machen können, mich dorthin zu flüchten. So steckt in dem Zusammenzucken, das mich durchfährt, wenn ich den Blick des Andern erfasse, daß ich plötzlich eine subtile Entfremdung aller meiner Möglichkeiten erlebe, die fern von mir, innerweltlich, mit den Gegenständen der Welt angeordnet sind.

Daraus ergeben sich aber zwei wichtige Folgerungen. Die erste ist, daß meine Möglichkeit außerhalb von mir *Wahrscheinlichkeit* wird. Insofern sie der Andere als durch eine Freiheit angenagt erfaßt, die er nicht ist, zu deren Zeugen er sich macht und deren Wirkungen er berechnet, ist sie reine Unbestimmtheit im Spiel der Möglichkeiten, und gerade dadurch errate ich sie. Das kann uns später, wenn wir mit dem Andern durch die Sprache in direkter Verbindung stehen und allmählich erfahren, was er von uns denkt, zugleich faszinieren und schaudern machen: «Ich schwöre dir, daß ich es tun werde!» – «Das kann leicht sein. Du sagst es mir, ich will dir gern glauben; es ist tatsächlich möglich, daß du es tust.» Der Sinn dieses Dialogs impliziert, daß der Andere ursprünglich vor meiner Freiheit steht als vor einer gegebenen Eigenschaft von Unbestimmtheit und vor meinen Möglichkeiten als vor meinen Wahrscheinlichkeiten. Das ist es, was ich mich ursprünglich dort drüben sein fühle, *für den Andern*, und diese Phantom-Skizze meines Seins trifft mich in meinem Innern, denn durch die Scham und die Wut und die Furcht nehme ich mich immer wieder als solchen auf mich. Nehme ich mich blindlings auf mich, denn ich *erkenne nicht*, was ich auf mich nehme: ich *bin* es einfach.

Andererseits erscheint mir der Komplex Möglichkeit-Utensil meiner selbst gegenüber dem Utensil als durch den Andern überschritten und zu Welt organisiert. Mit dem Blick des Andern entgeht mir die «Situation», oder, um einen banalen, aber unsern Gedanken gut wiedergebenden Ausdruck zu benutzen: *ich bin nicht mehr Herr der Situation*. Oder genauer, ich bleibe zwar ihr Herr, aber sie hat eine reale Dimension, durch die sie mir entgeht, durch die unvorhergesehene Wendungen sie anders *sein* lassen, als sie für mich erscheint. Zwar kann es vorkommen, daß ich völlig allein etwas tue, dessen Folgen meinen Erwartungen und meinen Wünschen genau entgegengesetzt sind: langsam ziehe ich ein Brettchen mit einer zerbrechlichen Vase an mich heran. Aber diese Bewegung hat zur Folge, daß eine Bronzefigur umfällt, die die Vase in tausend Stücke zerschlägt. Allerdings gibt es hier nichts, was ich nicht hätte voraussehen können, wenn ich aufmerksamer gewesen wäre, wenn ich die Anordnung der Gegenstände beachtet hätte usw.: *nichts, was mir grundsätzlich entgeht*. Im Gegensatz dazu läßt das Erscheinen des andern einen Aspekt in der Situation erscheinen, den ich nicht gewollt habe, dessen ich nicht Herr bin und der mir grundsätzlich entgeht, weil er *für den andern* ist. Das hat Gide treffend «den Anteil des Teufels» genannt. Es ist die unvorhersehbare und doch reale *Kehrseite*. Diese Unvorhersehbarkeit zu beschreiben bemüht sich die Kunst eines Kafka in *Der Prozeß* und *Das Schloß*: in einem gewissen Sinn gehört alles, was K. und der Landvermesser machen, ihnen als ihr eignes, und insofern sie auf die Welt einwirken, entsprechen die Ergebnisse genau ihren Erwartungen: es sind erfolgreiche Handlungen. Aber gleichzeitig entgeht ihnen ständig die *Wahrheit* dieser Handlungen; sie haben grundsätzlich einen Sinn, der ihr *wahrer Sinn* ist und den weder K. noch der Landvermesser jemals kennen werden. Zwar will Kafka hier die Transzendenz des Göttlichen erreichen; um des Göttlichen willen konstituiert sich die menschliche Handlung zu Wahrheit. Aber Gott ist hier nur der bis zur Grenze getriebene Begriff des Andern. Wir werden darauf zurückkommen. Diese schmerzvolle und ungreifbare Atmosphäre in *Der Prozeß*, diese Ungewißheit, die jedoch als Unwissenheit gelebt wird, diese totale Opazität, die durch eine totale Transluzidität hindurch nur geahnt werden kann, das ist nichts anderes als die Beschreibung unseres Innerweltlich-seins-für-Andere. So erstarrt und organisiert sich also die Situation, in ihrer Überschreitung und durch sie für Andere, um mich herum zur *Gestalt* in dem Sinn, wie die Gestaltpsychologen diesen Ausdruck benutzen: es gibt da eine gegebene Synthese, deren Wesensstruktur ich bin; und diese Synthese besitzt die ek-statische Kohäsion und zugleich den Charakter des An-sich. Meine Bindung an diese Leute, die reden und die ich belausche, ist auf einmal außerhalb meiner gegeben als ein unerkennbares Substrat der Bindung, die ich selbst hergestellt habe. Vor allem ist mein eigener *Blick* oder meine eigene distanzlose Verbindung zu diesen Leuten eben dadurch seiner Transzendenz beraubt, daß er *angeblickter-Blick* ist. Denn die Leute, die ich *sehe*, lasse ich zu Gegenständen erstarren, ich bin ihnen gegenüber wie Andere mir gegenüber; indem ich sie anblicke, ermesse ich meine Macht. Aber wenn ein Anderer sie und mich sieht, verliert mein Blick seine Kraft: er kann diese Leute nicht in Gegenstände *für den Andern* verwandeln, denn sie sind schon Gegenstände seines Blicks. Mein Blick manifestiert einfach eine innerweltliche Beziehung zwischen dem Ich-Objekt und dem angeblickten-Objekt, so etwas wie die Anziehung, die zwei Massen über eine Distanz hinweg aufeinander ausüben. Um diesen Blick herum ordnen sich einerseits die Gegenstände an – die Distanz von mir zu den erblickten *existiert* jetzt, aber sie ist durch meinen Blick zusammengezogen, umgrenzt und komprimiert, die Gesamtheit «Objekte-Distanz» ist wie ein Hintergrund, auf dem der Blick sich abhebt wie ein «Dieses» auf dem Welthintergrund –, andererseits meine Haltungen, die wie eine Reihe von Mitteln gegeben sind, den Blick «aufrechtzuerhalten». In diesem Sinn konstituiere ich ein organisiertes Ganzes, das Blick *ist*, bin ich ein Blick-Objekt, das heißt ein utensiler Komplex, der mit innerer Finalität ausgestattet ist und sich selbst in einen Zweck-Mittel-Bezug einfügen kann, um über die Distanz hinweg eine Anwesenheit bei einem andern Objekt zu realisieren. Aber die Distanz *ist mir gegeben*. Insofern ich erblickt werde, entfalte ich die Distanz nicht, ich beschränke mich darauf, sie zu *überwinden*. Der Blick des Andern verleiht mir Räumlichkeit. Sich als erblickt erfassen heißt sich als verräumlicht-verräumlichend erfassen.

Aber der Blick des Andern wird nicht nur als verräumlichend erfaßt: er ist auch *verzeitlichend*. Das Erscheinen des Blicks des Andern manifestiert sich für mich durch ein «Erlebnis»[226], das ich für mich allein grundsätzlich nicht haben konnte: das der Gleichzeitigkeit. Eine Welt kann für ein einzelnes Für-sich keine Gleichzeitigkeit enthalten, sondern nur Mitanwesenheiten, denn das Für-sich verliert sich außerhalb seiner überall in der Welt und verbindet alle Wesen durch die Einheit seiner alleinigen Anwesenheit. Die Gleichzeitigkeit aber setzt die zeitliche Verbindung zweier Existierender voraus, die durch keinerlei anderen Bezug verbunden sind. Zwei Existierende, die eine Wechselwirkung aufeinander ausüben, sind nicht gleichzeitig, eben weil sie demselben System angehören. Die Gleichzeitigkeit gehört also nicht den Existierenden der Welt an, sie setzt die Mitanwesenheit zweier bei der Welt Anwesender voraus als *Anwesenheiten-bei*. Pierres

Anwesenheit *bei* der Welt ist gleichzeitig *mit* meiner Anwesenheit. In diesem Sinn ist das ursprüngliche Phänomen der Gleichzeitigkeit, daß dieses Glas für Paul *in derselben Zeit* ist, wie es für mich ist. Das setzt also eine Grundlage aller Gleichzeitigkeit voraus, die notwendig in der Anwesenheit eines Andern liegen muß, der sich an meiner eigenen Verzeitlichung verzeitlicht. Aber gerade insofern der Andere *sich* verzeitlicht, verzeitlicht er *mich* mit sich: insofern er zu seiner eigenen Zeit hin strebt, erscheine ich ihm in der allgemeinen Zeit. Insofern ich den *Blick des Andern* erfasse, verleiht er *meiner* Zeit eine neue Dimension. Als Gegenwart, die durch den Andern als *meine* Gegenwart erfaßt wird, hat meine Anwesenheit ein Außen; diese Anwesenheit, die sich *für mich* gegenwärtig macht, entfremdet sich für mich zu Gegenwart, bei der sich der Andere anwesend sein macht; ich bin in die allgemeine Gegenwart geworfen, insofern sich der Andere zu Anwesenheit bei mir macht. Aber die allgemeine Gegenwart, in der ich meinen Platz einnehme, ist reine Entfremdung meiner allgemeinen Gegenwart, die physikalische Zeit fließt auf eine bloße freie Verzeitlichung hin ab, die ich nicht bin; was sich am Horizont dieser Gleichzeitigkeit, die ich erlebe, abzeichnet, ist eine absolute Verzeitlichung, von der ein Nichts mich trennt.

Als raum-zeitliches Objekt der Welt, als Wesensstruktur einer raum-zeitlichen Situation in der Welt setze ich mich den Beurteilungen des Andern aus. Auch das erfasse ich durch bloße Ausübung des Cogito: erblickt werden heißt sich als unerkanntes Objekt von unerkennbaren Beurteilungen, insbesondere von Wert-Beurteilungen, erfassen. Aber gerade in derselben Zeit, in der ich durch Scham oder Stolz die Berechtigung dieser Beurteilungen anerkenne, fahre ich fort, sie als das zu nehmen, was sie sind: ein freies Überschreiten des Gegebenen auf Möglichkeiten hin. Ein Urteil ist der transzendentale Akt eines freien Seins. So konstituiert mich das Gesehenwerden als ein wehrloses Sein für eine Freiheit, die nicht meine Freiheit ist. In diesem Sinn können wir uns als «Knechte» betrachten, insofern wir Anderen erscheinen. Aber diese Knechtschaft ist nicht das – geschichtliche und überwindbare – Ergebnis eines *Lebens* in der abstrakten Form des Bewußtseins. Ich bin in dem Maß Knecht, in dem ich in meinem Sein abhängig innerhalb einer Freiheit bin, die nicht die meine ist und die gerade die Bedingung meines Seins ist. Insofern ich Objekt von Werten bin, die mich qualifizieren, ohne daß ich auf diese Qualifikation einwirken oder sie auch nur erkennen kann, bin ich in Knechtschaft. Zugleich bin ich *in Gefahr*, insofern ich das Instrument von Möglichkeiten bin, die nicht meine Möglichkeiten sind, deren bloße Anwesenheit jenseits meines Seins ich nur vermuten kann und die meine Transzendenz verneinen, um mich als ein Mittel auf Zwecke hin konstituieren zu können, die ich nicht kenne. Und diese Gefahr ist kein Zufall, sondern die permanente Struktur meines Für-Andere-seins.

Wir sind am Ende dieser Beschreibung. Es muß zunächst festgehalten werden, bevor wir sie benutzen können, um den Andern für uns zu entdecken, daß sie *ganz auf der Ebene des Cogito gemacht worden ist*. Wir haben lediglich den Sinn jener subjektiven Reaktionen auf den Blick des Andern erklärt, die die Furcht sind (Gefühl, angesichts der Freiheit des Andern in Gefahr zu sein), der Stolz oder die Scham (Gefühl, schließlich das zu sein, was ich bin, aber woanders, dort drüben für den andern), die Anerkennung meiner Knechtschaft (Gefühl der Entfremdung aller meiner Möglichkeiten). Außerdem ist diese Erklärung in keiner Weise eine begriffliche Fixierung mehr oder weniger dunkler *Erkenntnisse*. Jeder möge sich auf seine Erfahrung beziehen: keiner ist nicht eines Tages in einer verfänglichen oder auch nur lächerlichen Haltung überrascht worden. Die abrupte Modifikation, die wir dann erfahren, wird keineswegs durch den Einbruch einer Erkenntnis hervorgerufen. Sie ist vielmehr an ihr selbst eine

Verfestigung und eine jähe Stratifikation meiner selbst, die meine Möglichkeiten und meine Strukturen «für-mich» unberührt läßt, mich aber schlagartig in eine neue Existenzdimension stößt: die Dimension des *Nicht-Enthüllten*. So wird das Erscheinen des Blicks durch mich erfaßt als Auftauchen eines ek-statischen Seinsbezugs, von dem das eine Glied Ich ist als Für-sich, das das ist, was es nicht ist, und das nicht das ist, was es ist, und von dem das andere Glied auch Ich ist, aber außerhalb meiner Reichweite, außerhalb meiner Einwirkung, außerhalb meiner Erkenntnis. Und da dieses Glied gerade in Verbindung mit den unendlichen Möglichkeiten eines freien Andern ist, ist es an ihm selbst unendliche und unerschöpfliche Synthese nicht-enthüllter Eigenschaften. Durch den Blick des Andern *erlebe* ich mich als mitten in der Welt erstarrt, als in Gefahr, als unheilbar. Aber ich *weiß* weder, *was für einer* ich bin, noch, *welches* mein Platz in der Welt ist, noch, welche Seite diese Welt, in der ich bin, dem Andern zuwendet.

Nun können wir den Sinn dieses Auftauchens des Andern in seinem Blick und durch seinen Blick präzisieren. In keiner Weise ist uns der Andere als Objekt gegeben. Die Objektivierung des Andern wäre der Zusammenbruch seines Blick-seins. Außerdem ist der Blick des Andern, wie wir gesehen haben, gerade das Verschwinden der *Augen* des Andern als Objekte, die den Blick manifestieren. Der Andere kann nicht einmal am Horizont meines Seins für Andere leer anvisiertes Objekt sein. Die Objektivierung des Andern ist, wie wir sehen werden, eine Verteidigung meines Seins, das mich gerade von meinem Sein für Andere befreit, indem es dem Andern ein Sein für mich verleiht. Im Phänomen des Blicks ist der Andere grundsätzlich das, was nicht Objekt sein kann. Zugleich sehen wir, daß er kein *Glied* des Bezugs von mir zu mir selbst sein kann, der mich für mich selbst als das *Nicht-Enthüllte* auftauchen läßt. Der Andere kann auch nicht durch meine

Aufmerksamkeit anvisiert werden: wenn ich im Auftauchen des Blicks des Andern dem Blick oder dem Andern *Aufmerksamkeit schenkte*, dann könnte das nur *wie bei Objekten* sein, denn die Aufmerksamkeit ist intentionale Richtung auf Objekte. Aber daraus darf man nicht schließen, daß der Andere eine abstrakte Bedingung, eine begriffliche Struktur des ek-statischen Bezugs ist: es gibt hier nämlich kein wirklich gedachtes Objekt, von dem er eine allgemeine formale Struktur sein könnte. Der Andere ist zwar die Bedingung meines Nicht-enthüllt-seins. Aber er ist dessen konkrete und individuelle Bedingung. Er ist nicht in mein Innerweltlich-sein als einer ihrer integrierenden Teile engagiert, da gerade er es ist, der diese Welt transzendiert, inmitten deren ich als Nicht-enthüllter bin; als solcher kann er also weder Objekt noch formales konstituierendes Element eines Objekts sein. Er kann mir – wie wir gesehen haben – nur als eine vereinigende oder regulative Kategorie meiner Erfahrung erscheinen, da er durch Begegnung zu mir kommt. Was ist er also?

Zunächst ist er das Sein, dem ich meine Aufmerksamkeit nicht zuwende. Er ist der, der mich anblickt und den ich noch nicht anblicke, der mich mir selbst als *nicht-enthüllt* darbietet, aber ohne sich selbst zu enthüllen, der bei mir anwesend ist, insofern er mich anvisiert und nicht insofern er anvisiert wird; er ist der konkrete und unerreichbare Pol meiner Flucht, der Entfremdung meiner Möglichkeiten und des Abfließens der Welt auf eine andere Welt hin, die *dieselbe* ist und trotzdem mit dieser nicht kommunizierbar. Aber er kann von dieser Entfremdung und von diesem Abfließen nicht verschieden sein, er ist deren Sinn und Richtung, er sucht dieses Abfließen heim, nicht als ein *reales* oder *kategoriales* Element, sondern als eine Anwesenheit, die erstarrt und sich verweltlicht, wenn ich versuche, sie «gegenwärtig zu machen», und die nie gegenwärtiger, drängender ist, als wenn ich sie nicht beachte. Wenn ich zum Beispiel ganz bei meiner Scham bin, ist der

Andere die unermeßliche und unsichtbare Anwesenheit, die diese Scham trägt und von allen Seiten umfängt, er ist das tragende Milieu meines Nicht-enthüllt-seins. Sehen wir, was sich am Andern über meine erlebte Erfahrung des Nicht-enthüllten als *nicht-enthüllbar* manifestiert.

Zunächst einmal ist der *Blick des Andern* als notwendige Bedingung meiner Objektivität Zerstörung jeder Objektivität für mich. Der Blick des Andern trifft mich über die Welt und ist nicht nur Transformation meiner selbst, sondern totale Metamorphose der *Welt*. Ich werde in einer erblickten Welt erblickt. Insbesondere negiert der Blick des Andern – der erblickender-Blick und nicht erblickter-Blick ist – meine Distanzen zu den Objekten und entfaltet seine eigenen Distanzen. Dieser Blick des Andern ist unmittelbar als das gegeben, wodurch die Distanz innerhalb einer distanzlosen Anwesenheit auf die Welt kommt. Ich weiche zurück, ich werde meiner distanzlosen Anwesenheit bei meiner Welt beraubt, und ich werde mit einer Distanz zum Andern ausgestattet: jetzt bin ich fünfzehn Schritt von der Tür, sechs Meter vom Fenster entfernt. Aber der Andere holt mich, um mich in einer gewissen Distanz von sich zu konstituieren. Soweit mich der Andere als sechs Meter von sich entfernt konstituiert, muß er ohne Distanz bei mir anwesend sein. So empfinde ich gerade in der Erfahrung meiner Distanz zu den Dingen und zum Andern die distanzlose Anwesenheit des Andern bei mir. Jeder wird in dieser abstrakten Beschreibung die unmittelbare und brennende Anwesenheit des Blicks des Andern wiedererkennen, die ihn oft mit Scham erfüllt hat. Anders gesagt, insofern ich mich als erblickt erfahre, realisiert sich für mich eine weltjenseitige Anwesenheit des Andern: nicht insofern er «inmitten» *meiner* Welt ist, erblickt mich der Andere, sondern insofern er auf die Welt und auf mich mit seiner ganzen Transzendenz zukommt, insofern er von mir durch keinerlei Distanz getrennt ist, durch keinerlei reales oder ideales Objekt der Welt, durch keinerlei Körper der Welt, sondern allein durch seine Natur des Andern. So ist die Erscheinung des Blicks des Andern keine Erscheinung *in der Welt*: weder in der «meinen» noch in «der des Andern»; und der Bezug, der mich mit dem Anderen vereinigt, kann nicht ein Exterioritätsbezug innerhalb der Welt sein, sondern durch den Blick des Andern mache ich die konkrete Erfahrung, daß es ein Jenseits der Welt gibt. Der Andere ist ohne irgendein Mittelglied bei mir anwesend als eine Transzendenz, *die nicht die meine ist*. Aber diese Anwesenheit ist nicht wechselseitig: es bedarf der ganzen Dichte der Welt, damit *ich* beim Andern anwesend bin. Allgegenwärtige und unerfaßbare Transzendenz, unmittelbar auf mir lastend, insofern ich mein Nicht-enthüllt-sein bin, und von mir getrennt durch das Unendliche des Seins, insofern ich durch diesen Blick in eine vollständige Welt mit ihren Distanzen und ihren Utensilien getaucht werde: das ist der Blick des Andern, wenn ich ihn zuerst als Blick erfahre.

Außerdem aber enthüllt mir der Andere, indem er meine Möglichkeiten erstarren läßt, meine Unmöglichkeit, Objekt zu sein, außer für eine andere Freiheit. Ich kann für mich selbst nicht Objekt sein, denn ich bin das, was ich bin; lediglich auf ihre Hilfsmittel angewiesen scheitert die reflexive Bemühung um Verdopplung, ich werde immer durch mich wieder erfaßt. Und wenn ich naiv setze, daß es möglich ist, daß ich, ohne es zu merken, ein objektives Sein sei, so setze ich gerade dadurch implizit die Existenz des Andern voraus, denn wie wäre ich Objekt, wenn nicht für ein Subjekt? So ist der Andere zunächst für mich das Sein, für das ich Objekt bin, das heißt das Sein, *durch das* ich meine Objektheit gewinne. Wenn ich nur eine meiner Eigenschaften nach dem objektiven Modus verstehen können soll, ist der Andere schon gegeben. Und er ist nicht als Sein meines Universums gegeben, sondern als reines Subjekt. So ist dieses reine Subjekt, das ich *per definitionem* nicht *erkennen*, das heißt als Objekt setzen kann, immer *da*, außer Reichweite und ohne Distanz, wenn ich versuche, mich als Objekt zu erfassen. Und in der Erfahrung des Blicks, in dem ich mich als nicht-enthüllte Objektheit erfahre, erfahre ich direkt und mit meinem Sein die unerfaßbare Subjektivität des Andern.

Gleichzeitig erfahre ich seine unendliche Freiheit. Denn für und durch eine Freiheit und nur für und durch sie können meine Möglichkeiten begrenzt und zum Erstarren gebracht werden. Ein materielles Hindernis kann meine Möglichkeiten nicht erstarren lassen, es ist für mich nur die Gelegenheit, mich auf andere Möglichkeiten hin zu entwerfen, es kann ihnen kein *Außen* verleihen. Es ist nicht dasselbe, zu Hause zu bleiben, weil es regnet oder weil es einem verboten worden ist wegzugehen. Im ersten Fall bestimme ich mich selbst durch die Erwägung der Folgen meiner Handlungen, zu Hause zu bleiben; ich überschreite das Hindernis «Regen» auf mich selbst hin und mache aus ihm ein Instrument. Im zweiten Fall bieten sich mir schon meine Möglichkeiten, wegzugehen oder zu bleiben, als überschritten und erstarrt dar, eine Freiheit sieht sie voraus und beugt ihnen gleichzeitig vor. Es ist keine bloße Laune, wenn wir oft ganz natürlich und ohne Unmut das tun, was uns ärgern würde, wenn ein anderer es uns befähle. Denn der Befehl und das Verbot erfordern, daß wir die Freiheit des Andern durch unsere eigene Knechtschaft erfahren. So läßt mich im Blick der Tod meiner Möglichkeiten die Freiheit des Andern erfahren; er wird nur innerhalb dieser Freiheit realisiert, und ich bin Ich, für mich selbst unerreichbar und dennoch ich selbst, in die Freiheit des Andern geworfen und in ihr verlassen. In Verbindung mit dieser Erfahrung kann mir meine Zugehörigkeit zur allgemeinen Zeit nur erscheinen als durch eine autonome Verzeitlichung zusammengehalten und realisiert, nur ein Für-sich, das sich verzeitlicht, kann mich in die Zeit werfen.

So erfahre ich den Andern durch den Blick konkret als freies und bewußtes Subjekt, das macht, daß es eine Welt gibt, indem es sich auf seine eigenen Möglichkeiten hin verzeitlicht. Und die unvermittelte Anwesenheit dieses Subjekts ist die notwendige Bedingung jedes Gedankens, den ich mir über mich selbst zu machen versuche. Der Andere ist dieses Ich-selbst, von dem nichts mich trennt, absolut nichts, außer seine reine und totale Freiheit, das heißt die Unbestimmtheit seiner selbst, die allein er für und durch sich zu sein hat.

Wir wissen nun genug, um den Versuch machen zu können, die unerschütterlichen Widerstände zu erklären, die der gesunde Menschenverstand den solipsistischen Argumenten immer entgegengehalten hat. Diese Widerstände begründen sich nämlich in der Tatsache, daß der Andere sich mir als eine konkrete und evidente Anwesenheit darbietet, die ich in keiner Weise von mir ableiten kann und die in keiner Weise in Zweifel gezogen werden oder Gegenstand einer phänomenologischen Reduktion oder irgendeiner anderen ἐποχή[226a] sein kann.

Wenn man mich anblickt, habe ich ja das Bewußtsein, Objekt *zu sein*. Dieses Bewußtsein kann aber nur in der Existenz des andern und durch sie entstehen. Darin hatte Hegel recht. Nur sind mir dieses *andere* Bewußtsein und diese *andere* Freiheit nie *gegeben*, denn wenn sie es wären, wären sie erkannt, also Objekte, und ich würde aufhören, Objekt zu sein. Ich kann auch nicht deren Begriff oder Vorstellung von mir aus herleiten. Zunächst, weil ich sie nicht «begreife» und sie mir nicht «vorstelle»: derartige Ausdrücke würden uns wieder zum «Erkennen» zurückführen, das grundsätzlich aus dem Spiel ist. Außerdem aber ist jede konkrete Erfahrung von Freiheit, die ich durch mich selbst machen kann, Erfahrung von *meiner* Freiheit, jedes konkrete Erfassen von Bewußtsein ist Bewußtsein (von) *meinem* Bewußtsein, der Bewußtseinsbegriff selbst verweist nur auf *meine* möglichen Bewußtseine: wir haben ja in der Einleitung festgestellt, daß die *Existenz* der Freiheit und des Bewußtseins deren *Wesen* vorausgeht und es bedingt: infolgedessen können diese Wesenheiten nur konkrete Exemplifikationen von *meinem* Bewußtsein und von *meiner* Freiheit subsumieren. Drittens können Freiheit und Bewußtsein des Andern auch keine der Vereinigung meiner Vorstellungen dienenden Kategorien sein. Die ontologische Struktur «meiner» Welt verlangt zwar, wie Husserl gezeigt hat, daß sie auch *Welt für Andere* sei.[227] Aber in dem Maß, wie der Andere den Objekten *meiner* Welt einen besonderen Objektivitätstypus verleiht, ist er schon als Objekt in dieser Welt. Wenn es zutrifft, daß Pierre, der mir gegenüber liest, der Seite des Buchs, die ihm zugekehrt ist, einen besonderen Objektivitätstypus verleiht, ist das eine Seite, die ich prinzipiell sehen kann (allerdings entgeht sie mir, wie wir gesehen haben, gerade insofern sie gelesen wird), die der Welt angehört, wo ich bin, und sich infolgedessen jenseits der Distanz und durch ein magisches Band an das Pierre-Objekt bindet. Unter diesen Umständen kann der Begriff des Andern in der Tat als leere Form festgelegt und ständig als Objektivitätsverstärkung für die Welt benutzt werden, die die meine ist. Aber die Anwesenheit des Andern in seinem erblickenden-Blick kann nicht dazu beitragen, die Welt zu verstärken, sie entweltlicht sie im Gegenteil, denn sie macht gerade, daß die Welt mir entgeht. Das Mirentgehen der Welt verstärkt, wenn es *relativ* und ein Entgehen auf den Objekt-Andern hin ist, die Objektivität; das Mirentgehen der Welt und meiner selbst ist, wenn es absolut ist und sich auf eine Freiheit hin vollzieht, die nicht die meine ist, eine Auflösung meines Erkennens: die Welt zerfällt und fügt sich dort hinten wieder zu Welt zusammen, aber dieser Zerfall ist mir nicht gegeben, ich kann ihn weder erkennen noch auch nur denken. Die Anwesenheit des Blick-Andern bei mir ist also weder eine Erkenntnis noch eine Projektion meines Seins, noch eine Vereinigungsform oder Kategorie. Sie *ist*, und ich kann sie nicht von mir ableiten.

Gleichzeitig kann ich sie auch nicht der phänomenologischen ἐποχή unterziehen. Denn diese hat zum Ziel, die Welt auszuklammern, um das transzendentale Bewußtsein in seiner absoluten Realität zu entdecken. Ob diese Operation überhaupt möglich ist, haben wir hier nicht zu sagen. Aber in dem Fall, der uns beschäftigt, kann sie den *Andern* nicht aus dem Spiel bringen, denn als erblickender-Blick gehört er gerade nicht der Welt an. Ich schäme mich *über* mich *vor* Anderen, sagten wir. Die phänomenologische Reduktion muß das Objekt der Scham aus dem Spiel bringen, um die Scham selbst in ihrer absoluten Subjektivität besser hervortreten zu lassen. Aber der Andere ist nicht *das Objekt* der Scham: meine Handlung oder meine Situation in der Welt sind ihre Objekte. Sie allein können allenfalls «reduziert» werden. Der Andere ist nicht einmal eine objektive Bedingung meiner Scham. Und trotzdem ist er es wie ihr Sein-selbst. Die Scham ist Enthüllung des Andern, aber nicht so, wie ein Bewußtsein ein Objekt enthüllt, sondern so, wie ein Moment des Bewußtseins lateral ein anderes Moment als seine Motivation impliziert. Hätten wir durch das Cogito das reine Bewußtsein erreicht und wäre dieses Bewußtsein nur Bewußtsein (davon), Scham zu sein, würde das Bewußtsein des Andern es wieder heimsuchen als unerfaßbare Anwesenheit und entginge dadurch jeder Reduktion. Das zeigt uns zur Genüge, daß man den Andern nicht zunächst in der Welt suchen muß, sondern auf der Seite des Bewußtseins, als ein Bewußtsein, in dem und durch das das Bewußtsein sich das sein macht, was es ist. Ebenso wie mein durch das Cogito erfaßtes Bewußtsein unzweifelhaft sich selbst und seine eigene Existenz bezeugt, bezeugen gewisse besondere Bewußtseine, zum Beispiel das «Scham-Bewußtsein», dem Cogito unzweifelhaft sowohl sich selbst als auch die Existenz des Andern.

Aber, wird man sagen, ist denn nicht einfach der Blick des Andern der *Sinn* meiner Objektivität-für-mich? Dadurch würden wir in den Solipsismus zurückfallen: Wenn ich mich dem konkreten System meiner Vorstellungen als Objekt integrierte, wäre der Sinn dieser Objektivierung aus mir heraus projiziert und als der *Andere* hypostasiert.

Aber man muß hier folgendes festhalten:

1. Meine Objektheit für mich ist keineswegs die Explizierung des Hegelschen «Ich bin Ich»[228]. Es handelt sich keineswegs um eine formale Identität, und mein Objektsein oder Für-andere-sein ist zutiefst von meinem Für-mich-sein unterschieden. Der Begriff *Objektheit* erfordert ja, worauf wir im Ersten Teil hingewiesen haben, eine ausdrückliche Negation. Das Objekt ist das, was nicht mein Bewußtsein ist, und folglich das, was nicht die Merkmale des Bewußtseins hat, da das einzige Existierende, das für mich die Merkmale des Bewußtseins hat, das Bewußtsein ist, das *meines* ist. Also ist das Objekt-Ich-für-mich ein Ich, das *nicht Ich ist*, das heißt nicht die Merkmale des Bewußtseins hat. Es ist *vermindertes* Bewußtsein; die Objektivierung ist eine radikale Metamorphose, und auch wenn ich mich klar und deutlich als Objekt sehen könnte, wäre doch das, was ich sehe, nicht die adäquate Vorstellung von dem, was ich an mir selbst und für mich selbst bin, von jenem «unvergleichlichen und allem vorzuziehenden Monstrum», von dem Malraux spricht, sondern das Erfassen meines Außer-mir-seins für den andern, das heißt das objektive Erfassen meines Anderer-seins, das radikal verschieden von meinem Für-mich-sein ist und gar nicht darauf verweist. Mich selbst zum Beispiel als *böse* erfassen kann nicht heißen mich auf das beziehen, was ich für mich selbst bin, denn ich bin nicht böse für mich und kann es nicht sein. Zunächst, weil ich für mich ebensowenig böse *bin*, wie ich Beamter oder Arzt «bin». Ich bin ja nach dem Modus, nicht das zu sein, was ich bin, und das zu sein, was ich nicht bin. Die Qualifikation «böse» kenn-

zeichnet mich dagegen als ein An-sich. Ferner weil ich, wenn ich für mich böse *sein* müßte, ich es nach dem Modus sein müßte, *es zu sein zu haben*, das heißt mich als böse erfassen und wollen müßte. Aber das würde bedeuten, daß ich mich als das wollend entdecken muß, das mir selbst als das Gegenteil meines Guten erscheint, und gerade, weil es das Böse oder Gegenteil meines Guten ist. Ich muß also ausdrücklich das Gegenteil von dem wollen, was ich im selben Moment und unter demselben Bezug will, das heißt mich selbst hassen, gerade insofern ich Ich-selbst bin. Und um auf der Ebene des Für-sich das Wesen Bosheit voll zu realisieren, müßte ich mich als böse übernehmen, das heißt mich durch denselben Akt billigen, der mich tadelt. Man sieht zur Genüge, daß dieser Begriff von Bosheit seinen Ursprung keinesfalls von mir herleiten kann, insofern ich Ich bin. Auch wenn ich die Ek-stase oder das Losreißen von mir selbst, das mich für-mich konstituiert, bis zu ihren äußersten Grenzen triebe, würde es mir nie gelingen, mir die Bosheit zu verleihen oder sie mir auch nur auszudenken, wenn ich auf meine eigenen Hilfsmittel angewiesen bin. Denn ich *bin* mein Losreißen von mir selbst, ich *bin* mein eigenes Nichts; es genügt, daß ich zwischen mir und mir mein eigener Vermittler bin, damit jede Objektivität verschwindet. Dieses Nichts, das mich von dem Ich-Objekt trennt, muß ich nicht *sein*; denn es muß für mich eine *Präsentation* des Objekts, das ich bin, geben. So kann ich mir gar keine Qualität verleihen ohne die Vermittlung eines Objektivierungsvermögens, das nicht mein eigenes Vermögen ist und das ich weder vortäuschen noch hervorbringen kann. Das sagt man zwar: man hat schon seit langem gesagt, daß der Andere mich lehrt, wer ich bin. Aber dieselben, die diese These vertraten, behaupteten andererseits, ich leitete den Begriff des Andern von mir selbst ab durch Reflexion über mein eigenes Vermögen und durch Projektion oder Analogie. Sie blieben also innerhalb eines Teufelskreises, aus dem sie nicht herauskonnten. In Wirklichkeit kann der Andere nicht der Sinn meiner Objektivität sein, er ist ihre konkrete und transzendente Bedingung. Die Qualitäten «böse», «eifersüchtig», «sympathisch oder unsympathisch» usw. usw. sind keine müßigen Hirngespinste: wenn ich mich ihrer bediene, um einen Andern zu qualifizieren, sehe ich wohl, daß ich ihn in seinem Sein treffen will. Und doch kann ich sie nicht wie meine eigenen Wirklichkeiten leben: wenn ein Anderer sie mir verleiht, verweigern sie sich keineswegs dem, was ich für-mich bin; wenn ein Anderer mir eine Beschreibung meines Charakters gibt, «erkenne» ich mich nicht und weiß doch, «das bin ich». Diesen Fremden, den man mir präsentiert, übernehme ich sofort, ohne daß er aufhört, ein Fremder zu sein. Er ist nämlich weder eine bloße Vereinigung meiner subjektiven Vorstellungen noch ein «Ich», das ich im Sinn des «Ich bin Ich»[229] bin, noch ein müßiges Bild, das der Andere sich von mir macht und wofür er allein die Verantwortung trüge: dieses Ich, unvergleichbar mit dem Ich, das ich zu sein habe, ist noch Ich, aber es hat eine Metamorphose erfahren durch ein neues Milieu und wurde diesem Milieu angepaßt, es ist ein Sein, *mein* Sein, aber mit ganz neuen Seinsdimensionen und Modalitäten, es ist von mir durch ein unüberwindbares Nichts getrenntes Ich, denn ich *bin* dieses Ich, aber ich bin nicht dieses Nichts, das mich von mir trennt. Es ist das Ich, das ich durch eine äußerste Ek-stase bin, die alle *meine Ek-stasen* transzendiert, denn es ist nicht die Ek-stase, die ich zu sein habe. Mein Sein für-Andere ist ein Sturz durch die absolute Leere auf die Objektivität hin. Und da dieser Sturz *Entfremdung* ist, kann ich mich für mich selbst nicht als Objekt sein machen, denn in keinem Fall kann ich mich mir selbst entfremden.

2. Der Andere konstituiert mich außerdem nicht als Objekt für mich selbst, sondern *für ihn*. Anders gesagt, er dient nicht als regulativer und konstitutiver Begriff für die

Erkenntnisse, die ich von mir selbst hätte. Die Anwesenheit des Andern läßt also das Objekt-Ich nicht «erscheinen»: ich erfasse nichts als ein Mirentgehen in Richtung auf... Auch wenn die Sprache mir enthüllt hat, daß der Andere mich für böse oder für eifersüchtig hält, werde ich nie eine konkrete Intuition meiner Bosheit oder meiner Eifersucht haben. Das werden immer nur flüchtige Begriffe sein, deren Natur es ist, mir zu entgehen: ich werde meine Bosheit nicht erfassen, sondern anläßlich dieser oder jener Handlung werde ich mir selbst entgehen, werde ich meine Entfremdung und mein Abfließen auf ein Sein hin spüren, das ich nur leer als böse denken kann und von dem ich dennoch *fühle*, daß ich es bin, ein Sein, das ich auf Distanz in Scham oder Furcht leben werde.

Mein Objekt-Ich ist also weder Erkenntnis noch Erkenntniseinheit, sondern Unbehagen, erlebtes Losreißen von der ek-statischen Einheit des Für-sich, Grenze, die ich nicht erreichen kann und die ich dennoch bin. Und der andere, durch den dieses Ich *mir geschieht*, ist weder Erkenntnis noch Kategorie, sondern das *Faktum* der Anwesenheit einer fremden Freiheit. In der Tat sind mein Losreißen von mir und das Auftauchen der Freiheit des Andern eins, ich kann sie nur zusammen empfinden und leben, ich kann nicht einmal versuchen, sie eins ohne das andere zu erfassen. Das Faktum des Andern ist unbestreitbar und trifft mich mitten ins Herz. Ich realisiere es durch das *Unbehagen*; durch es bin ich fortwährend *in Gefahr* in einer Welt, die *diese* Welt ist und die ich dennoch nur ahnen kann; und der Andere erscheint mir nicht als ein Sein, das zunächst konstituiert ist und mir dann begegnet, sondern als ein Sein, das in einem ursprünglichen Seinsbezug zu mir auftaucht und dessen Unbezweifelbarkeit und *faktische Notwendigkeit* die meines eigenen Bewußtseins sind.

Bleiben trotzdem zahlreiche Schwierigkeiten. Insbesondere verleihen wir dem Andern durch die Scham eine unbezweifelbare Anwesenheit. Wir haben aber gesehen, daß es nur *wahrscheinlich* ist, daß der Andere mich erblickt. Das Bauernhaus auf dem Hügel, das die Soldaten des Freiwilligenkorps zu erblicken *scheint*, ist gewiß vom Feind besetzt; aber es ist nicht gewiß, daß die feindlichen Soldaten jetzt durch seine Fenster spähen. Von jenem Menschen, dessen Schritt ich hinter mir höre, ist es nicht gewiß, daß er mich erblickt, sein Gesicht kann abgewendet, sein Blick zur Erde oder auf ein Buch gerichtet sein; und schließlich ist es von den auf mich gerichteten Augen generell nicht sicher, daß es Augen sind, es können auch bloß Nachahmungen wirklicher Augen sein. Kurz, wird der Blick nicht seinerseits *wahrscheinlch*, weil ich ständig glauben kann, erblickt zu werden, ohne es zu sein? Und gewinnt unsere ganze Gewißheit der Existenz des Andern dadurch nicht einen rein hypothetischen Charakter?

Die Schwierigkeit läßt sich folgendermaßen ausdrükken: Anläßlich bestimmter Erscheinungen in der Welt, die mir einen Blick zu manifestieren scheinen, erfasse ich in mir selbst ein gewisses «Erblickt-werden» mit seinen eignen Strukturen, die mich auf die reale Existenz des Andern verweisen. Es ist aber möglich, daß ich mich getäuscht habe: vielleicht waren die Objekte der Welt, die ich für Augen hielt, keine Augen, vielleicht bewegte nur der Wind das Gebüsch hinter mir, kurz, vielleicht manifestierten diese konkreten Objekte nicht *wirklich* einen Blick. Was wird in diesem Fall aus meiner Gewißheit, *erblickt zu werden*? Meine Scham war ja *Scham vor jemandem*: aber es ist niemand da. Wird sie nicht dadurch *Scham vor niemandem*, das heißt, da sie dort jemanden gesetzt hat, wo es niemanden gab, *falsche* Scham?

Diese Schwierigkeit kann uns nicht lange aufhalten, und wir hätten sie nicht einmal erwähnt, wenn sie nicht den Vorteil hätte, unsere Untersuchung voranzubringen und die Natur des Für-Andere-seins klarer zu kennzeichnen. Sie setzt nämlich zwei verschiedene Erkenntnisordnungen und zwei unvergleichbare Seinstypen gleich. Wir haben immer gewußt, daß das Objekt-in-der-Welt nur wahrscheinlich sein kann. Das kommt von seinem Objektcharakter selbst. Es ist wahrscheinlich, daß der Passant ein Mensch ist; und wenn er die Augen auf mich richtet, kann ich, obwohl ich sofort mit Gewißheit das *Erblickt-werden* empfinde, diese Gewißheit nicht in meine Erfahrung des Objekt-Andern übergehen lassen. Sie entdeckt mir nämlich nur den Subjekt-Andern als transzendente Anwesenheit bei der Welt und reale Bedingung meines Objektseins. Es ist also in jedem Fall unmöglich, meine Gewißheit des Subjekt-Andern auf den Objekt-Andern, der der Anlaß dieser Gewißheit war, zu übertragen und umgekehrt die Evidenz der Erscheinung des Subjekt-Andern von der konstitutionellen Wahrscheinlichkeit des Objekt-Andern her abzuschwächen. Mehr noch, der *Blick* erscheint, wie wir gesehen haben, auf dem Hintergrund einer Zerstörung des Objekts, das ihn manifestiert. Wenn dieser dicke und häßliche Passant, der sich hüpfend auf mich zubewegt, mich plötzlich ansieht, ist es mit seiner Häßlichkeit, seiner Dicke und seinem Gehüpfe vorbei; solange ich mich erblickt fühle, ist er zwischen mir selbst und mir vermittelnde reine Freiheit. Das Erblickt-werden kann also nicht von dem Objekt *abhängen*, das den Blick manifestiert. Und da meine Scham als reflexiv erfaßbares «Erlebnis»[230] ebenso vom Andern zeugt wie von sich selbst, kann ich sie nicht anläßlich eines Objekts der Welt wieder in Frage stellen, das grundsätzlich in Zweifel gezogen werden kann. Ebenso könnte ich an meiner eigenen Existenz zweifeln, weil die Wahrnehmungen, die ich von meinem eigenen Körper habe (wenn ich zum Beispiel meine Hand sehe), dem Irrtum unterworfen sind. Wenn also das in seiner ganzen Reinheit ausgemachte *Erblickt-werden* nicht stärker an den *Körper des Andern* gebunden ist, als mein Bewußtsein, Bewußtsein zu sein, in der reinen Realisation des Cogito an *meinen eigenen Körper* gebunden ist, muß man das Erscheinen gewisser Objekte im Feld meiner Erfahrung, insbesondere die Konvergenz der Augen des Andern in meine Richtung, als eine bloße *Mahnung* betrachten, als den bloßen Anlaß, mein *Erblickt-werden* zu realisieren, so wie für einen Platon die Widersprüche der sinnlichen Welt Anlaß zu einer philosophischen Konversion sind. Kurz, gewiß ist, daß *ich erblickt werde*; nur wahrscheinlich ist, daß der Blick an diese oder jene innerweltliche Anwesenheit gebunden ist. Das kann uns freilich nicht überraschen, denn wie wir gesehen haben, sind es nie *Augen*, die uns anblicken: es ist der Andere als Subjekt. Bleibt jedoch, wird man sagen, daß ich entdecken kann, mich getäuscht zu haben: ich bin über das Schlüsselloch gebeugt; plötzlich höre ich Schritte. Ich zucke vor Scham zusammen: jemand hat mich gesehen. Ich richte mich wieder auf, ich suche den leeren Flur mit den Augen ab: es war blinder Alarm. Ich atme auf. Hat es hier nicht eine Erfahrung gegeben, die sich selbst zerstört hat?

Sehen wir genauer hin. Ist das, was sich als Irrtum erwiesen hat, etwa mein Objektiv-sein für Andere? Keineswegs. Die Existenz des Andern ist so weit davon entfernt, in Zweifel gezogen zu werden, daß dieser blinde Alarm sehr wohl die Folge haben kann, mich auf mein Vorhaben verzichten zu lassen. Wenn ich dagegen weitermache, werde ich doch mein Herz klopfen hören und nach dem geringsten Geräusch, dem leisesten Knacken der Treppenstufen lauschen. Statt daß der Andere nach meiner ersten Alarmierung verschwunden wäre, ist er jetzt überall, unter mir, über mir, in den Nebenzimmern, und ich spüre weiterhin zutiefst mein Für-Andere-sein; es kann sogar sein, daß meine Scham nicht verschwindet: mit geröteter Stirn beuge ich mich jetzt zum Schlüsselloch, ich höre nicht mehr auf, mein Für-Andere-sein zu *empfinden*; meine Möglichkeiten hören nicht auf «zu sterben», die Distanzen hören nicht auf, sich auf mich hin zu entfalten, von der Treppe her, wo jemand sein «könnte», von dieser dunklen Ecke her, wo sich eine menschliche Anwesenheit verstecken «könnte». Mehr noch, wenn ich beim leisesten Geräusch zusammenzucke, wenn jedes Knacken mir einen Blick ankündigt, so deshalb, weil ich schon im Zustand des Erblickt-werdens bin. Kurz, was ist also fälschlich erschienen, und was hat sich bei dem blinden Alarm von selbst zerstört? Weder der Subjekt-Andere noch seine Anwesenheit bei mir: vielmehr die *Faktizität* des Andern, das heißt die kontingente Verbindung des Andern mit einem Objekt-sein in *meiner* Welt. Was zweifelhaft ist, ist also nicht der Andere selbst, es ist das *Da-sein* des Andern; das heißt jenes historische und konkrete Ereignis, das wir mit den Worten ausdrücken können: «Es ist jemand in diesem Zimmer.»

Diese Überlegungen ermöglichen uns weiter zu kommen. Die Anwesenheit des Andern in der Welt kann sich ja nicht analytisch aus der Anwesenheit eines Subjekt-Andern bei mir ergeben, denn diese ursprüngliche Anwesenheit ist transzendent, das heißt Jenseits-der-Welt-sein. Ich habe geglaubt, der Andere sei im Zimmer anwesend, aber ich habe mich getäuscht: er war nicht *da*; er war «abwesend». Was ist also *Abwesenheit*?

Nimmt man den Ausdruck Abwesenheit in seinem empirischen und alltäglichen Gebrauch, so ist klar, daß ich ihn nicht benutze, um jede beliebige Art von «Nicht-da-sein» zu bezeichnen. Erstens sage ich nicht, wenn ich mein Tabakpäckchen nicht an seinem gewöhnlichen Platz finde, es sei *abwesend*; obwohl ich doch behaupten könnte, daß es «da sein müßte». Denn der Platz eines materiellen Gegenstands oder eines Geräts ergibt sich, obwohl er ihm manchmal genau zugewiesen sein kann, nicht aus seiner *Natur*. Diese kann ihm höchstens einen Ort zuweisen; aber durch mich realisiert sich der *Platz* eines Geräts. Die menschliche-Realität ist das Sein, durch das den Gegenständen ein Platz zukommt. Und nur die menschliche-Realität kann, insofern sie ihre eigenen Möglichkeiten ist, ursprünglich einen Platz einnehmen. Aber andererseits werde ich auch nicht sagen, daß der Aga-Khan oder der Sultan von Marokko von dieser Wohnung abwesend sind, wohl aber, daß Pierre, der sich dort für gewöhnlich aufhält, für eine Viertelstunde abwesend ist. Kurz, die Abwesenheit definiert sich als ein Seinsmodus der menschlichen-Realität in bezug auf Orte und Plätze, die sie selbst durch ihre Anwesenheit bestimmt hat. Die Abwesenheit ist kein Nichts an Bindungen an einen Platz, sondern im Gegenteil, ich bestimme Pierre in bezug auf einen bestimmten Platz, indem ich erkläre, er sei von ihm abwesend. Schließlich spreche ich nicht von der Abwesenheit Pierres in bezug auf einen Ort der Natur, selbst wenn er die Gewohnheit hat, dorthin zu gehen. Aber ich kann dagegen seine Abwesenheit bei einem Picknick bedauern, das in irgendeiner Gegend «stattfindet», wo er nie gewesen ist. Pierres Abwesenheit wird durch Bezug auf einen Platz definiert, an dem zu sein er sich selbst bestimmen müßte, aber dieser Platz selbst wird als Platz nicht durch die Lage oder gar allein für Pierre geltende Beziehungen des Ortes bestimmt, sondern durch die Anwesenheit anderer menschlicher-Realitäten. In bezug auf *andere Menschen* ist Pierre abwesend. Die Abwesenheit ist ein konkreter Seinsmodus Pierres in bezug auf Thérèse; sie ist ein Band zwischen menschlichen-Realitäten, nicht zwischen der menschlichen-Realität und der Welt. In bezug auf Thérèse ist Pierre *von diesem Ort* abwesend. Die Abwesenheit ist also eine Seinsbindung zwischen zwei oder mehreren menschlichen-Realitäten, die eine fundamentale Anwesenheit dieser Realitäten füreinander erfordert und übrigens nur eine der besonderen Konkretisierungen dieser Anwesenheit ist. Abwesend sein ist für Pierre in bezug auf Thérèse eine besondere Art, für sie anwesend zu sein. Abwesenheit hat ja nur Bedeutung, wenn alle Bezüge Pierres zu Thérèse gewahrt sind: er liebt sie, er ist ihr Mann, er sorgt für ihren Unterhalt usw. usw. Insbesondere setzt die

Abwesenheit die Erhaltung der *konkreten* Existenz Pierres voraus: der Tod ist keine Abwesenheit. Deshalb ändert die *Distanz* zwischen Pierre und Thérèse nichts an der fundamentalen Tatsache ihrer wechselseitigen Anwesenheit. Denn wenn wir diese Anwesenheit von Pierres Gesichtspunkt aus betrachten, sehen wir, daß sie *entweder* bedeutet, daß Thérèse innerweltlich als Objekt-Anderer existent ist *oder* daß er sich für Thérèse als für ein Subjekt-Anderer existieren fühlt. Im ersten Fall ist die Distanz kontingentes Faktum und bedeutet nichts in bezug auf die fundamentale Tatsache, daß Pierre derjenige ist, durch den es eine Welt als Totalität «*gibt*», und daß Pierre ohne Distanz bei dieser Welt als derjenige anwesend ist, durch den die Distanz existiert. Im zweiten Fall fühlt sich Pierre, wo er auch ist, für Thérèse ohne Distanz existieren: sie ist auf *Distanz* von ihm in dem Maß, wie sie ihn fernhält und zwischen sich und ihm eine Distanz entfaltet; die ganze Welt trennt ihn von ihr. Aber er ist für sie ohne Distanz, insofern er Objekt in der Welt ist, die durch Thérèse zum Sein kommt. Infolgedessen kann in keinem Fall die Entfernung diese wesentlichen Beziehungen modifizieren. Ob die Distanz klein oder groß ist, zwischen Objekt-Pierre und Subjekt-Thérèse, zwischen Objekt-Thérèse und Subjekt-Pierre gibt es die unendliche Dichte einer Welt; zwischen Subjekt-Pierre und Objekt-Thérèse, zwischen Subjekt-Thérèse und Objekt-Pierre gibt es keinerlei Distanz. So sind die empirischen Begriffe Abwesenheit und Anwesenheit zwei Spezifizierungen einer fundamentalen Anwesenheit Pierres bei Thérèse und Thérèses bei Pierre; sie drücken das nur auf die eine oder die andere Art aus und haben nur durch sie einen Sinn. In London, in Indien, in Amerika, auf einer einsamen Insel ist Pierre bei der in Paris gebliebenen Thérèse anwesend, erst bei seinem Tod hört er auf, bei ihr anwesend zu sein. Das heißt, ein Sein wird *situiert* nicht durch seinen Bezug zu den Orten, durch seinen Längen- und Breitengrad: es situiert sich in einem menschlichen Raum, zwischen der «Welt der Guermantes» und «Swanns Welt», und es ist die unmittelbare Anwesenheit Swanns, der Herzogin von Guermantes, die es ermöglicht, diesen «hodologischen» Raum zu entfalten, wo er sich situiert.[231] Diese Anwesenheit findet in der Transzendenz statt; die transzendente Anwesenheit meines Vetters aus Marokko bei mir erlaubt mir, zwischen mir und ihm diesen Weg zu entfalten, der mich in-der-Welt-situiert und den man den Weg nach Marokko nennen könnte. Dieser Weg ist ja nichts als die Distanz zwischen dem Objekt-Andern, den ich in Verbindung mit meinem «Sein-für» *wahrnehmen* könnte, und dem Subjekt-Andern, der ohne Distanz bei mir anwesend ist. So werde ich durch die unendliche Verschiedenheit der Wege *situiert*, die mich, in Korrelation mit der unmittelbaren Anwesenheit der transzendenten Subjekte, zu Objekten *meiner* Welt führen. Und da mir die ganze Welt mit allen ihren Wesen [*êtres*] auf einmal gegeben ist, stellen diese Wege nur die Gesamtheit der instrumentalen Komplexe dar, die es ermöglichen, auf dem Welthintergrund einen Objekt-Andern als «*Dieses*» erscheinen zu lassen, der dort schon implizit und real enthalten ist. Aber diese Überlegungen können verallgemeinert werden: nicht nur Pierre, René, Lucien sind in bezug auf mich auf dem Hintergrund ursprünglicher Anwesenheit abwesend oder anwesend; denn nicht sie allein tragen dazu bei, mich zu situieren: ich situiere mich auch als Europäer in bezug auf Asiaten oder Neger, als alter Mann in bezug auf junge Leute, als Richter in bezug auf Delinquenten, als Bürger in bezug auf Arbeiter usw. usw. Kurz, in bezug auf jeden lebenden Menschen ist jede menschliche-Realität auf dem Hintergrund ursprünglicher Anwesenheit anwesend oder abwesend. Und diese ursprüngliche Anwesenheit kann nur als Erblickt-sein oder Erblickend-sein Sinn haben, das heißt je nachdem, ob der andere für mich Objekt ist oder ich selbst Objekt-für-den-Andern bin. Das Für-Andere-sein ist ein ständiges Faktum meiner menschlichen-Realität, und ich erfasse es mit seiner faktischen Notwendigkeit im kleinsten Gedanken, den ich mir über mich mache. Wohin ich auch gehe, was ich auch tue, ich verändere damit nur meine Distanzen zum Objekt-Andern, benutze nur Wege zum Andern hin. Mich entfernen, mich nähern, einen bestimmten Objekt-Andern entdecken heißt nichts anderes als empirische Variationen über das fundamentale Thema meines Für-Andere-seins realisieren. Der Andere ist für mich überall anwesend als das, wodurch ich Objekt werde. Danach kann ich mich zwar über die empirische Anwesenheit eines Objekt-Andern, dem ich gerade auf meinem Weg begegnet bin, täuschen. Ich kann zwar glauben, es sei Anny, die auf mich zukommt, und entdecken, daß es eine unbekannte Person ist; Annys fundamentale Anwesenheit bei mir wird dadurch nicht modifiziert. Ich kann zwar glauben, es sei ein Mensch, der im Halbdunkel auf mich lauert, und entdecken, daß es ein Baumstamm ist, den ich für einen Menschen hielt: meine fundamentale Anwesenheit bei allen Menschen, die Anwesenheit aller Menschen bei mir selbst wird davon nicht beeinträchtigt. Denn das Erscheinen eines Menschen als Objekt im Feld meiner Erfahrung ist nicht das, was mich lehrt, daß es Menschen *gibt*. Meine Gewißheit von der Existenz der Andern ist von diesen Erfahrungen unabhängig, und sie ist es vielmehr, die diese erst möglich macht. Was mir dann erscheint und worüber ich mich täuschen kann, das ist weder der Andere noch die reale und konkrete Bindung des Andern an mich, sondern ein *Dieses*, das einen Objekt-Menschen ebensogut darstellen wie nicht darstellen *kann*. Was lediglich wahrscheinlich ist, das ist die Distanz und die reale Nähe des Andern, das heißt, daß sein Objekt-Charakter und seine Zugehörigkeit zur Welt, die ich sich enthüllen lasse, nicht zweifelhaft sind, einfach insofern ich gerade durch mein Auftauchen einen Andern erscheinen lasse. Doch diese Objektivität verschmilzt in der Welt als «Anderer irgendwo in der Welt»: der Objekt-Andere ist gewiß als Erscheinung, korrelativ zur Übernahme meiner Subjektivität, aber es ist nie gewiß, daß der Andere *dieses* Objekt ist. Und ebenso ist die fundamentale Tatsache, mein Objektsein für ein Subjekt, von einer Evidenz gleichen Typus wie die reflexive Evidenz, nicht aber die Tatsache, daß ich mich genau in diesem Moment und für einen besonderen Andern als «*Dieses*» auf dem Welthintergrund abzeichne, anstatt in der Ununterschiedenheit eines Hintergrunds aufgelöst zu bleiben. Daß ich jetzt als Objekt für einen Deutschen existiere, wer er auch sein mag, ist nicht zu bezweifeln. Aber existiere ich als Europäer, Franzose, Pariser in der Undifferenziertheit dieser Kollektivitäten oder als *dieser* Pariser, um den herum die Pariser Bevölkerung und die französische Kollektivität sich plötzlich organisieren und ihm als Hintergrund dienen? Über diesen Punkt kann ich immer nur wahrscheinliche Erkenntnisse gewinnen, obwohl sie unendlich wahrscheinlich sein können.

Wir können jetzt die Natur des Blicks erfassen: es gibt in jedem Blick das Erscheinen eines Objekt-Andern als konkrete und wahrscheinliche Anwesenheit in meinem Wahrnehmungsfeld, und anläßlich gewisser Haltungen dieses Andern bestimme ich mich selbst dazu, mein «Erblickt-werden» durch Scham, durch Angst usw. zu erfassen. Dieses «Erblickt-werden» bietet sich als die reine Wahrscheinlichkeit dar, daß ich gegenwärtig dieses konkrete *Dieses* bin – eine Wahrscheinlichkeit, die ihren Sinn und eben ihre Wahrscheinlichkeitsnatur nur aus einer fundamentalen Gewißheit gewinnen kann, daß der Andere für mich immer anwesend ist, insofern ich immer *für Andere* bin. Die Erfahrung meiner Lage eines Menschen, Objekt für *alle* anderen lebenden Menschen, unter Millionen von Blicken in die Arena geworfen und mir selbst millionenmal entgehend, diese Erfahrung realisiere ich konkret anläßlich des Auftauchens eines Objekts in *meinem* Universum, wenn dieses Objekt mir anzeigt, daß ich wahrscheinlich jetzt als *differenziertes Dieses* für ein Bewußtsein Objekt bin. Die Gesamtheit des Phänomens nennen wir *Blick*. Jeder Blick läßt uns konkret – und in der unbezweifelbaren Gewißheit des *Cogito* – erfahren, daß wir für alle lebenden Menschen existieren, das heißt, daß es (mehrere) Bewußtseine gibt, für die ich existiere. Wir setzen «mehrere» in Klammern, um zu betonen, daß der in diesem Blick bei mir anwesende Subjekt-Andere sich nicht in Pluralitätsgestalt darbietet, ebensowenig übrigens wie als Einheit (außer in seinem konkreten Bezug zu *einem* besonderen Objekt-Andern). Die Pluralität gehört ja nur den Objekten an, sie kommt durch das Erscheinen eines weltschaffenden Für-sich zum Sein. Da das Erblickt-werden (mehrere) Subjekte für uns auftauchen läßt, versetzt es uns in die Anwesenheit einer ungezählten Realität. Sobald ich aber die *erblicke*, die mich erblicken, isolieren sich die *anderen* Bewußtseine in Vielheit. Wenn ich mich andererseits vom Blick als Anlaß konkreter Erfahrung abwende und versuche, die unendliche Ununterschiedenheit der menschlichen Anwesenheit *leer* zu denken und sie unter dem Begriff des unendlichen Subjekts, das nie Objekt ist, zu vereinigen, erhalte ich einen rein formalen Begriff, der sich auf eine unendliche Reihe mystischer Erfahrungen der Anwesenheit Anderer bezieht, den Begriff von Gott als allgegenwärtigem und unendlichem Subjekt, *für das* ich existiere. Aber diese beiden Objektivierungen, die konkrete und zählende wie die vereinigende und abstrakte, verfehlen beide die erfahrene Realität, das heißt die pränumerische Anwesenheit der Anderen. Diese wenigen Überlegungen werden konkreter durch eine Beobachtung, die jeder machen kann: Wenn wir irgendwann «öffentlich» auftreten, um eine Rolle zu spielen oder einen Vortrag zu halten, verlieren wir nicht aus den Augen, daß wir erblickt werden, und wir führen die Gesamtheit der Handlungen, für die wir gekommen sind, *in Anwesenheit* des Blicks aus, mehr noch, wir versuchen, ein Sein und eine Gesamtheit von Objekten *für* diesen Blick zu konstituieren. Aber zahlenmäßig erfassen wir den Blick nicht.

Solange wir reden und nur auf die Ideen achten, die wir entwickeln wollen, bleibt die Anwesenheit Anderer undifferenziert. Es wäre falsch, sie unter den Rubriken «*die Schulklasse*», «*das Auditorium*» usw. zu vereinigen: wir haben ja kein Bewußtsein von einem konkreten und individualisierten Sein mit einem Kollektivbewußtsein; das sind Bilder, die nachträglich dazu dienen können, unsere Erfahrung wiederzugeben, und die sie mehr als zur Hälfte verfälschen. Aber wir erfassen auch nicht einen pluralen Blick. Vielmehr handelt es sich um eine ungreifbare, flüchtige und allgegenwärtige Realität, die uns gegenüber unser nicht-enthülltes Ich realisiert und die bei der Hervorbringung dieses Ich, das uns entgeht, mit uns zusammenarbeitet. Wenn ich dagegen überprüfen will, ob mein Denken richtig begriffen worden ist, und wenn ich meinerseits das Auditorium anblicke, werde ich plötzlich *mehrere* Köpfe und *mehrere* Augen erscheinen sehen. Die pränumerische Realität der Anderen hat sich durch Selbstobjektivierung aufgelöst und pluralisiert. Aber auch der Blick ist verschwunden. Für diese pränumerische und konkrete Realität ist die Bezeichnung «man» angebrachter als für einen Unauthentizitätszustand der menschlichen-Realität. Fortwährend, wo ich auch sein mag, erblickt *man* mich. *Man* wird nie als Objekt erfaßt, es löst sich augenblicklich auf.

So hat uns der Blick auf die Spur unseres *Für-Andere-seins* gebracht und hat uns die unbezweifelbare Existenz dieser Anderen, für die wir sind, enthüllt. Aber er kann uns nicht weiter bringen: wir müssen nun den fundamentalen Bezug des Ich zum andern untersuchen, so wie er sich uns entdeckt hat, oder, wenn man lieber will, wir müssen jetzt all das darlegen und thematisch fixieren, was in den Grenzen dieses ursprünglichen Bezugs enthalten ist, und uns fragen, was das *Sein* dieses Für-Andere-seins ist.

Eine Überlegung, die uns bei unserer Aufgabe helfen wird und die sich aus den vorhergehenden Bemerkungen ergibt, ist, daß das Für-Andere-sein keine ontologische Struktur des Für-sich ist: wir können in der Tat nicht daran denken, das Für-Andere-sein wie die Konsequenz eines Prinzips vom Für-sich-sein abzuleiten oder umgekehrt das Für-sich-sein vom Für-Andere-sein. Zwar erfordert unsere menschliche-Realität, gleichzeitig für-sich und für-Andere zu sein, aber unsere gegenwärtigen Untersuchungen zielen nicht darauf ab, eine Anthropologie zu konstituieren. Es wäre vielleicht nicht unmöglich, uns ein von jedem Für-Andere total freies Für-sich zu denken, das existierte, ohne die Möglichkeit, ein Objekt zu sein, auch nur zu vermuten. Aber dieses Für-sich wäre eben nicht «Mensch». Was das Cogito uns hier enthüllt, ist einfach eine faktische Notwendigkeit: es trifft sich – und das ist unbezweifelbar –, daß unser Sein in Verbindung mit seinem Für-sich-sein auch für Andere ist; das Sein, das sich dem reflexiven Bewußtsein enthüllt, ist Für-sich-für-Andere; das kartesianische Cogito behauptet nur die absolute Wahrheit eines *Faktums*: des Faktums meiner Existenz; ebenso enthüllt uns das etwas erweiterte Cogito, das wir hier benutzen, die Existenz des Andern und meine Existenz für Andere als ein Faktum. Das ist alles, was wir sagen können. Daher hat mein Für-Andere-sein, wie das Auftauchen meines Bewußtseins zum Sein, den Charakter eines absoluten Ereignisses. Da dieses Ereignis gleichzeitig Vergeschichtlichung ist – denn ich verzeitliche mich als Anwesenheit beim Andern – und Bedingung jeder Geschichte, nennen wir es vorgeschichtliche Vergeschichtlichung. Und als solche, als vorgeschichtliche Verzeitlichung der Gleichzeitigkeit werden wir es hier betrachten. Unter vorgeschichtlich verstehen wir durchaus nicht, daß es in einer der Geschichte vorangehenden Zeit wäre – was keinen Sinn hätte –, sondern daß es an jener ursprünglichen Verzeitlichung teilhat, die sich vergeschichtlicht, indem sie Geschichte möglich macht. Als Faktum – als erstes und fortwährendes Faktum –, nicht als Wesensnotwendigkeit werden wir das Für-Andere-sein untersuchen.

Wir haben oben gesehen, welcher Unterschied die interne Negation von der externen Negation trennt. Insbesondere haben wir festgestellt, daß die Grundlage jeder Erkenntnis eines bestimmten Seins der ursprüngliche Bezug ist, durch den das Für-sich schon in seinem Auftauchen zu sein hat als nicht *dieses* Sein seiend. Die Negation, die das Für-sich so realisiert, ist interne Negation; das Für-sich realisiert sie in seiner vollen Freiheit, mehr noch, es *ist* diese Negation, insofern es sich als Endlichkeit wählt. Aber sie verbindet es unauflöslich mit dem Sein, das es nicht ist, und wir konnten daher schreiben, daß das Für-sich in seinem Sein das Sein des Objekts einschließt, das es nicht ist, insofern es ihm in seinem Sein um dieses Sein selbst geht [232] als *dieses* Sein nicht seiend. Diese Überlegungen sind ohne wesentliche Änderung auf die erste Beziehung des Für-sich zu Anderen anwendbar. Wenn es einen Andern überhaupt gibt, so muß ich vor allem derjenige sein, der nicht der Andere ist, und in eben dieser durch mich an mir vollzogenen Negation mache ich mich sein und taucht der Andere als Anderer auf. Diese Negation, die mein Sein konstituiert und die mich, wie Hegel sagt, als *das Selbst* angesichts des Andern erscheinen läßt, konstituiert mich im Bereich der nicht-thetischen Selbstheit zu «Ich-selbst». Darunter ist nicht zu verstehen, daß ein Ich unser Bewußtsein bewohnt, sondern daß sich die Selbstheit verstärkt, wenn sie als Negation einer anderen Selbstheit auftaucht, und daß diese Verstärkung positiv erfaßt wird als die fortgesetzte Wahl der Selbstheit durch sie selbst als *dieselbe* Selbstheit und als *diese Selbstheit selbst*. Ein Für-sich, das sein Selbst [*soi*] zu sein hätte, ohne *es-selbst* [*soi-même*] zu sein, wäre denkbar. Nur hat das Für-sich, das ich bin, das zu sein, was es in Form der Zurückweisung des Andern, das heißt als es-selbst ist. Wenn wir also die auf die Erkenntnis des Nicht-Ich schlechthin angewendeten Formeln benutzen, können wir sagen, daß das Für-sich als es-selbst in seinem Sein das Sein des Andern einschließt, insofern es ihm in seinem Sein darum geht, der Andere nicht zu sein. Mit anderen Worten, damit das Bewußtsein Andere nicht sein kann und es also einen Andern «geben» kann, ohne daß dieses «nicht sein» als Bedingung des Es-selbst schlicht und einfach Gegenstand der Feststellung eines «Dritten Menschen»[233] als Zeugen wäre, muß es selbst und spontan dieses *Nicht-sein* zu sein haben und sich vom Andern frei abheben und losreißen, indem es sich als ein Nichts wählt, das einfach ein anderer als der Andere ist und sich dadurch im «Es-selbst» wieder trifft. Und gerade dieses Sichlosreißen, das das Sein des Für-sich ist, macht, daß es einen Andern gibt. Das bedeutet durchaus nicht, daß es dem andern das Sein gibt, sondern nur, daß es ihm das *Anderer-sein* gibt oder die wesentliche Bedingung des «es gibt». Und es versteht sich von selbst, daß für das Für-sich der Modus des Das-sein-was-der-Andere-nicht-ist völlig vom Nichts durchdrungen ist; das Für-sich ist das, was der Andere nicht ist, im nichtenden Modus «Spiegelung-Spiegelnd»; das Der-Andere-nicht-sein ist nie *gegeben*, sondern fortwährend gewählt in einem fortwährenden Wiederaufleben, das Bewußtsein kann nur insofern der Andere *nicht sein*, wie es Bewußtsein (von) sich selbst als der Andere nicht seiend ist. So ist die interne Negation hier wie im Fall der Anwesenheit bei der Welt eine vereinigende Seinsbindung: der Andere muß beim Bewußtsein durch und durch anwesend sein und es sogar ganz durchdringen, damit das Bewußtsein, eben *indem es nichts ist*, diesem Andern entgehen kann, der es zu verkleben droht. Wenn plötzlich das Bewußtsein etwas *wäre*, verschwände die Unterscheidung zwischen sich selbst und dem Andern innerhalb einer totalen Undifferenziertheit.

Allerdings muß diese Beschreibung eine wesentliche Ergänzung enthalten, die ihre Geltung radikal modifizieren wird. Denn als das Bewußtsein sich realisierte als dieses oder jenes «*Dieses*» in der Welt nicht seiend, war die negative Beziehung nicht wechselseitig: das gemeinte *Dieses* machte sich nicht das Bewußtsein nicht sein; das Bewußtsein bestimmte sich an ihm und durch es dazu, es nicht zu sein, aber das Dieses blieb in bezug auf das Bewußtsein in einer reinen Idifferenzexteriorität; es bewahrte ja seine *An-sich*-Natur, und als *An-sich* enthüllte es sich dem Bewußtsein gerade in der Negation, durch die sich das Für-sich sein machte, indem es von sich verneinte, daß es an-sich sei. Wenn es dagegen um den Andern geht, ist die negative interne Beziehung eine wechselseitige Beziehung. Das Sein, das nicht zu sein das Bewußtsein [die Aufgabe] hat, definiert sich als ein Sein, das [die Aufgabe] hat, dieses Bewußtsein nicht zu sein. Während der Wahrnehmung des *Dieses* in der Welt unterschied sich ja das Bewußtsein nicht nur durch seine eigene Individualität vom *Dieses*, sondern auch durch seinen Seinsmodus. Es war *Für-sich* gegenüber dem *An-sich*. Dagegen unterscheidet es sich im Auftauchen des Andern in keiner Weise vom andern, was seinen Seinsmodus betrifft: der andere ist das, was es ist, er ist Für-sich und Bewußtsein, er verweist auf Möglichkeiten, die seine Möglichkeiten sind, er ist er-selbst durch Ausschluß des andern; es kann nicht darum gehen, sich dem andern durch eine bloße zahlenmäßige Bestimmung entgegenzustellen. Es gibt hier nicht *zwei* oder *mehrere* Bewußtseine: die Zählung setzt ja einen externen Zeugen voraus, und sie ist bloße Exterioritätsfeststellung. Den andern kann es für das Fürsich nur in einer spontanen pränumerischen Negation geben. Der andere existiert für das Bewußtsein nur als das *zurückgewiesene Sich-selbst*. Aber gerade weil der andere ein Sich-selbst ist, kann er für mich und durch mich nur insofern zurückgewiesenes Sich-selbst sein, als er ein *Er-selbst ist, das mich zurückweist*. Ein Bewußtsein, das mich gar nicht erfaßt, kann ich weder erfassen noch verstehen. Das einzige Bewußtsein, das mich weder erfaßt noch zurückweist und das ich selbst verstehen kann, ist nicht ein irgendwo außerhalb der Welt isoliertes Bewußtsein, es ist mein eigenes. So ist der andere, den ich anerkenne, um mich zu weigern, er zu sein, vor allem *der, für den mein Für-sich ist*. Der, der nicht zu sein ich mich mache, ist nämlich nicht nur insofern nicht Ich, als ich ihn an mir negiere, sondern ich mache mich gerade ein Sein nicht sein, das sich Ich nicht sein macht. Freilich ist diese doppelte Negation in einer Hinsicht selbstzerstörerisch: entweder mache ich mich ein bestimmtes Sein nicht sein, und dann ist es für mich Objekt, und ich verliere meine Objektheit für es; in diesem Fall hört der andere auf, der Ich-andere zu sein, das heißt, das Subjekt zu sein, das mich durch die Weigerung, Ich zu sein, zum Objekt macht; oder aber dieses Sein ist doch der andere und macht sich nicht Ich sein, aber in diesem Fall werde ich für ihn Objekt, und er verliert seine eigene Objektheit. So ist der andere ursprünglich das Nicht-Ich-nicht-Objekt. Welches auch die späteren Prozesse der Dialektik des andern sein mögen, wenn der andere zunächst der andere sein soll, ist er der, der sich grundsätzlich eben in dem Auftauchen nicht enthüllen kann, durch das ich negiere, er zu sein. In diesem Sinn kann meine fundamentale Negation nicht direkt sein, denn es gibt nichts, worauf sie sich erstrecken könnte. Was ich mich schließlich zu sein weigere, kann nur diese Weigerung, Ich zu sein, sein, wodurch der andere mich zum Objekt macht; oder, wenn man lieber will, ich weise mein zurückgewiesenes-Ich zurück; ich bestimme mich als Ich-selbst durch Zurückweisung des zurückgewiesenen-Ich; ich setze dieses zurückgewiesene Ich als entfremdetes-Ich eben in dem Auftauchen, durch das ich mich vom Andern losreiße. Aber gerade dadurch anerkenne und bestätige ich nicht nur den Andern, sondern die Existenz meines Ich-für-Andere; ich kann ja nicht der Andere *nicht sein*, wenn ich nicht mein Objekt-sein für den Andern übernehme. Das Verschwinden des entfremdeten Ich zöge das Verschwinden des Andern durch Zusammenbruch des Ich-selbst nach sich. Ich entgehe dem Andern, indem ich ihm mein entfremdetes Ich in den Händen lasse. Aber da ich mich als Losreißen vom Andern wähle, übernehme ich dieses entfremdete Ich als meines und erkenne es als meines an. Mein Michlosreißen vom Andern, das heißt mein Ich-selbst, ist seiner Wesensstruktur nach Übernahme dieses Ich, das der Andere zurückweist, als *meines*; es ist sogar *nur das*. So ist das entfremdete und zurückgewiesene Ich gleichzeitig meine Bindung an den Andern und das Symbol unserer absoluten Trennung. Denn in dem Maß, in dem ich der bin, der durch Behauptung meiner Selbstheit macht, daß es einen Andern *gibt*, ist das Objekt-Ich meines, und ich beanspruche es, denn die Trennung des Andern von mir selbst ist nie gegeben, und ich bin in meinem Sein fortwährend dafür verantwortlich. Doch insofern der Andere mitverantwortlich für unsere ursprüngliche Trennung ist, entgeht mir dieses Ich, denn es ist das, was nicht zu sein der Andere sich macht. So beanspruche ich ein Ich, das mir entgeht, als *meines* und für mich, und da ich mich der Andere nicht sein mache, insofern der Andere eine der meinen identische Spontaneität ist, beanspruche ich gerade dieses Objekt-Ich als mir-entgehendes Ich. Dieses Objekt-Ich ist Ich, *das ich bin* eben in dem Maß, wie es mir entgeht, und ich würde es im Gegenteil als meines zurückweisen, wenn es mit mir selbst in reiner Selbstheit übereinstimmen könnte. So ist mein Für-Andere-sein, das heißt mein Objekt-Ich, kein von mir abgetrenntes und in einem fremden Bewußtsein vegetierendes Bild: es ist ein völlig reales Sein, *mein* Sein als Bedingung meiner Selbstheit gegenüber dem Andern und der Selbstheit des Andern mir gegenüber. Es ist mein *Draußen-sein*: nicht ein erlittenes Sein, das selbst von draußen gekommen wäre, sondern ein als *mein* Draußen übernommenes und anerkanntes Draußen. Es ist mir nämlich nur möglich, den Andern an mir zu negieren, insofern der Andere selbst *Subjekt* ist. Wenn ich den Andern unmittelbar als reines Objekt zurückwiese – das heißt als innerweltlich Existierendes –, würde ich nicht *den Andern* zurückweisen, sondern eben ein Objekt, das grundsätzlich nichts mit der Subjektivität gemeinsam hätte; ich bliebe wehrlos gegenüber einer totalen Assimilierung meiner selbst mit dem Andern, weil ich im wahren Bereich des Andern, der Subjektivität, die auch *mein* Bereich ist, nicht auf der Hut gewesen wäre. Ich kann den Andern nur auf Distanz halten, wenn ich eine Grenze für meine Subjektivität akzeptiere. Aber diese Grenze kann weder von mir kommen noch durch mich gedacht werden, denn ich kann mich nicht selbst begrenzen, sonst wäre ich eine begrenzte Totalität. Andererseits kann, nach Spinoza, das Denken nur durch das Denken begrenzt werden. Das Bewußtsein kann nur durch mein Bewußtsein begrenzt werden. Die Grenze zwischen zwei Bewußtseinen, insofern sie durch das begrenzende Bewußtsein hervorgebracht und durch das begrenzte Bewußtsein übernommen wird, das also ist mein Objekt-Ich. Und das müssen wir in dem zweifachen Sinn des Worts «Grenze» verstehen. Von seiten des Begrenzenden wird die Grenze nämlich als das Behältnis aufgefaßt, das mich enthält und umschließt, die Hülse aus Leere, die mich als Totalität herauslöst, indem sie mich aus dem Spiel bringt; von seiten des Begrenzten ist sie für jedes Selbstheitsphänomen, was die mathematische Grenze für die Reihe ist, die nach ihr tendiert, ohne sie je zu erreichen: das ganze Sein, das ich zu sein habe, verhält sich zu seiner Grenze wie eine asymptotische Kurve zu einer Geraden. So bin ich eine detotalisierte und unbegrenzte Totalität, enthalten in einer begrenzten Totalität, die sie auf Distanz umschließt und die ich außerhalb von mir bin, ohne sie je realisieren oder sogar erreichen zu können. Ein gutes Bild meiner Bemühungen, *mich* zu erfassen, und ihrer Vergeblichkeit ist mit jener Kugel gegeben, von der Poincaré spricht[234], deren Temperatur vom Mittelpunkt zur Oberfläche abnimmt: Lebewesen versuchen, von ihrem Mittelpunkt aus zur Oberfläche dieser Kugel zu gelangen, aber die Temperaturabnahme ruft bei ihnen eine ständig wachsende Zusammenziehung hervor; sie tendieren dazu, unendlich flach zu werden, je mehr sie sich dem Ziel nähern, und werden so durch eine unendliche Distanz von ihm getrennt. Dennoch ist diese unerreichbare Grenze, die mein Objekt-Ich ist, keine ideale: sie ist ein reales Sein. Dieses Sein ist keineswegs *an-sich*, denn es ist nicht in der reinen Indifferenzexteriorität entstanden; aber es ist auch nicht *für-sich*, denn es nicht das Sein, das ich zu sein habe, indem ich mich nichte. Es ist genau mein *Für-Andere-sein*, dieses zwischen zwei Negationen entgegengesetzten Ursprungs und umgekehrter Richtung hin und her gerissene Sein; denn der Andere *ist nicht* dieses Ich, von dem er die Intuition hat, und ich *habe nicht die Intuition* von diesem Ich, das ich bin. Dennoch gewinnt dieses vom einen hervorgebrachte und vom andern übernommene Ich seine absolute Realität daher, daß es die einzige mögliche Trennung zwischen zwei ihrem Seinsmodus nach völlig identischen Wesen [*êtres*] ist, die beieinander unmittelbar anwesend sind, denn zwischen ihnen ist kein Mittelglied denkbar, da nur das Bewußtsein das Bewußtsein begrenzen kann.

Ausgehend von dieser Anwesenheit des Subjekt-Andern bei mir, in meiner übernommenen Objektheit und durch sie, können wir die Objektivierung des Andern als zweites Moment meines Bezugs zum andern verstehen. In der Tat kann die Anwesenheit des Andern jenseits meiner nicht enthüllten Grenze als Motivation dienen für mein Wiedererfassen meiner selbst als freie Selbstheit. In dem Maß, wie ich mich als Anderer negiere und der Andere sich zunächst manifestiert, kann er sich nur als Anderer manifestieren, das heißt als Subjekt jenseits meiner Grenze, das heißt als das, was mich begrenzt. Nichts kann mich ja begrenzen außer dem Andern. Er erscheint also als das, was in seiner vollen Freiheit und in seinem freien Entwurf auf seine Möglichkeiten hin mich aus dem Spiel bringt und mich meiner Transzendenz beraubt, indem es sich weigert, «mitzumachen» (im deutschen Sinn)[235]. So muß ich zunächst und einzig diejenige der beiden Negationen erfassen, für die ich nicht verantwortlich bin, die nicht durch mich zu mir kommt. Aber gerade im Erfassen dieser Negation taucht das Bewußtsein (von) mir als Ichselbst auf, das heißt, ich kann ein explizites Bewußtsein (von) mir gewinnen, insofern ich auch für eine Negation des Andern, die meine eigene Möglichkeit ist, verantwortlich bin. Das ist die Explizierung der zweiten Negation, die von mir zum Andern geht. In Wahrheit war sie schon da, aber verdeckt durch den andern, da sie sich verlor, um den andern erscheinen zu lassen. Aber gerade der andere ist Motiv dafür, daß die neue Negation erscheint: denn wenn es einen Andern gibt, der mich nicht aus dem Spiel bringt, indem er meine Transzendenz als bloß betrachtete setzt, so deshalb, weil ich mich vom Andern losreiße, indem ich meine Grenze übernehme. Und das Bewußtsein (von) diesem Losreißen *oder* Bewußtsein, *Derselbe* (zu sein) in bezug auf den andern, ist Bewußtsein (von) meiner freien Spontaneität. Eben durch dieses Losreißen, das den andern in den Besitz meiner Grenze bringt, werfe ich den andern schon aus dem Spiel. Insofern ich also Bewußtsein (von) mir selbst erlange als von einer meiner freien Möglichkeiten und mich auf mich selbst hin entwerfe, um diese Selbstheit zu realisieren, bin ich für die Existenz des Andern verantwortlich: ich bin es, der eben durch die Behauptung meiner freien Spontaneität macht, daß es einen Andern *gibt* und nicht einfach eine unendliche Verweisung des Bewußtseins auf sich selbst. Der Andere findet sich also aus dem Spiel gebracht als das, bei dem es von mir abhängt, ob es nicht ist, und dadurch ist seine Transzendenz keine Transzendenz mehr, die mich auf ihn selbst hin *transzendiert*, sie ist bloß betrachtete Transzendenz, einfach *gegebener* Selbstheitszirkel. Und da ich die beiden Negationen nicht zugleich realisieren kann, verdeckt die neue Negation, obwohl sie die andere zur Motivation hat, diese ihrerseits: der Andere erscheint mir als verminderte Anwesenheit. In Wirklichkeit sind ja der andere und ich für die Existenz des andern gemeinsam verantwortlich, aber durch zwei Negationen der Art, daß ich die eine nicht erfahren kann, ohne daß sie die andere sofort verdeckt. So wird der Andere nun das, was ich in meiner Projektion auf das Nicht-Anderer-sein hin begrenze. Natürlich muß man hier verstehen, daß die Motivation dieses Übergangs affektiver Art ist. Nichts würde zum Beispiel verhindern können, daß ich durch dieses Nicht-Enthüllte samt seinem Jenseits fasziniert bliebe, wenn ich dieses Nicht-Enthüllte nicht gerade in Furcht, Scham oder Stolz realisierte. Und eben der affektive Charakter dieser Motivation gibt über die empirische Kontingenz dieser Veränderungen des Gesichtspunkts Aufschluß. Aber diese Gefühle selbst sind nichts anderes als unsere Art, unser Für-Andere-sein affektiv zu erfahren. Die Furcht impliziert ja, daß ich mir als bedroht erscheine als innerweltliche Anwesenheit, nicht als Für-sich, das macht, daß es eine Welt gibt. Das Objekt, das *ich* bin, ist in der Welt in Gefahr und kann als solches wegen seiner unauflöslichen Seinseinheit mit dem Sein, das ich zu sein habe, den Untergang des Für-sich, das ich zu sein habe, samt seinem eigenen nach sich ziehen. Die Furcht ist also Entdeckung meines Objekt-seins anläßlich des Erscheinens eines andern Objekts in meinem Wahrnehmungsfeld. Sie verweist auf den Ursprung jeder Furcht, der die furchtsame Entdeckung meiner bloßen Objektheit ist, insofern sie durch Möglichkeiten überschritten und transzendiert wird, die nicht meine Möglichkeiten sind. Wenn ich mich auf meine eigenen Möglichkeiten hin werfe, entgehe ich der Furcht in dem Maß, in dem ich meine Objektheit als unwesentlich betrachte. Das kann nur sein, wenn ich mich erfasse, insofern ich für das Sein des Andern verantwortlich bin. Der Andere wird dann *das, was nicht zu sein ich mich mache*, und seine Möglichkeiten sind Möglichkeiten, die ich zurückweise und einfach betrachten kann, also tote-Möglichkeiten. Dadurch überschreite ich meine gegenwärtigen Möglichkeiten, insofern ich sie als durch die Möglichkeiten des Andern stets überschreitbar ansehe, aber ich überschreite auch die Möglichkeiten des Andern, indem ich sie unter dem Gesichtspunkt der einzigen Qualität betrachte, die er hat, ohne daß sie seine eigene Möglichkeit ist – eben seines Charakters als Anderer, insofern ich mache, daß es einen Andern gibt –, und indem ich sie als Möglichkeiten, mich zu überschreiten, betrachte, die ich immer auf neue Möglichkeiten hin überschreiten kann. So habe ich zugleich mein Für-sich-sein zurückerobert durch mein Bewußtsein (von) mir als fortwährendem Fokus unendlicher Möglichkeiten, und ich habe die Möglichkeiten des Andern in tote-Möglichkeiten verwandelt, indem ich sie alle mit dem Charakter des *Nicht-durch-mich-gelebten* affizierte, das heißt des *bloß Gegebenen*.

Ebenso ist die Scham nur das ursprüngliche Gefühl, mein Sein *draußen* zu haben, engagiert in ein anderes Sein und als solches ohne irgendeinen Schutz, beleuchtet durch das absolute Licht, das von einem reinen Subjekt ausgeht; es ist das Bewußtsein, unheilbar das zu sein, was ich immer war: «in Aufschub», das heißt im Modus von «noch nicht» oder «schon nicht mehr». Die reine Scham ist nicht das Gefühl, dieses oder jenes tadelnswerte Objekt zu sein, sondern überhaupt *ein* Objekt zu sein, das heißt, mich in diesem verminderten, abhängigen und erstarrten Objekt, das ich für den Andern bin, *wiederzuerkennen*. Die Scham ist Gefühl *eines Sündenfalls*, nicht weil ich diesen oder jenen Fehler begangen hätte, sondern einfach deshalb, weil ich in die Welt «gefallen» bin, mitten in die Dinge, und weil ich die Vermittlung des Andern brauche, um das zu sein, was ich bin. Die Scham und zumal die Furcht, im Zustand der Nacktheit überrascht zu werden, sind nur eine symbolische Spezifizierung der ursprünglichen Scham: der Körper symbolisiert hier unsere wehrlose Objektheit. Sich bekleiden heißt seine Objektheit verbergen, heißt das Recht beanspruchen, zu sehen, ohne gesehen zu werden, heißt reines Subjekt sein. Deshalb ist das biblische Symbol des Sündenfalls die Tatsache, daß Adam und Eva «gewahr wurden, daß sie nackt waren». Die Reaktion auf die Scham besteht genau darin, denjenigen als Objekt zu erfassen, der *meine* eigne Objektheit erfaßte. Von da an erscheint mir ja der Andere als Objekt, seine Subjektivität wird eine bloße *Eigenschaft* des betrachteten Objekts. Sie vermindert sich und definiert sich als «Gesamtheit *objektiver* Eigenschaften, die sich mir grundsätzlich entziehen». Der Objekt-Andere «hat» eine Subjektivität, wie diese leere Schachtel «ein Inneres» hat. Und dadurch *gewinne ich mich wieder*: denn ich kann nicht *Objekt für ein Objekt* sein. Ich leugne keineswegs, daß der Andere durch sein «Inneres» mit mir in Verbindung bleibt, aber da das Bewußtsein, das er von mir hat, Bewußtsein-als-Objekt ist, erscheint es mir als reine Interiorität ohne Wirkung; es ist eine Eigenschaft dieses «Innern» neben anderen, vergleichbar einem lichtempfindlichen Film im dunklen Innenraum eines Fotoapparats. Insofern ich mache, daß es einen Andern gibt, erfasse ich mich als freie Quelle der Erkenntnis, die der Andere von mir hat, und der Andere scheint mir in seinem Sein durch diese Erkenntnis, die er von meinem Sein hat, *affiziert*, insofern ich ihn mit der Eigenschaft «Anderer» *affiziert* habe. Diese Erkenntnis nimmt dann einen *subjektiven* Charakter im neuen Sinn von «relativ» an, das heißt, sie bleibt im Objekt-Subjekt als eine zum Anderer-sein *relative* Qualität, mit der ich es affiziert habe. Sie *berührt* mich nicht mehr; sie ist ein Bild *von mir in ihm*. So sind die Subjektivität in Interiorität vermindert, das freie Bewußtsein in bloße Abwesenheit von Grundsätzen, die Möglichkeiten in Eigenschaften und die Erkenntnis, durch die der Andere mich in meinem Sein erreicht, in ein bloßes *Bild* von mir im «Bewußtsein» des Andern. Die Scham motiviert die Reaktion, von der sie überschritten und überwunden wird, insofern sie ein implizites und nicht-thematisiertes Verständnis des Objekt-sein-könnens des Subjekts, für das ich Objekt bin, in sich einschließt. Und dieses implizite Verständnis ist nichts anderes als das Bewußtsein (von) meinem «Ich-selbst-sein», das heißt von meiner gestärkten Selbstheit. In der Struktur, die durch das «Ich schäme mich über mich» ausgedrückt wird, setzt ja die Scham ein Objekt-Ich für den andern voraus, aber auch eine Selbstheit, die sich schämt und die von dem «Ich» der Formel unvollkommen ausgedrückt wird. So ist die Scham ein vereinigendes Erfassen dreier Dimensionen: «*Ich* schäme mich über *mich* vor *Anderen*».

Wenn eine dieser Dimensionen verschwindet, verschwindet auch die Scham. Wenn ich jedoch das «man» als Subjekt, vor dem ich mich schäme, verstehe, insofern es nicht Objekt werden kann, ohne sich in eine Pluralität Anderer zu zerstreuen, wenn ich es als absolute Einheit des Subjekts setze, das in keiner Weise Objekt werden kann, setze ich dadurch die Ewigkeit meines Objekt-seins und perpetuiere meine Scham. Es ist die Scham vor Gott, das heißt die Anerkennung meiner Objektheit vor einem Subjekt, das nie Objekt werden kann; zugleich *realisiere* ich meine Objektheit im Absoluten und hypostasiere sie: die Setzung Gottes ist von einer Verdinglichung meiner Objektheit begleitet; mehr noch, ich setze mein Für-Gott-Objekt-sein als realer als mein Für-sich. Ich existiere entfremdet, und ich lasse mich durch mein Draußen lehren, was ich sein soll. Das ist der Ursprung der Furcht vor Gott. Schwarze Messen, Hostienschändungen, Teufelsbünde usw. sind lauter Bemühungen, dem absoluten Subjekt Objektcharakter zu verleihen. Indem ich das Böse um des Bösen willen will, versuche ich, die göttliche Transzendenz – deren eigene Möglichkeit das Gute ist – als eine bloß gegebene Transzendenz zu betrachten, die ich auf das Böse hin transzendiere. So «mache ich Gott leiden», «erzürne ihn» usw. Diese Versuche, die die absolute *Anerkennung* Gottes als eines Subjekts implizieren, das nicht Objekt sein kann, tragen ihren Widerspruch in sich und scheitern ständig.

Auch der Stolz schließt die ursprüngliche Scham nicht aus. Gerade im Bereich der fundamentalen Scham oder Scham, Objekt zu sein, baut er sich auf. Er ist ein zweideutiges Gefühl: im Stolz erkenne ich den Andern als Subjekt an, durch das die Objektheit zu meinem Sein kommt, aber außerdem erkenne ich mich als für meine Objektheit verantwortlich an; ich betone meine Verantwortlichkeit und übernehme sie. In einer Hinsicht ist der Stolz also zunächst Resignation: um stolz sein zu können, *dieses zu sein*, muß ich mich zunächst damit begnügt haben, *nur dieses zu sein*. Es handelt sich also um eine erste Reaktion auf die Scham, und es ist schon eine Reaktion von Flucht und Unaufrichtigkeit, denn obwohl ich den Andern weiterhin für ein Subjekt halte, versuche ich mich als den Andern durch meine Objektheit *affizierend* zu erfassen. Kurz, es gibt zwei authentische Haltungen: die, durch die ich den Andern als das Subjekt anerkenne, durch das ich zur Objektheit komme – das ist die Scham; und die, durch die ich mich als den freien Entwurf erfasse, durch den der Andere zum Anderer-sein kommt – das ist der Hochmut oder die Behauptung meiner Freiheit gegenüber dem Objekt-Andern. Aber der Stolz – oder die Eitelkeit – ist ein labiles unaufrichtiges Gefühl: in der Eitelkeit versuche ich, auf den Andern einzuwirken, insofern ich Objekt bin; diese Schönheit oder diese Stärke oder diesen Geist, den er mir verleiht, insofern er mich als Objekt konstituiert, will ich gegen ihn kehren, um ihn passiv mit einem Gefühl von Bewunderung oder Liebe zu affizieren. Aber dieses Gefühl als eine Sanktion meines Objekt-seins soll der Andere obendrein als Subjekt empfinden, das heißt als Freiheit. Das ist ja die einzige Art, meiner Stärke oder meiner Schönheit die absolute Objektivität zu verleihen. So trägt das Gefühl, das ich vom Andern verlange, in sich selbst seinen eigenen Widerspruch, weil ich den Andern damit affizieren muß, insofern er frei ist. Es wird nach dem Modus der Unaufrichtigkeit empfunden, und seine innere Entwicklung führt es zur Auflösung. Ich versuche ja, um über mein von mir übernommenes Objekt-sein verfügen zu können, es *als Objekt* wiederzugewinnen; und da der Andere der Schlüssel dazu ist, versuche ich, mich des Andern zu bemächtigen, damit er mir das Geheimnis meines Seins liefert. So treibt mich die Eitelkeit, mich des Andern zu bemächtigen und ihn als ein Objekt zu konstituieren, um innerhalb dieses Objekts nachzuforschen und dort meine eigene Objektheit zu entdecken. Das heißt aber die Henne mit den goldenen Eiern schlachten. Indem ich den Andern als Objekt konstituiere, konstituiere ich mich als Bild innerhalb des Objekt-Andern; daher die Enttäuschung der Eitelkeit: dieses Bild, das ich erfassen wollte, um es wiederzugewinnen und meinem Sein einzuschmelzen, in ihm *erkenne ich mich nicht mehr wieder*; ich muß es wohl oder übel dem Andern als eine seiner subjektiven Eigenschaften zurechnen; gegen meinen Willen von meiner Objektheit befreit, bleibe ich gegenüber dem Objekt-Andern allein in meiner unqualifizierbaren Selbstheit, die ich zu sein habe, ohne je von meiner Funktion entbunden werden zu können.

Scham, Furcht und Stolz sind also meine ursprünglichen Reaktionen, sie sind nur die verschiedenen Arten, in denen ich den Andern als unerreichbares Subjekt anerkenne, und sie schließen ein Verstehen meiner Selbstheit in sich ein, das mir zur Motivation dienen kann und muß, den Andern als Objekt zu konstituieren.

Dieser Objekt-Andere, der mir plötzlich erscheint, bleibt keineswegs eine bloße objektive Abstraktion. Er taucht mit seinen einzelnen Bedeutungen vor mir auf. Er ist nicht nur das Objekt, dessen Freiheit eine *Eigenschaft* als transzendierte Transzendenz ist. Er ist außerdem «wütend» oder «vergnügt» oder «aufmerksam», er ist «sympathisch» oder «unsympathisch», er ist «geizig», «aufbrausend» usw. Indem ich mich als Ich-selbst erfasse, mache ich ja, daß der Objekt-Andere innerweltlich existiert. Ich erkenne seine Transzendenz an, aber ich erkenne sie nicht als transzendierende an, sondern als transzendierte Transzendenz. Sie erscheint also als ein Überschreiten der Utensilien auf gewisse Zwecke hin, genau in dem Maß, wie ich in einem vereinigenden Entwurf meiner selbst diese Zwecke, diese Utensilien überschreite sowie dieses Überschreiten der Utensilien durch den Andern auf die Zwecke hin. Ich erfasse mich ja nie abstrakt als reine Möglichkeit, ich selbst zu sein, sondern ich lebe meine Selbstheit in ihrem konkreten Entwurf auf diesen oder jenen Zweck hin: ich existiere nur als *engagiert*, und ich gewinne nur als solcher Bewußtsein (davon), zu sein. Als solcher erfasse ich den Objekt-Andern nur in einem *engagierten* konkreten Überschreiten seiner Transzendenz. Umgekehrt aber erscheint mir das Engagement des Andern, das sein Seinsmodus ist, insofern es durch meine Transzendenz transzendiert wird, als *reales* Engagement, als *Verwurzelung*. Kurz, insofern ich *für mich* existiere, muß mein «Engagement» in einer Situation in dem Sinn verstanden werden, wie man sagt: «Ich bin jemandem gegenüber engagiert, ich habe mich engagiert, dieses Geld zurückzugeben» usw. Und dieses Engagement kennzeichnet den Subjekt-Andern, da er ein anderes Ich-selbst ist. Wenn ich aber den Andern als Objekt erfasse, vermindert sich dieses objektivierte Engagement und wird ein Objekt-Engagement in dem Sinn, wie man sagt: «Das Messer ist tief in die Wunde eingedrungen [*engagé*]; die Armee war in einen Engpaß eingedrungen [*engagée*].»[236] Man muß nämlich verstehen, daß das Innerweltlich-sein, das *durch mich* zum Andern kommt, ein reales Sein ist. Es ist keineswegs eine reine subjektive Notwendigkeit, die ihn mich erkennen läßt als innerweltlich existierend. Und dennoch ist andererseits der Andere nicht von selbst in dieser Welt verloren. Sondern ich mache ihn sich mitten in der Welt verlieren, die

353 allein deshalb die meine ist, weil sie für mich die ist, die zu sein ich nicht habe, das heißt allein deshalb, weil ich sie außerhalb von mir halte als bloß betrachtete und auf meine eigenen Zwecke hin überschrittene Realität. So ist die Objektivität nicht die bloße Brechung des Andern durch mein Bewußtsein: sie kommt durch mich als eine reale Qualifikation zum Andern: ich mache, daß der Andere innerweltlich ist. Was ich also als reale Merkmale des Andern erfasse, ist ein In-Situation-sein: ich organisiere ihn ja inmitten der Welt, insofern er die Welt auf sich selbst hin organisiert, ich erfasse ihn als die objektive Einheit von Utensilien und Hindernissen. Wir haben im Zweiten Teil dieses Buchs* erklärt, daß die Totalität der Utensilien das genaue Korrelat meiner Möglichkeiten ist. Da ich meine Möglichkeiten *bin*, ist die Ordnung der Utensilien in der Welt das in das An-sich projizierte Bild meiner Möglichkeiten, das heißt dessen, was ich bin. Aber dieses weltmäßige Bild kann ich nie entziffern, ich passe mich ihm im Handeln und durch es an. Insofern der Andere Subjekt ist, findet er sich gleichfalls *in sein Bild engagiert*. Insofern ich ihn als Objekt erfasse, springt mir dagegen dieses weltmäßige Bild in die Augen: der Andere wird das Instrument, das sich durch seinen Bezug zu allen anderen Instrumenten definiert, er ist eine Ordnung *meiner* Utensilien, die in der Ordnung, die ich diesen Utensilien aufzwinge, eine Enklave ist: den Andern erfassen heißt diese Ordnung-Enklave erfassen und sie zu einer zentralen Abwesenheit oder «Interiorität» in Bezug setzen; heißt diese Abwesenheit definieren als erstarrtes Abfließen der Objekte *meiner* Welt auf ein bestimmtes Objekt *meines* Universums hin. Und der Sinn dieses Abfließens wird mir durch diese Objekte selbst geliefert: es ist die Disposition des Hammers und der Nägel, des Meißels und des Marmors – insofern ich diese Disposition überschreite, ohne

---

* Zweiter Teil, Drittes Kapitel: III.

ihr Grund zu sein –, die den Sinn dieser innerweltlichen Hämorrhagie definiert. So zeigt mir die Welt den Andern in seiner Totalität und als Totalität an. Zwar bleibt dieses Anzeigen doppeldeutig. Aber eben darum, weil ich die Ordnung der Welt auf den Andern hin als undifferenzierte Totalität erfasse, auf deren Hintergrund einige explizite Strukturen erscheinen. Wenn ich alle Utensilienkomplexe explizieren könnte, insofern sie dem Andern zugekehrt sind, das heißt, wenn ich nicht nur die Stelle erfassen könnte, die Hammer und Nägel in diesem Utensilienkomplex einnehmen, sondern auch die Straße, die Stadt, die Nation usw., hätte ich das Sein des Andern explizit und total als Objekt definiert. Wenn ich mich über eine Absicht des Andern täusche, so keineswegs deshalb, weil ich seine Bewegung auf eine unerreichbare Subjektivität beziehe: diese Subjektivität an sich und durch sich hat mit der Bewegung keinerlei gemeinsames Maß, denn sie ist Transzendenz für sich, unüberschreitbare Transzendenz. Sondern deshalb, weil ich die ganze Welt um diese Bewegung herum anders organisiere, als sie sich faktisch organisiert. So ist mir der Andere allein deshalb, weil er mir als Objekt erscheint, grundsätzlich als Totalität gegeben; er erstreckt sich durch die ganze Welt als weltmäßiges Vermögen, diese Welt synthetisch zu organisieren. Nur kann ich eben diese synthetische Organisation ebensowenig explizieren, wie ich die Welt selbst, insofern sie *meine* Welt ist, explizieren kann. Und der Unterschied zwischen dem Subjekt-Andern, das heißt dem Andern, so wie er für-sich ist, und dem Objekt-Andern ist kein Unterschied zwischen dem Ganzen und dem Teil oder dem Verborgenen und dem Enthüllten: denn der Objekt-Andere ist grundsätzlich ein der subjektiven Totalität koextensives Ganzes; nichts ist verborgen, und insofern die Objekte auf andere Objekte verweisen, kann ich meine Erkenntnis des Andern unbegrenzt erweitern, indem ich seine Bezüge zu anderen Utensilien der Welt unbegrenzt expliziere; und das

Ideal der *Erkenntnis* des Andern bleibt das erschöpfende Explizieren des Sinns des Abfließens der Welt. Der grundsätzliche Unterschied zwischen Objekt-Anderem und Subjekt-Anderem kommt allein daher, daß der Subjekt-Andere in keiner Weise als solcher erkannt oder auch nur erfaßt werden kann: es gibt kein Problem der Erkenntnis des Subjekt-Andern, und die Objekte der Welt verweisen nicht auf seine Subjektivität; sie beziehen sich nur auf seine Objektheit in der Welt als – auf meine Selbstheit hin überschrittenen – Sinn des innerweltlichen Abfließens. So wird die Anwesenheit des Andern bei mir als das, was meine Objektheit macht, erfahren als eine Subjekt-Totalität; und wenn ich mich dieser Anwesenheit zuwende, um sie zu erfassen, nehme ich wiederum den Andern als Totalität wahr: eine Objekt-Totalität, koextensiv der Totalität der Welt. Und dieses Wahrnehmen geschieht mit einem Schlag: von der ganzen Welt aus komme ich zum Objekt-Andern. Aber immer treten nur einzelne Bezüge auf dem Hintergrund der Welt als *Gestalten* hervor. Um diesen Menschen herum, den ich nicht kenne und der in der Metro liest, ist die ganze Welt anwesend. Und es ist nicht allein sein Körper – als Objekt in der Welt –, der ihn in seinem Sein definiert: es ist sein Ausweis, die Fahrtrichtung der Metro, in die er eingestiegen ist, der Ring, den er am Finger trägt. Nicht als *Zeichen* dessen, was er ist – dieser Zeichen-Begriff würde uns ja auf eine Subjektivität verweisen, die ich mir nicht einmal denken kann und in der er eben eigentlich nichts ist, da er das ist, was er nicht ist, und nicht das ist, was er ist –, sondern als reale Merkmale seines Seins. Doch wenn ich weiß, daß er mitten in der Welt *ist*, in Frankreich, in Paris beim Lesen, kann ich, da ich seinen Ausweis nicht sehe, nur *vermuten*, daß er Ausländer ist (was bedeutet: vermuten, daß er einer Kontrolle untersteht, daß sein Name auf einer Liste des Polizeipräsidiums steht, daß man ihn auf Holländisch oder Italienisch ansprechen muß, damit er diese oder jene Bewegung macht, daß die internationale Post ihm auf diesem oder jenem Weg Briefe zukommen läßt, die diese oder jene Briefmarke tragen usw.). Dennoch ist mir dieser Ausweis grundsätzlich mitten in der Welt gegeben. Er entgeht mir nicht – seit er geschaffen wurde, hat er begonnen, für mich zu existieren. Nur existiert er in implizitem Zustand wie jeder Punkt des Kreises, den ich als vollendete Form sehe; man müßte die gegenwärtige Totalität meiner Bezüge zur Welt ändern, um ihn als explizites *Dieses* auf dem Hintergrund des Universums erscheinen zu lassen. In derselben Weise ist die Wut des Objekt-Andern, so wie sie sich mir durch seine Schreie, sein Aufstampfen und seine drohenden Bewegungen manifestiert, nicht das *Zeichen* einer subjektiven und verborgenen Wut; sie verweist auf nichts als auf andere Bewegungen und auf andere Schreie. Sie definiert den Andern, sie *ist* der Andere. Ich kann mich zwar täuschen und für echte Wut halten, was nur simulierte Gereiztheit ist. Aber nur in bezug auf objektiv erfaßbare andere Bewegungen und andere Handlungen kann ich mich täuschen: ich täusche mich, wenn ich die Bewegung der Hand als *reale* Absicht, zuzuschlagen, erfasse. Das heißt, ich täusche mich, wenn ich sie in Funktion einer objektiv nachweisbaren Bewegung deute, die nicht zustande kommen wird. Kurz, die objektiv erfaßte Wut ist eine Disposition der Welt um eine innerweltliche Anwesenheit-Abwesenheit herum. Heißt das, daß man den Behavioristen[237] recht geben muß? Sicher nicht: denn die Behavioristen haben, wenn sie den Menschen von einer Situation her interpretieren, sein Hauptmerkmal aus den Augen verloren, die transzendierte-Transzendenz. Der Andere ist ja das Objekt, das nicht auf sich selbst begrenzt werden kann, das Objekt, das nur von seinem Zweck her verstanden wird. Und sicher sind Hammer und Säge nicht anders zu verstehen. Beide werden durch ihre Funktion erfaßt, das heißt durch ihren Zweck. Aber das ist eben deshalb so, weil sie schon menschlich sind. Ich kann sie nur insofern verstehen, als sie mich auf eine Utensilienorganisation verweisen, deren Zentrum der Andere ist, insofern sie Teil eines Komplexes sind, der gänzlich auf einen Zweck hin transzendiert wird, den ich meinerseits transzendiere. Wenn man also den Andern mit einer Maschine vergleichen kann, dann insofern die Maschine als menschliches Faktum schon die Spur einer transzendierten-Transzendenz aufweist, insofern Webstühle in einer Weberei sich nur durch die Gewebe erklären, die sie hervorbringen; der behavioristische Gesichtspunkt muß umgekehrt werden, und diese Umkehrung wird übrigens die Objektivität des Andern unberührt lassen, denn das, was zunächst objektiv ist – was wir nach Art der französischen und englischen Psychologen Bedeutung nannten, nach Art der Phänomenologen Intention, Transzendenz wie Heidegger oder Gestalt wie die Gestaltpsychologen –, das ist die Tatsache, daß der Andere sich nicht anders definieren läßt als durch eine totalitäre Organisation der Welt und daß er der Schlüssel dieser Organisation ist. Wenn ich also von der Welt zum Andern zurückkehre, um ihn zu definieren, so nicht deshalb, weil die Welt mich den Andern verstehen ließe, sondern weil der Objekt-Andere nichts andres ist als ein autonomes innerweltliches Bezugszentrum *meiner* Welt. So ist die objektive Furcht, die wir empfinden können, wenn wir den Objekt-Andern wahrnehmen, nicht die Gesamtheit der physiologischen Äußerungen von Verwirrung, die wir sehen oder mit dem Sphygmographen oder dem Stethoskop messen: die Furcht ist die Flucht, das Verschwinden. Und diese Phänomene selbst bieten sich uns nicht als bloße Reihe von *Bewegungen* dar, sondern als transzendierte-Transzendenz: Flucht oder Verschwinden, das ist nicht nur das verzweifelte Rennen durch den Stacheldraht, nicht nur dieser schwere Sturz auf das Straßenpflaster; das ist ein totaler Umsturz der Utensilienorganisation, die den Andern zum Zentrum hatte. Der Soldat, der flieht, hatte eben noch den Feind-Andern vor seinem Gewehr. Die Distanz vom Feind zu ihm war durch die Bahn seiner Kugel bemessen, und auch ich konnte diese Distanz erfassen und transzendieren als Distanz, die sich um das Zentrum «Soldat» organisierte. Jetzt aber wirft er sein Gewehr in den Graben und läuft davon. Sofort umgibt ihn die Anwesenheit des Feindes und bedrängt ihn; der Feind, der durch die Bahn der Kugeln auf Distanz gehalten wurde, springt im selben Augenblick auf ihn los, in dem diese verschwindet; gleichzeitig dreht sich das Hinterland, das er verteidigte und an das er sich anlehnte wie an eine Mauer, plötzlich um, entfaltet sich fächerförmig und wird das Vorne, der freundliche Horizont, auf den hin er flüchtet. All das stelle ich objektiv fest, und es ist genau *das*, was ich als *Furcht* erfasse. Die Furcht ist nichts anderes als ein magisches Verhalten, das danach strebt, die erschreckenden Objekte, die wir nicht auf Distanz halten können, durch Beschwörung zu beseitigen.* Und eben über ihre Ergebnisse erfassen wir die Furcht, denn sie bietet sich uns als ein neuer Typus der innerweltlichen Hämorrhagie der Welt dar: der Übergang der Welt zu einem Typus magischer Existenz.

Man muß jedoch beachten, daß der Andere für mich nur in dem Maß qualifiziertes Objekt ist, wie ich es für ihn sein kann. Er wird sich also als nicht individualisierte Parzelle des «Man» oder als «abwesend» objektivieren, lediglich durch seine Briefe und Berichte dargestellt oder als *Dieser* faktisch anwesend, je nachdem ich selbst für ihn Element des «Man» gewesen bin oder ein «teurer Abwesender» oder ein konkreter *Dieser*. Was in jedem Fall über den Objektivierungstypus des Andern und seine Eigenschaften entscheidet, ist meine Situation in der Welt und gleichzei-

---

* Siehe unsere *Esquisse d'une théorie des émotions*, Hermann, Paris 1939 [deutsch: *Skizze einer Theorie der Emotionen* in: Jean-Paul Sartre, *Die Transzendenz des Ego, Philosophische Essays 1931–1939*, Rowohlt, Reinbek 1982].

tig seine Situation, das heißt, es sind Utensilienkomplexe, die jeder von uns organisiert hat, und die verschiedenen *Dieses*, die uns beide auf dem Welthintergrund erscheinen. Das alles führt uns natürlich zur Faktizität zurück. Meine Faktizität und die des Andern entscheiden, ob der Andere mich *sehen* kann und ob ich *diesen* Andern sehen kann. Aber das Problem der Faktizität überschreitet den Rahmen dieser allgemeinen Darstellung: wir werden es im Lauf des nächsten Kapitels angehen.

So erfahre ich die Anwesenheit des Andern als Quasi-Totalität der Subjekte in meinem Objekt-für-Andere-sein, und auf dem Hintergrund dieser Totalität kann ich die Anwesenheit eines konkreten Subjekts spezieller erfahren, ohne es jedoch als *diesen* Andern spezifizieren zu können. Meine Abwehrreaktion gegen meine Objektheit läßt den Andern vor mir als *dieses* oder *jenes Objekt* erscheinen. So erscheint er mir als ein «Dieser», das heißt, seine subjektive Quasi-Totalität vermindert sich und wird der Totalität der Welt koextensive *Objekt-Totalität*. Diese Totalität enthüllt sich mir ohne Bezug auf die Subjektivität des Andern: der Bezug des Subjekt-Andern zum Objekt-Andern ist keineswegs mit dem vergleichbar, den man zum Beispiel zwischen dem Objekt der Physik und dem Objekt der Wahrnehmung herzustellen pflegt. Der Objekt-Andere enthüllt sich mir als das, was er *ist*, er verweist nur auf sich selbst. Der Objekt-Andere ist einfach so, wie er mir erscheint, auf der Ebene der Objektheit überhaupt und in seinem Objekt-sein; es ist nicht einmal denkbar, daß ich irgendeine Erkenntnis, die ich von ihm habe, auf seine Subjektivität beziehe, so wie ich sie anläßlich des Blicks erfahre. Der Objekt-Andere ist nur Objekt, aber mein Erfassen von ihm schließt das Verständnis davon ein, daß ich immer und grundsätzlich eine andere *Erfahrung* von ihm machen kann, wenn ich mich auf eine andere Seinsebene stelle; dieses Verständnis ist einerseits durch das *Wissen* meiner vergangenen Erfahrung konstituiert, das übrigens, wie wir gesehen haben, die bloße Vergangenheit (die unzugängliche, die ich zu sein habe) dieser Erfahrung ist, und andererseits durch ein implizites Wahrnehmen der Dialektik des andern: der andere ist gegenwärtig das, was nicht zu sein ich mich mache. Aber obwohl ich mich für den Augenblick von ihm befreie, ihm entgehe, bleibt um ihn herum die permanente Möglichkeit, daß er zum andern *sich macht*. Indessen ist diese Möglichkeit, die in einer Art von Verlegenheit und Zwang als die Besonderheit meiner Haltung gegenüber dem Objekt-Andern gespürt wird, genaugenommen *undenkbar*: zunächst weil ich weder eine Möglichkeit denken kann, die nicht *meine* Möglichkeit ist, noch eine Transzendenz wahrnehmen, außer indem ich sie transzendiere, das heißt, indem ich sie als transzendierte Transzendenz erfasse; sodann, weil diese gespürte Möglichkeit nicht die Möglichkeit eines Objekt-Andern ist: die Möglichkeiten eines Objekt-Andern sind tote-Möglichkeiten, die auf andere objektive Aspekte des Andern verweisen; die eigentliche Möglichkeit, mich als Objekt zu erfassen, das Möglichkeit eines Subjekt-Andern ist, ist für mich aktuell Möglichkeit von niemandem: sie ist absolute Möglichkeit – die ihren Ursprung nur von sich selbst hat – des Auftauchens auf dem Hintergrund einer totalen Vernichtung des Objekt-Andern, eines Subjekt-Andern, den ich über meine Objektivität-für-ihn erfahre. So ist der Objekt-Andere ein explosives Instrument, das ich mit Furcht handhabe, weil ich um es herum die permanente Möglichkeit spüre, daß *man* es explodieren läßt und daß ich mit diesem Explodieren plötzlich die Flucht der Welt aus mir heraus und die Entfremdung meines Seins erfahre. Meine ständige Sorge ist es also, den Andern in seiner Objektivität zusammenzuhalten, und meine Bezüge zum Objekt-Andern bestehen wesentlich aus Tricks, die ihn Objekt bleiben lassen sollen. Aber ein Blick des Andern genügt, damit alle diese Tricks scheitern und ich von neuem die Verwandlung des Andern erfahre. So werde ich von der Verwandlung auf die Verminderung und von der Verminderung auf die Verwandlung verwiesen, ohne daß mir jemals eine Gesamtschau dieser beiden Seinsmodi des Andern gelingt – denn jeder von ihnen genügt sich selbst und verweist nur auf sich – und ohne daß ich mich fest an den einen von ihnen halten kann –, denn jeder dieser Modi hat eine eigne Unstabilität und bricht zusammen, damit der andere aus seinen Trümmern auftauche: nur die Toten sind ständig Objekte, ohne jemals Subjekte zu werden – denn Sterben heißt nicht seine innerweltliche Objektivität verlieren: alle Toten sind da, in der Welt um uns herum; sondern es heißt jede Möglichkeit verlieren, sich einem Andern als Subjekt zu enthüllen.

Auf dieser Ebene unserer Untersuchung, wo die Wesensstrukturen des Für-Andere-seins geklärt sind, sind wir natürlich versucht, die metaphysische Frage zu stellen: «Warum gibt es andere?» Die Existenz der andern ist ja, wie wir gesehen haben, keine Konsequenz, die sich aus der ontologischen Struktur des Für-sich ergeben könnte. Es ist zwar ein primäres Ereignis, aber *metaphysischer* Art, das heißt, es gehört zur Kontingenz des Seins. Anläßlich dieser metaphysischen Existenzen stellt sich wesensgemäß die Frage nach dem *Warum*.

Wir wissen übrigens, daß uns die Antwort auf das Warum nur auf eine ursprüngliche Kontingenz verweisen kann, aber trotzdem muß bewiesen werden, daß das von uns betrachtete metaphysische Phänomen von einer unreduzierbaren Kontingenz ist. In diesem Sinn scheint uns die Ontologie definiert werden zu können als die Explizierung der Seinsstrukturen des als Totalität aufgefaßten Existierenden, und wir definieren die Metaphysik eher als die Infragestellung der Existenz des Existierenden. Dank der absoluten Kontingenz des Existierenden sind wir deshalb sicher, daß jede Metaphysik mit einem «dies ist» enden muß, das heißt mit einer direkten Intuition dieser Kontingenz.

Ist es möglich, die Frage nach der Existenz der andern zu stellen? Ist diese Existenz ein unreduzierbares Faktum, oder muß sie von einer fundamentalen Kontingenz hergeleitet werden? Das sind Vorfragen, die wir unsererseits an den Metaphysiker richten können, der über die Existenz der anderen Fragen stellt.

Untersuchen wir die Möglichkeit der metyphysischen Frage genauer. Was uns zunächst erscheint, ist, daß das Für-Andere-sein die dritte Ek-stase des Für-sich darstellt. Die erste Ek-stase ist ja der dreidimensionale Entwurf des Für-sich auf ein Sein hin, das es zu sein hat nach dem Modus des Nicht-seins. Es stellt den ersten Riß dar, die Nichtung, die das Für-sich selbst zu sein hat, das Losreißen des Für-sich von allem, was es ist, insofern dieses Losreißen für sein Sein konstitutiv ist. Die zweite oder reflexive Ekstase ist Losreißen von eben diesem Losreißen. Die reflexive Spaltung entspricht einer vergeblichen Anstrengung, einen Gesichtspunkt gegenüber der Nichtung einzunehmen, die das Für-sich zu sein hat, damit diese Nichtung als einfach gegebenes Phänomen Nichtung sei, *die ist.* Gleichzeitig will aber die Reflexion dieses Losreißen, das sie als bloße Gegebenheit zu betrachten versucht, wiedergewinnen, indem sie von sich behauptet, daß sie diese Nichtung *ist*, die ist. Der Widerspruch ist flagrant: um meine Transzendenz erfassen zu können, müßte ich sie transzendieren. Aber meine eigne Transzendenz kann ja nur transzendieren, ich *bin* sie, ich kann mich ihrer nicht bedienen, um sie als transzendierte Transzendenz zu konstituieren: ich bin verurteilt, fortwährend meine eigne Nichtung zu sein. Mit einem Wort, die Reflexion *ist* das Reflektierte. Indessen wird die reflexive Nichtung weiter getrieben als die des reinen Für-sich als bloßen Bewußtseins (von) sich. Im Bewußtsein (von) sich waren die beiden Glieder der Dualität «gespiegelt-spiegelnd» ja derart unfähig, sich getrennt darzubieten, daß die Dualität eine ständig schwindende blieb und daß jedes Glied, indem es sich für das andere setzte, das andere *wurde*. Aber im Fall der Reflexion verhält es sich damit anders, weil das reflektierte «Spiegelung-spiegelnd» für ein reflexives «Spiegelung-spiegelnd» existiert. Reflektiertes und Reflexives tendieren also beide zur Unabhängigkeit, und das *nichts* [*rien*], das sie trennt, tendiert dazu, sie tiefer zu trennen, als das Nichts [*néant*], das das Für-sich zu sein hat, die Spiegelung vom Spiegelnden trennt. Dennoch können weder das Reflexive noch das Reflektierte dieses trennende Nichts absondern, sonst wäre die Reflexion ein autonomes Für-sich, das sich auf das Reflektierte richtete, was eine Exterioritätsnegation als Vorbedingung einer Interioritätsnegation voraussetzte. Es kann keine Reflexion geben, wenn sie nicht ganz und gar ein *Sein* ist, ein Sein, das sein eigenes Nichts zu sein hat. So befindet sich die reflexive Ek-stase auf dem Weg zu einer radikaleren Ek-stase: dem Für-Andere-sein. Das letzte Glied der Nichtung, der ideale Pol müßte ja die externe Negation sein, das heißt eine Spaltung an-sich oder räumliche Indifferenzexteriorität. In bezug auf diese Exterioritätsnegation reihen sich die drei Ek-stasen in die Ordnung ein, die wir eben dargestellt haben, aber sie können sie auf keine Weise erreichen, sie bleibt grundsätzlich ideal: das Für-sich kann nämlich von sich aus keine Negation in bezug auf irgendein Sein realisieren, die an sich wäre, andernfalls hörte es gleichzeitig damit auf, für-sich-zu-sein. Die konstitutive Negation des Für-Andere-seins ist also eine *interne Negation*, eine Nichtung, die das Für-sich zu sein hat, ganz so wie die reflexive Nichtung. Aber hier greift die Spaltung die Negation selbst an: es ist nicht mehr nur die Negation, die das Sein in gespiegeltes und spiegelndes verdoppelt und dann wiederum das Paar Gespiegeltes-Spiegelndes in gespiegeltes (Gespiegeltes-Spiegelndes) und spiegelndes (Gespiegeltes-Spiegelndes). Sondern die Negation verdoppelt sich in zwei interne und umgekehrte Negationen, deren jede Interioritätsnegation ist, die jedoch durch ein unfaßbares

Exterioritätsnichts voneinander getrennt sind. Indem jede von ihnen sich darin erschöpft, an einem Für-sich zu negieren, daß es die andere sei, und ganz engagiert ist in dieses Sein, das sie zu sein hat, verfügt sie nicht mehr über sich selbst, um an sich zu negieren, daß sie die umgekehrte Negation ist. Hier erscheint plötzlich das *Gegebene*, und zwar nicht als Ergebnis einer Identität von An-sich-sein, sondern als eine Art Exterioritätsphantom, das beide Negationen nicht zu sein haben und das sie dennoch trennt. Wir fanden den Anfang dieser negativen Umkehrung ja schon im reflexiven Sein. Tatsächlich ist das Reflexive als Zeuge in seinem Sein zutiefst getroffen von seiner Reflexivität, und deshalb zielt es, insofern es sich reflexiv macht, darauf ab, das Reflektierte nicht zu sein. Umgekehrt ist aber das Reflektierte Bewußtsein (von) sich als reflektiertes Bewußtsein *von* diesem oder jenem transzendenten Phänomen. Wir sagten von ihm, daß es sich erblickt weiß. In diesem Sinn zielt es von seiner Seite aus darauf ab, das Reflexive nicht zu sein, da sich jedes Bewußtsein durch seine Negativität definiert. Aber diese Tendenz zu einem doppelten Schisma wurde übernommen und erstickt durch die Tatsache, daß trotz allem das Reflexive das Reflektierte zu sein hatte und daß das Reflektierte das Reflexive zu sein hatte. Die zweifache Negation blieb schwindend. Im Fall der dritten Ek-stase haben wir so etwas wie eine weiter getriebene reflexive Spaltung vor uns. Die Folgen können uns überraschen: da die Negationen in Interiorität vollzogen werden, können einerseits der Andere und ich selbst nicht von außen her zueinanderkommen. Es muß ein *Sein* «Anderer-Ich» geben, das die wechselseitige Spaltung des Für-Andere zu sein hat, gerade so wie die Totalität «reflexiv-reflektiert» ein Sein ist, das sein eigenes Nichts zu sein hat, das heißt, daß meine Selbstheit und die des Andern Strukturen ein und derselben Seinstotalität sind. Hegel scheint also recht zu haben: der Gesichtspunkt der Totalität ist der Gesichtspunkt des Seins, der *wahre* Gesichtspunkt.²³⁸ Alles geschieht so, als ob meine Selbstheit gegenüber der des Andern durch eine Totalität hervorgebracht und aufrechterhalten würde, die ihre eigene Nichtung zum Äußersten triebe; das Sein für Andere scheint die Verlängerung der reinen reflexiven Spaltung zu sein. In diesem Sinn geschieht alles so, als ob die anderen und ich selbst die vergebliche Anstrengung einer Für-sich-Totalität markierten, sich wiederzuerfassen und das zu umschließen, was sie ganz einfach nach dem Modus des An-sich *zu sein hat*; diese Anstrengung, sich als Objekt wiederzuerfassen, würde hier, bis zur Grenze getrieben, das heißt weit über die reflexive Spaltung hinaus, das umgekehrte Ergebnis als der Zweck haben, auf den hin sich diese Totalität entwerfen würde: durch ihre Anstrengung, Bewußtsein *von* sich zu sein, würde sich die Für-sich-Totalität gegenüber *dem* Sich als Sich-Bewußtsein konstituieren, das nicht das Sich zu sein hat, von dem es Bewußtsein ist; und umgekehrt müßte das Objekt-Sich, um *sein* zu können, sich als durch und für ein Bewußtsein *geseint* erfahren, das nicht zu sein es [die Aufgabe] hat, wenn es sein will. So entstände das Schisma des Für-Andere; und diese dichotomische Teilung würde sich bis ins Unendliche wiederholen, um *die* Bewußtseine als Splitter einer radikalen Explosion zu konstituieren. «Es gäbe» *mehrere andere* infolge eines dem reflexiven Scheitern entgegengesetzten Scheiterns. Wenn es mir nämlich in der Reflexion nicht gelingt, mich als Objekt zu erfassen, sondern nur als Quasi-Objekt, so deshalb, weil ich das Objekt bin, das ich erfassen will; ich habe das Nichts zu sein, das mich von mir trennt: ich kann weder meiner Selbstheit entgehen noch mir selbst gegenüber einen Gesichtspunkt einnehmen; so gelingt es mir weder, mich als Sein zu realisieren, noch, mich in der Form des «es gibt» zu erfassen, die Zurückgewinnung scheitert, weil der Zurückgewinnende sich selbst das Zurückgewonnene ist. Dagegen ist im Fall des Für-Andere-seins die Spaltung weiter getrieben, das gespiegelte (Spiegelung-Spiegelnde) unterscheidet sich radikal von dem spiegelnden (Spiegelung-Spiegelnden) und kann gerade dadurch Objekt für dieses sein. Aber diesmal scheitert die Zurückgewinnung, weil das Zurückgewonnene das Zurückgewinnende *nicht ist*. So würde die Totalität, die nicht das ist, was sie ist, indem sie das ist, was sie nicht ist, durch eine radikale Anstrengung, sich von sich loszureißen, überall ihr Sein als ein Woanders hervorbringen: das Flackern des An-sich-seins einer zerbrochenen Totalität, immer woanders, immer auf Distanz, nie in sich selbst, immer jedoch am Sein gehalten durch das fortwährende Zerspringen dieser Totalität, das wäre das Sein der anderen und meiner selbst als andern.

Aber *gleichzeitig* mit meiner Negation meiner selbst negiert der Andere andererseits an sich, daß er Ich sei. Diese beiden Negationen sind für das Für-Andere-sein gleich unentbehrlich und können durch keine Synthese vereinigt werden. Nicht etwa, weil ein Exterioritäts-Nichts sie ursprünglich getrennt hätte, sondern vielmehr, weil das Ansich jede durch Bezug auf die andere wiedererfassen würde, einfach weil jede die andere *nicht ist*, ohne sie nicht zu sein zu haben. Es gibt hier etwas wie eine Grenze des Für-sich, die vom Für-sich selbst kommt, als Grenze aber vom Für-sich unabhängig ist: wir finden etwas wie die *Faktizität* wieder, und wir können uns nicht denken, wieso die Totalität, von der wir eben sprachen, gerade innerhalb des radikalsten Losreißens in ihrem Sein ein Nichts hätte hervorbringen können, das keineswegs zu sein sie [die Aufgabe] hat. Es sieht tatsächlich aus, als habe es sich in diese Totalität eingeschlichen, um sie zu zerbrechen, so wie im Atomismus Leukipps das Nicht-sein sich in die Parmenideische Seinstotalität einschleicht, um sie in Atome zu zersprengen. Das Nichts stellt also die Negation jeder synthetischen Totalität dar, von der aus man meinen könnte, die Pluralität der Bewußtseine zu verstehen. Sicher ist es unfaßbar, weil es weder vom andern noch von mir selbst, noch von einem Mittelglied hervorgebracht wird, denn wir haben ja festgestellt, daß die Bewußtseine sich gegenseitig ohne Mittelglied erfahren. So werden wir, wohin wir auch unsere Blicke richten, als Objekt der Beschreibung nur eine bloße Interioritätsnegation antreffen. Und doch ist das Nichts da, in dem unreduzierbaren Faktum, daß es *Dualität* von Negationen gibt. Es ist sicher nicht die *Grundlage* der Vielheit der Bewußtseine, denn wenn es vor dieser Vielheit existierte, würde es jedes *Sein-für* Andere unmöglich machen; man muß es sich vielmehr als den Ausdruck dieser Vielheit denken: es erscheint mit ihr. Aber da es *nichts* gibt, von dem es begründet werden könnte, weder einzelnes Bewußtsein noch zu Bewußtseinen explodierende Totalität, erscheint es als reine und unreduzierbare Kontingenz, als *die Tatsache, daß es, damit der Andere existiert, nicht genügt, daß ich ihn an mir negiere, sondern daß der Andere gleichzeitig mit meiner eigenen Negation mich an ihm negieren muß.* Es ist *die Faktizität* des Für-Andere-seins.

So kommen wir zu dem kontradiktorischen Schluß: das Für-Andere-sein kann nur sein, wenn es *geseint wird* von einer Totalität, die untergeht, damit es auftaucht, was uns dazu führen würde, die Existenz und die Passion des *Geistes* zu postulieren. Andererseits kann aber dieses Für-Andere-sein nur existieren, wenn es ein unerfaßbares Exterioritäts-Nicht-sein enthält, das von keiner Totalität, auch nicht vom *Geist* hervorgebracht oder begründet werden kann. Einerseits kann die Existenz einer Bewußtseinepluralität kein primäres Faktum sein, und sie verweist uns auf ein ursprüngliches Sich-Losreißen von sich, das das Faktum des Geistes sein würde; so erhielte die metaphysische Frage: «Warum gibt es *mehrere* Bewußtseine?» eine Antwort. Aber andererseits scheint die Faktizität dieser Pluralität unreduzierbar zu sein, und wenn man den Geist vom *Faktum* der Pluralität aus betrachtet, schwindet er; die metaphysische Frage hat keinen Sinn mehr: wir sind auf die fundamentale Kontingenz gestoßen und können nur mit einem «es ist so» antworten. So vertieft sich die ursprüngliche Ek-stase: anscheinend kann man dem Nichts nicht sein Teil zukommen lassen. Das Für-sich ist uns als ein Sein erschienen, das existiert, insofern es nicht das ist, was es ist, und das ist, was es nicht ist. Die ek-statische Totalität des Geistes ist keineswegs einfach detotalisierte Totalität, sondern sie erscheint uns als ein zerbrochenes Sein, von dem man weder sagen kann, daß es existiert, noch, daß es nicht existiert. So hat uns unsere Beschreibung ermöglicht, den Vorbedingungen zu genügen, die wir für jede Theorie der Existenz des Andern aufgestellt hatten; die Vielheit der Bewußtseine erscheint uns als eine *Synthese* und nicht als eine *Kollektion*; aber es ist eine Synthese, deren Totalität undenkbar ist.

Heißt das, daß dieser antinomische Charakter der Totalität selbst unreduzierbar ist? Oder können wir ihn von einem höheren Gesichtspunkt aus verschwinden lassen? Müssen wir setzen, daß der Geist *das Sein ist, das ist und nicht ist*, so wie wir gesetzt haben, daß das Für-sich das ist, was es nicht ist, und nicht das ist, was es ist? Die Frage hat keinen Sinn. Sie würde ja voraussetzen, daß wir die Möglichkeit haben, gegenüber der Totalität *einen Gesichtspunkt einzunehmen*, das heißt, sie von außen zu betrachten. Aber das ist unmöglich, weil ich gerade als Ich-selbst auf der Grundlage dieser Totalität existiere und in dem Maß, wie ich in sie engagiert bin. Kein Bewußtsein, auch nicht das Gottes, kann «die Rückseite» sehen, das heißt, die Totalität als solche erfassen. Denn wenn Gott Bewußtsein ist, integriert er sich der Totalität. Und wenn er durch seine Natur ein Sein *jenseits des Bewußtseins* ist, das heißt ein An-sich, das Grund seiner selbst wäre, kann die Totalität ihm nur als *Objekt* erscheinen – dann verfehlt er seinen inneren Zerfall als subjektives Bemühen, sich wiederzuerfassen – oder als *Subjekt* – dann kann er, da er dieses Subjekt *nicht ist*, es nur erfahren, ohne es zu erkennen. Also ist gegenüber der Totalität kein Gesichtspunkt denkbar: die Totalität hat kein «Außen», und die Frage nach dem Sinn ihrer «*Rückseite*» ist bar jeder Bedeutung. Weiter können wir nicht gehen.

Wir sind hier am Ende dieser Darlegung angelangt. Wir haben gelernt, daß die Existenz des Andern in der Tatsache meiner Objektivität und durch sie mit Evidenz erfahren wird. Und wir haben auch gesehen, daß meine Reaktion auf meine eigene Entfremdung für Andere sich durch das Wahrnehmen des Andern als Objekt äußert. Kurz gesagt, der Andere kann für uns in zwei Formen existieren: wenn ich ihn mit Evidenz erfahre, verfehle ich, ihn zu erkennen; wenn ich ihn erkenne, wenn ich auf ihn einwirke, dann erreiche ich nur sein Objekt-sein und seine wahrscheinliche innerweltliche Existenz; eine Synthese dieser beiden Formen ist nicht möglich. Aber wir können hier nicht stehenbleiben: dieses Objekt, das der Andere für mich ist, und dieses Objekt, das ich für den Anderen bin, manifestieren sich *als Körper*. Was ist also mein Körper? Was ist der Körper des Andern?

Zweites Kapitel

Der Körper

Das Problem des Körpers und seiner Bezüge zum Bewußtsein wird oft dadurch verdunkelt, daß man zuerst den Körper als ein bestimmtes *Ding* setzt, das seine eigenen Gesetze hat und sich von außen her definieren läßt, während man das Bewußtsein durch den ihm eigenen Typus innerer Intuition erreicht. Wenn ich nämlich, nachdem ich «*mein*» Bewußtsein in seiner absoluten Interiorität und durch eine Reihe reflexiver Akte erfaßt habe, es dann mit einem bestimmten lebenden Objekt zu vereinigen suche, das aus einem Nervensystem, einem Hirn, aus Drüsen, aus Verdauungs-, Atmungs- und Kreislauforganen besteht, deren Materie selbst chemisch als Wasserstoff-, Kohlenstoff-, Stickstoff-, Phosporatome usw. analysierbar ist, begegne ich unüberwindlichen Schwierigkeiten: aber diese Schwierigkeiten kommen daher, daß ich mein Bewußtsein nicht mit *meinem* Körper, sondern mit dem Körper *der anderen* zu vereinigen suche. Denn der Körper, dessen Beschreibung ich soeben skizziert habe, ist nicht *mein* Körper, so wie er *für mich* ist. Ich habe mein Hirn, meine endokrinen Drüsen nie gesehen und werde sie nie sehen. Sondern daraus, daß ich Menschenleichen habe sezieren sehen, ich, der ich ein Mensch bin, daraus, daß ich physiologische Abhandlungen gelesen habe, schließe ich lediglich, daß mein Körper genauso gebaut ist wie all die, die man mir auf einem Seziertisch gezeigt hat oder deren farbige Darstellung ich in den Büchern betrachtet habe. Man wird mir zwar sagen, daß die Ärzte, die mich behandelt haben, die Chirurgen, die mich operiert haben, die unmittelbare Erfahrung dieses Körpers machen konnten, den ich durch mich selbst nicht kenne. Das bestreite ich nicht, und ich behaupte nicht, ich hätte kein Hirn, kein Herz oder keinen Magen. Aber es ist vor allem wichtig, *die Ordnung* unserer Erkenntnisse zu wählen: von den Erfahrungen ausgehen, die die Ärzte an meinem Körper machen konnten, heißt von meinem *innerweltlichen* Körper und wie er für Andere ist, ausgehen. Mein Körper, wie er *für mich* ist, erscheint mir nicht innerweltlich. Zwar konnte ich selbst bei einer Durchleuchtung das Bild meiner Wirbelsäule auf dem Schirm sehen, aber ich war eben genau *draußen*, innerweltlich; ich erfaßte ein völlig konstituiertes Objekt als ein *Dieses* unter anderen *Dieses*, und nur durch eine Schlußfolgerung führte ich ihn darauf zurück, *meiner* zu sein: er war viel mehr mein *Eigentum* als mein *Sein*.

Es ist wahr, daß ich meine Beine und meine Hände sehe, berühre. Und nichts hindert mich, mir ein sensibles Gerät auszudenken, mit dem ein Lebewesen eines seiner Augen sehen könnte, während das gesehene Auge seinen Blick auf die Welt richtet. Aber es ist festzuhalten, daß ich auch noch in diesem Fall in Bezug zu meinem Auge *der andere* bin: ich erfasse es als ein in der Welt konstituiertes Sinnesorgan von der und der Beschaffenheit, doch ich kann es nicht «sehen sehen», das heißt es erfassen, insofern es mir einen Aspekt der Welt enthüllt. Entweder ist es Ding unter den Dingen, oder aber es ist das, wodurch sich mir die Dinge entdecken. Aber beides gleichzeitig kann es nicht sein. In ähnlicher Weise *sehe* ich auch meine Hand die Objekte berühren, aber in ihrem Berührungsakt *erkenne* ich sie nicht. Das ist der Hauptgrund, warum die berühmte *sensation d'effort* von Maine de Biran[239] keine reale Existenz hat. Denn meine Hand enthüllt mir den Widerstand der Objekte, deren Härte oder Weichheit, und nicht *sich selbst*. Daher sehe ich meine Hand nicht anders, als ich dieses Tintenfaß sehe. Ich entfalte eine Distanz von mir zu ihr, und diese Distanz integriert sich in die Distanzen, die ich zwischen allen Objekten der Welt herstelle. Wenn ein Arzt mein krankes Bein anfaßt und es untersucht, während ich halb aufgerichtet in meinem Bett ihm zusehe, gibt es von Natur aus keinen Unterschied zwischen der visuellen Wahrnehmung, die ich vom Körper des Arztes, und der, die ich von meinem eigenen Bein habe. Ja, sie unterscheiden sich sogar nur als verschiedene Strukturen einer gleichen allgemeinen Wahrnehmung; und es gibt von Natur aus keinen Unterschied zwischen der Wahrnehmung, die der Arzt von *meinem* Bein hat, und der, die ich jetzt selbst von ihm habe. Wenn ich mein Bein mit meinem Finger berühre, dann empfinde ich zwar, daß mein Bein berührt wird. Aber dieses Phänomen von Doppelempfindung ist nicht wesentlich: die Kälte, eine Morphiumeinspritzung können sie verschwinden lassen; das zeigt hinreichend, daß es sich um zwei wesenhaft verschiedene Realitätsordnungen handelt. Berühren und berührt werden, empfinden, daß man berührt, und empfinden, daß man berührt wird, sind zwei Arten von Phänomenen, die man vergeblich unter der Bezeichnung «Doppelempfindung» zu vereinigen sucht. In Wirklichkeit sind sie radikal verschieden und existieren auf zwei unvereinbaren Ebenen. Wenn ich übrigens mein Bein berühre oder es sehe, überschreite ich es auf meine eigenen Möglichkeiten hin: etwa, um meine Hose anzuziehen oder um meine Wunden neu zu verbinden. Und ich kann dabei zwar mein Bein so legen, daß ich bequemer an ihm «arbeiten» kann. Aber das ändert nichts an der Tatsache, daß ich es auf die reine Möglichkeit hin überschreite, «mich zu heilen», und daß ich folglich bei ihm anwesend bin, ohne daß es *Ich ist* und ohne daß ich *es bin*. Und das, was ich so sein mache, das ist das *Ding* «Bein», es ist nicht das Bein als *Möglichkeit* zu gehen, zu laufen oder Fußball zu spielen, *die ich bin*. In dem Maß also, in dem mein Körper meine Möglichkeiten in der Welt anzeigt, heißt ihn sehen, ihn berühren diese Möglichkeiten, die meine sind, in tote-Möglichkeiten verwandeln. Diese Metamorphose muß notwendig eine vollständige *Blindheit* für das nach sich ziehen, was der Körper als lebendige Möglichkeit zu laufen, zu tanzen usw. ist. Und gewiß ist die Entdeckung meines Körpers als Objekt eine Enthüllung seines Seins. Aber das Sein, das mir so enthüllt wird, ist sein *Für-Andere-sein*. Daß diese Gleichsetzung zu Absurditäten führt, sieht man gut an dem berühmten Problem des «umgekehrten Sehens». Man kennt die Frage der Physiologen: «Wie können wir die Objekte wieder aufrichten, die sich auf unserer Netzhaut umgekehrt abbilden?» Man kennt auch die Antwort der Philosophen: «Da gibt es kein Problem. Ein Objekt ist aufrecht oder umgekehrt in Bezug zum übrigen Universum. Das ganze Universum umgekehrt wahrnehmen bedeutet nichts, denn es müßte in bezug auf etwas umgekehrt worden sein.» Was uns aber daran besonders interessiert, ist der Ursprung dieses falschen Problems: man hat *mein* Bewußtsein der Objekte mit dem Körper des *andern* verbinden wollen. Da ist die Kerze, die elastische Masse, die als Linse dient, das umgekehrte Bild auf der Netzhaut. Aber genaugenommen gehört die Netzhaut hier zu einem physikalischen System, sie ist *Bildschirm* und nur dies; die elastische Masse ist *Linse* und nur Linse, beide sind in ihrem Sein der Kerze homogen, die das System vervollständigt. Wir haben also absichtlich den physikalischen Gesichtspunkt gewählt, das heißt den Gesichtspunkt von außen, den der Exteriorität, um das Problem des Sehens zu studieren; wir haben ein totes Auge inmitten der sichtbaren Welt betrachtet, um über die Sichtbarkeit dieser Welt Aufschluß zu geben. Was Wunder, daß das Bewußtsein, das absolute Interiorität ist, sich nicht an dieses Objekt binden läßt?

Die Bezüge, die ich zwischen dem Körper eines Andern und dem äußeren Objekt herstelle, sind *real* existierende Bezüge, aber sie haben als Sein das Sein des Für-Andere; sie setzen ein innerweltliches Abflußzentrum voraus, dessen Erkenntnis eine *magische* Eigenschaft von der Art der «Fernwirkung» ist. Von Anfang an stehen sie in der Perspektive des Objekt-Andern. Wenn wir also über die Natur des Körpers reflektieren wollen, müssen wir eine mit der Ordnung des Seins übereinstimmende Ordnung unserer Überlegungen herstellen: wir dürfen nicht weiterhin die ontologischen Ebenen gleichsetzen und müssen nacheinander den Körper als Für-sich-sein und als Für-Andere-sein untersuchen; und um Absurditäten von der Art des «umgekehrten Sehens» zu vermeiden, machen wir uns den Gedanken zu eigen, daß diese beiden Aspekte des Körpers, da sie auf zwei verschiedenen und unvereinbaren Seinsebenen liegen, nicht aufeinander zurückführbar sind. Das Für-sich-sein muß ganz Körper und ganz Bewußtsein sein: es kann nicht mit einem Körper *vereinigt* sein. Ebenso ist das Für-Andere-sein ganz Körper; es gibt da keine mit dem Körper zu vereinigenden «psychischen Phänomene»; es gibt nichts *hinter* dem Körper, sondern der Körper ist ganz und gar «psychisch». Diese beiden Seinsmodi des Körpers werden wir jetzt untersuchen.

I

Der Körper als Für-sich-sein:
Die Faktizität

Auf den ersten Blick scheinen unsere bisherigen Ausführungen den Gegebenheiten des kartesianischen Cogito zu widersprechen. «Die Seele ist leichter zu erkennen als der Körper», sagte Descartes.[240] Und damit beabsichtigte er eine radikale Unterscheidung zwischen den der Reflexion zugänglichen Fakten des Denkens und den Fakten des Körpers, dessen Erkenntnis durch die göttliche Güte gewährleistet werden muß. Und tatsächlich scheint uns die Reflexion zunächst nur reine Bewußtseinsfakten zu enthüllen. Zwar begegnet man auf dieser Ebene Phänomenen, die in sich selbst irgendeine Verbindung mit dem Körper zu enthalten scheinen: der «physische» Schmerz, das Unangenehme, die Lust usw. Aber diese Phänomene sind nichtsdestoweniger *reine Bewußtseinsfakten*; man wird also die Neigung haben, sie zu *Zeichen*, zu Affektionen des Bewußtseins *anläßlich* des Körpers zu machen, wobei man sich nicht klarmacht, daß man damit den Körper unwiderruflich aus dem Bewußtsein vertrieben hat und daß kein Band mehr diesen Körper, der bereits Körper-für-Andere ist, mit dem Bewußtsein wird verbinden können, von dem man behauptet, daß es ihn manifestiert.

Deshalb muß man nicht von da ausgehen, sondern von unserm ersten Bezug zum An-sich: von unserm In-der-Welt-sein. Es gibt bekanntlich nicht auf der einen Seite ein Für-sich und auf der anderen Seite eine Welt als zwei geschlossene Ganzheiten, von denen dann herauszufinden wäre, wie sie miteinander in Verbindung stehen, sondern das Für-sich ist durch sich selbst Bezug zur Welt; indem es an sich selbst negiert, daß es das Sein ist, macht es, daß es eine Welt gibt, und indem es diese Negation auf seine eigenen Möglichkeiten hin überschreitet, entdeckt es die «Dieses» als Utensilien-Dinge.

Wenn wir aber sagen, daß das Für-sich in-der-Welt-ist, daß das Bewußtsein Bewußtsein *von der* Welt ist, darf man darunter keinesfalls verstehen, daß die Welt dem Bewußtsein gegenüber als eine unbestimmte Vielheit von Wechselbeziehungen existiert, die es ohne Perspektive überfliegt und ohne Gesichtspunkt betrachtet. *Für mich* ist dieses Glas links von der Karaffe, etwas dahinter; *für Pierre* ist es rechts, etwas davor. Es ist nicht einmal denkbar, daß ein Bewußtsein so über der Welt schweben könnte, daß ihm das Glas *gleichzeitig* rechts und links der Karaffe, davor und dahinter gegeben wäre. Und das keineswegs nach einer strengen Anwendung des Identitätsprinzips, sondern weil diese Vermengung von rechts und links, von vorn und hinten zu einem totalen Verschwinden der «Dieses» innerhalb einer ursprünglichen Ununterschiedenheit führen würde. Auch wenn der Fuß des Tisches meinen Augen die Arabesken des Teppichs verdeckt, so nicht wegen irgendeiner Endlichkeit und Unvollkommenheit meiner Sehorgane, sondern weil ein Teppich, der weder durch den Tisch verdeckt noch unter, über oder neben ihm wäre, keinerlei Bezug irgendwelcher Art mehr zu ihm hätte und nicht mehr zur «Welt» gehörte, in der es den Tisch *gibt*: das An-sich, das sich unter dem Aspekt des *Dieses* manifestiert, kehrte zu seiner Indifferenzidentität zurück; selbst der Raum als reine Exterioritätsbeziehung verschwände. Die Konstitution des Raums als Vielheit von Wechselbeziehungen ist nur vom abstrakten Standpunkt der Wissenschaft aus vollziehbar: sie kann nicht erlebt werden, sie ist nicht einmal vorstellbar; das Dreieck, das ich zur Unterstützung meiner abstrakten Überlegungen an die Tafel zeichne, ist notwendig rechts von dem Kreis, der eine seiner Seiten berührt, insofern es auf der Tafel *ist*. Und meine Bemühung geht dahin, die konkreten Merkmale der Kreidefigur zu überschreiten, indem ich ebensowenig ihre Orientierung in Bezug zu mir wie die Dicke der Linien oder die Unvollkommenheit der Zeichnung berücksichtige.

So kann also auf Grund der bloßen Tatsache, daß es eine Welt *gibt*, diese Welt nicht ohne eine einseitige Orientierung in Bezug zu mir existieren. Der Idealismus hat mit Recht die Tatsache betont, daß die Beziehung die Welt macht. Aber da er sich auf den Boden der Newtonschen Wissenschaft stellte, verstand er diese Beziehung als Wechselbeziehung. Er erreichte so lediglich die abstrakten

Begriffe reiner Exteriorität, wie Wirkung und Rückwirkung usw., und gerade dadurch verfehlte er die Welt und explizierte nur den Grenz-Begriff absoluter Objektivität. Dieser Begriff lief letzten Endes auf den von «*leerer Welt*» oder «Welt ohne die Menschen» hinaus, das heißt auf einen Widerspruch, denn nur durch die menschliche-Realität gibt es eine Welt. Der Objektivitätsbegriff, der das An-sich der dogmatischen Wahrheit zu ersetzen suchte durch einen reinen Bezug gegenseitiger Entsprechung zwischen den Vorstellungen, zerstört sich selbst, wenn man ihn bis ans Ende treibt. Übrigens haben die Fortschritte der Wissenschaft dazu geführt, daß man diesen Begriff absoluter Objektivität verwirft. Was ein de Broglie «Erfahrung» nennen muß, ist ein System einseitiger Relationen, aus dem der Beobachter nicht ausgeschlossen ist. Und wenn die Mikrophysik den Beobachter in das wissenschaftliche System reintegrieren muß, so nicht als reine Subjektivität – dieser Begriff hätte ebensowenig Sinn wie der reiner Objektvität –, sondern als einen ursprünglichen Bezug zur Welt, als einen Platz, als das, auf das hin sich alle betrachteten Bezüge orientieren. So kann zum Beispiel auch das Unschärfeprinzip Heisenbergs weder als eine Entkräftung noch als eine Bestätigung des deterministischen Postulats betrachtet werden.[241] Doch statt reine Verbindung zwischen den Dingen zu sein, schließt es den ursprünglichen Bezug des Menschen zu den Dingen und seinen Platz in der Welt in sich ein. Das zeigt zum Beispiel die Tatsache, daß man die Dimensionen von Körpern in Bewegung nicht um proportionale Größen wachsen lassen kann, ohne ihre Geschwindigkeitsbeziehungen zu ändern. Wenn ich mit bloßem Auge, dann im Mikroskop die Bewegung eines Körpers zu einem andern hin beobachte, scheint sie mir im zweiten Fall hundertmal schneller, denn obwohl sich der Körper in Bewegung dem Körper, auf den hin er sich bewegt, nicht in höherem Maß genähert hat, hat er in derselben Zeit einen hundertmal größeren Raum durchlaufen. Darum bedeutet der Begriff der Geschwindigkeit nichts mehr, wenn sie nicht Geschwindigkeit in bezug auf gegebene Dimensionen von Körpern in Bewegung ist. Vielmehr entscheiden wir selbst über diese Dimensionen durch unser bloßes Auftauchen in der Welt, und wir müssen einfach darüber entscheiden, sonst *wären* sie überhaupt nicht. Also sind sie nicht unserer Erkenntnis von ihnen relativ, sondern unserem ursprünglichen Engagement innerhalb der Welt. Das drückt die Relativitätstheorie vollendet aus: ein Beobachter innerhalb eines Systems kann durch kein Experiment bestimmen, ob das System in Ruhe oder in Bewegung ist. Aber diese Relativität ist kein «Relativismus»: sie betrifft nicht die *Erkenntnis*; sie impliziert sogar das dogmatische Postulat, nach dem uns die Erkenntnis das liefert, *was ist*. Die Relativität der modernen Wissenschaft zielt auf *das Sein*. Der Mensch und die Welt *sind* relative Wesen [*êtres*], und das Prinzip ihres Seins *ist* die Relation. Daraus folgt, daß die erste Relation von der menschlichen-Realität zur Welt kommt: Auftauchen ist für mich meine Distanzen zu den Dingen entfalten und eben dadurch machen, daß es Dinge gibt. Aber infolgedessen sind die Dinge genau «Dinge-die-auf-Distanz-zu-mir-existieren». Auf diese Weise schickt mir die Welt diese einseitige Beziehung zurück, die mein Sein ist und durch die ich mache, daß sie sich enthüllt. Der Gesichtspunkt der reinen Erkenntnis ist widersprüchlich: es gibt nur den Gesichtspunkt der *engagierten* Erkenntnis. Das heißt, daß Erkenntnis und Handeln nur zwei abstrakte Seiten einer ursprünglichen und konkreten Beziehung sind. Der reale Raum der Welt ist der Raum, den Lewin «hodologisch» nennt.[242] Eine reine Erkenntnis wäre ja Erkenntnis ohne Gesichtspunkt, also eine grundsätzlich außerhalb der Welt liegende Erkenntnis. Aber das hat keinen Sinn: das erkennende Sein wäre nur Erkenntnis, weil es sich durch sein Objekt definierte und weil sein Objekt in der totalen Ununterschiedenheit wechselseitiger Bezüge verschwände. So kann die Erkenntnis nur ein Auftauchen sein, das in einen bestimmten Gesichtspunkt engagiert ist, der man *ist*. Sein ist für die menschliche-Realität *Da-sein*; das heißt «da auf diesem Stuhl», «da an diesem Tisch», «da auf dem Gipfel dieses Berges, mit diesen Dimensionen, dieser Orientierung usw.». Das ist eine ontologische Notwendigkeit.

Aber das bedarf noch einer Klärung. Denn diese Notwendigkeit erscheint zwischen zwei Kontingenzen: wenn es notwendig ist, daß ich in Form von Da-sein bin, ist es ja einerseits ganz kontingent, daß ich bin, denn ich bin nicht der Grund meines Seins; wenn es notwendig ist, daß ich in diesen oder jenen Gesichtspunkt engagiert bin, ist es andererseits kontingent, daß es genau dieser unter Ausschluß jedes andern ist. Wir haben diese doppelte Kontingenz, die eine Notwendigkeit einschließt, die *Faktizität* des Fürsich genannt. Wir haben sie im Zweiten Teil beschrieben. Wir haben dort gezeigt, daß das An-sich, genichtet und in dem absoluten Ereignis gefangen, das das Erscheinen des Grundes oder Auftauchen des Für-sich ist, innerhalb des Für-sich als seine ursprüngliche Kontingenz bleibt. Darum wird das Für-sich durch eine fortwährende Kontingenz getragen, die es übernimmt und assimiliert, ohne daß es sie je beseitigen kann. Nirgendwo findet das Fürsich sie in sich selbst, nirgendwo kann es sie erfassen und erkennen, sei es durch das reflexive Cogito, denn es überschreitet sie immer auf seine eigenen Möglichkeiten hin, und es begegnet in sich nur dem Nichts, das es zu sein hat. Und dennoch sucht diese Kontingenz es unaufhörlich heim und macht, daß ich mich zugleich als total verantwortlich für mein Sein und als total nicht zu rechtfertigen erfasse. Aber die Welt schickt mir das Bild dieses Nicht-zu-rechtfertigen-sein-könnens zurück in der Form der synthetischen Einheit ihrer einseitigen Bezüge zu mir. Es ist absolut notwendig, daß die Welt mir als *Ordnung* erscheint. In diesem Sinn *bin ich* diese Ordnung, ist sie dieses Bild von mir, das wir im letzten Kapitel des Zweiten Teils beschrieben. Doch es ist völlig kontingent, daß es *diese* Ordnung ist. Daher erscheint sie als notwendige und nicht zu rechtfertigende Anordnung der Totalität der Wesen [*êtres*]. Diese absolut notwendige und total nicht zu rechtfertigende Ordnung der Dinge der Welt, diese Ordnung, die Ich-selbst bin, insofern mein Auftauchen sie notwendig existieren macht, und die mir entgeht, insofern ich weder der Grund meines Seins noch eines *solchen* Seins bin, ist der Körper, so wie er auf der Ebene des Für-sich ist. In diesem Sinn könnte man den Körper definieren als die *kontingente Form der Notwendigkeit meiner Kontingenz*. Er ist nichts anderes als das Für-sich; er ist nicht ein An-sich *im* Für-sich, denn dann ließe er alles erstarren. Sondern er ist die Tatsache, daß das Für-sich nicht sein eigener Grund ist, insofern diese Tatsache sich durch die Notwendigkeit ausdrückt, als kontingentes Wesen [*être*] unter den kontingenten Wesen [*êtres*] engagiert zu existieren. Als solcher unterscheidet sich der Körper nicht von der *Situation* des Für-sich, da existieren oder sich situieren für das Für-sich eins ist; andererseits identifiziert er sich mit der ganzen Welt, insofern die Welt die totale Situation des Für-sich und das Maß seiner Existenz ist. Aber eine Situation ist nicht ein reines kontingentes Gegebenes: im Gegenteil, sie enthüllt sich nur in dem Maß, wie das Fürsich sie auf sich selbst hin überschreitet. Infolgedessen ist der Für-sich-Körper nie ein Gegebenes, das ich erkennen könnte: er ist da, überall, als das Überschrittene, er existiert nur, insofern ich ihm entgehe, indem ich mich nichte; er ist das, was ich nichte. Er ist das durch das nichtende Für-sich überschrittene An-sich, von dem das Fürsich in eben diesem Überschreiten wiedererfaßt wird. Er ist die Tatsache, daß ich meine eigene Motivation bin, ohne mein eigener Grund zu sein; die Tatsache, daß ich nichts bin, ohne das zu sein zu haben, was ich bin, und daß ich, insofern ich das zu sein habe, was ich bin, doch bin, ohne zu sein zu haben. In diesem Sinn ist also der Körper ein notwendiges Merkmal des Für-sich: es ist nicht wahr, daß er das Produkt des willkürlichen Beschlusses eines Demiurgen ist oder daß die Vereinigung von Seele und Körper die kontingente Annäherung zweier radikal verschiedener Substanzen ist; sondern im Gegenteil, es ergibt sich notwendig aus der Natur des Für-sich, daß es Körper ist, das heißt, daß sein nichtendes Dem-Sein-Entgehen sich in Form eines Engagements in die Welt vollzieht. Und dennoch manifestiert in einem andern Sinn der Körper durchaus meine Kontingenz, er ist sogar *nur* diese Kontingenz; die kartesianischen Rationalisten waren mit Recht durch dieses Merkmal des Körpers betroffen; er stellt ja die Individuation meines Engagements in die Welt dar. Und mit ebensoviel Recht bezeichnete Platon den Körper als *das, was die Seele individualisiert*. Doch müßig wäre, anzunehmen, daß die Seele sich von dieser Individuation losreißen kann, indem sie sich durch den Tod oder durch das reine Denken vom Körper trennt, denn die Seele *ist* der Körper, insofern das Für-sich seine eigenen Individuation *ist*.

Wir werden die Tragweite dieser Feststellungen besser erfassen, wenn wir ihre Anwendung auf das Problem der sinnlichen Erkenntnis versuchen.

Das Problem der sinnlichen Erkenntnis hat sich anläßlich des innerweltlichen Erscheinens gewisser Objekte gestellt, die wir *Sinne* nennen. Zunächst stellten wir fest, daß der Andere Augen hat, und dann lernten Techniker bei Leichensektionen die Struktur dieser Objekte kennen; sie unterschieden die Hornhaut von der Linse und diese von der Netzhaut. Sie stellten fest, daß das Objekt Linse zu einer Klasse bestimmter Objekte gehört: zu den Linsen, und daß man auf dieses Objekt ihrer Forschung die Gesetze der geometrischen Optik über die Linsen anwenden kann. Aus genaueren Sektionen mit Hilfe verbesserter chirurgischer Instrumente erkannte man, daß ein Nervenstrang von der Netzhaut ausgeht und im Hirn endet. Wir untersuchten am Mikroskop die Nerven der Leichen und stellten genau ihren Verlauf, ihren Ausgangspunkt und ihren Endpunkt fest. Die Gesamtheit dieser Erkenntnisse betraf also ein bestimmtes räumliches Objekt, genannt Auge; sie implizierten die Existenz des Raumes und der Welt; sie implizierten aber außerdem, daß wir dieses Auge *sehen*, berühren können, das heißt, daß wir selbst über einen sinnlichen Gesichtspunkt gegenüber den Dingen verfügen. Schließlich schoben sich zwischen unsere Erkenntnis des Auges und das Auge selbst alle unsere technischen Kenntnisse (Anfertigung von Sezier- und Operationsmessern) und wissenschaftlichen Erkenntnisse (zum Beispiel die geometrische Optik, die die Konstruktion und Benutzung von Mikroskopen ermöglicht). Kurz, zwischen mich und das Auge, das ich seziere, schiebt sich die ganze Welt, so wie ich sie eben durch mein Auftauchen erscheinen mache. Dann konnten wir mit Hilfe einer weitergeführten Untersuchung die Existenz von verschiedenen Nervenenden an der Peripherie unseres Körpers feststellen. Es gelang uns sogar, auf bestimmte dieser Endstellen getrennt einzuwirken und Experimente an lebenden Versuchspersonen zu machen. Wir fanden uns dabei zwei Objekten der Welt gegenüber: auf der einen Seite der Reizerreger, auf der andern das sensible Teilchen oder das freie Nervenende, das wir erregten. Der Reizerreger war ein physiko-chemisches Objekt, elektrischer Strom, ein mechanisches oder chemisches Agens, dessen Eigenschaften wir genau kannten und das wir in bestimmter Weise nach Intensität oder Dauer variieren lassen konnten. Es handelte sich also um zwei Welt-Objekte, und ihre innerweltliche Beziehung ließ sich durch unsere eigenen Sinne oder mit Hilfe von Instrumenten feststellen. Die Erkenntnis dieser Beziehung setzte wiederum ein ganzes System von wissenschaftlichen und technischen Erkenntnissen voraus, kurz, die Existenz einer Welt und unser ursprüngliches Auftauchen in der Welt. Unser empirischen Informationen ermöglichten uns außerdem, einen Bezug zwischen «dem Innern» des Objekt-Andern und der Gesamtheit dieser objektiven Feststellungen herzustellen. Wir erfuhren nämlich, daß wir durch Einwirkung auf gewisse Sinne im Bewußtsein des andern «eine Modifikation hervorriefen». Wir erfuhren es *durch die Sprache*, das heißt durch signifikative objektive Reaktionen des andern. Ein physikalisches Objekt – der Reizerreger, ein physiologisches Objekt – der Sinn, ein psychisches Objekt – der andere, objektive Bedeutungsmanifestationen – die Sprache: das sind die Glieder der objektiven Beziehung, die wir feststellen wollten. Keins von ihnen konnte uns ermöglichen, die Welt der Objekte zu verlassen. Es kam auch vor, daß wir als Versuchsperson für physiologische oder psychologische Forschungen dienten. Wenn wir uns für ein solches Experiment hergaben, befanden wir uns plötzlich in einem Laboratorium und nahmen einen mehr oder weniger erhellten Bildschirm wahr oder empfanden kleine elektrische Schläge oder wurden von einem Objekt berührt, das wir nicht ganz genau bestimmen konnten, dessen allgemeine Anwesenheit inmitten der Welt und an uns wir erfaßten. Keinen Augenblick waren wir von der Welt isoliert, alle diese Ereignisse spielten sich für uns in einem Laboratorium mitten in Paris, im Südbau der Sorbonne ab; und wir blieben in Anwesenheit eines *Andern*, und gerade der Sinn des Experiments erforderte, daß wir mit ihm durch die Sprache in Verbindung treten konnten. Von Zeit zu Zeit fragte uns der Versuchsleiter, ob uns der Schirm mehr oder weniger hell vorkomme, ob der Druck, den man auf unsere Hand ausübte, uns mehr oder weniger stark scheine, und wir antworteten – das heißt, wir gaben objektive Auskünfte über Dinge, die inmitten unserer Welt erschienen. Vielleicht fragte uns ein ungeschickter Versuchsleiter, ob «unsere Lichtempfindung mehr oder weniger stark, mehr oder weniger intensiv sei». Dieser

Satz hätte für uns, da wir inmitten von Objekten, beim Beobachten dieser Objekte waren, keinerlei Sinn gehabt, wenn man uns nicht seit langem beigebracht hätte, das objektive Licht, so wie es uns in der Welt in einem gegebenen Augenblick erscheint, «Lichtempfindung» zu nennen. Wir antworteten also zum Beispiel, die Lichtempfindung sei weniger intensiv, meinten damit aber, der Schirm sei *unserer Meinung nach* weniger hell. Und dieses «unserer Meinung nach» entsprach nichts Realem, denn wir erfaßten *tatsächlich* den Schirm als weniger hell, sondern allenfalls der Bemühung, die Objektivität der Welt *für uns* nicht mit einer strengeren Objektivität gleichzusetzen, die Resultat experimenteller Messungen und der Übereinstimmung der Forscher untereinander ist. Was wir aber in jedem Fall nicht *erkennen* konnten, ist ein bestimmtes Objekt, das der Versuchsleiter während dieser Zeit beobachtete, nämlich unser Sehorgan oder gewisse taktile Enden. Das Resultat konnte zum Schluß des Experiments nur das In-Beziehung-setzen zweier Reihen von *Objekten* sein: derjenigen, die sich während des Experiments uns, und derjenigen, die sich während derselben Zeit dem Versuchsleiter enthüllten. Die Helligkeit des Bildschirms gehörte zu *meiner* Welt; meine Augen als objektive Organe gehörten zur Welt des Versuchsleiters. Die Verbindung dieser beiden Reihen beanspruchte also, so etwas wie eine Brücke zwischen zwei Welten zu sein; auf keinen Fall aber konnte sie eine Entsprechungstabelle zwischen dem Subjektiven und dem Objektiven sein.

Warum auch sollte man die Gesamtheit erleuchteter, drückender oder riechender Objekte, wie sie mir *in diesem Laboratorium, in Paris, an einem Februartag* usw. erschienen, Subjektivität nennen? Und wenn wir trotz allem diese Gesamtheit als subjektiv betrachten müßten, warum dem System der Objekte, die sich in diesem selben Laboratorium am selben Februartag gleichzeitig dem Versuchsleiter enthüllen, Objektivität zuerkennen? Es gibt hier nicht zweierlei Gewicht oder Maß: nirgendwo begegnen wir irgendeiner Sache, die sich als bloß *empfunden* darbietet, als für mich ohne Objektivierung erlebt. Hier wie immer habe ich Bewußtsein *von der* Welt und, auf dem Welthintergrund, *von* gewissen transzendenten Objekten; wie immer überschreite ich das, was mir enthüllt wird, auf die Möglichkeit hin, die ich zu sein habe, zum Beispiel auf die, dem Versuchsleiter korrekt zu antworten und dem Experiment zum Erfolg zu verhelfen. Natürlich können diese Vergleiche gewisse objektive Resultate liefern: ich kann zum Beispiel feststellen, daß lauwarmes Wasser mir kalt erscheint, wenn ich meine Hand vorher in warmes Wasser gehalten habe. Aber diese Feststellung, die man pompös «Gesetz der Empfindungsrelativität» nennt, hat mit den Empfindungen gar nichts zu tun. Es handelt sich wohl um eine Eigenschaft des Objekts, die mir enthüllt wird: das lauwarme Wasser *ist* kalt, wenn ich meine erwärmte Hand hineintauche. Nur enthüllt mir ein Vergleich dieser objektiven Qualität des Wassers mit einer ebenso objektiven Angabe – der des Thermometers – einen Widerspruch. Dieser Widerspruch veranlaßt dann bei mir eine freie Wahl der wahren Objektivität. Die Objektivität, die ich nicht gewählt habe, nenne ich Subjektivität. Eine weitergeführte Untersuchung enthüllt mir die *Ursachen* der «Empfindungsrelativität» in gewissen objektiven und synthetischen Strukturen, die ich *Gestalten*[243] nenne. Die Sinnestäuschung von Müller-Lyer[243a], die Relativität der Sinne usw. sind ebenso viele Namen für objektive Gesetze der Strukturen dieser Gestalten. Diese Gesetze informieren uns nicht über *Erscheinungen*, sondern betreffen synthetische Strukturen. Ich interveniere hier nur in dem Maß, wie mein Auftauchen in der Welt das *In-Bezug-setzen* der Objekte untereinander entstehen macht. Als solche enthüllen sie sich als *Gestalten*. Die wissenschaftliche Objektivität besteht darin, die Strukturen durch Isolierung vom Ganzen gesondert zu betrachten: dann erscheinen sie mit anderen Merkmalen. Aber in keinem Fall treten wir aus einer existierenden Welt hinaus. Ebenso könnte man zeigen, daß das, was man «Reizschwelle» oder Spezifikum der Sinne nennt, auf reine Bestimmungen der Objekte als solcher zurückgeht.

Dennoch meinte man, daß dieser objektive Bezug des Reizerregers zum Sinnesorgan sich selbst überschritte auf eine Beziehung des *Objektiven* (Reizerreger – Sinnesorgan) zum Subjektiven (reine Empfindung) hin, wobei dieses Subjektive durch die Wirkung definiert wäre, die der Reizerreger mittels des Sinnesorgans auf uns ausüben würde. Das Sinnesorgan scheint uns durch den Reizerreger affiziert: die protoplasmischen physikochemischen Modifikationen, die tatsächlich im Sinnesorgan erscheinen, werden nicht durch dieses Organ selbst hervorgebracht: sie geschehen ihm *von außen*. Zumindest behaupten wir das, um dem Inertheitsprinzip treu zu bleiben, das die ganze Natur als Exteriorität konstituiert. Wenn wir also eine Korrelation feststellen zwischen dem objektiven System: Reizerreger-Sinnesorgan, das wir jetzt wahrnehmen, und dem subjektiven System, das für uns die Gesamtheit der internen Eigenschaften des Objekt-Andern ist, müssen wir zugeben, daß die neue Modalität, die in dieser Subjektivität in Verbindung mit der Sinnesreizung erscheint, ihrerseits durch anderes als sie selbst hervorgebracht wird. Träte sie spontan auf, wäre sie ja damit von jeder Verbindung mit dem gereizten Organ getrennt, oder, wenn man lieber will, die Beziehung, die man zwischen ihnen herstellen könnte, bliebe *beliebig*. Wir denken uns also eine objektive Einheit, die der kleinsten und kürzesten der wahrnehmbaren Reizungen entspricht, und nennen sie Empfindung. Dieser Einheit verleihen wir *Inertheit*, das heißt, sie ist reine Exteriorität, da sie, vom «*Dieses*» her gedacht, an der Exteriorität des An-sich teilhat. Diese in die Empfindung projizierte Exteriorität trifft sie fast in ihrer Existenz selbst: der Grund ihres Seins und der Anlaß ihrer Existenz ist außerhalb von ihr. Sie ist also *sich selbst Exteriorität*. Gleichzeitig liegt ihr Seinsgrund nicht in irgendeinem «inneren» Faktum von gleicher Natur wie sie selbst, sondern in einem realen Objekt, dem Reizerreger, und in der Veränderung, durch die ein anderes reales Objekt affiziert wird, das Sinnesorgan. Da es jedoch undenkbar bleibt, daß ein gewisses Sein, das auf einer gewissen Seinsebene existiert und unfähig ist, sich durch sich selbst allein am Sein zu halten, zu existieren bestimmt werden könnte durch ein Existierendes, das sich auf einer radikal verschiedenen Seinsebene befindet, denke ich mir, um die Empfindung zu stützen und um ihr Sein zu liefern, ein ihr homogenes und seinerseits als Exteriorität konstituiertes Milieu. Dieses Milieu nenne ich *Geist* oder manchmal sogar *Bewußtsein*. Aber dieses Bewußtsein denke ich mir als Bewußtsein *von dem andern*, das heißt als ein Objekt. Doch da die Beziehungen, die ich zwischen dem Sinnesorgan und der Empfindung herstellen will, allgemeine sein müssen, setze ich, daß das so gedachte Bewußtsein auch *mein* Bewußtsein sein muß, nicht *für den andern*, sondern *an sich*. So habe ich eine Art von innerem Raum bestimmt, in dem sich anläßlich äußerer Reizungen gewisse, Empfindungen genannte Figuren bilden. Da dieser Raum reine Passivität ist, erkläre ich, daß er seine Empfindungen *erleidet*. Aber damit meine ich nicht nur, daß er das interne Milieu ist, das ihnen als Matrix dient. Ich lasse mich jetzt von einer biologischen Sicht der Welt inspirieren, die ich meiner objektiven Konzeption des betrachteten Sinnesorgans entlehne, und behaupte, daß dieser innere Raum seine Empfindung *erlebt*. So ist das «Leben» eine magische Verbindung, die ich zwischen einem passiven Milieu und einem passiven Modus dieses Milieus herstelle. Der Geist bringt seine eigenen Empfindungen nicht hervor, und deshalb bleiben sie ihm *äußerlich*: aber andererseits eignet er sie sich an, indem er sie erlebt. Die Einheit des «Erlebten» und des «Erlebenden» ist ja keine räumliche Juxtaposition mehr oder ein Bezug von Inhalt und Behälter: es ist eine magische Inhärenz. Der Geist *ist* seine eigenen Empfindungen und bleibt doch zugleich von ihnen verschieden. Die Empfindung wird also ein besonderer Objekttypus: inert, passiv und lediglich erlebt. Wir sind jetzt genötigt, ihm absolute Subjektivität zu verleihen. Aber man muß sich über dieses Wort Subjektivität verständigen. Es bedeutet hier nicht die Zugehörigkeit zu einem Subjekt, das heißt zu einer Selbstheit, die sich spontan motiviert. Die Subjektivität des Psychologen ist völlig anderer Art: sie manifestiert im Gegenteil die Inertheit und das Fehlen jeder Transzendenz. Subjektiv ist das, was nicht aus sich selbst heraustreten kann. Und genau in dem Maß, wie die Empfindung als reine Exteriorität nur ein Eindruck im Geist sein kann, in dem Maß, wie sie nur Sich, nur diese Figur ist, die von einem Wirbel im psychischen Raum gebildet worden ist, ist sie nicht Transzendenz, sondern sie ist das schlicht und einfach Erlittene, die bloße Bestimmung unserer Rezeptivität: sie ist Subjektivität, weil sie keineswegs *präsentativ* oder *repräsentativ* ist. Das Subjektive des Objekt-Andern ist ganz einfach ein geschlossener Kasten. Die Empfindung ist im Kasten.

Das ist der Begriff *Empfindung*. Man sieht seine Absurdität. Zunächst einmal ist er rein erfunden. Er entspricht nichts von dem, was ich an mir selbst oder an Anderen experimentiere. Wir haben immer nur das objektive Universum erfaßt; alle unsere personalen Bestimmungen setzen die Welt voraus und tauchen als Beziehungen zur Welt auf. Die Empfindung dagegen setzt voraus, daß der Mensch schon in der Welt ist, da er mit Sinnesorganen ausgestattet ist, und sie erscheint an ihm als bloßes Aufhören seiner Bezüge zur Welt. Gleichzeitig bietet sich diese reine «Subjektivität» als die notwendige Basis dar, auf der alle diese transzendenten Beziehungen rekonstruiert werden müssen, die das Erscheinen dieser «Subjektivität» eben erst hat verschwinden lassen. Wir treffen also auf diese drei Denkmomente: 1. Um die Empfindung auszumachen, muß man von einem gewissen Realismus ausgehen: man hält unsere Wahrnehmung des Andern, der Sinne des Andern und der Induktionsinstrumente für gültig. 2. Aber auf der Ebene der Empfindung verschwindet dieser ganze Realismus: die Empfindung als bloße erlittene Modifikation gibt uns nur über uns selbst Auskunft, sie ist «Erlebtes». 3. Und doch biete ich sie als Basis meiner Erkenntnis der äußeren Welt dar. Diese Basis kann nicht die Grundlage eines *realen* Kontakts zu den Dingen sein: sie erlaubt uns nicht, uns eine intentionale Struktur des Geistes zu denken. Als *Objektivität* müssen wir nicht eine unmittelbare Verbindung mit dem Sein bezeichnen, sondern gewisse Verklammerungen von Empfindungen, die mehr Permanenz oder mehr Regelmäßigkeit aufweisen oder besser mit der Gesamtheit unserer Vorstellungen übereinstimmen. Insbesondere müssen wir so unsere Wahrnehmung des Andern, der Sinnesorgane des Andern und der Induktionsinstrumente definieren: es handelt sich um subjektive Bildungen von besonderer Kohärenz, das ist alles. Es kann auf dieser Ebene nicht darum gehen, meine Empfindung durch das Sinnesorgan zu erklären, so wie ich es beim Andern oder bei mir selbst wahrnehme, sondern ganz im Gegenteil erkläre ich das Sinnesorgan als eine gewisse Assoziation meiner Empfindungen. Man sieht den unvermeidbaren Zirkel. Meine Wahrnehmung der Sinne des Andern dient mir als Grundlage einer Erklärung von Empfindungen und zumal *meiner* Empfindungen; aber umgekehrt konstituieren meine so gedachten Empfindungen die einzige *Realität* meiner Wahrnehmung der Sinne des Andern. Und in diesem Zirkel hat dasselbe Objekt: das Sinnesorgan des Andern, weder dieselbe Natur noch dieselbe Wahrheit bei jeder seiner Erscheinungen. Es ist zunächst *Realität*, und gerade weil es Realität ist, begründet es eine Lehre, die ihm widerspricht. *Scheinbar* ist die Struktur der klassischen Theorie der Empfindung genau die des kynischen Arguments des Lügners, wo der Kreter, gerade weil er die Wahrheit sagt, lügt.²⁴⁴ Aber außerdem ist, wie wir eben sahen, eine Empfindung reine Subjektivität. Wie sollen wir mit der Subjektivität ein Objekt konstruieren? Keine synthetische Gruppierung kann dem, was prinzipiell Erlebtes ist, objektive Qualität verleihen. Soll es Wahrnehmung von Objekten in der Welt geben, müssen wir schon von unserem Auftauchen an in Anwesenheit der Welt und der Objekte sein. Die Empfindung, ein hybrider Begriff zwischen dem Subjektiven und dem Objektiven, vom Objekt her gedacht und danach auf das Subjekt angewandt, eine Bastardexistenz, von der man nicht sagen kann, ob sie *de facto* oder *de jure* ist, die Empfindung ist eine bloße Psychologenträumerei, man muß sie entschieden aus jeder ernsthaften Theorie über die Bezüge zwischen Bewußtsein und Welt heraushalten.

Aber wenn die Empfindung nur ein Wort ist, was wird dann aus den Sinnen? Man wird zwar anerkennen, daß wir nie in uns selbst diesem phantomhaften und streng subjektiven Eindruck begegnen, der die Empfindung ist, man wird zugeben, daß ich immer nur *das* Grün dieses Heftes, dieses Laubs erfasse und nie die Grünempfindung oder auch nur das «Quasi-Grün», das Husserl als den hyletischen Stoff setzt, die von der Intention als Objekt-Grün beseelt wird;²⁴⁵ man wird sich ohne Schwierigkeit davon überzeugt erklären, daß die phänomenologische Reduktion, vorausgesetzt, daß sie möglich ist – was zu beweisen bleibt –, uns eingeklammerten Objekten gegenüberstellte als reinen Korrelaten von Setzungsakten, nicht aber Eindrucksresiduen. Doch nichtsdestoweniger bleiben die *Sinne*. *Ich sehe* das Grün, *ich berühre* diesen glatten und kalten Marmor. Ein Unfall kann mir einen Sinn völlig nehmen: ich kann das Augenlicht verlieren, taub werden usw. Was ist dann also ein Sinn, wenn er uns keine Empfindung vermittelt?

Die Antwort ist leicht. Stellen wir zunächst fest, daß der

Sinn überall ist und überall unerfaßbar. Dieses Tintenfaß auf dem Tisch ist mir unmittelbar in Form eines *Dinges* gegeben, und doch ist es mir *durch das Sehen* gegeben. Das bedeutet, daß seine Anwesenheit sichtbare Anwesenheit ist und daß ich Bewußtsein davon habe, daß es mir als sichtbares gegenwärtig ist, das heißt Bewußtsein (davon), es zu sehen. Aber während das Sehen *Erkenntnis* des Tintenfasses ist, entzieht es sich gleichzeitig jeder Erkenntnis: es gibt keine Erkenntnis des Sehens. Selbst die Reflexion wird uns nicht diese Erkenntnis bieten. Mein reflexives Bewußtsein wird mir nämlich eine Erkenntnis *von* meinem reflektierten Bewußtsein des Tintenfasses bieten, aber nicht die einer Sinnestätigkeit. So muß man die bekannte Formel von Auguste Comte verstehen: «Das Auge kann sich nicht selbst sehen.» Es ließe sich zwar annehmen, daß eine andere organische Struktur, eine kontingente Beschaffenheit unseres Sehapparats einem dritten Auge ermöglichte, unsere beiden Augen zu *sehen*, während sie sehen. Kann ich nicht meine Hand sehen und berühren, während sie berührt? Aber ich würde dann meinem Sinn gegenüber den Gesichtspunkt des andern einnehmen: ich würde Objekte-Augen sehen; ich kann nicht das sehende Auge sehen, ich kann nicht die Hand berühren, insofern sie berührt. So ist also der Sinn, insofern er für-mich-ist, etwas Unerfaßbares: er ist nicht die unendliche Kollektion meiner Empfindungen, da ich immer nur Objekten der Welt begegne; wenn ich andererseits meinem Bewußtsein gegenüber einen reflexiven Gesichtspunkt einnehme, begegne ich meinem Bewußtsein *von* diesem oder jenem Ding-in-der-Welt, nicht meinem Gesichts- oder Tastsinn; wenn ich schließlich meine Sinnesorgane sehen oder berühren kann, habe ich die Enthüllung bloßer Objekte in der Welt, nicht die einer entdeckenden oder konstruierenden Tätigkeit. Und doch ist der Sinn da: es *gibt* das Sehen, das Berühren, das Hören.

Wenn ich aber andererseits das System der *gesehenen*

Objekte betrachte, die mir erscheinen, stelle ich fest, daß sie sich mir nicht in einer beliebigen Ordnung darbieten: sie sind *orientiert*. Da sich also der Sinn weder durch einen erfaßbaren Akt noch durch eine Folge erlebter Zustände definieren läßt, bleibt uns nur der Versuch, ihn durch seine Objekte zu definieren. Wenn das Sehen nicht die Summe der Sehempfindungen ist, kann es dann nicht das System der gesehenen Objekte sein? In diesem Fall muß man auf die eben erwähnte Idee der *Orientierung* zurückkommen und versuchen, ihre Bedeutung zu erfassen.

Halten wir zunächst fest, daß sie eine konstitutive Struktur des Dinges ist. Das Objekt erscheint auf dem Welthintergrund und manifestiert sich als Exterioritätsbeziehung zu anderen «Dieses», die soeben erschienen sind. Also impliziert seine Enthüllung die komplementäre Konstituierung eines undifferenzierten Hintergrunds, der das totale Wahrnehmungsfeld oder die Welt ist. Die formale Struktur dieser Beziehung der Gestalt zum Hintergrund ist also notwendig; mit einem Wort, die Existenz eines Seh-, Tast- oder Hörfeldes ist eine Notwendigkeit: die Stille zum Beispiel ist das Klangfeld undifferenzierter Geräusche, in das der einzelne Ton, auf den wir achten, versinkt. Aber die materielle Verbindung eines *bestimmten* Dieses mit dem Hintergrund ist gleichzeitig gewählt und gegeben. Sie ist gewählt, insofern das Auftauchen des Fürsich ausdrückliche und interne Negation eines *bestimmten* Dieses auf dem Welthintergrund ist: ich *betrachte* die Tasse oder das Tintenfaß. Sie ist gegeben, insofern meine Wahl sich von einer ursprünglichen Verteilung der Dieses her vollzieht, durch die eben die Faktizität meines Auftauchens manifestiert wird. Es ist notwendig, daß mir das Buch links *oder* rechts vom Tisch erscheint. Aber es ist kontingent, daß es mir gerade links erscheint, und schließlich bin ich frei, *das Buch* auf dem Tisch oder *den Tisch* als Träger des Buchs zu betrachten. Diese Kontingenz zwischen der Notwendigkeit und der Freiheit meiner Wahl ist das, was wir *Sinn* nennen. Sie impliziert, daß das Objekt *mir immer zugleich ganz erscheint* – ich sehe den *Würfel, das Tintenfaß, die Tasse* –, daß aber dieses Erscheinen immer in einer besonderen Perspektive vor sich geht, die ihre Beziehungen zum Welthintergrund und zu den anderen *Dieses* ausdrückt. Ich höre jeweils *den Geigenton*. Aber es ist notwendig, daß ich ihn *durch eine Tür oder durch das offene Fenster* oder im Konzertsaal höre: sonst wäre das Objekt nicht mehr innerweltlich und würde sich nicht mehr einem In-der-Welt-auftauchenden-Existierenden manifestieren. Aber wenn andererseits wahr ist, daß alle *Dieses* nicht *gleichzeitig* auf dem Welthintergrund erscheinen können und daß das Erscheinen einiger von ihnen das Verschmelzen gewisser anderer mit dem Hintergrund hervorruft, wenn wahr ist, daß jedes *Dieses* sich *jeweils* nur in einer einzigen Weise manifestieren kann, obwohl es eine Unendlichkeit von Erscheinungsweisen für es gibt, dürfen diese Erscheinungsregeln nicht als subjektive und psychologische betrachtet werden: sie sind streng objektiv und ergeben sich aus der Natur der Dinge. Wenn das Tintenfaß mir einen Teil des Tischs verdeckt, kommt das nicht von der Natur meiner Sinne, sondern von der Natur des Tintenfasses und des Lichts. Wenn das Objekt beim Sich-Entfernen kleiner wird, so ist das nicht durch irgendeine Täuschung des Beobachters zu erklären, sondern durch die streng externen Gesetze der Perspektive. So ist durch diese objektiven Gesetze ein streng objektives Beziehungszentrum definiert: das Auge zum Beispiel, insofern es nach einem Perspektivenschema der Punkt ist, auf den alle objektiven Linien konvergieren. So bezieht sich das Wahrnehmungsfeld auf ein Zentrum, das durch diese Bezogenheit objektiv definiert und *in eben dem Feld* situiert ist, das sich um es herum orientiert. Doch dieses Zentrum als Struktur des betrachteten Wahrnehmungsfeldes sehen wir nicht: *wir sind es*. So schickt uns die Ordnung der Objekte der Welt fortwährend das Bild eines Objekts zurück, das *für uns* prinzipiell nicht Objekt sein kann, weil es das ist, was wir zu sein haben. So impliziert die Struktur der Welt, daß wir nicht *sehen* können, ohne *sichtbar zu sein*. Die innerweltlichen Beziehungen können nur Objekte der Welt betreffen, und die gesehene Welt definiert fortwährend ein sichtbares Objekt, auf das ihre Perspektiven und ihre Dispositionen verweisen. Dieses Objekt erscheint innerweltlich und zur gleichen Zeit wie die Welt; es ist immer mit jeder beliebigen Objektegruppierung mitgegeben, weil es durch die Orientierung dieser Objekte definiert ist: ohne es gäbe es keine Orientierung, denn alle Orientierungen wären äquivalent; es ist das kontingente Auftauchen einer Orientierung mitten in der unbegrenzten Möglichkeit, die Welt zu orientieren; es ist *diese* Orientierung zum Absoluten erhoben. Aber auf dieser Ebene existiert dieses Objekt für uns nur als abstraktes Anzeigen: es ist das, was mir alles anzeigt und was ich grundsätzlich nicht erfassen kann, weil es das ist, was ich *bin*. Das, was ich bin, kann ja grundsätzlich, insofern ich *es* bin, für mich nicht Objekt sein. Das Objekt, das mir die Dinge der Welt anzeigen und das sie rundum einschließen, ist für sich selbst und prinzipiell ein Nicht-Objekt. Aber indem das Auftauchen meines Seins die Abstände *von einem Zentrum aus* entfaltet, bestimmt es gerade durch den Akt dieses Entfaltens ein Objekt, das selbst ist, insofern es sich durch die Welt anzeigen läßt, und von dem ich trotzdem keine Intuition als Objekt haben kann, denn ich bin es, ich, der ich Anwesenheit bei mir selbst bin als das Sein, das sein eigenes Nichts ist. So läßt sich also mein In-der-Welt-sein, einfach weil es eine Welt *realisiert*, durch die Welt, die es realisiert, sich selbst als ein Innerweltlich-sein anzeigen, und das kann gar nicht anders sein, denn es gibt keine andere Art, in Kontakt zur Welt zu treten, als *von der Welt zu sein*. Es wäre mir unmöglich, eine Welt zu realisieren, in der ich nicht wäre und die bloßes Objekt darüberschwebender Kontemplation wäre. Sondern im Gegenteil, ich muß mich in der Welt verlieren, damit die Welt existiert und ich sie transzendieren kann. So ist es ein und dasselbe, ob ich sage, daß ich in die Welt eingetreten, «zur Welt gekommen» bin oder daß es eine Welt gibt oder daß ich einen Körper habe. In diesem Sinn ist mein Körper überall auf der Welt: er ist ebenso dort drüben in der Tatsache, daß die Straßenlaterne den Strauch auf dem Gehweg verdeckt, wie in der Tatsache, daß die Mansarde dort oben über den Fenstern des sechsten Stockwerks liegt oder daß das vorbeifahrende Auto sich von rechts nach links bewegt, hinter dem Lastwagen, oder daß die Frau, die über die Straße geht, kleiner erscheint als der Mann, der auf der Terrasse des Cafés sitzt. Mein Körper ist koextensiv zur Welt, ganz über alle Dinge gebreitet, und zugleich in diesem einzigen Punkt gesammelt, den sie alle anzeigen und der ich bin, ohne ihn erkennen zu können. Das muß uns ein Verständnis dafür ermöglichen, was die Sinne sind.

Ein Sinn ist nicht *vor* den Sinnesobjekten gegeben; kann er etwa nicht einem Andern als Objekt erscheinen? Er ist auch nicht *nach* ihnen gegeben: man müßte dann eine Welt unkommunizierbarer Bilder, einfache Kopien der Realität voraussetzen, ohne daß der Mechanismus ihres Erscheinens verständlich wäre. Die Sinne sind zugleich mit den Objekten; sie sind sogar die leibhaftigen Dinge, so wie diese sich uns in einer Perspektive enthüllen. Sie stellen einfach eine objektive Regel dieser Enthüllung dar. So *produziert* das Sehen keine *Sehempfindungen*; es wird auch nicht durch Lichtstrahlen *affiziert*, sondern ist die Kollektion aller sichtbaren Objekte, insofern sich deren objektive und wechselseitige Beziehungen alle auf gewisse als Maße gewählte – und zugleich erlittene – Größen und auf ein gewisses Perspektivenzentrum beziehen. Von diesem Gesichtspunkt aus ist der Sinn in gar keiner Weise mit der Subjektivität gleichsetzbar. Alle Variationen, die man in einem Wahrnehmungsfeld registrieren kann, sind ja *objektive* Variationen. Insbesondere ist die Tatsache, daß man das Sehen ausschalten kann, indem man «die Augenlider schließt», eine *äußere* Tatsache, die nicht auf die Subjektivität der Wahrnehmung verweist. Das Lid ist ja ein wahrgenommenes Objekt unter den anderen Objekten und verbirgt mir die anderen Objekte infolge seiner objektiven Beziehung zu ihnen: die Objekte meines Zimmers *nicht mehr sehen*, weil ich die Augen geschlossen habe, heißt den Vorhang meines Lids *sehen*; ebenso, wenn ich meine Handschuhe auf eine Tischdecke lege, heißt dieses Tischdeckenmuster *nicht mehr sehen* eben *die Handschuhe sehen*. Ebenso gehören auch die *Störungen*, die einem Sinn zustoßen, stets zum Bereich der Objekte: «Ich sehe gelb», weil ich die Gelbsucht habe oder weil ich eine gelbe Brille trage. In beiden Fällen liegt der Grund des Phänomens weder in einer subjektiven Modifikation des Sinns noch etwa in einer organischen Veränderung, sondern in einer objektiven Beziehung zwischen Welt-Objekten: in beiden Fällen sehen wir «durch etwas hindurch», und die *Wahrheit* unseres Sehens ist objektiv. Wenn schließlich das visuelle Bezugszentrum auf die eine oder andere Weise zerstört wird (wobei die Zerstörung nur von der Entwicklung der Welt kommen kann nach deren eigenen Gesetzen, das heißt, indem sie in gewisser Weise meine Faktizität ausdrückt), vernichten sich damit zugleich nicht die sichtbaren Objekte. Sie existieren weiterhin *für mich*, aber sie existieren ohne irgendein Bezugszentrum als *sichtbare Totalität*, ohne Erscheinen irgendeines besonderen *Dieses*, das heißt in der absoluten Wechselseitigkeit ihrer Beziehungen. So macht das Auftauchen des Für-sich in der Welt gleichzeitig die Welt als Totalität der Dinge und die Sinne als die objektive Weise existieren, in der sich die Qualitäten der Dinge darbieten. Fundamental ist mein Bezug zur Welt, und dieser Bezug definiert gleichzeitig die Welt und die Sinne, je nach dem Gesichtspunkt, den man einnimmt. Blindheit, Farbenblindheit, Kurzsichtigkeit stellen ursprünglich *die Weise* dar, in der es für mich eine Welt *gibt*, das heißt, sie definieren meinen Gesichtssinn, insofern er die Faktizität meines Auftauchens ist. Darum kann mein Sinn durch mich erkannt und objektiv definiert werden, aber *leer*, von der Welt aus: es genügt, daß mein rationales und verallgemeinerndes Denken die Hinweise im Abstrakten verlängert, die die Dinge mir selbst über *meinen* Sinn geben, und daß dieses Denken den Sinn von diesen Signalen aus *rekonstituiert*, wie der Historiker eine geschichtliche Persönlichkeit nach den sie anzeigenden Quellen rekonstituiert. Aber in diesem Fall habe ich die Welt auf dem Boden der reinen Rationalität rekonstruiert, indem ich mich durch das Denken von der Welt abstrahierte: ich schwebe über der Welt, ohne mich an sie zu binden, ich versetze mich in die Haltung absoluter Objektivität, und der Sinn wird ein Objekt unter den Objekten, ein *relatives* Bezugszentrum, das seinerseits Koordinaten voraussetzt. Aber gerade dadurch stelle ich im Denken die absolute Relativität der Welt dar, das heißt, ich setze die absolute Äquivalenz aller Bezugszentren. Ich zerstöre die Weltmäßigkeit der Welt, ohne es auch nur zu ahnen. Indem die Welt fortwährend den Sinn anzeigt, der ich bin, und mich auffordert, ihn zu rekonstituieren, regt sie mich also an, die personale Gleichung, die ich bin, dadurch zu eliminieren, daß ich der Welt das weltliche Bezugszentrum restituiere, nach dem die Welt sich anordnet. Aber gleichzeitig entziehe ich mich – durch das abstrakte Denken – dem Sinn, der ich bin, das heißt, ich zerschneide meine Bande zur Welt, ich versetze mich in den Zustand einfachen Darüberschwebens, und die Welt verschwindet in der absoluten Äquivalenz ihrer unendlich vielen möglichen Beziehungen. Der Sinn ist ja unser In-der-Welt-sein, insofern wir es in Form von Innerweltlich-sein zu sein haben.

Diese Ausführungen können verallgemeinert werden; sie lassen sich gänzlich auf *meinen Körper* anwenden, insofern er das totale Bezugszentrum ist, das die Dinge anzeigen. Insbesondere ist unser Körper nicht nur das, was man lange Zeit den «Sitz der fünf Sinne» genannt hat; er ist auch das Instrument und das Ziel unserer Handlungen. Es ist sogar unmöglich, die «Empfindung» von der «Handlung» zu unterscheiden, gerade in den Begriffen der klassischen Psychologie: das deuteten wir an, als wir sagten, daß die Realität sich uns weder als *Ding* noch als *Utensil*, sondern als Utensil-Ding darbietet. Darum werden wir die Überlegungen, die uns die wahre Natur der Sinne enthüllen halfen, als Leitfaden für unsere Untersuchung des Körpers, insofern er Handlungszentrum ist, verwenden können. 384

Sobald man nämlich das Problem des Handelns formuliert, droht man einer schwerwiegenden Verwechslung zu verfallen. Wenn ich diesen Federhalter nehme und in das Tintenfaß tauche, handle ich. Aber wenn ich Pierre im selben Augenblick einen Stuhl an den Tisch rücken sehe, stelle ich auch fest, daß er handelt. Hier besteht also sehr deutlich eine Gefahr des Irrtums, auf den wir im Zusammenhang mit den Sinnen hingewiesen haben, nämlich *mein* Handeln, sowie es *für mich ist*, vom Handeln des andern her zu interpretieren. Denn das einzige Handeln, das ich in derselben Zeit, in der es stattfindet, *erkennen* kann, ist Pierres Handeln. Ich sehe seine Bewegung und bestimme gleichzeitig sein Ziel: er rückt einen Stuhl an den Tisch, *um* sich an diesen Tisch setzen und den Brief schreiben zu können, den er, wie er mir sagte, schreiben will. So kann ich alle Zwischenstellungen des Stuhls und des Körpers, der ihn bewegt, als instrumentelle Organisationen erfassen: sie sind Mittel, einen verfolgten Zweck zu erreichen. Der Körper des andern erscheint mir hier also als ein Instrument inmitten anderer Instrumente. Nicht etwa nur als ein Werkzeug zur Herstellung von Werkzeugen, sondern auch als ein *Werkzeug zur Handhabung von Werkzeugen*, mit einem Wort als eine Werkzeugmaschine. Wenn ich im Licht meiner Erkenntnisse vom Körper des andern die Rolle interpretiere, die *mein* Körper in bezug auf *mein* Handeln spielt, dann betrachte ich mich also als über ein gewisses Instrument verfügend, das ich beliebig einsetzen kann und das seinerseits die anderen Instrumente einsetzt zu einem gewissen Zweck, den ich verfolge. So sind wir wieder bei der klassischen Unterscheidung zwischen Seele und Körper: die Seele benutzt das Werkzeug, das der Körper ist. Die Parallele zur Theorie der Empfindung ist vollkommen: wir sahen ja, daß diese Theorie von der Erkenntnis der Sinne des andern ausging und mich dann mit genau solchen Sinnesorganen ausstattete, wie ich sie am Andern wahrnahm. Wir sahen auch die Schwierigkeit, auf die eine solche Theorie unmittelbar stößt: ich nehme dann die Welt und zumal das Sinnesorgan des Andern über meinen eigenen Sinn wahr, ein deformierendes Organ, ein strahlenbrechendes Milieu, das mich nur über seine eigenen Affektionen etwas lehren kann. Die Konsequenzen der Theorie zerstören also die Objektivität gerade des Prinzips, das zu ihrer Feststellung diente. Die Theorie des Handelns, die eine analoge Struktur hat, stößt auf analoge Schwierigkeiten; denn wenn ich vom Körper des Andern ausgehe, erfasse ich ihn als ein Instrument und insofern ich selbst mich seiner als eines Instruments bediene: denn ich kann *ihn benutzen* zum Verfolgen von Zwecken, die ich allein nicht erreichen könnte; ich *lenke* seine Handlungen durch Befehle oder durch Bitten; ich kann sie auch durch meine eigenen Handlungen hervorrufen; gleichzeitig muß ich Vorkehrungen gegenüber einem besonders gefährlich und vorsichtig zu handhabenden Werkzeug treffen. Ich bin ihm gegenüber in der komplexen Haltung des Arbeiters gegenüber seiner Werkzeugmaschine, wenn er gleichzeitig ihre Bewegungen steuert und vermeidet, von ihr erfaßt zu werden. Und auch, um den Körper des Andern am besten in meinem Interesse zu verwenden, benötige ich ein Instrument, das mein eigener Körper ist, ganz wie ich zur Wahrnehmung der Sinnesorgane des Andern andere Sinnesorgane benötige, die meine eigenen sind. Wenn ich mir also meinen Körper nach dem Bild des Körpers des Andern denke, ist es ein Instrument in der Welt, das ich vorsichtig handhaben muß und das so etwas wie der Bedienungsschlüssel der anderen Werkzeuge ist. Aber meine Bezüge zu diesem bevorzugten Instrument können selbst nur technische sein, und ich brauche ein Instrument zur Bedienung dieses Instruments, was uns ins Unendliche verweist. Wenn ich mir also meine Sinnesorgane wie die des andern denke, erfordern sie ein Sinnesorgan zu ihrer Wahrnehmung – und wenn ich meinen Körper als ein Instrument gleich dem Körper des andern erfasse, erfordert er ein Instrument zu seiner Handhabung – und wenn wir es ablehnen, uns diesen infiniten Regreß zu denken, müssen wir das Paradox eines durch eine Seele *gehandhabten* physikalischen Instruments annehmen, was bekanntlich in unentwirrbare Aporien führt. Sehen wir lieber zu, ob wir nicht hier wie dort versuchen können, dem Körper seine Natur-für-uns zu restituieren. Die Objekte enthüllen sich uns innerhalb eines Utensilitätskomplexes, wo sie einen bestimmten *Platz* einnehmen. Dieser Platz ist nicht durch bloße räumliche Koordinaten definiert, sondern durch Bezug auf praktische Bezugsachsen. «Das Glas *steht auf dem Tischchen*» besagt, daß man achtgeben muß, das Glas nicht umzuwerfen, wenn man das Tischchen wegrückt. Das Päckchen Tabak *ist auf* dem Kamin: das besagt, daß man eine Distanz von drei Metern durchschreiten muß, wenn man von der Pfeife zum Tabak gehen will, wobei man gewisse Hindernisse vermeiden muß, Ständer, Sessel usw., die zwischen dem Kamin und dem Tisch stehen. In diesem Sinn unterscheidet sich die Wahrnehmung in keiner Weise von der praktischen Organisation der als *Welt* Existierenden. Jedes Utensil verweist auf andere Utensilien: auf die, die seine *Schlüssel* sind, und auf die, für die es *Schlüssel* ist. Aber diese Verweisungen würden von einem bloß kontemplativen Bewußtsein nicht erfaßt werden: für ein solches Bewußtsein verwiese der Hammer keineswegs auf die Nägel; er wäre *neben* ihnen; aber der Ausdruck «neben» verliert seinen ganzen Sinn, wenn er keinen Weg vom Hammer zum Nagel andeutet, der zurückgelegt werden *muß*. Der ursprüngliche Raum, der sich mir entdeckt, ist der hodologische Raum; er ist von Wegen und Straßen durchzogen, er ist instrumental, und er ist die *Lage* der Werkzeuge. So enthüllt sich die Welt vom Auftauchen meines Für-sich an als Anzeige auszuführender Handlungen, und diese Handlungen verweisen auf andere Handlungen, diese wieder auf andere und so fort. Doch wenn von diesem Gesichtspunkt aus Wahrnehmung und Handlung ununterscheidbar sind, so ist trotzdem zu beachten, daß sich die Handlung als eine gewisse Wirksamkeit der Zukunft darbietet, die das bloß Wahrgenommene überschreitet und transzendiert. Da das Wahrgenommene das ist, bei dem mein Für-sich Anwesenheit ist, enthüllt es sich mir als Mitanwesenheit, ist es unmittelbarer Kontakt, gegenwärtige Adhärenz, es streift mich. Aber als solches bietet es sich dar, ohne daß ich es *in der Gegenwart* erfassen kann. Das wahrgenommene Ding ist verheißungsvoll und verführerisch; und jede der Eigenschaften, die es mir zu enthüllen verheißt, jede stillschweigend zugestandene Preisgabe, jeder Bedeutungsverweis auf andere Objekte engagiert die Zukunft. So bin ich *in Anwesenheit* von Dingen, die nur Verheißungen sind, jenseits einer unaussprechlichen *Anwesenheit*, die ich nicht besitzen kann und die das reine «Da-sein» der Dinge ist, also das meine, meine Faktizität, mein Körper. Die Tasse ist da, auf der Untertasse, sie ist mir gegenwärtig gegeben mit ihrem Boden, der *da ist*, den alles anzeigt, aber den ich nicht sehe. Und wenn ich ihn sehen, das heißt ihn explizit machen, ihn «auf-dem-Tassen-Hintergrund-erscheinen» lassen will, muß ich die Tasse am Henkel fassen und sie umdrehen: der Boden der Tasse ist am Ende meiner Entwürfe, und ob ich sage, daß die andern

Strukturen der Tasse ihn als ein unerläßliches Element der Tasse anzeigen oder daß sie ihn mir als die Handlung anzeigen, die mir die Tasse am besten in ihrer Bedeutung *nahebringt*, ist dasselbe. So erscheint die Welt, als Korrelat der Möglichkeiten, die ich *bin*, von meinem Auftauchen an als die riesige Skizze all meiner möglichen Handlungen. Die Wahrnehmung überschreitet sich natürlich auf die Handlung hin; mehr noch, sie kann sich nur in Handlungsentwürfen und durch sie enthüllen. Die Welt enthüllt sich als ein «immer zukünftiger Hohlraum», denn wir sind uns selbst immer zukünftig.

Trotzdem muß man festhalten, daß diese Zukunft der Welt, die uns so enthüllt wird, streng objektiv ist. Die Instrumente-Dinge weisen auf andere Instrumente oder auf objektive Weisen des Umgangs mit ihnen hin: der Nagel ist so und so «einzuschlagen», der Hammer «am Stiel zu halten», die Tasse «am Henkel zu fassen» usw. Alle diese Eigenschaften der Dinge enthüllen sich unmittelbar, und die lateinischen Gerundive bringen sie großartig zum Ausdruck. Zwar sind sie Korrelate nicht-thetischer Entwürfe, die wir sind, aber sie enthüllen sich nur als Strukturen der Welt: Potentialitäten, Abwesenheiten, Utensilitäten. So erscheint mir die Welt als objektiv gegliedert: sie verweist nie auf eine schöpferische Subjektivität, sondern auf die Unendlichkeit der Utensilienkomplexe.

Doch wenn auch jedes Instrument auf ein anderes Instrument und dieses wieder auf ein anderes verweist, weisen sie zuletzt alle auf ein Instrument hin, das wie ihr *Schlüssel* ist. Dieses Bezugszentrum ist notwendig, sonst verschwände die Welt durch Indifferentwerden der Gerundive, da alle Instrumentalitäten äquivalent würden. Karthago ist «*delenda*» für die Römer, aber «*servanda*» für die Karthager.[245a] Ohne Beziehung zu diesen Zentren ist es nichts mehr, es erhält wieder die Indifferenz des Ansich, denn die beiden Gerundive heben sich auf. Trotzdem muß man sehen, daß mir der *Schlüssel* nie *gegeben*, sondern immer nur «in Hohlform angezeigt» ist. Im Handeln erfasse ich objektiv eine Welt von Instrumenten, die ineinandergreifen, und jedes von ihnen verweist, insofern es in eben dem Akt, durch den ich mich ihm anpasse und es überschreite, erfaßt wird, auf ein anderes Instrument, das mir ermöglichen muß, es zu benutzen. In diesem Sinn verweist der Nagel auf den Hammer und der Hammer auf die Hand und den Arm, die ihn benutzen. Aber nur in dem Maß wie ich durch einen Andern Nägel einschlagen lasse, werden Hand und Arm ihrerseits Instrumente, die ich benutze und auf ihre Potentialität hin überschreite. In diesem Fall verweist mich die Hand des Andern auf das Instrument, das mir ermöglicht, diese Hand zu benutzen (Drohungen – Versprechungen – Arbeitslohn usw.). Das erste Glied ist überall gegenwärtig, aber nur *angezeigt*: beim Schreiben erfasse ich nicht *meine* Hand, sondern nur den Federhalter, der schreibt; das bedeutet, daß ich den Federhalter benutze, um Buchstaben zu zeichnen, aber nicht *meine Hand*, um den Federhalter zu halten. In bezug auf meine Hand bin ich nicht in derselben benutzenden Haltung wie im Bezug zum Federhalter; ich *bin* meine Hand. Das heißt, sie ist der Stillstand der Verweisungen und ihr Abschluß. Die Hand ist nur die Benutzung des Federhalters. In diesem Sinn ist sie zugleich das unerkennbare und unbenutzbare Schlußglied, das durch das letzte Instrument der Reihe «zu schreibendes Buch – auf das Papier zu zeichnende Buchstaben – Federhalter» angezeigt wird, und zugleich die Orientierung der ganzen Reihe: das gedruckte Buch selbst bezieht sich darauf. Erfassen aber kann ich sie – wenigstens insofern sie handelt – nur als den fortwährenden verschwindenden Verweis der ganzen Reihe. So ist es bei einem Degen-, einem Stockduell der Stock, den ich im Auge behalte und handhabe; beim Schreiben ist es die Federspitze, die ich im Blick behalte, in synthetischer Verbindung mit der vorgedruckten Linie oder Karierung auf dem Blatt. Meine Hand aber ist verschwunden, sie hat sich verloren in dem komplexen System von Utensilität, damit die dieses System existiert. Sie ist einfach sein Sinn und seine Orientierung.

388

So stehen wir anscheinend vor einer doppelten kontradiktorischen Notwendigkeit: da jedes Instrument mittels eines anderen Instruments benutzbar ist – und sogar erfaßbar –, ist das Universum ein objektiver unendlicher Verweis von Werkzeug zu Werkzeug. In diesem Sinn impliziert die Struktur der Welt, daß wir uns nur, indem wir selbst Utensil sind, in das Utensilitätsfeld einfügen können, daß wir nur *agieren* können, wenn wir *agiert* werden. Nur kann sich andererseits ein Utensilitätskomplex lediglich durch die Bestimmung eines kardinalen Sinns dieses Komplexes enthüllen, und diese Bestimmung ist selbst praktisch und aktiv – einen Nagel einschlagen, Korn säen. In diesem Fall verweist schon die Existenz des Komplexes unmittelbar auf ein Zentrum. So ist dieses Zentrum ein durch das auf es bezogene instrumentale Feld objektiv definiertes Werkzeug und zugleich das Werkzeug, das wir nicht *benutzen* können, da wir sonst ins Unendliche verwiesen wären. Dieses Instrument benutzen wir nicht, wir *sind* es. Es ist uns nicht anders gegeben als durch die utensile Ordnung der Welt, durch den hodologischen Raum, durch die ein- oder wechselseitigen Beziehungen der Maschinen, aber es könnte meiner Handlung nicht *gegeben* sein: ich muß mich ihm weder anpassen noch ein anderes Werkzeug ihm anpassen, sondern es ist eben meine Anpassung an die Werkzeuge, die Anpassung, die ich bin. Sieht man von der dem Körper des Andern analogen Rekonstruktion meines Körpers ab, bleiben daher zwei Weisen, den Körper zu erfassen: er wird von der Welt aus *erkannt* und objektiv definiert, aber *in Leerform*; dafür reicht, daß das rationalisierende Denken das Instrument, das ich bin, von den Hinweisen aus rekonstituiert, die die von mir benutzten Utensilien geben, aber in diesem Fall wird das fundamentale Werkzeug ein relatives Bezugszentrum, das seinerseits andere Werkzeuge für seine Benutzung voraussetzt, und gleichzeitig verschwindet die Instrumentalität der Welt, denn sie benötigt zu ihrer Enthüllung eine Bezugnahme auf ein absolutes Instrumentalitätszentrum; die Welt der Aktion wird die *agierte* Welt der klassischen Wissenschaft, das Bewußtsein schwebt über einem Exterioritätsuniversum und kann in keiner Weise mehr *in die Welt eintreten*. Oder aber, der Körper ist voll und *konkret gegeben* als eben die Disposition der Dinge, insofern das Fürsich sic auf eine neue Disposition hin überschreitet; in diesem Fall ist er in jeder Aktion gegenwärtig, wenn auch unsichtbar – denn die Aktion enthüllt den Hammer und die Nägel, die Bremse und die Gangschaltung, nicht den Fuß, der das Bremspedal tritt, oder die Hand, die den Hammer führt –, er wird *gelebt*, aber nicht *erkannt*. Hier liegt auch die Erklärung dafür, daß die berühmte *sensation d'effort*, mit der Maine de Biran[246] Hume entgegentreten wollte, ein psychologischer Mythos ist. Wir haben nie die Empfindung unserer Anstrengung, aber auch nicht die Oberflächen-, Muskel-, Knochen-, Sehnen-, Hautempfindungen, durch die man sie ersetzen wollte: wir nehmen den *Widerstand* der Dinge wahr. Wenn ich dieses Glas an den Mund führen will, nehme ich nicht meine Anstrengung wahr, sondern seine *Schwere*, das heißt seinen Widerstand dagegen, in einen Utensilienkomplex einzutreten, den ich in der Welt erscheinen gemacht habe. Bachelard wirft der Phänomenologie mit Recht eine ungenügende Berücksichtigung dessen vor, was er den «Widrigkeitskoeffizienten» der Gegenstände nennt.* Das ist richtig und gilt auch für die Transzendenz Heideggers und die Intentionalität Husserls. Aber man muß begreifen, daß die Utensilität primär ist: in bezug auf einen ursprünglichen Utensilitätskomplex enthüllen die Dinge ihre Widerstände und ihre

---

* Gaston Bachelard, *L'eau et les rêves. Essai sur l'imagination de la matière*, José Corti, Paris 1942.

Widrigkeit. Die Schraube erweist sich als zu dick, um sich in die Schraubenmutter drehen zu lassen, der Träger als zu schwach, um das Gewicht zu tragen, das ich stützen will, der Stein als zu schwer, um auf die Mauer gehoben zu werden usw. Andere Objekte erscheinen als bedrohlich für einen schon hergestellten Utensilkomplex, das Gewitter und der Hagel für die Ernte, die Reblaus für den Weinstock, das Feuer für das Haus. So streckt sich ihre Drohung nach und nach durch die schon hergestellten Utensilitätskomplexe bis zum Bezugszentrum hin aus, das alle diese Utensilien anzeigen, und über diese zeigt sie es ihrerseits an. In diesem Sinn ist jedes *Mittel* zugleich günstig und widrig, jedoch in den Grenzen des durch das Auftauchen des Für-sich in der Welt realisierten fundamentalen Entwurfs. So wird mein Körper primär durch die Utensilienkomplexe und sekundär durch die destruktiven Kräfte angezeigt. Ich *lebe* meinen Körper als gefährdet an den bedrohlichen Geräten wie an den gefügigen Instrumenten. Er ist überall: die Bombe, die *mein* Haus zerstört, trifft auch meinen Körper, insofern schon das Haus eine Anzeige meines Körpers war. Immer erstreckt sich mein Körper über das Werkzeug, das er benutzt: er ist am Ende des Stocks, auf den ich mich gegen die Erde stütze; am Ende des Fernrohrs, das mir die Sterne zeigt; auf dem Stuhl, im ganzen Haus, denn er ist meine Anpassung an diese Werkzeuge.

So haben sich zum Schluß dieser Ausführungen Empfindung und Handlung zusammengefügt und sind nur noch eins. Wir haben darauf verzichtet, uns *zunächst* mit einem Körper auszustatten und *dann* die Art und Weise zu untersuchen, wie wir über ihn die Welt erfassen oder modifizieren. Wir haben vielmehr als Grundlage für die Enthüllung des Körpers als solchen unsere ursprüngliche Beziehung zur Welt, das heißt unser Auftauchen inmitten des Seins, angegeben. Statt daß der Körper *für uns* primär wäre und uns die Dinge enthüllte, sind es die Utensilien-

Dinge, die uns in ihrem ursprünglichen Erscheinen unseren Körper anzeigen. Der Körper ist keine Scheibe zwischen den Dingen und uns: er manifestiert lediglich die Individualität und die Kontingenz unseres ursprünglichen Bezugs zu den Utensilien-Dingen. In diesem Sinn hatten wir den Sinn und das Sinnesorgan schlechthin als unser Sein in der Welt definiert, insofern wir es zu sein haben in Form von Innerweltlich-sein. Ebenso können wir das *Handeln* als unser In-der-Welt-sein definieren, insofern wir es zu sein haben in Form von Innerweltlich-Instrument-sein. Aber wenn ich innerweltlich bin, dann weil ich gemacht habe, daß es eine Welt gibt, indem ich das Sein auf mich selbst hin transzendierte; und wenn ich Instrument der Welt bin, dann weil ich durch den Entwurf meiner selbst auf meine Möglichkeiten hin gemacht habe, daß es Instrumente schlechthin gibt. Nur *in einer Welt* kann es einen Körper geben, und eine primäre Beziehung ist unentbehrlich, damit diese Welt existiert. In einem Sinn ist der Körper das, was ich unmittelbar bin; in einem andern Sinn bin ich von ihm durch die unendliche Dichte der Welt getrennt, er ist mir durch ein Zurückfließen der Welt auf meine Faktizität hin gegeben, und die Bedingung dieses fortwährenden Zurückfließens ist ein fortwährendes Überschreiten.

Jetzt können wir die *Natur-für-uns* unseres Körpers präzisieren. Die vorausgehenden Feststellungen haben uns ja den Schluß ermöglicht, daß der Körper fortwährend das *Überschrittene* ist. Als sinnliches Bezugszentrum ist der Körper ja das, *jenseits dessen* ich bin, insofern ich unmittelbar bei dem Glas oder dem Tisch oder dem fernen Baum, den ich wahrnehme, anwesend bin. Denn die Wahrnehmung kann sich nur an der Stelle selbst vollziehen, wo das Objekt wahrgenommen wird, und *ohne Abstand*. Aber gleichzeitig entfaltet sie die Abstände, und das, in bezug worauf das wahrgenommene Objekt seinen Abstand als eine absolute Eigenschaft seines Seins anzeigt, ist der Körper. Ebenso kann der Körper als instrumentelles Zentrum der Utensilienkomplexe nur das *Überschrittene* sein: er ist das, was ich auf eine neue Kombination der Komplexe hin überschreite, und das, was ich fortwährend zu überschreiten habe, was auch die instrumentelle Kombination sein mag, zu der ich gelangt bin, denn jede Kombination zeigt, sobald mein Überschreiten sie in ihrem Sein erstarren läßt, den Körper als das Bezugszentrum ihrer erstarrten Unbeweglichkeit an. So ist der Körper, indem er das Überschrittene ist, das Vergangene. Er ist die unmittelbare Anwesenheit der «sinnlichen» Dinge beim Für-sich, insofern diese Anwesenheit ein Bezugszentrum anzeigt und *bereits überschritten* ist, entweder auf das Erscheinen eines neuen *Dieses* oder auf eine neue Kombination von Utensilien-Dingen hin. In jedem Entwurf des Für-sich, in jeder Wahrnehmung ist der Körper da, ist er das unmittelbare Vergangene, insofern er die Gegenwart, die ihn flieht, noch streift. Das bedeutet, daß er zugleich *Gesichtspunkt* und *Ausgangspunkt* ist: ein Gesichtspunkt, ein Ausgangspunkt, der ich *bin* und den ich zugleich auf das hin überschreite, was ich zu sein habe. Aber dieser fortwährend überschrittene Gesichtspunkt, der innerhalb des Überschreitens fortwährend wiederersteht, dieser Ausgangspunkt, über den ich unaufhörlich hinausgehe und der ich selbst bin, wie ich hinter mir bleibe, ist die Notwendigkeit meiner Kontingenz. Notwendig ist er auf doppelte Weise. Zunächst weil er das kontinuierliche Wiedererfassen des Für-sich durch das An-sich und das ontologische Faktum ist, daß das Für-sich nur sein kann als das Sein, das nicht sein eigener Grund ist: einen Körper haben heißt der Grund seines eigenen Nichts sein und nicht der Grund seines Seins sein: ich *bin* mein Körper, insofern ich *bin*; ich bin er *nicht*, insofern ich das, was ich bin, nicht bin; durch meine Nichtung entgehe ich ihm. Aber deswegen mache ich aus ihm nicht ein Objekt: denn dem, was *ich bin*, entgehe ich fortwährend. Und der Körper ist auch als das Hindernis notwendig, das zu überschreiten ist, um in der Welt zu sein, das heißt das Hindernis, das ich mir selbst bin. In diesem Sinn ist er von der absoluten Ordnung der Welt nicht verschieden, von jener Ordnung, die ich dem Sein geschehen lasse, indem ich es überschreite auf ein künftiges Sein, auf das Sein-jenseits-des-Seins hin. Wir können die Einheit dieser beiden Notwendigkeiten klar erfassen: Für-sich-sein heißt die Welt überschreiten und durch ihr Überschreiten machen, daß es eine Welt gibt. Die Welt überschreiten heißt aber gerade nicht über ihr schweben, sondern in sie eintauchen [*s'engager*], um aus ihr aufzutauchen, sich notwendig zu *dieser* Überschreitungsperspektive machen. In diesem Sinn ist die *Endlichkeit* notwendige Bedingung des ursprünglichen Entwurfs des Für-sich. Die notwendige Bedingung, daß ich jenseits einer Welt, die ich zum Sein kommen lasse, das bin, was ich nicht bin, und nicht das bin, was ich bin, ist, daß es innerhalb dieser unendlichen Jagd, die ich bin, fortwährend ein unerfaßbares Gegebenes gibt. Dieses Gegebene, das ich bin, ohne daß ich es zu sein habe – außer im Modus des Nichtseins –, kann ich weder erfassen noch erkennen, denn es wird überall übernommen und überschritten, für meine Entwürfe benutzt, angenommen. Andererseits aber zeigt alles es mir an, alles Transzendente skizziert es in Hohlform eben durch seine Transzendenz, ohne daß ich mich jemals zu dem umwenden könnte, was es mir anzeigt, da ich das angezeigte Sein *bin*. Insbesondere darf man das angezeigte Gegebene nicht als bloßes Bezugszentrum einer statischen Ordnung der Utensilien-Dinge verstehen: sondern im Gegenteil, deren dynamische Ordnung, ob sie nun von meiner Handlung abhängt oder nicht, bezieht sich nach Regeln darauf, und gerade dadurch ist das Bezugszentrum in seiner Veränderung wie in seiner Identität definiert. Es kann nicht anders sein, weil ich dadurch die Welt zum Sein kommen lasse, daß ich an mir selbst negiere, daß ich das Sein bin, und weil ich von meiner Vergangenheit aus, das heißt, indem ich mich über mein eigenes Sein hinaus projiziere, an mir selbst negieren kann, daß ich dies oder jenes Sein sei. Von diesem Gesichtspunkt aus ist der Körper, das heißt jenes unerfaßbare Gegebene, eine notwendige Bedingung meines Handelns: denn wenn die Zwecke, die ich verfolge, durch rein willkürliches Wünschen erreicht werden könnten, wenn es genügte, zu wünschen, um zu erhalten, und wenn keine definierten Regeln den Gebrauch der Utensilien bestimmten, könnte ich nie in mir den Wunsch vom Willen, das Erträumen vom Handeln, das Mögliche vom Wirklichen unterscheiden. Kein Entwurf von mir selbst wäre möglich, da zur Realisation die Konzeption genügte; dann würde sich mein Für-sich-sein in der Ununterschiedenheit der Gegenwart und der Zukunft vernichten. Eine Phänomenologie des Handelns würde ja zeigen, daß die Handlung einen Bruch zwischen der bloßen Konzeption und der Realisation voraussetzt, das heißt zwischen einem allgemeinen und abstrakten Gedanken: «Der Vergaser des Autos *darf nicht veröelt sein*» und einem technischen und konkreten Denken, das auf *diesen* Vergaser gerichtet ist, so wie er mir mit seinen absoluten Dimensionen und seiner absoluten Position erscheint. Die Bedingung dieses technischen Denkens, das sich von der Handlung, die es leitet, nicht unterscheidet, ist meine Endlichkeit, meine Kontingenz, kurz, meine Faktizität. Doch genaugenommen bin ich *faktisch*, insofern ich eine Vergangenheit habe und diese unmittelbare Vergangenheit mich auf das erste An-sich verweist, bei dessen Nichtung ich durch die *Geburt* auftauche. So ist der Körper als Faktizität das Vergangene, insofern er ursprünglich auf eine *Geburt*, das heißt auf die erste Nichtung, verweist, die mich aus dem An-sich auftauchen macht, das ich faktisch bin, ohne daß ich es zu sein habe. Geburt, Vergangenheit, Kontingenz, Notwendigkeit eines Gesichtspunkts, faktische Bedingung jedes möglichen Einwirkens auf die Welt: das ist der

Körper, das ist er *für mich*. Er ist also keineswegs eine kontingente Zutat zu meiner Seele, sondern im Gegenteil eine permanente Struktur meines Seins und die permanente Möglichkeitsbedingung meines Bewußtseins als Bewußtsein *von der* Welt und als Entwurf, der auf meine Zukunft hin transzendiert. Von diesem Gesichtspunkt aus müssen wir zugleich anerkennen, daß es völlig kontingent und absurd ist, daß ich körperbehindert, Beamten- oder Arbeitersohn, jähzornig und faul bin, und daß es dennoch *notwendig* ist, daß ich *dies* oder etwas anderes, Franzose oder Deutscher oder Engländer usw., Proletarier oder Bürger oder Adeliger usw., behindert und schwächlich oder kräftig, jähzornig oder konziliant bin, eben weil ich nicht über der Welt *schweben* kann, ohne daß die Welt verschwindet. *Meine Geburt*, insofern sie die Weise bedingt, in der sich mir die Objekte enthüllen (die Luxusobjekte oder die des dringenden Bedarfs sind mehr oder weniger *erreichbar*, gewisse soziale Realitäten erscheinen mir als *verboten*, es gibt Barrieren und Hindernisse in meinem hodologischen Raum), *meine Rasse*, insofern sie durch die Haltung der Anderen mir gegenüber angezeigt wird (sie erweisen sich als verachtend oder bewundernd, vertrauensvoll oder mißtrauisch), *meine Klasse*, insofern sie sich durch die Enthüllung der sozialen Gemeinschaft, der ich angehöre, offenbart, insofern die Orte, die ich besuche, sich darauf beziehen, meine *Nationalität*, meine *physiologische Struktur*, insofern die Instrumente sie implizieren gerade durch die Art, in der sie sich als widerstrebend oder gefügig erweisen und eben durch ihren *Widrigkeits*koeffizienten, mein *Charakter*, meine *Vergangenheit*, insofern alles, was ich erlebt habe, als mein Gesichtspunkt der Welt gegenüber durch die Welt selbst angezeigt wird: all das ist, insofern ich es in der synthetischen Einheit meines In-der-Welt-seins überschreite, *mein Körper* als notwendige Bedingung der Existenz einer Welt und als kontingente Realisation dieser Bedingung. Wir erfassen jetzt in aller

Klarheit die Definition, die wir oben vom Körper in seinem Für-uns-sein gaben: der Körper ist die kontingente Form, die von der Notwendigkeit meiner Kontingenz angenommen wird. Wir können diese Kontingenz nie als solche erfassen, insofern unser Körper *für uns* ist: denn wir sind Wahl, und sein heißt für uns uns wählen. Selbst jene Behinderung, an der ich leide, habe ich eben damit, daß ich lebe, übernommen, ich überschreite sie auf meine eigenen Entwürfe hin, ich mache aus ihr das für mein Sein notwendige Hindernis, und ich kann nicht behindert sein, ohne mich als behindert zu wählen, das heißt, die Art zu wählen, in der ich meine Behinderung konstituiere (als «unerträglich», «demütigend», «zu verheimlichen», «allen zu offenbaren», «Gegenstand des Stolzes», «Rechtfertigung meiner Mißerfolge» usw. usw.). Aber dieser unerfaßbare Körper ist genau die Notwendigkeit, daß *es eine Wahl gibt*, das heißt, daß ich nicht *alles zugleich* bin. In diesem Sinn ist meine Endlichkeit Bedingung meiner Freiheit, denn es gibt keine Freiheit ohne Wahl, und ebenso wie der Körper das Bewußtsein als bloßes Bewußtsein von der Welt bedingt, macht er es möglich bis in seine Freiheit selbst hinein.

Bleibt noch zu klären, was der Körper *für mich* ist, denn eben, weil er unerfaßbar ist, gehört er nicht zu den Objekten der Welt, das heißt zu den Objekten, die ich erkenne und benutze; und doch muß er andererseits, da ich nichts sein kann, ohne Bewußtsein von dem, was ich bin, zu sein, in irgendeiner Art meinem Bewußtsein gegeben sein. Zwar ist er in gewissem Sinn das, was alle Utensilien, die ich erfasse, anzeigen, und ich nehme ihn wahr, ohne ihn zu erkennen, in eben diesen Hinweisen, die ich an den Utensilien wahrnehme. Beschränkten wir uns aber auf diese Feststellung, könnten wir den Körper zum Beispiel nicht von dem Fernrohr unterscheiden, durch das der Astronom die Planeten betrachtet. Denn wenn wir den Körper als kontingenten Gesichtspunkt gegenüber der Welt definieren, so müssen wir zugeben, daß der Begriff des Gesichtspunkts einen doppelten Bezug voraussetzt: einen Bezug zu den Dingen, *denen gegenüber* er Gesichtspunkt ist, und einen Bezug zu dem Beobachter, *für den er* Gesichtspunkt ist. Diese zweite Beziehung ist von der ersten radikal verschieden, wenn es sich um den Körper-als-Gesichtspunkt handelt; sie unterscheidet sich von ihr nicht wirklich, wenn es sich um einen Gesichtspunkt in der Welt handelt (Opernglas, Aussichtsturm, Lupe usw.), der ein objektives, vom Körper verschiedenes Instrument ist. Ein Spaziergänger, der *von einem* Aussichtsturm aus eine Landschaft betrachtet, sieht sowohl den Aussichtsturm wie die Landschaft: er sieht Bäume zwischen den Säulen des Aussichtsturms, das Dach des Turms verdeckt ihm den Himmel usw. Trotzdem ist der «Abstand» zwischen ihm und dem Aussichtsturm *per definitionem* geringer als zwischen seinen Augen und der Landschaft. Und der *Gesichtspunkt* kann sich dem Körper nähern, bis er fast mit ihm eins ist, wie man zum Beispiel im Fall der Brillen, Kneifer, Monokel usw. sieht, die sozusagen ein zusätzliches Sinnesorgan werden. Im Grenzfall – und wenn wir uns einen absoluten Gesichtspunkt denken – verschwindet der Abstand zwischen diesem und demjenigen, für den er Gesichtspunkt ist. Das bedeutet, daß es unmöglich würde, zurückzutreten, um Abstand zu gewinnen und gegenüber dem Gesichtspunkt einen neuen Gesichtspunkt zu konstituieren. Das ist aber, wie wir sahen, genau das, was den Körper kennzeichnet. Er ist das Instrument, das ich nicht mittels eines anderen Instruments benutzen kann, der Gesichtspunkt, dem gegenüber ich keinen Gesichtspunkt einnehmen kann. Denn gegenüber dem Gipfel des Hügels, den ich gerade einen «schönen Aussichtspunkt» [*point de vue*] nenne, nehme ich eben in dem Augenblick einen Gesichtspunkt [*point de vue*] ein, in dem ich das Tal betrachte, und *dieser Gesichtspunkt gegenüber dem Gesichtspunkt ist mein Körper*. Aber gegenüber meinem Körper kann ich keinen Gesichtspunkt einnehmen ohne einen unendlichen Verweis. Nur kann deshalb der Körper nicht *für mich* transzendent und erkannt sein; das spontane und unreflektierte Bewußtsein ist nicht mehr Bewußtsein *von dem* Körper. Vielmehr müßte man sagen, indem man das Verb «existieren» transitiv gebraucht, daß das Bewußtsein *seinen Körper existiert* Die Beziehung vom Körper-als-Gesichtspunkt zu den Dingen ist also eine *objektive* Beziehung, und die Beziehung des Bewußtseins zum Körper ist eine *existentielle* Beziehung. Was müssen wir unter letzterer Beziehung verstehen?

Zunächst ist evident, daß das Bewußtsein seinen Körper nur als Bewußtsein existieren kann. So ist also *mein* Körper eine bewußte Struktur meines Bewußtseins. Aber gerade weil er der Gesichtspunkt ist, dem gegenüber es keinen Gesichtspunkt geben kann, gibt es auf der Ebene des unreflektierten Bewußtseins keinerlei Bewußtsein *von dem* Körper. Der Körper gehört also zu den Strukturen des nicht-thetischen Bewußtseins (von) sich. Können wir ihn jedoch schlicht und einfach mit diesem nicht-thetischen Bewußtsein gleichsetzen? Das ist ebensowenig möglich, denn das nicht-thetische Bewußtsein ist Bewußtsein (von) sich als freier Entwurf auf eine Möglichkeit hin, die seine ist, das heißt, insofern es der Grund seines eigenen Nichts ist. Das nicht-setzende Bewußtsein ist Bewußtsein (von dem) Körper als von dem, was es übersteigt und nichtet, indem es sich zu Bewußtsein macht, das heißt als von etwas, das es ist, ohne es zu sein zu haben, und *worüber es hinausgeht*, um das zu sein, was es zu sein hat. Mit einem Wort, das Bewußtsein (von dem) Körper ist lateral und retrospektiv; der Körper ist das *Unbeachtete*, das «*mit Stillschweigen Übergangene*», und doch ist er das, was das Bewußtsein *ist*; es ist sogar nichts anderes als Körper, der Rest ist Nichts und Schweigen. Das Bewußtsein von dem Körper ist mit dem Bewußtsein von dem *Zeichen* vergleichbar. Übrigens gehört das Zeichen auf die Seite des Körpers, es ist eine der wesentlichen Strukturen des Körpers. Doch das Bewußtsein von dem Zeichen existiert, sonst könnten wir die Bedeutung nicht verstehen. Aber das Zeichen ist das *auf die Bedeutung hin Überschrittene*, das zugunsten des Sinns Unbeachtete, das nie für sich selbst Erfaßte, das, worüber der Blick fortwährend hinausgeht. Das Bewußtsein (von dem) Körper, das laterales und retrospektives Bewußtsein von dem ist, was es ist, ohne es zu sein zu haben, das heißt von seiner unerfaßbaren Kontingenz, von dem, von dem aus es sich zu Wahl macht, ist nicht-thetisches Bewußtsein von der Weise, in der es *affiziert wird*. Das Bewußtsein von dem Körper ist eins mit der ursprünglichen Affektivität. Doch muß man den Sinn dieser Affektivität richtig erfassen; und dazu ist eine Unterscheidung erforderlich. So, wie uns die Introspektion die Affektivität enthüllt, ist sie schon *konstituierte* Affektivität: sie ist Bewußtsein *von der* Welt. Jeder Haß ist Haß *auf* jemanden; jede Wut ist Wahrnehmung von jemandem als abscheulich, ungerecht oder schuldig; für jemanden Sympathie haben heißt ihn «sympathisch finden» usw. In diesen verschiedenen Beispielen richtet sich eine transzendente «Intention» auf die Welt und nimmt sie als solche wahr. Es gibt also schon ein Überschreiten, eine interne Negation; wir sind auf der Ebene der Transzendenz und der Wahl. Aber Scheler hat richtig bemerkt, daß diese «Intention» von den bloßen affektiven Qualitäten unterschieden werden muß.[247] Wenn ich zum Beispiel «Kopfweh» habe, so kann ich in mir eine auf meinen Schmerz gerichtete intentionale Affektivität entdecken, ihn zu «erleiden», ihn resigniert hinzunehmen oder ihn abzulehnen, ihn zu werten (als ungerecht, als verdient, als läuternd, als demütigend usw.), ihn zu fliehen. Hier ist die Intention selbst Affektion, sie ist reiner Akt und schon Entwurf, reines Bewußtsein *von* etwas. Sie kann es nicht sein, die als Bewußtsein (von dem) Körper betrachtet werden kann.

Aber diese Intention kann eben nicht das Ganze der Af-

fektivität sein. Da sie Überschreitung ist, setzt sie ein
Überschrittenes voraus. Das wird übrigens auch durch die
Existenz dessen belegt, was Baldwin unangemessen
«emotionale Abstrakta» nennt.[248] Dieser Autor hat nämlich festgestellt, daß wir in uns affektiv gewisse Emotionen
realisieren können, ohne sie konkret zu empfinden. Wenn
man mir zum Beispiel ein unangenehmes Ereignis erzählt,
das Pierres Leben verdüstert hat, werde ich ausrufen:
«Wie hat er leiden müssen!» Dieses Leiden *erkenne* ich
nicht und doch *empfinde* ich es nicht wirklich. Diese Zwischengebilde zwischen der reinen Erkenntnis und der
wirklichen Affektion nennt Baldwin «Abstrakta». Aber
der Mechanismus einer solchen Abstraktion bleibt ziemlich dunkel. *Wer* abstrahiert? Wenn nach der Definition
Laportes[249] Abstrahieren heißt Strukturen, die nicht getrennt *existieren* können, *gesondert* denken, dann müssen
wir entweder die emotionalen Abstrakta bloßen abstrakten Emotionsbegriffen gleichsetzen oder zugeben, daß
diese Abstrakta als solche nicht wie wirkliche Modalitäten
des Bewußtseins *existieren* können. Tatsächlich sind diese
angeblichen «emotionalen Abstrakta» Leerintentionen,
bloße Emotionsentwürfe. Das heißt, wir wenden uns dem
Schmerz und der Scham zu, wir richten uns auf sie hin, das
Bewußtsein transzendiert sich, aber *im Leeren*. Der
Schmerz ist da, objektiv und transzendent, aber es fehlt
ihm die konkrete Existenz. Man sollte diese Bedeutungen
ohne Stoff besser affektive *Bilder* nennen; ihre Wichtigkeit für das künstlerische Schaffen und das psychologische
Verständnis ist nicht zu leugnen. Hier kommt es aber darauf an, daß das, was sie von einer wirklichen Scham trennt,
das Fehlen des «Erlebten» ist. Es existieren also bloße
affektive Qualitäten, die durch affektive Entwürfe überschritten und transzendiert werden Wir machen daraus
nicht wie Scheler[250] irgendeine durch den Strom des Bewußtseins mitgeführte «Hyle»: für uns handelt es sich
hier einfach um die Art, in der das Bewußtsein seine Kon-

396

tingenz *existiert*; es ist eben die Textur des Bewußtseins, insofern es diese Textur auf seine eigenen Möglichkeiten hin überschreitet, es ist die Weise, in der das Bewußtsein spontan und nach dem nicht-thetischen Modus *existiert*, was von ihm thetisch, aber implizit als Gesichtspunkt gegenüber der Welt *konstituiert* wird. Das kann der reine Schmerz sein, aber auch die Stimmung als nicht-thetische Gestimmtheit, das reine Angenehme, das reine Unangenehme; ganz allgemein ist es all das, was man das *Koenästhetisch*'[50a] nennt. Dieses «Koenästhetische» erscheint selten, ohne daß es durch einen transzendierenden Entwurf des Für-sich auf die Welt hin überschritten wird; als solches läßt es sich sehr schwer gesondert untersuchen. Es gibt jedoch einige besondere Erfahrungen, an denen man es in seiner Reinheit erfassen kann, zumal die des Schmerzes, den man «physisch» nennt. Nach dieser Erfahrung wollen wir die Strukturen des Bewußtseins (von dem) Körper begrifflich fixieren.

Ich habe Augenschmerzen, aber ich muß heute abend ein philosophisches Werk zu Ende lesen. Ich lese. Objekt meines Bewußtseins ist das Buch und, über das Buch, die Wahrheiten, die es bedeutet. Der Körper wird keineswegs für sich selbst erfaßt, er ist Gesichtspunkt und Ausgangspunkt: die Wörter gleiten nacheinander vor mir dahin, ich *mache sie dahingleiten*, die Wörter auf der Seite unten, die ich noch nicht gesehen habe, gehören noch zu einem relativen Hintergrund oder «Seiten-Hintergrund», der sich auf dem «Buch-Hintergrund» und auf dem absoluten oder Welthintergrund organisiert; aber vom Hintergrund ihrer Ununterschiedenheit her rufen sie mich an, sie besitzen schon den Charakter einer *brüchigen Totalität*, sie bieten sich dar als «unter meinem Blick dahingleiten zu machen». In alldem ist der Körper nur *implizit* gegeben: die Bewegung meiner Augen würde nur dem Blick eines Beobachters erscheinen. Für mich erfasse ich thetisch nur dieses erstarrte Auftauchen der Wörter nacheinander.

Dennoch ist die Abfolge der Wörter in der objektiven Zeit über meine Verzeitlichung gegeben und erkannt. Ihre bewegungslose Bewegung ist über eine «Bewegung» meines Bewußtseins gegeben; und diese «Bewußtseinsbewegung», eine bloße Metapher, die ein zeitliches Fortschreiten bezeichnet, ist für mich genau die Bewegung meiner Augen: ich kann unmöglich die Bewegung meiner Augen vom synthetischen Fortschreiten meiner Bewußtseine unterscheiden, ohne auf den Gesichtspunkt des Andern zurückzugreifen. Aber während ich lese, *habe ich Augenschmerzen*. Halten wir zunächst fest, daß dieser Schmerz selbst durch die Objekte der Welt *angezeigt* werden kann, das heißt durch das Buch, das ich lese: die Wörter können sich von dem undifferenzierten Hintergrund, den sie konstituieren, mit größerer Schwierigkeit losreißen; sie können zittern, flimmern, ihr Sinn kann sich mühsam erschließen, der Satz, den ich gelesen habe, kann sich zweimal, dreimal als «nichtverstanden», als «noch mal zu lesen» herausstellen. Aber diese Anzeigen können fehlen – wenn ich zum Beispiel in meine Lektüre «versunken bin» und meinen Schmerz «vergesse» (was keineswegs bedeutet, daß er verschwunden ist, denn wenn ich in einem späteren *reflexiven* Akt von ihm Kenntnis nehme, bietet er sich als immer dagewesen dar); und jedenfalls ist es nicht das, was uns interessiert, wir wollen die Art erfassen, in der das Bewußtsein seinen Schmerz *existiert*. Aber zunächst einmal, wird man sagen, wie bietet sich der Schmerz als Schmerz *der Augen* dar? Gibt es da nicht einen intentionalen Verweis auf ein transzendentes Objekt, auf meinen Körper, eben insofern er draußen, in der Welt, existiert? Es ist unbestreitbar, daß der Schmerz eine Auskunft über sich selbst enthält: man kann einen Schmerz der Augen nicht mit einem Schmerz des Fingers oder des Magens verwechseln. Trotzdem ist der Schmerz völlig bar jeder Intentionalität. Das heißt, wenn sich der Schmerz als Schmerz «der Augen» darbietet, gibt es da kein mysteriöses «lokales Zeichen» und auch keine Erkenntnis. Nur, der Schmerz *ist genau die Augen*, insofern das Bewußtsein «sie existiert». Und als solcher unterscheidet er sich eben durch seine Existenz, nicht durch ein Kriterium oder etwas Hinzugefügtes, von jedem andern Schmerz. Zwar setzt die Bezeichnung: Schmerz *der Augen* eine ganze konstitutive Arbeit voraus, die wir zu beschreiben haben werden. Aber in dem Moment, in dem wir uns befinden, besteht noch kein Anlaß, sie zu betrachten, denn sie ist nicht getan: der Schmerz ist nicht von einem reflexiven Gesichtspunkt aus gesehen, er ist nicht auf einen Körper-für-Andere bezogen. Er ist Augen-Schmerz oder Seh-Schmerz; er unterscheidet sich nicht von meiner Art, die transzendenten Wörter zu erfassen. Wir sind es, die ihn zur Verständlichkeit der Darstellung Schmerz der Augen genannt haben; aber im Bewußtsein ist er nicht benannt, denn er ist nicht *erkannt*. Er unterscheidet sich lediglich auf unsagbare Weise und durch sein Sein selbst von den anderen möglichen Schmerzen.

Aber dieser Schmerz existiert nirgendwo unter den aktuellen Objekten des Universums. Er ist weder rechts noch links vom Buch, noch unter den Wahrheiten, die sich durch das Buch enthüllen, noch in meinem Objekt-Körper (in dem, den der Andere sieht, den ich teilweise berühren und teilweise sehen kann), noch in meinem Gesichtspunkt-Körper, insofern er durch die Welt implizit angezeigt wird. Man darf auch nicht sagen, der Schmerz sei als «Überblendung» oder wie ein Oberton den Dingen, die ich sehe, «überlagert». Das sind Bilder, die keinen Sinn haben. Er ist also nicht im Raum. Aber er gehört auch nicht zur objektiven Zeit: er verzeitlicht sich, und in dieser Verzeitlichung und durch sie kann die Weltzeit erscheinen. Was ist er also? Lediglich der transluzide Stoff des Bewußtseins, sein *Da-sein*, seine Bindung an die Welt, mit einem Wort die eigentliche Kontingenz des Leseaktes. Er existiert jenseits aller Aufmerksamkeit und aller Erkenntnis, denn er gleitet in jeden Aufmerksamkeits- und Erkenntnisakt hinein, weil er dieser Akt selbst ist, insofern dieser ist, ohne Grund seines Seins zu sein.

Und doch kann selbst auf dieser reinen Seinsebene der Schmerz, als kontingente Bindung an die Welt, durch das Bewußtsein nur dann nicht-thetisch existiert werden, wenn er überschritten wird. Das Schmerzbewußtsein ist interne Negation der Welt; aber gleichzeitig existiert es seinen Schmerz – das heißt sich selbst – als Losreißen von sich. Als einfaches Erlebtes ist der reine Schmerz nicht erreichbar: er wäre von der Art des Undefinierbaren und Unbeschreibbaren, das das ist, was es ist. Aber das Schmerzbewußtsein ist Entwurf auf ein späteres Bewußtsein hin, das leer von jedem Schmerz wäre, das heißt, dessen Kontextur, dessen Da-sein nicht schmerzhaft wäre. Dieses *laterale* Entkommen, dieses Losreißen von sich, das das Schmerzbewußtsein kennzeichnet, konstituiert deshalb den Schmerz nicht als psychisches Objekt: er ist ein nicht-thetischer Entwurf des Für-sich; wir erfahren ihn nur durch die Welt, er ist zum Beispiel in der Art gegeben, in der das Buch als etwas erscheint, was «schneller gelesen werden muß», in der sich die Wörter gegeneinanderdrängen in einer infernalischen und erstarrten Runde, in der das ganze Universum mit *Unruhe* geschlagen ist. Übrigens – und das ist das Eigentümliche der körperlichen Existenz – das Unsagbare, dem man entfliehen will, findet sich gerade innerhalb dieses Losreißens wieder, es selbst konstituiert die Bewußtseine, die es überschreiten, es ist eben die Kontingenz und das Sein der Flucht, die vor ihm fliehen will. Nirgendwoanders sind wir näher an dieser Nichtung des An-sich durch das Für-sich und an der Wiedererfassung des Für-sich durch das An-sich, die diese Nichtung selbst nährt.

Gut, wird man sagen. Aber Sie machen es sich zu leicht, wenn Sie einen Fall wählen, wo der Schmerz eben Schmerz des gerade tätigen Organs ist, Schmerz des Auges, während es sieht, der Hand, während sie greift. Ich kann ja auch an einer Verletzung des Fingers leiden, während ich lese. In diesem Fall wäre es schwierig zu behaupten, mein Schmerz sei eben die Kontingenz meines «Leseakts».

Halten wir zunächst fest, daß, so versunken in meine Lektüre ich auch sein mag, ich doch deshalb nicht aufhöre, die Welt zum Sein kommen zu lassen, mehr noch: meine Lektüre ist ein Akt, der in seiner Natur selbst die Existenz der Welt als einen notwendigen Hintergrund impliziert. Das bedeutet keineswegs, daß ich ein geringeres Bewußtsein von der Welt hätte, sondern daß ich von ihr *als Hintergrund* Bewußtsein habe. Ich verliere die Farben, die Bewegungen um mich herum nicht aus den Augen, ich höre weiterhin die Töne, nur verlieren sie sich in der undifferenzierten Totalität, die meiner Lektüre als Hintergrund dient. Korrelativ dazu bleibt auch mein Körper durch die Welt als der totale Gesichtspunkt gegenüber der Welttotalität angezeigt, aber es ist die Welt als Hintergrund, die ihn anzeigt. So hört mein Körper also nicht auf, als Totalität *existiert zu werden*, insofern er die totale Kontingenz meines Bewußtseins ist. Er ist das, was von der Totalität des Welthintergrunds angezeigt wird, und zugleich die Totalität, die ich in Verbindung mit der objektiven Wahrnehmung der Welt affektiv existiere. Aber in dem Maß, in dem sich ein einzelnes *Dieses* als Gestalt vom Welthintergrund abhebt, weist es korrelativ auf eine funktionale Spezifizierung der körperlichen Totalität hin, und gleichzeitig existiert mein Bewußtsein eine körperliche Gestalt, die sich von der von ihr existierten Körper-Totalität abhebt. Das Buch wird gelesen, und in dem Maß, in dem ich die Kontingenz des Sehens oder, wenn man so will, des Lesens existiere und überschreite, erscheinen *die Augen* als Gestalt auf dem Hintergrund körperlicher Totalität. Auf dieser Existenzebene sind die Augen natürlich nicht das vom Andern gesehene Sinnesorgan, sondern nur die Kontextur meines Bewußtseins, zu sehen, insofern dieses Bewußtsein eine Struktur meines umfassenderen Bewußtseins von der Welt ist. Bewußtsein haben heißt ja immer Bewußtsein von der Welt haben, und darum sind Welt und Körper meinem Bewußtsein stets gegenwärtig, wenn auch auf verschiedene Weise. Aber dieses totale Bewußtsein von der Welt ist Bewußtsein von der Welt als Hintergrund für dieses oder jenes einzelne *Dieses*, und darum gibt es, genauso wie das Bewußtsein sich in eben seinem Nichtungsakt spezifiziert, Anwesenheit einer einzelnen Struktur des Körpers auf dem totalen Körperlichkeitshintergrund. Genau in dem Moment, da ich lese, höre ich also nicht auf, ein Körper zu sein, der auf irgendeinem Stuhl sitzt, drei Meter vom Fenster entfernt, unter den gegebenen Bedingungen von Luftdruck und Temperatur. Und ich höre nicht auf, diesen Schmerz an meinem linken Zeigefinger *zu existieren* wie meinen Körper schlechthin. Nur existiere ich ihn, insofern er im Körperlichkeitshintergrund verschwindet, als eine der körperlichen Totalität untergeordnete Struktur. Er ist weder abwesend noch unbewußt: er ist einfach Teil dieser abstandslosen Existenz des setzenden Bewußtseins für es selbst. Wenn ich jetzt die Seiten des Buchs umblättere, geht der Schmerz meines Zeigefingers, ohne deswegen Erkenntnisobjekt zu werden, in den Rang einer Kontingenz über, die auf dem totalen Kontingenzhintergrund einer neuen Organisation meines Körpers als Gestalt existiert wird. Diese Ausführungen entsprechen übrigens folgender empirischen Beobachtung: es ist leichter, sich während des Lesens von einem Schmerz des Zeigefingers oder der Nieren «abzulenken» als von einem Schmerz der Augen. Denn der Schmerz der Augen *ist genau mein Lesen*, und die Wörter, die ich lese, verweisen mich in jedem Augenblick darauf, während mein Finger- oder Nierenschmerz selbst, da er Wahrnehmung der Welt als Hintergrund ist, als partielle Struktur verloren ist im Körper als fundamentale Wahrnehmung des Welthintergrunds.

Aber nun höre ich plötzlich zu lesen auf und bin jetzt davon eingenommen, meinen Schmerz *zu erfassen*. Das bedeutet, daß ich auf mein gegenwärtiges Bewußtsein oder Seh-Bewußtsein ein reflexives Bewußtsein richte. So wird die aktuelle Textur meines reflektierten Bewußtseins – zumal mein Schmerz – durch mein reflexives Bewußtsein wahrgenommen und *gesetzt*. Man muß sich hier daran erinnern, was wir über die Reflexion gesagt haben: sie ist ein totalitäres Erfassen ohne Gesichtspunkt, eine durch sich selbst überflutete Erkenntnis, die dahin tendiert, sich zu objektivieren, das Erkannte auf Distanz zu projizieren, um es betrachten und denken zu können. Die erste Bewegung der Reflexion ist also darauf aus, die reine Bewußtseinsqualität Schmerz auf ein *Schmerz-Objekt* hin zu transzendieren. Wenn wir uns daran halten, was wir komplizenhafte Reflexion genannt haben, tendiert also die Reflexion dahin, aus dem Schmerz ein *Psychisches* zu machen. Dieses über den Schmerz wahrgenommene psychische Objekt ist das *Leiden*. Dieses Objekt hat alle Merkmale des Schmerzes, aber es ist transzendent und passiv. Es ist eine Realität, die ihre eigene Zeit hat – nicht die Zeit des äußeren Universums noch die des Bewußtseins: die psychische Zeit. Sie kann unterschiedliche Bewertungen und Bestimmungen erhalten. Vom Bewußtsein selbst ist sie als solche verschieden und erscheint über es; sie bleibt permanent, während das Bewußtsein sich entwickelt, und eben diese Permanenz ist Bedingung der Opazität und der Passivität des Leidens. Andererseits aber hat dieses Leiden, insofern es über das Bewußtsein erfaßt wird, alle Kennzeichen der Einheit, Interiorität und Spontaneität des Bewußtseins, aber vermindert. Diese Verkümmerung verleiht ihm psychische Individualität. Das heißt zunächst, daß es eine absolute und teilelose Kohäsion hat. Außerdem hat es seine eigene Dauer, denn es ist außerhalb des Bewußtseins und besitzt eine Vergangenheit und eine Zukunft. Aber diese Dauer, die nur die Projektion der ursprünglichen Verzeitlichung ist, ist Vielheit wechselseitiger Durchdringung. Dieses Leiden ist «durchdringend», «heimtückisch» usw. Und diese Kennzeichnungen sollen lediglich die Art wiedergeben, in der dieses Leiden sich in der Dauer profiliert: es sind melodische Qualitäten. Ein Schmerz, der sich in Stichen äußert, denen Unterbrechungen folgen, wird durch die Reflexion nicht als bloßes Abwechseln von Schmerzbewußtsein und Nicht-Schmerzbewußtsein erfaßt: für die organisierende Reflexion sind die kurzen Unterbrechungen *Teil* des Leidens, wie die Pausen Teil einer Melodie sind. Die Gesamtheit konstituiert den *Rhythmus* und den *Verlauf* des Leidens. Aber während das Leiden passives Objekt ist, ist es zugleich, insofern es über eine absolute Spontaneität, die das Bewußtsein ist, gesehen wird, Projektion dieser Spontaneität in das Ansich. Als passive Spontaneität ist es magisch: es bietet sich als von selbst fortdauernd dar, als ganz Herr seiner zeitlichen Gestalt. Es erscheint und verschwindet anders als die raumzeitlichen Objekte: wenn ich den Tisch nicht mehr sehe, so, weil ich den Kopf abgewandt habe; aber wenn ich mein Leiden nicht mehr spüre, so, weil es «vorbei ist». Es kommt hier tatsächlich zu einem analogen Phänomen dessen, was die Gestaltpsychologen stroboskopische Täuschung [251] nennen. Indem das Verschwinden des Leidens die Entwürfe des reflexiven Für-sich enttäuscht, bietet es sich als eine Rückzugsbewegung dar, fast als Wille. Es gibt einen Animismus des Leidens: es bietet sich wie ein Lebewesen dar, das seine Gestalt, seine eigene Dauer, seine Gewohnheiten hat. Kranke haben zu ihm eine Art Intimität: wenn es erscheint, dann nicht als ein neues Phänomen, sondern, wie der Kranke sagt, als «mein Nachmittagsanfall». So verbindet die Reflexion nicht die Momente eines einzelnen Anfalls miteinander, sondern sie verbindet über einen ganzen Tag die Anfälle miteinander.

Immerhin hat diese Synthesis der Rekognition hier ein besonderes Merkmal: sie zielt nicht darauf ab, ein Objekt zu konstituieren, das existent bleibt, auch wenn es dem Bewußtsein nicht gegeben wäre (nach Art eines Hasses, der «besänftigt» ist oder «im Unbewußten» bleibt). Wenn das Leiden vorübergeht, verschwindet es wirklich, «es ist nichts mehr davon da». Aber es ergibt sich die seltsame Konsequenz, daß es, wenn es wieder erscheint, gerade in seiner Passivität durch eine Art Urzeugung auftaucht. Man empfindet zum Beispiel langsam «sein Kommen», «da fängt es wieder an»: «das ist es». Demnach werden die ersten Schmerzen, ebensowenig wie die anderen, nicht für sich selbst als bloße nackte Textur des reflektierten Bewußtseins wahrgenommen: sie sind die «Ankündigungen» des Leidens oder, besser, das Leiden selbst, das langsam kommt wie eine Lokomotive, die sich langsam in Bewegung setzt. Aber andererseits muß man sehen, daß ich das Leiden *mit* Schmerz konstituiere. Das bedeutet keineswegs, daß ich das Leiden als Ursache des Schmerzes erfasse, es ist vielmehr bei jedem konkreten Schmerz so wie beim Ton in einer Melodie: er ist zugleich die ganze Melodie und ein «Takt» der Melodie. Über jeden Schmerz erfasse ich das ganze Leiden, und dennoch transzendiert es sie alle, denn es ist die synthetische Totalität aller Schmerzen, das Thema, das sich durch sie und über sie entfaltet. Aber der Stoff des Leidens gleicht nicht einer Melodie: zunächst ist es reines Erlebtes, es gibt keinerlei Abstand des reflektierten Bewußtseins zum Schmerz oder des reflexiven Bewußtseins zum reflektierten Bewußtsein. Daraus folgt, daß das Leiden transzendent ist, aber ohne Abstand. Es ist außerhalb meines Bewußtseins, als synthetische Totalität, und schon ganz nah dabei, *woanders* zu sein, aber auf einer anderen Seite, es ist in ihm, es dringt in es ein durch all sein Auf und Ab, durch alle seine Töne, die *mein Bewußtsein sind.*

Was ist auf dieser Ebene *der Körper* geworden? Halten

wir fest, daß es während der reflexiven Projektion zu einer Art Aufspaltung gekommen ist: für das unreflektierte Bewußtsein *war* der Schmerz der Körper; für das reflexive Bewußtsein ist das Leiden vom Körper verschieden, es hat seine eigene Gestalt, es kommt und geht. Auf der reflexiven Ebene, auf die wir uns gestellt haben, das heißt vor der Intervention des Für-Andere, ist der Körper dem Bewußtsein nicht explizit und thematisch gegeben. Das reflexive Bewußtsein ist Bewußtsein *von dem* Leiden. Doch wenn das Leiden eine ihm eigene Gestalt und einen melodischen Rhythmus hat, der ihm eine transzendente Individualität verleiht, hängt es durch seinen Stoff am Für-sich, weil es sich über den Schmerz und als die Einheit aller meiner Schmerzen gleichen Typs enthüllt. Es ist *meins* in dem Sinn, daß ich ihm seinen Stoff gebe. Ich erfasse es als durch ein gewisses passives Milieu gestützt und genährt, dessen Passivität die genaue Projektion der kontingenten Faktizität der Schmerzen, die *meine* Passivität ist, in das An-sich ist. Dieses Milieu wird nicht für sich selbst erfaßt, außer so, wie das Material der Statue erfaßt wird, wenn ich ihre Form wahrnehme, und doch ist es da: es ist *die Passivität, an der das Leiden nagt* und die ihm auf magische Weise neue Kräfte verleiht wie die Erde dem Antäus. Es ist mein Körper auf einer neuen Existenzebene, das heißt als bloßes noematisches Korrelat eines reflexiven Bewußtseins. Wir werden es *psychischer Körper* nennen. Es ist noch keineswegs *erkannt*, denn die Reflexion, die das Schmerzbewußtsein zu erfassen sucht, ist noch nicht kognitiv. Sie ist in ihrem ursprünglichen Auftauchen Affektivität. Sie erfaßt das Leiden zwar als ein Objekt, aber als ein affektives Objekt. Man richtet sich auf den Schmerz zunächst nur, um ihn zu hassen, ihn mit Geduld zu ertragen, ihn als unerträglich wahrzunehmen, manchmal auch, um ihn zu lieben, sich an ihm zu freuen (wenn er die Befreiung, die Heilung ankündigt), um ihn irgendwie zu valorisieren. Und natürlich ist es das Leiden, das man valorisiert oder, besser, das als notwendiges Korrelat der Valorisierung auftaucht. Das Leiden wird also keineswegs erkannt, es wird *erlitten*, und in gleicher Weise enthüllt sich der Körper durch das Leiden, und das Bewußtsein erleidet es ebenso. Um den Körper, wie er sich der Reflexion darbietet, mit kognitiven Strukturen bereichern zu können, muß man auf den *andern* rekurrieren; davon können wir jetzt nicht sprechen, denn dazu müssen wir die Strukturen des Körpers-für-den-Andern aufgedeckt haben. Doch können wir schon jetzt festhalten, daß dieser psychische Körper als Projektion der Intrakontextur des Bewußtseins auf die Ebene des An-sich den impliziten Stoff *aller* Phänomene der Psyche ausmacht. Ebenso wie der ursprüngliche Körper durch jedes Bewußtsein als seine eigne Kontingenz existiert wurde, wird der psychische Körper als die Kontingenz des Hasses oder der Liebe, der Handlungen und der Eigenschaften *erlitten*, aber diese Kontingenz hat ein neues Merkmal: als durch das Bewußtsein existierte war sie das Wiedererfassen des Bewußtseins durch das An-sich; als *im* Leiden oder Haß oder Vorhaben durch die Reflexion erlittene wird sie in das An-sich *projiziert*. Sie stellt deshalb die Tendenz jedes psychischen Objekts dar, jenseits seiner magischen Kohäsion zu Exteriorität zu zerbröckeln, sie stellt jenseits der magischen Bezüge zwischen den psychischen Objekten die Tendenz eines jeden von ihnen dar, sich in einer Indifferenzinsularität zu vereinzeln: sie ist also wie ein impliziter Raum, der die melodische Dauer des Psychischen umspannt. Insofern der Körper der kontingente und indifferente Stoff aller unserer psychischen Ereignisse ist, bestimmt er einen *psychischen Raum*. Dieser Raum hat weder Oben noch Unten, weder Rechts noch Links, er ist noch ohne Teile, insofern die magische Kohäsion des Psychischen seine Tendenz zum Zerbröckeln zu Indifferenz bekämpft. Dennoch ist er ein reales Merkmal der *Psyche*: nicht daß die Psyche mit einem Körper *vereinigt* wäre, sondern unter ihrer melodischen Organisation ist der Körper ihre Substanz und ihre fortwährende Möglichkeitsbedingung. Er ist es, der erscheint, sobald wir das Psychische *nennen*; er ist die Basis des metaphorischen Mechanismus und Chemismus, den wir benutzen, um die Ereignisse der Psyche einzuordnen und zu erklären; ihn meinen und formen wir in den Bildern (abbildenden Bewußtseinen), die wir hervorbringen, um abwesende Gefühle anzuvisieren und zu vergegenwärtigen; er schließlich ist es, der psychologische Theorien wie die des Unbewußten, Probleme wie das der Bewahrung von Erinnerungen motiviert und in einem gewissen Maß rechtfertigt.

Natürlich haben wir den physischen Schmerz nur als Beispiel gewählt, es gibt tausend andere ihrerseits kontingente Weisen, unsere Kontingenz zu existieren. Zumal dann, wenn kein bestimmter Schmerz, kein bestimmtes Behagen oder Unbehagen durch das Bewußtsein «existiert» werden, hört das Für-sich nicht auf, sich über eine reine und sozusagen nicht-qualifizierte Kontingenz hinaus zu projizieren. Das Bewußtsein hört nicht auf, einen Körper «zu haben». Die koenästhetische Affektivität ist dann bloßes nicht-setzendes Erfassen einer farblosen Kontingenz, bloße Wahrnehmung von sich als faktischer Existenz. Daß mein Für-sich fortwährend einen *faden* Geschmack ohne Distanz erfaßt, der mich bis in meine Bemühungen, mich von ihm zu befreien, begleitet und der *mein* Geschmack ist, das haben wir woanders unter dem Namen *Ekel* beschrieben.[252] Ein diskreter und unüberwindlicher Ekel enthüllt meinem Bewußtsein ständig meinen Körper: es kann geschehen, daß wir, um uns von ihm zu befreien, das Angenehme oder den physischen Schmerz suchen, aber sobald der Schmerz oder das Angenehme durch das Bewußtsein existiert werden, manifestieren sie ihrerseits seine Faktizität und seine Kontingenz, und so enthüllen sie sich auf dem Hintergrund von Ekel. Dieser Begriff *Ekel* ist keineswegs als eine aus unserm physiologischen Widerwillen genommene Metapher zu verstehen, sondern umgekehrt, aller konkrete und empirische Ekel (vor faulem Fleisch, frischem Blut, Exkrementen usw.), der unser Erbrechen herbeiführt, entsteht vielmehr erst auf seiner Grundlage.

II
Der Körper-für-Andere

Wir haben das Sein meines Körpers *für-mich* beschrieben. Auf dieser ontologischen Ebene ist mein Körper so, wie wir ihn beschrieben haben, und er ist *nur das*. Vergeblich würde man da die Spuren eines physiologischen Organs, einer anatomischen und räumlichen Konstitution suchen. Entweder ist er das durch die Utensilien-Objekte der Welt leer angezeigte Bezugszentrum, oder aber er ist *die vom Für-sich existierte Kontingenz*; genauer, diese zwei Seinsmodi sind komplementär. Aber der Körper kennt dieselben Metamorphosen wie das Für-sich selbst: er hat andere Existenzebenen. Er existiert auch *für den Anderen*. In dieser neuen ontologischen Perspektive müssen wir ihn jetzt untersuchen. Dabei läuft es auf dasselbe hinaus, ob man die Art untersucht, in der *mein* Körper dem Andern erscheint, oder die, in der der Körper Anderer mir erscheint. Wir haben ja festgestellt, daß die Strukturen meines Für-Andere-seins mit denen des Seins Anderer für mich identisch sind. Wir gehen also der Einfachheit halber von letzteren aus, wenn wir die Natur des Körpers-für-Andere (das heißt des Körpers Anderer) darlegen.

Wir haben im vorhergehenden Kapitel gezeigt, daß der Körper nicht das ist, was mir den Andern zuerst manifestiert. Wenn sich die fundamentale Beziehung meines Seins zu dem des Andern auf den Bezug meines Körpers zum Körper des andern beschränkte, wäre sie bloße Exterioritätsbeziehung. Aber meine Verbindung zum Andern ist undenkbar, wenn sie nicht eine interne Negation ist. Ich muß den Andern zuerst als das erfassen, wofür ich als Objekt existiere; das Wiedererfassen meiner Selbstheit läßt den Andern, in einem zweiten Moment der vorgeschichtlichen Vergeschichtlichung, als Objekt erscheinen; das Erscheinen des Körpers des Andern ist also nicht die erste Begegnung, sondern sie ist im Gegenteil lediglich eine Episode meiner Beziehungen zum Andern und, spezieller, dessen, was wir die Objektivierung des andern genannt haben; oder, wenn man so will, zunächst existiert der Andere für mich, und erst *dann* erfasse ich ihn in seinem Körper; der Körper des Andern ist für mich eine sekundäre Struktur.

Im fundamentalen Phänomen der Objektivierung des Andern erscheint mir der Andre als transzendierte Transzendenz. Das heißt, schon dadurch, daß ich mich auf meine Möglichkeiten hin entwerfe, überschreite und transzendiere ich seine Transzendenz, ist sie aus dem Spiel; es ist eine Objekt-Transzendenz. Ich erfasse diese Transzendenz in der Welt und, ursprünglich, als eine gewisse Anordnung der Utensilien-Dinge *meiner* Welt, insofern sie *zusätzlich* ein sekundäres Bezugszentrum anzeigen, das innerweltlich ist und das nicht ich ist. Diese Anzeigen sind, im Unterschied zu denen, die *mich anzeigen*, keineswegs konstitutiv für das anzeigende Ding: sie sind laterale Eigenschaften des Objekts. Wie wir gesehen haben, kann der Andere nicht ein für die Welt konstitutiver Begriff sein. Sie haben also alle eine ursprüngliche Kontingenz und den Charakter eines *Ereignisses*. Aber das Bezugszentrum, das sie anzeigen, ist *der andere* als einfach betrachtete oder transzendierte Transzendenz. Die sekundäre Anordnung der Objekte verweist mich auf den Andern als den Organisator oder Nutznießer dieser Anordnung, kurz, auf ein Instrument, das die Utensilien für einen Zweck anordnet, den es selbst hervorbringt. Aber diesen Zweck wiederum überschreite und benutze ich, er ist innerweltlich, und ich kann ihn für meine eigenen Zwecke gebrauchen. So wird der Andre zunächst durch die Dinge als ein Instrument angezeigt. Auch mich zeigen die Dinge als ein Instrument an, und ich bin Körper, eben insofern ich mich durch die Dinge anzeigen lasse. Es ist also der Andre als Körper, den die Dinge durch ihre lateralen und sekundären Anordnungen anzeigen. Tatsache ist sogar, daß ich keine Utensilien kenne, die sich nicht sekundär auf den Körper des andern beziehen. Aber ich konnte vorhin keinen Gesichtspunkt meinem Körper gegenüber einnehmen, insofern er durch die Dinge bezeichnet war. Er ist ja der Gesichtspunkt, dem gegenüber ich keinen Gesichtspunkt einnehmen kann, das Instrument, das ich nicht mittels irgendeines Instruments benutzen kann. Als ich versuchte, ihn durch das universalisierende Denken in Leerform zu denken als bloßes innerweltliches Instrument, ergab sich dadurch sofort die Auflösung der Welt als solcher. Doch allein deshalb, weil *ich nicht der andre bin*, erscheint mir sein Körper ursprünglich als ein Gesichtspunkt, dem gegenüber ich einen Gesichtspunkt einnehmen kann, ein Instrument, das ich mit andern Instrumenten benutzen kann. Er wird durch die Runde der Utensilien-Dinge angezeigt, aber er zeigt seinerseits andere Objekte an, und schließlich integriert er sich in *meine* Welt und zeigt *meinen Körper* an. So ist der Körper des Andern radikal verschieden von meinem Körper-für-mich: er ist das Werkzeug, das ich nicht bin und das ich benutze (oder das mir Widerstand leistet, was auf dasselbe hinausläuft). Er bietet sich mir ursprünglich mit einem gewissen objektiven Nützlichkeits- und Widrigkeitskoeffizienten dar. Der Körper des Andern ist also der Andre selbst als Instrument-Transzendenz. Das gilt auch für den Körper des Andern als synthetische Gesamtheit von Sinnesorganen. Wir *entdecken* nicht in dem und durch den

Körper des Andern die Möglichkeit, die der Andre hat, uns zu erkennen. Sie enthüllt sich fundamental in meinem und durch mein *Objekt-Sein für* den Andern, das heißt, sie ist die wesentliche Struktur unserer ursprünglichen Beziehung zum Andern. Und in dieser ursprünglichen Beziehung ist die Flucht *meiner* Welt auf den Andern hin gleichfalls gegeben. Durch das Wiedererfassen meiner Selbstheit transzendiere ich die Transzendenz des Andern, insofern diese Transzendenz permanente Möglichkeit ist, mich als Objekt zu erfassen. Dadurch wird sie rein gegebene und auf meine eignen Ziele hin überschrittene Transzendenz, Transzendenz, die einfach «da-ist», und die Erkenntnis, die der Andre von mir und der Welt hat, wird Erkenntnis-als-Objekt. Das heißt, sie ist eine gegebene Eigenschaft des Andern, eine Eigenschaft, die ich meinerseits *erkennen* kann. Allerdings bleibt diese Erkenntnis, die ich von ihr gewinne, leer, insofern ich den *Erkenntnisakt* nie erkennen werde: als reine Transzendenz kann dieser Akt nur durch ihn selbst erfaßt werden in Form nicht-thetischen Bewußtseins oder durch die aus ihm hervorgegangene Reflexion. Was ich erkenne, ist allein die Erkenntnis als *Da-sein* oder, wenn man so will, *das Da-sein der Erkenntnis*. Diese Relativität des Sinnesorgans, die sich meiner universalisierenden Vernunft enthüllte, die aber – wenn es sich um meinen eignen Sinn handelte – nicht gedacht werden konnte, ohne die Auflösung der Welt herbeizuführen, diese Relativität erfasse ich *zuerst*, wenn ich den Objekt-Anderen erfasse, und ich erfasse sie *ohne Gefahr*, denn da der Andre Teil meines Universums ist, kann seine Relativität nicht die Auflösung dieses Universums herbeiführen. Dieser Sinn des Andern ist *als erkennend erkannter Sinn*. Man sieht, wie sich der Irrtum der Psychologen erklärt, die *meinen Sinn* durch den Sinn des Andern definieren und die dem Sinnesorgan, wie es für mich ist, eine Relativität verleihen, die seinem Für-den-Andern-sein angehört, und gleichzeitig, wie dieser Irrtum

Wahrheit wird, wenn wir ihn, nachdem wir die wahre Ordnung von Sein und Erkennen bestimmt haben, auf seine Seinsebene zurückversetzen. So zeigen die Objekte meiner Welt lateral ein Bezugszentrum-als-Objekt an, das der Andre ist. Aber dieses Zentrum erscheint mir seinerseits von einem Gesichtspunkt ohne Gesichtspunkt aus, der der meine ist, der mein Körper oder meine Kontingenz ist. Mit einem Wort, um einen unpassenden, aber geläufigen Ausdruck zu benutzen, ich *erkenne den Andern durch die Sinne*. Wie der Andre das Instrument ist, das ich mittels des Instruments benutze, das ich bin und das von keinem Instrument mehr benutzt werden kann, genauso ist er die Gesamtheit der Sinnesorgane, die sich meiner *sinnlichen Erkenntnis* enthüllen, das heißt, er ist eine Faktizität, die einer Faktizität erscheint. So kann es auch an der richtigen Stelle in der Ordnung von Erkennen und Sein eine Untersuchung der Sinnesorgane des Andern geben, so wie sie durch mich sinnlich erkannt werden. Und diese Untersuchung wird vor allem die Funktion dieser Sinnesorgane berücksichtigen, *die Erkennen ist*. Aber diese Erkenntnis wird ihrerseits bloßes Objekt für mich sein: daher beispielsweise das falsche Problem des «umgekehrten Sehens». Ursprünglich ist ja das Sinnesorgan des Andern in keiner Weise ein Erkenntnisinstrument für den Andern, es ist einfach die Erkenntnis des Andern, sein bloßer Erkenntnisakt, insofern diese Erkenntnis nach dem Modus des Objekts in meinem Universum existiert.

Dennoch haben wir bisher den Körper des Andern nur insofern definiert, als er lateral durch die Utensilien-Dinge meines Universums angezeigt wird. Das liefert uns freilich keineswegs sein Da-sein in «Fleisch und Blut». Zwar ist der Körper des Andern genau darin überall anwesend, daß die Utensilien-Dinge ihn anzeigen, insofern sie sich als durch ihn benutzt und als durch ihn erkannt enthüllen. Dieses Zimmer, wo ich den Hausherrn erwarte, enthüllt mir in seiner Totalität den Körper seines Besitzers: dieser

Sessel ist Sessel-in-den-er-sich-setzt, dieser Schreibtisch ist Schreibtisch-an-dem-er-schreibt, dieses Fenster ist Fenster, durch das das Licht-das-die-Gegenstände-die-er-sieht-beleuchtet dringt. So ist er von allen Seiten skizziert, und diese Skizze ist Skizze-als-Objekt; ein Objekt kann sie jeden Augenblick mit seiner Materie ausfüllen. Aber noch ist es so, daß der Hausherr «nicht da ist». Er ist *woanders*, er ist *abwesend*.

Aber wir haben ja gesehen, daß die Abwesenheit eine Struktur des *Da-seins* ist. Abwesend sein heißt Woanders-in-meiner-Welt-sein, heißt bereits für mich gegeben sein. Wenn ich einen Brief von meinem Vetter aus Afrika erhalte, ist mir sein Woanders-sein schon durch die Postvermerke dieses Briefes konkret gegeben, und dieses Woanders-sein ist ein Irgendwo-sein: es ist bereits sein Körper. Anders ließe sich nicht erklären, daß schon der Brief der geliebten Frau ihren Liebhaber sinnlich erregt: der ganze Körper der Geliebten ist in diesen Zeilen und auf diesem Papier als Abwesenheit anwesend. Aber da das Woanders-sein ein *Da-sein* in bezug auf eine konkrete Gesamtheit von Utensilien-Dingen in einer *konkreten Situation* ist, ist es bereits Faktizität und Kontingenz. Nicht nur meine heutige *Begegnung* mit Pierre definiert seine und meine Kontingenz: seine gestrige Abwesenheit definierte unsere Kontingenz und unsere Faktizität ebenso. Und diese Faktizität des Abwesenden ist in den Utensilien-Dingen, die ihn anzeigen, implizit gegeben; sein plötzliches Erscheinen fügt dem nichts hinzu. So ist der Körper des Andern seine *Faktizität* als Utensil und als Synthese von Sinnesorganen, insofern sie sich meiner Faktizität enthüllt. Sie ist mir gegeben, sobald der Andere für mich in der Welt existiert, die Anwesenheit des Andern oder seine Abwesenheit ändern nichts daran.

Aber nun erscheint Pierre, er tritt in mein Zimmer. Dieses Erscheinen ändert nichts an der fundamentalen Struktur meines Bezugs zu ihm: es ist Kontingenz, aber wie seine Abwesenheit Kontingenz war. Die Objekte zeigen ihn mir an: die Tür, die er aufstößt, zeigt, wenn sie vor ihm aufgeht, eine menschliche Anwesenheit an, ebenso der Sessel, in den er sich setzt usw.; aber die Objekte zeigten ihn auch während seiner Abwesenheit an. Und ich existiere zwar für ihn, er spricht mit mir; aber ich existierte ebenso gestern, als er mir den Rohrpostbrief schickte, der jetzt hier auf meinem Tisch liegt, um mir sein Kommen anzukündigen. Trotzdem gibt es hier etwas Neues: jetzt erscheint er auf dem Welthintergrund als ein *Dieses*, das ich direkt betrachten, erfassen und benutzen kann. Was bedeutet das? Zunächst, daß die Faktizität des Andern, das heißt die Kontingenz seines Seins, jetzt *explizit* ist, statt implizit in den lateralen Anzeigen der Utensilien-Dinge enthalten zu sein. Das ist genau die Faktizität, die er in seinem und durch sein Für-sich *existiert*; genau die, die er durch den Ekel fortwährend lebt als nicht-setzendes Erfassen einer Kontingenz, die er ist, als bloße Wahrnehmung von sich als faktischer Existenz. Mit einem Wort, sie ist seine *Koenästhesie*. Das Erscheinen des Andern ist Enthüllung des Geschmacks seines Seins als unmittelbarer Existenz. Nur erfasse ich diesen Geschmack nicht, wie er ihn erfaßt. Der Ekel ist für ihn nicht Erkenntnis, er ist nicht thetisches Wahrnehmen der Kontingenz, die er *ist*; er ist Überschreiten dieser Kontingenz auf eigene Möglichkeiten des Für-sich hin; er ist existierte Kontingenz, erlittene und zurückgewiesene Kontingenz. Und gerade diese Kontingenz – und nichts andres – erfasse ich jetzt. Nur, diese Kontingenz *bin ich nicht*. Ich überschreite sie auf meine eignen Möglichkeiten hin, aber dieses Überschreiten ist Transzendenz *eines andern*. Sie ist mir vollständig und ohne Rekurs gegeben; sie ist unabänderlich. Das Für-sich des Andern reißt sich von dieser Kontingenz los und überschreitet sie ständig. Doch insofern ich die Transzendenz des Andern transzendiere, lasse ich sie erstarren; sie ist kein Rekurs mehr gegen die Faktizität; ganz im Gegenteil hat sie ihrerseits an der Faktizität teil; sie geht daraus hervor. Zwischen die reine Kontingenz des Andern als *Geschmack für sich* und mein Bewußtsein schiebt sich also nichts ein. Und *diesen* Geschmack, so wie er existiert wird, erfasse ich. Nur erscheint, durch die bloße Tatsache meiner Alterität, dieser Geschmack als ein erkanntes und gegebenes innerweltliches *Dieses*. Dieser Körper des Andern ist mir als das reine An-sich seines Seins gegeben – An-sich unter anderen An-sich, das ich auf meine Möglichkeiten hin überschreite. Dieser Körper des Andern enthüllt sich also durch zwei gleich kontingente Merkmale: er ist hier und könnte auch woanders sein, das heißt, die Utensilien-Dinge könnten sich in bezug auf ihn anders anordnen, ihn anders anzeigen, die Abstände des Stuhls zu ihm könnten andere sein – er ist so und könnte anders sein, das heißt, ich erfasse seine ursprüngliche Kontingenz in Form einer objektiven kontingenten Konfiguration. Aber in Wirklichkeit sind diese beiden Merkmale eins. Das zweite macht lediglich das erste für mich anwesend und explizit. Dieser Körper des Andern ist das reine Faktum der Anwesenheit des Andern in *meiner* Welt als ein Da-sein, das sich durch ein So-sein ausdrückt. So impliziert die bloße Existenz des Andern als eines Für-mich-Andern, daß er sich als Werkzeug enthüllt, das die Eigenschaft besitzt, zu erkennen, und daß diese Eigenschaft, zu erkennen, an eine beliebige objektive Existenz gebunden ist. Wir nennen das die Notwendigkeit für den Andern, für mich kontingent zu sein. Sobald es einen Andern *gibt*, muß man also den Schluß ziehen, daß er ein mit irgendwelchen Sinnesorganen versehenes Instrument ist. Aber diese Überlegungen zeigen lediglich die abstrakte Notwendigkeit für den Andern, einen Körper zu haben. Insofern ich diesem Körper des Andern begegne, ist er die Enthüllung der kontingenten Form, die die Notwendigkeit dieser Kontingenz annimmt, als Objekt-für-mich. Jeder Andre muß Sinnesorgane haben, aber nicht notwendig *diese* Sinnesorgane, nicht *ein Gesicht* und schließlich nicht *dieses Gesicht*. Aber Gesicht, Sinnesorgane, Anwesenheit: all das ist nichts andres als die kontingente Form der Notwendigkeit für den Andern, *sich zu existieren* als einer Rasse, einer Klasse, einem Milieu usw. zugehörig, insofern diese kontingente Form durch eine Transzendenz überschritten wird, *die nicht* [die Aufgabe] *hat, sie zu existieren*. Was für den Andern *Geschmack von sich* ist, wird für mich *Fleisch des andern*. Das Fleisch ist reine Kontingenz der Anwesenheit. Gewöhnlich ist es durch Kleidung, Schminke, Haar- oder Bartschnitt, Ausdruck usw. maskiert. Doch im Lauf eines langen Umgangs mit einer Person kommt stets ein Augenblick, wo alle diese Masken fallen und ich der *reinen Kontingenz seiner Anwesenheit* gegenüberstehe; in diesem Fall habe ich an einem Gesicht oder an den andern Teilen eines Körpers die reine Intuition des Fleisches. Diese Intuition ist nicht nur Erkenntnis; sie ist affektives Wahrnehmen einer absoluten Kontingenz, und dieses Wahrnehmen ist ein besonderer Typus von *Ekel*.

Der Körper des Andern ist also die Faktizität der transzendierten-Transzendenz, insofern sie sich auf meine Faktizität bezieht. Ich erfasse den Andern nie als Körper, ohne gleichzeitig in nicht expliziter Weise meinen Körper als das durch den Andern angezeigte Bezugszentrum zu erfassen. Aber ebensowenig kann man den Körper des Andern *als Fleisch* wahrnehmen in der Eigenschaft eines isolierten Objekts, das zu den anderen *Dieses* bloße Exterioritätsbeziehungen hat. Das gilt nur für den *Leichnam*. Der Körper des Andern als Fleisch ist mir unmittelbar als Bezugszentrum einer Situation gegeben, die sich synthetisch um ihn organisiert, und er ist untrennbar von dieser Situation; man darf also nicht fragen, wie der Körper des Andern zunächst Körper für mich sein und dann in Situation kommen kann. Vielmehr ist mir der Andre ursprünglich als *Körper in Situation* gegeben. Es gibt also zum Beispiel nicht zuerst Körper und dann Handeln. Sondern der Körper ist die objektive Kontingenz des Handelns Anderer. So finden wir auf einer andern Ebene eine ontologische Notwendigkeit wieder, auf die wir anläßlich der Existenz meines Körpers für mich hingewiesen haben: die Kontingenz des Für-sich, sagten wir, kann nur in einer Transzendenz und durch sie existiert werden, sie ist das fortwährend überschrittene und fortwährend wiedererfassende Wiedererfassen des Für-sich durch das An-sich auf dem Hintergrund erster Nichtung. Ähnlich kann hier ein Körper des Andern als Fleisch nicht in eine vorher definierte Situation *sich einfügen*. Sondern er ist eben das, von dem aus es Situation gibt. Auch hier kann er nur in einer Transzendenz und durch sie existieren. Nur ist diese Transzendenz zunächst transzendiert; sie ist selbst Objekt. Deshalb ist Pierres Körper nicht zuerst eine Hand, die danach dieses Glas ergreifen könnte: eine solche Auffassung würde den Leichnam zum Ursprung des lebendigen Körpers machen wollen. Sondern er ist der Komplex Hand-Glas, insofern das *Fleisch* der Hand die ursprüngliche Kontingenz dieses Komplexes markiert. Die Beziehung des Körpers zu den Objekten ist keineswegs ein Problem, wir erfassen den Körper nie außerhalb dieser Beziehung. Daher auch ist der Körper des Andern *bedeutend*. Die Bedeutung ist nichts anderes als eine erstarrte Transzendenzbewegung. Ein Körper ist insofern Körper, als sich diese Fleischmasse, die er *ist*, durch den Tisch, den er betrachtet, den Stuhl, nach dem er greift, das Trottoir, auf dem er geht usw., definiert. Aber, um die Dinge weiter voranzutreiben, es geht nicht darum, die Bedeutungen zu erschöpfen, die den Körper durch die Beziehung auf die geplanten Handlungen, auf die rationale Benutzung der Utensilienkomplexe konstituieren. Der Körper ist Totalität der bedeutenden Beziehungen zur Welt: in diesem Sinn definiert er sich auch durch Beziehung zur Luft, die er atmet, zum Wasser, das er trinkt, zum Fleisch, das er ißt. Der Körper kann ja nicht erscheinen, ohne mit der Totalität dessen, was ist, bedeutende Beziehungen zu unterhalten. Als *Handeln* ist das *Leben* transzendierte Transzendenz und Bedeutung. Es gibt keinen Wesensunterschied zwischen dem als Totalität verstandenen Leben und dem Handeln. Das Leben stellt die Gesamtheit der Bedeutungen dar, die sich auf Objekte hin transzendieren, die nicht als *Diese* auf dem Welthintergrund gesetzt werden. Das *Leben* ist der *Hintergrund-Körper* des Andern im Gegensatz zum Gestalt-Körper, insofern dieser Hintergrund-Körper erfaßt werden kann, nicht mehr durch das Für-sich des Andern als implizites und nicht-setzendes, sondern eben gerade explizit und objektiv durch *mich*: er erscheint dann als bedeutende Gestalt auf dem Universumhintergrund, bleibt aber dabei für den Andern Hintergrund, und zwar eben *als Hintergrund*. Aber hier ist eine wichtige Unterscheidung zu machen: der Körper des Andern erscheint nämlich «meinem Körper». Das bedeutet, daß es eine Faktizität meines Gesichtspunkts gegenüber dem Andern gibt. In diesem Sinn darf man meine Möglichkeit, ein Organ (einen Arm, eine Hand) auf dem Hintergrund körperlicher Totalität zu erfassen, nicht gleichsetzen mit meinem expliziten Wahrnehmen des Körpers des Andern oder gewisser Strukturen dieses Körpers, insofern sie durch den Andern als *Hintergrund-Körper* gelebt werden. Nur im zweiten Fall erfassen wir den Andern als *Leben*. Denn im ersten Fall kann es passieren, daß wir als Hintergrund erfassen, was für ihn Gestalt ist. Wenn ich seine Hand betrachte, vereinigt sich der Rest des Körpers zu Hintergrund. Aber seine Stirn oder seine Brust existieren vielleicht gerade nicht-thetisch als Gestalt auf einem Hintergrund, wo seine Arme und Hände verschwimmen.

Daraus folgt natürlich, daß das Sein des Körpers des Andern für mich eine synthetische Totalität ist. Das bedeutet: 1. Ich kann den Körper des Andern immer nur von einer totalen Situation aus erfassen, die ihn anzeigt. 2. Ich kann nicht irgendein Organ des Körpers des Andern isoliert wahrnehmen, und ich lasse mir stets jedes einzelne Organ von der Totalität des *Fleisches* oder des *Lebens* aus anzeigen. Meine Wahrnehmung des Körpers des Andern ist also radikal verschieden von meiner Wahrnehmung der Dinge.

1. Der Andere bewegt sich innerhalb von Grenzen, die in unmittelbarer Verbindung mit seinen Bewegungen erscheinen und die die Reichweiten sind, von denen aus ich mir die Bedeutung dieser Bewegungen anzeigen lasse. Diese Grenzen sind gleichzeitig räumlich und zeitlich. Räumlich ist das *in Entfernung* von Pierre stehende Glas die Bedeutung seiner gegenwärtigen Bewegung. Deshalb gehe ich schon in meiner Wahrnehmung von der Gesamtheit «Tisch-Glas-Flasche usw.» zur Bewegung des Arms, um mir anzeigen zu lassen, was er ist. Wenn der Arm sichtbar und das Glas verdeckt ist, nehme ich Pierres Bewegung von der bloßen Idee der *Situation* und von den Grenzen her als Bedeutung der Bewegung wahr, die jenseits der Objekte, die mir das Glas verdecken, leer anvisiert werden. Zeitlich erfasse ich Pierres Bewegung stets, insofern sie mir jetzt von den künftigen Grenzen her enthüllt wird, zu denen sie strebt. So lasse ich mir die Gegenwart des Körpers durch seine Zukunft und, noch allgemeiner, durch die Zukunft der Welt ankündigen. Man wird nie hinter das psychologische Problem der Wahrnehmung des Körpers des Andern kommen, wenn man nicht zuerst diese wesentliche Wahrheit erfaßt, daß der Körper des Andern ganz anders wahrgenommen wird als die anderen Körper: denn um ihn wahrzunehmen, geht man immer von dem, was im Raum und in der Zeit außerhalb von ihm ist, zu ihm selbst; man erfaßt seine Bewegung «gegen den Strich» durch eine Art Umkehrung der Zeit und des Raums. Den Andern wahrnehmen heißt sich durch die Welt das anzeigen lassen, was er ist.

2. Ich nehme nie einen Arm wahr, der sich an einem

unbeweglichen Körper entlang erhebt: ich nehme Pierre-der-die-Hand-hebt wahr. Damit ist jedoch nicht gemeint, daß ich die Bewegung der Hand urteilsmäßig auf ein «Bewußtsein» bezöge, das sie hervorriefe; vielmehr kann ich die Bewegung der Hand oder des Arms nur als eine zeitliche Struktur des ganzen Körpers erfassen. Hier bestimmt das Ganze die Ordnung und die Bewegungen der Teile. Um sich davon zu überzeugen, daß es sich hier wirklich um eine ursprüngliche Wahrnehmung des Körpers des Andern handelt, braucht man nur an das Entsetzen zu erinnern, das der Anblick eines gebrochenen Arms hervorrufen kann, der «aussieht, als gehöre er nicht zum Körper», oder eine jener flüchtigen Wahrnehmungen, wenn wir zum Beispiel eine Hand (deren Arm verdeckt ist) wie eine Spinne einen Türflügel hinaufkriechen sehen. In solchen Fällen gibt es eine Desintegration des Körpers; und diese Desintegration wird als außergewöhnlich erfaßt. Andererseits kennt man die positiven Beweise, die die Gestaltpsychologen oft angeführt haben. Es ist ja auffällig, daß die Fotografie eine enorme Vergrößerung von Pierres Händen festhält, wenn er diese nach vorn streckt (weil das Foto sie in ihren eigentlichen Dimensionen und ohne synthetische Verbindung zur körperlichen Totalität erfaßt), während wir dieselben Hände ohne sichtliche Vergrößerung wahrnehmen, wenn wir sie mit bloßem Auge betrachten. In diesem Sinn erscheint der Körper von der Situation her als eine synthetische Totalität des *Lebens* und des *Handelns*.

Es versteht sich nach diesen wenigen Hinweisen, daß Pierres Körper sich in keiner Weise von Pierre-für-mich unterscheidet. Für mich existiert allein der Körper des Andern mit seinen verschiedenen Bedeutungen; Für-Andere-Objekt sein oder Körper-sein, diese beiden ontologischen Modalitäten sind streng gleichwertige Ausdrücke für das Für-Andere-sein des Für-sich. Daher verweisen die Bedeutungen auch nicht auf irgendeinen mysteriösen

Psychismus: sie *sind* der Psychismus, insofern er transzendierte-Transzendenz ist. Es gibt zwar eine Kryptologie des Psychischen: gewisse Phänomene sind «verborgen». Das bedeutet aber keineswegs, daß sich die Bedeutungen auf ein «Jenseits des Körpers» beziehen. Sie beziehen sich auf die Welt und auf sie selbst. Insbesondere jene emotionalen Manifestationen oder, allgemeiner, das, was unangemessen Phänomene des *Ausdrucks* genannt wird, *zeigen* uns keineswegs eine verborgene und durch irgendeinen Psychismus gelebte Affektion, die das immaterielle Objekt psychologischer Untersuchungen wäre: Stirnrunzeln, Erröten, Stottern, leichtes Zittern der Hände, versteckte Blicke, die gleichzeitig ängstlich und drohend aussehen, *drücken die Wut nicht aus*, sie *sind die Wut*. Aber das muß man richtig verstehen: an sich selbst ist eine geballte Faust nichts und bedeutet nichts. Aber deshalb nehmen wir auch nie *eine geballte Faust* wahr: wir nehmen einen Menschen wahr, der in einer gewissen Situation die Faust ballt. Dieser bedeutende Akt, in Verbindung mit der Vergangenheit und den Möglichkeiten betrachtet, von der synthetischen Totalität «Körper in Situation» aus verstanden, *ist* die Wut. Sie verweist auf nichts andres als auf Handlungen in der Welt (schlagen, beleidigen usw.), das heißt auf neue bedeutende Handlungen des Körpers. Wir kommen da nicht heraus: «das psychische Objekt» wird der Wahrnehmung als Ganzes dargeboten, und außerhalb körperlicher Strukturen ist es undenkbar. Wenn man sich das bisher nicht klargemacht hat oder wenn jene, die es behauptet haben, wie die Behavioristen, selbst nicht recht begriffen haben, was sie sagen wollten und einen Skandal um sie herum hervorgerufen haben, dann deshalb, weil man gern glaubt, alle Wahrnehmungen seien vom gleichen Typus. In Wirklichkeit muß uns die Wahrnehmung das raum-zeitliche Objekt unmittelbar darbieten. Ihre fundamentale Struktur ist die interne Negation; und sie bietet mir das Objekt dar, *so wie es ist*, nicht als ein müßiges Bild irgendeiner unerreichbaren Realität. Aber genau deswegen entspricht jedem Realitätstypus eine neue Wahrnehmungsstruktur. Der Körper ist das psychische Objekt *par excellence, das einzige psychische Objekt*. Aber wenn man bedenkt, daß er transzendierte-Transzendenz ist, kann seine Wahrnehmung *von Natur aus* nicht vom selben Typus sein wie die der unbelebten Objekte. Und das heißt nicht, daß sie fortschreitend reicher geworden wäre, sondern daß sie von Anfang an von einer andern Struktur ist. Daher bedarf es keines Rückgriffs auf die Gewohnheit oder auf den Analogieschluß, wenn wir erklären wollen, daß wir das Ausdrucksverhalten *verstehen*: dieses Verhalten bietet sich der Wahrnehmung von Anfang an als verstehbar dar; sein Sinn gehört zu dessen Sein wie die Farbe des Papiers zum Sein des Papiers. Es bedarf also ebensowenig eines Rückgriffs auf andere Verhaltensweisen, wenn wir es verstehen wollen, wie es keines Rückgriffs auf die Farbe des Tischs, der Blätter oder anderer Papiere bedarf, wenn ich die Farbe des vor mir liegenden Blattes wahrnehmen will.

Freilich ist uns der Körper des Andern unmittelbar gegeben als das, was der andre *ist*. In diesem Sinn erfassen wir ihn als das, was durch jede besondere Bedeutung fortwährend auf ein Ziel hin überschritten wird. Nehmen wir einen Gehenden. Von Anfang an verstehe ich sein Gehen von einer raum-zeitlichen Gesamtheit her (Straße-Fahrbahn-Bürgersteig-Geschäfte-Autos usw.), von der gewisse Strukturen den künftigen-Sinn des Gehens darstellen. Ich nehme dieses Gehen wahr, indem ich von der Zukunft zur Gegenwart gehe – obwohl die Zukunft, um die es geht, zur universalen Zeit gehört und ein reines «Jetzt» ist, das noch nicht da ist. Das Gehen selbst, als bloßes unerfaßbares und nichtendes Werden, ist *die Gegenwart*. Aber diese Gegenwart ist Überschreiten von *etwas*, was geht, auf ein künftiges Ziel hin: jenseits der reinen und unerfaßbaren Gegenwart der Bewegung des Arms suchen wir das Substrat der Bewegung zu erfassen.

Dieses Substrat, das wir nie so, wie *es ist*, erfassen, außer am Leichnam, ist jedoch immer da als das Überschrittene, *das Vergangene*. Wenn ich von einem Arm-in-Bewegung spreche, betrachte ich diesen Arm, der *in Ruhe war*, als Substanz der Bewegung. Wir haben in unserm Zweiten Teil darauf hingewiesen, daß eine solche Auffassung unhaltbar ist: das, was sich bewegt, kann nicht der unbewegliche Arm sein, die Bewegung ist eine Krankheit des Seins. Nicht weniger wahr ist, daß sich die psychische Bewegung auf zwei Grenzen bezieht, auf die künftige Grenze ihres *Abschlusses* und auf die vergangene Grenze: das von ihr veränderte und überschrittene unbewegliche Organ. Und ich nehme gerade die Bewegung-des-Arms als einen fortwährenden und unerfaßbaren Verweis auf ein Vergangensein wahr. Dieses Vergangen-sein (der Arm, das Bein, der ganze Körper in Ruhe) sehe ich nicht, ich kann es immer nur *durch* die es überschreitende Bewegung, bei der ich Anwesenheit bin, durchschimmern sehen, wie man auf dem Grund des Flusses durch die Bewegung des Wassers einen Stein durchschimmern sieht. Trotzdem ist diese immer *überschrittene*, nie *realisierte* Seinsunbeweglichkeit, auf die ich mich zur Bezeichnung dessen, *was in Bewegung ist*, fortwährend beziehe, die bloße Faktizität, das bloße *Fleisch*, das bloße *An-sich* als fortwährend vergangen gemachte Vergangenheit der transzendierten-Transzendenz.

Dieses bloße An-sich, das nur als *überschritten* existiert, sinkt in dieser Überschreitung und durch sie auf den Rang eines *Leichnams* herab, wenn es durch die transzendierte-Transzendenz nicht mehr zugleich enthüllt und maskiert wird. Als *Leichnam*, das heißt, als *bloße Vergangenheit eines Lebens*, als *bloße Spur* ist es erst wirklich verstehbar von der Überschreitung aus, von der es nicht mehr überschritten wird: es ist das, *was auf fortwährend erneuerte Situationen hin überschritten worden ist*. Doch insofern es andererseits in der Gegenwart als bloßes An-sich erscheint, existiert es in bezug auf die anderen «Dieses» in der einfachen Relation indifferenter Exteriorität: der Leichnam *ist nicht mehr in Situation*. Gleichzeitig zerfällt es auch, an sich selbst, in eine Vielfalt von Wesen [*êtres*], von denen jedes mit den anderen Beziehungen bloßer Exteriorität unterhält. Das Studium der die Faktizität immer umspannenden Exteriorität, insofern diese Exteriorität immer nur am Leichnam wahrnehmbar ist, ist die *Anatomie*. Die synthetische Rekonstitution des Lebendigen von Leichen aus ist die *Physiologie*. Sie hat sich von Anfang an dazu verurteilt, vom Leben nichts zu verstehen, da sie es einfach als eine besondere Modalität des Todes begreift, da sie die unendliche Teilbarkeit der Leiche als primär ansieht und die synthetische Einheit des «Überschreitens auf» nicht erkennt, für die die unendliche Teilbarkeit schlicht und einfach *Vergangenheit* ist. Selbst das Studium des Lebens am Lebendigen, die Vivisektionen, die Erforschung des Lebens des Protoplasmas, die Embryologie oder die Untersuchung des Eis können das Leben nicht wiederfinden: das beobachtete Organ ist lebendig, aber es ist nicht in der synthetischen Einheit *eines Lebens* verschmolzen, es wird von der Anatomie, das heißt vom Tod, her verstanden. Es wäre also ein enormer Irrtum zu glauben, der Körper des Andern, der sich uns ursprünglich enthüllt, sei der Körper der anatomischen Physiologie. Der Fehler wiegt genauso schwer, wie wenn man unsere Sinne «für uns» mit unsern Sinnesorganen für den Andern gleichsetzte. Vielmehr ist der Körper des Andern die Faktizität der transzendierten-Transzendenz, insofern diese Faktizität fortwährend *Geburt* ist, das heißt sich auf die Indifferenzexteriorität eines fortwährend überschrittenen An-sich bezieht.

Diese Überlegungen ermöglichen eine Erklärung dessen, was wir *Charakter* nennen. Es ist hierbei ja festzuhalten, daß der Charakter nur als Erkenntnisobjekt für den Andern eine bestimmte Existenz hat. Das Bewußtsein erkennt seinen Charakter nicht – außer wenn es sich reflexiv vom Gesichtspunkt des Andern aus bestimmt –, es existiert ihn in reiner Unbestimmtheit, nicht thematisch und nicht thetisch, in der Erfahrung seiner eigenen Kontingenz und in der Nichtung, durch die es seine Faktizität anerkennt und überschreitet. Deshalb bietet die bloße introspektive Selbstbeschreibung nie einen Charakter dar: Prousts Held «hat keinen» direkt erfaßbaren Charakter; er bietet sich zunächst dar, insofern er seiner selbst bewußt ist, als eine Gesamtheit allgemeiner und allen Menschen gemeinsamer Reaktionen («Mechanismen» der Leidenschaft, der Emotionen, Erscheinungsordnung der Erinnerungen usw.), in der sich jeder wiedererkennen kann: denn diese Reaktionen gehören der allgemeinen «Natur» des Psychischen an. Wenn es uns gelingt (wie es Abraham in seinem Buch über Proust versucht hat)[253], den Charakter des Proustschen Helden zu bestimmen (zum Beispiel hinsichtlich seiner Schwäche, seiner Passivität, der besonderen Verbindung zwischen Liebe und Geld bei ihm), dann interpretieren wir die rohen Gegebenheiten: wir nehmen ihnen gegenüber einen äußeren Gesichtspunkt ein, wir vergleichen sie und versuchen, permanente objektive Beziehungen aus ihnen abzuleiten. Aber das macht einen Abstand erforderlich: solange der Leser nach der allgemeinen Optik der Lektüre sich mit dem Romanhelden identifiziert, entgeht ihm der Charakter «Marcels»; besser gesagt, er existiert auf dieser Ebene nicht. Er erscheint erst, wenn ich die Komplizenschaft mit dem Schriftsteller durchbreche und das Buch nicht mehr als einen Vertrauten, sondern als eine vertrauliche Mitteilung, besser noch: als ein *Dokument* betrachte. Dieser Charakter existiert also nur auf der Ebene des Für-Andere, und das ist der Grund, warum die Maximen und die Beschreibungen der «Moralisten»[254], das heißt der französischen Autoren, die eine objektive Sozialpsychologie versucht haben, sich nie mit der erlebten Erfahrung des Subjekts decken. Wenn aber der Charakter wesentlich *für den Andern* ist, kann er sich nicht vom Körper, so wie wir ihn beschrieben haben, unterscheiden. Wenn man zum Beispiel annimmt, das Temperament sei *Ursache* des Charakters, das «sanguinische Temperament» *Ursache* der Jähzornigkeit, so setzt man den Charakter als eine psychische Entität, die alle Aspekte der Objektivität aufweist und dennoch subjektiv ist und vom Subjekt *erlitten* wird. In Wirklichkeit wird die Jähzornigkeit des Andern von außen erkannt und von Anfang an durch meine Transzendenz transzendiert. In diesem Sinn unterscheidet sie sich zum Beispiel nicht vom «sanguinischen Temperament». In beiden Fällen erfassen wir dasselbe apoplektische Erröten, dieselben körperlichen Aspekte, aber wir transzendieren diese Gegebenheiten je nach unseren Entwürfen verschieden: wir haben es mit dem *Temperament* zu tun, wenn wir dieses Erröten als Manifestation des *Körpers-als-Hintergrund* betrachten, das heißt, indem wir es von seinen Verbindungen mit der Situation trennen; wenn wir es sogar vom *Leichnam* her zu verstehen suchen, können wir eine physiologische und medizinische Untersuchung in Angriff nehmen; wenn wir es umgekehrt von der globalen Situation her betrachten, ist es die Wut selbst oder doch eine Ankündigung von Wut oder, besser, eine sich ankündigende Wut, das heißt ein permanenter Bezug zu den Utensilien-Dingen, eine Potentialität. Zwischen Temperament und Charakter gibt es also nur einen gedachten Unterschied, Charakter und Körper sind identisch. Das rechtfertigt die Versuche zahlreicher Autoren, als Grundlage charakterologischer Studien eine Physiognomik zu entwickeln, und im besondern die schönen Studien Kretschmers über Körperbau und Charakter.[255] Dieser Charakter des Andern ist ja als synthetische Gesamtheit der Intuition unmittelbar gegeben. Das bedeutet nicht, daß wir ihn sofort *beschreiben* könnten. Es braucht Zeit, wenn wir differenzierte Strukturen erscheinen lassen, gewisse affektiv sofort erfaßte Gegebenheiten explizit machen, diese globale Ununterschiedenheit, die der Körper des Andern ist, in organisierte Gestalt verwandeln wollen. Wir können uns täuschen, es ist auch zulässig, auf allgemeine diskursive Erkenntnisse zurückzugreifen (an anderen Subjekten empirisch oder statistisch festgestellte Gesetze), wenn wir das, was wir sehen, *interpretieren* wollen. Aber auf jeden Fall geht es nur darum, den Inhalt unserer ersten Intuition im Hinblick auf die Voraussicht und das Handeln zu explizieren und zu organisieren. Das zweifellos meinen die Leute, die immer wieder sagen: «Der erste Eindruck trügt nie.» Von der ersten Begegnung an ist der Andre ja ganz und unmittelbar gegeben ohne Schleier und Geheimnis. Erfahren heißt hier Verstehen, Entfalten und Bewerten.

Dennoch ist uns der Andere also in dem gegeben, was er *ist*. Der Charakter unterscheidet sich nicht von der Faktizität, das heißt von der ursprünglichen Kontingenz. Doch wir erfassen den Andern als *frei*; wir haben oben darauf hingewiesen, daß die *Freiheit* eine objektive Qualität des Andern ist als unbedingtes Vermögen, die Situationen zu modifizieren. Dieses Vermögen unterscheidet sich nicht von dem, was den Andern ursprünglich konstituiert und was macht, daß überhaupt eine Situation existiert: eine Situation modifizieren können heißt ja machen, daß eine Situation existiert. Die objektive Freiheit des Andern ist nur transzendierte-Transzendenz; sie ist, wir wir festgestellt haben, Freiheit-als-Objekt. In diesem Sinn erscheint der Andere als das, was von einer fortwährend modifizierten Situation her verstanden werden muß. Er ist das, was macht, daß der Körper immer das *Vergangene* ist. In diesem Sinn bietet sich uns der Charakter des Andern als das *Überschrittene* dar. Selbst die Jähzornigkeit als Ankündigung von Wut ist immer überschrittene Ankündigung. Darum bietet sich der Charakter als die Faktizität des Andern dar, insofern sie meiner Intuition zugänglich ist, aber auch insofern sie nur ist, um überschritten zu werden. In diesem Sinn heißt «in Wut geraten» schon die Jähzornigkeit überschreiten, ihr einen Sinn geben eben dadurch, daß man ihr zustimmt; die Wut erscheint also als die Übernahme der Jähzornigkeit durch die Freiheit-als-Objekt. Damit ist keineswegs gesagt, daß wir hier an eine Subjektivität verwiesen sind, sondern nur, daß das, was wir hier transzendieren, nicht nur die Faktizität des Andern, sondern seine Transzendenz, nicht nur sein Sein, das heißt seine Vergangenheit, sondern seine Gegenwart und seine Zukunft ist. Obwohl mir die Wut des Andern immer als freie-Wut erscheint (was eben dadurch evident ist, daß ich über sie *urteile*), kann ich sie immer transzendieren, das heißt schüren oder dämpfen, mehr noch, indem ich sie transzendiere und nur so, erfasse ich sie. Darum ist der Körper als Faktizität der transzendierten-Transzendenz immer Körper-der-über-sich-selbst-hinausweist: zugleich im Raum – das ist die Situation – und in die Zeit – das ist die Freiheit-als-Objekt. Der Körper für den Andern ist das magische Objekt *par excellence*. Darum ist der Körper des Andern immer «Körper-mehr-als-Körper», denn der Andre ist mir im fortwährenden Überschreiten seiner Faktizität ohne Vermittlung und total gegeben. Aber dieses Überschreiten verweist mich nicht auf eine Subjektivität: es ist die objektive Tatsache, daß mir der Körper – ob als Organismus, als Charakter oder als Werkzeug – nie ohne *Umgebung* erscheint und von dieser Umgebung aus bestimmt werden muß. Der Körper des Andern darf nicht mit seiner Objektivität gleichgesetzt werden. Die Objektivität des Andern ist seine Transzendenz als transzendierte. Der Körper ist die Faktizität dieser Transzendenz. Aber Körperlichkeit und Objektivität des Andern sind streng untrennbar.

III

Die dritte ontologische Dimension des Körpers

Ich existiere meinen Körper: das ist seine erste Seinsdimension. Mein Körper wird vom Andern benutzt und erkannt: das ist seine zweite Dimension. Aber insofern *ich für den Andern bin*, enthüllt sich mir der Andre als das Subjekt, für das ich Objekt bin. Es handelt sich hier sogar, wie wir gesehen haben, um meine fundamentale Beziehung zum Andern. Ich existiere also für mich als durch den Andern erkannt – insbesondere gerade in meiner Faktizität. Ich existiere für mich als durch den Andern als Körper erkannt. Das ist die dritte ontologische Dimension meines Körpers. Diese wollen wir jetzt untersuchen; mit ihr werden wir die Frage der Seinsmodi des Körpers erschöpft haben.

Mit dem Erscheinen des Blicks des Andern enthüllt sich mir mein Objekt-sein, das heißt meine Transzendenz als transzendierte. Ein Objekt-Ich enthüllt sich mir als das unerkennbare Sein, als die Flucht in den Andern, die ich in voller Verantwortlichkeit bin. Aber wenn ich dieses Ich in seiner Realität nicht erkennen und mir nicht einmal denken kann, so bin ich doch wenigstens nicht, ohne einige seiner formalen Strukturen zu erfassen. Insbesondere fühle ich mich durch den Andern in meiner faktischen Existenz getroffen; gerade für mein Für-Andere-da-sein bin ich verantwortlich. Dieses *Da-sein* ist genau der Körper. So trifft mich die Begegnung des Andern nicht nur in meiner Transzendenz: in der und durch die Transzendenz, die der Andere überschreitet, existiert die von meiner Transzendenz genichtete und transzendierte Faktizität für den Andern, und in dem Maß, wie ich mir bewußt bin, für den Andern zu existieren, erfasse ich meine eigne Faktizität nicht mehr nur in ihrer nicht-thetischen Nichtung, nicht mehr nur, indem ich *sie existiere*, sondern in ihrer Flucht auf ein Innerweltlich-sein hin. Der Schock der Begegnung mit dem Andern ist für mich eine leere Enthüllung in der Existenz meines Körpers, draußen, als ein An-sich für den andern. So bietet sich mein Körper nicht lediglich als das schlicht und einfach Erlebte dar: sondern in der kontingenten und absoluten Tatsache der Existenz des Andern und durch sie verlängert sich dieses Erlebte draußen in einer mir entgehenden Fluchtdimension. Die Seinstiefe meines Körpers für mich ist dieses fortwährende «Draußen» meines intimsten «Drinnen». In dem Maß, wie die Allgegenwart des Andern die fundamentale Tatsache ist, ist die Objektivität meines Da-seins eine konstante Dimension meiner Faktizität; ich existiere meine Kontingenz, insofern ich sie auf meine Möglichkeiten hin überschreite und insofern sie mich hinterhältig zu einem Unabänderlichen hin flieht. Mein Körper ist da, nicht nur als der Gesichtspunkt, der ich bin, sondern auch als ein Gesichtspunkt, dem gegenüber jetzt Gesichtspunkte eingenommen werden, die ich nie werde einnehmen können; er entgeht mir nach allen Seiten. Das bedeutet zunächst, daß diese Gesamtheit von *Sinnen*, die sich nicht selbst erfassen können, sich als woanders und durch Andere erfaßt darbietet. Dieses Erfassen, das sich also in Leerform manifestiert, hat nicht den Charakter einer ontologischen Notwendigkeit, man kann es nicht von der Existenz meiner Faktizität ableiten, sondern es ist eine evidente absolute Tatsache; es hat den Charakter einer faktischen Notwendigkeit. Da meine Faktizität reine Kontingenz ist und sich mir nichtthetisch als faktische Notwendigkeit enthüllt, vervielfältigt das Für-Andre-sein dieser Faktizität die Kontingenz dieser Faktizität: sie verliert sich und flieht mich in eine mir entgehende Kontingenzunendlichkeit. Im selben Moment, in dem ich meine Sinne *lebe* als diesen intimsten Gesichtspunkt, dem gegenüber ich keinerlei Gesichtspunkt einnehmen kann, sucht mich ihr Für-den-Andern-sein heim: sie *sind*. Für den andern sind sie, wie dieser Tisch oder dieser Baum für mich sind, sie sind inmitten *irgendeiner Welt*; sie sind in dem absoluten Abfließen *meiner* Welt zum Andern hin und durch es. So wird mir die Relativität meiner Sinne, die ich nicht abstrakt denken kann, ohne *meine* Welt zu zerstören, gleichzeitig fortwährend durch die Existenz des andern vergegenwärtigt; aber das ist eine reine unerfaßbare Appräsentation. Ebenso ist mein Körper für mich das Instrument, das ich bin und das von keinerlei Instrument benutzt werden kann; aber in dem Maß, wie der Andere in der ursprünglichen Begegnung mein Da-sein auf seine Möglichkeiten hin transzendiert, wird mir dieses Instrument, das ich bin, als in einer unendlichen instrumentellen Reihe steckendes Instrument gegenwärtig gemacht, obwohl ich keineswegs den Gesichtspunkt eines Darüberschwebens gegenüber dieser Reihe einnehmen könnte. Mein Körper, als entfremdeter, entgeht mir auf ein Werkzeug-unter-Werkzeugen-sein, auf ein Durch-Sinnesorgane-erfaßtes-Sinnesorgan-sein hin, und zwar mit einer entfremdenden Zerstörung und einer konkreten Auflösung *meiner* Welt, die zum Andern hin abfließt und die der Andre in *seiner* Welt wieder erfaßt. Wenn mich zum Beispiel ein Arzt abhorcht, *nehme ich sein Ohr wahr*, und in dem Maß, wie die Objekte der Welt mich als absolutes Bezugszentrum anzeigen, zeigt dieses wahrgenommene Ohr gewisse Strukturen als Gestalten an, die ich auf meinem Hintergrund-Körper existiere. Diese Strukturen sind genau – und zwar schon im bloßen Auftauchen meines Seins – reines Gelebtes, das, was ich existiere und was ich nichte. So haben wir hier zunächst die ursprüngliche Verbindung der Bezeichnung und des Gelebten: die wahrgenommenen Dinge bezeichnen das, was ich subjektiv «existiere». Sobald ich aber an der Auflösung des sinnlichen Gegenstands «Ohr» den Arzt erfasse, wie er die Geräusche meines Körpers hört, meinen Körper mit seinem Körper empfindet, wird das bezeichnete Erlebte Bezeichnetes als *Ding außerhalb meiner Subjektivität,* inmitten einer Welt, die nicht die meine ist. Mein Körper wird als entfremdeter bezeichnet. Die Erfahrung meiner Entfremdung vollzieht sich in affektiven Strukturen wie der *Schüchternheit* und durch sie. Sich «erröten fühlen», sich «schwitzen fühlen» usw. sind unangemessene Ausdrücke, die der Schüchterne benutzt, um seinen Zustand zu erklären: darunter versteht er, daß er ein lebhaftes ständiges Bewußtsein von seinem Körper hat, so wie dieser nicht für ihn, sondern *für den andern* ist. Dieses ständige Unbehagen, das Erfassen der Entfremdung meines Körpers als unabänderlich ist, kann Psychosen bestimmen wie die Ereuthophobie; diese sind nichts anderes als das metaphysische entsetzte Erfassen der Existenz meines Körpers für den andern. Man sagt gern, daß der Schüchterne «durch seinen eigenen Körper gehemmt» wird. Genaugenommen ist dieser Ausdruck ungeeignet: durch meinen Körper, wie ich ihn existiere, kann ich nicht gehemmt werden. Was mich hemmen dürfte, ist mein Körper, so wie er für den andern ist. Und auch da ist der Ausdruck nicht glücklich, denn ich kann nur durch ein innerhalb meines Universums anwesendes konkretes Ding gehemmt werden, das mich beim Gebrauch anderer Werkzeuge stört. Hier ist die Hemmung subtiler, denn das, was mich stört, ist abwesend; ich begegne meinem Körper für Andere nie als einem Hindernis, im Gegenteil, weil er nie da ist, weil er unerfaßbar bleibt, kann er *störend* sein. Ich suche ihn zu erreichen, zu beherrschen, ihn als Instrument zu benutzen – denn er bietet sich auch dar als *Instrument in einer Welt* –, um ihm die angebrachte Gestalt und Haltung zu geben: aber er ist gerade grundsätzlich unerreichbar, und alle Handlungen, die ich unternehme, um ihn mir anzueignen, entgehen mir ihrerseits und erstarren auf Distanz von mir als Körper-für-den-andern. Darum muß ich fortwährend «blind» handeln, ins Ungewisse hin schießen, ohne je die Resultate meines Schießens erkennen zu können.

Deshalb bemüht sich der Schüchterne, sobald er die Vergeblichkeit dieser Versuche erkannt hat, seinen Körper-für-den-andern zu unterdrücken. Wenn er wünscht, «keinen Körper mehr zu haben», «unsichtbar» zu sein usw., dann will er nicht seinen Körper-für-ihn vernichten, sondern diese unerfaßbare Dimension des entfremdeten-Körpers.

Wir schreiben ja dem Körper-für-den-andern ebensoviel Realität zu wie dem Körper-für-uns. Mehr noch, der Körper-für-den-andern *ist* der Körper-für-uns, aber unerfaßbar und entfremdet. Es kommt uns also so vor, als ob der andre für uns eine Funktion erfüllt, zu der wir unfähig sind und die uns doch obliegt: *uns sehen, wie wir sind.* Indem uns die Sprache die Hauptstrukturen unseres Körpers-für-Andere enthüllt – und zwar in Leerform – (während der existierte Körper unaussprechlich ist), verleitet sie uns dazu, unsere angebliche Mission vollständig auf den Andern abzuwälzen. Wir finden uns damit ab, uns mit den Augen des andern zu sehen; das bedeutet, daß wir versuchen, unser Sein durch die Enthüllungen der Sprache zu erfahren. So erscheint ein ganzes System verbaler Entsprechungen, durch das wir uns unsern Körper, wie er für den andern ist, bezeichnen lassen, indem wir diese Bezeichnungen verwenden, um unsern Körper, wie er für uns ist, zu benennen. Auf dieser Ebene kommt es zu der analogen Gleichsetzung des Körpers des Andern und meines Körpers. Es ist ja notwendig – um denken zu können, daß «mein Körper für den Andern wie der Körper des Andern für mich ist» –, daß ich dem Andern in seiner objektivierenden Subjektivität und dann als Objekt begegnet bin; damit ich den Körper des Andern als ein meinem Körper ähnliches Objekt beurteilen kann, muß er mir als Objekt gegeben worden sein und muß mir mein Körper seinerseits eine Objektdimension enthüllt haben. Nie kann die Analogie oder die Ähnlichkeit *zuerst* den Objekt-Körper des Andern und die Objektivität meines Körpers konstituieren; vielmehr müssen diese beiden Objektheiten vorher existieren, damit ein Analogieprinzip wirksam werden kann. Hier also läßt mich die Sprache die Strukturen meines Körpers für den Andern erfahren. Man muß aber bedenken, daß sich die Sprache mit ihren Bedeutungen nicht auf der unreflektierten Ebene zwischen meinen Körper und mein Bewußtsein, das ihn existiert, einschieben kann. Auf dieser Ebene können die Entfremdung des Körpers auf den Andern hin und seine dritte Seinsdimension nur in Leerform erfahren werden, sie sind nur eine Verlängerung der gelebten Faktizität. Kein Begriff, keine kognitive Intuition kann sich damit verbinden. Die Objektheit meines Körpers für den Andern ist nicht Objekt für mich und kann meinen Körper nicht als Objekt konstituieren: sie wird erfahren als Flucht des Körpers, die ich existiere. Damit die Erkenntnisse, die der Andre von meinem Körper hat und die er mir durch die Sprache mitteilt, meinem Körper-für-mich eine Struktur besonderer Art geben können, müssen sie sich auf ein Objekt anwenden lassen und muß mein Körper bereits Objekt für mich sein. Auf der Ebene des reflexiven Bewußtseins also können sie ins Spiel treten: sie qualifizieren nicht die Faktizität als bloß *Existiertes* des nicht-thetischen Bewußtseins, sondern die Faktizität als durch die Reflexion erfaßtes Quasi-Objekt. Indem sich diese Begriffsschicht zwischen das Quasi-Objekt und das reflexive Bewußtsein schiebt, vollendet sie die Objektivierung des psychischen Quasi-Körpers. Die Reflexion erfaßt, wie wir gesehen haben, die Faktizität und überschreitet sie auf ein Irreales hin, dessen *esse* ein reines *percipi* ist und das wir *psychisch* genannt haben. Dieses Psychische ist konstituiert. Die begrifflichen Erkenntnisse, die wir in unserer Geschichte erwerben und die alle aus unserm Umgang mit dem Andern stammen, bringen eine konstitutive Schicht des psychischen Körpers hervor. Mit einem Wort, insofern wir unsern Körper reflexiv erleiden, konstituieren wir ihn durch die komplizenhafte Reflexion als Quasi-Objekt – die Beobachtung kommt also von uns selbst. Aber sobald wir ihn *erkennen*, das heißt ihn in einer rein kognitiven Intuition erfassen, konstituieren wir ihn gerade durch diese Intuition mit den Erkenntnissen des Andern, das heißt so, wie er von selbst nie für uns sein könnte. Die erkennbaren Strukturen unseres psychischen Körpers zeigen also einfach in Leerform seine fortwährende Entfremdung an. Statt diese Entfremdung zu leben, konstituieren wir sie in Leerform, indem wir die gelebte Faktizität auf das Quasi-Objekt hin überschreiten, das der psychische-Körper ist, und indem wir wiederum dieses *erlittene* Quasi-Objekt auf Seinsmerkmale hin überschreiten, die mir grundsätzlich nicht gegeben sein können und die lediglich bedeutet sind.

Kommen wir beispielsweise auf unsere Beschreibung des «physischen» Schmerzes zurück. Wir sahen, wie ihn die Reflexion, indem sie ihn «erlitt», als Leiden konstituierte. Aber wir mußten dann unsere Beschreibung abbrechen, da uns die Mittel fehlten, weiter zu gehen kommen. Jetzt können wir fortfahren: das Leiden, das ich erleide, kann ich in seinem An-sich anvisieren, das heißt genauer, in seinem Für-Andere-sein. In diesem Moment *erkenne* ich es, das heißt, ich visiere es in seiner Seinsdimension an, die mir entgeht, auf der Seite, die es den anderen zuwendet, und mein Anvisieren wird vom Wissen durchtränkt, das mir die Sprache eingebracht hat, das heißt: ich benutze instrumentelle Begriffe, die vom Andern zu mir kommen, die ich keinesfalls allein hätte bilden noch von mir aus auf *meinen* Körper anzuwenden hätte erwägen können. Mittels der Begriffe des Andern *erkenne* ich meinen Körper. Aber daraus folgt, daß ich eben in der Reflexion meinem Körper gegenüber den Gesichtspunkt des Andern einnehme; ich suche ihn zu erfassen, als wäre ich in bezug auf ihn der Andere. Es ist evident, daß die Kategorien, die ich dann auf das Leiden anwende, es *in Leerform* konstituieren, das heißt in einer mir entgehenden Dimension.

Warum dann von *Intuition* sprechen? Weil trotz allem der *erlittene Körper* als Kern, als Stoff für die entfremdenden Bedeutungen dient, die ihn überschreiten: dieses *Leiden* entgeht mir auf neue Merkmale hin, die ich als Grenzen und leere Organisationsschemata feststelle. Darum erscheint mir zum Beispiel mein als psychisch erlittenes Leiden reflexiv als *Magenweh*. Selbstverständlich *sind* die «Magen»schmerzen der Magen selbst, insofern er als schmerzhaft erlebt wird. Als solche sind sie vor der Intervention der entfremdenden kognitiven Schicht weder lokales Zeichen noch Identifikation. Die Gastralgie ist der dem Bewußtsein als reine Schmerzqualität gegenwärtige Magen. Als solches unterscheidet sich das Leiden, wie wir gesehen haben, von sich aus – und ohne verstandesmäßige Identifikation oder Unterscheidung – von jedem andern Schmerz, von jedem andern Leiden. Nur daß auf dieser Ebene «der Magen» etwas Unaussprechliches ist, das weder benannt noch gedacht werden kann: er ist lediglich diese erlittene Gestalt, die sich auf dem Hintergrund des existierten-Körpers abhebt. Das objektivierende Wissen, das jetzt das erlittene Leiden auf den benannten *Magen* hin überschreitet, ist Wissen von einer gewissen objektiven Natur des Magens: ich weiß, daß er eine Dudelsackform hat, eine Tasche ist, daß er Säfte, Diastasen erzeugt, von glatten Muskelfasern umgeben ist usw. Ich kann auch wissen – weil ein Arzt es mir mitgeteilt hat –, daß er von einem Geschwür befallen ist. Und wiederum kann ich mir auch dieses Geschwür mehr oder weniger deutlich vorstellen. Ich kann es betrachten als etwas Zersetzendes, eine leichte innere Fäulnis; ich kann es mir in Analogie zu Abszessen, Fieberausschlag, Eiter, Schanker usw. denken. All das stammt prinzipiell von den Erkenntnissen her, die ich von anderen erworben habe oder die die anderen von mir haben. Jedenfalls kann das mein Leiden nicht konstituieren, insofern ich es *erleide*, sondern insofern es mir entgeht. Der Magen und das Geschwür werden Fluchtrichtungen,

Entfremdungsperspektiven des Objekts, das ich erleide. Damit erscheint eine neue Existenzschicht: wir hatten den erlebten Schmerz auf das erlittene Leiden hin überschritten; wir überschreiten das Leiden auf die *Krankheit* hin. Als *Psychisches* ist die Krankheit zwar von der durch den Arzt erkannten und beschriebenen Krankheit sehr verschieden: sie ist ein Zustand. Es geht hier nicht um Mikroben oder Gewebeschäden, sondern um eine synthetische Gestalt von Zerstörung. Diese Gestalt *entgeht mir grundsätzlich*; sie offenbart sich von Zeit zu Zeit durch «Anfälle» von Schmerz, durch «Krisen» meines Leidens, aber die übrige Zeit bleibt sie unerreichbar, ohne zu verschwinden. *Für die anderen* ist sie dann objektiv enthüllbar: die anderen haben mich darüber unterrichtet, die anderen können sie diagnostizieren; für die anderen ist sie gegenwärtig, auch dann, wenn ich keinerlei Bewußtsein davon habe. Sie ist also in ihrer tiefen Natur schlicht und einfach ein *Sein für Andere*. Und wenn ich nicht leide, spreche ich von ihr und verhalte mich ihr gegenüber wie gegenüber einem Objekt, das prinzipiell außer Reichweite ist, über das die anderen verfügen. Wenn ich Gallenkoliken habe, trinke ich keinen Wein, um nicht wieder Leberbeschwerden zu bekommen. Aber mein genaues Ziel: nicht wieder Leberbeschwerden zu bekommen, unterscheidet sich überhaupt nicht von dem andern Ziel: den Verboten des Arztes gehorchen, der sie mir enthüllt hat. Darum ist ein anderer für *meine Krankheit* verantwortlich. Und doch behält dieses Objekt, das durch die anderen zu mir kommt, Merkmale verminderter Spontaneität, die daher kommen, daß ich es über mein Leiden erfasse. Es ist nicht unsere Absicht, dieses neue Objekt zu beschreiben oder seine Merkmale magischer Spontaneität, zerstörerischer Finalität, bösartiger Kraft hervorzuheben oder seine Vertrautheit mit mir und seine konkreten Bezüge mit meinem Sein (denn es ist vor allem *meine* Krankheit). Wir wollen nur darauf hinweisen, daß der Körper eben in der Krankheit gegeben ist; ebenso wie er der Träger des Leidens war, ist er jetzt die Substanz der Krankheit, das, was durch sie zerstört wird, das, in dem sich diese zerstörerische Gestalt ausbreitet. Der geschädigte Magen ist also über die Gastralgie als eben der Stoff gegenwärtig, aus dem diese Gastralgie gemacht ist. Er ist da, er ist der Intuition gegenwärtig, und ich erfasse ihn mit seinen Merkmalen über den erlittenen Schmerz. Ich erfasse ihn als das, *was zersetzt wird*, als «eine Tasche in Dudelsackform» usw. Ich sehe ihn zwar nicht, aber ich weiß, daß er *mein Schmerz ist*. Daher die fälschlich «Endoskopie» genannten Phänomene. In Wirklichkeit lehrt mich der Schmerz selbst nichts über meinen Magen, im Gegensatz zu dem, was Sollier[256] behauptet. Vielmehr konstituiert mein Wissen durch den Schmerz und in ihm einen *Magen-für-den-Andern*, der mir als eine konkrete und durch gerade genauso viele objektive Merkmale definierte Abwesenheit erscheint, als ich davon erkennen konnte. Prinzipiell aber ist das so definierte Objekt wie der Entfremdungspol meines Schmerzes; es ist prinzipiell das, was ich bin, ohne daß ich es zu sein habe und ohne daß ich es auf anderes hin transzendieren kann. Wie ein Für-Andere-sein meine nicht-thetisch erlebte Faktizität heimsucht, genauso sucht ein Für-Andere-Objekt-sein als eine Fluchtdimension meines psychischen Körpers die für die komplizenhafte Reflexion als Quasi-Objekt konstituierte Faktizität heim. Genauso kann der reine Ekel auf eine Entfremdungsdimension hin überschritten werden: er bietet mir dann meinen Körper für Andere in seiner «Figur», seinem «Aussehen», seiner «Physiognomie» dar; er bietet sich mir dann als *Abscheu* vor meinem Gesicht, Abscheu vor meiner zu weißen Haut, meinem zu starren Ausdruck usw. dar. Aber man muß die Glieder umkehren; ich habe nicht *vor* alldem Abscheu. Vielmehr *ist* der Ekel all das als nicht-thetisch Existiertes. Und meine Erkenntnis verlängert ihn auf das hin, was er für den Andern ist. Denn der Andere erfaßt meinen

Ekel genau als *Fleisch* und in der Ekelhaftigkeit allen Fleisches.

Mit den vorausgegangenen Ausführungen haben wir die Beschreibung der Erscheinungen meines Körpers nicht erschöpft. Zu beschreiben bleibt das, was wir einen *abweichenden* Erscheinungstypus nennen wollen. Ich kann ja meine Hände sehen, meinen Rücken berühren, den Geruch meines Schweißes riechen. In diesem Fall erscheint mir zum Beispiel meine Hand als ein Objekt unter anderen Objekten. Sie wird nicht mehr durch die Umgebung als Bezugszentrum *angezeigt*; sie organisiert sich mit ihr in der Welt, und sie ist es, die wie die Umgebung meinen Körper als Bezugszentrum anzeigt. Sie gehört der Welt an. Ebenso ist sie nicht mehr das Instrument, das ich mit Instrumenten nicht handhaben kann; sie gehört im Gegenteil den Utensilien an, die ich inmitten der Welt entdecke; ich kann sie mittels meiner andern Hand *benutzen*, wenn ich zum Beispiel mit der rechten Hand auf meine linke Faust schlage, die eine Mandel oder eine Nuß umschließt. Meine Hand integriert sich dann in das unendliche System der benutzten-Utensilien. Es gibt in diesem neuen Erscheinungstypus nichts, was uns beunruhigen oder veranlassen könnte, die früheren Überlegungen zurückzunehmen. Trotzdem mußte er erwähnt werden. Er läßt sich leicht erklären unter der Bedingung, daß man ihm in der Ordnung der Erscheinungen des Körpers *seinen Platz* zuweist, das heißt unter der Bedingung, daß man ihn an letzter Stelle untersucht als eine «Kuriosität» unserer Konstitution. Dieses Erscheinen meiner Hand bedeutet ja einfach, daß wir in gewissen genau definierten Fällen unserm Körper gegenüber den Gesichtspunkt des Andern einnehmen können oder, wenn man so will, daß uns unser eigner Körper wie der Körper des Andern erscheinen kann. Die Denker, die bei der Entwicklung einer allgemeinen Theorie des Körpers von dieser Erscheinung ausgegangen sind, haben die Glieder des Problems radikal umgekehrt und sich die Blöße gegeben, nichts von der Frage zu verstehen. Es ist nämlich zu beachten, daß diese Möglichkeit, unsern Körper zu *sehen*, bloß eine absolut kontingente faktische Gegebenheit ist. Sie kann weder von der Notwendigkeit des Für-sich, einen Körper zu «haben», noch von den faktischen Strukturen des Körpers-für-Andere abgeleitet werden. Man könnte sich leicht Körper denken, die keinerlei Sicht sich selbst gegenüber gewinnen könnten; es scheint sogar, daß das bei gewissen Insekten der Fall ist, die, obwohl mit einem differenzierten Nervensystem und Sinnesorganen ausgestattet, dieses System und diese Organe nicht benutzen können, um sich zu erkennen. Es handelt sich hier also um eine Strukturbesonderheit, die wir erwähnen müssen, ohne ihre Ableitung zu versuchen. Hände haben, Hände haben, die einander berühren können: das sind zwei Fakten auf derselben Kontingenzebene, für die als solche entweder die rein anatomische Beschreibung oder die Metaphysik zuständig ist. Als Grundlage für eine Untersuchung der Körperlichkeit können wir sie nicht verwenden.

Außerdem ist zu bedenken, daß uns diese Erscheinung des Körpers den Körper nicht darbietet, insofern er agiert und wahrnimmt, sondern insofern er agiert wird und wahrgenommen wird. Mit einem Wort, wir hatten zu Beginn dieses Kapitels darauf hingewiesen, man könnte sich ein System von Sehorganen denken, das einem Auge ermöglichen würde, das andre zu sehen. Aber das gesehene Auge würde als Ding gesehen, nicht als Bezugszentrum. Ebenso wird die Hand, die ich ergreife, nicht als greifende Hand erfaßt, sondern als erfaßbares Objekt. Die Natur *unseres Körpers für uns* entgeht uns also völlig, insofern wir ihm gegenüber den Gesichtspunkt des Andern einnehmen können. Man muß übrigens darauf hinweisen, daß dieses Erscheinen des Körpers als Utensil-Ding sich beim Kind sehr spät entwickelt, selbst wenn die Anordnung der Sinnesorgane ermöglicht, den Körper zu sehen, wie er dem Andern erscheint; dieses Erscheinen ist in jedem Fall später als das eigentliche Bewußtsein (von dem) Körper und von der Welt als Utensilitätskomplex; es ist später als die Wahrnehmung der Körper der Anderen. Lange schon kann das Kind greifen, an sich ziehen, wegstoßen, festhalten, bevor es seine Hand ergreifen und sie sehen lernt. Häufige Beobachtungen haben gezeigt, daß das zwei Monate alte Kind seine Hand nicht als *seine* Hand sieht. Es betrachtet sie, und wenn es sie aus seinem Blickfeld entfernt, dreht es den Kopf und sucht sie mit den Augen, als hinge es nicht von ihm ab, ob die Hand ihm wieder in den Blick kommt. Durch eine Reihe von psychologischen Operationen und von Synthesen der Identifikation und der Rekognition gelingt es ihm, Bezugstabellen zwischen dem existierten-Körper und dem gesehenen-Körper aufzustellen. Allerdings muß es zunächst sein Kennenlernen des Körpers des Andern begonnen haben. Die Wahrnehmung meines Körpers kommt also chronologisch nach der Wahrnehmung des Körpers des Andern.

Betrachtet man sie demnach an ihrem Ort und zu ihrem Zeitpunkt, in ihrer ursprünglichen Kontingenz, so sieht man nicht, daß sie der Anlaß neuer Probleme sein kann. Der Körper ist das Instrument, das ich bin. Er ist meine Faktizität, «innerweltlich» zu sein, insofern ich sie auf mein In-der-Welt-sein hin überschreite. Es ist mir zwar radikal unmöglich, dieser Faktizität gegenüber einen globalen Gesichtspunkt einzunehmen, sonst hörte ich auf, sie zu sein. Aber was ist Erstaunliches daran, daß gewisse Strukturen meines Körpers, ohne daß sie deshalb aufhörten, Bezugszentrum für die Objekte der Welt zu sein, von einem radikal andren Gesichtspunkt aus sich anderen Objekten zuordnen, um mit ihnen zusammen dieses oder jenes meiner Sinnesorgane als partielles Bezugszentrum anzuzeigen, das sich vom Hintergrund-Körper als Gestalt abhebt? Daß sich mein Auge selbst sieht, ist von Natur aus unmöglich. Aber was ist Erstaunliches daran, daß meine

Hand meine Augen berührt? Man könnte darüber nur überrascht sein, wenn man die Notwendigkeit des Für-sich, als konkreter Gesichtspunkt der Welt gegenüber aufzutauchen, als ideale Verpflichtung erfaßt hätte, die streng auf erkennbare Beziehungen zwischen den Objekten und auf einfache Regeln zur Entfaltung meiner Erkenntnisse zurückführbar ist, statt hier die Notwendigkeit einer konkreten und kontingenten innerweltlichen Existenz zu sehen.

Drittes Kapitel

Die konkreten Beziehungen zu Anderen

Wir haben bisher nur unsere fundamentale Beziehung zum andern beschrieben. Diese Beziehung hat es uns ermöglicht, die drei Seinsdimensionen unseres Körpers zu explizieren. Und obwohl der ursprüngliche Bezug zum Andern gegenüber der Beziehung meines Körpers zum Körper des Andern primär ist, ist uns klargeworden, daß die Erkenntnis der Natur des Körpers unentbehrlich für jede Untersuchung der besonderen Beziehungen meines Seins zum Andern ist. Diese setzen ja auf beiden Seiten die Faktizität voraus, das heißt unsere innerweltliche Existenz als Körper. Nicht daß der Körper das Instrument und die Ursache meiner Beziehungen zu Anderen sei. Aber er konstituiert ihre Bedeutung, er markiert ihre Grenzen: als Körper-in-Situation erfasse ich die transzendierte-Transzendenz des andern, und als Körper-in-Situation erfahre ich mich in meiner Entfremdung zugunsten des andern. Diese konkreten Beziehungen können wir jetzt untersuchen, da wir wissen, was unser Körper ist. Sie sind nicht bloße Spezifizierungen der fundamentalen Beziehung: obwohl jede die ursprüngliche Beziehung zu Anderen als ihre wesentliche Struktur und ihre Grundlage in sich einschließt, sind sie ganz neue Seinsmodi des Für-sich. Sie stellen nämlich die verschiedenen Haltungen des Für-sich in einer Welt dar, in der es den andern gibt. Jede von ihnen

428

bietet also auf ihre Weise die zweiseitige Beziehung dar: Für-sich-für-Andere, An-sich. Wenn es uns also gelingt, die Strukturen unserer einfachsten Beziehungen zum andern-in-der-Welt zu explizieren, haben wir unsere Aufgabe erfüllt; zu Beginn dieser Arbeit fragten wir uns ja über die Bezüge des Für-sich zum An-sich; jetzt aber haben wir erfahren, daß unsere Aufgabe komplexer ist: es gibt Beziehung des Für-sich zum An-sich *in Anwesenheit des andern*. Wenn wir dieses konkrete Faktum beschrieben haben, werden wir imstande sein, über die fundamentalen Bezüge dieser drei Seinsmodi Schlüsse zu ziehen, und vielleicht eine metaphysische Theorie des Seins überhaupt angehen können.

Das Für-sich als Nichtung des An-sich verzeitlicht sich als *Flucht nach*. Es überschreitet ja seine Faktizität – oder *gegeben* oder vergangen oder Körper sein – auf das An-sich hin, das es wäre, wenn es sein eigener Grund sein könnte. Das drückt man in bereits psychologischen – und deshalb unangebrachten, wenn vielleicht auch klareren – Begriffen aus, indem man sagt, daß das Für-sich seiner faktischen Existenz zu entgehen versucht, das heißt seinem Da-sein als An-sich, dessen Grund es keineswegs ist, und daß diese Flucht auf eine unmögliche und immer verfolgte Zukunft hin stattfindet, wo das Für-sich An-sich-Für-sich wäre, das heißt ein An-sich, das sich selbst sein eigener Grund wäre. So ist das Für-sich zugleich Flucht und Verfolgung; es flieht das An-sich und verfolgt es zugleich; das Für-sich ist verfolgt-verfolgend. Doch um die Gefahr einer psychologischen Interpretation der vorhergehenden Bemerkungen zu verringern, erinnern wir daran, daß das Für-sich nicht *zunächst* ist und *dann* versucht, das Sein zu erreichen: kurz, wir dürfen es uns nicht als ein Existierendes denken, das mit Tendenzen ausgestattet wäre, wie dieses Glas mit gewissen besonderen Qualitäten ausgestattet ist. Diese verfolgende Flucht ist nicht ein Gegebenes, das sich dem Sein des Für-sich obendrein hinzufügt, sondern das Für-sich *ist* diese Flucht selbst; sie unterscheidet sich nicht von der ursprünglichen Nichtung, und daß das Für-sich verfolgt-verfolgend ist oder daß es nach dem Modus, sein Sein zu sein zu haben, ist oder daß es nicht das ist, was es ist, und das ist, was es nicht ist, ist ein und dasselbe. Das Für-sich ist nicht das An-sich und kann es nicht sein; aber es ist Beziehung zum An-sich; es ist sogar die einzige mögliche Beziehung zum An-sich, von allen Seiten durch das An-sich umstellt, es entgeht ihm nur, weil es *nichts* ist und von ihm durch *nichts* getrennt ist. Das Für-sich ist die Grundlage jeder Negativität und jeder Beziehung, *es ist die Beziehung*.

Deshalb trifft das Auftauchen des Andern das Für-sich mitten ins Herz. Durch und für den Andern ist die verfolgende Flucht zu An-sich erstarrt. Schon erfaßte das An-sich sie nach und nach wieder, schon war sie zugleich radikale Negation des Faktums, absolute Setzung des Werts und zugleich völlig von Faktizität durchdrungen: wenigstens entging sie sich durch die Verzeitlichung; wenigstens verlieh ihr Charakter detotalisierter Totalität ihr ein fortwährendes «Woanders». Aber eben diese Totalität läßt der Andere vor sich erscheinen und transzendiert er auf sein eigenes Woanders hin. Eben diese Totalität totalisiert sich: für Andere bin ich unabänderlich das, was ich bin, und selbst meine Freiheit ist ein gegebenes Merkmal meines Seins. So erfaßt mich das An-sich bis in die Zukunft hinein und läßt mich gerade in meiner Flucht völlig erstarren, die zu einer vorhergesehenen und betrachteten Flucht wird, zu einer *gegebenen* Flucht. Aber diese erstarrte Flucht ist nie die Flucht, die ich für mich bin: sie ist *draußen* erstarrt. Diese Objektivität meiner Flucht erfahre ich als eine Entfremdung, die ich weder transzendieren noch erkennen kann. Und doch muß ich mich allein deshalb, weil ich sie erfahre und weil sie meiner Flucht dieses An-sich verleiht, vor dem sie flieht, zu ihr zurückwenden und ihr gegenüber *Haltungen* einnehmen. Das ist der Ursprung meiner konkreten Bezüge zu Anderen: sie werden völlig von meinen Haltungen gegenüber dem Objekt beherrscht, das ich für Andere bin. Und da die Existenz des Andern mir das Sein enthüllt, das ich bin, ohne daß ich mir dieses Sein aneignen oder es mir auch nur denken kann, motiviert diese Existenz zwei entgegengesetzte Haltungen: der Andere *erblickt* mich und besitzt als solcher das Geheimnis meines Seins, er weiß, was ich *bin*; demnach ist der tiefe Sinn meines Seins außerhalb meiner, in einer Abwesenheit gefangen; der Andere ist mir gegenüber im Vorteil. Insofern ich das An-sich fliehe, das ich bin, ohne es begründen zu können, kann ich also versuchen, dieses Sein zu negieren, das mir von außen verliehen wird; das heißt, ich kann mich zum Andern zurückwenden, um ihm meinerseits Objektheit zu verleihen, da ja die Objektheit des Andern meine Objektivität für den Andern zerstört. Andererseits kann ich aber, insofern der Andere als Freiheit Grund meines An-sich-seins ist, danach trachten, diese Freiheit zu gewinnen und mich ihrer zu bemächtigen, ohne ihr ihren Freiheitscharakter zu nehmen: wenn ich mir nämlich diese Freiheit, die Grund meines An-sich-seins ist, assimilieren könnte, wäre ich mir selbst mein eigener Grund. Die Transzendenz des Andern transzendieren oder aber diese Transzendenz in mich aufnehmen, ohne ihr ihren Transzendenzcharakter zu nehmen, das sind die beiden ursprünglichen Haltungen, die ich dem Andern gegenüber einnehme. Und auch hier ist es angebracht, die Wörter richtig zu verstehen: es stimmt gar nicht, daß ich zunächst bin und daß ich dann danach «trachte», den Andern zu objektivieren oder zu assimilieren; sondern in dem Maß, wie das Auftauchen meines Seins Auftauchen in Anwesenheit Anderer ist, in dem Maß, wie ich verfolgende Flucht und verfolgter Verfolgender bin, bin ich, schon an der Wurzel meines Seins, Ent-wurf einer Objektivierung oder Assimilierung des Andern. Ich bin Erfahren des Andern: das ist das ursprüngliche Faktum. Aber dieses Erfahren des Andern ist an ihm selbst Haltung gegenüber dem Andern, das heißt, ich kann nicht *in Anwesenheit des Andern sein*, ohne dieses «in-Anwesenheit» in der Form zu sein, daß ich es zu sein habe. So beschreiben wir noch Seinsstrukturen des Für-sich, obwohl die Anwesenheit des Andern in der Welt ein absolutes und durch sich evidentes, jedoch kontingentes Faktum ist, das heißt ein Faktum, das sich unmöglich von den ontologischen Strukturen des Für-sich ableiten läßt.

Diese beiden Versuche, die ich bin, sind entgegengesetzt. Jeder von ihnen ist der Tod des andern Versuchs, das heißt, das Scheitern des einen motiviert die Anwendung des andern. Es gibt also keine Dialektik meiner Beziehungen zu Anderen, sondern einen Zirkel – wenn auch jeder Versuch um das Scheitern des andern Versuchs bereichert wird. Wir werden also beide nacheinander untersuchen. Aber man muß festhalten, daß innerhalb des einen der andere immer gegenwärtig bleibt, eben weil keiner von beiden widerspruchslos durchgehalten werden kann. Mehr noch, jeder von ihnen ist im andern und erzeugt den Tod des andern: so können wir nie aus dem Zirkel herauskommen. Man darf diese wenigen Hinweise bei der Untersuchung dieser fundamentalen Haltungen gegenüber dem Andern nicht aus den Augen verlieren. Da diese Haltungen sich als Zirkel hervorbringen und zerstören, kann man ebensogut mit der einen wie mit der andern anfangen. Doch da man ja wählen muß, werden wir zunächst die Verhaltensweisen behandeln, durch die das Für-sich versucht, sich die Freiheit des Andern zu assimilieren.

I

Die erste Haltung gegenüber Anderen: die Liebe, die Sprache, der Masochismus

Alles, was für mich gilt, gilt auch für den Andern. Während ich versuche, mich vom Zugriff des Andern zu befreien, versucht der Andere, sich von meinem zu befreien; während ich danach trachte, den Andern zu unterwerfen, trachtet der Andere danach, mich zu unterwerfen. Es handelt sich hier keineswegs um einseitige Beziehungen zu einem Objekt-an-sich, sondern um gegenseitige und veränderliche Beziehungen. Die folgenden Beschreibungen müssen also in der Perspektive des *Konflikts* betrachtet werden. Der Konflikt ist der ursprüngliche Sinn des Für-Andere-seins.

Wenn wir von der ersten Enthüllung des Andern als *Blick* ausgehen, müssen wir anerkennen, daß wir unser unerfaßbares Für-Andere-sein in Form eines *Besessenwerdens* erfahren. Ich werde vom Andern besessen; der Blick des Andern gestaltet meinen Körper in seiner Nacktheit, läßt ihn entstehen, skulptiert ihn, erzeugt ihn, wie er *ist*, sieht ihn, wie ich ihn nie sehen werde. Der Andere besitzt ein Geheimnis: das Geheimnis dessen, was ich bin. Er macht mich sein, und eben dadurch besitzt er mich, und dieses Besitzen ist nichts anderes als das Bewußtsein, mich zu besitzen. Und ich erfahre im Anerkennen meiner Objektheit, daß er dieses Bewußtsein hat. Als Bewußtsein ist der Andere für mich das, was mir mein Sein gestohlen hat, und zugleich das, was macht, daß es ein Sein «gibt», das mein Sein ist. So habe ich das Verständnis dieser ontologischen Struktur: ich bin für mein Für-Andere-sein verantwortlich, aber ich bin nicht dessen Grund: es erscheint mir also in Form eines kontingenten Gegebenen, für das ich trotzdem verantwortlich bin, und der Andere begründet mein Sein, insofern dieses Sein in der Form des «es gibt» ist;

aber er ist nicht dafür verantwortlich, obwohl er es in seiner freien Transzendenz und durch sie in voller Freiheit begründet. In dem Maß also, wie ich mich mir selbst als verantwortlich für mein Sein enthülle, *beanspruche ich* dieses Sein, das ich bin; das heißt, daß ich es wiedergewinnen will, oder, genauer ausgedrückt, ich bin Entwurf einer Wiedergewinnung meines Seins. Nach diesem Sein, das mir als *mein Sein* appräsentiert wird, aber auf Distanz wie die Speise des Tantalus, will ich die Hand ausstrecken, um mich seiner zu bemächtigen und es eben durch meine Freiheit zu begründen. Denn wenn in einer Hinsicht mein Objekt-sein unerträgliche Kontingenz und mein bloßes «Besessenwerden» durch einen andern ist, ist in anderer Hinsicht dieses Sein so etwas wie das Anzeigen dessen, was ich wiedergewinnen und begründen müßte, um Grund meiner selbst zu sein. Aber das ist nur denkbar, wenn ich mir die Freiheit des Andern assimiliere. So ist mein Entwurf einer Wiedergewinnung meiner selbst grundlegend Entwurf einer Resorption des andern. Trotzdem muß dieser Entwurf die Natur des andern intakt lassen. Das heißt: 1. Ich höre deswegen nicht auf, den Andern zu affirmieren, das heißt, an mir zu negieren, ich sei der andere: da der andere Grund meines Seins ist, kann er sich nicht in mir auflösen, ohne daß mein Für-andere-sein verschwindet. Wenn ich also vorhabe, die Einheit mit dem Andern zu realisieren, bedeutet das, daß ich vorhabe, mir die Alterität des andern als solche als meine eigne Möglichkeit zu assimilieren. Es geht mir nämlich darum, mich sein zu machen, indem ich die Möglichkeit erwerbe, mir gegenüber den Gesichtspunkt des andern einzunehmen. Aber es geht nicht darum, eine bloß abstrakte Erkenntnisfähigkeit zu erwerben. Nicht die bloße *Kategorie* des andern beabsichtige ich mir anzueignen: diese Kategorie ist weder gedacht noch auch nur denkbar. Sondern anläßlich der konkreten, erlittenen und empfundenen Erfahrung des andern will ich mir diesen konkreten andern als abso-

432

lute Realität in seiner Alterität einverleiben. 2. Der andere, den ich assimilieren will, ist keineswegs der Objekt-Andere. Oder, wenn man so will, mein Entwurf einer Einverleibung des andern entspricht keineswegs einem Wiedererfassen meines Für-sich als eines Ich-selbst und einem Überschreiten der Transzendenz des andern auf meine eigenen Möglichkeiten hin. Es geht für mich nicht darum, meine Objektivität auszulöschen, indem ich den andern objektiviere, was einer *Befreiung* von meinem Für-Andere-sein entspräche, sondern ich will mir im Gegenteil den andern als Erblickend-andern assimilieren, und dieser Assimilationsentwurf enthält eine gesteigerte Anerkennung meines Erblickt-werdens. Kurz, ich identifiziere mich total mit meinem Erblickt-werden, um mir gegenüber die erblickende Freiheit des andern aufrechtzuerhalten, und da mein Objekt-sein meine einzig mögliche Beziehung zum andern ist, kann mir nur dieses Objekt-sein als Instrument dienen, meine Assimilation der *anderen Freiheit* zu vollziehen. So will das Für-sich als Reaktion auf das Scheitern der dritten Ek-stase sich mit der Freiheit des Andern als der Begründerin seines An-sich-seins identifizieren. Sich selbst ein Anderer sein – immer konkret angestrebtes Ideal in der Form, sich selbst *dieser Andere* zu sein –, das ist der erste Wert der Bezüge zu Anderen; das bedeutet, daß mein Für-Andere sein von dem Anzeigen eines Absolut-seins heimgesucht wird, das als andres es selbst und als es selbst andres wäre und das sich aus freien Stücken als anderes sein Selbst-sein und als Selbst sein Anderes-sein gibt und damit das Wesen [*être*] des ontologischen Gottesbeweises wäre, das heißt Gott. Dieses Ideal ließe sich nicht realisieren, ohne daß ich die ursprüngliche Kontingenz meiner Bezüge zu Anderen, das heißt die Tatsache überwände, daß es keinerlei Beziehung interner Negativität gibt zwischen der Negation, durch die der Andere sich zu anderem als ich macht, und der Negation, durch die ich mich zu anderem als der andere mache. Wir haben gesehen, daß diese Kontingenz unüberwindlich ist: sie ist das *Faktum* meiner Beziehungen zu Anderen, wie mein Körper das *Faktum* meines In-der-Welt-seins ist. Die Einheit mit dem Andern ist also *de facto* unrealisierbar. Sie ist es auch *de jure*, denn die Assimilation des Für-sich und des Andern in einer gleichen Transzendenz zöge notwendig das Verschwinden des Alteritätscharakters des Andern nach sich. Die Bedingung dafür, daß ich die Identifizierung des Andern mit mir vorhabe, ist also daß ich darauf beharre, an mir zu negieren, daß ich der andere bin. Kurz, dieser Vereinigungsentwurf ist Ursprung eines *Konflikts*, denn während ich mich als Objekt für den Andern erfahre und ihn in dieser Erfahrung und durch sie zu assimilieren vorhabe, erfaßt der Andere mich als innerweltliches Objekt und hat keineswegs vor, mich zu assimilieren. Es wäre also notwendig – da das Sein für Andere eine zweifache interne Negation enthält –, auf die interne Negation einzuwirken, durch die der Andere meine Transzendenz transzendiert und mich für den andern existieren macht, das heißt, *auf die Freiheit der Anderen einzuwirken*.

Dieses unrealisierbare Ideal kann, insofern es meinen Selbstentwurf in Anwesenheit Anderer heimsucht, nicht mit der Liebe gleichgesetzt werden, insofern die Liebe ein Vorhaben ist, das heißt eine organische Gesamtheit von Entwürfen auf meine eigenen Möglichkeiten hin. Aber es ist das Ideal der Liebe, ihr Motiv und ihr Zweck, ihr eigentlicher Wert. Die Liebe als ursprüngliche Beziehung zu Anderen ist die Gesamtheit der Entwürfe, durch die ich diesen Wert zu realisieren trachte.

Diese Entwürfe bringen mich in direkte Verbindung mit der Freiheit des Andern. In diesem Sinn ist die Liebe Konflikt. Wir haben ja betont, daß die Freiheit des Andern Grund meines Seins ist. Aber gerade weil ich durch die Freiheit der Anderen existiere, habe ich keinerlei Sicherheit, bin ich in dieser Freiheit in Gefahr; sie formt mein Sein und *macht mich sein*, sie verleiht und raubt mir Werte, und mein Sein verdankt ihr ein fortwährendes passives Sichentgehen. Ohne Verantwortung und außer Reichweite kann diese wechselhafte Freiheit, in die ich mich engagiert habe, mich ihrerseits in tausend verschiedene Seinsweisen engagieren. Mein Entwurf, mein Sein wiederzugewinnen, läßt sich nur realisieren, wenn ich mich dieser Freiheit bemächtige und sie darauf reduziere, meiner Freiheit unterworfene Freiheit zu sein. Gleichzeitig ist das die einzige Art, mit der ich auf die freie interne Negation einwirken kann, durch die der andere mich als andern konstituiert, das heißt, mit der ich die Wege einer künftigen Identifikation des andern mit mir vorbereiten kann. Das wird vielleicht klarer, wenn man über jenes rein psychologische Problem nachdenkt: Warum will der Liebende *geliebt* werden? Wenn die Liebe nämlich bloßes Verlangen nach physischem Besitz wäre, könnte sie in vielen Fällen leicht befriedigt werden. Prousts Held zum Beispiel, der seine Geliebte bei sich unterbringt, sie zu jeder Tageszeit sehen und besitzen kann und es verstanden hat, sie in eine totale materielle Abhängigkeit von sich zu bringen, müßte unbesorgt sein. Man weiß jedoch, daß er im Gegenteil von Unruhe geplagt wird. Albertine entgeht Marcel durch ihr Bewußtsein, selbst wenn er bei ihr ist, und deshalb ist er nur dann beruhigt, wenn er sie während ihres Schlafs betrachtet. Es ist also gewiß, daß die Liebe das «Bewußtsein» gefangennehmen will. Aber warum will sie es? Und wie?

Dieser «Eigentums»begriff, mit dem man so oft die Liebe erklärt, kann ja nicht primär sein. Warum sollte ich mir den Andern aneignen wollen, wenn nicht gerade insofern der Andere mich sein macht? Aber das impliziert gerade einen bestimmten Aneignungsmodus: der Freiheit des andern als solcher wollen wir uns bemächtigen. Und nicht aus Willen zur Macht: der Tyrann pfeift auf die Liebe; ihm genügt die Furcht. Wenn er erreichen will, daß seine Untertanen ihn lieben, dann aus Gründen der Politik, und wenn er ein weniger aufwendiges Mittel findet, sie zu unterwerfen, wendet er es sofort an. Doch wer geliebt werden will, begehrt nicht die Unterwerfung des geliebten Wesens. Es liegt ihm nicht daran, Objekt einer überschwenglichen und mechanischen Leidenschaft zu werden. Er will keinen Automatismus besitzen, und wenn man ihn demütigen will, braucht man ihm die Leidenschaft des Geliebten nur als das Ergebnis eines psychologischen Determinismus darzustellen: der Liebende wird sich in seiner Liebe und in seinem Sein entwertet fühlen. Wenn Tristan und Isolde durch einen Liebestrunk betört werden, interessieren sie uns weniger; und es kommt vor, daß eine totale Unterwerfung des geliebten Wesens die Liebe des Liebenden tötet. Das Ziel ist überschritten: der Liebende ist wieder mit sich allein, wenn sich der Geliebte in einen Automaten verwandelt hat. Also begehrt der Liebende nicht, den Geliebten zu besitzen, wie man ein Ding besitzt; er verlangt einen besonderen Aneignungstypus. Er will eine Freiheit als Freiheit besitzen.

Andererseits könnte er sich aber auch nicht mit jener eminenten Form der Freiheit zufriedengeben, die das freie, willentliche Engagement darstellt. Wer würde sich mit einer Liebe begnügen, die sich als bloße Treue gegenüber dem geschworenen Eid äußert? Wem wäre es recht, wenn er hören müßte: «Ich liebe dich, weil ich mich frei engagiert habe, dich zu lieben, und weil ich nicht mein Wort brechen will; ich liebe dich aus Treue zu mir selbst»? So verlangt der Liebende den Eid und ärgert sich darüber. Er will von einer Freiheit geliebt werden und verlangt, daß diese Freiheit als Freiheit nicht mehr frei sei. Er will sowohl, daß die Freiheit des andern sich selbst dazu bestimmt, Liebe zu werden – und das keineswegs nur zu Beginn des Abenteuers, sondern jeden Augenblick –, als auch, daß diese Freiheit *durch sich selbst* gefangengenommen wird, daß sie sich, wie im Wahn, wie im Traum, auf sich selbst zurückwendet und ihre eigne Gefangenschaft will. Und diese Gefangenschaft soll freie und zugleich an unsere Hände gekettete Abdankung sein. Weder einen Leidenschaftsdeterminismus noch eine unerreichbare Freiheit begehren wir beim Andern in der Liebe: sondern eine Freiheit, die den Leidenschaftsdeterminismus *spielt* und ihr Spiel ernst nimmt. Und für sich selbst verlangt der Liebende nicht, *Ursache* dieser radikalen Modifikation der Freiheit zu sein, sondern ihr einziger und bevorzugter Anlaß. Er kann ja nicht wollen, ihre Ursache zu sein, ohne den Geliebten sofort in die Innerweltlichkeit zu versetzen wie ein Werkzeug, das man transzendieren kann. Das ist nicht das Wesen der Liebe. In der Liebe will der Liebende im Gegenteil für den Geliebten «alles auf der Welt» sein: das bedeutet, daß er sich auf die Seite der Welt stellt; er ist das, was die Welt zusammenfaßt und symbolisiert, er ist ein *Dieses*, das alle anderen «Dieses» umschließt, er ist *Objekt* und willigt ein, es zu sein. Doch andererseits will er das Objekt sein, in dem sich zu verlieren die Freiheit des Andern einwilligt, das Objekt, in dem der andre sein Sein und seinen Seinsgrund als seine sekundäre Faktizität zu finden einwilligt; das Grenz-Objekt der Transzendenz, auf das hin die Transzendenz des Andern alle anderen Objekte transzendiert, das aber von ihr in keiner Weise transzendiert werden kann. Und überall begehrt er den Zirkel der Freiheit des Andern; das heißt, indem die Freiheit des Andern in diese Begrenzung seiner Transzendenz einwilligt, ist diese Einwilligung in jedem Augenblick als Antrieb der betrachteten Einwilligung *schon* gegenwärtig. Als bereits gewählter Zweck will er als Zweck gewählt werden. Das ermöglicht uns das, was der Liebende vom Geliebten verlangt, von Grund aus zu erfassen: er will nicht auf die Freiheit des Andern *einwirken*, sondern *a priori* als objektive Grenze dieser Freiheit existieren, das heißt zugleich mit ihr und in ihrem Auftauchen als die Grenze gegeben sein, in die sie einwilligen muß, um frei zu sein. Daher verlangt er ein Verkleben, ein Sich-Verfestigen der Freiheit des Andern durch sie selbst: diese strukturelle Grenze ist ja etwas *Gegebenes*, und schon die Erscheinung des Gegebenen als Grenze der Freiheit bedeutet, daß die Freiheit sich innerhalb des Gegebenen *existieren macht*, indem sie ihr eigenes Verbot, es zu überschreiten, ist. Und dieses Verbot wird vom Liebenden als erlebt angesehen, das heißt als erlitten – kurz, als eine Faktizität – und *gleichzeitig* als frei gebilligt. Es muß frei gebilligt werden können, da es eins sein soll mit dem Auftauchen einer Freiheit, die sich als Freiheit wählt. Aber es muß nur erlebt werden, da es eine immer gegenwärtige Unmöglichkeit sein soll, eine Faktizität, die auf die Freiheit des andern bis in ihren Kern zurückfließt; und das wird psychologisch durch die Forderung ausgedrückt, daß sich der freie Entschluß, mich zu lieben, den der Geliebte vorher gefaßt hat, wie ein behexender Antrieb *in das Innere* seines gegenwärtigen freien Engagements hineinschiebt.

Man erfaßt nun den Sinn der Forderung: diese Faktizität, die in meinem Verlangen, geliebt zu werden, die faktische Grenze für den Andern und schließlich *seine eigne* Faktizität sein muß, ist *meine* Faktizität. Insofern ich das Objekt bin, das der Andre zum Sein kommen läßt, muß ich gerade die seiner Transzendenz inhärente Grenze sein, so daß der Andre, wenn er zum Sein auftaucht, mich als das Unüberschreitbare und Absolute sein macht, und zwar nicht als nichtendes Für-sich, sondern als Für-Andere-innerweltlich-sein. Geliebt werden wollen heißt also den andern mit der eignen Faktizität infizieren, ihn zwingen wollen, einen fortwährend neu zu erschaffen als die Bedingung einer Freiheit, die sich unterwirft und engagiert; heißt zugleich wollen, daß die Freiheit das Faktum begründet und daß das Faktum Vorrang vor der Freiheit hat. Wenn dieses Resultat erreicht werden könnte, ergäbe sich daraus an erster Stelle, daß ich im Bewußtsein des andern *in Sicherheit* wäre. Zunächst, weil das Motiv meiner Unruhe und meiner Scham ist, daß ich mich in meinem Für-Andere-sein erfasse und erfahre als das, was immer auf etwas anderes hin überschritten werden kann, was bloßes Objekt eines Werturteils, bloßes Mittel, bloßes Werkzeug ist. Meine Unruhe kommt daher, daß ich das Sein, das ein anderer mich in einer absoluten Freiheit sein macht, notwendig und frei übernehme: «Gott weiß, was ich für ihn bin! Gott weiß, wie er mich denkt.» Das bedeutet: «Gott weiß, wie er mich sein macht», und ich werde von diesem Sein heimgesucht, dem ich eines Tages an einer Straßenecke zu begegnen fürchte, das mir so fremd ist und das trotzdem *mein Sein* ist und von dem ich auch weiß, daß ich ihm trotz meiner Anstrengungen nie begegnen werde. Aber wenn der andere mich liebt, werde ich das *Unüberschreitbare*, was bedeutet, daß ich der absolute Zweck sein muß; in diesem Sinn bin ich vor der *Utensilität* bewahrt; meine innerweltliche Existenz wird zum genauen Korrelat meiner Transzendenz-für-mich, denn meine Unabhängigkeit ist absolut gewahrt. Das Objekt, das der andre mich sein machen muß, ist ein Transzendenz-Objekt, ein absolutes Bezugszentrum, um das sich alle Utensilien-Dinge der Welt als bloße *Mittel* anordnen. Zugleich bin ich als absolute Grenze der Freiheit, das heißt der absoluten Quelle aller Werte, gegen jede eventuelle Entwertung geschützt; ich bin der absolute Wert. Und in dem Maß, wie ich mein Für-Andere-sein übernehme, übernehme ich mich als Wert. Geliebt werden wollen heißt also sich jenseits jedes durch Andere gesetzten Wertsystems stellen wollen als die Bedingung jeder Wertung und als der objektive Grund aller Werte. Diese Forderung bildet das übliche Gesprächsthema zwischen Liebenden, sei es, wie in *La porte étroite* von André Gide, daß die, die geliebt werden will, sich mit einer asketischen Selbstüberschreitungsmoral identifiziert und die ideale Grenze dieser Überschreitung verkörpern will, sei es, daß der Liebende, wie eher üblich, verlangt, daß der Geliebte ihm in seinen Handlungen die traditionelle Moral opfert, weil er im ungewissen ist, ob der Geliebte seine Freunde für ihn verraten würde, «für ihn stehlen würde», «für ihn töten würde» usw. Unter diesem Gesichtspunkt muß mein Sein dem *Blick* des Geliebten entgehen; oder vielmehr, es muß Gegenstand eines anders strukturierten Blicks werden: ich darf nicht mehr auf dem Welthintergrund als ein «Dieses» unter anderen *Dieses* gesehen werden, sondern die Welt muß sich von mir aus enthüllen. In dem Maß nämlich, wie das Auftauchen der Freiheit macht, daß eine Welt existiert, muß ich, als Grenzbedingung dieses Auftauchens, eben die Bedingung des Auftauchens einer Welt sein. Ich muß der sein, dessen Funktion es ist, die Bäume und das Wasser, die Städte und die Felder und die anderen Menschen existieren zu machen, um sie dann dem andern zu geben, der sie als Welt anordnet, ganz so wie die Mutter in mutterrechtlichen Gesellschaften die Rechtstitel und den Namen erhält, nicht um sie zu behalten, sondern um sie unmittelbar auf ihre Kinder zu übertragen. In gewissem Sinn bin ich, wenn ich geliebt werden soll, der Gegenstand, durch dessen Vollmacht die Welt für den andern existieren wird; und in einem andern Sinn bin ich die Welt. Statt ein Dieses zu sein, das sich vom Welthintergrund abhebt, bin ich der Hintergrund-Gegenstand, von dem sich die Welt abhebt. Folglich bin ich beruhigt: der Blick des andern durchsetzt mich nicht mehr mit Endlichkeit; er läßt mein Sein nicht mehr zu dem erstarren, *was ich einfach bin*; ich kann nicht mehr als häßlich, als klein, als feige *erblickt* werden, denn diese Merkmale stellen notwendig eine faktische Begrenzung meines Seins und ein Erfassen meiner Endlichkeit als Endlichkeit dar. Zwar bleiben meine Möglichkeiten transzendierte Möglichkeiten, tote-Möglichkeiten; aber ich habe alle Möglichkeiten; ich bin alle toten-Möglichkeiten der Welt; dadurch höre ich auf, das Wesen [*être*] zu sein, das sich von anderen Wesen [*êtres*] her oder von seinen Handlungen her versteht; vielmehr muß ich in der Liebesintuition, die ich verlange, als eine absolute Totalität gegeben sein, von der aus alle Wesen [*êtres*] und alle ihre eignen Handlungen verstanden werden müssen. Man könnte unter leichter Abwandlung einer berühmten Formel der Stoiker sagen: «Der Geliebte kann drei Purzelbäume schlagen.» Das Ideal des Weisen stimmt ja mit dem Ideal dessen, der geliebt werden will, darin überein, daß beide eine Objekt-Totalität sein wollen, die einer globalen Intuition zugänglich ist, die die Handlungen des Geliebten und des Weisen in der Welt als Teilstrukturen erfaßt, die von der Totalität aus interpretiert werden. Und so wie sich die Weisheit als ein Zustand darbietet, der durch eine absolute Metamorphose zu erreichen ist, muß die Freiheit des Andern sich absolut verwandeln, um mich in den Zustand eines Geliebten gelangen zu lassen.

Diese Beschreibung würde sich bis jetzt mit der berühmten Hegelschen Beschreibung der Beziehungen von Herr und Knecht ungefähr decken.[257] Was der Hegelsche Herr für den Knecht ist, will der Liebende für den Geliebten sein. Aber hier hört die Analogie auf, denn der Herr verlangt bei Hegel die Freiheit des Knechts nur lateral und sozusagen implizit, während der Liebende *zunächst* die Freiheit des Geliebten verlangt. In diesem Sinn muß ich, wenn ich vom anderen geliebt werden soll, als Geliebter frei gewählt werden. Bekanntlich wird in der geläufigen Terminologie der Liebe der Geliebte mit dem Ausdruck *Erwählter* bezeichnet. Aber diese Wahl soll nicht relativ und kontingent sein: der Liebende ärgert sich und fühlt sich entwertet, wenn er denkt, daß der Geliebte ihn *unter anderen* gewählt hat. «Wenn ich also nicht in diese Stadt gekommen wäre, wenn ich nicht bei jenen Leuten verkehrt hätte, hättest du mich nicht kennengelernt, hättest mich nicht geliebt.» Dieser Gedanke bedrückt den Liebenden: seine Liebe wird Liebe unter anderen, begrenzt durch die Faktizität des Geliebten und durch seine eigne Faktizität sowie durch die Kontingenz der Begegnungen: sie wird *Liebe in der Welt*, die Welt voraussetzendes Objekt, das seinerseits für andere existieren kann. Was er verlangt, gibt er durch ungeschickte und von «Verdinglichung» gefärbte Wörter wieder; er sagt: «Wir waren füreinander geschaffen», oder er benutzt sogar den Ausdruck «Geschwisterseele». Aber man muß klarstellen: er weiß genau, daß «füreinander geschaffen sein» sich auf eine ursprüngliche Wahl bezieht. Diese Wahl kann die Gottes sein als des Wesens, das absolute Wahl ist; aber Gott stellt hier nur den äußersten Pol im Verlangen nach Absolutem dar. Was der Liebende verlangt, ist ja, daß der Geliebte eine absolute Wahl von ihm getroffen hat. Das bedeutet, daß das In-der-Welt-sein des Geliebten ein Liebender-sein sein muß. Dieses Auftauchen des Geliebten muß freie Wahl des Liebenden sein. Und da der andere der Grund meines Objekt-seins ist, verlange ich von ihm, daß das freie Auftauchen seines Seins den einzigen und absoluten Zweck hat, daß er *mich* gewählt hat, das heißt, daß er gewählt hat, zu sein, um meine Objektheit und meine Faktizität zu begründen. So ist meine Faktizität «*gerettet*». Sie ist nicht mehr das undenkbare und unüberwindliche Gegebene, vor dem ich fliehe: sie ist das, wofür sich der andere frei existieren macht; sie ist wie ein Zweck, den er sich gibt. Ich habe ihn mit meiner Faktizität infiziert, aber da er als Freiheit davon infiziert worden ist, schickt er sie mir als übernommene und gebilligte Faktizität zurück: er ist deren Grund, damit sie sein Zweck sei. Von dieser Liebe her erfasse ich also meine Entfremdung und meine eigne Faktizität anders. Sie ist – insofern sie Für-Andere ist – nicht mehr ein Faktum, sondern ein Recht. Meine Existenz ist, weil sie *gerufen* wird. Diese Existenz wird, insofern ich sie übernehme, reine Hingabe. Ich bin, weil ich mich verschwende. Diese geliebten Adern auf meinen Händen existieren aus Güte. Wie gut bin ich doch, Augen, Haare, Brauen zu haben und sie unablässig zu verschwenden in einer überströmenden Hingabe an diese unablässige Begierde, die der Andere zu sein sich frei macht. Während wir, bevor wir geliebt wurden, beunruhigt waren von dieser ungerechtfertigten, nicht zu rechtfertigenden Protuberanz, die unsere Existenz war, während wir uns als «zu viel» fühlten, fühlen wir jetzt, daß diese Existenz in ihren kleinsten Einzelheiten von einer absoluten Freiheit übernommen und gewollt wird, deren Bedingung sie gleichzeitig ist – und daß wir uns selbst samt unserer eignen Freiheit wollen. Das ist der Grund für die Liebesfreude, wenn sie existiert: uns gerechtfertigt fühlen, daß wir existieren.

Gleichzeitig ist der Geliebte, wenn er uns lieben kann, völlig bereit, von unserer Freiheit assimiliert zu werden: denn dieses Geliebtwerden, das wir wünschen, ist schon der auf unser Für-Andere-sein angewendete ontologische Gottesbeweis. Unser objektives Wesen impliziert die Existenz des *andern*, und umgekehrt ist es die Freiheit des andern, die unser Wesen begründet. Wenn wir das ganze System verinnern könnten, wären wir Grund unser selbst.

Das ist also das reale Ziel des Liebenden, insofern seine Liebe ein Vorhaben, das heißt ein Ent-wurf seiner selbst ist. Dieser Entwurf muß einen Konflikt hervorrufen. Der Geliebte erfaßt ja den Liebenden als einen Objekt-andern unter den anderen, das heißt, er nimmt ihn auf dem Welthintergrund wahr, transzendiert und benutzt ihn. Der Geliebte ist *Blick*. Er kann also weder seine Transzendenz dazu benutzen, seinen Überschreitungen eine äußerste Grenze zu setzen, noch seine Freiheit, sich selbst gefangenzunehmen. Der Geliebte kann nicht lieben wollen. Der Liebende muß den Geliebten also verführen; und seine Liebe unterscheidet sich nicht von diesem Verführungsunternehmen. In der Verführung versuche ich keineswegs, dem Andern meine Subjektivität zu entdecken: ich könnte das übrigens nur tun, indem ich den Andern *anblicke*; aber durch diesen Blick würde ich die Subjektivität des Andern verschwinden lassen, und sie ist es doch, die ich mir assimilieren will. Verführen heißt meine Objektheit für den Andern vollständig und als ein Risiko auf mich nehmen, mich seinem Blick aussetzen, mich von ihm anblicken lassen, Gefahr laufen, *gesehen zu werden*, um einen neuen Anlauf zu nehmen und mir den andern in meiner Objektheit und durch sie anzueignen. Ich weigere mich, das Gelände zu verlassen, wo ich meine Objektheit erfahre; auf diesem Gelände will ich den Kampf aufnehmen, indem ich mich zum *faszinierenden Objekt* mache. Wir haben im Zweiten Teil²⁵⁸ die Faszination als *Zustand* definiert: sie ist, sagten wir, das nicht-thetische Bewußtsein, das *nichts* [*rien*] in Anwesenheit des Seins zu sein. Die Verführung zielt darauf ab, beim Andern das Bewußtsein seiner Nichtsheit [*néantité*] angesichts des verführenden Objekts zu veranlassen. Durch die Verführung will ich mich als eine Seinsfülle konstituieren und als *solche anerkennen lassen*. Dazu konstituiere ich mich als bedeutendes Objekt. Meine Handlungen müssen in zwei Richtungen *zeigen*. Einerseits auf das, was man zu Unrecht Subjektivität nennt und was vielmehr objektive und verborgene Seinstiefe ist; die Handlung wird nicht um ihrer selbst willen ausgeführt, sondern sie zeigt eine unendliche und undifferenzierte Reihe anderer wirklicher und möglicher Handlungen an, die ich für mein objektives und nicht wahrgenommenes Sein als konstituierend darbiete. So versuche ich, die Transzendenz, die mich transzendiert, zu lenken und sie auf die Unendlichkeit meiner toten-Möglichkeiten zu verweisen, eben um das Unüberschreitbare zu werden, und zwar gerade in dem Maß, wie das einzige Unüberschreitbare das Unendliche ist. Andererseits versucht jede meiner Handlungen, die größte Dichte möglicher-Welt anzuzeigen, und soll mich als mit den weitesten Regionen der Welt verbunden hinstellen, indem ich entweder dem Geliebten die Welt *darbiete* und versuche, mich als notwendiger Mittler zwischen ihm und der Welt zu konstituieren, oder einfach indem ich durch meine Handlungen eine unendlich variierte Herrschaft über die Welt manifestiere (Geld, Macht, Beziehungen usw.). Im ersten Fall versuche ich, mich als ein Unendliches an

Tiefe zu konstituieren; im zweiten Fall, mich mit der Welt zu identifizieren. Durch diese verschiedenen Verfahren *proponiere* ich mich als unüberschreitbar. Diese Pro-position kann sich selbst nicht genügen, sie ist nur eine Einschließung des andern, sie kann keinen faktischen Wert gewinnen ohne die Zustimmung der Freiheit des andern, die sich gefangennehmen muß, indem sie sich angesichts meiner absoluten Seinsfülle als Nichts anerkennt.

Man wird sagen, daß diese verschiedenen Ausdrucksversuche die Sprache *voraussetzen*. Wir streiten das nicht ab; wir sagen sogar: sie *sind* die Sprache oder, wenn man so will, ein fundamentaler Modus der Sprache. Es gibt zwar psychologische und historische Probleme, die die Existenz, das Erlernen und die Anwendung einer *einzelnen* Sprache betreffen, aber es gibt kein besonderes Problem hinsichtlich dessen, was man die Erfindung der Sprache nennt. Die Sprache ist kein dem Für-Andere-sein hinzugefügtes Phänomen: sie *ist* ursprünglich das Für-Andere-sein, das heißt das Faktum, daß eine Subjektivität sich als Objekt für die andere erfährt. In einem Universum bloßer Objekte kann die Sprache in keinem Fall «erfunden» werden, da sie ursprünglich einen Bezug zu einem andern Subjekt voraussetzt; und in der Intersubjektivität der Für-Andere ist es nicht notwendig, sie zu erfinden, denn sie ist in der Anerkennung des andern schon gegeben. Allein deshalb, weil, was ich auch tue, meine frei geplanten und ausgeführten Handlungen, meine Ent-würfe auf meine Möglichkeiten hin draußen einen Sinn haben, der mir entgeht und den ich erfahre, *bin* ich Sprache. In diesem Sinn – und nur in diesem Sinn – hat Heidegger recht, wenn er erklärt: *ich bin das, was ich sage.** Die Sprache ist

---

* Die Formel stammt von Alphonse de Waehlens, *La philosophie de Martin Heidegger*, Louvain 1942, 99. Siehe auch den Text Heideggers, den er zitiert: «Diese Bezeugung meint hier nicht einen nachträglichen und beiherlaufenden Ausdruck des

ja kein Instinkt der konstituierten menschlichen Kreatur, sie ist auch keine Erfindung unserer Subjektivität; man darf sie aber auch nicht auf das reine «Außer-sich-sein» des «Daseins»[259] zurückführen. Sie ist Teil der *conditio humana*, sie ist ursprünglich die Erfahrung, die ein Für-sich von seinem Für-Andere-sein machen kann, und später das Überschreiten dieser Erfahrung und ihre Verwendung auf Möglichkeiten hin, die meine Möglichkeiten sind, das heißt auf meine Möglichkeiten hin, dies oder jenes für den Andern zu sein. Die Sprache unterscheidet sich also nicht von der Anerkennung der Existenz des Andern. Das Auftauchen des andern mir gegenüber als Blick läßt die Sprache als Bedingung meines Seins auftauchen. Diese ursprüngliche Sprache ist nicht zwangsläufig die Verführung; wir werden andere ihrer Formen kennenlernen; wir haben übrigens darauf hingewiesen, daß es angesichts des Andern keine ursprüngliche Haltung gibt und daß die Haltungen sich im Kreis folgen, wobei jede die andere impliziert. Umgekehrt aber setzt die Verführung keine frühere Form der Sprache voraus: sie ist ganz und gar Realisierung der Sprache; das bedeutet, daß sich die Sprache durch die Verführung als ursprünglicher Seinsmodus des Ausdrucks schlagartig ganz und gar offenbaren kann. Selbstverständlich verstehen wir unter Sprache alle Ausdrucksphänomene und nicht das artikulierte Wort, das ein abgeleiteter und sekundärer Modus ist, dessen Erscheinen Gegenstand einer historischen Untersuchung sein kann. Insbesondere zielt bei der Verführung die Sprache nicht darauf ab, *zu erkennen zu geben*, sondern empfinden zu lassen.

Aber bei diesem ersten Versuch, eine faszinierende Sprache zu finden, gehe ich blind vor, denn ich halte mich

Menschseins, sondern sie macht das Dasein des Menschen mit aus.» (*Hölderlin und das Wesen der Dichtung*, Langen und Müller, München 1937, 6.)

nur an die abstrakte und leere Form meiner Objektheit für den andern. Ich kann mir nicht einmal denken, welche Wirkung meine Gebärden und meine Haltungen haben werden, da sie stets durch eine Freiheit übernommen und begründet werden, die sie überschreitet, und da sie nur dann Bedeutung haben können, wenn diese Freiheit ihnen eine verleiht. So entgeht mir der «Sinn» meiner Ausdrücke immer; ich weiß nie genau, ob ich das bedeute, was ich bedeuten will, und nicht einmal, ob ich bedeutend *bin*; gerade in diesem Augenblick müßte ich im andern das lesen, was grundsätzlich undenkbar ist. Und da ich nicht weiß, was ich faktisch für den Andern ausdrücke, konstituiere ich meine Sprache als das unvollständige Phänomen einer Flucht aus mir heraus. Sobald ich mich ausdrücke, kann ich den Sinn dessen, was ich ausdrücke, nur vermuten, das heißt im Grunde, den Sinn dessen, was ich bin, denn in dieser Perspektive sind Ausdrücken und Sein eins. Der Andere ist immer da, gegenwärtig und erfahren als das, was der Sprache ihren Sinn gibt. Jeder Ausdruck, jede Gebärde, jedes Wort ist auf meiner Seite konkretes Erfahren der entfremdenden Realität des Andern. Nicht nur der Psychopath kann sagen – wie zum Beispiel im Fall von Einflußpsychosen* –: «Man stiehlt mir mein Denken.» Denn schon die Tatsache des Ausdrucks ist ein Diebstahl des Denkens, da das Denken die Mitwirkung einer entfremdenden Freiheit benötigt, um sich als Objekt konstituieren zu können. Deshalb ist dieser erste Aspekt der Sprache – insofern ich es bin, der sie für den andern benutzt – *heilig*. Der heilige Gegenstand ist ja ein Gegenstand der Welt, der eine Transzendenz über die Welt hin-

---

* Übrigens ist die Einflußpsychose, wie die Psychosen schlechthin, exklusive Erfahrung, die durch Mythen eines großen metaphysischen Faktums wiedergegeben werden: hier das Entfremdungsfaktum. Ein Wahnsinniger tut niemals etwas anderes, als die *conditio humana* auf seine Weise zu realisieren.

aus anzeigt. Die Sprache enthüllt mir die Freiheit dessen, der mir schweigend zuhört, das heißt seine Transzendenz.

Aber im gleichen Moment bleibe ich für den andern ein bedeutendes Objekt – was ich immer gewesen bin. Es gibt keinen Weg, der von meiner Objektheit aus dem andern meine Transzendenz anzeigen könnte. Die Haltungen, die Ausdrücke und die Worte können ihm immer nur andere Haltungen, andere Ausdrücke und andere Worte anzeigen. So bleibt für den Andern die Sprache bloße Eigenschaft eines magischen Objekts – und selbst magisches Objekt: sie ist ein Handeln auf Distanz, dessen Wirkung der Andre genau kennt. So ist das Wort *heilig*, wenn ich es bin, der es benutzt, und *magisch*, wenn der andere es hört. Demnach kenne ich meine Sprache nicht besser als meinen Körper für den andern. Ich kann mich weder sprechen hören noch lächeln sehen. Das Problem der Sprache ist dem der Körper genau parallel, und die Beschreibungen, die im einen Fall gelten, gelten auch im andern.

Indessen gelingt es der Faszination, selbst wenn sie im Andern ein Fasziniert-sein veranlassen sollte, von sich aus nicht, die Liebe zu veranlassen. Man kann von einem Redner, einem Schauspieler, einem Jongleur fasziniert sein: das bedeutet nicht, daß man ihn liebt. Man kann zwar die Augen nicht von ihm abwenden; aber er hebt sich noch auf dem Welthintergrund ab, und die Faszination setzt den faszinierenden Gegenstand nicht als äußerste Grenze der Transzendenz; ganz im Gegenteil, sie *ist* Transzendenz. Wann wird also der Geliebte seinerseits Liebender?

Die Antwort ist einfach: wenn er sich daraufhin entwirft, geliebt zu werden. An sich hat der Objekt-Andre nie Kraft genug, die Liebe zu veranlassen. Wenn das Ideal der Liebe die Aneignung des Andern als Andern, das heißt als erblickender Subjektivität ist, kann dieses Ideal nur von meiner Begegnung mit einem Subjekt-Andern, nicht mit einem Objekt-Andern aus entworfen werden. Die Verführung kann den Objekt-Andern, der mich zu verführen sucht, nur mit dem Merkmal eines «zu besitzenden» *kostbaren* Objekts versehen; vielleicht wird sie mich dazu bestimmen, zu seiner Eroberung viel aufs Spiel zu setzen; aber diese Begierde nach Aneignung eines innerweltlichen Objekts darf nicht mit Liebe verwechselt werden. Die Liebe kann also beim Geliebten nur aus der Erfahrung seiner Entfremdung und seiner Flucht zum andern hin entstehen. Aber wiederum wird sich der Geliebte, wenn es so ist, nur dann in einen Liebenden verwandeln, wenn er sich daraufhin entwirft, geliebt zu werden, das heißt, wenn das, was er erobern will, nicht ein Körper, sondern die Subjektivität des andern als solche ist. Das einzige Mittel nämlich, diese Aneignung zu realisieren, das er sich denken kann, ist, zu machen, daß er geliebt wird. So scheint uns, daß lieben in seinem Wesen der Entwurf ist, zu machen, daß man geliebt wird. Daher dieser neue Widerspruch und dieser neue Konflikt: jeder Liebende ist gänzlich Gefangener des andern, insofern er von ihm unter Ausschluß jedes andern geliebt werden will; gleichzeitig aber verlangt jeder vom andern eine Liebe, die sich keineswegs auf den «Entwurf, geliebt-zu-werden» beschränkt. Er verlangt nämlich, daß der andere, ohne ursprünglich danach zu trachten, geliebt zu werden, eine gleichzeitig kontemplative und affektive Intuition von seinem Geliebten als der objektiven Grenze seiner Freiheit, als dem unvermeidlichen und gewählten Grund seiner Transzendenz, als der Seinstotalität und dem obersten Wert hat. Die so vom andern geforderte Liebe kann nichts *fordern*: sie ist reines Engagement ohne Gegenseitigkeit. Aber gerade diese Liebe kann nur als Forderung des Liebenden existieren; und der Liebende ist ganz anders gefangen: er ist Gefangener eben seiner Forderung in dem Maß, wie die Liebe Forderung ist, geliebt zu werden, er ist eine Freiheit, die sich als Körper will und ein Draußen fordert; also eine Freiheit, die die Flucht zum andern hin mimt, eine Freiheit, die als Freiheit ihre Entfremdung verlangt. Die Freiheit des Liebenden entfremdet sich gerade in ihrem Bemühen, zu machen, daß der andere ihn als Objekt liebt, indem sie in den Körper-für-den-andern fährt, das heißt sich mit der Dimension einer Flucht zum andern hin zur Existenz bringt; sie ist fortwährende Weigerung, sich als reine Selbstheit zu setzen, denn diese Affirmation von sich als sich selbst würde die Auflösung des Andern als Blick und das Auftauchen des Objekt-andern nach sich ziehen, also einen Zustand, bei dem gerade die Möglichkeit, geliebt zu werden, verschwindet, da sich ja der andere auf seine Objektivitätsdimension reduziert. Diese Weigerung konstituiert also die Freiheit als vom andern abhängig, und der andere als Subjektivität wird unüberschreitbare Grenze der Freiheit des Für-sich, Ziel und höchster Zweck, insofern er den Schlüssel seines Seins besitzt. Wir finden hier das Ideal des Liebesunternehmens wieder: die entfremdete Freiheit. Aber gerade wer geliebt werden will, der entfremdet seine Freiheit, insofern er will, daß man ihn liebt. Meine Freiheit entfremdet sich in Anwesenheit der reinen Subjektivität des andern, die meine Objektivität begründet; sie kann sich keineswegs gegenüber dem Objektandern entfremden. In dieser Form wäre nämlich die Entfremdung des Geliebten, von der der Liebende träumt, widersprüchlich, da der Geliebte das Sein des Liebenden nur begründen kann, indem er es grundsätzlich auf andere Objekte der Welt hin transzendiert; also kann diese Transzendenz das von ihr überschrittene Objekt nicht als transzendiertes Objekt und gleichzeitig als Grenz-Objekt jeder Transzendenz konstituieren. So will im Liebespaar jeder das Objekt sein, für das die Freiheit des andern sich in einer ursprünglichen Intuition entfremdet; aber diese Intuition, die eigentlich die Liebe wäre, ist nur ein widersprüchliches Ideal des Für-sich; daher ist jeder nur in genau dem Maß entfremdet, wie er die Entfremdung des Andern verlangt. Jeder will, daß der andere ihn liebt, ohne sich darüber klarzuwerden, daß lieben geliebt werden wollen heißt und daß er also, wenn er will, daß der andre ihn lieben soll, nur will, daß der andere will, daß er ihn liebt. So sind die Liebesbeziehungen ein System unendlicher Verweisungen, analog dem reinen «Spiegelung-gespiegelt» des Bewußtseins, unter dem idealen Zeichen des *Werts* «Liebe», das heißt einer Verschmelzung der Bewußtseine, bei der jedes von ihnen seine Alterität bewahrt, um das andere zu begründen. Denn die Bewußtseine sind ja durch ein Nichts getrennt, das unüberwindbar ist, da es gleichzeitig interne Negation des einen durch das andere und faktisches Nichts zwischen den zwei internen Negationen ist. Die Liebe ist ein widersprüchliches Bemühen, die faktische Negation zu überwinden und dabei doch die interne Negation zu bewahren. Ich verlange, daß der Andre mich liebt, und ich setze alles daran, meinen Entwurf zu realisieren; aber wenn der andre mich liebt, enttäuscht er mich radikal gerade durch seine Liebe: ich forderte von ihm, daß er mein Sein als bevorzugtes Objekt begründe, indem er sich mir gegenüber als reine Subjektivität erhält; und sobald er mich liebt, empfindet er mich als Subjekt und versinkt angesichts meiner Subjektivität in seine Objektivität. Das Problem meines Für-Andere-seins bleibt also ungelöst, die Liebenden bleiben jeder für sich in einer totalen Subjektivität; nichts entbindet sie von ihrer Pflicht, sich jeder für sich existieren zu machen; nichts beseitigt ihre Kontingenz oder rettet sie vor ihrer Faktizität. Wenigstens hat jeder erreicht, in der Freiheit des andern nicht mehr in Gefahr zu sein – aber ganz anders, als er glaubt: nämlich nicht etwa, weil der andere ihn als Grenz-Objekt seiner Transzendenz sein macht, sondern weil der andere ihn als Subjektivität erfährt und ihn nur so erfahren will. Allerdings ist dieser Gewinn fortwährend gefährdet: erstens kann sich jederzeit jedes der Bewußtseine von seinen Ketten befreien und den andern plötzlich als *Objekt* betrachten. Dann hört die Verzauberung auf, der andere wird zum Mittel unter Mitteln, er ist dann wirklich, wie er es wünscht, Objekt für den Andern, aber Werkzeug-Objekt, ständig transzendiertes Objekt; die Illusion, das Spiegelspiel, das die konkrete Wirklichkeit der Liebe ausmacht, hört plötzlich auf. Sodann trachtet in der Liebe jedes Bewußtsein danach, sein Für-Andere-sein in der Freiheit des andern *in Sicherheit* zu bringen. Das setzt voraus, daß der andere als reine Subjektivität jenseits der Welt ist, als das Absolute, durch das die Welt zum Sein kommt. Aber die Liebenden brauchen nur von einem Dritten zusammen *erblickt* zu werden, und schon erfährt jeder die Objektivierung nicht nur seiner selbst, sondern auch des andern. Gleichzeitig ist der andere für mich nicht mehr die absolute Transzendenz, die mich in meinem Sein begründet, sondern er ist nicht durch mich, sondern durch einen andern transzendierte-Transzendenz; und mein ursprünglicher Bezug zu ihm, das heißt meine Beziehung eines geliebten Wesens zum Liebenden erstarrt zu toter-Möglichkeit. Das ist nicht mehr die erfahrene Beziehung eines Grenz-Objekts jeder Transzendenz zu der Freiheit, die es begründet: sondern es ist eine Liebe-als-Objekt, die sich ganz auf den Dritten hin entfremdet. Das ist der wahre Grund, warum die Liebenden die Einsamkeit suchen. Denn das Erscheinen eines Dritten, wer es auch sei, ist Zerstörung ihrer Liebe. Aber die Einsamkeit *de facto* (wir sind allein in meinem Zimmer) ist keineswegs Einsamkeit *de jure*. Tatsächlich existieren wir, auch wenn uns niemand sieht, für *alle* Bewußtseine und sind uns bewußt, für alle zu existieren: daraus folgt, daß die Liebe als fundamentaler Modus des Für-Andere-seins die Wurzel ihrer Zerstörung in ihrem Für-Andere-sein hat. Wir haben die dreifache Zerstörbarkeit der Liebe definiert: Erstens ist sie ihrem Wesen nach ein Betrug und eine Verweisung bis ins Unendliche, denn lieben heißt wollen, daß man mich liebt, also wollen, daß der andere will, daß ich ihn liebe. Und ein vorontologisches Verständnis dieses Betrugs ist im Liebeselan selbst gegeben: daher das ständige Unbefriedigtsein des Liebenden. Es kommt nicht, wie man allzuoft behauptet, von der Unwürdigkeit des geliebten Wesens, sondern von einem impliziten Verständnis dessen, daß die Liebesintuition als Begründung-Intuition ein unerreichbares Ideal ist. Je mehr man mich liebt, um so mehr verliere ich mein *Sein*, um so mehr bin ich meinen eignen Verantwortlichkeiten, meinem eigenen Seinkönnen überlassen. Zweitens ist das Erwachen des andern jederzeit möglich, von einem Augenblick zum andern kann er mich als Objekt vor ihn hintreten lassen: daher die ständige Unsicherheit des Liebenden. Drittens ist die Liebe ein durch die andern fortwährend *relativiertes* Absolutes. Man müßte mit dem Geliebten allein auf der Welt sein, damit die Liebe ihren Charakter einer absoluten Bezugsachse bewahren könnte. Daher die ständige Scham (oder der ständige Stolz – was hier auf dasselbe hinausläuft) des Liebenden.

Ich habe also vergeblich versucht, mich im Objektiven zu verlieren: meine Leidenschaft hat nichts genutzt; der andere hat mich – sei es durch sich selbst, sei es durch die anderen – auf meine nicht zu rechtfertigende Subjektivität verwiesen. Diese Feststellung kann eine totale Verzweiflung hervorrufen und einen neuen Versuch, die Assimilation des Andern und meiner selbst zu realisieren. Sein Ideal ist das Umgekehrte von dem, was wir eben beschrieben haben: anstatt mir vorzunehmen, den andern zu absorbieren unter Bewahrung seiner Alterität, werde ich jetzt versuchen, mich vom andern absorbieren zu lassen und mich in seiner Subjektivität zu verlieren, um mich meiner eigenen zu entledigen. Dieses Unternehmen äußert sich auf der konkreten Ebene durch die *masochistische* Haltung: da der Andere der Grund meines Für-Andereseins ist, wäre ich, wenn ich die Sorge, mich existieren zu machen, auf den Andern abwälzte, nur noch ein in seinem Sein durch eine Freiheit begründetes An-sich-sein. Hier ist es meine eigene Subjektivität, die als Hindernis für den ursprünglichen Akt betrachtet wird, durch den der Andere mich in meinem Sein begründen würde; sie ist es, die vor allem mit *meiner eigenen Freiheit* negiert werden muß. Ich versuche also, mich ganz in mein Objekt-sein zu engagieren, ich weigere mich, mehr als ein Objekt zu sein, ich ruhe mich im andern aus; und da ich dieses Objekt-sein in der Scham erfahre, will und liebe ich meine Scham als tiefes Zeichen meiner Objektivität; und da der Andere mich durch die *aktuelle Begierde* als Objekt erfaßt,* will ich begehrt werden, mache ich mich in der Scham zum Objekt einer Begierde. Diese Haltung wäre der der Liebe ziemlich ähnlich, wenn ich, statt daß ich für den andern als Grenz-Objekt seiner Transzendenz zu existieren versuche, nicht im Gegenteil darauf versessen wäre, mich als ein Objekt unter den anderen, als ein zu benutzendes Instrument behandeln zu lassen: es ist nämlich *meine* Transzendenz, die negiert werden muß, nicht seine. Diesmal habe ich mir nicht vorzunehmen, seine Freiheit gefangenzunehmen, sondern ich wünsche im Gegenteil, daß diese Freiheit radikal frei sei und sich radikal frei wolle. Je mehr ich mich also auf andere Zwecke hin überschritten fühle, um so mehr genieße ich die Abdankung meiner Transzendenz. Im Grenzfall nehme ich mir vor, weiter nichts als ein *Objekt* zu sein, also radikal ein *An-sich*. Aber insofern eine Freiheit, die die meine absorbiert hat, der Grund dieses An-sich sein wird, wird mein Sein wieder Grund seiner selbst werden. Der Masochismus ist, ebenso wie der Sadismus,** Übernahme von Schuld. Ich bin ja schon deshalb schuldig, weil ich Objekt bin. Schuldig mir gegenüber, da ich meiner absoluten Entfremdung zustimme, schuldig dem Andern gegenüber, da ich ihm den Anlaß verschaffe, schuldig zu werden, das heißt, meine Freiheit als solche radikal zu verfehlen. Der Masochismus ist ein

---

* Siehe den folgenden Abschnitt II.
** Siehe den folgenden Abschnitt II.

Versuch, nicht den andern durch meine Objektivität zu faszinieren, sondern mich selbst durch meine Objektivität-für-den-Andern faszinieren zu lassen, das heißt, mich durch den Andern so als Objekt konstituieren zu lassen, daß ich meine Subjektivität nicht-thetisch als ein *nichts* erfasse in Anwesenheit des An-sich, das ich in den Augen des Anderen darstelle. Er ist als eine Art Schwindelgefühl zu kennzeichnen: das Schwindelgefühl nicht vor dem Abgrund aus Fels und Erde, sondern vor dem Abgrund der Subjektivität des Anderen.

Aber der Masochismus ist ein Scheitern an ihm selbst und kann es nur sein: um mich durch mein Objekt-Ich faszinieren lassen zu können, müßte ich das intuitive Wahrnehmen dieses Objekts, so wie es *für den andern* ist, realisieren können, was aber grundsätzlich unmöglich ist. Statt daß ich auch nur beginnen könnte, mich vom entfremdeten Ich faszinieren zu lassen, bleibt dieses also grundsätzlich unerfaßbar. Vergeblich rutscht der Masochist auf den Knien, zeigt sich in lächerlichen Stellungen, läßt sich wie ein bloßes lebloses Instrument benutzen, *für den andern* ist er obszön oder einfach passiv, für den andern *erduldet* er diese Stellungen; für sich ist er auf immer dazu verurteilt, *sie sich zu geben*. In seiner Transzendenz und durch sie disponiert er sich als ein zu transzendierendes Sein; und je mehr er versucht, seine Objektivität zu genießen, um so mehr wird er durch das Bewußtsein seiner Subjektivität überflutet, bis hin zur Angst. Insbesondere behandelt der Masochist eine Frau, die er bezahlt, damit sie ihn peitscht, als Instrument und setzt sich dadurch in Bezug zu ihr als Transzendenz. So behandelt der Masochist den andern schließlich als Objekt und transzendiert ihn auf seine eigene Objektivität hin. Man erinnert sich zum Beispiel an die Drangsal von Sacher-Masoch[260], der, um sich verachten, beschimpfen und in eine demütigende Lage bringen zu lassen, gezwungen war, die große Liebe zu benutzen, die die Frauen ihm entgegenbrachten, das heißt, auf sie einzuwirken, insofern sie sich als ein Objekt für ihn empfanden. Die Objektivität des Masochisten entgeht ihm also auf jeden Fall, und es kann sogar vorkommen, ja es kommt am häufigsten vor, daß er die Objektivität des andern findet, wenn er seine zu erfassen sucht, was gegen seinen Willen seine Subjektivität freisetzt. Der Masochismus ist also grundsätzlich ein Scheitern. Das hat nichts Überraschendes für uns, wenn wir daran denken, daß der Masochismus ein «Laster» und daß das Laster grundsätzlich die Liebe zum Scheitern ist. Aber wir haben hier nicht die dem Laster eigenen Strukturen zu beschreiben. Es genügt uns, darauf aufmerksam zu machen, daß der Masochismus ein fortwährendes Bemühen ist, die Subjektivität des Subjekts zu vernichten, indem er sie durch den andern wieder assimilieren läßt, und daß dieses Bemühen von dem zermürbenden und köstlichen Bewußtsein des Scheiterns begleitet ist, so daß es das Scheitern selbst ist, das das Subjekt schließlich als sein Hauptziel sucht.*

---

* Im Sinn dieser Beschreibung ist er eine Form zumindest des Exhibitionismus, der unter die masochistischen Haltungen einzuordnen ist. Zum Beispiel wenn Rousseau den Wäscherinnen «nicht den obszönen Gegenstand, sondern den lächerlichen Gegenstand» zeigt. Siehe *Les confessions*, Drittes Kapitel, Gallimard, Paris 1959, 88f.

II

Zweite Haltung gegenüber Anderen: die Gleichgültigkeit, die Begierde, der Haß, der Sadismus

Das Scheitern der ersten Haltung gegenüber dem andern kann für mich der Anlaß sein, die zweite anzunehmen. Aber genaugenommen ist keine von beiden wirklich die erste: jede von ihnen ist eine fundamentale Reaktion auf das Für-Andere-sein als ursprüngliche Situation. Es kann also sein, daß ich gerade wegen der Unmöglichkeit, mir das Bewußtsein des andern mittels meiner Objektivität für ihn zu assimilieren, dazu komme, mich absichtlich dem Andern zuzuwenden und ihn *anzublicken*. In diesem Fall heißt den Blick des Anderen anblicken sich selbst in seiner eigenen Freiheit setzen und versuchen, vom Grund dieser Freiheit aus der Freiheit des andern zu trotzen. So wäre der Sinn des gesuchten Konflikts, den Kampf der beiden einander als Freiheiten trotzenden Freiheiten ins volle Licht zu rücken. Aber diese Absicht muß unmittelbar enttäuscht werden, denn allein deshalb, weil ich mich angesichts des Andern in meiner Freiheit bestärke, mache ich aus dem andern eine transzendierte-Transzendenz, das heißt ein Objekt. Die Geschichte dieses Scheiterns werden wir nun nachzuzeichnen versuchen. Man erfaßt deren Leitschema: auf den Andern, der mich anblickt, richte ich meinerseits meinen Blick. Aber ein Blick läßt sich nicht anblicken: sobald ich zum Blick hinblicke, verschwindet er, ich sehe nur noch Augen. In diesem Moment wird der Andere ein Sein, das ich besitze und durch das meine Freiheit anerkannt wird. Mein Ziel scheint erreicht zu sein, denn ich besitze das Sein, das den Schlüssel meiner Objektheit hat, und ich kann es meine Freiheit auf tausend Arten erfahren lassen. Aber in Wirklichkeit hat sich alles aufgelöst, denn das Sein, das mir zwischen den Händen bleibt, ist ein Objekt-Anderer. Als solcher hat er den Schlüssel zu meinem Objekt-sein verloren und besitzt von mir ein bloßes Bild, das nichts anderes ist als eine seiner objektiven Affektionen und mich nicht mehr berührt; und wenn er die Wirkungen meiner Freiheit erfährt, wenn ich in tausend Arten auf sein Sein einwirken und seine Möglichkeiten mit allen meinen Möglichkeiten transzendieren kann, dann insofern er Objekt in der Welt ist und als solches außerstande, meine Freiheit anzuerkennen. Meine Enttäuschung ist vollständig, denn ich suche mir ja die Freiheit des Andern anzueignen und merke plötzlich, daß ich auf den andern nur einwirken kann, insofern sich diese Freiheit unter meinem Blick aufgelöst hat. Diese Enttäuschung wird zum Antrieb für meine späteren Versuche, die Freiheit des Andern *über* das Objekt zu suchen, das er für mich ist, und bevorzugte Verhaltensweisen zu finden, die mir diese Freiheit über eine totale Aneignung des Körpers des Andern zu eigen machen könnten. Diese Versuche sind natürlich grundsätzlich zum Scheitern verurteilt.

Aber es kann auch sein, daß das «den Blick anblicken» meine ursprüngliche Reaktion auf mein Für-Andere-sein ist. Das bedeutet, daß ich mich beim Auftauchen in der Welt als den Blick des andern anblickend wählen und meine Subjektivität auf der Auflösung der des andern aufbauen kann. Das ist die Haltung, die wir *Gleichgültigkeit gegenüber Anderen* nennen. Es handelt sich dabei um eine *Blindheit* gegenüber anderen. Aber der Ausdruck «Blindheit» darf uns nicht irreführen: ich erleide diese Blindheit nicht wie einen Zustand; ich *bin* meine eigene Blindheit gegenüber den anderen, und diese Blindheit schließt ein implizites Verstehen des für-Andere-seins ein, das heißt der Transzendenz des Andern als Blick. Dieses Verstehen ist einfach das, was zu verbergen ich mich selbst bestimme. Ich praktiziere also eine Art von faktischem Solipsismus; die anderen, das sind die Gestalten, die auf der Straße vorbeigehen, die magischen Objekte, die imstande sind, auf Distanz zu wirken und auf die ich durch bestimmte Verhaltensweisen einwirken kann. Ich achte kaum auf sie, ich handle, als wäre ich allein auf der Welt; ich streife «die Leute», wie ich Mauern streife, ich gehe ihnen aus dem Weg, wie ich Hindernissen aus dem Weg gehe, ihre Objekt-Freiheit ist für mich nur ihr «Widrigkeitskoeffizient»; ich stelle mir nicht einmal vor, daß sie mich anblicken könnten. Zwar haben sie von mir irgendeine Kenntnis. Aber diese Kenntnis berührt mich nicht: es handelt sich um reine Modifikationen ihres Seins, die nicht von ihnen auf mich übergehen und die durch das befleckt sind, was wir «erlittene-Subjektivität» oder «Objekt-Subjektivität» nennen, das heißt, sie drücken das aus, was sie sind, nicht das, was ich bin, und sie sind das Ergebnis meiner Einwirkung auf sie. Diese «Leute» sind Funktionen: der Schaffner ist nichts als Schaffnerfunktion, der Kellner ist nichts als die Funktion, die Gäste zu bedienen. Von da aus ist es möglich, sie meinen Interessen optimal dienstbar zu machen, wenn ich ihre *Schlüssel* und die «Zauberwörter» kenne, die ihre Mechanismen auslösen können. Daher jene «moralistische» Psychologie, die uns das französische 17. Jahrhundert beschert hat, *Le moyen de parvenir* von Béroalde de Verville; daher die Abhandlungen des 18. Jahrhunderts, *Les liaisons dangereuses* von Choderlos de Laclos, *Traité de l'ambition* von Hérault de Séchelles,[261] die uns eine *praktische* Kenntnis des andern bieten und die Kunst, auf ihn einzuwirken. In diesem Zustand von Blindheit sind mir sowohl die absolute Subjektivität des andern als Grund meines An-sich-seins als auch mein Für-den-andern-sein, insbesondere mein «Körper für den andern» unbekannt. In gewissem Sinn bin ich beruhigt; ich habe «Chuzpe», das heißt, ich habe keinerlei Bewußtsein davon, daß der Blick des andern meine Möglichkeiten und meinen Körper erstarren lassen kann; ich bin im entgegengesetzten Zustand von dem, den man *Schüchternheit* nennt. Ich bewege mich ungezwungen, ich werde nicht von mir selbst behindert, denn ich bin nicht *draußen*, ich fühle mich nicht entfremdet. Dieser Zustand von Blindheit kann lange anhalten, je nach meiner grundlegenden Unaufrichtigkeit, er kann sich mit Unterbrechungen über mehrere Jahre erstrecken, über ein ganzes Leben: es gibt Menschen, die sterben, ohne jemals – mit Ausnahme kurzer und erschreckender Erleuchtungen – geahnt zu haben, was der *andere* ist. Aber wenn man auch ganz in diesem Zustand versunken ist, empfindet man doch dauernd seine Unzulänglichkeit. Und wie jede Unaufrichtigkeit liefert auch er uns Motive, aus ihm herauszukommen: denn die Blindheit gegenüber dem andern läßt gleichzeitig jedes erlebte Erfassen meiner *Objektivität* verschwinden. Doch der andere als Freiheit und meine Objektivität als entfremdetes-Ich *sind da*, unbemerkt, nicht thematisiert, aber in meinem Verständnis der Welt und meines Seins in der Welt gegeben. Auch wenn der Schaffner als bloße Funktion betrachtet wird, verweist er mich durch eben seine Funktion auf ein Draußen-sein, obwohl dieses Draußen-sein weder erfaßt noch erfaßbar ist. Daher ein ständiges Gefühl von Mangel und Unbehagen. Denn mein fundamentaler Entwurf gegenüber dem Andern – welche Haltung ich immer einnehme – ist zweifach: einerseits geht es darum, mich vor der Gefahr zu schützen, in die mich mein Draußen-in-der-Freiheit-Anderer-sein bringt, und andererseits darum, den Andern zu benutzen, um endlich die detotalisierte Totalität, die ich bin, zu totalisieren, um den offenen Kreis zu schließen und endlich zu machen, daß ich Grund meiner selbst bin. Einerseits wirft mich also das Verschwinden des Andern als Blick in meine nicht zu rechtfertigende Subjektivität zurück und reduziert mein Sein auf die fortwährende verfolgte-Verfolgung zu einem unerfaßbaren An-sich-Für-sich hin; ohne den andern erfasse ich voll und nackt die schreckliche Notwendigkeit, frei zu sein, die mein Los ist, das heißt die Tatsache, daß ich nur

450

mir überlassen kann, mich sein zu machen, obwohl ich nicht zu sein gewählt habe und obwohl ich *geboren* bin. Aber wenn auch die *Blindheit* gegenüber dem andern mich scheinbar von der Furcht befreit, in der Freiheit des andern in Gefahr zu sein, schließt sie andererseits trotz allem ein implizites Verständnis dieser Freiheit ein. Sie stellt mich also auf die letzte Stufe der Objektivität, gerade in dem Moment, in dem ich mich für absolute und einzige Subjektivität halten kann, weil ich gesehen werde, ohne auch nur erfahren zu können, daß ich gesehen werde, und ohne mich durch diese Erfahrung gegen mein «Gesehenwerden» verteidigen zu können. Ich werde besessen, ohne mich dem zuwenden zu können, der mich besitzt. In der direkten Erfahrung des Andern als Blick wehre ich mich, indem ich den andern erfahre, und mir bleibt die Möglichkeit, den andern in ein Objekt zu verwandeln. Aber wenn der Andere für mich Objekt ist, *während er mich anblickt*, dann bin ich in Gefahr, ohne es zu wissen. So ist meine *Blindheit* Unruhe, weil sie vom Bewußtsein eines «umherschweifenden Blicks» begleitet wird, der unfaßbar ist und die Gefahr mit sich bringt, mich ohne mein Wissen zu entfremden. Dieses Unbehagen muß einen neuen Versuch veranlassen, mich der Freiheit des Andern zu bemächtigen. Aber das bedeutet, daß ich mich auf den Objekt-Andern, der mich streift, zurückwende und versuche, ihn als Instrument zu benutzen, um seine Freiheit zu treffen. Allerdings kann ich, eben weil ich mich an das *Objekt* «Anderer» wende, von ihm nicht über seine Transzendenz Aufschluß verlangen, und da ich selbst auf der Ebene der Objektivierung des Andern bin, kann ich mir sogar nicht einmal denken, was ich mir aneignen will. Daher bin ich in einer ärgerlichen und widerspruchsvollen Haltung gegenüber dem Objekt, das ich betrachte: nicht nur kann ich von ihm nicht erhalten, was ich will, sondern außerdem führt diese Bemühung zu einem Verschwinden schon des Wissens dessen, was ich will; ich engagiere mich in eine verzweifelte Suche nach der Freiheit des andern, und unterdessen *finde ich mich engagiert* in eine Suche, die ihren Sinn verloren hat; alle meine Bemühungen, der Suche ihren Sinn zurückzugeben, haben nur zur Folge, daß sie ihn noch mehr verliert, und rufen mein Erstaunen und mein Unbehagen hervor, ganz so wie wenn ich versuche, die Erinnerung an einen Traum wiederzufinden, und mir diese Erinnerung zwischen den Fingern zerrinnt und mir den vagen und ärgerlichen Eindruck einer totalen Erkenntnis ohne Objekt zurückläßt; ganz so wie wenn ich versuche, den Inhalt einer falschen Erinnerung explizit zu machen, und eben dieses Explizitmachen dazu führt, daß sie sich in Durchsichtigkeit auflöst.

Mein ursprünglicher Versuch, mich der freien Subjektivität des andern über seine Objektivität-für-mich zu bemächtigen, ist die *sexuelle Begierde*. Man wird sich vielleicht wundern, auf der Stufe der primären Haltungen, die lediglich unsere ursprüngliche Art manifestieren, das Für-Andere-sein zu realisieren, ein Phänomen erwähnt zu sehen, das gewöhnlich unter den «psycho-physiologischen Reaktionen» eingeordnet wird. Für die meisten Psychologen steht ja die Begierde als Bewußtseinsfaktum in enger Korrelation zur Natur unserer Geschlechtsorgane und läßt sich nur in Verbindung mit einem vertieften Studium dieser Organe verstehen. Da aber die differenzierte Struktur des Körpers (Säuger, Lebendgebärender usw.) und mithin die besondere Struktur des Geschlechts (Gebärmutter, Eileiter, Eierstöcke usw.) zum Bereich der absoluten Kontingenz gehören und keineswegs zur Ontologie des «Bewußtseins» oder des «Daseins»[262], scheint es für die sexuelle Begierde auch so zu sein. So wie die Geschlechtsorgane eine kontingente und besondere Form unseres Körpers sind, wäre die ihnen entsprechende Begierde eine kontingente Modalität unseres psychischen Lebens, das heißt, sie könnte nur auf der Ebene einer auf der Biologie fußenden empirischen Psychologie beschrieben werden. Das zeigt schon die Bezeichnung *Geschlechtstrieb*, die man der Begierde und allen diesbezüglichen psychischen Strukturen vorbehält. Der Triebbegriff bezeichnet ja stets kontingente Formen des psychischen Lebens, die das doppelte Merkmal haben, daß sie der gesamten Dauer des Lebens koextensiv sind – oder jedenfalls nicht von unserer «Geschichte» herrühren – und trotzdem nicht vom Wesen des Psychischen selbst abgeleitet werden können. Deshalb haben die Existenzphilosophien nicht geglaubt, sich mit der Sexualität befassen zu müssen. Heidegger zum Beispiel deutet sie in seiner existentiellen Analytik nicht im mindesten an, so daß sein «Dasein»[263] uns als geschlechtslos erscheint. Und sicher kann man annehmen, daß es für die «menschliche-Realität» eine Kontingenz ist, sich als «männliche» oder als «weibliche» zu spezifizieren; sicher kann man sagen, daß das Problem der Geschlechtsdifferenzierung nichts mit dem der *Existenz*[264] zu tun hat, da der Mann ebenso wie die Frau «existiert», weder mehr noch weniger.

Diese Gründe sind nicht absolut überzeugend. Daß der Geschlechtsunterschied zum Bereich der Faktizität gehört, geben wir allenfalls zu. Aber muß das bedeuten, daß das «Für-sich» durch die bloße Kontingenz, einen *solchen* Körper zu haben, «zufällig» geschlechtlich ist? Können wir zugeben, daß diese ungeheure Angelegenheit, die das Geschlechtsleben ist, zur *conditio humana* bloß hinzukommt? Auf den ersten Blick ist vielmehr deutlich, daß die Begierde und ihre Umkehrung, der sexuelle Abscheu, fundamentale Strukturen des Für-Andere-seins sind. Wenn die Sexualität vom *Geschlecht* als physiologischer und kontingenter Bestimmung des Menschen herrührt, kann sie evidentermaßen für das Sein des Für-Andere nicht unentbehrlich sein. Aber darf man sich nicht fragen, ob das Problem nicht etwa gleicher Art ist wie das, auf das wir anläßlich der Sinneswahrnehmungen und der Sinnesorgane gestoßen sind? Der Mensch, sagt man, sei ein geschlechtliches Wesen [*être*], weil er ein Geschlecht besitzt. Und wenn es umgekehrt wäre? Wenn das Geschlecht nur das Instrument und gleichsam das *Bild* einer fundamentalen Sexualität wäre? Wenn der Mensch ein Geschlecht nur besäße, weil er ursprünglich und fundamental ein geschlechtliches Wesen ist als Wesen, das in der Welt in Verbindung mit anderen Menschen existiert? Die kindliche Sexualität geht der physiologischen Reife der Geschlechtsorgane voraus; die Eunuchen hören nicht auf zu begehren. Auch viele Greise nicht. Die Tatsache, daß wir über ein Geschlechtsorgan *verfügen* können, das fähig ist, zu befruchten und Lust zu verschaffen, stellt nur eine Phase und einen Aspekt unseres Geschlechtslebens dar. Es gibt einen Sexualitätsmodus «mit Befriedigungsmöglichkeit», und das entwickelte Geschlecht repräsentiert und konkretisiert diese Möglichkeit. Aber es gibt andere Modi der Sexualität vom Typus der Nichtbefriedigung, und wenn man diese Modalitäten berücksichtigt, muß man anerkennen, daß die Sexualität, die mit der Geburt erscheint, erst mit dem Tod verschwindet. Nie können übrigens das Anschwellen des Penis oder ein anderes physiologisches Phänomen die sexuelle Begierde erklären oder hervorrufen – ebensowenig wie die Gefäßverengung oder die Pupillenerweiterung (oder das bloße Bewußtsein dieser physiologischen Veränderungen) die Furcht erklären oder hervorrufen können. Hier wie da muß man sich, obwohl der Körper eine wichtige Rolle zu spielen hat, zum richtigen Verständnis auf das In-der-Welt-sein und das Für-Andere-sein beziehen: ich begehre ein menschliches Wesen, nicht ein Insekt oder eine Molluske, und ich begehre es, insofern es in der Welt in Situation ist und ich es auch bin und es für mich ein anderer ist und ich für es ein *anderer* bin. Das fundamentale Problem der Sexualität kann also folgendermaßen formuliert werden: Ist die Sexualität ein kontingentes, an unsere physiologische Natur gebundenes Akzidens, oder ist sie eine notwendige Struktur des

Für-Andere-Für-sich-seins? Schon weil sich die Frage so stellen läßt, ist es Sache der Ontologie, darüber zu entscheiden. Sie kann das allerdings nur, wenn sie sich vor allem damit befaßt, die Bedeutung der geschlechtlichen Existenz für den andern zu bestimmen und zu fixieren. Geschlechtlich sein bedeutet ja – nach der Beschreibung des Körpers, die wir im vorigen Kapitel versucht haben – für einen Andern geschlechtlich existieren, der für mich geschlechtlich existiert – wobei dieser Andere natürlich zunächst weder *für mich* – noch ich für ihn – zwangsläufig *heterosexuell* existiert, sondern nur ein geschlechtliches Wesen überhaupt ist. Vom Gesichtspunkt des Für-sich aus betrachtet kann dieses Erfassen der Sexualität des Andern nicht das bloße uninteressierte Betrachten seiner primären oder sekundären Geschlechtsmerkmale sein. Der Andere ist für mich nicht *zunächst* geschlechtlich, weil ich aus seiner Behaarung, der Rauheit seiner Hände, dem Klang seiner Stimme, seiner Kraft schließe, daß er männlichen Geschlechts ist. Es handelt sich da um abgeleitete Schlüsse, die sich auf einen primären Zustand beziehen. Die primäre Wahrnehmung der Sexualität des Andern, insofern sie erlebt und erlitten wird, kann nur die *Begierde* sein; indem ich den andern begehre (oder entdecke, daß ich unfähig bin, ihn zu begehren) oder indem ich sein Mich-Begehren erfasse, entdecke ich sein Geschlechtlich-sein; und die Begierde enthüllt mir *gleichzeitig mein* Geschlechtlich-sein und *sein* Geschlechtlich-sein, *meinen* Körper als Geschlecht und *seinen* Körper. So sind wir, um über die Natur und den ontologischen Rang des Geschlechts entscheiden zu können, auf die Untersuchung der Begierde verwiesen. Was ist also die Begierde?

Und zunächst, *worauf* richtet sich die Begierde?

Man muß von vornherein auf die Idee verzichten, die Begierde wäre Begierde nach Wollust oder Schmerzstillung. Man sieht nicht, wie das Subjekt aus diesem Immanenzzustand herauskommen könnte, um seine Begierde an ein Objekt «zu binden». Jede subjektivistische und immanentistische Theorie wird scheitern, wenn sie erklären soll, daß wir *eine* Frau begehren und nicht einfach unsere Befriedigung. Man muß also die Begierde durch ihr transzendentes Objekt definieren. Dennoch wäre es ganz unrichtig zu sagen, die Begierde sei Begierde nach «physischem Besitz» des begehrten Objekts, wenn man dabei unter Besitzen versteht: mit jemandem schlafen. Zwar befreit der Geschlechtsakt für einen Moment von der Begierde, und es kann sein, daß er in gewissen Fällen ausdrücklich als das wünschenswerte Ziel der Begierde gesetzt wird – wenn diese zum Beispiel schmerzhaft oder lästig ist. Dann aber muß die Begierde selbst das Objekt sein, das man als «aufzuhebendes» setzt, und das kann nur mittels eines reflexiven Bewußtseins geschehen. Nun ist aber die Begierde durch sich selbst unreflektiert: sie kann sich also nicht selbst als aufzuhebendes Objekt setzen. Nur ein Wüstling stellt sich seine Begierde vor, behandelt sie als Objekt, erregt sie, dämpft sie, schiebt ihre Befriedigung auf usw. Aber dann ist es wohlgemerkt die Begierde, die das Begehrenswerte wird. Der Irrtum kommt hier daher, daß man gelernt hat, daß der Geschlechtsakt die Begierde aufhebt. Man hat also eine Erkenntnis mit der Begierde selbst gekoppelt und aus ihrem Wesen nach äußerlichen Gründen (Zeugung, Heiligkeit der Mutterschaft, außergewöhnliche Stärke der durch die Ejakulation hervorgerufenen Lust, Symbolwert des Geschlechtsakts) die Wollust als ihre normale Befriedigung von außen an sie gebunden. Deshalb kann sich der Durchschnittsmann aus Geistesträgheit und Konformismus kein anderes Ziel für seine Begierde denken als die Ejakulation. So ist es möglich geworden, die Begierde als einen Trieb zu verstehen, dessen Ursprung und Ziel streng physiologisch sind, da er zum Beispiel beim Mann als Ursache die Erektion und als Endziel die Ejakulation hätte. Aber die Begierde impliziert keineswegs durch sich selbst den Geschlechtsakt, sie setzt ihn nicht thematisch, sie deutet ihn nicht einmal an, wie man sieht, wenn es sich um die Begierde ganz kleiner Kinder oder Erwachsener handelt, die die «Technik» der Liebe nicht kennen. Ebenso ist die Begierde nicht Begierde nach irgendeiner speziellen Liebespraktik; das beweist schon die Verschiedenheit dieser Praktiken, die je nach den sozialen Gruppen wechseln. Schlechthin ist die Begierde nicht Begierde, etwas zu *tun*. Das «Tun» kommt hinterher, verbindet sich von außen mit der Begierde und macht ein Lernen notwendig: es gibt eine Liebestechnik, die ihre eigenen Zwecke und Mittel hat. Da also die Begierde weder ihre Aufhebung als ihren höchsten Zweck setzen noch einen besonderen Akt als Endziel wählen kann, ist sie ganz einfach Begierde nach einem transzendenten Objekt. Wir finden hier die Gefühlsintentionalität wieder, von der wir in den vorhergehenden Kapiteln sprachen und die Scheler und Husserl beschrieben haben. Aber auf welches Objekt richtet sich die Begierde? Kann man sagen, die Begierde ist Begierde nach einem *Körper*? In gewissem Sinn kann man das nicht bestreiten. Aber man verstehe recht. Zwar ist es der Körper, der erregt: ein Arm oder ein flüchtig gesehener Busen, vielleicht ein Fuß. Aber man muß zunächst sehen, daß wir den Arm oder den entblößten Busen immer nur auf dem Hintergrund der Anwesenheit des ganzen Körpers als organischer Totalität begehren. Der Körper selbst, als Totalität, kann verborgen sein; ich kann nur einen nackten Arm sehen. Aber er ist da; er ist das, von dem aus ich den Arm als Arm erfasse; er ist ebenso gegenwärtig, ebenso mit dem Arm, den ich sehe, verbunden, wie die Arabesken des Teppichs, die von den Tischbeinen verdeckt werden, den Arabesken, die ich sehe, verbunden und gegenwärtig sind. Und meine Begierde täuscht sich da nicht: sie wendet sich nicht an eine Summe physiologischer Elemente, sondern an eine totale Gestalt; mehr noch: an eine Gestalt *in Situation*. Wie wir weiter unten sehen werden, trägt die Haltung viel dazu bei, die Begierde hervorzurufen. Doch mit der Haltung ist auch die Umgebung gegeben und schließlich die Welt. Und mit einemmal sind wir bei den Antipoden des bloßen physiologischen Kitzels: die Begierde setzt die Welt und begehrt den Körper von der Welt aus und die schöne Hand vom Körper aus. Sie folgt genau dem Weg, den wir im vorigen Kapitel beschrieben und auf dem wir den Körper des Andern von seiner Situation in der Welt aus erfassen. Das hat schließlich nichts Erstaunliches, denn die Begierde ist nichts anderes als eine der großen Formen, die die Enthüllung des Körpers des Andern annehmen kann. Aber gerade deswegen begehren wir den Körper nicht als bloßes materielles Objekt: das bloße materielle Objekt ist ja nicht *in Situation*. So ist diese organische Totalität, die der Begierde unmittelbar gegenwärtig ist, nur begehrenswert, insofern sie nicht nur das Leben, sondern auch das entsprechende Bewußtsein enthüllt. Dennoch ist, wie wir sehen werden, dieses In-Situation-sein des Andern, das von der Begierde enthüllt wird, von einem ganz besonderem Typus. Das betrachtete Bewußtsein ist übrigens nur eine *Eigenschaft* des begehrten Objekts, das heißt, es ist nichts anderes als der Sinn des Abfließens der Objekte der Welt, insofern ja dieses Abfließen eingegrenzt, lokalisiert und Teil *meiner* Welt ist. Zwar kann man eine Frau begehren, die schläft, aber nur in dem Maß, wie dieser Schlaf auf dem Hintergrund von Bewußtsein erscheint. Das Bewußtsein bleibt also immer am Horizont des begehrten Körpers: es macht seinen *Sinn* und seine Einheit aus. Ein lebender Körper als organische Totalität in Situation mit dem Bewußtsein am Horizont: das ist das Objekt, auf das die Begierde *sich richtet*. Und was will die Begierde von diesem Objekt? Wir können das nicht bestimmen, ohne eine Vorfrage beantwortet zu haben: *wer* begehrt?

Zweifellos *bin ich es*, der begehrt, und die Begierde ist ein besonderer Modus meiner Subjektivität. Die Begierde ist Bewußtsein, denn sie kann nur als nicht-setzendes Bewußtsein von sich selbst sein. Dennoch darf man nicht glauben, daß sich das begehrende Bewußtsein zum Beispiel vom erkennenden Bewußtsein nur durch die Natur seines Objekts unterschiede. Sich als Begierde wählen heißt für das Für-sich nicht eine Begierde hervorbringen und dabei gleichgültig und unverändert bleiben, so wie bei den Stoikern die Ursache ihre Wirkung hervorbringt, sondern sich auf eine bestimmte Existenzebene begeben, die zum Beispiel nicht dieselbe ist wie die eines Für-sich, das sich als metaphysisches Wesen [*être*] wählt. Jedes Bewußtsein unterhält, wie wir gesehen haben, einen gewissen Bezug zu seiner eigenen Faktizität. Aber dieser Bezug kann von einem Bewußtseinsmodus zum andern variieren. Die Faktizität des Schmerzbewußtseins ist zum Beispiel eine in einer fortwährenden Flucht entdeckte Faktizität. Das gilt nicht für die Faktizität der Begierde. Wer begehrt, *existiert* seinen Körper auf eine besondere Weise und begibt sich dadurch auf eine besondere Existenzebene. Denn jeder wird zugeben, daß die Begierde nicht nur *Verlangen* ist, klares und durchsichtiges *Verlangen*, das über unseren Körper auf ein bestimmtes Objekt zielt. Die Begierde wird als *Aufgewühltheit* [*trouble*]²⁶⁵ definiert. Und dieser Ausdruck kann uns dazu dienen, ihre Natur genauer zu bestimmen: man stellt ein aufgewühltes Wasser einem durchsichtigen Wasser gegenüber; einen aufgewühlten Blick einem klaren Blick. Das aufgewühlte Wasser ist immer noch Wasser; es hat seine Flüssigkeit und seine wesentlichen Merkmale behalten; aber seine Durchsichtigkeit ist durch eine unerfaßbare Anwesenheit «aufgewühlt», die mit ihm eine Einheit bildet, die überall und nirgendwo ist und die sich als eine Selbstverdickung des Wassers äußert. Man kann das zwar durch die Anwesenheit von in der Flüssigkeit schwebenden feinen festen Teilchen erklären: aber eine solche Erklärung ist die eines *Wissenschaftlers*. Unser ursprüngliches Erfassen aufgewühlten Wassers bietet es uns als verändert durch die Anwesenheit eines unsichtbaren *Etwas* dar, das sich von ihm nicht unterscheidet und sich als bloßer faktischer Widerstand manifestiert. Wenn das begehrende Bewußtsein *Aufgewühltheit* ist, so deshalb, weil es eine Analogie zum aufgewühlten Wasser aufweist. Um diese Analogie zu präzisieren, muß man die sexuelle Begierde mit einer anderen Gestalt der Begierde vergleichen, zum Beispiel mit dem Hunger. Der Hunger setzt wie die sexuelle Begierde einen gewissen Zustand des Körpers voraus, der hier als Veränderung des Blutes definiert wird, als übermäßige Speichelabsonderung, Kontraktionen der Tunica usw. Diese verschiedenen Phänomene werden vom Gesichtspunkt des Andern aus beschrieben und klassifiziert. Für das Für-sich manifestieren sie sich als bloße Faktizität. Aber die Natur des Für-sich wird durch diese Faktizität nicht *kompromittiert*, denn das Für-sich flieht vor ihr unmittelbar auf seine Möglichkeiten hin, das heißt auf einen gewissen Zustand des gestillten-Hungers, von dem wir im Zweiten Teil dieses Buchs festgestellt haben, daß er das An-sich-Für-sich des Hungers ist. So ist der Hunger bloßes Überschreiten der körperlichen Faktizität, und in dem Maß, wie das Für-sich in nicht-thetischer Form Bewußtsein von dieser Faktizität gewinnt, gewinnt es von ihr unmittelbar Bewußtsein als von einer überschrittenen Faktizität. Der Körper ist hier ja das *Vergangene* [*le passé*], das Über-schrittene [*le dépassé*]. Sicher kann man in der sexuellen Begierde diese allen Gelüsten gemeinsame Struktur wiederfinden: einen Zustand des Körpers. Der andere kann verschiedene physiologische Veränderungen bemerken (Erektion des Penis, Schwellung der Brustwarzen, Veränderungen des Herzschlags, Temperaturerhöhung usw.). Und das begehrende Bewußtsein existiert diese Faktizität; *von ihr aus* – wir würden gern sagen: *über* sie – erscheint der begehrte Körper als begehrenswert. Aber wenn wir uns darauf beschränkten, sie so zu beschreiben, erschiene die sexuelle Begierde als eine *kalte und klare Begierde*, vergleichbar der Begierde, zu trinken und zu essen. Sie wäre bloße Flucht vor der Faktizität auf andere Möglichkeiten hin. Doch jeder weiß, daß ein Abgrund die sexuelle Begierde von den anderen Gelüsten trennt. Man kennt die nur zu berühmte Redewendung: «Mit einer hübschen Frau schlafen, wenn man Lust darauf hat, wie man ein Glas kaltes Wasser trinkt, wenn man Durst hat», und man weiß auch, wie unbefriedigend, ja skandalös sie für den Geist ist. Denn man begehrt eine Frau ja nicht, wenn man sich ganz und gar außerhalb der Begierde hält, diese *kompromittiert* mich: ich bin Komplize meiner Begierde. Oder vielmehr, die Begierde ist ganz und gar Sturz in die Komplizenschaft mit dem Körper. Jeder braucht sich nur an seine eigene Erfahrung zu halten: man weiß, daß in der sexuellen Begierde das Bewußtsein wie verklebt ist, man scheint sich von der Faktizität einnehmen zu lassen, nicht mehr vor ihr zu fliehen, und in ein *passives* Einvernehmen mit der Begierde zu geraten. In anderen Momenten scheint die Faktizität das Bewußtsein gerade bei seiner Flucht einzunehmen und es für es selbst opak zu machen. Es ist wie ein verklebendes Hochkommen des *Faktums*. Daher kennzeichnen die zur Beschreibung der Begierde benutzten Ausdrücke auch gut deren Besonderheit. Man sagt, daß sie *einen packt*, daß sie *einen überwältigt*, daß sie *einen durchdringt*. Kann man sich dieselben Ausdrücke zur Bezeichnung des Hungers vorstellen? Hat man die Vorstellung, daß einen ein Hunger «überwältigt»? Das könnte allenfalls Sinn haben, um die Empfindungen der Entkräftung zu beschreiben. Doch im Gegensatz dazu ist schon die schwächste Begierde überwältigend. Man kann sie nicht auf Distanz halten wie den Hunger und «an etwas anderes denken», indem man allenfalls als ein Zeichen des Hintergrund-Körpers eine undifferenzierte Stimmung des nicht-thetischen Bewußtseins beibehält, die die Begierde wäre. Sondern *die Begierde ist Einvernehmen mit der Begierde*. Das beschwerte und vor Lust vergehende Bewußtsein gerät in eine dem Schlaf vergleichbare Erschlaffung. Jeder hat übrigens diese Erscheinung der Begierde bei Anderen beobachten können: den Menschen, der begehrt, überkommt plötzlich eine schwere Ruhe, die erschreckend ist; seine Augen werden starr und scheinen halb geschlossen, seine Bewegungen sind geprägt von einer schweren und klebrigen Weichheit; viele scheinen einzuschlafen. Und wenn man «gegen die Begierde kämpft», widersteht man gerade der Erschlaffung. Wenn der Widerstand gelingt, wird die Begierde, bevor sie verschwindet, ganz kalt und ganz klar, ähnlich dem Hunger; und dann gibt es ein «Erwachen»; man fühlt sich luzid, aber mit schwerem Kopf und klopfendem Herzen. Natürlich sind alle diese Beschreibungen ungeeignet: sie zeigen vielmehr, wie wir die Begierde interpretieren. Aber sie weisen gleichwohl auf das primäre Faktum der Begierde hin: in der Begierde wählt das Bewußtsein, seine Faktizität auf einer anderen Ebene zu existieren. Es flieht nicht mehr vor ihr, es versucht, sich seiner eigenen Kontingenz unterzuordnen, insofern es einen andern Körper – das heißt eine andere Kontingenz – als begehrenswert erfaßt. In diesem Sinn ist die Begierde nicht nur die Enthüllung des Körpers des Andern, sondern die Entdeckung meines eigenen Körpers. Und das nicht, insofern dieser Körper *Instrument* oder *Gesichtspunkt* ist, sondern bloße Faktizität, das heißt bloße kontingente Gestalt der Notwendigkeit meiner Kontingenz. Ich *spüre* meine Haut und meine Muskeln und meinen Atem, und ich spüre sie nicht, um sie, wie bei der Emotion oder beim Appetit, *auf etwas hin* zu transzendieren, sondern als etwas lebendes und doch inertes Gegebenes, nicht einfach als das fügsame und diskrete Instrument meines Einwirkens auf die Welt, sondern als eine *Passion*, durch die ich in die Welt engagiert und in der Welt in Gefahr bin. Das Für-sich *ist nicht* diese Kontingenz, es fährt fort, sie zu existieren, aber es erleidet das Schwindelgefühl vor seinem eigenen Körper, oder, wenn man will, dieses Schwindelgefühl ist genau seine Art, seinen Körper zu existieren. Das nicht-thetische Bewußtsein überläßt sich dem Körper, Körper und nur Körper *will es sein*. In der Begierde wird der Körper, statt nur die Kontingenz zu sein, vor der das Für-sich zu den ihm eigenen Möglichkeiten flieht, zugleich das unmittelbarste Mögliche des Für-sich; die Begierde ist nicht nur Begierde nach dem Körper eines Andern; sie ist in der Einheit eines gleichen Akts der nicht-thetisch erlebte Ent-wurf, im Körper zu versinken; so kann die letzte Stufe der Begierde das Vergehen der Sinne als letzte Stufe des Einvernehmens mit dem Körper sein. In diesem Sinn kann die Begierde Begierde eines Körpers nach einem andern Körper genannt werden. Tatsächlich ist es ein Gelüst *auf* den Körper des Andern, das als Schwindelgefühl des Für-sich vor seinem eigenen Körper erlebt wird: und das Sein, das begehrt, ist das Bewußtsein, *das sich zu Körper macht.*

Doch wenn wahr ist, daß die Begierde ein Bewußtsein ist, das sich zu Körper macht, um sich den Körper des Andern anzueignen, der als organische Totalität in Situation mit dem Bewußtsein am Horizont erfaßt wird, welche Bedeutung hat dann die Begierde; das heißt: Warum macht sich das Bewußtsein zu Körper – oder versucht es vergeblich –, und was erwartet es vom Objekt seiner Begierde? Das ist leicht zu beantworten, wenn man sich überlegt, daß ich mich in der Begierde zu Fleisch mache *in Anwesenheit des Andern, um mir das Fleisch des Andern anzueignen.* Das bedeutet, daß es nicht nur darum geht, Schultern oder Hüften anzufassen oder einen Körper an mich zu ziehen: man muß sie auch mit dem besonderen Instrument anfassen, das der Körper ist, insofern er das Bewußtsein verklebt. In diesem Sinn könnte man, wenn ich diese Schultern anfasse, nicht nur sagen, daß mein Körper ein Mittel ist, die Schultern zu berühren, sondern daß die Schultern des Andern für mich ein Mittel sind, meinen Körper als faszinierende Enthüllung meiner Faktizität, das heißt als Fleisch, zu entdecken. Demnach ist die Begierde Begierde nach Aneignung eines Körpers, insofern diese Aneignung mir meinen Körper als Fleisch enthüllt. Aber den Körper, den ich mir aneignen will, will ich mir *als Fleisch* aneignen. Doch das ist er zunächst für mich nicht: der Körper des Andern erscheint als synthetische Gestalt *in actu*; wie wir gesehen haben, kann man den Körper des Andern nicht als bloßes Fleisch wahrnehmen, das heißt als isoliertes Objekt, das zu den anderen *Dieses* Exterioritätsbeziehungen hat. Der Körper des Andern ist ursprünglich Körper in Situation; das Fleisch dagegen erscheint als *bloße Kontingenz der Anwesenheit*. Es ist meist durch Schminke, Kleidung usw. verdeckt; vor allem ist es durch die *Bewegungen* verdeckt; nichts ist weniger «aus Fleisch» als eine Tänzerin, selbst wenn sie nackt ist. Die Begierde ist ein Versuch, den Körper seiner Bewegungen wie seiner Kleider zu entkleiden und ihn als bloßes Fleisch existieren zu machen; es ist der Versuch einer *Inkarnation* des Körpers des Andern. In diesem Sinn ist das Streicheln Aneignung des Körpers des andern: wenn das Streicheln nur ein leichtes Berühren oder Streifen sein sollte, könnte es ja keinen Bezug zwischen ihm und der starken Begierde geben, die es befriedigen will; es würde an der Oberfläche bleiben wie Blicke und könnte den andern nicht *mir aneignen*. Man weiß, wie enttäuschend das bekannte Wort erscheint: «Berührung zweier Epidermen». Das Streicheln will nicht bloße *Berührung* sein; nur der Mensch scheint es auf eine Berührung reduzieren zu können und dann seinen eigentlichen Sinn zu verfehlen. Denn das Streicheln ist nicht bloßes Streifen: es ist ein *Formen*. Wenn ich den Andern streichle, lasse ich durch mein Streicheln unter meinen Fingern sein Fleisch entstehen. Das Streicheln ist die Gesamtheit der Zeremonien, die den Andern *zu Fleisch werden lassen*. Aber, wird man sagen, war er denn nicht schon Fleisch? Eben *nicht*. Das Fleisch des Andern existierte nicht explizit für mich, denn ich erfaßte den Körper des Andern in Situation; es existierte auch nicht für ihn, denn er transzendierte es auf seine Möglichkeiten und auf das Objekt hin. Das Streicheln läßt den Andern für mich und für ihn selbst als Fleisch entstehen. Und unter Fleisch verstehen wir nicht einen *Teil* des Körpers, etwa Unterhaut, Bindegewebe oder eben Oberhaut; es handelt sich auch nicht zwangsläufig um den Körper «in Ruhelage» oder schlummernd, obwohl er oft auf diese Weise sein Fleisch besser enthüllt. Sondern das Streicheln enthüllt das Fleisch, indem es den Körper seines Handelns entkleidet, indem es ihn von den Möglichkeiten abschneidet, die ihn umgeben: es ist dazu da, unter dem Handeln das Inerte – das heißt das reine «Da-sein» – zu entdecken, von dem es getragen wird: wenn ich zum Beispiel die Hand des andern *ergreife* und *streichle*, entdecke ich unter dem *Ergreifen*, daß diese Hand *zunächst* eine Ausdehnung von Fleisch und Knochen ist, die ergriffen werden kann; und ebenso streichelt mein Blick, wenn er unter dem Hüpfen, das die Beine der Tänzerin zunächst sind, die Mondfläche der Oberschenkel entdeckt. So ist das Streicheln nicht von der Begierde unterschieden: mit den Augen streicheln oder begehren ist eins; *die Begierde drückt sich durch Streicheln aus wie das Denken durch Sprechen*. Und gerade das Streicheln enthüllt mir selbst *und dem Andern* das Fleisch des Andern als Fleisch. Aber es enthüllt dieses Fleisch auf eine ganz besondere Weise: wenn ich den Andern anpacke, enthüllt das ihm zwar seine Inertheit und seine Passivität einer transzendierten Transzendenz; aber das heißt nicht ihn streicheln. Beim Streicheln ist es nicht mein Körper als tätige synthetische Gestalt, der den Andern streichelt: sondern mein Körper aus Fleisch läßt das Fleisch des Andern entstehen. Das Streicheln ist dazu da, durch die Lust den Körper des Andern für den Andern und für mich entstehen zu lassen als *berührte* Passivität, insofern mein Körper sich zu Fleisch macht, um ihn mit seiner eigenen Passivität zu berühren, das heißt, indem er mehr sich an ihm streichelt, als daß er ihn streichelt. Deshalb sind die Bewegungen Liebender von einer Mattheit, die man fast einstudiert nennen könnte: es handelt sich nicht so sehr darum, einen Teil des Körpers des andern zu *ergreifen*, als vielmehr seinen eigenen Körper an den Körper des andern *anzulegen*. Nicht so sehr in aktivem Sinn zu drücken oder zu berühren, sondern *anzulehnen*. Es sieht so aus, als *trüge* ich meinen eigenen Arm wie einen leblosen Gegenstand und *legte* ihn an die Hüfte der begehrten Frau; als seien meine Finger, die ich auf ihrem Arm *umherführe*, am Ende meiner Hand inert. So geschieht die Enthüllung des Fleisches des Andern durch mein eigenes Fleisch; in der Begierde und bei dem sie ausdrückenden Streicheln werde ich zu Fleisch, um die Fleischwerdung des Andern zu realisieren; und indem das Streicheln die Fleischwerdung des andern *realisiert*, entdeckt es mir meine eigene Fleischwerdung; das heißt, ich mache mich zu Fleisch, um den andern dazu zu bringen, *für-sich* und *für mich* sein eigenes Fleisch zu realisieren, und mein Streicheln läßt mein Fleisch für mich entstehen, insofern es für den Andern *Fleisch ist, das ihn zu Fleisch werden läßt*; ich lasse ihn mein Fleisch durch sein Fleisch genießen, um ihn zu zwingen, sich als Fleisch zu fühlen. Und auf diese Weise erscheint wirklich das *Besitzen* als *doppelte wechselseitige Fleischwerdung*. So enthält die Begierde einen Fleischwerdungsversuch des Bewußtseins (was wir vorhin Verklebung des Bewußtseins, aufgewühltes Bewußtsein usw. nannten), um die Fleischwerdung des andern zu realisieren.

Bleibt noch zu bestimmen, was das *Motiv* der Begierde ist oder, wenn man lieber will, ihr Sinn. Denn wenn man den Beschreibungen gefolgt ist, die wir hier versucht haben, wird man längst verstanden haben: für das Fürsich heißt sein seine Seinsweise auf dem Hintergrund einer absoluten Kontingenz seines Da-seins wählen. Die Begierde *kommt* also keineswegs zum Bewußtsein, wie die

Wärme zu dem Stück Eisen *kommt*, das ich an die Flamme halte. Das Bewußtsein wählt sich als Begierde. Dafür muß es gewiß ein Motiv haben: ich begehre nicht irgend jemanden irgendwann. Aber wir haben im Ersten Teil dieses Buchs gezeigt, daß das Motiv von der Vergangenheit her hervorgerufen wurde und daß das Bewußtsein, indem es sich auf jenes *zurückwendet*, ihm sein Gewicht und seinen Wert verleiht. Es gibt also keinerlei Unterschied zwischen der Wahl des Motivs der Begierde und dem Sinn des Auftauchens – in den drei ek-statischen Dimensionen der Dauer – eines Bewußtseins, das sich zu einem begehrenden macht. Wie die Emotionen oder die imaginierende Haltung oder schlechthin alle Haltungen des Für-sich hat diese Begierde eine Bedeutung, von der sie konstituiert und überschritten wird. Die Beschreibung, die wir gerade versucht haben, wäre ohne Interesse, wenn sie uns nicht zu der Frage führen sollte: *Warum* nichtet sich das Bewußtsein in Form von Begierde?

Eine oder zwei Vorbemerkungen werden uns helfen, diese Frage zu beantworten. Erstens muß man festhalten, daß das begehrende Bewußtsein sein Objekt nicht auf dem Hintergrund einer unveränderten Welt begehrt. Anders gesagt, es handelt sich nicht darum, das Begehrenswerte als ein gewisses «Dieses» auf dem Hintergrund einer Welt erscheinen zu lassen, die ihre instrumentellen Beziehungen zu uns und ihre Organisation in Utensilienkomplexen beibehielte. Es verhält sich mit der Begierde wie mit der Emotion: wir haben an anderer Stelle* darauf hingewiesen, daß die Emotion nicht das Erfassen eines erregenden Objekts in einer unveränderten Welt ist: sondern da sie einer globalen Modifikation des Bewußtseins und seiner

---

* Siehe unsere *Esquisse d'une théorie des émotions*, Hermann, Paris 1939 [deutsch: *Skizze einer Theorie der Emotionen* in: Jean-Paul Sartre, *Die Transzendenz des Ego. Philosophische Essays 1931–1939*, Rowohlt, Reinbek 1982].

Beziehungen zur Welt entspricht, äußert sie sich durch eine radikale Veränderung der Welt. Die Begierde ist gleichfalls eine radikale Modifikation des Für-sich, denn das Für-sich macht sich auf einer anderen Seinsebene sein, es bestimmt sich dazu, seinen Körper anders zu existieren, sich durch seine Faktizität verkleben zu lassen. Korrelativ dazu muß die Welt für es auf eine neue Weise zum Sein kommen: es gibt eine Welt der Begierde. Wenn nämlich mein Körper nicht mehr als das Instrument empfunden wird, das durch kein Instrument benutzt werden kann, das heißt als synthetische Organisation meiner Handlungen in der Welt, wenn er als Fleisch gelebt wird, dann erfasse ich die Objekte der Welt als Verweisungen auf mein Fleisch. Das bedeutet, daß ich mich in bezug auf sie passiv mache und daß sie sich mir vom Gesichtspunkt dieser Passivität in ihr und durch sie enthüllen (denn die Passivität ist der Körper, und der Körper bleibt Gesichtspunkt). Die Objekte sind dann die transzendente Gesamtheit, durch die mir meine Fleischwerdung enthüllt wird. Eine Berührung ist *Streicheln*, das heißt, meine Wahrnehmung ist nicht *Benutzung* des Objekts und Überschreiten der Gegenwart im Hinblick auf einen Zweck, sondern in der begehrenden Haltung ein Objekt wahrnehmen heißt mich an ihm streicheln. So bin ich eher für die Materie eines Objekts empfänglich (klumpig, glatt, lau, fettig, rauh usw.) als für seine Form und seine Instrumentalität, und ich entdecke in meiner begehrenden Wahrnehmung so etwas wie ein *Fleisch* der Objekte. Mein Hemd reibt auf meiner Haut, und ich spüre sie: sie, die für mich gewöhnlich der entfernteste Gegenstand ist, wird das unmittelbar Sinnliche, die Wärme der Luft, der Hauch des Windes, die Strahlen der Sonne usw., alles ist mir in einer gewissen Weise gegenwärtig wie ohne Distanz an mich gelegt und mein Fleisch durch sein Fleisch enthüllend. Von diesem Gesichtspunkt aus ist die Begierde nicht nur die Verklebung eines Bewußtseins durch seine Faktizität, sie ist korrelativ die Verklebung eines Körpers durch die Welt; und die Welt macht sich *klebrig*; das Bewußtsein versinkt in einem Körper, der in der Welt versinkt.* So ist das Ideal, das sich hier anbietet, das Innerweltlich-sein; das Für-sich versucht, ein Innerweltlich-sein als äußersten Ent-wurf seines In-der-Welt-seins zu realisieren; deshalb ist die Wollust so oft an den Tod gebunden – der auch eine Metamorphose oder ein «Innerweltlich-sein» ist –, man kennt zum Beispiel das Thema der *«fausse morte»*, das in allen Literaturen im Überfluß behandelt wird.

Aber die Begierde ist weder zunächst noch vor allem eine Beziehung zur Welt. Die Welt erscheint hier nur als Hintergrund für die expliziten Beziehungen zum *andern*. Für gewöhnlich wird anläßlich der *Anwesenheit* des andern die Welt als Welt der Begierde entdeckt. Daneben kann sie als eine solche anläßlich der *Abwesenheit eines gewissen* andern oder sogar anläßlich der *Abwesenheit jedes* andern entdeckt werden. Aber wir haben schon festgestellt, daß die Abwesenheit ein konkreter existentieller Bezug des andern zu mir ist, der auf dem ursprünglichen Hintergrund des Für-Andere-seins erscheint. Wenn ich meinen Körper in der Einsamkeit entdecke, kann ich mich zwar plötzlich als Fleisch fühlen, vor Begierde «ersticken» und die Welt als «erstickend» erfassen. Aber diese einsame Begierde ist ein Ruf nach *einem* andern oder nach der Anwesenheit des undifferenzierten Andern. Ich begehre, mich durch und für ein anderes Fleisch als Fleisch zu enthüllen. Ich versuche, den andern zu verzaubern und er-

---

* Natürlich ist hier wie überall der Widrigkeitskoeffizient der Dinge zu berücksichtigen. Diese Objekte sind nicht nur «streichelnd». Aber in der allgemeinen Perspektive des Streichelns können sie auch als «anti-streichelnd» erscheinen, das heißt von einer Rauheit, einer Kakophonie, einer Härte, die, eben weil wir im Zustand der Begierde sind, uns in unerträglicher Weise streifen.

scheinen zu lassen; und die Welt der Begierde zeigt mir den *andern*, den ich rufe, in Hohlform an. So ist die Begierde keineswegs ein physiologischer Vorfall, ein Kitzel unseres Fleischs, das uns zufällig an das Fleisch des andern heften könnte. Sondern ganz im Gegenteil, damit es mein Fleisch und das Fleisch des andern *gibt*, muß das Bewußtsein vorher in die Gußform der Begierde fließen. Die Begierde ist ein ursprünglicher Modus der Beziehungen zum Andern, der den andern als begehrenswertes Fleisch auf dem Hintergrund einer Welt der Begierde konstituiert.

Wir können jetzt den tiefen Sinn der Begierde explizieren. In der ersten Reaktion auf den Blick des Andern konstituiere ich mich ja als Blick. Aber wenn ich den Blick anblicke, um mich gegen die Freiheit des Andern zu wehren und sie als Freiheit zu transzendieren, lösen sich die Freiheit und der Blick des andern auf: ich sehe *Augen*, ich sehe ein Innerweltlich-sein. Von nun an entgeht mir der andere: ich möchte auf seine Freiheit einwirken, sie mir aneignen oder mich wenigstens durch sie als Freiheit anerkennen lassen. Aber diese Freiheit ist tot, sie ist absolut nicht mehr *in der Welt*, in der ich dem Objekt-andern begegne, denn ihre Eigenart ist es, der Welt transzendent zu sein. Ich kann den andern zwar *ergreifen*, packen, stoßen; ich kann, wenn ich Macht besitze, ihn zu diesen oder jenen Handlungen, zu diesen oder jenen Worten zwingen; aber alles geschieht so, als wollte ich mich eines Menschen bemächtigen, der flieht und mir seinen Mantel in den Händen läßt. Es ist der Mantel, es ist die Hülle, die ich besitze; ich werde mich immer nur eines Körpers bemächtigen, eines innerweltlichen psychischen Objekts; und obwohl sich alle Handlungen dieses Körpers in Freiheitsbegriffen interpretieren lassen, habe ich doch den Schlüssel dieser Interpretation völlig verloren: ich kann nur auf eine Faktizität einwirken. Wenn ich das *Wissen* von einer transzendenten Freiheit des Andern bewahrt habe, so ärgert mich dieses Wissen vergeblich, da es eine Realität anzeigt, die für mich grundsätzlich unerreichbar ist, und da es mir jeden Augenblick enthüllt, daß ich sie *verfehle*, daß alles, was ich tue, «blind» getan wird und seinen Sinn woandersher nimmt, aus einer Existenzsphäre, aus der ich grundsätzlich ausgeschlossen bin. Ich kann um Gnade flehen oder um Verzeihung bitten lassen, aber ich werde nie wissen, was diese Unterwerfung für die Freiheit des andern und in ihr bedeutet. Gleichzeitig ändert sich übrigens mein *Wissen*: ich verliere das genaue Verständnis *des Erblickt-werdens*, das bekanntlich die einzige Art ist, in der ich die Freiheit des andern erfahren kann. So bin ich in ein Unternehmen engagiert, von dem ich sogar den Sinn vergessen habe. Ich bin verwirrt angesichts dieses andern, den ich sehe und den ich berühre und mit dem ich nichts mehr anfangen kann. Allenfalls habe ich die vage Erinnerung an ein gewisses *Jenseits* dessen bewahrt, was ich sehe und berühre, an ein Jenseits, von dem ich weiß, daß es genau das ist, was ich mir aneignen will. Dann *mache ich mich zu Begierde*. Die Begierde ist ein Verzauberungsverhalten. Da ich den andern nur in seiner objektiven Faktizität erfassen kann, kommt es darauf an, seine Freiheit in dieser Faktizität zu verkleben: man muß erreichen, daß sie dort «steif wird», wie man von einer Creme sagt, daß sie steif geworden ist, so daß das Für-sich des Andern die Oberfläche seines Körpers streift, sich durch den ganzen Körper hindurch ausdehnt und ich beim Berühren dieses Körpers schließlich die freie Subjektivität des andern berühre. Das ist der eigentliche Sinn des Wortes *Besitz*. Zwar will ich den Körper des andern *besitzen*; aber ich will ihn besitzen, insofern er selbst ein «besessener» ist, das heißt, insofern das Bewußtsein des andern sich damit identifiziert hat. Das ist das unmögliche Ideal der Begierde: die Transzendenz des andern als reine Transzendenz und dennoch als *Körper* besitzen, den andern auf seine bloße *Faktizität* reduzieren, weil er dann mitten in meiner Welt ist, aber machen, daß diese Faktizität eine fortwährende Appräsentation seiner nichtenden Transzendenz ist.

In Wirklichkeit kann aber die Faktizität des andern (sein reines Da-sein) meiner Intuition nicht ohne tiefe Modifikation meines eigenen-Seins gegeben werden. Solange ich meine persönliche Faktizität auf meine eigenen Möglichkeiten hin überschreite, solange ich meine Faktizität in einem Fluchtelan existiere, überschreite ich auch die Faktizität des andern wie im übrigen die bloße *Existenz der Dinge.* In meinem Auftauchen selbst lasse ich sie zur instrumentellen Existenz emporkommen, ihr bloßes Sein wird durch die Komplexität der hinweisenden Verweisungen verdeckt, die ihre *Handhabbarkeit* und ihre *Utensilität* konstituieren. Einen Federhalter nehmen heißt schon mein Da-sein auf die Möglichkeit des Schreibens hin überschreiten, aber es heißt auch den Federhalter als bloß Existierendes auf seine Potentialität hin überschreiten und diese wiederum auf gewisse künftige Existierende hin, die die «zu-schreibenden-Wörter» und schließlich das «zu-schreibende-Buch» sind. Deshalb ist das Sein der Existierenden gewöhnlich durch ihre Funktion verhüllt. Dasselbe gilt für das Sein des andern: wenn der andere mir als Diener, als Angestellter, als Beamter oder einfach als Passant erscheint, dem ich aus dem Weg gehen muß, oder als jene Stimme, die im Nebenzimmer spricht und die ich zu *verstehen* suche (oder die ich im Gegenteil vergessen will, weil sie mich «beim Schlafen stört»), so entgeht mir nicht nur seine weltjenseitige Transzendenz, sondern auch sein «Da-sein» als bloße kontingente innerweltliche Existenz. Denn gerade insofern ich ihn als Diener oder als Büroangestellten behandle, überschreite ich ihn auf seine Potentialitäten hin (transzendierte-Transzendenz, tote-Möglichkeiten) eben durch den Entwurf, durch den ich meine eigne Faktizität überschreite und nichte. Wenn ich auf seine bloße Anwesenheit zurückkommen und sie *als Anwesenheit* spüren will, muß ich versuchen, mich auf meine eigne zu reduzieren. Jedes Überschreiten meines Da-seins ist ja Überschreiten des Da-seins des andern. Und wenn die Welt um mich herum als die Situation ist, die ich auf mich selbst hin überschreite, dann erfasse ich den andern von *seiner Situation* aus, das heißt bereits als Bezugszentrum. Zwar muß auch der begehrte andere in Situation erfaßt werden; was ich begehre, ist eine Frau *in der Welt, neben einem Tisch* stehend, nackt *auf einem Bett* oder *neben mir* sitzend. Aber wenn die Begierde von der Situation auf das Sein, das in Situation ist, zurückfließt, so um die Situation aufzulösen und die Beziehungen des Andern in der Welt zu zersetzen: die Bewegung des Begehrens, die von der «Umgebung» zur begehrten Person geht, ist eine sie isolierende Bewegung, die die Umgebung zerstört und die betreffende Person einschließt, um ihre bloße Faktizität hervortreten zu lassen. Aber gerade das ist nur möglich, wenn jeder Gegenstand, der mich auf die Person verweist, in seiner bloßen Kontingenz erstarrt, während er mich auf sie hinweist; und folglich ist diese Bewegung zurück zum Sein des Andern Bewegung zurück zu mir als reinem Da-sein. Ich zerstöre meine Möglichkeiten, um die der Welt zu zerstören und die Welt als «Welt der Begierde» zu konstituieren, das heißt als destrukturierte Welt, die ihren Sinn verloren hat und wo die Dinge hervortreten wie Bruchstücke bloßer Materie, wie rohe Qualitäten. Und da das Für-sich Wahl ist, ist das nur möglich, wenn ich mich auf eine neue Möglichkeit hin ent-werfe: «durch meinen Körper wie die Tinte durch ein Löschblatt aufgesaugt» zu werden, in meinem bloßen Dasein aufzugehen. Insofern dieser Entwurf nicht bloß konzipiert und thematisch gesetzt, sondern gelebt wird, das heißt, insofern sich seine Realisierung nicht von seiner Konzipierung unterscheidet, ist er Aufgewühltsein [*trouble*]. Man darf nämlich die vorangegangenen Beschreibungen nicht so verstehen, als ob ich mich mit Bedacht in den Zustand des Aufgewühltseins versetzte mit der Absicht, das reine «Da-sein» des andern wiederzufinden. Die Begierde ist ein erlebter Entwurf, der keine vorhergehende Überlegung voraussetzt, sondern seinen Sinn und seine Deutung in sich selbst enthält. Sobald ich mich auf die Faktizität des andern hin werfe, sobald ich seine Handlungen und seine Funktionen beseitigen will, um ihn in seinem Fleisch zu erreichen, werde ich selbst Fleisch, denn ich kann die Fleischwerdung des andern nur in meiner eignen Fleischwerdung und durch sie wollen und mir überhaupt denken; und selbst die leere Andeutung einer Begierde (wenn man zum Beispiel «zerstreut eine Frau mit dem Blick entkleidet») ist eine leere Andeutung des Aufgewühltseins, denn ich begehre nur mit meinem Aufgewühltsein, ich entblöße den andern nur, indem ich mich selbst entblöße, ich deute das Fleisch des andern nur an, indem ich mein eignes Fleisch andeute.

Aber meine *Fleischwerdung* ist nicht nur die Vorbedingung dafür, daß der andre *meinen Augen* als Fleisch erscheint. Mein Ziel ist, ihn *in seinen eignen Augen* Fleisch werden zu lassen, ich muß ihn auf den Boden der bloßen Faktizität ziehen, er muß für sich selbst darin aufgehen, nur Fleisch zu sein. So bin ich über die ständigen Möglichkeiten einer Transzendenz beruhigt, die mich jeden Augenblick von allen Seiten her transzendieren kann: sie *ist nur noch* dies; sie bleibt in den Grenzen eines Objekts eingeschlossen; außerdem kann ich sie gerade deswegen berühren, anfassen, besitzen. Daher ist der andre Sinn meiner Fleischwerdung – das heißt meines Aufgewühltseins –, daß sie eine verzaubernde Sprache ist. Ich mache mich zu Fleisch, um den Andern durch meine Nacktheit zu faszinieren und in ihm die Begierde nach meinem Fleisch hervorzurufen, eben weil diese Begierde im andern nichts anderes ist als eine der meinen ähnliche Fleischwerdung. So ist die Begierde eine Aufforderung zur Begierde. Mein Fleisch allein weiß den Weg zum Fleisch des Andern zu finden, und ich lege mein Fleisch an sein Fleisch, um in ihm den Sinn für das Fleisch zu wecken. Denn beim Streicheln, wenn ich meine inerte Hand langsam an der Hüfte des andern entlanggleiten lasse, lasse ich ihn mein Fleisch spüren, und das kann er selbst nur dann, wenn er sich inert macht; der Lustschauer, der ihn dann durchläuft, ist eben das Erwachen seines Fleischbewußtseins. Meine Hand ausstrecken, sie öffnen oder schließen heißt wieder Körper in Aktion werden; aber gleichzeitig heißt das meine Hand als Fleisch verschwinden lassen. Sie unmerklich an seinem Körper entlanggleiten lassen, sie auf ein zartes, beinah sinnloses Streifen, auf eine bloße Existenz reduzieren, auf eine bloße etwas seidige, etwas weiche, etwas rauhe Materie, heißt für sich selbst darauf verzichten, der zu sein, der die Anhaltspunkte festlegt und die Entfernungen entfaltet, heißt sich zu bloßer Schleimhaut machen. In diesem Moment ist die Kommunion der Begierde verwirklicht: jedes Bewußtsein hat durch seine Fleischwerdung die Fleischwerdung des andern verwirklicht, jedes Aufgewühltsein hat das Aufgewühltsein des andern entstehen lassen und ist dadurch um so größer geworden. Durch jedes Streicheln spüre ich mein eignes Fleisch und über mein eignes Fleisch das Fleisch des andern, und ich bin mir bewußt, daß dieses Fleisch, das ich spüre und mir durch mein Fleisch aneigne, durch-den-andern-gespürtes-Fleisch ist. Nicht zufällig erreicht die Begierde, obwohl sie auf den ganzen Körper abzielt, diesen vor allem über die Körperteile, die am wenigsten differenziert, am gröbsten innerviert, am wenigsten zu spontanen Bewegungen fähig sind, also über die Brüste, den Po, die Schenkel, den Bauch: sie sind wie das Bild der bloßen Faktizität. Deshalb auch ist das richtige Streicheln die Berührung der beiden Körper in ihren fleischlichsten Teilen, die Berührung der Bäuche und der Brüste: die streichelnde Hand ist trotz allem noch zu wendig, zu sehr einem vollendeten Werkzeug nahe. Vielmehr ist das Erblühen des Fleisches eines am andern und durch das andere das wirkliche Ziel der Begierde.

Trotzdem ist die Begierde selbst zum Scheitern verurteilt. Wir haben ja gesehen, daß der Koitus, der sie gewöhnlich beendet, nicht ihr eigentliches Ziel ist. Zwar sind mehrere Elemente unserer geschlechtlichen Struktur der notwendige Ausdruck der Natur der Begierde. Insbesondere die Erektion des Penis und der Klitoris. Sie ist ja nichts anderes als die Affirmation des Fleisches durch das Fleisch. Es ist also absolut notwendig, daß sie nicht *willentlich* geschieht, das heißt, daß wir sie nicht wie ein Instrument benutzen können, sondern daß es sich im Gegenteil um ein biologisches und autonomes Phänomen handelt, dessen autonomes und unwillentliches Aufblühen das Versinken des Bewußtseins im Körper begleitet und bedeutet. Kein wendiges, greiffähiges und an gestreifte Muskeln gebundenes Organ konnte ja ein Geschlechtsorgan, ein *Geschlecht* sein; wenn das Geschlecht als Organ erscheinen sollte, konnte es nur eine Manifestation des vegetativen Lebens sein. Aber die Kontingenz erscheint wieder, wenn wir bedenken, daß es eben gerade Geschlechter und *solche Geschlechter gibt*. Insbesondere bleibt das Eindringen des Mannes in die Frau eine völlig kontingente Modalität unseres Geschlechtslebens, obwohl es dieser radikalen Fleischwerdung entspricht, die die Begierde sein will (man muß ja die organische Passivität des Geschlechts beim Koitus beachten: der ganze Körper bewegt sich vor- und rückwärts, er *trägt* das Geschlecht nach vorn oder zieht es zurück: die Hände helfen bei der Einführung des Penis; der Penis selbst erscheint wie ein Instrument, das man handhabt, das man hineinschiebt, das man zurückzieht, das man benutzt, und ebenso kann das Sichöffnen und Feuchtwerden der Vagina nicht willentlich erreicht werden). Und die eigentliche sexuelle Wollust ist ebenfalls eine bloße Kontingenz. Genaugenommen ist es normal, daß die Verklebung des Bewußtseins im Körper seinen Abschluß findet, das heißt eine Art besonderer Ekstase, in der das Bewußtsein nur noch Bewußtsein (vom) Körper ist und folglich reflexives Bewußtsein *von* der Körperlichkeit. Die Lust motiviert ja – wie ein zu heftiger Schmerz – das Erscheinen eines reflexiven Bewußtseins, das «*Auf die Lust achten*» ist. Nur ist die Lust der Tod und das Scheitern der Begierde. Sie ist der Tod der Begierde, weil sie nicht nur ihre Vollendung ist, sondern ihr Ende und Zweck. Das ist übrigens nur eine organische Kontingenz: *es geschieht*, daß die Fleischwerdung sich durch die Erektion manifestiert und daß die Erektion mit der Ejakulation endet. Doch außerdem ist die Lust die Schleuse der Begierde, weil sie das Erscheinen eines reflexiven Bewußtseins *von* Lust motiviert, dessen Gegenstand der Orgasmus wird, das heißt, das *Achten auf die Fleischwerdung des reflektierten Für-sich* ist und zugleich Vergessen der Fleischwerdung des andern. Das gehört nicht mehr zum Bereich der Kontingenz. Zwar bleibt es kontingent, daß der Übergang zur faszinierten Reflexion anläßlich dieser besonderen Weise von Fleischwerdung geschieht, die die Lust ist – außerdem gibt es zahlreiche Fälle von Übergängen zum Reflexiven ohne Einwirken der Lust –, aber es ist eine ständige Gefahr für die Begierde, insofern sie Versuch einer Fleischwerdung ist, daß das Bewußtsein durch seine Fleischwerdung die Fleischwerdung des andern aus dem Blick verliert und daß seine eigne Fleischwerdung es so absorbiert, daß sie sein letztes Ziel wird. In diesem Fall verwandelt sich die Lust, zu streicheln, in die Lust, gestreichelt zu werden, was das Für-sich verlangt, ist, seinen Körper in sich aufblühen zu fühlen bis zum Ekel. Dadurch kommt es zum Kontaktabbruch, und die Begierde verfehlt ihr Ziel. Es geschieht sogar oft, daß dieses Scheitern der Begierde einen Übergang zum Masochismus motiviert, das heißt, daß das Bewußtsein, das sich in seiner Faktizität erfaßt, verlangt, durch das Bewußtsein des andern als Körper-für-Andere erfaßt und transzendiert zu werden; in diesem Fall verschwindet der Objektandre, und der Blick-andre erscheint, und mein Bewußtsein ist ein in seinem Fleisch unter dem Blick des andern vor Lust vergehendes Bewußtsein.

Doch umgekehrt ist die Begierde der Ursprung ihres eigenen Scheiterns, insofern sie Begierde ist, zu *nehmen* und *sich anzueignen*. Es genügt ja nicht, daß das Aufgewühltsein die Fleischwerdung des andern entstehen läßt: die Begierde ist Begierde, sich dieses fleischgewordene Bewußtsein anzueignen. Daher setzt sie sich auch natürlicherweise nicht durch *Streicheln* fort, sondern durch Akte des Nehmens und des Eindringens. Das Streicheln hatte nur den Zweck, den Körper des andern mit Bewußtsein und Freiheit zu durchtränken. Jetzt muß man diesen gesättigten Körper nehmen, ihn packen, in ihn eindringen. Aber allein dadurch, daß ich jetzt versuche, zu greifen, zu ziehen, zu packen, zu beißen, hört mein Körper auf, Fleisch zu sein, er wird wieder das synthetische Instrument, *das ich bin*; und damit ist der *Andre* keine Fleischwerdung mehr: er wird wieder ein innerweltliches Instrument, das ich von seiner Situation her erfasse. Sein Bewußtsein, das die Oberfläche seines Fleisches streifte und das ich mit meinem Fleisch zu *schmecken* versuchte,* schwindet unter meinem Blick; es bleibt nichts übrig als ein *Objekt* mit Objekt-Bildern in seinem Innern. Zugleich schwindet mein Aufgewühltsein: das bedeutet nicht, daß ich aufhöre zu begehren, aber die Begierde hat ihren Stoff verloren, sie ist *abstrakt* geworden; sie ist Begierde, zu handhaben und zu nehmen, ich bin darauf versessen, zu nehmen, aber gerade meine Versessenheit läßt meine Fleischwerdung verschwinden: nun überschreite ich wieder meinen Körper auf meine eigenen Möglichkeiten hin (hier die Möglichkeit, zu nehmen), und ebenso sinkt der auf seine Potentialitäten hin überschrittene Körper des

---

* Doña Prouhèze in Paul Claudels *Le soulier de satin*, Zweiter Tag: «Er wird nicht den Geschmack kennenlernen, den ich habe.»

Andern vom Rang des *Fleisches* zum Rang eines bloßen Objekts herab. Diese Situation impliziert den Abbruch der wechselseitigen Fleischwerdung, die gerade das eigentliche Ziel der Begierde war: der andere kann aufgewühlt bleiben; er kann *für sich* Fleisch bleiben, und ich kann ihn verstehen: aber er ist ein Fleisch, das ich nicht mehr durch mein Fleisch erfasse, ein Fleisch, das nur noch die *Eigenschaft* eines Objekt-andern ist und nicht die Fleischwerdung eines Bewußtsein-andern. So bin ich *Körper* (synthetische Totalität in Situation) gegenüber einem *Fleisch*. Ich finde mich beinah in der Situation wieder, aus der ich durch die Begierde gerade herauszukommen suchte, das heißt, ich versuche, den Objekt-Andern zu benutzen, um von ihm Aufschluß über seine Transzendenz zu fordern, und er entgeht mir um seine *ganze* Transzendenz, eben weil er *ganz* Objekt ist. Ich habe sogar wieder das klare Verständnis für das verloren, was ich suche, und trotzdem bin ich in die Suche engagiert. Ich nehme und entdecke mich beim Nehmen, aber was ich in meine Hände nehme, ist *etwas andres*, als was ich nehmen wollte; ich spüre es und leide darunter, aber ohne sagen zu können, was ich nehmen wollte, denn zusammen mit meinem Aufgewühltsein entgeht mir sogar noch das Verständnis meiner Begierde; ich bin wie ein Schläfer, der beim Aufwachen merkt, daß er seine Hände um die Bettkante krampft, ohne sich an den Alptraum zu erinnern, der seine Bewegung hervorgerufen hat. Diese Situation ist der Ursprung des *Sadismus*.

Der Sadismus ist Passion, Kälte und Versessenheit. Er ist Versessenheit, weil er der Zustand eines Für-sich ist, das sich als engagiert erfaßt, ohne zu verstehen, *wofür* es sich engagiert, und das auf seinem Engagement beharrt, ohne ein klares Bewußtsein des Ziels zu haben, das es sich gesetzt hat, und eine genaue Erinnerung des Wertes, den es mit diesem Engagement verbunden hat. Er ist Kälte, weil er erscheint, wenn die Begierde sich ihres Aufgewühltseins entledigt hat. Der Sadist hat seinen Körper wieder als synthetische Totalität und Aktionszentrum ergriffen; er hat sich wieder auf die fortwährende Flucht vor seiner eignen Faktizität begeben, er erfährt sich angesichts des andern als reine Transzendenz; er verabscheut *für sich* das Aufgewühltsein, er betrachtet es als einen demütigenden Zustand; es kann auch einfach sein, daß er es nicht in sich *realisieren* kann. In dem Maß, wie er kalt versessen ist, wie er gleichzeitig Versessenheit und Kälte ist, ist der Sadist ein Passionierter. Sein Ziel ist, wie das der Begierde, den andern zu ergreifen und zu unterwerfen, nicht nur als Objekt-andern, sondern als reine Fleischgewordene Transzendenz. Aber der Akzent liegt beim Sadismus auf der instrumentellen Aneignung des fleischgewordenen-andern. Dieser «Moment» des Sadismus in der Sexualität ist ja der, wo das fleischgewordene Für-sich seine Fleischwerdung überschreitet, um sich die Fleischwerdung des andern anzueignen. Daher ist der Sadismus gleichzeitig Weigerung, Fleisch zu werden, und Flucht vor jeder Faktizität, und gleichzeitig Bemühen, sich der Faktizität des andern zu bemächtigen. Aber da er die Fleischwerdung des andern durch seine eigne Fleischwerdung weder realisieren kann noch will, da er eben deshalb kein anderes Mittel hat, als den andern als Utensil-Objekt zu behandeln, sucht er den Körper des andern wie ein Werkzeug zu benutzen, um den andern die fleischgewordene Existenz realisieren zu lassen. Der Sadismus ist ein Bemühen, den Andern mit Gewalt Fleisch werden zu lassen, und diese «gewaltsame» Fleischwerdung muß bereits Aneignung und Benutzung des andern sein. Der Sadist sucht – wie die Begierde – den andern seiner Akte, die ihn verbergen, zu entblößen. Er sucht das Fleisch unter der Aktion aufzudecken. Aber während sich das Für-sich der Begierde in sein eignes Fleisch verliert, um dem Andern zu entdecken, daß er Fleisch ist, weist der Sadist sein eignes Fleisch zurück, während er über die Instrumente verfügt, dem Andern dessen Fleisch mit Gewalt zu enthüllen. Das Objekt des Sadismus ist die unmittelbare Aneignung. Aber der Sadismus ist in einer schiefen Lage, denn er genießt nicht nur das Fleisch des Andern, sondern, in direkter Verbindung mit dem Fleisch, sein eignes Nicht-Fleischwerden. Er *will* die Nicht-Gegenseitigkeit der sexuellen Beziehungen, er genießt es, besitzergreifende Macht und frei zu sein angesichts einer durch das Fleisch gefangenen Freiheit. Deshalb will der Sadismus dem Bewußtsein des Andern das Fleisch *anders* gegenwärtig machen: er will es gegenwärtig machen, indem er den Andern wie ein Instrument behandelt: er macht es gegenwärtig durch den Schmerz. Im Schmerz nämlich nimmt die Faktizität das Bewußtsein ein, und am Ende ist das reflexive Bewußtsein von der Faktizität des unreflektierten Bewußtseins fasziniert. Es gibt also durchaus eine Fleischwerdung durch den Schmerz. Aber gleichzeitig wird der Schmerz *durch Instrumente* herbeigeführt; der Körper des folternden Für-sich ist nur noch ein Instrument zum Schmerzverursachen. So kann sich das Für-sich von Anfang an der Täuschung hingeben, es bemächtige sich der Freiheit des andern instrumental, das heißt, es lasse diese Freiheit in das Fleisch fließen, ohne daß es dabei aufhört, das zu sein, das *provoziert*, das packt, das ergreift usw.

Was den Inkarnationstypus betrifft, den der Sadismus realisieren möchte, so handelt es sich um genau das, was man das *Obszöne* nennt. Das Obszöne ist eine *Spezies* des Für-Andere-Seins, die zur *Gattung* des Nicht-Anmutigen gehört. Aber nicht jedes Nicht-Anmutige ist obszön. In der *Anmut* erscheint der Körper als etwas Psychisches in Situation. Er enthüllt vor allem seine Transzendenz als transzendierte-Transzendenz; er ist in Aktion und versteht sich von der Situation und dem verfolgten Zweck her. Jede Bewegung wird also in einem Wahrnehmungsprozeß erfaßt, der von der Zukunft zur Gegenwart geht. In dieser Hinsicht hat der anmutige Akt einerseits die Genauigkeit einer gut montierten Maschine und andererseits die vollkommne Unvorhersehbarkeit des Psychischen, denn das Psychische ist, wie wir gesehen haben, für Andere *das unvorhersehbare Objekt*. Der anmutige Akt ist also in jedem Augenblick vollkommen verstehbar, insofern man das betrachtet, was an ihm *verflossen* ist. Mehr noch, dieser verflossene Teil des Akts wird durch eine Art ästhetischer Notwendigkeit umspannt, die von seiner vollkommnen Angemessenheit kommt. Gleichzeitig erhellt das künftige Ziel den Akt in seiner Totalität; aber der ganze zukünftige Teil des Akts bleibt unvorhersehbar, wenn man auch an dem Körper in Aktion selbst spürt, daß der zukünftige Teil als notwendig und angemessen erscheinen wird, sobald er verflossen ist. Dieses bewegliche Bild der Notwendigkeit und der Freiheit (als Eigenschaft des Objekt-andern) konstituiert im eigentlichen Sinn die Anmut. Bergson hat eine gute Beschreibung davon gegeben.[266] Bei der Anmut ist der Körper das Instrument, das die Freiheit manifestiert. Der anmutige Akt liefert dem Körper, insofern er ihn als Präzisionswerkzeug enthüllt, jeden Augenblick seine Existenzberechtigung: die Hand *ist, um* zu greifen und manifestiert zunächst ihr Um-zu-greifen-sein. Insofern sie von einer Situation aus erfaßt wird, die das Greifen erfordert, erscheint sie als selbst in ihrem Sein *erfordert*, wird sie *gerufen*. Und insofern sie durch die Unvorhersehbarkeit ihrer Bewegung ihre Freiheit manifestiert, erscheint sie am Ursprung ihres Seins: sie scheint sich unter dem rechtfertigenden Ruf der Situation selbst hervorzubringen. Die Anmut stellt also das objektive Bild eines Seins dar, das *Grund seiner selbst, um zu...* wäre. Die Faktizität ist also durch die Anmut bekleidet und maskiert: die Nacktheit des Fleisches ist ganz und gar gegenwärtig, aber sie kann nicht *gesehen* werden. So daß es die höchste Koketterie und die höchste Herausforderung der Anmut ist, den enthüllten Körper zur Schau zu stellen ohne andere Bekleidung, ohne anderen Schleier als die Anmut selbst. Der anmutigste Körper ist der nackte Körper, den seine Akte mit einem undurchsichtigen Kleid umgeben, indem sie sein Fleisch gänzlich den Blicken entziehen, obwohl es den Augen der Zuschauer total gegenwärtig ist. Das Nicht-Anmutige dagegen erscheint, wenn eins der Elemente der Anmut in seiner Realisierung behindert wird. Die Bewegung kann *mechanisch* werden. In diesem Fall ist der Körper immer Teil einer Gesamtheit, die ihn rechtfertigt, aber als bloßes Instrument; seine transzendierte-Transzendenz verschwindet und mit ihr die *Situation* als laterale Überdetermination der Utensilien-Objekte *meines* Universums. Die Akte können auch abgehackt und gewaltsam sein: dann zerfällt die Angemessenheit gegenüber der Situation; die Situation bleibt, aber zwischen sie und dem *andern* in Situation schiebt sich so etwas wie eine Leere, ein Hiatus ein. In diesem Fall bleibt der andere frei, aber diese Freiheit wird nur als reine *Unvorhersehbarkeit* erfaßt, und sie ähnelt dem *clinamen* der epikureischen Atome,[267] kurz, einem Indeterminismus. Gleichzeitig bleibt der Zweck gesetzt, und wir nehmen immer noch die Bewegung des andern von der Zukunft her wahr. Aber ihre Unangemessenheit hat zur Folge, daß die Wahrnehmungsinterpretation durch die Zukunft immer zu weit oder zu eng ist: es ist eine *ungefähre* Interpretation. Infolgedessen wird die Rechtfertigung der Bewegung und des Seins des andern unvollkommen realisiert; letztlich ist der Ungeschickte nicht zu rechtfertigen; seine ganze Faktizität, die in die Situation engagiert war, wird durch sie absorbiert, fließt auf ihn zurück. Der Ungeschickte befreit seine Faktizität im falschen Moment und rückt sie plötzlich in unsere Sicht: dort, wo wir erwarteten, einen Schlüssel der Situation zu erhalten, der spontan aus der Situation selbst hervorgeht, begegnen wir plötzlich der nicht zu rechtfertigenden Kontingenz einer unangemessenen Anwesenheit; wir stehen der Existenz eines Existierenden gegenüber. Doch wenn der Körper ganz und gar in Aktion ist, ist die Faktizität noch nicht Fleisch. Das *Obszöne* erscheint, wenn der Körper Stellungen einnimmt, die ihn seiner Akte völlig entkleiden und die Inertheit seines Fleisches enthüllen. Der Anblick eines nackten Körpers von hinten ist nicht obszön. Aber ein gewisses unwillkürliches Wabbeln des Pos ist obszön. Dann sind nämlich bei dem Gehenden allein die Beine in Aktion, und der Po ähnelt einem isolierten Kissen, das sie tragen und dessen Wackeln lediglich den Gesetzen der Schwerkraft gehorcht. Durch die Situation läßt er sich nicht rechtfertigen; er zerstört im Gegenteil vollständig jede Situation, da er die Passivität des Dinges hat und sich wie ein Ding von den Beinen tragen läßt. Damit enthüllt er sich als nicht zu rechtfertigende Faktizität, er ist *«zu viel»* wie jedes kontingente Sein. Er isoliert sich in diesem Körper, dessen gegenwärtiger Sinn das Gehen ist, er ist nackt, auch wenn irgendein Stoff ihn verhüllt, denn er hat keinen Anteil mehr an der transzendierten-Transzendenz des Körpers in Aktion; sein Wackeln läßt sich nicht mehr von der Zukunft, sondern nur von der Vergangenheit her interpretieren und erkennen als ein physikalisches Faktum. Diese Ausführungen treffen natürlich auch auf Fälle zu, wo der ganze Körper sich zu Fleisch macht, sei es durch eine gewisse Schlaffheit seiner Bewegungen, die sich nicht durch die Situation interpretieren läßt, sei es durch eine Deformation seiner Struktur (zum Beispiel Wuchern der Fettzellen), die uns eine Faktizität zur Schau stellt, die überschüssig ist gegenüber der von der Situation erforderten effektiven Anwesenheit. Und dieses enthüllte Fleisch ist besonders obszön, wenn es sich jemandem enthüllt, der nicht im Zustand der Begierde ist, und *ohne seine Begierde zu erregen*. Eine besondere Unangemessenheit, von der die Situation in derselben Zeit zerstört wird, in der ich sie erfasse, und die mir das inerte Aufblühen des Fleisches als eine jähe Erscheinung unter dem es umhüllenden dünnen Kleid der Bewegungen darbietet, während ich selbst diesem Fleisch gegenüber nicht im Zustand der Begierde bin: das nenne ich das Obszöne.

Man sieht jetzt den Sinn des sadistischen Verlangens: die Anmut enthüllt die Freiheit als Eigenschaft des Objektandern und verweist dunkel, wie es die Widersprüche der sinnlichen Welt im Fall der platonischen Reminiszenz tun, auf ein transzendentes Jenseits, an das wir nur eine getrübte Erinnerung bewahren und das wir nur durch eine radikale Modifikation unseres Seins erreichen können, das heißt, indem wir entschlossen unser Für-Andere-sein annehmen. Die Anmut enthüllt und verhüllt uns gleichzeitig das Fleisch des andern, oder, wenn man lieber will, sie enthüllt es, um es sogleich zu verhüllen: das Fleisch ist in der Anmut der unerreichbare andere. Der Sadist sucht die Anmut zu zerstören, um eine andere Synthese des andern *real* zu konstituieren: er will das Fleisch des Andern erscheinen lassen; schon bei seinem Erscheinen wird das Fleisch die Anmut zerstören, und die Faktizität wird die Objekt-Freiheit des andern resorbieren. Diese Resorption ist nicht Vernichtung: für den Sadisten ist es der *Freie-andre*, der sich als Fleisch manifestiert; die Identität des *Objekt-andern* wird über diese Metamorphosen nicht zerstört; aber die Beziehungen des Fleisches zur Freiheit werden umgekehrt: bei der Anmut enthielt und verhüllte die Freiheit die Faktizität; bei der zu schaffenden neuen Synthese enthält und verbirgt die Faktizität die Freiheit. Der Sadist sucht also das Fleisch jäh und durch Zwang erscheinen zu lassen, das heißt unter Mitwirkung nicht seines eignen Fleisches, sondern seines Körpers als Instrument. Er sucht den andern solche Haltungen und Stellungen einnehmen zu lassen, daß dessen Körper unter dem Aspekt des *Obszönen* erscheint; so bleibt er auf der Ebene der instrumentellen Aneignung, da er das Fleisch entstehen läßt, indem er durch Gewalt auf den andern einwirkt – und der andre wird in seinen Händen ein Instrument –, der Sadist *handhabt* den Körper des andern, drückt auf seine Schultern, um ihn zur Erde zu beugen und seinen Hintern hervorragen zu lassen usw., und andererseits ist das Ziel dieser instrumentellen Benutzung der Benutzung selbst immanent: der Sadist behandelt den andern als Instrument, um das Fleisch des andern erscheinen zu lassen; der Sadist ist ein Wesen [*être*], das den andern als das Instrument wahrnimmt, dessen Funktion dessen eigne Fleischwerdung ist. Das Ideal des Sadisten ist es also, den Moment zu erreichen, wo der andere schon Fleisch ist, ohne daß er aufhört, Instrument zu sein, Fleisch, um Fleisch entstehen zu lassen; wo zum Beispiel die Schenkel sich bereits in einer erblühten obszönen Passivität darbieten und noch Instrumente sind, die man handhabt, die man spreizt und beugt, um die Pobacken mehr hervortreten und sie ihrerseits zu Fleisch werden zu lassen. Aber täuschen wir uns nicht: was der Sadist so versessen sucht, was er mit seinen Händen kneten und unter seiner Faust beugen will, ist die Freiheit des andern: sie ist da, in diesem Fleisch, dieses Fleisch ist sie, da es eine Faktizität des andern gibt; sie also ist es, die der Sadist sich anzueignen sucht. So geht die Bemühung des Sadisten dahin, durch Gewalt und Schmerz den Andern in dessen Fleisch zu verkleben, indem er sich den Körper des andern dadurch aneignet, daß er ihn als Fleisch behandelt, das Fleisch entstehen zu lassen hat; aber diese Aneignung überschreitet den Körper, den sie sich aneignet, denn sie will ihn nur insofern besitzen, als er die Freiheit des andern in sich verklebt hat. Deshalb will der Sadist deutliche Beweise für diese Unterwerfung der Freiheit des andern durch das Fleisch: er will, daß der andre um Gnade bittet, er zwingt den andern durch Folter und Drohung, sich zu demütigen, zu verleugnen, was ihm das teuerste ist. Man hat behauptet, das geschähe aus Herrschsucht, aus Willen zur Macht. Aber diese Erklärung ist vage oder absurd. Zunächst müßte man die Herrschsucht erklären. Und diese Sucht kann gerade nicht dem Sadismus als dessen Grund vorausgehen, denn sie entsteht wie er und auf der gleichen Ebene wie er aus der Unruhe gegenüber dem andern. Doch wenn der Sadist sich darin gefällt, dem andern durch die Folter eine Verleugnung zu entreißen, geschieht das aus einem ähnlichen Grund wie dem, durch den sich der Sinn der *Liebe* interpretieren läßt. Wir haben ja gesehen, daß die Liebe nicht die Aufhebung der Freiheit des andern verlangt, sondern ihre Unterwerfung als Freiheit, das heißt ihre Unterwerfung durch sie selbst. Ebenso sucht der Sadismus nicht, die Freiheit dessen, den er foltert, aufzuheben, sondern diese Freiheit zu zwingen, sich frei mit dem gepeinigten Fleisch zu identifizieren. Deshalb ist der Moment der Lust für den Peiniger der, in dem das Opfer verleugnet oder sich demütigt. Was auch der Druck auf das Opfer sein mag, die Verleugnung bleibt *frei*, sie ist eine spontane Hervorbringung, eine Antwort auf die Situation; sie manifestiert die menschliche-Realität; wie auch der Widerstand des Opfers gewesen ist und solange es auch gewartet hat, bevor es um Gnade flehte, es hätte trotz allem zehn Minuten, eine Minute, eine Sekunde länger warten können. Es hat über den Moment *entschieden*, wo der Schmerz unerträglich wurde. Und der Beweis dafür ist, daß es später seine Verleugnung in Reue und Scham erlebt. Also ist sie ihm vollständig zuzurechnen. Andererseits betrachtet sich zugleich der Sadist als deren Ursache. Wenn das Opfer Widerstand leistet und sich weigert, um Gnade zu flehen, ist das Spiel nur um so lustvoller: eine Schraubendrehung mehr, noch eine Verrenkung, und die Widerstände werden schließlich nachlassen. Der Sadist setzt sich als einer, «der Zeit hat». Er ist gelassen, er beeilt sich nicht, er verfügt über seine Instrumente wie ein Techniker, er probiert sie eins nach dem andern aus, wie der Schlosser verschiedene Schlüssel an einem Schloß ausprobiert; er genießt diese doppeldeutige und widersprüchliche Situation: einerseits spielt er nämlich den, der innerhalb des universalen Determinismus geduldig die Mittel für einen Zweck einsetzt, der *automa-*

tisch erreicht werden wird – wie das Schloß sich automatisch öffnen wird, wenn der Schlosser den «richtigen» Schlüssel gefunden hat –, andererseits kann dieser bestimmte Zweck nur durch eine freie und vollständige Zustimmung des andern verwirklicht werden. Er bleibt also bis zum Schluß zugleich vorhersehbar und unvorhersehbar. Auch das realisierte Objekt ist für den Sadisten doppeldeutig, widersprüchlich und labil, da es sowohl die strenge Wirkung einer technischen Benutzung des Determinismus als auch die Manifestation einer unbedingten Freiheit ist. Und das Schauspiel, das sich dem Sadisten bietet, ist das einer Freiheit, die gegen das Aufblühen des Fleisches kämpft und schließlich frei wählt, sich durch das Fleisch überwältigen zu lassen. Im Moment der Verleugnung ist das angestrebte Ergebnis erreicht: der Körper ist ganz und gar zuckendes und obszönes Fleisch, er behält die Stellung bei, die die Peiniger ihm gegeben haben, nicht die, die er von selbst eingenommen hätte, die Stricke, die ihn binden, halten ihn wie ein inertes Ding, und eben dadurch hat er aufgehört, das Objekt zu sein, das sich spontan bewegt. Und eine Freiheit wählt, sich durch die Verleugnung mit gerade diesem Körper zu identifizieren; dieser entstellte und keuchende Körper ist genau das Bild der gebrochenen und unterworfenen Freiheit.

Mit diesen wenigen Hinweisen soll nicht der Anspruch erhoben werden, das Problem des Sadismus zu erschöpfen. Wir wollten nur zeigen, daß er als Scheitern der Begierde im Keim in der Begierde selbst liegt: sobald ich nämlich danach trachte, den Körper des Andern zu *nehmen*, den ich durch meine Fleischwerdung dazu gebracht habe, Fleisch zu werden, unterbreche ich die Gegenseitigkeit der Fleischwerdung, überschreite ich meinen Körper auf seine eigenen Möglichkeiten hin und orientiere mich nach dem Sadismus. So sind der Sadismus und der Masochismus die beiden Klippen der Begierde, ob ich nun das Aufgewühltsein auf eine Aneignung des Fleisches des andern hin überschreite oder ob ich, von meinem eignen Aufgewühltsein berauscht, nur noch auf mein Fleisch achte und vom andern weiter nichts verlange, als der Blick zu sein, der mir mein Fleisch realisieren hilft. Wegen dieser Unbeständigkeit der Begierde und wegen ihres fortwährenden Schwankens zwischen diesen beiden Klippen pflegt man die «normale» Sexualität «sado-masochistisch» zu nennen.

Trotzdem enthält der Sadismus selbst, ebenso wie die blinde Gleichgültigkeit und wie die Begierde, das Prinzip seines Scheiterns. Zunächst einmal besteht eine tiefe Unvereinbarkeit zwischen der Wahrnehmung des Körpers als Fleisch und seiner instrumentellen Benutzung. Wenn ich aus dem Fleisch ein Instrument mache, verweist es mich auf andere Instrumente und auf Potentialitäten, kurz auf eine Zukunft, ist es durch die Situation, die ich um mich herum schaffe, teilweise gerechtfertigt, *dazusein*, so wie die Anwesenheit der Nägel und der an die Wand zu nagelnden Matte die Existenz des Hammers rechtfertigt. Damit weicht seine Natur eines Fleisches, das heißt einer unbenutzbaren Faktizität, der Natur eines Utensil-Dinges. Der Komplex «Utensil-Fleisch», den der Sadist zu schaffen versucht hat, löst sich auf. Diese tiefe Auflösung kann verdeckt sein, solange das Fleisch Instrument zur Enthüllung des Fleisches ist, denn so habe ich ein Utensil mit immanentem Zweck konstituiert. Aber wenn die Fleischwerdung abgeschlossen ist, wenn ich tatsächlich einen zuckenden Körper vor mir habe, weiß ich nicht mehr, wie ich dieses Fleisch *benutzen* soll: kein Zweck kann ihm mehr zugewiesen werden, denn ich habe gerade seine absolute Kontingenz erscheinen lassen. Es *«ist da»*, und es ist da *«für nichts»*. In diesem Sinn kann ich mich seiner nur bemächtigen, insofern es Fleisch ist, ich kann es nicht einem komplexen Instrumentalitätssystem integrieren, ohne daß seine Fleischmaterialität, seine «Fleischhaftigkeit» mir sofort entgeht. Ich kann nur verblüfft im Zustand kontemplativen Staunens vor ihm stehen, oder ich muß meinerseits Fleisch werden, mich aufwühlen lassen, um mich wenigstens wieder auf das Gebiet zu begeben, wo sich das Fleisch dem Fleisch in seiner ganzen Fleischhaftigkeit entdeckt. So macht der Sadismus gerade in dem Moment, in dem sein Zweck erreicht wird, der Begierde Platz. Der Sadismus ist das Scheitern der Begierde und die Begierde das Scheitern des Sadismus. Man kommt aus dem Zirkel nur durch die Befriedigung und durch den angeblichen «physischen Besitz» heraus. Bei diesem ist ja eine neue Synthese aus Sadismus und Begierde gegeben: das Anschwellen des Geschlechts manifestiert die Fleischwerdung, die Tatsache, daß «man in jemanden eindringt» oder daß «jemand in einen eindringt» realisiert symbolisch den Versuch sadistischer und masochistischer Aneignung. Aber wenn die Lust es ermöglicht, aus dem Zirkel herauszukommen, so deshalb, weil sie zugleich die Begierde und die sadistische Passion tötet, ohne sie zu befriedigen.

Gleichzeitig und auf einer ganz anderen Ebene enthält der Sadismus noch ein neues Motiv des Scheiterns. Er trachtet ja danach, sich die transzendente Freiheit des Opfers anzueignen. Aber gerade diese Freiheit bleibt grundsätzlich unerreichbar. Und je mehr der Sadist darauf versessen ist, den andern als Instrument zu behandeln, um so mehr entgeht ihm diese Freiheit. Er kann nur auf die Freiheit als objektive Eigenschaft des Objekt-andern einwirken. Das heißt auf die innerweltliche Freiheit mit ihren toten-Möglichkeiten. Aber gerade weil es sein Ziel ist, sein Für-Andere-sein wiederzugewinnen, verfehlt er es grundsätzlich, denn der einzige Andere, mit dem er zu tun hat, ist der andere in der Welt, der von dem auf ihn versessenen Sadisten nur «Bilder in seinem Kopf» hat.

Der Sadist entdeckt seinen Irrtum, wenn sein Opfer ihn *anblickt*, das heißt, wenn er die absolute Entfremdung seines Seins in der Freiheit des andern erfährt: er realisiert dann nicht nur, daß er sein «Draußen-sein» nicht wiedergewonnen hat, sondern auch, daß die Aktivität, mit der er es wiederzugewinnen sucht, ihrerseits in «Sadismus» transzendiert und erstarrt ist als *Habitus* und Eigenschaft mit ihrem Gefolge von toten-Möglichkeiten und daß diese Umwandlung durch und für den andern geschieht, den er unterwerfen will. Er entdeckt dann, daß er nicht auf die Freiheit des andern einwirken kann, auch wenn er den andern zwingt, sich zu demütigen und um Gnade zu bitten, denn eben in der absoluten Freiheit des andern und durch sie kommt eine Welt zur Existenz, in der es einen Sadisten gibt und Folterinstrumente und hundert Vorwände, sich zu demütigen und zu verleugnen. Niemand hat die Macht des Blicks des Opfers auf seine Peiniger besser wiedergegeben als Faulkner auf den letzten Seiten von *Light in August*. «Anständige Leute» haben sich auf den Neger Christmas gestürzt und ihn entmannt. Christmas liegt im Sterben:

«Aber der Mann auf dem Boden hatte sich nicht bewegt. Er lag nur da, die Augen offen, ganz leer bis auf Bewußtsein, und mit irgendwas – einem Schatten – um den Mund. Einen langen Moment schaute er zu ihnen auf, mit einem friedlichen, unergründlichen und unerträglichen Blick. Dann schien sein Gesicht, sein Körper, alles, einzufallen, in sich selbst zusammenzufallen, und aus den aufgeschlitzten Kleidern an Hüften und Lenden schien das eingesperrte schwarze Blut zu strömen wie befreiter Atem. Es schien aus dem bleichen Körper zu strömen, wie der Strom von Funken aus einer aufsteigenden Rakete; auf diesem schwarzen Strahl schien der Mann auf immer und ewig in ihre Erinnerung emporzusteigen. Sie werden das nie wieder loswerden, in was für friedlichen Tälern, an was für gelassen ruhigen Flüssen des Alters, in welcher Kinder Gesicht gespiegelt sie auch immer über die alten Schrecken und neueren Hoffnungen sinnen. *Es wird dasein, träumerisch, still, beharrlich, nie verblassend und nicht besonders bedrohlich, sondern aus sich selbst heraus heiter,** aus sich selbst heraus triumphierend. Wieder stieg aus der Stadt, von Mauern ein wenig gedämpft, das Gellen der Sirene zu einem unglaublichen Crescendo auf und verließ den Bereich der Hörbarkeit.»[268]

So läßt diese Explosion des Blicks des Andern in der Welt des Sadisten den Sinn und den Zweck des Sadismus zusammenbrechen. Der Sadismus entdeckt gleichzeitig, daß er *diese Freiheit* unterwerfen wollte, und ihm wird gleichzeitig die Vergeblichkeit seiner Bemühungen klar. Damit sind wir noch einmal vom *Erblickend-sein* auf das *Erblickt-sein* verwiesen, wir kommen aus diesem Zirkel nicht heraus.

Wir wollten mit diesen kurzen Ausführungen weder die sexuelle Frage noch vor allem die der Haltungen gegenüber Anderen erschöpfen. Wir wollten lediglich darauf hinweisen, daß die sexuelle Haltung ein ursprüngliches Verhalten gegenüber Anderen ist. Daß dieses Verhalten notwendig die ursprüngliche Kontingenz des Für-Andere-seins und die unserer eigenen Faktizität in sich einschließt, versteht sich von selbst. Aber daß es ursprünglich einer physiologischen und empirischen Konstitution unterworfen ist, können wir nicht zugeben. Seit es den Körper «gibt» und seit es den *andern* «gibt», reagieren wir durch die *Begierde*, durch die *Liebe* und durch die abgeleiteten Haltungen, die wir erwähnt haben. Unsere physiologische Struktur tut nichts andres, als symbolisch und auf dem Boden der absoluten Kontingenz die permanente Möglichkeit, die wir sind, auszudrücken, die eine oder die andere dieser Haltungen einzunehmen. So können wir sagen, daß das Für-sich schon bei seinem Auftauchen gegenüber dem Andern sexuell ist und daß durch es die Sexualität zur Welt kommt.

Wir behaupten natürlich nicht, daß sich die Haltungen gegenüber Anderen auf diese sexuellen Haltungen be-

---

* Die Hervorhebung ist von mir.

schränken, die wir beschrieben haben. Wenn wir uns lange über sie ausgelassen haben, so aus zwei Gründen: zunächst, weil sie grundlegend sind und weil schließlich alle komplexen Verhaltensweisen der Menschen zueinander nur Bereicherungen dieser beiden ursprünglichen Haltungen sind (und einer dritten, des Hasses, die wir bald beschreiben werden). Zwar sind die konkreten Verhaltensweisen (Zusammenarbeit, Kampf, Rivalität, Wetteifer, Engagement, Gehorsam* usw.) unendlich viel schwieriger zu beschreiben, denn sie hängen von der historischen Situation ab und von den konkreten Besonderheiten jeder Beziehung des Für-sich zum andern: aber sie alle schließen die sexuellen Beziehungen als ihr Skelett in sich ein. Und zwar nicht wegen der Existenz einer gewissen «*Libido*», die sich überall hineinschöbe, sondern einfach weil die Haltungen, die wir beschrieben haben, die grundlegenden Entwürfe sind, durch die das Für-sich sein Für-Andere-sein *realisiert* und diese faktische Situation zu transzendieren versucht. Es ist hier nicht der Ort, zu zeigen, was Mitleid, Bewunderung, Abneigung, Neid, Dankbarkeit usw. an Liebe und Begierde enthalten können. Aber jeder kann das nach seiner eigenen Erfahrung wie auch nach der eidetischen Intuition dieser verschiedenen Wesenheiten bestimmen. Das bedeutet natürlich nicht, daß die verschiedenen Haltungen bloß der Sexualität entlehnte Verkleidungen sind, sondern daß die Sexualität sich als ihre Grundlage in sie integriert und daß sie sie einschließen und überschreiten wie der Kreisbegriff den des Segments einschließt und überschreitet, das sich um einen seiner Endpunkte, der fest bleibt, dreht. Diese grundlegenden Haltungen können verhüllt bleiben wie ein Skelett durch das Fleisch, das es umgibt: das geschieht sogar meist; die Kontingenz der Körper, die Struktur des ursprünglichen Entwurfs, der ich bin, die Geschichte, die

---

* Siehe auch die Mutterliebe, das Mitleid, die Güte usw.

ich vergeschichtliche, können die sexuelle Haltung dazu bestimmen, meist innerhalb komplexerer Verhaltensweisen implizit zu bleiben: insbesondere kommt es nicht oft vor, daß man die anderen «des gleichen Geschlechts» explizit begehrt. Aber hinter den Verboten der Moral und den Tabus der Gesellschaft bleibt die ursprüngliche Struktur der Begierde, zumindest in der besonderen Form des Aufgewühltseins, das man sexuelle Abneigung nennt. Und man darf diese Permanenz des sexuellen Entwurfs nicht so verstehen, als ob er im unbewußten Zustand «in uns» bleiben müßte. Ein Entwurf des Für-sich kann nur in bewußter Gestalt existieren. Allerdings existiert er als in eine besondere Struktur integriert, mit der er verschmilzt. Das haben die Psychoanalytiker gespürt, als sie aus der sexuellen Affektivität eine «tabula rasa» machten, die alle ihre Bestimmungen von der individuellen Geschichte erhält. Nur darf man nicht glauben, die Sexualität sei ursprünglich *unbestimmt*: in Wirklichkeit enthält sie alle ihre Bestimmungen mit dem Auftauchen des Für-sich in einer Welt, wo es andere «gibt». Was unbestimmt ist und durch die Geschichte eines jeden festgelegt werden muß, ist der Typus der Beziehung zum andern, anläßlich dessen die sexuelle Haltung (Begierde-Liebe, Masochismus-Sadismus) sich in ihrer expliziten Reinheit manifestiert.

Gerade weil diese Haltungen ursprüngliche sind, haben wir sie gewählt, um den *Zirkel* der Beziehungen zu Anderen zu zeigen. Da sie nämlich in *alle* Haltungen gegenüber den anderen integriert sind, ziehen sie die Integralität der Verhaltensweisen gegenüber Anderen in ihre Zirkularität hinein. So wie die Liebe ihr Scheitern in sich selbst findet und die Begierde aus dem Tod der Liebe entsteht und sich ihrerseits auflöst und der Liebe Platz macht, enthalten alle Verhaltensweisen gegenüber dem Objekt-andern einen impliziten und verhüllten Bezug zu einem Subjekt-andern, und dieser Bezug ist ihr Tod; über dem Tod des Verhaltens gegenüber dem Objekt-andern taucht eine neue Haltung auf, die sich des Subjekt-andern zu bemächtigen sucht, und diese enthüllt ihrerseits ihre Unbeständigkeit, löst sich auf und macht dem umgekehrten Verhalten Platz. So sind wir endlos vom Objekt-andern auf den Subjekt-andern verwiesen und umgekehrt; die Bewegung hört nie auf, und diese Bewegung mit ihren jähen Umkehrungen ist das, was unsere Beziehung zu Anderen konstituiert. In welchem Moment man uns auch betrachten mag, wir sind in der einen oder der anderen dieser Haltungen – unbefriedigt von der einen wie von der andern; wir können uns mehr oder weniger lange in der angenommenen Haltung halten je nach unserer Unaufrichtigkeit oder den besonderen Umständen unserer Geschichte; aber sie genügt sich nie selbst; sie weist immer dunkel auf die andere hin. Wir könnten nämlich nur dann eine beständige Haltung dem Andern gegenüber einnehmen, wenn dieser uns *gleichzeitig* als Subjekt und als Objekt enthüllt würde, als transzendierende-Transzendenz und als transzendierte-Transzendenz, was grundsätzlich unmöglich ist. In dieser Weise unaufhörlich zwischen Blick-sein und Erblickt-sein hin und her geworfen, durch abwechselnde Umwälzungen vom einen in das andere fallend, sind wir immer, was die angenommene Haltung auch sein mag, in einem Instabilitätszustand in bezug auf Andere; wir verfolgen das unmögliche Ideal des gleichzeitigen Wahrnehmens seiner Freiheit und seiner Objektivität; um Ausdrücke von Jean Wahl zu benutzen, sind wir in bezug auf den andern bald im Zustand von Trans-Deszendenz (wenn wir ihn als Objekt wahrnehmen und in die Welt integrieren), bald im Zustand von Trans-Aszendenz (wenn wir ihn als eine Transzendenz erfahren, die uns transzendiert);[268a] aber keiner dieser beiden Zustände genügt sich selbst, und wir können uns nie konkret auf eine Gleichheitsebene stellen, das heißt auf die Ebene, wo die Anerkennung der Freiheit des Andern die Anerkennung unserer Freiheit durch den Andern nach sich zöge. Der Andere ist grundsätzlich das Unerfaßbare: er flieht mich, wenn ich ihn suche, und besitzt mich, wenn ich ihn fliehe. Selbst wenn ich nach den Vorschriften der Kantischen Moral die Freiheit des Andern zum unbedingten Zweck nähme,[268b] würde diese Freiheit allein dadurch transzendierte-Transzendenz, daß ich sie zu meinem Ziel mache; und andererseits kann ich zu ihren Gunsten nur handeln, indem ich den Objekt-andern als Instrument zur Realisierung dieser Freiheit benutze. Ich muß also den andern in Situation als ein Instrument-Objekt erfassen; und ich kann folglich weiter nichts tun, als die Situation in Bezug zum andern und den andern in Bezug zur Situation modifizieren. So gelange ich zu jenem Paradox, das die Klippe jeder liberalen Politik ist und das Rousseau mit einem Wort definiert hat: ich muß den andern «zwingen», frei zu sein.[268c] Wenn dieser Zwang auch weder immer noch am häufigsten in Form von Gewalt ausgeübt wird, so regelt er nichtsdestoweniger die Beziehungen der Menschen untereinander. Wenn ich den Andern tröste, beruhige, so um dessen Freiheit von den Ängsten oder Schmerzen zu lösen, die sie verdunkeln; aber der Trost oder das beruhigende Argument ist die Organisation eines Systems von Mitteln zu dem Zweck, auf den andern *einzuwirken* und ihn infolgedessen seinerseits als Utensil-Ding in das System zu integrieren. Ja, der Tröster macht eine willkürliche Unterscheidung zwischen der Freiheit, die er mit dem Gebrauch der Vernunft und dem Streben nach dem Guten gleichsetzt, und dem Kummer, der ihm das Ergebnis eines psychischen Determinismus zu sein scheint. Er handelt also, um die Freiheit vom Kummer zu trennen, wie man die beiden Komponenten eines chemischen Produkts voneinander trennt. Allein dadurch, daß er die Freiheit als etwas betrachtet, was ausgesondert werden kann, transzendiert er sie und tut ihr Gewalt an und kann auf dem Boden, auf den er sich stellt, nicht die Wahrheit erfassen, daß es die Freiheit selbst ist, die zu

Kummer *sich macht*, und daß folglich handeln, um die Freiheit vom Kummer zu befreien, gegen die Freiheit handeln heißt.

Man darf jedoch nicht glauben, daß eine Moral des «Laisser-faire» und der Toleranz die Freiheit des andern mehr achte: sobald ich existiere, setze ich der Freiheit des Andern eine faktische Grenze; ich *bin* diese Grenze, und jeder meiner Entwürfe zieht diese Grenze um den andern: Caritas, Laisser-faire, Toleranz – oder jede abstentionistische Haltung – ist ein Entwurf meiner selbst, der mich engagiert und der den Andern in seine Zustimmung engagiert. Um den Andern herum Toleranz realisieren heißt machen, daß der Andere mit Gewalt in eine tolerante Welt geworfen wird, heißt ihm grundsätzlich jene freien Möglichkeiten des mutigen Widerstands, der Ausdauer, der Selbstbehauptung nehmen, die zu entwickeln er in einer intoleranten Welt Gelegenheit gehabt hätte. Das wird noch deutlicher, wenn man das Problem der Erziehung betrachtet: eine strenge Erziehung behandelt das Kind als Instrument, da sie versucht, es mit Gewalt Werten zu unterwerfen, die es nicht angenommen hat; eine liberale Erziehung geht zwar anders vor, trifft aber deshalb nicht weniger eine *apriorische* Wahl der Prinzipien und Werte, in deren Namen das Kind behandelt wird. Das Kind durch Überzeugung und Milde behandeln heißt nicht weniger es zwingen. So ist die Achtung vor der Freiheit des Andern ein leeres Wort: selbst wenn wir uns vornehmen könnten, diese Freiheit zu achten, wäre jede Haltung, die wir dem andern gegenüber einnähmen, eine Vergewaltigung dieser Freiheit, die zu achten wir behaupten. Die extreme Haltung, die sich als totale Gleichgültigkeit gegenüber dem andern darböte, ist auch keine Lösung: wir sind schon angesichts des andern in die Welt geworfen, unser Auftauchen ist freie Begrenzung seiner Freiheit, und nichts, nicht einmal der Selbstmord, kann diese ursprüngliche Situation modifizieren; was auch unsere Handlungen sein mögen, wir führen sie in einer Welt aus, wo es schon den andern gibt und wo ich in bezug auf den andern *zu viel* bin.

Aus dieser besonderen Situation scheint der Begriff Schuld und Sünde herzurühren. Angesichts des andern bin ich *schuldig*. Schuldig zunächst, wenn ich unter seinem Blick meine Entfremdung und meine Nacktheit als eine Verkommenheit empfinde, die ich auf mich nehmen muß; das ist der Sinn des berühmten «Sie erkannten, daß sie nackt waren» der Heiligen Schrift. Schuldig außerdem, wenn ich meinerseits den Andern anblicke, weil ich ihn eben auf Grund meiner Selbstbehauptung als Objekt und als Instrument konstituiere und ihm die Entfremdung geschehen lasse, die er auf sich nehmen muß. So ist die Erbsünde mein Auftauchen in einer Welt, wo es den andern gibt, und was auch meine späteren Beziehungen zum andern sein mögen, sie werden nur Variationen über das Urthema meiner Schuld sein.

Aber diese Schuld ist von Ohnmacht begleitet, ohne daß es dieser Ohnmacht gelänge, mich von meiner Schuld reinzuwaschen. Was ich auch *für* die Freiheit des andern tue, meine Bemühungen beschränken sich darauf, wie wir gesehen haben, den andern als Instrument zu behandeln und seine Freiheit als transzendierte-Transzendenz zu setzen; was aber andererseits die Fähigkeit zum Zwang sein mag, über die ich verfüge, ich werde den Andern nur in seinem Objekt-sein erreichen. Ich kann seiner Freiheit immer nur Gelegenheiten bieten, sich zu manifestieren, ohne daß es mir jemals gelänge, sie zu vergrößern oder zu verkleinern, sie zu lenken oder mich ihrer zu bemächtigen. So bin ich in meinem Sein selbst dem Andern gegenüber schuldig, weil das Auftauchen meines Seins ihn gegen seinen Willen mit einer neuen Seinsdimension ausstattet, und andererseits ohnmächtig, von meinem Fehler zu profitieren oder ihn wiedergutzumachen.

Ein Für-sich, das durch seine Vergeschichtlichung die Erfahrung seiner verschiedenen Metamorphosen gemacht hat, kann sich in voller Erkenntnis der Vergeblichkeit seiner früheren Bemühungen dazu bestimmen, auf den Tod des andern zu gehen. Diese freie Bestimmung heißt Haß. Sie impliziert eine grundlegende Resignation: das Für-sich gibt seinen Anspruch auf, mit dem andern eine Vereinigung zu realisieren; es verzichtet darauf, den andern als Instrument zu benutzen, um sein An-sich-sein wiederzugewinnen. Es will einfach eine unbegrenzte faktische Freiheit wiederfinden; das heißt sich seines unerfaßbaren Für-den-andern-Objekt-seins entledigen und seine Entfremdungsdimension aufheben. Das kommt dem Entwurf gleich, eine Welt zu realisieren, wo der andere nicht existiert. Das Für-sich, das haßt, ist bereit, nur noch Für-sich zu sein; durch seine verschiedenen Erfahrungen über die Unmöglichkeit belehrt, sein Für-Andere-sein zu benutzen, zieht es lieber vor, nur eine freie Nichtung seines Seins zu sein, eine detotalisierte Totalität, eine Verfolgung, die sich ihre eigenen Zwecke zuweist. Wer haßt, nimmt sich vor, keinesfalls mehr Objekt zu sein; und der Haß bietet sich als eine absolute Setzung der Freiheit des Für-sich gegenüber dem andern dar. Deshalb vor allem erniedrigt der Haß das gehaßte Objekt nicht. Denn er versetzt die Auseinandersetzung auf ihre richtige Ebene: was ich am andern hasse, ist nicht irgendeine Physiognomie, irgendein Tick, irgendeine besondere Handlung. Es ist seine Existenz schlechthin als transzendierte-Transzendenz. Deshalb impliziert der Haß eine Anerkennung der Freiheit des andern. Nur ist diese Anerkennung abstrakt und negativ: der Haß kennt nur den Objekt-andern und hält sich an dieses Objekt. Dieses Objekt will er zerstören, um gleichzeitig die Transzendenz, von der es heimgesucht wird, zu beseitigen. Diese Transzendenz wird nur erahnt als unerreichbares Jenseits, als fortwährende Entfremdungsmöglichkeit des Für-sich, das haßt. Sie wird also nie *für sich selbst erfaßt*: das könnte sie übrigens auch nicht, ohne Objekt zu werden, vielmehr empfinde ich sie als ein fortwährend fliehendes Merkmal des Objekt-Andern, als einen «nicht-gegebenen», «nicht-fertigen» Aspekt seiner zugänglichsten empirischen Eigenschaften, als eine Art fortwährende Mahnung, die mich darauf hinweist, daß «es darum nicht geht». Deshalb haßt man *über* das enthüllte Psychische nicht dieses Psychische selbst; deshalb ist es auch gleichgültig, ob man die Transzendenz des andern über das haßt, was wir empirisch seine Laster oder Tugenden nennen. Was ich hasse, ist die gesamte psychische-Totalität, insofern sie mich auf die Transzendenz des andern verweist: ich lasse mich nicht dazu herab, irgendein besonderes objektives Detail zu hassen. Darin liegt der Unterschied zwischen Hassen und Verabscheuen. Und der Haß erscheint nicht notwendig anläßlich eines Übels, das ich erlitten habe. Er kann im Gegenteil da entstehen, wo man zu Recht Anerkennung erwarten könnte, das heißt anläßlich einer Wohltat: der Anlaß, der den Haß hervorruft, ist einfach die Handlung des Andern, durch die ich in den Zustand versetzt worden bin, seine Freiheit zu *erleiden*. Diese Handlung als solche ist demütigend: sie ist demütigend als konkrete Enthüllung meiner instrumentellen Objektheit gegenüber der Freiheit des Andern. Diese Enthüllung verdunkelt sich sofort, versinkt in der Vergangenheit und wird opak. Aber sie läßt mir genau das Gefühl zurück, daß es «etwas» gibt, was zerstört werden muß, damit ich frei werde. Deswegen ist auch die Anerkennung dem Haß so nah: für eine Wohltat erkenntlich sein heißt anerkennen, daß der andere völlig frei war, als er handelte, wie er es getan hat. Keinerlei Zwang, auch nicht der der Pflicht, hat ihn dazu bestimmt. Er ist voll verantwortlich für seine Handlung und für die Werte, die ihre Ausführung bestimmt haben. Ich bin nur der Vorwand gewesen; der Stoff, an dem seine Handlung vorgenommen worden ist. Von dieser Anerkennung aus kann sich das Für-sich je nach Wahl Liebe oder Haß vornehmen: es kann den andern nicht mehr ignorieren.

483   Die zweite Folgerung dieser Ausführungen ist, daß der Haß ein Haß auf alle anderen in einem einzigen ist. Was ich symbolisch treffen will, wenn ich auf den Tod irgendeines andern gehe, ist das allgemeine Prinzip der Existenz Anderer. Der andere, den ich hasse, repräsentiert in Wirklichkeit *die* anderen. Und mein Entwurf, ihn zu beseitigen, ist der Entwurf, den Andern schlechthin zu beseitigen, das heißt, meine nicht-substantielle Freiheit eines Für-sich zurückzuerobern. Im Haß ist ein Verständnis dafür gegeben, daß meine Entfremdungsdimension eine *reale* Knechtschaft ist, die mir durch die anderen geschieht. Die Beseitigung dieser Knechtschaft ist beabsichtigt. Darum ist der Haß ein *schwarzes* Gefühl, das heißt ein Gefühl, das auf die Beseitigung eines andern abzielt und das sich als Entwurf bewußt gegen die Mißbilligung der anderen entwirft. Den Haß, den der andere auf einen anderen hegt, mißbillige ich, er beunruhigt mich, und ich suche ihn zu beseitigen, denn wenn er sich auch nicht ausdrücklich gegen mich richtet, so weiß ich doch, daß er mich betrifft und daß er sich gegen mich realisiert. Und er ist tatsächlich darauf aus, mich zu zerstören, nicht insofern er mich zu beseitigen sucht, sondern insofern er grundsätzlich meine Mißbilligung verlangt, um sich darüber hinwegsetzen zu können. Der Haß verlangt, gehaßt zu werden, insofern den Haß hassen einer besorgten Anerkennung der Freiheit des Hassenden gleichkommt.

Aber der Haß ist seinerseits ein Scheitern. Sein ursprünglicher Entwurf ist ja, die anderen Bewußtseine zu beseitigen. Aber selbst wenn ihm das gelänge, das heißt, wenn er den andern im gegenwärtigen Moment vernichten könnte, könnte er doch nicht machen, daß der andere nicht gewesen ist. Mehr noch, da die Vernichtung des andern als der Triumph des Hasses erlebt wird, impliziert sie die ausdrückliche Anerkennung, daß der Andere *existiert hat*. Folglich wird mein Für-Andere-sein, indem es in die Vergangenheit sinkt, eine unabänderliche Dimension meiner selbst. Es ist das, was ich zu sein habe als es gewesenseiend. Ich kann mich also nicht von ihm befreien. Wenigstens, wird man sagen, entgehe ich ihm in der Gegenwart, werde ich ihm in der Zukunft entgehen: aber nein. Wer einmal für Andere gewesen ist, ist in seinem Sein für den Rest seiner Tage kontaminiert, auch wenn der Andre völlig beseitigt worden wäre: er wird auch weiterhin seine Dimension des Für-Andere-seins als eine permanente Möglichkeit seines Seins erfassen. Er kann nicht zurückerobern, was er entfremdet hat; er hat sogar jede Hoffnung verloren, auf diese Entfremdung einzuwirken und sie zu seinem Vorteil zu wenden, denn der vernichtete andere hat den Schlüssel dieser Entfremdung mit ins Grab genommen. Was ich für den andern war, ist durch den Tod des andern erstarrt, und ich werde es unabänderlich in der Vergangenheit sein; auf die gleiche Art werde ich es auch in der Gegenwart sein, wenn ich die Haltung, die Entwürfe und die Lebensweise beibehalte, die vom andern gerichtet worden sind. Der Tod des andern konstituiert mich genau wie mein eigner Tod als unabänderliches Objekt. So verwandelt sich der Triumph des Hasses schon bei seinem Auftauchen in Scheitern. Der Haß ermöglicht es nicht, aus dem Zirkel herauszukommen. Er stellt einfach den letzten Versuch dar, den Versuch der Verzweiflung. Nach dem Scheitern dieses Versuchs bleibt dem Für-sich nichts weiter übrig, als in den Zirkel zurückzukehren und sich endlos zwischen der einen und der anderen der beiden grundlegenden Haltungen hin und her werfen zu lassen.*

---

* Diese Überlegungen schließen nicht die Möglichkeit einer Moral der Befreiung und des Heils aus. Aber diese muß am Ende einer radikalen Konversion erreicht werden, von der wir hier nicht sprechen können.

III

*Das «Mitsein»*²⁶⁹ *und das «Wir»*

Man wird uns sicherlich darauf aufmerksam machen wollen, daß unsere Beschreibung unvollständig ist, da sie für gewisse konkrete Erfahrungen, bei denen wir uns mit Anderen nicht im Konflikt, sondern in Gemeinschaft entdecken, keinen Raum bietet. Es ist wahr, daß wir oft *«wir»* sagen. Die Existenz und der Gebrauch dieser grammatischen Form verweisen notwendig auf eine reale Erfahrung des *Mitseins*²⁷⁰. «Wir» kann Subjekt sein, und in dieser Form kann es einem Plural von «ich» gleichgesetzt werden. Zwar ist die Parallelität von Grammatik und Denken in vielen Fällen mehr als zweifelhaft; vielleicht müßte man sogar die Frage völlig überprüfen und die Beziehung der Sprache zum Denken in einer ganz neuen Form untersuchen. Es ist jedoch nichtsdestoweniger wahr, daß das Subjekt «Wir» als nicht denkbar erscheint, wenn es sich nicht wenigstens auf den Gedanken einer Pluralität von Subjekten bezieht, die sich gleichzeitig und gegenseitig als Subjektivitäten erfaßten, das heißt als transzendierende-Transzendenzen und nicht als transzendierte-Transzendenzen. Wenn das Wort «wir» nicht ein bloßer *flatus vocis* sein soll, bezeichnet es einen Begriff, der eine unendliche Vielfalt möglicher Erfahrungen subsumiert. Und diese Erfahrungen erscheinen *a priori* im Widerspruch zur Erfahrung meines Objekt-seins für Andere oder zur Erfahrung des Objekt-seins Anderer für mich. In dem Subjekt «Wir» ist niemand Objekt. Das *Wir* schließt eine Pluralität von Subjektivitäten ein, die einander als Subjektivitäten anerkennen. Trotzdem bildet diese Anerkennung nicht den Gegenstand einer expliziten Thesis: explizit gesetzt ist ein gemeinsames Handeln oder der Gegenstand einer gemeinsamen Wahrnehmung. «Wir» leisten Widerstand, «wir» stürmen, «wir» verurteilen den Schuldigen, «wir» betrachten dieses oder jenes Schauspiel. So ist die Anerkennung der Subjektivitäten analog zu der des nicht-thetischen Bewußtseins durch es selbst; besser, sie muß sogar *lateral* vollzogen werden durch ein nicht-thetisches Bewußtsein, dessen thetisches Objekt dieses oder jenes Schauspiel der Welt ist. Das beste Beispiel für das *Wir* kann uns der Zuschauer einer Theatervorstellung bieten, dessen Bewußtsein sich darin erschöpft, das imaginäre Schauspiel zu erfassen, die Ereignisse durch antizipatorische Schemata vorherzusehen, imaginäre Wesen [*êtres*] zu setzen wie den Helden, den Verräter, die Gefangene usw., und der sich dennoch beim Auftauchen selbst, das ihn zu Bewußtsein *vom* Schauspiel macht, nicht-thetisch als Bewußtsein (vom) *Mit-Zuschauer*-sein konstituiert. Jeder kennt ja die uneingestandene Verlegenheit, die uns in einem halbleeren Zuschauerraum beklommen macht, oder im Gegensatz dazu die Begeisterung, die in einem vollen und begeisterten Saal ausbricht und sich verstärkt. Es ist übrigens gewiß, daß sich die Erfahrung des Subjekt-Wir unter beliebigen Umständen manifestieren kann. Ich bin auf der Terrasse eines Cafés: ich beobachte die anderen Gäste und weiß mich beobachtet. Wir bleiben hier beim banalsten Fall des Konflikts mit Anderen (das Objekt-sein des andern für mich, mein Objekt-sein für den andern). Aber plötzlich kommt es zu irgendeinem Vorfall auf der Straße: zum Beispiel ein leichter Zusammenstoß zwischen einem Dreirad und einem Taxi. Sofort, im selben Augenblick, in dem ich Zuschauer des Vorfalls werde, erfahre ich mich nicht-thetisch als in ein *Wir* engagiert. Die Rivalitäten, die früheren leichten Konflikte sind verschwunden, und die Bewußtseine, die den Stoff des Wir liefern, sind genau die aller Gäste: *wir* erblicken das Ereignis, *wir* ergreifen Partei. Das ist jener Unanimismus, den ein Jules Romains in *La vie unanime* oder in *Le vin blanc de la Villette* hat beschreiben wollen. Damit sind wir wieder beim *Mitsein*[271]

Heideggers. Lohnte es also die Mühe, es weiter oben* zu kritisieren?

Wir weisen hier nur darauf hin, daß wir nicht daran gedacht haben, *die Erfahrung* des Wir in Zweifel zu ziehen. Wir haben uns darauf beschränkt zu zeigen, daß diese Erfahrung nicht die Grundlage unseres Bewußtseins vom Andern sein konnte. Es ist nämlich klar, daß sie nicht eine ontologische Struktur der menschlichen-Realität konstituieren kann: wir haben bewiesen, daß die Existenz des Für-sich inmitten der anderen ursprünglich ein metaphysisches und kontingentes Faktum ist. Außerdem ist klar, daß das *Wir* weder ein intersubjektives Bewußtsein noch ein neues Sein ist, das wie ein synthetisches Ganzes seine Teile überschreitet und umfaßt nach Art des kollektiven Bewußtseins der Soziologen. Das *Wir* wird durch ein einzelnes Bewußtsein erfahren; es ist nicht nötig, daß *alle* Gäste auf der Terrasse sich bewußt sind, *Wir* zu sein, damit ich mich als mit ihnen in ein *Wir* engagiert erfahre. Man kennt das banale Dialogschema «*Wir* sind sehr unzufrieden». – «Aber nein, mein Lieber, sprechen Sie für sich.» Das impliziert, daß es vom Wir abweichende Bewußtseine gibt – die als solche nichtsdestoweniger vollkommen normale Bewußtseine sind. Wenn dem so ist, müssen, damit ein Bewußtsein sich bewußt wird, in ein Wir engagiert zu sein, die anderen Bewußtseine, die mit ihm in eine Gemeinschaft eintreten, ihm zunächst auf irgendeine andere Weise gegeben worden sein; das heißt als transzendierende-Transzendenz oder transzendierte-Transzendenz. Das Wir ist eine gewisse besondere Erfahrung, die in speziellen Fällen auf der Grundlage des Für-den-andern-seins schlechthin gemacht wird. *Das Sein-für-*den-andern geht *dem Sein-mit-*dem-andern voraus und begründet es.

Außerdem muß der Philosoph, der das Wir untersuchen will, aufpassen und wissen, wovon er redet. Es gibt ja

---

* Dritter Teil, Erstes Kapitel.

nicht nur ein [aktives] Subjekt-Wir: die Grammatik lehrt uns, daß es auch ein [passives] Subjekt-Wir gibt, das heißt ein Objekt-Wir. Nach allem bisher Gesagten ist aber leicht einzusehen, daß das Wir in «Wir erblicken sie [*nous les regardons*]» nicht auf derselben ontologischen Ebene sein kann wie das Wir in «Wir werden von ihnen erblickt [*ils nous regardent*]».²⁷² Es kann sich hier nicht um Subjektivitäten *qua* Subjektivitäten handeln. Mit dem Satz: «Ich werde von ihnen erblickt» will ich anzeigen, daß ich mich als Objekt für Andere erfahre, als entfremdetes Ich, als transzendierte-Transzendenz. Wenn der Satz «Wir werden von ihnen erblickt» eine reale Erfahrung anzeigen soll, muß ich in dieser Erfahrung empfinden, daß ich mit anderen in eine Gemeinschaft transzendierter-Transzendenzen von entfremdeten «Ich» engagiert bin. Das *Wir* verweist hier auf eine Erfahrung des *Gemeinsam-Objekte-seins*. So gibt es zwei radikal verschiedene Formen der Erfahrung des *Wir*, und diese beiden Formen entsprechen genau dem Erblickend-sein und dem Erblickt-sein, die die grundlegenden Beziehungen des Für-sich zum andern konstituieren. Diese beiden Formen des Wir gilt es jetzt zu untersuchen.

A) *Das Objekt-Wir*

Wir werden zunächst die zweite dieser beiden Erfahrungen untersuchen: ihre Bedeutung ist nämlich leichter zu erfassen, und sie kann uns vielleicht als Zugang zur Untersuchung der andern dienen. Zunächst muß man darauf hinweisen, daß das Objekt-Wir uns in die Welt stürzt; wir erfahren es durch die Scham als eine gemeinsame Entfremdung. Das zeigt die bezeichnende Episode, wo Galeerensträflinge vor Wut und Scham ersticken, weil eine schöne geschmückte Frau ihr Schiff besucht, ihre Lumpen sieht, ihre Mühsal und ihr Elend. Es handelt sich hier wirklich um eine gemeinsame Scham und eine gemeinsame Entfremdung. Wie ist es also möglich, sich in Gemeinsamkeit mit anderen als Objekte zu erfahren? Um das zu ermitteln, müssen wir auf die grundlegenden Merkmale unseres Für-den-andern-seins zurückkommen.

Bisher haben wir den einfachen Fall betrachtet, wo ich einem einzelnen andern allein gegenüberstehe. In diesem Fall blicke ich ihn an, oder er blickt mich an, ich suche seine Transzendenz zu transzendieren, oder ich erfahre meine als transzendiert und fühle meine Möglichkeiten als tote-Möglichkeiten. Wir bilden ein *Paar*, und wir sind einer in Bezug zum andern in *Situation*. Aber diese Situation hat nur für den einen oder für den andern objektive Existenz. Es gibt ja keine *Kehrseite* unserer gegenseitigen Beziehung. Allerdings haben wir bei unserer Beschreibung nicht die Tatsache berücksichtigt, daß meine Beziehung zum andern auf dem unendlichen Hintergrund *meiner* Beziehung und *seiner* Beziehung zu *allen anderen* erscheint. Das heißt zu der Quasi-Totalität der Bewußtseine. Schon deshalb können meine Beziehung zu *diesem* andern, die ich vorhin noch als Grundlage meines Für-Andere-seins erfuhr, oder die Beziehung des andern zu mir jeden Augenblick und je nach den intervenierenden Motiven als *Objekte für die anderen* erfahren werden. Das manifestiert sich deutlich im Fall des Erscheinens eines *Dritten*. Nehmen wir zum Beispiel an, daß der andre mich anblickt. In diesem Augenblick erfahre ich mich als völlig *entfremdet* und nehme mich als solches an. Kommt der Dritte hinzu. Wenn er mich anblickt, erfahre ich über meine Entfremdung sie beide zusammen als «Sie» (Subjekte-Sie). Dieses «Sie» tendiert, wie wir wissen, nach dem *Man* hin. Es ändert nichts an der Tatsache, daß ich angeblickt werde, es verstärkt nicht – oder kaum – meine ursprüngliche Entfremdung. Aber wenn der Dritte den andern anblickt, der mich anblickt, ist das Problem komplexer. Ich kann nämlich den Dritten *nicht direkt* erfassen, sondern am andern, der (durch den Dritten) Erblickter-anderer wird. So transzendiert die dritte Transzendenz die

Transzendenz, die mich transzendiert, und trägt dadurch dazu bei, sie zu entwaffnen. Es bildet sich hier ein metastabiler Zustand, der sich bald auflösen wird, sei es, daß ich mich mit dem Dritten verbünde, um den andern anzublicken, der sich dann in *unser* Objekt verwandelt – und hier mache ich eine Erfahrung des Subjekt-Wir, von dem wir weiter unten sprechen werden –, sei es, daß ich den Dritten anblicke und so diese dritte Transzendenz transzendiere, die den andern transzendiert. In diesem Fall wird der Dritte Objekt in meinem Universum, seine Möglichkeiten sind tote-Möglichkeiten, er kann mich nicht vom andern befreien. Trotzdem blickt er den andern an, der mich anblickt. Es ergibt sich eine Situation, die wir unbestimmt und nichtschlüssig nennen, denn ich bin Objekt für den andern, der Objekt für den Dritten ist, der Objekt für mich ist. Die Freiheit allein kann dieser Situation eine Struktur geben, indem sie eine dieser Beziehungen hervorhebt.

Aber es kann auch sein, daß der Dritte den andern anblickt, *den ich anblicke*. In diesem Fall kann ich sie alle beide anblicken und so den Blick des Dritten entwaffnen. Der Dritte und der andere erscheinen mir dann als Objekte-Sie. Ich kann auch am andern den Blick des Dritten erfassen in dem Maß wie ich, ohne den Dritten zu sehen, am Verhalten des andern erfasse, daß er sich angeblickt weiß. In diesem Fall *erfahre ich am andern und anläßlich des andern* die transzendierende-Transzendenz des Dritten. Ich erfahre sie als eine radikale, absolute Entfremdung des andern. Er flieht meine Welt; er gehört mir nicht mehr, er ist Objekt für eine andere Transzendenz. Er verliert also nicht seinen Objektcharakter, aber er wird zweideutig; er entgeht mir nicht durch seine eigene Transzendenz, sondern durch die des Dritten. Was ich auch an ihm und von ihm erfassen kann, jetzt ist er immer ein *anderer*; sovielmal ein andrer, als es andere gibt, die ihn wahrnehmen und denken können. Um mir den andern wieder-aneignen zu können, muß ich den Dritten anblicken und ihm Objektheit verleihen. Das ist einerseits nicht immer möglich, und andererseits kann der Dritte selbst durch andere Dritte angeblickt werden, das heißt unendlich ein anderer sein, als ich ihn sehe. Daraus folgt eine ursprüngliche Unbeständigkeit des Objekt-andern und ein endloses Rennen des Für-sich, das sich diese Objektheit wieder-anzueignen sucht. Das ist, wie wir gesehen haben, der Grund dafür, daß die Liebenden sich isolieren. Ich kann mich als durch den Dritten angeblickt erfahren, während ich den andern anblicke. In diesem Fall erfahre ich meine Entfremdung nicht-setzend, während ich die Entfremdung des andern setze. Meine Möglichkeiten, den andern als Instrument zu benutzen, erfahre ich als tote-Möglichkeiten, und meine Transzendenz, die sich anschickt, den andern auf meine eigenen Zwecke hin zu transzendieren, fällt in transzendierte-Transzendenz zurück. Ich gebe auf. Der andere wird deshalb nicht Subjekt, aber ich fühle mich nicht mehr für die Objektheit qualifiziert. Er wird ein *Neutrum*; etwas, was schlicht und einfach da ist und mit dem ich nichts mache. Das ist zum Beispiel der Fall, wenn man mich dabei überrascht, wie ich einen Schwachen schlage und demütige. Das Erscheinen des Dritten «hängt mich ab»; der Schwache ist nicht mehr «zu schlagen» oder «zu demütigen», er ist nur noch bloße Existenz, sonst nichts, nicht einmal mehr «ein Schwacher»; oder wenn er es wieder wird, dann mittels des Dritten, *ich erfahre vom Dritten*, daß es ein Schwacher *war* («Du schämst dich nicht, du vergreifst dich an einem Schwachen usw.»), die Schwachheit wird ihm in meinen Augen vom Dritten verliehen; sie ist nicht mehr Teil *meiner* Welt, sondern eines Universums, in dem ich mit dem Schwachen für den Dritten bin.

Das führt uns schließlich zu dem Fall, der uns beschäftigt: ich bin in einen Konflikt mit dem andern verwickelt. Der Dritte kommt hinzu und umfängt uns beide mit seinem Blick. Ich erfahre korrelativ meine Entfremdung und meine Objektheit. Ich bin draußen, für Andere, als Objekt mitten in einer Welt, die nicht «die meine» ist. Aber der andre, den ich anblickte oder der mich anblickte, erleidet dieselbe Modifikation, und ich entdecke diese Modifikation des andern gleichzeitig mit der, die ich erfahre. Der andere ist Objekt mitten in der Welt des Dritten. Diese Objektheit ist übrigens keine bloße Modifikation seines Seins, die *parallel* zu der von mir erlittenen wäre, sondern die beiden Objektheiten geschehen mir und dem andern in einer globalen Modifikation der *Situation*, in der ich bin und in der der andere sich befindet. Vorher, vor dem Blick des Dritten gab es eine durch die Möglichkeiten des andern umschriebene Situation, wo ich als Instrument war, und eine umgekehrte, durch meine eigenen Möglichkeiten umschriebene Situation, die den andern einbezog. Jede dieser Situationen war der Tod des andern, und wir konnten die eine nur erfassen, indem wir die andere objektivierten. Beim Erscheinen des Dritten erfahre ich gleichzeitig, daß meine Möglichkeiten entfremdet sind, und entdecke gleichzeitig, daß die Möglichkeiten des andern tote-Möglichkeiten sind. Die Situation verschwindet deswegen nicht, aber sie flieht aus meiner Welt und aus der des andern, sie konstituiert sich mitten in einer dritten Welt in objektiver Form: in dieser dritten Welt wird sie gesehen, beurteilt, transzendiert, benutzt, aber damit werden die beiden entgegengesetzten Situationen nivelliert: es gibt keine Prioritätsstruktur mehr, die von mir zum andern geht oder, umgekehrt, vom andern zu mir, da unsere Möglichkeiten *für den Dritten* gleicherweise tote-Möglichkeiten sind. Das bedeutet, daß ich plötzlich in der Welt des Dritten die Existenz von einer objektiven Gestalt-Situation erfahre, in der der andere und ich als *äquivalente, solidarische* Strukturen fungieren. In dieser objektiven Situation taucht der Konflikt nicht aus dem freien Auftauchen unserer Transzendenzen auf, sondern er wird durch den Dritten als ein faktisch Gegebenes festgestellt und transzendiert, das uns definiert und aneinander bindet. Die Möglichkeit des andern, mich zu schlagen, und meine Möglichkeit, mich zu wehren, schließen einander keineswegs aus, ergänzen einander vielmehr und ziehen einander nach sich, implizieren einander für den Dritten als tote-Möglichkeiten, und genau das erfahre ich als nicht-setzend und ohne davon *Kenntnis* zu haben. Was ich erfahre, ist also ein Draußen-sein, wo ich zusammen mit dem andern zu einem unauflösbaren objektiven Ganzen organisiert bin, einem Ganzen, in dem ich mich vom andern ursprünglich *nicht mehr unterscheide,* das zu konstituieren ich aber, mit dem andern solidarisch, beitrage. Und in dem Maß, wie ich mein Draußen-sein für den Dritten grundsätzlich übernehme, muß ich in gleicher Weise das Draußen-sein des andern übernehmen; was ich übernehme, ist die Äquivalenzgemeinschaft, durch die ich in eine Gestalt engagiert existiere, die ich wie der andere zu konstituieren beitrage. Kurz, ich übernehme mich als *draußen* in den andern engagiert, und ich übernehme den andern als *draußen* in mich engagiert. Und die grundlegende Übernahme dieses Engagements, das ich vor mir hertrage, ohne es zu erfassen, diese freie Anerkennung meiner Verantwortlichkeit, insofern sie die Verantwortlichkeit des andern einschließt, ist die Erfahrung des Objekt-*Wir.* So wird das Objekt-Wir nie *erkannt* in dem Sinn, in dem uns eine Reflexion die Erkenntnis zum Beispiel unseres Ich liefert; es wird nie *gefühlt* in dem Sinn, in dem ein Gefühl uns ein konkretes Objekt enthüllt wie das Unsympathische, das Hassenswerte, das Aufwühlende usw. Es wird auch nicht einfach *erfahren,* denn was erfahren wird, ist die bloße Solidaritätssituation mit dem andern. Das Objekt-Wir enthüllt sich nur durch die Übernahme dieser Situation, das heißt durch die Notwendigkeit, in der ich, innerhalb meiner übernehmenden Freiheit, bin, *auch* den andern zu übernehmen wegen der internen Wechselseitigkeit der Situation. So kann ich also in Abwesenheit des Dritten sagen: «Ich bekämpfe den andern». Sobald aber der Dritte erscheint, wird, da die Möglichkeiten des andern und meine eignen zu toten-Möglichkeiten nivelliert werden, die Beziehung wechselseitig, und ich bin gezwungen zu erfahren, daß «wir uns bekämpfen». Die Formulierung: «Ich bekämpfe ihn, *und* er bekämpft mich» wäre ja deutlich unzureichend: tatsächlich bekämpfe ich ihn, weil er mich bekämpft und umgekehrt; die Absicht zu kämpfen entstand in seinem Geist wie in meinem, und für den Dritten vereinigt sie sich zu *einer einzigen* Absicht, die dem *Objekt-Sie* gemein ist, das er durch seinen Blick umfängt und das neben die vereinigende Synthese dieses «Sie» konstituiert. Ich muß mich also als vom Dritten wahrgenommener integrierender Teil des «Sie» übernehmen. Und dieses durch eine Subjektivität als ihr Sinn für-Andere übernommene «Sie» wird das Wir. Das reflexive Bewußtsein kann dieses Wir nicht erfassen. Sein Erscheinen koinzidiert im Gegenteil mit dem Verschwinden des Wir; das Für-sich löst sich ab und setzt seine Selbstheit gegen *die anderen*. Man muß nämlich verstehen, daß die Zugehörigkeit zum Objekt-Wir ursprünglich als eine noch radikalere Entfremdung des Für-sich empfunden wird, da dieses nicht nur gezwungen ist, das zu übernehmen, was es für Andere ist, sondern auch noch eine Totalität, die es nicht ist, obwohl es integrierender Teil davon ist. In diesem Sinn ist das Wir jähe Erfahrung der *conditio humana* als unter den anderen engagiert, insofern sie ein objektiv festgestelltes *Faktum* ist. Obwohl das Objekt-Wir anläßlich einer konkreten Solidarität erfahren und auf diese Solidarität zentriert ist (ich schäme mich genau deshalb, weil *wir* dabei überrascht worden sind, *uns* zu bekämpfen), hat es eine Bedeutung, die den besonderen Umstand, unter dem es erfahren wurde, überschreitet und meine Zugehörigkeit als Objekt zu der gleichfalls als Objekt erfaßten menschlichen Totalität (ohne das reine Bewußtsein des Dritten) zu umfangen sucht. Das Objekt-

Wir entspricht also einer Erfahrung von Demütigung und Ohnmacht: Wer erfährt, daß er mit den anderen Menschen ein *Wir* konstituiert, fühlt sich zwischen unendlich vielen fremden Existenzen verklebt, ist radikal und rückhaltlos entfremdet.

Gewisse Situationen erscheinen geeigneter als andere, die Erfahrung des Wir hervorzurufen. Insbesondere die gemeinsame Arbeit: Wenn mehrere Personen sich als vom Dritten wahrgenommen erfahren, während sie solidarisch denselben Gegenstand bearbeiten, verweist schon der Sinn des bearbeiteten Gegenstands auf das Arbeitskollektiv als auf ein Wir. Die Bewegung, die ich mache und die von der auszuführenden Montage gefordert wird, hat nur Sinn, wenn ihr eine bestimmte Bewegung meines Nebenmanns vorausgeht und eine bestimmte andere eines andern Arbeiters folgt. Es ergibt sich daraus eine zugänglichere Gestalt des «Wir», weil es die Forderung des Gegenstands selbst und seine Potentialitäten wie sein Widrigkeitskoeffizient sind, die auf das Objekt-Wir der Arbeiter verweisen. Wir erfahren uns also als *über* einen «zu schaffenden» materiellen Gegenstand als Wir wahrgenommen. Die Materialität drückt unserer solidarischen Gemeinschaft ihr Siegel auf, und *wir* erscheinen uns als eine instrumentelle und technische Anordnung von Mitteln, deren jedes seinen durch einen Zweck angewiesenen Platz hat. Wenn so aber manche Situationen empirisch als günstiger für das Auftauchen des Wir erscheinen, darf man nicht übersehen, daß *jede* menschliche Situation, als Engagement mitten unter den anderen als Wir erfahren wird, sobald der Dritte erscheint. Wenn ich auf der Straße hinter einem Mann hergehe, den ich nur von hinten sehe, habe ich das denkbare Minimum technischer und praktischer Beziehungen zu ihm. Trotzdem genügt, daß ein Dritter *mich* anblickt, die Straße anblickt, *ihn* anblickt, damit ich durch die Solidarität des Wir an ihn gebunden bin: wir gehen an einem Julimorgen einer hinter dem andern die Rue Blomet entlang. Es gibt stets einen Gesichtspunkt, von dem aus verschiedene Für-sich durch einen Blick in dem Wir vereinigt werden können. Umgekehrt, so wie der Blick nur die konkrete Manifestation der ursprünglichen Tatsache meiner Existenz für den andern ist, so wie ich mich also außerhalb von jedem einzelnen Erscheinen eines Blicks als für den andern existierend erfahre, ist es nicht notwendig, daß ein konkreter Blick uns erstarren läßt und durchdringt, damit wir uns als draußen in ein Wir integriert erfahren können. Es genügt, daß die detotalisierte-Totalität «Menschheit» existiert, damit irgendeine Pluralität von Individuen sich in bezug auf den ganzen oder teilweisen Rest der Menschen als *wir* erfährt, ob nun diese Menschen «in Fleisch und Blut» anwesend oder real, aber *abwesend* sind. So kann ich mich in Anwesenheit oder Abwesenheit Dritter immer als reine Selbstheit oder als in ein Wir integriert erfassen. Das führt uns zu einigen speziellen «Wir», insbesondere zu dem, das man «Klassenbewußtsein» nennt. Das Klassenbewußtsein ist eindeutig die Übernahme eines besonderen Wir anläßlich einer viel deutlicher als gewöhnlich strukturierten kollektiven Situation. Es kommt uns hier nicht so sehr darauf an, diese Situation zu definieren; uns interessiert nur die Natur des «Wir» der Übernahme. Wenn eine Gesellschaft sich durch ihre ökonomische oder politische Struktur in unterdrückte und unterdrückende Klassen spaltet, liefert die Situation der unterdrückenden Klassen den unterdrückten Klassen das Bild eines ständigen Dritten, der sie betrachtet und durch seine Freiheit transzendiert. Es sind keineswegs die Härte der Arbeit, die Niedrigkeit des Lebensstandards oder die erduldeten Leiden, die die unterdrückte Kollektivität als Klasse konstituieren; die Solidarität der Arbeit könnte ja – wir werden es im nächsten Abschnitt sehen – die Arbeitskollektivität als «Subjekt-Wir» konstituieren, insofern diese – wie im übrigen der Widrigkeitskoeffizient der *Dinge* sein mag – sich als etwas erfährt, was die innerweltlichen Gegenstände auf seine eigenen Zwecke hin transzendiert; der Lebensstandard ist eine ganz relative Sache, die den Umständen entsprechend unterschiedlich eingeschätzt wird (im Namen eines gemeinsamen Ideals kann er *ertragen* oder *hingenommen* oder *beansprucht* werden); die erduldeten Leiden haben, wenn man sie an ihnen selbst betrachtet, eher das Ergebnis, die leidenden Personen zu isolieren, als sie zu vereinigen, sie sind im allgemeinen Konfliktquellen. Kurz, der bloße Vergleich, den die Mitglieder der unterdrückten Kollektivität zwischen der Härte ihrer Lage und den Privilegien der unterdrückenden Klassen machen können, kann in keinem Fall genügen, ein Klassenbewußtsein zu konstituieren; höchstens kann er individuellen Neid oder besondere Verzweiflung hervorrufen; er hat nicht die Möglichkeit, zu vereinigen und zu machen, daß jeder die Vereinigung übernimmt. Doch die Gesamtheit dieser Merkmale, insofern sie die *Lage* der unterdrückten Klasse konstituiert, wird nicht einfach erlitten oder hingenommen. Ebenso irrig wäre jedoch die Behauptung, daß diese Gesamtheit ursprünglich von der unterdrückten Klasse als durch die unterdrückende Klasse *aufgezwungen* erfaßt wird; es dauert vielmehr lange, eine *Theorie* der Unterdrückung aufzustellen und zu verbreiten. Und diese Theorie hat nur einen *explikativen* Wert. Die primäre Tatsache ist, daß das Mitglied der unterdrückten Kollektivität, das als einfache Person in fundamentale Konflikte mit anderen Mitgliedern dieser Kollektivität engagiert ist (Liebe, Haß, Interessenrivalität usw.), seine Lage und die der anderen Mitglieder dieser Kollektivität erfaßt als durch Bewußtseine angeblickt und gedacht, die sich ihm entziehen. Der «Meister», der «Lehnsherr», der «Bourgeois» oder der «Kapitalist» erscheinen nicht nur als Mächtige, die befehlen, sondern auch und vor allem als die *Dritten*, das heißt als die, die außerhalb der unterdrückten Gemeinschaft sind und *für die* diese Gemeinschaft existiert. *Für sie* also und *in ihrer Freiheit* wird die

Realität der unterdrückten Klasse existieren. Sie lassen sie durch ihren Blick entstehen. Ihnen und durch sie enthüllt sich die Identität meiner Lage und der der anderen Unterdrückten; für sie existiere ich in organisierter Situation mit anderen, und für sie sind meine Möglichkeiten als tote-Möglichkeiten den Möglichkeiten der anderen streng äquivalent; für sie bin ich *ein* Arbeiter, und durch ihre Enthüllung als Blick-Anderer und in ihr erfahre ich mich als einer unter anderen. Das bedeutet, daß ich das *Wir*, in das ich integriert bin, oder «die Klasse» *draußen* entdecke, im Blick des Dritten, und diese kollektive Entfremdung ist es, die ich übernehme, wenn ich «wir» sage. Unter diesem Gesichtspunkt haben die Privilegien des Dritten und «unsere» Lasten, «unser» Elend zunächst nur den Wert einer *Bedeutung*; sie bedeuten die Unabhängigkeit des Dritten uns gegenüber; sie bieten uns unsere Entfremdung deutlicher dar; da sie deswegen nicht weniger *ertragen* werden, da insbesondere unsere Mühsal, unsere Erschöpfung nicht weniger *erlitten* werden, erfahre ich über dieses erduldete Leiden mein Als-in-eine-Totalität-von-Dingen-engagiertes-Ding-erblickt-sein. Von meinem Leiden, von meinem Elend her werde ich zusammen mit den anderen durch den Dritten kollektiv erfaßt, das heißt von der Widrigkeit der Welt, von der Faktizität meiner Lage her. Ohne den Dritten würde ich mich, wie groß auch die Widrigkeit der Welt sein mag, als triumphierende Transzendenz erfassen; mit dem Erscheinen des Dritten erfahre *ich uns* als von den Dingen her erfaßt und als von der Welt besiegte Dinge. So findet die unterdrückte Klasse ihre Klasseneinheit in der Erkenntnis, die die unterdrückende Klasse von ihr gewinnt, und die Erscheinung des Klassenbewußtseins beim Unterdrückten entspricht der beschämten Übernahme eines Objekt-Wir. Im folgenden Abschnitt werden wir sehen, was das «Klassenbewußtsein» für ein Mitglied der unterdrückenden Klasse sein kann. Worauf es uns hier jedenfalls ankommt und was das von uns gewählte Beispiel hinreichend verdeutlicht, ist, daß die Erfahrung des Objekt-Wir die des Für-Andere-seins voraussetzt, von dem sie nur eine komplexere Modalität ist. Sie fügt sich also als Sonderfall wieder in den Rahmen unserer vorangegangenen Beschreibungen ein. Sie enthält übrigens in sich selbst eine auflösende Kraft, da sie sich durch die Scham erfährt und da sich das Wir auflöst, sobald das Für-sich angesichts des Dritten seine Selbstheit beansprucht und ihn seinerseits anblickt. Dieses individuelle Beanspruchen der Selbstheit ist übrigens nur eine der möglichen Arten, das Objekt-Wir zu überwinden. Die Übernahme des Wir impliziert in gewissen stark strukturierten Fällen, wie zum Beispiel dem des Klassenbewußtseins, den Entwurf, sich nicht mehr durch eine individuelle Übernahme der Selbstheit vom Wir zu befreien, sondern das ganze Wir durch die Objektheit zu befreien, indem wir es in Subjekt-Wir verwandeln. Es handelt sich im Grunde um eine Variation des schon beschriebenen Entwurfs, den Erblickenden in einen Erblickten zu verwandeln; das ist der gewöhnliche Übergang von einer der beiden großen grundlegenden Haltungen des Für-Andere zur andern. Die unterdrückte Klasse kann sich nämlich als Subjekt-Wir nur in Bezug zur unterdrückenden Klasse und auf deren Kosten behaupten, das heißt, indem sie sie ihrerseits in «Objekte-Sie» verwandelt. Doch die in die Klasse objektiv engagierte *Person* sucht die ganze Klasse in ihrem Umkehrungsentwurf und durch ihn mitzureißen. In diesem Sinn verweist die Erfahrung des Objekt-Wir auf die des Subjekt-Wir, wie die Erfahrung meines Für-den-andern-Objekt-seins mich auf die Erfahrung des Objektseins-Anderer-für-mich verweist. Ebenso finden wir in dem, was man «Massenpsychologie» nennt, kollektive Begeisterungen (Boulangismus[273] usw.), die eine besondere Form der Liebe sind: die Person, die «wir» sagt, übernimmt dann inmitten der Masse den ursprünglichen Liebesentwurf, aber nicht mehr für sich selbst; sie verlangt vom Dritten, die ganze Kollektivität gerade in ihrer Objektheit zu retten, indem sie ihr ihre Freiheit opfert. Hier wie oben führt enttäuschte Liebe zum Masochismus. Das sieht man dann, wenn die Kollektivität sich in die Knechtschaft stürzt und als Objekt behandelt zu werden verlangt. Auch hier handelt es sich um vielfache individuelle Entwürfe der Menschen in der Masse: die Masse ist durch den Blick des Führers oder des Redners *als Masse* konstituiert worden; ihre Einheit ist eine Objekt-Einheit, die jedes ihrer Mitglieder im Blick des Dritten, der sie beherrscht, liest, und jeder macht dann den Entwurf, sich in dieser Objektheit zu verlieren, gänzlich auf seine Selbstheit zu verzichten, um nur noch ein Instrument in den Händen des Führers zu sein. Aber dieses Instrument, in dem er aufgehen will, ist nicht mehr sein bloßes persönliches Für-Andere, es ist die Masse-als-objektive-Totalität. Die ungeheure Materialität der Masse und ihre tiefe Realität sind (obwohl nur empfunden) für jedes ihrer Mitglieder faszinierend; jeder verlangt, durch den Blick des Führers in die Instrument-Masse getaucht zu werden.*

Bei diesen verschiedenen Fällen haben wir immer gesehen, daß das Objekt-Wir sich von einer konkreten Situation her konstituierte, in die sich ein Teil der detotalisierten-Totalität «Menschheit» unter Ausschluß des andern eingetaucht fand. Wir sind *wir* nur in den Augen der anderen, und vom Blick der anderen her übernehmen wir uns als Wir. Doch das impliziert, daß ein abstrakter und unrealisierbarer Entwurf des Für-sich auf eine absolute Totalisierung seiner selbst und *aller* anderen hin existieren kann. Dieses Bemühen um eine Wiedergewinnung der menschlichen Totalität kann nicht stattfinden, ohne die Existenz eines Dritten zu setzen, der grundsätzlich von der

---

* Siehe die zahlreichen Fälle einer Ablehnung der Selbstheit. Das Für-sich *weigert sich, in der Angst außerhalb des Wir aufzutauchen.*

Menschheit verschieden ist und in dessen Augen sie ganz und gar Objekt ist. Dieser unrealisierbare Dritte ist einfach der Gegenstand des Grenzbegriffs Alterität. Es ist das, was Dritter ist in bezug auf alle möglichen Gruppierungen, was in keinem Fall mit irgendeiner menschlichen Gruppierung eine Gemeinschaft bilden kann, der Dritte, in bezug auf den kein anderer sich als Dritter konstituieren kann; dieser Begriff ist eins mit dem des erblickenden-Wesens, das nie erblickt werden kann, das heißt mit der Gottesidee. Aber da Gott als radikale Abwesenheit gekennzeichnet ist, wird das Bemühen, die Menschheit als *unsere* zu verwirklichen, unablässig wiederholt und endet unablässig in einem Scheitern. So bietet sich das humanistische «Wir» – als Objekt-Wir – jedem individuellen Bewußtsein als ein unmöglich zu erreichendes Ideal dar, wenn auch jeder die Illusion behält, es erreichen zu können, indem er den Kreis der Gemeinschaften, denen er angehört, fortschreitend erweitert; dieses humanistische «Wir» bleibt ein leerer Begriff, ein bloßes Anzeigen einer möglichen Ausdehnung des gewöhnlichen Gebrauchs des Wir. Jedesmal, wenn wir das «Wir» in diesem Sinn benutzen (um die leidende Menschheit, die sündige Menschheit zu bezeichnen, um einen objektiven Sinn der Geschichte zu bestimmen, indem wir den Menschen als ein Objekt betrachten, das seine Potentialitäten entwickelt), beschränken wir uns darauf, eine gewisse konkrete Erfahrung anzuzeigen, die *in Anwesenheit* des absoluten Dritten, das heißt Gottes, zu machen ist. Der Grenzbegriff Menschheit (als Totalität des Objekt-Wir) und der Grenzbegriff Gott implizieren also einander und sind einander korrelativ.

B) *Das Subjekt-Wir*

Die Welt ist es, die uns unsere Zugehörigkeit zu einer Subjekt-Gemeinschaft anzeigt, insbesondere die Existenz angefertigter Gegenstände in der Welt. Diese Gegenstände sind von Menschen für Subjekte-Sie bearbeitet worden, das heißt für eine nicht individualisierte und nicht gezählte Transzendenz, die mit dem undifferenzierten Blick zusammenfällt und die wir weiter oben das «Man» nannten, denn der Arbeiter – Knecht oder nicht – arbeitet in Anwesenheit einer undifferenzierten und abwesenden Transzendenz und beschränkt sich darauf, deren freie Möglichkeiten an dem bearbeiteten Gegenstand in Hohlform zu skizzieren. In diesem Sinn erfährt der Arbeiter, wer immer er sei, in der Arbeit sein Instrument-sein für den andern; die Arbeit ist, falls sie nicht strikt für die eignen Zwecke des Arbeiters bestimmt ist, ein Entfremdungsmodus. Die entfremdende Transzendenz ist hier der Verbraucher, das heißt das «Man», der Arbeiter beschränkt sich darauf, dessen Entwürfe vorauszusehen. Wenn ich also einen angefertigten Gegenstand benutze, begegne ich an ihm der Skizze meiner eignen Transzendenz; er zeigt mir die Bewegung an, die ich zu machen habe, ich muß drehen, stoßen, ziehen oder drücken. Übrigens handelt es sich dabei um einen hypothetischen Imperativ; er verweist mich auf einen Zweck, der gleichfalls von der Welt ist: *wenn* ich mich setzen, *wenn* ich die Dose öffnen will usw. Und dieser Zweck selbst ist in der Konstitution des Gegenstands als durch irgendeine Transzendenz gesetzter Zweck vorhergesehen worden. Er gehört jetzt zum Gegenstand als dessen eigenste Potentialität. So ist es wahr, daß der angefertigte Gegenstand mich mir selbst als «Man» ankündigt, das heißt mir das Bild meiner Transzendenz als das einer beliebigen Transzendenz zurückwirft. Und wenn ich meine Möglichkeiten durch das so konstituierte Utensil kanalisieren lasse, erfahre ich mich selbst als eine beliebige Transzendenz: um von der Metro-Station «Trocadéro» nach «Sèvres-Babylone» zu kommen, steigt «man» in «La Motte-Picquet» um. Dieses Umsteigen ist vorausgesehen, auf den Plänen angegeben usw.; wenn ich in «La Motte-Picquet» umsteige, bin ich das

«Man», das umsteigt. Zwar unterscheide ich mich von jedem Metro-Benutzer sowohl durch das individuelle Auftauchen meines Seins als auch durch die Fernziele, die ich verfolge. Aber diese letzten Ziele sind nur am Horizont meines Handelns. Meine Nahziele sind die des «Man», und ich erfasse mich als austauschbar mit irgendeinem meiner Nachbarn. In diesem Sinn verlieren wir unsere reale Individualität, denn der Entwurf, der wir sind, ist genau der Entwurf, der die anderen sind. In diesem Metro-Gang gibt es nur ein und denselben, seit langer Zeit in die Materie eingeprägten Entwurf, in den eine lebende und undifferenzierte Transzendenz eingeht. In dem Maß, wie ich mich im Alleinsein als irgendeine Transzendenz realisiere, habe ich nur die Erfahrung des Undifferenziertseins (wenn ich, allein in meinem Zimmer, eine Konservendose mit dem geeigneten Büchsenöffner aufmache); aber wenn diese undifferenzierte Transzendenz ihre beliebigen Entwürfe in Verbindung mit anderen Transzendenzen entwirft, die als reale Anwesenheiten und als gleichfalls in irgendwelchen, mit meinen Entwürfen identischen Entwürfen absorbiert erfahren werden, dann realisiere ich meinen Entwurf als einen unter tausend identischen Entwürfen, die durch eine gleiche undifferenzierte Transzendenz entworfen werden, dann habe ich die Erfahrung von einer gemeinsamen und auf ein einziges Ziel gerichteten Transzendenz, von der ich nur eine ephemere Spezifizierung bin; ich füge mich ein in den großen Menschenstrom, der unablässig, und seit die Metro existiert, in den Gängen der Station «La Motte-Picquet-Grenelle» dahinfließt. Aber man muß festhalten: 1. daß diese Erfahrung psychologischer und nicht ontologischer Ordnung ist. Sie entspricht keineswegs einer realen Vereinigung der betreffenden Für-sich. Sie kommt auch nicht von einer unmittelbaren Erfahrung ihrer Transzendenz als solcher (wie beim Erblickt-werden), sondern sie ist vielmehr motiviert durch die doppelte objektivierende Wahrnehmung des gemeinsam transzendierten Gegenstands und der Körper, die meinen umgeben. Insbesondere ist die Tatsache, daß ich mit den anderen in einen gemeinsamen Rhythmus engagiert bin, zu dessen Entstehung ich beitrage, ein besonders überzeugendes Motiv dafür, daß ich mich als in ein Subjekt-Wir engagiert erfasse. Das ist der Sinn des Gleichschritts der Soldaten, das ist auch der Sinn der rhythmischen Arbeit in Gruppen. Man muß nämlich beachten, daß in diesem Fall der Rhythmus frei aus mir hervorgeht; er ist ein Entwurf, den ich durch meine Transzendenz realisiere; er synthetisiert eine Zukunft mit einer Gegenwart und einer Vergangenheit in einer Perspektive regelmäßiger Wiederholung; ich bin es, der diesen Rhythmus hervorbringt; aber gleichzeitig verschmilzt er mit dem allgemeinen Rhythmus der Arbeit oder des Schritts der konkreten Gemeinschaft, die mich umgibt; seinen Sinn erhält er nur durch sie; das empfinde ich zum Beispiel, wenn der von mir übernommene Rhythmus «aus dem Takt» ist. Dennoch wird die Umschließung meines Rhythmus durch den Rhythmus der anderen «lateral» wahrgenommen; ich benutze den kollektiven Rhythmus nicht als Instrument, ich betrachte ihn auch nicht – in dem Sinn, wie ich zum Beispiel Tänzer auf einer Bühne betrachten würde –, er umgibt mich und reißt mich mit, ohne *Objekt* für mich zu sein; ich transzendiere ihn nicht auf meine eigenen Möglichkeiten hin, sondern ich lasse meine Transzendenz in seine Transzendenz eingehen, und mein eigenes Ziel – diese Arbeit ausführen, an einen bestimmten Ort kommen – ist ein Ziel des «Man», das sich von dem eignen Ziel der Kollektivität nicht unterscheidet. So entsteht der Rhythmus, den ich entstehen lasse, in Verbindung mit mir und lateral als kollektiver Rhythmus; er ist *mein* Rhythmus in dem Maß, wie er ihr Rhythmus ist, und umgekehrt. Genau da ist das Motiv der Erfahrung des Subjekt-Wir: es ist schließlich *unser Rhythmus*. Aber das ist, wie man sieht, nur möglich, wenn ich mich durch die

Annahme eines gemeinsamen Ziels und gemeinsamer Instrumente vorher als undifferenzierte Transzendenz konstituiere, indem ich meine persönlichen Ziele jenseits der gegenwärtig verfolgten kollektiven Ziele ansiedle. Während bei der Erfahrung des Für-Andere-seins das Auftauchen einer konkreten und realen Seinsdimension die Bedingung der Erfahrung selbst ist, ist die Erfahrung des Subjekt-Wir ein rein psychologisches, subjektives Ereignis in einem einzelnen Bewußtsein, das einer inneren Modifikation der Struktur dieses Bewußtseins entspricht, das aber nicht auf der Grundlage einer konkreten ontologischen Beziehung zu den anderen erscheint und keinerlei «*Mitsein*»[274] realisiert. Es handelt sich nur um eine Weise, mich inmitten der anderen zu fühlen. Und sicher kann diese Erfahrung als Symbol einer absoluten metaphysischen Einheit aller Transzendenzen erstrebt werden; sie scheint ja den ursprünglichen Konflikt der Transzendenzen zu überwinden, indem sie sie auf die Welt hin konvergieren läßt; in diesem Sinn wäre das ideale Subjekt-Wir das Wir einer Menschheit, die sich zur Herrin der Erde machte. Aber die Erfahrung des Wir bleibt auf dem Boden der individuellen Psychologie und ist ein bloßes Symbol für die wünschenswerte Einheit der Transzendenzen; sie ist ja keineswegs laterale reale Wahrnehmung von Subjektivitäten als solchen durch eine einzelne Subjektivität; die Subjektivitäten bleiben außer Reichweite und radikal getrennt. Aber die Dinge und die Körper, die materiellen Kanalisierungen meiner Transzendenz ermöglichen mir, sie als durch die anderen Transzendenzen verlängert und unterstützt zu erfassen, ohne daß ich aus mir heraustrete oder die anderen aus sich heraustreten; ich erfahre durch die Welt, daß ich Teil eines *Wir* bin. Deshalb impliziert meine Erfahrung des Subjekt-Wir keinesfalls eine ähnliche korrelative Erfahrung bei den anderen; deshalb ist sie auch so instabil, denn sie setzt besondere innerweltliche Organisationen voraus und verschwindet mit diesen Organisationen. In Wahrheit gibt es in der Welt eine Menge von Formationen, die mich als *irgendeinen* anzeigen; zunächst alle Utensilien, von den eigentlichen Geräten bis zu den Wohnhäusern mit ihren Aufzügen, ihren Gas- oder Wasserleitungen, ihrer Elektrizität, über die Verkehrsmittel, Läden usw. Jede Auslage, jedes Schaufenster gibt mir mein Bild als undifferenzierte Transzendenz zurück. Außerdem zeigen die beruflichen und technischen Beziehungen der anderen zu mir mich wieder als irgendeinen an: für den Kellner bin ich *der* Gast; für den Schaffner bin ich *der* Metro-Benutzer. Kurz, der Straßenvorfall, der sich plötzlich vor der Caféterrasse, wo ich sitze, ereignet, zeigt mich auch als anonymen Zuschauer an und als bloßen «Blick, der diesen Vorfall als ein Draußen *existieren macht*». Ebenso zeigt die Theatervorstellung oder die Gemäldeausstellung, die ich besuche, die Anonymität des Zuschauers an. Zwar mache ich mich auch zu irgendeinem, wenn ich Schuhe anprobiere oder eine Flasche aufmache oder in einen Fahrstuhl trete oder im Theater lache. Aber das Erfahren dieser undifferenzierten Transzendenz ist ein inneres kontingentes Ereignis, das nur mich betrifft. Gewisse besondere Umstände, die von der Welt kommen, können dem den Eindruck hinzufügen, *wir* zu sein. Aber es kann sich in jedem Fall nur um einen rein subjektiven Eindruck handeln, der nur mich engagiert.

2. Die Erfahrung des Subjekt-Wir kann nicht primär sein, sie kann keine ursprüngliche Haltung den anderen gegenüber konstituieren, da sie im Gegenteil zu ihrer Verwirklichung eine doppelte vorherige Anerkennung der Existenz des Andern voraussetzt. Zunächst ist ja der hergestellte Gegenstand nur dann ein solcher, wenn er auf Hersteller verweist, die ihn gemacht haben, und auf Gebrauchsanweisungen, die durch andere festgelegt worden sind. Gegenüber einem unbelebten und nicht bearbeiteten Ding, dessen Gebrauchsanweisung ich selbst festlege und dem ich selbst eine neue Verwendung zuweise (wenn ich

zum Beispiel einen Stein als Hammer benutze), habe ich nicht-thetisches Bewußtsein von meiner *Person*, das heißt von meiner Selbstheit, von meinen eigenen Zwecken und von meiner freien Erfindungsgabe. Die «Gebrauchsanweisungen» der hergestellten Gegenstände, die zugleich streng und ideal wie *Tabus* sind, versetzen mich per Wesensstruktur in die Anwesenheit des andern: weil der andere mich als undifferenzierte Transzendenz behandelt, kann ich mich selbst als solche realisieren. Ich nenne als Beispiel nur die großen Schilder über den Türen eines Bahnhofs, eines Wartesaals, auf denen die Wörter «Ausgang» oder «Eingang» stehen, oder auch die Zeigefinger auf den Schildern, die zu einem Haus oder in eine Richtung weisen. Auch da handelt es sich um hypothetische Imperative. Aber hier läßt die Formulierung des Imperativs den andern, der spricht und sich direkt an mich wendet, klar durchscheinen. Der gedruckte Satz ist *für mich* bestimmt, er stellt eine unmittelbare Kommunikation des andern mit mir dar: ich bin *gemeint*. Aber wenn der andere mich meint, dann insofern ich undifferenzierte Transzendenz bin. Wenn ich, um hinauszugehen, die als «Ausgang» bezeichnete Tür nehme, benutze ich sie nicht in der absoluten Freiheit meiner *persönlichen* Entwürfe: ich konstituiere kein Werkzeug durch *Erfindung*, ich überschreite nicht die bloße Materialität des Dinges auf meine Möglichkeiten hin; sondern zwischen den Gegenstand und mich hat sich bereits eine menschliche Transzendenz geschoben, die meine lenkt; der Gegenstand ist schon *vermenschlicht*, er bedeutet das «menschliche Reich». Der «Ausgang» – als bloße Öffnung zur Straße betrachtet – ist dem Eingang streng äquivalent; nicht sein Widrigkeitskoeffizient oder seine sichtbare Benutzbarkeit kennzeichnen ihn als Ausgang. Ich füge mich nicht dem Gegenstand selbst, wenn ich ihn als «Ausgang» benutze; ich passe mich der menschlichen Ordnung an; durch mein Handeln selbst *anerkenne* ich die Existenz des andern, ich trete in einen Dialog mit dem andern ein. All das hat Heidegger sehr gut gesagt.[275] Aber die Schlußfolgerung, die er zu ziehen vergißt, ist, daß der andere, damit der Gegenstand als hergestellt erscheinen kann, zunächst auf irgendeine andere Art gegeben sein muß. Wer den andern nicht schon erfahren hätte, könnte auf keine Weise den hergestellten Gegenstand von der bloßen Materialität eines nicht bearbeiteten Dinges unterscheiden. Selbst wenn er es nach der vom Hersteller vorgesehenen Gebrauchsanweisung benutzen sollte, würde er diese Gebrauchsanweisung nacherfinden und so eine freie Aneignung eines natürlichen Dinges realisieren. Durch die mit «Ausgang» bezeichnete Tür hinausgehen, ohne die Aufschrift gelesen zu haben oder die Sprache zu kennen, heißt wie der Verrückte der Stoiker sein, der mitten am Tag sagt «es ist Tag», nicht infolge einer objektiven Feststellung, sondern kraft der inneren Antriebe seiner Verrücktheit. Wenn also der hergestellte Gegenstand auf die anderen verweist und dadurch auf meine undifferenzierte Transzendenz, so deshalb, weil ich die anderen schon kenne. So baut sich das Erfahren des Subjekt-Wir auf dem ursprünglichen Erfahren der Anderen auf und kann nur eine sekundäre und untergeordnete Erfahrung sein.

Doch sich als undifferenzierte Transzendenz, also im Grunde als bloße Exemplifizierung der «Gattung Mensch» erfassen heißt zudem, wie wir gesehen haben, sich noch nicht als Teilstruktur eines Subjekt-Wir wahrnehmen. Dazu muß man sich mitten in irgendeinem Menschenstrom als *irgendeiner* entdecken. Man muß also von den anderen umgeben sein. Wir haben auch gesehen, daß die anderen bei dieser Erfahrung in keiner Weise als Subjekte erfahren und auch nicht als Objekte erfaßt werden. Sie werden *überhaupt nicht* gesetzt: zwar gehe ich von ihrer faktischen Existenz in der Welt und von der Wahrnehmung ihrer Handlungen aus. Aber ich erfasse ihre Faktizität oder ihre Bewegungen nicht *setzend*: ich habe ein laterales und nicht-setzendes Bewußtsein von ihren Körpern als korrelativ zu meinem Körper, von ihren Handlungen als in Verbindung mit meinen Handlungen sich entfaltend, so daß ich nicht bestimmen kann, ob es meine Handlungen sind, die ihre Handlungen entstehen lassen, oder ihre Handlungen, die meine entstehen lassen. Diese wenigen Bemerkungen genügen, um begreiflich zu machen, daß die Erfahrung des Wir mir die anderen, die Teil des Wir sind, nicht ursprünglich als andere zu erkennen geben kann. Ganz im Gegenteil muß es zunächst irgendein Wissen davon geben, was der Andere ist, damit eine Erfahrung meiner Beziehungen zu Anderen in Form von «Mitsein»[276] realisiert werden kann. Das Mitsein für sich allein wäre *unmöglich* ohne vorherige Anerkennung dessen, was der andere ist: ich «bin mit...», ja; aber mit *wem*? Außerdem sieht man nicht, selbst wenn diese Erfahrung ontologisch primär wäre, wie man in einer radikalen Modifikation dieser Erfahrung von einer total undifferenzierten Transzendenz zur Erfahrung der einzelnen Personen kommen könnte. Wenn der andere nicht anderweitig gegeben wäre, würde die Erfahrung des Wir zerbrechen und nur das Wahrnehmen bloßer Instrumenten-Objekte in der durch meine Transzendenz umschriebenen Welt entstehen lassen.

Diese wenigen Beobachtungen erheben nicht den Anspruch, die Frage nach dem *Wir* zu erschöpfen. Sie wollen nur darauf hinweisen, daß die Erfahrung des Subjekt-Wir keineswegs den Wert einer metaphysischen Enthüllung hat; sie hängt eng von den verschiedenen Formen des Für-Andere ab und ist nur eine empirische Anreicherung einiger von ihnen. Dem muß natürlich die außerordentliche Unstabilität dieser Erfahrung zugeschrieben werden. Sie kommt und verschwindet kapriziös und läßt uns Objekt-anderen oder doch einem «Man» gegenüber, das uns anblickt. Sie erscheint als eine provisorische Beschwichtigung, die sich innerhalb des Konflikts selbst bildet, nicht als eine endgültige Lösung dieses Konflikts. Vergeblich wünschte man sich ein menschliches Wir, in dem die intersubjektive Totalität sich ihrer selbst als einer vereinigten Subjektivität bewußt würde. Ein solches Ideal kann nur eine Träumerei sein, hervorgebracht durch eine Verabsolutierung bruchstückhafter und strikt psychologischer Erfahrungen. Übrigens impliziert dieses Ideal selbst die Anerkennung des Konflikts der Transzendenzen als ursprünglichen Zustand des Für-Andere-seins. Das erklärt ein offenkundiges Paradox: da die Einheit der unterdrückten Klasse daher kommt, daß sie sich als Objekt-Wir gegenüber einem undifferenzierten *Man* erfährt, das der Dritte oder die unterdrückende Klasse ist, wäre man versucht zu glauben, daß dementsprechend die unterdrückende Klasse sich als Subjekt-Wir gegenüber der unterdrückten Klasse erfaßt. Doch die Schwäche der unterdrückenden Klasse ist, daß sie in sich selbst zutiefst anarchisch ist, obwohl sie über präzise und strenge Disziplinierungsapparate verfügt. Der «Bourgeois» ist nicht nur als ein gewisser «homo oeconomicus» zu definieren, der innerhalb der Gesellschaft eines bestimmten Typus über Macht und präzise Privilegien verfügt: von innen her läßt er sich als ein Bewußtsein beschreiben, das seine Zugehörigkeit zu einer Klasse nicht anerkennt. Seine Situation ermöglicht es ihm nämlich nicht, sich als gemeinsam mit den anderen Mitgliedern der bürgerlichen Klasse in ein Objekt-Wir engagiert zu erfassen. Andererseits impliziert aber gerade die Natur des Subjekt-Wir, daß er davon nur flüchtige Erfahrungen ohne metaphysische Tragweite macht. Der «Bourgeois» leugnet gemeinhin, daß es Klassen gibt, die Existenz eines Proletariats schreibt er der Tätigkeit von Agitatoren, ärgerlichen Zwischenfällen, Ungerechtigkeiten zu, die durch Einzelmaßnahmen wiedergutgemacht werden können: er behauptet die Existenz einer Interessensolidarität zwischen Kapital und Arbeit; der Klassensolidarität stellt er eine weiterreichende Solidarität gegenüber, die nationale Solidarität, in der sich Arbeiter und Unternehmer in ein Mitsein integrieren, das den Konflikt überwindet. Dabei handelt es sich nicht, wie man allzuoft behauptet hat, um Manöver oder um eine törichte Weigerung, die Situation im richtigen Licht zu sehen, sondern das Mitglied der unterdrückenden Klasse sieht die Totalität der unterdrückten Klasse als eine objektive Gesamtheit von «Subjekt-Sie» vor sich, ohne korrelativ dazu seine Seinsgemeinschaft mit den anderen Mitgliedern der unterdrückenden Klasse zu realisieren: die beiden Erfahrungen sind in keiner Weise komplementär; man braucht ja nur einer unterdrückten Kollektivität gegenüber allein zu sein, um sie als Instrument-Objekt und sich selbst als interne-Negation dieser Kollektivität, das heißt einfach als den unparteiischen Dritten, zu erfassen. Erst wenn die unterdrückte Klasse sich durch Revolte oder plötzliche Vergrößerung ihrer Macht den Mitgliedern der unterdrückenden Klasse als «Blick-Man» gegenüberstellt, erst dann empfinden sich die Unterdrücker als *Wir*. Aber das geschieht in Furcht und Scham als Objekt-Wir.

So besteht also zwischen dem Erfahren des Objekt-Wir und dem Erfahren des Subjekt-Wir keine Symmetrie. Das erste ist die Enthüllung einer realen Existenzdimension und entspricht einer bloßen Bereicherung des ursprünglichen Erfahrens des Für-Andere. Das zweite ist die psychologische Erfahrung eines historischen Menschen, der in ein bearbeitetes Universum und in die Gesellschaft eines bestimmten ökonomischen Typus eingetaucht ist: sie enthüllt nichts Besonderes, sie ist ein rein subjektives «Erlebnis»[277].

Es ist also deutlich, daß die Erfahrung des Wir, obwohl real, die Ergebnisse unserer vorangegangenen Untersuchungen nicht modifizieren kann. Geht es um das Objekt-Wir? Es ist direkt vom *Dritten* abhängig, das heißt von meinem Für-den-andern-sein, und auf der Grundlage meines Draußen-für-den-andern-seins konstituiert es sich. Geht es um das Subjekt-Wir? Das ist eine psychologische Erfahrung, die auf die eine oder andere Weise voraussetzt, daß uns die Existenz des andern als solche enthüllt worden ist. Vergeblich also würde die menschliche-Realität versuchen, aus dem Dilemma, entweder den andern zu transzendieren oder sich durch ihn transzendieren zu lassen, herauszukommen. Das Wesen der Beziehungen zwischen Bewußtseinen ist nicht das Mitsein, sondern der Konflikt.

Am Schluß dieser langen Beschreibung der Beziehungen des Für-sich zum andern haben wir also folgende Gewißheit gewonnen: das Für-sich ist nicht nur ein Sein, das als Nichtung des An-sich, das es ist, und als interne Negation des An-sich, das es nicht ist, auftaucht. Diese nichtende Flucht wird durch das An-sich gänzlich wiedererfaßt und zum Erstarren zu An-sich gebracht, sobald der andere erscheint. Das Für-sich allein ist der Welt transzendent, es ist das nichts [*rien*], durch das es Dinge *gibt*. Der andere verleiht mit seinem Auftauchen dem Für-sich ein Innerweltlich-An-sich-sein als Ding unter den Dingen. Diese Versteinerung des An-sich durch den Blick des andern ist der tiefere Sinn des Medusamythos. Wir sind also bei unserer Untersuchung vorangekommen: wir wollten ja die ursprüngliche Beziehung des Für-sich zum An-sich bestimmen. Zunächst haben wir gelernt, daß das Für-sich Nichtung und radikale Negation des An-sich ist; nun stellen wir fest, daß es allein durch das Einwirken des andern und ohne jeden Widerspruch auch total An-sich ist, anwesend inmitten des An-sich. Aber dieser zweite Aspekt des Für-sich stellt sein *Draußen* dar: das Für-sich ist von Natur aus das Sein, das nicht mit seinem An-sich-sein koinzidieren kann.

Diese Hinweise könnten als Grundlage für eine allgemeine Theorie des Seins dienen, die ja unser eigentliches Ziel ist. Trotzdem ist es noch zu früh, damit zu beginnen: es genügt ja nicht, das Für-sich als etwas zu beschreiben, was einfach seine Möglichkeiten über das An-sich-sein hinaus entwirft. Dieser Entwurf solcher Möglichkeiten bestimmt die Gestaltung der Welt nicht statisch: er verändert die Welt in jedem Augenblick. Wenn wir zum Beispiel Heidegger lesen, überrascht uns von diesem Gesichtspunkt die Unzulänglichkeit seiner hermeneutischen Beschreibungen. In seiner Terminologie würden wir sagen, daß er das Dasein [278] als das Seiende [*l'existant*] [279] beschrieben hat, das die Seienden auf ihr *Sein* hin überschreitet. Und Sein bedeutet hier Sinn oder Seinsweise des Seienden. Es ist zwar richtig, daß das Für-sich das Sein ist, durch das die Seienden ihre Seinsweise enthüllen. Aber Heidegger verschweigt, daß das Für-sich nicht nur das Sein ist, durch das eine Ontologie der Seienden konstituiert wird, sondern daß es auch das Sein ist, durch das dem Seienden als Seiendem ontische Modifikationen geschehen. Diese fortwährende Möglichkeit, zu *handeln*, das heißt, das An-sich in seiner ontischen Materialität, in seinem «Fleisch» zu modifizieren, muß evidentermaßen als ein Wesensmerkmal des Für-sich betrachtet werden; als solches muß es seine Grundlage in einer ursprünglichen Beziehung des Für-sich zum An-sich finden, die wir noch nicht geklärt haben. Was heißt *handeln*? Warum handelt das Für-sich? Wie *kann es* handeln? Das sind die Fragen, auf die wir jetzt antworten müssen. Wir haben alle Elemente einer Antwort: die Nichtung, die Faktizität und den Körper, das Für-Andere-sein, die besondere Natur des An-sich. Sie müssen erneut befragt werden.

Vierter Teil
Haben, Handeln und Sein

Haben, Handeln und Sein sind die Hauptkategorien der menschlichen-Realität. Sie subsumieren alle Verhaltensweisen des Menschen. Das *Erkennen* zum Beispiel ist eine Modalität des *Habens*. Diese Kategorien stehen in Verbindung miteinander, und mehrere Autoren haben diese Beziehungen hervorgehoben. Eine Beziehung dieser Art deckt Denis de Rougemont auf, wenn er über Don Juan schreibt: «Er war nicht genug, um zu haben.»[280] Und eine ähnliche Verbindung meint man auch, wenn man auf einen moralisch Handelnden zeigt, der etwas macht, um sich zu machen, und sich macht, um etwas zu sein.

Da indessen die anti-substantialistische Richtung in der modernen Philosophie gesiegt hat, haben die meisten Denker versucht, auf dem Gebiet der menschlichen Verhaltensweisen jene Vorläufer nachzuahmen, die in der Physik die Substanz durch die bloße Bewegung ersetzt hatten. Das Ziel der Moral war es lange Zeit, dem Menschen das Mittel, zu *sein*, zu liefern. Das war die Bedeutung der stoischen Moral oder der Ethik Spinozas. Aber wenn das Sein des Menschen in der Aufeinanderfolge seiner Handlungen aufgehen muß, dann kann es nicht mehr Ziel der Moral sein, den Menschen zu einer höheren ontologischen Würde zu erheben. In diesem Sinn ist die Kantische Moral das erste große ethische System, das das Tun als höchsten Wert des Handelns an die Stelle des *Seins* setzt. Die Helden von *L'espoir* bewegen sich meistens auf dem Boden des *Handelns*, und Malraux zeigt uns den Konflikt der alten spanischen Demokraten, die noch zu sein versuchen, mit den Kommunisten, deren Moral sich in eine Reihe präziser und detaillierter Verpflichtungen auflöst, deren jede auf ein besonderes *Handeln* abzielt. Wer hat recht? Ist der höchste Wert der menschlichen Aktivität ein *Handeln* oder ein *Sein*? Und was wird, abgesehen von einer Lösung dieser Frage, aus dem *Haben*? Die Ontologie muß uns über dieses Problem Aufschluß geben können; das ist übrigens eine ihrer wesentlichen Aufgaben, wenn das Für-sich das Sein ist, das durch das *Handeln* definiert wird. Wir dürfen also dieses Buch nicht beenden, ohne in großen Zügen eine Untersuchung des Handelns schlechthin und der wesentlichen Beziehungen des *Handelns*, des *Seins* und des *Habens* zu skizzieren.

Erstes Kapitel

Sein und Handeln: Die Freiheit

I

*Die erste Bedingung des Handelns
ist die Freiheit*

Es ist seltsam, daß man endlos über den Determinismus und den freien Willen hat diskutieren und Beispiele zugunsten der einen oder der anderen These hat anführen können, ohne vorher zu versuchen, die in der Idee des *Handelns* selbst enthaltenen Strukturen zu klären. Der Begriff der Handlung enthält ja zahlreiche untergeordnete Begriffe, die wir zu organisieren und zu hierarchisieren haben werden: handeln heißt die *Gestalt* der Welt verändern, über Mittel zu einem Zweck verfügen, einen instrumentellen und organisierten Komplex hervorbringen, so daß durch eine Reihe von Verkettungen und Verbindungen die Veränderung eines der Kettenglieder Veränderungen in der ganzen Reihe herbeiführt und schließlich ein vorgesehenes Resultat hervorbringt. Aber darauf kommt es uns noch nicht an. Zunächst muß man nämlich darauf hinweisen, daß ein Handeln grundsätzlich *intentional* ist. Der ungeschickte Raucher, der aus Versehen ein Pulverfaß in die Luft fliegen läßt, hat nicht *gehandelt*. Dagegen hat der Arbeiter, der in einem Steinbruch eine Sprengung ausführen sollte und den Auftrag erfüllt hat, gehandelt, wenn er die vorgesehene Explosion herbeigeführt hat: er wußte nämlich, was er machte, oder, wenn man lieber will, er realisierte intentional ein bewußtes Vorhaben. Das bedeutet zwar nicht, daß man alle Folgen seiner Handlung voraussehen muß: als Kaiser Konstantin sich in Byzanz niederließ, sah er nicht voraus, daß er eine Stätte griechischer Kultur und Sprache schaffen würde, deren Entstehung später ein Schisma in der christlichen Kirche hervorrufen und zur Schwächung des Römischen Reiches beitragen würde. Dennoch hat er gehandelt, insofern er sein Vorhaben verwirklicht hat, für die Kaiser eine neue Residenz im Osten zu schaffen. Die Entsprechung von Resultat und Intention ist hier ausreichend, damit wir von Handeln sprechen können. Wenn dem aber so sein soll, dann stellen wir fest, daß Handeln als seine Bedingung notwendig die Erkenntnis eines «Desiderats» impliziert, das heißt eines objektiven Mangels oder aber einer *Negatität*. Die Intention, für Rom eine Rivalin zu schaffen, kann Konstantin nur durch das Erkennen eines objektiven Mangels kommen: Rom braucht ein Gegengewicht; dieser noch tief heidnischen Stadt müßte man eine christliche Stadt gegenüberstellen, die im Augenblick *noch fehlt*. Konstantinopel schaffen läßt sich nur dann als *Handlung* verstehen, wenn zunächst die Konzeption einer neuen Stadt dem Handeln vorausgegangen ist oder wenn diese Konzeption wenigstens allen späteren Maßnahmen als Organisationsthema dient. Aber diese Konzeption kann nicht die bloße Vorstellung der Stadt als *möglich* sein. Sie erfaßt sie in ihrem Wesensmerkmal, das darin besteht, ein *erwünschtes* und nicht realisiertes Mögliches zu sein. Das bedeutet, daß das Bewußtsein, mit der Konzeption der Handlung, sich von der vollen Welt, von der es Bewußtsein ist, hat zurückziehen und den Bereich des Seins verlassen können, um geradeheraus den des Nichtseins zu betreten. Solange das, was ist, ausschließlich in seinem Sein betrachtet wird, ist das Bewußtsein unaufhörlich vom Sein auf das Sein verwiesen und kann im Sein kein Motiv finden, das Nichtsein zu entdecken. Das kaiserliche System funktioniert, insofern Rom seine Hauptstadt ist, positiv und auf eine gewisse reale Art, die sich leicht enthüllen läßt. Kann man sagen, daß die Steuern schlecht eingehen, daß Rom nicht vor den Invasionen geschützt ist, daß es nicht die geographische Lage hat, die der Hauptstadt eines von den Barbaren bedrohten Mittelmeerreichs angemessen ist, daß der Verfall der Sitten die Verbreitung der christlichen Religion erschwert? Wie sollte man übersehen, daß alle diese Erwägungen *negativ* sind, das heißt, daß sie das anvisieren, was nicht ist, nicht das, was ist. Daß 60 Prozent der erwarteten Steuern eingetrieben wurden, kann zur Not als eine positive Einschätzung der Lage, *so wie sie ist*, gelten. Daß sie *schlecht* eingehen, heißt die Situation über eine als absoluten Zweck gesetzte Situation betrachten, die eben *nicht ist*. Daß der Verfall der Sitten die Ausbreitung des Christentums behindert, heißt nicht diese Ausbreitung als das betrachten, was sie ist, das heißt als eine Verbreitung in einem Tempo, das die Berichte der Kleriker uns zu bestimmen ermöglichen, sondern sie als in sich selbst ungenügend setzen, das heißt als an einem geheimen Nichts leidend. Aber so erscheint sie gerade nur, wenn man sie auf eine *a priori* als Wert gesetzte Grenzsituation hin überschreitet – zum Beispiel auf ein bestimmtes Tempo der religiösen Bekehrungen, auf eine bestimmte Moralität der Masse hin, und diese Grenzsituation kann nicht von der einfachen Betrachtung des realen Zustands der Dinge aus verstanden werden, denn auch das schönste Mädchen der Welt kann nur das geben, was es *hat*, und ebenso kann die elendeste Situation sich von sich selbst nur so zeigen, wie sie *ist*, ohne irgendeinen Bezug auf ein ideales Nichts. Und insofern der Mensch in die historische Situation eingetaucht ist, passiert es ihm, daß er sich die Fehler und Mängel einer bestimmten politischen oder wirtschaftlichen Organisation nicht einmal denken kann, nicht etwa, wie man törichterweise sagt, weil er daran «gewöhnt ist», sondern weil er sie in ihrer Seinsfülle erfaßt und sich nicht einmal vorstellen kann, daß es anders sein könnte. Denn hier muß man die allgemeine Meinung umkehren und zugeben, daß nicht die Härte einer Situation und die von ihr auferlegten Leiden Motive dafür sind, daß man sich einen andern Zustand der Dinge denkt, bei dem es aller Welt besser ginge; im Gegenteil, von dem Tag an, da man sich einen andern Zustand denken kann, fällt ein neues Licht auf unsere Mühsale und Leiden und *entscheiden* wir, daß sie unerträglich sind. Der Arbeiter von 1830 ist fähig, zu revoltieren, wenn man seinen Lohn senkt, denn er kann sich leicht eine Situation denken, in der sein elender Lebensstandard immerhin weniger niedrig wäre als der, den man ihm aufzwingen will. Aber er stellt sich seine Leiden nicht als unerträglich vor, er paßt sich ihnen an, nicht aus Resignation, sondern weil ihm die notwendige Bildung und Reflexion fehlt, sich einen sozialen Zustand zu denken, wo diese Leiden nicht existierten. Daher *handelt er nicht*. Als die Arbeiter des Stadtteils Croix-Rousse infolge eines Aufstands Herren von Lyon geworden sind, wissen sie nicht, was sie aus ihrem Sieg machen sollen, sie gehen verwirrt nach Haus, und die reguläre Armee hat keine Mühe, sie zu überrumpeln. Ihr Unglück erscheint ihnen nicht «gewohnt», sondern vielmehr *natürlich*: es *ist*, und weiter nichts, es konstituiert die Lage des Arbeiters; es wird nicht losgelöst, nicht in klarem Licht gesehen und daher vom Arbeiter in sein Sein integriert, er leidet, ohne sein Leiden zu betrachten und ohne ihm Wert zu verleihen: leiden und *sein* sind für ihn eins; sein Leiden ist der bloße affektive Tenor seines nicht-setzenden Bewußtseins, aber er *betrachtet* es nicht. Es kann also von sich aus kein *Antrieb* für seine Handlungen sein. Sondern im Gegenteil, erst wenn er den Plan gefaßt hat, an seinem Leiden etwas zu ändern, wird es ihm unerträglich erscheinen. Das bedeutet, daß er Abstand gegenüber dem Leid gewonnen und eine zweifache Nichtung ausgeführt haben muß: einerseits muß er nämlich einen idealen Zustand als reines *gegenwärtiges* Nichts setzen, andererseits muß er die augenblickliche Situation in bezug auf diesen Zustand als

Nichts setzen. Er muß sich ein an seine Klasse gebundenes Glück als reine Möglichkeit denken – das heißt gegenwärtig als ein gewisses Nichts –, andererseits wird er auf die gegenwärtige Situation zurückkommen und sie im Licht dieses Nichts beleuchten und ihrerseits nichten, indem er erklärt: «Ich *bin nicht* glücklich.» Daraus ergeben sich zwei wichtige Folgerungen: 1. kein faktischer Zustand, wie er auch sei (politische, wirtschaftliche Struktur der Gesellschaft, psychologischer «Zustand» usw.), kann von sich aus irgendeine Handlung motivieren. Denn eine Handlung ist eine Projektion des Für-sich auf das, was nicht ist, und das, was ist, kann in keiner Weise von sich aus das bestimmen, was nicht ist; 2. kein faktischer Zustand kann das Bewußtsein dazu bestimmen, ihn als Negativität oder Mangel zu erfassen. Mehr noch, kein faktischer Zustand kann das Bewußtsein dazu bestimmen, ihn zu definieren und zu umschreiben, da ja, wie wir gesehen haben, der Satz Spinozas: «Omnis determinatio est negatio»[280a] zutiefst wahr bleibt. Also hat jedes Handeln zur ausdrücklichen Bedingung nicht nur die Entdeckung eines Zustands als «Mangel an...», das heißt als Negativität, sondern auch – und zuvor – die Konstituierung des betrachteten Zustands als isoliertes System. Es *gibt* einen faktischen Zustand – befriedigend oder nicht – nur durch das Nichtungsvermögen des Für-sich. Aber dieses Nichtungsvermögen kann sich nicht darauf beschränken, einen bloßen *Abstand* gegenüber der Welt zu realisieren. Insofern nämlich das Bewußtsein durch das Sein «umzingelt» ist, insofern es einfach das erleidet, was ist, muß es in das Sein eingeschlossen sein: die organisierte Gestalt: sein-Leiden-natürlich-findender-Arbeiter muß überwunden und negiert werden, damit sie den Gegenstand einer enthüllenden Betrachtung bilden kann. Das bedeutet natürlich, daß der Arbeiter durch ein bloßes Sich-Losreißen von sich selbst und von der Welt sein Leiden als unerträgliches Leiden setzen und infolgedessen *es zum Antrieb* seines revolutionären Handelns *machen* kann. Für das Bewußtsein impliziert das die permanente Möglichkeit, mit seiner eigenen Vergangenheit zu brechen, sich von ihr loszureißen, um sie im Licht eines Nicht-seins betrachten und ihr die Bedeutung verleihen zu können, die sie *hat* vom Entwurf eines Sinns aus, den *sie nicht hat*. In keinem Fall und auf keine Weise kann die Vergangenheit von sich aus *eine Handlung* hervorbringen, das heißt die Setzung eines Zwecks, der sich zu ihr zurückwendet, um sie zu beleuchten. Das hatte Hegel geahnt, als er schrieb: Der Geist ist das Negative,[281] obwohl er sich nicht daran erinnert zu haben scheint, als er seine eigene Theorie des Handelns und der Freiheit darlegen sollte. Sobald man ja dem Bewußtsein dieses negative Vermögen der Welt und sich selbst gegenüber zuschreibt, sobald die Nichtung integrierender Teil der *Setzung* eines Zwecks ist, muß man anerkennen, daß die unerläßliche und grundlegende Bedingung jedes Handelns die Freiheit des handelnden Wesens [*être*] ist.

So können wir gleich zu Anfang den Fehler jener langweiligen Diskussionen zwischen Deterministen und Anhängern der Indifferenz-Freiheit erfassen. Die letzten beschäftigen sich vorwiegend damit, Entscheidungsfälle zu finden, für die kein früheres Motiv existiert, oder Erwägungen, die zwei entgegengesetzte, gleichmögliche Handlungen betreffen, deren Motive (und Antriebe) von genau gleichem Gewicht sind. Die Deterministen haben es leicht, hierauf zu antworten, daß es kein Handeln ohne Motiv gibt und daß die unbedeutendste Bewegung (lieber die rechte als die linke Hand heben usw.) auf Motive und Antriebe verweist, die ihr ihre Bedeutung verleihen. Es kann nicht anders sein, da jedes Handeln *intentional* sein muß: es muß ja einen Zweck haben, und der Zweck bezieht sich seinerseits auf ein Motiv. Denn das ist die Einheit der drei zeitlichen Ekstasen: der Zweck oder die Verzeitlichung meiner Zukunft impliziert ein Motiv (oder einen Antrieb), das heißt weist auf meine Vergangenheit hin, und die Gegenwart ist Auftauchen der Handlung. Von einer Handlung ohne Motiv sprechen heißt von einer Handlung sprechen, der die intentionale Struktur jeder Handlung fehlte, und die Anhänger der Freiheit erreichten, wenn sie sie auf der Ebene der ablaufenden Handlung suchten, weiter nichts, als sie absurd zu machen. Aber die Deterministen machen es sich ihrerseits zu leicht, wenn sie ihre Untersuchung auf die bloße Angabe des Motivs oder des Antriebs beschränken. Die wesentliche Frage liegt nämlich jenseits der komplexen Organisation «Motiv-Intention-Handlung-Zweck»: wir müssen uns vielmehr fragen, wie ein Motiv (oder ein Antrieb) als solches konstituiert werden kann. Wir haben ja eben gesehen, daß zwar keine Handlung ohne Motiv ist, aber durchaus nicht in dem Sinn, wie man sagen kann, kein Phänomen sei ohne Ursache. Um nämlich Motiv sein zu können, muß das Motiv als solches *empfunden* werden. Zwar bedeutet das nicht, daß es, wie im Fall der Erwägung thematisch erfaßt und expliziert werden muß. Aber es bedeutet wenigstens, daß das Für-sich ihm den Wert eines Antriebs oder eines Motivs verleihen muß. Und wie wir gesehen haben, kann diese Konstituierung des Motivs als solchen nicht auf ein anderes reales und positives Existierendes verweisen, das heißt auf ein früheres Motiv. Sonst würde gerade die Natur der Handlung, als intentional in das Nichtsein engagiert, verschwinden. Der Antrieb läßt sich nur durch den Zweck verstehen, das heißt durch das Nicht-Existierende; der Antrieb ist also in sich selbst eine Negatität. Wenn ich einen Hungerlohn hinnehme, dann sicher aus Angst – und die Angst ist ein Antrieb. Aber es ist *Angst zu verhungern*; das heißt, daß diese Angst nur außerhalb ihrer selbst Sinn hat in einem ideal gesetzten Zweck, der die Erhaltung eines Lebens, das ich als «in Gefahr» erfasse ist. Und diese Angst läßt sich ihrerseits nur in bezug auf den *Wert* verstehen, den ich implizit diesem Leben gebe, das heißt, sie bezieht sich auf dieses hierarchisierte System idealer Gegenstände, die die Werte sind. So erfährt der Antrieb das, was er ist, durch die Gesamtheit der Seinsweisen [êtres], die «nicht sind», durch die idealen Existenzen und durch die Zukunft. So wie die Zukunft auf die Gegenwart und die Vergangenheit zurückkommt, um sie zu beleuchten, kommt die Gesamtheit meiner Entwürfe nach hinten zurück, um dem Antrieb seine Antriebsstruktur zu verleihen. Nur weil ich dem An-sich entgehe, indem ich mich auf meine Möglichkeiten hin nichte, kann dieses An-sich den Wert eines Motivs oder Antriebs annehmen. Motive und Antriebe haben nur innerhalb einer ent-worfenen Gesamtheit Sinn, die eben eine Gesamtheit von Nicht-Existierenden ist. Und diese Gesamtheit ist letztlich ich selbst als Transzendenz, ich selbst, insofern ich außerhalb meiner ich-selbst zu sein habe. Wenn wir uns an den Grundsatz erinnern, den wir vorhin aufgestellt haben, daß nämlich das Erfassen einer Revolution als möglicher dem Leid des Arbeiters seinen Antriebswert gibt, müssen wir daraus schließen, daß wir eine Situation in Motiv- und Antriebskomplexe organisieren, indem wir sie auf unsere Möglichkeit hin, sie zu verändern, fliehen. Die Nichtung, durch die wir von der Situation Abstand gewinnen, ist eins mit der Ekstase, durch die wir uns auf eine Veränderung dieser Situation hin ent-werfen. Daraus ergibt sich, daß es tatsächlich unmöglich ist, eine Handlung ohne Antrieb zu finden, daß man daraus aber nicht schließen darf, der Antrieb sei Ursache der Handlung: er ist ihr integrierender Bestandteil. Denn da sich der auf eine Veränderung hin beschlossene Entwurf nicht von der Handlung unterscheidet, konstituieren sich Antrieb, Handlung und Zweck in einem einzigen Auftauchen. Jede dieser drei Strukturen erfordert die beiden anderen als ihre Bedeutung. Aber die organisierte Totalität der drei läßt sich nicht mehr durch eine Einzelstruktur erklären, und ihr Auftauchen als reine verzeitlichende Nichtung des An-sich ist eins mit der Freiheit. Die

Handlung entscheidet über ihre Zwecke und ihre Antriebe, und die Handlung ist der Ausdruck der Freiheit.

Wir können jedoch nicht bei diesen oberflächlichen Betrachtungen stehenbleiben: wenn die grundlegende Bedingung der Handlung die Freiheit ist, müssen wir versuchen, die Freiheit genauer zu beschreiben. Aber wir stoßen zunächst auf eine erhebliche Schwierigkeit: Beschreiben ist gemeinhin eine Erklärungstätigkeit, die die Strukturen einer einzelnen Wesenheit betrifft. Die Freiheit hat aber kein Wesen. Sie ist keiner logischen Notwendigkeit unterworfen; von ihr müßte man sagen, was Heidegger vom *Dasein*[282] schlechthin sagt: In ihr geht die Existenz der Essenz voraus und beherrscht sie.[283] Die Freiheit macht sich zu Handlung, und wir erreichen sie gewöhnlich über die Handlung, die von ihr mit den Motiven, Antrieben und Zwecken organisiert wird, die von der Handlung impliziert sind. Aber eben weil diese Handlung ein Wesen hat, erscheint sie uns als *konstituiert*; wenn wir auf die konstitutive Potenz zurückgehen wollen, müssen wir alle Hoffnung fahrenlassen, für sie ein Wesen zu finden. Dieses verlangte ja eine neue konstitutive Potenz und so weiter bis ins Unendliche. Wie soll man also eine Existenz beschreiben, die sich ständig macht und die sich weigert, in eine Definition eingeschlossen zu werden? Schon die Bezeichnung «Freiheit» ist gefährlich, wenn dabei mitgemeint sein soll, daß das Wort auf einen Begriff verweist, wie es Wörter gewöhnlich tun. Undefinierbar und unbenennbar, wäre die Freiheit also unbeschreibbar?

Ähnlichen Schwierigkeiten sind wir begegnet, als wir das Sein des Phänomens und das Nichts beschreiben wollten. Sie haben uns nicht aufhalten können. Es kann tatsächlich Beschreibungen geben, die nicht das Wesen, sondern das Existierende selbst in seiner Einzelnheit betreffen. Ich kann gewiß nicht eine Freiheit beschreiben, die dem andern und mir selbst gemeinsam ist; ich kann also nicht ein Wesen der Freiheit annehmen. Im Gegenteil, die Freiheit ist die Grundlage aller Wesenheiten, weil der Mensch die innerweltlichen Wesenheiten enthüllt, indem er die Welt auf seine eigenen Möglichkeiten hin überschreitet. Doch es handelt sich in Wirklichkeit um *meine* Freiheit. Ebenso übrigens konnte es sich bei meiner Beschreibung des Bewußtseins nicht um eine gewissen Individuen gemeinsame Natur handeln, sondern nur um *mein* einzelnes Bewußtsein, das wie meine Freiheit jenseits des Wesens ist oder – wie wir mehrfach gezeigt haben – für das *sein* gewesen sein ist. Um dieses Bewußtsein in seiner Existenz selbst zu erreichen, verfüge ich über eine besondere Erfahrung: das Cogito. Husserl und Descartes verlangen vom Cogito, wie Gaston Berger gezeigt hat,* daß es ihnen eine *Wesenswahrheit* liefert: bei dem einen gelangen wir zur Verbindung zweier einfacher Naturen, beim andern erfassen wir die eidetische Struktur des Bewußtseins. Wenn aber das Bewußtsein seinem Wesen als Existenz vorausgehen soll, haben beide einen Fehler begangen. Vom Cogito kann man nur verlangen, daß es uns eine faktische Notwendigkeit offenbart. An das Cogito werden auch wir uns wenden, um die Freiheit als Freiheit, die *unsere* ist, zu bestimmen, als bloße faktische Notwendigkeit, das heißt als ein kontingentes Existierendes, das aber zu erfahren ich *nicht umhinkann*. Ich bin nämlich ein Existierendes, das seine Freiheit durch seine Handlungen *erfährt*; aber ich bin auch ein Existierendes, dessen individuelle und einmalige Existenz sich als Freiheit verzeitlicht. Als solches bin ich notwendig Bewußtsein (von) Freiheit, denn nichts existiert im Bewußtsein außer als nicht-thetisches Bewußtsein, zu existieren. So geht es in meinem Sein fortwährend um meine Freiheit; sie ist keine hinzugefügte Qualität oder *Eigenschaft* meiner Natur; sie ist ganz genau der Stoff meines Seins; und da es in meinem Sein um mein

---

* Gaston Berger, *Le Cogito dans la philosophie de Husserl*, Paris 1940.

Sein geht, muß ich notwendig ein gewisses Verständnis der Freiheit besitzen. Dieses Verständnis wollen wir jetzt klären.

Was uns helfen kann, die Freiheit in ihrem Kern zu erreichen, sind die wenigen Hinweise, die wir in diesem Buch zu diesem Gegenstand gemacht haben und die wir nun hier zusammenfassen müssen. Vom Ersten Kapitel an haben wir ja festgestellt, daß, wenn die Negation durch die menschliche-Realität zur Welt kommt, diese ein Sein sein muß, das einen nichtenden Bruch mit der Welt und mit sich selbst realisieren kann; und wir hatten festgestellt, daß die permanente Möglichkeit dieses Bruchs eins ist mit der Freiheit. Andererseits hatten wir aber konstatiert, daß diese permanente Möglichkeit, das zu nichten, was ich in Form von «es-gewesen-sein» bin, für den Menschen einen besonderen Existenztyp impliziert. Dann haben wir, von Analysen wie der der Unaufrichtigkeit ausgehend, bestimmen können, daß die menschliche-Realität ihr eigenes Nichts ist. Sein ist für das Für-sich das An-sich, das es ist, nichten. Unter diesen Bedingungen kann die Freiheit nichts anderes sein als diese Nichtung. Durch sie entgeht das Für-sich seinem Sein als seinem Wesen; durch sie ist es immer etwas anderes als das, was man von ihm *sagen* kann, denn zumindest ist es das, was eben dieser Benennung entgeht, was schon jenseits des Namens ist, den man ihm gibt, der Eigenschaft, die man ihm zuerkennt. Daß das Für-sich das zu sein hat, was es ist, daß es das ist, was es nicht ist, indem es nicht das ist, was es ist, daß in ihm die Existenz dem Wesen vorausgeht und dieses bedingt oder daß umgekehrt, nach der Formulierung Hegels, für es «Wesen ist, was gewesen ist»[284], ist ein und dasselbe, nämlich daß der Mensch frei ist. Denn allein dadurch, daß ich Bewußtsein von den mein Handeln hervorrufenden Motiven habe, sind diese Motive transzendente Gegenstände für mein Bewußtsein, sind sie draußen; vergeblich werde ich versuchen, mich wieder an sie zu klammern: ich entgehe ihnen durch meine Existenz selbst. Ich bin verurteilt, für immer jenseits meines Wesens zu existieren, jenseits der Antriebe und Motive meiner Handlung: ich bin verurteilt, frei zu sein. Das bedeutet, daß man für meine Freiheit keine anderen Grenzen als sie selbst finden kann oder, wenn man lieber will, daß wir nicht frei sind, nicht mehr frei zu sein. In dem Maß, wie sich das Für-sich sein eigenes Nichts verhehlen und sich das An-sich als seinen wahren Seinsmodus einverleiben will, versucht es auch, sich seine Freiheit zu verhehlen. Der tiefe Sinn des Determinismus besteht darin, in uns eine lückenlose Kontinuität von Existenz an sich herzustellen. Der als psychisches Faktum, das heißt als volle gegebene Realität, verstandene Antrieb verbindet sich in der deterministischen Auffassung bruchlos mit dem Entschluß und der Handlung, die ebenfalls als psychische Gegebenheiten verstanden werden. Das An-sich hat sich aller dieser «Daten» bemächtigt, der Antrieb ruft die Handlung hervor wie die Ursache ihre Wirkung, alles ist real, alles ist voll. So kann die Zurückweisung der Freiheit nur als Versuch verstanden werden, sich als An-sich-sein aufzufassen; das eine geht mit dem andern einher; die menschliche-Realität ist ein Sein, bei dem es in seinem Sein um seine Freiheit geht, weil es sich fortwährend zu weigern versucht, sie anzuerkennen. Psychologisch läuft das bei jedem von uns auf den Versuch hinaus, die Antriebe und die Motive als *Dinge* zu nehmen. Man versucht, ihnen Permanenz zu verleihen; man versucht sich zu verheimlichen, daß ihre Natur und ihr Gewicht in jedem Moment von dem Sinn abhängen, den ich ihnen gebe; man nimmt sie als Konstanten: das führt dazu, den Sinn zu betrachten, den ich ihnen vorhin oder gestern gab – der unabänderlich ist, weil er *vergangen* ist –, und daraus die bis zur Gegenwart hin erstarrte Eigenschaft zu extrapolieren. Ich versuche, mir einzureden, daß das Motiv *ist*, wie es *war*. So ginge es ganz und gar von meinem vergangenen Bewußtsein auf mein gegenwärtiges über: es würde es bewohnen. Das läuft auf den Versuch hinaus, dem Für-sich ein Wesen zu geben. Auf dieselbe Art setzt man die Zwecke als Transzendenzen, was kein Fehler ist. Aber statt darin gesetzte und durch meine eigene Transzendenz in ihrem Sein gehaltene Transzendenzen zu sehen, nimmt man an, daß ich ihnen beim Auftauchen in der Welt begegne: sie kommen von Gott, von der Natur, von «meiner» Natur, von der Gesellschaft. Diese fertigen, vormenschlichen Zwecke definieren also den Sinn meiner Handlung, noch bevor ich sie konzipiere, ebenso wie die Motive als rein psychische Gegebenheiten die Handlung hervorrufen, ohne daß ich etwas davon merke. Motiv, Handlung, Zweck bilden ein «Kontinuum», etwas *Volles*. Diese mißlungenen Versuche, die Freiheit unter dem Gewicht des Seins zu ersticken – sie brechen zusammen, wenn plötzlich die Angst vor der Freiheit auftaucht –, zeigen zur Genüge, daß die Freiheit in ihrem Kern mit dem Nichts zusammenfällt, das mitten im Menschen ist. Weil die menschliche-Realität *nicht genug ist*, ist sie frei; weil sie fortwährend von sich selbst losgerissen wird und weil das, was sie gewesen ist, durch ein Nichts von dem getrennt ist, was sie ist, und von dem, was sie sein wird. Schließlich, weil ihr gegenwärtiges Sein selbst Nichtung ist in Form des «Spiegelung-Spiegelnden». Der Mensch ist frei, weil er nicht Sich ist, sondern Anwesenheit bei sich. Das Sein, das das ist, was es ist, kann nicht frei sein. Die Freiheit ist genau das Nichts, das im Kern des Menschen *geseint wird* [*est été*] und die menschliche-Realität zwingt, *sich zu machen* statt *zu sein*. Wir haben gesehen, daß sein für die menschliche-Realität *sich wählen* ist: nichts geschieht ihr von außen und auch nicht von innen, was sie *empfangen* oder *annehmen* könnte. Sie ist ohne irgendeine Hilfe ganz der untragbaren Notwendigkeit ausgeliefert, bis in das kleinste Detail hinein sich sein zu machen. Also ist die Freiheit nicht *ein* Sein: sie ist das Sein des Menschen, das heißt sein Nichts an Sein. Wenn man den Menschen erst als etwas Volles verstanden hat, wäre es absurd, hinterher in ihm psychische Momente oder Bereiche zu suchen, wo er frei wäre: ebensogut könnte man Leeres in einem Behälter suchen, den man vorher bis zum Rand gefüllt hat. Der Mensch kann nicht bald frei und bald Sklave sein: er ist gänzlich und immer frei, oder er ist nicht.

Diese Hinweise können uns, bei richtiger Verwendung, zu neuen Entdeckungen führen. Zunächst ermöglichen sie uns, die Beziehungen der Freiheit zu dem, was man den «Willen» nennt, zu klären. Eine ziemlich verbreitete Tendenz geht ja darauf hin, die freien Handlungen den Willensakten gleichzusetzen und die deterministische Erklärung der Welt der Leidenschaften vorzubehalten. Das ist im Grunde der Gesichtspunkt von Descartes. Der kartesianische Wille ist frei, aber es gibt «Leidenschaften der Seele». Allerdings versucht Descartes eine physiologische Interpretation dieser Leidenschaften. Später hat man versucht, einen rein psychologischen Determinismus einzuführen. Die intellektualistischen Analysen, die zum Beispiel ein Proust über die Eifersucht oder den Snobismus versucht hat, können als Illustrationen für diese Konzeption des «Mechanismus» der Leidenschaften dienen. Man müßte also den Menschen als gleichzeitig frei und determiniert verstehen; und das wesentliche Problem wäre das der Beziehungen dieser unbedingten Freiheit zu den determinierten Prozessen des psychischen Lebens: wie beherrscht sie die Leidenschaften, wie nutzt sie sie? Eine Weisheit, die von weit her kommt – die stoische Weisheit – lehrt, daß man mit seinen Leidenschaften paktieren muß, um sie beherrschen zu können, kurz, man empfiehlt, sich gegenüber der Affektivität so zu verhalten, wie es der Mensch gegenüber der Natur im allgemeinen tut, wenn er ihr gehorcht, um sie besser steuern zu können. Die menschliche-Realität erscheint also als ein freies Können, das von einer Gesamtheit determinierter Prozesse belagert ist.

Man unterscheidet völlig freie Handlungen, determinierte Prozesse, über die der freie Wille Macht besitzt, und Prozesse, die dem menschlichen-Willen grundsätzlich entgehen.

Man sieht, daß wir eine derartige Auffassung keineswegs übernehmen können. Aber versuchen wir, die Gründe für unsere Weigerung besser zu verstehen. Ein Einwand ergibt sich von selbst, und wir wollen keine Zeit damit verlieren, ihn darzulegen: daß nämlich eine solche deutliche Dualität innerhalb der psychischen Einheit undenkbar ist. Wie soll man sich denn ein Sein denken können, das *eins* ist und sich trotzdem einerseits als eine Reihe von wechselseitig determinierten und folglich in Exteriorität existierenden Tatsachen konstituiert und andererseits als eine Spontaneität, die sich dazu bestimmt, zu sein, und nur von sich selbst abhängt? *A priori* wäre diese Spontaneität zu keiner Einwirkung auf einen bereits *konstituierten* Determinismus fähig: auf was könnte sie einwirken? Auf den Gegenstand selbst (das gegenwärtige psychische Faktum)? Aber wie könnte sich ein An-sich verändern, das *per definitionem* nur das ist und sein kann, was es ist? Auf das Gesetz des Prozesses selbst? Das ist kontradiktorisch. Auf das, was dem Prozeß vorangeht? Aber es kommt auf dasselbe hinaus, auf das gegenwärtige psychische Faktum einzuwirken, um es an ihm selbst zu verändern, oder auf es einzuwirken, um seine Folgen zu verändern. Und in beiden Fällen stoßen wir auf die gleiche Unmöglichkeit, auf die wir weiter oben hinwiesen. Übrigens, über welches Instrument verfügte diese Spontaneität denn? Wenn die Hand greifen kann, so deshalb, weil sie ergriffen werden kann. Die Spontaneität, *per definitionem unerreichbar*, kann ihrerseits nicht *erreichen*: sie kann nur sich selbst hervorbringen. Und wenn sie über ein spezielles Instrument verfügen soll, so müßte man sich das als eine intermediäre Natur zwischen dem freien Willen und den determinierten Leidenschaften denken, was unannehmbar ist. Andererseits können natürlich die Leidenschaften keinen Einfluß auf den Willen haben. Einem determinierten Prozeß ist es ja nicht möglich, auf eine Spontaneität einzuwirken, so wie es den Gegenständen nicht möglich ist, auf das Bewußtsein einzuwirken. So ist jede Synthese beider Typen von Existierenden unmöglich: sie sind nicht homogen, jeder bleibt in seiner unkommunizierbaren Isolierung. Die einzige Verbindung, die eine nichtende Spontaneität zu den mechanischen Prozessen haben könnte, besteht darin, sich selbst durch *interne Negation von diesen Existierenden her* hervorzubringen. Aber gerade dann wird sie nur sein, insofern sie an sich selbst verneint, daß sie diese Leidenschaften ist. Dann wird die Gesamtheit des determinierten πάθος [284a] durch die Spontaneität notwendig als ein rein Transzendentes erfaßt, das heißt als das, was notwendig *draußen ist*, als das, was *nicht sie ist*. Diese interne Negation hätte also nur die Wirkung, das πάθος *in der Welt* zu verschmelzen, und für eine freie Spontaneität, die gleichzeitig Wille und Bewußtsein wäre, würde es als irgendein innerweltlicher Gegenstand existieren. Diese Erörterung zeigt, daß zwei und nur zwei Lösungen möglich sind: entweder ist der Mensch völlig determiniert (was unannehmbar ist, zumal weil ein determiniertes, das heißt in Exteriorität motiviertes Bewußtsein selbst reine Exteriorität wird und aufhört, Bewußtsein zu sein), oder der Mensch ist völlig frei.

Aber diese Hinweise sind noch nicht das, worauf es uns besonders ankommt. Sie haben nur eine negative Bedeutung. Die Untersuchung des Willens soll uns vielmehr ermöglichen, im Verständnis der Freiheit weiterzukommen. Und deshalb fällt uns zunächst auf, daß, wenn der Wille autonom sein soll, es unmöglich ist, ihn als ein *gegebenes* psychisches Faktum, das heißt als An-sich, zu betrachten. Er kann nicht zur Kategorie der vom Psychologen definierten «Bewußtseinszustände» gehören. Hier wie überall sonst stellen wir fest, daß der Bewußtseinszustand ein bloßes Idol der positiven Psychologie ist. Der Wille ist notwendig Negativität und Nichtungsvermögen, wenn er Freiheit sein soll. Aber dann sehen wir nicht mehr, warum man ihm Autonomie einräumen soll. Man kann sich nämlich diese Nichtungslöcher, die die Wollungen wären und die in dem sonst dichten und vollen Gewebe der Leidenschaften und des πάθος schlechthin auftauchten, schwer vorstellen. Wenn der Wille Nichtung ist, muß die Gesamtheit des Psychischen gleichfalls Nichtung sein. Übrigens – und wir werden bald darauf zurückkommen –, woher nimmt man denn, daß das «Faktum» einer Leidenschaft oder die bloße Begierde nicht nichtend sind? Ist denn die Leidenschaft nicht zunächst Entwurf und Vorhaben, setzt sie nicht gerade einen Zustand als unerträglich, und ist sie daher nicht gezwungen, Abstand von ihm zu gewinnen und ihn zu nichten, indem sie ihn isoliert und im Licht eines Zwecks, das heißt eines Nicht-seins, betrachtet? Und hat die Leidenschaft nicht ihre eigenen Zwecke, die gerade in dem Moment anerkannt werden, wo sie sie als nicht-existierende setzt? Und wenn die Nichtung genau das Sein der Freiheit ist, wie kann man den Leidenschaften dann eine Autonomie absprechen, die man dem Willen zuschreibt?

Aber mehr noch: weit davon entfernt, daß der Wille die einzige oder wenigstens bevorzugte Manifestation der Freiheit ist, setzt er vielmehr, wie jedes Ereignis des Fürsich, die Grundlage einer ursprünglichen Freiheit voraus, um sich als Wille konstituieren zu können. Der Wille setzt sich nämlich als reflektierten Entschluß in bezug auf bestimmte Zwecke. Aber diese Zwecke schafft er nicht. Er ist vielmehr eine auf sie bezogene Seinsweise: er dekretiert, daß die Verfolgung dieser Zwecke reflektiert und überlegt sein muß. Die Leidenschaft kann dieselben Zwecke setzen. Ich kann zum Beispiel aus Todesangst bei einer Gefahr Hals über Kopf fliehen. Dieses Leidenschaftsfaktum setzt nichtsdestoweniger implizit den Wert des Lebens als obersten Zweck. Ein anderer wird dagegen der Meinung sein, daß man am Ort bleiben muß, auch wenn Widerstand zunächst gefährlicher scheint als Flucht; er «wird standhalten». Aber sein Ziel bleibt, wenn auch besser begriffen und explizit gesetzt, das gleiche wie im Fall der emotionalen Reaktion. Nur werden die Mittel, es zu erreichen, klarer erfaßt, einige werden als zweifelhaft oder wirkungslos verworfen, die anderen werden fester organisiert. Der Unterschied betrifft hier die Wahl der Mittel und den Reflexions- und Explikationsgrad, nicht den Zweck. Dennoch wird der Fliehende «emotional [*passionnel*]» genannt, und wir behalten das Beiwort «freiwillig [*volontaire*]» dem Menschen vor, der Widerstand leistet. Es handelt sich also um einen Unterschied in der subjektiven Haltung gegenüber einem transzendenten Zweck. Aber wenn wir nicht dem obengenannten Fehler verfallen und diese transzendenten Zwecke als vormenschlich und als eine *apriorische* Grenze unserer Transzendenz betrachten wollen, sind wir gezwungen, anzuerkennen, daß sie die verzeitlichende Projektion unserer Freiheit sind. Die menschliche-Realität kann ihre Zwecke, wie wir gesehen haben, weder von draußen noch von einer angeblichen inneren «Natur» erhalten. Sie wählt sie, und eben durch diese Wahl verleiht sie ihnen eine transzendente Existenz als externe Grenze ihrer Entwürfe. Von diesem Gesichtspunkt aus – und wenn man richtig versteht, daß die Existenz des Daseins [285] ihrem Wesen vorausgeht und es beherrscht – beschließt die menschliche-Realität, eben bei ihrem Auftauchen und durch es, ihr eigenes Sein durch ihre Zwecke zu definieren. Die Setzung meiner letzten Zwecke kennzeichnet also mein Sein und ist eins mit dem ursprünglichen Hervorbrechen der Freiheit, die meine ist. Und dieses Hervorbrechen ist eine *Existenz*, es hat nichts von einem Wesen oder von der Eigenschaft eines Seins, das zusammen mit einer Idee erzeugt wäre. So ist die Freiheit, da sie mit meiner Existenz gleichzusetzen ist, Grundlage der Zwecke, die ich, sei es durch den Willen, sei es durch Leidenschaften, zu erreichen suche. Sie kann also nicht auf die Willensakte beschränkt werden. Sondern die Wollungen sind vielmehr wie die Leidenschaften gewisse subjektive Haltungen, durch die wir die von der usprünglichen Freiheit gesetzten Zwecke zu erreichen suchen. Unter ursprünglicher Freiheit darf man natürlich nicht eine Freiheit verstehen, die dem Willens- oder Leidenschaftsakt *vorausginge,* sondern eine dem Willen oder der Leidenschaft streng gleichzeitige Grundlage, die von diesen je nach ihrer Art *manifestiert* wird. Ebensowenig darf man die Freiheit dem Willen oder der Leidenschaft entgegensetzen, so wie das «tiefe Ich» Bergsons dem oberflächlichen Ich: Das Für-sich ist ganz und gar Selbstheit und kann kein «tiefes-Ich» haben, außer wenn man darunter gewisse transzendente Strukturen der Psyche versteht. Die Freiheit ist nichts anderes als die *Existenz* unseres Willens oder unserer Leidenschaften, insofern diese Existenz Nichtung der Faktizität ist, das heißt die eines Seins, das sein Sein nach dem Modus ist, es zu sein zu haben. Wir kommen darauf zurück. Halten wir jedenfalls fest, daß sich der Wille im Rahmen von Antrieben und Zwecken bestimmt, die vom Für-sich bereits gesetzt sind in einem transzendenten Entwurf seiner selbst auf seine Möglichkeiten hin. Wie könnte man sonst die Erwägung verstehen, die eine Abschätzung der Mittel hinsichtlich schon existierender Zwecke ist?

Wenn aber diese Zwecke schon gesetzt sind, muß in jedem Augenblick noch entschieden werden, wie ich mich ihnen gegenüber verhalte, anders gesagt, welche Haltung ich einnehme. Werde ich willentlich oder emotional handeln? Wer außer mir kann das entscheiden? Wenn wir nämlich annähmen, daß die Umstände für mich darüber entscheiden (ich könnte zum Beispiel angesichts einer geringen Gefahr willentlich handeln, aber wenn die Gefahr wächst, in die Leidenschaft fallen), würden wir damit jede

Freiheit beseitigen: es wäre tatsächlich absurd, zu erklären, der Wille sei bei seinem Erscheinen autonom, aber die äußeren Umstände bestimmten genau den Zeitpunkt seines Erscheinens. Aber wie kann man andererseits behaupten, daß ein Wille, der noch nicht existiert, plötzlich beschließen kann, die Kette der Leidenschaften zu sprengen und über den Trümmern dieser Kette plötzlich aufzutauchen? Eine solche Auffassung würde dazu führen, den Willen als ein *Können* zu betrachten, das sich bald dem Bewußtsein offenbarte, bald versteckt bliebe, aber in jedem Fall die Permanenz und die Existenz «an sich» einer Eigenschaft besäße. Aber gerade das ist unannehmbar: indessen ist gewiß, daß die allgemeine Meinung das moralische Leben als einen Kampf zwischen einem Willen-als-Ding und Leidenschaften-als-Substanzen versteht. Das ist eine Art absolut unhaltbarer psychologischer Manichäismus. In Wirklichkeit genügt es nicht, zu wollen: man muß wollen wollen. Nehmen wir zum Beispiel eine gegebene Situation: ich kann emotional darauf reagieren. Wir haben an anderer Stelle* gezeigt, daß die Emotion kein physiologisches Gewitter ist: sie ist eine die Situation betreffende Antwort; sie ist ein Verhalten, dessen Sinn und Form Gegenstand einer Intention des Bewußtseins sind, das durch besondere Mittel einen besonderen Zweck zu erreichen sucht. Bei der Furcht zielen Ohnmacht und Kataplexie darauf ab, die Gefahr zu beseitigen, indem sie das Bewußtsein von der Gefahr beseitigen. Es gibt eine *Intention*, das Bewußtsein zu verlieren, um die furchtbare Welt verschwinden zu lassen, in die das Bewußtsein engagiert ist und die durch es zum Sein gelangt. Es handelt sich also um magische Verhaltensweisen, die symbolische Befriedi-

---

* *Esquisse d'une théorie des émotions*, Hermann, Paris 1939 [deutsch: *Skizze einer Theorie der Emotionen* in: Jean-Paul Sartre, *Die Transzendenz des Ego. Philosophische Essays 1931–1939*, Rowohlt, Reinbek 1982].

gungen unserer Wünsche hervorrufen und gleichzeitig eine magische Schicht der Welt enthüllen. Im Gegensatz zu diesen Verhaltensweisen betrachtet das willentliche und rationale Verhalten die Situation technisch, weist das Magische zurück und bemüht sich, die determinierten Reihen und die instrumentellen Komplexe zu erfassen, die eine Lösung der Probleme ermöglichen. Es organisiert ein System von Mitteln, indem es sich auf den instrumentellen Determinismus stützt. Damit entdeckt es eine technische Welt, das heißt eine Welt, in der jeder Utensilkomplex auf einen andern größeren Komplex verweist, und so fort. Aber was bestimmt mich dazu, den magischen oder den technischen Aspekt der Welt zu wählen? Das kann nicht die Welt selbst sein – die, um sich manifestieren zu können, darauf wartet, entdeckt zu werden. Also muß das Für-sich in seinem Entwurf wählen, das zu sein, wodurch die Welt sich als magisch oder als rational enthüllt, das heißt, es muß sich als freier Selbstentwurf eine magische oder rationale Existenz geben. Für die eine wie für die andere ist es *verantwortlich*; denn es kann nur sein, wenn es sich gewählt hat. Es erscheint also als die freie Grundlage seiner Emotionen wie seiner Wollungen. Meine Furcht *ist* frei und manifestiert meine Freiheit, ich habe meine ganze Freiheit in meine Furcht gelegt und habe mich als unter diesen oder jenen Umständen furchtsam gewählt; unter anderen Umständen werde ich als willentlich und mutig existieren und meine ganze Freiheit in meinen Mut gelegt haben. In bezug auf die Freiheit gibt es kein bevorzugtes psychisches Phänomen. Alle meine «Seinsweisen» manifestieren sich in gleicher Weise, da sie sämtlich Arten sind, mein eigenes Nichts zu sein.

Dadurch wird die Beschreibung dessen, was man die «Motive und die Antriebe» des Handelns nennt, noch klarer. Wir haben diese Beschreibung auf den vorhergehenden Seiten skizziert: jetzt müssen wir darauf zurückkommen und sie präziser wieder aufnehmen. Sagt man denn nicht, daß die Leidenschaft *Antrieb* der Handlung ist – oder auch, daß die emotionale Handlung die Leidenschaft zum Antrieb hat? Und erscheint der Wille nicht als die Entscheidung, die einer Erwägung hinsichtlich der Antriebe und Motive folgt? Was also ist ein Motiv? Was ist ein Antrieb?

Man versteht unter *Motiv* gewöhnlich den *Grund* einer Handlung, das heißt die Gesamtheit der rationalen Erwägungen, die sie rechtfertigen. Wenn die Regierung eine Umschuldung beschließt, gibt sie ihre *Motive* bekannt: Verringerung der öffentlichen Schulden, Sanierung der Finanzen. Ebenso pflegen die Historiker die Handlungen von Ministern oder Monarchen mit *Motiven* zu erklären; für eine Kriegserklärung sucht man nach Motiven: die Gelegenheit ist günstig, das angegriffene Land ist durch innere Unruhen geschwächt, es ist Zeit, einen wirtschaftlichen Konflikt zu beenden, der sich zu verewigen droht. Wenn Chlodwig sich zum Katholizismus bekehrt, während so viele Barbarenkönige Arianer sind, so deshalb, weil er darin eine Gelegenheit sieht, sich die Gewogenheit des in Gallien allmächtigen Episkopats zu verschaffen usw. Man sieht, daß sich das Motiv daher als eine objektive Einschätzung der Situation kennzeichnen läßt. Das Motiv für die Bekehrung Chlodwigs ist der politische und religiöse Zustand Galliens, das Kräfteverhältnis zwischen dem Episkopat, den Großgrundbesitzern und dem niederen Volk; was die Umschuldung motiviert, ist der Zustand der öffentlichen Verschuldung. Dennoch kann diese objektive Einschätzung nur im Licht eines gesetzten Zwecks und in den Grenzen eines Entwurfs des Für-sich auf diesen Zweck hin geschehen. Damit die Macht des Episkopats sich Chlodwig als Motiv einer Bekehrung enthüllt, das heißt, damit er die objektiven Folgen ins Auge fassen kann, die diese Bekehrung haben könnte, muß er zunächst die Eroberung Galliens als Zweck gesetzt haben. Wenn wir Chlodwig andere Zwecke unterstellen, so kann er in der Situation des Episkopats Motive finden, Arianer zu werden oder Heide zu bleiben. Er kann sogar bei der Betrachtung des Zustands der Kirche gar kein Motiv finden, so oder so zu handeln: er wird also nichts in dieser Hinsicht entdecken, er wird die Situation des Episkopats im Zustand von «nicht-enthüllt» lassen, in einer totalen Dunkelheit. Wir nennen also *Motiv* das objektive Erfassen einer bestimmten Situation, insofern sich diese Situation im Licht eines bestimmten Zwecks als etwas enthüllt, was als Mittel dienen kann, diesen Zweck zu erreichen.

Der Antrieb dagegen wird gewöhnlich als ein subjektives Faktum angesehen. Er ist die Gesamtheit der Begierden, Emotionen und Leidenschaften, die mich drängen, eine bestimmte Handlung auszuführen. Der Historiker sucht nur im Notfall nach den Antrieben und erwähnt sie, wenn die Motive nicht ausreichen, um die betrachtete Handlung zu erklären. Zum Beispiel schreibt Ferdinand Lot, nachdem er gezeigt hat, daß die Gründe, die man gewöhnlich für die Bekehrung Konstantins angibt, unzulänglich oder irrig sind: «Da es sich herausgestellt hat, daß Konstantin alles zu verlieren und offensichtlich nichts zu gewinnen hatte, wenn er das Christentum annahm, so gibt es nur einen möglichen Schluß, nämlich daß er einem plötzlichen Impuls pathologischer oder göttlicher Art, ganz wie man will, nachgegeben hat»*; damit gibt er die Erklärung durch Motive auf, die ihm nicht relevant scheint, und zieht hier die Erklärung durch Antriebe vor. Die Erklärung muß dann im psychischen Zustand – sogar im «geistigen» Zustand – des historischen Akteurs gesucht werden. Daraus folgt natürlich, daß das Ereignis völlig kontingent wird, da ein anderes Individuum mit anderen Leidenschaften und anderen Begierden anders gehandelt hätte. Im Gegensatz zum Historiker sucht der Psychologe

---

* Ferdinand Lot, *La fin du monde antique et le début du moyen âge*, Renaissance du Livre 1927, Paris 1938, 35.

eher nach den Antrieben: gewöhnlich setzt er nämlich voraus, daß sie in dem Bewußtseinszustand «enthalten sind», der das Handeln hervorgerufen hat. Der ideale rationale Akt wäre demnach derjenige, für den die Antriebe praktisch gleich Null wären und der allein durch eine objektive Einschätzung der Situation inspiriert wäre. Die irrationale oder emotionale Handlung wird durch das umgekehrte Verhältnis gekennzeichnet sein. Bleibt noch die Beziehung der Motive zu den Antrieben in dem banalen Fall zu erklären, wo sie beide existieren. Zum Beispiel kann ich in die sozialistische Partei eintreten, weil ich der Ansicht bin, daß diese Partei den Interessen der Gerechtigkeit und Menschlichkeit dient, oder weil ich glaube, daß sie in den Jahren, die meinem Beitritt folgen, die wichtigste historische Kraft werden wird: das sind Motive. Und zu gleicher Zeit kann ich Antriebe haben: Gefühle von Mitleid oder Barmherzigkeit gegenüber gewissen unterdrückten Gruppen, Scham, auf der «richtigen Seite der Barrikade» zu stehen, wie Gide sagt, oder auch Minderwertigkeitskomplex, Wunsch, meine Angehörigen zu schockieren usw. Was könnte man sagen wollen, wenn ich versichere, ich sei wegen dieser Motive *und* wegen dieser Antriebe in die sozialistische Partei eingetreten? Es handelt sich offenbar um zwei Schichten radikal unterschiedlicher Bedeutungen. Wie sie vergleichen, wie den Anteil bestimmen, den jede von ihnen an der betreffenden Entscheidung hat? Diese Schwierigkeit, die sicher die größte ist, die durch die übliche Unterscheidung zwischen Motiven und Antrieben entsteht, ist nie gelöst worden; ja wenige haben sie auch nur geahnt. Sie läuft nämlich darauf hinaus, in anderer Form die Existenz eines Konflikts zwischen Willen und Leidenschaften zu setzen. Aber wenn sich die klassische Theorie als unfähig erweist, dem Motiv und dem Antrieb ihren jeweiligen Einfluß in dem einfachen Fall zuzuschreiben, wo sie beide mitwirken, einen gleichen Entschluß herbeizuführen, so ist es ihr völlig unmöglich, einen Konflikt von Motiven und Antrieben, von denen jede Gruppe eine besondere Entscheidung hervorriefe, zu erklären und sich auch nur zu *denken*. Alles muß also wieder von vorn aufgenommen werden.

Sicherlich ist das Motiv objektiv: es ist der derzeitige Sachverhalt, so wie er sich einem Bewußtsein enthüllt. Es ist *objektiv*, daß die römische Plebs und Aristokratie zur Zeit Konstantins korrumpiert sind oder daß die katholische Kirche zur Zeit Chlodwigs bereit ist, einen Monarchen zu unterstützen, der ihr hilft, den Arianismus zu besiegen. Gleichwohl kann sich ein solcher Zustand nur einem Für-sich enthüllen, denn das Für-sich ist ja überhaupt das Sein, durch das es eine Welt «gibt». Mehr noch, er kann sich nur einem Für-sich enthüllen, das sich in dieser oder jener Weise wählt, das heißt einem Für-sich, das sich zu seiner Individualität gemacht hat. Man muß sich in dieser oder jener Weise entworfen haben, um die instrumentellen Implikationen der Utensilien-Dinge entdecken zu können. Objektiv ist das Messer ein Instrument, bestehend aus einer Klinge und einem Griff. Ich kann es objektiv als Instrument zum Schneiden, zum Abtrennen erfassen; wenn mir aber gerade ein Hammer fehlt, kann ich es andererseits als Instrument zum Hämmern erfassen: ich kann seinen Griff benutzen, um einen Nagel einzuschlagen, und dieses Erfassen ist nicht weniger *objektiv*. Wenn Chlodwig die Hilfe abschätzt, die die Kirche ihm leisten kann, so ist nicht gewiß, ob eine Gruppe von Prälaten oder auch nur ein einzelner Bischof ihm Verhandlungsvorschläge gemacht oder ob auch nur ein Mitglied des Klerus klar an ein Bündnis mit einem katholischen Monarchen gedacht hat. Die einzigen streng objektiven Tatsachen, die irgendein Für-sich feststellen kann, sind die große Macht der Kirche über die Bevölkerung Galliens und die Sorge der Kirche wegen der arianischen Häresie. Damit diese Feststellungen sich zu einem Bekehrungsmotiv zusammenfügen, muß man sie von der Gesamtheit isolieren –

und darum nichten – und sie auf ihre eigene Potentialität hin transzendieren: die von Chlodwig objektiv erfaßte Potentialität der Kirche ist, daß sie einen bekehrten König unterstützt. Aber diese Potentialität kann sich nur enthüllen, wenn man die Situation auf einen Zustand hin überschreitet, der noch nicht ist, also auf ein Nichts hin. Kurz, die Welt gibt nur Ratschläge, wenn man sie befragt, und man kann sie nur wegen eines ganz bestimmten Zwecks befragen. Keineswegs also bestimmt das Motiv die Handlung, es erscheint vielmehr nur in dem Entwurf einer Handlung und durch ihn. In dem Entwurf und durch den Entwurf, seine Herrschaft über ganz Gallien auszudehnen, erscheint Chlodwig der Zustand der abendländischen Kirche objektiv als ein Motiv, sich zu bekehren. Anders gesagt, das Bewußtsein, das aus der Gesamtheit der Welt das Motiv herauslöst, hat schon seine eigene Struktur, hat sich seine Zwecke gegeben, hat sich auf seine Möglichkeiten hin entworfen und besitzt seine eigene Art, sich an seine Möglichkeiten zu hängen: diese eigene Art, auf seinen Möglichkeiten zu bestehen, ist hier die Affektivität. Und diese interne Organisation, die sich das Bewußtsein in Form von nicht-setzendem Bewußtsein (von) sich gegeben hat, ist streng korrelativ zur Herauslösung der Motive aus der Welt. Wenn man also darüber nachdenkt, muß man anerkennen, daß die interne Struktur des Für-sich, durch die es in der Welt Handlungsmotive auftauchen läßt, ein im historischen Sinn des Ausdrucks «irrationales» Faktum ist. Wir können zwar den technischen Nutzen der Bekehrung Chlodwigs rational begreifen nach der Hypothese, wonach er entworfen hätte, Gallien zu erobern. Aber wir können das nicht in bezug auf seinen Eroberungsplan. Er läßt sich nicht «erklären». Hat man ihn als eine Auswirkung von Chlodwigs *Ehrgeiz* zu interpretieren? Aber was ist denn genau der Ehrgeiz, wenn nicht die Absicht, Eroberungen zu machen? Wie wäre Chlodwigs Ehrgeiz von dem konkreten Plan zu unterscheiden, Gallien zu erobern? Es wäre also müßig, wenn man den ursprünglichen Eroberungsplan auffaßte als «getrieben» von einem vorher existierenden *Antrieb*, den Ehrgeiz. Es ist durchaus richtig, daß der Ehrgeiz ein Antrieb ist, denn er ist ganz Subjektivität. Aber da er sich nicht vom Eroberungsentwurf unterscheidet, können wir sagen, daß dieser erste Entwurf seiner Möglichkeiten, in dessen Licht Chlodwig ein Motiv entdeckt, sich zu bekehren, eben der *Antrieb* ist. Nun wird alles klar, und wir können die Beziehungen dieser drei Begriffe, Motive, Antriebe, Zwecke, erkennen. Wir haben es hier mit einem besonderen Fall des In-der-Welt-seins zu tun: geradeso wie das Auftauchen des Für-sich macht, daß es eine Welt gibt, so ist es hier sein Sein selbst, insofern dieses Sein reiner Entwurf auf einen Zweck hin ist, das macht, daß es eine bestimmte objektive Struktur der Welt *gibt*, die im Licht dieses Zwecks den Namen Motiv verdient. Das Für-sich ist also Bewußtsein *von* diesem Motiv. Aber dieses setzende Bewußtsein *von dem* Motiv ist grundsätzlich nicht-thetisches Bewußtsein (von) sich als Entwurf auf einen Zweck hin. In diesem Sinn ist es Antrieb, das heißt, es erfährt sich nicht-thetisch als mehr oder weniger gierigen, mehr oder weniger emotionalen Entwurf auf einen Zweck hin im selben Moment, in dem es sich als Bewußtsein konstituiert, das die Organisation der Welt in Motiven enthüllt.

Motiv und Antrieb sind also korrelativ, genauso wie das nicht-thetische Bewußtsein (von) sich das ontologische Korrelat des thetischen Bewußtseins *von dem* Objekt ist. Geradeso wie das Bewußtsein *von* etwas Bewußtsein (von) sich ist, geradeso ist der Antrieb nichts anderes als das Erfassen des Motivs, insofern dieses Erfassen Bewußtsein (von) sich ist. Aber daraus folgt evidentermaßen, daß Motiv, Antrieb und Zweck drei untrennbare Begriffe für das Hervorbrechen eines lebenden und freien Bewußtseins sind, das sich auf seine Möglichkeiten hin entwirft und sich durch diese Möglichkeiten definieren läßt.

Woher kommt es dann, daß der Antrieb dem Psychologen als affektiver Inhalt einer Bewußtseinstatsache erscheint, insofern dieser Inhalt eine andere Bewußtseinstatsache oder Entscheidung bestimmt? Das kommt daher, daß der Antrieb, der nichts anderes als das nichtthetische Bewußtsein (von) sich ist, mit eben diesem Bewußtsein in die Vergangenheit gleitet und zur selben Zeit wie dieses aufhört, lebendig zu sein. Sobald ein Bewußtsein zu einem vergangenen gemacht worden ist, ist es das, was ich in Form des «war» zu sein habe. Wenn ich auf mein gestriges Bewußtsein zurückkomme, behält es noch seine intentionale Bedeutung und seinen Subjektivitätssinn, aber es ist, wie wir gesehen haben, erstarrt, es ist draußen wie ein Ding, denn die Vergangenheit ist an sich. Der Antrieb wird dann das, *von dem* es Bewußtsein gibt. Er kann mir in Form von «Wissen» erscheinen; wir haben ja weiter oben gesehen, daß die tote Vergangenheit die Gegenwart unter dem Aspekt eines *Wissens* heimsucht; es kann auch sein, daß ich mich zum Antrieb zurückwende, um ihn zu explizieren und zu formulieren, indem ich mich von dem Wissen leiten lasse, das er gegenwärtig für mich ist. In diesem Fall ist er Bewußtseinsgegenstand, ist er dieses Bewußtsein selbst, *von dem ich Bewußtsein habe*. Er erscheint also – wie meine Erinnerungen schlechthin – gleichzeitig als *meiner* und als transzendent. Wir sind gewöhnlich von diesen Antrieben umgeben, in die wir uns «nicht mehr hineinversetzen können», weil wir nicht nur konkret zu beschließen haben, diese oder jene Handlung zu vollbringen, sondern weil wir auch Handlungen zu vollbringen haben, die wir am vorhergehenden Tag beschlossen haben, oder weil wir Vorhaben weiterzuführen haben, für die wir uns engagiert haben; ganz allgemein nimmt sich das Bewußtsein, wann immer es sich erfaßt, als engagiert wahr, und gerade diese Wahrnehmung impliziert ein Wissen der Antriebe des Engagements oder sogar eine thematische und setzende Erklärung dieser Motive.

Selbstverständlich verweist das Erfassen des Antriebs sofort auf das Motiv als sein Korrelat, denn der Antrieb behält, auch wenn er vergangen gemacht und zu An-sich erstarrt ist, wenigstens die Bedeutung, Bewußtsein von einem Motiv gewesen zu sein, das heißt Entdeckung einer objektiven Struktur der Welt. Aber da der Antrieb *an sich* und das Motiv objektiv ist, stellen sie sich als ein Paar ohne ontologischen Unterschied dar; wir haben ja gesehen, daß unsere Vergangenheit sich innerweltlich verliert. Deshalb behandeln wir beide gleich, und deshalb können wir von den Motiven *und* Antrieben einer Handlung sprechen, als wenn sie miteinander in Konflikt geraten oder in einem bestimmten Verhältnis beide zur Entscheidung beitragen könnten.

Doch wenn der Antrieb transzendent ist, wenn er nur das unabänderliche Sein ist, das wir nach dem Modus des «war» zu sein haben, wenn er, wie unsere ganze Vergangenheit, von uns durch eine Dichte von Nichts getrennt ist, kann er nur wirken, wenn er *übernommen* wird; durch sich selbst ist er ohne Kraft. Also wird gerade durch das Hervorbrechen des engagierten Bewußtseins den früheren Antrieben und Motiven Wert und Gewicht verliehen. Es hängt nicht von ihm ab, daß sie gewesen sind, und es hat die Aufgabe, ihnen die Existenz in der Vergangenheit zu erhalten. Ich habe dies oder das gewollt: das bleibt unwiderruflich und konstituiert sogar mein Wesen, da mein Wesen das ist, was ich gewesen bin. Aber über den Sinn, den jene Begierde, jene Befürchtung, jene objektiven Erwägungen über die Welt für mich haben, wenn ich mich gegenwärtig auf meine Zukünfte hin entwerfe, kann nur ich allein entscheiden. Und ich entscheide darüber eben gerade nur durch die Handlung selbst, durch die ich mich auf meine Ziele hin ent-werfe. Die Übernahme der ehemaligen Antriebe – oder ihre Verwerfung oder ihre Neueinschätzung – unterscheidet sich nicht von dem Entwurf, durch den ich mir neue Zwecke zuweise und durch den ich mich im Licht dieser Zwecke als einen erfasse, der ein Hilfsmotiv in der Welt entdeckt. Vergangene Antriebe, vergangene Motive, gegenwärtige Motive und Antriebe, künftige Zwecke organisieren sich zu einer unauflöslichen Einheit eben durch das Auftauchen einer Freiheit, die jenseits der Motive, der Antriebe und der Zwecke ist.

Daraus ergibt sich, daß die willentliche Erwägung immer verfälscht ist. Wie soll ich denn Motive und Antriebe einschätzen können, denen ich vor jeder Erwägung und durch die Wahl, die ich von mir selbst treffe, gerade ihren Wert verleihe? Die Täuschung kommt hier daher, daß man sich bemüht, die Motive und die Antriebe als völlig transzendente Dinge zu nehmen, die ich wie Gewichte wiegen könnte und die ein Gewicht als permanente Eigenschaft besäßen. Andererseits will man jedoch Bewußtseinsinhalte darin sehen, was kontradiktorisch ist. Tatsächlich haben Motive und Antriebe nur das Gewicht, das mein Entwurf, das heißt die freie Hervorbringung des Zwecks und der als zu realisierende erkannten Handlung, ihnen verleiht. Wenn ich erwäge, ist das Spiel aus. Und falls ich schließlich erwägen muß, so einfach deshalb, weil es zu meinem ursprünglichen Entwurf gehört, mir lieber *durch Erwägung* über die Antriebe klarzuwerden als durch diese oder jene andere Form von Entdeckung (durch die Leidenschaft zum Beispiel oder ganz einfach durch das Handeln, das die organisierte Gesamtheit der Motive und Zwecke enthüllt, so wie mein Sprechen mich mein Denken lehrt). Es gibt also eine Wahl der Erwägung als Verfahren, das mir anzeigt, was ich vorhabe, und infolgedessen, was ich bin. Und *die Wahl* der Erwägung wird durch die freie Spontaneität mit der Gesamtheit Antriebe-Motive und Zweck organisiert. Wenn der Wille interveniert, ist die Entscheidung schon getroffen, und er hat keinen andern Wert als den eines Ankündigers.

Die willentliche Handlung unterscheidet sich von der nicht willentlichen Spontaneität dadurch, daß diese rein unreflektiertes Bewußtsein von den Motiven über den bloßen Entwurf der Handlung ist. Was bei der unreflektierten Handlung den Antrieb betrifft, so ist er keineswegs Gegenstand für sich selbst, sondern ein bloßes nicht-setzendes Bewußtsein (von) sich. Dagegen erfordert die Struktur der willentlichen Handlung das Erscheinen eines reflexiven Bewußtseins, das den Antrieb als Quasi-Objekt erfaßt oder sogar ihn als psychisches Objekt über das reflektierte Bewußtsein intendiert. Für diese Struktur ist das Motiv, das mittels des reflektierten Bewußtseins erfaßt wird, wie abgetrennt; um die bekannte Formulierung Husserls wieder aufzugreifen: gegenüber dem Motiv praktiziert die bloße willentliche Reflexion durch ihre Reflexivitätsstruktur die ἐποχή, sie läßt es ausstehen, sie klammert es ein.[286] Es kann ein Schein von einschätzender Erwägung entstehen, weil eine tiefere Nichtung das reflexive Bewußtsein vom reflektierten Bewußtsein oder Antrieb trennt und weil das Motiv aussteht. Doch wenn das *Ergebnis* der Reflexion darin besteht, die Kluft zu erweitern, die das Für-sich von sich selbst trennt, so ist das deswegen, wie man weiß, nicht ihr *Ziel*. Das Ziel der reflexiven Spaltung ist es, wie wir gesehen haben, das Reflektierte derart *wiederzugewinnen*, daß sie jene unrealisierbare Totalität «An-sich-Für-sich» konstituiert, die der grundlegende Wert ist, der durch das Für-sich eben mit dem Auftauchen seines Seins gesetzt wird. Wenn also der Wille seinem Wesen nach reflexiv ist, so ist sein Ziel nicht so sehr, zu entscheiden, welcher Zweck erreicht werden soll, da ja das Spiel auf jeden Fall aus ist, sondern die tiefe Intention des Willens richtet sich vielmehr auf die *Art*, in der dieser bereits gesetzte Zweck erreicht werden soll. Das Für-sich, das nach dem willentlichen Modus existiert, will sich selbst zurückgewinnen, insofern es entscheidet und handelt. Es will nicht nur auf einen Zweck gerichtet sein und auch nicht das sein, was sich als auf diesen Zweck gerichtet wählt: es will auch sich selbst zurückgewinnen als spontaner Entwurf auf diesen oder jenen Zweck hin. Das Ideal des Willens ist, ein «An-sich-Für-sich» zu sein als Entwurf auf einen bestimmten Zweck hin: das ist natürlich ein reflexives Ideal und der Sinn der Befriedigung, die von einem Urteil wie «Ich habe getan, was ich wollte» begleitet ist. Aber es ist evident, daß die reflexive Spaltung schlechthin ihre Grundlage in einem Entwurf hat, der tiefer ist als sie selbst und den wir im Dritten Kapitel des Zweiten Teils mangels eines besseren Ausdrucks «Motivation» nannten. Wir müssen nun, da wir das Motiv und den Antrieb definiert haben, diesen Entwurf, der die Reflexion umspannt, eine *Intention* nennen. In dem Maß also, wie der Wille ein Fall von Reflexion ist, verlangt die Tatsache, daß man sich zum Handeln auf die Ebene des Willens begibt, als Grundlage eine tiefere Intention. Es genügt nicht, wenn der Psychologe ein Subjekt beschreibt, das seinen Entwurf nach dem Modus der willentlichen Reflexion realisiert; er muß auch in der Lage sein, uns die *tiefe Intention* zu liefern, die macht, daß das Subjekt seinen Entwurf lieber nach diesem Modus der Wollung realisiert als nach irgendeinem anderen Modus, wobei übrigens natürlich irgendein anderer Bewußtseinsmodus die gleiche Realisierung herbeigeführt hätte, nachdem die Zwecke durch einen ursprünglichen Entwurf einmal gesetzt waren. So haben wir eine Freiheit erreicht, die tiefer ist als der Wille, einfach indem wir uns *anspruchsvoller* erwiesen als die Psychologen, das heißt, indem wir die Frage nach dem *Warum* dort stellten, wo sie sich damit begnügen, den Bewußtseinsmodus als willenhaft zu konstatieren.

Diese kurze Untersuchung soll die Frage des Willens nicht ausschöpfen: man müßte vielmehr eine phänomenologische Beschreibung des Willens als solchen versuchen. Das ist nicht unser Ziel: wir hoffen lediglich gezeigt zu haben, daß der Wille keine bevorrechtigte Manifestation der Freiheit, sondern ein psychisches Ereignis eigener Struktur ist, das sich auf derselben Ebene wie die anderen konstituiert und, nicht mehr und nicht weniger als die anderen, durch eine ursprüngliche ontologische Freiheit getragen wird.

Gleichzeitig erscheint die Freiheit als eine unanalysierbare Totalität; Motive, Antriebe und Zwecke wie auch die Art, Motive, Antriebe und Zwecke zu erfassen, sind im Rahmen dieser Freiheit vereinigend organisiert und müssen von ihr aus verstanden werden. Heißt das, daß man sich die Freiheit als eine Reihe kapriziöser Anstöße vorzustellen hat, vergleichbar dem epikuräischen *clinamen*[287]? Bin ich frei, irgend etwas in irgendeinem Moment zu wollen? Und muß ich in jedem Augenblick, wenn ich diesen oder jenen Entwurf erklären will, dem Irrationalen einer freien und kontingenten Wahl begegnen? Solange es so schien, als ob die Anerkennung der Freiheit diese gefährlichen und der Erfahrung völlig widersprechenden Konzeptionen zur Folge habe, haben sich große Geister vom Glauben an die Freiheit abgewendet: man hat sogar behaupten können, daß der Determinismus – wenn man sich davor hütet, ihn mit Fatalismus gleichzusetzen – «menschlicher» sei als die Theorie des freien Willens: wenn er auch die strenge Bedingtheit unserer Handlungen hervorhebt, zeigt er zumindest den *Grund* einer jeden von ihnen, und wenn er sich auch streng auf das Psychische beschränkt und darauf verzichtet, nach einer Bedingtheit in der Gesamtheit des Universums zu suchen, so zeigt er doch, daß der Grund unserer Handlungen in uns selbst ist: wir handeln, wie wir sind, und unsere Handlungen tragen dazu bei, uns zu machen.

Sehen wir uns aber die wenigen sicheren Ergebnisse, die unsere Analyse erbracht hat, näher an. Wir haben gezeigt, daß die Freiheit mit dem Sein des Für-sich eins ist: die menschliche-Realität ist genau in dem Maß frei, wie sie ihr eigenes Nichts zu sein hat. Dieses Nichts hat sie, wie wir gesehen haben, in vielfachen Dimensionen zu sein: zunächst, indem sie sich verzeitlicht, das heißt, indem sie immer auf Distanz zu sich selbst ist, was impliziert, daß sie sich nie durch ihre Vergangenheit zu dieser oder jener Handlung bestimmen lassen kann – ferner, indem sie als Bewußtsein von etwas und (von) sich selbst auftaucht, das heißt, indem sie Anwesenheit bei sich und nicht einfach Sich ist, was impliziert, daß nichts im Bewußtsein existiert, was nicht Existenzbewußtsein wäre, und daß infolgedessen nichts außerhalb des Bewußtseins sie motivieren kann – und schließlich, indem sie Transzendenz ist, das heißt nicht irgend etwas, was *zunächst* wäre und sich *dann* mit diesem oder jenem Zweck in Beziehung setzte, sondern im Gegenteil ein Sein, das ursprünglich Ent-wurf ist, das heißt, das sich durch seinen Zweck definiert.

Wir denken also keineswegs daran, hier von Willkür oder Laune zu reden: ein Existierendes, das als Bewußtsein notwendig von allen anderen getrennt ist, weil sie nur in dem Maß mit ihm in Verbindung stehen, wie sie *für es* sind, das über seine Vergangenheit in Form von Tradition im Licht seiner Zukunft entscheidet, statt sie schlicht und einfach seine Gegenwart bestimmen zu lassen, und das sich das, was es ist, durch *etwas anderes als es selbst* anzeigen läßt, das heißt durch einen Zweck, der es nicht ist und den es auf die andere Seite der Welt projiziert, das nennen wir ein freies Existierendes. Das bedeutet durchaus nicht, daß ich frei bin, aufzustehen oder mich zu setzen, hinein- oder hinauszugehen, zu fliehen oder der Gefahr zu trotzen, wenn man mit Freiheit eine bloße kapriziöse, illegale, grundlose und unverstehbare Kontingenz meint. Zwar ist jede meiner Handlungen, auch die kleinste, völlig frei in dem Sinn, den wir eben präzisiert haben; aber das bedeutet nicht, daß sie *beliebig* sein kann oder auch nur unvorhersehbar ist. Wenn man sie jedoch, wird man sagen, *weder* vom Zustand der Welt aus *noch* von der Gesamtheit meiner als unabänderliches Ding aufgefaßten Vergangenheit aus verstehen kann, wie wäre es dann möglich, daß sie nicht grundlos ist? Sehen wir genauer hin.

Für die landläufige Meinung bedeutet frei sein nicht nur sich wählen. Die Wahl gilt als frei, wenn sie so ist, daß sie auch anders hätte sein können, als sie ist. Ich mache mit Freunden eine Wanderung. Nach einigen Stunden wächst meine Müdigkeit und wird schließlich quälend. Zunächst kämpfe ich dagegen an, und dann lasse ich mich plötzlich gehen, gebe auf, werfe meinen Rucksack an den Straßenrand und lasse mich daneben fallen. Man wird mir mein Handeln vorwerfen und damit meinen, daß ich frei war, das heißt nicht nur, daß nichts und niemand mein Handeln bestimmt hat, sondern auch, daß ich meiner Müdigkeit noch hätte widerstehen, es wie meine Begleiter machen und bis zum Rastplatz warten können, um auszuruhen. Ich werde mich verteidigen und erklären, daß ich *zu* müde war. Wer hat recht? Oder vielmehr, spielt sich die Auseinandersetzung nicht auf falschen Grundlagen ab? Es gibt keinen Zweifel, daß ich hätte anders handeln können, aber das ist nicht das Problem. Man müßte es vielmehr so formulieren: konnte ich anders handeln, ohne die organische Totalität der Entwürfe, die ich bin, spürbar zu modifizieren, oder aber kann nicht die Tatsache eines Widerstands gegen meine Müdigkeit, statt eine bloße örtliche und zufällige Modifikation meines Verhaltens zu sein, nur dank einer radikalen Transformation meines In-der-Welt-seins entstehen – einer übrigens *möglichen* Transformation? Anders gesagt: ich hätte anders handeln können, zugegeben; aber *um welchen Preis*?

Auf diese Frage werden wir zunächst mit einer *theoretischen* Beschreibung antworten, die es uns ermöglichen wird, das Prinzip unserer These zu erfassen. Wir werden dann sehen, ob die konkrete Realität sich nicht als komplexer erweist und ob sie, ohne den Ergebnissen unserer theoretischen Untersuchung zu widersprechen, uns nicht dazu führen wird, diese Ergebnisse flexibler zu machen und zu bereichern.

Halten wir zunächst fest, daß die Müdigkeit in sich

selbst meine Entscheidung nicht hervorrufen kann. Sie ist
– wie wir anläßlich des physischen Schmerzes gesehen haben – nur die Art, in der ich meinen Körper existiere. Sie ist zunächst nicht Gegenstand eines setzenden Bewußtseins, sondern die Faktizität meines Bewußtseins selbst. Wenn ich also durch das Land wandere, ist es die Welt um mich herum, was sich mir enthüllt, sie ist Gegenstand meines Bewußtseins, sie transzendiere ich auf Möglichkeiten hin, die meine eigenen sind – zum Beispiel die, heute abend an dem Ort anzukommen, den ich vorher festgelegt habe. Doch in dem Maß, wie ich diese Landschaft mit meinen Augen erfasse, die die Entfernungen entfalten, mit meinen Beinen, die die Steigungen hinaufklettern und dadurch neue Ausblicke, neue Hindernisse erscheinen und verschwinden lassen, mit meinem Rücken, der den Rucksack trägt, habe ich ein nicht-setzendes Bewußtsein (von) diesem Körper – der meine Beziehungen zur Welt regelt und mein Engagement in die Welt bedeutet – in Form von Müdigkeit. Objektiv und in Korrelation mit diesem nicht-thetischen Bewußtsein enthüllen sich die Straßen als endlos, die Abhänge als *steiler*, die Sonne als heißer usw. Aber ich *denke* meine Müdigkeit noch nicht, ich erfasse sie nicht als Quasi-Objekt meiner Reflexion. Es kommt jedoch ein Moment, wo ich sie zu betrachten und zurückzugewinnen suche: von dieser Intention selbst muß eine Interpretation gegeben werden. Nehmen wir sie indessen als das, was sie ist. Sie ist keine kontemplative Wahrnehmung meiner Müdigkeit: vielmehr – wir haben es anläßlich des Schmerzes gesehen – *erleide* ich meine Müdigkeit. Das heißt, daß ein reflexives Bewußtsein sich auf meine Müdigkeit richtet, um sie zu leben und ihr einen Wert und einen praktischen Bezug zu mir selbst zu verleihen. Nur auf dieser Ebene erscheint mir die Müdigkeit als erträglich oder unerträglich. So etwas wird sie nie in sich selbst sein, sondern es ist das reflexive Für-sich, das, wenn es auftaucht, die Müdigkeit als unerträglich erleidet. Hier stellt sich die wesent-

liche Frage: meine Begleiter sind gesund wie ich; sie sind ungefähr so trainiert wie ich, so daß ich, auch wenn sich psychische Ereignisse, die in verschiedenen Subjektivitäten ablaufen, nicht *vergleichen* lassen, normalerweise schließe – und die Zeugen schließen nach der objektiven Betrachtung unserer Körper-für-Andere –, daß sie ungefähr «ebenso müde wie ich» sind. Woher kommt es also, daß sie ihre Müdigkeit anders erleiden? Man wird sagen, der Unterschied komme daher, daß «ich verweichlicht bin» und daß sie es nicht sind. Aber diese Einschätzung kann uns hier nicht genügen, obwohl sie eine unleugbare praktische Bedeutung hat und man sie heranziehen kann, wenn es um die Entscheidung geht, ob man mich zu einer anderen Wanderung mitnehmen soll oder nicht. Ehrgeizig sein heißt, wie wir gesehen haben, sich vornehmen, einen Thron oder Ehren zu erobern,; nicht eine *Gegebenheit* triebe zu der Eroberung, sondern diese Eroberung selbst. Ebenso könnte «verweichlicht sein» keine faktische Gegebenheit sein, sondern das ist nur ein Name für die Art, in der ich meine Müdigkeit erleide. Wenn ich also verstehen will, unter welchen Bedingungen ich eine Müdigkeit als unerträglich erleiden kann, darf ich mich nicht an angebliche faktische Gegebenheiten halten, die sich lediglich als eine Wahl herausstellen, sondern muß versuchen, diese Wahl selbst zu untersuchen, und sehen, ob sie sich nicht in der Perspektive einer umfassenderen Wahl erklärt, in die sie sich als sekundäre Struktur integriert. Wenn ich nämlich einen der Begleiter frage, wird er mir erklären, daß er zwar müde sei, aber seine Müdigkeit *liebe*: er gibt sich ihr hin wie einem Bad, sie scheint ihm in gewisser Weise das bevorzugte Instrument zu sein, die ihn umgebende Welt zu entdecken, sich der steinigen Rauheit der Wege anzupassen, den «Gebirgs»-Wert der Abhänge zu entdecken; ebenso ist es dieser leichte Sonnenbrand in seinem Nacken und dieses leichte Ohrensausen, die ihm ermöglichen, einen direkten Kontakt mit der Sonne zu realisieren.

Kurz, für ihn ist das Gefühl der Anstrengung das der besiegten Müdigkeit. Aber da seine Müdigkeit nichts anderes ist als die Passion, die er erduldet, damit der Straßenstaub, die Sonnenbrände, die Rauheit der Wege maximal existieren, bietet sich seine Anstrengung, das heißt diese wohlige Vertrautheit mit einer Müdigkeit, die er liebt, der er sich hingibt und die er dennoch lenkt, als eine Weise dar, sich das Gebirge anzueignen, bis zum Ende zu ertragen und es zu besiegen. Im nächsten Kapitel werden wir sehen, welchen Sinn das Wort «haben» hat und in welchem Maß *handeln* das Mittel ist, *sich etwas anzueignen*. So wird die Müdigkeit meines Begleiters in einem weitergehenden Entwurf vertrauensvoller Hingabe an die Natur, gebilligter und dadurch zum Äußersten gesteigerter Passion und gleichzeitig wohliger Beherrschung und Aneignung erlebt. Nur in diesem Entwurf und durch ihn kann sie verstanden werden und hat sie für ihn eine Bedeutung. Aber diese Bedeutung und dieser weitergehende und tiefere Entwurf sind durch sich selbst noch «unselbständig»[288]. Sie genügen sich nicht. Denn sie setzen eben einen besonderen Bezug meines Begleiters einerseits zu seinem Körper und andererseits zu den Dingen voraus. Es ist ja leicht verständlich, daß es ebenso viele Arten gibt, seinen Körper zu existieren, wie es Für-sich gibt, obwohl natürlich gewisse ursprüngliche Strukturen unveränderlich sind und in jedem die menschliche-Realität konstituieren: wir werden uns an anderer Stelle mit dem beschäftigen, was man unangemessen die Beziehung des Individuums zur Spezies genannt hat, sowie mit den Bedingungen einer universellen Wahrheit. Vorläufig können wir nach tausend signifikanten Ereignissen verstehen, daß es zum Beispiel einen gewissen Typus von Flucht vor der Faktizität gibt, der gerade darin besteht, sich dieser Faktizität hinzugeben, das heißt im Grunde, sie vertrauensvoll zu übernehmen und zu lieben in dem Versuch, sie zurückzugewinnen. Dieser ursprüngliche Entwurf einer Zurückgewinnung ist also eine gewisse Wahl seiner selbst, die das Für-sich angesichts des Problems des Seins trifft. Sein Entwurf bleibt eine Nichtung, aber diese Nichtung kommt auf das von ihr genichtete An-sich zurück und äußert sich durch eine besondere Valorisation der Faktizität. Das drücken vor allem die tausend Verhaltensweisen aus, die man *Hingabe* nennt. Sich der Müdigkeit, der Hitze, dem Hunger und dem Durst hingeben, sich mit Wonne auf einen Stuhl oder ein Bett fallen lassen, sich entspannen, versuchen, sich durch seinen eigenen Körper aufsaugen zu lassen, aber nicht wie im Masochismus, unter den Augen des andern, sondern im ursprünglichen Alleinsein des Für-sich, alle diese Verhaltensweisen lassen sich nie auf sich selbst begrenzen, und wir fühlen das deutlich, denn bei einem andern wirken sie aufreizend oder anziehend: ihre Bedingung ist ein Initialentwurf zur Zurückgewinnung des Körpers, das heißt ein Versuch zur Lösung des Problems des Absoluten (des An-sich-Für-sich). Diese Initialform kann sich selbst auf eine tiefe Duldung der Faktizität beschränken: der Entwurf, sich «zu Körper zu machen», bedeutet dann eine glückliche Hingabe an tausend kleine vorübergehende Genüsse, an tausend kleine Begierden, an tausend Schwächen. Man erinnere sich an Bloom im *Ulysses* von Joyce, der natürlichen Bedürfnissen nachkommt, «gelassen über seinem eigenen aufsteigenden Geruch sitzend».[289] Aber es kann auch vorkommen – und das ist der Fall bei meinem Begleiter –, daß das Für-sich danach strebt, durch den Körper und durch die Gefälligkeit dem Körper gegenüber, die Totalität des Nicht-bewußten zurückzugewinnen, das heißt das ganze Universum, insofern es Gesamtheit materieller *Dinge* ist. In diesem Fall ist die beabsichtigte Synthese des An-sich mit dem Für-sich die quasi pantheistische Synthese der Totalität des An-sich mit dem es zurückgewinnenden Für-sich. Der Körper ist hier Instrument der Synthese: er verliert sich zum Beispiel in der Müdigkeit, damit dieses An-sich so stark wie möglich existiere. Und da es der Körper ist, den das Für-sich als den *seinen* existiert, fällt für das Für-sich diese Passion des Körpers mit dem Entwurf zusammen, das An-sich «existieren zu machen». Die Gesamtheit dieser Haltung – die die eines meiner Begleiter ist – kann durch das dunkle Gefühl einer Art Mission zum Ausdruck kommen: er macht diese Wanderung, weil das Gebirge, das er besteigen, und die Wälder, die er durchqueren will, *existieren*, er hat die Mission, der zu sein, durch den ihr Sinn manifestiert wird. Und dadurch versucht er, der zu sein, der sie in ihrer Existenz selbst begründet. Wir werden im nächsten Kapitel auf diesen Aneignungsbezug des Für-sich zur Welt zurückkommen, aber wir verfügen noch nicht über die notwendigen Elemente, um ihn vollständig klären zu können. Nach unserer Analyse scheint aber auf jeden Fall evident zu sein, daß die Art, wie mein Begleiter seine Müdigkeit *erleidet*, zu ihrem Verständnis notwendig eine regressive Analyse erfordert, die uns bis zu einem Initialentwurf führt. Ist dieser Entwurf, den wir skizziert haben, diesmal «selbständig»[290]? Sicher - und es ist leicht, sich davon zu überzeugen: wir haben ja von Regreß zu Regreß den ursprünglichen Bezug des Für-sich zu seiner Faktizität und zur Welt erreicht, den es gewählt hat. Aber dieser ursprüngliche Bezug ist nichts anderes als eben das In-der-Welt-sein des Für-sich, insofern dieses In-der-Welt-sein Wahl ist, das heißt, wir haben den ursprünglichen Nichtungstypus erreicht, durch den das Für-sich sein eigenes Nichts zu sein hat. Von da aus kann keine Interpretation versucht werden, denn sie würde implizit das In-der-Welt-sein des Für-sich voraussetzen, wie alle Versuche, den Satz des Euklid zu beweisen, die Annahme dieses Satzes implizit vorausgesetzt haben.[291]

Wenn ich nun zur Interpretation der Art, wie ich meine Müdigkeit erleide, die gleiche Methode anwende, erfasse ich in mir zunächst ein Mißtrauen gegenüber meinem Körper – zum Beispiel –, eine Art, «mit ihm nichts zu tun haben» zu wollen, nichts von ihm zu halten, was für mich einfach eine der vielen möglichen Arten ist, *meinen Körper zu existieren*. Ich werde ohne Mühe ein analoges Mißtrauen gegenüber dem An-sich entdecken und, zum Beispiel, einen ursprünglichen Entwurf, das An-sich, das ich nichte, *mittels der anderen* zurückzugewinnen, was mich auf einen der Initialentwürfe verweist, die wir im vorigen Teil aufgezählt haben. Daher wird meine Müdigkeit nicht als wohlig empfunden, sondern als quälend wahrgenommen, als ein lästiges Phänomen, dessen ich mich entledigen will – und das einfach deshalb, weil sie meinen Körper und meine rohe innerweltliche Kontingenz Fleisch werden läßt, während mein Entwurf darin besteht, meinen Körper und meine Anwesenheit in der Welt durch die Blicke des andern retten zu lassen. Auch ich werde also auf meinen ursprünglichen Entwurf verwiesen, das heißt auf mein In-der-Welt-sein, insofern dieses Sein Wahl ist.

Wir verhehlen uns durchaus nicht, wieviel die Methode dieser Analyse zu wünschen übrigläßt. Auf diesem Gebiet ist alles noch zu tun: es kommt ja darauf an, die durch eine Handlung – durch *jede* Handlung – implizierten Bedeutungen herauszufinden und von da zu reicheren und tieferen Bedeutungen überzugehen, bis man auf die Bedeutung trifft, die keine andere Bedeutung mehr impliziert und nur auf sich selbst verweist. Diese rückwärtsschreitende Dialektik wird von der Mehrzahl der Menschen spontan praktiziert, ja man kann feststellen, daß in der Erkenntnis seiner selbst oder Anderer ein spontanes Verständnis der Hierarchie der Interpretationen gegeben ist. Eine Geste verweist auf eine «Weltanschauung»[292], und wir *fühlen* sie. Aber niemand hat versucht, die durch eine Handlung implizierten Bedeutungen systematisch herauszufinden. Eine einzige Schule ist von derselben ursprünglichen Evidenz ausgegangen wie wir: die Schule Freuds. Für Freud wie für uns kann eine Handlung sich nicht auf sich selbst beschränken: sie verweist unmittelbar auf tiefere Strukturen. Und die Psychoanalyse ist die Methode, die es ermöglicht, diese Strukturen zu explizieren. Freud fragt sich wie wir: Unter welchen Bedingungen ist es möglich, daß eine bestimmte Person eine bestimmte Handlung vollbracht hat? Und wie wir weigert er sich, die Handlung durch den vorhergehenden Moment zu interpretieren, das heißt, einen horizontalen psychischen Determinismus anzunehmen. Die Handlung scheint ihm *symbolisch*, das heißt, sie scheint ihm ein tieferes Verlangen auszudrücken, das sich selber nur von einer initialen Determinierung der Libido des Subjekts her interpretieren läßt. Allerdings will Freud dadurch einen vertikalen Determinismus konstituieren. Außerdem verweist seine Auffassung auf diese Weise notwendig auf die Vergangenheit des Subjekts. Für ihn ist die Affektivität die Basis der Handlung in Form psychophysiologischer Triebe. Aber diese Affektivität ist ursprünglich bei jedem von uns eine *tabula rasa*: es sind die äußeren Umstände und im Grunde die *Geschichte* des Subjekts, die entscheidet, ob sich dieser oder jener Trieb auf dieses oder jenes Objekt fixiert. Die Situation des Kindes in seiner Familie bestimmt in ihm die Entstehung des Ödipuskomplexes: in anderen Gesellschaften, die aus Familien eines anderen Typus bestehen – und, wie man beobachtet hat, zum Beispiel bei den Urbewohnern der Koralleninseln im Stillen Ozean –, kann sich dieser Komplex nicht bilden. Außerdem sind es noch äußere Umstände, die entscheiden, ob sich dieser Komplex im Pubertätsalter «auflöst» oder im Gegenteil der Pol des Sexuallebens bleibt. In dieser Weise und vermittels der Geschichte bleibt der vertikale Determinismus Freuds auf einen horizontalen Determinismus ausgerichtet. Zwar drückt eine solche symbolische Handlung einen unterschwelligen gleichzeitigen Wunsch aus, ebenso wie dieser Wunsch einen tieferen Komplex manifestiert, und zwar in der Einheit ein und desselben psychischen Prozesses; aber der Komplex existiert nichtsdestoweniger vor seiner symbolischen Manifestation, und die Vergangenheit ist es, die ihn als solchen konstituiert hat gemäß den klassischen Konnexionen: Übertragung, Verdichtung usw., die wir nicht nur in der Psychoanalyse erwähnt finden, sondern in allen Versuchen einer deterministischen Rekonstruktion des psychischen Lebens. Infolgedessen existiert die Dimension des Zukünftigen für die Psychoanalyse nicht. Die menschliche-Realität verliert eine ihrer Ek-stasen und läßt sich allein durch einen Regreß von der Gegenwart zur Vergangenheit aus interpretieren. Gleichzeitig werden die grundlegenden Strukturen des Subjekts, die durch seine Handlungen bedeutet werden, nicht *für dieses*, sondern für einen objektiven Zeugen bedeutet, der diskursive Methoden benutzt, um diese Bedeutungen zu explizieren. Dem Subjekt wird kein vorontologisches Verständnis des Sinns seiner Handlungen zugestanden. Und das ist ganz verständlich, weil ja diese Handlungen trotz allem nur eine Wirkung der Vergangenheit sind – die grundsätzlich unerreichbar ist –, anstatt daß man versucht ihr Ziel in die Zukunft zu legen.

Deshalb müssen wir uns damit begnügen, uns von der psychoanalytischen *Methode* inspirieren zu lassen, das heißt, wir müssen versuchen, die Bedeutungen einer Handlung herauszufinden, indem wir von dem Grundsatz ausgehen, daß jedes Handeln, auch das unbedeutendste, nicht die bloße Wirkung des vorhergehenden psychischen Zustands ist und nicht unter einen linearen Determinismus fällt, sondern daß es sich vielmehr als eine sekundäre Struktur in globale Strukturen integriert und schließlich in die Totalität, die ich bin. Andernfalls müßte ich mich ja als einen horizontalen Strom von Phänomenen begreifen, von denen jedes durch das vorhergehende in Exteriorität bedingt ist – oder als eine Substanz, die das Abfließen trägt, bar des Sinns ihrer Modi. Diese beiden Auffassungen würden uns wieder dahin bringen, das Für-sich mit dem An-sich zu vermengen. Aber wenn wir die Methode der Psychoanalyse akzeptieren – und wir kommen im nächsten Kapitel ausführlich darauf zurück –, müssen wir sie *umgekehrt* anwenden. Wir fassen ja jede Handlung als *verstehbares* Phänomen auf und lassen ebensowenig wie Freud den deterministischen «Zufall» gelten. Aber statt das betreffende Phänomen von der Vergangenheit her zu begreifen, denken wir uns den Verständnisakt als eine Rückwendung der Zukunft zur Gegenwart. Die Art, in der ich meine Müdigkeit erleide, hängt keineswegs von der Zufälligkeit des Abhangs ab, den ich hinaufsteige, oder von der mehr oder weniger unruhigen Nacht, die ich verbracht habe: diese Faktoren können dazu beitragen, meine Müdigkeit selbst zu konstituieren, aber nicht die Art, wie ich sie erleide. Wir weigern uns, in ihr, wie ein Schüler Adlers, zum Beispiel einen Ausdruck des Minderwertigkeitskomplexes zu sehen, insofern dieser Komplex eine frühere Formation wäre. Daß eine gewisse verbissene und hartnäckige Art, gegen die Müdigkeit zu kämpfen, das ausdrücken kann, was man Minderwertigkeitskomplex nennt, bestreiten wir nicht. Aber der Minderwertigkeitskomplex selbst ist ein Entwurf meines eigenen Fürsich in der Welt in Anwesenheit des andern. Als solcher ist er immer Transzendenz, als solcher auch die Art, sich zu wählen. Diese Minderwertigkeit, gegen die ich kämpfe und die ich trotzdem anerkenne, habe ich von Anfang an *gewählt*; sicher wird sie durch mein jeweiliges «Mißerfolgsverhalten» bedeutet, aber sie ist genau nichts anderes als die organisierte Totalität meines Mißerfolgsverhaltens als entworfener Plan, als allgemeine Vorausplanung meines Seins, und jedes Mißerfolgsverhalten ist selbst Transzendenz, da ich jedesmal das Reale auf meine Möglichkeiten hin überschreite: der Müdigkeit nachgeben zum Beispiel heißt den zu bewältigenden Weg transzendieren, indem man ihm den Sinn eines «zu schwierigen Weges» konstituiert. Unmöglich kann man sich ernsthaft mit dem Minderwertigkeitsgefühl befassen, ohne es von der Zukunft und von meinen Möglichkeiten aus zu bestimmen. Auch Feststellungen wie «ich bin häßlich», «ich bin dumm» usw. sind von Natur aus Antizipationen. Es handelt sich nicht um die reine Feststellung meiner Häßlichkeit, sondern um das Erfassen des Widrigkeitskoeffizienten, den die Frauen oder die Gesellschaft für meine Vorhaben aufweisen. Und das läßt sich nur durch die Wahl dieser Vorhaben und in ihr entdecken. So ist der Minderwertigkeitskomplex freier globaler Entwurf meiner selbst als dem andern gegenüber minderwertig, er ist die Art, in der ich wähle, mein Für-Andere-sein zu übernehmen, die freie Lösung, die ich der Existenz des andern, diesem unüberwindbaren Skandal, gebe. So muß man meine Minderwertigkeitsreaktionen und mein Mißerfolgsverhalten vom freien Entwurf meiner Minderwertigkeit aus als Wahl meiner selbst in der Welt verstehen. Wir stimmen den Psychoanalytikern zu, daß jede menschliche Reaktion *a priori* verstehbar ist. Aber wir werfen ihnen vor, diese anfängliche «Verstehbarkeit» gerade verkannt zu haben, wenn sie versuchen, die betreffende Reaktion durch eine frühere Reaktion zu erklären, was den kausalen Mechanismus wieder einführt: das Verstehen muß anders definiert werden. Verstehbar ist jede Handlung als Entwurf seiner selbst auf ein Mögliches hin. Sie ist zunächst verstehbar, insofern sie einen rationalen, unmittelbar erfaßbaren Inhalt aufweist – ich lege meinen Rucksack auf die Erde, *um* mich einen Augenblick auszuruhen –, das heißt, insofern wir unmittelbar das Mögliche erfassen, das sie entwirft, und den Zweck, den sie anstrebt. Sie ist ferner dadurch verstehbar, daß das betreffende Mögliche auf andere Möglichkeiten verweist, diese wieder auf andere und so fort bis auf die letzte Möglichkeit, die ich bin. Und das Verstehen geschieht in zwei entgegengesetzten Richtungen: durch eine regressive Psychoanalyse geht man von der betreffenden Handlung bis zu meinem äußersten Möglichen zurück – durch eine synthetische Progression steigt man von diesem äußersten Möglichen wieder hinauf zu der betrachteten Handlung und erfaßt ihre Integration in die totale Gestalt.

Diese Gestalt, die wir unsere äußerste Möglichkeit nennen, ist nicht *ein* Mögliches unter anderen – sei es auch, wie Heidegger will, die Möglichkeit, zu sterben, oder das «Nicht-mehr-in-der-Welt-sein»[293]. Jede besondere Möglichkeit ist ja in eine Gesamtheit eingebunden. Man muß sich im Gegenteil diese äußerste Möglichkeit als die vereinigende Synthese aller unserer aktuellen Möglichkeiten denken; jede dieser Möglichkeiten liegt in undifferenziertem Zustand in der äußersten Möglichkeit, bis ein besonderer Umstand sie hervortreten läßt, ohne deswegen ihre Zugehörigkeit zur Totalität aufzuheben. Wir haben ja im Zweiten Teil* darauf hingewiesen, daß das wahrnehmende Erfassen irgendeines Gegenstands auf dem *Welthintergrund* geschieht. Darunter verstanden wir, daß das, was die Psychologen «Wahrnehmung» zu nennen pflegen, nicht auf die in einem bestimmten Augenblick wirklich «gesehenen» oder «gehörten» usw. Gegenstände beschränkt werden kann, sondern daß die betrachteten Gegenstände durch verschiedene Implikationen und Bedeutungen auf die Totalität des Existierenden an sich verweisen, *von der aus sie* erfaßt werden. Es ist also nicht wahr, daß ich von diesem Tisch aus nach und nach zum Zimmer gelange, in dem ich bin, dann, beim Hinausgehen, von da auf den Flur, auf die Treppe, auf die Straße, um schließlich, wenn wir bis zum Ende gehen, die Welt als die Summe aller Existierenden zu erfassen. Vielmehr kann ich irgendein Utensil-Ding nur von der absoluten Totalität aller Existierenden aus wahrnehmen, denn mein primäres Sein ist In-der-Welt-sein. Daher finden wir in den Dingen, insofern es *Dinge «gibt»*, für den Menschen einen fortwährenden Appell zur Integration, so daß wir, um die Dinge erfassen zu können, von der totalen und unmittel-

---

* Zweiter Teil, Drittes Kapitel: II.

bar realisierten Integration zurückgehen zu irgendeiner besonderen Struktur, die nur in Bezug zu dieser Totalität interpretiert werden kann. Aber wenn es andererseits eine Welt *gibt*, so deshalb, weil wir zur Welt mit einemmal und als Totalität auftauchen. Wir haben ja gerade in dem der Transzendenz gewidmeten Kapitel darauf hingewiesen, daß das An-sich durch sich allein nicht zu irgendeiner Welteinheit fähig ist. Doch unser Auftauchen ist eine Passion in dem Sinn, daß wir uns in der Nichtung verlieren, damit eine Welt existiere. Das erste Phänomen des Seins in der Welt ist also die ursprüngliche Beziehung zwischen der Totalität des An-sich oder Welt und meiner eigenen detotalisierten Totalität: ich wähle mich ganz und gar in der ganzen Welt. Und ebenso komme ich *von* der Welt *zu* einem besonderen «Dieses», ich gelange von mir selbst als detotalisierter Totalität zum Entwurf einer meiner besonderen Möglichkeiten, da ich ein besonderes «Dieses» auf dem Welthintergrund nur anläßlich eines besonderen Entwurfs meiner selbst erfassen kann. Aber ebenso, wie ich ein solches «Dieses» nur auf dem Welthintergrund erfassen kann, indem ich es auf diese oder jene Möglichkeit hin überschreite, kann ich mich in diesem Fall über das «Dieses» hinaus auf diese oder jene Möglichkeit hin nur auf dem Hintergrund meiner äußersten und totalen Möglichkeit entwerfen. Meine äußerste und totale Möglichkeit, als ursprüngliche Integration aller meiner besonderen Möglichkeiten, und die Welt als die Totalität, die durch mein Auftauchen zum Sein zu den Existierenden kommt, sind also zwei streng korrelative Begriffe. Den Hammer wahrnehmen (das heißt das «Hämmern» entwerfen) kann ich nur auf dem Welthintergrund; umgekehrt aber kann ich diese Handlung des «Hämmerns» nur auf dem Hintergrund der Totalität meiner selbst und nur von ihr her entwerfen.

Wir haben also den grundlegenden Freiheitsakt gefunden; er ist es, der der einzelnen Handlung, die zu betrachten ich veranlaßt sein kann, ihren Sinn gibt: dieser ständig erneuerte Akt unterscheidet sich nicht von meinem Sein; er ist Wahl meiner selbst in der Welt und gleichzeitig Entdeckung der Welt. Das ermöglicht es uns, der Klippe des Unbewußten auszuweichen, auf die die Psychoanalyse zu Beginn stieß. Wenn nichts im Bewußtsein ist, was nicht Seinsbewußtsein ist, könnte man uns ja entgegnen, muß diese fundamentale Wahl *bewußte* Wahl sein; kann man denn aber, wenn man der Müdigkeit nachgibt, behaupten, aller Implikationen bewußt zu sein, die dieser Akt voraussetzt? Wir antworten, daß wir ihrer vollkommen bewußt sind. Allerdings muß dieses Bewußtsein selbst die Struktur des Bewußtseins überhaupt und der Wahl, die wir treffen, zur Grenze haben.

Was diese Wahl betrifft, so ist die Tatsache zu betonen, daß es sich keineswegs um eine erwogene Wahl handelt. Und zwar nicht, weil sie *weniger* bewußt oder *weniger* explizit wäre als eine Erwägung, sondern weil sie im Gegenteil die Grundlage jeder Erwägung ist und weil eine Erwägung, wie wir gesehen haben, eine Interpretation von einer ursprünglichen Wahl aus erfordert. Man muß sich also vor der Täuschung hüten, die aus der ursprünglichen Freiheit eine *Setzung* von Motiven und Antrieben als *Objekte* machte und dann einen *Beschluß*, der von diesen Motiven und Antrieben ausgeht. Ganz im Gegenteil gibt es, sobald es Motiv und Antrieb, das heißt Einschätzung der Dinge und der Strukturen der Welt, gibt, bereits Setzung von Zwecken und folglich Wahl. Aber das bedeutet nicht, daß die tiefe Wahl deshalb unbewußt wäre. Sie ist eins mit dem Bewußtsein, das wir von uns selbst haben. Dieses Bewußtsein kann bekanntlich nur nicht-setzend sein: es ist Wir-Bewußtsein, denn es unterscheidet sich nicht von unserem Sein. Und da unser Sein eben unsere ursprüngliche Wahl ist, ist das Bewußtsein (von) Wahl identisch mit dem Bewußtsein, das wir (von) uns haben. Man muß sich bewußt sein, um zu wählen, und man muß wählen, um sich bewußt zu sein. Wahl und Bewußtsein sind ein und dasselbe. Das haben viele Psychologen gefühlt, wenn sie erklärten, das Bewußtsein sei «Selektion». Aber da sie diese Selektion nicht auf ihre ontologische Grundlage zurückführten, blieben sie auf einer Ebene stehen, wo die Selektion als eine grundlose Funktion eines im übrigen substantiellen Bewußtseins erschien. Das könnte man besonders Bergson vorwerfen. Aber wenn feststeht, daß das Bewußtsein Nichtung ist, begreift man, daß Bewußtsein von uns selbst haben und uns wählen eins sind. Das erklärt die Schwierigkeiten, denen Moralisten wie Gide begegnet sind, wenn sie die Reinheit der Gefühle definieren wollten. Welchen Unterschied gibt es, fragt Gide* zwischen einem gewollten und einem *empfundenen* Gefühl? In Wirklichkeit gibt es keinen; «lieben wollen» und lieben sind eins, denn lieben heißt sich als liebend wählen und sich dabei bewußt werden, daß man liebt. Wenn das πάθος frei ist, ist es Wahl. Wir haben oft genug darauf hingewiesen – insbesondere im Kapitel über die Zeitlichkeit –, daß das kartesianische Cogito erweitert werden muß. Tatsächlich bedeutet, wie wir gesehen haben, Bewußtsein (von) sich gewinnen nie Bewußtsein von dem Augenblick gewinnen, denn der Augenblick ist nur eine Konstruktion, und selbst wenn er existierte, würde ein Bewußtsein, das sich im Augenblick erfaßte, *nichts* mehr erfassen. Ich kann Bewußtsein von mir nur als *ein solcher* Mensch gewinnen, der in dieses oder jenes Unternehmen engagiert ist, der mit diesem oder jenem Erfolg rechnet, der dieses oder jenes Ende fürchtet und durch die Gesamtheit dieser Antizipationen seine ganze *Gestalt* skizziert. Und gerade so erfasse ich mich in diesem Moment, wo ich schreibe; ich bin nicht das bloße wahrnehmende Bewußtsein meiner Hand, die Zeichen auf das

---

* André Gide, *Journal des Faux-monnayeurs*, Gallimard, Paris 1929.

Papier malt, ich bin dieser Hand weit voraus bis hin zur Fertigstellung des Buchs und bis hin zur Bedeutung dieses Buchs – und der philosophischen Tätigkeit überhaupt – in meinem Leben; und in den Rahmen dieses Entwurfs, das heißt in den Rahmen dessen, was ich bin, fügen sich gewisse Entwürfe auf beschränktere Möglichkeiten ein, wie zum Beispiel, jene Idee auf diese oder jene Weise darzustellen oder einen Moment mit Schreiben aufzuhören oder in einem Buch zu blättern, wo ich diesen oder jenen Beleg suche usw. Nur wäre es ein Irrtum, zu glauben, daß dieser globalen Wahl ein analytisches differenziertes Bewußtsein entspräche. Mein äußerster und initialer Entwurf – denn er ist beides zugleich – ist immer, wie wir sehen werden, das Skizzieren einer Lösung des Problems des Seins. Aber diese Lösung wird nicht erst konzipiert und dann realisiert: wir *sind* diese Lösung, wir bringen sie durch eben unser Engagement zum Existieren, und wir können sie nur erfassen, indem wir sie leben. So sind wir immer bei uns selbst ganz und gar anwesend, aber gerade weil wir ganz und gar anwesend sind, können wir nicht hoffen, ein analytisches detailliertes Bewußtsein von dem zu haben, was wir sind. Dieses Bewußtsein kann übrigens nur nichtthetisch sein.

Aber andererseits wirft die Welt durch eben ihre Artikulation uns genau das Bild dessen zurück, was wir sind. Nicht daß wir – wie wir schon gesehen haben – dieses Bild entziffern, das heißt detaillieren und der Analyse unterziehen könnten –, sondern weil die Welt uns notwendigerweise erscheint, wie wir sind; denn indem wir sie auf uns selbst hin überschreiten, lassen wir sie so erscheinen, wie sie ist. Wir wählen die Welt – nicht in ihrer Kontextur ansich, sondern in ihrer Bedeutung –, indem wir uns wählen. Denn die interne Negation, durch die wir, indem wir an uns verneinen, daß wir die Welt sind, sie als Welt erscheinen lassen, kann nur existieren, wenn sie gleichzeitig eine Projektion auf ein Mögliches hin ist. Es ist eben die Art, in der ich mich dem Unbelebten anvertraue, in der ich mich meinem Körper hingebe – oder in der ich mich, im Gegenteil, gegen beide versteife –, die meinen Körper und die unbelebte Welt mit ihrem eigenen Wert erscheinen läßt. Folglich habe ich auch hierbei ein volles Bewußtsein von mir selbst und meinen grundlegenden Entwürfen, und diesmal ist dieses Bewußtsein setzend. Nur ist eben, gerade weil es setzend ist, das, was es mir bietet, das transzendente Bild von dem, was ich bin. Der Wert der Dinge, ihre instrumentelle Rolle, ihre reale Nähe und Ferne (die beide ohne Bezug zu ihrer räumlichen Nähe und Ferne sind) tun nichts anderes, als mein Bild zu skizzieren, das heißt meine Wahl. Meine nachlässige oder gepflegte, gesuchte oder gewöhnliche Kleidung (Uniform oder Anzug, weiches oder gestärktes Hemd), meine Möbel, die Straße, die Stadt, in der ich wohne, die Bücher, mit denen ich mich umgebe, die Zerstreuungen, denen ich nachgehe, alles, was mein ist, das heißt schließlich die Welt, von der ich fortwährend Bewußtsein habe – zumindest als durch den von mir betrachteten oder benutzten Gegenstand implizierte Bedeutung –, alles das unterrichtet mich selbst über meine Wahl, das heißt über mein Sein. Aber die Struktur des setzenden Bewußtseins ist so, daß ich diese Erkenntnis nicht auf ein subjektives Erfassen meiner selbst zurückführen kann und daß sie mich auf andere Gegenstände verweist, die ich hervorbringe oder über die ich verfüge in Verbindung mit der Ordnung der vorhergehenden, ohne merken zu können, daß ich so mein Gesicht mehr und mehr in die Welt skulptiere. So haben wir voll und ganz Bewußtsein von der Wahl, die wir sind. Und wenn man einwendet, daß man nach diesen Darlegungen Bewußtsein haben müßte, nicht von uns als *Gewählte-sein*, sondern von uns als *Wählen*, so entgegnen wir, daß dieses Bewußtsein durch das zweifache «Gefühl» der Angst und der Verantwortlichkeit zum Ausdruck kommt. Angst, Verlassenheit, Verantwortlichkeit, sei es gedämpft oder in voller

Stärke, konstituieren ja die *Qualität* unseres Bewußtseins, insofern es schlicht und einfach Freiheit ist.

Wir stellten vorhin eine Frage: Ich habe meiner Müdigkeit nachgegeben, sagten wir, und ohne Zweifel *hätte ich anders handeln können, aber um welchen Preis?* Wir sind jetzt in der Lage zu antworten. Unsere Analyse hat uns eben gezeigt, daß diese Handlung nicht *grundlos* war. Allerdings ließ sie sich nicht durch einen Antrieb oder ein Motiv erklären, verstanden als der Inhalt eines früheren Bewußtseins-«Zustandes»; sondern sie mußte von einem ursprünglichen Entwurf her interpretiert werden, dessen integrierender Teil sie war. Dann wird evident, daß man nicht annehmen kann, die Handlung hätte modifiziert werden können, ohne gleichzeitig eine grundlegende Modifikation meiner ursprünglichen Wahl meiner selbst anzunehmen. Diese Art, der Müdigkeit nachzugeben und mich am Straßenrand fallen zu lassen, drückt ein gewisses anfängliches Versteifen gegenüber meinem Körper und dem unbelebten An-sich aus. Sie liegt im Rahmen einer bestimmten Sicht der Welt, wo die Schwierigkeiten als «nicht der Mühe wert, ertragen zu werden», erscheinen können und wo gerade der Antrieb als bloßes nicht-thetisches Bewußtsein und folglich als initialer Selbstentwurf auf einen absoluten Zweck hin (ein bestimmter Aspekt des An-sich-Für-sich) Erfassen der Welt ist (Hitze, Entfernung von der Stadt, Vergeblichkeit der Anstrengungen usw.), als *Motiv*, nicht weiterzugehen. So bekommt dieses *Mögliche*: stehenbleiben, *theoretisch* seinen Sinn erst in und durch die Hierarchie der Möglichkeiten, die ich vom letzten und ersten Möglichen her bin. Das impliziert nicht, daß ich *notwendig stehenbleiben muß*, sondern nur, daß ich mich nicht weigern kann, stehenzubleiben, außer durch eine radikale Konversion meines In-der-Welt-seins, das heißt durch eine jähe Metamorphose meines Initialentwurfs, das heißt durch eine andere Wahl meiner selbst und meiner Zwecke. Diese Modifikation ist übrigens immer möglich. Die Angst, die, sobald sie enthüllt ist, unserm Bewußtsein unsere Freiheit manifestiert, bezeugt diese fortwährende Modifizierbarkeit unseres Initialentwurfs. In der Angst erfassen wir nicht bloß die Tatsache, daß die Möglichkeiten, die wir entwerfen, durch unsere künftige Freiheit fortwährend untergraben werden, wir nehmen außerdem unsere Wahl, das heißt uns selbst, als *nicht zu rechtfertigen* wahr, das heißt, wir erfassen unsere Wahl als nicht von irgendeiner vorherigen Realität herrührend, sondern im Gegenteil als etwas, was der Gesamtheit der Bedeutungen, die die Realität konstituieren, als Grundlage dienen muß. Das Nicht-rechtfertigen-Können ist nicht nur die subjektive Anerkennung der absoluten Kontingenz unseres Seins, sondern auch die der Verinnerung und der Übernahme dieser Kontingenz. Denn die Wahl – wir werden es sehen –, hervorgegangen aus der Kontingenz des An-sich, das durch die Wahl genichtet wird, stellt sie auf die Ebene der grundlosen Bestimmung des Für-sich durch es selbst. So sind wir fortwährend in unsere Wahl engagiert und uns fortwährend dessen bewußt, daß wir selbst diese Wahl unversehens umkehren und das Steuer herumreißen können, denn wir entwerfen die Zukunft durch unser Sein-selbst und untergraben sie fortwährend durch unsere existentielle Freiheit: wir zeigen uns selbst durch die Zukunft an, was wir sind, und ohne Einfluß auf diese Zukunft, die immer *möglich* bleibt, ohne jemals in den Rang von *Realem* zu gelangen. So sind wir fortwährend von der Nichtung unserer aktuellen Wahl *bedroht*, fortwährend bedroht, uns als andere, als wir sind, zu wählen – und folglich so zu werden. Allein dadurch, daß unsere Wahl absolut ist, ist sie *fragil*, das heißt, indem wir durch sie unsere Freiheit setzen, setzen wir gleichzeitig ihre fortwährende Möglichkeit, für ein Jenseits, das ich sein werde, ein zu Vergangenem gemachtes *Diesseits* zu werden.

Seien wir uns aber darüber im klaren, daß unsere aktuelle Wahl so ist, daß sie uns kein *Motiv* liefert, sie durch eine spätere Wahl zu Vergangenem zu machen. Sie nämlich schafft ursprünglich alle Motive und alle Antriebe, die uns zu einzelnen Handlungen führen können, sie ordnet die Welt mit ihren Bedeutungen und ihren Utensilienkomplexen und ihrem Widrigkeitskoeffizienten. Dieser absolute Wechsel, der uns von unserer Geburt bis zu unserm Tod bedroht, bleibt fortwährend unvorhersehbar und unverstehbar. Auch wenn wir andere Grundhaltungen als *möglich* ins Auge fassen, betrachten wir sie immer nur von außen wie Verhaltensweisen des andern. Und wenn wir versuchen, unsere Verhaltensweisen darauf zu beziehen, bleiben sie dennoch Exteriorität und transzendierte-Transzendenzen. Sie «verstehen» wäre ja schon sie gewählt haben. Wir kommen darauf zurück.

Außerdem dürfen wir uns die ursprüngliche Wahl nicht als etwas vorstellen, was «sich von einem Augenblick zum andern abspielt»; das hieße zur instantaneistischen Auffassung des Bewußtseins zurückkehren, von der ein Husserl nicht loskam.[294] Da es im Gegenteil das Bewußtsein ist, das sich verzeitlicht, muß man einsehen, daß die ursprüngliche Wahl die Zeit entfaltet und mit der Einheit der drei Ek-stasen eins ist. Uns wählen heißt uns nichten, das heißt machen, daß eine Zukunft uns das anzeigt, was wir sind, indem sie unserer Vergangenheit einen Sinn verleiht. So gibt es also keine Sukzession von durch Nichtse getrennten Augenblicken wie bei Descartes und so, daß meine Wahl im Augenblick t auf meine Wahl vom Augenblick t_1 nicht einwirken könnte. Wählen heißt machen, daß zusammen mit meinem Engagement eine bestimmte begrenzte Ausdehnung von konkreter und kontinuierlicher Dauer auftaucht, die genau die ist, die uns von der Realisierung meiner ursprünglichen Möglichkeiten trennt. So sind Freiheit, Wahl, Nichtung, Verzeitlichung ein und dasselbe.

Dennoch ist der *Augenblick* keine müßige Erfindung

der Philosophen. Zwar gibt es keinen subjektiven Augenblick, sobald ich mich in meine Aufgabe engagiert habe; in diesem Moment zum Beispiel, wo ich schreibend meine Ideen zu erfassen und zu ordnen suche, gibt es für mich keinen Augenblick, es gibt nur eine fortwährende verfolgte-Verfolgung meiner selbst auf die Zwecke hin, die mich definieren (die Erklärung der Ideen, die die Grundlage dieses Buchs bilden sollen), und doch sind wir fortwährend *durch den Augenblick bedroht*. Das heißt, wir sind durch eben die Wahl unserer Freiheit so, daß wir immer den Augenblick als Bruch unserer ek-statischen Einheit erscheinen lassen können. Was also ist der Augenblick? Der Augenblick kann nicht aus dem Verzeitlichungsprozeß eines konkreten Entwurfs herausgelöst werden: das haben wir gezeigt. Aber er kann auch nicht mit dem Anfangspunkt oder (wenn er existieren soll) dem Endpunkt dieses Prozesses gleichgesetzt werden. Denn diese beiden Punkte sind von innen her in die Totalität des Prozesses eingegliedert und integrierender Teil davon. Sie haben also beide nur eins der Augenblicksmerkmale: der Anfangspunkt ist nämlich dem Prozeß, dessen Anfangspunkt er ist, eingegliedert, insofern er *sein* Beginn ist. Andererseits ist er aber durch ein vorheriges Nichts begrenzt, insofern er *ein* Beginn ist. Der Endpunkt ist dem Prozeß, den er beendet, eingegliedert, insofern er *sein* Ende ist: auch der letzte Ton gehört zur Melodie. Aber ihm folgt ein Nichts, das ihn begrenzt, insofern er *ein* Ende ist. Wenn der Augenblick existieren können soll, muß er durch ein zweifaches Nichts begrenzt sein. Das ist, wie wir gezeigt haben, gar nicht denkbar, wenn er vor allen Verzeitlichungsprozessen gegeben sein soll. Aber in eben der Entwicklung unserer Verzeitlichung können wir Augenblicke hervorbringen, wenn gewisse Prozesse über der Auflösung vorheriger Prozesse auftauchen. Der Augenblick ist dann ein Beginn *und* ein Ende. Kurz, wenn das Ende eines Entwurfs mit dem Beginn eines andern Entwurfs zusammenfällt, taucht eine ambivalente zeitliche Realität auf, die durch ein vorheriges Nichts begrenzt ist, insofern sie Beginn ist, und durch ein späteres Nichts, insofern sie Ende ist. Aber diese zeitliche Struktur ist nur konkret, wenn der Beginn sich selbst als das Ende des Prozesses darbietet, den er vergangen macht. Ein Beginn, der sich als Ende eines vorherigen Entwurfs darbietet, das muß der Augenblick sein. Er existiert also nur, wenn wir uns selbst Beginn und Ende in der Einheit ein und derselben Handlung sind. Genau das geschieht nun im Fall einer radikalen Modifikation unseres grundlegenden Entwurfs. Durch die freie Wahl dieser Modifikation verzeitlichen wir ja einen Entwurf, der wir sind, und wir lassen uns durch eine Zukunft das Sein anzeigen, das wir gewählt haben; so gehört die reine Gegenwart zur neuen Verzeitlichung als Beginn und erhält von der eben auftauchenden Zukunft ihre eigene Natur eines Beginns. Tatsächlich kann nur die Zukunft auf die reine Gegenwart zurückkommen, um sie als Beginn zu qualifizieren, sonst wäre diese Gegenwart nichts als irgendeine Gegenwart. So gehört die Gegenwart der Wahl schon als integrierte Struktur zur neuen angestrebten Totalität. Aber andererseits ist es nicht möglich, daß sich diese Wahl nicht *in Verbindung* mit der Vergangenheit bestimmt, die sie zu sein hat. Sie ist sogar grundsätzlich Entscheidung, die Wahl, an deren Stelle sie sich setzt, als vergangene zu erfassen. Ein bekehrter Atheist ist keineswegs einfach ein Gläubiger: er ist ein Gläubiger, der an sich selbst den Atheismus negiert hat, der seinen Entwurf, Atheist zu sein, in sich vergangen gemacht hat. So bietet sich die neue Wahl als Beginn dar, insofern sie ein Ende ist, und als Ende, insofern sie Beginn ist; sie ist durch ein zweifaches Nichts begrenzt und realisiert als solche einen Bruch in der ek-statischen Einheit unseres Seins. Indessen ist der Augenblick selbst nur ein Nichts, denn wohin wir auch blicken, wir erfassen nur eine kontinuierliche Verzeitlichung, die je nach der Richtung unseres Blicks entweder die fertige und abgeschlossene, soeben vergangene Reihe ist, die ihren Endpunkt mit sich zieht, oder die lebende Verzeitlichung, die beginnt und deren Anfangspunkt durch die künftige Möglichkeit geschnappt und mitgezogen wird.

So definiert jede grundlegende Wahl die Richtung der verfolgten-Verfolgung zur selben Zeit, wie sie sich verzeitlicht. Das bedeutet weder, daß sie *einen Initialelan gibt*, noch, daß es so etwas wie einen Erwerb gibt, von dem ich profitieren könnte, solange ich mich in den Grenzen dieser Wahl halte. Die Nichtung geht vielmehr kontinuierlich weiter, und folglich ist die freie und kontinuierliche Wiederaufnahme der Wahl unumgänglich. Nur geschieht diese Wiederaufnahme nicht von *Augenblick zu Augenblick*, solange ich meine Wahl frei wiederaufnehme: dann gibt es keinen Augenblick; die Wiederaufnahme ist so eng in die Gesamtheit des Prozesses eingegliedert, daß sie keine instantane Bedeutung hat und haben kann. Aber gerade weil meine Wahl frei ist und von der Freiheit fortwährend wieder aufgenommen wird, hat sie die Freiheit selbst zur Grenze; das heißt, sie wird durch das Gespenst des Augenblicks heimgesucht. Solange ich meine Wahl wieder aufnehme, geschieht die Verwandlung des Prozesses in Vergangenheit in vollkommener ontologischer Kontinuität mit der Gegenwart. Der vergangen gemachte Prozeß bleibt der gegenwärtigen Nichtung eingegliedert in Form eines *Wissens*, das heißt erlebter und verinnerter Bedeutung, ohne jemals *Gegenstand* für das Bewußtsein zu sein, das sich auf seine eigenen Zwecke hin entwirft. Aber gerade weil ich frei bin, habe ich immer die Möglichkeit, meine unmittelbare Vergangenheit als Gegenstand zu setzen. Das bedeutet: während mein vorheriges Bewußtsein reines nicht-setzendes Bewußtsein (von der) Vergangenheit war, insofern es sich selbst als interne Negation des mit-anwesenden Realen konstituierte und sich seinen Sinn durch gesetzte Zwecke als durch «*Wieder*-aufnahmen» anzeigen ließ, setzt von der neuen Wahl an das Bewußtsein seine eigene Vergangenheit als Gegenstand, das heißt, es *schätzt sie ein* und richtet sich nach ihr aus. Dieser Akt einer Objektivierung der unmittelbaren Vergangenheit ist eins mit der neuen Wahl anderer Zwecke: er trägt dazu bei, den Augenblick als nichtenden Bruch der Verzeitlichung hervorbrechen zu lassen.

Der Leser wird die durch diese Analyse erreichten Ergebnisse leichter verstehen, wenn wir sie mit einer anderen Freiheitstheorie vergleichen, zum Beispiel der von Leibniz.[295] Für Leibniz wie für uns wäre, als Adam den Apfel nahm, *möglich* gewesen, daß er ihn nicht genommen hätte. Aber für ihn wie für uns sind die Implikationen dieser Bewegung so zahlreich und verzweigt, daß die Erklärung, es wäre möglich gewesen, daß Adam den Apfel nicht genommen hätte, letztlich auf die Behauptung hinausliefe, ein anderer Adam wäre möglich gewesen. So ist die Kontingenz Adams eins mit seiner Freiheit, weil ja diese Kontingenz bedeutet, daß dieser *reale* Adam von einer Unzahl möglicher Adame umgeben ist, deren jeder gegenüber dem realen Adam durch eine leichte oder tiefe Veränderung aller seiner Attribute, das heißt letztlich seiner Substanz, gekennzeichnet ist. Für Leibniz ist also die von der menschlichen-Realität erforderte Freiheit so etwas wie die Organisation dreier verschiedener Begriffe: frei ist, wer 1. sich rational dazu bestimmt, eine Handlung zu vollbringen, 2. so ist, daß diese Handlung durch die Natur dessen, der sie vollbracht hat, vollständig zu verstehen ist, 3. kontingent ist, das heißt in der Weise existiert, daß andere Individuen, die anläßlich der gleichen Situation andere Handlungen vollbringen, möglich gewesen wären. Aber wegen der notwendigen Verknüpfung der Möglichkeiten wäre eine andere Bewegung Adams nur für und durch einen andern Adam möglich gewesen, und die Existenz eines andern Adam implizierte die einer anderen Welt. Wir erkennen mit Leibniz an, daß die Bewegung

Adams die ganze Person Adams engagiert und daß eine andere Bewegung im Licht und im Rahmen einer anderen Persönlichkeit Adams zu verstehen gewesen wäre. Leibniz fällt aber in einen der Freiheitsidee gänzlich entgegengesetzten Necessitarismus zurück, wenn er gerade die Formel von der Substanz Adams an den Anfang stellt als eine Prämisse, die Adams Handlung als eine ihrer partiellen Schlüsse herbeiführt, das heißt, wenn er die chronologische Ordnung darauf reduziert, lediglich ein symbolischer Ausdruck der logischen Ordnung zu sein. Daraus ergibt sich nämlich einerseits, daß die Handlung gerade durch das Wesen Adams strikt notwendig gemacht ist, und auch die Kontingenz, die nach Leibniz die Freiheit möglich macht, findet sich ganz und gar im Wesen Adams enthalten. Und dieses Wesen wird nicht von Adam selbst gewählt, sondern von Gott. Deshalb ist es richtig, daß die durch Adam vollbrachte Handlung sich notwendig aus dem Wesen Adams ergibt und daß sie insofern von Adam selbst und von niemand anderem abhängt, was sicher eine Bedingung der Freiheit ist. Aber das Wesen Adams ist für Adam selbst ein *Gegebenes*: Adam hat es nicht gewählt, er hat nicht wählen können, Adam zu sein. Folglich trägt er keineswegs die Verantwortung für sein Sein. Demnach ist unerheblich, daß man ihm, wenn es einmal gegeben ist, die relative Verantwortung für seine Handlung zuschreiben kann. Für uns dagegen ist Adam keineswegs durch ein Wesen definiert, denn das Wesen kommt bei der menschlichen-Realität nach der Existenz. Er ist durch die Wahl seiner Zwecke definiert, das heißt durch das Auftauchen einer ek-statischen Verzeitlichung, die mit der logischen Ordnung nichts gemein hat. So drückt die Kontingenz Adams die abgeschlossene Wahl aus, die er von sich selbst getroffen hat. Von da an ist aber das, was ihm seine *Person* anzeigt, zukünftig und nicht vergangen: er wählt, sich das, was er ist, durch die Zwecke lehren zu lassen, auf die hin er sich entwirft – das heißt durch die Totalität seiner

Vorlieben, Neigungen, Abneigungen usw., insofern es eine thematische Organisation und einen dieser Totalität inhärenten *Sinn* gibt. Wir setzen uns also nicht dem Einwand aus, den wir Leibniz machten, als wir sagten: «Zwar hat Adam gewählt, den Apfel zu nehmen, aber er hat nicht gewählt, Adam zu sein.» Denn für uns stellt sich das Problem der Freiheit auf der Ebene der Wahl Adams durch ihn selbst, das heißt der Bestimmung des Wesens durch die Existenz. Außerdem erkennen wir mit Leibniz an, daß eine andere Bewegung Adams, die einen anderen Adam impliziert, eine andere Welt impliziert, aber wir verstehen unter «andere Welt» keine solche Organisation gleichzeitiger Möglichkeiten, daß der andere mögliche Adam darin seinen Platz fände: nur, einem anderen In-der-Welt-sein Adams entspricht die Enthüllung einer anderen Seite der Welt. Schließlich besteht für Leibniz die mögliche Bewegung des andern Adam, die in eine andere mögliche Welt eingegliedert ist, von aller Ewigkeit her als mögliche vor der Verwirklichung des kontingenten und realen Adam. Auch hier geht für Leibniz das Wesen der Existenz voraus, und die chronologische Ordnung hängt von der ewigen Ordnung des Logischen ab. Für uns ist dagegen das Mögliche nichts als bloße formlose Möglichkeit, anderer zu sein, insofern es nicht durch einen neuen Entwurf Adams auf neue Möglichkeiten hin als möglich *existiert* wird. So bleibt das Mögliche bei Leibniz ewig abstraktes Mögliches, während für uns das Mögliche nur erscheint, indem es sich vermöglicht, das heißt, indem es Adam anzeigt, was er ist. Folglich geht die Reihenfolge der psychologischen Erklärung bei Leibniz von der Vergangenheit zur Gegenwart, insofern diese Sukzession die ewige Ordnung der Wesenheiten ausdrückt; alles ist schließlich in der logischen Ewigkeit erstarrt, und die einzige Kontingenz ist die des Prinzips, was bedeutet, daß Adam ein Postulat des göttlichen Verstandes ist. Für uns dagegen ist die Reihenfolge der Interpretation streng *chronologisch*, sie sucht keineswegs die Zeit auf eine rein logische (*Grund*) oder logisch-chronologische (*Ursache*, Determinismus) Verkettung zurückzuführen. Sie wird also von der Zukunft her interpretiert.

Vor allem aber lohnt sich zu betonen, daß unsere obige Analyse rein *theoretisch* ist. Nur *in der Theorie* ist eine andere Bewegung Adams lediglich in den Grenzen einer totalen Umwälzung der Zwecke möglich, wodurch Adam sich als Adam wählt. Wir haben die Dinge in dieser Weise dargestellt – und konnten deshalb als Leibnizianer erscheinen –, um unsere Ansichten zunächst mit größter Einfachheit darzulegen. Tatsächlich ist die Realität weitaus komplexer. Die Interpretationsordnung ist rein chronologisch und nicht logisch: das *Verstehen* einer Handlung von den durch die Freiheit des Für-sich gesetzten ursprünglichen Zwecken her ist kein *Erklären*. Und die absteigende Hierarchie der Möglichkeiten, vom äußersten und initialen Möglichen bis zum abgeleiteten Möglichen, das man verstehen will, hat nichts gemein mit der deduktiven Reihe, die von einem Prinzip zu seiner Konsequenz führt. Zuallererst ist die Verbindung des abgeleiteten Möglichen (sich gegen die Müdigkeit versteifen oder sich ihr überlassen) zum grundlegenden Möglichen keine *Deduktibilitäts*verbindung. Es ist eine Verbindung zwischen Totalität und partieller Struktur. Die Sicht des totalen Entwurfs ermöglicht, die betrachtete besondere Struktur zu «verstehen». Aber die Gestaltpsychologen haben uns gezeigt, daß die Prägnanz der totalen Gestalten nicht die Veränderlichkeit bestimmter sekundärer Strukturen ausschließt. Es gibt gewisse Striche, die ich einer gegebenen Gestalt hinzufügen oder wegnehmen kann, ohne ihren spezifischen Charakter zu verändern. Im Gegensatz dazu gibt es andere, deren Hinzufügung das unmittelbare Verschwinden der Gestalt und das Erscheinen einer anderen Gestalt nach sich zieht. Ebenso verhält es sich mit der Beziehung der sekundären Möglichkeiten zu dem grundlegenden Möglichen oder der formellen Totalität meiner Möglichkeiten. Die Bedeutung des betrachteten sekundären Möglichen verweist zwar immer auf die totale Bedeutung, die ich bin. Aber andere Möglichkeiten hätten diese ersetzen können, ohne daß die totale Bedeutung sich verändert hätte, das heißt, sie hätten immer und ebensogut diese Totalität als die Gestalt angezeigt, die ermöglicht hätte, sie zu verstehen – oder sie hätten, in der ontologischen Reihenfolge der Realisierung, ebensogut als Mittel ent-worfen werden können, zur Totalität zu gelangen und im Licht dieser Totalität. Kurz, das Verstehen ist die Interpretation einer faktischen Verbindung und nicht das Erfassen einer Notwendigkeit. So muß die psychologische Interpretation unserer Handlungen häufig auf den stoischen Begriff der «indifferentia»[296] zurückgreifen. Es ist gleichgültig, ob ich, um meine Müdigkeit zu lindern, mich an den Straßenrand setze oder hundert Schritte weitergehe und erst bei dem Gasthaus haltmache, das ich in der Ferne sehe. Das bedeutet, daß das Erfassen der komplexen und globalen Gestalt, die ich als mein äußerstes Mögliches gewählt habe, *nicht genügt*, über die Wahl des einen Möglichen anstatt des andern Aufschluß zu geben. Es gibt hier keine Handlung ohne Antriebe und Motive, sondern eine spontane Erfindung von Antrieben und Motiven, die sich im Rahmen meiner grundlegenden Wahl abspielt und diese entsprechend bereichert. Ebenso muß jedes «Dieses» auf dem Welthintergrund und in der Perspektive meiner Faktizität erscheinen, aber weder meine Faktizität noch die Welt lassen verstehen, warum ich jetzt dieses Glas ergreife statt dieses Tintenfaß als sich auf dem Hintergrund abhebende Gestalt. Gegenüber diesen «indifferentia» ist unsere Freiheit ganz und unbedingt. Dieses Faktum, ein indifferentes Mögliches zu wählen, es dann um eines andern willen aufzugeben, läßt übrigens keinen *Augenblick* als Schnitt in der Dauer auftauchen: sondern diese freien Wahlen integrieren sich vielmehr alle – auch wenn sie sukzessiv und kontradiktorisch sind – in die Einheit meines grundlegenden Entwurfs. Das bedeutet keineswegs, daß man sie als grundlos auffassen müßte: was sie auch sein mögen, sie lassen sich ja immer von der ursprünglichen Wahl her interpretieren und bringen in dem Maß, in dem sie diese bereichern und konkretisieren, immer ihren Antrieb mit sich, das heißt das Bewußtsein ihres Motivs oder, wenn man lieber will, die Wahrnehmung der Situation als in dieser oder jener Weise gegliedert.

Was die strenge Einschätzung der Verbindung des sekundären Möglichen mit dem grundlegenden Möglichen außerdem besonders heikel macht, ist, daß es keinen *apriorischen* Maßstab gibt, auf den man sich beziehen könnte, um über diese Verbindungen zu entscheiden. Sondern das Für-sich wählt vielmehr selbst, das sekundäre Mögliche als signifikativ für das grundlegende Mögliche zu betrachten. Dort, wo wir den Eindruck haben, das freie Subjekt kehre seinem grundlegenden Ziel den Rücken, führen wir oft den Irrtumskoeffizienten des Beobachters ein, das heißt, wir benutzen unsere eigenen Waagen, um die Beziehung der betreffenden Handlung zu den äußersten Zwecken einzuschätzen. Aber das Für-sich erfindet in seiner Freiheit nicht nur seine primären und sekundären Zwecke: es erfindet gleichzeitig das ganze Interpretationssystem, das es ermöglicht, die einen mit den anderen zu verbinden. Es kann also in keinem Fall darum gehen, ein universales System des Verstehens der sekundären Möglichkeiten von den primären Möglichkeiten her aufzustellen; sondern das Subjekt muß in jedem Fall seine Prüfsteine und seine persönlichen Kriterien liefern.

Schließlich kann das Für-sich willentliche Entscheidungen treffen, die den von ihm gewählten fundamentalen Zwecken entgegengesetzt sind. Diese Entscheidungen können nur willentlich sein, das heißt reflexiv. Sie können ja nur von einem gutgläubig oder nicht gutgläubig begangenen Irrtum über die Zwecke herrühren, die ich verfolge, 550 und dieser Irrtum ist nur möglich, wenn die Gesamtheit der Antriebe, die ich bin, vom reflexiven Bewußtsein als Objekt entdeckt wird. Das unreflektierte Bewußtsein kann sich, da es spontane Projektion seiner selbst auf seine Möglichkeiten hin ist, nie über sich selbst täuschen: man muß sich nämlich hüten, Irrtum über sich selbst zu nennen, was Einschätzungsirrtümer hinsichtlich der objektiven Situation sind – Irrtümer, die in der Welt zu Konsequenzen führen können, die denen absolut entgegengesetzt sind, die man erreichen wollte, ohne daß es dabei aber zu einem Verkennen der gesetzten Ziele käme. Dagegen bringt die reflexive Haltung tausend Irrtumsmöglichkeiten mit sich, nicht insofern sie den reinen Antrieb – das heißt das reflektierte Bewußtsein – als ein Quasi-Objekt erfaßt, sondern insofern sie darauf abzielt, über dieses reflektierte Bewußtsein wirkliche psychische Objekte zu konstituieren, die ihrerseits nur wahrscheinliche Objekte sind, wie wir im Dritten Kapitel des Zweiten Teils gesehen haben, und die sogar falsche Objekte sein können. Es ist also möglich, daß ich mir, auf Grund von Irrtümern über mich selbst reflexiv, das heißt auf der Willensebene, Entwürfe auferlege, die meinem Initialentwurf widersprechen, ohne jedoch den Initialentwurf grundlegend zu verändern. Wenn also zum Beispiel mein Initialentwurf darauf abzielt, mich als minderwertig inmitten der anderen zu wählen (was man Minderwertigkeitskomplex nennt) und wenn zum Beispiel das Stottern ein Verhalten ist, das sich vom primären Entwurf her verstehen und interpretieren läßt, kann ich aus sozialen Gründen und durch ein Verkennen meiner eigenen Minderwertigkeitswahl beschließen, mich von meinem Stottern zu heilen. Ich kann das sogar *erreichen*, ohne daß ich dabei aufgehört hätte, mich minderwertig zu fühlen und zu wollen. Ich brauche ja nur technische Mittel zu benutzen, um mein Resultat zu erreichen. Das nennt man gewöhnlich willentliche Selbstheilung. Aber diese Resultate *verlagern* nur das Gebrechen, an dem ich leide: an seiner Stelle entsteht ein anderes, das auf seine Weise den totalen Zweck, den ich verfolge, zum Ausdruck bringen wird. Da diese tiefe Unwirksamkeit des auf sich selbst gerichteten Willensakts überraschen kann, werden wir das gewählte Beispiel näher analysieren.

Zunächst ist darauf hinzuweisen, daß die Wahl der totalen Zwecke, wenn auch total frei, nicht notwendig und nicht einmal oft freudig getroffen wird. Man darf die für uns bestehende Notwendigkeit, uns zu wählen, nicht mit dem Willen zur Macht verwechseln. Die Wahl kann in Resignation oder Unbehagen getroffen werden, sie kann eine Flucht sein, sie kann sich in Unaufrichtigkeit realisieren. Wir können uns als Fliehenden, Ungreifbaren, Zögernden usw. wählen; wir können sogar wählen, uns nicht zu wählen: in diesen verschiedenen Fällen werden Zwecke jenseits einer faktischen Situation gesetzt, und die Verantwortung für diese Zwecke fällt uns zu: was auch unser Sein sein mag, es ist Wahl; und es hängt von uns ab, uns als «groß» oder «edel» oder «niedrig» und «gedemütigt» zu wählen. Aber wenn wir einmal die Demütigung als den Stoff unseres Seins gewählt haben, werden wir uns als gedemütigt, verbittert, minderwertig usw. realisieren. Es handelt sich hier nicht um *Gegebenheiten* ohne Bedeutung. Sondern wer sich als gedemütigt realisiert, konstituiert sich dadurch als ein *Mittel*, gewisse Zwecke zu erreichen: die gewählte Demütigung kann zum Beispiel, wie der Masochismus, einem Instrument gleichgesetzt werden, uns von der Existenz-für-sich zu befreien, sie kann ein Entwurf sein, uns unserer beängstigenden Freiheit zugunsten der anderen zu entledigen; unser Entwurf kann sein, unser Für-sich-sein vollständig durch unser Für-Andere-sein absorbieren zu lassen. Jedenfalls kann der «Minderwertigkeitskomplex» nur auftauchen, wenn er auf einem freien Wahrnehmen unseres Für-Andere-seins gegründet ist. Dieses Für-Andere-sein als *Situation* wirkt als *Motiv*, aber dazu muß es durch einen *Antrieb* entdeckt werden, der nichts anderes als unser freier Entwurf ist. So ist die gefühlte und gelebte Minderwertigkeit das gewählte Instrument, uns einem *Ding* ähnlich zu machen, das heißt, uns als reines innerweltliches Draußen existieren zu machen. Aber sie muß natürlich entsprechend der *Natur* gelebt werden, die wir ihr durch diese Wahl verleihen, das heißt in Scham, Wut und Bitterkeit. Die Minderwertigkeit *wählen* heißt also nicht sich sanft mit einer *aurea mediocritas* begnügen, sondern die Revolten und die Verzweiflung hervorbringen und auf sich nehmen, die die Enthüllung dieser Minderwertigkeit konstituieren. Ich kann mich zum Beispiel darauf versteifen, mich in einem bestimmten Arbeits- und Wirkungsbereich zu manifestieren, *weil* ich dort minderwertig bin, während ich auf einem andern Gebiet ohne Schwierigkeit den Durchschnitt erreichen könnte. Diese unfruchtbare Anstrengung habe ich gewählt, weil sie unfruchtbar ist: entweder weil ich es vorziehe, der Letzte zu sein – anstatt mich in der Masse zu verlieren –, oder weil ich die Mutlosigkeit und die Scham als bestes Mittel gewählt habe, das *Sein* zu erreichen. Aber das Gebiet, auf dem ich minderwertig bin, kann ich selbstverständlich nur dann als Aktionsfeld *wählen*, wenn diese Wahl den reflektierten *Willen* in sich schließt, dort überlegen zu sein. Wählen, ein minderwertiger Künstler zu sein, heißt notwendig wählen, ein großer Künstler sein zu *wollen*: sonst würde die Minderwertigkeit weder erlitten noch erkannt: wählen, ein bescheidener Handwerker zu sein, impliziert ja keineswegs die Suche nach Minderwertigkeit, es ist ein bloßes Beispiel für die Wahl der Endlichkeit. Dagegen impliziert die Wahl der Minderwertigkeit die konstante Realisierung eines *Auseinanderklaffens* zwischen dem vom Willen verfolgten Zweck und dem erreichten Zweck. Der Künstler, der sich als groß will und sich als minderwertig wählt, hält dieses Auseinanderklaffen intentional aufrecht, er ist wie Penelope und zerstört nachts, was er tags gemacht hat. In diesem Sinn hält er sich in seinen künstlerischen Realisationen konstant auf der *Willens*ebene und entfaltet daher eine verzweifelte Energie. Aber sein Wille selbst ist *unaufrichtig*, das heißt, er flieht vor der Anerkennung der vom spontanen Bewußtsein gewählten wirklichen Zwecke, und er konstituiert falsche psychische Objekte als *Antriebe*, um über diese Antriebe nachdenken und sich von ihnen her (Ruhmsucht, Liebe zum Schönen usw.) entscheiden zu können. Der Wille ist hier keineswegs der grundlegenden Wahl entgegengesetzt, sondern ganz im Gegenteil in seinen Zielen und seiner prinzipiellen Unaufrichtigkeit nur in der Perspektive der grundlegenden Wahl der Minderwertigkeit zu verstehen. Mehr noch, wenn er als reflexives Bewußtsein unaufrichtig falsche psychische Objekte als Antriebe konstituiert, so ist er dagegen als unreflektiertes und nicht-thetisches Bewußtsein (von) sich Bewußtsein (davon), unaufrichtig zu sein, und folglich Bewußtsein (von dem) grundlegenden Entwurf, den das Für-sich verfolgt. So ist das Auseinanderklaffen zwischen spontanem Bewußtsein und Wille keine lediglich konstatierte faktische Gegebenheit. Sondern diese Dualität wird vielmehr von unserer grundlegenden Freiheit initial entworfen und realisiert; sie ist nur in der tiefen Einheit unseres grundlegenden Entwurfs denkbar, der darin besteht, uns als minderwertig zu wählen. Aber genau dieses Auseinanderklaffen impliziert, daß die willentliche Erwägung mit Unaufrichtigkeit beschließt, unsere Minderwertigkeit durch Werke zu kompensieren oder zu verdecken, deren tiefes Ziel es ist, uns vielmehr diese Minderwertigkeit *ermessen* zu lassen. Wie man sieht, erlaubt es uns unsere Analyse, die beiden Ebenen zu akzeptieren, auf denen Adler das Minderwertigkeitsgefühl situiert:[297] wie er nehmen wir eine grundlegende Anerkennung dieser Minderwertigkeit an, und wie er nehmen wir eine wuchernde und unausgeglichene Entfaltung von Handlungen, Werken und Behauptungen an, die dazu bestimmt sind, dieses tiefe Gefühl zu kompensieren oder zu verdecken. Aber: 1. Wir weigern uns, die grundlegende Anerkennung als eine unbewußte zu verstehen: sie ist so weit davon entfernt, unbewußt zu sein, daß sie sogar die Unaufrichtigkeit des Willens konstituiert. Deshalb stellen wir zwischen den beiden betreffenden Ebenen nicht den Unterschied des Unbewußten und des Bewußten fest, sondern den, der das unreflektierte grundlegende Bewußtsein von dem reflektierten Bewußtsein trennt, das von ihm abhängig ist. 2. Der Begriff Unaufrichtigkeit – wir haben ihn im Ersten Teil formuliert – scheint uns die Adlerschen Begriffe Zensur, Verdrängung und Unbewußtes ersetzen zu müssen. 3. Die Einheit des Bewußtseins, wie sie sich dem Cogito enthüllt, ist zu tief, als daß wir diese Spaltung in zwei Ebenen annehmen könnten, ohne daß sie von einer noch tieferen synthetischen Intention übernommen wird, die die eine Ebene auf die andre zurückführt und sie vereinigt. So daß wir eine zusätzliche Bedeutung im Minderwertigkeitskomplex erfassen: der Minderwertigkeitskomplex wird nicht nur anerkannt, sondern diese Anerkennung ist *Wahl*; der Wille versucht nicht nur, diese Minderwertigkeit durch labile und schwache Behauptungen zu verdecken, sondern er ist von einer tieferen Intention durchdrungen, die die Schwäche und Labilität dieser Behauptungen gerade *wählt* in der Intention, diese Minderwertigkeit, die wir zu fliehen behaupten und die wir in Scham und im Gefühl des Scheiterns empfinden, noch fühlbarer zu machen. Wer also unter «Minderwertigkeit»[298] leidet, hat *gewählt*, sein eigener Peiniger zu sein. Er hat die Scham und das Leiden gewählt, was jedoch nicht heißt, daß er Freude empfinden muß, wenn sie sich mit größter Heftigkeit realisieren.

Aber wenn diese neuen Möglichkeiten auch in Unaufrichtigkeit von einem Willen gewählt werden, der sich in den Grenzen unseres Initialentwurfs hervorbringt, so realisieren sie sich deswegen doch in einem gewissen Maß *gegen* den Initialentwurf. In dem Maß, wie wir uns unsere

Minderwertigkeit verbergen wollen, eben um sie zu *schaffen*, können wir unsere Schüchternheit und unser Stottern unterdrücken wollen, die unseren Initialentwurf der Minderwertigkeit auf der spontanen Ebene manifestieren. Wir unternehmen dann eine systematische, reflektierte Anstrengung, diese Manifestationen verschwinden zu lassen. Wir machen diesen Versuch in der Geistesverfassung, in der Kranke den Psychoanalytiker aufsuchen. Das heißt, wir bemühen uns einerseits um eine Realisierung, die wir andererseits zurückweisen: so entschließt sich der Kranke willentlich, den Psychoanalytiker aufzusuchen, um von gewissen Störungen, die er sich nicht mehr verhehlen kann, geheilt zu werden; und allein dadurch, daß er sich in die Hände des Arztes begibt, riskiert er, geheilt zu werden. Doch andererseits riskiert er das, um sich selbst zu überzeugen, daß er vergeblich alles unternommen hat, geheilt zu werden, und folglich unheilbar ist. Er beginnt also die psychoanalytische Behandlung mit Unaufrichtigkeit und Böswilligkeit. Alle seine Bemühungen haben das Ziel, sie scheitern zu lassen, obwohl er willentlich fortfährt, sich für sie herzugeben. In gleicher Weise *leiden* die Psychastheniker, die Janet untersucht hat,[299] unter einer Obsession, die sie intentional aufrechterhalten, und *wollen* von ihr geheilt werden. Aber eben ihr *Wille*, geheilt zu werden, hat das Ziel, diese Obsessionen als *Leiden* zu behaupten und sie folglich in ihrer ganzen Heftigkeit zu realisieren. Man weiß, wie so etwas endet: der Kranke kann seine Obsessionen nicht eingestehen, er wälzt sich auf dem Boden, schluchzt, aber entschließt sich nicht, das erforderliche Geständnis abzulegen. Es wäre abwegig, hier von einem Kampf des Willens gegen die Krankheit zu sprechen: bei einem Sein, das das ist, was es nicht ist, und das nicht das ist, was es ist, laufen diese Prozesse in der ekstatischen Einheit der Unaufrichtigkeit ab. In gleicher Weise gibt der Kranke, wenn der Psychoanalytiker nahe daran ist, dessen Initialentwurf zu erfassen, die Behandlung auf oder fängt an zu lügen. Es wäre falsch, diese Widerstände als eine Auflehnung oder eine unbewußte Beunruhigung zu erklären: Wie könnte denn das Unbewußte über die Fortschritte der psychoanalytischen Untersuchung unterrichtet werden, außer wenn es eben ein Bewußtsein ist? Aber wenn der Kranke das Spiel zu Ende spielt, muß er eine teilweise Heilung erdulden, das heißt in sich das Verschwinden von Krankheitserscheinungen bewirken, die ihn veranlaßt haben, die Hilfe des Arztes zu suchen. Daher hat er das geringere Übel gewählt: er kam, um sich davon zu überzeugen, daß er unheilbar ist, und ist nun gezwungen – um zu vermeiden, seinen Entwurf in voller Klarheit zu erfassen und folglich zu nichten und frei ein anderer zu werden –, Heilung vorzuspielen und wieder zu gehen. In gleicher Weise haben die Methoden, die ich anwende, um mich vom Stottern und von der Schüchternheit zu heilen, in Unaufrichtigkeit versucht werden können. Trotzdem kann ich gezwungen sein, ihre Wirksamkeit anzuerkennen. In diesem Fall werden Schüchternheit und Stottern verschwinden: das ist das kleinere Übel. Eine künstliche Zungenfertigkeit wird an ihre Stelle treten. Aber es ist mit diesen Heilungen wie mit der Heilung der Hysterie durch elektrische Behandlung. Bekanntlich kann diese Behandlung einen hysterischen Beinkrampf zum Verschwinden bringen, aber einige Zeit später sieht man den Krampf am Arm wieder auftreten. Denn die Heilung der Hysterie kann nur total sein, weil die Hysterie ein totalitärer Entwurf des Für-sich ist. Partielle Behandlungen verlagern nur die Erscheinungen. Die Heilung der Schüchternheit oder des Stotterns wird also gebilligt und gewählt in einem Entwurf, der zur Realisierung anderer Störungen führt, zum Beispiel gerade zur Realisierung einer vergeblichen und ebenso unausgeglichenen Sicherheit. Da nämlich das Auftauchen einer *willentlichen* Entscheidung ihren Antrieb in der freien, grundlegenden Wahl meiner Zwecke hat, kann sie sich nicht an diese Zwecke selbst wagen, außer zum Schein; also nur im Rahmen meines grundlegenden Entwurfs kann der Wille Wirksamkeit haben; und ich kann mich von meinem «Minderwertigkeitskomplex» nur durch eine radikale Modifikation meines Entwurfs «befreien», die ihre Motive und ihre Antriebe keinesfalls in dem vorherigen Entwurf finden kann, nicht einmal im Leiden und in der Scham, die ich empfinde, denn deren ausdrückliche Bestimmung ist es ja, meinen Minderwertigkeitsentwurf zu *realisieren*. Solange ich «im» Minderwertigkeitskomplex bin, kann ich mir also nicht einmal vorstellen, daß ich aus ihm herauskann, denn wenn ich auch davon träume, aus ihm herauszukommen, so hat dieser Traum doch seine präzise Funktion, nämlich mich in die Lage zu setzen, die Widerwärtigkeit meines Zustands noch stärker zu empfinden, er läßt sich also nur in der Minderwertigkeitsintention und durch sie interpretieren. Und dennoch erfasse ich in jedem Moment diese initiale Wahl als kontingent und nicht zu rechtfertigen, bin ich in jedem Moment dabei, sie plötzlich *objektiv* zu betrachten und folglich zu überschreiten und vergangen zu machen, indem ich den befreienden *Augenblick* auftauchen lasse. Daher meine Angst, meine Furcht, plötzlich exorziert zu werden, das heißt, radikal anders zu werden; daher aber auch das häufige Auftreten von «Konversionen», die mich meinen ursprünglichen Entwurf total verändern lassen. Diese Konversionen, die von den Philosophen nicht untersucht wurden, haben dagegen oft die Schriftsteller inspiriert. Man denke an den *Augenblick*, in dem Gides Philoktet sogar seinen Haß, seinen grundlegenden Entwurf, seinen Seinsgrund und sein Sein aufgibt; man denke an den *Augenblick*, wo Raskolnikow beschließt, sich anzuzeigen.[300] Diese außergewöhnlichen und wunderbaren Augenblicke, wo der frühere Entwurf sich in der Vergangenheit auflöst im Licht eines neuen Entwurfs, der auf dessen Trümmern auftaucht und sich vorläufig nur andeutet, wo

Demütigung, Angst, Freude, Hoffnung sich eng vermählen, wo wir loslassen, um zuzugreifen, und wo wir zugreifen, um loszulassen, schienen oft das deutlichste und bewegendste Bild unserer Freiheit zu bieten. Aber sie sind nur eine ihrer Manifestationen unter anderen.

So gesehen, erscheint das «Paradox» der Unwirksamkeit der Willensentscheidungen harmloser: es läuft darauf hinaus, daß wir uns durch den Willen vollständig *konstruieren* können, daß aber der Wille, der diese Konstruktion leitet, selbst seinen Sinn in dem ursprünglichen Entwurf hat, den er zu negieren scheinen kann; daß folglich diese Konstruktion eine ganz andere Funktion hat, als sie vorgibt; und schließlich daß der Wille nur Detailstrukturen erreichen kann und nie den ursprünglichen Entwurf verändern wird, aus dem er hervorgegangen ist, ebensowenig wie die Konsequenzen eines Theorems sich gegen es wenden und es verändern können.

Am Ende dieser langen Diskussion haben wir offenbar unser ontologisches Verständnis der Freiheit ein wenig präzisieren können. Nun müssen die verschiedenen Resultate in einer Gesamtsicht wieder aufgegriffen werden.

1. Ein erster Blick auf die menschliche-Realität lehrt, daß Sein sich für sie auf Handeln reduziert. Die Psychologen des 19. Jahrhunderts, die die Bewegstrukturen der Triebe, der Aufmerksamkeit, der Wahrnehmung usw. gezeigt haben, hatten recht. Allerdings ist die Bewegung selbst Handeln. Daher finden wir in der menschlichen-Realität keine *Gegebenheit* in dem Sinn, daß Temperament, Charakter, Passionen, Prinzipien der Vernunft erworbene oder angeborene *Daten* wären, die in der Art der Dinge existieren. Schon die empirische Betrachtung des menschlichen Seins zeigt es als eine organisierte Einheit von Verhaltensweisen. Ehrgeizig, feige oder jähzornig sein heißt einfach sich unter den oder jenen Umständen so oder so verhalten. Die Behavioristen waren mit Recht der Ansicht, daß die einzige positive psychologische Unter-

suchung die der Verhaltensweisen in streng definierten Situationen sein müsse. Ebenso wie die Arbeiten Janets und der Gestaltpsychologen uns ermöglicht haben, die emotionalen Verhaltensweisen zu entdecken, muß man von wahrnehmenden Verhaltensweisen sprechen, denn die Wahrnehmung ist nie außerhalb einer Haltung gegenüber der Welt denkbar. Auch die uneigennützige Haltung des Wissenschaftlers ist, wie Heidegger gezeigt hat, ein Einnehmen einer uneigennützigen Stellung gegenüber dem Gegenstand und folglich eine Verhaltensweise unter anderen.[301] So ist die menschliche-Realität zunächst nicht, um zu handeln, sondern sein ist für sie handeln, und aufhören zu handeln ist aufhören zu sein.

2. Aber wenn die menschliche-Realität Handeln ist, so bedeutet das natürlich, daß ihre Bestimmung zum Handeln selbst Handeln ist. Wenn wir diesen Grundsatz verwerfen und wenn wir annehmen, daß sie zum Handeln durch einen vorherigen Zustand der Welt oder ihrer selbst bestimmt werden kann, so läuft das darauf hinaus, ein *Gegebenes* zum Ursprung der Reihe zu machen. Dann verschwinden diese *Handlungen* als Handlungen, um einer Reihe von *Bewegungen* Platz zu machen. So zerstört sich der Verhaltensbegriff bei Janet und den Behavioristen von selbst. Die Existenz der Handlung impliziert ihre Autonomie.

3. Wenn übrigens die Handlung nicht reine Bewegung ist, muß sie durch eine *Intention* definiert werden. Wie man diese Intention auch betrachtet, sie kann nur ein Überschreiten des Gegebenen auf ein zu erzielendes Ergebnis hin sein. Dieses Gegebene als reine Anwesenheit kann ja nicht aus sich heraustreten. Eben weil es ist, ist es voll und einzig das, was es ist. Es kann also nicht über ein Phänomen Aufschluß geben, das seinen ganzen Sinn von einem zu erreichenden Ergebnis herleitet, das heißt von einem Nichtexistierenden. Wenn die Psychologen zum Beispiel aus dem Trieb einen faktischen Zustand machen,

sehen sie nicht, daß sie ihm jedes Merkmal eines *Appetits* (*ad-petitio*) nehmen. Denn wenn der Geschlechtstrieb beispielsweise vom Schlaf unterschieden werden kann, so kann das nur durch seinen Zweck geschehen, und dieser Zweck ist eben nicht. Die Psychologen hätten sich fragen müssen, was die ontologische Struktur eines Phänomens sein könnte, das sich das, was es ist, durch etwas anzeigen läßt, was noch nicht ist. Die Intention, die die grundlegende Struktur der menschlichen-Realität ist, läßt sich also in keinem Fall durch ein Gegebenes erklären, auch wenn man behauptet, sie gehe daraus hervor. Doch wenn man sie durch ihren Zweck interpretieren will, muß man sich davor hüten, diesem Zweck die Existenz eines *Gegebenen* zuzuschreiben. Wenn man nämlich annehmen könnte, daß der Zweck früher gegeben ist als die zu erreichende Wirkung, müßte man diesem Zweck eine Art Ansich-sein innerhalb seines Nichts und eine im eigentlichen Sinn magische Anziehungskraft zubilligen. Es würde uns übrigens auch nicht gelingen, die Verbindung einer gegebenen menschlichen-Realität mit einem gegebenen Zweck anders zu verstehen als die des Bewußtseins-als-Substanz mit der Realität-als-Substanz bei jenen realistischen Thesen. Wenn der Trieb oder der Akt durch seinen Zweck interpretiert werden muß, so deshalb, weil die Intention die Struktur hat, ihren Zweck außerhalb von sich zu *setzen*. So macht sich die Intention sein, indem sie den Zweck wählt, der sie anzeigt.

4. Da die Intention Wahl des Zwecks ist und die Welt sich über unsere Verhaltensweisen enthüllt, enthüllt die intentionale Wahl des Zwecks die Welt, und die Welt enthüllt sich je nach dem gewählten Ziel als so oder so (in dieser oder jener Ordnung). Der Zweck, der die Welt erhellt, ist ein Zustand, *von der* zu erlangenden und noch nicht existierenden Welt. Die Intention ist thetisches Bewußtsein *von* dem Zweck. Aber sie kann es nur sein, indem sie sich zu nicht-thetischem Bewußtsein von ihrer eigenen

Möglichkeit macht. So kann mein *Zweck* ein gutes Essen sein, wenn ich Hunger habe. Aber dieses Essen, das über die staubige Straße, auf der ich gehe, hinaus entworfen wird als der *Sinn* dieser Straße (sie führt *zu* einem Gasthaus, wo der Tisch gedeckt ist, die Gerichte fertig sind, wo man mich erwartet usw.), kann nur erfaßt werden in Korrelation zu meinem nicht-thetischen Entwurf auf meine eigene Möglichkeit hin, dieses Essen zu essen. So erhellt die Intention durch ein doppeltes, aber vereinigendes Auftauchen die Welt von einem noch nicht existierenden Zweck aus und definiert sich selbst durch die Wahl ihres Möglichen. Mein Zweck ist ein gewisser objektiver Zustand der Welt, mein Mögliches ist eine gewisse Struktur meiner Subjektivität; das eine enthüllt sich dem thetischen Bewußtsein, das andere fließt auf das nicht-thetische Bewußtsein zurück und kennzeichnet es.

5. Wenn das Gegebene die Intention nicht erklären kann, muß diese eben durch ihr Auftauchen einen Bruch mit dem Gegebenen, was es auch sein mag, realisieren. Es kann nicht anders sein, sonst hätten wir eine gegenwärtige Fülle, die kontinuierlich einer gegenwärtigen Fülle folgte, und wir könnten die Zukunft nicht präfigurieren. Dieser Bruch ist übrigens notwendig für die *Einschätzung* des Gegebenen. Niemals könnte ja das Gegebene ein Motiv für ein Handeln sein, wenn es nicht eingeschätzt würde. Aber diese Einschätzung kann nur durch einen Abstand zum Gegebenen realisiert werden, durch eine Einklammerung des Gegebenen, die eben einen Bruch der Kontinuität voraussetzt. Außerdem muß die Einschätzung, wenn sie nicht grundlos sein soll, im Licht von etwas geschehen. Und dieses Etwas, das zur Einschätzung des Gegebenen dient, kann nur der Zweck sein. In ein und demselben vereinigenden Auftauchen also setzt die Intention den Zweck, wählt sich und schätzt das Gegebene von diesem Zweck her ein. Unter diesen Bedingungen wird das Gegebene im Hinblick auf etwas eingeschätzt, was noch nicht existiert;

im Licht des Nicht-seins wird das An-sich-sein erhellt. Daraus ergibt sich eine zweifache nichtende Färbung des Gegebenen: einerseits wird es insofern genichtet, als der Bruch mit ihm jede Wirkung auf die Intention verlorengehen läßt; andererseits erfährt es eine neue Nichtung, weil ihm diese Wirkung von einem Nichts, der Einschätzung, her zurückgegeben wird. Da die menschliche-Realität Handlung ist, ist sie nur als Bruch mit dem Gegebenen in ihrem Sein denkbar. Sie ist das Sein, das macht, daß es Gegebenes *gibt*, indem es mit ihm bricht und es im Licht des Noch-nicht-existierenden erhellt.

6. Diese Notwendigkeit für das Gegebene, nur im Rahmen einer es enthüllenden Nichtung zu erscheinen, ist eins mit der *internen Negation*, die wir im Zweiten Teil beschrieben. Es wäre abwegig, sich vorzustellen, das Bewußtsein könnte ohne Gegebenes existieren: es wäre dann Bewußtsein (von) sich selbst als Bewußtsein von nichts, das heißt das absolute Nichts. Aber wenn das Bewußtsein vom Gegebenen her existiert, bedeutet das keineswegs, daß das Gegebene es bedingt: es ist schlicht und einfach Negation des Gegebenen, es existiert als Degagement von einem bestimmten existierenden Gegebenen und als Engagement auf einen bestimmten, noch nicht existierenden Zweck hin. Außerdem aber kann diese interne Negation nur für ein Sein Tatsache sein, das in ständigem Abstand gegenüber sich selbst ist. Wenn es nicht seine eigene Negation wäre, so wäre es das, was es ist, das heißt ein schlicht und einfach Gegebenes; dann hätte es keine Verbindung mit irgendeinem anderen *Datum*, denn das von Natur Gegebene ist nur das, was es ist. So wäre jede Möglichkeit des Erscheinens einer Welt ausgeschlossen. Um nicht ein Gegebenes zu *sein*, muß sich das Für-sich ständig als in Abstand gegenüber sich selbst konstituieren, das heißt sich hinter sich lassen als ein *Datum*, das es schon nicht mehr ist. Dieses Merkmal des Für-sich impliziert, daß es das Sein ist, das *keine Hilfe, keinen Stützpunkt* in dem findet,

was es *war*. Sondern das Für-sich ist vielmehr frei und kann machen, daß es eine Welt gibt, weil es *das Sein ist, das im Licht dessen, was es sein wird, das zu sein hat, was es war*. Die Freiheit des Für-sich erscheint also als sein *Sein*. Aber da diese Freiheit weder ein Gegebenes noch eine Eigenschaft ist, kann sie nur sein, indem sie sich wählt. Die Freiheit des Für-sich ist immer *engagiert*; hier handelt es sich nicht um eine Freiheit, die unbestimmtes Können wäre und vor ihrer Wahl existierte. Wir erfassen uns immer nur als soeben geschehende Wahl. Und die Freiheit ist einfach die Tatsache, daß diese Wahl immer unbedingt ist.

7. Eine solche Wahl ohne Stützpunkt, die sich ihre Motive selbst diktiert, kann *absurd* erscheinen und ist es tatsächlich. Die Freiheit ist ja *Wahl* ihres Seins, aber nicht *Grund* ihres Seins. Wir werden auf diese Beziehung der Freiheit zur Faktizität noch in diesem Kapitel zurückkommen. Im Augenblick wollen wir nur sagen, daß die menschliche-Realität sich wählen kann, wie sie es versteht, daß sie aber nicht sich nicht wählen kann, sie kann sich nicht einmal weigern, zu sein: der Selbstmord ist ja Wahl und Behauptung, zu sein. Durch dieses Sein, das ihr *gegeben* ist, hat sie an der universalen Kontingenz des Seins teil und dadurch an dem, was wir Absurdität nannten. Diese Wahl ist absurd, nicht weil sie ohne Grund ist, sondern weil es keine Möglichkeit gegeben hat, nicht zu wählen. Die Wahl wird, was sie auch sein mag, vom Sein begründet und wieder erfaßt, denn sie ist Wahl, die ist. Aber man muß hier festhalten, daß diese Wahl nicht in dem Sinn absurd ist, daß in einem rationalen Universum ein Phänomen auftauchte, das mit den anderen nicht durch *Gründe* verbunden wäre: sie ist absurd in dem Sinn, daß sie das ist, wodurch alle Grundlagen und alle Gründe zum Sein kommen, das, wodurch der Absurditätsbegriff selbst einen Sinn erhält. Sie ist absurd, weil sie jenseits aller Gründe ist. So ist die Freiheit nicht schlicht und einfach die Kontingenz, insofern sie sich auf ihr Sein zurückwen-

det, um es im Licht ihres Zwecks zu erhellen, sie ist ein ständiges Der-Kontingenz-Entgehen, sie ist Verinnerung, Nichtung und Subjektivierung der Kontingenz, die, auf diese Weise modifiziert, gänzlich in die Grundlosigkeit der Wahl übergeht.

8. Der freie Entwurf ist grundlegend, denn er ist mein Sein. Weder der Ehrgeiz noch die Passion, geliebt zu werden, noch der Minderwertigkeitskomplex können als grundlegende Entwürfe angesehen werden. Sie müssen vielmehr von einem ersten Entwurf aus verstanden werden, der daran erkennbar ist, daß er sich nicht mehr von irgendeinem andern aus interpretieren läßt und daß er total ist. Eine besondere phänomenologische Methode ist notwendig, diesen Initialentwurf zu explizieren. Wir nennen sie existentielle Psychoanalyse. Im nächsten Kapitel werden wir darüber sprechen. Schon jetzt können wir sagen, daß der grundlegende Entwurf, der ich bin, ein Entwurf ist, der nicht meine Beziehungen zu diesem oder jenem besonderen Gegenstand der Welt betrifft, sondern mein In-der-Welt-sein als Totalität, und daß – da die Welt selbst sich nur im Licht eines Zwecks enthüllt – dieser Entwurf einen bestimmten Typus einer Beziehung zum Sein, die das Für-sich unterhalten will, als Zweck setzt. Dieser Entwurf ist keineswegs instantan, da er nicht «in» der Zeit sein kann. Er ist auch nicht zeitlos, um sich hinterher «Zeit zu nehmen». Deshalb weisen wir Kants «Wahl des intelligiblen Charakters» zurück.[302] Die Struktur der Wahl impliziert notwendig, daß sie Wahl in der Welt ist. Eine Wahl, die *von nichts ausginge*, Wahl *gegen nichts*, wäre Wahl von nichts und würde sich als Wahl vernichten. Es gibt nur phänomenale Wahl, wobei allerdings klar sein muß, daß das Phänomen hier das Absolute ist. Aber mit ihrem Auftauchen verzeitlicht sie sich, denn sie macht, daß eine Zukunft die Gegenwart beleuchtet und sie als Gegenwart konstituiert, indem sie den «Daten» an-sich die Bedeutung von Vergangensein gibt. Darunter darf man freilich

nicht verstehen, daß der grundlegende Entwurf sich über das ganze «Leben» des Für-sich erstreckt. Da die Freiheit Sein-ohne-Rückhalt und ohne-Sprungbrett ist, muß der Entwurf, um sein zu können, ständig erneuert werden. Ich wähle mich fortwährend und kann nie als Gewählt-worden-sein sein, sonst fiele ich in die bloße Existenz des Ansich zurück. Die Notwendigkeit, mich fortwährend zu wählen, ist eins mit der verfolgten-Verfolgung, die ich bin. Aber gerade weil es sich um eine *Wahl* handelt, weist diese Wahl in dem Maß, wie sie sich vollzieht, allgemein andere Wahlen als mögliche aus. Die Möglichkeit dieser anderen Wahlen wird weder expliziert noch gesetzt, sondern gelebt in dem Gefühl, daß nichts zu rechtfertigen ist, und sie äußert sich durch die Tatsache der *Absurdität* meiner Wahl und folglich meines Seins. So untergräbt meine Freiheit meine Freiheit. Da ich ja frei bin, entwerfe ich mein totales Mögliches, setze aber dadurch, daß ich frei bin und daß ich diesen primären Entwurf jederzeit nichten und vergangen machen kann. In dem Moment, wo das Für-sich meint, daß es sich erfaßt und sich von einem ent-worfenen Nichts das anzeigen läßt, was es *ist*, entgeht es sich also, denn gerade dadurch setzt es, daß es anders sein kann, als es ist. Es braucht nur zu explizieren, daß es nicht zu rechtfertigen ist, um den *Augenblick* auftauchen lassen zu können, das heißt das Erscheinen eines neuen Entwurfs über der Auflösung des alten. Da indessen dieses Auftauchen des neuen Entwurfs die Nichtung des alten zur ausdrücklichen Bedingung hat, kann sich das Für-sich keine neue Existenz verleihen: sobald es den überholten Entwurf in die Vergangenheit zurückstößt, hat es diesen Entwurf in der Form des «ich war» zu sein – was bedeutet, das der überholte Entwurf von nun an zu seiner Situation gehört. Kein Seinsgesetz kann für die verschiedenen Entwürfe, die ich bin, *a priori* eine Zahl festlegen: die Existenz des Für-sich bedingt ja sein Wesen. Man muß vielmehr die Geschichte eines jeden heranziehen, um sich von jedem einzelnen Für-sich eine einzelne Vorstellung machen zu können. Unsere einzelnen Entwürfe, die die Realisierung eines einzelnen Zwecks in der Welt betreffen, integrieren sich in den globalen Entwurf, der wir sind. Aber eben weil wir ganz und gar Wahl und Handlung sind, werden diese partiellen Entwürfe nicht durch den globalen Entwurf bestimmt: sie müssen selbst Wahlen sein, und jedem von ihnen ist eine gewisse Marge an Kontingenz, Unvorhersehbarkeit und Absurdem belassen, obwohl jeder Entwurf, insofern er sich entwirft, als Spezifizierung des globalen Entwurfs anläßlich einzelner Elemente der Situation, sich stets in bezug auf die Totalität meines In-der-Welt-seins versteht.

Mit diesen wenigen Bemerkungen glauben wir die Freiheit des Für-sich in ihrer ursprünglichen Existenz beschrieben zu haben. Aber man wird bemerkt haben, daß diese Freiheit ein Gegebenes erfordert, nicht als ihre Bedingung, aber in mehr als einer Hinsicht: zunächst ist die Freiheit nur als Nichtung eines Gegebenen denkbar (Ziffer 5), und nur in dem Maß, wie sie interne Negation und Bewußtsein ist, hat sie an der Notwendigkeit teil (Ziffer 6), die dem Bewußtsein vorschreibt, Bewußtsein *von* etwas zu sein. Außerdem ist die Freiheit Freiheit zu wählen, nicht aber die Freiheit, nicht zu wählen. Nicht wählen heißt ja wählen, nicht zu wählen. Daraus ergibt sich, daß die Wahl Grundlage des Gewählt-seins ist, aber nicht Grundlage des Wählens. Daher die Absurdität (Ziffer 7) der Freiheit. Auch hier verweist sie uns auf ein Gegebenes, das nichts anderes ist als eben die Faktizität des Für-sich. Schließlich kann sich der globale Entwurf, obwohl er die Welt in ihrer Totalität beleuchtet, anläßlich dieses oder jenes Elements der Situation und folglich der Kontingenz der Welt spezifizieren. Alle diese Feststellungen verweisen uns auf ein schwieriges Problem: das der Beziehungen der Freiheit zur Faktizität. Sie treffen sich übrigens mit den konkreten

Einwänden, die man uns unweigerlich machen wird: kann ich wählen, groß zu sein, wenn ich klein bin, zwei Arme zu haben, wenn ich einarmig bin? usw., Einwände, die sich genau auf die «Grenzen» beziehen, die meine faktische Situation meiner freien Wahl meiner selbst setzt. Es muß also der andere Aspekt der Freiheit geprüft werden, ihre «Rückseite»: ihre Beziehung zur Faktizität.

II

Freiheit und Faktizität: Die Situation

Das entscheidende Argument des gesunden Menschenverstands gegen die Freiheit besteht darin, uns an unsere Ohnmacht zu erinnern. Weit entfernt, daß wir unsere Situation nach Belieben modifizieren könnten, scheinen wir uns nicht einmal selbst ändern zu können. Ich bin weder «frei», dem Los meiner Klasse, meiner Nation, meiner Familie zu entgehen, noch, meine Macht oder mein Vermögen zu erwerben, noch, meine geringsten Gelüste oder meine Gewohnheiten zu besiegen. Ich werde als Arbeiter, als Franzose, mit Erbsyphilis oder Tuberkulose geboren. Die Geschichte eines Lebens, wie es auch sei, ist die Geschichte eines Scheiterns. Der Widrigkeitskoeffizient der Dinge ist so, daß es Jahre der Geduld bedarf, den geringsten Erfolg zu erreichen. Außerdem muß man «der Natur gehorchen, um sie beherrschen zu können», das heißt, ich muß mein Handeln in die Maschen des Determinismus einfügen. Anstatt «sich zu machen», scheint der Mensch «gemacht zu werden» durch das Klima und das Land, die Rasse und die Klasse, die Sprache, die Geschichte der Kollektivität, der er angehört, die Vererbung, die individuellen Umstände seiner Kindheit, die angenommenen Gewohnheiten, die großen und kleinen Ereignisse seines Lebens.

Dieses Argument hat die Anhänger der menschlichen Freiheit nie tief verwirrt: als erster erkannte Descartes, daß der Wille unbegrenzt ist, und gleichzeitig, daß man immer versuchen muß, «viel mehr [sich] selbst als das Schicksal zu besiegen».[303] Man muß hier also Unterscheidungen machen; viele der von den Deterministen vorgebrachten Tatsachen können nicht in Betracht gezogen werden. Besonders der Widrigkeitskoeffizient der Dinge kann kein Argument gegen unsere Freiheit sein, denn *durch uns*, das heißt durch die vorherige Setzung eines Zwecks, taucht dieser Widrigkeitskoeffizient auf. Ein Felsblock, der einen erheblichen Widerstand darstellt, wenn ich ihn wegrücken will, ist dagegen eine wertvolle Hilfe, wenn ich ihn besteigen will, um die Landschaft zu betrachten. An ihm selbst – falls es überhaupt möglich ist, zu sehen, was er an ihm selbst sein kann – ist er neutral, das heißt, er erwartet, durch einen Zweck erhellt zu werden, um sich als widrig oder als hilfreich zu erweisen. Außerdem kann er sich in der einen oder anderen Weise nur innerhalb eines bereits bestehenden Utensilkomplexes zeigen. Ohne die Spitzhacken, die bereits gebahnten Pfade, ohne die Bergsteigertechnik wäre der Fels also weder leicht noch schwierig zu besteigen; die Frage würde sich gar nicht stellen, er hätte keinerlei Beziehung irgendwelcher Art zur Technik des Alpinismus. Obwohl die rohen Dinge (was Heidegger die «Naturprodukte» [*existants bruts*]» nennt) [304] von Anfang an unsere Handlungsfreiheit begrenzen können, muß doch unsere Freiheit selbst vorher den Rahmen, die Technik und die Zwecke konstituieren, für die sie sich als Grenzen erweisen werden. Wenn der Fels selbst sich als «zu schwierig zu besteigen» enthüllt und wenn wir auf die Besteigung verzichten müssen, so hat er sich ja nur deshalb als ein solcher enthüllt, weil er ursprünglich als «besteigbar» aufgefaßt worden war; es ist also unsere Freiheit, die die Grenzen konstituiert, denen sie in der Folge begegnen wird. Zwar bleibt auch nach diesen Hinweisen ein unnennbares und undenkbares *Residuum*, das zu dem betreffenden An-sich gehört und macht, daß in einer durch unsere Freiheit erhellten Welt der eine Fels geeigneter für die Besteigung ist als der andere. Aber anstatt daß dieses *Residuum* ursprünglich eine Grenze der Freiheit wäre, ist es ihm – das heißt dem rohen An-sich als solchem – vielmehr zu danken, daß sie als Freiheit auftaucht. Der gesunde Menschenverstand wird uns ja darin beistimmen, daß das *frei* genannte Sein das ist, das seine Entwürfe *realisieren* kann. Damit aber die Handlung eine *Realisierung* enthalten kann, muß das bloße Entwerfen eines möglichen Zwecks sich *a priori* von der Realisierung dieses Zwecks unterscheiden. Wenn es zum Realisieren genügte, etwas zu planen, dann steckte ich in einer Welt ähnlich der des Traums, wo das Mögliche sich in keiner Weise mehr vom Realen unterscheidet. Ich bin dann dazu verurteilt, die Welt sich nach den Veränderungen *von* meinem Bewußtsein modifizieren zu sehen, ich kann gegenüber meiner Planung keine «Einklammerung» und Urteilsenthaltung vornehmen, was eine bloße Fiktion von einer realen Wahl unterscheidet. Der erscheinende Gegenstand wird, sobald er bloß geplant wird, nicht mehr gewählt und nicht einmal gewünscht. Da die Unterscheidung zwischen dem bloßen *Wunsch*, der *Vorstellung*, daß ich wählen könnte, und der *Wahl* beseitigt ist, verschwindet mit ihr auch die Freiheit. Wir sind frei, wenn das äußerste Ende, durch das wir uns das, was wir sind, anzeigen lassen, ein *Zweck* ist, das heißt kein reales Existierendes wie das, was bei der von uns gemachten Voraussetzung unsern Wunsch erfüllen würde, sondern ein Gegenstand, der noch nicht existiert. Dann aber kann dieser *Zweck* nur transzendent sein, wenn er von uns getrennt und gleichzeitig erreichbar ist. Nur eine Gesamtheit realer Existierender kann uns von diesem Zweck trennen – ebenso wie dieser Zweck nur als künftiger Zustand der realen Existierenden, die mich von ihm trennen, gedacht werden kann. Er ist nichts anderes als der Entwurf einer Ordnung der Existierenden, das heißt einer Reihe von Dispositionen, die von den Existierenden auf der Grundlage ihrer gegenwärtigen Beziehungen vorzunehmen sind. Durch die interne Negation erhellt ja das Für-sich die Existierenden in ihren gegenseitigen Beziehungen durch den Zweck, den es setzt, und entwirft diesen Zweck von den Bestimmungen her, die es im Existierenden erfaßt. Hier gibt es, wie wir gesehen haben, keinen Zirkel, denn das Auftauchen des Für-sich geschieht auf einen Schlag. Wenn dem aber so ist, dann ist gerade die Ordnung der Existierenden für die Freiheit selbst unentbehrlich. Durch die Existierenden ist sie getrennt und wieder vereinigt in bezug auf den Zweck, den sie verfolgt und der ihr anzeigt, was sie ist. So daß die Widerstände, die die Freiheit im Existierenden enthüllt, keineswegs eine Gefahr für die Freiheit sind, sondern ihr erst ermöglichen, als Freiheit aufzutauchen. Ein freies Für-sich kann es nur als engagiert in eine Widerstand leistende Welt geben. Außerhalb dieser Engagiertheit verlieren die Begriffe Freiheit, Determinismus, Notwendigkeit sogar ihren Sinn.

Außerdem muß man gegen den gesunden Menschenverstand präzisieren, daß die Formel «frei sein» nicht bedeutet «erreichen, was man gewollt hat», sondern «sich dazu bestimmen, durch sich selbst zu wollen» (im umfassenden Sinn von wählen). Anders gesagt, der Erfolg ist für die Freiheit in keiner Weise wichtig. Die Diskussion, die den Philosophen den gesunden Menschenverstand entgegenhält, kommt hier von einem Mißverständnis: der empirische und volkstümliche Begriff «Freiheit» als Produkt historischer, politischer und moralischer Umstände ist gleichbedeutend mit «Fähigkeit, die gewählten Zwecke zu erreichen». Der technische und philosophische Freiheitsbegriff, den wir hier allein meinen, bedeutet nur: Autonomie der Wahl. Man muß jedoch beachten, daß die mit dem Handeln identische Wahl, um sich vom Traum und vom Wunsch unterscheiden zu können, einen Realisierungsbeginn voraussetzt. Wir sagen also nicht, daß ein Gefangener immer frei ist, das Gefängnis zu verlassen, was absurd wäre, und auch nicht, daß er immer frei ist, die Entlassung zu wünschen, was eine belanglose Binsenwahrheit wäre, sondern daß er immer frei ist, auszubrechen zu versuchen (oder sich befreien zu lassen) – das heißt, was auch seine Lage sein mag, er kann seinen Ausbruch entwerfen und sich selbst über den Wert seines Entwurfs durch einen Handlungsbeginn unterrichten. Da unsere Beschreibung der Freiheit nicht zwischen Wählen und Handeln unterscheidet, zwingt sie uns zugleich, auf die Unterscheidung zwischen Intention und Akt zu verzichten. Man kann die Intention vom Akt ebensowenig trennen wie das Denken von der Sprache, die es ausdrückt, und wie es vorkommt, daß unser Wort uns über unser Denken unterrichtet, unterrichten uns unsere Akte über unsere Intentionen, das heißt, sie ermöglichen uns, sie herauszufinden, zu schematisieren, zu Gegenständen zu machen, statt uns damit zu begnügen, sie zu leben, das heißt, von ihnen ein nicht-thetisches Bewußtsein zu gewinnen. Dieser wesentliche Unterschied zwischen der Freiheit der Wahl und der Freiheit, etwas zu erreichen, ist von Descartes, nach dem Stoizismus, sicherlich gesehen worden. Er macht allen Diskussionen über «wollen» und «können», die noch heute Anhänger und Gegner der Freiheit in Widerstreit bringen, ein Ende.

Nichtsdestoweniger ist wahr, daß die Freiheit auf Grenzen stößt oder zu stoßen scheint auf Grund des *Gegebenen*, das sie überschreitet oder nichtet. Daß der Widrigkeitskoeffizient der Dinge und ihr *Hindernis*-Charakter (verbunden mit ihrem Utensil-Charakter) für die Existenz einer Freiheit unentbehrlich ist, ist ein zweischneidiges Argument, denn es ermöglicht zwar festzustellen, daß die Freiheit durch das Gegebene nicht aufgehoben wird, zeigt aber andererseits etwas wie eine ontologische Bedingtheit der Freiheit an. Wäre man nicht berechtigt, wie gewisse zeitgenössische Philosophen zu sagen: ohne Hindernis keine Freiheit? Und da wir nicht zugeben können, daß die Freiheit sich selbst ihr Hindernis schafft – was für jeden absurd ist, der begriffen hat, was eine Spontaneität ist –, scheint es hier etwas wie einen ontologischen Vorrang des An-sich vor dem Für-sich zu geben. Man muß also die früheren Ausführungen als bloße Versuche betrachten, den Weg frei zu machen, und muß die Frage der Faktizität wieder von vorn aufnehmen.

Wir haben festgestellt, daß das Für-sich frei sei. Aber das bedeutet nicht, daß es sein eigener Grund sei. Wenn frei sein sein eigener Grund sein bedeutete, müßte die Freiheit über die *Existenz* ihres Seins entscheiden. Und diese Notwendigkeit läßt sich auf zwei Arten verstehen. Zunächst müßte die Freiheit über ihr Frei-sein entscheiden, das heißt nicht nur, daß sie Wahl eines Zwecks wäre, sondern Wahl ihrer selbst als Freiheit. Das würde also voraussetzen, daß die Möglichkeit, frei-zu-sein, und die Möglichkeit, nicht frei zu sein, in gleicher Weise vor der freien Wahl einer von ihnen existierten, das heißt vor der freien Wahl der Freiheit. Aber da es dann einer vorherigen Freiheit bedürfte, die wählte, frei zu sein, das heißt im Grunde, die das zu sein wählte, was sie schon ist, wären wir unendlich weiter verwiesen, denn sie bedürfte einer anderen, früheren Freiheit, um wählen zu können, und so fort. Tatsächlich sind wir eine Freiheit, die wählt, aber wir wählen nicht, frei zu sein: wir sind zur Freiheit verurteilt, wie wir weiter oben gesagt haben, in die Freiheit geworfen oder, wie Heidegger sagt, ihr «überantwortet»[305]. Und wie man sieht, hat dieses Überantwortet-sein keinen andern Ursprung als eben die Existenz der Freiheit. Wenn man also die Freiheit definiert als das Dem-Gegebenen-Entgehen, Dem-Faktum-Entgehen, so gibt es ein *Faktum* des Dem-Faktum-Entgehens. Das ist die Faktizität der Freiheit.

Aber die Tatsache, daß die Freiheit nicht ihr Grund ist, kann noch in anderer Weise verstanden werden, die zu identischen Schlüssen führt. Wenn nämlich die Freiheit über die Existenz ihres Seins entschiede, müßte das Sein nicht nur als nicht-frei möglich sein, auch meine absolute Nichtexistenz müßte möglich sein. Mit anderen Worten, wir haben gesehen, daß im Initialentwurf der Freiheit der Zweck auf die Motive zurückkam, um sie zu konstituieren; wenn aber die Freiheit ihr eigener Grund sein soll, muß der Zweck außerdem auf die Existenz selbst zurückkommen, um sie auftauchen zu lassen. Man sieht, was sich daraus ergäbe: das Für-sich zöge sich selbst aus dem Nichts, um den Zweck zu erreichen, den es sich setzt. Diese durch ihren Zweck legitimierte Existenz wäre Existenz *de jure*, nicht *de facto*. Und es ist richtig, daß unter den tausend Weisen, auf die sich das Für-sich von seiner ursprünglichen Kontingenz loszureißen versuchen kann, eine ist, die in dem Versuch besteht, sich durch Andere als Existenz *de jure* anerkennen zu lassen. Wir bestehen auf unseren individuellen Rechten nur im Rahmen eines umfassenden Entwurfs, der uns die Existenz von der Funktion her zu verleihen suchte, die wir erfüllen. Das ist der Grund, weshalb der Mensch so oft versucht, sich mit seiner Funktion zu identifizieren, und in sich selbst nur den «Präsidenten des Appellationsgerichts», den «Departementsschatzmeister» usw. sehen will. Jede dieser Funktionen hat ja ihre durch ihren Zweck gerechtfertigte Existenz. Mit einer von ihnen identifiziert werden heißt seine eigne Existenz als vor der Kontingenz gerettet ansehen. Aber diese Bemühungen, der ursprünglichen Kontingenz zu entgehen, festigen deren Existenz nur noch mehr. Die Freiheit kann durch den Zweck, den sie setzt, nicht über ihre Existenz entscheiden. Zwar existiert sie nur durch ihre Wahl eines Zwecks, aber sie ist nicht Herrin über die Tatsache, daß es eine Freiheit *gibt*, die sich das, was sie ist, durch ihren Zweck anzeigen läßt. Eine Freiheit, die sich selbst zur Existenz brächte, verlöre gerade ihren Sinn von Freiheit. Die Freiheit ist ja kein bloßes, unbestimmtes Können. Wenn sie das wäre, wäre sie Nichts oder An-sich; und es war eine irrige Synthese aus An-sich und Nichts, die Freiheit als ein nacktes und vor ihren Wahlen existierendes Können zu verstehen. Sie bestimmt sich gerade durch ihr Auftauchen zu einem «Handeln». Aber *Handeln* setzt, wie wir gesehen haben, die Nichtung eines Gegebenen voraus. Man macht etwas *aus* etwas. So ist die Freiheit Seinsmangel gegenüber einem gegebenen Sein und nicht Auftauchen eines vollen Seins. Und wenn sie das Seinsloch, das Seinsnichts ist, das wir beschrieben haben, setzt sie *das ganze Sein* voraus, um innerhalb des Seins als ein Loch auftauchen zu können. Sie kann sich also nicht vom Nichts her zur Existenz bestimmen, denn jede Hervorbringung vom Nichts her könnte nur An-sich-sein sein. Wir haben übrigens im Ersten Teil dieses Buchs nachgewiesen, daß das Nichts nur innerhalb des Seins erscheinen kann. Hier teilen wir die Forderungen des gesunden Menschenverstands: empirisch können wir nur gegenüber einem Sachverhalt und trotz diesem Sachverhalt frei sein. Man sagt, ich sei frei gegenüber diesem Sachverhalt, wenn er mich nicht nötigt. So ist die empirische und praktische Auffassung der Freiheit ganz negativ, sie geht von der Betrachtung einer Situation aus und stellt fest, daß diese Situation mir *die Freiheit läßt*, diesen oder jenen Zweck zu verfolgen. Man könnte sogar sagen, diese Situation bedinge meine Freiheit, insofern sie *da ist, um mich nicht zu nötigen*. Wenn man das Verbot aufhebt, nach der Sperrstunde auf die Straße zu gehen, was kann dann für mich die Freiheit bedeuten (die mir zum Beispiel durch einen Passierschein verliehen wird), nachts umherzulaufen?

So ist die Freiheit ein minderes Sein, das das Sein voraussetzt, um sich ihm entziehen zu können. Sie ist weder frei, nicht zu existieren, noch, nicht frei zu sein. Wir werden sogleich den Zusammenhang dieser beiden Strukturen erfassen: da ja die Freiheit Dem-Sein-Entgehen ist, kann sie sich nicht *neben* dem Sein hervorbringen, sozusagen lateral und in der Absicht, darüberzuschweben: man bricht nicht aus einem Kerker aus, in dem man nicht eingesperrt war. Eine Selbstprojektion am Rand des Seins könnte sich in keiner Weise als Nichtung dieses Seins konstituieren. Die Freiheit ist Einem-Engagement-im-Sein-Entgehen, sie ist Nichtung eines Seins, das sie *ist*. Das bedeutet nicht, daß die menschliche-Realität *erst* existiert und *dann* frei ist. Dann und erst sind von der Freiheit selbst geschaffene Begriffe. Das Auftauchen der Freiheit geschieht einfach durch die doppelte Nichtung des *Seins, das sie ist*, und des Seins, innerhalb dessen sie ist. Natürlich ist sie dieses Sein nicht im Sinn von An-sich-sein. Sondern sie macht, daß es dieses Sein *gibt*, das hinter ihr ihres ist, indem sie es in seinen Unzulänglichkeiten im Licht des von ihr gewählten Zwecks erhellt: sie hat hinter sich dieses Sein *zu sein*, das sie nicht gewählt hat, und genau in dem Maß, wie sie auf es zurückkommt, um es zu beleuchten, macht sie, daß dieses Sein, das ihres ist, in Bezug zu dem *Plenum* des Seins erscheint, das heißt innerweltlich existiert. Wir sagten, die Freiheit sei nicht frei, nicht frei zu sein, und sie sei nicht frei, nicht zu existieren. Die Tatsache, nicht nicht frei sein zu können, ist die *Faktizität* der Freiheit, und die Tatsache, nicht nicht existieren zu können, ist ihre *Kontingenz*. Kontingenz und Faktizität sind eins: es gibt ein Sein, das[306] die Freiheit in Form von *Nicht-sein* (das heißt Nichtung) zu sein hat. Als *das Faktum* der Freiheit existieren oder ein innerweltliches Sein sein zu haben ist ein und dasselbe und bedeutet, daß die Freiheit ursprünglich *Bezug zum Gegebenen* ist.

Aber was ist dieser Bezug zum Gegebenen? Und muß man darunter verstehen, daß das Gegebene (das An-sich) die Freiheit bedingt? Sehen wir genauer hin: das Gegebene ist weder *Ursache* der Freiheit (denn es kann nur Gegebenes hervorbringen) noch *Grund* [raison] (denn jeder «Grund» kommt durch die Freiheit zur Welt). Es ist auch nicht *notwendige Bedingung* der Freiheit, denn wir sind auf dem Gebiet der reinen Kontingenz. Es ist auch nicht *unentbehrlicher Stoff*, an dem die Freiheit sich betätigen muß, denn das hieße voraussetzen, daß die Freiheit als eine aristotelische Form oder als stoizistisches Pneuma existiert, ganz fertig, und daß sie eine zu bearbeitende Materie sucht. Nichts davon geht in die Konstitution der Freiheit ein, denn diese verinnert sich als interne Negation des Gegebenen. Es ist einfach die bloße Kontingenz, die zu negieren die Freiheit trachtet, indem sie sich zu Wahl macht, es ist die Seinsfülle, die von der Freiheit im Licht eines nicht existierenden Zwecks mit Unzulänglichkeit und Negativität gefärbt wird, es ist *die Freiheit selbst*, insofern *sie existiert* – und insofern sie, was sie auch macht, ihrer Existenz nicht entgehen kann. Der Leser hat verstanden, daß dieses Gegebene nichts anderes ist als das durch das Fürsich genichtete An-sich, das jenes zu sein hat, und als der Körper als Gesichtspunkt gegenüber der Welt und als die Vergangenheit als *Wesen*, das das Für-sich war: drei Bezeichnungen für dieselbe Realität. Durch ihren nichtenden Abstand macht die Freiheit, daß vom Gesichtspunkt des Zwecks her ein System von Beziehungen entsteht zwischen «den» An-sich, das heißt zwischen dem Seins-*Plenum*, das sich dann als *Welt* enthüllt, und dem Sein, das sie inmitten dieses *Plenums* zu sein hat und das sich als *ein* Sein, als *ein* Dieses enthüllt, das sie zu sein hat. Die Freiheit konstituiert also als innerweltliches Sein, eben durch ihre Projektion auf einen Zweck hin, ein besonderes *Datum*, das sie zu sein hat. Sie wählt es nicht, denn das hieße ihre eigene Existenz wählen, aber durch die Wahl ihres Zwecks macht sie, daß das *Datum* sich auf diese oder jene Weise, in diesem oder jenem Licht in Verbindung mit der Entdeckung der Welt selbst enthüllt. So erscheinen ihr gerade die Kontingenz der Freiheit und die Welt, die diese Kontingenz mit ihrer eignen Kontingenz umgibt, nur im

Licht des Zwecks, den sie gewählt hat, das heißt nicht als rohe Existierende, sondern in der Erhellungseinheit ein und derselben Nichtung. Und die Freiheit kann diese Gesamtheit nie als bloßes *Datum* wieder erfassen, denn das müßte außerhalb jeder Wahl geschehen, und sie müßte also aufhören, Freiheit zu sein. Die Kontingenz der Freiheit im Seins-*Plenum* der Welt, insofern dieses *Datum*, das nur da ist, um die Freiheit *nicht zu nötigen*, sich dieser Freiheit nur enthüllt als *schon erhellt* durch den Zweck, den sie wählt – das nennen wir *Situation*. So erscheint das *Datum* dem Für-sich nie als rohes und an-sich Existierendes; es enthüllt sich immer *als Motiv*, da es sich nur im Licht eines es erhellenden Zwecks enthüllt. Situation und Motivation sind eins. Das Für-sich enthüllt sich als in das Sein engagiert, vom Sein umschlossen, vom Sein bedroht; es entdeckt den Sachverhalt, der es als Motiv einer Abwehr- oder Angriffsreaktion umgibt. Aber es kann diese Entdeckung nur machen, weil es frei den Zweck setzt, dem gegenüber der Sachverhalt bedrohlich oder günstig ist. Diese Hinweise sollen uns zeigen, daß die *Situation*, als gemeinsames Produkt der Kontingenz des An-sich und der Freiheit, ein doppeldeutiges Phänomen ist, in dem das Für-sich unmöglich den Beitrag der Freiheit und des rohen Existierenden unterscheiden kann. Ebenso nämlich, wie die Freiheit einer Kontingenz entgeht, die sie zu sein hat, um ihr entgehen zu können, ist die Situation freie Koordination und freie Qualifikation eines rohen Gegebenen, das sich nicht beliebig qualifizieren läßt. Ich stehe am Fuß dieses Felsens, der mir als «nicht besteigbar» erscheint. Das bedeutet, daß mir der Fels im Licht einer geplanten Besteigung erscheint – eines sekundären Entwurfs, der seinen Sinn von einem Initialentwurf aus erhält, der mein In-der-Welt-sein ist. So hebt sich der Fels durch die Wirkung der initialen Wahl meiner Freiheit vom Welthintergrund ab. Andererseits kann aber meine Freiheit nicht entscheiden, ob der «zu besteigende» Fels sich für die Besteigung eignet oder nicht. Das ist Teil des rohen Seins des Felsens. Jedenfalls kann der Fels seinen Widerstand gegen die Besteigung nur manifestieren, wenn er durch die Freiheit in eine «Situation» integriert ist, deren allgemeines Thema die Besteigung ist. Für den einfachen Spaziergänger, der auf der Straße vorbeigeht und dessen freier Entwurf eine bloße ästhetische Anordnung der Landschaft ist, enthüllt sich der Fels weder als besteigbar noch als unbesteigbar: er zeigt sich nur als schön oder häßlich. Daher ist es unmöglich, in jedem einzelnen Fall zu bestimmen, was der Freiheit und was dem rohen Sein des An-sich zukommt. Das Gegebene an sich als *Widerstand* oder als *Hilfe* enthüllt sich nur im Licht der ent-werfenden Freiheit. Aber die ent-werfende Freiheit organisiert eine solche Beleuchtung, daß das An-sich darin entdeckt wird, *wie es ist*, das heißt widerständig oder günstig, wobei wohlgemerkt der Widerstand des Gegebenen nicht direkt als Eigenschaft an-sich des Gegebenen denkbar ist, sondern nur als Hinweis auf ein unerfaßbares *quid* durch eine freie Beleuchtung und eine freie Brechung. Nur im freien Auftauchen einer Freiheit und durch dieses entwickelt und enthüllt also die Welt die Widerstände, die den entworfenen Zweck unrealisierbar machen können. Der Mensch begegnet Hindernissen nur auf dem Feld seiner Freiheit. Mehr noch: es ist unmöglich, *a priori* zu entscheiden, was beim Hindernischarakter eines einzelnen Existierenden dem rohen Existierenden und was der Freiheit zukommt. Denn was für mich Hindernis ist, wird es für einen andern nicht sein. Es gibt kein absolutes Hindernis, sondern das Hindernis enthüllt seinen Widrigkeitskoeffizienten über die frei erfundenen und frei erworbenen Techniken; es enthüllt ihn auch nach dem Wert des durch die Freiheit gesetzten Zwecks. Dieser Fels wird kein Hindernis sein, wenn ich, koste es, was es wolle, zum Gipfel des Berges gelangen will; dagegen entmutigt er mich, wenn ich meinem Wunsch, den geplanten Aufstieg zu machen, aus freien Stücken Grenzen gesetzt habe. So enthüllt mir die Welt durch Widrigkeitskoeffizienten die Art, in der ich an den Zwecken festhalte, die ich mir setze; so daß ich nie wissen kann, ob sie mir einen Aufschluß über mich oder über sich gibt. Außerdem ist der Widrigkeitskoeffizient des Gegebenen nie einfacher Bezug zu meiner Freiheit als bloßem nichtendem Hervorbrechen: er ist durch die Freiheit erhellter Bezug zwischen dem *Datum*, das der Felsen ist, und dem *Datum*, das meine Freiheit zu sein hat, das heißt zwischen dem Kontingenten, das sie nicht ist, und ihrer reinen Faktizität. Bei gleichem Wunsch nach einer Besteigung ist der Fels leicht zu besteigen für einen athletischen Bergsteiger, schwer für einen andern, einen schlecht trainierten Anfänger mit schwächlichem Körper. Aber der Körper enthüllt sich seinerseits nur in bezug auf eine freie Wahl als gut oder schlecht trainiert. Weil ich da bin und weil ich aus mir das gemacht habe, was ich bin, enthüllt der Fels in bezug auf meinen Körper einen Widrigkeitskoeffizienten. Für den Rechtsanwalt, der in der Stadt geblieben ist und der, den Körper unter seiner Anwaltsrobe verborgen, sein Plädoyer hält, ist der Fels weder schwer noch leicht zu besteigen: er ist in die Totalität «Welt» eingeschmolzen, ohne im geringsten aus ihr herauszuragen. Und in gewissem Sinn bin ich es, der seinen Körper als schwächlichen wählt, indem ich ihn vor Schwierigkeiten stelle, die ich entstehen lasse (Bergsteigen, Radfahren, Sport). Wenn ich nicht gewählt habe, Sport zu treiben, wenn ich in den Städten bleibe und mich ausschließlich mit Handel oder geistigen Arbeiten beschäftige, wird mein Körper in keiner Weise von diesem Gesichtspunkt aus qualifiziert sein. So ahnen wir langsam das Paradox der Freiheit: es gibt Freiheit nur *in Situation*, und es gibt Situation nur durch die Freiheit. Die menschliche-Realität begegnet überall Widerständen und Hindernissen, die sie nicht geschaffen hat; aber diese Widerstände und Hindernisse haben Sinn nur in der freien Wahl und durch die freie

Wahl, die die menschliche-Realität *ist*. Um aber den Sinn dieser Bemerkungen besser erfassen und daraus den Nutzen ziehen zu können, den sie enthalten, müssen wir nun in ihrem Licht einige einzelne Beispiele untersuchen. Was wir Faktizität der Freiheit genannt haben, ist das Gegebene, das sie *zu sein hat* und das sie mit ihrem Entwurf erhellt. Dieses Gegebene manifestiert sich in mehreren Arten, wenn auch in der absoluten Einheit einer gleichen Erhellung. Es ist *mein Platz, mein Körper, meine Vergangenheit, meine Position*, insofern sie durch die Indikationen der anderen bereits bestimmt ist, schließlich *meine grundlegende Beziehung zu Anderen*. Wir werden diese verschiedenen Strukturen der Situation nacheinander und an einzelnen Beispielen untersuchen. Aber man darf nie aus den Augen verlieren, daß keine von ihnen allein gegeben ist und daß man, wenn man eine von ihnen isoliert betrachtet, sich darauf beschränkt, sie auf dem synthetischen Hintergrund der anderen erscheinen zu lassen.

A) *Mein Platz*

Er wird durch die räumliche Ordnung und durch die besondere Natur der «Dieses» definiert, die sich mir auf dem Welthintergrund enthüllen. Es ist natürlich der Ort, wo ich «wohne» (mein «Land» mit seinem Boden, seinem Klima, seinen Reichtümern, seiner hydrographischen und orographischen Beschaffenheit), aber es ist auch ganz einfach die Disposition und Anordnung der Gegenstände, die mir gegenwärtig erscheinen (ein Tisch, an der andern Seite des Tischs ein Fenster, links vom Fenster ein Schrank, rechts ein Stuhl und hinter dem Fenster die Straße und das Meer) und die mich als den Grund ihrer Anordnung anzeigen. Es kann nicht sein, daß ich keinen Platz habe, sonst wäre ich gegenüber der Welt im Zustand des Darüberschwebens, und die Welt würde sich, wie wir früher gesehen haben, auf keine Weise manifestieren. Übrigens, obwohl dieser gegenwärtige Platz mir durch meine Freiheit zugewiesen worden sein kann (ich bin hierher «gekommen»), habe ich ihn nur im Hinblick auf den einnehmen können, den ich vorher einnahm, und auf den von den Gegenständen selbst vorgezeichneten Wegen. Und dieser vorige Platz verweist mich auf einen andern, dieser wieder auf einen andern und so fort bis zur *bloßen Kontingenz meines Platzes*, das heißt bis zu demjenigen meiner Plätze, der auf nichts mehr von *mir* verweist: dem Platz, den die Geburt mir zuweist. Es würde nämlich nichts nutzen, diesen letzten Platz durch den zu erklären, den meine Mutter einnahm, als sie mich zur Welt brachte: die Kette ist gerissen, die von meinen Eltern frei gewählten Plätze können in keiner Weise als Erklärung *meiner* Plätze gelten; und wenn man einen von ihnen in seiner Verbindung zu meinem ursprünglichen Platz betrachtet – wie man zum Beispiel sagt: ich bin in Bordeaux geboren, weil mein Vater dort zum Beamten ernannt wurde, ich bin in Tours geboren, weil meine Großeltern dort Besitzungen hatten und meine Mutter bei ihnen Zuflucht suchte, als sie während der Schwangerschaft den Tod meines Vaters erfuhr –, so geschieht das, um stärker hervorzuheben, wie sehr die Geburt und der Platz, den sie mir zuweist, *für mich* kontingente Dinge sind. Geboren werden ist also, unter anderen Merkmalen, *seinen Platz einnehmen* oder vielmehr nach dem, was wir vorhin sagten, ihn *bekommen*. Und da dieser ursprüngliche Platz der ist, von dem aus ich nach bestimmten Regeln neue Plätze einnehmen werde, scheint es hier eine starke Einschränkung meiner Freiheit zu geben. Die Frage wird übrigens verwickelt, sobald man darüber nachdenkt: die Anhänger des freien Willens zeigen ja, daß sich von jedem gegenwärtig eingenommenen Platz aus unendlich viele andere Plätze meiner Wahl anbieten; die Gegner der Freiheit insistieren darauf, daß mir auf Grund dieser Tatsache unendlich viele Plätze versagt sind und außerdem die Gegenstände mir die Seite zuwenden, die ich nicht gewählt habe und die alle anderen ausschließt; sie fügen hinzu, daß *mein Platz* zu tief an die anderen Bedingungen meiner Existenz (Ernährungsweise, Klima usw.) gebunden ist, als daß er nicht dazu beitrüge, mich zu machen. Eine Entscheidung zwischen Anhängern und Gegnern der Freiheit scheint unmöglich. Das kommt daher, daß die Diskussion nicht auf ihrem eigentlichen Gebiet geführt wird.

Tatsächlich müssen wir, wenn wir die Frage richtig stellen wollen, von folgender Antinomie ausgehen: die menschliche-Realität bekommt ursprünglich ihren Platz inmitten der Dinge – die menschliche-Realität ist das, wodurch so etwas wie ein Platz zu den Dingen kommt. Ohne menschliche-Realität *gäbe es weder* Raum *noch* Platz – und trotzdem bekommt diese menschliche-Realität, durch die die Plazierung zu den Dingen kommt, ihren Platz unter den Dingen, ohne irgendwie Herrin darüber zu sein. Eigentlich gibt es dabei kein Geheimnis: aber die Beschreibung muß von der Antinomie ausgehen, sie wird uns die genaue Beziehung von Freiheit und Faktizität liefern.

Der geometrische Raum, das heißt die reine Wechselseitigkeit der räumlichen Beziehungen, ist, wie wir gesehen haben, ein reines Nichts. Die einzige konkrete Plazierung, die sich mir entdecken kann, ist die absolute Ausdehnung, das heißt genau die, die durch meinen als Zentrum betrachteten Platz definiert ist und für die die Entfernungen vom Gegenstand zu mir ohne Wechselseitigkeit absolut berechnet werden. Und die einzige absolute Ausdehnung ist die, die sich von einer Stelle aus entfaltet, die ich absolut *bin*. Kein anderer Punkt kann als absolutes Bezugszentrum gewählt werden, ohne sofort in die allgemeine Relativität hineingezogen zu werden. Wenn es eine Ausdehnung *gibt*, in deren Grenzen ich mich als frei oder unfrei erfasse und die sich mir als hilfreich oder widrig (trennend) darbietet, kann das nur sein, weil ich vor allem *meinen*

Platz existiere, ohne Wahl, auch ohne Notwendigkeit, als 572
die bloße absolute Tatsache meines *Da-seins*. Ich bin *da*:
nicht hier, sondern *da*. Das ist das absolute und unverstehbare Faktum, das am Ursprung der Ausdehnung und folglich meiner ursprünglichen Bezüge zu den Dingen (eher
zu diesen als zu jenen) steht. Faktum purer Kontingenz –
absurdes Faktum.

Nur ist anderseits dieser Platz, *der ich bin*, ein Bezug.
Eine einseitige Beziehung zwar, aber trotzdem Beziehung.
Wenn ich mich darauf beschränke, meinen Platz *zu existieren*, kann ich nicht gleichzeitig woanders sein, um diesen
grundlegenden Bezug herzustellen, ich kann nicht einmal
ein dunkles Verständnis des Gegenstands haben, in bezug
auf den sich mein Platz definiert. Ich kann die inneren Bestimmungen nur existieren, die die mich umgebenden unerfaßbaren und undenkbaren Gegenstände, ohne daß ich
es weiß, in mir hervorrufen können. Zugleich verschwindet die Realität der absoluten Ausdehnung selbst, und ich
bin von allem befreit, was einem Platz ähnelt. Andererseits weder frei noch unfrei: bloßes Existierendes, ohne
Zwang, auch ohne irgendein Mittel, den Zwang zu negieren. Damit so etwas wie eine ursprünglich als mein Platz
definierte Ausdehnung zur Welt kommen und gleichzeitig
mich streng definieren kann, ist es nicht nur erforderlich,
daß ich meinen Platz existiere, das heißt, daß *ich da zu sein
habe*: ich muß auch nicht ganz und gar hier sein können,
um dort drüben sein zu können, bei dem Gegenstand, den
ich zehn Meter von mir entfernt situiere und von dem aus
ich mir meinen Platz anzeigen lasse. Der einseitige Bezug,
der meinen Platz definiert, drückt sich nämlich aus als Bezug zwischen etwas, was ich bin, und etwas, was ich nicht
bin. Damit dieser Bezug sich enthüllt, muß er hergestellt
werden. Er setzt also voraus, daß ich imstande bin, folgende Operationen auszuführen: 1. *Dem, was ich bin,
entgehen und es nichten*, so daß das, was ich bin, obwohl
es doch *existiert* wird, sich dennoch als Glied eines Bezugs

enthüllen kann. Dieser Bezug ist nämlich unmittelbar gegeben, nicht in der bloßen Betrachtung der Gegenstände (man könnte uns, wenn wir versuchten, den Raum von der bloßen Betrachtung herzuleiten, entgegnen, daß die Gegenstände mit absoluten *Dimensionen* gegeben sind, nicht mit absoluten *Distanzen*), sondern unseres unmittelbaren Handelns («er kommt auf mich zu», «gehen wir ihm aus dem Weg», «ich laufe hinter ihm her» usw.), und er impliziert als solcher ein Verständnis dessen, was ich als Da-sein bin. Gleichzeitig muß man aber genau definieren, was ich vom Da-sein anderer «Dieses» aus bin. Als Da-sein bin ich der, auf den man zuläuft, der noch eine Stunde zu steigen hat, bevor er auf dem Gipfel des Berges ist usw. Wenn ich also zum Beispiel zum Berggipfel blicke, handelt es sich um ein Mir-Entgehen, begleitet von einem Zurückfließen, das ich vom Gipfel des Berges aus in Richtung auf mein Da-sein hin vollziehe, um mich zu *situieren*. So muß ich das sein, «was ich zu sein habe», genau dadurch, daß ich ihm entgehe. Damit ich mich durch meinen Platz definieren kann, muß ich zunächst mir selbst entgehen, um dann die Koordinaten zu setzen, von denen aus ich mich enger als Zentrum der Welt definiere. Man muß beachten, daß mein *Da-sein* in keiner Weise das Überschreiten bestimmen kann, das die Dinge fixiert und situiert, denn es ist *reines Gegebenes*, unfähig, zu ent-werfen, und damit es sich als dieses oder jenes *Da-sein* genau definieren kann, muß andererseits das vom Zurückfließen gefolgte Überschreiten es schon bestimmt haben. 2. *Durch interne Negation den «Dieses» inmitten der Welt entgehen, die ich nicht bin und durch die ich mir anzeigen lasse, was ich bin.* Sie entdecken und ihnen entgehen ist, wie wir gesehen haben, die Wirkung ein und derselben Negation. Auch hier ist die interne Negation primär und spontan gegenüber dem «Datum» als ent-decktem. Man kann nicht gelten lassen, daß es unsere Wahrnehmung *hervorruft*; sondern im Gegenteil, damit es ein «Dieses» *gibt*, das dem Da-sein, das ich *bin*, seine Distanzen anzeigt, muß ich ihm durch reine Negation entgehen. Nichtung, interne Negation, bestimmende Zurückwendung zu dem Da-sein, das ich bin, diese drei Operationen sind eins. Sie sind nur Momente einer ursprünglichen Transzendenz, die zu einem Ziel hinstrebt, indem sie mich nichtet, um mir durch die Zukunft anzeigen zu lassen, was ich bin. So teilt mir meine Freiheit *meinen* Platz zu und definiert ihn als solchen, indem sie mich situiert; ich kann nicht streng *begrenzt* sein auf *dieses* Da-sein, das ich bin, weil meine ontologische Struktur darin besteht, nicht das zu sein, was ich bin, und das zu sein, was ich nicht bin.

Außerdem kann diese Bestimmung der Plazierung, die die ganze Transzendenz voraussetzt, nur in bezug auf einen Zweck stattfinden. Im Licht dieses Zwecks erhält mein Platz seine Bedeutung. Denn ich kann nie *bloß da* sein. Sondern mein Platz wird gerade als ein *Exil* erfaßt oder im Gegenteil als jener natürliche beruhigende und beliebte Ort, den Mauriac in einem Vergleich mit dem Platz in der Arena, an den der verwundete Stier immer wieder zurückkehrt, *querencia*[307] nannte: in bezug auf das, was ich zu machen vorhabe – in bezug auf die Welt als Totalität und also auf mein ganzes In-der-Welt-sein erscheint mir mein Platz als eine Hilfe oder als eine Behinderung. Am Platz sein heißt zunächst fern von... oder nah bei... sein – das heißt, der Platz ist mit einem Sinn in bezug auf ein bestimmtes noch nicht existierendes Sein versehen, das man erreichen will. Die Erreichbarkeit oder Unerreichbarkeit dieses Zwecks definiert den Platz. Im Licht des Nicht-seins und der Zukunft kann also meine Position aktuell verstanden werden: da-sein heißt nur einen Schritt zu machen haben, um die Teekanne zu erreichen, die Feder in das Tintenfaß tauchen zu können, wenn ich den Arm ausstrecke, den Rücken zum Fenster kehren müssen, wenn ich lesen will, ohne meine Augen zu ermüden, gezwungen sein, mein Rad zu besteigen und zwei

Stunden lang die Anstrengungen eines heißen Nachmittags zu ertragen, wenn ich meinen Freund Pierre sehen will, den Zug nehmen und eine schlaflose Nacht verbringen, wenn ich Anny sehen will. In den Kolonien heißt dasein zwanzig Tage von Frankreich entfernt sein – mehr noch: wenn man Beamter ist und auf seine bezahlte Reise wartet, sechs Monate und sieben Tage von Bordeaux oder Étaples entfernt sein. Für einen Soldaten heißt da-sein in hundertzehn, hundertzwanzig Tagen die Dienstzeit hinter sich haben: die Zukunft – eine ent-worfene Zukunft – greift überall ein: mein künftiges Leben in Bordeaux, in Étaples, die künftige Entlassung des Soldaten, das Wort Zukunft, das ich mit einer tintennassen Feder schreibe, all das bedeutet mir meinen Platz und läßt mich ihn mit Nervosität oder Ungeduld oder Sehnsucht existieren. Wenn ich dagegen vor einer Menschengruppe oder vor der öffentlichen Meinung fliehe, ist mein Platz durch die Zeit definiert, die diese Leute brauchen, um mich mitten in dem Dorf, wo ich mich aufhalte, zu entdecken, um zu diesem Dorf zu gelangen usw. In diesem Fall zeigt mir die Isolierung meinen Platz als günstig an. Am Platz sein ist hier in Sicherheit sein.

Diese Wahl meines Zwecks schleicht sich noch in die rein räumlichen Beziehungen ein (hoch und niedrig, rechts und links usw.) und gibt ihnen eine existentielle Bedeutung. Der Berg ist «überwältigend», wenn ich an seinem Fuß verweile; im Gegensatz dazu wird er, wenn ich auf seinem Gipfel bin, durch den Entwurf meines Stolzes übernommen und symbolisiert die Überlegenheit über die anderen Menschen, die ich mir zuschreibe. Der Platz der Flüsse, die Entfernung zum Meer usw. kommen ins Spiel und sind mit symbolischer Bedeutung versehen: im Licht meines Zwecks konstituiert, erinnert mich mein Platz symbolisch an diesen Zweck in all seinen Einzelheiten wie in seinen Verbindungen zur Gesamtheit. Wir werden darauf zurückkommen, wenn wir den Gegenstand und die

Methoden der existentiellen Psychoanalyse genauer werden bestimmen wollen. Der rohe *Distanz*bezug zu den Gegenständen kann sich nie außerhalb der Bedeutungen und Symbole erfassen lassen, die eben unsere Art sind, ihn zu konstituieren. Zumal dieser rohe Bezug selbst nur gegenüber der Wahl der Techniken Sinn hat, die die Entfernungen zu messen und zu durchlaufen ermöglichen. Eine zwanzig Kilometer von meinem Dorf entfernte und durch eine Straßenbahn mit ihm verbundene Stadt ist mir viel näher als ein steiniger Gipfel in vier Kilometer Entfernung, aber von 2800 m Höhe. Heidegger hat gezeigt, wie die alltäglichen Besorgungen den Utensilien Plätze anweisen, die mit dem reinen geometrischen Abstand nichts gemein haben: die Brille auf der Nase, sagt er, ist weiter von mir entfernt als der Gegenstand, den ich durch sie hindurch sehe.[308]

So muß man sagen, daß die Faktizität meines Platzes mir nur in der freien Wahl und durch die freie Wahl meines Zwecks enthüllt wird. Die Freiheit ist für die Entdeckung meiner Faktizität unentbehrlich. Ich erfahre diese Faktizität von allen Punkten der Zukunft her, die ich ent-werfe, von dieser gewählten Zukunft aus erscheint sie mir mit ihren Merkmalen von Ohnmacht, Kontingenz, Schwäche, Absurdität. In bezug auf meinen Traum, New York zu sehen, ist es absurd und schmerzlich, daß ich in Mont-de-Marsan lebe. Aber umgekehrt ist die Faktizität die einzige Realität, die von der Freiheit entdeckt werden kann, die einzige, die von ihr durch die Setzung eines Zwecks genichtet werden kann, die einzige, von der aus es einen Sinn hat, einen Zweck zu setzen. Denn wenn der Zweck die Situation beleuchten kann, so deshalb, weil er konstituiert ist als entworfene Modifizierung *von* dieser Situation. Der Platz erscheint von den Veränderungen aus, die ich entwerfe. Aber *Verändern* impliziert eben etwas zu Veränderndes, das genau mein Platz ist. *Die Freiheit ist also das Wahrnehmen meiner Faktizität.* Es wäre absolut müßig, das «quid» dieser Faktizität definieren oder beschreiben zu wollen, «*bevor*» die Freiheit sich zu ihr zurückwendet, um sie als eine bestimmte Defizienz zu erfassen. Ehe die Freiheit meine Plazierung als den Mangel einer bestimmten Art umschrieben hat, «ist» mein Platz genaugenommen überhaupt nichts, da eben die Ausdehnung, von der aus sich jeder Platz versteht, nicht existiert. Andrerseits ist die Frage selbst nicht intelligibel, denn sie enthält ein «Vorher», das keinen Sinn hat: nur die Freiheit selbst verzeitlicht sich ja nach den Richtungen des Vorher und des Nachher. Nichtsdestoweniger ist dieses rohe und undenkbare «quid» das, ohne das die Freiheit nicht Freiheit sein könnte. Es ist die eigentliche Faktizität meiner Freiheit.

Nur in der Handlung, durch die die Freiheit die Faktizität entdeckt und als *Platz* wahrgenommen hat, manifestiert sich dieser so definierte Platz als *Fessel* für meine Wünsche, als *Hindernis* usw. Wie wäre es sonst möglich, daß er ein Hindernis würde? Hindernis *wofür*? Zwang *wozu*? Einem Emigranten, der nach dem Scheitern seiner Partei Frankreich in Richtung Argentinien verlassen wollte, schreibt man folgende Äußerung zu: Als man ihn darauf hinwies, daß Argentinien «weit weg» sei, fragte er: «Weit weg wovon?» Und wenn denen, die in Frankreich bleiben, Argentinien «weit weg» erscheint, so geschieht das ganz gewiß in bezug auf einen impliziten nationalen Entwurf, der ihren Platz als Franzosen valorisiert. Für den internationalistischen Revolutionär ist Argentinien ein Mittelpunkt der Welt wie jedes beliebige andere Land. Aber gerade wenn wir zunächst das französische Land durch einen primären ersten Entwurf als unsern absoluten Platz konstituiert haben – und wenn irgendeine Katastrophe uns zwingt, ins Exil zu gehen –, dann erscheint Argentinien in bezug auf diesen Initialentwurf als «weit weg», als «Exilland»; in bezug auf ihn fühlen wir uns expatriiert. So schafft die Freiheit selbst die Hindernisse, unter denen wir leiden. Sie selbst läßt, indem sie ihren Zweck setzt – und indem sie ihn als unerreichbar oder schwer erreichbar wählt –, unsere Plazierung als für unsere Entwürfe unüberwindbaren oder schwer überwindbaren Widerstand erscheinen. Sie konstituiert auch ihre eigene *Einschränkung*, indem sie die räumlichen Verbindungen zwischen den Gegenständen als primären Typus eines Utensilitätsbezugs herstellt, indem sie über die Techniken entscheidet, die es erlauben, die Abstände zu messen und zu überwinden. Aber es kann eben gerade nur *eingeschränkte* Freiheit geben, weil die Freiheit Wahl ist. Jede Wahl setzt, wie wir sehen werden, Elimination und Selektion voraus; jede Wahl ist Wahl der Endlichkeit. So kann die Freiheit nur wirklich frei sein, wenn sie die Faktizität als ihre eigene Einschränkung konstituiert. Es wäre also müßig zu sagen, *ich sei nicht frei*, nach New York zu fahren, weil ich ein kleiner Beamter in Mont-de-Marsan bin. Im Gegenteil, erst durch Bezug zu meinem Entwurf, nach New York fahren zu wollen, *situiere* ich mich in Mont-de-Marsan. Meine Plazierung in der Welt, die Beziehung Mont-de-Marsans zu New York und zu China wären ganz andere, wenn es zum Beispiel mein Entwurf wäre, ein reicher Landwirt in Mont-de-Marsan zu werden. Im ersten Fall erscheint Mont-de-Marsan auf dem Welthintergrund in organisierter Verbindung mit New York, Melbourne und Schanghai; im zweiten Fall taucht es auf dem undifferenzierten Welthintergrund auf. Was die *reale* Wichtigkeit meines Entwurfs, nach New York fahren zu wollen, betrifft, entscheide ich allein darüber: das kann gerade eine Art sein, mich als mit Mont-de-Marsan unzufrieden zu wählen; und in diesem Fall ist alles auf Mont-de-Marsan zentriert, ich empfinde einfach das Bedürfnis, meinen Platz fortwährend zu nichten, in fortwährendem Abstand zu der Stadt, in der ich wohne, zu leben – es kann aber auch ein Entwurf sein, in den ich mich ganz und gar engagiere. Im ersten Fall erfasse ich meinen Platz als unüberwindbares Hindernis und habe einfach einen Umweg benutzt, um ihn indirekt in der Welt zu definieren; im zweiten Fall dagegen existieren die Hindernisse nicht mehr, mein Platz ist kein Fixpunkt, sondern ein Ausgangspunkt: denn um nach New York *fahren* zu können, bedarf es eben eines Ausgangspunkts, wo er auch sei. So werde ich mich in jedem beliebigen Moment als in die Welt engagiert, an meinem kontingenten Platz erfassen. Aber gerade dieses Engagiertsein gibt meinem kontingenten Platz seinen Sinn und ist meine Freiheit. Gewiß, bei meiner Geburt *nehme ich einen Platz ein*, aber ich bin für den Platz, den ich einnehme, verantwortlich. Hier erkennt man deutlicher die unentwirrbare Verbindung von Freiheit und Faktizität in der Situation, weil ohne die Faktizität die Freiheit nicht existierte – als Nichtungs- und Wahlvermögen – und ohne die Freiheit die Faktizität nicht entdeckt würde und nicht einmal irgendeinen Sinn hätte.

B) *Meine Vergangenheit*

577 Wir haben eine Vergangenheit. Wir haben zwar feststellen können, daß diese Vergangenheit unsere Handlungen nicht wie das vorhergehende Phänomen das nachfolgende bestimmt, wir haben zwar gezeigt, daß die Vergangenheit nicht die Kraft hat, die Gegenwart zu konstituieren und die Zukunft vorzuzeichnen. Trotzdem kann die Freiheit, die sich auf die Zukunft hin entgeht, sich nicht nach ihren Launen Vergangenheit zulegen und schon gar nicht sich selbst ohne Vergangenheit hervorbringen. Sie hat ihre eigene Vergangenheit zu sein, und diese Vergangenheit ist unabänderlich; auf den ersten Blick scheint sie sie sogar überhaupt nicht verändern zu können: die Vergangenheit ist das, was außer Reichweite liegt und was uns auf Distanz heimsucht, ohne daß wir uns ihr auch nur voll zuwenden könnten, um sie zu betrachten. Wenn sie auch unsere Handlungen nicht bestimmt, ist sie wenigstens so,

daß wir keinen neuen Beschluß fassen können außer *von ihr aus*. Wenn ich mich auf die Marineschule vorbereitet habe und Marineoffizier geworden bin, bin ich engagiert, in welchem Moment ich mich auch übernehme und betrachte; in demselben Augenblick, in dem ich mich erfasse, habe ich Wache auf der Brücke des Schiffs, wo ich Erster Offizier bin. Ich kann mich zwar plötzlich gegen diese Tatsache auflehnen, meinen Abschied nehmen, meinen Selbstmord beschließen: diese extremen Maßnahmen werden anläßlich der Vergangenheit ergriffen, die die meine ist; wenn sie darauf abzielen, sie zu zerstören, so deshalb, weil sie existiert, und meine radikalsten Beschlüsse können nur so weit gehen, gegenüber meiner Vergangenheit eine negative Stellung einzunehmen. Im Grunde heißt das aber ihre immense Wichtigkeit als Plattform und Gesichtspunkt anerkennen: jedes Handeln, das dazu bestimmt ist, mich meiner Vergangenheit zu entreißen, muß zunächst von *dieser Vergangenheit* aus geplant werden; das heißt vor allem anerkennen, daß es *ausgehend von* dieser besonderen Vergangenheit, die es zerstören will, entsteht; unsere Taten, sagt das Sprichwort, verfolgen uns. Die Vergangenheit ist Gegenwart und verschmilzt unmerklich mit der Gegenwart: sie ist der Anzug, den ich vor einem halben Jahr gewählt habe, das Haus, das ich habe bauen lassen, das Buch, das ich vorigen Winter angefangen habe, meine Frau, die Versprechungen, die ich ihr gemacht habe, meine Kinder; alles, was ich *bin*, habe ich nach dem Modus von Es-gewesen-sein zu sein. So kann die Wichtigkeit der Vergangenheit gar nicht übertrieben werden, denn für mich gilt «Wesen ist, was gewesen ist», sein ist gewesen sein.[309] Aber wir finden hier das vorhin gezeigte Paradox wieder: Ich kann mich nicht ohne Vergangenheit erfassen, ja ich kann nichts mehr über mich *denken*, denn ich denke über das, was ich *bin* und was ich in der Vergangenheit bin; anderersetis bin ich aber das Sein, durch das die Vergangenheit zu sich selbst und zur Welt kommt.

Untersuchen wir dieses Paradox etwas näher: Da die

Freiheit Wahl ist, ist sie Veränderung. Sie definiert sich durch den Zweck, den sie entwirft, das heißt durch die Zukunft, die sie zu sein hat. Die Zukunft ist *der Zustand-der-noch-nicht-ist von dem, was ist*, und gerade deshalb kann sie nur in einer engen Verbindung mit dem, was ist, gedacht werden. Und das, was ist, kann nicht das beleuchten, was noch nicht ist: denn was ist, ist *Mangel* und kann folglich als solches nur von dem her erkannt werden, dem es mangelt. Der Zweck ist es, der das beleuchtet, was ist. Aber um den künftigen Zweck suchen, sich von ihm anzeigen lassen zu können, was das ist, was ist, muß man schon über das, was ist, hinaus sein in einem nichtenden Abstand, der es im Zustand eines isolierten Systems klar erscheinen läßt. Das, was ist, erhält also seinen Sinn nur, wenn es auf die Zukunft hin *überschritten* wird. Das, was ist, ist also die Vergangenheit. Man sieht, wie die Vergangenheit zugleich für die Wahl der Zukunft unentbehrlich ist als «das, was verändert werden muß», wie folglich kein freies Überschreiten vor sich gehen kann, außer von einer Vergangenheit aus – und wie andererseits eben diese *Natur* der Vergangenheit von der ursprünglichen Wahl einer Zukunft zur Vergangenheit kommt. Insbesondere geschieht der Vergangenheit die Unabänderlichkeit eben durch meine Wahl der Zukunft: Wenn die Vergangenheit das ist, von dem aus ich einen neuen Zustand der Dinge konzipiere und entwerfe, ist sie selbst das, was *am Platz zurückgelassen wird*, das, was folglich selbst außerhalb jeder Veränderungsperspektive ist: damit also die Zukunft realisierbar ist, muß die Vergangenheit unabänderlich sein.

Ich kann sehr gut nicht existieren; wenn ich aber existiere, kann ich nicht umhin, eine Vergangenheit zu haben. Das ist die Form, die hier die «Notwendigkeit meiner Kontingenz» annimmt. Andererseits aber qualifizieren, wie wir gesehen haben, vor allem zwei existentielle Merkmale das Für-sich:

1. nichts ist im Bewußtsein, was nicht Seinsbewußtsein wäre;

2. in meinem Sein geht es um mein Sein – das soll heißen, daß mir nichts geschieht, was *nicht gewählt ist*.

Wir haben ja gesehen, daß die Vergangenheit, die nur *Vergangenheit* wäre, zu einer bloß nominellen Existenz verfiele, wo sie jede Verbindung mit der Gegenwart verloren hätte. Damit wir eine Vergangenheit «haben», müssen wir sie eben durch unsern Entwurf auf die Zukunft hin an der Existenz halten: wir bekommen unsere Vergangenheit nicht, sondern die Notwendigkeit unserer Kontingenz impliziert, daß wir nicht umhin können, sie zu wählen. Das bedeutet «seine eigene Vergangenheit zu sein haben» – wie man sieht, unterscheidet sich diese hier vom rein zeitlichen Gesichtspunkt aus betrachtete Notwendigkeit im Grunde nicht von der primären Struktur der Freiheit, die Nichtung des Seins sein muß, das sie ist, und die gerade durch diese Nichtung macht, daß es ein Sein *gibt*, das sie ist.

Wenn aber die Freiheit Wahl eines Zwecks im Hinblick auf die Vergangenheit ist, ist umgekehrt die Vergangenheit das, was sie ist, nur in bezug auf den gewählten Zweck. Es gibt in der Vergangenheit ein unveränderliches Element: ich habe mit fünf Jahren Keuchhusten gehabt – und ein veränderliches Element *par excellence*: die Bedeutung der rohen Tatsache in bezug auf die Totalität meines Seins. Da aber andererseits die Bedeutung der vergangenen Tatsache diese ganz und gar durchdringt (ich kann mich an meinen Kinderkeuchhusten nicht außerhalb eines genauen Entwurfs, der seine Bedeutung definiert, «erinnern»), ist es mir schließlich unmöglich, die rohe unveränderliche Existenz von dem veränderlichen Sinn zu unterscheiden, den sie enthält. Die Aussage «Ich habe mit vier Jahren Keuchhusten gehabt» setzt tausend Entwürfe voraus, insbesondere die Übernahme des Kalenders als Markierungssystem meiner individuellen Existenz – also eine ursprüngliche

Position gegenüber dem Sozialen –, den entschiedenen Glauben an die Beziehungen, die die Dritten aus meiner Kindheit machen – und das gewiß mit Respekt oder Zuneigung gegenüber meinen Eltern, die ihren Sinn bildet, einhergeht usw. Die rohe Tatsache selbst *ist*: Aber was kann sie *sein* außerhalb der Zeugnisse Anderer, ihres Datums, der fachlichen Bezeichnung der Krankheit – der Gesamtheit von Bedeutungen, die von meinen Entwürfen abhängen? So stellt diese rohe Existenz, *obwohl notwendig existierend und unveränderlich*, so etwas wie das ideale und unzugängliche Ziel einer systematischen Erklärung aller in einer Erinnerung eingeschlossenen Bedeutungen dar. Es gibt zwar eine «reine» Materie der Erinnerung, in dem Sinn, in dem Bergson von reiner Erinnerung spricht: aber wenn sie sich manifestiert, dann immer in einem Entwurf und durch einen Entwurf, der die Erscheinung dieser Materie in ihrer Reinheit enthält.

Die Bedeutung der Vergangenheit ist also streng abhängig von meinem gegenwärtigen Entwurf. Das bedeutet keineswegs, daß ich den Sinn meiner früheren Handlungen nach Belieben variieren kann, sondern im Gegenteil, daß der grundlegende Entwurf, der ich bin, absolut über die Bedeutung entscheidet, die für mich und für die anderen die Vergangenheit haben kann, die ich zu sein habe. Ich allein nämlich kann in jedem Moment über die *Tragweite* der Vergangenheit entscheiden: nicht indem ich in jedem Fall die Wichtigkeit dieser oder jenes früheren Ereignisses erörtere, erwäge und einschätze, sondern indem ich mich auf meine Ziele hin ent-werfe, rette ich die Vergangenheit mit mir und *entscheide* durch das Handeln über ihre Bedeutung. Wer entscheidet, ob die mystische Krise in meinem fünfzehnten Lebensjahr bloßes Pubertätsereignis «gewesen ist» oder im Gegenteil erstes Anzeichen einer künftigen Konversion? Ich, je nachdem ob ich – mit zwanzig, dreißig Jahren – beschließe zu konvertieren. Der Konversionsentwurf verleiht einer Adoleszenzkrise schlagartig den Wert einer Ankündigung, die ich nicht ernst genommen hatte. Wer entscheidet, ob der Aufenthalt im Gefängnis nach einem Diebstahl fruchtbar oder beklagenswert war? Ich, je nachdem ob ich auf Stehlen verzichte oder verstockt werde. Wer kann über den Bildungswert einer Reise entscheiden, über die Ehrlichkeit eines Liebesschwurs, über die Reinheit einer vergangenen Intention usw.? Ich, immer ich, je nach den Zwecken, durch die ich sie beleuchte.

So ist meine ganze Vergangenheit da, drängend, akut, gebieterisch, aber durch Leben den Entwurf meines Zwecks wähle ich ihren Sinn und die Anordnungen, die sie mir gibt. Zwar lasten die eingegangenen Engagements auf mir, zwar begrenzen die früher eingegangene eheliche Verbindung, das im vorigen Jahr gekaufte und eingerichtete Haus meine Möglichkeiten und diktieren mir mein Verhalten: aber das geschieht eben, weil meine Entwürfe so sind, daß ich die eheliche Verbindung wieder-übernehme, das heißt, weil ich nicht die Ablehnung der ehelichen Verbindung plane, weil ich nicht aus ihr eine «vergangene, überholte, tote eheliche Verbindung» mache, sondern weil vielmehr meine Entwürfe, die die Treue zu den eingegangenen Engagements oder den Entschluß implizieren, das «anständige Leben» eines Gatten und Vaters zu führen usw., notwendig den vergangenen ehelichen Eid beleuchten und ihm seinen stets aktuellen Wert verleihen. So kommt die Akutheit der Vergangenheit aus der Zukunft. Wenn ich plötzlich wie der Held bei Schlumberger* meinen grundlegenden Entwurf radikal ändere, wenn ich mich zum Beispiel von der Kontinuität des Glücks zu befreien suche, verlieren meine früheren Engagements ihre ganze Akutheit. Sie sind nur noch da wie die mittelalterlichen Türme und Bollwerke, die man zwar nicht leugnen

---

* Jean Schlumberger, *Un homme heureux*, Gallimard, Paris 1920.

kann, die aber keinen andern Sinn haben als an eine heute überholte und völlig tote Zivilisation und politische und ökonomische Existenzphase als eine früher durchlaufene Etappe zu erinnern. Die Zukunft entscheidet, ob die Vergangenheit lebendig oder tot ist. Denn die Vergangenheit ist ursprünglich Entwurf als das aktuelle Auftauchen meines Seins. Und gerade in dem Maß, wie sie Entwurf ist, ist sie Vorwegnahme; ihr Sinn geschieht ihr durch die Zukunft, die sie vorzeichnet. Wenn die Vergangenheit vollständig in die Vergangenheit gleitet, hängt ihr absoluter Wert von der Bestätigung oder Nichtbestätigung der Vorwegnahmen ab, die sie war. Aber eben von meiner aktuellen Freiheit hängt es ab, ob sie den Sinn dieser Vorwegnahmen bestätigt, indem sie sie übernimmt, das heißt, indem sie im Anschluß an sie die Zukunft vorwegnimmt, die sie vorwegnahmen, oder ob sie sie nicht bestätigt, indem sie einfach eine andere Zukunft vorwegnimmt. In diesem Fall sinkt die Vergangenheit zurück wie eine entwaffnete und betrogene Erwartung; sie ist «kraftlos». Denn die einzige Kraft der Vergangenheit geschieht ihr durch die Zukunft: in welcher Weise ich lebe oder meine Vergangenheit einschätze, ich kann das nur im Licht eines Entwurfs meiner selbst auf die Zukunft hin tun. So bestimmt die Ordnung meiner Zukunftswahlen eine Ordnung meiner Vergangenheit, und diese Ordnung hat nichts Chronologisches. Zunächst gibt es die *stets lebendige* und stets bestätigte Vergangenheit: mein Liebesengagement, die Geschäftsverträge, das Bild von mir, dem ich treu bin. Sodann die doppelseitige Vergangenheit, die mir nicht mehr gefällt und die ich auf einem Umweg behalte: zum Beispiel dieser Anzug, den ich trage – den ich in einer Zeit gekauft habe, als ich mit der Mode ging –, mißfällt mir jetzt völlig, und deshalb ist die Vergangenheit, in der ich ihn «gewählt» habe, wirklich tot. Andererseits ist aber mein gegenwärtiges Sparvorhaben so, daß ich diesen Anzug weiter tragen muß, statt einen andern zu kaufen. Folglich gehört er zu einer toten und gleichzeitig lebendigen Vergangenheit wie die sozialen Einrichtungen, die zu einem bestimmten Zweck geschaffen wurden und die Regierung überlebt haben, die sie etabliert hatte, weil man sie für ganz andere, manchmal sogar entgegengesetzte Zwecke benutzt. Lebendige Vergangenheit, halbtote Vergangenheit, Überlebendes, Ambivalenzen, Antinomien: die Gesamtheit dieser Vergangenheitsschichten wird durch die Einheit meines Entwurfs organisiert. Denn durch diesen Entwurf stellt sich das komplexe Verweisungssystem her, das irgendein Bruchstück meiner Vergangenheit in eine hierarchisierte und polyvalente Organisation eingehen läßt, in der wie im Kunstwerk jede Teilstruktur in verschiedener Weise verschiedene andere Teilstrukturen und die totale Struktur anzeigt.

Dieser den Wert, die Ordnung und die Natur unserer Vergangenheit betreffende Beschluß ist ganz einfach die *geschichtliche Wahl* überhaupt. Wenn die menschlichen Gesellschaften geschichtlich sind, kommt das nicht nur daher, daß sie eine Vergangenheit haben, sondern daher, daß sie sie als *Monument übernehmen*. Wenn der amerikanische Kapitalismus beschließt, in den europäischen Krieg von 1914–1918 einzutreten, weil er darin die Gelegenheit für fruchtbare Operationen sieht, ist er nicht *geschichtlich*; er ist nur utilitär. Wenn er aber im Licht seiner utilitären Entwürfe die früheren Beziehungen der Vereinigten Staaten zu Frankreich übernimmt und ihnen den *Sinn* einer Ehrenschuld der Amerikaner gegenüber den Franzosen gibt, wird er geschichtlich, und insbesondere vergeschichtlicht er sich durch das berühmte Wort: «Lafayette, wir sind da!»[310] Wenn eine andere Sicht ihrer aktuellen Interessen die Vereinigten Staaten an die Seite Deutschlands gebracht hätte, hätte es ihnen natürlich nicht an als Monument zu übernehmenden Vergangenheitselementen gefehlt: man hätte sich zum Beispiel eine auf der «Blutsbrüderschaft» basierende Propaganda vorstellen können, die dem deutschen Anteil an der Auswanderung nach Amerika im 19. Jahrhundert entscheidend Rechnung getragen hätte. Es wäre müßig, solche Verweise auf die Vergangenheit als bloße Werbeunternehmungen zu betrachten: das Wesentliche ist nämlich, daß sie *notwendig* sind, um die Zustimmung der Massen herbeizuführen, und daß also die Massen einen politischen Entwurf verlangen, der ihre Vergangenheit beleuchtet und rechtfertigt; außerdem wird die Vergangenheit natürlich auf diese Weise *geschaffen*: so hat es die Konstituierung einer gemeinsamen franko-amerikanischen Vergangenheit *gegeben*, welche einerseits die großen ökonomischen Interessen der Amerikaner und andererseits die *aktuellen* Affinitäten der beiden demokratischen Kapitalismen *bedeutete*. Ebenso hat man gesehen, wie die neuen Generationen um 1938, in Sorge wegen der sich anbahnenden internationalen Ereignisse, plötzlich die Periode von 1918–1938 mit einem neuen Licht beleuchteten und sie noch vor Ausbruch des Krieges von 1939 «die Zwischenkriegszeit» nannten. Mit einemmal war die betreffende Periode als eine begrenzte, überschrittene und negierte Form konstituiert, während die, die sie erlebt hatten, sie als den Beginn eines stetigen und unbegrenzten Fortschreitens empfunden hatten, indem sie sich auf eine Zukunft in Kontinuität mit ihrer Gegenwart und ihrer unmittelbaren Vergangenheit hin entwarfen. Der aktuelle Entwurf entscheidet also, ob eine bestimmte Periode der Vergangenheit in Kontinuität mit der Gegenwart ist oder ob sie ein abgebrochenes Fragment ist, aus dem man auftaucht und das entschwindet. So bedürfte es einer *beendeten* Menschheitsgeschichte, damit ein Ereignis wie zum Beispiel der Bastillesturm einen endgültigen *Sinn* erhielte. Niemand bestreitet ja, daß die Bastille 1789 erstürmt worden ist: das ist das unveränderliche Faktum. Aber soll man in diesem Ereignis einen Aufstand ohne Folgen sehen, eine Entfesselung des Volkes gegen eine halb geschleifte Festung, die der Konvent, um eine werbewirksame Vergangenheit bemüht, zu einer aufsehenerregenden Aktion umzuwandeln wußte? Oder muß man ihn als die erste Manifestation der Volksgewalt sehen, wodurch diese sich festigte, Vertrauen gewann und sich in die Lage versetzte, in den «Oktobertagen» den Marsch auf Versailles durchzuführen? Wer heute darüber entscheiden wollte, würde vergessen, daß der Historiker selbst *geschichtlich* ist, das heißt, daß er sich vergeschichtlicht, indem er «die Geschichte» im Licht seiner Entwürfe und der seiner Gesellschaft beleuchtet. Also muß man sagen, daß der Sinn der sozialen Vergangenheit fortwährend «im Aufschub» ist.

Genau wie die Gesellschaften hat die menschliche Person eine *Monument-* und *Aufschub*vergangenheit. Dieses fortwährende Infragestellen der Vergangenheit haben die Weisen früh gefühlt, und die griechischen Tragiker drückten sie zum Beispiel durch das Sprichwort aus, das in allen ihren Stücken wiederkehrt: «Niemand kann vor seinem Tod glücklich genannt werden.» Und die fortwährende Vergeschichtlichung des Für-sich ist fortwährende Behauptung seiner Freiheit.

Von daher darf man nicht glauben, daß der «Aufschub»charakter der Vergangenheit dem Für-sich in Form eines vagen oder unvollständigen Aspekts seiner früheren Geschichte erschiene. Im Gegenteil, ganz so wie die Wahl des Für-sich, die die Vergangenheit auf ihre Weise ausdrückt, wird diese durch das Für-sich in jedem Moment als genau bestimmt erfaßt. Ebenso erscheinen der Titusbogen oder die Trajanssäule, was die geschichtliche Entwicklung ihres Sinns sonst auch sein mag, dem Römer oder dem sie betrachtenden Touristen als vollständig individualisierte Realitäten. Und im Licht des Entwurfs, der den Sinn beleuchtet, enthüllt sich dieser als vollkommen zwingend. Der Aufschubcharakter der Vergangenheit ist ja keineswegs ein Wunder, er drückt nur auf der Ebene des Vergangen-machens und des An-sich den «erwartungsvollen» Entwurfsaspekt aus, den die menschliche-Realität *hatte*, ehe sie in Vergangenheit umschlug. Weil nämlich diese menschliche-Realität ein freier, von einer unvorhersehbaren Freiheit untergrabener Ent-wurf war, wird sie «in der Vergangenheit» von den späteren Entwürfen des Für-sich abhängig. Indem sie sich vergangen macht, verurteilt sie sich dazu, diese Homologation, die sie von einer künftigen Freiheit erwartete, ständig zu erwarten. So ist die Vergangenheit endlos im Aufschub, weil die menschliche-Realität fortwährend in Erwartung «war» und «sein wird». Und die Erwartung wie der Aufschub behaupten nur noch klarer die Freiheit als das, was sie ursprünglich konstituiert. Daß die Vergangenheit des Für-sich im Aufschub ist, daß seine Gegenwart eine Erwartung ist, daß seine Zukunft ein freier Entwurf ist oder daß es nichts sein kann, ohne es zu sein zu haben, oder daß es eine detotalisierte-Totalität ist, all das ist ein und dasselbe. Aber gerade das impliziert keine Unbestimmtheit in meiner Vergangenheit, so wie sie sich mir gegenwärtig enthüllt: es will lediglich die Endgültigkeit der Geltungen der aktuellen Entdeckung meiner Vergangenheit in Frage stellen. Aber wie meine Gegenwart Erwartung einer Bestätigung oder Nichtbestätigung ist, die nichts vorauszusehen erlaubt, ebenso ist die in diese Erwartung hineingezogene Vergangenheit in genau dem Maß *präzise*, in dem die Erwartung *präzise* ist. Aber ihr Sinn ist, obwohl streng individualisiert, total abhängig von der Erwartung, die sich selbst von einem absoluten Nichts abhängig macht, das heißt von einem freien Entwurf, der noch nicht ist. Meine Vergangenheit ist also ein konkreter und präziser Vorschlag, der *als solcher* auf Ratifizierung wartet. Das ist sicher eine der Bedeutungen, die Kafkas «Prozeß» ans Licht zu bringen sucht, dieser fortwährende *Prozeß*charakter der menschlichen-Realität. Frei sein heißt fortwährend auf *Freiheit klagen*. Bleibt, daß die Vergangenheit – um sich an meine aktuelle freie Wahl zu halten –, wenn diese Wahl sie einmal bestimmt hat, integrierender Bestandteil und notwendige Bedingung meines Entwurfs ist. Ein Beispiel wird das noch verständlicher machen. Die Vergangenheit eines «Halbsold-Manns» zur Zeit der Restauration bestand darin, ein Held des Rückzugs aus Rußland gewesen zu sein. Und was wir bisher erklärt haben, läßt verstehen, daß auch diese Vergangenheit eine freie Zukunftswahl ist. Indem er wählte, sich nicht der Regierung Ludwigs XVIII. und den neuen Sitten anzuschließen, bis zum Schluß die triumphale Rückkehr des Kaisers zu wünschen, ja zu konspirieren, um diese Rückkehr zu beschleunigen, und den halben Sold einem ganzen vorzuziehen, hat der alte Soldat Napoleons sich die Vergangenheit eines Helden der Beresina gewählt. Wer den Ent-wurf gemacht hätte, sich der neuen Regierung anzuschließen, hätte sicher nicht die gleiche Vergangenheit gewählt. Wenn er aber umgekehrt nur einen halben Sold bezieht, wenn er in einem kaum erträglichen Elend lebt, wenn er verbittert wird und die Rückkehr des Kaisers herbeiwünscht, so deshalb, weil er ein Held des Rückzugs aus Rußland war. Verstehen wir richtig: diese Vergangenheit wirkt nicht vor jeder konstituierenden Übernahme, und es handelt sich keineswegs um Determinismus: aber wenn die Vergangenheit «kaiserlicher Soldat» einmal *gewählt* ist, *realisieren* die Verhaltensweisen des Für-sich diese Vergangenheit. Es besteht nicht einmal ein Unterschied zwischen seiner Wahl dieser Vergangenheit und ihrer Realisierung durch seine Verhaltensweisen. So bemüht sich das Für-sich, aus seiner ruhmreichen Vergangenheit eine intersubjektive Realität zu machen, und konstituiert diese in den Augen der anderen als Objektivität-für-Andere (Beispiele sind die Berichte der Präfekten über die Gefahr, die diese alten Soldaten darstellen). Von den anderen als solcher angesehen, handelt er jetzt, um sich einer Vergangenheit würdig zu zeigen, die er gewählt hat, um seine gegenwärtige Not und Verkommenheit zu kompensieren. Er zeigt sich starrsinnig, er verliert jede Aussicht auf Pension: denn er «kann nicht» gegen seine Vergangenheit sündigen. So wählen wir unsere Vergangenheit im Licht eines bestimmten Zwecks, aber von da an drängt sie sich auf und verschlingt uns: nicht als ob sie eine Existenz *von sich* hätte, verschieden von der, die wir zu sein haben, sondern einfach weil: 1. sie die aktuell enthüllte Materialisation des Zwecks ist, der wir sind; 2. sie für uns und für Andere innerweltlich erscheint; sie ist nie allein, sondern steckt in der allgemeinen Vergangenheit und bietet sich dadurch der Einschätzung durch Andere dar. Ebenso wie der Mathematiker frei ist, nach seinem Belieben eine Figur zu erfinden, sich aber nur eine ausdenken kann, die sofort unendlich viele Beziehungen zu unendlich vielen anderen möglichen Figuren unterhält, so läßt unsere freie Selbstwahl, indem sie eine gewisse Einschätzungsordnung unserer Vergangenheit auftauchen läßt, unendlich viele Beziehungen dieser Vergangenheit zur Welt und zu Anderen erscheinen, und diese unendlich vielen Beziehungen bieten sich uns als *unendlich viele anzunehmende Verhaltensweisen* dar, denn unsere Vergangenheit selbst beurteilen wir in der Zukunft. Und wir sind in dem Maß *gezwungen*, diese Verhaltensweisen anzunehmen, wie unsere Vergangenheit im Rahmen unseres wesentlichen Entwurfs erscheint. Diesen Entwurf wollen heißt ja die Vergangenheit wollen, und diese Vergangenheit wollen heißt sie durch tausend sekundäre Verhaltensweisen realisieren wollen. Logisch sind diese Ansprüche der Vergangenheit hypothetische Imperative: «Wenn du eine solche Vergangenheit haben willst, handle in dieser oder jener Weise.» Da aber das erste Glied konkrete und kategorische Wahl ist, verwandelt sich auch der Imperativ in kategorischen Imperativ.

Weil aber die zwingende Kraft meiner Vergangenheit meiner freien und reflektierenden Wahl und der Macht selbst entliehen ist, die sich diese Wahl gegeben hat, ist es unmöglich, die zwingende Gewalt einer Vergangenheit *a priori* zu bestimmen. Nicht nur über ihren Inhalt und die Ordnung dieses Inhalts entscheidet meine freie Wahl, sondern auch über den Anschluß meiner Vergangenheit an meine Aktualität. Wenn in einer grundlegenden Perspektive, die wir hier noch nicht zu bestimmen haben, einer meiner hauptsächlichen Entwürfe ist, *fortzuschreiten*, das heißt, immer und um jeden Preis auf einem gewissen Weg *weiter voran* zu sein, als ich gestern oder in der vorhergehenden Stunde war, so bringt dieser fortschreitende Entwurf eine Reihe von *Loslösungen* von meiner Vergangenheit mit sich. Die Vergangenheit ist dann das, was ich von der Höhe meiner Fortschritte aus erblicke mit ein wenig verächtlichem Mitleid, sie ist das, was streng *passiver Gegenstand* moralischer Einschätzung und Beurteilung ist – «Wie dumm ich damals war!» oder «Wie gemein ich war!» –, was nur existiert, weil ich mich davon distanzieren kann. Ich kann es nicht mehr nachvollziehen und will es nicht mehr nachvollziehen. Zwar hört die Vergangenheit nicht zu existieren auf, aber sie existiert nur noch als *das Ich, das ich nicht mehr bin*, das heißt *das Sein, das ich als Ich, das ich nicht mehr bin, zu sein habe*. Ihre Funktion ist, das zu sein, was ich an mir gewählt habe, um mich ihm entgegenzustellen, was mir erlaubt, mich zu messen. Ein solches Für-sich wählt sich also ohne Solidarität mit sich, was nicht heißen soll, daß es seine Vergangenheit tilgt, sondern daß es sie setzt, um nicht mit ihr solidarisch zu sein, um gerade seine totale Freiheit zu behaupten (was vergangen ist, ist eine bestimmte Art von Engagement gegenüber der Vergangenheit und eine bestimmte Art von Tradition). Dagegen kann der Entwurf eines Für-sich auch die Zurückweisung der Zeit und die enge Solidarität mit der Vergangenheit implizieren. In seinem Wunsch, einen festen Boden zu finden, hat es umgekehrt die Vergangenheit als das gewählt, was es *ist*, der Rest ist nur unendliche und einer Tradition unwürdige Flucht. Es hat *zunächst* die Zurückweisung der Flucht gewählt, das heißt *die Zurück-*

weisung des Zurückweisens; infolgedessen hat die Vergangenheit die Funktion, von ihm Treue zu fordern. So sieht man die einen verächtlich und leichtfertig einen von ihnen begangenen Fehler eingestehen, während den anderen dasselbe Eingeständnis unmöglich ist, es sei denn, sie änderten absichtlich ihren grundlegenden Entwurf; sie benutzen dann die ganze Unaufrichtigkeit der Welt und alle Ausflüchte, die sie erfinden können, um diesen Glauben an das, was ist, der eine wesentliche Struktur ihres Entwurfs bildet, nicht erschüttern zu müssen.

So wie die Plazierung integriert sich die Vergangenheit in die Situation, wenn das Für-sich durch seine Wahl der Zukunft seiner vergangenen Faktizität einen Wert, eine hierarchische Ordnung und eine Aktualität verleiht, von denen aus sie seine Handlungen und seine Verhaltensweisen *motiviert*.

C) Meine Umgebung

Man darf meine «Umgebung» nicht mit dem Platz verwechseln, den ich einnehme und von dem wir vorhin gesprochen haben. Die Umgebung sind die Utensilien-Dinge, die mich umgeben, mit ihren eigenen Widrigkeits- und Utensilitätskoeffizienten. Indem ich meinen Platz einnehme, begründe ich zwar die Entdeckung der Umgebung, und wenn ich den Platz wechsle – eine Operation, die ich, wie wir gesehen haben, frei realisiere –, begründe ich das Erscheinen einer neuen Umgebung. Umgekehrt kann sich aber die Umgebung ändern oder von andern geändert werden, ohne daß ich mit ihrer Veränderung irgend etwas zu tun habe. Bergson hat zwar in *Matière et mémoire* deutlich gemacht, daß eine Modifikation meines Platzes die totale Veränderung meiner Umgebung nach sich zieht, während man eine totale und gleichzeitige Modifikation meiner Umgebung annehmen müßte, damit man von einer Modifikation meines Platzes reden könnte;

doch eine solche globale Veränderung der Umgebung ist undenkbar. Nichtsdestoweniger wird mein Aktionsfeld fortwährend vom Erscheinen und Verschwinden von Gegenständen durchquert, an dem ich völlig unbeteiligt bin. Allgemein hängt der Widrigkeits- und Utensilitätskoeffizient der Komplexe nicht einzig und allein von meinem Platz ab, sondern auch von der eigenen Potentialität der Utensilien. So bin ich, sobald ich existiere, mitten unter von mir verschiedene Existenzen geworfen, die um mich herum für und gegen mich ihre Potentialitäten entfalten; ich will so schnell wie möglich mit meinem Fahrrad in die Nachbarstadt kommen. Dieser Entwurf impliziert meine persönlichen Zwecke, die Einschätzung meines Platzes und der Entfernung zwischen der Stadt und meinem Platz sowie die freie Anpassung der Mittel (*Anstrengungen*) an den verfolgten Zweck. Aber ein Schlauch platzt, die Sonne ist zu heiß, der Wind bläst von vorn usw., lauter Phänomene, die ich nicht vorausgesehen hatte: das ist die Umgebung. Zwar manifestiert sie sich in meinem Hauptentwurf und durch ihn; durch ihn kann der Wind als Gegenwind oder als «günstiger» Wind erscheinen, durch ihn zeigt sich die Sonne als angenehme oder lästige Wärme. Die synthetische Organisation dieser fortwährenden «Vorfälle» konstituiert die Einheit dessen, was die Deutschen meine «*Umwelt*»[311] nennen, und diese «Umwelt» läßt sich nur in den Grenzen eines freien Entwurfs entdecken, das heißt der Wahl der Zwecke, die ich bin. Es wäre allerdings viel zu einfach, wenn wir es in unserer Beschreibung dabei bewenden ließen. Wenn es zutrifft, daß jeder Gegenstand meiner Umgebung sich in einer schon enthüllten Situation anzeigt und daß die Summe dieser Gegenstände für sich allein keine Situation konstituieren kann; wenn es zutrifft, daß jedes Utensil sich auf dem Hintergrund einer Situation in der Welt abhebt, so kann nichtsdestoweniger die plötzliche Veränderung oder das plötzliche Erscheinen eines Utensils zu einer radikalen Verwandlung der Situation beitragen: mein Fahrradschlauch platzt, und meine Entfernung zum Nachbardorf ändert sich schlagartig; jetzt ist es eine Entfernung, die in Schritten und nicht in Radumdrehungen gemessen werden muß. Ich kann daher die Gewißheit gewinnen, daß die Person, die ich besuchen will, schon den Zug genommen hat, wenn ich bei ihr ankomme, und diese Gewißheit kann andere Entschlüsse meinerseits nach sich ziehen (Rückkehr zu meinem Ausgangspunkt, Absendung eines Telegramms usw.). Ich kann mich sogar, weil ich zum Beispiel sicher bin, das geplante Geschäft mit dieser Person nicht abschließen zu können, an irgendeinen andern wenden und einen andern Vertrag unterzeichnen. Vielleicht gebe ich meinen Versuch sogar ganz auf und muß ein totales Scheitern meines Entwurfs feststellen? In diesem Fall werde ich sagen, daß ich Pierre nicht rechtzeitig benachrichtigen, mich mit ihm nicht verständigen *konnte* usw. Ist diese explizite Anerkennung meiner *Ohnmacht* nicht das klarste Eingeständnis der Grenzen meiner Freiheit? Zwar darf man, wie wir gesehen haben, meine Freiheit, zu *wählen*, nicht mit meiner Freiheit, etwas zu *erreichen*, verwechseln. Aber ist hier nicht meine Wahl selbst im Spiel, da die Widrigkeit der Umgebung in vielen Fällen der Anlaß für die Änderung meines Entwurfs ist?

Bevor wir der Sache auf den Grund gehen, müssen wir sie präzisieren und abgrenzen. Wenn die Veränderungen, die der Umgebung geschehen, Modifikationen meiner Entwürfe nach sich ziehen können, kann das nur unter zwei Vorbehalten sein. Der erste ist, daß sie nicht das Aufgeben meines Hauptentwurfs nach sich ziehen können, der vielmehr dazu dient, ihre Wichtigkeit zu ermessen. Wenn sie nämlich als *Motive*, diesen oder jenen Entwurf aufzugeben, erfaßt werden, so kann das nur im Licht eines grundlegenderen Entwurfsmotivs sein; sonst könnten es keineswegs Motive sein, denn das Motiv wird durch das Antrieb-Bewußtsein wahrgenommen, das selbst freie Wahl eines Zwecks ist. Wenn die Wolken am Himmel mich dazu bewegen können, auf den geplanten Ausflug zu verzichten, so deshalb, weil sie in einer freien Projektion erfaßt werden, bei der der Wert des Ausflugs an einen gewissen Zustand des Himmels gebunden ist, was nach und nach auf den Wert eines Ausflugs im allgemeinen verweist, auf meine Beziehung zur Natur und auf den Platz, den diese Beziehung in der Gesamtheit der Beziehungen einnimmt, die ich zur Welt unterhalte. Zweitens kann in keinem Fall der erschienene oder verschwundene Gegenstand einen Verzicht auf einen Entwurf, selbst auf einen partiellen, *hervorrufen*. Dieser Gegenstand muß ja als ein *Mangel* in der ursprünglichen Situation wahrgenommen werden; also muß das *Gegebene* seines Erscheinens oder Verschwindens genichtet werden, muß ich «in bezug auf ihn» Abstand gewinnen und folglich in seiner Anwesenheit über mich selbst entscheiden. Wir haben es schon gezeigt, auch die Zangen des Folterers entbinden uns nicht davon, frei zu sein. Das bedeutet nicht, daß es immer *möglich* ist, die Schwierigkeit zu umgehen, den Schaden zu beheben, sondern nur daß *eben die Unmöglichkeit*, in der bestimmten Richtung weiterzumachen, frei konstituiert werden muß; sie geschieht den Dingen durch unsern freien Verzicht, statt daß unser Verzicht durch die Unmöglichkeit des anzunehmenden Verhaltens hervorgerufen würde.

Danach muß man anerkennen, daß die Anwesenheit des Gegebenen auch hier keineswegs ein Hindernis für unsere Freiheit, sondern vielmehr durch ihre Existenz selbst erfordert ist. Diese Freiheit ist eine gewisse Freiheit, die *ich* bin. Aber was bin ich, wenn nicht eine gewisse interne Negation des An-sich? Ohne dieses An-sich, das ich negiere, würde ich mich in Nichts auflösen. Wir hatten in der Einleitung darauf hingewiesen, daß das Bewußtsein als «ontologischer Beweis» der Existenz eines An-sich dienen kann.[312] Wenn es nämlich Bewußtsein *von* etwas gibt, muß dieses «etwas» ursprünglich ein *reales*, das heißt *dem Bewußtsein nicht relatives* Sein haben. Wir sehen jetzt aber, daß dieser Beweis eine noch größere Tragweite hat: Wenn ich überhaupt etwas machen können soll, muß ich mein Handeln auf Wesen [*êtres*] anwenden, deren Existenz von meiner Existenz im allgemeinen und insbesondere von meinem Handeln *unabhängig* ist. Mein Handeln kann mir diese Existenz *enthüllen*; es bedingt sie nicht. Frei sein ist frei-sein-um-zu-verändern. Die Freiheit impliziert also die Existenz einer zu verändernden Umgebung: zu überwindender Hindernisse, zu benutzender Geräte. Zwar enthüllt sie sie als Hindernisse, aber sie kann den *Sinn* ihres Seins durch ihre freie Wahl nur interpretieren. Sie müssen einfach da sein, ganz roh, damit es Freiheit gibt. Frei sein ist *frei-sein-um-zu-handeln* und *frei-in-der-Welt-sein*. Wenn dem aber so ist, sieht die Freiheit, indem sie sich als Freiheit zum Verändern anerkennt, in ihrem ursprünglichen Entwurf implizit die unabhängige Existenz des Gegebenen, auf das sie sich richtet, voraus und erkennt sie an. Die interne Negation enthüllt das An-sich als unabhängig, und diese Unabhängigkeit konstituiert dem An-sich seinen *Ding*-Charakter. Was die Freiheit durch das bloße Auftauchen ihres Seins setzt, ist jetzt aber, daß sie ist *als mit etwas anderem als sich selbst zu tun habend*. Handeln heißt genau das verändern, was nichts anderes als sich selbst benötigt, um existieren zu können, heißt auf das einwirken, was grundsätzlich gegenüber dem Handeln indifferent ist, was seine Existenz oder sein Werden ohne dieses fortführen kann. Ohne diese Exterioritätsindifferenz des An-sich verlöre der Begriff *Handeln* selbst seinen Sinn (wir haben das weiter oben im Zusammenhang mit dem Wunsch und dem Entschluß gezeigt), und folglich verschwände die Freiheit selbst. So ist der Entwurf einer Freiheit schlechthin eine Wahl, die die Voraussicht und die Hinnahme von im übrigen beliebigen Widerständen impliziert. Nicht nur konstituiert die Freiheit den Rahmen, in dem sich ein sonst indifferentes An-sich als Widerstand enthüllt, sondern auch ihr Entwurf schlechthin ist der Entwurf, in einer widerstrebenden Welt durch Überwindung ihrer Widerstände zu *handeln*. Jeder freie Entwurf sieht, indem er sich entwirft, die Unvorhersehbarkeitsmarge voraus, die von der Unabhängigkeit der Dinge herrührt, gerade weil diese Unabhängigkeit das ist, von dem aus sich eine Freiheit konstituiert. Sobald ich plane, in das Nachbardorf zu fahren, um Pierre zu besuchen, sind die Reifenpannen, der Gegenwind, tausend vorhersehbare und unvorhersehbare Vorfälle in meinem Entwurf selbst gegeben und konstituieren seinen Sinn. Auch die unerwartete Panne, die meine Entwürfe stört, *nimmt ihren Platz ein* in einer durch meine Wahl vorgezeichneten Welt, denn ich habe nie aufgehört, wenn ich so sagen darf, *sie als unerwartete zu erwarten*. Und selbst wenn mein Weg durch etwas unterbrochen worden ist, woran ich nicht im entferntesten gedacht habe, wie etwa eine Überschwemmung oder ein Bergrutsch, so war in einem gewissen Sinn dieses Unvorhersehbare doch vorhergesehen: in meinem Entwurf war eine gewisse Unbestimmtheitsmarge «für das Unvorhersehbare» eingeräumt worden, so wie die Römer in ihrem Tempel den unbekannten Göttern einen Platz vorbehielten, und das nicht aus der Erfahrung «harter Schläge» oder aus empirischer Vorsicht, sondern durch die Natur meines Entwurfs selbst. So kann man gewissermaßen sagen, die menschliche-Realität wird durch nichts überrascht. Diese Hinweise ermöglichen uns, ein neues Merkmal einer freien Wahl aufzudecken: jeder Entwurf der Freiheit ist *offener Entwurf* und nicht geschlossener Entwurf. Obwohl gänzlich individualisiert, enthält er die Möglichkeit seiner späteren Modifikationen in sich. Jeder Entwurf impliziert in seiner Struktur das Verständnis der «Selbständigkeit»[313] der Weltdinge. Dieses fortwährende Vorhersehen des Unvorhersehbaren als Unbestimmtheitsmarge des Entwurfs, der ich bin, macht verständlich, daß der Vorfall oder die Katastrophe mich immer, statt mich durch ihre Neuheit und Ungewöhnlichkeit zu überraschen, durch einen gewissen Aspekt von «déjà vu» und «schon vorausgesehen» bedrücken, ja durch ihre Evidenz und eine Art fatalistischer Notwendigkeit, die wir durch ein «das mußte ja kommen» ausdrücken. Es gibt in der Welt nie etwas, was in Erstaunen setzt, nichts, was überrascht, außer, wir bestimmen uns selbst zum Erstaunen. Und das ursprüngliche Thema des Erstaunens ist nicht, daß dieses oder jenes besondere Ding in den Grenzen der Welt existiert, sondern vielmehr, daß es überhaupt eine Welt gibt, das heißt, daß ich in eine Totalität von mir zutiefst indifferenten Existierenden geworfen bin. Durch meine Wahl eines Zwecks wähle ich ja, daß ich Beziehungen zu diesen Existierenden habe und daß diese Existierenden Beziehungen untereinander haben; ich wähle, daß sie in Verbindung treten, um mir anzuzeigen, was ich bin. Die Widrigkeit, die mir die Dinge bezeugen, ist also durch meine Freiheit als eine ihrer Bedingungen vorgezeichnet und nur an einer frei entworfenen Bedeutung der Widrigkeit überhaupt kann dieser oder jener Komplex seinen individuellen Widrigkeitskoeffizienten manifestieren.

Aber wie jedesmal, wenn es um die Situation geht, muß man die Tatsache betonen, daß der von uns beschriebene Sachverhalt eine Kehrseite hat: Wenn die Freiheit die Widrigkeit schlechthin vorzeichnet, ist das wie eine Art Sanktionierung der Indifferenzexteriorität des An-sich. Zwar geschieht die Widrigkeit den Dingen durch die Freiheit, aber nur insofern die Freiheit ihre Faktizität als «In-mitten-eines-Indifferenz-An-sich-seins» beleuchtet. Die Freiheit gibt sich die Dinge als widrig, das heißt, sie verleiht ihnen eine Bedeutung, die Dinge aus ihnen macht; aber das geschieht, indem sie eben das Gegebene, das bedeutend sein wird, auf sich nimmt, das heißt, indem sie ihr Exil inmitten eines indifferenten An-sich auf sich nimmt, um es zu überschreiten. Umgekehrt übrigens kann das kontingente Gegebene, das man auf sich nimmt, diese erste und alle anderen tragende Bedeutung von «Exil inmitten der Indifferenz» nur in einer freien Übernahme durch das Für-sich und durch sie tragen. Das ist ja die primäre Struktur der Situation; sie erscheint hier in ihrer vollen Klarheit: gerade durch ihr Überschreiten des Gegebenen auf ihre Zwecke hin macht die Freiheit das Gegebene als *dieses* Gegebene existieren – vorher gab es weder dies noch das, noch hier –, und das so *bezeichnete* Gegebene ist nicht auf irgendeine Weise geformt, es ist rohes Existierendes, das man auf sich nimmt, um es überschreiten zu können. In der gleichen Zeit aber, in der die Freiheit Überschreiten *dieses Gegebenen* ist, wählt sie sich als *dieses* Überschreiten des Gegebenen. Die Freiheit ist nicht irgendein Überschreiten irgendeines Gegebenen; sondern indem sie das rohe Gegebene auf sich nimmt und ihm seinen Sinn verleiht, hat sie sich zugleich gewählt: ihr Zweck ist, *dieses Gegebene zu verändern*, ebenso wie das Gegebene im Licht des gewählten Zwecks als dieses Gegebene erscheint. Das Auftauchen der Freiheit ist also Kristallisation eines Zwecks *an Hand eines Gegebenen* und Entdeckung eines Gegebenen *im Licht* eines Zwecks; diese beiden Strukturen sind simultan und untrennbar. Wir werden ja später sehen, daß die universalen Werte gewählter Zwecke sich nur durch Analyse aufdecken lassen; jede Wahl ist Wahl einer konkreten Veränderung eines konkreten Gegebenen. Jede Situation ist konkret.

So werden die Widrigkeit der Dinge und ihre Potentialitäten schlechthin durch den gewählten Zweck beleuchtet. Aber einen Zweck gibt es nur für ein Für-sich, das sich als inmitten der Indifferenz verlassen übernimmt. Durch diese Übernahme fügt es diesem kontingenten und rohen Verlassensein *nichts* Neues hinzu; außer einer *Bedeutung*; es macht, daß es von jetzt an ein Verlassensein *gibt*, es macht, daß dieses Verlassensein als Situation entdeckt wird.

Wir haben im Ersten Kapitel des Zweiten Teils gesehen,

daß das Für-sich durch sein Auftauchen macht, daß das An-sich zur Welt kommt; noch allgemeiner ist es das Nichts, durch das es An-sich, das heißt Dinge, «gibt». Wir haben auch gesehen, daß die Realität An-sich da ist, zur Hand mit ihren *Qualitäten*, ohne irgendeine Deformation oder Hinzufügung. Wir sind von ihr lediglich durch die verschiedenen Nichtungsrubriken getrennt, die wir eben durch unser Auftauchen einführen: Welt, Raum und Zeit, Potentialitäten. Insbesondere haben wir gesehen, daß, obwohl wir von *Anwesenheiten* umgeben sind (dieses Glas, dieses Tintenfaß, dieser Tisch usw.), diese Anwesenheiten als solche unerfaßbar sind, denn sie bieten nur am Ende einer Bewegung oder einer von uns entworfenen Handlung, das heißt in der Zukunft, irgend etwas von sich dar. Jetzt können wir den Sinn dieses Sachverhalts verstehen: wir sind von den Dingen durch nichts getrennt *außer durch unsere Freiheit*; sie macht, daß es überhaupt Dinge *gibt* mit ihrer ganzen Indifferenz, Unvorhersehbarkeit und Widrigkeit und daß wir unweigerlich von ihnen getrennt sind, denn erst auf dem Nichtungshintergrund erscheinen sie und enthüllen sie sich als miteinander verbunden. So fügt der Entwurf meiner Freiheit den Dingen *nichts* hinzu: er macht, daß es Dinge *gibt*, das heißt eben Realitäten, die mit einem Widrigkeits- oder Verwendbarkeitskoeffizienten versehen sind; er macht, daß sich diese Dinge *in der Erfahrung* offenbaren, das heißt sich nach und nach im Lauf eines Verzeitlichungsprozesses auf dem Welthintergrund abheben; er macht endlich, daß sich diese Dinge als unerreichbar erweisen, als unabhängig, als von mir durch eben das Nichts getrennt, das ich ausscheide und das ich bin. Weil die Freiheit verurteilt ist, frei zu sein, das heißt sich nicht als Freiheit wählen kann, gibt es Dinge, das heißt eine Kontingenzfülle, innerhalb deren sie selbst Kontingenz ist; durch die Übernahme dieser Kontingenz und durch ihr Überschreiten kann es gleichzeitig eine *Wahl* und eine Organisation von Dingen *als Si-*

tuation geben; und die Kontingenz der Freiheit und die Kontingenz des An-sich drücken sich durch die Unvorhersehbarkeit und die Widrigkeit der Umgebung *als Situation* aus. So bin ich absolut frei und für meine Situation verantwortlich. Doch deshalb bin ich frei *nur in Situation*.

D) Mein Nächster

In einer von meinem Nächsten heimgesuchten Welt leben heißt nicht nur dem andern an jeder Straßenecke begegnen können, sondern auch sich in eine Welt engagiert vorfinden, deren Utensilienkomplexe eine Bedeutung haben können, die mein freier Entwurf ihnen zunächst nicht gegeben hat. Und es heißt auch inmitten dieser mit Sinn *schon* versehenen Welt mit einer Bedeutung zu tun haben, die *meine* ist und die ich mir auch nicht gegeben habe, die «schon zu besitzen» ich mich entdecke. Wenn wir uns also fragen, was für unsere «Situation» die ursprüngliche und kontingente Tatsache bedeuten kann, daß wir in einer Welt existieren, wo es auch den andern «gibt», verlangt das so formulierte Problem, daß wir nacheinander drei Realitätsschichten untersuchen, die ins Spiel kommen und meine konkrete Situation konstituieren: die *schon* bedeutenden Utensilien (der Bahnhof, der Eisenbahnfahrplan, das Kunstwerk, die Bekanntgabe der Mobilmachung), die Bedeutung, die ich als *schon meine* entdecke (meine Nationalität, meine Rasse, mein physisches Aussehen), und schließlich der andere als Bezugszentrum, auf den diese Bedeutungen verweisen.

Alles wäre in der Tat sehr einfach, wenn ich einer Welt angehörte, deren Bedeutungen sich einfach im Licht meiner eigenen Zwecke enthüllten. Dann würde ich die Dinge in den Grenzen meiner eignen Selbstwahl als Utensilien oder als Utensilitätskomplexe anordnen; diese Wahl würde aus dem Berg ein schwer zu überwindendes Hindernis oder einen Aussichtspunkt auf die Landschaft machen usw.; es entstände nicht das Problem zu wissen, welche Bedeutung dieser Berg *an sich* haben kann, weil ich es bin, durch den der Realität an sich die Bedeutungen zukommen. Dieses Problem wäre außerdem sehr vereinfacht, wenn ich eine Monade ohne Türen und Fenster wäre und wenn ich lediglich irgendwie wüßte, daß andere Monaden existieren oder möglich sind, von denen jede den Dingen, die ich sehe, neue Bedeutungen verleiht. In diesem Fall, auf den die Philosophen ihre Untersuchungen allzuoft beschränkt haben, würde es mir genügen, andere Bedeutungen für *möglich* zu halten, und schließlich würde die Vielheit der Bedeutungen, die der Vielheit der Bewußtseine entspricht, für mich ganz einfach mit der immer offnen Möglichkeit zusammenfallen, von mir selbst eine *andere Wahl* zu treffen. Aber wir haben gesehen, daß diese monadische Konzeption einen heimlichen Solipsismus verbirgt, eben weil sie die Vielheit der Bedeutungen, die ich dem Realen anheften kann, mit der Vielheit der Bedeutungssysteme gleichsetzt, von denen jedes auf ein Bewußtsein verweist, das ich nicht bin. Und außerdem erweist sich diese monadische Beschreibung auf dem Gebiet der konkreten Erfahrung als ungenügend, es existiert nämlich in «meiner» Welt noch etwas anderes als eine Vielheit möglicher Bedeutungen; es existieren objektive Bedeutungen, die sich mir als nicht von mir ans Licht gebracht darbieten. Ich, durch den die Bedeutungen den Dingen zukommen, finde mich in eine *schon bedeutende* Welt engagiert vor, die mir Bedeutungen reflektiert, die ich nicht hineingelegt habe. Man denke zum Beispiel an die unzählige Menge von Bedeutungen, die von *meiner* Wahl unabhängig sind und die ich in einer Stadt entdecke: Straßen, Häuser, Läden, Straßenbahnen und Autobusse, Schilder, Warnsignale, Radiomusik usw. In der Einsamkeit würde ich zwar das rohe und unvorhersehbare Existierende entdecken:

diesen Felsen zum Beispiel, und ich würde mich im Grunde darauf beschränken, zu machen, daß es einen Felsen *gibt*, das heißt *dieses* Existierende und außer ihm nichts. Doch verliehe ich ihm wenigstens die Bedeutung, «zu ersteigen», «zu umgehen», «zu betrachten» usw. Wenn ich aber an einer Straßenbiegung ein Haus entdecke, so ist das nicht nur ein rohes Existierendes, das ich in der Welt enthülle, ich mache nicht nur, daß es ein auf diese oder jene Weise qualifiziertes «Dieses» *gibt*: sondern die Bedeutung des Gegenstands, der sich mir dann enthüllt, widersteht mir und bleibt von mir unabhängig: ich entdecke, daß das Gebäude ein Mietshaus ist oder das Verwaltungszentrum der Gaswerke oder ein Gefängnis usw., hier ist die Bedeutung kontingent, unabhängig von meiner Wahl, sie bietet sich mit derselben Indifferenz dar wie die Realität des An-sich selbst: sie ist *Ding* geworden und unterscheidet sich nicht von der *Qualität* des An-sich. Ebenso wird mir der Widrigkeitskoeffizient der Dinge enthüllt, bevor er von mir erfahren wird: zahlreiche Hinweise warnen mich: «Langsam fahren, gefährliche Kurve!», «Vorsicht, Schule», «Lebensgefahr», «Querrinne nach 100 m» usw. Aber obwohl diese Bedeutungen tief in die Dinge eingeprägt sind und an ihrer Indifferenzexteriorität teilhaben – wenigstens scheinbar –, sind sie nichtsdestoweniger Verhaltensanweisungen, die mich direkt angehen. Ich benutze den Zebrastreifen, ich gehe in *diesen* Laden, um *dieses* Gerät zu kaufen, dessen Benutzungsweise auf einem Blatt, das den Käufern mitgegeben wird, ganz genau angegeben ist, ich benutze dann dieses Gerät, zum Beispiel einen Füllfederhalter, um unter bestimmten Bedingungen dieses oder jenes Formular auszufüllen. Finde ich hier nicht enge Grenzen für meine Freiheit? Wenn ich nicht Punkt für Punkt den durch die anderen gegebenen Anweisungen folge, kenne ich mich nicht mehr aus, irre ich mich in der Straße, verpasse ich meinen Zug usw. Übrigens sind diese Anweisungen meist

Imperative: «Hier eintreten!», «Hier hinausgehen!», das bedeuten die Worte «Eingang» und «Ausgang», die über Türen stehen. Ich unterwerfe mich ihnen; sie fügen dem Widrigkeitskoeffizienten, den ich an den Dingen entstehen lasse, einen speziell menschlichen Widrigkeitskoeffizienten hinzu. Außerdem bin ich, wenn ich mich dieser Organisation unterwerfe, von ihr abhängig: die Vorteile, die sie mir verschafft, können versiegen; ein innerer Aufruhr, ein Krieg, und schon werden die allernotwendigsten Erzeugnisse knapp, ohne daß ich etwas dafür kann. Ich werde enteignet, in meinen Vorhaben behindert, des zum Erreichen meiner Zwecke Notwendigen beraubt. Und vor allem haben wir bemerkt, daß die Gebrauchsanweisungen, Bezeichnungen, Anordnungen, Verbote, Schilder sich an mich wenden, insofern ich *irgend jemand bin*; in dem Maß, wie ich gehorche, mich einreihe, unterwerfe ich mich den Zielen *irgendeiner* menschlichen-Realität und realisiere sie durch *irgendwelche* Techniken: ich werde also in meinem eigenen Sein verwandelt, da ich die Zwecke *bin*, die ich gewählt habe, und die Techniken, die sie realisieren; zu irgendwelchen Zwecken, zu irgendwelchen Techniken, irgendeine menschliche-Realität. Gleichzeitig wird, da die Welt mir immer nur über die Techniken erscheint, die ich benutze, auch die Welt modifiziert. Diese Welt, gesehen durch den Gebrauch, den ich vom Fahrrad, vom Auto, von der Bahn mache, um sie zu durchreisen, enthüllt mir ein zu den von mir benutzten Mitteln streng korrelatives Gesicht, also *das Gesicht, das sie jedermann zeigt*. Daraus muß sich offenbar ergeben, wird man sagen, daß meine Freiheit mir überall entgeht: es gibt keine *Situation* mehr als Organisation einer bedeutenden Welt rings um die freie Wahl meiner Spontaneität, es gibt einen *Zustand*, den man mir aufzwingt. Das muß jetzt untersucht werden.

Ohne Zweifel hat meine Zugehörigkeit zu einer bewohnten Welt den Wert eines *Faktums*. Sie verweist ja auf das ursprüngliche Faktum der Anwesenheit Anderer in der Welt, ein Faktum, das, wie wir gesehen haben, aus der ontologischen Struktur des Für-sich nicht abgeleitet werden kann. Und obwohl dieses Faktum die Verwurzlung unserer Faktizität nur noch vertieft, geht es doch nicht aus unserer Faktizität hervor, insofern diese die Notwendigkeit der Kontingenz des Für-sich ausdrückt; sondern man muß vielmehr sagen: das Für-sich *existiert faktisch*, das heißt, seine Existenz kann weder mit einer gesetzmäßig entstandenen Realität noch mit einer freien Wahl gleichgesetzt werden; und unter den faktischen Merkmalen dieser «Faktizität», das heißt unter denen, die weder abgeleitet noch bewiesen werden können, die sich vielmehr bloß «erfahren lassen», gibt es eins, das wir die Existenz-in-der-Welt-in-Anwesenheit-anderer nennen. Ob dieses faktische Merkmal von meiner Freiheit übernommen werden muß oder nicht, um in irgendeiner Weise wirksam sein zu können, werden wir weiter unten erörtern. Jedenfalls steht fest, daß sich auf der Ebene der Techniken zur Aneignung der Welt aus dem *Faktum* der Existenz des andern die Tatsache des Kollektiveigentums der Techniken ergibt. Auf dieser Ebene drückt sich also die Faktizität durch das Faktum meines Erscheinens in einer Welt aus, die sich mir nur durch kollektive und schon konstituierte Techniken enthüllt, die darauf abzielen, mich die Welt unter einem Aspekt erfassen zu lassen, dessen Sinn außerhalb von mir definiert worden ist. Diese Techniken bestimmen meine Zugehörigkeit zu den Kollektivitäten: zur *Spezies Mensch*, zur nationalen Kollektivität, zur Berufs- und Familiengruppe. Man muß sogar betonen: abgesehen von meinem Für-Andere-sein – von dem wir noch sprechen werden – ist meine einzige positive Art, *meine faktische Zugehörigkeit zu diesen Kollektivitäten zu existieren*, der Gebrauch, den ich beständig von den Techniken mache, die von ihnen stammen. Die Zugehörigkeit zur *Spezies Mensch* definiert sich ja durch den Gebrauch ganz elementarer und allgemeiner Techniken: gehen, greifen, den Umriß und die relative Größe der wahrgenommenen Gegenstände beurteilen, sprechen, überhaupt wahr von falsch unterscheiden können usw. Aber diese Techniken besitzen wir nicht in dieser abstrakten und allgemeinen Form: sprechen können heißt nicht die Wörter überhaupt nennen und verstehen können, es heißt eine bestimmte Sprache sprechen können und dadurch seine Zugehörigkeit zur Menschheit *auf der Ebene* der nationalen Kollektivität manifestieren. Außerdem heißt eine Sprache sprechen nicht eine abstrakte bloße Kenntnis der Sprache haben, so wie die akademischen Wörterbücher und Grammatiken sie definieren: es heißt sie sich über provinzielle, professionelle und familiäre Deformierungen und Selektionen zu eigen machen. So kann man sagen, daß die *Realität* unserer Zugehörigkeit zum Menschlichen unsere *Nationalität* ist und daß die Realität unserer Nationalität unsere Zugehörigkeit zu Familie, Gegend, Beruf usw. ist, in dem Sinn, wie die *Realität* des Sprechens die Sprache und die Realität der Sprache der Dialekt, der Jargon, die Mundart usw. ist. Und umgekehrt ist die *Wahrheit* des Dialekts die Sprache, die *Wahrheit* der Sprache das Sprechen; das bedeutet, daß die konkreten Techniken, durch die sich unsere Zugehörigkeit zur Familie, zur Örtlichkeit manifestiert, auf abstraktere und allgemeinere Strukturen verweisen, die so etwas wie ihre Bedeutung und ihr Wesen konstituieren, diese wieder auf andere, noch allgemeinere, bis man zum allgemeinen und vollkommen einfachen Wesen *irgendeiner* Technik gelangt, durch die sich *irgendein* Sein die Welt aneignet.

So ist zum Beispiel Franzose sein nur die *Wahrheit* des Savoyerseins. Aber Savoyer sein heißt nicht nur die Hochtäler Savoyens bewohnen: es heißt, unter tausend anderen Dingen, im Winter Ski fahren, den Ski als Verkehrsmittel benutzen. Und genaugenommen heißt es nach französischer Methode Ski laufen, nicht nach Arlberger oder norwegischer Methode.* Aber da sich das Gebirge und die verschneiten Hänge nur über eine Technik wahrnehmen lassen, heißt das eben den *französischen* Sinn der Skihänge entdecken; denn je nachdem ob man die an sanften Hängen günstigere norwegische Methode benutzt oder die französische, die an steilen Hängen günstiger ist, wird derselbe Abhang steiler oder sanfter erscheinen, genauso wie eine Steigung dem Radfahrer mehr oder weniger steil erscheint, je nachdem ob er auf den mittleren oder kleinen Gang geschaltet hat. So verfügt der französische Skifahrer über eine französische «Geschwindigkeit», die Skigelände hinabzufahren, und diese Geschwindigkeit enthüllt ihm einen besonderen Typus von Abhängen, wo es auch sein mag, das heißt also, daß die Schweizer oder die bayrischen Alpen, Telemark oder der Jura ihm immer einen rein französischen Sinn, rein französische Schwierigkeiten und einen rein französischen Utensilitäts- oder Widrigkeitskomplex bieten. Ebenso könnte leicht gezeigt werden, daß die meisten Versuche, die Arbeiterklasse zu definieren, darauf hinauslaufen, als Kriterium die Produktion, den Konsum oder eine gewisse, zum Minderwertigkeitskomplex gehörende «Weltanschauung»[314] (Marx – Halbwachs – de Man) zu verwenden, das heißt in allen Fällen gewisse Techniken der Verarbeitung oder der Aneignung der Welt, über die sie das bietet, was wir ihr «proletarisches Gesicht» nennen könnten, mit ihren heftigen Gegensätzen, ihren einförmigen und öden großen Massen, ihren dunklen Zonen und ihren sonnigen Stränden, den einfachen und akuten Zwecken, die sie beleuchten.

Es ist also evident – obwohl meine Zugehörigkeit zu

---

* Wir vereinfachen: es gibt technische Einflüsse, Überschneidungen; die Arlberg-Methode hat lange bei uns vorgeherrscht. Der Leser wird die Fakten in ihrer Komplexität leicht wiederherstellen können.

einer bestimmten Klasse, einer bestimmten Nation nicht aus meiner Faktizität als ontologische Struktur meines Für-sich hervorgeht –, daß meine faktische Existenz, das heißt meine Geburt und mein Platz, über bestimmte Techniken meine Wahrnehmung der Welt und meiner selbst mit sich bringt. Diese Techniken, die ich nicht gewählt habe, verleihen der Welt ihre Bedeutungen. Nicht mehr ich scheine von meinen Zwecken aus zu entscheiden, ob die Welt mir mit den einfachen und harten Gegensätzen des «proletarischen» Universums erscheint oder mit den zahllosen verfeinerten Nuancen der «bürgerlichen» Welt. Ich bin nicht nur dem rohen Existierenden gegenüber geworfen, ich bin in eine Arbeiterwelt geworfen, in eine französische, lothringische oder südfranzösische Welt, die mir ihre Bedeutungen bietet, ohne daß ich etwas dazu getan hätte, sie zu entdecken.

Sehen wir genauer hin. Wir haben vorhin gezeigt, daß meine Nationalität nur die *Wahrheit* meiner Zugehörigkeit zu einer Provinz, einer Familie, einer Berufsgruppe ist. Aber muß man dabei stehenbleiben? Wenn die Sprache nur die *Wahrheit* des Dialekts ist, ist dann der Dialekt die absolut konkrete Wirklichkeit? Sind der Berufsjargon, wie «man» ihn spricht, oder die elsässische Mundart, deren Gesetze eine linguistische und statistische Untersuchung zu bestimmen ermöglicht, das primäre Phänomen, das seine Grundlage im reinen Faktum, in der ursprünglichen Kontingenz hat? Die Forschungen der Linguisten können hier täuschen: ihre Statistiken decken Konstanten, phonetische oder semantische Deformationen eines gegebenen Typus auf, sie ermöglichen, die Entwicklung eines Phonems oder eines Morphems in einer gegebenen Periode zu rekonstruieren, so daß das *Wort* oder die *syntaktische Regel* eine individuelle Realität zu sein scheint mit ihrer eigenen Bedeutung und Geschichte. Und tatsächlich scheinen die Individuen wenig Einfluß auf die Entwicklung der Sprache zu haben. Soziale Fakten wie die

Invasionen, die großen Verkehrswege, die Handelsbeziehungen scheinen die wesentlichen Ursachen der sprachlichen Veränderungen zu sein. Aber das kommt daher, daß man sich nicht auf das wirkliche Gebiet des Konkreten begibt: folglich wird man nur gemäß seinen eigenen Forderungen abgespeist. Schon längst haben die Psychologen darauf aufmerksam gemacht, daß das *Wort* nicht das konkrete Element des Sprechens ist – auch nicht das Dialektwort, das Familienwort mit seinen besonderen Deformationen –, die Elementarstruktur des Sprechens ist vielmehr der *Satz*. Nur innerhalb des Satzes kann das Wort eine reale Bezeichnungsfunktion erhalten; außerhalb seiner ist es allenfalls eine Satzfunktion, wenn es nicht eine bloße Rubrik zur Gruppierung absolut disparater Bedeutungen ist. Wo es in der Rede einzeln erscheint, nimmt es einen «holophrastischen» Charakter an, auf den schon oft hingewiesen wurde; das bedeutet nicht, daß es sich von selbst auf einen präzisen Sinn beschränken kann, sondern daß es in einen Kontext integriert ist wie eine Nebenform in eine Hauptform. Das Wort hat also außerhalb der komplexen und aktiven Organisationen, die es integrieren, nur eine rein *virtuelle* Existenz. Es kann also nicht «in» einem Bewußtsein oder einem Unbewußten *vor* dem Gebrauch existieren, der von ihm gemacht wird: der Satz ist nicht *aus Wörtern gemacht*. Man kann es aber nicht dabei bewenden lassen: Paulhan hat in den *Fleurs de Tarbes*[315] gezeigt, daß ganze Sätze, die «Gemeinplätze», genau wie die Wörter nicht vor dem Gebrauch existieren, den man von ihnen macht. Wenn Gemeinplätze von außen vom Leser betrachtet werden, der den Sinn des Abschnitts rekonstruiert, indem er von einem Satz zum andern übergeht, so verlieren sie ihren banalen und konventionellen Charakter, wenn man sich auf den Standpunkt des Autors stellt, der *die auszudrückende Sache* sah und den schnellsten Weg benutzte, indem er einen Akt der Bezeichnung oder Neuschöpfung hervorbrachte und sich nicht damit aufhielt, die einzelnen Elemente dieses Akts zu betrachten. Wenn dem so ist, existieren weder die Wörter noch die Syntax, noch die «fertigen Sätze» vor dem Gebrauch, den man von ihnen macht. Wenn die verbale Einheit der bedeutende Satz ist, ist dieser ein konstruktiver Akt, der nur durch eine Transzendenz konzipiert wird, die das Gegebene auf einen Zweck hin überschreitet und nichtet. Das Wort im Licht des Satzes verstehen ist *ganz genau* dasselbe wie irgendein Gegebenes von der Situation aus und die Situation im Licht der ursprünglichen Zwecke verstehen. Einen Satz meines Gesprächspartners verstehen heißt nämlich verstehen, was er «*sagen will*», das heißt seiner Transzendenzbewegung folgen, mich mit ihm auf Möglichkeiten, auf Zwecke hin werfen und dann auf die Gesamtheit der organisierten Mittel zurückkommen, um sie durch ihre Funktion und ihr Ziel zu verstehen. Die gesprochene Sprache wird übrigens immer von der Situation her entschlüsselt. Die Bezüge zur Zeit, zur Stunde, zum Platz, zur Umgebung, zur Situation der Stadt, der Provinz, des Landes sind vor dem Wort gegeben. Es genügt, daß ich die Zeitungen gelesen habe und daß ich Pierres gutes Aussehen und seine sorgenvolle Miene *sehe*, um das «Es geht nicht gut» zu verstehen, mit dem er heute morgen auf mich zukommt. Es ist nicht seine Gesundheit, mit der es «nicht gut geht», denn er sieht blühend aus, auch nicht sein Geschäft oder seine Ehe: es ist die Situation unserer Stadt oder unseres Landes. Ich *wußte es schon*; als ich ihn fragte «Wie geht's?», skizzierte ich schon eine Interpretation seiner Antwort, versetzte ich mich schon in die vier Himmelsrichtungen und war bereit, von dort auf Pierre *zurückzukommen*, um ihn zu verstehen. Die Rede anhören heißt «mitsprechen», nicht nur weil man mimt, um zu entschlüsseln, sondern weil man sich ursprünglich auf die Möglichkeiten hin entwirft und weil man *von der Welt her* verstehen muß.

Wenn aber der Satz vor dem Wort existiert, werden wir auf den *Redenden* als konkrete Grundlage der Rede verwiesen. Das Wort kann durch sich selbst zu «leben» scheinen, wenn man es aus Sätzen verschiedener Epochen herausfischt; dieses entliehene Leben ähnelt dem des Messers in phantastischen Filmen, das von selbst in die Birne eindringt; es besteht aus der Juxtaposition von Momentaufnahmen, es ist kinematographisch und konstituiert sich in der universalen Zeit. Aber wenn die Worte zu leben scheinen, sobald man den semantischen oder morphologischen Film projiziert, kommen sie doch nicht soweit, Sätze zu bilden; sie sind nur die Durchgangsbahnen der Sätze, wie die Straßen nur die Durchgangsbahnen von Pilgern oder Karawanen sind. Der Satz ist ein Entwurf, der sich nur von der Nichtung eines Gegebenen her interpretieren läßt (eben dessen, das man *bezeichnen* will), von einem gesetzten Zweck her (seiner *Bezeichnung*, die selbst andere Zwecke voraussetzt, für die sie nur ein Mittel ist). Wenn das Gegebene ebensowenig wie das Wort den Satz bestimmen kann, wenn vielmehr der Satz notwendig ist, um das Gegebene zu beleuchten und das Wort zu verstehen, dann ist der Satz ein Moment meiner freien Selbstwahl, und so wird er auch von meinem Gesprächspartner verstanden. Wenn die Sprache die Realität des Sprechens ist, wenn der Dialekt oder der Jargon die Realität der Sprache sind, dann ist die Realität des Dialekts der *freie Akt* der Bezeichnung, durch den ich mich als *Bezeichnenden* wähle. Und dieser freie Akt kann kein *Zusammenstellen* von Wörtern sein. Wenn er bloßes Zusammenstellen von Wörtern nach technischen Vorschriften (den grammatischen Regeln) wäre, könnten wir von faktischen Grenzen der Freiheit des Redenden sprechen; diese Grenzen wären markiert durch die materielle und phonetische Natur der Wörter, den Wortschatz der benutzten Sprache, den persönlichen Wortschatz des Sprechenden (die n Wörter, über die er verfügt), den «Geist der Sprache» usw. usw. Aber wir haben ja gezeigt, daß dem nicht so ist. Kürzlich hat man behauptet,* es gäbe so etwas wie eine lebendige Ordnung der Wörter, dynamische Gesetze des Sprechens, ein unpersönliches Leben des Logos, kurz, die Sprache sei eine *Natur* und der Mensch müsse ihr dienen, um sie über einige Punkte benutzen zu können, so wie er es mit der Natur macht. Aber hier hat man die Sprache, *erst als sie tot war*, betrachtet, das heißt, erst *als sie gesprochen worden war*, indem man ihr ein unpersönliches Leben und eine Kraft einflößte, Anziehungen und Abstoßungen, die man faktisch der persönlichen Freiheit des sprechenden Für-sich entliehen hat. Man machte aus dem Sprechen *eine Sprache, die sich ganz allein spricht*. Das ist der zu vermeidende Irrtum in bezug auf das Sprechen *wie alle anderen Techniken*. Wenn man den Menschen inmitten von Techniken auftauchen läßt, die sich ganz allein anwenden, einer Sprache, die sich spricht, einer Wissenschaft, die sich betreibt, einer Stadt, die sich nach ihren eigenen Gesetzen erbaut, wenn man die Bedeutungen zu An-sich erstarren läßt, während man ihnen gleichzeitig eine menschliche Transzendenz bewahrt, reduziert man die Rolle des Menschen auf die eines Steuermanns, der die determinierten Kräfte der Winde, der Wellen, der Gezeiten benutzt, um ein Schiff zu lenken. Aber nach und nach erfordert jede Technik, die auf menschliche Zwecke gerichtet werden soll, eine weitere Technik: zum Beispiel muß man sprechen, um ein Schiff steuern zu können. So werden wir vielleicht zur Technik der Techniken – die sich ihrerseits ganz allein anwendet – gelangen, aber wir haben für immer die Möglichkeit verloren, dem Techniker zu begegnen.

Wenn wir dagegen durch das Sprechen machen, daß es Wörter gibt, so beseitigen wir deswegen nicht die *notwendigen und technischen* Verbindungen oder die *faktischen*

---

* Brice Parain, *Essai sur le logos platonicien*, Gallimard, Paris 1942.

Verbindungen, die sich innerhalb des Satzes artikulieren. Mehr noch: *wir begründen* diese Notwendigkeit. Aber gerade damit sie erscheint, damit die Wörter Beziehungen untereinander unterhalten, damit sie sich aneinanderhängen – oder sich abstoßen –, müssen sie in einer Synthese vereinigt werden, die nicht von ihnen kommt; fällt diese synthetische Einheit weg, zerbröckelt der Block «Sprechen»; jedes Wort kehrt in seine Vereinzelung zurück und verliert gleichzeitig seine Einheit, indem es sich zwischen verschiedene, unvereinbare Bedeutungen zersplittert. Also organisieren sich die Gesetze des Sprechens innerhalb des freien Entwurfs des Satzes; indem ich spreche, mache ich die Grammatik; die Freiheit ist die einzige mögliche Grundlage der Gesetze der Sprache. Für *wen* gibt es übrigens Gesetze der Sprache? Paulhan hat die Elemente einer Antwort geliefert: nicht für den, der spricht, sondern für den, der zuhört. Wer spricht, ist nur die Wahl einer *Bedeutung* und erfaßt die Ordnung der Wörter nur, soweit er *sie macht*.* Die einzigen Beziehungen, die er innerhalb dieses organisierten Komplexes erfaßt, sind spezifisch die, die er hergestellt hat. Wenn man in der Folge entdeckt, daß zwei oder mehrere Wörter nicht *eine*, sondern mehrere bestimmte Beziehungen zueinander unterhalten und daß sich daraus eine Vielfalt von Bedeutungen ergibt, die sich für denselben Satz hierarchisieren oder entgegensetzen, kurz, wenn man den «Anteil des Teufels» entdeckt, so kann das nur unter den folgenden beiden Bedingungen geschehen: 1. die Wörter müssen durch eine freie Zusammenstellung verbunden und dargeboten werden; 2. diese Synthese muß *von außen* gesehen werden,

---

* Ich vereinfache: man kann sein Denken auch durch seinen Satz kennenlernen. Aber das geschieht, weil es möglich ist, ihm gegenüber, in einem gewissen Maß, den Gesichtspunkt des Andern einzunehmen, genau wie gegenüber unserem eigenen Körper.

das heißt vom *Andern* und im Lauf einer hypothetischen Entschlüsselung des möglichen vielfachen Sinns dieser Zusammenstellung. In diesem Fall wird nämlich jedes *zunächst* als Bedeutungsschnittpunkt erfaßte Wort an ein anderes, ebenso als solcher erfaßtes Wort gebunden. Und die Zusammenstellung wird *mehrdeutig*. Das Erfassen des *wahren*, das heißt des vom Sprechenden ausdrücklich gewollten Sinns, kann die anderen Sinnmöglichkeiten in den Schatten drängen oder sich unterordnen, es wird sie aber nicht beseitigen. So hat das Sprechen, das *für mich* freier Entwurf ist, *für den andern* spezifische Gesetze. Und diese Gesetze selbst können nur innerhalb einer ursprünglichen Synthese wirken. Man erfaßt also den ganzen Unterschied, der das Ereignis «Satz» von einem Naturereignis trennt. Das Naturfaktum entsteht entsprechend einem Gesetz, das es manifestiert, das aber bloße äußere Produktionsregel ist, von der das betreffende Faktum nur ein Beispiel ist. Der «Satz» als Ereignis enthält das Gesetz seiner Organisation in sich selbst, und innerhalb des freien Entwurfs, zu *bezeichnen*, können gesetzmäßige Beziehungen zwischen den Wörtern auftauchen. Es kann ja keine Gesetze des Sprechens geben, bevor man spricht. Und jedes Sprechen ist freier Bezeichnungsentwurf, der zur Wahl eines persönlichen Für-sich gehört und von der globalen Situation dieses Für-sich her interpretiert werden muß. Das Primäre ist die Situation, von der her ich den *Sinn* des Satzes verstehe, wobei dieser Sinn nicht in sich selbst als eine Gegebenheit, sondern als ein in einem freien Überschreiten der Mittel gewählter Zweck zu sehen ist. Das ist die einzige *Realität*, der die Arbeiten des Linguisten begegnen können. Von dieser Realität aus kann eine regressive Analyse gewisse allgemeinere, einfachere Strukturen aufdecken, die so etwas wie gesetzmäßige Schemata sind. Aber diese Schemata, die zum Beispiel als Gesetze des Dialekts gelten, sind in sich selbst Abstrakta. Weit davon entfernt, die Konstituierung des Satzes zu bestimmen und die Hohlform zu sein, in die er fließt, existieren sie nur in diesem Satz und durch diesen Satz. In diesem Sinn erscheint der Satz als freie Erfindung seiner Gesetze. Wir finden hier ganz einfach das ursprüngliche Merkmal jeder Situation wieder: gerade durch sein Überschreiten des Gegebenen als solchen (der linguistische Apparat) läßt der freie Entwurf des Satzes das Gegebene als *dieses* Gegebene (diese Anordnungs- und Aussprachregeln des Dialekts) erscheinen. Aber der freie Entwurf des Satzes ist genau die Absicht, *dieses Gegebene* zu übernehmen, er ist nicht irgendeine Übernahme, sondern Anvisieren eines noch nicht existierenden Zwecks über existierende Mittel, denen er gerade ihren Sinn, Mittel zu sein, verleiht. So ist der Satz Anordnung von Wörtern, die nur durch eben ihre Anordnung *diese Wörter* werden. Gerade das haben die Linguisten und Psychologen gespürt, und ihre Verlegenheit kann uns hier als Gegenprobe dienen: sie glaubten nämlich, in der Bildung der Sprache einen Zirkel zu entdecken, denn um sprechen zu können, muß man sein Denken kennen. Aber wie soll man dieses Denken als in Begriffen explizitierte und fixierte Realität kennen, außer gerade, indem man es spricht? So verweist das Sprechen auf das Denken und das Denken auf das Sprechen. Aber wir verstehen jetzt, daß es da keinen Zirkel gibt oder, vielmehr, daß dieser Zirkel – aus dem man herauszukommen glaubte durch die Erfindung bloßer psychologischer Idole wie das verbale Bild oder das Denken ohne Bilder und ohne Wörter – nicht für das Sprechen spezifisch ist: er ist das Merkmal der Situation überhaupt. Er bedeutet nichts anderes als die ek-statische Verbindung der Gegenwart, der Zukunft und der Vergangenheit, das heißt die freie Bestimmung des Existierenden durch das Noch-nicht-existierende und des Noch-nicht-existierenden durch das Existierende. Danach ist es möglich, abstrakte operative Schemata zu entdecken, die so etwas wie die gesetzmäßige Wahrheit des Satzes darstellen: das Dialektschema – das

Schema der Nationalsprache – das linguistische Schema schlechthin. Aber diese Schemata existieren keineswegs vor dem konkreten Satz, sie sind vielmehr durch sich selbst mit *Unselbständigkeit*[316] affiziert und existieren immer nur verkörpert und eben in ihrer Verkörperung von einer Freiheit getragen. Natürlich ist das Sprechen hier nur das Beispiel für die soziale und universale Technik. Mit jeder andern Technik wäre es ebenso: der Hieb mit der Axt enthüllt die Axt, das Hämmern enthüllt den Hammer. Es ist möglich, in einem einzelnen Skikurs die französische Skimethode zu entdecken und in dieser Methode die allgemeine Kunst des Skilaufs als menschliche Möglichkeit. Aber diese menschliche Kunst ist nie etwas durch sich allein, sie existiert nicht *als Potenz*, sie verkörpert und manifestiert sich in der *aktuellen* konkreten Kunst des Skiläufers. Das ermöglicht uns, eine Lösung des Problems der Beziehungen des Individuums zur Spezies zu versuchen. Ohne Spezies Mensch keine Wahrheit, das ist gewiß; es bliebe nur ein irrationales und kontingentes Gewimmel individueller Wahlen, denen kein Gesetz zugeschrieben werden könnte. Wenn etwas wie eine Wahrheit existiert, die geeignet ist, die individuellen Wahlen zu vereinigen, kann sie uns nur von der Spezies Mensch geliefert werden. Aber wenn die Spezies die Wahrheit des Individuums ist, kann sie nicht ohne tiefen Widerspruch ein im Individuum *Gegebenes* sein. Wie die Gesetze der Sprache vom freien konkreten Entwurf des Satzes getragen und verkörpert werden, so existiert auch die Spezies Mensch – als Gesamtheit von Techniken, die geeignet sind, die Tätigkeit der Menschen zu definieren – keineswegs vor einem Individuum, durch das sie manifestiert würde, so wie ein einzelner Fall das Fallgesetz der Körper exemplifiziert, sondern sie ist die Gesamtheit abstrakter Beziehungen, die von der freien individuellen Wahl getragen werden. Um sich als *Person* wählen zu können, macht das Für-sich, daß eine interne Organisation existiert, die es auf sich selbst hin überschreitet, und diese interne technische Organisation ist in ihm das Nationale oder das Humane.

Gut, wird man sagen. Aber Sie haben das Problem umgangen. Denn diese linguistischen oder technischen Organisationen hat das Für-sich nicht geschaffen, um zu sich zu gelangen: es hat sie von Anderen übernommen. Die Regel von der Anpassung der Partizipien[317] existiert zwar nicht außerhalb der freien Zusammenstellung konkreter Partizipien zu einem besonderen Bezeichnungszweck. Aber wenn ich diese Regel anwende, habe ich sie von den anderen gelernt, und weil die anderen sie in ihren persönlichen Entwürfen sein machen, benutze ich selbst sie. Mein Sprechen ist also dem Sprechen Anderer und letztlich der Nationalsprache untergeordnet.

Wir denken nicht daran, das zu leugnen. Ebensowenig geht es uns darum, das Für-sich als freien Grund seines Seins zu zeigen: das Für-sich ist frei, aber *in Bedingtheit*, und diese Beziehung der Bedingtheit zur Freiheit ist es, die wir unter dem Namen Situation zu präzisieren suchen. Denn was wir soeben festgestellt haben, ist nur ein Teil der Realität. Wir haben gezeigt, daß die Existenz von Bedeutungen, die nicht aus dem Für-sich hervorgehen, keine äußere Grenze seiner Freiheit konstituieren kann. Das Fürsich ist nicht zunächst Mensch und dann es selbst, und es konstituiert sich nicht als es selbst von einer *a priori* gegebenen Wesenheit [*essence*] Mensch aus; sondern ganz im Gegenteil, in seinem Bemühen, sich als persönliches Selbst zu wählen, erhält das Für-sich gewisse soziale und abstrakte Merkmale an der Existenz, die aus ihm *einen Menschen* machen; und die notwendigen Bindungen, die den Elementen der Wesenheit Mensch folgen, erscheinen nur auf dem Hintergrund einer freien Wahl; in diesem Sinn ist jedes Für-sich in seinem Sein für die Existenz einer Spezies Mensch verantwortlich. Aber wir müssen noch das unleugbare Faktum klären, daß sich das Für-sich nur jenseits gewisser Bedeutungen, deren Ursprung es nicht ist, wählen kann. Jedes Für-sich ist nämlich nur Für-sich, indem es sich jenseits der Nationalität und der Spezies wählt, ebenso wie es nur spricht, indem es die Bezeichnung jenseits der Syntax und der Morpheme wählt. Dieses «Jenseits» genügt, seine totale Unabhängigkeit von den Strukturen zu sichern, die es überschreitet; gleichwohl aber konstituiert es sich als ein *Jenseits* in bezug auf *diese* Strukturen. Was bedeutet das? Daß das Für-sich in einer Welt auftaucht, die für andere Für-sich Welt ist. Das ist das *Gegebene*. Und gerade dadurch wird ihm, wie wir gesehen haben, der Sinn der Welt *entfremdet*. Das bedeutet genau, daß es sich in Anwesenheit von vielerlei *Sinn* befindet, der nicht durch es zur Welt kommt. Es taucht in einer Welt auf, die sich ihm als *bereits erblickt* darbietet, nach allen Richtungen durchpflügt, erforscht, bearbeitet, und deren Kontextur schon durch diese Erforschungen definiert ist; und sogar in dem Akt, durch den es seine Zeit entfaltet, verzeitlicht es sich in einer Welt, deren zeitlicher Sinn schon durch andere Verzeitlichungen definiert ist: das ist das Faktum der Simultaneität. Es handelt sich hier nicht um eine Grenze der Freiheit, sondern *in jener Welt* vielmehr muß das Für-sich frei sein, indem es diesen Umständen Rechnung trägt – und nicht *ad libitum* –, muß es sich wählen. Andererseits *erleidet* aber das Für-sich, indem es auftaucht, die Existenz des andern nicht, es ist gezwungen, sie sich in Form einer Wahl zu manifestieren. Denn durch eine Wahl erfaßt es den andern als Subjekt-andern oder als Objekt-andern.* Solange der andere für es Blickanderer ist, geht es nicht um fremde *Techniken* oder Bedeutungen; das Für-sich erfährt sich unter dem Blick des andern als Objekt im Universum. Aber sobald das Für-sich den andern auf seine Zwecke hin überschreitet und dadurch aus ihm eine transzendierte-Transzendenz

---

* Wir werden weiter unten sehen, daß das Problem komplexer ist. Aber im Augenblick genügen diese Hinweise.

macht, erscheint ihm das, was freies Überschreiten des Gegebenen auf Zwecke hin war, als bedeutendes und gegebenes (zu An-sich erstarrtes) Verhalten in der Welt. Der Objekt-andere wird ein *Indikator von Zwecken,* und durch seinen freien Entwurf wirft sich das Für-sich in eine Welt, wo Objekt-Verhaltensweisen Zwecke bezeichnen. So enthüllt die Anwesenheit des andern als transzendierte Transzendenz *gegebene* Komplexe von Zweckmitteln. Und da der Zweck über die Mittel und die Mittel über den Zweck entscheiden, läßt sich das Für-sich durch sein Auftauchen angesichts des Objekt-andern Zwecke in der Welt anzeigen; es kommt in eine mit Zwecken bevölkerte Welt. Wenn aber auf diese Weise die Techniken und ihre Zwecke vor dem Blick des Für-sich auftauchen, so muß gesehen werden, daß sie durch die freie Stellungnahme des Für-sich angesichts des andern zu *Techniken* werden. Der andere für sich allein kann nicht machen, daß seine Entwürfe sich dem Für-sich als Techniken enthüllen; und tatsächlich, insofern er sich auf seine Möglichkeiten hin transzendiert, *existiert für den andern keine Technik*, sondern ein konkretes *Handeln*, das sich von seinem individuellen Zweck her definiert. Der Schuster, der einen Schuh besohlt, empfindet sich nicht als «im Begriff, eine Technik anzuwenden», er erfaßt die Situation als dieses oder jenes Handeln, dieses Stück Leder da als einen Nagel erfordernd usw. Sobald das Für-sich dem andern gegenüber Stellung nimmt, *macht* es die Techniken in der Welt *auftauchen als Verhalten des andern als transzendierter Transzendenz*. In diesem Moment und nur in diesem Moment erscheinen in der Welt Bürger und Arbeiter, Franzosen und Deutsche, kurz, Menschen. Das Für-sich ist also dafür verantwortlich, daß sich die Verhaltensweisen des andern in der Welt als Techniken enthüllen. Es kann nicht machen, daß die Welt, in der es auftaucht, von *dieser* oder *jener Technik* durchfurcht ist (es kann nicht machen, daß es in einer «kapitalistischen» oder «von Naturwirtschaft beherrschten»

Welt oder in einer «parasitären Zivilisation» erscheint), aber es macht, daß das, was vom andern als freier Entwurf erlebt wird, *draußen* als Technik existiert, eben indem es sich zu dem macht, durch den ein Draußen zum andern kommt. Indem sich das Für-sich in der Welt wählt und vergeschichtlicht, vergeschichtlicht es die Welt selbst und macht, daß sie durch ihre Techniken *datiert* wird. Von daher kann das Für-sich, eben weil die Techniken als Objekte erscheinen, wählen, sie sich anzueignen. Indem das Für-sich in einer Welt auftaucht, in der Pierre und Paul in einer bestimmten Weise sprechen, mit dem Rad oder dem Auto rechts fahren usw., und indem es diese freien Verhaltensweisen zu bedeutenden Objekten konstituiert, macht es, daß es eine Welt gibt, wo *man* rechts fährt, wo *man* französisch spricht usw.; es macht, daß die internen Gesetze der Handlung Anderer, die durch eine in einen Entwurf engagierte Freiheit begründet und getragen wurden, objektive Regeln des Objekt-Verhaltens und allgemeingültig für jedes analoge Verhalten werden, wobei übrigens der Träger der Verhaltensweisen oder der Objekt-Akteur *beliebig* wird. Diese Vergeschichtlichung, die die Wirkung der freien Wahl des Für-sich ist, engt seine Freiheit keineswegs ein: sondern ganz im Gegenteil, *in jener Welt* und in keiner anderen ist seine Freiheit im Spiel; hinsichtlich seiner Existenz in jener Welt stellt es sich in Frage. Denn frei sein heißt nicht die geschichtliche Welt, in der man auftaucht, wählen – was keinen Sinn hätte –, sondern sich in der Welt, was sie auch sei, wählen. In diesem Sinn wäre es absurd anzunehmen, daß ein bestimmter *Zustand* der Techniken die menschlichen Möglichkeiten einschränken könnte. Zwar kennt ein Zeitgenosse von Duns Scotus nicht den Gebrauch des Autos oder des Flugzeugs; aber als ohne diese Kenntnis erscheint er nur *uns* von unserm Gesichtspunkt aus, die wir ihn als privativ erfassen von einer Welt her, in der Auto und Flugzeug existieren. Für ihn, der keine Beziehung irgendeiner Art zu diesen Gegenständen und den dazugehörigen Techniken hat, gibt es da etwas wie ein absolutes, undenkbares und unenthüllbares Nichts. Von einem derartigen Nichts kann das Für-sich, das sich wählt, *keineswegs begrenzt* werden: es kann nicht als ein Mangel erfaßt werden, wie immer man es auch betrachten. Das Für-sich, das sich in der Zeit von Duns Scotus vergeschichtlicht, nichtet sich also innerhalb einer Seinsfülle, das heißt einer Welt, die wie die unsere *alles ist, was sie sein kann*. Es wäre absurd zu behaupten, daß den Albigensern nur die schwere Artillerie gefehlt hätte, um Simon de Montfort Widerstand leisten zu können: denn Trencavel oder der Graf von Toulouse[318] haben sich als solche gewählt, wie sie in einer Welt waren, wo die Artillerie keinen Platz hatte, sie haben ihre Politik in jener Welt geplant, sie haben Pläne für den militärischen Widerstand in jener Welt gemacht; sie haben sich als Sympathisanten der Katharer *in jener Welt* gewählt; und da sie nur das waren, was zu sein sie wählten, *waren sie absolut* in einer Welt, die ebenso absolut voll war wie die der Panzerdivisionen[319] oder der Royal Air Force. Was für so materielle Techniken gilt, gilt auch für subtilere: die Tatsache, zur Zeit Raymunds VI. als kleiner Feudalherr vom Languedoc zu existieren, ist nicht *determinierend*, wenn man sich *in die feudale Welt* versetzt, in der dieser Feudalherr existiert und sich wählt. Sie erscheint nur dann als privativ, wenn man den Fehler macht, diesen Teil der *Francia* und des Südens vom aktuellen Standpunkt der Einheit Frankreichs aus zu betrachten. Die feudale Welt bot dem Vasallen Raymunds VI. unendliche Wahlmöglichkeiten; wir besitzen nicht mehr. Eine ebenso absurde Frage wird oft in der Art eines utopischen Traums gestellt: Was wäre Descartes gewesen, wenn er die zeitgenössische Physik gekannt hätte? Das heißt voraussetzen, daß Descartes eine Natur *a priori* besitzt, die mehr oder weniger durch den Stand der Wissenschaft seiner Zeit begrenzt und beeinträchtigt ist, und daß man diese rohe Natur in die heutige Zeit versetzen könnte, wo sie auf umfassendere und genauere Kenntnisse reagieren würde. Dabei wird aber vergessen, daß Descartes das ist, was zu sein er gewählt hat, daß er eine absolute Wahl seiner selbst ist, ausgehend von einer Welt von Kenntnissen und Techniken, die von dieser Wahl zugleich übernommen und beleuchtet wird. Descartes ist ein Absolutes mit einem absoluten Datum und völlig undenkbar zu einem andern Datum, denn er hat sein Datum gemacht, indem er sich selbst machte. Er und kein andrer hat den genauen Stand der mathematischen Kenntnisse unmittelbar vor ihm bestimmt, nicht durch eine müßige Bestandsaufnahme, die von keinem Gesichtspunkt aus und in bezug auf keine Koordinatenachse hätte gemacht werden können, sondern indem er die Grundsätze der analytischen Geometrie aufstellte, das heißt, indem er gerade die Koordinatenachse erfand, die den Stand dieser Kenntnisse zu definieren ermöglichte. Wieder ist es die freie Erfindung und die Zukunft, die die Gegenwart zu beleuchten erlauben, die Vervollkommung der Technik im Hinblick auf einen Zweck, die den Stand der Technik einzuschätzen ermöglicht.

Wenn sich also das Für-sich gegenüber dem Objekt-andern behauptet, entdeckt es gleichzeitig die *Techniken*. Von nun an kann es sie sich aneignen, das heißt sie *verinnern*. Aber dadurch geschieht folgendes: 1. indem es eine Technik benutzt, überschreitet es sie auf seinen Zweck hin, ist es immer über die Technik hinaus, die es benutzt; 2. dadurch daß die Technik, die bloßes bedeutendes und erstarrtes Verhalten irgendeines Objekt-andern war, verinnert wird, verliert sie ihren Technikcharakter und integriert sich schlicht und einfach in das freie Überschreiten des Gegebenen auf die Zwecke hin; sie wird übernommen und getragen von der Freiheit, von der sie begründet wird, ganz genau wie der Dialekt oder die Sprache von dem freien Entwurf des Satzes getragen wird. Das Lehnswesen als technische Beziehung von Mensch zu Mensch existiert nicht, es ist nur etwas rein Abstraktes, getragen und überschritten von den tausend individuellen Entwürfen irgendeines Lehnsmanns gegenüber seinem Lehnsherrn. Damit wollen wir keineswegs zu einer Art von historischem Nominalismus gelangen. Wir wollen nicht sagen, daß das Lehnswesen die Summe der Beziehungen zwischen Vasallen und Lehnsherren ist. Wir denken im Gegenteil, daß es die abstrakte Struktur dieser Beziehungen ist; jeder Entwurf eines Menschen jener Zeit muß sich als Überschreiten dieses abstrakten Moments auf das Konkrete hin realisieren. Es ist also nicht notwendig, von zahlreichen Einzelerfahrungen aus zu verallgemeinern, um die Grundsätze der feudalen Technik festzustellen: diese Technik existiert notwendig und vollständig in jedem individuellen Verhalten, und man kann sie in jedem Fall aufdecken. Aber sie ist nur da, um überschritten zu werden. Ebenso kann das Für-sich keine Person sein, das heißt die Zwecke wählen, die es ist, ohne Mensch zu sein, Mitglied einer nationalen Kollektivität, einer Klasse, einer Familie usw. Aber das sind abstrakte Strukturen, die es durch seinen Entwurf trägt und überschreitet. Es macht sich zu einem Franzosen, einem Südländer, einem Arbeiter, um am Horizont dieser Bestimmungen *Sich* sein zu können. Und ebenso erscheint die sich ihm enthüllende Welt als mit gewissen, zu den angenommenen Techniken korrelativen Bedeutungen versehen. Sie erscheint als Welt-für-den-Franzosen, Welt-für-den-Arbeiter usw. mit allen Merkmalen, die man sich denken kann. Aber diese Merkmale haben keine «Selbständigkeit»[320]: es ist vor allem *seine* Welt, das heißt die durch *seine* Zwecke illuminierte Welt, die sich als französische, proletarische usw. entdecken läßt.

Trotzdem setzt die Existenz des andern meiner Freiheit eine faktische Grenze. Denn durch das Auftauchen des andern erscheinen gewisse Bestimmungen, die ich *bin*, ohne sie gewählt zu haben. Ich bin ja Jude oder Arier, schön oder häßlich, einarmig usw. Alles das bin ich *für den andern*, ohne Hoffnung, diesen Sinn, den ich *draußen* habe, erfassen oder gar verändern zu können. Das Sprechen allein lehrt mich, was ich bin; allerdings immer nur als Gegenstand einer Leerintention: die Intuition davon ist mir für immer versagt. Wenn meine Rasse oder mein physisches Aussehen nur ein Bild im Andern oder die Meinung Anderer über mich wären, wären wir schnell damit fertig: aber wir haben gesehen, daß es sich um objektive Merkmale handelt, die mich in meinem Sein für Andere bestimmen; sobald eine andere Freiheit als die meine mir gegenüber auftaucht, beginne ich in einer neuen Seinsdimension zu existieren, und diesmal handelt es sich für mich nicht darum, rohen Existierenden einen Sinn zu verleihen oder den Sinn, den andere gewissen Gegenständen verliehen haben, zu übernehmen: ich selbst sehe mich, wie mir ein Sinn verliehen wird, und ich habe nicht das Mittel, diesen Sinn, den ich habe, zu übernehmen, weil er mir ja nur als leere Anzeige gegeben sein kann. So existiert etwas von mir – gemäß dieser neuen Dimension – in der Art des *Gegebenen*, wenigstens *für mich*, denn dieses Sein, das ich bin, *wird erduldet*, es ist, ohne *existiert zu werden*. Ich erfahre und erdulde es in den Beziehungen und durch die Beziehungen, die ich zu den anderen unterhalte; in ihren Verhaltensweisen und durch ihre Verhaltensweisen mir gegenüber; ich begegne diesem Sein am Ursprung von tausend Verboten und Widerständen, auf die ich in jedem Augenblick stoße: weil ich ein *Minderjähriger* bin, habe ich dieses oder jenes Recht nicht – weil ich *ein Jude bin*, bin ich in bestimmten Gesellschaften bestimmter Möglichkeiten beraubt usw. Trotzdem kann ich mich *in keiner Weise* als Jude, als Minderjähriger oder als Paria fühlen; das geht so weit, daß ich gegen diese Verbote mit der Erklärung reagieren kann, daß zum Beispiel die Rasse schlicht und einfach eine kollektive Einbildung ist, daß nur Individuen existieren. So begegne ich hier plötzlich der totalen Entfremdung meiner Person: ich bin etwas, was zu sein ich nicht gewählt habe: Was wird sich für die Situation daraus ergeben?

Wir sind zugegebenermaßen auf eine *reale* Grenze unserer Freiheit gestoßen, das heißt auf eine Seinsart, die sich uns aufzwingt, ohne daß unsere Freiheit Grund dafür wäre. Allerdings kommt die aufgezwungene Grenze nicht vom *Handeln* der anderen. In einem früheren Kapitel haben wir darauf hingewiesen, daß auch die Folter uns nicht unsere Freiheit nimmt; *frei* geben wir ihr nach. Noch allgemeiner verweist uns ein Verbot, dem wir unterwegs begegnen: «Eintritt für Juden verboten», «Jüdisches Restaurant, Zugang für Arier verboten» usw. auf den weiter oben betrachteten Fall (die kollektiven Techniken), und dieses Verbot kann nur Sinn haben auf der Grundlage und durch die Grundlage meiner freien Wahl. Denn indem ich den gewählten freien Möglichkeiten folge, kann ich das Verbot übertreten, es für nichtig halten oder ihm im Gegenteil eine zwingende Geltung verleihen, die es nur von dem Gewicht haben kann, das ich ihm beimesse. Zwar bewahrt es vollständig seinen Charakter einer «Emanation eines fremden Willens», zwar hat es die spezifische Struktur, *mich als Gegenstand zu nehmen* und dadurch eine Transzendenz zu manifestieren, die mich transzendiert. Dennoch verkörpert es sich nur in *meinem* Universum und verliert seine eigene zwingende Kraft nur in den Grenzen meiner eigenen Wahl und je nachdem, ob ich unter allen Umständen das Leben dem Tod vorziehe oder im Gegenteil der Meinung bin, daß in gewissen besonderen Fällen der Tod gewissen Formen des Lebens vorzuziehen ist usw. Die wirkliche Grenze meiner Freiheit liegt schlicht und einfach in der Tatsache selbst, daß ein anderer mich als Objekt-andern erfaßt, und in der anderen sich daraus ergebenden Tatsache, daß meine Situation aufhört, für den andern Situation zu sein, und objektive Gestalt wird, in der ich als objektive Struktur existiere. Diese entfremdende Objektivierung meiner Situation ist die ständige spezifische Grenze meiner Situation, ganz wie die Objektivierung meines Für-sich-seins in Für-Andere-sein die Grenze meines Seins ist. Und gerade diese beiden charakteristischen Grenzen stellen die Schranken meiner Freiheit dar. Kurz, wegen der Existenz des Andern existiere ich in einer Situation, die *ein Draußen hat* und eben dadurch eine Entfremdungsdimension, die ich ihr auf keine Weise nehmen kann, ebensowenig wie ich direkt auf sie einwirken kann. Diese Grenze meiner Freiheit wird, wie man sieht, durch die bloße Existenz des Andern gesetzt, das heißt durch *das Faktum*, daß meine Transzendenz für eine Transzendenz existiert. So erfassen wir eine Wahrheit von großer Wichtigkeit: wir haben vorhin, als wir uns im Rahmen der Existenz-für-sich hielten, gesehen, daß nur meine Freiheit meine Freiheit begrenzen kann; jetzt sehen wir, indem wir die Existenz des andern in unsere Überlegungen einbeziehen, daß auf dieser neuen Ebene meine Freiheit ihre Grenzen auch in der Existenz der Freiheit des Andern findet. Auf welche Ebene wir uns auch stellen, die einzigen Grenzen, denen eine Freiheit begegnet, findet sie in der Freiheit. So wie das Denken nach Spinoza nur durch das Denken begrenzt werden kann, kann die Freiheit nur durch die Freiheit begrenzt werden, und ihre Begrenzung kommt, als innere Endlichkeit, von der *Tatsache*, daß sie nicht umhinkann, Freiheit zu sein, das heißt, daß sie sich dazu verurteilt, frei zu sein; und als äußere Endlichkeit von der *Tatsache*, daß sie als Freiheit für andere Freiheiten ist, die sie im Licht ihrer eigenen Zwecke frei wahrnehmen.

Danach ist zunächst festzuhalten, daß diese Entfremdung der Situation weder einen inneren Riß noch die Einführung des Gegebenen als eines rohen Widerstands in die Situation darstellt, so wie ich diese erlebe. Ganz im Gegenteil, die Entfremdung ist weder eine innere Modifikation noch eine teilweise Veränderung der Situation; sie erscheint nicht im Lauf der Verzeitlichung; ich begegne ihr nie *in* der Situation, und sie ist folglich nie meiner Intuition dargeboten. Sondern sie entgeht mir grundsätzlich, sie ist die Exteriorität der Situation selbst, das heißt ihr Draußen-sein-für den-andern. Es handelt sich also um ein wesentliches Merkmal jeder Situation überhaupt; dieses Merkmal kann nicht auf ihren Inhalt einwirken, sondern es wird von dem, der sich *in Situation begibt*, akzeptiert und übernommen. Der eigentliche Sinn unserer freien Wahl ist also, eine Situation auftauchen zu machen, die ihn ausdrückt und von der es ein wesentliches Kennzeichen ist, *entfremdet* zu sein, das heißt, als Gestalt an sich für den andern zu existieren. Dieser Entfremdung können wir nicht entgehen, denn es wäre absurd, auch nur zu denken, man könne anders als in Situation existieren. Dieses Merkmal manifestiert sich nicht durch einen internen Widerstand, sondern es wird im Gegenteil gerade in seiner Unerfaßbarkeit und durch sie erfahren. Die Freiheit stößt also letztlich nicht auf ein frontales Hindernis, sondern eine Art von Zentrifugalkraft in ihrer Natur selbst, eine Schwäche in ihrem Stoff, die macht, daß alles, was sie unternimmt, immer eine Seite hat, die sie nicht gewählt hat, die ihr entgeht und die für den andern bloße Existenz ist. Eine Freiheit, die sich als Freiheit wollte, könnte nur gleichzeitig dieses Merkmal wollen. Trotzdem gehört es nicht zur *Natur* der Freiheit, denn hier gibt es keine Natur; gäbe es übrigens eine, so könnte man das nicht daraus ableiten, denn die Existenz der anderen ist ein ganz kontingentes Faktum; aber als Freiheit angesichts der anderen zur Welt kommen heißt als entfremdbar zur Welt kommen. Wenn sich frei wollen wählen heißt, in dieser Welt angesichts der anderen zu sein, wird der, der sich so will, auch die *Passion* seiner Freiheit wollen.

Andererseits werden die entfremdete Situation und mein eigenes Entfremdet-sein nicht objektiv von mir aufgedeckt und festgestellt; erstens existiert ja, wie wir gesehen haben, alles, was entfremdet ist, grundsätzlich nur *für den andern*. Außerdem wäre eine bloße Feststellung, selbst wenn sie möglich wäre, unzureichend. Ich kann ja diese Entfremdung nicht *erfahren*, ohne zugleich den andern als Transzendenz *anzuerkennen*. Und diese Anerkennung hätte, wie wir gesehen haben, keinen Sinn, wenn sie nicht *freie* Anerkennung der Freiheit des Andern wäre. Durch diese freie Anerkennung des Andern über die Erfahrung, die ich von meiner Entfremdung mache, *übernehme ich* mein Für-Andere-sein, wie es auch sein mag, und ich übernehme es, eben weil es mein Bindestrich zu Anderen ist. Demnach kann ich den Andern als Freiheit nur in dem freien Entwurf erfassen, ihn als solchen zu erfassen (es bleibt nämlich immer möglich, daß ich den Andern frei als Gegenstand erfasse), und der freie Entwurf einer *Anerkennung* Anderer unterscheidet sich nicht von der freien Übernahme meines Für-Andere-seins. So übernimmt also meine Freiheit gewissermaßen ihre eigenen Grenzen, denn ich kann mich als durch Andere begrenzt nur erfassen, insofern der Andere für mich existiert, und nur, indem ich mein Für-Andere-sein auf mich nehme, kann ich machen, daß der Andere für mich als anerkannte Subjektivität existiert. Das ist kein Zirkel, sondern durch das freie Auf-mich-nehmen dieses Entfremdet-seins, das ich erfahre, mache ich plötzlich, daß die Transzendenz des Andern für mich als solche existiert. Nur indem ich die *Freiheit* der Antisemiten (welchen Gebrauch sie von ihr auch machen) anerkenne und dieses *Jude-sein*, das ich für sie bin, auf mich nehme, nur so wird das *Jude-sein* als objektive äußere Grenze der Situation erscheinen; wenn es mir dagegen gefällt, die Antisemiten als bloße *Objekte* zu betrachten, verschwindet mein Jude-sein sofort und weicht dem bloßen Bewußtsein (davon), freie, nicht zu qualifizierende Transzendenz zu sein. Die anderen anerkennen und, wenn ich Jude bin, mein Jude-sein auf mich nehmen, ist eins. Die Freiheit des andern verleiht also meiner Situation Grenzen, aber ich kann diese Grenzen nur *erfahren*, wenn ich dieses Für-den-andern-sein, das ich bin, übernehme und ihm einen Sinn im Licht der Zwecke gebe, die ich gewählt habe. Zwar wird diese Übernahme selbst *entfremdet*, hat ihr Draußen, aber durch sie kann ich mein Draußen-sein als Draußen erfahren.

Wie werde ich dann die objektiven Grenzen meines Seins: Jude, Arier, häßlich, schön, König, Beamter, Unberührbarer usw. erfahren, wenn die Sprache mich über die, die *meine* Grenzen sind, unterrichtet hat? Das kann weder in der Weise geschehen, in der ich die Schönheit, die Häßlichkeit, die Rasse des andern intuitiv *erfasse*, noch in der Weise, in der ich nicht-thetisches Bewußtsein (davon) habe, mich auf diese oder jene Möglichkeit hin zu entwerfen. Nicht, daß diese objektiven Merkmale notwendig *abstrakt* sein müssen: die einen sind abstrakt, die anderen nicht. Meine Schönheit oder meine Häßlichkeit oder die Bedeutungslosigkeit meiner Gesichtszüge werden vom andern in ihrer vollen Konkretheit erfaßt, und die Konkretheit zeigt mir sein Sprechen an; strebe leer auf sie hin. Es handelt sich also keineswegs um eine Abstraktion, sondern um eine Gesamtheit von Strukturen, von denen einige abstrakt sind, deren Totalität aber ein absolutes Konkretes ist, eine Gesamtheit, die mir einfach als mir grundsätzlich entgehend angezeigt wird. Es ist nämlich das, was ich *bin*; wir haben ja zu Beginn des Zweiten Teils darauf hingewiesen, daß das Für-sich nichts *sein* kann. Für mich bin ich ebensowenig Lehrer oder Kellner, wie ich schön oder häßlich, Jude oder Arier, geistreich, vulgär oder vornehm bin. Wir nennen diese Merkmale *Unrealisierbare*. Man muß sich hüten, sie mit *imaginären Zahlen* zu verwechseln. Es handelt sich um vollkommen reale Existenzen, aber die, für die diese Merkmale real *gegeben* sind, können diese Merkmale *nicht sein*, und ich, der ich sie *bin*, kann sie nicht realisieren: wenn man mir zum Beispiel sagt, ich sei *vulgär*, habe ich oft intuitiv die Natur der Vulgarität an anderen erfaßt; daher kann ich das Wort «vulgär» auf meine Person anwenden. Aber ich kann die Bedeutung dieses Worts nicht mit meiner Person in Verbindung bringen. Es gibt da höchstens die Anzeige einer herzustellenden Verbindung (die aber nur durch Verinnerung und Subjektivierung der Vulgarität hergestellt werden kann oder durch Objektivierung der *Person*, zwei Operationen, die das unmittelbare Verschwinden der betreffenden Realität nach sich ziehen). So sind wir bis ins Unendliche von *Unrealisierbaren* umgeben. Einige von diesen *Unrealisierbaren* empfinden wir lebhaft als irritierende Abwesenheiten. Wer hat nicht eine tiefe Enttäuschung gespürt, wenn er nach einem langen Exil bei seiner Rückkehr nicht *realisieren* konnte, daß er «*in Paris ist*». Die Gegenstände sind da und bieten sich in gewohnter Weise an, aber ich bin nur eine Abwesenheit, nur das reine Nichts, das notwendig ist, damit es Paris *gibt*. Meine Freunde, meine Verwandten bieten mir das Bild eines gelobten Landes, wenn sie zu mir sagen: «Endlich! Da bist du wieder, du bist in Paris!» Aber der Zugang zu diesem gelobten Land ist mir völlig verwehrt. Und wenn die meisten Leute den Vorwurf verdienen, «mit zweierlei Maß zu messen», je nachdem ob es sich um andere oder um sie selbst handelt, wenn sie zu der Antwort neigen: «Das ist nicht dasselbe», falls sie sich eines Fehlers schuldig fühlen, den sie am Tag vorher bei Anderen getadelt haben, dann deshalb, weil es tatsächlich «nicht dasselbe ist». Die eine Handlung ist nämlich ein *gegebenes Objekt* moralischer Einschätzung, die andere ist reine Transzendenz, die ihre Rechtfertigung in ihrer Existenz selbst trägt, da ihr Sein Wahl ist. Wir können ihren Urheber durch einen Vergleich der *Resultate* davon überzeugen, daß die beiden Handlungen ein streng identisches «Draußen» haben, aber sein noch so guter Wille wird ihm nicht ermöglichen, diese Identität zu *realisieren*; von daher kommt ein guter Teil der Trübungen des moralischen Bewußtseins, insbesondere die Verzweiflung darüber, sich nicht *wirklich* verachten zu können, sich nicht als schuldig realisieren zu können, fortwährend einen Abstand zu fühlen zwischen den ausgedrückten Bedeutungen: «Ich *bin* schuldig, ich habe gesündigt» usw. und dem realen Erfassen der Situation. Kurz, von daher kommen alle Ängste des «schlechten Gewissens», das heißt des Bewußtseins von Unaufrichtigkeit, dessen Ideal es ist, sich zu beurteilen, das heißt, sich gegenüber den Gesichtspunkt des andern einzunehmen.

Aber wenn einige besondere Arten von *Unrealisierbaren* mehr Eindruck gemacht haben als andere, wenn sie Gegenstand psychologischer Beschreibungen geworden sind, so dürfen sie uns nicht für die Tatsache blind machen, daß die Unrealisierbaren von unendlicher Zahl sind, denn sie stellen die Kehrseite der Situation dar.

Indessen werden uns diese Unrealisierbaren nicht nur als Unrealisierbare dargeboten: damit sie den Charakter von Unrealisierbaren haben können, müssen sie sich ja im Licht irgendeines Entwurfs enthüllen, der sie zu realisieren sucht. Und genau das hielten wir vorhin fest, als wir zeigten, daß das Für-sich sein Für-den-andern-sein genau in der Handlung und durch die Handlung *auf sich nimmt*, die die Existenz des andern *anerkennt*. Korrelativ also zu diesem Übernahmeentwurf enthüllen sich die Unrealisierbaren als «zu realisieren». Zunächst nämlich geschieht die Übernahme in der Perspektive meines grundlegenden Entwurfs: ich beschränke mich nicht darauf, die Bedeutung «Häßlichkeit», «Gebrechlichkeit», «Rasse» usw. passiv zu empfangen, sondern ich kann im Gegenteil diese Merkmale – als bloße Bedeutung – nur im Licht meiner eigenen Zwecke erfassen. Das meint man – aber in völliger Umkehrung der Begriffe –, wenn man sagt, die Tatsache, von einer bestimmten Rasse zu sein, könne eine Stolzreaktion oder einen Minderwertigkeitskomplex *bestimmen*. Tatsächlich können Rasse, Gebrechlichkeit, Häßlichkeit nur in den Grenzen meiner eigenen Wahl der Minderwertigkeit oder des Stolzes *erscheinen**; anders gesagt, sie können nur mit einer Bedeutung erscheinen, die meine Freiheit ihnen verleiht; das bedeutet, noch einmal, daß sie für den andern *sind*, für mich aber nur sein können, wenn ich sie *wähle*. Das Gesetz meiner Freiheit, das macht, daß ich nicht sein kann, ohne mich zu wählen, findet genau hier Anwendung: ich wähle nicht, für den andern das zu sein, was ich bin, sondern ich kann nur versuchen, für mich das zu sein, was ich für den andern bin, indem ich mich als den wähle, als der ich dem andern erscheine, das heißt durch eine gewählte Übernahme. Ein Jude ist nicht *zunächst* Jude und *dann* schamerfüllt oder stolz: sondern sein Stolz, Jude zu sein, seine Scham oder seine Gleichgültigkeit enthüllen ihm sein Jude-sein; und dieses Jude-sein ist nichts außerhalb der freien Weise, es zu übernehmen. Obwohl ich über unendlich viele Arten verfüge, mein Für-Andere-sein zu übernehmen, *kann ich nicht umhin, es zu übernehmen*: wir finden hier die Verurteilung zur Freiheit wieder, die wir oben als *Faktizität* definierten; ich kann mich gegenüber dem, was ich (für den andern) bin, weder total absentieren – denn *zurückweisen* ist nicht sich absentieren, sondern ebenfalls übernehmen – noch es passiv ertragen (was in gewissem Sinn auf das gleiche hinausläuft); in der Wut, im Haß, im Stolz, in der Scham, im angeekelten Zurückweisen oder im freudigen Beanspruchen muß ich wählen, das zu sein, was ich bin.

So entdecken sich die Unrealisierbaren dem Für-sich als «zu realisierende-Unrealisierbare». Sie verlieren deswegen nicht ihren Charakter von *Grenzen*; ganz im Gegenteil, als objektive, äußere Grenzen bieten sie sich dem Für-sich als *zu verinnern* dar. Sie haben also einen eindeutig *verpflichtenden* Charakter. Es handelt sich ja nicht um ein Instrument, das sich in der Bewegung des freien Entwurfs,

---

* Oder jeder anderen Wahl meiner Zwecke.

der ich bin, als «zu benutzen» entdeckt. Sondern das Unrealisierbare erscheint hier als *a priori* gegebene Grenze meiner Situation (weil ich so für den andern bin) und folglich *gleichzeitig* als Existierendes, das nicht darauf wartet, daß ich ihm die Existenz gebe; und gleichzeitig als nur in dem freien Entwurf und durch ihn existieren könnend, durch den ich es übernehme – wobei die Übernahme offenbar identisch ist mit der synthetischen Organisation aller Verhaltensweisen, die darauf abzielen, das Unrealisierbare *für mich zu realisieren*. Zur gleichen Zeit, wie es sich als Unrealisierbares darbietet, manifestiert es sich als jenseits aller Versuche, die ich machen kann, es zu realisieren. Ein *Apriori*, das mein Engagement erfordert, um sein zu können, während es nur von diesem Engagement abhängt und auf Anhieb über jeden Versuch, es zu realisieren, hinausgeht, was ist das anderes als genau ein *Imperativ*? Es ist ja zu *verinnern*, das heißt, es kommt, wie *jedes Faktum*, von draußen; aber gerade der *Befehl*, was er auch sein mag, definiert sich stets als eine in Interiorität übernommene Exteriorität. Damit ein Befehl Befehl sein kann – und kein *flatus vocis* oder eine bloße faktische Gegebenheit, die man einfach zu umgehen sucht –, muß ich ihn mit meiner Freiheit übernehmen, aus ihm eine Struktur meiner freien Entwürfe machen. Damit er aber *Befehl* sein kann und nicht freie Bewegung auf meine eigenen Zwecke hin, muß er gerade innerhalb meiner freien Wahl das Merkmal von *Exteriorität* bewahren. Die Exteriorität bleibt Exteriorität bis in den Versuch und durch den Versuch des Für-sich, sie zu verinnern. Genau das ist die Definition des *zu realisierenden Unrealisierbaren*, deshalb bietet es sich als ein Imperativ dar. Aber man kann in der Beschreibung dieses Unrealisierbaren noch weiter gehen: es ist nämlich *meine* Grenze. Doch gerade weil es *meine* Grenze ist, kann es nicht als Grenze eines gegebenen Seins existieren, sondern als Grenze *meiner* Freiheit. Das bedeutet, daß meine Freiheit, indem sie sich frei wählt, sich ihre Grenzen wählt; oder, wenn man lieber will, die freie Wahl meiner Zwecke, das heißt dessen, was ich für mich bin, enthält die Übernahme der Grenzen dieser Wahl, was immer sie sein mögen. Auch hier ist die Wahl Wahl einer Endlichkeit, wie wir oben gezeigt haben, aber statt daß die gewählte Endlichkeit innere Endlichkeit ist, das heißt Bestimmung der Freiheit durch sie selbst, ist die durch die Übernahme der Unrealisierbaren übernommene Endlichkeit äußere Endlichkeit; ich wähle, ein Sein auf Distanz zu haben, das alle meine Wahlen begrenzt und ihre Kehrseite bildet, das heißt, ich wähle, daß meine Wahl durch etwas anderes als sie selbst eingeschränkt sei. Sollte ich dadurch irritiert werden und mit allen Mitteln versuchen – wie wir es im vorhergehenden Teil dieses Buchs gesehen haben –, diese Grenzen zu vereinnahmen, so muß auch der energischste Versuch der Vereinnahmung in der freien Übernahme der Grenzen, die man verinnern will, *als Grenzen* begründet sein. So übernimmt die Freiheit die unrealisierbaren Grenzen und läßt sie wieder in die Situation eingehen, indem sie wählt, durch die Freiheit des andern begrenzte Freiheit zu sein. Folglich werden die äußeren Grenzen der Situation *Grenze-als-Situation*, das heißt, sie werden der Situation *von innen* einverleibt mit dem Merkmal «unrealisierbar» als «zu realisierende Unrealisierbare», als gewählte und entfliehende Kehrseite meiner Wahl, sie werden ein Sinn meiner verzweifelten Anstrengung, zu *sein*, obwohl sie *a priori* jenseits dieser Anstrengung situiert sind, ganz genau wie der Tod – ein anderer Typus von Unrealisierbarem, den wir im Augenblick nicht zu berücksichtigen haben – Grenze-als-Situation wird unter der Bedingung, daß er für ein *Ereignis des Lebens* gehalten wird, obwohl er auf eine Welt hinweist, wo sich meine Anwesenheit und mein Leben nicht mehr realisieren, das heißt auf ein Jenseits des Lebens. Die Tatsache, daß es ein Jenseits des Lebens *gibt*, insofern es seinen Sinn nur durch mein Leben und in ihm erhält und dennoch für mich unrealisierbar bleibt; die Tatsache, daß es eine Freiheit jenseits meiner Freiheit gibt, eine Situation jenseits meiner Situation und für die das, was ich als Situation erlebe, als objektive innerweltliche Gestalt gegeben ist: das sind zwei Typen von Grenze-als-Situation mit dem paradoxen Merkmal, meine Freiheit rundherum zu begrenzen und dennoch keinen andern Sinn als den zu haben, den meine Freiheit ihnen verleiht. Für die Klasse, die Rasse, den Körper, den Andern, die Funktion usw. gibt es ein «Frei-sein-für...». Dadurch entwirft sich das Für-sich auf eine seiner Möglichkeiten hin, die immer sein *äußerstes Mögliches* ist: denn die anvisierte Möglichkeit ist Möglichkeit, *sich zu sehen*, das heißt, ein anderer als man selbst zu sein, um sich von draußen zu sehen. In beiden Fällen gibt es einen Selbstentwurf auf ein «Äußerstes» hin, das, gerade dadurch verinnert, thematischer Sinn außerhalb der Reichweite hierarchisierter Möglichkeiten wird. Man kann «sein-um-Franzose-zu-sein», «sein-um-Arbeiter-zu-sein», ein Königssohn kann «sein-um-zu-herrschen». Es handelt sich dabei um negierende Grenzen und *Zustände* unseres Seins, die wir zu übernehmen haben, zum Beispiel in dem Sinn, in dem der zionistische Jude sich entschlossen in seiner Rasse übernimmt, das heißt die permanente *Entfremdung* seines Seins konkret und ein für allemal auf sich nimmt; ebenso übernimmt der revolutionäre Arbeiter eben durch seinen revolutionären Entwurf ein «Sein-um-Arbeiter-zu-sein». Und wir können darauf hinweisen – wie Heidegger, obwohl die von ihm benutzten Ausdrücke «eigentlich» und «uneigentlich» auf Grund ihres impliziten moralischen Inhalts fragwürdig und wenig eindeutig sind –, daß die Haltung der Abkehr und Flucht, die jederzeit möglich ist, ihr selbst zum Trotz freie Übernahme dessen ist, wovor sie flieht.[321] Der Bürger macht sich demnach zum Bürger, indem er leugnet, daß es Klassen gibt, so wie der Arbeiter sich zum Arbeiter macht, indem er behauptet, daß sie existieren, und indem er sein «In-der-Klasse-sein» durch seine revolutionäre Aktivität realisiert. Aber diese äußeren Grenzen der Freiheit sind weder ein *reales* Hindernis für sie noch eine erduldete Grenze, gerade weil sie äußere sind und sich nur als unrealisierbare verinnern. Die Freiheit ist total und unendlich, was nicht sagen will, daß sie *keine Grenzen habe*, sondern daß sie ihnen *nie begegnet*. Die einzigen Grenzen, auf die die Freiheit jeden Augenblick stößt, sind die, die sie sich selbst auferlegt und von denen wir anläßlich der Vergangenheit, der Umgebung und der Techniken gesprochen haben.

E) Mein Tod

Nachdem der Tod als das Unmenschliche *par excellence* erschienen ist, da er das war, was es auf der anderen Seite der «Wand» gibt, ist man plötzlich darauf gekommen, ihn von einem ganz andern Gesichtspunkt aus zu betrachten, das heißt als ein Ereignis des menschlichen Lebens. Dieser Wechsel ist ganz leicht zu erklären: der Tod ist eine Grenze, und jede Grenze (am Ende oder am Anfang) ist ein *Januskopf*: ob man ihn als am Seins-nichts haftend betrachtet, das den betreffenden Prozeß begrenzt, oder ob man ihn im Gegenteil als an der Reihe klebend entdeckt, die er beendet, ein Sein, das zu einem existierenden Prozeß gehört und in gewisser Weise dessen Bedeutung konstituiert. So blickt der Schlußakkord einer Melodie mit einer ganzen Seite zur Stille hin, das heißt zum Klangnichts, das auf die Melodie folgt; in gewissem Sinn ist er aus der Stille gemacht, denn die Stille, die folgen wird, ist im Schlußakkord als dessen Bedeutung schon gegenwärtig. Aber mit einer ganzen anderen Seite haftet er an dem Seins-*Plenum*, das die betreffende Melodie ist: ohne ihn bliebe diese Melodie in der Luft, und die Unbestimmtheit des Endes liefe gegenläufig von Ton zu Ton rückwärts und würde jedem von ihnen einen unabgeschlossenen Charakter verleihen. Der Tod ist immer – ob zu Recht oder Unrecht, können wir noch nicht bestimmen – als der Endpunkt des menschlichen Lebens betrachtet worden. Daher war es natürlich, daß eine Philosophie, der es hauptsächlich darauf ankam, die menschliche Position gegenüber dem sie umgebenden absoluten Unmenschlichen zu präzisieren, den Tod als solchen zunächst als eine zum Nichts der menschlichen-Realität hin geöffnete Tür betrachtete, ob dieses Nichts nun das absolute Aufhören von Sein oder die Existenz in einer nicht-menschlichen Gestalt war. So können wir sagen, daß es – in Korrelation mit den großen realistischen Theorien – eine realistische Auffassung des Todes gegeben hat, insofern dieser als eine unmittelbare Berührung mit dem Nicht-menschlichen erschien; dadurch entging er dem Menschen, während er ihn gleichzeitig mit dem nicht-menschlichen Absoluten formte. Natürlich konnte eine idealistische humanistische Auffassung des Realen nicht tolerieren, daß der Mensch dem Unmenschlichen begegnete, und sei es als seiner Grenze. Dann hätte es ja genügt, sich auf den Gesichtspunkt dieser Grenze zu stellen, um den Menschen mit einem nicht-menschlichen Licht zu beleuchten.* Der idealistische Versuch, den Tod *zu vereinnahmen*, war ursprünglich nicht Sache von Philosophen, sondern von Dichtern wie Rilke oder Romanciers wie Malraux.³²² Es genügte, den Tod als Endpunkt zu betrachten, *der zur Reihe gehört*. Wenn die Reihe in dieser Weise ihren *terminus ad quem* vereinnahmt, und zwar eben wegen dieses *ad*, das dessen Interiorität anzeigt, verinnert und vermenschlicht sich der Tod als Ende des Lebens; der Mensch kann nur noch Menschlichem begegnen; es gibt keine *andere Seite* des Lebens mehr, und der Tod ist ein menschliches Phänomen, er ist das allerletzte Phänomen des Lebens, noch Leben. Als

---

* Siehe zum Beispiel den realistischen Platonismus bei Charles Morgan in *Sparkenbroke*, 1936.

solcher beeinflußt er als Gegenströmung das ganze Leben; das Leben begrenzt sich mit Leben, es wird, wie die Welt Einsteins, «endlich, aber unbegrenzt»; der Tod wird der Sinn des Lebens, wie der Schlußakkord der Sinn der Melodie ist; das hat nichts von einem Wunder: er ist ein Glied der betreffenden Reihe, und wie man weiß, ist jedes Glied einer Reihe immer allen Gliedern der Reihe anwesend. Aber der so vereinnahmte Tod bleibt nicht einfach menschlich, er wird auch *der meine*; indem er verinnert wird, wird er individuell; er ist nicht mehr das große Unerkennbare, das das Menschliche begrenzt, sondern er ist das Phänomen *meines* persönlichen Lebens, das aus diesem Leben ein einmaliges Leben macht, das heißt ein Leben, das nicht wieder anfängt und wo man nie etwas rückgängig macht. Dadurch werde ich für *meinen* Tod verantwortlich wie für mein Leben. Nicht für das empirische kontingente Phänomen meines Ablebens, sondern für den Endlichkeitscharakter, der macht, daß mein Leben, wie mein Tod, *mein* Leben ist. In diesem Sinn bemüht sich Rilke zu zeigen, daß das Ende jedes Menschen seinem Leben ähnelt, weil das ganze individuelle Leben Vorbereitung dieses Endes gewesen ist; in diesem Sinn zeigt Malraux in *Les conquérants*, daß die europäische Kultur dadurch, daß sie gewissen Asiaten den Sinn ihres Todes vermittelt, diese plötzlich mit der hoffnungslosen und berauschenden Wahrheit erfüllt, daß «das Leben einmalig ist». Es war Heidegger vorbehalten, dieser Humanisierung des Todes eine philosophische Form zu geben: wenn nämlich das *Dasein*[323] *nichts erduldet*, eben weil es Entwurf und Sichvorweg ist, muß es Sichvorweg und Entwurf seines eigenen Todes als der Möglichkeit sein, keine Anwesenheit in der Welt mehr zu realisieren. So ist der Tod die eigene Möglichkeit des *Daseins* geworden, das sich als «Sein zum Tode»[323a] definiert. Insofern Dasein über seinen Entwurf auf den Tod hin entscheidet, realisiert es die Freiheit-zum-Sterben und konstituiert sich selbst als Totalität durch die freie Wahl der Endlichkeit.

Eine solche Theorie kann für uns offenbar zunächst nur etwas Bestechendes haben: indem sie den Tod verinnert, dient sie unseren eigenen Absichten; diese scheinbare Grenze unserer Freiheit wird, indem sie sich verinnert, durch die Freiheit vereinnahmt. Trotzdem dürfen uns weder das Gefällige dieser Ansichten noch ihr unbestreitbarer Wahrheitsgehalt beirren. Man muß die Untersuchung der Frage noch einmal von vorn aufnehmen.

Es ist gewiß, daß die menschliche-Realität, durch die die Weltlichkeit zum Realen kommt, nichts Unmenschlichem begegnen kann; der Begriff des Unmenschlichen ist selbst ein Menschenbegriff. Man muß also alle Hoffnung aufgeben, den Tod, selbst wenn er *an-sich* ein Übergang zu einem nicht-menschlichen Absoluten wäre, als eine Luke zu diesem Absoluten hin betrachten zu können. Der Tod enthüllt uns nur etwas über uns selbst und von einem menschlichen Gesichtspunkt aus. Bedeutet das, daß er *a priori* zur menschlichen-Realität gehört?

Was man zuallererst festhalten muß, ist der absurde Charakter des Todes. In diesem Sinn muß jeder Versuch, ihn als einen Schlußakkord am Ende einer Melodie zu betrachten, strikt zurückgewiesen werden. Man hat oft gesagt, wir befänden uns in der Situation eines Verurteilten unter Verurteilten, der den Tag seiner Hinrichtung nicht kennt, aber sieht, wie täglich Mitgefangene hingerichtet werden. Das stimmt nicht ganz: man müßte uns eher mit einem zum Tode Verurteilten vergleichen, der sich tapfer auf die Hinrichtung vorbereitet, alle Sorgfalt darauf verwendet, auf dem Schaffott eine gute Figur zu machen, und unterdessen von einer Grippeepidemie dahingerafft wird. Das hat die christliche Weisheit begriffen, die empfiehlt, sich auf den Tod vorzubereiten, als ob er *jederzeit* eintreten könnte. So hofft man, ihn zu vereinnahmen, indem man ihn in «*erwarteten Tod*» verwandelt. Wenn der Sinn unseres Lebens die Todeserwartung wird, kann ja der Tod, wenn er eintritt, nur noch sein Siegel auf das Leben setzen.

Das ist im Grunde das Positivste an Heideggers «Entschlossenheit»[324]. Leider sind das Ratschläge, die leichter zu erteilen als zu befolgen sind, nicht wegen einer für die menschliche-Realität natürlichen Schwäche oder eines ursprünglichen Inauthentizitätsentwurfs, sondern wegen des Todes selber. Man kann ja *einen* besonderen Tod erwarten, aber nicht *den* Tod. Heideggers Trick ist ziemlich durchsichtig: Zunächst individualisiert er den Tod eines jeden von uns, indem er uns darauf hinweist, daß es der Tod einer *Person*, eines Individuums ist; «Keiner kann dem Anderen sein Sterben abnehmen»[325]. Dann aber benutzt er diese unvergleichliche Individualität, die er dem Tod vom «Dasein» her verliehen hat, um das «Dasein» selbst zu individualisieren: indem das «Dasein» sich frei auf seine letzte Möglichkeit hin entwirft, gelangt es zur eigentlichen Existenz und reißt sich von der Alltäglichkeit los, um zu der unersetzbaren Einmaligkeit der Person zu kommen. Aber das ist ein Zirkel: Wie will man denn beweisen, daß der Tod diese Individualität hat und die Macht, sie zu verleihen? Zwar kann ich, wenn der Tod als *mein* Tod beschrieben wird, ihn erwarten: das ist eine charakterisierte und deutliche Möglichkeit. Aber ist der Tod, der mich trifft, *mein* Tod? Zunächst einmal ist es völlig gegenstandslos, zu sagen, daß Sterben das einzige sei, das mir niemand abnehmen kann. Oder vielmehr, es steckt in dieser Überlegung eine evidente Unaufrichtigkeit: Wenn man nämlich den Tod als äußerste subjektive Möglichkeit betrachtet, als ein Ereignis, das nur das Für-sich betrifft, so ist evident, daß keiner für mich sterben kann. Aber dann folgt daraus, daß keine meiner Möglichkeiten von diesem Gesichtspunkt aus – der derjenige des Cogito ist –, ob in einer eigentlichen oder uneigentlichen Existenz eingenommen, durch einen andern als mich entworfen werden kann. Keiner kann für mich lieben, wenn man darunter versteht, die Eide leisten, die *meine* Eide sind, die Emotionen empfinden (wie banal sie auch sein mögen), die *meine*

Emotionen sind. Und das «*meine*» betrifft hier keineswegs eine der Alltäglichkeit abgewonnene Persönlichkeit (was es Heidegger ermöglichen würde, uns zu entgegnen, daß ich eben «frei zum Sterben» sein muß, damit eine von mir empfundene Liebe *meine* Liebe ist und nicht die Liebe des «Man» in mir), sondern ganz einfach jene Selbstheit, die Heidegger ausdrücklich jedem «Dasein» zuerkennt – mag es auf eigentliche oder uneigentliche Weise existieren –, wenn er erklärt, «Dasein ist *je meines*»[326]. So ist von diesem Gesichtspunkt aus die banalste Liebe wie der Tod unersetzbar und einmalig: keiner kann für mich lieben. Wenn man aber im Gegenteil meine Handlungen in der Welt unter dem Gesichtspunkt ihrer Funktion, ihrer Wirkung und ihres Ergebnisses betrachtet, ist gewiß, daß der andere immer das machen kann, was ich mache: Wenn es sich darum handelt, jene Frau glücklich zu machen, ihr Leben oder ihre Freiheit zu schützen, ihr die Mittel in die Hand zu geben, ihr Glück zu machen, oder einfach darum, mit ihr eine Familie zu gründen, ihr «Kinder zu machen», wenn es *das* ist, was man lieben nennt, dann kann ein anderer an meiner Stelle lieben, er kann sogar für mich lieben: das ja ist der Sinn jener tausendmal geschilderten Opfer in sentimentalen Romanen, die uns den liebenden Helden zeigen, der das Glück der geliebten Frau will und freiwillig hinter seinem Rivalen zurücktritt, weil dieser «sie besser lieben kann als er». Hier wird der Rivale ausdrücklich beauftragt, zu *lieben für*, denn lieben wird einfach definiert als «glücklich machen durch die Liebe, die man einem entgegenbringt». Und das gilt für alle meine Verhaltensweisen. Doch mein Tod gehört *auch* zu dieser Kategorie: wenn sterben heißt sterben, um zu erbauen, um Zeugnis abzulegen, für das Vaterland usw., dann kann jeder beliebige an meiner Stelle sterben – wie in dem Lied, wo man mit dem Strohhalm auslost, wer gegessen werden soll.[327] Kurz, es gibt keine personalisierende Kraft, die *meinem* Tod eigentümlich wäre. Ganz im Gegenteil, er wird *mein* Tod nur dann, wenn ich mich schon in die Perspektive der Subjektivität begebe; meine Subjektivität, definiert durch das präreflexive Cogito, macht aus meinem Tod ein unersetzbares Subjektives, und nicht der Tod ist es, der meinem Für-sich die unersetzbare Selbstheit gibt. In diesem Fall kann der Tod, *weil er Tod ist*, nicht als *mein* Tod gekennzeichnet werden, und infolgedessen genügt seine Wesensstruktur nicht, aus ihm jenes personalisierte, qualifizierte Ereignis zu machen, das man *erwarten* kann.

Außerdem aber kann der Tod in keiner Weise erwartet werden, wenn er nicht genau als *meine* Verurteilung zum Tod bezeichnet wird (die Hinrichtung, die in acht Tagen stattfinden wird, der Ausgang meiner Krankheit, von dem ich weiß, daß er bald bevorsteht und grausam sein wird usw.), denn er ist nichts anderes als die Enthüllung der Absurdität jedes Wartens, sei es auch gerade das Warten auf *ihn*. Zuerst müßte man nämlich zwei Bedeutungen des Verbs *attendre* [warten], die man hier fortwährend vermengt hat, sorgfältig unterscheiden: *s'attendre à la mort* [auf den Tod gefaßt sein] heißt nicht *attendre la mort* [auf den Tod warten]. Wir können nur auf ein bestimmtes Ereignis warten, das ebenfalls bestimmte Prozesse gerade realisieren. Ich kann auf die Ankunft des Zugs aus Chartres warten, weil ich weiß, daß er vom Bahnhof Chartres abgefahren ist und daß jede Radumdrehung ihn dem Bahnhof in Paris näher bringt. Zwar kann er Verspätung haben, es kann sogar ein Unglück geschehen: nichtsdestoweniger ist der Prozeß selbst, durch den die Einfahrt in den Bahnhof realisiert werden wird, «*im Gange*», und die Phänomene, die diese Einfahrt in den Bahnhof verzögern oder ausfallen lassen können, bedeuten hier lediglich, daß der Prozeß nur ein relativ geschlossenes, relativ isoliertes System ist und daß er faktisch in einem, wie Meyerson sagt, Universum mit «Faserstruktur» steckt. Folglich kann ich sagen, daß ich auf Pierre warte und daß «ich darauf gefaßt bin, daß sein Zug Verspätung hat». Aber die Möglichkeit meines Todes bedeutet eben lediglich, daß ich biologisch nur ein relativ geschlossenes, relativ isoliertes System bin, sie zeigt nur die Zugehörigkeit meines Körpers zur Totalität der Existierenden an. Sie gehört zum Typus der wahrscheinlichen Verspätung von Zügen, nicht zum Typus der Ankunft Pierres. Sie ist auf der Seite der unvorhergesehenen, *unerwarteten* Behinderung, mit der man immer *rechnen* muß unter Bewahrung ihres spezifischen Charakters von Unerwartetem, auf die man aber nicht *warten* kann, denn sie verliert sich von selbst im Unbestimmten. Denn wenn man auch zugibt, daß die Faktoren einander streng bedingen, was nicht einmal bewiesen ist und also eine metaphysische Option erfordert, so ist doch ihre Zahl unendlich, und ihre Implikationen sind auf unendliche Weise unendlich; ihre Gesamtheit bildet, zumindest von dem betreffenden Gesichtspunkt aus, kein System, die in Betracht gezogene Wirkung – mein Tod – kann für kein Datum vorausgesehen und folglich auch nicht erwartet werden. Vielleicht ist, während ich in diesem Zimmer friedlich schreibe, der Zustand des Universums so, daß mein Tod beträchtlich nah gerückt ist; aber vielleicht ist er im Gegenteil soeben beträchtlich fern gerückt. Wenn ich zum Beispiel auf einen Einberufungsbefehl warte, kann ich der Meinung sein, daß mein Tod nah ist, das heißt, daß sich die Aussichten für einen nahen Tod beträchtlich vermehrt haben; aber ebensogut kann es geschehen, daß im selben Moment eine internationale Konferenz im geheimen zusammengetreten ist und ein Mittel gefunden hat, den Frieden zu verlängern. Ich kann also nicht sagen, daß die Minute, die vergeht, mich dem Tod näher bringt. Es ist richtig, daß sie mich ihm näher bringt, wenn ich nur ganz allgemein daran denke, daß mein Leben begrenzt ist. Aber innerhalb dieser ganz elastischen Grenzen (ich kann als Hundertjähriger sterben oder mit siebenunddreißig Jahren, morgen) kann ich nicht wissen, ob sie mich tatsächlich diesem Endpunkt näher bringt oder mich von ihm entfernt. Denn es besteht ein beträchtlicher *Qualitäts*-Unterschied zwischen dem Tod an der Grenze des Greisenalters und dem plötzlichen Tod, der uns im reifen Alter oder in der Jugend auslöscht. Auf den ersten warten heißt zugeben, daß das Leben ein *begrenztes* Unternehmen ist, eine von mehreren Arten, die Endlichkeit zu wählen und unsere Zwecke auf der Grundlage der Endlichkeit auszusuchen. Auf den zweiten warten hieße erwarten, daß mein Leben ein *verfehltes* Unternehmen sei. Wenn es nur Tote aus Altersschwäche (oder infolge von ausdrücklicher Verurteilung) gäbe, könnte ich auf meinen Tod *warten*. Aber die Eigenheit des Todes ist es eben, daß er diejenigen, die ihn für dieses oder jenes Datum erwarten, jederzeit vorzeitig überraschen kann. Und wenn der Alterstod mit der Endlichkeit unserer Wahl verwechselt und folglich als der Schlußakkord unseres Lebens erlebt werden kann (man stellt uns eine Aufgabe und *gibt uns Zeit*, sie zu erfüllen), ist der plötzliche Tod dagegen so, daß er in keiner Weise erwartet werden kann, denn er ist unbestimmt, und man kann ihn *per definitionem* nicht für irgendein Datum erwarten: er enthält ja immer die Möglichkeit, daß wir überraschend vor dem erwarteten Datum sterben und daß folglich unsere Erwartung *als Erwartung* eine Täuschung ist oder daß wir dieses Datum *überleben* und, da wir nur diese Erwartung waren, uns selbst überleben. Da übrigens der plötzliche Tod von dem andern nur in dem Maß qualitativ verschieden ist, in dem wir den einen oder den andern *erleben*, da sie sich biologisch, das heißt vom Gesichtspunkt des Universums aus, in bezug auf ihre Ursachen und die sie bestimmenden Faktoren in keiner Weise unterscheiden, so fällt die Unbestimmtheit des einen faktisch auf den andern zurück; das bedeutet, daß man nur infolge von Verblendung oder Unaufrichtigkeit auf einen Alterstod *warten* kann. Wir haben ja alle Aussichten zu sterben, bevor wir unsere Aufgabe erfüllt haben, oder sie im Gegenteil zu überleben. Es gibt also nur sehr geringe Aussichten, daß unser Tod, wie zum Beispiel der des Sophokles, in der Weise eines Schlußakkords eintritt. Aber wenn es bloß die *Aussicht* ist, die über den Charakter unseres Todes und also unseres Lebens entscheidet, so kann auch derjenige Tod, der am meisten einem Melodienende ähnelt, nicht als solcher erwartet werden; der Zufall, der darüber entscheidet, nimmt ihm jeden Charakter eines harmonischen Endes. Ein Melodienende muß nämlich, um der Melodie ihren Sinn verleihen zu können, aus der Melodie selbst hervorgehen. Ein Tod wie der des Sophokles wird also einem Schlußakkord *ähneln*, aber er *ist* keiner, geradeso wie die Ansammlung von Buchstaben, durch den Fall einiger Würfel entstanden, vielleicht einem Wort ähnelt, aber keins ist. Dieses ständige Erscheinen des Zufalls innerhalb meiner Entwürfe kann also nicht als *meine* Möglichkeit aufgefaßt werden, sondern im Gegenteil als die Nichtung aller meiner Möglichkeiten, eine Nichtung, die *selbst nicht mehr Teil meiner Möglichkeiten bildet*. So ist der Tod nicht *meine* Möglichkeit, Anwesenheit in der Welt nicht mehr zu realisieren, sondern *eine jederzeit mögliche Nichtung meiner Möglichkeiten, die außerhalb meiner Möglichkeiten liegt*.

Das läßt sich übrigens noch etwas anders audrücken, wenn man von der Betrachtung der Bedeutungen ausgeht. Die menschliche-Realität ist, wie wir wissen, *bedeutend*. Das heißt, daß sie sich das, was sie ist, durch das anzeigen läßt, was nicht ist, oder, wenn man lieber will, daß sie sich selbst *zukünftig* ist. Wenn sie also ständig in ihre eigene Zukunft engagiert ist, so müssen wir sagen, daß sie Bestätigung von dieser Zukunft erwartet. Als Zukunft ist das Zukünftige nämlich Vorzeichnung einer Gegenwart, die *sein wird*; man vertraut sich dieser Gegenwart an, die als Gegenwart allein die vorgezeichnete Bedeutung, die ich bin, bestätigen oder nicht bestätigen können muß. Da diese Gegenwart selbst freie Übernahme der Vergangenheit im Licht einer neuen Zukunft ist, können wir sie nicht *bestimmen*, sondern nur ent-werfen und erwarten. Der Sinn meines aktuellen Verhaltens ist der Verweis, den ich der Person erteilen will, die mich schwer beleidigt hat. Weiß ich aber, ob dieser Verweis sich nicht in ein gereiztes und ängstliches Gestotter verwandeln wird und ob die Bedeutung meines gegenwärtigen Verhaltens sich nicht *in der Vergangenheit* verwandeln wird? Die Freiheit begrenzt die Freiheit, die Vergangenheit erhält ihren Sinn aus der Gegenwart. So erklärt sich also, wie wir gezeigt haben, das Paradox, daß unser aktuelles Verhalten für uns *gleichzeitig* total transluzide ist (präreflexives Cogito) und *gleichzeitig* vollkommen verhüllt durch eine freie Bestimmtheit, auf die wir warten müssen: der Heranwachsende ist sich des mystischen Sinns seines Verhaltens vollkommen bewußt und muß es gleichzeitig seiner ganzen Zukunft überlassen, entscheiden zu können, ob er gerade «eine Pubertätskrise durchmacht» oder sich ernsthaft auf den Weg der Frömmigkeit begibt. Unsere spätere Freiheit also, insofern sie nicht unsere aktuelle Möglichkeit, sondern die Grundlage von Möglichkeiten ist, die wir noch nicht sind, konstituiert so etwas wie eine Opazität in voller Transluzidität, etwas wie das, was Barrès «das Mysterium in vollem Licht»[328] nannte. Von daher die Notwendigkeit für uns, *auf uns zu warten*. Unser Leben ist nur ein langes Warten: zunächst Warten auf die Verwirklichung unserer Zwecke (in ein Vorhaben engagiert sein heißt auf dessen Ausgang warten), vor allem Warten auf uns selbst (auch wenn dieses Vorhaben verwirklicht ist, auch wenn ich es erreicht habe, geliebt zu werden, ein bestimmtes Ansehen, eine bestimmte Gunst zu erlangen, muß der Platz, der Sinn und der Wert dieses Vorhabens selbst in meinem Leben noch bestimmt werden). Das kommt nicht von einem kontingenten Fehler der menschlichen «Natur», von einer Nervosität, die uns hinderte, uns auf die Gegenwart zu beschränken, und die durch Übung *korrigiert* werden könnte, sondern von der Natur des Für-sich, das in dem Maß «ist», in dem es sich verzeitlicht. Deshalb muß man unser Leben als nicht nur aus Erwartungen bestehend betrachten, sondern aus Erwartungen von Erwartungen, die selbst auf Erwartungen warten. Genau das ist die Struktur der Selbstheit: man selbst sein heißt zu sich selbst kommen. Diese Erwartungen enthalten evidentermaßen alle einen Bezug auf eine letzte Grenze, die *erwartet* würde, ohne daß noch etwas zu erwarten ist. Eine Ruhe, die *Sein* und nicht mehr Seins-Erwartung wäre. Die ganze Reihe hängt an dieser letzten Grenze, die grundsätzlich nie *gegeben* und die der Wert unseres Seins ist, das heißt, evidentermaßen, eine Fülle vom Typus «an-sich, für-sich». Durch diese letzte Grenze wäre die Übernahme unserer Vergangenheit ein für allemal vollzogen; wir würden *für immer* wissen, ob jene Jugenderfahrung fruchtbar oder verderblich war, ob jene Pubertätskrise eine Laune oder eine wirkliche Vorform meiner späteren Engagements war, die Kurve unseres Lebens wäre für immer festgelegt. Kurz, die Rechnung wäre abgeschlossen. Die Christen haben versucht, den Tod als diese letzte Grenze darzustellen. Pater Boisselot[329] gab mir in einer privaten Unterredung zu verstehen, daß das «Jüngste Gericht» eben dieser Rechnungsabschluß ist, der bewirkt, daß man nichts wieder rückgängig machen kann und daß man endlich *ist*, was man *gewesen ist*, unwiderruflich.

Aber das ist ein Irrtum analog dem, auf den wir oben bei Leibniz aufmerksam machten, wenn er auch am andern Ende der Existenz auftritt. Für Leibniz sind wir frei, denn alle unsere Handlungen ergeben sich aus unserm Wesen. Es genügt jedoch, daß unser Wesen nicht von uns gewählt worden ist, und diese ganze Einzelfreiheit verhüllt eine totale Knechtschaft: Gott hat das Wesen Adams gewählt. Wenn umgekehrt der Rechnungsabschluß unserm Leben seinen Sinn und seinen Wert verleiht, ist es unwichtig, ob alle Handlungen, aus denen das Gewebe unseres Lebens besteht, frei waren: gerade der Sinn davon entgeht uns, wenn wir nicht selbst den Moment wählen, an dem die Rechnung abgeschlossen ist. Das hat der freigeistige Autor einer Anekdote, die Diderot wiedergibt, empfunden. Zwei Brüder erscheinen zusammen am Tag des Gerichts vor dem göttlichen Richter. Der eine sagt zu Gott: «Warum hast du mich so jung sterben lassen?», und Gott antwortet: «Um dich zu retten. Wenn du länger gelebt hättest, hättest du, wie dein Bruder, ein Verbrechen begangen.» Da fragt der andere Bruder: «Warum hast du mich so alt sterben lassen?» Wenn der Tod nicht freie Bestimmung unseres Seins ist, kann er nicht unser Leben *beenden*: eine Minute mehr oder weniger, und alles ändert sich vielleicht; wenn diese Minute meiner Rechnung hinzugefügt oder abgezogen wird, auch unter der Voraussetzung, daß ich sie frei verwende, entgeht mir der Sinn meines Lebens. Der Christentod kommt ja von Gott: er wählt unsere Stunde; und auch wenn ich selbst, indem ich mich verzeitliche, mache, daß es überhaupt Minuten und Stunden gibt, weiß ich ganz allgemein deutlich, daß die Minute meines Todes nicht von mir festgesetzt wird: darüber entscheiden die Sequenzen des Universums.

Wenn dem so ist, können wir nicht einmal mehr sagen, daß der Tod dem Leben von außen her einen Sinn verleiht: ein Sinn kann nur von der Subjektivität selbst kommen. Da der Tod nicht auf der Grundlage unserer Freiheit erscheint, kann er nur *dem Leben jede Bedeutung nehmen*. Wenn ich Erwartung von Erwartungen von Erwartung bin und wenn der Gegenstand meiner letzten Erwartung und der, der wartet, mit einemmal beseitigt werden, erhält die Erwartung dadurch rückwirkend den Charakter *von Absurdität*. Dreißig Jahre hat dieser junge Mann in der Erwartung gelebt, ein großer Schriftsteller zu werden; aber diese Erwartung selbst wäre sich nicht genug: sie wäre eitler und unsinniger Eigensinn oder ein tiefes Verstehen seines Werts nach den Büchern, die er schreiben würde. Sein erstes Buch ist erschienen, aber was bedeutet es für sich allein? Es ist ein Erstlingswerk. Nehmen wir an, es sei gut: seinen Sinn bekommt es nur durch die Zukunft. Wenn es das einzige bleibt, ist es gleichzeitig Eröffnung und Vermächtnis. Er hatte nur ein Buch zu schreiben, er ist durch sein Werk begrenzt und eingeschlossen; er wird nicht «ein großer Schriftsteller» sein. Wenn der Roman in einer mittelmäßigen Serie seinen Platz erhält, ist es ein «Vorfall». Wenn ihm andere, bessere Bücher folgen, kann er seinen Autor in den ersten Rang einordnen. Aber nun trifft der Tod den Schriftsteller gerade in dem Moment, wo er sich ängstlich prüft, «ob er das Zeug hat», ein anderes Buch zu schreiben, in dem Moment, wo er auf sich wartet. Das genügt, damit alles ins Unbestimmte fällt: ich kann nicht sagen, daß der tote Schriftsteller der Autor *eines einzigen* Buchs ist (in dem Sinn, daß er nur ein einziges Buch zu schreiben hatte), aber auch nicht, daß er mehrere geschrieben hat (da ja nur ein einziges erschienen ist). Ich kann nichts sagen: Nehmen wir an, Balzac sei vor den *Chouans*[330] gestorben, so bliebe er der Autor einiger scheußlicher Abenteuerromane. Und zugleich verliert auch die Erwartung, die dieser junge Tote *war*, diese Erwartung, ein großer Mann zu werden, jede Art von Bedeutung: sie ist weder eigensinnige und eitle Verblendung noch wirklicher Sinn seines eignen Werts, denn nichts wird je darüber entscheiden. Es würde ja zu nichts führen, darüber entscheiden zu wollen im Hinblick auf die Opfer, die seiner Kunst zu bringen er bereit war, auf das unscheinbare und harte Leben, das zu führen er bereit war: so viele Mittelmäßige hatten die Kraft, ähnliche Opfer zu bringen. Vielmehr steht der endgültige Wert dieser Verhaltensweisen definitiv aus; oder, wenn man lieber will, die Gesamtheit – besondere Verhaltensweisen, Erwartungen, Werte – fällt schlagartig ins Absurde. So ist der Tod nie das, was dem Leben seinen

Sinn gibt: er ist im Gegenteil das, was ihm grundsätzlich jede Bedeutung nimmt. Wenn wir sterben müssen, hat unser Leben keinen Sinn, weil seine Probleme ungelöst bleiben und weil sogar die Bedeutung der Probleme unbestimmt bleibt.

Es wäre müßig, vor dieser Notwendigkeit in den Selbstmord zu fliehen. Der Selbstmord kann nicht als ein Lebensende angesehen werden, dessen eigener Grund ich wäre. Als Handlung meines Lebens erfordert er ja selbst eine Bedeutung, die ihm nur die Zukunft geben kann; da er aber die *letzte* Handlung meines Lebens ist, versagt er sich diese Zukunft; demnach bleibt er total unbestimmt. Wenn ich nämlich dem Tod entgehe oder wenn ich «mich verfehle», werde ich dann nicht später meinen Selbstmord als eine Feigheit verurteilen? Kann das Ereignis mir nicht zeigen, daß andere Lösungen möglich waren? Aber da diese Lösungen nichts anderes als meine eigenen Entwürfe sein können, können sie nur erscheinen, wenn ich lebe. Der Selbstmord ist eine Absurdität, die mein Leben im Absurden untergehen läßt.

Man wird bemerkt haben, daß diese Hinweise nicht aus der Betrachtung des Todes, sondern im Gegenteil aus der des Lebens gewonnen sind; weil das Für-sich das Sein ist, dem es in seinem Sein um das Sein geht, weil das Für-sich das Sein ist, das immer ein Danach verlangt, gibt es in dem Sein, das es für-sich ist, keinen Platz für den Tod. Was kann also eine Erwartung des Todes bedeuten, wenn nicht die Erwartung eines unbestimmten Ereignisses, das jede Erwartung *ad absurdum* führen würde einschließlich der des Todes selbst? Die Erwartung des Todes würde sich selbst zerstören, denn sie wäre Verneinung jeder Erwartung. Mein Entwurf auf *einen* Tod hin ist verstehbar (Selbstmord, Martyrium, Heroismus), aber nicht der Entwurf auf *meinen* Tod hin als unbestimmte Möglichkeit, Anwesenheit in der Welt nicht mehr zu realisieren, denn dieser Entwurf wäre Zerstörung aller Entwürfe. So kann der Tod nicht meine eigene Möglichkeit sein; er kann nicht einmal eine *meiner* Möglichkeiten sein.

Zudem ist der Tod, insofern er sich mir enthüllen kann, nicht nur die jederzeit mögliche Nichtung meiner Möglichkeiten – Nichtung außerhalb meiner Möglichkeiten –, er ist nicht nur der Entwurf, der alle Entwürfe zerstört und sich selbst zerstört, die unmögliche Zerstörung meiner Erwartungen: er ist der Triumph des Gesichtspunkts Anderer über den Gesichtspunkt mir gegenüber, *der ich bin.* Das meint zweifellos Malraux, wenn er in *L'espoir* über den Tod schreibt, daß er «das Leben in Schicksal verwandelt». In der Tat ist der Tod nur durch seine negative Seite Nichtung meiner Möglichkeiten: da ich nämlich meine Möglichkeiten nur durch Nichtung des An-sich-seins bin, das ich zu sein habe, ist der Tod als Nichtung einer Nichtung Setzung meines Seins als *An-sich,* in dem Sinn, wie für Hegel die Negation einer Negation Affirmation ist. Solange das Für-sich «am Leben» ist, überschreitet es seine Vergangenheit auf seine Zukunft hin, und die Vergangenheit ist das, was das Für-sich zu sein hat. Wenn das Für-sich «aufhört zu leben», zerstört sich diese Vergangenheit deswegen nicht: das Verschwinden des nichtenden Seins berührt sie nicht in ihrem Sein, das vom Typus des An-sich ist; sie versinkt im An-sich. Mein Leben *ist* ganz und gar, das bedeutet nicht, daß es eine harmonische Totalität ist, sondern daß es aufgehört hat, sein eigener Aufschub zu sein, und daß es sich nicht mehr durch das bloße Bewußtsein, das es von sich selbst hat, ändern kann. Aber der Sinn irgendeines Phänomens dieses Lebens ist ganz im Gegenteil von nun an festgelegt, nicht durch es selbst, sondern durch diese offene Totalität, die das angehaltene Leben ist. Dieser Sinn ist primär und grundlegend, wie wir gesehen haben, *Fehlen von Sinn.* Aber sekundär und abgeleitet kann es zu einem tausendfachen Schillern und Irisieren relativen Sinns auf dieser grundlegenden Absurdität eines «toten» Lebens kommen. Zum Beispiel bleibt bestehen, daß das Leben von Sophokles glücklich war, daß das von Balzac ungewöhnlich arbeitsreich war usw., was auch immer deren letzte Vergeblichkeit gewesen sein mag. Natürlich können diese allgemeinen Qualifikationen verfeinert werden; wir können ebensogut eine Beschreibung, eine Analyse wie eine Erzählung dieses Lebens versuchen. Wir erhalten dann deutlichere Merkmale; wir können zum Beispiel von einer Toten sagen, wie Mauriac von einer seiner Heldinnen, daß sie als «vorsichtige Verzweifelte»[331] gelebt hat; wir könnten den Sinn der «Seele» Pascals (das heißt seines inneren «Lebens») als «so verwundet, so ungeheuer» erfassen, wie Nietzsche schrieb.[332] Wir könnten so weit gehen, eine bestimmte Episode als «Feigheit» oder «Taktlosigkeit» zu qualifizieren, ohne jedoch aus dem Auge zu verlieren, daß allein der kontingente Stillstand dieses «In-ständigem-Aufschub-seins», das das lebende Für-sich ist, ermöglicht, und zwar auf der Grundlage einer radikalen Absurdität, der betreffenden Episode den relativen Sinn zu verleihen, und daß dieser Sinn eine *wesenhaft provisorische* Bedeutung ist, deren Provisorium *zufällig* ins Endgültige übergegangen ist. Aber diese verschiedenen Erklärungen des Sinns von Pierres Leben hatten, als Pierre selbst sie auf sein eigenes Leben anwandte, die Wirkung, dessen Bedeutung und Orientierung zu verändern, denn jede vom Für-sich versuchte Beschreibung seines eigenen Lebens ist Selbstentwurf über dieses Leben hinaus, und da der verändernde Entwurf zugleich mit dem Leben, das er verändert, verquickt ist, verwandelte Pierres eigenes Leben seinen Sinn, indem es sich ununterbrochen verzeitlichte. Da jetzt jedoch sein Leben tot ist, kann nur das *Gedächtnis des andern* verhindern, daß es in seiner Fülle an sich zusammenschrumpft, indem es alle seine Verbindungen zur Gegenwart abbricht. Das Merkmal eines toten Lebens ist, daß es ein Leben ist, zu dessen Wächter sich der andere macht. Das bedeutet nicht nur, daß der andere das Leben des «Abgeschiedenen» festhält, indem er eine explizite und kognitive Rekonstruktion von ihm macht. Ganz im Gegenteil, eine derartige Rekonstruktion ist nur eine der möglichen Haltungen des andern gegenüber dem toten Leben, und folglich ist das Merkmal «rekonstruiertes Leben» (im familiären Bereich durch die Erinnerungen der Angehörigen, im historischen Bereich) ein besonderes Schicksal, das gewisse Leben unter Ausschluß anderer kennzeichnet. Daraus folgt notwendig, daß die entgegengesetzte Eigenschaft, «in Vergessenheit geratenes Leben», auch ein spezifisches und beschreibbares Schicksal darstellt, das gewissen Leben vom andern her geschieht. Vergessen sein heißt den Gegenstand einer Haltung des andern und einer impliziten Entscheidung Anderer bilden. Vergessen sein heißt ja entschieden und für immer als ein in einer Masse aufgegangener Bestandteil aufgefaßt werden (die «großen Feudalherren des 13. Jahrhunderts», die «bürgerlichen Whigs» des 18. Jahrhunderts, die «sowjetischen Funktionäre» usw.) und keineswegs *sich vernichten*, sondern seine persönliche Existenz verlieren und mit anderen zu kollektiver Existenz konstituiert werden. Das zeigt uns deutlich, was wir beweisen wollten, daß nämlich der andere nicht *zunächst* ohne Kontakt mit den Toten sein kann und daß er *dann* erst entscheidet (oder daß die Umstände entscheiden), daß er diese oder jene Beziehung zu gewissen einzelnen Toten hat (die er zu ihren Lebzeiten gekannt hat, «große Tote» usw.). In Wirklichkeit ist die Beziehung zu den Toten – zu *allen* Toten – eine Wesensstruktur der grundlegenden Beziehung, die wir «Für-Andere-sein» genannt haben. Bei seinem Auftauchen zum Sein muß das Für-sich Stellung nehmen gegenüber den Toten; sein Initialentwurf organisiert sie zu breiten anonymen Massen oder zu unterschiedlichen Individualitäten; und es bestimmt den Abstand oder die absolute Nähe dieser kollektiven Massen wie dieser Individualitäten, es entfaltet die zeitlichen Distanzen zwischen ihnen und sich, indem es sich verzeitlicht, ganz so wie es die räumlichen Distanzen von seiner Umgebung aus entfaltet; indem sich das Für-sich durch seinen Zweck das anzeigen läßt, was es ist, entscheidet es über die besondere *Wichtigkeit* der verschwundenen Kollektivitäten oder Individualitäten; eine Gruppe, die für Pierre völlig anonym und amorph ist, ist für mich spezifiziert und strukturiert; eine andere, für mich ganz einförmige, läßt für Jean einige ihrer individuellen Komponenten erscheinen. Byzanz, Rom, Athen, der zweite Kreuzzug, der Konvent sind ebenso viele unermeßliche Nekropolen, die ich von fern oder nah sehen kann, im Überblick oder im Detail, ja nach der Position, die ich einnehme, die ich «bin» – so daß es nicht unmöglich ist – wenn man es nur richtig versteht –, eine «Person» durch ihre Toten zu definieren, das heißt durch die Individualisierungs- oder Kollektivierungssektoren, die sie in der Nekropole bestimmt hat, durch die Straßen und Wege, die sie eingezeichnet hat, durch die Lehren, die sich erteilen zu lassen sie beschlossen hat, durch die «Wurzeln», die sie da geschlagen hat. Zwar wählen die Toten uns, aber zunächst müssen wir sie gewählt haben. Wir finden hier den ursprünglichen Bezug der Faktizität zur Freiheit wieder; wir wählen unsere Haltung zu den Toten, aber es ist unmöglich, daß wir keine wählen. Die Gleichgültigkeit gegenüber den Toten ist eine durchaus mögliche Haltung (man findet Beispiele davon bei den «Heimatlosen»[333], bei gewissen Revolutionären oder bei Individualisten). Aber diese Gleichgültigkeit – die darin besteht, die Toten «wieder-sterben» zu lassen – ist eine unter anderen Verhaltensweisen ihnen gegenüber. So ist das Für-sich eben durch seine Faktizität in eine volle «Verantwortlichkeit» den Toten gegenüber geworfen; es ist gezwungen, frei über ihr Los zu entscheiden. Zumal wenn es sich um die uns umgebenden Toten handelt, ist

es unmöglich, daß wir nicht – explizit oder implizit –
über das Los ihrer Unternehmungen entscheiden; das ist
offenkundig, wenn es sich um den Sohn handelt, der das
Unternehmen seines Vaters übernimmt, oder um den
Schüler, der die Schule und die Lehren seines Meisters
übernimmt. Aber obwohl die Verbindung in zahlreichen
Fällen weniger deutlich erkennbar ist, gilt das doch auch
in allen Fällen, in denen der betrachtete Tote und Lebende der gleichen historischen, konkreten Kollektivität
angehören. Ich, die Menschen meiner Generation entscheiden über den Sinn der Bemühungen und Unternehmungen der vorhergehenden Generation, indem sie entweder deren soziale und politische Bestrebungen übernehmen
und fortsetzen oder entschlossen einen Bruch realisieren
und die Toten in die Wirkungslosigkeit zurückstoßen. Wie
wir gesehen haben, ist es das Amerika von 1917, das über
Wert und Sinn der Unternehmungen von Lafayette entscheidet. Von diesem Gesichtspunkt aus wird der Unterschied zwischen Leben und Tod deutlich: das Leben
entscheidet über seinen eigenen Sinn, weil es immer in Aufschub ist, es besitzt seinem Wesen nach eine Fähigkeit zu
Selbstkritik und Selbstverwandlung, die macht, daß es
sich als ein «Noch-nicht» definiert oder daß es, wenn
man so will, als Veränderung dessen ist, was es ist. Das
tote Leben hört deswegen nicht auf, sich zu verändern,
und trotzdem ist es *fertig*. Das bedeutet, daß für es das
Spiel aus ist und daß es von nun an seine Veränderungen
erleiden wird, ohne dafür irgendwie verantwortlich zu
sein. Es handelt sich für es nicht nur um eine willkürliche
und definitive Totalisierung; es handelt sich außerdem
um eine radikale Umwandlung; nichts kann ihm mehr
von innen her *zustoßen*, es ist völlig abgeschlossen, man
kann nichts mehr in es eingehen lassen; aber sein Sinn
hört keineswegs auf, von außen her modifiziert zu werden. Bis zum Tod jenes Friedensapostels lag der Sinn seiner Unternehmungen (Wahl oder tiefer Sinn für das

Reale, Erfolg oder Mißerfolg) in seinen Händen; «solange ich da bin, wird es keinen Krieg geben». Aber in dem Maß, wie dieser Sinn die Schranken einer bloßen Individualität überschreitet, in dem Maß, wie die Person sich das, was sie ist, von einer objektiven, zu realisierenden Situation (der Friede in Europa) anzeigen läßt, stellt der Tod eine totale *Enteignung* dar: der andere *enteignet* den Friedensapostel noch des Sinns seiner Bemühungen und also seines Seins, indem er durch sein bloßes Auftauchen eben das Unternehmen, durch das die Person sich anzeigen ließ und das sie in ihrem Sein war, unweigerlich in Mißerfolg oder Erfolg, in Wahn oder geniale Intuition verwandelt. So entfremdet uns die Existenz des *Todes* in unserm eigenen Leben ganz und gar zugunsten Anderer. Tot sein heißt den Lebenden ausgeliefert sein. Das bedeutet also, daß der, der den Sinn seines künftigen Todes zu erfassen versucht, sich als künftige Beute der anderen entdecken muß. Es gibt also einen Fall von Entfremdung, den wir in dem Für-Andere gewidmeten Teil dieses Buchs nicht berücksichtigt haben: die von uns untersuchten Entfremdungen waren ja solche, die wir nichten konnten, indem wir den andern in eine transzendierte-Transzendenz verwandelten, geradeso wie wir durch die absolute und subjektive Setzung unserer Freiheit unser *Draußen* nichten konnten; solange ich lebe, kann ich dem, was ich für den Andern *bin*, entgehen, indem ich mir durch meine frei gesetzten Zwecke enthüllen lasse, daß ich nichts *bin* und daß ich mich zu dem mache, was ich bin; solange ich lebe, kann ich widerlegen, was der andere an mir entdeckt, indem ich mich schon auf andere Zwecke hin ent-werfe und in jedem Fall entdecke, daß meine Für-mich-sein-Dimension mit meiner Für-den-andern-sein-Dimension inkommensurabel ist. So entgehe ich unaufhörlich meinem Draußen und werde unaufhörlich von ihm wieder ergriffen, ohne daß «bei diesem zweifelhaften Kampf» der endgültige Sieg der einen oder

der anderen dieser Seinsmodi zufiele. Doch die *Tatsache des Todes* verschafft, ohne daß er sich in diesem Kampf selbst mit einem der beiden Gegner geradezu verbündet, dem Gesichtspunkt des andern den schließlichen Sieg, indem er den Kampf und den Einsatz auf ein anderes Gebiet verlegt, das heißt, indem er plötzlich einen der Kämpfer beseitigt. Welchen ephemeren Sieg man auch über den andern errungen hat und auch wenn man sich des andern bedient hat, um «sein eigenes Standbild zu formen», heißt Sterben doch dazu verurteilt sein, daß man nur durch den andern existiert und ihm seinen Sinn und sogar den Sinn seines Sieges verdankt. Wenn man nämlich die realistischen Ansichten teilt, die wir im Dritten Teil entwickelt haben, wird man anerkennen müssen, daß meine *Existenz nach dem Tod* nicht das bloße gespenstische Weiterleben von mich betreffenden bloßen Vorstellungen (Bildern, Erinnerungen usw.) «im Bewußtsein des andern» ist. Mein Für-Andere-sein ist ein reales Sein, und wenn es in den Händen der Anderen bleibt wie ein Mantel, den ich ihnen nach meinem Verschwinden überlasse, so als eine reale Dimension meines Seins – eine Dimension, die meine einzige Dimension geworden ist – und nicht als konsistenzloses Gespenst. Richelieu, Ludwig XV., mein Großvater sind keineswegs die Summe meiner Erinnerungen und nicht einmal die Summe der Erinnerungen oder der Kenntnisse all derer, die von ihnen gehört haben; es sind objektive und opake Wesen [*êtres*], die jedoch lediglich auf die bloße Exterioritätsdimension reduziert sind. In dieser Eigenschaft setzen sie ihre Geschichte in der menschlichen Welt fort, aber sie werden immer nur innerweltliche transzendierte-Transzendenzen sein; so entwaffnet der Tod nicht nur meine Erwartungen, indem er endgültig das *Erwarten* beseitigt und die Verwirklichung der Zwecke, die mir anzeigen, was ich bin, im Unbestimmten läßt – sondern er verleiht auch allem, was ich als Subjektivität erlebe, einen

Sinn von draußen her; er ergreift erneut all das Subjektive, das sich, solange es «lebte», gegen die Entäußerung wehrte, und beraubt es jeden subjektiven Sinns, um es im Gegenteil jeder *objektiven* Bedeutung auszuliefern, die ihm zu geben dem andern gefällt. Man muß jedoch darauf hinweisen, daß dieses *meinem Leben* so verliehene «Schicksal» seinerseits aussteht, im Aufschub bleibt, denn die Antwort auf die Frage: «Was wird definitiv das historische Schicksal Robespierres sein?» hängt von der Antwort auf die Vorfrage ab: «Hat die Geschichte einen Sinn?», das heißt: «Muß sie sich vollenden oder bloß *zu Ende gehen*?» Diese Frage ist nicht gelöst – sie ist vielleicht unlösbar, denn alle Antworten, die man darauf gibt (einschließlich der des Idealismus: «Die Geschichte Ägyptens ist die Geschichte der Ägyptologie»), sind selbst geschichtlich.

Indem wir also annehmen, daß sich mein Tod in meinem Leben entdecken läßt, sehen wir, daß er nicht reiner Stillstand meiner Subjektivität sein kann, der als inneres Ereignis dieser Subjektivität schließlich nur sie betrifft. Wenn es auch zutrifft, daß der dogmatische Realismus unrecht hatte, im Tod den *Todeszustand* zu sehen, das heißt ein dem Leben Transzendentes, so bleibt doch, daß der Tod, so wie ich ihn als den *meinen* entdecken kann, notwendig etwas anderes als mich engagiert. Insofern er nämlich immer mögliche Nichtung meiner Möglichkeiten ist, ist er außerhalb meiner Möglichkeiten, und ich kann ihn also nicht erwarten, das heißt mich auf ihn hin als auf eine meiner Möglichkeiten werfen. Er kann also nicht zur ontologischen Struktur des Für-sich gehören. Insofern er Triumph des andern über mich ist, verweist er, wie wir gesehen haben, auf ein zwar grundlegendes, aber total kontingentes Faktum, die Existenz des andern. Wir würden *diesen* Tod nicht kennen, wenn der andere nicht existierte; er könnte sich uns nicht entdecken, sich vor allem auch nicht als Metamorphose unseres Seins in Schicksal konstituieren; er wäre ja das gleichzeitige Verschwinden des Für-sich und der Welt, des Subjektiven und des Objektiven, des Bedeutenden und aller Bedeutungen. Wenn sich uns der Tod in einem gewissen Maß als die Metamorphose der besonderen Bedeutungen enthüllen kann, die *meine* Bedeutungen sind, dann wegen der Tatsache der Existenz eines bedeutenden andern, der die Ablösung der Bedeutungen und Zeichen sichert. Wegen des andern ist mein Tod mein Sturz aus der Welt hinaus, als Subjektivität, statt die Vernichtung des Bewußtseins und der Welt zu sein. Es gibt also eine unleugbare grundlegende *Faktizität*, das heißt eine radikale Kontingenz im Tod wie in der Existenz des Andern. Diese Kontingenz entzieht ihn von vornherein allen ontologischen Vermutungen. Und über mein Leben nachdenken, indem ich es vom Tod her betrachte, hieße über meine Subjektivität nachdenken, indem ich ihr gegenüber den Gesichtspunkt des andern einnehme; wir haben gesehen, daß das nicht möglich ist.

Also müssen wir gegen Heidegger schließen, daß der Tod keineswegs meine eigene Möglichkeit, sondern *ein kontingentes Faktum* ist, das mir als solches grundsätzlich entgeht und ursprünglich zu meiner Faktizität gehört. Ich kann meinen Tod weder entdecken noch erwarten, noch eine Haltung ihm gegenüber einnehmen, denn er ist das, was sich als das Unentdeckbare enthüllt, was alle Erwartungen entwaffnet, was sich in alle Haltungen und besonders in die, die man ihm gegenüber einnähme, einschleicht, um sie in entäußerte und erstarrte Verhaltensweisen umzuwandeln, deren Sinn für immer anderen als uns selbst anvertraut ist. Der Tod ist ein reines Faktum wie die Geburt; er geschieht uns von draußen und verwandelt uns in Draußen. Im Grunde unterscheidet er sich in keiner Weise von der Geburt, und die Identität von Geburt und Tod ist das, was wir Faktizität nennen.

Heißt das, daß der Tod die Grenzen unserer Freiheit zieht? Haben wir, indem wir Heideggers Sein-zum-Tode zurückwiesen, für immer auf die Möglichkeit verzichtet, unserm Sein frei eine Bedeutung zu geben, für die wir verantwortlich sind?

Ganz im Gegenteil scheint uns, daß der Tod, indem er sich uns entdeckt, wie er ist, uns vollständig von seiner angeblichen Gewalt befreit. Das wird noch deutlicher, wenn man nur ein wenig darüber nachdenkt.

Aber zuerst muß man die beiden gewöhnlich miteinander verbundenen Ideen von Tod und Endlichkeit radikal auseinanderhalten. Man scheint gewöhnlich zu glauben, daß der Tod unsere Endlichkeit konstituiert und sie uns enthüllt. Diese Kontamination führt dazu, daß der Tod die Gestalt einer ontologischen Notwendigkeit annimmt und daß dagegen die Endlichkeit ihren Kontingenz-Charakter dem Tod entlehnt. Vor allem Heidegger scheint seine ganze Theorie vom «Sein-zum-Tode»[334] auf der strikten Gleichsetzung von Tod und Endlichkeit aufgebaut zu haben; ebenso scheint Malraux, wenn er sagt, daß der Tod uns die Einmaligkeit des Lebens enthüllt, eben gerade anzunehmen, daß wir, weil wir sterben, unfähig sind, etwas rückgängig zu machen, und also endlich sind. Aber bei näherer Betrachtung merkt man ihren Irrtum: der Tod ist ein kontingentes Faktum, das zur Faktizität gehört; die Endlichkeit ist eine ontologische Struktur des Für-sich, von der die Freiheit bestimmt wird und die nur in dem freien Entwurf und durch den freien Entwurf des Zwecks existiert, der mir mein Sein anzeigt. Mit anderen Worten, die menschliche-Realität bliebe endlich, auch wenn sie unsterblich wäre, denn sie *macht* sich endlich, indem sie sich als menschliche wählt. Endlich sein ist nämlich sich wählen, das heißt sich das, was man ist, anzeigen lassen, indem man sich auf eine Möglichkeit hin unter Ausschluß anderer entwirft. Der Freiheitsakt selbst ist also Übernahme und Schaffung der Endlichkeit. Wenn ich mich mache, mache ich mich endlich, und daher ist mein Leben einmalig. Von da an ist es mir, und wäre ich unsterblich, versagt, «etwas rückgängig zu machen»; die Unumkehrbarkeit der Zeitlichkeit versagt es mir, und diese Unumkehrbarkeit ist nichts anderes als das besondere Merkmal einer Freiheit, die sich verzeitlicht. Wenn ich unsterblich bin und die Möglichkeit B zurückweisen mußte, um die Möglichkeit A zu verwirklichen, wird sich mir zwar wieder die Gelegenheit bieten, diese zurückgewiesene Möglichkeit zu verwirklichen. Aber allein deshalb, weil diese Gelegenheit sich *nach* der zurückgewiesenen Gelegenheit bieten wird, wird sie keineswegs dieselbe sein, und danach werde ich mich für die Ewigkeit *endlich gemacht* haben, indem ich die erste Gelegenheit unwiederbringlich abwies. Von diesem Gesichtspunkt aus werden der Unsterbliche wie der Sterbliche als mehrere geboren und machen sich zu einem einzigen. Obwohl zeitlich unbegrenzt, das heißt ohne Schranken, ist sein «Leben» eben in seinem Sein nichtsdestoweniger endlich, weil es sich zu einem einmaligen macht. Der Tod hat damit nichts zu tun; er tritt «zwischendurch» ein, und die menschliche-Realität entdeckt, indem sie sich ihre eigene Endlichkeit enthüllt, deswegen noch nicht ihre Sterblichkeit.

So ist der Tod keineswegs ontologische Struktur meines Seins, zumindest insofern dieses *für sich* ist; aber *der andere* ist in seinem Sein sterblich. Im Für-sich-sein ist kein Platz für den Tod; es kann ihn weder erwarten noch realisieren, noch sich auf ihn hin entwerfen; er ist in keiner Weise Grund von dessen Endlichkeit und kann überhaupt weder von innen als Ent-wurf der ursprünglichen Freiheit begründet noch von außen als eine Qualität durch das Fürsich empfangen werden. Was ist er also? Nichts anderes als ein gewisser Aspekt der Faktizität und des Seins für Andere, das heißt nichts anderes als *Gegebenes*. Es ist absurd, daß wir geboren werden, es ist absurd, daß wir sterben; andererseits bietet sich diese Absurdität als permanente Entfremdung meines Möglichkeit-seins dar, das nicht mehr *meine* Möglichkeit, sondern die des andern ist. Es ist also eine äußere faktische Grenze meiner Subjektivität. Aber erkennt man hier nicht die Beschreibung wieder, die wir im vorigen Abschnitt versucht haben? Diese faktische Grenze, die wir in gewissem Sinn sichern müssen, da von außen nichts in uns eindringt und wir in gewissem Sinn den Tod *erfahren* müssen, wenn wir ihn bloß nennen können sollen, aber der das Für-sich andererseits nie *begegnet*, da sie nichts *von ihm* ist außer die unendliche Permanenz seines Für-den-andern-seins, was ist sie dann, wenn nicht genau ein *Unrealisierbares*? Was ist sie dann, wenn nicht ein synthetischer Aspekt meiner *Kehrseite*? *Sterblich* stellt das gegenwärtige Sein dar, das ich für-Andere bin; *tot* stellt den künftigen Sinn meines aktuellen Für-sich für den andern dar. Es handelt sich also wirklich um eine permanente Grenze meiner Entwürfe; und als solche muß diese Grenze übernommen werden. Sie ist also eine Exteriorität, die Exteriorität bleibt bis in den Versuch des Für-sich hinein, sie zu realisieren, und durch ihn: das haben wir oben definiert als das *zu realisierende Unrealisierbare*. Es gibt im Grunde keinen Unterschied zwischen der Wahl, durch die die Freiheit ihren Tod als unerfaßbare und undenkbare Grenze ihrer Subjektivität auf sich nimmt, und der Wahl, durch die sie wählt, wegen der Freiheit des andern begrenzte Freiheit zu sein. So ist der Tod nicht *meine* Möglichkeit in dem vorhin definierten Sinn; er ist Situation-als-Grenze, als gewählte und entfliehende Kehrseite meiner Wahl. Er ist nicht *mein* Mögliches in dem Sinn, in dem er mein eigner Zweck wäre, der mir mein Sein anzeigt; aber weil er unvermeidliche Notwendigkeit ist, als ein Draußen und ein An-sich woanders zu existieren, wird er als «Letztes» verinnert, das heißt als unerreichbarer thematischer Sinn der hierarchisierten Möglichkeiten. So sucht er mich sogar innerhalb jedes meiner Entwürfe als deren unumgängliche Kehrseite heim. Aber eben weil diese «Kehrseite» nicht als *meine* Möglichkeit zu übernehmen ist, sondern als die Möglichkeit, daß es für mich keine Möglichkeiten mehr gibt, *beeinträchtigt er mich nicht*. Die Freiheit, die *meine Freiheit* ist, bleibt total und unendlich; nicht weil der Tod sie nicht begrenzte, sondern weil die Freiheit dieser Grenze nie begegnet, ist der Tod durchaus kein Hindernis für meine Entwürfe; er ist nur ein *anderweitiges* Schicksal *dieser Entwürfe*. Ich bin nicht «frei zum Sterben», aber ich bin ein freier Sterblicher. Während der Tod meinen Entwürfen entgeht, weil er unrealisierbar ist, entgehe ich selbst dem Tod in meinem Entwurf selbst. Da er das ist, was immer jenseits meiner Subjektivität ist, gibt es keinen Platz für ihn in meiner Subjektivität. Und diese Subjektivität behauptet sich nicht *gegen* ihn, sondern unabhängig von ihm, obwohl diese Behauptung sofort entfremdet wird. Wir können also den Tod weder denken noch erwarten, noch uns gegen ihn wappnen; aber deshalb sind auch unsere Entwürfe als Entwürfe unabhängig von ihm – nicht infolge unserer Verblendung, wie der Christ sich ausdrückt, sondern grundsätzlich. Und obwohl es unzählige mögliche Haltungen gegenüber diesem Unrealisierbaren gibt, das «obendrein zu realisieren ist», gibt es keinen Anlaß, sie in authentische und unauthentische einzuteilen, da wir eben immer *obendrein* sterben.

Diese verschiedenen Beschreibungen, die meinen Platz, meine Vergangenheit, meine Umgebung, meinen Tod und meinen Nächsten betreffen, erheben nicht den Anspruch, erschöpfend oder auch nur detailliert zu sein. Ihr Ziel ist lediglich, uns eine klarere Auffassung von dem zu erlauben, was eine «*Situation*» ist. Sie werden uns ermöglichen, dieses «In-Situation-sein» genauer zu definieren, das das Für-sich kennzeichnet, insofern es für seine Seinsart verantwortlich ist, ohne Grund seines Seins zu sein.

1. Ich bin ein Existierendes *inmitten* anderer Existierender. Aber ich kann diese Existenz inmitten anderer nicht «realisieren», ich kann die Existierenden, die mich umgeben, weder als *Objekte* erfassen noch mich selbst als

ein *umgebenes* Existierendes erfassen, noch auch nur diesem Begriff «*inmitten*» einen Sinn geben, außer wenn ich mich selbst wähle, nicht in meinem Sein, sondern in meiner Seinsweise. Die Wahl dieses Zwecks ist Wahl eines *Noch-nicht-Existierenden*. Meine Position inmitten der Welt, definiert durch den Utensilitäts- oder Widrigkeitsbezug der mich umgebenden Realitäten zu meiner eigenen Faktizität, das heißt die Entdeckung der Gefahren, denen ich in der Welt ausgesetzt bin, der Hindernisse, auf die ich stoßen kann, der Hilfen, die mir geboten werden können, im Licht einer radikalen Nichtung meiner selbst und einer radikalen und internen Negierung des An-sich, beides vom Gesichtspunkt eines frei gesetzten Zwecks, das nennen wir die *Situation*.

2. Die Situation existiert nur in Korrelation mit der Überschreitung des Gegebenen auf einen Zweck hin. Sie ist die Art, in der das Gegebene, das ich bin, und das Gegebene, das ich nicht bin, sich dem Für-sich entdecken, das ich nach dem Modus bin, es-nicht-zu-sein. Wer *Situation* sagt, sagt also «durch das Für-sich, das in Situation ist, erfaßte Position». Es ist unmöglich, eine Situation von draußen zu betrachten: sie erstarrt zu *Form an sich*. Folglich kann die Situation weder objektiv noch subjektiv genannt werden, wenn auch die Teilstrukturen dieser Situation (die Tasse, die ich benutze, der Tisch, auf den ich mich stütze usw.) streng objektiv sein können und müssen.

Die Situation kann nicht *subjektiv* sein, denn sie ist weder die Summe noch die Einheit der *Eindrücke*, die die Dinge uns machen: sie ist *die Dinge selbst* und ich selbst unter den Dingen; denn mein Auftauchen in der Welt als reine Seinsnichtung hat nur die Wirkung, daß es Dinge *gibt*, und fügt dem *nichts* hinzu. Unter diesem Aspekt verrät die Situation meine *Faktizität*, das heißt die Tatsache, daß die Dinge einfach *da sind*, wie sie sind, ohne Notwendigkeit noch Möglichkeit, anders zu sein, und daß ich unter ihnen *da bin*.

Aber die Situation kann auch nicht *objektiv* sein in dem Sinn, daß sie ein rein Gegebenes wäre, das das Subjekt feststellt, ohne irgendwie in das so konstituierte System engagiert zu sein. Denn eben durch die Bedeutung des Gegebenen (eine Bedeutung, ohne die es Gegebenes nicht einmal *gäbe*) spiegelt die Situation dem Für-sich dessen Freiheit wider. Wenn die Situation weder subjektiv noch objektiv ist, so deshalb, weil sie keine *Erkenntnis* und nicht einmal ein affektives Verständnis des Weltzustands durch ein Subjekt konstituiert; sondern sie ist eine *Seinsbeziehung* zwischen einem Für-sich und dem An-sich, das durch das Für-sich genichtet wird. Die Situation ist das ganze Subjekt (es ist *nichts* anderes als seine Situation), und sie ist auch das ganze «Ding» (*es gibt* immer weiter nichts als nur die Dinge). Sie ist, wenn man so will, das Subjekt, das die Dinge eben durch sein Überschreiten beleuchtet; oder sie ist die Dinge, die dem Subjekt sein Bild zurückgeben. Sie ist die totale Faktizität, die absolute Kontingenz der Welt, meiner Geburt, meines Platzes, meiner Vergangenheit, meiner Umgebung, der Tatsache meines Nächsten – und sie ist meine grenzenlose Freiheit als das, was macht, daß es für mich eine Faktizität gibt. Sie ist jene staubige, ansteigende Straße, mein brennender Durst, die Weigerung der Leute, mir zu trinken zu geben, weil ich kein Geld habe oder weil ich nicht von ihrem Land oder ihrer Rasse bin; sie ist meine Verlassenheit inmitten einer feindlichen Bevölkerung, zusammen mit jener körperlichen Erschöpfung, die mich vielleicht hindern wird, das Ziel zu erreichen, das ich mir gesetzt hatte. Aber sie ist gerade auch dieses *Ziel*, nicht insofern ich es klar und explizit formuliere, sondern insofern es da ist, überall um mich herum als das, was all diese Fakten vereinigt und erklärt, zu einer beschreibbaren Totalität organisiert, statt einen ungeordneten Alptraum daraus zu machen.

3. Wenn das Für-sich nichts anderes ist als seine Situation, so folgt daraus, daß das In-Situation-sein die

menschliche-Realität definiert, indem es zugleich über deren *Da-sein* und deren *Darüber-hinaus-sein* Aufschluß gibt. Die menschliche-Realität ist ja *das Sein, das immer über sein Da-sein hinaus ist*. Und die Situation ist die organisierte Totalität des Da-seins, gedeutet und erlebt im Darüber-hinaus-sein und durch es. Es gibt also keine privilegierte Situation; wir meinen damit, daß es keine Situation gibt, in der das *Gegebene* die Freiheit, durch die es als solches konstituiert wird, unter seinem Gewicht erstickte – und umgekehrt auch keine Situation, in der das Für-sich *freier* wäre als in anderen. Das darf nicht im Sinne der «inneren Freiheit» Bergsons verstanden werden, über die sich Politzer in *Fin d'une parade philosophique*[335] lustig machte und die ganz einfach dazu führen würde, dem Sklaven in Ketten die Unabhängigkeit des inneren Lebens und des Herzens zuzuerkennen. Wenn wir erklären, daß der Sklave in Ketten ebenso frei ist wie sein Herr, wollen wir nicht von einer Freiheit sprechen, die unbestimmt bliebe. Der Sklave in Ketten ist frei, *sie zu zerbrechen*; das bedeutet, daß eben der Sinn seiner Ketten ihm im Licht des Zwecks erscheint, den er gewählt hat: Sklave bleiben oder das Schlimmste wagen, um sich von der Knechtschaft zu befreien. Zwar kann der Sklave nicht die Reichtümer und das Lebensniveau des Herrn erreichen; aber das sind auch gar nicht die Gegenstände seiner *Entwürfe*, er kann den Besitz solcher Schätze nur träumen; seine *Faktizität* ist so, daß die Welt ihm mit einem andern Gesicht erscheint und daß er andere Probleme zu stellen und zu lösen hat; vor allem muß er sich grundlegend auf dem Gebiet der *Sklaverei* wählen und gerade dadurch diesem dunklen Zwang einen Sinn geben. Wenn er zum Beispiel die Auflehnung wählt, so erhält die Sklaverei, die keineswegs *zunächst* ein Hindernis für diese Auflehnung ist, ihren Sinn und ihren Widrigkeitskoeffizienten nur durch sie. Gerade weil das Leben des Sklaven, der sich auflehnt und dabei stirbt, ein freies Leben ist, gerade weil die durch einen freien Entwurf beleuchtete Situation voll und konkret ist, gerade weil das drängende und hauptsächliche Problem dieses Lebens ist: «Werde ich mein Ziel erreichen?», gerade aus all diesen Gründen ist die Situation des Sklaven *unvergleichbar* mit der des Herrn. Beide Situationen erhalten ja ihren Sinn nur für das Für-sich in Situation und von der freien Wahl seiner Zwecke aus. Der Vergleich kann nur durch einen Dritten angestellt werden und folglich nur zwischen zwei objektiven Formen inmitten der Welt stattfinden; im übrigen wird er im Licht des durch diesen Dritten frei gewählten Entwurfs angestellt: es gibt keinen absoluten Gesichtspunkt, den man einnehmen könnte, um verschiedene Situationen vergleichen zu können; jede Person realisiert nur eine Situation: *die ihre.*

4. Da die Situation durch Zwecke beleuchtet wird, die selbst nur von dem *Da-sein* aus ent-worfen werden, das sie beleuchten, bietet sie sich als eminent *konkret* dar. Zwar enthält und trägt sie abstrakte universale Strukturen, aber sie muß als das *einzelne Gesicht* begriffen werden, das die Welt uns zukehrt, als unsere einmalige und persönliche Chance. Man erinnert sich an die Parabel Kafkas *Vor dem Gesetz*: Ein Mann vom Lande «bittet um Eintritt in das Gesetz»; ein mächtiger Türhüter versperrt ihm den Eintritt. Er wagt nicht, vorbeizugehen, wartet und stirbt beim Warten. In der Todesstunde fragt er den Türhüter: «Wieso kommt es, daß in den vielen Jahren niemand außer mir Einlaß verlangt hat?» Und der Türhüter antwortet ihm: «Dieser Eingang war nur für dich bestimmt.» Das ist genau der Fall des Für-sich, wenn man hinzufügt, daß zudem *jeder sich zu seinem eigenen Eingang macht.* Die Konkretisierung der Situation drückt sich vor allem durch die Tatsache aus, daß das Für-sich grundlegende abstrakte universale Zwecke *nie anzielt*. Freilich werden wir im nächsten Kapitel sehen, daß der tiefe Sinn der Wahl universal ist und das Für-sich dadurch macht, daß eine menschliche-Realität als Spezies existiert. Doch muß noch

der Sinn *aufgedeckt* werden, der *implizit* ist; und dazu soll uns die existentielle Psychoanalyse dienen. Und wenn er einmal aufgedeckt ist, wird der End- und Anfangssinn des Für-sich als ein «Unselbständiges»[336] erscheinen, das zu seiner Manifestation einer besonderen Konkretisierung bedarf.* Aber der Zweck des Für-sich, so wie er im Entwurf erlebt und verfolgt wird, durch den es das Reale überschreitet und begründet, enthüllt sich dem Für-sich in seiner Konkretisierung als eine einzelne Veränderung der Situation, die es erlebt (seine Ketten zerbrechen, König der Franken sein, Polen befreien, für das Proletariat kämpfen). Allerdings wird man keineswegs zunächst für das Proletariat im allgemeinen zu kämpfen vorhaben, sondern das Proletariat wird über eine konkrete Arbeitergruppierung angezielt, der die *Person* angehört. Der Zweck beleuchtet ja das Gegebene nur, weil er als Überschreitung *dieses* Gegebenen gewählt wird. Das Für-sich taucht nicht mit einem *ganz gegebenen* Zweck auf. Sondern indem es die Situation «macht», «macht es sich» und umgekehrt.

5. Sowenig wie die Situation objektiv oder subjektiv ist, kann sie als die freie Wirkung einer Freiheit oder als die Gesamtheit der Zwänge, die ich erdulde, betrachtet werden; sie kommt von der Beleuchtung des Zwangs durch die Freiheit, die ihm seinen Zwangscharakter verleiht. Zwischen den rohen Existierenden kann es keine Verbindung geben, erst die Freiheit begründet die Verbindungen, indem sie die Existierenden zu Utensilienkomplexen gruppiert, und sie ent-wirft die *Regel* der Verbindungen, das heißt ihren Zweck. Aber gerade weil ich mich dann über eine Welt von *Verbindungen* auf einen Zweck hin entwerfe, stoße ich jetzt auf Sequenzen, verbundene Reihen, Komplexe, und ich muß mich dazu bestimmen, Gesetzen gemäß zu handeln. Diese Gesetze und die Art, wie

---

* Siehe das nächste Kapitel.

ich sie anwende, entscheiden über Erfolg oder Mißerfolg meiner Versuche. Aber erst durch die Freiheit kommen die gesetzmäßigen Beziehungen zur Welt. So reiht sich die Freiheit in die Welt ein als freier Entwurf auf Zwecke hin.

6. Das Für-sich ist Verzeitlichung; das bedeutet, daß es nicht *ist*; es «macht sich». Die *Situation* muß Aufschluß geben über die *substantielle Permanenz*, die man so gern den Personen zuerkennt («er hat sich nicht verändert», «er ist immer noch derselbe») und die die Person in vielen Fällen empirisch als die ihre erfährt. Das freie Beharren auf ein und demselben Entwurf impliziert ja keinerlei Permanenz, es ist vielmehr, wie wir gesehen haben, ein fortwährendes Erneuern meines Engagements. Sondern die von einem sich entfaltenden und sich bestätigenden Entwurf einbezogenen und beleuchteten Realitäten bieten vielmehr die Permanenz des An-sich dar, und in dem Maß, wie sie uns unser Bild zurückgeben, stützen sie uns mit ihrem Weiterbestehen; oft sogar halten wir ihre Permanenz für die unsere. Vor allem die Permanenz des Platzes und der Umgebung, der Urteile des Nächsten über uns, die Permanenz unserer Vergangenheit *fungiert* als ein vermindertes Bild unseres *Beharrens*. Während ich mich verzeitliche, bin ich *für Andere* immer Franzose, Beamter oder Proletarier. Dieses Unrealisierbare hat den Charakter einer unveränderlichen Grenze meiner Situation. In ähnlicher Weise erscheint auch das, was man Temperament oder Charakter einer Person nennt und was nichts anderes ist als ihr freier Entwurf, insofern er *für-Andere-ist*, für das Für-sich als ein unveränderliches Unrealisierbares. Alain hat sehr richtig gesehen, daß der Charakter *Eid* ist. Wer sagt «Ich bin nicht umgänglich», geht ein freies Engagement zur Wut ein und bietet zugleich eine freie Interpretation gewisser zweideutiger Details seiner Vergangenheit. In diesem Sinn gibt es gar keinen Charakter – es gibt nur einen Selbstentwurf. Man darf aber die «*Gegebenheit*» des Charakters trotzdem nicht verkennen. Es ist

637

richtig, daß ich für den andern, der mich als Objekt-andern erfaßt, cholerisch, scheinheilig oder offenherzig, feige oder mutig *bin*. Dieser Aspekt wird mir durch den Blick des Andern zurückgegeben: durch das Erfahren dieses Blicks wird der Charakter, der erlebter und (von) sich bewußter freier Entwurf war, ein unrealisierbares «*ne varietur*», das übernommen werden muß. Er hängt dann nicht nur vom andern ab, sondern von der Position, die ich dem andern gegenüber eingenommen habe, und von meinem Beharren auf dieser Position: solange ich mich durch den Blick des Andern faszinieren lasse, wird mein Charakter als unrealisierbares «*ne varietur*» meinen eigenen Augen die substantielle Permanenz meines Seins darstellen – wie das banale und täglich benutzte Redewendungen zu verstehen geben, etwa: «Ich bin fünfundvierzig Jahre alt, ich ändere mich nicht mehr.» Der Charakter ist sogar häufig das, was das Für-sich zu vereinnahmen versucht, um das An-sich-für-sich zu werden, das zu sein es vorhat. Man muß jedoch beachten, daß diese Permanenz der Vergangenheit, der Umgebung und des Charakters nicht *gegebene* Qualitäten sind; sie enthüllen sich an den Dingen nur in Korrelation mit der Kontinuität meines Entwurfs. Zum Beispiel wäre es müßig, zu hoffen, nach einem Krieg, nach einem langen Exil eine bestimmte Gebirgslandschaft unverändert wieder vorzufinden und auf die Inertheit und die offensichtliche Permanenz dieser Felsen die Hoffnung auf eine Wiedergeburt der Vergangenheit gründen zu können. Diese Landschaft enthüllt ihre Permanenz nur über einen beharrlichen Entwurf: diese Berge haben einen *Sinn* innerhalb meiner Situation – sie stellen auf die eine oder andere Art meine Zugehörigkeit zu einer unabhängigen Nation im Frieden dar, die in der internationalen Hierarchie einen bestimmten Rang einnimmt. Daß sie mir keinesfalls dasselbe Gesicht bieten können, wenn ich sie nach einer Niederlage und während der teilweisen Besetzung des Territoriums wiedersehe, kommt daher, daß ich selbst andere Ent-würfe habe, mich anders in die Welt engagiert habe.

Schließlich haben wir gesehen, daß mit inneren Umwälzungen der Situation durch selbständige Veränderungen der Umgebung immer gerechnet werden muß. Diese Veränderungen können nie eine Veränderung meines Entwurfs *hervorrufen*, aber sie können auf der Grundlage meiner Freiheit eine Vereinfachung oder Komplizierung der Situation herbeiführen. Gerade dadurch enthüllt sich mir mein Initialentwurf mit mehr oder weniger Einfachheit. Denn eine Person ist nie einfach oder komplex: nur ihre Situation kann das eine oder das andere sein. Ich bin ja nichts als mein Selbstentwurf über eine bestimmte Situation hinaus, und dieser Entwurf zeichnet mich von der konkreten Situation aus vor, so wie er andererseits die Situation von meiner Wahl aus beleuchtet. Wenn sich also die Situation in ihrer Gesamtheit auch vereinfacht hat, wenn Geröllablagerungen, Grabenbrüche, Erosionen ihr ein zerklüftetes Aussehen, grobe Züge mit krassen Gegensätzen aufgeprägt haben, dann werde ich selbst einfach sein, denn meine Wahl – die Wahl, die ich bin – kann als Wahrnehmung *dieser* Situation nur einfach sein. Wiederkehrende neue Komplikationen werden zur Folge haben, mir eine komplizierte Situation zu bieten, jenseits deren ich mich kompliziert wiederfinden werde. Das hat jeder feststellen können, wenn er bemerkt hat, zu welcher fast animalischen Einfachheit die Kriegsgefangenen infolge der extremen Vereinfachung ihrer Situation zurückkehrten; diese Vereinfachung konnte ihren Entwurf selbst in seiner Bedeutung nicht modifizieren; aber eben auf der Grundlage meiner Freiheit brachte sie eine Verdichtung und Uniformierung der Umgebung mit sich, die sich in einem und durch ein Erfassen der grundlegenden Zwecke der gefangenen Person konstituierte, das klarer, brutaler und verdichteter war. Im ganzen handelt es sich um einen inneren Metabolismus, nicht um eine umfassende Metamorphose, die auch die *Form* der Situation beträfe. Doch sind das Veränderungen, die ich als Veränderungen «in meinem Leben» entdecke, das heißt in den einheitlichen Rahmen ein und desselben Entwurfs.

III
Freiheit und Verantwortlichkeit

639 Obwohl die folgenden Überlegungen mehr den Moralisten angehen, schien es doch nicht nutzlos, daß wir nach diesen Beschreibungen und Argumentationen auf die Freiheit des Für-sich zurückkommen und zu verstehen versuchen, was das Faktum dieser Freiheit für das menschliche Schicksal darstellt.

Die wesentliche Konsequenz unserer vorangehenden Ausführungen ist, daß der Mensch, dazu verurteilt, frei zu sein, das Gewicht der gesamten Welt auf seinen Schultern trägt: er ist für die Welt und für sich selbst als Seinsweise verantwortlich. Wir nehmen das Wort «Verantwortlichkeit» in seinem banalen Sinn von «Bewußtsein (davon), der unbestreitbare Urheber eines Ereignisses oder eines Gegenstands zu sein». In diesem Sinn ist die Verantwortlichkeit des Für-sich drückend, weil es das ist, wodurch geschieht, daß es eine Welt *gibt*; und weil das Für-sich auch das ist, das *sich sein macht*, muß es, was immer die Situation ist, in der es sich befindet, diese Situation gänzlich annehmen mit ihrem eigenen Widrigkeitskoeffizienten, und sei sie auch unerträglich; es muß sie annehmen mit dem stolzen Bewußtsein, ihr Urheber zu sein, denn die schlimmsten Übel oder die schlimmsten Gefahren, die meine Person zu treffen drohen, haben nur durch meinen Entwurf einen Sinn; und sie erscheinen auf dem Hintergrund des Engagements, das ich bin. Es ist also unsinnig, sich beklagen zu wollen, weil ja nichts Fremdes darüber entschieden hat, was wir fühlen, was wir leben oder was wir sind. Diese absolute Verantwortlichkeit ist übrigens kein Akzeptieren: sie ist das bloße logische Übernehmen der Konsequenzen unserer Freiheit. Was mir zustößt, stößt mir durch mich zu, und ich kann weder darüber bekümmert sein noch mich dagegen auflehnen, noch mich damit abfinden. Übrigens, alles, was mir zustößt, ist *meins*; darunter ist zuallererst zu verstehen, daß ich als Mensch immer auf der Höhe dessen bin, was mir zustößt, denn was einem Menschen durch andere Menschen und durch ihn selbst zustößt, kann nur menschlich sein. Die grauenhaftesten Situationen des Krieges, die schlimmsten Foltern schaffen keinen unmenschlichen Sachverhalt: es gibt keine unmenschliche Situation; allein durch Furcht, Flucht und Rückgriff auf magische Verhaltensweisen kann ich mich für das Unmenschliche *entscheiden*; aber eine solche Entscheidung ist menschlich, und ich werde die gesamte Verantwortung dafür tragen. Aber die Situation ist außerdem *meine*, weil sie das Bild meiner freien Selbstwahl ist, und alles, was sie mir bietet, ist *meins*, insofern es mich darstellt und symbolisiert. Bin ich es nicht, der ich, indem ich über mich entscheide, über den Widrigkeitskoeffizienten der Dinge entscheide bis hin zu ihrer Unvorhersehbarkeit? So gibt es keine *Zwischenfälle* in einem Leben; ein gesellschaftliches Ereignis, das plötzlich ausbricht und mich mitreißt, kommt nicht von außen; wenn ich in einem Krieg eingezogen werde, ist dieser Krieg *mein* Krieg, er ist nach meinem Bild, und ich verdiene ihn. Ich verdiene ihn zunächst, weil ich mich ihm immer durch Selbstmord oder Fahnenflucht entziehen konnte: diese letzten Möglichkeiten müssen uns immer gegenwärtig sein, wenn es darum geht, eine Situation zu beurteilen. Da ich mich ihm nicht entzogen habe, habe ich ihn *gewählt*; das kann aus Schlaffheit, aus Feigheit gegenüber der öffentlichen Meinung sein, weil ich bestimmte Werte sogar der Kriegsdienstverweigerung vorziehe (die Achtung meiner Nächsten, die Ehre meiner Familie usw.). Jedenfalls handelt es sich um eine Wahl. Diese Wahl wird in der Folge bis zum Ende des Krieges fortgesetzt wiederholt werden; man muß also den Ausspruch von Jules Romains* unterschreiben: «Im Krieg gibt es keine unschuldigen Opfer.» Wenn ich also dem Tod oder der Entehrung den Krieg vorgezogen habe, dann geschieht alles so, als trüge ich die gesamte Verantwortung für diesen Krieg. Gewiß, andere haben ihn erklärt, und man wäre vielleicht versucht, mich als bloßen Komplizen zu betrachten. Aber dieser Begriff der Komplizenschaft hat nur einen juristischen Sinn; hier hält er nicht stand; denn es hat *von mir* abgehangen, daß für mich und durch mich dieser Krieg nicht existiert, und ich habe entschieden, daß er existiert. Es hat keinerlei Zwang gegeben, denn Zwang vermag nichts über eine Freiheit; ich habe keinerlei Entschuldigung gehabt, denn wie wir in diesem Buch gesagt und wiederholt haben, ist es die Eigenart der menschlichen-Realität, daß sie ohne Entschuldigung ist. Es bleibt mir also nur, diesen Krieg anzunehmen. Aber außerdem ist es *meiner*, denn allein dadurch, daß er in einer Situation auftaucht, die ich sein mache, und daß ich ihn in ihr nur entdecken kann, indem ich mich für oder gegen ihn engagiere, kann ich jetzt meine Selbstwahl nicht mehr von der Wahl dieses Krieges unterscheiden: diesen Krieg leben heißt durch ihn mich wählen und durch meine Selbstwahl ihn wählen. Es kann gar nicht in Frage kommen, ihn als «vier Jahre Ferien» oder als «Aufschub» oder als eine «Sitzungspause» zu betrachten, weil das Wesentliche meiner Verantwortlichkeit woanders läge, in meinem Ehe-, Familien- und Berufsleben. Sondern in diesem Krieg, den ich gewählt habe, wähle ich mich Tag für Tag, und ich mache ihn zu meinem, indem ich mich mache. Wenn er vier leere Jahre sein soll, trage ich

* Jules Romains, *Prélude à Verdun*, Flammarion, Paris 1938.

dafür die Verantwortung. Kurz, wie wir im vorangehenden Abschnitt ausgeführt haben, ist jede Person eine absolute Selbstwahl, ausgehend von einer Welt von Kenntnissen und Techniken, die von dieser Wahl zugleich angenommen und beleuchtet wird; jede Person ist etwas Absolutes, das sich eines absoluten Datums erfreut und das zu einem andern Datum völlig undenkbar wäre. Es ist also müßig, sich zu fragen, was ich gewesen wäre, wenn dieser Krieg nicht ausgebrochen wäre, denn ich habe mich gewählt als ein möglicher Sinn der Epoche, die unmerklich zum Krieg führte; ich unterscheide mich nicht von eben dieser Epoche, ich könnte nicht ohne Widerspruch in eine andere Epoche versetzt werden. Also *bin ich* dieser Krieg, der die Periode, die ihm vorangegangen ist, abschließt und verstehen läßt. In diesem Sinn muß man der eben zitierten Formulierung «Im Krieg gibt es keine unschuldigen Opfer» zur genaueren Definition der Verantwortlichkeit des Für-sich hinzufügen: «Man hat den Krieg, den man verdient.» Total frei also, ununterscheidbar von der Periode, deren Sinn zu sein ich gewählt habe, ebenso tief für den Krieg verantwortlich, als wenn ich ihn selbst erklärt hätte, unfähig, etwas zu leben, ohne es in *meine* Situation zu integrieren, mich ganz darin zu engagieren und sie mit meinem Siegel zu prägen, muß ich ohne Gewissensbisse und ohne Bedauern sein, so wie ich ohne Entschuldigung bin, denn vom Augenblick meines Auftauchens zum Sein an trage ich das Gewicht der Welt für mich ganz allein, ohne daß irgend etwas oder irgend jemand es erleichtern könnte.

Doch diese Verantwortlichkeit ist von ganz besonderer Art. Man wird mir ja entgegenhalten: «Ich habe nicht verlangt, geboren zu werden», was eine naive Art ist, unsere Faktizität zu betonen. Ich bin ja für alles verantwortlich, außer für meine Verantwortlichkeit selbst, denn ich bin nicht der Grund meines Seins. Alles geschieht so, als wenn ich gezwungen wäre, verantwortlich zu sein. Ich bin in die

Welt *geworfen*, nicht in dem Sinn, daß ich preisgegeben und passiv bliebe in einem feindlichen Universum, wie die Planke, die auf dem Wasser treibt, sondern im Gegenteil in dem Sinn, daß ich mich plötzlich allein und ohne Hilfe finde, engagiert in eine Welt, für die ich die gesamte Verantwortung trage, ohne mich, was ich auch tue, dieser Verantwortung entziehen zu können, und sei es für einen Augenblick, denn selbst für mein Verlangen, die Verantwortlichkeiten zu fliehen, bin ich verantwortlich; mich in der Welt passiv machen, mich weigern, auf die Dinge und auf die anderen einzuwirken heißt immer noch mich wählen, und der Selbstmord ist ein Modus des In-der-Weltseins unter anderen. Indessen finde ich eine absolute Verantwortlichkeit wieder, weil meine Faktizität, das heißt hier das Faktum meiner Geburt, direkt unerfaßbar und sogar undenkbar ist, denn dieses Faktum meiner Geburt erscheint mir niemals roh, sondern immer über eine entwerfende Rekonstruktion meines Für-sich; ich schäme mich, geboren zu sein, oder ich wundere mich darüber, oder ich freue mich darüber, oder ich behaupte, indem ich versuche, mir das Leben zu nehmen, daß ich dieses Leben als schlecht erlebe und annehme. Also *wähle* ich in gewissem Sinn, geboren zu sein. Diese Wahl selbst ist vollständig mit Faktizität affiziert, weil ich ja nicht umhinkann zu wählen; aber diese Faktizität wird ihrerseits nur erscheinen, insofern ich sie auf meine Zwecke hin überschreite. So ist die Faktizität überall, aber nicht erfaßbar; ich stoße immer nur auf meine Verantwortlichkeit, deshalb kann ich nicht fragen «*Warum* bin ich geboren?», den Tag meiner Geburt verfluchen oder erklären, daß ich nicht verlangt habe, geboren zu werden, denn diese verschiedenen Haltungen gegenüber meiner Geburt, das heißt gegenüber dem *Faktum*, daß ich eine Anwesenheit in der Welt realisiere, sind eben nichts anderes als verschiedene Arten, diese Geburt in voller Verantwortlichkeit zu übernehmen und sie zur *meinen* zu machen; auch hier stoße ich nur auf mich und meine Entwürfe, so daß letztlich meine Geworfenheit, das heißt meine Faktizität, lediglich darin besteht, daß ich dazu verurteilt bin, vollständig für mich selbst verantwortlich zu sein. Ich bin das Sein, das *ist* als ein Sein, dem es in seinem Sein um das Sein geht. Und dieses «ist» meines Seins ist wie gegenwärtig und nicht erfaßbar.

Unter diesen Bedingungen, da sich mir jedes Ereignis der Welt nur als *Gelegenheit* (*genutzte, verpaßte, vernachlässigte* Gelegenheit usw.) entdecken kann oder, besser noch, da alles, was uns zustößt, als eine *Chance* angesehen werden kann, das heißt uns nur als Mittel zur Realisierung dieses Seins, um das es in unserm Sein geht, erscheinen kann und da die anderen als transzendierte-Transzendenzen ebenfalls nur *Gelegenheiten* und *Chancen* sind, erstreckt sich die Verantwortlichkeit des Für-sich auf die gesamte Welt als bevölkerte-Welt. So erfaßt sich eben das Für-sich in der Angst, das heißt als ein Sein, das weder Grund seines Seins noch des Seins des andern ist, noch der An-sich, die die Welt bilden, das aber gezwungen ist, in sich und überall außerhalb seiner über den Sinn des Seins zu entscheiden. Wer in der Angst seine Lage realisiert, in eine Verantwortlichkeit geworfen zu *sein*, die sich bis zu seiner Geworfenheit zurückwendet, kennt weder Gewissensbisse noch Bedauern, noch Entschuldigungen mehr; er ist nur noch eine Freiheit, die sich als völlig sie selbst entdeckt und deren Sein auf eben dieser Entdeckung beruht. Aber, wir haben zu Beginn dieses Buchs darauf hingewiesen, die meiste Zeit fliehen wir vor der Angst in die Unaufrichtigkeit.

Zweites Kapitel

Handeln und Haben

I
Die existentielle Psychoanalyse

Wenn es zutrifft, daß die menschliche-Realität, wie wir nachzuweisen versuchten, sich durch die von ihr verfolgten Zwecke anzeigt und definiert, wird eine Untersuchung und Klassifizierung dieser Zwecke unerläßlich. Wir haben ja im vorigen Kapitel das Für-sich nur unter dem Gesichtspunkt seines freien Entwurfs betrachtet, das heißt des Elans, mit dem es sich auf seinen Zweck wirft. Jetzt muß dieser Zweck selbst befragt werden, denn er *ist Teil* der absoluten Subjektivität als ihre transzendente und objektive Grenze. Das hat die empirische Psychologie gespürt, die davon ausgeht, daß ein einzelner Mensch sich durch seine Begierden definiert. Aber wir müssen uns hier vor zwei Irrtümern hüten: Zunächst bleibt der empirische Psychologe, wenn er den Menschen durch seine Begierden definiert, Opfer der substantialistischen Täuschung. Er sieht die Begierde *im* Menschen als «Inhalt» seines Bewußtseins, und er glaubt, der Sinn der Begierde sei der Begierde selbst inhärent. Auf diese Weise umgeht er alles, was die Idee einer Transzendenz evozieren könnte. Aber wenn ich ein Haus, ein Glas Wasser, einen Frauenkörper begehre, wie könnten dann dieser Körper, dieses Glas, dieses Gebäude in meiner Begierde liegen, und wie kann meine Begierde etwas anderes sein als das Bewußtsein von diesen Objekten als begehrenswerten. Hüten wir uns also, diese Begierden als kleine psychische Entitäten anzusehen, die das Bewußtsein bewohnen: sie sind das Bewußtsein selbst in seiner ursprünglichen pro-jektiven und transzendenten Struktur, insofern es grundsätzlich Bewußtsein *von* etwas ist.

Der zweite Irrtum, der in enger Verbindung zum ersten steht, liegt darin, daß man die psychologische Untersuchung für beendet hält, sobald man die konkrete Gesamtheit der empirischen Begierden erreicht hat. Auf diese Weise würde sich ein Mensch durch das Bündel von Trieben [*tendances*] definieren, die die empirische Beobachtung feststellen konnte. Natürlich wird der Psychologe sich nicht immer darauf beschränken, die *Summe* dieser Triebe festzustellen: er wird ihre Verwandtschaften, ihre Übereinstimmungen und Harmonien aufdecken wollen, er wird versuchen, die Gesamtheit der Begierden als eine synthetische Organisation darzubieten, in der jede Begierde auf die anderen einwirkt und sie beeinflußt. Ein Kritiker zum Beispiel, der die «Psychologie» Flauberts versuchen wollte, wird schreiben, daß «dieser in seiner frühen Jugend als Normalzustand eine beständige Exaltiertheit gekannt zu haben scheint, die aus dem zweifachen Gefühl seiner grandiosen Ambition und seiner unbesiegbaren Kraft bestand... Die Wallung seines jungen Bluts verwandelte sich *also* in literarische Leidenschaft, so wie es frühreifen Gemütern um das achtzehnte Lebensjahr gehen kann, die in der Energie des Stils oder den Intensitäten einer Fiktion etwas finden, das sie quälende Bedürfnis, viel zu agieren oder zu stark zu empfinden, zu betäuben.»*

In diesem Abschnitt zeigt sich ein Bemühen, die komplexe Persönlichkeit eines Adoleszenten auf einige primäre Begierden zu reduzieren, so wie der Chemiker die

---

* Paul Bourget, *Essais de psychologie contemporaine*, Plon, Paris 1899.

zusammengesetzten Körper auf eine Kombination von Elementen reduziert. Diese primären Gegebenheiten sind die «grandiose Ambition» und «das Bedürfnis, viel zu agieren und zu stark zu empfinden»; wenn diese Elemente kombiniert sind, bringen sie eine permanente Exaltiertheit hervor. Diese versucht – worauf Bourget mit einigen Worten, die wir nicht zitiert haben, hinweist – sich mit Hilfe vielfacher und gut gewählter Lektüre zu betäuben, indem sie sich in Fiktionen äußert, die die Exaltiertheit symbolisch befriedigen und kanalisieren. Damit ist die Entstehung eines literarischen «Temperaments» skizziert.

Aber zunächst geht eine derartige psychologische *Analyse* von dem Postulat aus, daß ein individuelles Faktum durch die Überschneidung abstrakter und allgemeiner Gesetze hervorgebracht werde. Das zu erklärende Faktum – hier die literarischen Neigungen des jungen Flaubert – löst sich in einer Kombination *typischer* abstrakter Begierden auf, wie man sie «beim Adoleszenten überhaupt» findet. Konkret ist hier lediglich ihre Kombination; in sich selbst sind sie nur Schemata. Das Abstrakte geht also nach dieser Hypothese dem Konkreten voraus, und das Konkrete ist nur eine Organisation abstrakter Qualitäten; das Individuelle ist nur die Überschneidung allgemeiner Schemata. Aber wir sehen an dem gewählten Beispiel deutlich – außer der logischen Absurdität eines solchen Postulats –, daß es nicht erklären kann, was gerade die Individualität des betreffenden Entwurfs ausmacht. Daß «das Bedürfnis, zu stark zu empfinden» – ein allgemeines Schema –, sich betäubt und sich kanalisiert, indem es Schreibbedürfnis wird, ist keine *Erklärung* der «Berufung» Flauberts: es ist im Gegenteil das, was erklärt werden müßte. Zwar kann man tausend winzige und uns unbekannte Umstände anführen, die dieses Bedürfnis, zu empfinden, in ein Bedürfnis, zu agieren, verwandelt haben. Aber das hieße erstens auf eine Erklärung verzichten und sich gerade mit dem

Unentdeckbaren abfinden.* Zweitens hieße es, das rein Individuelle, das man aus der Subjektivität Flauberts verbannt hat, in die äußeren Lebensumstände verlegen. Und außerdem beweisen die Briefe Flauberts, daß er, lange vor der «Adoleszenzkrise», seit seiner frühesten Kindheit vom Schreibbedürfnis geplagt wurde.

Auf jeder Stufe der oben zitierten Beschreibung treffen wir auf einen Hiatus. Warum bringen bei Flaubert der Ehrgeiz und das Gefühl seiner Kraft *Exaltiertheit* hervor und nicht vielmehr ein ruhiges Abwarten oder eine dunkle Ungeduld? Warum spezifiziert sich diese Exaltiertheit in dem Bedürfnis, zu viel zu agieren und zu stark zu empfinden? Oder vielmehr, was tut dieses Bedürfnis, das plötzlich durch eine Urzeugung am Schluß des Abschnitts erscheint? Und warum wählt es gerade, sich symbolisch zu befriedigen, statt sich in Gewaltakten, Fluchten, Liebesabenteuern oder Ausschweifungen zu stillen? Und warum wird diese symbolische Befriedigung, die übrigens gar nicht im künstlerischen Bereich zu liegen brauchte (es gibt zum Beispiel auch den Mystizismus), im *Schreiben* gefunden statt in der Malerei oder der Musik? «Ich hätte», schreibt Flaubert irgendwo, «ein ausgezeichneter Schauspieler sein können.»[337] Warum hat er nicht versucht, es zu werden? Kurz, wir haben nichts verstanden, wir haben eine Folge von Zufällen gesehen, Begierden, die schon voll ausgeprägt auseinander hervorgehen, ohne daß es möglich wäre, ihre Entstehung zu erfassen. Die *Übergänge*, das Werden, die Umformungen sind uns sorgsam verhüllt worden, und man hat sich darauf beschränkt, Ordnung in diese Aufeinanderfolge zu bringen, indem man sich auf empirisch festgestellte, aber buchstäblich nicht intelligible

---

* Da ja Flauberts Adoleszenz, soweit wir sie kennen, in dieser Hinsicht nichts Besonderes aufweist, muß man die Wirkung von Imponderabilien annehmen, die dem Kritiker prinzipiell entgehen.

Sequenzen bezog (das Bedürfnis, zu agieren, geht beim Adoleszenten dem Bedürfnis, zu schreiben, voraus). Und doch nennt man das Psychologie. In jeder Biographie wird man eine solche Beschreibung finden, mehr oder weniger unterbrochen von Berichten über äußere Ereignisse und von Anspielungen auf die großen Erklärungsidole unserer Epoche, Vererbung, Erziehung, Milieu, physiologische Konstitution. Allerdings kommt es in den besten Werken vor, daß die Verbindung zwischen Vorhergehendem und Nachfolgendem oder zwischen zwei gleichzeitigen und wechselseitig aufeinander einwirkenden Begierden nicht nur nach Art der regelmäßigen Sequenzen begriffen wird; manchmal ist die Verbindung «verstehbar» in dem Sinn, in dem Jaspers es in seiner *Allgemeinen Psychopathologie*[338] begreift. Aber dieses Verstehen bleibt ein Erfassen *allgemeiner* Zusammenhänge. Man erfaßt zum Beispiel die Verbindung zwischen Keuschheit und Mystizismus, Schwäche und Heuchelei. Aber wir kennen nie die konkrete Beziehung zwischen *dieser* Keuschheit (*dieser* Enthaltsamkeit gegenüber dieser oder jener Frau, *diesem* Kampf gegen eine bestimmte Versuchung) und dem individuellen Inhalt des Mystizismus; genauso gibt sich übrigens die Psychiatrie damit zufrieden, die allgemeinen Strukturen des Wahnsinns aufgedeckt zu haben, und sucht nicht den individuellen und konkreten Inhalt der Psychosen zu verstehen (warum glaubt dieser Mann, jene historische Persönlichkeit zu sein und nicht irgendeine andre; warum befriedigt sich sein Kompensationswahn mit diesen Vorstellungen von Größe statt mit bestimmten anderen usw.).

Aber gerade diese «psychologischen» Erklärungen verweisen uns schließlich auf primäre unerklärbare Gegebenheiten. Das sind die einfachen Körper der Psychologie. Man sagt uns zum Beispiel, daß Flaubert eine «grandiose Ambition» hatte, und die ganze oben zitierte Beschreibung stützt sich auf diese ursprüngliche Ambition. Aber diese Ambition ist ein unreduzierbares Faktum, das den Geist keineswegs zufriedenstellt. Denn die Unreduzierbarkeit hat hier keinen andern Grund als die Weigerung, die Analyse weiterzutreiben. Da, wo der Psychologe stehenbleibt, bietet sich das betreffende Faktum als primär dar. Das erklärt den unklaren Zustand aus Resignation und Unbefriedigtsein, den die Lektüre solcher psychologischen Versuche hinterläßt: «Aha», sagt man sich, «Flaubert war ambitiös.» Er «war so». Es wäre ebenso müßig, sich zu fragen, warum er so war, wie wissen zu wollen, warum er groß und blond war: irgendwo muß man stehenbleiben, das ist eben die Kontingenz jeder realen Existenz. Dieser Fels ist mit Moos bewachsen, der Fels daneben ist es nicht. Gustave Flaubert hatte literarische Ambitionen, sein Bruder Achille nicht. Das ist so. So wünschen wir auch die Eigenschaften des Phosphors kennenzulernen und versuchen, sie auf die Struktur der chemischen Moleküle zurückzuführen, aus denen er zusammengesetzt ist. Aber warum gibt es Moleküle dieses Typus? Es ist so, weiter nichts. Die Psychologie Flauberts besteht darin, die Komplexität seiner Verhaltensweisen, seiner Empfindungen und Neigungen wenn möglich auf einige *Eigenschaften* zurückzuführen, die denen der chemischen Elemente ähneln, und es wäre albern, noch weiter zurückgehen zu wollen. Und trotzdem haben wir das dunkle Gefühl, daß Flaubert seine Ambition nicht «bekommen» hat. Sie ist bedeutend, also frei. Weder die Vererbung noch die bürgerlichen Lebensbedingungen, noch die Erziehung können darüber Aufschluß geben; noch viel weniger die physiologischen Betrachtungen über das «nervöse Temperament», die eine Zeitlang Mode waren: der Nerv ist nicht *bedeutend*, er ist eine kolloidale Substanz, die an sich selbst beschrieben werden muß und sich nicht transzendiert, um sich durch andere Realitäten anzeigen zu lassen, was sie ist. Er kann also in keiner Weise eine Bedeutung begründen. In einer Hinsicht ist Flauberts Ambition ein

Faktum mit seiner ganzen Kontingenz – es ist richtig, daß es unmöglich ist, über das Faktum hinauszugehen –, in anderer Hinsicht aber *macht sie sich*, und unser Unbefriedigtsein verbürgt uns, daß wir jenseits dieser Ambition noch etwas anderes erfassen könnten, etwas wie eine radikale Entscheidung, die zwar kontingent bliebe, aber das wirklich unreduzierbare Psychische wäre. Was wir verlangen – und man versucht nie, es uns zu geben –, ist also ein *wirklich* Unreduzierbares, das heißt ein Unreduzierbares, dessen Unreduzierbarkeit für uns *evident* wäre und nicht als das Postulat des Psychologen und das Ergebnis seiner Weigerung oder seiner Unfähigkeit, weiterzugehen, dargeboten würde, sondern dessen Feststellung von einem Gefühl der Befriedigung begleitet wäre. Und dieses Verlangen entsteht bei uns nicht aus der unaufhörlichen Jagd nach der Ursache, aus diesem infiniten Regreß, den man so oft als konstitutiv für die rationale Untersuchung beschrieben hat und der folglich keineswegs für die psychologische Forschung spezifisch wäre, sondern sich in allen Disziplinen und bei allen Problemen wiederfände. Es ist nicht das kindliche Suchen nach einem «Deshalb», das keinem «Weshalb?» mehr Anlaß böte – sondern es ist im Gegenteil ein Verlangen, das auf einem vorontologischen Verständnis der menschlichen-Realität fußt und auf der damit zusammenhängenden Weigerung, den Menschen als analysierbar und auf primäre Gegebenheiten reduzierbar zu betrachten, auf bestimmte Begierden (oder «Triebe»), die vom Subjekt getragen werden wie Eigenschaften von einem Objekt. Wenn wir Flaubert nämlich so betrachten müßten, müßte man wählen: *Flaubert* der Mensch, den wir lieben oder hassen, tadeln oder loben können, der für uns der *andere* ist, der unser eigenes Sein direkt angreift, allein weil er existiert hat, wäre ursprünglich ein nicht qualifiziertes Substrat dieser Begierden, das heißt eine Art unbestimmter Töpfererde, die die Begierden passiv zu empfangen hätte – oder aber er würde sich auf ein bloßes

Bündel dieser unreduzierbaren Triebe reduzieren. In beiden Fällen verschwände der *Mensch*; wir finden «*den*» nicht mehr, *dem* dieses oder jenes Abenteuer *zugestoßen* ist: entweder wir begegnen, wenn wir die *Person* suchen, einer nutzlosen und kontradiktorischen metaphysischen Substanz – oder das Sein, das wir suchen, verflüchtigt sich in einen Staub von Phänomenen, die durch äußere Bezüge untereinander verbunden sind. Jeder von uns verlangt also eben in seinem Bemühen, Andere zu verstehen, zunächst, daß man nie auf diese Substanzidee zurückzugreifen hat, die unmenschlich ist, weil sie diesseits des Menschlichen liegt. Ferner, daß das betrachtete Wesen [*être*] sich nicht in Staub auflöst, sondern daß man in ihm die Einheit entdecken kann – von der die Substanz nur eine Karikatur war –, die eine Verantwortungseinheit sein muß, eine Einheit, die man lieben oder hassen, tadeln oder loben kann, kurz, eine *personale* Einheit. Diese Einheit, die das Sein des betreffenden Menschen ist, ist *freie Vereinigung*. Und diese Vereinigung kann nicht *nach* einer Vielfalt kommen, die durch sie vereinigt wird. Sondern *Sein* heißt, für Flaubert wie für jedes andere Sujet einer «Biographie», sich in der Welt vereinigen. Die unreduzierbare Vereinigung, der wir begegnen müssen, die Flaubert *ist* und die uns zu enthüllen wir von den Biographen verlangen, ist also die Vereinigung eines *ursprünglichen Entwurfs*, eine Vereinigung, die sich als ein *nichtsubstantielles Absolutes* enthüllen muß. Deshalb müssen wir auf Unreduzierbares im Detail verzichten und dürfen, indem wir die Evidenz selbst zum Kriterium nehmen, in unserer Untersuchung nicht stehenbleiben, bevor es evident ist, daß wir weder weitergehen können noch müssen. Insbesondere dürfen wir nicht versuchen, eine Person aus ihren Neigungen zu rekonstituieren, so wie man nach Spinoza nicht versuchen darf, die Substanz oder ihre Attribute durch die Summierung der Modi zu rekonstituieren. Jede als unreduzierbar dargebotene Begierde ist von einer absurden Kontingenz und zieht die in ihrer Gesamtheit genommene menschliche-Realität mit in die Absurdität. Wenn ich zum Beispiel von einem meiner Freunde erkläre, daß er «gern rudert», so schlage ich absichtlich vor, mit der Untersuchung dort stehenzubleiben. Andererseits aber konstituiere ich auf diese Weise ein kontingentes *Faktum*, das durch nichts erklärt werden kann und das zwar die Grundlosigkeit der freien Entscheidung, doch keineswegs deren Autonomie besitzt. Ich kann ja diese Neigung zum Rudern nicht als den grundlegenden Entwurf Pierres ansehen, sie hat an sich etwas Sekundäres und Abgeleitetes. Wer in dieser Weise einen Charakter mit sukzessiven Pinselstrichen darstellte, gäbe fast zu verstehen, daß jeder dieser Pinselstriche – jede der betreffenden Begierden – mit den anderen durch Beziehungen reiner Kontingenz und bloßer Exteriorität verbunden ist. Wer aber versucht, diese Affektion zu erklären, begibt sich auf den Weg dessen, was Comte *Materialismus* nannte, das heißt auf den Weg zur Erklärung des Höheren durch das Niedere. Man wird zum Beispiel sagen, das betreffende Subjekt sei ein Sportler, der große Anstrengungen liebt, und außerdem ein Landliebhaber, der besonders den Freiluftsport schätzt. So unterlegt man der zu erklärenden Begierde allgemeinere und weniger differenzierte Triebe, die für die Begierde ganz einfach etwas sind wie die zoologischen Gattungen für die Spezies. Die psychologische Erklärung ist also, wenn sie nicht plötzlich stehenzubleiben beschließt, bald ein Herausstellen bloßer Beziehungen von Gleichzeitigkeit oder konstanter Sukzession und bald eine bloße Klassifizierung. Pierres Neigung für das Rudern erklären heißt aus ihr ein Glied der Familie der Neigungen für Freiluftsport machen und diese Familie mit der der Neigungen zum Sport überhaupt verbinden. Wir können übrigens noch allgemeinere und ärmere Rubriken finden, wenn wir die Neigung zum Sport als einen der Aspekte der Liebe zum Wagnis einordnen, die ihrerseits als eine Spezifizierung des grundlegenden Spieltriebs dargeboten wird. Es ist evident, daß diese angeblich explikative Klassifizierung keinen größeren Wert und kein größeres Interesse hat als die der alten Botanik: wie diese läuft sie auf die Annahme hinaus, daß das Abstrakte dem Konkreten vorausgeht – als ob der Spieltrieb zunächst allgemein existierte und sich dann unter der Wirkung der Umstände als Liebe zum Sport spezifizierte, diese als Neigung zum Rudern und diese schließlich als Wunsch, auf einem bestimmten Fluß, unter bestimmten Bedingungen und in einer bestimmten Jahreszeit zu rudern –, und wie diesen Klassifikationen gelingt es ihr nicht, die konkrete Bereicherung zu erklären, die der von ihr betrachtete abstrakte Trieb auf jeder Stufe erfährt. Und wie könnte man überhaupt an eine Begierde zu rudern glauben, die *nur* Begierde zu rudern wäre? Kann man wirklich annehmen, daß sie sich so einfach auf das reduziert, was sie ist? Die scharfsichtigsten unter den Moralisten haben so etwas wie ein Überschreiten der Begierde durch sich selbst gezeigt. Pascal glaubte zum Beispiel, in der Jagd, im Jeu de paume, in hundert anderen Beschäftigungen das Bedürfnis nach Zerstreuung zu entdecken – das heißt, er deckte in einer Tätigkeit, die absurd wäre, wenn man sie auf sie selbst reduzierte, eine sie transzendierende Bedeutung auf – das heißt etwas, was auf die Realität des Menschen überhaupt und auf seine Lage verweist. Haben nicht Stendhal, trotz seinen engen Beziehungen zu den *Ideologues*[339], und Proust, trotz seinen intellektualistischen und analytischen Neigungen, ebenfalls gezeigt, daß sich Liebe und Eifersucht nicht auf die bloße Begierde, *eine* Frau zu besitzen, reduzieren lassen, sondern daß sie darauf abzielen, sich *über* die Frau der ganzen Welt zu bemächtigen: das ist der Sinn der Stendhalschen Kristallisation[340], und eben deshalb erscheint die Liebe, wie Stendhal sie beschreibt, als ein Modus des In-der-Welt-seins, das heißt als ein grundlegender Bezug des Für-sich zur Welt und zu sich selbst (Selbstheit) über eine bestimmte einzelne Frau: die Frau stellt nur einen Leitkörper dar, der in den Zirkel eingeführt ist. Diese Analysen mögen ungenau oder nicht ganz zutreffend sein: sie lassen uns nichtsdestoweniger vermuten, daß es noch eine andere Methode als die bloße analytische Beschreibung gibt. Ähnliches gilt für die Erklärungen der katholischen Romanciers, die in der fleischlichen Liebe sofort deren Überschreitung auf Gott hin sehen, in Don Juan «den ewig Unbefriedigten», in der Sünde «die Leerstelle Gottes». Es geht hier nicht darum, etwas Abstraktes hinter dem Konkreten zu finden: die Hinwendung zu Gott ist nicht *weniger konkret* als die zu einer bestimmten einzelnen Frau. Es handelt sich vielmehr darum, unter partiellen und unvollständigen Aspekten des Subjekts die wirkliche Konkretisierung wiederzufinden, die nur die Totalität seiner Hinwendung zum Sein sein kann, sein ursprünglicher Bezug zu sich, zur Welt und zum andern in der Einheit *innerer* Beziehungen und eines grundlegenden Entwurfs. Diese Hinwendung kann nur rein individuell und einmalig sein; damit entfernen wir uns keineswegs von der *Person*, wie es zum Beispiel die Analyse Bourgets tut, der das Individuelle durch Summierung allgemeiner Maximen konstituiert, vielmehr läßt uns diese Hinwendung nicht unter dem Bedürfnis, zu schreiben – und *solche* Bücher zu schreiben –, das Bedürfnis nach Tätigkeit überhaupt finden: sondern wir weisen im Gegenteil die Theorie der nachgiebigen Tonerde ebenso zurück wie die des Triebbündels und entdecken die Person in dem Initialentwurf, der sie konstituiert. Aus diesem Grund wird sich die Unreduzierbarkeit des erreichten Resultats mit Evidenz enthüllen: nicht weil es das ärmere und abstraktere, sondern weil es das reichere ist: die Intuition wird hier Erfassen einer individuellen Fülle sein.

Die Frage heißt also etwa so: Wenn wir annehmen, daß die Person eine Totalität ist, können wir nicht hoffen, sie durch eine Addition oder eine Organisation der verschiedenen, empirisch in ihr entdeckten Triebe zusammensetzen zu können. Sondern in jeder Neigung, in jedem Trieb drückt sie sich vielmehr ganz und gar aus, wenn auch unter verschiedenem Gesichtswinkel, so etwa wie die spinozistische Substanz sich in jedem ihrer Attribute ganz und gar ausdrückt. Wenn dem so ist, müssen wir in jedem Trieb, in jedem Verhalten des Subjekts eine diese transzendierende Bedeutung entdecken. Diese *datierte* und einzelne Eifersucht, in der sich das Subjekt gegenüber einer bestimmten Frau vergeschichtlicht, *bedeutet* für den, der sie lesen kann, den globalen Bezug zur Welt, durch den sich das Subjekt als ein Selbst konstituiert. Anders gesagt, diese *empirische* Haltung ist durch sich selbst der Ausdruck der «Wahl eines intelligiblen Charakters». Und es ist nicht mysteriös, wenn dem so ist – und es gibt auch keine intelligible Ebene, die wir nur denken könnten, während wir lediglich die empirische Existenzebene des Subjekts erfaßten und konzeptualisierten: wenn die empirische Haltung die Wahl des intelligiblen Charakters *bedeutet*, so weil *sie selbst* diese Wahl *ist*. Das besondere Merkmal der intelligiblen Wahl, wir kommen darauf zurück, ist, daß sie nur als die transzendente Bedeutung jeder konkreten empirischen Wahl existieren kann: sie wird keineswegs zunächst in irgendeinem Unbewußten oder auf der noumenalen Ebene vollzogen, um sich *dann* in einer beobachtbaren Haltung auszudrücken, sie hat nicht einmal *ontologischen* Vorrang vor der empirischen Wahl, sondern sie ist grundsätzlich das, was sich immer aus der empirischen Wahl als ihr *Jenseits* und die Unendlichkeit ihrer Transzendenz ablesen lassen muß. Wenn ich also auf dem Fluß rudere, bin ich nichts anderes – weder hier noch in einer anderen Welt – als dieser konkrete Ent-wurf des Ruderns. Aber als Totalität meines Seins drückt dieser Entwurf selbst meine ursprüngliche Wahl unter besonderen Umständen aus, er ist nichts anderes als meine Selbstwahl als Totalität unter diesen Umständen. Deshalb muß eine spezielle Methode sich bemühen, diese grundlegende Bedeutung herauszufinden, die er enthält und die nichts anderes sein kann als das individuelle Gehcimnis seines In-der-Welt-seins. Wir werden also eher durch einen *Vergleich* der verschiedenen empirischen Triebe eines Subjekts den grundlegenden Entwurf zu endecken versuchen, der ihnen allen gemeinsam ist – und nicht durch eine bloße Summierung oder Zusammensetzung dieser Triebe: in jedem ist die Person ganz und gar.

Es gibt natürlich eine Unendlichkeit möglicher Entwürfe, so wie es eine Unendlichkeit möglicher Menschen gibt. Wenn wir trotzdem bestimmte gemeinsame Merkmale zwischen ihnen erkennen und versuchen sollen, sie in größeren Kategorien zu klassifizieren, müssen wir zunächst individuelle Untersuchungen über die Fälle vornehmen, die wir leichter studieren können. Bei diesen Untersuchungen wird uns folgendes Prinzip leiten: erst bei der evidenten Unreduzierbarkeit haltmachen, das heißt nie glauben, daß man den Initialentwurf erreicht hat, solange der entworfene Zweck nicht als das *Sein selbst* des betrachteten Subjekts erscheint. Deshalb können wir nicht bei Klassifizierungen in einen «eigentlichen» und einen «uneigentlichen» Selbstentwurf stehenbleiben, wie Heidegger sie feststellen will.[341] Außer daß eine solche Klassifizierung gegen die Absicht ihres Urhebers und schon durch ihre Terminologie mit einem ethischen Anliegen gefärbt ist, basiert sie im Grunde auf der Haltung des Subjekts gegenüber seinem eigenen Tod. Aber wenn der Tod beängstigend ist und wenn wir folglich vor der Angst fliehen oder uns entschlossen in sie werfen können, ist es eine Binsenwahrheit, zu behaupten, das sei so, weil wir am Leben hängen. Folglich können die Angst vor dem Tod, die Entschlossenheit oder die Flucht in die Uneigentlichkeit nicht als grundlegende Entwürfe unseres Seins betrachtet werden. Sie können im Gegenteil nur auf der Grundlage eines ersten Entwurfs zu *leben* verstanden werden, das heißt auf der Grundlage einer ursprünglichen Wahl unseres Seins. Man muß also in jedem Fall die Ergebnisse der Heideggerschen Hermeneutik auf einen noch grundlegenderen Entwurf hin überschreiten. Dieser grundlegende Entwurf darf nicht auf irgendeinen andern verweisen und muß durch sich selbst begriffen werden. Er kann also weder den Tod noch das Leben, noch irgendein anderes einzelnes Merkmal der menschlichen Lage betreffen: der ursprüngliche Entwurf eines Für-sich *kann nur auf sein Sein zielen*; der Seinsentwurf oder die Seinsbegierde oder der Trieb, zu sein, kommt ja nicht von einer physiologischen Differenzierung oder einer empirischen Kontingenz; er unterscheidet sich tatsächlich nicht vom Sein des Für-sich. Denn das Für-sich ist ein Sein, dem es in seinem Sein um das Sein in Form eines Seinsentwurfs geht. Für-sich *sein* heißt sich das, das man ist, durch ein Mögliches unter dem Zeichen eines Werts anzeigen lassen. Mögliches und Wert gehören zum Sein des Für-sich. Denn das Für-sich beschreibt sich ontologisch als *Seinsmangel*, und das Mögliche gehört zum Für-sich als das, *was ihm mangelt*, ebenso wie der Wert das Für-sich heimsucht als die *ermangelte* Seinstotalität. Was wir im Zweiten Teil in Mangelbegriffen ausgedrückt haben, läßt sich ebensogut in Freiheitsbegriffen ausdrücken. Das Für-sich wählt, weil es Mangel ist, die Freiheit ist eins mit dem Mangel, sie ist der konkrete Seinsmodus des Seinsmangels. Ontologisch kommt es also auf dasselbe hinaus, ob man sagt, daß der Wert und das Mögliche als interne Grenzen eines Seinsmangels existieren, der nur als Seinsmangel existieren kann – oder daß die Freiheit bei ihrem Auftauchen ihr Mögliches bestimmt und dadurch *ihren* Wert umschreibt. Daher kann man nicht noch weiter zurückgehen, und man stößt auf das evident Unreduzierbare, wenn man den *Seinsentwurf* erreicht, denn man kann evidentermaßen nicht weiter zurückgehen als bis zum *Sein*, und zwischen Seinsentwurf, Möglichem und Wert und, andererseits, dem *Sein* gibt es keinerlei Unterschied. Der Mensch ist grundlegend *Seinsbegierde*, und die Existenz dieser Begierde muß nicht durch eine empirische Induktion festgestellt werden; sie ergibt sich aus einer apriorischen Beschreibung des Seins des Für-sich, denn die Begierde ist Mangel, und das Für-sich ist das Sein, das sich selbst sein eigener Seinsmangel ist. Der ursprüngliche Entwurf, der sich in jedem unserer empirisch beobachtbaren Triebe ausdrückt, ist also der *Seinsentwurf*; oder, wenn man lieber will, jeder empirische Trieb steht mit dem ursprünglichen Seinsentwurf in einem symbolischen Ausdrucks- und Befriedigungsbezug wie bei Freud die bewußten Triebe in bezug auf die Komplexe und die ursprüngliche Libido. Übrigens ist es nicht so, daß die Seinsbegierde *zunächst* wäre und sich *dann* durch die Begierden *a posteriori* ausdrücken ließe; sondern es gibt nichts außerhalb des symbolischen Ausdrucks, den sie in den konkreten Begierden findet. Es gibt nicht zunächst *eine* Seinsbegierde, dann tausend einzelne Gefühle, sondern die Seinsbegierde existiert und manifestiert sich nur in der Eifersucht, im Geiz, in der Liebe zur Kunst, in der Feigheit, im Mut, in den tausend kontingenten empirischen Ausdrucksweisen, die machen, daß die menschliche-Realität uns immer nur als durch *einen bestimmten Menschen*, durch eine einzelne Person *manifestiert* erscheint.

Was nun das Sein betrifft, das der Gegenstand dieser Begierde ist, so wissen wir *a priori*, was es ist. Das Für-sich ist das Sein, das sich selbst sein eigener Seinsmangel ist. Und das Sein, dessen das Für-sich ermangelt, ist das An-sich. Das Für-sich taucht als Nichtung des An-sich auf, und diese Nichtung definiert sich als Ent-wurf auf das An-sich hin: zwischen dem genichteten An-sich und dem entworfenen An-sich ist das Für-sich Nichts. Ziel und Zweck der Nichtung, die ich bin, ist also das *An-sich*. So ist die menschliche-Realität Begierde nach An-sich-sein. Aber das An-sich, das von ihr begehrt wird, kann nicht bloßes kontingentes und absurdes An-sich sein, in jedem Punkt dem vergleichbar, auf das sie stößt und das von ihr genichtet wird. Die Nichtung ist ja, wie wir gesehen haben, einer Revolte des An-sich gleichzusetzen, das sich gegen seine Kontingenz nichtet. Daß das Für-sich seine Faktizität existiert, wie wir im Kapitel über den Körper gesehen haben, heißt, daß die Nichtung vergebliches Bemühen eines Seins ist, sein eigenes Sein zu begründen, und daß das begründende Abstandnehmen das winzige Auseinanderklaffen hervorruft, durch das das Nichts in das Sein eindringt. Das Sein, das den Gegenstand der Begierde des Für-sich bildet, ist also ein An-sich, das sich selbst sein eigener Grund wäre, das heißt, das sich zu seiner Faktizität verhielte wie das Für-sich zu seinen Motivationen. Im übrigen kann das Für-sich als Negation des An-sich nicht die bloße Rückkehr zum An-sich wünschen. Hier wie bei Hegel kann uns die Negation der Negation nicht zu unserm Ausgangspunkt zurückführen. Sondern ganz im Gegenteil, das, weswegen das Für-sich nach dem An-sich verlangt, ist gerade die detotalisierte Totalität «Zu Für-sich genichtetes An-sich»; anders gesagt, das Für-sich entwirft, *als Für-sich zu sein*, ein Sein, das das sei, was es ist. Als Sein, das das ist, was es nicht ist, und nicht das ist, was es ist, entwirft das Für-sich, das zu sein, was es ist; als Bewußtsein will es die Undurchdringlichkeit und die unendliche Dichte des An-sich haben; als Nichtung des An-sich und fortwährender Ausbruch aus der Kontingenz und der Faktizität will es sein eigener Grund sein. Deshalb wird das Mögliche überhaupt als das ent-worfen, was dem Für-sich mangelt, um An-sich-für-sich zu werden; und der grundlegende Wert, der diesen Entwurf leitet, ist eben gerade das An-sich-für-sich, das heißt das Ideal eines Bewußtseins, das Grund seines eigenen An-sich-seins wäre durch das bloße Bewußtsein, das es von sich selbst gewönne. Das ist das Ideal, das man Gott nennen kann. So kann man sagen, was den grundlegenden Entwurf der menschlichen-Realität am begreiflichsten macht, ist, daß der Mensch das Sein ist, das entwirft, Gott zu sein. Was auch immer dann die Mythen und Riten der betreffenden Religion sein mögen, zunächst ist Gott «dem Herzen spürbar» als das, was den Menschen anzeigt und in seinem äußersten grundlegenden Entwurf definiert. Und wenn der Mensch ein vorontologisches Verständnis vom Sein Gottes besitzt, so sind es weder die großen Schauspiele der Natur noch die Macht der Gesellschaft, die es ihm verliehen haben: sondern Gott als Wert und oberstes Ziel der Trenszendenz stellt die permanente Grenze dar, von der her der Mensch sich das anzeigen läßt, was er ist. Mensch sein heißt danach streben, Gott zu sein, oder, wenn man lieber will, der Mensch ist grundlegend Begierde, Gott zu sein.

Aber, wird man sagen, wenn dem so ist, wenn der Mensch schon in seinem Auftauchen auf Gott hin ausgerichtet ist als auf seine Grenze, wenn er nur wählen kann, Gott zu sein, was wird dann aus der Freiheit? Denn die Freiheit ist nichts anderes als eine Wahl, die sich ihre eigenen Möglichkeiten schafft, während es hier so aussieht, als ob der Initialentwurf, Gott zu sein, der den Menschen «definiert», sehr stark mit einer menschlichen «Natur» oder einem «Wesen» verwandt ist. Dem entgegnen wir, daß, wenn der *Sinn* der Begierde letzten Endes der Entwurf ist, Gott zu sein, die Begierde nie durch diesen Sinn *konstituiert* wird, sondern daß sie vielmehr immer eine *besondere Erfindung* ihrer Zwecke ist. Diese Zwecke werden nämlich von einer besonderen empirischen Situation aus verfolgt; und durch eben dieses Verfolgen wird die Umgebung zu *Situation* konstituiert. Die Seinsbegierde realisiert sich immer als Begierde nach einer Seinsweise. Und diese Begierde nach einer Seinsweise drückt sich ihrerseits als der Sinn der Myriaden von konkreten Begierden aus, die das Gewebe unseres bewußten Lebens bilden. So finden wir sehr komplexe symbolische Bauformen vor mit *wenigstens* drei Stufen. In der empirischen Begierde kann ich eine Symbolisierung einer grundlegenden konkreten Begierde erkennen, die *die Person* ist und die die Art darstellt, in der sie entschieden hat, daß es in ihrem Sein um das Sein geht; und diese grundlegende Begierde drückt wiederum konkret und in der Welt, in der die Person umschließenden besonderen Situation, eine abstrakte bedeutende Struktur aus, die die Seinsbegierde im allgemeinen ist und als die *menschliche-Realität in der Person* betrachtet werden muß, was ihre Gemeinsamkeit mit Anderen ausmacht und die Behauptung ermöglicht, daß es eine Wahrheit des Menschen gibt und nicht bloß unvergleichbare Individualitäten. Die absolute Konkretisierung und die Vollständigkeit, die Existenz als Totalität gehören also der freien grundlegenden Begierde oder *Person* an. Die empirische Begierde ist nur eine Symbolisierung davon. Sie verweist darauf und leitet ihren Sinn davon ab, bleibt aber zugleich partiell und reduzierbar, denn sie ist die Begierde, die nicht durch sich erfaßt werden kann. Andererseits ist die Seinsbegierde in ihrer abstrakten Reinheit die *Wahrheit* der konkreten grundlegenden Begierde, existiert aber nicht als Realität. So ist der grundlegende Entwurf oder die Person oder freie Realisierung der menschlichen Wahrheit überall, in allen Begierden (mit den im vorigen Kapitel gemachten Einschränkungen, die zum Beispiel die «indifferentia» betrafen); der grundlegende Entwurf erfaßt sich immer nur über die Begierden – so wie wir den Raum nur über die Körper, die ihn formen, erfassen können, obwohl der Raum eine besondere Realität und kein Begriff ist –, oder, wenn man so will, er ist so etwas wie das *Objekt* Husserls, das sich nur durch «*Abschattungen*»[342] darbietet, sich aber von keiner *Abschattung* absorbieren läßt. Nach diesen Ausführungen können wir verstehen, daß die abstrakte ontologische Struktur «Seinsbegierde», mag sie noch so sehr die grundlegende *menschliche* Struktur der Person darstellen, doch für deren Freiheit kein Hindernis sein kann. Denn die Freiheit ist, wie wir im vorigen Kapitel gezeigt haben, völlig mit der Nichtung gleichsetzbar: das einzige Sein, das frei genannt werden kann, ist das Sein, das sein Sein nichtet. Außerdem wissen wir, daß die Nichtung *Seinsmangel* ist und nicht anders sein kann. Die Freiheit ist genau das Sein, das sich zu Seinsmangel macht. Aber da die Begierde, wie wir festgestellt haben, mit dem Seinsmangel identisch ist, kann die Freiheit nur als Sein auftauchen, das sich zu Seinsbegierde macht, das heißt als Für-sich-Entwurf, *An-sich-für-sich* zu sein. Wir sind hier bei einer abstrakten Struktur angelangt, die in keiner Weise als die Natur oder das Wesen der Freiheit angesehen werden kann, denn die Freiheit ist Existenz, und die Existenz als solche geht dem Wesen voraus; die Freiheit ist unmittelbar konkretes Auftauchen und unterscheidet sich nicht von ihrer Wahl, das heißt von der *Person*. Aber die betreffende Struktur kann die *Wahrheit* der Freiheit genannt werden, das heißt, sie ist die menschliche Bedeutung der Freiheit.

Die menschliche Wahrheit der Person muß, wie wir es versucht haben, durch eine ontologische Phänomenologie ausgemacht werden – die Nomenklatur der empirischen Begierden muß den Gegenstand wirklich psychologischer Untersuchungen bilden; die Beobachtung und die Induktion, notfalls die Erfahrung, können dazu dienen, diese Liste aufzustellen und dem Philosophen die verstehbaren Beziehungen zu zeigen, die unterschiedliche Begierden, unterschiedliche Verhaltensweisen miteinander vereinigen können, und sowohl bestimmte konkrete Verbindungen zwischen experimentell definierten «Situationen» aufzudecken (die im Grunde nur aus den Einschränkungen entstehen, die, im Namen der Positivität, der grundlegenden Situation des Subjekts in der Welt auferlegt werden) sowie den Gegenstand der Erfahrung. Aber für die Feststellung und Klassifikation der grundlegenden Begierden oder *Personen* eignet sich keine der beiden Methoden. Es kann ja nicht darum gehen, *a priori* ontologisch zu bestimmen, was in der ganzen Unvorhersehbarkeit einer freien Handlung erscheint. Und deshalb beschränken wir uns hier darauf, ganz summarisch die Möglichkeiten einer solchen Untersuchung und ihre Perspektiven aufzuzeigen: daß man irgendeinen Menschen einer derartigen Untersuchung unterziehen kann, gehört zur menschlichen-Realität überhaupt oder, wenn man lieber will, kann durch eine Ontologie festgestellt werden. Aber die Untersuchung selbst und ihre Ergebnisse liegen grundsätzlich vollständig außerhalb der Möglichkeiten einer Ontologie.

Andererseits kann uns die bloße empirische Beschreibung nur Nomenklaturen liefern und uns mit Pseudo-Unreduzierbarem (Wunsch, zu schreiben oder zu schwimmen, Freude am Wagnis, Eifersucht usw.) konfrontieren. Und man muß ja die Verhaltensweisen, Triebe und Neigungen nicht nur auflisten, man muß sie auch *entziffern*, das heißt, man muß sie *zu befragen* verstehen. Diese Untersuchung kann nur nach den Regeln einer besonderen Methode geführt werden. Diese Methode nennen wir existentielle Psychoanalyse.

Der *Grundsatz* dieser Psychoanalyse ist, daß der Mensch eine Totalität und keine Kollektion ist; daß er sich folglich in der unbedeutendsten und in der oberflächlichsten seiner Verhaltensweisen ganz und gar ausdrückt – anders gesagt, daß es keine Vorliebe, keinen Tick, keine menschliche Tätigkeit gibt, die nicht aufschlußreich wäre.

Das *Ziel* der Psychoanalyse ist, die empirischen Verhaltensweisen des Menschen zu *entziffern*, das heißt, die Aufschlüsse, die jede von ihnen enthält, aufzudecken und begrifflich zu fixieren.

Ihr *Ausgangspunkt* ist die *Erfahrung*; ihr *Stützpunkt* das vorontologische grundlegende Verständnis, das der Mensch von der menschlichen Person hat. Denn obwohl die meisten Menschen die in einer Gebärde, einem Wort, einer Mimik enthaltenen Hinweise übersehen und den Aufschluß, den sie vermitteln, mißverstehen können, besitzt gleichwohl jede menschliche Person *a priori* einen *Sinn* für den erschließenden Wert dieser Manifestationen und ist gleichwohl fähig, sie zu entziffern, wenn sie nur unterstützt und an der Hand geführt wird. Hier wie woanders begegnet man der Wahrheit nicht zufällig, sie gehört nicht in einen Bereich, in dem man sie suchen müßte, ohne jemals ein Vorwissen von ihr gehabt zu haben, so wie man die Quellen des Nil oder des Niger suchen kann. Sie gehört *a priori* zum menschlichen Verstehen, und die wesentliche Arbeit ist eine Hermeneutik, das heißt eine Entzifferung, Fixierung und Konzeptualisierung.

Ihre *Methode* ist eine vergleichende: da nämlich jedes menschliche Verhalten auf seine Weise die aufzudeckende grundlegende Wahl symbolisiert und da gleichzeitig jedes Verhalten diese Wahl hinter ihren umstandsbedingten Merkmalen und ihrer historischen Opportunität verbirgt, lassen wir durch den Vergleich dieser Verhaltensweisen die einzigartige Enthüllung hervorbrechen, die sie alle auf verschiedene Art ausdrücken. Die erste Skizze dieser Methode wird uns von der Psychoanalyse Freuds und seiner Schüler geliefert. Deshalb muß hier genauer angegeben werden, worin die existentielle Psychoanalyse von der eigentlichen Psychoanalyse angeregt ist und worin sie sich von ihr radikal unterscheidet.

657 Beide sind der Ansicht, daß alle objektiv erkennbaren Manifestationen des «psychischen Lebens» Beziehungen zwischen Symbolisierung und Symbol mit grundlegenden globalen Strukturen unterhalten, die die *Person* tatsächlich konstituieren. Beide sind der Ansicht, daß es keine primären Gegebenheiten gibt – ererbte Neigungen, Charakter usw. Die existentielle Psychoanalyse kennt nichts *vor* dem ursprünglichen Auftauchen der menschlichen Freiheit; die empirische Psychoanalyse behauptet, daß die primäre Affektivität des Individuums ein jungfräuliches Wachs *vor* dessen Geschichte ist. Die Libido ist außerhalb ihrer konkreten Fixierungen nichts außer einer

permanenten Möglichkeit, sich irgendwie auf irgend etwas zu fixieren. Beide betrachten das menschliche Sein als eine fortwährende Vergeschichtlichung und versuchen nicht so sehr, statische und konstante Gegebenheiten zu entdecken, als den Sinn, die Orientierung und die Metamorphosen dieser Geschichte aufzudecken. Daher betrachten beide den Menschen in der Welt und nehmen nicht an, daß man einen Menschen über das, was er ist, befragen kann, ohne vor allem seine *Situation* zu berücksichtigen. Die psychoanalytischen Untersuchungen wollen das Leben des Subjekts von der Geburt bis zum Beginn der Analyse rekonstruieren; sie benutzen alle objektiven Dokumente, die sie finden können: Briefe, Zeugnisse, Tagebücher, «soziale» Informationen aller Art. Und was sie rekonstruieren wollen, ist weniger ein bloßes psychisches Ereignis als ein Paar: das entscheidende Ereignis der Kindheit und die psychische Kristallisation um dieses Ereignis. Auch hier handelt es sich um eine *Situation*. Jedes «geschichtliche» Faktum wird von diesem Gesichtspunkt aus als *Faktor* der psychischen Entwicklung und gleichzeitig als *Symbol* dieser Entwicklung betrachtet. Denn es ist nichts an ihm selbst, es wirkt nur nach der Art, wie es aufgenommen wird, und eben diese Art, es aufzunehmen, drückt die innere Disposition des Individuums symbolisch aus.

Empirische und existentielle Psychoanalyse suchen beide nach einer grundlegenden Haltung in Situation, die sich durch einfache und logische Definitionen nicht ausdrücken läßt, weil sie jeder Logik vorausgeht, und die nach Gesetzen spezifischer Synthesen rekonstruiert zu werden verlangt. Die empirische Psychoanalyse sucht den *Komplex* zu bestimmen, dessen Name schon die Polyvalenz aller sich darauf beziehenden Bedeutungen anzeigt. Die existentielle Psychoanalyse sucht die *ursprüngliche Wahl* zu bestimmen. Diese ursprüngliche Wahl, die der Welt gegenüber vollzogen wird und Wahl der Position in der Welt ist, ist totalitär wie der Komplex; sie geht wie der Komplex der Logik voraus; sie *wählt* die Haltung der Person gegenüber der Logik und den Prinzipien; es geht also nicht darum, sie nach der Logik zu befragen. Sie faßt die Totalität des Existierenden in einer prälogischen Synthese zusammen und ist als solche das Bezugszentrum einer Unendlichkeit polyvalenter Bedeutungen.

Beide Psychoanalysen nehmen nicht an, daß das Subjekt für solche Selbstuntersuchungen in einer begünstigten Position ist. Beide wollen eine streng objektive Methode sein und arbeiten mit den Gegebenheiten der Reflexion ebenso wie mit den Zeugnissen Anderer. Zwar *kann* das Subjekt eine psychoanalytische Selbstuntersuchung anstellen. Aber es muß sofort auf den ganzen Vorteil seiner besonderen Position verzichten und sich genauso befragen, als wäre es ein Anderer. Die empirische Psychoanalyse geht ja von dem Postulat der Existenz eines unbewußten Psychismus aus, der sich der Intuition des Subjekts prinzipiell entzieht. Die existentielle Psychoanalyse verwirft das Postulat des Unbewußten: das psychische Faktum erstreckt sich für sie auch auf das Bewußtsein. Aber wenn der grundlegende Entwurf vom Subjekt vollständig *gelebt* wird und als solcher total bewußt ist, bedeutet das keineswegs, daß er von ihm zugleich *erkannt* werden muß, ganz im Gegenteil; unsere Leser erinnern sich vielleicht an die Sorgfalt, mit der wir in der Einleitung Bewußtsein und Erkenntnis unterschieden haben. Die Reflexion kann zwar, wie wir gesehen haben, als eine Quasi-Erkenntnis aufgefaßt werden. Aber was sie in jedem Augenblick erfaßt, ist nicht der reine Entwurf des Für-sich, wie er sich symbolisch – und oft in verschiedenen Weisen gleichzeitig – durch das von ihr wahrgenommene konkrete Verhalten ausdrückt: es ist das konkrete Verhalten selbst, das heißt die einzelne datierte Begierde in der dichten Verflechtung ihrer Charakteristik. Sie erfaßt Symbol und Symbolisierung zugleich; zwar besteht sie ganz und gar aus einem vorontologischen Verständnis des grundlegenden Entwurfs, mehr noch, insofern die Reflexion *auch* nicht-thetisches Bewußtsein von sich als Reflexion ist, *ist* sie dieser gleiche Entwurf ebenso wie das nicht-reflexive Bewußtsein. Aber daraus folgt nicht, daß sie über die notwendigen Instrumente und Techniken verfügt, um die symbolisierte Wahl zu isolieren, sie in Begriffe zu fassen und sie ganz allein ins volle Licht zu setzen. Sie ist von einem großen Licht durchdrungen und kann doch nicht ausdrücken, was dieses Licht beleuchtet. Es handelt sich also nicht, wie die Freudianer glauben, um ein ungelöstes Rätsel: alles ist da, leuchtend klar, die Reflexion genießt alles, erfaßt alles. Sondern dieses «Mysterium in vollem Licht»[343] kommt vielmehr daher, daß dieses Verfügen nicht die üblichen Mittel zur *Analyse* und *Konzeptualisierung* hat. Die Reflexion erfaßt alles, alles auf einmal, ohne Schatten, ohne Relief, ohne Größenverhältnis, nicht weil diese Schatten, Werte, Reliefe irgendwo existieren, ihr aber verborgen wären, sondern weil es zu einer anderen menschlichen Haltung gehört, sie festzustellen, und weil sie nur *durch und für* die Erkenntnis existieren können. Da die Reflexion der existentiellen Psychoanalyse nicht als Grundlage dienen kann, liefert sie ihr also lediglich Rohmaterial, dem gegenüber der Psychoanalytiker die objektive Haltung einnehmen muß. Nur so kann er *erkennen*, was er *bereits versteht*. Daraus ergibt sich, daß die aus den unbewußten Tiefen ausgegrabenen Komplexe ebenso wie die von der existentiellen Psychoanalyse enthüllten Entwürfe *vom Gesichtspunkt Anderer aus* wahrgenommen werden. Folglich ist das so zutage geförderte *Objekt* nach den Strukturen der transzendierten-Transzendenz aufgebaut, das heißt, sein Sein ist das Für-Andere-sein; sogar dann übrigens, wenn der Psychoanalytiker und der Gegenstand der Psychoanalyse eins sind. So kann der von beiden Psychoanalysen zutage geförderte Entwurf nur die Totalität der Person, das Unreduzierbare der Transzendenz sein, so wie sie *in ihrem Für-den-andern-sein* sind. Was diesen Untersuchungsmethoden für immer entgeht, ist der Entwurf, so wie er für sich ist, der Komplex in seinem eigenen Sein. Dieser Für-sich-Entwurf kann nur *genossen werden*: die Existenz für sich und die objektive Existenz sind unvereinbar. Aber der Gegenstand der Psychoanalysen hat gleichwohl die *Realität eines Seins*; seine Erkenntnis durch das Subjekt kann außerdem dazu beitragen, die Reflexion zu *beleuchten*, und diese kann dann ein Genießen werden, das Quasi-Wissen ist.

Hier enden die Ähnlichkeiten der beiden Psychoanalysen. Sie unterscheiden sich nämlich in dem Maß, in dem die empirische Psychoanalyse über ihr Unreduzierbares entschieden hat, statt es sich selbst in einer evidenten Intuition anzeigen zu lassen. Die Libido oder der Wille zur Macht bilden ja ein psychobiologisches Residuum, das nicht durch es selbst klar ist und das uns nicht als der unreduzierbare Endpunkt der Untersuchung *sein zu müssen* erscheint. Es ist schließlich die Erfahrung, die feststellt, daß die Grundlage der Komplexe diese Libido oder dieser Wille zur Macht ist, und diese Ergebnisse der empirischen Untersuchung sind völlig kontingent, sie überzeugen nicht: nichts hindert einen daran, sich *a priori* eine «menschliche-Realität» zu denken, die sich nicht durch den Willen zur Macht ausdrückt, deren Libido nicht den ursprünglichen undifferenzierten Entwurf konstituiert. Die Wahl dagegen, bis zu der die existentielle Psychoanalyse zurückgeht, gibt, eben weil sie Wahl ist, über ihre ursprüngliche Kontingenz Aufschluß, denn die Kontingenz der Wahl ist die Kehrseite ihrer Freiheit. Insofern sie auf dem *Seinsmangel* als grundlegendem Merkmal des Seins gründet, empfängt sie außerdem *als Wahl* die Legitimation, und wir wissen, daß wir nicht weiter vorzustoßen haben. Jedes Ergebnis wird also völlig kontingent und zugleich legitim unreduzierbar sein. Es wird übrigens immer *singulär* bleiben, das heißt, wir werden als letztes Ziel der

Untersuchung und als Grundlage aller Verhaltensweisen keinen abstrakten, allgemeinen Endpunkt erreichen, die Libido zum Beispiel, der sich unter der Einwirkung äußerer Fakten und der Geschichte des Subjekts in Komplexen und außerdem in einzelnen Verhaltensweisen differenziert und konkretisiert, sondern wir werden im Gegenteil bis zu einer Wahl gelangen, die einmalig bleibt und die vom Ursprung an die absolute Konkretisierung ist; die einzelnen Verhaltensweisen können diese Wahl ausdrücken oder *spezifizieren*, aber sie können sie nicht stärker konkretisieren, als sie schon ist. Diese Wahl ist ja nichts anderes als das *Sein* jeder menschlichen-Realität, und es kommt auf dasselbe hinaus, ob ich sage, daß ein bestimmtes partielles Verhalten die ursprüngliche Wahl dieser menschlichen-Realität *ist* oder daß sie sie ausdrückt, denn für die menschliche-Realität gibt es keinen Unterschied zwischen existieren und sich wählen. Deshalb verstehen wir, daß die existentielle Psychoanalyse nicht von dem grundlegenden «Komplex», der eben die Seinswahl ist, bis zu einer Abstraktion wie der Libido, die ihn erklärte, zurückzugehen hat. Der Komplex ist äußerste Wahl, er ist Seinswahl und *macht sich dazu*. Seine Aufdeckung erweist sich jedesmal als evident unreduzierbar. Daraus folgt notwendig, daß die Libido und der Wille zur Macht für die existentielle Psychoanalyse weder als allen Menschen gemeinsame allgemeine Merkmale noch als unreduzierbar erscheinen. Allenfalls kann es vorkommen, daß man nach einer Untersuchung feststellt, daß sie als besondere Gesamtheiten bei bestimmten Subjekten eine grundlegende Wahl ausdrükken, die sich weder auf das eine noch auf das andere reduzieren läßt. Wir haben ja gesehen, daß Begierde und Sexualität überhaupt eine ursprüngliche Bemühung des Für-sich ausdrücken, sein durch Andere entfremdetes Sein wiederzugewinnen. Der Wille zur Macht setzt auch ursprünglich das Sein für Andere, das Verstehen des andern und die Wahl, sein Heil durch den andern zu machen, voraus. Die Grundlage dieser Haltung muß in einer primären Wahl liegen, die die radikale Gleichsetzung des An-sich-für-sich-seins mit dem Für-den-andern-sein verstehen ließe.

Die Tatsache, daß der Endpunkt dieser existentiellen Untersuchung eine *Wahl* sein muß, differenziert die Psychoanalyse, deren Methode und Haupteigenschaften wir skizzieren, noch mehr: gerade dadurch verzichtet sie darauf, eine mechanische Einwirkung der Umwelt auf das untersuchte Subjekt anzunehmen. Die Umwelt kann nur in genau dem Maß auf das Subjekt einwirken, wie diese sie versteht, das heißt sie in Situation verwandelt. Keine objektive Beschreibung dieser Umwelt kann uns also nutzen. Von Anfang an verweist die als Situation verstandene Umwelt auf das wählende Für-sich, geradeso wie das Für-sich über sein In-der-Welt-sein auf die Umwelt verweist. Indem wir auf alle mechanischen Verursachungen verzichten, verzichten wir zugleich auf *allgemeine* Interpretationen des betrachteten Symbolismus. Da es nicht unser Ziel sein kann, empirische Sukzessionsgesetze aufzustellen, können wir keine universale Symbolik konstituieren. Der Psychoanalytiker muß vielmehr jedesmal eine Symbolik für den besonderen Fall erfinden, den er untersucht. Wenn das Sein eine Totalität ist, so ist ja nicht denkbar, daß elementare Symbolisierungsbeziehungen existieren können (Kot = Gold, Nadelkissen = Brust usw.), die in jedem Fall eine konstante Bedeutung behalten, das heißt unverändert bleiben, wenn man von einer bedeutenden Gesamtheit zu einer andern Gesamtheit übergeht. Außerdem wird der Psychoanalytiker nie außer acht lassen, daß die Wahl lebendig ist und folglich vom untersuchten Subjekt jederzeit *widerrufen* werden kann. Im vorigen Kapitel haben wir die Wichtigkeit des *Augenblicks* gezeigt, der die plötzlichen Orientierungs- und Positionsänderungen gegenüber einer unveränderlichen Vergangenheit darstellt. Von diesem Moment an muß man immer bereit sein zu berücksichtigen, daß die Symbole die Bedeutung ändern, und die bisher benutzte Symbolik aufzugeben. Die existentielle Psychoanalyse wird also ganz und gar geschmeidig sein und sich den geringsten am Subjekt beobachtbaren Änderungen anpassen müssen: es handelt sich hier darum, das *Individuelle* zu verstehen und oft sogar das Instantane. Die Methode, die bei einem Subjekt geholfen hat, kann eben deshalb bei einem andern Subjekt oder beim selben Subjekt zu einer späteren Zeit nicht angewendet werden.

Und eben weil es das Ziel der Untersuchung sein muß, eine *Wahl* und nicht einen *Zustand* zu entdecken, muß diese Untersuchung bei jeder Gelegenheit daran denken, daß ihr Gegenstand nicht eine in der Dunkelheit des Unbewußten verborgene Gegebenheit ist, sondern eine freie und bewußte Bestimmung – die nicht einmal im Bewußtsein wohnt, sondern mit diesem Bewußtsein selbst eins ist. Soweit die empirische Psychoanalyse mehr taugt als ihre Prinzipien, ist sie oft auf dem Weg zu einer existentiellen Entdeckung, obwohl sie immer unterwegs stehenbleibt. Wenn sie sich so der grundlegenden Wahl nähert, brechen die Widerstände des Subjekts schlagartig zusammen, und es *erkennt* plötzlich sein Bild, das man ihm zeigt, als ob es sich in einem Spiegel sähe. Dieses unwillentliche Zeugnis des Subjekts ist für den Psychoanalytiker wertvoll: er sieht darin das Zeichen dafür, daß er das Ziel erreicht hat; er kann von den eigentlichen Untersuchungen zur Behandlung übergehen. Aber nichts in seinen Prinzipien oder in seinen Ausgangspostulaten ermöglicht ihm, dieses Zeugnis zu verstehen oder zu benutzen. Woher nähme er das Recht dazu? Wenn der Komplex wirklich unbewußt ist, das heißt, wenn das Zeichen durch eine Schranke vom Bezeichneten getrennt ist, wie könnte das Subjekt ihn *erkennen*? Ist es der unbewußte Komplex, der sich erkennt? Aber ist ihm nicht das *Verstehen* versagt? Und wenn man ihm die Fähigkeit, die Zeichen zu verstehen, zugestehen müßte, müßte man dann nicht gleichzeitig aus ihm ein bewußtes Unbewußtes machen? Was ist denn Verstehen, wenn nicht Bewußtsein davon haben, daß man verstanden hat? Können wir dagegen sagen, daß das Subjekt als bewußtes das gezeigte Bild erkennt? Aber wie verglich es dieses mit seiner wirklichen Affektion, wo sie doch unerreichbar ist und es nie von ihr Kenntnis gehabt hat? Es könnte höchstens annehmen, daß die psychoanalytische Erklärung seines Falls eine *wahrscheinliche* Hypothese ist, die ihre Wahrscheinlichkeit von der Zahl der erklärten Verhaltensweisen herleitet. Es befindet sich also gegenüber dieser Interpretation in der Lage eines Dritten, des Psychoanalytikers selbst, es hat keine begünstigte Position. Und wenn es an die Wahrscheinlichkeit der psychoanalytischen Hypothese *glaubt*, kann dann dieses bloße Glauben, das in den Grenzen seines Bewußtseins bleibt, den Bruch der Schranken herbeiführen, die die unbewußten Triebe eindämmen? Der Psychoanalytiker hat zwar die dunkle Vorstellung einer plötzlichen Koinzidenz des Bewußten mit dem Unbewußten. Aber er hat sich der Mittel begeben, diese Koinzidenz positiv zu begreifen.

Dennoch ist die Erleuchtung des Subjekts eine Tatsache. Es gibt hier eine von Evidenz begleitete Intuition. Das vom Psychoanalytiker geleitete Subjekt tut mehr und besseres, als einer Hypothese seine Zustimmung zu geben: es berührt, es sieht, was es ist. Das ist nur dann wirklich zu verstehen, wenn das Subjekt nie aufgehört hat, sich seiner tiefsten Triebe bewußt zu sein, oder, besser, wenn diese Triebe sich nicht von seinem Bewußtsein selbst unterscheiden. In diesem Fall läßt, wie wir weiter oben gesehen haben, die psychoanalytische Interpretation das Subjekt nicht *Bewußtsein gewinnen* von dem, was es ist: sie läßt es davon *Kenntnis gewinnen*. Es ist also Sache der existentiellen Psychoanalyse, die letzte Intuition des Subjekts als entscheidende zu setzen.

Dieser Vergleich ermöglicht uns, besser zu verstehen,

was eine existentielle Psychoanalyse sein muß, wenn es sie geben können soll. Sie ist eine Methode, in streng objektiver Form die subjektive Wahl ans Licht zu bringen, durch die jede Person sich zu Person macht, das heißt sich selbst anzeigen läßt, was sie ist. Da das, was die Methode sucht, eine *Seinswahl* und gleichzeitig ein *Sein* ist, muß sie die einzelnen Verhaltensweisen auf die grundlegenden Beziehungen, nicht der Sexualität oder des Willens zur Macht, sondern des *Seins* zurückführen, die in diesem Verhalten zum Ausdruck kommen. Sie wird also von Anfang an auf ein Verstehen des Seins hingeleitet und darf sich kein anderes Ziel setzen, als das Sein zu finden und die Seinsweise des Seins gegenüber diesem Sein. Bevor sie dieses Ziel erreicht hat, darf sie nicht haltmachen. Sie wird das Verstehen des Seins anwenden, das den Untersuchenden kennzeichnet, insofern er selbst menschliche-Realität ist; und da sie das Sein aus seinen symbolischen Ausdrucksweisen zu ermitteln sucht, muß sie jedesmal, und zwar auf den Grundlagen eines vergleichenden Studiums der Verhaltensweisen, eine Symbolik zu ihrer Entzifferung erfinden. Das Kriterium des Erfolgs wird für sie die Anzahl der Tatsachen sein, die ihre Hypothese zu erklären und zu vereinigen ermöglicht, sowie auch die evidente Intuition der Unreduzierbarkeit des erreichten Endpunkts. Zu diesem Kriterium kommt in allen Fällen, wo es möglich ist, das entscheidende Zeugnis des Subjekts. Die so erreichten Ergebnisse – das heißt die letzten Ziele des Individuums – können dann Gegenstand einer Klassifizierung werden, und an Hand des Vergleichs dieser Ergebnisse können wir allgemeine Überlegungen über die menschliche-Realität als empirische Wahl ihrer eigenen Zwecke anstellen. Die durch diese Psychoanalyse untersuchten Verhaltensweisen werden nicht nur die Träume, Fehlleistungen, Zwangsvorstellungen und Neurosen sein, sondern auch und vor allem die Gedanken des Wachzustands, die erfolgreichen und angemessenen Handlungen, der Stil usw.

Diese Psychoanalyse hat ihren Freud noch nicht gefunden; allenfalls vermitteln gewisse besonders geglückte Biographien eine Ahnung davon. Wir hoffen, an anderer Stelle versuchen zu können, anläßlich Flauberts[344] und Dostojewskis zwei Beispiele dafür zu geben. Aber es kommt uns hier nicht darauf an, daß diese Psychoanalyse existiert: wichtig ist für uns, daß sie möglich ist.

II

Handeln und Haben: Der Besitz

Die Aufschlüsse, die die Ontologie über das Verhalten und die Begierde gewinnen kann, müssen der existentiellen Psychoanalyse als Prinzipien dienen. Das bedeutet nicht, daß vor aller Spezifizierung abstrakte und allen Menschen gemeinsame Begierden existieren, sondern daß die konkreten Begierden Strukturen haben, die zum Bereich der Ontologie gehören, weil jede Begierde, sowohl die Begierde, zu essen oder zu schlafen, wie die Begierde, ein Kunstwerk zu schaffen, die ganze menschliche-Realität ausdrückt. Wie wir an anderer Stelle gezeigt haben,* muß ja die Erkenntnis des Menschen totalitär sein; empirische partielle Erkenntnisse haben auf diesem Gebiet keine Bedeutung. Wir werden also unsere Aufgabe erfüllt haben, wenn wir die bisher gewonnenen Erkenntnisse benutzen, um die Grundlagen der existentiellen Psychoanalyse aufzustellen. Hier freilich muß die Ontologie enden: ihre letzten Entdeckungen sind die ersten Prinzipien der

---

* *Esquisse d'une théorie des émotions*, Hermann, Paris 1939 [deutsch: *Skizze einer Theorie der Emotionen* in: Jean-Paul Sartre, *Die Transzendenz des Ego. Philosophische Essays 1931–1939*, Rowohlt, Reinbek 1982].

Psychoanalyse. Von da an ist eine andere Methode notwendig, da der Gegenstand ein anderer ist. Was lehrt uns also die Ontologie über die Begierde, insofern diese das Sein der menschlichen-Realität ist?

Die Begierde ist, wie wir gesehen haben, Seinsmangel. Als solcher ist sie unmittelbar *auf das Sein gerichtet*, dessen Ermangeln sie ist. Wir haben gesehen, daß dieses Sein das An-sich-für-sich ist, das Substanz gewordene Bewußtsein, die Ursache von sich gewordene Substanz, der Gott-Mensch. So ist das Sein der menschlichen-Realität ursprünglich keine Substanz, sondern eine gelebte Beziehung: die Glieder dieser Beziehung sind einerseits das in seiner Kontingenz und Faktizität erstarrte ursprüngliche An-sich, dessen wesentliches Merkmal ist, daß es *ist*, daß es *existiert*, und andererseits das An-sich-für-sich oder Wert, das wie das Ideal des kontingenten An-sich ist und sich als jenseits jeder Kontingenz und jeder Existenz kennzeichnet. Der Mensch ist weder das eine noch das andere dieser Seinsweisen [*êtres*], denn er *ist nicht*: er ist das, was er nicht ist, und ist nicht das, was er ist, er ist die Nichtung des kontingenten An-sich, insofern das Sich dieser Nichtung seine Flucht nach vorn zum An-sich als Ursache von sich ist. Die menschliche-Realität ist bloßes Bemühen, Gott zu werden, ohne daß es irgendein gegebenes Substrat dieses Bemühens, ohne daß es *etwas* gäbe, was sich so bemüht. Die Begierde drückt diese Bemühung aus.

Trotzdem ist die Begierde nicht nur in bezug auf das An-sich-als-Ursache-von-sich definiert. Sie bezieht sich auch auf ein rohes konkretes Existierendes, das man geläufig das Objekt der Begierde nennt. Dieses Objekt kann ein Stück Brot, ein Auto, eine Frau, ein noch nicht realisiertes und gleichwohl definiertes Objekt sein: etwa wenn der Künstler ein Kunstwerk zu schaffen begehrt. So drückt die Begierde schon durch ihre Struktur die Beziehung des Menschen zu einem oder mehreren Objekten in der Welt aus, sie ist einer der Aspekte des In-der-Welt-seins. Von diesem Gesichtspunkt aus scheint diese Beziehung zunächst nicht von einem einzigen Typus zu sein. Nur der Kürze wegen sprechen wir von der «Begierde nach etwas». Tatsächlich zeigen uns tausend empirische Beispiele, daß wir einen Gegenstand zu *besitzen* oder etwas zu *tun* oder jemand zu *sein* begehren. Wenn ich dieses Gemälde begehre, so bedeutet das, daß ich es zu kaufen begehre, um es mir anzueignen. Wenn ich ein Buch zu schreiben, spazierenzugehen begehre, so bedeutet das, daß ich dieses Buch, diesen Spaziergang zu *machen* begehre. Ich schmücke mich, weil ich begehre, schön zu *sein*; ich bilde mich, um gelehrt zu *sein* usw. So erscheinen uns auf den ersten Blick die großen drei Kategorien der konkreten menschlichen Existenz in ihrer ursprünglichen Beziehung: *Handeln, Haben, Sein*.

Man sieht aber leicht, daß die Begierde zu handeln nicht unreduzierbar ist. Man macht den Gegenstand, um eine bestimmte Beziehung zu ihm zu unterhalten. Diese neue Beziehung kann unmittelbar auf das «*Haben*» reduzierbar sein. Zum Beispiel schneide ich aus einem Ast einen Stock (ich «mache» aus einem Ast einen Stock), um diesen zu *haben*. Das «Machen» reduziert sich auf ein Mittel, etwas zu haben. Das ist der häufigste Fall. Aber es kann auch sein, daß meine Tätigkeit nicht sofort als reduzierbar erscheint. Sie kann grundlos scheinen, wie im Fall der wissenschaftlichen Forschung, des Sports, der künstlerischen Schöpfung. Trotzdem ist das *Machen* in diesen verschiedenen Fällen auch nicht unreduzierbar. Wenn ich ein Gemälde, ein Drama, eine Melodie schaffe, so, weil ich Ursprung einer konkreten Existenz sein will. Und diese Existenz interessiert mich nur in dem Maß, wie die Verbindung des Schaffens, die ich zwischen ihr und mir herstelle, mir ein besonderes Eigentumsrecht über sie gibt. Es geht nicht nur darum, daß dieses Gemälde, das ich mir vorstelle, existiere; es soll außerdem *durch mich* existieren. Ideal wäre natürlich in gewisser Hinsicht, wenn ich es durch eine Art fortwährender Schöpfung am Sein erhalten könnte und es auf diese Weise *mein* wäre wie eine fortwährend erneuerte Emanation. In anderer Hinsicht jedoch muß es sich radikal von mir selbst unterscheiden, um *mein* sein zu können und nicht *ich*; die Gefahr wäre hier, wie in der kartesianischen Theorie der Substanzen, daß sein Sein mangels Unabhängigkeit und Objektivität in meinem Sein aufginge; und daher muß es auch *an sich* existieren, das heißt, seine Existenz muß sich *von selbst* fortwährend erneuern. Von daher erscheint mir mein Werk als eine fortwährende Schöpfung, aber im An-sich erstarrt; es trägt unbegrenzt mein «Kennzeichen», das heißt, es ist unbegrenzt «mein» Gedanke. Jedes Kunstwerk ist ein Gedanke, eine «Idee»; seine Merkmale sind rein geistig in dem Maß, wie es nichts als eine Bedeutung ist. Doch diese Bedeutung, dieser Gedanke, der in einer Hinsicht fortwährend *in actu* ist, als ob ich ihn fortwährend bildete, als ob ein Geist ihn unermüdlich ersänne – ein Geist, der *mein* Geist wäre –, erhält sich andrerseits von selbst am Sein und hört nicht auf, *in actu* zu sein, wenn ich ihn gegenwärtig nicht denke. Ich bin also mit ihm in dem doppelten Bezug des Bewußtseins, das ihn *konzipiert*, und des Bewußtseins, das auf ihn *stößt*. Eben diese doppelte Beziehung drücke ich aus, wenn ich sage, er sei *meiner*. Wir werden den Sinn davon begreifen, wenn wir die Bedeutung der Kategorie «Haben» präzisiert haben. Und um diese doppelte Beziehung in der Aneignungssynthese zu unterhalten, *schaffe* ich mein Werk. Denn diese Synthese von Ich und Nicht-ich (Intimität, Transluzidität des Gedankens; Opazität, Indifferenz des An-sich) strebe ich an, und genau sie macht aus dem Werk mein Eigentum. In diesem Sinn eigne ich mir nicht nur die eigentlichen künstlerischen Werke auf diese Weise an, sondern auch jener Stock, den ich aus einem Ast geschnitten habe, wird mir zweifach gehören: erstens als ein Gebrauchsgegenstand, über den ich verfüge und den ich wie meine Kleider oder

Bücher besitze, zweitens als mein Werk. Wer sich also vorzugsweise mit Gebrauchsgegenständen umgibt, die er selbst hergestellt hat, verfeinert die Aneignung. Er vereinigt an einem einzigen Gegenstand und in ein und demselben Synkretismus die Aneignung durch Benutzen und die Aneignung durch Schaffen. Die Einheit ein und desselben Entwurfs findet man vor vom Fall des künstlerischen Schaffens bis zu dem der Zigarette, die «besser ist, wenn man sie selbst dreht». Wir werden diesem Entwurf gleich wieder begegnen bei einem besonderen Typus von Besitz, der so etwas wie dessen Verminderung ist und den man *Luxus* nennt, denn der Luxus bezeichnet, wie wir sehen werden, nicht eine Eigenschaft des Besitzgegenstands, sondern eine Eigenschaft des Besitzens.

Auch das *Erkennen* ist ein Sich-aneignen, wie wir in der Einleitung dieses Vierten Teils gezeigt haben. Deshalb ist die wissenschaftliche Forschung nichts anderes als ein Bemühen um Aneignung. Die entdeckte Wahrheit ist wie das Kunstwerk *meine* Erkenntnis; sie ist das Noema eines Gedankens, das sich nur enthüllt, wenn ich den Gedanken bilde, und daher in gewisser Weise so erscheint, als wäre es durch mich an der Existenz erhalten. Durch mich enthüllt sich eine Seite der Welt, und mir enthüllt sie sich. In diesem Sinn bin ich Schöpfer und Besitzer. Nicht etwa, weil ich den Aspekt des Seins, den ich entdecke, als eine reine Vorstellung betrachtete, sondern ganz im Gegenteil, weil dieser Aspekt, der nur durch mich entdeckt wird, zutiefst und wirklich *ist*. Ich kann sagen, ich *manifestiere* ihn, in dem Sinn, wie Gide uns sagt: «Wir müssen immer manifestieren.» Ich finde aber eine dem Kunstwerk analoge Unabhängigkeit im *Wahrheits*charakter meines Gedankens vor, das heißt in seiner Objektivität. Der Gedanke, den ich bilde und der seine Existenz von mir empfängt, setzt zugleich durch ihn allein seine Existenz fort, insofern er *Gedanke aller* ist. Er ist zweifach *Ich*, da er die sich mir entdeckende Welt ist und Ich bei den anderen, Ich, meinen

Gedanken mit dem Geist des andern bildend und zweifach gegen mich abgeschlossen, da er das Sein ist, das ich nicht bin (insofern es sich mir entdeckt), und da er von seinem Erscheinen an Gedanke aller ist, zur Anonymität verurteilter Gedanke. Diese Synthese von Ich und Nicht-Ich läßt sich auch hier wieder durch den Begriff *mein* ausdrükken. Außerdem ist aber gerade in der Idee des Entdeckens, Enthüllens eine Idee des sich aneignenden Genießens eineschlossen. Sehen ist Genießen, Sehen ist *Deflorieren*. Untersucht man die gewöhnlich benutzten Vergleiche für die Beziehung des Erkennenden zum Erkannten, so zeigt sich, daß viele von ihnen sich als eine gewisse *Vergewaltigung mit den Augen* darbieten. Das nicht erkannte Objekt wird als unbefleckt, jungfräulich dargeboten, der *Reinheit* vergleichbar. Es hat sein Geheimnis noch nicht «verraten», der Mensch hat es ihm noch nicht «*entrissen*». Alle diese Bilder unterstreichen die Unkenntnis des Objekts in bezug auf die Forschungen und Instrumente, die auf es zielen: es ist sich nicht bewußt, erkannt zu sein, es beschäftigt sich mit seinen Angelegenheiten, ohne den Blick zu bemerken, der es beobachtet, wie eine Frau, die ein Vorübergehender beim Bad überrascht. Dumpfere und präzisere Bilder wie das der «nicht entweihten Tiefen» der Natur erinnern eindeutiger an den Koitus. Man reißt der Natur die Schleier ab, man enthüllt sie (vgl. Schillers *Das verschleierte Bild zu Sais*); jede Forschung enthält stets die Idee einer Nacktheit, die man aufdeckt, indem man die sie bedeckenden Hindernisse beseitigt, so wie Aktäon die Zweige zur Seite schiebt, um Diana im Bad besser sehen zu können. Und außerdem ist die Erkenntnis eine Jagd. Bacon nennt sie Pans Jagd. Der Forscher ist der Jäger, der eine weiße Nacktheit überrascht und mit seinem Blick vergewaltigt. Die Gesamtheit dieser Bilder enthüllt uns daher etwas, was wir den *Aktäon-Komplex* nennen können. Wenn wir übrigens diese Idee einer Jagd als Leitfaden nehmen, entdecken wir ein anderes, vielleicht noch primitiveres Aneignungssymbol: denn man jagt, um zu essen. Beim Tier ist die Neugier immer sexuell oder nahrungssuchend. Erkennen heißt mit den Augen essen.* Man kann hier ja, was die Erkenntnis durch die Sinne betrifft, einen umgekehrten Vorgang bemerken als den, der sich beim Kunstwerk zeigte. Bei diesem stellten wir ja seine Beziehung erstarrter Emanation zum Geist fest. Der Geist bringt es fortwährend hervor, und trotzdem hält es sich allein und gleichsam in Indifferenz gegenüber diesem Hervorbringen. Diese Beziehung existiert genauso im Erkenntnisakt. Aber sie schließt ihre Umkehrung nicht aus: im Erkennen zieht das Bewußtsein seinen Gegenstand an sich und verleibt ihn sich ein; Erkenntnis ist Assimilation; die Werke der französischen Epistemologie wimmeln von Ernährungsmetaphern (*absorption, digestion, assimilation*). Es gibt also eine Auflösungsbewegung, die vom Gegenstand zum erkennenden Subjekt geht. Das Erkannte verwandelt sich in *mich*, wird mein Gedanke und ist eben dadurch bereit, seine Existenz von mir allein zu erhalten. Aber diese Auflösungsbewegung erstarrt, weil das Erkannte am selben Platz bleibt, unbegrenzt absorbiert, gegessen und unbegrenzt unversehrt, ganz geschluckt und trotzdem ganz draußen, unverdaulich wie ein Kiesel. Man wird bemerken, wie wichtig in den naiven Vorstellungen das Symbol des «unverdaulichen Geschluckten» ist, der Stein im Straußenmagen, Jonas im Bauch des Walfischs. Es kennzeichnet einen Traum von nicht zerstörender Assimilation. Das Unglück ist – wie Hegel bemerkte –, daß die Begierde ihren Gegenstand zerstört. (Die Begierde, sagte er, ist in diesem Sinn Begierde zu essen.)[345] In Reaktion auf diese dialektische Notwendigkeit träumt das Für-sich von einem Gegenstand, der vollständig durch mich assimiliert wäre, der *ich* wäre, ohne sich in mich aufzulösen, indem er

---

* Für das Kind ist Erkennen wirklich Essen. Es will *schmecken*, was es sieht.

seine *An-sich*-Struktur bewahrte, denn eben, was ich begehre, ist *dieser* Gegenstand, und wenn ich ihn esse, habe ich ihn nicht mehr, finde ich nur noch mich vor. Die unmögliche Synthese von Assimilation und bewahrter Unversehrtheit des Assimilierten trifft sich in ihren tiefsten Wurzeln mit den grundlegenden Trieben der Sexualität. Der fleischliche «Besitz» bietet uns ja das aufreizende und verführerische Bild eines dauernd besessenen und dauernd neuen Körpers, auf dem der Besitz keine Spur hinterläßt. Das wird eindringlich durch die Eigenschaft «glatt», «blank» symbolisiert. Das Glatte läßt sich ergreifen, betasten und bleibt trotzdem undurchdringlich, entgleitet der aneignenden Liebkosung wie Wasser. Deshalb betont man bei erotischen Beschreibungen so sehr die glatte Blässe des Frauenkörpers. Glatt: was unter der Liebkosung seine Form wiedergewinnt wie das Wasser nach dem Sinken des Steins, der es durchlöchert hat. Und gleichzeitig ist es der Traum des Liebenden, wie wir sahen, sich mit dem geliebten Objekt zu identifizieren und ihm dennoch seine Individualität zu bewahren: der andere soll ich sein, ohne daß er aufhört, anderer zu sein. Genau das finden wir in der wissenschaftlichen Forschung: wie der Stein im Straußenmagen ist der erkannte Gegenstand ganz in mir, assimiliert, in mich selbst verwandelt, und er ist ganz und gar *Ich*; doch gleichzeitig ist er undurchdringlich, unveränderlich, ganz glatt, in der gleichgültigen Nacktheit eines geliebten und vergeblich liebkosten Körpers. Er bleibt außerhalb, erkennen heißt äußerlich essen, ohne zu verzehren. Man sieht, wie die Strömungen der Sexualität und der Ernährung ineinanderfließen und sich durchdringen, um den Aktäon-Komplex und den Jonas-Komplex zu konstituieren, man sieht, wie die Wurzeln der Verdauung und der Sinnlichkeit sich vereinigen, um die Erkenntnisbegierde entstehen zu lassen. Die Erkenntnis ist *Eindringen* und zugleich *oberflächliches* Liebkosen, Verdauung und distanzierte Betrachtung eines unverformbaren Gegenstands, Hervorbringen eines Gedankens durch fortwährende Schöpfung und Feststellen der totalen objektiven Unabhängigkeit dieses Gedankens. Der erkannte Gegenstand ist *mein Gedanke als Ding*. Und gerade das begehre ich zutiefst, sobald ich zu forschen beginne: meinen Gedanken als ein Ding zu erfassen und das Ding als meinen Gedanken. Die synkretistische Beziehung, die derart verschiedene Triebe miteinander verschmilzt, kann nur eine *Aneignungs*beziehung sein. Daher ist auch die Erkenntnisbegierde, so uneigennützig sie scheinen mag, eine Aneignungsbeziehung. Das *Erkennen* ist eine der Formen, die das *Haben* annehmen kann.

Bleibt ein Tätigkeitstypus, den man gern als völlig grundlos darstellt: die *Spiel*tätigkeit und die «Triebe», die sich darauf beziehen. Kann man im Sport einen Aneignungstrieb nachweisen? Sicher muß man zunächst festhalten, daß das Spiel im Gegensatz zum Geist der Ernsthaftigkeit am wenigsten als Besitzhaltung erscheint, es nimmt dem Realen seine Realität. Ernsthaftigkeit beweist man, wenn man von der Welt ausgeht und ihr mehr Realität als sich selbst zuschreibt oder, zumindest, wenn man sich in dem Maß Realität verleiht, wie man der Welt angehört. Nicht zufällig ist der Materialismus ernsthaft, nicht zufällig begegnet man ihm immer und überall als der bevorzugten Doktrin des Revolutionärs. Denn Revolutionäre sind ernsthaft. Sie erkennen sich zunächst selbst von der Welt her, die sie erdrückt, und sie wollen diese sie erdrückende Welt verändern. Dabei finden sie sich in Übereinstimmung mit ihren alten Gegnern, den Besitzenden, die sich ihrerseits von ihrer Position in der Welt her erkennen und einschätzen. Jedes ernsthafte Denken wird so durch die Welt verdickt, es gerinnt; es ist eine Abdankung der menschlichen-Realität zugunsten der Welt. Der ernsthafte Mensch ist «von der Welt» und hat keinerlei Zuflucht mehr zu sich; er erwägt nicht einmal mehr die Möglichkeit, die Welt zu *verlassen*, denn er hat sich selbst den Existenztypus des Felsens, die Konsistenz, die Inertheit, die Opazität des Innerweltlich-seins gegeben. Natürlich vergräbt der ernsthafte Mensch das Bewußtsein seiner Freiheit tief in sich selbst, er ist *unaufrichtig*, und seine Unaufrichtigkeit zielt darauf ab, ihn seinen eigenen Augen als eine Konsequenz darzubieten: alles ist für ihn Konsequenz, und nie gibt es ein Prinzip; deshalb nimmt er soviel Rücksicht auf die Konsequenzen seiner Handlungen. Marx hat das erste Dogma der Ernsthaftigkeit aufgestellt, als er die Priorität des Objekts vor dem Subjekt behauptete, und der Mensch ist ernsthaft, wenn er sich als Objekt nimmt.

Das Spiel dagegen befreit wie die Kierkegaardsche Ironie die Subjektivität. Denn was ist ein Spiel anderes als eine Tätigkeit, deren erster Ursprung der Mensch ist, deren Prinzipien der Mensch aufstellt und die nur nach den aufgestellten Prinzipien Konsequenzen haben kann? Sobald ein Mensch sich als frei erfaßt und seine Freiheit gebrauchen will, ist, was ihn auch sonst ängstigen mag, seine Tätigkeit Spiel: er ist ja deren erstes Prinzip, er entgeht der *natura naturata*, er setzt selbst den Wert und die Regeln seiner Handlungen und ist nur bereit, nach den von ihm selbst gesetzten und definierten Regeln zu zahlen. Daher in gewisser Hinsicht das «bißchen Realität»[346] der Welt. Es scheint also, daß der spielende Mensch bei seinem Eifer, sich in seinem Handeln selbst als frei zu entdecken, sich gar nicht darum kümmern kann, ein Sein der Welt zu *besitzen*. Sein Ziel, das er über den Sport oder das Mimen oder die eigentlichen Spiele anstrebt, ist, sich selbst als ein gewisses Sein zu erreichen, eben als das Sein, um das es in seinem Sein geht. Doch diese Feststellungen zeigen uns nicht, daß die Begierde, zu *handeln*, im Spiel unreduzierbar ist. Sie lehren uns im Gegenteil, daß die Begierde, zu handeln, sich hier auf eine bestimmte Begierde, zu sein, reduziert. Die Handlung ist für sie selbst nicht ihr eigenes Ziel; auch ihr expliziter Zweck stellt nicht ihr Ziel und ihren tiefen Sinn dar; sondern die Handlung hat die Funktion, die absolute Freiheit, die eben das Sein der Person ist, *ihr selbst* zu manifestieren und zu vergegenwärtigen. Dieser besondere Entwurfstypus, der die Freiheit als Grund und als Ziel hat, verdiente eine besondere Untersuchung. Er unterscheidet sich ja darin radikal von allen anderen, daß er einen radikal verschiedenen Seinstypus anzielt. Man müßte ja ausführlich seine Beziehungen zu dem Entwurf, Gott zu sein, erklären, der uns als die tiefe Struktur der menschlichen-Realität erschienen ist. Doch diese Untersuchung kann hier nicht gemacht werden: sie gehört zu einer *Ethik* und setzt voraus, daß man vorher die Natur und die Rolle der reinigenden Reflexion definiert hat (unsere Beschreibungen haben bisher nur die «komplizenhafte» Reflexion berücksichtigt), sie setzt außerdem eine Stellungnahme gegenüber den das Für-sich heimsuchenden Werten voraus, die nur *moralisch* sein kann. Dennoch bleibt, daß die Begierde, zu spielen, grundlegend Begierde, zu sein, ist. Die drei Kategorien «Sein», «Handeln», «Haben» reduzieren sich also hier wie überall auf zwei: das «Handeln» ist rein transitiv. Eine Begierde kann letztlich nur Begierde, *zu sein*, oder Begierde, *zu haben*, sein. Andererseits ist das Spiel selten frei von jedem Aneignungstrieb. Ich lasse die Begierde, eine Leistung zu realisieren, einen Rekord zu brechen, die als Anreiz auf den Sportler wirken kann, beiseite, ich spreche nicht einmal von der, einen schönen Körper, harmonische Muskeln «zu haben», der zu der Begierde gehört, sich sein eigenes Für-Andere-sein objektiv anzueignen. Diese Begierden kommen nicht immer hinzu und sind im übrigen nicht grundlegend. Aber in der sportlichen Aktivität selbst gibt es eine Aneignungskomponente. Der Sport ist nämlich die freie Verwandlung einer Umwelt der Welt in ein handlungstragendes Element. Er ist daher schöpferisch wie die Kunst. Nehmen wir ein Schneefeld, eine Alm. Es sehen heißt schon es besitzen. An ihm selbst wird es schon durch das Sehen als Symbol des Seins erfaßt.* Es stellt die reine Exteriorität, die radikale Räumlichkeit dar; seine Undifferenziertheit, seine Monotonie und Weiße manifestieren die absolute Nacktheit der Substanz; es ist das An-sich, das nur An-sich ist, das Sein des Phänomens, das sich plötzlich außerhalb eines jeden Phänomens manifestiert. Gleichzeitig drückt seine *feste* Unbeweglichkeit die Permanenz und den objektiven Widerstand des An-sich aus, seine Opazität und seine Undurchdringlichkeit. Aber dieses erste intuitive Genießen kann mir nicht genügen. Dieses reine An-sich, vergleichbar dem absoluten, intelligiblen *Plenum* der kartesianischen Ausdehnung, fasziniert mich als die reine Erscheinung des Nicht-Ich; nun will ich, daß dieses An-sich zu mir in einer Emanationsbeziehung sei und gleichzeitig an sich bleibt. Das ist schon der Sinn der Schneemänner, der Schneebälle, die die Kinder machen: das Ziel ist, «etwas mit diesem Schnee zu machen», das heißt, ihm eine Form aufzudrücken, die der Materie so tief anhaftet, daß diese im Hinblick auf jene zu existieren scheint. Wenn ich aber näher komme, wenn ich einen Aneignungskontakt mit dem Schneefeld herstellen will, ändert sich alles: sein Seinsmaßstab modifiziert sich, es existiert Zoll für Zoll statt großflächig; und Flecken, Zweige, Risse individualisieren jeden Quadratzentimeter. Gleichzeitig schmilzt seine Festigkeit zu Wasser: ich sinke bis zu den Knien in den Schnee ein, nehme ich Schnee in meine Hände, verflüssigt er sich zwischen meinen Fingern, zerrinnt, es bleibt nichts mehr von ihm: das An-sich verwandelt sich in Nichts. Zugleich schwindet mein Traum, mir den Schnee anzueignen. Ich *weiß* übrigens nicht, *was* ich mit diesem Schnee, den ich aus der Nähe sehen wollte, *machen soll*: ich kann mich des Feldes nicht bemächtigen, ich kann es nicht einmal mehr als die substantielle Totalität wiederherstellen, die sich meinen Blicken darbot und plötzlich

* Siehe III.

auf doppelte Weise verschwunden ist. Der Sinn des *Skilaufs* ist nicht nur, mir schnelle Ortsveränderungen zu ermöglichen und eine technische Geschicklichkeit zu erwerben, auch nicht, zu *spielen*, indem ich nach Belieben meine Geschwindigkeit oder die Schwierigkeiten des Laufs steigere; er soll mir zugleich ermöglichen, dieses Schneefeld zu *besitzen*. Jetzt *mache ich etwas aus ihm*. Das bedeutet, daß ich durch meine Aktivität als Skiläufer seine Materie und seinen Sinn modifiziere. Dadurch daß es mir jetzt in meinen Lauf als Abfahrtshang erscheint, findet es eine Kontinuität und eine Einheit wieder, die es verloren hatte. Es ist jetzt bindendes Gewebe. Es ist zwischen zwei Grenzen gefaßt, es verbindet den Start mit dem Ziel; und da ich es während der Abfahrt nicht an ihm selbst Zoll für Zoll betrachte, sondern immer einen zu erreichenden Punkt jenseits der eingenommenen Position fixiere, löst es sich nicht in eine Unendlichkeit individueller Einzelheiten auf, es wird *auf den Punkt hin durchlaufen*, den ich mir setze. Dieser Lauf ist nicht nur eine Ortsveränderungsaktivität, sondern auch und vor allem eine synthetische Organisations- und Verbindungsaktivität: ich breite vor mir das Skifeld aus in der gleichen Weise, wie der Geometer nach Kant eine gerade Linie nur wahrnehmen kann, indem er sie zieht.[347] Im übrigen ist diese Organisation marginal und nicht fokal: das Schneefeld wird nicht für es selbst und an ihm selbst vereinigt; das gesetzte und klar erfaßte Ziel, der Gegenstand meiner Aufmerksamkeit ist der Zielpunkt. Der schneebedeckte Raum bildet implizit darunter eine Masse; seine Kohäsion ist die des weißen Raums innerhalb einer Kreislinie zum Beispiel, wenn ich die schwarze Linie des Kreises betrachte, ohne explizit auf seine Fläche zu achten. Und gerade weil ich ihn marginal, implizit und stillschweigend zusammenhalte, paßt er sich mir an, habe ich ihn in der Hand, überschreite ich ihn auf seinen Zweck hin wie der Tapezierer den benutzten Hammer auf seinen Zweck hin überschreitet, einen Stoff an die

Wand zu nageln. Keine Aneignung kann vollständiger sein als diese instrumentale Aneignung; die synthetische Aneignungstätigkeit ist hier eine technische Benutzungstätigkeit. Der Schnee taucht als Materie meiner Handlung auf, ebenso wie das Auftauchen des Hammers bloße Ausführung des Hämmerns ist. Zugleich habe ich einen gewissen Gesichtspunkt gewählt, um diesen Schneehang wahrzunehmen: dieser Gesichtspunkt ist eine bestimmte *Geschwindigkeit*, die von mir ausgeht, die ich nach Belieben steigern oder verringern kann und die das durchlaufene Feld zu einem definierten Gegenstand konstituiert, der völlig anders ist als der, der er bei einer anderen Geschwindigkeit wäre. Die Geschwindigkeit organisiert die Gesamtheiten nach Gutdünken; ein bestimmter Gegenstand gehört zu einer bestimmten Gruppe oder nicht, je nach der Geschwindigkeit, die ich gewählt habe (Man denke zum Beispiel an den Anblick, den die Provence dem «Fußgänger», dem «Autofahrer», dem «Bahnreisenden», dem «Radfahrer» bietet; sie zeigt jeweils ein anderes Gesicht, wenn Béziers eine Stunde, einen Vormittag oder zwei Tage von Narbonne entfernt ist, das heißt, wenn sich Narbonne isoliert und mit seiner Umgebung für sich setzt oder eine kohärente Gruppe etwa mit Béziers und Sète bildet. In diesem Fall ist Narbonnes *Beziehung zum Meer* der Intuition unmittelbar zugänglich; im andern Fall wird sie *verneint*, kann nur der Gegenstand eines bloßen Begriffs sein). Ich also *forme* das Schneefeld durch die freie Geschwindigkeit, die ich mir gebe. Gleichzeitig aber wirke ich auf meine *Materie* ein. Die Geschwindigkeit beschränkt sich nicht darauf, einer anderweitig gegebenen Materie eine Form aufzudrücken; sie *schafft* eine Materie. Der Schnee, der unter meinem Gewicht einsank, wenn ich ging, der zu Wasser schmolz, als ich ihn in die Hand zu nehmen versuchte, verfestigt sich plötzlich unter der Einwirkung meiner Geschwindigkeit; er trägt mich. Nicht daß ich seine Leichtheit, seine Nicht-Substantialität, sein fortwährendes Schwinden aus den Augen verloren hätte. Ganz im Gegenteil: eben diese Leichtheit, dieses Schwinden, dieses geheime Flüssigsein tragen mich, das heißt verdichten sich und verschmelzen, um mich zu tragen. Ich habe nämlich zum Schnee eine besondere Aneignungsbeziehung: das *Gleiten*. Diese Beziehung wird weiter unten im einzelnen untersucht werden. Doch schon jetzt können wir ihren Sinn erfassen. Beim Gleiten, sagt man, bleibe ich auf der Oberfläche. Das ist nicht genau; zwar streife ich die Oberfläche nur, und dieses Streifen selbst verdient eine Untersuchung. Aber ich realisiere gleichwohl eine Tiefensynthese; ich fühle, wie die Schneeschicht sich bis ins Tiefste ihrer selbst organisiert, um mich zu tragen; das Gleiten ist Handlung *auf Distanz*, es sichert meine Herrschaft über die Materie, ohne daß ich in diese Materie einsinken und in ihr verkleben muß, um sie zu bezähmen. Gleiten ist das Gegenteil von Verwurzeln. Die Wurzel ist der sie ernährenden Erde schon halb assimiliert, sie ist eine lebendige Konkretion der Erde; sie kann die Erde nur benutzen, indem sie sich zu Erde macht, das heißt in gewisser Hinsicht, indem sie sich der Materie, die sie benutzen will, unterwirft. Das Gleiten realisiert dagegen eine materielle Tiefeneinheit, ohne weiter als bis zur Oberfläche einzudringen: es ist wie ein gefürchteter Lehrer, der nicht zu insistieren oder lauter zu sprechen braucht, damit ihm gehorcht wird. Bewundernswertes Bild der Macht. Daher der bekannte Rat: «Gleitet, ihr Sterblichen, lastet nicht!»[348], was nicht bedeutet: «Bleibt oberflächlich, geht nicht in die Tiefe», sondern vielmehr: «Realisiert Tiefensynthesen, aber ohne euch zu kompromittieren». Und gerade das Gleiten ist Aneignung, denn die durch die Geschwindigkeit realisierte tragende Synthese gilt nur für den Gleitenden und nur für die Zeit des Gleitens. Die Festigkeit des Schnees gilt nur für mich, ist nur mir spürbar; sie ist ein Geheimnis, das er mir allein anvertraut und das *hinter mir* schon nicht mehr wahr ist.

Das Gleiten realisiert also eine strikt individuelle Beziehung zur Materie, eine historische Beziehung; sie sammelt und festigt sich, um mich zu tragen, und fällt hinter mir ohnmächtig in ihre Zerstreutheit zurück. Also habe ich durch mein Durchlaufen *für mich* das Einmalige verwirklicht. Das Ideal des Gleitens ist also ein Gleiten, das keine Spur hinterläßt: das Gleiten auf dem Wasser (Kahn, Motorboot, besonders Wasserski, das trotz seinem späten Aufkommen so etwas wie die Grenze darstellt, zu der von diesem Gesichtspunkt aus die Wassersportarten tendierten). Das Gleiten auf dem Schnee ist schon weniger vollkommen; hinter mir ist eine Spur, ich habe mich kompromittiert, so leicht es auch ist. Das Gleiten auf dem Eis, bei dem das Eis eingeritzt wird und das eine schon ganz organisierte Materie vorfindet, ist von ganz niederer Qualität, und wenn es beibehalten wird, dann aus anderen Gründen. Daher die leichte Enttäuschung, die uns stets befällt, wenn wir hinter uns die Spuren sehen, die unsere Ski auf dem Schnee hinterlassen haben: wieviel besser wäre es, wenn er sich nach unserm Durchlaufen wieder glättete! Wenn wir uns übrigens auf dem Hang gleiten lassen, haben wir die Illusion, keine Spuren zu hinterlassen, verlangen vom Schnee, sich wie das Wasser zu verhalten, das er heimlich ist. Das Gleiten erscheint also einer fortwährenden Schöpfung gleichsetzbar: die Geschwindigkeit, dem Bewußtsein vergleichbar und hier das Bewußtsein symbolisierend*, läßt, solange sie dauert, in der Materie eine Tiefenqualität entstehen, die nur so lange bleibt, wie die Geschwindigkeit existiert, eine Art Zusammenziehung, durch die ihre Indifferenzexteriorität bezwungen wird und die hinter dem gleitenden Körper sich wie eine Garbe wieder auflöst. Formende Vereinigung und synthetische Verdichtung des Schneefelds, das sich zu einer instrumen-

---

* Wir haben im Dritten Teil die Beziehung der Bewegung zum «Für-sich» gesehen.

tellen Organisation zusammenzieht, das *benutzt* wird wie der Hammer oder der Amboß und sich der Handlung gefügig anpaßt, von der sie stillschweigend ausgeführt wird, fortgesetztes schöpferisches Einwirken auf die *Materie* des Schnees selbst, Verfestigung der *Schneemasse* durch das Gleiten, Angleichung des Schnees an das Wasser, das gefügig und ohne Erinnerung trägt, an den nackten Frauenkörper, den die Liebkosung unversehrt läßt und bis ins Innerste erregt: das ist die Einwirkung des Skiläufers auf das Reale. Gleichzeitig aber bleibt der Schnee undurchdringlich und unerreichbar: in gewissem Sinn entwickelt die Aktion des Skiläufers nur seine *Potenzen*. Er *läßt ihn hergeben*, was er hergeben kann; die homogene und feste Materie liefert ihm nur durch die sportliche Handlung Festigkeit und Homogenität, aber diese Festigkeit und diese Homogenität bleiben in der Materie aufgeblühte Eigenschaften. Diese Synthese von Ich und Nicht-Ich, die hier durch die sportliche Tätigkeit realisiert wird, kommt wie im Fall der spekulativen Erkenntnis und des Kunstwerks dadurch zum Ausdruck, daß der Skiläufer das Recht auf den Schnee behauptet. Es ist *mein* Schneefeld: ich habe es hundertmal durchlaufen, hundertmal habe ich durch meine Geschwindigkeit in ihm jene Verdichtungs- und Tragkraft entstehen lassen, es gehört *mir*.

Diesem Aspekt der sportlichen Aneignung wäre ein anderer hinzuzufügen: die bezwungene Schwierigkeit. Er wird gewöhnlich besser verstanden, und wir werden uns nur kurz mit ihm befassen. Vor der Abfahrt mußte ich diesen Schneehang hinaufsteigen. Und dieser Aufstieg bot mir eine andere Seite des Schnees: den Widerstand. Ich habe diesen Widerstand an meiner Müdigkeit gespürt und konnte in jedem Augenblick die Fortschritte meines Bezwingens ermessen. Hier ist der Schnee mit dem *andern* gleichgesetzt, und die üblichen Redewendungen «bezwingen», «meistern», «beherrschen» usw. zeigen deutlich, daß es darum geht, zwischen mir und dem Schnee die

Beziehung von Herr und Knecht herzustellen. Diesen Aspekt der Aneignung finden wir beim *Bergsteigen, Schwimmen,* Hindernisrennen usw. usw. Der Gipfel, auf dem man eine Fahne gehißt hat, ist ein Gipfel, den man *sich angeeignet* hat. Ein Hauptaspekt der sportlichen Aktivität – vor allem des Freiluftsports – ist alsoie Eroberung der enormen dMassen Wasser, Erde und Luft, die *a priori* unbezwingbar und unverwendbar scheinen; und in jedem Fall geht es darum, nicht das Element um seiner selbst willen zu besitzen, sondern den Existenztypus an sich, der sich mittels dieses Elements ausdrückt: die Homogenität der Substanz will man in Gestalt des Schnees besitzen; die Undurchdringlichkeit des An-sich und seine zeitlose Permanenz will man sich in Gestalt der Erde oder des Felsens aneignen usw. usw. Kunst, Wissenschaft, Spiel sind Tätigkeiten totaler oder teilweiser Aneignung, und was sie sich über den konkreten Gegenstand ihres Treibens hinaus aneignen wollen, ist das Sein selbst, das absolute Sein des An-sich.

So lehrt uns die Ontologie, daß die Begierde ursprünglich *Seins*-Begierde ist und sich als freier Seinsmangel kennzeichnet. Sie lehrt uns aber auch, daß die Begierde Beziehung zu einem konkreten innerweltlich Existierenden ist und dieses Existierende nach dem Typus des An-sich verstanden wird; sie lehrt uns, daß die Beziehung des Für-sich zu diesem begehrten An-sich die Aneignung ist. Wir haben es also mit einer doppelten Bestimmung der Begierde zu tun: einerseits bestimmt die Begierde sich als Begierde, ein gewisses Sein zu sein, das das *An-sich-für-sich* ist und dessen Existenz ideal ist; andererseits bestimmt sich die Begierde, in der überwältigenden Mehrheit der Fälle*, als Beziehung zu einem kontingenten konkreten An-sich, dessen Aneignung sie entwirft. Ist das

675

---

* Außer in dem besonderen Fall, wo sie einfach *Begierde, zu sein*, ist: Begierde, glücklich zu sein, stark zu sein, usw.

Überdetermination? Sind beide Merkmale miteinander vereinbar? Die existentielle Psychoanalyse kann ihrer Grundsätze nur sicher sein, wenn die Ontologie vorher die Beziehung dieser beiden Seinsweisen [*êtres*] definiert hat: des konkreten kontingenten An-sich oder Gegenstands der Begierde und des An-sich-für-sich oder Ideals der Begierde, und wenn sie die Beziehung erklärt hat, die die Aneignung, als Typus eines Bezugs zum An-sich, mit dem Sein selbst als Typus eines Bezugs zum An-sich-für-sich, vereinigt. Das müssen wir jetzt versuchen.

Was heißt *sich aneignen*, oder, wenn man lieber will, was versteht man überhaupt unter dem Besitz eines Gegenstands? Wir haben die Reduzierbarkeit der Kategorie *Handeln* gesehen, die bald das Sein und bald das Haben aufscheinen läßt; ist es mit der Kategorie *Haben* ebenso?

Ich sehe, daß in einer großen Anzahl von Fällen einen Gegenstand besitzen *ihn benutzen* können heißt. Aber mit dieser Definition bin ich nicht zufrieden: ich benutze in diesem Café diese Untertasse und dieses Glas, dennoch gehören sie mir nicht; ich kann das Bild, das an meiner Wand hängt, nicht «benutzen», und trotzdem *ist es meins*. Und es ist auch nicht wichtig, daß ich in bestimmten Fällen das Recht habe, zu *zerstören*, was ich besitze; es wäre ganz abstrakt, Eigentum durch dieses Recht zu definieren; und übrigens kann in einer Gesellschaft, deren Wirtschaft «gelenkt» wird, ein Unternehmer seine Fabrik besitzen, ohne daß er das Recht hat, sie zu schließen; im kaiserlichen Rom besaß der Herr seinen Sklaven und hatte nicht das Recht, ihn zu töten. Was bedeutet hier übrigens *Recht* zu zerstören, *Recht* zu benutzen? Ich sehe, daß mich dieses Recht auf das Soziale verweist und daß das Eigentum sich im Rahmen des Lebens in einer Gesellschaft zu definieren scheint. Aber ich sehe auch, daß das Recht rein negativ ist und sich darauf beschränkt, Andere daran zu hindern, was mir gehört, zu zerstören oder zu benutzen. Man wird zwar versuchen, Eigentum als eine soziale Funktion zu definieren. Aber daraus, daß die Gesellschaft tatsächlich nach gewissen Prinzipien das *Recht* auf Besitz verleiht, folgt zunächst nicht, daß sie die Aneignungsbeziehung schafft. Allenfalls *legitimiert* sie sie. Im Gegenteil, damit Eigentum in den Rang eines *heiligen* Eigentums erhoben werden kann, muß es zunächst existieren als spontan hergestellte Beziehung zwischen dem Für-sich und dem konkreten An-sich. Und wenn wir für die Zukunft eine gerechtere kollektive Organisation anstreben können, in der individuelles Eigentum – wenigstens in gewissen Grenzen – nicht mehr geschützt und geheiligt wird, so bedeutet das gleichwohl nicht, daß damit die Aneignungsverbindung nicht mehr existierte; es kann sein, das sie zumindest als *private* Beziehung des Menschen zum Ding bestehenbleibt. In primitiven Gesellschaften, wo die eheliche Verbindung noch nicht legitimiert ist und die Übertragung der Eigenschaften noch matronym ist, existiert die sexuelle Verbindung zumindest als eine Art Konkubinat. Man muß daher Besitz und Besitzrecht unterscheiden. Aus demselben Grund muß ich jede Definition proudhonscher Art wie: «Eigentum ist Diebstahl» ablehnen, denn sie geht an der Frage vorbei. Es kann zwar sein, daß das Privateigentum das *Produkt* des Diebstahls ist und die Erhaltung dieses Eigentums die Ausplünderung Anderer *bewirkt*. Aber was auch immer seine Ursprünge und seine Wirkungen sind, Eigentum bleibt gleichwohl an ihm selbst beschreibbar und definierbar. Auch der Dieb hält sich für den Eigentümer des Geldes, das er gestohlen hat. Es geht also darum, die genaue Beziehung des Diebs zum gestohlenen Gut zu beschreiben ebenso wie die des legitimen Eigentümers zu seinem «ehrlich erworbenen» Eigentum.

Betrachte ich den Gegenstand, den ich besitze, so sehe ich, daß die Eigenschaft *besessen* ihn nicht wie eine bloße äußere Benennung bezeichnet, die seinen Exterioritätsbezug zu mir kennzeichnet; ganz im Gegenteil, diese Eigenschaft definiert ihn tief, sie erscheint mir und erscheint den anderen als Teil seines Seins. Das geht so weit, daß man in primitiven Gesellschaften gewisse Menschen dadurch definieren kann, daß man sagt, sie seien *Besessene*; an ihnen selbst werden sie als *jemandem gehörend* dargeboten. Das zeigen auch die primitiven Begräbniszeremonien, bei denen man die Toten zusammen mit den Gegenständen, die ihnen gehören, beerdigt. Die rationale Erklärung: «damit sie sich ihrer bedienen können», ist offensichtlich nachträglich gekommen. Es sieht vielmehr so aus, als ob es in der Epoche, als diese Art von Bräuchen spontan aufgetaucht ist, nicht notwendig schien, sich darüber Fragen zu stellen. Die Gegenstände hatten die besondere Eigenschaft, *von den Toten zu sein*. Sie bildeten ein Ganzes mit ihm, es kam ebensowenig in Frage, den Verstorbenen ohne seine Gebrauchsgegenstände zu beerdigen wie zum Beispiel ohne eines seiner Beine. Der Leichnam, der Becher, aus dem er trank, das Messer, das er benutzte, *machen einen einzigen Toten*. Der malabarische Brauch, die Witwen zu verbrennen, läßt sich, was sein Prinzip angeht, sehr gut verstehen: die Frau ist *besessen* worden; der Tote zieht sie also mit in seinen Tod, sie ist *de jure* tot; man muß ihr nur noch helfen, von diesem *de-jure*-Tod zu einem *defacto*-Tod überzugehen. In den Gegenständen, die nicht begraben werden können, spukt es. Das Gespenst ist nichts anderes als die konkrete Materialisierung des «Besessenseins» des Hauses und der Möbel. Von einem Haus sagen, daß es in ihm spukt, heißt, daß weder Geld noch Mühe das metaphysische absolute Faktum *seines Besessenseins* durch einen ersten Bewohner auslöschen können. Es stimmt zwar, daß die Gespenster, die in alten Herrenhäusern umgehen, heruntergekommene Laren sind. Aber was sind die Laren selbst anderes als Besitzschichten, die sich nacheinander auf den Wänden und Möbeln des Hauses abgelagert haben? Gerade der Ausdruck, der die Beziehung des Gegenstands zu seinem Besitzer bezeichnet, trifft das tiefe Eindringen der Aneignung genau: besessen sein heißt *von jemandem sein*. Das bedeutet, daß der besessene Gegenstand *in seinem Sein* getroffen ist. Wir haben ja gesehen, daß die Zerstörung des Besitzenden die *de-jure*-Zerstörung des Besitzes nach sich zieht und umgekehrt das Überleben des Besitzes das *de-jure*-Überleben des Besitzenden. Die Besitzverbindung ist eine interne *Seins*verbindung. Ich begegne dem Besitzenden in dem Gegenstand, den er besitzt, und durch ihn. Die Bedeutung der *Reliquien* findet hier offensichtlich ihre Erklärung; und wir verstehen darunter nicht nur die religiösen Reliquien, sondern auch und vor allem die Gesamtheit der Besitztümer eines berühmten Mannes (Victor-Hugo-Museum, Gegenstände aus dem Besitz Balzacs, Flauberts usw.), in denen wir ihn wiederzufinden suchen; die «Souvenirs» eines geliebten Toten, die sein Gedächtnis zu «verewigen» scheinen.

Diese interne ontologische Verbindung des Besitzes mit dem Besitzer (die solche Bräuche wie die Prägung mit einem glühenden Eisen oft zu materialisieren versucht haben) läßt sich durch eine «realistische» Theorie der Aneignung nicht erklären. Wenn sich der Realismus tatsächlich als eine Lehre ausgibt, die aus Subjekt und Objekt zwei unabhängige und die Existenz für sich und durch sich besitzende Substanzen macht, kann man die Aneignung ebensowenig verstehen wie die Erkenntnis, die eine ihrer Formen ist; beide bleiben externe Beziehungen, die nur vorübergehend das Subjekt mit dem Objekt vereinigen. Wir haben aber gesehen, daß dem erkannten Objekt substantielle Existenz zugeschrieben werden muß. Das gilt auch für das Eigentum überhaupt: der besessene Gegenstand existiert an sich, definiert sich durch Permanenz, durch Zeitlosigkeit schlechthin, durch Seinssuffizienz, mit einem Wort, durch Substantialität. Die «Unselbständigkeit»[349] gehört also auf die Seite des besitzenden Subjekts. Eine Substanz kann sich nicht eine andere Substanz aneignen, und wenn wir an den Dingen eine gewisse Qualität von «*besessen*» erfassen, so deshalb, weil die interne Beziehung des Für-sich zu dem An-sich, das sein Eigentum ist, ihren Ursprung aus der Seinsinsuffizienz des Für-sich gewinnt. Natürlich wird der besessene Gegenstand vom Aneignungsakt nicht *real* affiziert, ebensowenig wie der erkannte Gegenstand von der Erkenntnis affiziert wird: er bleibt unberührt (außer in den Fällen, wo das Besessene ein Mensch ist, ein Sklave, eine Prostituierte usw.). Aber diese Besessenheitseigenschaft affiziert ihn gleichwohl *ideal* in seiner Bedeutung: mit einem Wort, sein Sinn ist, dem Für-sich diese Besessenheit widerzuspiegeln.

Wenn der Besitzende und das Besessene durch eine interne Beziehung vereinigt sind, die auf der Seinsinsuffizienz des Für-sich basiert, so stellt sich das Problem, Natur und Sinn des *Paars*, das sie bilden, zu bestimmen. Da die interne Beziehung synthetisch ist, bewirkt sie in der Tat die Vereinigung des Besitzenden und des Besessenen. Das bedeutet, daß beide ideal eine einzige Realität bilden. Besitzen heißt sich im Zeichen der Aneignung mit dem besessenen Gegenstand vereinigen; besitzen wollen heißt sich durch diese Beziehung mit einem Gegenstand vereinigen wollen. So ist die Begierde nach einem einzelnen Gegenstand nicht bloße Begierde *nach* diesem Gegenstand, es ist die Begierde, sich mit dem Gegenstand durch eine interne Beziehung so zu vereinigen, daß mit ihm die Einheit «Besitzender-Besessenes» konstituiert wird. Die Begierde, zu *haben*, ist im Grunde reduzierbar auf die Begierde, in bezug zu einem bestimmten Gegenstand in einer gewissen *Seinsbeziehung* zu sein.

Die vorhergehenden Bemerkungen über das Verhalten des Wissenschaftlers, des Künstlers und des Sportlers werden uns bei der Bestimmung dieser Beziehung sehr nützlich sein. Wir haben in jeder dieser Verhaltensweisen eine bestimmte Aneignungshaltung entdeckt. Und die Aneignung war in jedem Fall durch die Tatsache gekennzeichnet, daß der Gegenstand uns zugleich als subjektive Emanation unser selbst und als in einer Beziehung indifferenter Exteriorität zu uns erscheint. Das *Meine* erschien uns also als eine intermediäre Seinsbeziehung zwischen der absoluten Interiorität des *Ich* und der absoluten Exteriorität des *Nicht-Ich*. Es ist in ein und demselben Synkretismus das Nicht-Ich werdende Ich und das Ich werdende Nicht-Ich. Aber diese Beziehung muß genauer beschrieben werden. Im Entwurf des Besitzens begegnen wir einem «unselbständigen»[350] Für-sich, das von der Möglichkeit, die es ist, durch ein Nichts getrennt ist. Diese Möglichkeit ist Möglichkeit, sich den *Gegenstand* anzueignen. Wir finden außerdem einen *Wert*, der das Für-sich heimsucht und der wie die ideale Anzeige des totalen Seins ist, das sich durch die Vereinigung-in-der-Identität des Möglichen und des Für-sich, das sein Mögliches ist, realisierte, das heißt hier des Seins, das sich realisierte, wenn ich in der unauflösbaren Einheit des Identischen Ich-selbst und mein Eigentum wäre. So wäre die Aneignung ein Seinsbezug zwischen einem Für-sich und einem konkreten An-sich, und dieser Bezug würde durch die ideale Anzeige einer Identifizierung zwischen diesem Für-sich und dem besessenen An-sich heimgesucht.

Besitzen ist *für mich haben*, das heißt der eigentliche Zweck der Existenz des Gegenstands sein. Wenn der Besitz vollständig und konkret gegeben ist, ist der Besitzende der *Seinsgrund* des besessenen Gegenstands. Ich besitze diesen Füller, das heißt: dieser Füller existiert *für mich*, ist *für mich* gemacht worden. Ursprünglich mache ich übrigens selbst für mich den Gegenstand, den ich besitzen will. Mein Bogen, meine Pfeile, das bedeutet die Gegenstände, die ich für mich gemacht habe. Die Arbeitsteilung läßt diesen ersten Bezug verblassen, ohne ihn verschwinden zu lassen. Der *Luxus* ist eine Verminderung dieses Bezugs; in der primitiven Form des Luxus besitze ich einen Gegenstand, den ich für mich habe *machen lassen* von *meinen* Leuten (im Haus geborenen Sklaven, Bediensteten). Der Luxus ist somit die Form des Eigentums, die dem primitiven Eigentum am nächsten kommt, er zeigt nach diesem am besten den *Schaffens*bezug, der ursprünglich die Aneignung konstituiert. In einer Gesellschaft, in der die Arbeitsteilung bis zum Äußersten getrieben ist, ist dieser Bezug verhüllt, aber nicht beseitigt: der Gegenstand, den ich besitze, ist von mir *gekauft* worden. Das Geld stellt meine Kraft dar; es ist weniger ein Besitz durch sich selbst als ein Instrument des Besitzens. Außer in dem ganz speziellen Fall des Geizes tritt daher das Geld gegenüber seiner Kaufmöglichkeit zurück; es verflüchtigt sich, ist nur gemacht, um den Gegenstand, das konkrete Ding zu enthüllen; es hat nur ein transitives Sein. Aber als *meines* erscheint es als eine schöpferische Kraft: einen Gegenstand kaufen ist ein symbolischer Akt, der als Schaffen des Gegenstands gilt. Daher ist Geld Synonym von Macht; nicht allein, weil es tatsächlich geeignet ist, uns zu verschaffen, was wir begehren, sondern vor allem, weil es die Wirksamkeit meiner Begierde als solcher darstellt. Eben weil es auf das Ding hin transzendiert, überschritten und einfach *impliziert* wird, stellt es mein magisches Band zum Gegenstand dar. Das Geld beseitigt die *technische* Verbindung des Subjekts mit dem Objekt und macht die Begierde unmittelbar wirksam wie die Wünsche im Märchen. Man bleibe mit Geld in der Tasche an einem Schaufenster stehen: die ausgestellten Gegenstände gehören einem schon mehr als zur Hälfte. So entsteht durch das Geld eine Aneignungsverbindung zwischen dem Für-sich und der totalen Kollektion der Gegenstände der Welt. Durch es ist die Begierde als solche schon formend und schaffend. Das schöpferische Band zwischen dem Subjekt und dem Objekt wird also über eine kontinuierliche Verminderung aufrechterhalten. Haben ist zunächst *Schaffen*. Und das Eigentumsband, das dann entsteht, ist ein Band fortwährender Schöpfung: der besessene Gegenstand wird durch mich in die totale Form *meiner* Umgebung eingefügt, seine Existenz wird durch meine Situation und seine Integration in diese Situation selbst bestimmt. *Meine* Lampe ist nicht nur diese Glühbirne, dieser Schirm, dieser schmiedeeiserne Fuß: sie ist eine gewisse Potenz, *dieses* Arbeitszimmer, diese Bücher, diesen Tisch zu beleuchten; sie ist eine gewisse Lichtnuance meiner nächtlichen Arbeit in Verbindung mit meiner Gewohnheit, spätabends zu lesen oder zu schreiben; sie wird durch den Gebrauch, den ich von ihr mache, beseelt, gefärbt, definiert; sie *ist* dieser Gebrauch und existiert nur dadurch. Von meinem Arbeitszimmer, meiner Arbeit abgetrennt, unter anderen Gegenständen auf dem Boden einer Verkaufshalle ist sie radikal «erloschen», ist nicht mehr *meine* Lampe; auch keine Lampe überhaupt mehr, ist sie zur ursprünglichen Materialität zurückgekehrt. So bin ich in der menschlichen Ordnung für die Existenz meiner Besitztümer verantwortlich. Durch das Eigentum erhebe ich sie zu einem gewissen funktionalen Seinstypus; und mein bloßes *Leben* erscheint mir als schöpferisch, eben weil es durch seine Kontinuität die Eigenschaft *besessen* in jedem Gegenstand meines Besitzes fortdauern läßt: ich ziehe die Kollektion meiner Umgebung mit mir ins Sein. Wenn man sie mir entreißt, stirbt sie wie mein Arm, wenn man ihn mir ausrisse.

Aber der ursprüngliche, radikale schöpferische Bezug ist ein Emanationsbezug. Die Schwierigkeiten der kartesianischen Theorie der Substanz decken uns diesen Bezug auf. Was ich schaffe – falls ich unter Schaffen Materie und Form zur Existenz bringen verstehe –, das bin ich. Das Drama des absoluten Schöpfers, wenn er existierte, wäre die Unmöglichkeit, aus sich herauszukommen, denn seine Schöpfung könnte nur er selbst sein: woher nähme sie denn ihre Objektivität und ihre Unabhängigkeit, da ihre Form und ihre Materie *von mir* sind. Nur eine Art Inertheit könnte sie mir gegenüber verschließen; damit aber diese Inertheit selbst wirken kann, muß ich sie durch eine fortwährende Schöpfung an der Existenz halten. In dem Maß, wie ich mir als jemand erscheine, der allein durch den *Aneignungs*bezug die Gegenstände *schafft*, sind diese Gegenstände *Ich*. Der Füller und die Pfeife, die Kleidung, das Arbeitszimmer, das Haus, das *bin ich*. Die Totalität meiner Besitztümer reflektiert die Totalität meines Seins. Ich *bin* das, was ich *habe*. Was ich an dieser Tasse, diesen Nippes berühre, *bin ich*. Der Berg, den ich besteige, *bin ich* in dem Maß, wie ich ihn bezwinge; und wenn ich auf seinem Gipfel bin, wenn ich um den Preis gleicher Anstrengungen diesen weiten Gesichtspunkt über das Tal und die umliegenden Berge «errungen» habe, *bin* ich der Gesichtspunkt; das Panorama bin ich, ausgedehnt bis zum Horizont, denn es existiert nur durch mich, nur für mich.

Doch das Schaffen ist ein flüchtiger Begriff, der nur durch seine Bewegung existieren kann. Wenn man sie anhält, verschwindet er. An den äußersten Grenzen seiner Bedeutung vernichtet er sich; entweder finde ich nur meine bloße Subjektivität wieder, oder ich stoße auf eine nackte, gleichgültige Materialität, die keinerlei Bezug mehr zu mir hat. Das *Schaffen* kann nur als kontinuierlicher Übergang von einem Punkt zum andern gedacht und aufrechterhalten werden. Schon beim Auftauchen *muß* der Gegenstand total Ich und total unabhängig von mir sein. Genau das glauben wir im Besitz zu realisieren. Der besessene Gegenstand als besessener ist fortwährendes Schaffen; und trotzdem bleibt er da, existiert er durch sich, ist er an-sich; wenn ich mich von ihm abwende, hört er deshalb nicht auf zu existieren; gehe ich weg, *stellt er mich dar* in meinem Arbeitszimmer, in meinem Zimmer, an *diesem* Platz der Welt. Von Anfang an ist er undurchdringlich. Dieser Füller ist ganz und gar Ich, so daß ich ihn sogar nicht einmal mehr vom Schreibakt unterscheide, der *mein* Akt ist. Und dennoch ist er andererseits unversehrt, mein *Besitzen* modifiziert ihn nicht; er ist nur eine ideale

Beziehung von mir zu ihm. In gewissem Sinn genieße ich mein Eigentum, wenn ich es auf den Gebrauch hin überschreite, wenn ich es aber betrachten will, schwindet die Besitzverbindung, verstehe ich nicht mehr, was Besitzen bedeutet. Die Pfeife ist da, auf dem Tisch, unabhängig, indifferent. Ich nehme sie in die Hand, betaste sie, betrachte sie, *um* die Aneignung zu realisieren; aber gerade weil diese Bewegungen dazu bestimmt sind, mich in den *Genuß* dieser Aneignung zu versetzen, verfehlen sie ihren Zweck, habe ich nur ein inertes Stück Holz zwischen den Fingern. Nur wenn ich *meine* Gegenstände auf einen Zweck hin überschreite, wenn ich sie benutze, kann ich ihren Besitz genießen. So schließt der Bezug fortwährenden Schaffens als impliziten Widerspruch die absolute Unabhängigkeit an sich der geschaffenen Gegenstände ein. Besitz ist ein magischer Bezug; ich *bin* die Gegenstände, die ich besitze, aber draußen, mir gegenüber; ich schaffe sie als von mir unabhängige; was ich besitze, ist *Ich* außerhalb meiner, außerhalb jeder Subjektivität, als ein An-sich, das mir in jedem Augenblick entgeht und dessen Schöpfung ich in jedem Augenblick fortsetze. Gerade weil ich aber, wenn ich besitze, immer außerhalb meiner woanders bin als etwas Unvollständiges, das sich sein Sein durch das anzeigen läßt, was es nicht ist, entfremde ich mich zugunsten des besessenen Gegenstands. Im Besitzbezug ist das besessene Ding das starke Glied, ich bin außerhalb seiner nur ein Nichts, das besitzt, nichts andres als schlicht und einfach Besitzen, ein Unvollständiges, Insuffizientes, dessen Suffizienz und Vollständigkeit da drüben in diesem Gegenstand sind. Im Besitz bin ich mein eigener Grund, insofern ich an sich existiere: insofern das Besitzen fortwährende Schöpfung ist, erfasse ich den besessenen Gegenstand als durch mich in seinem Sein begründet; insofern aber einerseits die Schöpfung Emanation ist, löst sich dieser Gegenstand in mich auf, ist er nur Ich, und insofern er anderseits ursprünglich An-sich ist, ist er Nicht-Ich, ist er Ich mir gegenüber, objektiv, an sich, permanent, undurchdringlich im Exterioritäts- und Indifferenzbezug zu mir existierend. So bin ich Grund meiner selbst, insofern ich mir gegenüber als indifferent und an-sich existiere. Das genau ist nun der eigentliche Entwurf des An-sich-für-sich. Denn dieses ideale Sein ist als ein An-sich definiert, das als Für-sich sein eigener Grund wäre, oder als ein Für-sich, dessen ursprünglicher Entwurf nicht eine Seinsweise wäre, sondern ein Sein, eben das An-sich-sein, das es ist. Man sieht, daß die Aneignung nichts anderes ist als *Symbol* des Ideals des Für-sich oder Wert. Das Paar besitzendes Für-sich und besessenes An-sich gilt für das Sein, das ist, um sich selbst zu besitzen, und dessen Besitz seine eigene Schöpfung ist, das heißt Gott. Der Besitzende strebt also danach, sein Sein an-sich, sein Draußen-sein zu genießen. Durch den Besitz vereinnahme ich ein Objekt-sein, das mit meinem Für-Andere-sein gleichsetzbar ist. Eben deshalb kann der andere mich nicht überraschen: das Sein, das er auftauchen lassen will und das Ich-für-den-andern ist, besitze und genieße ich schon. So ist das Besitzen außerdem eine *Verteidigung gegen den andern*. Das Meine bin ich als nicht-subjektiv, insofern ich sein freier Grund bin.

Trotzdem kann man nicht genug die Tatsache betonen, daß diese Beziehung *symbolisch* und *ideal* ist. Meine ursprüngliche Begierde, mir selbst mein eigener Grund zu sein, befriedige ich durch die Aneignung ebensowenig, wie der Patient Freuds seinen Ödipuskomplex befriedigt, wenn er träumt, ein Soldat töte den Zaren (das heißt seinen Vater). Das *Eigentum* erscheint daher dem Eigentümer zugleich als auf einmal in der Ewigkeit gegeben und als etwas, was die Unendlichkeit der Zeit benötigt, um sich realisieren zu können. Keine Gebärde des *Benutzens* realisiert den Eigentumsgenuß wirklich; sondern sie verweist auf andere Aneignungsgebärden, deren jede nur einen beschwörenden Wert hat. Ein Fahrrad besitzen heißt es zunächst ansehen, dann berühren können. Aber Berühren erweist sich von selbst als ungenügend; man muß aufsteigen können, um spazierenzufahren. Aber diese *grundlose* Spazierfahrt ist ihrerseits ungenügend; man müßte es dazu gebrauchen, Touren zu machen. Und das verweist uns auf längere, vollständigere Verwendungen, auf lange Fahrten durch Frankreich. Aber diese Fahrten zerfallen ihrerseits in tausend aneignende Verhaltensweisen, deren jede auf andere verweist. Wie vorauszusehen war, genügte es, einen Geldschein hinzuhalten, damit das Fahrrad mir gehörte; aber schließlich werde ich mein ganzes Leben brauchen, um diesen Besitz zu realisieren; gerade das fühle ich, wenn ich den Gegenstand erwerbe: Besitz ist ein Unternehmen, das der Tod immer unvollendet macht. Wir erfassen jetzt seinen Sinn: es ist unmöglich, die durch die Aneignung symbolisierte Beziehung zu realisieren. An sich hat die Aneignung nichts Konkretes. Sie ist keine reale Tätigkeit (wie Essen, Trinken, Schlafen usw.), die zusätzlich einer besonderen Begierde als Symbol diente. Sie existiert im Gegenteil nur als Symbol, und ihre Symbolik gibt ihr ihre Bedeutung, ihre Kohäsion, ihre Existenz. Außerhalb ihres symbolischen Werts kann man also in ihr keinen positiven Genuß finden; sie ist nur die Anzeige eines höchsten Genusses (der des Seins, das Grund seiner selbst wäre), der stets jenseits aller aneignenden Verhaltensweisen ist, die ihn realisieren sollen. Eben die Erkenntnis der Unmöglichkeit, einen Gegenstand zu *besitzen*, bringt für das Für-sich ein heftiges Verlangen mit sich, ihn zu *zerstören*. Zerstören heißt in mich auflösen, mit dem An-sichsein des zerstörten Gegenstands eine ebenso tiefe Beziehung unterhalten wie im Schaffen. Die Flammen, die den Bauernhof verbrennen, den ich angezündet habe, realisieren nach und nach die Verschmelzung des Bauernhofs mit mir selbst: indem er sich vernichtet, verwandelt er sich in *mich*. Damit finde ich die Seinsbeziehung des Schaffens wieder, jedoch umgekehrt: ich *bin* Grund der brennenden

Scheune; ich *bin* diese Scheune, da ich ihr Sein zerstöre. Das Zerstören realisiert – vielleicht verfeinerter als das Schaffen – die Aneignung, denn der zerstörte Gegenstand ist nicht mehr da, um sich als undurchdringlich zu zeigen. Er hat die Undurchdringlichkeit und Seinssuffizienz des An-sich, das er *gewesen ist*; zugleich hat er jedoch die Unsichtbarkeit und die Durchsichtigkeit des Nichts, das ich bin, da er ja *nicht mehr ist*. Das Glas, das ich zerbrochen habe und das auf dem Tisch «war», ist noch dort, jedoch als absolute Transparenz; ich sehe alle Wesen [*êtres*] durch es hindurch; das ist das, was man beim Filmen durch die Überblendung wiederzugeben versucht hat: das Glas gleicht einem Bewußtsein, obwohl es die Irreparabilität des An-sich hat. Zugleich ist es positiv meins, weil allein die Tatsache, daß ich das zu sein habe, was ich war, den zerstörten Gegenstand davon zurückhält, sich zu vernichten: ich schaffe ihn wieder, indem ich mich wieder schaffe; zerstören heißt also wiederschaffen, indem man sich als allein verantwortlich für das Sein dessen übernimmt, was *für alle* existierte. Die Zerstörung ist also unter die aneignenden Verhaltensweisen einzuordnen. Übrigens haben viele aneignende Verhaltensweisen unter anderen eine Zerstörungsstruktur: Benutzen ist Abnutzen. Indem ich mein Fahrrad *benutze, nutze ich es ab*, das heißt, daß das aneignende fortwährende Schaffen durch ein partielles Zerstören gekennzeichnet ist. Diese Abnutzung kann aus reinen Nützlichkeitsgründen schmerzlich sein, in den meisten Fällen verursacht sie jedoch eine geheime Freude, fast einen Genuß: denn sie *kommt von uns*; wir *konsumieren*. Dieser Ausdruck «Konsumieren» bezeichnet bekanntlich sowohl eine aneignende Zerstörung wie auch einen Genuß des Verzehrens. Konsumieren heißt vernichten und heißt essen; es ist Zerstören durch Einverleiben. Wenn ich auf meinem Rad fahre, kann ich mich darüber ärgern, daß ich die Reifen abnutze, weil es schwierig ist, andere zu bekommen; doch das Bild des Genusses, den ich mit meinem Körper spiele, ist das eines zerstörerischen Aneignens, einer «Destruktion-Kreation». Indem das Fahrrad gleitet, mich trägt, wird es eben durch seine Bewegung geschaffen und zu meinem gemacht; aber dieses Schaffen prägt sich tief in den Gegenstand ein durch die fortwährende leichte Abnutzung, die sie ihm beibringt und die wie das Brandmal des Sklaven ist. Der Gegenstand gehört mir, denn ich habe ihn abgenutzt; die Abnutzung des *Meinen* ist die Kehrseite meines Lebens.*

Diese Hinweise lassen den Sinn gewisser, meist als unreduzierbar betrachteter Gefühle oder Verhaltensweisen besser verstehen; zum Beispiel die *Generosität*. In der Tat ist das *Schenken* eine primitive Form von Zerstören. Man weiß, daß das Potlatch[351] zum Beispiel die Zerstörung gewaltiger Mengen von Waren umfaßt. Diese Zerstörungen sind Herausforderung des andern, sie binden ihn. Auf dieser Ebene ist es gleichgültig, ob der Gegenstand zerstört oder dem andern geschenkt wird: das Potlatch ist in der einen und anderen Weise Zerstörung und Bindung des andern. Ich zerstöre den Gegenstand, indem ich ihn verschenke, ebenso wie wenn ich ihn vernichte; ich nehme ihm die Qualität *meiner*, die ihn in seinem Sein zutiefst konstituierte, ich entferne ihn aus meinem Blickfeld, ich konstituiere ihn – in bezug auf meinen Tisch, mein Zimmer – als *abwesend*; ich allein werde ihm das spektrale und transparente Sein der *vergangenen* Gegenstände bewahren, weil ich der bin, durch den die Wesen [*êtres*] nach ihrer Vernichtung eine Ehrenexistenz fortsetzen. Die Generosität ist also vor allem zerstörerische Funktion. Die Schenkwut, die in gewissen Augenblicken gewisse Leute erfaßt, ist vor allem Zerstörungswut, sie *entspricht* einer Wahnhaltung, einer von zerbrochenen Gegenständen be-

---

* George Brummell legte seine Eleganz darein, immer nur eine etwas abgenutzte Kleidung zu haben. Neues haßte er: was neu ist, wirkt wie «Sonntagskleidung», weil es niemandem gehört.

gleiteten «*Liebe*». Aber diese Zerstörungswut, die der Generosität zugrunde liegt, ist nichts anderes als eine Besitzwut. Alles, was ich aufgebe, was ich schenke, genieße ich auf höhere Weise durch mein Schenken; Schenken ist ein heftiges, kurzes, fast sexuelles Genießen: Schenken heißt den Gegenstand, den man schenkt, possessiv genießen, es ist ein Zerstörungs-Aneignungs-Kontakt. Aber gleichzeitig verhext das Schenken den Beschenkten, es zwingt ihn, durch ein fortwährendes Schaffen das Ich, das ich nicht mehr will, das ich bis zur Vernichtung besessen habe und von dem schließlich nur ein Bild bleibt, neu zu schaffen, am Sein zu erhalten. Schenken heißt unterwerfen. Dieser Aspekt des Geschenks interessiert uns hier nicht, da er vor allem die Beziehungen zum andern betrifft. Worauf wir hinweisen wollen, ist, daß die Generosität nicht unreduzierbar ist: schenken heißt sich durch Zerstörung aneignen, indem man diese Zerstörung dazu benutzt, sich den andern zu unterwerfen. Die Generosität ist also ein Gefühl, das durch die Existenz der Anderen strukturiert ist und eine Neigung zum *Aneignen durch Zerstören* kennzeichnet. Dadurch führt sie uns mehr zum *Nichts* als zum An-sich (es handelt sich um ein An-sich-Nichts, das evidentermaßen selbst An-sich ist, das jedoch als Nichts mit dem Sein übereinstimmen kann, das sein eigenes Nichts ist). Wenn also die existentielle Psychoanalyse auf den Beweis der *Generosität* eines Subjekts stößt, so muß sie weiter deren ursprünglichen Entwurf suchen und sich fragen, warum das Subjekt das Aneignen durch Zerstören statt durch Schaffen gewählt hat. Die Antwort auf diese Frage wird die ursprüngliche Beziehung zum Sein aufdecken, die die untersuchte *Person* konstituiert.

Diese Bemerkungen sollten nur den *idealen* Charakter der aneignenden Beziehung und die symbolische Funktion jedes aneignenden Verhaltens aufdecken. Man muß hinzufügen, daß das Symbol durch das Subjekt selbst nicht entziffert wird. Das kommt nicht daher, daß sich die

Symbolisierung in einem Unbewußten vorbereitete, sondern von der Struktur des In-der-Welt-seins selbst. Im Kapitel über die Transzendenz haben wir ja gesehen, daß die Ordnung der Utensilien in der Welt das in das An-sich projizierte Bild meiner Möglichkeiten ist, das heißt dessen, was ich bin, daß ich aber dieses weltmäßige Bild nie entziffern kann, weil nichts weniger nötig wäre als die reflexive Aufspaltung, damit ich für mich selbst wie ein Gegenstandsentwurf sein könnte. Da also der Zirkel der Selbstheit nicht-thetisch ist und folglich die Anzeige dessen, was ich bin, nicht-thematisch bleibt, kann dieses «An-sich-sein» meiner selbst, das die Welt mir zurückwirft, meiner *Erkenntnis* nur verborgen sein. Ich kann mich daran nur anpassen in und vermittels der Annäherungshandlung, die sie entstehen läßt. Besitzen bedeutet daher keineswegs wissen, daß man mit dem besessenen Gegenstand in einem identifizierenden Bezug von Destruktion-Kreation steht, sondern eben gerade *in dieser Beziehung sein* oder, besser noch, *diese Beziehung sein*. Und der besessene Gegenstand hat eine für uns unmittelbar erfaßbare Eigenschaft, die ihn völlig umformt – die Eigenschaft, *meiner* zu sein –, aber diese Eigenschaft ist an ihr selbst völlig unentzifferbar, sie enthüllt sich im Handeln und durch es, sie zeigt, daß sie eine besondere Bedeutung hat, aber sie verflüchtigt sich, ohne ihre tiefe Struktur und ihre Bedeutung zu enthüllen, sobald wir von dem Gegenstand abrücken und ihn betrachten wollen. Dieses Abrücken ist ja durch es selbst schon ein Zerstören der aneignenden Verbindung: im Augenblick vorher war ich noch in eine ideale Totalität engagiert, und gerade weil ich in mein Sein engagiert war, konnte ich es nicht erkennen; im nächsten Augenblick ist die Totalität zerbrochen, und an den getrennten Stücken, die sie bildeten, kann ich ihren Sinn nicht entdecken, wie an der kontemplativen Erfahrung sichtbar ist, die manche Kranke gegen ihren Willen machen und die man Entpersönlichung nennt. Wir sind daher gezwungen, auf die existentielle Psychoanalyse zurückzugreifen, um in jedem einzelnen Fall die Bedeutung der aneignenden Synthese zu entdecken, deren allgemeinen abstrakten Sinn wir durch die Ontologie bestimmt haben.

Bleibt die Bedeutung des besessenen Gegenstands überhaupt zu bestimmen. Diese Untersuchung soll unsere Erkenntnisse über den aneignenden Entwurf ergänzen. Was suchen wir uns also anzueignen?

Einerseits ist abstrakt leicht zu sehen, daß wir ursprünglich nicht so sehr die Seinsweise des Gegenstands als das Sein dieses Gegenstands selbst besitzen wollen. Als konkreten Repräsentanten des An-sich-seins begehren wir, ihn uns anzueignen, das heißt, uns als Grund seines Seins zu erfassen, insofern er ideal wir selbst ist, und andererseits sieht man empirisch, daß der angeeignete Gegenstand nie *für sich ganz allein* oder für seinen individuellen Gebrauch steht. Keine einzelne Aneignung hat außerhalb ihrer unbegrenzten Fortsetzungen einen Sinn; der Füller, den ich besitze, steht für alle Füller; in ihm besitze ich die Klasse der Füller. Außerdem aber besitze ich in ihm die Möglichkeit, zu schreiben, Striche einer gewissen Form und Farbe zu ziehen (denn ich kontaminiere das Instrument selbst und die Tinte, die ich benutze): diese Striche, ihre Farben, ihr Sinn sind in ihm kondensiert wie auch das Papier, sein besonderer Widerstand, sein Geruch usw. Bei *jedem* Besitzen entsteht die Kristallisationssynthese, die Stendhal nur für den Fall der Liebe beschrieben hat.[352] Jeder besessene Gegenstand, der sich auf dem Welthintergrund abhebt, manifestiert die ganze Welt, so wie die geliebte Frau den Himmel, den Strand, das Meer manifestiert, die sie bei ihrem Erscheinen umgaben. Sich diesen Gegenstand aneignen heißt also sich symbolisch die Welt aneignen. Jeder kann das erkennen, wenn er sich auf seine Erfahrung besinnt; ich selbst werde ein persönliches Beispiel zitieren, nicht um zu beweisen, sondern um die Überlegungen des Lesers zu leiten.

Vor einigen Jahren kam ich zu dem Entschluß, nicht mehr zu rauchen. Die Entscheidung war schwer, und in Wahrheit machte mir der Verlust des *Geschmacks* von Tabak weniger Sorge als der des *Sinns* des Rauchens. Eine ganze Kristallisation war entstanden: ich rauchte im Theater, vormittags bei der Arbeit, abends nach dem Essen, und ich hatte den Eindruck, wenn ich aufhörte zu rauchen, würde ich dem Theater sein Interesse, dem Abendessen seine Würze, der Vormittagsarbeit den frischen Schwung nehmen. Jedes unerwartete Ereignis, das meine Augen träfe, war, so schien mir, grundlegend verarmt, sobald ich ihm nicht mehr rauchend entgegentreten konnte. Rauchend-von-mir-aufgenommen-werden-können: diese konkrete Qualität hatte sich universell auf den Dingen ausgebreitet. Mir schien, daß ich ihnen diese Qualität entrisse und daß es sich inmitten dieser universellen Verarmung weniger lohnte zu leben. Rauchen ist eben eine zerstörerische aneignende Reaktion. Der Tabak ist ein Symbol des «angeeigneten» Seins, da er im Rhythmus meines Atems in einer Art «fortwährender Zerstörung» vernichtet wird, da er in mich übergeht und sich seine Verwandlung in mich selbst symbolisch durch die Transformation des konsumierten Festen in Rauch manifestiert. Die Verbindung der beim Rauchen gesehenen Landschaft mit diesem kleinen Brandopfer war so, daß dieses, wie wir gesehen haben, so etwas wie das Symbol von jenem war. Das bedeutet also, daß die Reaktion der zerstörerischen Aneignung des Tabaks symbolisch einer aneignenden Zerstörung der ganzen Welt entsprach. Über den Tabak, den ich rauchte, brannte, rauchte die Welt, löste sich in Dampf auf, um in mich einzugehen. Ich mußte, um meinen Entschluß aufrechtzuerhalten, eine Art Entkristallisation realisieren, das heißt, daß ich den Tabak, ohne es mir allzusehr klarzumachen, darauf reduzierte, nur noch er selbst zu sein: verglühendes Kraut; ich zerschnitt seine symbolischen Bindungen zur Welt, ich überzeugte mich davon, daß ich dem Theaterstück, der Landschaft, dem Buch, das ich las, nichts nähme, wenn ich sie ohne meine Pfeife betrachtete, das heißt, ich hielt mich an anderen Arten eines Besitzes dieser Gegenstände schadlos als an dieser Opferzeremonie. Sobald ich davon überzeugt war, war mein Bedauern nur noch sehr gering: ich beklagte es, daß ich den Geruch des Rauchs, die Wärme des Pfeifenkopfs zwischen meinen Fingern usw. nicht mehr spüren sollte. Aber damit war mein Bedauern harmlos und durchaus erträglich.

Was wir uns in einem Gegenstand grundlegend anzueignen begehren, ist also sein Sein und ist die Welt. Diese beiden Zwecke der Aneignung sind in Wirklichkeit nur einer. Hinter dem Phänomen suche ich das Sein des Phänomens zu besitzen. Aber dieses, wie wir sahen, vom Seinsphänomen sehr verschiedene Sein ist das An-sichsein und nicht nur das Sein irgendeines einzelnen Dinges. Das ist hier keineswegs ein Übergang zum Universalen, sondern das in seiner konkreten Nacktheit betrachtete Sein wird dann vielmehr das Sein der Totalität. So erscheint uns das Besitzverhältnis jetzt ganz klar: besitzen heißt über einen einzelnen Gegenstand die Welt besitzen wollen. Und da sich das Besitzen als Bemühung definiert, sich als Grund eines Seins zu erfassen, insofern es ideal wir selbst ist, will jeder possessive Entwurf das Für-sich als Grund der Welt oder konkrete Totalität des An-sich konstituieren, insofern diese Totalität als Totalität das nach dem Modus des An-sich existierende Für-sich selbst ist. In-der-Welt-sein ist Entwerfen, die Welt zu besitzen, das heißt, die totale Welt als das zu erfassen, was dem Für-sich mangelt, um An-sich-für-sich werden zu können; das heißt sich in eine Totalität engagieren, die eben das Ideal oder der Wert oder die totalisierte Totalität ist und die ideal konstituiert würde durch die Verschmelzung des Für-sich als detotalisierte Totalität, die das zu sein hat, was sie ist, mit der Welt als Totalität des An-sich, das das ist, was es ist. Man muß nämlich begreifen, daß das Für-sich nicht zum Entwurf hat, ein bloß gedachtes Sein zu begründen, das heißt ein Sein, das es zunächst konzipieren würde – Form und Materie –, um ihm dann die Existenz zu geben: denn dieses Sein wäre ein bloßes Abstraktum, ein Universales; seine Konzeption könnte dem In-der-Welt-sein nicht vorhergehen, sondern würde es im Gegenteil voraussetzen, wie sie das vorontologische Verstehen eines eminent konkreten und zunächst anwesenden Seins voraussetzen würde, das das «Da» des primären Da-seins des Für-sich ist, das heißt das Sein der Welt; das Für-sich ist keineswegs, um zunächst das Universelle zu denken und sich nach Begriffen zu bestimmen: es ist seine Wahl, und seine Wahl kann nicht abstrakt sein, sonst wäre das Sein des Für-sich selbst abstrakt. Das Sein des Für-sich ist ein individuelles Abenteuer, und die Wahl muß individuelle Wahl sein, konkret zu sein. Das gilt, wie wir gesehen haben, für die *Situation* überhaupt. Die Wahl des Für-sich ist immer Wahl der konkreten Situation in ihrer unvergleichbaren Einmaligkeit. Das gilt aber auch für den ontologischen Sinn dieser Wahl. Wenn wir sagen, das Für-sich sei *Sein*sentwurf, so konzipiert es das An-sich-sein, das es zu sein entwirft, nicht als eine Struktur, die allen Existierenden eines gewissen Typus gemeinsam ist: sein Entwurf ist keineswegs ein Konzipieren, wie wir sahen. Was es zu sein entwirft, erscheint ihm als eine eminent konkrete Totalität: es ist *dieses* Sein. Und man kann zwar in diesem Entwurf die Möglichkeiten einer universalisierenden Entwicklung voraussehen; aber das ist so, wie man von einem Liebenden sagt, er liebe alle Frauen oder die ganze Frau in einer Frau. So wie dieses konkrete Sein, dessen Grund es zu sein entwirft, nicht *konzipiert* sein kann, wie wir eben sahen, weil es konkret ist, kann es auch nicht *imaginiert* sein, denn das Imaginäre ist Nichts, und dieses Sein ist eminent Sein. Es muß *existieren*, das heißt, man muß ihm *begegnen*, aber diese Begegnung muß eins sein mit der Wahl, die das Für-sich trifft. Das Für-sich ist eine Wahl-Begegnung, das heißt, es definiert sich als Wahl, das Sein zu begründen, dessen Begegnung es ist. Das bedeutet, daß das Fürsich als individuelles Unternehmen Wahl *dieser Welt* als individueller Seinstotalität ist; es überschreitet sie nicht auf eine logische Universalität, sondern auf einen neuen konkreten «Zustand» derselben Welt hin, in dem das Sein durch das Für-sich begründetes An-sich wäre, das heißt, es überschreitet sie auf ein konkretes-Sein-jenseits-des-existierenden-konkreten-Seins hin. Das In-der-Welt-sein ist also Entwurf, diese Welt zu besitzen, und der Wert, der das Für-sich heimsucht, ist die konkrete Anzeige eines individuellen Seins, das durch die synthetische Funktion *dieses* Für-sich und *dieser* Welt konstituiert ist. Denn wo immer das Sein ist, woher es kommt und wie man es betrachtet, ob es An-sich oder Für-sich ist oder das unmögliche Ideal des An-sich-Für-sich, es ist in seiner primären Kontingenz ein individuelles Abenteuer.

So können wir die Beziehungen definieren, die die Kategorie des Seins und die des Habens verbinden. Wir haben gesehen, daß die Begierde ursprünglich Begierde, zu sein, oder Begierde, zu haben, sein kann. Aber die Begierde, zu haben, ist nicht unreduzierbar. Während die Begierde, zu sein, direkt das Für-sich betrifft und entwirft, ihm unvermittelt die Würde eines An-sich-Für-sich zu verleihen, zielt die Begierde, zu haben, auf das Für-sich an, in und vermittels der Welt. Durch die Aneignung der Welt sucht der Entwurf, zu haben, denselben Wert zu realisieren wie die Begierde, zu sein. Darum sind diese Begierden, die man in der Analyse unterscheiden kann, in der Wirklichkeit untrennbar: man findet keine Begierde, zu sein, die sich nicht um eine Begierde, zu haben, verdoppelt und umgekehrt; im Grunde handelt es sich um zwei Richtungen der Aufmerksamkeit hinsichtlich eines selben Zwecks oder, wenn man so will, um zwei Interpretationen ein und derselben grundlegenden Situation, von denen die eine dem Für-sich das Sein ohne Umweg zu verleihen sucht, während die andere den Zirkel der Selbstheit herstellt, das heißt zwischen das Für-sich und sein Sein die Welt einschiebt. Was die ursprüngliche Situation angeht, so ist sie der Seinsmangel, der ich bin, das heißt, der zu sein ich mich mache. Aber gerade das Sein, zu dessen Mangel ich mich für mich selbst mache, ist streng individuell und konkret: es ist das Sein, das *schon existiert* und inmitten dessen ich als *sein* Mangel auftauche. So ist selbst das Nichts, das ich bin, individuell und konkret, da es *diese* Nichtung und keine andere ist.

Jedes Für-sich ist freie Wahl; jede seiner Handlungen, die unbedeutendste wie die wichtigste, drückt diese Wahl aus und geht aus ihr hervor; das nannten wir unsere Freiheit. Wir haben jetzt den *Sinn* dieser Wahl erfaßt: sie ist Wahl, zu sein, sei es direkt, sei es durch Aneignung der Welt oder vielmehr beides zugleich. Meine Freiheit ist also Wahl, Gott zu sein, und alle meine Handlungen, alle meine Entwürfe drücken diese Wahl aus und spiegeln sie auf Abertausende von Weisen wider, denn es gibt eine Unendlichkeit von Weisen, zu sein, und Weisen, zu haben. Die existentielle Psychoanalyse hat zum Ziel, über diese empirischen und konkreten Entwürfe die ursprüngliche Art wieder herauszufinden, nach der jeder sein Sein wählt. Bleibt noch zu erklären, wird man sagen, warum ich wähle, die Welt über das eine oder das andere besondere *Dieses* zu besitzen. Wir könnten antworten, daß genau das das Eigentümliche der Freiheit ist. Doch das Objekt selbst ist nicht unreduzierbar. Wir zielen in ihm über seine Seinsweise oder Qualität sein *Sein* an. Und die Qualität – insbesondere die materielle Qualität, Flüssigkeit des Wassers, Dichte des Steins usw. – vergegenwärtigt als Seinsweise lediglich auf eine bestimmte Art das Sein. Was wir wählen, ist also eine bestimmte Art, in der sich das Sein enthüllt und sich besitzen läßt. Das Gelbe und das Rote, der Geschmack der Tomate oder des Erbspürees, das Rauhe und das Zarte sind für uns keineswegs unreduzierbare Gegebenheiten: sie drücken symbolisch für uns eine bestimmte Art aus, in der sich das Sein darbietet, und wir reagieren durch Ekel oder Begierde, je nachdem ob wir das Sein in der einen oder der andern Art an ihrer Oberfläche erscheinen sehen. Die existentielle Psychoanalyse muß den *ontologischen Sinn* der Qualitäten freilegen. Nur so – und nicht durch Betrachtungen über die Sexualität – wird man zum Beispiel bestimmte Konstanten der poetischen «Imaginationen» erklären können (das «Geologische» bei Rimbaud, die Flüssigkeit des Wassers bei Poe) oder ganz einfach die Geschmäcke jedes einzelnen, diese berühmten Geschmäcke, von denen man sagt, darüber lasse sich nicht streiten, ohne sich klarzumachen, daß sie auf ihre Weise eine ganze «Weltanschauung»[353] symbolisieren, eine ganze Seinswahl, und daß von daher ihre *Evidenz* für denjenigen herkommt, der sie zu den seinen gemacht hat. Es ist also angebracht, hier diese besondere Aufgabe der existentiellen Psychoanalyse als Anregung für spätere Untersuchungen zu skizzieren. Denn nicht auf der Ebene des Geschmacks für das Süße oder das Bittere usw. ist die freie Wahl unreduzierbar, sondern auf der Ebene der Wahl des Seinsaspekts, der sich *über* und *durch* das Süße, das Bittere usw. enthüllt.

III

Über die Qualität als seinsenthüllend

Es handelt sich ganz einfach darum, eine Psychoanalyse der *Dinge* zu entwerfen. Das hat Bachelard in seinem letzten Buch, *L'eau et les rêves*, mit viel Talent versucht.[354] Es ist ein vielversprechendes Buch; eine wirkliche Entdeckung ist zumal die der «materiellen Imagination». Dieser

Begriff *Imagination* sagt uns eigentlich nicht zu, auch nicht der Versuch, hinter den Dingen und ihrer gallertartigen, festen oder flüssigen Materie die «Bilder»[355] zu suchen, die wir dorthin projizieren. Wie wir an anderer Stelle gezeigt haben,* hat die Wahrnehmung nichts mit der Imagination gemeinsam: sie schließt sie im Gegenteil strikt aus und umgekehrt. Wahrnehmen heißt keineswegs Bilder mit Empfindungen verbinden: diese Thesen assoziationistischer Provenienz sind gänzlich zu verbannen; und folglich hat die Psychoanalyse nicht Bilder zu untersuchen, sondern den *Sinn* zu explizieren, der den Dingen real angehört. Zwar gehört der «menschliche» Sinn des *Schmierigen*, des *Klebrigen* usw. nicht dem An-sich an. Doch wie wir sahen, gehören ihm auch die Potentialitäten nicht an, und trotzdem konstituieren sie die Welt. Die *materiellen* Bedeutungen, der menschliche Sinn der Schneekristalle, des Körnigen, des Gepreßten, des Fettigen usw. sind so *real* wie die Welt, nicht mehr und nicht weniger, und zur Welt kommen heißt inmitten dieser Bedeutungen auftauchen. Doch handelt es sich zweifellos um einen bloßen terminologischen Unterschied; und Bachelard scheint kühner zu sein und den Kern seines Denkens zu bieten, wenn er in seinen Vorlesungen von einer Psychoanalyse der Pflanzen spricht oder einem seiner Bücher den Titel *Psychanalyse du feu*[356] gibt. Es geht ja darum, *nicht auf das Subjekt*, sondern auf die Dinge eine Methode objektiver Entschlüsselung anzuwenden, die keinen vorgängigen Verweis auf das Subjekt voraussetzt. Wenn ich zum Beispiel die objektive Bedeutung des Schnees bestimmen will, so sehe ich etwa, daß er bei bestimmten Temperaturen schmilzt und daß dieses Schmelzen sein Tod ist. Es handelt sich hier einfach um eine objektive Feststellung. Und wenn ich die Bedeutung dieses Schmelzens bestimmen

---

* Siehe *L'imaginaire*, Gallimard, Paris 1940 [deutsch: Jean-Paul Sartre, *Das Imaginäre*, Rowohlt, Reinbek 1971].

will, muß ich es mit anderen Objekten vergleichen, die in anderen Existenzbereichen situiert, aber gleich objektiv, gleich transzendent sind, Ideen, Freundschaften, Personen, von denen ich gleichfalls sagen kann, daß sie *dahinschmelzen* (das Geld *schmilzt* in meinen Händen; ich bin schweißnaß, ich *schmelze* vor Schweiß; bestimmte Ideen – im Sinn objektiver sozialer Bedeutungen – haben einen Schneeballeffekt, und andere *schmelzen*;* wie er abgemagert, *zusammengeschmolzen* ist); zweifellos kann ich so eine bestimmte Beziehung finden, die bestimmte Formen des Seins mit bestimmten anderen verbindet. Der Vergleich des schmelzenden Schnees mit gewissen anderen mysteriösen Schmelzvorgängen (zum Beispiel in bestimmten alten Mythen: der Schneider in Grimms Märchen nimmt einen Käse in die Hand, gibt ihn als Stein aus, drückt ihn so sehr, daß die Molke heraustropft; die Dabeistehenden glauben, er habe einen Stein zum Tropfen gebracht, er habe dessen Flüssigkeit herausgepreßt) kann uns über eine geheime Flüssigkeit der festen Körper unterrichten, in dem Sinn wie Audiberti in einem glücklichen Einfall von einer geheimen Schwärze der Milch sprach. Diese Flüssigkeit, die ihrerseits mit dem Saft der Früchte und dem Blut des Menschen zu vergleichen ist – das auch etwas wie unser geheimer Lebenssaft ist –, verweist uns auf eine gewisse permanente Möglichkeit des *körnigen Kompakten* (das eine gewisse Seinsqualität des *reinen Ansich* bezeichnet), sich in eine *homogene, undifferenzierte Flüssigkeit* (eine andere Seinsqualität des reinen An-sich) zu verwandeln. Und wir erfassen hier an seinem Ursprung und mit ihrer ganzen ontologischen Bedeutung die Antinomie des Kontinuierlichen und des Diskontinuierlichen, weibliche und männliche Pole der Welt, deren dialektische Entwicklung bis zur Quantentheorie und Wellenmechanik wir dann sehen werden. So werden wir schließlich den

---

* Man denke auch an das «schmelzende Geld» von Daladier.

geheimen Sinn des Schnees, der ein ontologischer Sinn ist, entziffern können. Aber wo ist in alldem der Bezug zum Subjektiven, zur Imagination? Wir haben nur streng objektive Strukturen verglichen und die Hypothese formuliert, die diese Strukturen vereinigen und eingruppieren kann. Eben deshalb erstreckt sich die Psychoanalyse hier auf die Dinge selbst, nicht auf die Menschen. Darum auch würde ich mich auf dieser Ebene mehr als Bachelard hüten, auf die materiellen Imaginationen der Dichter, ob Lautréamont, Rimbaud oder Poe zurückzugreifen. Zwar ist es spannend, das «Bestiarium Lautréamonts» zu untersuchen. Wenn wir dabei aber wieder auf das Subjektive zurückgekommen sind, so werden wir wirklich bedeutende Ergebnisse nur erreichen, wenn wir Lautréamont als ursprüngliche, reine Bevorzugung der Animalität betrachten* und wenn wir *vorher* den objektiven Sinn der Animalität bestimmt haben. Wenn Lautréamont in der Tat *das ist, was er bevorzugt*, muß man zunächst die Natur dessen, was er bevorzugt, kennen. Wir wissen zwar, daß er anderes und mehr in die Animalität «hineinlegt» als ich. Aber diese subjektiven Bereicherungen, die uns Aufschluß über Lautréamont geben, sind durch die objektive Struktur der Animalität polarisiert. Die existentielle Psychoanalyse Lautréamonts setzt daher zunächst eine Entzifferung des objektiven Sinns des *Tiers* voraus. Ebenso plane ich langfristig, ein *Lapidarium* Rimbauds aufzustellen. Doch welchen Sinn hätte dieses, wenn wir nicht vorher die Bedeutung des Geologischen im allgemeinen festgestellt hätten? Aber, wird man sagen, eine Bedeutung setzt den Menschen voraus. Wir sagen nichts anderes. Doch als Transzendenz etabliert der Mensch das Bedeutende durch sein Auftauchen selbst, und das Bedeutende ist wegen der Struktur der Transzendenz selbst ein

---

* Einer gewissen Animalität, genau dessen, was Scheler *vitale Werte* nennt.

Verweis auf anderes Transzendentes, das ohne Rückgang auf die Subjektivität, von der es etabliert wurde, entziffert werden kann. Die potentielle Energie eines Körpers ist eine objektive Qualität dieses Körpers, die objektiv berechnet werden muß unter alleiniger Berücksichtigung objektiver Umstände. Und doch kann diese Energie einen Körper nur in einer Welt bewohnen, deren Erscheinen korrelativ zu dem eines Für-sich ist. Ebenso wird man durch eine streng objektive Psychoanalyse andere Potentialitäten entdecken, die noch tiefer in die Materie der Dinge eingebunden sind und völlig transzendent bleiben, obwohl sie einer noch grundlegenderen Wahl der menschlichen-Realität entsprechen, einer *Seins*wahl.

Das bringt uns dazu, den zweiten Punkt zu präzisieren, in dem wir von Bachelard abweichen. Es steht zwar fest, daß jede Psychoanalyse ihre *apriorischen* Prinzipien haben muß. Vor allem muß sie wissen, *was sie sucht*, wie könnte sie es sonst finden? Da jedoch die Psychoanalyse das Ziel ihrer Untersuchung nicht ohne einen *circulus vitiosus* selbst festlegen kann, muß es Gegenstand eines Postulats sein – entweder man leitet es von der Erfahrung ab – oder man legt es mittels einer anderen Disziplin fest. Die Freudsche Libido ist offensichtlich ein bloßes Postulat; Adlers Wille zur Macht scheint eine unmethodische Verallgemeinerung empirischer Gegebenheiten zu sein – und sie muß ja unmethodisch sein, da sie es erlaubt, für eine psychoanalytische Methode den Grund zu legen. Bachelard scheint sich auf seine Vorgänger zu berufen; das Postulat der Sexualität scheint seine Forschungen zu beherrschen; dann wieder werden wir auf den *Tod* verwiesen, auf das Trauma der Geburt, auf den Willen zur Macht; kurz seine Psychoanalyse scheint ihrer Methode sicherer zu sein als ihrer Prinzipien, und offenbar rechnet sie damit, daß ihre Ergebnisse sie über das genaue Ziel ihrer Forschung aufklären. Aber das heißt das Pferd vom Schwanz her aufzäumen; nie werden die Folgerungen erlauben, das Prinzip aufzustellen, ebensowenig wie die Summierung der endlichen Modi es erlaubt, die Substanz zu erfassen. Es scheint uns daher, daß man hier auf diese empirischen Prinzipien oder die Postulate verzichten muß, die aus dem Menschen *a priori* eine Sexualität oder einen Willen zur Macht machen, und daß man das Ziel der Psychoanalyse streng von der Ontologie her festlegen muß. Das haben wir im vorigen Abschnitt versucht. Wir haben gesehen, daß die menschliche-Realität, lange bevor sie als Libido oder Wille zur Macht beschrieben werden kann, *Wahl, zu sein*, ist, sei es direkt oder durch Aneignung der Welt. Und wir haben gesehen, daß – wenn sich die Wahl auf die Aneignung richtet – jedes *Ding* letztlich nicht wegen seines sexuellen Potentials gewählt wird, sondern nach der Weise, in der es das Sein *wiedergibt*, der Art, in der das Sein an seiner Oberfläche erscheint. Eine Psychoanalyse der *Dinge* und ihrer *Materie* muß sich also vor allem darum bemühen, die Art festzustellen, in der jedes Ding das *objektive* Symbol des Seins und der Beziehung der menschlichen-Realität zu diesem Sein ist. Wir leugnen nicht, daß man danach einen ganzen sexuellen Symbolismus in der Natur aufdecken müßte, aber das ist eine sekundäre und reduzierbare Schicht, die zunächst eine Psychoanalyse der präsexuellen Strukturen voraussetzt. Wir würden also Bachelards Studie über das Wasser, die von scharfsinnigen und tiefen Aperçus wimmelt, als eine Sammlung von Anregungen, eine wertvolle Zusammenstellung von Materialien betrachten, die jetzt von einer ihrer Prinzipien bewußten Psychoanalyse benutzt werden müßten.

Denn was die Ontologie die Psychoanalyse lehren kann, ist zunächst der *wahre* Ursprung der Bedeutungen der Dinge und ihre *wahre* Beziehung zur menschlichen-Realität. Sie allein kann sich ja auf die Ebene der Transzendenz stellen und mit einem Blick das In-der-Welt-sein mit seinen beiden Gliedern erfassen, weil allein sie sich ursprünglich in die Perspektive des Cogito versetzt. Wieder ermöglichen uns die Idee der Faktizität und die der Situation, die existentielle Symbolik der Dinge zu verstehen. Wir sahen ja, daß es theoretisch möglich und praktisch unmöglich ist, die Faktizität von dem Entwurf zu unterscheiden, der sie als Situation konstituiert. Diese Feststellung soll uns hier weiterhelfen: man darf ja, wie wir gesehen haben, nicht glauben, daß das *Dieses* in der Indifferenzexteriorität seines Seins und unabhängig vom Auftauchen eines Für-sich irgendeine Bedeutung hätte. Gewiß ist seine *Qualität*, wie wir sahen, nichts anderes als sein Sein. Das Gelb der Zitrone, sagten wir, ist kein subjektiver Modus der Wahrnehmung der Zitrone: es *ist die Zitrone*. Wir haben auch gezeigt,* daß sich die Zitrone ganz über ihre Qualitäten erstreckt und jede der Qualitäten sich über die andern erstreckt; eben das nannten wir *Dieses*. Jede Qualität des Seins ist das ganze Sein; sie ist die Anwesenheit seiner absoluten Kontingenz, seine Indifferenz-Unreduzierbarkeit. Doch schon im Zweiten Teil haben wir auf der Untrennbarkeit von Entwurf und Faktizität bei der Qualität insistiert. Wir schrieben nämlich: «Damit es Qualität gibt, ist lediglich notwendig, daß es Sein *gibt* für ein Nichts, das von Natur aus das Sein *nicht ist*… die Qualität *ist das ganze Sein*, das sich in den Grenzen des ‹es gibt› enthüllt.»[357] Wir können also von Anfang an die Bedeutung der Qualität nicht dem Sein *an sich* zuschreiben, da es schon des «Es gibt» bedarf, das heißt der nichtenden Vermittlung des Für-sich, damit es Qualitäten gibt. Doch von diesen Überlegungen aus versteht man leicht, daß die Bedeutung der Qualität ihrerseits eine Art Verstärkung des «Es gibt» anzeigt, da wir uns eben auf sie stützen, um das «Es gibt» auf das Sein hin zu überschreiten, so wie es absolut und an sich ist. In jeder Wahrneh-

---

* Zweiter Teil, Drittes Kapitel: III. Qualität und Quantität, Potentialität, Utensilität.

mung von Qualität gibt es in diesem Sinn ein metaphysisches Bemühen, unserer Lage zu entgehen, die Hülse aus Nichts des «Es gibt» zu durchbrechen und bis zum reinen An-sich vorzudringen. Aber wir können natürlich die Qualität nur als Symbol eines Seins erfassen, das uns total entgeht, wenn es auch total da ist, vor uns, das heißt im Grunde, wir können das enthüllte Sein nur als Symbol des Seins an sich fungieren lassen. Das bedeutet aber gerade, daß sich eine neue Struktur des «Es gibt» konstituiert, die die Bedeutungsschicht ist, obwohl sich diese Schicht in der absoluten Einheit eines gleichen grundlegenden Entwurfs enthüllt. Das nennen wir den metaphysischen Gehalt jeder intuitiven Enthüllung des Seins; und eben das müssen wir durch die Psychoanalyse erreichen und enthüllen. Was ist der metaphysische Gehalt des Gelben, des Roten, des Glatten, des Rauhen? Was ist – die Frage wird man *nach* diesen elementaren Fragen stellen – der metaphysische Koeffizient der Zitrone, des Wassers, des Öls usw.? Solche Probleme muß die Psychoanalyse lösen, wenn sie eines Tages verstehen will, warum Pierre Apfelsinen liebt und Wasser verabscheut, warum er gern Tomaten ißt und keine Bohnen mag, warum er sich übergibt, wenn er gezwungen wird, Austern oder rohe Eier zu essen.

Freilich haben wir auch gezeigt, daß es ein Irrtum wäre, beispielsweise zu glauben, wir würden unsere affektiven Dispositionen *auf* das Ding «projizieren», um es zu beleuchten oder zu färben. Zunächst einmal haben wir ja seit langem gesehen, daß ein Gefühl durchaus keine innere Disposition ist, sondern eine objektivierende, transzendierende Beziehung, die sich durch ihren Gegenstand anzeigen läßt, was sie ist. Aber das ist nicht alles: ein Beispiel wird uns zeigen, daß die Erklärung durch die *Projektion* (das ist der Sinn des allzu berühmten: «Eine Landschaft ist ein Seelenzustand») eine *petitio principii* ist. Nehmen wir zum Beispiel die besondere Qualität, die man das *Klebrige* [*visqueux*] nennt. Es ist gewiß, daß sie für den erwachsenen Europäer eine Menge *menschlicher* und *moralischer* Merkmale bedeutet, die sich leicht auf Seinsbeziehungen reduzieren lassen. Ein Händedruck ist klebrig, ein Lächeln ist klebrig, ein Gedanke, ein Gefühl kann klebrig sein. Nach allgemeiner Meinung hätte ich zunächst die Erfahrung gewisser Verhaltensweisen und gewisser moralischer Haltungen gehabt, die mir mißfallen und die ich verurteile, und andererseits die sinnliche Intuition des Klebrigen. Danach würde ich eine Verbindung zwischen diesen Gefühlen und der Klebrigkeit herstellen, und das Klebrige würde als Symbol für eine ganze Klasse von Gefühlen und menschlichen Haltungen fungieren. So hätte ich das Klebrige bereichert, indem ich mein Wissen von dieser menschlichen Kategorie von Verhaltensweisen auf es projizierte. Aber wie kann man die Projektion als Erklärung akzeptieren? Wenn wir voraussetzen, daß wir zunächst die Gefühle als reine psychische Qualitäten erfaßt haben, wie könnten wir dann ihre Beziehung zum Klebrigen erfassen? Das in seiner qualitativen Reinheit erfaßte Gefühl kann sich nur als eine gewisse rein unausgedehnte Disposition enthüllen, die durch seinen Bezug zu gewissen Werten und gewissen Konsequenzen zu mißbilligen ist; in keinem Fall «ruft es ein Bild hervor», wenn das Bild nicht zunächst gegeben ist. Und wenn andererseits das Klebrige nicht ursprünglich mit einem affektiven Sinn beladen ist, wenn es sich nur als eine gewisse materielle Qualität darbietet, sieht man nicht, wie es jemals als symbolischer Repräsentant gewisser psychischer Einheiten gewählt werden kann. Mit einem Wort, um bewußt und klar eine symbolische Beziehung zwischen der Klebrigkeit und der schleimigen Niedrigkeit gewisser Individuen herstellen zu können, müßten wir bereits die Niedrigkeit in der Klebrigkeit und die Klebrigkeit in gewissen Niedrigkeiten erfassen. Daraus folgt also, daß die Erklärung durch die Projektion nichts erklärt, da sie das voraussetzt, was erklärt werden müßte. Wenn sie übrigens diesem prinzipiellen Einwand entginge, würde sie auf einen andern, aus der Erfahrung gewonnenen und nicht weniger gewichtigen stoßen: die Erklärung durch Projektion impliziert ja, daß das projizierende Subjekt durch die Erfahrung und die Analyse zu einer gewissen Kenntnis der Struktur und der Wirkungen der Haltungen gelangt ist, die es klebrig nennen wird. Bei dieser Konzeption bereichert nämlich der Rückgriff auf die Klebrigkeit unsere Erfahrung der menschlichen Niedrigkeit keineswegs als eine *Erkenntnis*; sie dient höchstens als thematische Einheit, Abbildrubrik für schon erworbene Erkenntnisse. Andererseits kann uns die eigentliche Klebrigkeit im isolierten Zustand als praktisch schädlich erscheinen (weil die klebrigen Substanzen an den Händen, an den Kleidern kleben, weil sie beschmutzen), aber nicht als *ekelhaft*. Man kann den Ekel, den sie einflößt, nur durch die Kontamination dieser physikalischen Qualität mit gewissen moralischen Qualitäten erklären. Es müßte also so etwas wie ein Erlernen des symbolischen Werts des Klebrigen geben. Die Beobachtung lehrt uns aber, daß schon die kleinsten Kinder angesichts des Klebrigen Widerwillen bekunden, als ob es *schon* mit Psychischem kontaminiert wäre; sie lehrt uns auch, daß sie, sobald sie sprechen können, den Wert der Wörter «weich», «niedrig» usw. zur Beschreibung von Gefühlen *verstehen*. Alles geschieht so, als tauchten wir in einem Universum auf, wo die Gefühle und die Handlungen ganz mit Materialität beladen sind, einen substantiellen Stoff haben, *wirklich* weich, flach, klebrig, niedrig, hoch usw. sind und wo die materiellen Substanzen ursprünglich eine psychische Bedeutung haben, die sie abstoßend, grauenhaft, anziehend usw. macht. Als Projektion oder Analogie ist das nicht zu erklären. Und zusammenfassend kann man sagen, es ist unmöglich, daß wir den psychischen Symbolwert des Klebrigen von der rohen Qualität des «Dieses» ableiten, wie es ebenso unmöglich ist, daß wir diese Bedeutung von einer *Erkenntnis* der betreffenden psychischen Haltungen her auf das *Dieses* projizieren. Wie soll man also die immense universale Symbolik verstehen, die ihren Ausdruck in unserem Widerwillen, unserem Haß, unseren Sympathien, unseren Verlockungen gegenüber Gegenständen findet, deren Materialität prinzipiell nichtbedeutend bleiben müßte? Will man bei dieser Untersuchung vorankommen, muß man eine gewisse Anzahl von Postulaten aufgeben. Insbesondere dürfen wir nicht mehr *a priori* postulieren, daß die Zuordnung der Klebrigkeit zu diesem oder jenem Gefühl nur ein Bild ist und keine Erkenntnis – wir müssen vor umfassenderer Information auch die Annahme zurückweisen, das Psychische ermögliche es, die physikalische Materie symbolisch zu formen, und es gebe eine Priorität unserer Erfahrung der menschlichen Niedrigkeit vor dem Erfassen des «Klebrigen» als bedeutend.

Kommen wir zum ursprünglichen Entwurf zurück. Er ist Aneignungsentwurf. Er zwingt demnach das *Klebrige*, sein Sein zu enthüllen; da das Auftauchen des Für-sich zum Sein aneignend ist, ist das wahrgenommene Klebrige «zu besitzendes Klebriges», das heißt, meine ursprüngliche Verbindung zum Klebrigen ist, daß ich entwerfe, Grund seines Seins zu sein, insofern es ideal Ich-selbst ist. Von Anfang an erscheint es also als ein zu begründendes mögliches Ich-selbst; von Anfang an ist es *psychisiert*. Das bedeutet keineswegs, daß ich es in der Art des primitiven Animismus mit einer Seele oder mit metaphysischen Eigenschaften ausstatte, sondern nur, daß sich eben seine Materialität mir als mit einer psychischen Bedeutung versehen enthüllt – wobei diese psychische Bedeutung übrigens eins ist mit dem symbolischen Wert, den es in bezug auf das An-sich-sein hat. Diese Aneignungsart, das Klebrige alle diese Bedeutungen *wiedergeben zu lassen*, kann als ein formales *a priori* betrachtet werden, obwohl sie freier Entwurf ist und sich mit dem Sein des Für-sich selbst identifiziert; sie hängt ja ursprünglich nicht von der Seinsweise des Klebrigen ab, sondern nur von seinem rohen Da-sein, von seiner puren vorgefundenen Existenz; sie wäre bei jedem andern Vorfinden ähnlich, insofern sie bloßer Aneignungsentwurf ist, insofern sie sich in nichts vom reinen «es gibt» unterscheidet und, je nachdem wie man sie betrachtet, reine Freiheit oder reines Nichts ist. Eben im Rahmen dieses Aneignungsentwurfs enthüllt sich aber das Klebrige und entwickelt seine Klebrigkeit. Diese Klebrigkeit ist also *schon* – seit dem ersten Erscheinen des Klebrigen – Antwort auf eine Frage, schon *Selbsthingabe*; das Klebrige erscheint bereits als Andeutung einer Verschmelzung der Welt mit mir; und was es mir von sich zeigt, seine Eigenart eines *Saugnapfes, der mich ansaugt*, ist bereits eine Antwort auf eine konkrete Frage; es antwortet mit seinem Sein selbst, mit seiner Seinsweise, mit seiner ganzen Materie. Und seine Antwort entspricht einerseits genau der Frage und ist andererseits opak und unentzifferbar, denn sie ist reich an seiner ganzen unaussprechlichen Materialität. Sie ist klar, insofern sie genau der Frage entspricht: das Klebrige läßt sich als das erfassen, was mir mangelt, es läßt sich durch eine aneignende Untersuchung ertasten; und diese Andeutung einer Aneignung enthüllt seine Klebrigkeit. Sie ist opak, denn genau dann, wenn die bedeutende Form durch das Für-sich im Klebrigen erweckt ist, erfüllt es sie mit seiner ganzen Klebrigkeit. Es gibt uns also eine volle und dichte Bedeutung zurück, und diese Bedeutung liefert uns das *An-sich-sein*, insofern das Klebrige gegenwärtig das ist, was die Welt manifestiert, und die *Andeutung unser selbst*, insofern die Aneignung etwas wie einen begründenden Akt des Klebrigen skizziert. Was dann als eine objektive Qualität wieder zu uns kommt, ist eine neue *Natur*, die weder materiell (und physisch) noch psychisch ist, sondern den Gegensatz des Psychischen und des Physischen transzendiert, indem sie sich uns als der ontologische Ausdruck der gesamten Welt enthüllt, das heißt, die sich als Rubrik anbietet, alle *Dieses* der

Welt zu klassifizieren, gleich ob es sich um materielle Organisationen handelt oder um transzendierte Transzendenzen. Das bedeutet, daß die Wahrnehmung des Klebrigen als solchen gleichzeitig eine besondere Art geschaffen hat, sich als das An-sich der Welt darzubieten, sie symbolisiert auf ihre Weise das Sein, das heißt, solange der Kontakt mit dem Klebrigen dauert, geschieht alles für uns so, als wäre die Klebrigkeit der Sinn der gesamten Welt, das heißt der einzige Seinsmodus des An-sich-seins, so wie für die Primitiven des Eidechsen-Clans alle Objekte Eidechsen *sind*. Was kann in dem gewählten Beispiel der durch das Klebrige symbolisierte Seinsmodus sein? Ich sehe zunächst, daß es die Homogenität und die Imitation des Flüssigen ist. Eine klebrige Substanz wie Pech ist ein entartetes Flüssiges. Sie scheint uns zunächst das überall fliehende und überall sich selbst gleiche Sein zu manifestieren, das überall entrinnt und auf dem man doch schwimmen kann, das Sein ohne Gefahr und ohne Gedächtnis, das sich ewig in es selbst verwandelt, auf dem man keine Spuren hinterläßt und das auf uns keine Spuren hinterlassen kann, das gleitet und auf dem man gleitet, das sich durch das Gleiten (Kahn, Motorboot, Wasserski usw.) besitzen läßt und das nie besitzt, weil es an einem abgleitet, das Sein, das Ewigkeit und unendliche Zeitlichkeit ist, weil es ständige Veränderung ist, ohne etwas, was sich verändert, und das, durch diese Synthese von Ewigkeit und Zeitlichkeit, eine mögliche Verschmelzung des Für-sich als reiner Zeitlichkeit und des An-sich als reiner Ewigkeit am besten symbolisiert. Aber sofort enthüllt sich das Klebrige seinem Wesen nach als nicht geheuer, weil das Flüssigsein bei ihm verlangsamt existiert; es ist Verdikkung des Flüssigseins, das heißt, es stellt an ihm selbst einen beginnenden Triumph des Festen über das Flüssige dar, das heißt eine Tendenz des Indifferenz-An-sich, das durch das reine Feste dargestellt wird, das Flüssige erstarren zu lassen, das heißt, das Für-sich, durch das es begründet werden sollte, aufzusaugen. Das Klebrige ist die Agonie des Wassers; es bietet sich selbst als ein werdendes Phänomen dar, es hat nicht wie das Wasser die Permanenz in der Veränderung, sondern stellt im Gegenteil so etwas wie einen Schnitt in einer Zustandsänderung dar. Diese erstarrte Unbeständigkeit des Klebrigen entmutigt den Besitz. Das Wasser ist flüchtiger, doch kann man es gerade in seiner Flucht als Fliehendes besitzen. Das Klebrige flieht in einer zähen Flucht, die der des Wassers gleicht wie der schwerfällige niedrige Flug des Huhns dem des Sperbers. Und diese Flucht selbst kann nicht besessen werden, denn sie negiert sich als Flucht. Sie ist fast schon eine feste Permanenz. Nichts bezeugt den nicht geheuren Charakter einer «Substanz zwischen zwei Zuständen» besser als die Langsamkeit, mit der das Klebrige mit sich selbst verschmilzt: ein Wassertropfen, der die Oberfläche einer Wasserfläche berührt, ist augenblicklich in Wasserfläche verwandelt; wir erfassen den Vorgang nicht als ein Aufsaugen des Tropfens durch die Fläche wie durch einen Mund, sondern vielmehr als eine Spiritualisierung und eine Entindividualisierung eines einzelnen Seins, das sich von selbst in dem großen Ganzen auflöst, aus dem es hervorgegangen ist. Das Symbol der Wasserfläche scheint eine ganz wichtige Rolle bei der Entstehung der pantheistischen Schemata zu spielen; es enthüllt einen besonderen Typus der Beziehung des Seins zum Sein. Betrachten wir aber das Klebrige, so stellen wir fest (obwohl es auf geheimnisvolle Weise das *ganze* Flüssigsein verlangsamt behalten hat; man darf es nicht mit Pürees verwechseln, wo das angedeutete Flüssigsein plötzliche Brüche und Staus erleidet und sich die Substanz nach einer Andeutung von *Fließen* plötzlich überschlägt), daß es im Phänomen der Verwandlung in es selbst eine konstante Hysteresis darstellt: der Honig, der von meinem Löffel auf den im Topf enthaltenen Honig fließt, skulptiert zunächst die Oberfläche; er hebt sich auf ihr als Relief ab, und sein Verschmelzen mit dem Ganzen stellt sich wie ein Einsinken, ein Schlucken dar, das gleichzeitig wie ein *Zusammenfallen* erscheint (man erinnere sich, welche Bedeutung für das kindliche Gefühl die Gummipuppe hat, die man aufbläst wie das Glas und die mit einem kläglichen Seufzen zusammenfällt) und wie das Breit- und Flachwerden der etwas reifen Brüste einer Frau, die sich auf den Rücken legt. In diesem Klebrigen, das mit sich selbst verschmilzt, gibt es ja einen sichtbaren Widerstand, wie eine Weigerung des Individuums, das sich nicht im Ganzen des Seins vernichten will, und gleichzeitig eine bis zur äußersten Konsequenz getriebene Weichheit: denn das *Weiche* ist nichts als eine Vernichtung, die auf halbem Wege haltmacht; das Weiche ist das, was uns das Bild unseres eigenen Destruktionsvermögens und seiner Grenzen am besten zurückwirft. Die Langsamkeit, mit der ein klebriger Tropfen innerhalb des Ganzen verschwindet, wird zunächst als *Weichheit* aufgenommen, da sie wie eine verzögerte Vernichtung ist, die Zeit zu gewinnen sucht; aber diese Weichheit geht bis zum Ende: der Tropfen versinkt in der Fläche des Klebrigen. Aus diesem Phänomen entstehen mehrere Merkmale des Klebrigen: zunächst ist es *weich* bei der Berührung. Man schütte Wasser auf den Boden; es *fließt*. Man schütte eine klebrige Substanz aus: sie dehnt sich, breitet sich aus, flacht ab, ist *weich*; man berühre das Klebrige, es flieht nicht: es gibt nach. Gerade in der Unerfaßbarkeit des Wassers ist eine unerbittliche Härte, die ihm einen geheimen *metallischen* Sinn gibt: schließlich ist es unpreßbar wie Stahl. Das Klebrige ist preßbar. Es vermittelt also zunächst den Eindruck eines Seins, das man *besitzen* kann. Auf doppelte Weise: seine Klebrigkeit, seine Adhäsion hindert es zu fliehen, ich kann es daher in meine Hände nehmen, eine gewisse Menge Honig oder Pech vom übrigen Topf trennen und dadurch in einer fortwährenden Schöpfung einen individuellen Gegenstand *schaffen*; aber die Weichheit dieser Substanz, die in meinen

Händen zerdrückt wird, gibt mir gleichzeitig den Eindruck, daß ich fortwährend *zerstöre*. Das ist genau das Bild einer Schöpfung-Zerstörung. Das Klebrige ist *fügsam*. Doch im gleichen Moment, in dem ich es zu besitzen glaube, besitzt *es* plötzlich mich in einer merkwürdigen Umkehrung. Und dabei erscheint sein wesentliches Merkmal: seine Weichheit ist saugend. Ist der Gegenstand in meiner Hand fest, kann ich ihn loslassen, wann es mir paßt; seine Inertheit symbolisiert für mich meine ganze Macht: ich begründe ihn, aber er begründet nicht mich; das Für-sich ballt hier in sich selbst das An-sich zusammen und erhebt es zur Würde eines An-sich, ohne sich zu kompromittieren, indem es immer assimilierende und schöpferische Macht bleibt; das Für-sich absorbiert das An-sich. Anders gesagt, der Besitz bestätigt den Vorrang des Für-sich in dem synthetischen Sein «An-sich-Für-sich». Aber das Klebrige kehrt die Verhältnisse um: das Für-sich ist plötzlich *kompromittiert*. Ich spreize die Hände, ich will das Klebrige loslassen, und es haftet an mir, es zieht mich an, es saugt mich an; seine Seinsweise ist weder die beruhigende Inertheit des Festen noch eine Dynamik wie die des Wassers, das sich darin erschöpft, mich zu fliehen: es ist eine weiche, schleimige, weibliche Aktivität des Ansaugens, es lebt verborgen unter meinen Fingern, und ich fühle eine Art Schwindel, es zieht mich in sich hinein, wie der Abgrund einer Schlucht mich anziehen könnte. Es gibt eine Art taktile Faszination des Klebrigen. Ich bin nicht mehr Herr, den Aneignungsprozeß *anzuhalten*. Er setzt sich fort. In einer Hinsicht ist es wie eine äußerste Gefügigkeit des Besessenen, wie die Treue eines Hundes, der *sich anbietet*, auch wenn man nichts mehr von ihm wissen will, und in anderer Hinsicht ist hinter dieser Fügsamkeit eine heimtückische Aneignung des Besitzenden durch das Besessene. Man sieht hier das Symbol, das sich plötzlich enthüllt: es gibt giftige Besitzungen; es gibt die Möglichkeit, daß das An-sich das Für-sich aufsaugt; das heißt, daß sich ein Sein in Umkehrung des «An-sich-Für-sich» bildet, in dem das An-sich das Für-sich in seine Kontingenz, in seine Indifferenz-Exteriorität zöge, in seine Existenz ohne Grund. In diesem Augenblick erfasse ich plötzlich die Falle des Klebrigen: es ist ein Flüssigsein, das mich festhält und kompromittiert, ich kann auf diesem Klebrigen nicht *gleiten*, alle seine Saugstellen halten mich fest; es kann nicht auf mir gleiten: es saugt sich fest wie ein Blutegel. Das Gleiten ist jedoch nicht einfach *negiert* wie durch das Feste, sondern es ist *vermindert*: das Klebrige scheint sich dafür herzugeben, es fordert mich dazu auf, denn eine Fläche aus Klebrigem im Ruhestand unterscheidet sich kaum von einer Fläche sehr dichter Flüssigkeit; das ist aber eine Attrappe: das Gleiten wird durch die gleitende Substanz *aufgesaugt* und hinterläßt Spuren an mir. Das Klebrige erscheint wie eine im Alptraum gesehene Flüssigkeit, deren Eigenschaften sich alle mit einer Art Leben beseelten und gegen mich richteten. Das Klebrige ist die Rache des An-sich. Eine süßliche, weibliche Rache, die sich auf einer anderen Ebene durch die Eigenschaft des *Gezuckerten* symbolisieren wird. Das Gezuckerte als *Süßigkeit im Geschmack* – unvergängliche Süße, die unbestimmt im Mund bleibt und das Schlucken überdauert – ergänzt vollkommen das Wesen des Klebrigen. Das süße Klebrige ist das Ideal des Klebrigen; es symbolisiert den süßen Tod des Für-sich (die Wespe, die in die Konfitüre fällt und darin ertrinkt). Doch gleichzeitig bin *ich* das Klebrige, schon weil ich eine Aneignung der klebrigen Substanz angedeutet habe. Das Saugen des Klebrigen, das ich an meinen Händen spüre, deutet so etwas wie eine *Kontinuität* der klebrigen Substanz mit mir selbst an. Die langen, weichen Substanzsäulen, die von mir bis auf die klebrige Fläche fallen (wenn ich zum Beispiel meine Hand in sie getaucht habe und sie wieder losreiße), symbolisieren so etwas wie ein Fließen meiner selbst zum Klebrigen hin. Und die Hysteresis, die ich in der Verschmelzung der

Basis dieser Säulen mit der Fläche feststelle, symbolisiert etwas wie den Widerstand meines Seins gegen das Aufsaugen durch das An-sich. Wenn ich mich ins Wasser stürze, in es springe, mich in es hineingleiten lasse, spüre ich keinerlei Unbehagen, denn ich habe nicht die geringste Furcht, mich in ihm aufzulösen: ich bleibe ein Festes in seiner Flüssigkeit. Wenn ich mich aber in das Klebrige stürze, fühle ich, daß ich mich darin verlieren, das heißt mich in Klebriges auflösen werde, eben weil das Klebrige dabei ist, sich zu verfestigen. Das *Teigige* würde in dieser Hinsicht den gleichen Aspekt wie das Klebrige bieten, aber es fasziniert nicht, es kompromittiert nicht, weil es inert ist. Schon im Wahrnehmen des Klebrigen, einer klebenden, kompromittierenden Substanz ohne Gleichgewicht, ist so etwas wie die Angst vor einer *Metamorphose*. Das Klebrige berühren heißt Gefahr laufen, sich in Klebrigkeit aufzulösen.

Nun ist diese Auflösung schon durch sie selbst erschreckend, weil sie Aufsaugen des Für-sich durch das An-sich ist so wie das der Tinte durch ein Löschblatt. *Außerdem* aber ist es erschreckend, daß, wenn man sich schon in ein Ding verwandelt, es ausgerechnet eine Verwandlung *in* Klebriges sein soll. Selbst wenn ich mir eine Verflüssigung meiner selbst denken könnte, das heißt eine Verwandlung meines Seins in Wasser, so wäre ich deshalb nicht übermäßig betroffen, denn das Wasser ist das Symbol des Bewußtseins: seine Bewegung, sein Flüssigsein, die nichtsolidarische Solidarität seines Seins, seine fortdauernde Flucht usw., alles an ihm erinnert mich an das Fürsich; deshalb haben die ersten Psychologen, die die *Dauer* als Kennzeichen des Bewußtseins gezeigt haben (James, Bergson), es sehr oft mit einem Fluß verglichen. Der Fluß evoziert am besten das Bild der konstanten wechselseitigen Durchdringung der Teile eines Ganzen und ihrer ständigen Abtrennbarkeit, Verfügbarkeit. Das Klebrige dagegen bietet ein grauenhaftes Bild: für ein Bewußtsein ist es an sich grauenhaft, *klebrig zu werden*. Das Sein des Klebrigen ist ja weiches Haften und durch die Saugkraft aller seiner Teile heimtückische Solidarität und Komplizenschaft eines jeden mit jedem, vage und weiche Bemühung eines jeden, sich zu individualisieren, gefolgt von einem Zurückfallen in ein Flachwerden, das vom Individuum entleert, gänzlich von der Substanz aufgesaugt ist. Ein Bewußtsein, das *klebrig würde*, verwandelte sich also durch Verklebung seiner Ideen. Wir haben sie seit unserm Auftauchen in der Welt, diese Angst eines Bewußtseins, das sich auf die Zukunft, auf einen Selbstentwurf hin aufschwingen möchte und gerade in dem Moment, wo es sich des Gelingens bewußt würde, sich heimtückisch, unsichtbar durch den Sog der Vergangenheit festgehalten fühlte und seine langsame Auflösung in diese Vergangenheit, vor der es flieht, erleben müßte, die Invasion seines Entwurfs durch tausend Parasiten, bis es sich schließlich selbst völlig verlöre. Von diesem grauenhaften Zustand gibt uns der «Diebstahl des Denkens» in den Einflußpsychosen das beste Bild. Was aber drückt diese Furcht auf der ontologischen Ebene anderes aus als eben die Flucht des Für-sich vor dem An-sich der Faktizität, das heißt eben die Verzeitlichung. Das Grauen vor dem Klebrigen ist das Grauen davor, daß die Zeit klebrig wird, daß die Faktizität kontinuierlich und unmerklich fortschreitet und das Für-sich, das «sie existiert», ansaugt. Es ist nicht die Furcht vor dem Tod, vor dem reinen An-sich, vor dem Nichts, sondern vor einem besonderen Seinstypus, der ebensowenig existiert wie das *An-sich-Für-sich* und durch das Klebrige nur *dargestellt* wird. Ein ideales Sein, das ich mit allen meinen Kräften verurteile und das mich heimsucht, wie der *Wert* mich in meinem Sein heimsucht: ein ideales Sein, in dem das nicht begründete An-sich Vorrang vor dem Für-sich hat und das wir einen *Antiwert* nennen.

Im Aneignungsentwurf des Klebrigen enthüllt sich die Klebrigkeit also plötzlich als Symbol eines Antiwerts, das heißt eines nicht realisierten, aber drohenden Seinstypus, der dauernd das Bewußtsein heimsucht als die ständige Gefahr, vor der es flieht, und dadurch den Aneignungsentwurf plötzlich in einen Fluchtentwurf umformt. Es ist etwas erschienen, was aus keiner früheren Erfahrung hervorgeht, sondern nur aus dem präontologischen Verständnis des An-sich und des Für-sich, und das eben der *Sinn* des Klebrigen ist. Einerseits ist es eine Erfahrung, da die Klebrigkeit eine intuitive Entdeckung ist; und andererseits ist es etwas wie die Erfindung eines Abenteuers des Seins. Von daher erscheint für das Für-sich eine gewisse neue Gefahr, ein bedrohlicher Seinsmodus, der vermieden werden muß, eine konkrete Kategorie, auf die es überall trifft. Das Klebrige symbolisiert nicht *a priori* irgendein psychisches Verhalten: es manifestiert eine gewisse Beziehung des Seins zu sich selbst, und diese Beziehung ist ursprünglich *psychisiert*, weil ich sie in einem Aneignungsversuch entdeckt habe und die Klebrigkeit mir mein Bild zurückgeworfen hat. Von meinem ersten Kontakt mit dem Klebrigen an bin ich also um ein ontologisches Schema bereichert, das, jenseits der Unterscheidung des Psychischen und Nichtpsychischen, geeignet ist, den Seinssinn aller Existierenden einer gewissen Kategorie zu interpretieren, wobei übrigens diese Kategorie als ein leerer Rahmen *vor* der Erfahrung der verschiedenen Arten von Klebrigem auftaucht. Durch meinen ursprünglichen Entwurf angesichts des Klebrigen habe ich sie in die Welt geworfen, sie ist eine objektive Struktur der Welt und gleichzeitig ein Antiwert, das heißt, sie bestimmt einen Sektor, in den sich die klebrigen Gegenstände einordnen. Jedesmal also, wenn ein Gegenstand für mich diesen Seinsbezug manifestiert, ob es sich um einen Händedruck handelt, ein Lächeln oder einen Gedanken, wird er dann *per definitionem* als klebrig erfaßt, das heißt, er wird mir jenseits seiner phänomenalen Kontextur als etwas erscheinen, was gemeinsam mit dem Pech, dem Leim, dem Honig usw. den großen ontologischen Sektor der Klebrigkeit konstituiert. Und umgekehrt, in dem Maß wie das *Dieses*, das ich mir aneignen will, die ganze Welt repräsentiert, erscheint mir das Klebrige von meinem ersten intuitiven Kontakt an als reich an einer Menge dunkler Bedeutungen und Verweise, die es überschreiten. Das Klebrige offenbart sich von selbst als «viel mehr als das Klebrige»; von seinem Erscheinen an transzendiert es alle Unterscheidungen zwischen Psychischem und Physischem, zwischen dem rohen Existierenden und den Bedeutungen der Welt: es ist ein möglicher Sinn des Seins. Die erste Erfahrung, die das Kind vom Klebrigen macht, bereichert es also psychologisch wie moralisch: es braucht nicht bis zum Erwachsenenalter zu warten, um die Art schmieriger Niedrigkeit zu entdecken, die man bildlich «klebrig» nennt: sie ist da, bei ihm, in der Klebrigkeit des Honigs oder des Leims. Was wir hier über das Klebrige sagen, gilt für alle Gegenstände, die das Kind umgeben: die bloße Enthüllung ihrer Materie erweitert seinen Horizont bis zu den äußersten Grenzen des Seins und stattet es gleichzeitig mit einer Gesamtheit von *Schlüsseln* zur Entzifferung des Seins aller menschlichen Fakten aus. Das bedeutet keineswegs, daß es die «Häßlichkeiten» des Lebens, die «Charaktere» oder auch die «Schönheiten» der Existenz ursprünglich *erkennt*. Es ist einfach im Besitz allen *Seinssinns*, von dem Schönes und Häßliches, Verhaltensweisen, psychische Merkmale, sexuelle Beziehungen usw. immer nur einzelne Exemplifikationen sind. Das Klebende, das Teigige, das Dunstige usw., die Löcher im Sand und in der Erde, die Höhlen, das Licht, die Nacht usw. enthüllen ihm präpsychische und präsexuelle Seinsweisen, die zu explizieren es dann sein Leben verbringen wird. Es gibt kein «unschuldiges» Kind. Mit den Freudianern erkennen wir vor allem die zahllosen Beziehungen an, die gewisse Materien und gewisse Formen der kindlichen Umwelt zur Sexualität haben. Aber darunter verstehen wir nicht, daß ein schon konstituierter sexueller Trieb sie mit sexueller Bedeutung beladen hat. Im Gegenteil scheint uns, daß diese Materien und diese Formen um ihrer selbst willen erfaßt werden und daß sie dem Kind Seinsmodi und Beziehungen zum Sein des Für-sich aufdecken, die seine Sexualität erhellen und formen werden. So waren viele Psychoanalytiker, um nur ein Beispiel zu nennen, erstaunt über die Anziehung, die alle Arten von *Löchern* (Löcher im Sand, in der Erde, Grotten, Höhlen, Vertiefungen) auf Kinder ausübten, und sie erklärten diese Anziehung entweder aus dem analen Charakter der kindlichen Sexualität oder aus dem pränatalen Schock oder sogar aus einer Vorahnung des eigentlichen Geschlechtsakts. Wir können keine dieser Erklärungen übernehmen: die des «Traumas der Geburt» ist äußerst abwegig. Diejenige, die das Loch mit dem weiblichen Geschlechtsorgan gleichsetzt, setzt beim Kind eine Erfahrung voraus, die es nicht haben kann, oder eine Vorahnung, die man nicht rechtfertigen kann. Was die «anale» Sexualität des Kindes betrifft, so denken wir gar nicht daran, sie zu leugnen, damit sie aber die im Wahrnehmungsfeld angetroffenen Löcher erklären und mit einem Symbol beladen kann, müßte das Kind seinen Anus als ein Loch erfassen; mehr noch, das Erfassen des Wesens des Lochs, der Öffnung, müßte der Empfindung entsprechen, die es von seinem Anus hat. Wir haben jedoch den subjektiven Charakter des «Körpers für mich» genug verdeutlicht, daß man versteht, wie unmöglich es für das Kind ist, irgendeinen Teil seines Körpers als objektive Struktur des Universums zu erfassen. Nur für Andere erscheint der Anus als Öffnung. Er kann nicht als solcher erlebt werden; auch die intime Pflege, die die Mutter dem Kind zukommen läßt, kann ihn nicht unter diesem Aspekt offenbaren, da der Anus als erotische Zone, Schmerzzone nicht mit taktilen Nervenenden versehen ist. Im Gegenteil, nur durch Andere – durch die Wörter, mit denen die Mutter den Körper des Kindes bezeichnet – lernt es, daß sein

Anus ein *Loch* ist. Die objektive Natur des in der Welt wahrgenommenen Lochs wird ihm also die objektive Struktur und den Sinn der analen Zone erklären und den erogenen Empfindungen, die es bis dahin nur «*existiert*» hat, einen transzendenten *Sinn* geben. Nun ist das *Loch* an ihm selbst das Symbol eines Seinsmodus, den die existentielle Psychoanalyse aufklären muß. Wir können hier nicht darauf eingehen. Aber man sieht sofort, daß es sich ursprünglich als ein mit meinem eigenen Fleisch «zu füllendes» Nichts darstellt: das Kind kann nicht umhin, seinen Finger oder seinen ganzen Arm in das Loch zu stekken. Es bietet mir also das leere Bild meiner selbst dar; ich brauche nur hineinzukriechen, um mich in der Welt, die mich erwartet, existieren machen zu können. Das Ideal des Lochs ist demnach eine Aushöhlung, die sich meinem Körper eng anlegt, so daß ich, indem ich mich hineinzwänge und eng anpasse, dazu beitrage, die Seinsfülle in der Welt existieren zu machen. Das Loch zustopfen heißt also ursprünglich meinen Körper opfern, damit die Seinsfülle existiere, das heißt die Passion des Für-sich erleiden, um die Totalität des An-sich zu formen, zu vervollständigen und zu retten.* Damit erfassen wir den Ursprung einer der grundlegendsten Tendenzen der menschlichen-Realität: die Tendenz, *zu füllen*. Wir finden diese Tendenz auch beim Jugendlichen und beim Erwachsenen wieder; ein großer Teil unseres Lebens vergeht damit, Löcher zu stopfen, Leeres zu füllen, das Volle zu realisieren und symbolisch zu begründen. Von seinen ersten Erfahrungen an erkennt das Kind, daß es selbst durchlöchert ist. Wenn es den Finger in den Mund steckt, so sucht es die Löcher seines Gesichts zuzumauern, erwartet es, daß der Finger mit den Lippen und dem Gaumen verschmilzt und die

---

* Man müßte auch auf die Wichtigkeit des umgekehrten Triebs hinweisen, des Triebs, Löcher zu bohren, der für sich allein schon eine existentielle Analyse erforderte.

Mundöffnung *zustopft*, wie man den Riß einer Mauer mit Zement zustopft, sucht es die Dichte, die einförmige und sphärische Fülle des parmenideischen Seins; und wenn es am Finger nuckelt, so um ihn aufzulösen, um ihn in einen klebenden Brei zu verwandeln, der das Loch seines Mundes zustopfen soll. Diese Tendenz ist gewiß eine der grundlegendsten unter denen, die als Basis für den Eßakt dienen: die Nahrung ist der «Kitt», der den Mund abdichten soll; essen heißt unter anderem sich zustopfen. Nur von daher können wir zur Sexualität übergehen: die Obszönität des weiblichen Geschlechtsorgans ist die alles *Klaffenden*: es ist ein *Ruf nach Sein* wie überhaupt alle Löcher; die Frau an sich ruft nach einem fremden Fleisch, mit dem sie durch Eindringen und Auflösen in Seinsfülle verwandelt werden soll. Und umgekehrt empfindet die Frau ihre Lage als einen Ruf, eben weil sie «durchlöchert» ist. Das ist der wirkliche Ursprung des Adlerschen Komplexes. Zwar ist das Geschlechtsorgan ein Mund, ein gieriger Mund, der den Penis verschlingt – was leicht zur Kastrationsidee führen kann: der Liebesakt ist Kastration des Mannes –, aber das Sexualorgan ist vor allem Loch. Es handelt sich hier also um einen *präsexuellen* Anteil, der eine der Komponenten der Sexualität als komplexer, empirischer menschlicher Haltung wird, seinen Ursprung aber keineswegs aus dem Geschlechtlich-sein gewinnt, sondern vielmehr nichts mit der grundlegenden Sexualität gemeinsam hat, deren Natur wir im Dritten Teil erklärt haben. Dennoch bleibt, daß die Erfahrung des Lochs, wenn das Kind die Realität sieht, das ontologische Vorgefühl der sexuellen Erfahrung überhaupt einschließt; mit seinem Fleisch stopft das Kind das Loch, und das Loch ist vor aller sexuellen Spezifizierung eine obszöne Erwartung, ein Ruf nach Fleisch.

Man erfaßt die Wichtigkeit der Klärung dieser unmittelbaren und konkreten existentiellen Kategorien für die existentielle Psychoanalyse. Wir erfassen von daher ganz allgemeine Entwürfe der menschlichen-Realität. Den Psychoanalytiker interessiert jedoch in erster Linie, den freien Entwurf der einzelnen Person von der individuellen Beziehung her zu bestimmen, durch die sie mit diesen verschiedenen Symbolen des Seins vereinigt wird. Ich kann klebrige Berührungen mögen, Löcher verabscheuen usw. Das bedeutet durchaus nicht, daß das Klebrige, das Fettige, das Loch usw. für mich ihre allgemeine ontologische Bedeutung verloren hätten, sondern im Gegenteil, daß ich mich *wegen* dieser Bedeutung in bezug auf sie so oder so bestimme. Wenn also das Klebrige ein Symbol eines Seins ist, wo das Für-sich durch das An-sich verschluckt wird, was bin dann ich, wenn ich gegenüber den anderen das Klebrige mag? Auf welchen grundlegenden Selbstentwurf werde ich verwiesen, wenn ich diese Vorliebe für ein ansaugendes und nicht geheures An-sich erklären will? Die *Geschmäcke* bleiben somit keine unreduzierbaren Gegebenheiten: wenn man sie zu befragen weiß, offenbaren sie uns die grundlegenden Entwürfe der Person. Sogar die Vorlieben für bestimmte Speisen haben einen Sinn. Man kann sich das klarmachen, wenn man daran denkt, daß sich jeder Geschmack nicht als ein absurdes Datum darbietet, das man entschuldigen muß, sondern als ein evidenter Wert. Wenn ich den Geschmack von Knoblauch mag, erscheint es mir irrational, daß andere ihn nicht mögen können. Essen heißt ja sich durch Zerstörung aneignen und zugleich sich mit einem bestimmten Sein *zustopfen*. Und dieses Sein ist als eine Synthese von Temperatur, Dichte und eigentlichem Geschmack gegeben. Mit einem Wort, diese Synthese bedeutet ein *gewisses Sein*; und wenn wir essen, so beschränken wir uns nicht darauf, gewisse Eigenschaften dieses Seins durch den Geschmack zu *erkennen*; indem wir sie schmecken, eignen wir sie uns an. Geschmack ist Assimilation; die Zähne enthüllen eben durch den Akt des Zermahlens die Dichte des Körpers, den sie in eine Speisekugel verwandeln. Daher ist die synthetische Intuition der Nahrung in sich selbst assimilierende Zerstörung. Sie enthüllt mir das Sein, mit dem ich mein Fleisch machen werde. So ist das, was ich annehme oder mit Ekel zurückweise, das Sein dieses Existierenden selbst, oder, wenn man lieber will, die Totalität der Nahrung bietet mir einen gewissen Seinsmodus des Seins, den ich annehme oder ablehne. Diese Totalität ist wie eine Form organisiert, in der die gedämpfteren Qualitäten Dichte und Temperatur hinter dem eigentlichen Geschmack, der sie *ausdrückt*, verschwinden. Das «Gezukkerte» zum Beispiel *drückt das Klebrige aus*, wenn wir einen Löffel Honig oder Melasse essen, wie eine analytische Funktion eine geometrische Kurve ausdrückt. Das bedeutet, daß alle Qualitäten, die nicht der eigentliche Geschmack sind, im Geschmack zusammengefaßt, verschmolzen und versenkt, so etwas wie die *Materie* des Geschmacks darstellen. (Dieser Schokoladenbiskuit, der zunächst den Zähnen standhält, dann plötzlich nachgibt und zerbröckelt, sein Widerstand, dann sein Zerbröckeln *ist* Schokolade). Sie vereinigen sich zudem mit gewissen zeitlichen Merkmalen des Geschmacks, das heißt mit seinem Verzeitlichungsmodus. Gewisse Geschmäcke sind mit einemmal gegeben, andere sind wie Zeitzünder oder stellen sich stufenweise ein, noch andere schwinden langsam oder im selben Moment, wo man sich ihrer zu bemächtigen glaubt. Diese Qualitäten organisieren sich mit der Dichte und der Temperatur; auf einer anderen Ebene drücken sie zudem den Anblick der Nahrung aus. Wenn ich einen rosa Kuchen esse, ist sein Geschmack rosa; der leichte zuckrige Duft und die Fettigkeit der Buttercreme *sind* das Rosa. Daher esse ich Rosa, wie ich Gezuckert sehe. Man versteht, daß der Geschmack dadurch eine komplexe Architektur und eine differenzierte Materie erhält; diese strukturierte Materie – die uns einen besonderen Seinstypus bietet – können wir assimilieren oder mit Ekel zurückweisen, je nach unserem ursprünglichen Entwurf. Es ist also keineswegs gleichgültig, ob man Austern oder Muscheln, Schnecken oder Krabben mag, sofern man nur die existentielle Bedeutung dieser Nahrungsmittel zu durchschauen weiß. Überhaupt gibt es keinen Geschmack und keine Neigung, die nicht reduzierbar sind. Sie stellen alle eine gewisse aneignende Wahl des Seins dar. Es ist Aufgabe der existentiellen Psychoanalyse, sie zu vergleichen und zu klassifizieren. Die Ontologie verläßt uns hier: sie hat uns lediglich ermöglicht, die letzten Zwecke der menschlichen-Realität, ihre grundlegenden Möglichkeiten und den Wert, die sie heimsuchen, zu bestimmen. Jede menschliche-Realität ist direkter Entwurf, ihr eigenes Für-sich in An-sich-Für-sich umzuwandeln, und zugleich Entwurf zur Aneignung der Welt als Totalität von An-sich-sein in der Art einer grundlegenden Qualität. Jede menschliche-Realität ist eine Passion, insofern sie entwirft, zugrunde zu gehen, um das Sein zu begründen und zugleich damit das An-sich zu konstituieren, das als sein eigener Grund der Kontingenz entgeht, das *ens causa sui*, das die Religionen Gott nennen. So ist die Passion des Menschen die Umkehrung der Passion Christi, denn der Mensch geht als Mensch zugrunde, damit Gott geboren werde. Aber die Gottesidee ist widersprüchlich, und wir gehen umsonst zugrunde; der Mensch ist eine nutzlose Passion.

Schlußfolgerungen

I
An-sich und Für-sich:
Metaphysische Aperçus

Es ist uns jetzt möglich, Schlußfolgerungen zu ziehen. Wir hatten bereits in der Einleitung das Bewußtsein als einen Ruf nach Sein entdeckt und gezeigt, daß das Cogito unmittelbar auf ein An-sich-sein als *Gegenstand* des Bewußtseins verwies. Aber nach der Beschreibung des An-sich und des Für-sich erschien es uns schwierig, zwischen beiden eine Verbindung herzustellen, und wir fürchteten, in einen unüberwindlichen Dualismus zu geraten. Ein solcher Dualismus drohte uns noch auf andere Art, insofern man nämlich vom Für-sich sagen konnte, daß es ist, befanden wir uns zwei radikal verschiedenen Seinsmodi gegenüber, dem des Für-sich, das das zu sein hat, was es ist, das heißt, das das ist, was es nicht ist, und das nicht das ist, was es ist, und dem des An-sich, das das ist, was es ist. Wir haben uns daraufhin gefragt, ob die Entdeckung dieser beiden Seinstypen nicht auf einen Hiatus hinausliefe, der das Sein, als allen Existierenden zukommende allgemeine Kategorie, in zwei nicht kommunizierbare Regionen spaltet, in deren jeder der Seinsbegriff in einer ursprünglichen und besonderen Bedeutung erfaßt werden müßte.

Unsere Untersuchungen haben uns ermöglicht, die erste Frage zu beantworten: das Für-sich und das An-sich sind durch eine synthetische Verbindung vereinigt, die nichts anderes ist als das Für-sich selbst. Das Für-sich ist ja nichts anderes als die reine Nichtung des An-sich; es ist wie ein Seinsloch innerhalb des Seins. Man kennt die komische Fiktion, mit der gewisse Populärwissenschaftler das Prinzip der Erhaltung der Energie zu illustrieren pflegen: Wenn auch nur, sagen sie, ein einziges der Atome, die das Universum bilden, vernichtet würde, käme es zu einer Katastrophe, die sich auf das ganze Universum erstreckte, und das wäre insbesondere das Ende der Erde und des Sternsystems. Dieses Bild kann hier helfen: das Für-sich erscheint als eine winzige Nichtung, die innerhalb des Seins ihren Ursprung hat; und diese Nichtung genügt, damit dem An-sich eine totale Umwälzung *geschieht*. Diese Umwälzung ist die Welt. Das Für-sich hat keine andere Realität, als die Nichtung des Seins zu sein. Seine einzige Qualifikation geschieht ihm dadurch, daß es Nichtung des individuellen und einzelnen An-sich ist und nicht eines Seins im allgemeinen. Das Für-sich ist nicht das Nichts im allgemeinen, sondern eine einzelne Privation; es konstituiert sich als Privation *dieses Seins*. Wir haben also keinen Anlaß, uns zu fragen, auf welche Art sich das Für-sich mit dem An-sich vereinigen kann, da ja das Für-sich keineswegs eine autonome Substanz ist. Als Nichtung wird es durch das An-sich *geseint*; als interne Negation läßt es sich durch das An-sich das anzeigen, was es nicht ist und was es folglich zu sein hat. Wenn das Cogito notwendig aus sich herausführt, wenn das Bewußtsein ein schlüpfriger Abhang ist, auf dem man sich nicht niederlassen kann, ohne sofort nach draußen auf das An-sich-sein zu rutschen, so deshalb, weil es als absolute Subjektivität durch es selbst keine Seinssuffizienz hat, es verweist zunächst auf das Ding. Es gibt kein Sein für das Bewußtsein außerhalb dieser präzisen Notwendigkeit, enthüllende Intuition von etwas zu sein. Was heißt das, wenn nicht, daß das Bewußtsein das Platonsche *Andere* ist? Man kennt die schönen Beschreibungen, die der Fremde im *Sophistes*[358] von diesem Andern gibt, das nur «wie in einem Traum» erfaßt werden kann, das kein Sein außer seinem Anderes-sein hat, das heißt, das nur über ein entliehenes Sein verfügt, das, an ihm selbst betrachtet, sich verflüchtigt und nur dann wieder eine marginale Existenz annimmt, wenn man seine Blicke auf das Sein heftet, das sich darin erschöpft, anderes als es selbst und anderes als das Sein zu sein. Platon scheint sogar den dynamischen Charakter gesehen zu haben, den die Alterität des anderen in bezug auf sich selbst aufweist, weil er in einigen Texten den Ursprung der Bewegung darin sieht. Aber er hätte noch weitergehen können: dann hätte er gesehen, daß das Andere oder relative Nicht-Sein nur als Bewußtsein so etwas wie Existenz haben konnte. Anderes sein als das Sein heißt Bewußtsein (von) sich sein in der Einheit der verzeitlichenden Ek-stasen. Und was kann die Alterität denn sein, wenn nicht das Hin und Her von Gespiegeltem und Spiegelndem innerhalb des Für-sich, das wir beschrieben haben, denn die einzige Art, in der das Andere als anderes existieren kann, ist, Bewußtsein (davon) zu sein, anderes zu sein. Die Alterität ist ja interne Negation, und nur ein Bewußtsein kann sich als interne Negation konstituieren. Jede andere Auffassung der Alterität liefe darauf hinaus, sie als ein An-sich zu setzen, das heißt, zwischen ihr und dem Sein eine externe Beziehung herzustellen, was aber die Anwesenheit eines Zeugen erforderte, der feststellte, daß das Andere anderes ist als das An-sich. Und andererseits könnte das Andere nicht anderes sein, ohne aus dem Sein hervorzugehen; darin ist es relativ zum An-sich, aber es könnte auch nicht anderes sein, ohne sich *zu anderem zu machen*, sonst würde seine Alterität ein Gegebenes, also ein *Sein*, das an-sich betrachtet werden könnte. Insofern das Andere relativ zum An-sich ist, ist es mit Faktizität affiziert; insofern es sich zu sich selbst macht, ist es ein Absolutes. Darauf haben wir hingewiesen, als wir sagten, daß das Für-sich nicht Grund seines Seins-als-Seins-Nichts [*être-comme-néant-d'être*] ist, sondern daß es ständig sein Seinsnichts begründet. So ist das Für-sich ein «unselbständiges»[359] Absolutes, das, was wir ein nicht-substantielles Absolutes genannt haben. Seine Realität ist rein *interrogativ*. Wenn es Fragen stellen kann, so deshalb, weil es selbst immer *in Frage* steht; sein Sein ist nie *gegeben*, sondern *erfragt*, weil es immer durch das Nichts der Alterität von sich selbst getrennt ist; das Für-sich steht immer aus, weil sein Sein ein ständiger Aufschub ist. Wenn es das Sein je erreichen könnte, verschwände damit die Alterität und mit ihr verschwänden die Möglichkeiten, die Erkenntnis, die Welt. So wird das *ontologische* Problem der Erkenntnis durch die Behauptung des ontologischen Vorrangs des An-sich vor dem Für-sich gelöst. Aber das läßt sofort eine *metaphysische* Frage entstehen. Das Auftauchen des Für-sich vom An-sich aus ist ja keineswegs mit der *dialektischen* Entstehung des Platonschen Anderen vom Sein aus vergleichbar. Sein und anderes sind ja für Platon *Gattungen*. Wir aber haben dagegen gesehen, daß das Sein ein individuelles Abenteuer ist. Und ebenso ist das Erscheinen des Für-sich das absolute Ereignis, das dem Sein geschieht. Hier stellt sich also ein metaphysisches Problem, das so formuliert werden kann: Warum taucht das Für-sich vom Sein her auf? Metaphysisch nennen wir ja die Untersuchung der individuellen Prozesse, die *diese* Welt als konkrete einzelne Totalität haben entstehen lassen. In diesem Sinn verhält sich die Metaphysik zur Ontologie wie die Geschichte zur Soziologie. Wir haben gesehen, daß es absurd wäre, sich zu fragen, warum das Sein anderes ist, daß die Frage nur in den Grenzen eines Für-sich Sinn haben könnte und daß sie sogar die ontologische Priorität des Nichts vor dem Sein voraussetzt, während wir den Vorrang des Seins vor dem Nichts nachgewiesen haben; diese Frage ließe sich nur infolge einer Kontamination mit einer äußerlich analogen und doch ganz anderen Frage stellen: Warum *gibt es* Sein? Aber wir wissen jetzt, daß man diese beiden Fragen sorgfältig unterscheiden muß. Die erste Frage hat keinen Sinn: jedes «Warum» ist ja später als das Sein und setzt es voraus. Das Sein ist, ohne Grund [*raison*], ohne Ursache und ohne Notwendigkeit; eben die Definition des Seins liefert uns seine ursprüngliche Kontingenz. Die zweite Frage haben wir schon beantwortet, denn sie stellt sich nicht im Bereich der Metaphysik, sondern in dem der Ontologie: «Es gibt» Sein, weil das Für-sich so ist, daß es Sein gibt. Der *Phänomen*charakter geschieht dem Sein durch das Für-sich. Aber wenn die Fragen nach dem Ursprung des Seins oder nach dem Ursprung der Welt keinen Sinn haben oder eine Antwort eben im Bereich der Ontologie erhalten, so gilt das nicht für den Ursprung des Für-sich. Das Für-sich ist ja so, daß es das Recht hat, sich zu seinem eigenen Ursprung zurückzuwenden. Das Sein, durch das das Warum in das Sein kommt, hat das Recht, sich sein eigenes Warum zu stellen, weil es selbst eine Frage, ein Warum ist. Diese Frage könnte die Ontologie nicht beantworten, denn es geht hier um die Erklärung eines Ereignisses und nicht um die Beschreibung der Strukturen eines Seins. Allenfalls kann sie darauf hinweisen, daß das Nichts, das durch das An-sich *geseint wird*, nicht eine bloße Leere ohne Bedeutung ist. Der Sinn des Nichts der Nichtung ist, daß es geseint wird, um das Sein zu begründen. Die Ontologie liefert uns zwei Auskünfte, die der Metaphysik als Basis dienen können: zunächst, daß jeder Prozeß einer Selbstbegründung Bruch des Identischseins des An-sich ist, Abstandnehmen des Seins ihm selbst gegenüber und Erscheinen der Anwesenheit bei sich oder Bewußtsein. Nur indem das Sein sich zu Für-sich macht, könnte es danach streben, Ursache von sich zu sein. Das Bewußtsein als Nichtung des Seins erscheint also als Stadium eines Fortschreitens zur Immanenz der Kausalität, das heißt zum Ursache-von-sich-sein hin. Nur bleibt das Fortschreiten infolge der Seinsinsuffizienz des Für-sich dort stehen. Die Verzeitlichung des Bewußtseins ist kein emporsteigender Fortschritt zum Rang einer *causa sui* hin, sie ist ein Ablaufen an der Oberfläche, dessen Ursprung im Gegenteil die Unmöglichkeit ist, Ursache von sich zu sein. Daher bleibt das *ens causa sui* als das *Ermangelte*, der Hinweis auf ein unmögliches Überschreiten *nach oben*, das eben durch seine Nicht-Existenz die horizontale Bewegung des Bewußtseins bedingt; so hat die vertikale Anziehung, die der Mond auf das Meer ausübt, die horizontale Verschiebung zur Folge, die die Gezeiten sind. Der andere Hinweis, den die Metaphysik aus der Ontologie gewinnen kann, ist, daß das Für-sich *effektiv* fortwährender Entwurf ist, sich selbst als Sein zu begründen, und fortwährendes Scheitern dieses Entwurfs. Die Anwesenheit bei sich mit den verschiedenen Richtungen ihrer Nichtung (ek-statische Nichtung der drei zeitlichen Dimensionen, paarweise Nichtung des Paares Gespiegelt-Spiegelnd) stellt das erste Auftauchen dieses Entwurfs dar; die Reflexion stellt die Verdopplung des Entwurfs dar, der sich zu sich selbst zurückwendet, um sich wenigstens als Entwurf zu begründen, und die Verschärfung des nichtenden Hiatus durch das Scheitern eben dieses Entwurfs; «Handeln» und «Haben» als Hauptkategorien der menschlichen-Realität reduzieren sich unmittelbar oder mittelbar auf den Entwurf, zu sein; endlich *kann* die Pluralität beider als ein letzter Versuch, sich zu begründen, interpretiert werden, der auf die radikale Trennung von Sein und Seinsbewußtsein hinausläuft.

So lehrt uns die Ontologie: 1. *wenn* sich das An-sich begründen müßte, könnte es das nicht einmal anders versuchen, als daß es sich zu Bewußtsein machte, das heißt, der Begriff *causa sui* enthält den von Anwesenheit bei sich, das heißt der nichtenden Dekompression von Sein; 2. das Bewußtsein ist *tatsächlich* Entwurf, sich zu begründen, das heißt, den Rang des An-sich-Für-sich oder An-sich-Ursache-von-sich zu erreichen. Aber mehr ist davon nicht zu erwarten. Nichts berechtigt, auf der ontologischen Ebene, zu behaupten, daß die Nichtung des An-sich zu

Für-sich, von Anfang an und innerhalb des An-sich selbst, den Entwurf bedeutet, Ursache von sich zu sein. Ganz im Gegenteil stößt die Ontologie hier auf einen tiefen Widerspruch, weil der Welt ja die Möglichkeit einer Begründung durch das Für-sich geschieht. Wäre das An-sich Entwurf, *sich* zu begründen, müßte es ursprünglich Anwesenheit bei sich, das heißt bereits Bewußtsein sein. Die Ontologie kann also lediglich feststellen, daß *alles so geschieht, als wenn* sich das An-sich in einem Entwurf, sich selbst zu begründen, die Modifikation des Für-sich gäbe. Der Metaphysik kommt es zu, die *Hypothesen* aufzustellen, die es ermöglichen, diesen Prozeß als das absolute Ereignis zu begreifen, das das individuelle Abenteuer, nämlich die Existenz des Seins, krönt. Es versteht sich, daß solche Hypothesen Hypothesen bleiben, weil wir keine letzte Bestätigung oder Nichtbestätigung erwarten können. Ihre *Gültigkeit* wird allein darin liegen, ob sie uns die Möglichkeit bieten, die Gegebenheiten der Ontologie zu vereinigen. Diese Vereinigung wird sich natürlich nicht in der Perspektive eines historischen Werdens konstituieren lassen, weil die Zeitlichkeit dem Sein durch das Für-sich geschieht. Sich zu fragen, was das Sein *vor* dem Erscheinen des Für-sich war, hätte also keinerlei Sinn. Aber die Metaphysik muß nichtsdestoweniger versuchen, Natur und Sinn dieses vorhistorischen Prozesses und Ursprungs jeder Geschichte zu bestimmen, der die Verknüpfung des individuellen Abenteuers (oder der Existenz des An-sich) mit dem absoluten Ereignis (oder Auftauchen des Für-sich) ist. Vor allem fällt dem Metaphysiker die Aufgabe zu, zu entscheiden, ob die Bewegung ein erster «Versuch» des An-sich ist, sich zu begründen, und welches die Beziehungen der Bewegung als «Krankheit des Seins» zum Für-sich als tiefere und bis zur Nichtung getriebene Krankheit sind.

Bleibt das zweite Problem zu behandeln, das wir schon in der Einleitung formuliert haben: Wenn An-sich und

Für-sich zwei Modalitäten des *Seins* sind, gibt es dann nicht einen Hiatus schon innerhalb der Seinsidee, und wird nicht sein Verständnis in zwei nicht kommunizierbare Teile gespalten, weil seine Ausdehnung durch zwei radikal heterogene Klassen konstituiert wird? Was gibt es denn Gemeinsames zwischen dem Sein, das das ist, was es ist, und dem Sein, das das ist, was es nicht ist, und das nicht das ist, was es ist? Hier kann uns aber die Schlußfolgerung aus unseren vorhergehenden Untersuchungen helfen; wir haben ja gezeigt, daß sich das An-sich und das Für-sich nicht in Juxtaposition befinden. Ganz im Gegenteil, das Für-sich ist ohne das An-sich so etwas wie ein Abstraktum: es könnte ebensowenig existieren wie eine Farbe ohne Form oder ein Ton ohne Tonhöhe und Klangfarbe; ein Bewußtsein, das Bewußtsein *von* nichts wäre, wäre ein absolutes nichts [*rien*]. Aber wenn das Bewußtsein durch eine *interne* Beziehung an das An-sich gebunden ist, bedeutet das dann nicht, daß es sich mit ihm verknüpft, um eine Totalität zu konstituieren, und kommt dann nicht dieser Totalität die Bezeichnung *Sein* oder Realität zu? Zwar ist das Für-sich Nichtung, aber als Nichtung *ist* es; und es ist in *apriorischer* Einheit mit dem An-sich. So pflegten die Griechen die kosmische Realität, die sie τὸ πᾶν nannten, von der Totalität zu unterscheiden, die durch diese kosmische Realität und durch die sie umgebende unendliche Leere konstituiert wird – einer Totalität, die sie τὸ ὅλον nannten.[360] Zwar konnten wir das Für-sich ein nichts [*rien*] nennen und erklären, daß es außerhalb des An-sich *nichts* [*rien*] gibt außer einer Spiegelung dieses nichts, die selbst durch das An-sich polarisiert und definiert ist, insofern sie eben gerade das Nichts [*néant*] *dieses An-sich* ist. Aber hier wie in der griechischen Philosophie stellt sich eine Frage: Was nennen wir *real*, wem schreiben wir *Sein* zu? Dem Kosmos oder dem, was wir oben τὸ ὅλον nannten? Dem reinen An-sich oder dem An-sich, das von jener Hülle aus Nichts umgeben ist, das wir mit dem Namen Für-sich bezeichneten?

Aber wenn wir annehmen müßten, daß das totale Sein durch die synthetische Organisation des An-sich und des Für-sich konstituiert ist, stoßen wir dann nicht wieder auf die Schwierigkeit, die wir vermeiden wollten? Begegnen wir dann nicht dem Hiatus, den wir im Seinsbegriff ausmachten, jetzt im Existierenden selbst? Denn welche Definition kann man von einem Existierenden geben, das als An-sich das ist, was es ist, und als Für-sich das ist, was es nicht ist?

Wenn wir diese Schwierigkeiten lösen wollen, müssen wir uns darüber klarwerden, was wir von einem Existierenden verlangen, um es als eine Totalität ansehen zu können: die Verschiedenheit seiner Strukturen muß in einer synthetischen Einheit zusammengehalten sein, so daß jede von ihnen, gesondert betrachtet, nur ein Abstraktum wäre. Und sicher ist das gesondert betrachtete Bewußtsein nur eine Abstraktion, aber das An-sich selbst bedarf keines Für-sich, um zu sein: die «Passion» des Für-sich macht nur, daß es An-sich *gibt*. Das *Phänomen* An-sich ist ohne das Bewußtsein ein Abstraktum, nicht aber sein *Sein*.

Wenn wir uns eine synthetische Organisation denken wollten, in der das Für-sich untrennbar vom An-sich wäre und umgekehrt das An-sich unlösbar mit dem Für-sich verbunden, müßten wir sie uns so denken, daß das An-sich seine Existenz von der Nichtung erhält, die von ihm Bewußtsein gewinnen läßt. Was heißt das, wenn nicht daß die unauflösliche Totalität aus An-sich und Für-sich nur in Form des Ursache-von-sich-Seins denkbar ist? Dieses und kein anderes Sein könnte absolut als das ὅλον gelten, von dem wir eben sprachen. Und die Frage nach dem Sein des mit dem An-sich verknüpften Für-sich können wir deshalb stellen, weil wir uns *a priori* durch ein vorontologisches Verständnis des *ens causa sui* definieren. Dieses *ens causa sui* ist zwar *unmöglich*, und sein Begriff enthält, wie wir gesehen haben, einen Widerspruch. Dennoch müssen wir, da wir uns die Frage nach dem Sein des ὅλον vom Gesichtspunkt des *ens causa sui* aus stellen, gerade diesen Gesichtspunkt einnehmen, um die Akkreditierung dieses ὅλον prüfen zu können. Ist es denn nicht einfach durch das Auftauchen des Für-sich erschienen, und ist das Für-sich nicht ursprünglich Entwurf, Ursache von sich zu sein? So fangen wir an, die Natur der totalen Realität zu erfassen. Das totale Sein, dessen Begriff nicht durch einen Hiatus gespalten wäre und das dennoch das nichtend-genichtete Sein des Für-sich nicht ausschlösse, dessen Existenz vereinigende Synthese des An-sich und des Bewußtseins wäre, dieses ideale Sein wäre das An-sich, das durch das Für sich begründet wird und mit dem es begründenden Für sich identisch ist, das heißt das *ens causa sui*. Aber eben weil wir den Gesichtspunkt dieses idealen Seins einnehmen, um das *reale* Sein, das wir ὅλον nennen, beurteilen zu können, müssen wir feststellen, daß das Reale eine mißlungene Bemühung ist, den Rang einer Ursache-von-sich zu erreichen. Alles geschieht so, als wenn die Welt, der Mensch und der Mensch-in-der-Welt nur einen ermangelten Gott realisieren könnten. Alles geschieht also so, als wenn sich das An-sich und das Für-sich in bezug auf eine ideale Synthese im Zustand der *Desintegration* darböten. Nicht daß die Integration jemals *stattgefunden* hätte, sondern gerade im Gegenteil, weil sie immer angezeigt wird und immer unmöglich ist. Dieses ständige Scheitern erklärt sowohl die Untrennbarkeit des An-sich und des Für-sich als auch ihre relative Unabhängigkeit. In ähnlicher Weise entstehen, wenn die Einheit der Hirnfunktion gestört ist, Phänomene, die eine relative Selbständigkeit aufweisen und sich gleichzeitig nur auf der Grundlage des Zerfalls einer Totalität manifestieren können. Dieses Scheitern erklärt den Hiatus, dem wir im Begriff des Seins und zugleich im Existierenden begegnen. Wenn es unmöglich ist, vom Begriff des An-sich-seins zu dem des Für-sich-seins überzugehen und sie in einer gemeinsamen Gattung zu vereinigen, so deshalb, weil der *faktische Übergang* vom einen zum andern und ihre Vereinigung nicht vollzogen werden kann. Bekanntlich wird zum Beispiel für Spinoza und Hegel eine vor der vollständigen Synthetisierung angehaltene Synthese, die die Glieder in einer relativen Abhängigkeit und gleichzeitig in einer relativen Unabhängigkeit erstarren läßt, damit zu einem Irrtum. Die Rotation eines Halbkreises um seinen Durchmesser zum Beispiel findet für Spinoza im Begriff der Kugel ihre Rechtfertigung und ihren Sinn. Wenn wir uns aber vorstellten, daß der Begriff der Kugel grundsätzlich unerreichbar ist, wird das Phänomen der Rotation des Halbkreises *falsch*; man hat es geköpft; die Idee einer Rotation und die Idee eines Kreises stützen sich gegenseitig, ohne sich in einer Synthese vereinigen zu können, die sie überschreitet und rechtfertigt: die eine kann nicht auf die andere reduziert werden. Genau das geschieht hier. Wir sagen also, daß sich das betrachtete τὸ ὅλον wie ein geköpfter Begriff in ständiger Desintegration befindet. Und als desintegrierte Gesamtheit bietet es sich uns in seiner Doppeldeutigkeit dar, das heißt, man kann *ad libitum* auf der Abhängigkeit oder auf der Unabhängigkeit der betreffenden Seinsweisen [*êtres*] insistieren. Hier gibt es einen Übergang, der nicht zustande kommt, einen Kurzschluß. Wir finden auf dieser Ebene den Begriff detotalisierte Totalität wieder, den wir schon anläßlich des Für-sich selbst und der Bewußtseine Anderer angetroffen haben. Aber das ist eine dritte Art Detotalisierung. Wir sahen, daß in der lediglich detotalisierten Totalität der Reflexion das Reflexive das Reflektierte und das Reflektierte das Reflexive *zu sein hatte*. Die zweifache Negation blieb schwindend. Im Fall des Für-Andere unterschied sich das (Spiegelung-spiegelnde) Gespiegelte vom (Spiegelung-spiegelnden) Spiegelnden darin, daß jedes das andere *nicht zu sein hatte*. So konstituieren das Für-sich und das Anderes-Für-sich ein Sein, wo jedes dem andern das Anderes-sein verleiht, indem es sich zu anderem macht. Was die Totalität des Für-sich und des An-sich betrifft, so ist es ihr Kennzeichen, daß sich das Für-sich in bezug auf das An-sich zum *andern* macht, daß aber das An-sich in seinem Sein keineswegs anderes als das Für-sich ist: es ist schlicht und einfach. Wenn der Bezug des An-sich zum Für-sich dem Bezug des Für-sich zum An-sich reziprok wäre, fielen wir wieder zurück in den Fall des Für-Andere-seins. Aber dem ist eben gerade nicht so, und dieses Fehlen von Reziprozität kennzeichnet das ὅλον, von dem wir vorhin sprachen. Insofern ist es nicht absurd, die Frage nach der Totalität zu stellen. Als wir das Für-Andere untersuchten, stellten wir ja fest, daß es ein «Ich-Anderer» geben müsse, das die reflexive Spaltung des Für-Andere zu sein hätte. Gleichzeitig aber schien uns dieses «Ich-Anderer» nur existieren zu können, wenn es ein unerfaßbares Nicht-sein an Exteriorität enthielte. Wir haben uns also gefragt, ob der antinomische Charakter der Totalität an ihm selbst ein Unreduzierbares sei und ob wir den Geist als das Sein setzen müßten, das ist und das nicht ist. Aber die Frage nach der synthetischen Einheit der Bewußtseine schien uns keinen Sinn zu haben, denn sie setzte voraus, daß wir die Möglichkeit hätten, der Totalität gegenüber einen Gesichtspunkt einzunehmen; doch wir existieren auf der Grundlage dieser Totalität und als in sie engagiert.

Aber wenn wir «der Totalität gegenüber keinen Gesichtspunkt einnehmen» können, so deshalb, weil der andere sich grundsätzlich um mich negiert [*se nie de moi*], so wie ich mich um ihn negiere. Diese Reziprozität der Beziehung versagt es mir für immer, ihn in seiner Integrität zu erfassen. Ganz im Gegenteil, im Fall der internen Negation für-sich-an-sich ist die Beziehung nicht reziprok, und ich bin sowohl eines der Glieder der Beziehung als auch die Beziehung selbst. Ich erfasse das Sein, ich *bin* Erfassen des Seins, ich bin *nur* Erfassen des Seins; und das Sein, das ich erfasse, stellt sich nicht *gegen* mich, um mich meinerseits zu erfassen; es ist das, was erfaßt wird. Nur fällt sein *Sein* keineswegs mit seinem Erfaßtwerden zusammen. In gewissem Sinn kann ich also die Frage nach der Totalität stellen. Zwar existiere ich hier als in diese Totalität *engagiert*, aber ich kann *erschöpfendes Bewußtsein* von ihr sein, denn ich bin gleichzeitig Bewußtsein *von* dem Sein und Bewußtsein (von) mir. Nur gehört diese Frage nach der Totalität nicht in das Gebiet der Ontologie. Für die Ontologie sind die einzigen aufklärbaren Seinsregionen die des An-sich, des Für-sich und die ideale Region der *causa sui*. Für sie bleibt es einerlei, ob sie das mit dem An-sich verknüpfte Für-sich als eine deutliche *Dualität* oder als ein desintegriertes Sein betrachtet. Die Metaphysik hat zu entscheiden, ob es für die Erkenntnis (zumal für die phänomenologische Psychologie, die Anthropologie usw.) günstiger ist, von einem Sein zu handeln, das wir *Phänomen* nennen und das mit zwei Seinsdimensionen versehen wäre, der Dimension An-sich und der Dimension Für-sich (unter diesem Gesichtspunkt gäbe es nur *ein* Phänomen: die Welt), so wie man es in der Einsteinschen Physik vorteilhaft fand, von einem *Ereignis* zu sprechen, das räumliche Dimensionen und eine zeitliche Dimension hat und seinen Platz in einem Zeit-Raum bestimmt; oder ob es trotz allem vorzuziehen bleibt, die alte Dualität «Bewußtsein – Sein» beizubehalten. Die Ontologie könnte hier lediglich den Hinweis wagen, daß man, falls es nützlich schiene, den neuen Begriff Phänomen als desintegrierte Totalität zu verwenden, von ihm *gleichzeitig* in Immanenz- und in Transzendenzbegriffen sprechen müßte. Die Klippe wäre ja, entweder in den reinen Immanentismus (den Husserlschen Idealismus) oder in den reinen Transzendentismus zu fallen, der das *Phänomen* als eine neue Art von *Gegenstand* betrachtete. Aber die Immanenz wird immer durch die An-sich-Dimension des Phänomens begrenzt sein und die Transzendenz durch seine Für-sich-Dimension.

Nachdem die Metaphysik über die Frage nach dem Ursprung des Für-sich und nach der Natur des Phänomens Welt entschieden hat, wird sie verschiedene Probleme von größter Wichtigkeit angehen können, besonders das des Handelns. Das Handeln ist ja *zugleich* auf der Ebene des Für-sich und auf der des An-sich zu betrachten, denn es geht um einen Entwurf immanenten Ursprungs, der eine Modifikation im Sein des Transzendenten bestimmt. Es führte ja zu nichts, wenn man erklärte, das Handeln modifiziere nur das phänomenale Erscheinen des Dinges: wenn das phänomenale Erscheinen einer Tasse bis zur Vernichtung der Tasse als Tasse modifiziert werden kann und wenn das Sein der Tasse nichts anderes ist als ihre *Qualität*, muß das betreffende Handeln fähig sein, das Sein der Tasse selbst zu modifizieren. Das Problem des Handelns setzt also die Klärung der transzendenten Wirksamkeit des Bewußtseins voraus und bringt uns auf den Weg seines wirklichen Seinsbezugs zum Sein. Infolge der Rückwirkungen der Handlung in der Welt enthüllt es uns auch eine Beziehung des Seins zum Sein, die, obwohl vom Physiker als Exteriorität erfaßt, weder reine Exteriorität noch Immanenz ist, sondern uns auf den *Gestalt*begriff der Gestaltpsychologie verweist. Von da aus wird man eine Metaphysik der Natur versuchen können.

II

Moralische Perspektiven

Die Ontologie könnte selbst keine moralischen Vorschriften formulieren. Sie beschäftigt sich allein mit dem, was ist, und es ist nicht möglich, aus ihren Indikativen Imperative abzuleiten. Sie läßt jedoch ahnen, was eine Ethik sein kann, die ihre Verantwortlichkeiten gegenüber einer *menschlichen-Realität in Situation* übernimmt. Sie hat uns ja Ursprung und Natur des *Wertes* enthüllt; wir haben gesehen, daß er das *Ermangelte* ist, dem gegenüber sich das Für-sich in seinem Sein als *Mangel* bestimmt. Dadurch, daß das Für-sich *existiert*, taucht, wie wir gesehen haben, der Wert auf, um sein Für-sich-sein heimzusuchen. Daraus folgt, daß die verschiedenen Aufgaben des Für-sich Gegenstand einer existentiellen Psychoanalyse sein können, denn sie suchen alle die ermangelte Synthese von Bewußtsein und Sein unter dem Zeichen des Wertes oder der *causa sui* herzustellen. So ist die existentielle Psychoanalyse eine *moralische Beschreibung*, denn sie liefert uns den ethischen Sinn der verschiedenen menschlichen Entwürfe; sie zeigt uns die Notwendigkeit, auf die Psychologie des Eigennutzes zu verzichten, wie auf jede utilitaristische Interpretation des menschlichen Verhaltens, indem sie uns die *ideale* Bedeutung aller Haltungen des Menschen enthüllt. Diese Bedeutungen liegen jenseits von Egoismus und Altruismus, jenseits auch von den sogenannten *uneigennützigen* Verhaltensweisen. Der Mensch macht sich zum Menschen, um Gott zu sein, kann man sagen: und die Selbstheit kann, von diesem Gesichtspunkt betrachtet, als ein Egoismus erscheinen; aber gerade weil es kein gemeinsames Maß gibt zwischen der menschlichen-Realität und der *causa sui*, die sie sein will, kann man ebensogut sagen, daß sich der Mensch zugrunde richtet, damit die *causa sui* existiere. Man wird also jede menschliche Existenz als eine Passion betrachten, wobei die berüchtigte «Eigenliebe» nur ein frei gewähltes Mittel unter anderen ist, diese Passion zu realisieren. Aber das wichtigste Ergebnis der existentiellen Psychoanalyse muß sein, uns auf den *Geist der Ernsthaftigkeit* verzichten zu lassen. Der Geist der Ernsthaftigkeit hat ja das doppelte Merkmal, daß er die Werte als transzendente, von der menschlichen Subjektivität unabhängige Gegebenheiten betrachtet und die Eigenschaft «begehrenswert» von der ontologischen Struktur der

Dinge auf ihre bloße materiale Beschaffenheit überträgt. Für den Geist der Ernsthaftigkeit ist ja zum Beispiel *Brot* begehrenswert, weil man leben *muß* (ein am intelligiblen Himmel stehender Wert) und weil es nahrhaft *ist*. Der Geist der Ernsthaftigkeit, der bekanntlich die Welt beherrscht, führt dazu, die symbolischen Werte der Dinge durch ihre empirische Idiosynkrasie aufsaugen zu lassen wie durch ein Löschblatt; er stellt die Opazität des begehrten Gegenstands heraus und setzt ihn als etwas an ihm selbst unreduzierbar Begehrenswertes. So sind wir bereits auf der Ebene der Moral, aber zugleich auf der der Unaufrichtigkeit, denn das ist eine Moral, die sich vor sich selbst schämt und ihren Namen nicht zu nennen wagt; sie hat alle ihre Ziele verdunkelt, um sich von der Angst zu befreien. Der Mensch sucht blind nach dem Sein, indem er sich den freien Entwurf verbirgt, der dieses Suchen ist; er macht sich zu einem, der von Aufgaben *erwartet* wird, die auf seinem Weg liegen. Die Gegenstände sind stumme Forderungen, und er ist nichts an sich als der passive Gehorsam gegenüber diesen Forderungen.

Die existentielle Psychoanalyse wird ihm das reale Ziel seines Suchens aufdecken, das Sein als synthetische Verschmelzung des An-sich mit dem Für-sich; sie wird ihm Aufschluß über seine Passion geben. Im Grunde gibt es viele Menschen, die diese Psychoanalyse auf sich selbst angewendet und nicht gewartet haben, bis sie ihre Grundsätze kannten, um sie als ein Mittel zur Befreiung und zum Heil zu benutzen. Viele Menschen wissen ja, daß das Ziel ihres Suchens das Sein ist; und in dem Maß, wie sie diese Erkenntnis besitzen, versäumen sie, sich die Dinge um ihrer selbst willen anzueignen, und versuchen, die symbolische Aneignung ihres An-sich-seins zu realisieren. Aber in dem Maß, wie dieser Versuch noch am Geist der Ernsthaftigkeit teilhat und sie noch glauben können, daß ihre Aufgabe, das An-sich-Für-sich existieren zu machen, in die Dinge eingeprägt ist, sind sie zur Hoffnungslosigkeit verurteilt, denn sie entdecken gleichzeitig, daß alle menschlichen Tätigkeiten äquivalent sind – denn sie zielen alle darauf ab, den Menschen zu opfern, um die *causa sui* auftauchen zu lassen – und daß alle grundsätzlich zum Scheitern verurteilt sind. So läuft es auf dasselbe hinaus, ob man sich einsam betrinkt oder Völker lenkt. Wenn eine dieser Tätigkeiten die andere übertrifft, so nicht wegen ihres realen Ziels, sondern wegen des Grades an Bewußtsein, das sie von ihrem idealen Ziel hat; und in diesem Fall wird es geschehen, daß der Quietismus des einsamen Trinkers der müßigen Geschäftigkeit des Lenkers von Völkern überlegen ist.

Aber die Ontologie und die existentielle Psychoanalyse (oder der spontane empirische Gebrauch, den die Menschen immer von diesen Disziplinen gemacht haben) müssen dem moralisch Handelnden aufdecken, daß er *das Sein ist, durch das die Werte existieren*. Dann wird seine Freiheit Bewußtsein von sich selbst gewinnen und sich in der Angst als die einzige Quelle des Wertes entdecken und das Nichts, durch das die *Welt* existiert. Sobald ihr die Suche nach dem Sein und die Aneignung des An-sich als *ihre Möglichkeiten* entdeckt sind, wird sie durch die Angst und in der Angst erfassen, daß sie nur möglich sind auf der Grundlage der Möglichkeit anderer Möglichkeiten. Aber obwohl die Möglichkeiten *ad libitum* gewählt und verworfen werden konnten, war bisher das Thema, das die Einheit aller dieser Wahlen von Möglichkeiten ausmachte, der Wert oder die ideale Anwesenheit des *ens causa sui*. Was wird aus der Freiheit, wenn sie sich zu diesem Wert zurückwendet? Wird er sie mit sich nehmen, was sie auch tut, und wird sie gerade in ihrer Zurückwendung zum An-sich-Für-sich von dem Wert, den sie betrachten will, von hinten her wieder erfaßt werden? Oder kann sie vielmehr allein dadurch, daß sie sich in bezug auf sich selbst als Freiheit erfaßt, der Herrschaft des Werts ein Ende setzen? Ist insbesondere möglich, daß sie als Quelle jedes Werts sich selbst als Wert nimmt, oder muß sie sich notwendig in bezug auf einen transzendenten Wert definieren, der sie heimsucht? Und falls sie sich selbst als ihre eigene Möglichkeit und ihren bestimmenden Wert wollen könnte, was ist darunter zu verstehen? Eine Freiheit, die sich als Freiheit will, ist ja ein Sein-das-nicht-das-ist-was-es-ist und das-das-ist-was-es-nicht-ist, das als Seinsideal das Das-sein-was-es-nicht-ist und das Nicht-das-sein-was-es-ist wählt. Es wählt also nicht, sich *zu übernehmen*, sondern sich zu fliehen, nicht, mit sich übereinzustimmen, sondern immer auf Distanz zu sich zu sein. Was hat man unter diesem Sein zu verstehen, das sich in Schach halten, in Distanz zu sich selbst sein will? Handelt es sich um Unaufrichtigkeit oder um eine andere grundlegende Haltung? Und kann man diesen neuen Aspekt des Seins *leben*? Kann insbesondere die Freiheit, wenn sie sich selbst zum Zweck nimmt, jeder *Situation* entgehen? Oder wird sie im Gegenteil situiert bleiben? Oder wird sie sich um so genauer und um so individueller situieren, je mehr sie sich in der Angst als Freiheit in Bedingtheit entwirft und je mehr sie als Existierendes, durch das die Welt dem Sein geschieht, ihre Verantwortlichkeit übernimmt? Alle diese Fragen, die uns auf die reine und nicht komplizenhafte Reflexion verweisen, können nur im Bereich der Moral beantwortet werden. Wir werden ihnen unser nächstes Buch widmen.[361]

Zur Neuübersetzung

1943, noch unter deutscher Besatzung, erschien die Originalausgabe dieses Werkes in Paris, und gleich nach der Befreiung erregte es weltweit Aufsehen und rief von den USA bis Japan eine schier unübersehbare Flut von zustimmenden wie ablehnenden Kommentaren hervor. Man weiß heute nicht mehr, wer Sartres Philosophie mit dem Etikett «Existentialismus» versah, eine widersinnige Bezeichnung, da es gerade nicht die bloße Existenz ist, die authentisches menschliches Dasein ausmacht, sondern der Entwurf, der über sie hinausgeht. Dennoch wurde dieser Begriff für die Nachkriegsgeneration zum Paradigma eines neuen Bewußtseins, einer Möglichkeit, die eigene Lebenserfahrung und die Welt zu denken, ja eines neuen Lebensgefühls mit eigenen Ausdrucksformen, die eine Modebewegung entstehen ließen. Michel Tournier faßte die Wirkung dieses Buches auf seine Generation folgendermaßen zusammen: «Eines Tages im Herbst 1943 fiel ein Buch auf unsere Tische: ‹Das Sein und das Nichts›. Nachdem wir einen Moment wie vor den Kopf geschlagen waren, begannen wir es zu lesen und lange zu verdauen. Das Werk war massig, wuchernd, ausufernd, von einer unwiderstehlichen Kraft, voller erlesener Subtilitäten, enzyklopädisch, von überlegener Methodik, und es war von vorn bis hinten von einer Intuition diamantener Einfachheit. Gleich danach erhob sich in der Presse das Gezeter des antiphilosophischen Gesindels. Kein Zweifel: wir hatten ein System bekommen.»[1] Dieses Buch wurde das philosophische Werk, das am meisten auch von Nicht-Philosophen, Laien, Autodidakten gelesen wurde. Es behielt seine Aktualität und gewinnt zunehmend an Bedeutung als philosophisches Gegenmodell gegen Strömungen des Neo-Strukturalismus und der Postmoderne, die die Autonomie des Subjekts leugnen.

1952 erschien im Rowohlt Verlag die erste deutsche Ausgabe, «bearbeitet, herausgegeben und übersetzt von Justus Streller», der im selben Jahr eine der ersten Monographien über dieses Werk veröffentlichte. Kernstücke waren jedoch in dieser Ausgabe weggelassen worden: Zweiter Teil: «Das Für-sich-sein»; aus dem Dritten Teil: «Das Für-andere», das Zweite Kapitel: «Der Körper»; aus dem Vierten Teil: «Haben, Handeln und Sein», die Abschnitte II und III des Zweiten Kapitels: «Handeln und Haben»: «Der Besitz», und: «Über die Qualität als seinsenthüllend» – insgesamt 273 Seiten der Originalausgabe. Justus Streller hatte den Inhalt dieser Abschnitte in einem Vorwort feuilletonistisch skizziert. Das Kapitel «Der Leib» – in der Neuübersetzung «Der Körper» – wurde 1956 nachgeliefert in einem Separatdruck der «Beiträge zur Sexualforschung», 9. Heft, erschienen im Ferdinand Enke Verlag in Stuttgart, «übersetzt unter Mitwirkung von Prof. Dr. H. Wagner von Alexa Wagner». Erst 1962, also neunzehn Jahre nach dem Erscheinen des Originals, wurden die fehlenden Kapitel in einer Übersetzung von Karl August Ott nebst dem Kapitel «Der Leib» in die deutsche Ausgabe integriert. Zweifellos haben Justus Streller, Alexa Wagner und Karl August Ott Pionierarbeit geleistet angesichts der Schwierigkeit des zu übersetzenden Textes und der Neuartigkeit und Radikalität

---

1 *La revanche de l'autodidacte* in: *Les Nouvelles littéraires* vom 29. Oktober 1964.

seiner Ideen in der Bundesrepublik der fünfziger Jahre, die noch unter den Folgen der geistigen Isolierung unter dem Nationalsozialismus litt.[2] Dennoch wies ihre Übersetzung so gravierende Mängel und Fehler auf – wie seitdem immer wieder nachgewiesen wurde –, daß sich eine Neuübersetzung als unabdingbar erwies.

Drei deutsche Philosophen: Hegel, Husserl, Heidegger, haben das Denken der Generation Sartres im Frankreich der dreißiger Jahre so nachhaltig geprägt, daß man heute von der Generation der drei großen H spricht. Doch kurioserweise lagen deren Werke nur bruchstückweise in Übersetzungen vor, die zudem meist sehr frei und ungenau oder schlankweg falsch waren. In der spärlichen Sekundärliteratur waren einzelne Sätze oder Begriffe übersetzt, denen manchmal der deutsche Wortlaut in Klammern hinzugefügt war – nicht selten in falscher Orthographie. Vielleicht wurde die Faszination, die von diesen Denkern ausging, dadurch verstärkt, daß man sie wie eine Geheimlehre nur gerüchtweise und durch wenige Zitate kannte, vermittelt zudem durch akademische Außenseiter, vor allem polyglotte Emigranten meist aus Osteuropa. Jedenfalls waren diese neuen Denkströmungen gegenüber dem an den Universitäten herrschenden Neokantianismus oder Neopositivismus das absolut Fremde und zugleich unendlich Vertraute, das «Unheimliche», weil sie, statt Leben und Welt in einem System von Begriffen oder Determinanten aufzulösen, zu ermöglichen schienen, sowohl die sinnlichen Erfahrungen der konkreten Alltagswelt als auch die Irrationalitäten und Gewaltausbrüche der jüngsten Zeitgeschichte zu denken und zu analysieren.

«Husserl hat das Entsetzen und den Reiz wieder in die Dinge hineinversetzt», schrieb Sartre 1933. «Er hat uns die Welt der Künstler und Propheten zurückerstattet:

---

2 Siehe Traugott König, *Sartre übersetzen* in: *Neue Zürcher Zeitung* vom 23./24. Juli 1988.

fürchterlich, feindselig, gefährlich, mit Häfen der Anmut und der Liebe. Er hat für eine neue Abhandlung der Leidenschaften Platz gemacht, die sich von dieser so simplen und so grundlegend von unseren Kennern verkannten Wahrheit leiten lassen würde: wenn wir eine Frau lieben, dann weil sie liebenswert ist. So sind wir von Proust befreit. Befreit gleichzeitig vom ‹Innenleben›: vergeblich würden wir, wie Amiel, wie ein Kind, das sich die Schulter küßt, die Liebkosungen, die Verhätschelungen unserer Intimität suchen, weil doch schließlich alles draußen ist, alles, sogar noch wir selbst: draußen, in der Welt, mitten unter den Anderen. Nicht in irgendeinem Schlupfwinkel werden wir uns entdecken: sondern auf der Straße, in der Stadt, mitten in der Menge, Ding unter Dingen, Mensch unter Menschen.»[3]

Dieses philosophische Heil kannte man also meist nur aus zweiter Hand, vor allem aus dem 1930 erschienenen Buch von Georges Gurvitch, *Les tendances actuelles de la philosophie allemande*, einer erweiterten Publikation seiner Pariser Vorlesungen über Husserl, Scheler, Lask, N. Hartmann und Heidegger, und aus Artikeln, Übersetzungen und Rezensionen der *Revue de Métaphysique et de Morale* und der *Recherches philosophiques*. Das Schlüsselwort dieser «gegenwärtigen Strömungen» hieß «Phänomenologie». Das bestechende an ihrer Methode war, daß sie den Zwiespalt zwischen Idealismus und Realismus zu überwinden schien und doch zugleich dem Bewußtsein wie der Welt volle Autonomie beließ. «Zu den Sachen selbst» war ihre Parole, eine Formel, der Jean Wahl, einer der vielseitigsten Vermittler, mit dem Titel *Vers le concret* ihre französische Form gab. So nannte er sein 1932 erschienenes Buch über James, Whitehead und Marcel, in

---

[3] Jean-Paul Sartre, *Eine fundamentale Idee der Phänomenologie Husserls: die Intentionalität* in: *Die Transzendenz des Ego*, Rowohlt, Reinbek 1982, 36f.

dem er sich ausdrücklich auf Scheler, Husserl und vor allem Heidegger bezog. Sartre erinnerte sich: «Ein Buch hatte viel Erfolg unter uns in jener Zeit: *Vers le concret* von Jean Wahl. Allerdings waren wir enttäuscht von diesem ‹vers›: vom totalen Konkreten wollten wir *ausgehen*, beim absoluten Konkreten ankommen. Aber das Werk gefiel uns, weil es den Idealismus dadurch in Verlegenheit brachte, daß es nicht gelöste Paradoxien, Ambiguitäten, Konflikte im Universum aufdeckte. Wir lernten den Pluralismus (diesen Begriff der *Rechten*) gegen den optimistischen Idealismus unserer Professoren kehren, und zwar im Namen eines linken Denkens, das von sich selbst noch nichts wußte... Unter dem Einfluß des Krieges und der russischen Revolution setzten wir den sanften Träumen unserer Professoren die Gewalt entgegen – natürlich nur in der Theorie. Das war eine schlechte Gewalt (Beschimpfungen, Schlägereien, Selbstmorde, Morde, unheilbare Katastrophen), die uns zum Faschismus hätte führen können; aber sie hatte in unseren Augen den Vorzug, die Widersprüche der Realität hervorzuheben.»[4]

Die Tatsache, daß erst jetzt auch Hegel langsam wieder bekannt wurde, erklärt, daß man ihn wie einen Zeitgenossen Husserls und Heideggers las und mit den neuen Denkströmungen in unmittelbare Verbindung brachte. So berief sich Jean Wahl im Vorwort seins Buches *Vers le concret* auf Hegel: «Nur in der Abwesenheit von Denken kann sich uns das Konkrete offenbaren. Das hat der junge Hegel ebenso gespürt wie manche Dichter. Es gibt eine notwendige Dialektik, eben weil es einen Realismus gibt. Das Reale ist die Grenze der Dialektik; es ist ihr Ursprung; es ist ihr Ziel, ihre Erklärung und ihre Zerstörung.»

An den Universitäten wurde Hegel kaum behandelt. «Der Abscheu vor der Dialektik war so stark, daß uns

---

4 Jean-Paul Sartre, *Marxismus und Existentialismus*, Rowohlt, Reinbek 1964, 19.

selbst Hegel unbekannt war», erinnert sich wieder Sartre.[5] Doch die Surrealisten hatten Hegel als Vorläufer ihrer Erkenntnisse entdeckt. Und 1930 war *Le malheur de la conscience dans la philosophie de Hegel* von Jean Wahl erschienen, ein Buch, das Sartre gelesen hatte. Aber den legendären kursorischen Kommentar von Hegels *Phänomenologie des Geistes*, den Alexandre Kojève von 1933 bis 1939 vortrug und der, obwohl eher ein Geheimtip, das französische Denken der Nachkriegszeit von Georges Bataille über Maurice Merleau-Ponty bis Jacques Lacan entscheidend beeinflußte – dieses Ereignis hatte Sartre merkwürdigerweise verpaßt. Während dieser denkwürdigen Vorlesung, deren Nachschriften Raymond Queneau 1947 unter dem Titel *Introduction à la lecture de Hegel* herausgab, erschienen einige wichtige Hegel-Übersetzungen: 1938 die *Vorlesungen über die Philosophie der Geschichte* und 1939 die *Phänomenologie des Geistes*. Im selben Jahr gab Henri Lefebvre die Textsammlung *Morceaux choisis* heraus, aus der Sartre Hegel zitierte. 1940 folgten die *Grundlinien der Philosophie des Rechts* und 1949 die *Logik*.

Die von Sartre zitierten Hegel-Übersetzungen sind manchmal so ungenau, daß man nur ahnen kann, um welchen Text es sich handelt. Der mehrfach deutsch zitierte Satz «Wesen ist, was gewesen ist» scheint aus einem Resümee der damaligen philosophischen Ausbildung zu stammen: er kommt bei Hegel nicht vor. Sartre läßt zudem außer acht, wenn er die Hegelsche Selbstbewußtseinslehre darlegt, daß sein Begriff der *conscience de soi* (Bewußtsein von sich oder Sich-Bewußtsein) und der ebenfalls mit *conscience de soi* übersetzte Begriff «Selbstbewußtsein» nicht dieselbe Bedeutung haben, obwohl er sich dieses Unterschiedes durchaus bewußt ist.

Was Husserl angeht, so hatte Sartre dessen Pariser Vorlesungen von 1929 auch versäumt, aber seit 1931 lag unter

5 Ebd., 17f.

dem Titel *Méditations cartésiennes* eine Übersetzung von Emmanuel Levinas und Gabrielle Pfeiffer vor. Und 1933 las er Levinas' 1930 erschienene Studie *La théorie de l'intuition dans la phénoménologie de Husserl*. Von großer philosophischer Neugierde beflügelt ging Sartre 1933/34 als Stipendiat nach Berlin, wo er mit seinen schulischen Deutschkenntnissen den ersten Band von Husserls *Ideen zu einer reinen Phänomenologie und phänomenologischen Philosophie* las. Diese Husserl-Lektüre schlug sich unmittelbar nieder in seinen dort entstandenen Texten *Une idée fondamentale de la philosophie de Husserl: l'intentionalité*, erschienen 1939 in der *Nouvelle Revue française*, und *La transcendance de l'Ego. Esquisse d'une description phénoménologique*, erschienen in den *Recherches philosophiques* VI von 1936/37.[6] In derselben Nummer stand unter dem Titel *Pathologie de la liberté* ein Aufsatz des Husserl- und Heidegger-Schülers Günther Stern alias Günther Anders, die Übersetzung des zweiten Teils eines Vortrags, den er unter dem Titel *Die Weltfremdheit des Menschen* 1930 vor der Frankfurter Kant-Gesellschaft gehalten hatte. Laut Anders hat Sartre ihm dreißig Jahre später erzählt, «daß dieser Text bei der Entstehung seines Existentialismus nicht ganz unschuldig gewesen sei».[7] 1940 erschien die zweite Studie über Husserl, die von Sartre zitiert wird: Gaston Berger, *Le Cogito dans la philosophie de Husserl*. Und 1942, ein Jahr vor dem Erscheinen von *L'être et le néant*, publizierte Merleau-Ponty seine erste phänomenologische Untersuchung: *La structure du comportement*, der 1945 *La*

---

6 Deutsch in: Jean-Paul Sartre, *Die Transzendenz des Ego*, a. a. O.
7 Mathias Greffrath, *Die Zerstörung einer Zukunft. Gespräche mit emigrierten Sozialwissenschaftlern*, Rowohlt, Reinbek 1979, 38. Die Übersetzung des ersten Teils dieses Vortrags war unter dem Titel *Une interprétation de l'a posteriori* in den *Recherches philosophiques* IV von 1934–1935 erschienen.

phénoménologie de la perception folgte. Mit diesen drei Werken hatte sich die Phänomenologie als eigenständige Denkrichtung in Frankreich etabliert. Doch unter dem Namen «Existentialismus» sollte sie das kommende Jahrzehnt bestimmen. Denn unter dem Einfluß Heideggers hatte sie die phänomenologische Methode auf die menschliche Existenz angewandt und dabei in einer neuartigen Radikalität den Skandal der Kontingenz der Welt bis hin zum eigenen Körper in seinem Verhältnis zum Anderen hervortreten lassen. Schon von Husserl gibt Sartre manchmal zuspitzende Interpretationen, doch da er nur einzelne Begriffe und diese oft auf deutsch zitiert, ergeben sich hier keine besonderen Übersetzungsprobleme.

Ganz anders verhält es sich bei Heidegger. 1931 war in *Bifur* eine erste Übersetzung von Auszügen aus *Was ist Metaphysik?* erschienen, 1932 hatten die *Recherches philosophiques* I eine Übersetzung der Schrift *Vom Wesen des Grundes* publiziert. 1938 veröffentlichte Gallimard unter dem Obertitel *Qu'est-ce que la métaphysique?* eine erste größere Heidegger-Auswahl, die für Sartres Generation die wichtigste, ja oft einzige Quelle der Heidegger-Rezeption blieb. Sie enthielt eine vollständige Fassung von *Was ist Metaphysik?* und *Vom Wesen des Grundes*, Auszüge aus *Sein und Zeit* (§§ 46–54 und 72–76), Auszüge aus *Kant und das Problem der Metaphysik* (§§ 42–45) und *Hölderlin und das Wesen der Dichtung*. Im deutschen Kriegsgefangenenlager in Trier las Sartre 1940 mit dem elsässischen Priester Marius Perrin *Sein und Zeit* auf deutsch.[8] Als erste französische Monographie erschien 1942 Alphonse de Waelhens: *La philosophie de Martin Heidegger*.

Entscheidend für die französische Heidegger-Rezep-

---

8 Marius Perrin, *Mit Sartre im deutschen Kriegsgefangenenlager*, Rowohlt, Reinbek 1983.

tion waren die kongenialen, aber sehr freien, oft interpretierenden Übersetzungen von Henry Corbin, der mit seinen terminologischen Neuschöpfungen die Heidegger-Lektüre und das Heidegger-Bild im gesamten francophonen Raum prägte – und bis heute prägt, obwohl inzwischen interlineare Übersetzungen erschienen sind. Die Frage der französischen Rezeption Heideggers ist also zunächst eine Frage nach seiner Übersetzbarkeit.

Heidegger selbst hatte zu seiner Sprache in *Sein und Zeit* geschrieben: «Mit Rücksicht auf das Ungefüge und ‹Unschöne› des Ausdrucks innerhalb der folgenden Analysen darf die Bemerkung angefügt werden: ein anderes ist es, über Seiendes erzählend zu berichten, ein anderes, Seiendes in seinem Sein zu fassen. Für die letztgenannte Aufgabe fehlen nicht nur meist die Worte, sondern vor allem die ‹Grammatik›.»[9]

Wie viel er sich von der Übersetzung seines Werkes versprach, hat er in einem *Prologue de l'auteur* zu der Corbinschen Auswahl gesagt: «Durch die Übersetzung findet sich die Arbeit des Denkens in den Geist einer anderen Sprache übertragen und erfährt so eine unvermeidliche Transformation. Aber diese Transformation kann fruchtbar werden, denn sie läßt die fundamentale Fragestellung in einem neuen Licht erscheinen; sie bietet so den Anlaß dafür, selbst klarer zu sehen und deren Grenzen genauer zu erkennen. Deshalb besteht eine Übersetzung nicht bloß darin, die Kommunikation mit der Welt einer anderen Sprache zu erleichtern, sondern sie ist an sich eine Erschließung der gemeinsam gestellten Frage. Sie dient dem gegenseitigen Verständnis in einem höheren Sinn. Und jeder Schritt auf diesem Weg ist ein Segen für die Völker.» Alphonse de Waelhens jedoch merkt im *Avant-propos* seines Heidegger-

---

9 Martin Heidegger, *Sein und Zeit*, § 7, letzter Absatz.

Buches[10] zur Übersetzung Corbins kritisch an: «Corbin hat ein neues Vokabular mit einem neuen Vokabular übersetzt. Das ist eine Methode, deren Erfolg mehrere Bedingungen voraussetzt, die in diesem Fall nicht gegeben sind. Denn wenn der deutsche Leser Heideggers in seiner eigenen philosophischen Umwelt Ansatz- und Berührungspunkte findet, die ihn auf das Verständnis dieser neuen Sprache vorbereiten, so gilt das nicht für den französischen Leser Corbins. Weder Kierkegaard noch Dilthey, noch Husserl, ja nicht einmal Nietzsche sind für das französische Publikum ausreichend bekannte Autoren.»

Sartre war sich der Problematik der Übertragung Heideggerscher Begriffe und Formulierungen bewußt. In einem 1965 erschienenen Interview fragte ihn Pierre Verstraeten: «Was halten Sie... von den Kritiken Ihrer Aneignung der deutschen Philosophiesprache in *Das Sein und das Nichts*, die fast ein Übersetzungsproblem aufwerfen?» Und Sartre antwortete: «...ich bin überzeugt, daß alles gesagt werden können muß. Insofern bin ich gegen jenen literarischen Positivismus..., der im Grunde sagen würde, daß man Heidegger nicht ins Französische übersetzen kann, weil man überzeugt ist, gestützt auf den Strukturalismus, daß die Sprachen keine Entsprechungen haben, jede von ihnen als ein Ganzes bedingt ist usw.... Das liefe darauf hinaus, daß alles, was in der Sprache Heideggers erfinderisch ist, der deutschen Sprache entspricht – was übrigens stimmt –: wenn Heidegger das Wort *Dasein* benutzt oder das Wort *Bewußtsein* oder wenn Husserl das Wort *Bewußtsein* benutzt, dann sind das zwei Weisen, etwas auszudrücken, dem im Französischen nichts entspricht. Das hieße, es gäbe gar keine Möglichkeit, es zu übersetzen, oder aber es wären dazu riesige Umschreibungen nötig, was auf dasselbe hinausliefe...

---

10 Alphonse de Waelhens, *La philosophie de Martin Heidegger*, Louvain 1942, IX.

Wenn wir meinen, daß uns das Denken eines deutschen Philosophen wie Heidegger zugänglich sein muß, auch wenn wir seine Sprache nicht können, und wenn wir gleichzeitig in einem gewissen Maße glauben, daß die Sprachen Ganzheiten sind, die sich innerlich bedingen, und daß man nicht notwendig die gleichen Sachen in der einen wie in der anderen Sprache vorfindet, dann müssen wir einräumen, daß wir der Sprache Gewalt antun und sie zwingen können müssen, etwas auszudrücken, was dem Französischen gegen den Strich geht... Man kann im Französischen Wörter erfinden, aber sie müssen in der erfinderischen Linie dessen liegen, was der Geist der Sprache genannt wird, das heißt... innerhalb der inneren dynamischen Beziehungen eines linguistischen Systems... Erfindungen dagegen, mit denen ein Philosoph philosophische Begriffe eines Deutschen einbürgern will, der sich genaugenommen seiner eigenen Sprache bemächtigt und sie in ihrer Richtung weitergetrieben hat, sind nicht notwendig Erfindungen, die in die Richtung der französischen Sprache gehen... Man habt also einen Begriff, der im Deutschen geschaffen wurde durch eine Umformung der deutschen Sprache, das heißt eine Erfindung, die notwendig war. Zu einem bestimmten Zeitpunkt hat er sich im Denken Heideggers als Lücke bemerkbar gemacht, und um es zu präzisieren, hat Heidegger den Sinn eines Wortes verändert. Ich kann ihm also kein französisches Wort als Äquivalent geben, keine Worterfindung, die wirklich in der Richtung der Sprache läge, und trotzdem brauche ich sie. Ich führe also eigentlich einen deutschen Begriff mit deformierten Wörtern eines falschen Französisch in ein Denken ein, insofern das Denken eben allgemeiner ist als die Sprache.»[11]

11 *Der Schriftsteller und seine Sprache.* Interview mit Pierre Verstraeten in: *Was kann Literatur?*, Rowohlt, Reinbek 1979, 114ff. Mit Bezug auf die Vieldeutigkeit auch der philo-

Somit bestünde also eine Übersetzung Sartres ins Deutsche zu wesentlichen Teilen in der Rückübersetzung der «deformierten Wörter eines falschen Französisch» in die deutschen Begriffe, und alles wäre ganz einfach, für die Wortschöpfungen, die «dem Französischen gegen den Strich» gehen, könnten die Wörter und Wendungen wiedereingesetzt werden, die bei aller Deformierung im Geist der deutschen Sprache liegen, und es entstünde gar ein Text, der kohärenter wäre als das französische Original. Doch genau das ist unserer Meinung nach nicht der Fall: Durch die Übertragung deutscher Begriffe in den Kontext der französischen Sprache haben jene, sich diesem Kontext mit einem anderen sozio-kulturellen Hintergrund einfügend, unüberhörbare Konnotationsverschiebungen erfahren, so daß bei ihrer bloßen Rückübersetzung ins Deutsche nunmehr der französische Text deformiert würde. Und gerade damit würde erschwert oder ginge verloren, was Heidegger «eine Erschließung der gemeinsam gestellten Frage» genannt hatte. Man kann dieses Problem am besten am Beispiel der von Sartre übernommenen, paraphrasierten und kommentierten Corbinschen Heidegger-Übersetzungen verdeutlichen.

Die folgenreichste Neuschöpfung dieser Übersetzung – in der «Stimmung» zu *tonalité affective*, «Erschlossenheit» zu *réalité révélée*, «Zuhandenheit» zu *réalité-ustensile* wird – ist *realité-humaine* für «Dasein». Im französischen Begriff ist kein «da», und der Satz «Das Dasein

> sophischen Sprache überhaupt, merkt Sartre an dieser Stelle zur Sprache Heideggers kritisch an: «Man kann das benutzen, um zu mystifizieren, was Heidegger sehr oft tut, aber man kann es auch benutzen, um vorauszuschauen, was er ebenfalls tut.» Und bei einem anderen Anlaß schreibt er: «In seiner schroffen und etwas barbarischen Art, den gordischen Knoten lieber zu durchschlagen, als zu versuchen, ihn zu lösen, antwortet er auf die gestellte Frage mit einer bloßen Definition.» (*Das Sein und das Nichts*, 443)

ist sein Da» wird übersetzt mit «*La réalité humaine réalise, effectue une présence-réelle*». Ebensowenig haben wir es im Französischen mit einem «sein» zu tun, während im Deutschen weder *réalité* noch *humaine* anklingt. Und dennoch hat Heidegger dieser Übertragung zugestimmt, die Corbin in seinem *Avant-propos* folgendermaßen rechtfertigt: «Manchmal wird dieser Begriff einfach auf deutsch zitiert [was übrigens auch Sartre tut]; manchmal wird er mit ‹existence› übersetzt. Das ist sicher der geläufige Sinn des Wortes, aber wenn man sich mit dieser Äquivalenz begnügt, kommt man in der Folge zu der ärgerlichen Verwechslung zwischen den Begriffen *existentiell* und *existential*. Daß diese Verwechslung gerade der Ursprung der meisten Kritiken an Heidegger ist, braucht hier nicht betont zu werden. Weisen wir lediglich darauf hin, daß das Anliegen der *Existenzphilosophie*, wie Heidegger sie begründet, keineswegs darauf hinausläuft, die alte Diskussion um das Wesen [*l'‹essence›*] und das Dasein [*l'‹existence›*] wiederaufzunehmen. Das Seiende [*l'existant*], das der Begriff *Dasein* bezeichnet, ist keineswegs bloß ein Seiendes [*un existant*], dessen Sein *unter* allen anderen Seienden [*existants*] zu analysieren wäre. Sein Sein ist das *Sein* des Menschen, es ist die *menschliche-Realität* [*réalité-humaine*] im Menschen. Wir greifen also im Französischen auf diesen zusammengesetzten Ausdruck zurück und wiederholen dabei übrigens die Zusammengesetztheit des Begriffs *Da-sein*. Man darf jedoch nie aus den Augen verlieren, daß dieser zusammengesetzte Ausdruck nicht eine *Realität* bezeichnet, die zunächst gesetzt wäre und dann das Prädikat ‹menschlich› erhielte; nein, er bezeichnet ein von Anfang an homogenes Ganzes, das sich in besonderer Weise von ‹Realität› schlechthin oder von jeder anders konstituierten Realität unterscheidet.» Doch diese Spezifizierungen und Einschränkungen können nicht vermittelt werden, wenn der Begriff – wie Waelhens richtig bemerkt – ohne Kontext in die französische Philosophiesprache eingeführt wird. Außerdem verwendet Sartre ihn natürlich auch da, wo nicht von Heidegger die Rede ist, und das gilt für die überwiegende Mehrheit der Fälle. Längst wird *réalité-humaine* – zudem von dem geläufigeren *condition humaine* kontaminiert – in Texten verwendet, die weder mit Heidegger noch mit Sartre etwas zu tun haben, längst ist der Ursprung dieses Begriffs aus dem allgemeinen Bewußtsein geschwunden.[12] Daher wird hier *réalité-humaine* nicht mit «Dasein» rückübersetzt, sondern mit «menschliche-Realität», wobei die beiden Wörter mit einem Bindestrich gekoppelt werden, der an die terminologische Einheit erinnern soll. Diese Lösung schien um so plausibler, als Sartre daneben auch «Dasein» auf deutsch verwendet und *être-là* in einem nicht Heideggerschen Sinn. Nur bei Passagen, wo Sartre Heidegger zitiert oder paraphrasiert, wird für *réalité-humaine* «Dasein» gesetzt und der französische Begriff in Klammern hinzugefügt. Das gilt für andere Wortbildungen der Corbinschen Heidegger-Übersetzung wie zum Beispiel *choses-ustensiles*, *complexe-d'ustensilité*. Es würde befremdlich wirken, wenn im urbanen Pariser Stil Sartres ohne ausdrücklichen Bezug auf Heidegger Wörter wie «Zeug», «Zeugganzes», «Zuhandenheit» auftauchten.[13] Im einzelnen sind die Lösungen der Neuübersetzung im nachfolgenden Glossar aufgeschlüsselt. Die wichtigsten dieser terminologischen Entscheidungen wurden schon bei der Edition von Band 1 der *Philosophischen Schriften* dieser Ausgabe

---

12 Auch die ersten Übersetzer dieses Werkes waren sich der Herkunft von *réalité-humaine* offenbar nicht bewußt. Jedenfalls übersetzten sie es auch bei Heidegger-Paraphrasen mit «menschliche Realität».

13 Günther Anders sagte dazu: «Seine [Heideggers] ‹Zeugwelt› ist eine des dörflichen Handwerkers, eine Werkstattwelt. Scheler nannte seine Philosophie zu Recht eine ‹Schuster-Ontologie›.» Mathias Greffrath, *Die Zerstörung einer Zukunft*, a.a.O., 22.

getroffen: *Die Transzendenz des Ego. Philosophische Essays 1931–1939*.

Die Übersetzung der Werke von Max Scheler hatte relativ früh begonnen. 1928 erschien *Wesen und Formen der Sympathie*, 1933 unter dem Titel *L'homme du ressentiment* eine Übersetzung seiner Schrift *Das Ressentiment im Aufbau der Moralen* und 1936 ein Sammelband unter dem Titel *Le sens et la souffrance*.

Was Sigmund Freud angeht, so lagen seine Hauptwerke bereits in den zwanziger Jahren auf französisch vor: 1923 *Drei Abhandlungen zur Sexualtheorie*, 1924 *Psychopathologie des Alltagslebens* – die Sartre in diesem Jahr las und gegen die sich, wie er sagte, sein kartesianischer Geist aufbäumte[14] –, 1925 *Die Traumdeutung* – die Sartre 1927 las. An der Übersetzung von Jaspers' *Allgemeiner Psychopathologie* hatte er 1929 gemeinsam mit Paul Nizan gearbeitet. Auch die für Sartre so wichtigen deutschen Gestaltpsychologen waren seit den zwanziger Jahren in Übersetzungen zugänglich. Sartre beschäftigte sich 1930 mit dieser Theorie, deren hauptsächlichster Vermittler Paul Guillaume vor allem mit seinem 1937 erschienenen Buch *La psychologie de la forme* war.

Auf Grund seiner philosophischen Ausbildung im Paris der zwanziger Jahre war Sartre mit Philosophen vertraut, die – abgesehen von Descartes, Spinoza, Leibniz, Kant und Bergson – bei uns so gut wie unbekannt sind. Wenn er Autoren zitiert oder paraphrasiert, so tut er das meist aus dem Gedächtnis und – bei Husserl wurde schon darauf hingewiesen – in interpretierender Weise. Dieser in Frankreich verbreitete unakademische Umgang mit evozierten Texten, der auch Mißverständnisse, Irrtümer und falsche Erinnerungen nicht ausschließt, erwies sich bei Sartre – doch nicht nur bei ihm – als außerordentlich produktiv.

---

14 *Sartre über Sartre* in: *Sartre über Sartre*, Rowohlt, Reinbek 1977, 147.

Nie geht es ihm um den pedantischen Nachweis einer theoretischen Vorläuferschaft oder einer theoretischen Aporie. Vielmehr benutzt er erinnerte Formulierungen anderer als Formulierungshilfen zur Präzisierung seines eigenen Denkens.

Schließlich sei noch eine Schwierigkeit erwähnt, die sich aus der Beschaffenheit des Originals ergab: Sartres Manuskript muß vorläufig als verloren gelten. Die gedruckte Originalfassung von 1943, die seitdem so gut wie unverändert nachgedruckt wird, enthält eine Reihe offensichtlicher Errata – die hier stillschweigend korrigiert sind –, aber wahrscheinlich noch weitere, nicht mit Sicherheit erkennbare, höchstens nach dem Kontext zu vermutende Abschreib- oder Druckfehler.

Von den Schwierigkeiten, die sich aus den unterschiedlichen Sprachstrukturen ergeben, seien zwei herausgegriffen: Da das französische Possessivpronomen nur das Geschlecht des Besitzes und nicht das des Besitzers bezeichnet (*son* = «sein» oder «ihr»), mußte die deutsche Übersetzung Bezüge festlegen, die im Französischen oft nicht eindeutig erkennbar sind. Dagegen unterscheidet das Französische beim Relativpronomen zwischen Nominativ und Akkusativ (*qui/que*), während beim deutschen Relativpronomen «die» (Femininum und Plural) eine solche Unterscheidung nicht eindeutig zu treffen ist. Daher mußten Relativsätze im Aktiv oft durch Passivkonstruktionen ersetzt werden, was manchmal neue Schwierigkeiten mit sich brachte.

Besonderer Dank für die Beantwortung zahlreicher Fragen, für Textnachweise und bibliographische Angaben gebührt Daniel Christoff, Arlette El Kaim-Sartre, Margot Fleischer, Manfred Frank, Klaus Hartmann, Jürgen Herbst, Bernd Schuppener, Gerhard Seel und Rainer W. Zimmermann.

Traugott König

Anmerkungen

1 Friedrich Nietzsche, *Also sprach Zarathustra*: Die Reden Zarathustras: Von den Hinterweltlern; *Werke in drei Bänden*, Zweiter Band, Hanser, München 1955, 297f.
2 Edmund Husserl, *Ideen zu einer reinen Phänomenologie und phänomenologischen Philosophie*, Martinus Nijhoff, Haag 1950–52. Martin Heidegger, *Sein und Zeit*, §7, [10]Max Niemeyer, Tübingen 1963, 27ff.
3 Deutsch im Original. Martin Heidegger, *Sein und Zeit*, §7A, a.a.O., 30f. Immanuel Kant, *Kritik der reinen Vernunft*, I, Die transzendentale Analytik, Zweites Buch, 3. Hauptstück: Von dem Grunde der Unterscheidung aller Gegenstände überhaupt in Phaenomena und Noumena; *Werke in zwölf Bänden*, Bd. III, Insel, Wiesbaden 1956, 267ff.
3a «Hexis» = Habitus, eine durch Gewohnheiten entstandene zweite Natur, Gegenteil von «Praxis».
4 Henri Poincaré, *La science et l'hypothèse*, Paris 1902; *La valeur de la science*, Paris 1905. Pierre Duhem, *La théorie physique, son objet, sa structure*, Paris 1907.
5 Deutsch im Original. Edmund Husserl, *Ideen* I, §§ 3f, a.a.O., 13–17: «Das Wesen (Eidos) ist ein neuartiger Gegenstand. So wie das Gegebene der individuellen oder erfahrenden Anschauung ein individueller Gegenstand ist, so das Gegebene der Wesensanschauung ein reines Wesen.» (14)
6 Deutsch im Original. Edmund Husserl, *Ideen*, I, §41, a.a.O., 91–95: «In Wesensnotwendigkeit gehört zu einem ‹allseitigen› kontinuierlich einheitlich sich in sich selbst bestätigenden Erfahrungsbewußtsein vom selben Ding ein vielfältiges System von kontinuierlichen Erscheinungs- und Abschattungsmannigfaltigkeiten, in denen, wenn sie aktuell gelten, alle in die Wahrnehmung mit dem Charakter der leibhaften Selbstgegebenheit fallenden gegenständlichen Momente sich im Bewußtsein der Identität in bestimmten Kontinuitäten darstellen bzw. abschatten.» (93)
7 Edmund Husserl, *Ideen* I, Einleitung, a.a.O., 3–9: «Demgegenüber wird die *reine oder transzendentale Phänomenologie nicht als Tatsachenwissenschaft, sondern als Wesenswissenschaft* (als ‹eidetische› Wissenschaft) *begründet werden*; als eine Wissenschaft, die ausschließlich ‹Wesenserkenntnisse› feststellen will und *durchaus keine ‹Tatsachen›*. Die zugehörige Re-

duktion, die vom psychologischen Phänomen zum reinen ‹Wesen›, bzw. im urteilenden Denken von der tatsächlichen (‹empirischen›) Allgemeinheit zur ‹Wesens›allgemeinheit überführt, ist die *eidetische Reduktion*.» (6)
Martin Heidegger, *Sein und Zeit*, § 4, a.a.O., 13 f: «Das Dasein hat sonach einen mehrfachen Vorrang vor allem anderen Seienden. Der erste Vorrang ist ein *ontischer*: dieses Seiende ist in seinem Sein durch Existenz bestimmt. Der zweite Vorrang ist ein *ontologischer*: Dasein ist auf dem Grunde seiner Existenzbestimmtheit an ihm selbst ‹ontologisch›. Dem Dasein gehört nun aber gleichursprünglich – als Konstituens des Existenzverständnisses – zu: ein Verstehen des Seins alles nicht daseinsmäßigen Seienden. Das Dasein hat daher den dritten Vorrang als ontischontologische Bedingung der Möglichkeit aller Ontologien. Das Dasein hat sich so als das vor allem anderen Seienden ontologisch primär zu Befragende erwiesen.» (13)
Zu «Dasein» = *réalité-humaine* siehe «Zur Neuübersetzung».

8 *esse est percipi* = Sein ist Wahrgenommenwerden. Siehe George Berkeley, *A Treatise concerning the principles of human knowledge*, § 3. Edmund Husserl, *Ideen I*, §§ 97 f, a.a.O., 241–249, bes. 246.

8a Siehe dazu Edmund Husserl, *Zur Phänomenologie des inneren Zeitwußtseins,* Husserliana, Bd. X, Beilage XII, 130: «Diese Reflexionen vollziehen sich in der Einheit eines Zeitwußtseins, das neu Erfaßte war – so heißt es – schon da […]» Siehe auch *Ideen I*, §§ 97 f u. 77, a.a.O., 241–249 u. 178.

9 Edmund Husserl, *Cartesianische Meditationen*, II, § 14, Martinus Nijhoff, Haag 1950, 71: «So ist überhaupt jedes Bewußtseinserlebnis in sich selbst Bewußtsein *von* dem und dem...» Siehe auch *Ideen I*, §§ 34 u. 36, a.a.O., 74 ff u. 79 ff, und Jean-Paul Sartre, *Une idée fondamentale de la phénoménologie de Husserl: l'intentionalité* in: *La Nouvelle Revue française*, Januar 1939 (deutsch: *Eine fundamentale Idee der Phänomenologie Husserls: die Intentionalität* in: *Die Transzendenz des Ego*, Rowohlt, Reinbek 1982).

10 Baruch Spinoza, *Ethica*, Pars II, Def. 21.

11 Martin Heidegger, *Sein und Zeit*, § 44 b, a.a.O., 221: «Sofern das Dasein wesenhaft seine Erschlossenheit *ist*, als erschlossenes erschließt und entdeckt, ist es wesenhaft ‹wahr›.» § 52, a.a.O., 256: «Dasein ist als erschlossen-erschließendes und entdeckendes Seiendes wesenhaft ‹in der Wahrheit›.»

12 Deutsch im Original.
13 Deutsch im Original.
14 Martin Heidegger, *Sein und Zeit*, § 9, a. a. O., 42.
15 Edmund Husserl, *Ideen* I, § 46, a. a. O., 106–110, bes. 109.
16 Gemeint ist der scholastische Gottesbeweis aus der Kontingenz der Welt bei Thomas von Aquin.
17 Edmund Husserl, *Ideen* I, §§ 85, 97, a. a. O., 207–212, 241–245.
18 Deutsch im Original in Klammern. Edmund Husserl, *Ideen* I, § 85, a. a. O., 207 ff.
19 Edmund Husserl, siehe Anm. 8.
20 Edmund Husserl, *Cartesianische Meditationen*, II, § 14, a. a. O., 72: «Bewußtseinserlebnisse nennt man auch *intentionale*, wobei aber das Wort Intentionalität dann nichts anderes als diese allgemeine Grundeigenschaft des Bewußtseins, Bewußtsein *von* etwas zu sein, als *cogito* sein *cogitatum* in sich zu tragen bedeutet.» Siehe auch Anm. 9.
21 Deutsch im Original. Martin Heidegger, *Sein und Zeit*, § 4, a. a. O., 12 und ähnlich passim: «Es [das Dasein] ist vielmehr dadurch ontisch ausgezeichnet, daß es diesem Seienden in seinem Sein *um* dieses Sein selbst geht.» Sartre paraphrasiert: «*la conscience est un être pour lequel il est dans son être question de son être en tant que cet être implique un être autre que lui.*»
22 Martin Heidegger, ebd.
23 Gottfried Wilhelm Leibniz, *Monadologie*, 47: «Demnach ist Gott allein die ursprüngliche Einheit oder die ursprüngliche einfache Substanz; alle erschaffenen oder abgeleiteten Monaden sind seine Erzeugungen und entstehen sozusagen von Augenblick zu Augenblick durch ständige blitzartige Ausstrahlungen [*Fulgurations*] der Gottheit – beschränkt durch die Aufnahmefähigkeit des Geschöpfes, das ja seinem Wesen nach begrenzt ist.» (Deutsch in: *Principes de la nature et de la grâce fondés en raison / Vernunftprinzipien der Natur und der Gnade – Monadologie*, Meiner, Hamburg 1982, 46).
24 Deutsch im Original.
25 René Descartes, *Les méditations métaphysiques*, VI; Lettres à la Princesse Elisabeth du 21 mai 1643, du 28 juin 1643, de mai ou juin 1645, du 6 octobre 1645; Entretien avec Burman. Jean Laporte, *Le problème de l'abstraction*, Presses Universitaires de France, Paris 1940. Edmund Husserl, *Ideen* I, § 23, a. a. O., 50.

26 Martin Heidegger, *Sein und Zeit*, §§ 12–18, a.a.O., 52–88: «Wenn das In-der-Welt-sein eine Grundverfassung des Daseins ist, darin es sich nicht nur überhaupt, sondern im Modus der Alltäglichkeit vorzüglich bewegt, dann muß es auch immer schon ontisch erfahren sein.» (59)

27 Baruch Spinoza, *Ethica*, Pars I, Def. 3 u. 5.

28 Immanuel Kant, *Kritik der reinen Vernunft*, I, Zweiter Teil, Erste Abteilung, Erstes Buch, 1. Hauptstück, 2. Abschnitt, § 9, a.a.O., 112 f.

29 Zum stoischen *lecton* («Gesagtes»), einem sprachlich geformten Gedankeninhalt, einer sprachlich ausgedrückten Abstraktion, siehe z. B. Lucius Annaeus Seneca, *Epistolae*, 117, 13.
Edmund Husserl, *Ideen* I, § 88, a.a.O., 218 ff.

30 Henri Bergson, *L'évolution créatrice*, Chapître IV: L'existence et le néant, in: Henri Bergson, *Œuvres*, Presses Universitaires de France, Paris 1959, 728 ff.

31 G. W. F. Hegel, *Enzyklopädie* I, § 24, Zusatz 2; *Werke*, Suhrkamp, Frankfurt 1969–71, Bd. 8, 84 f. Sartre zitiert nach Henri Lefebvre, *Morceaux choisis de Hegel*, Gallimard, Paris 1938.

32 René Le Senne, *Introduction à la philosophie*, Paris 1925. Octave Hamelin, *Essai sur les éléments principaux de la représentation*, Paris 1901.

33 G. W. F. Hegel, *Logik für die Mittelklasse (1810/1811)*, Einleitung, § 6, a.a.O., Bd. 4, 165. Diese Anm. ersetzt die Fußnote Sartres.

34 Ebd., § 9, 166. *Phänomenologie des Geistes*, A I, a.a.O., Bd. 3, 83 (Sartre schreibt: «Et c'est bien ainsi que le définit la Phénoménologie de l'Esprit, qui présente l'Être pur ‹du point de vue de la vérité› comme l'immédiat.» Zu diesem Zitat siehe auch: «In ihrem wahren Ausdrucke ist daher diese einfache Unmittelbarkeit das *reine Sein*.» *Logik* I, Erstes Buch, a.a.O., Bd. 5, 68). *Enzyklopädie* I, § 86, Zusatz 1, a.a.O., Bd. 8, 184. Ebd., § 87, 186.

35 Ebd., § 88, 188. Diese Anm. ersetzt die Fußnote Sartres.

36 G. W. F. Hegel, *Logik* I, Erstes Buch, Erster Abschnitt, Erstes Kapitel, C, Anmerkung 1, a.a.O., Bd. 5, 86. Diese Anm. ersetzt die Fußnote Sartres.

37 Ebd., Zweites Kapitel, A b, Anmerkung, und Erstes Kapitel, A, 121 und 82.

38 G. W. F. Hegel, *Enzyklopädie* I, § 87, a.a.O., Bd. 8, 186. Diese Anm. ersetzt die Fußnote Sartres.

39 Bei Heidegger-Paraphrasen wird *réalité-humaine* ausnahms-

weise mit «Dasein» übersetzt. An allen Stellen, wo dem Wort «Dasein» nicht *réalité-humaine* in eckigen Klammern hinzugefügt ist, steht dieses im Original. Siehe «Zur Neuübersetzung».

40 Martin Heidegger schreibt in: *Was ist Metaphysik?* (1929), Klostermann, Frankfurt ¹³1986, 34: «Das Nichts selbst nichtet.» Henry Corbin übersetzt in *Qu'est-ce que la métaphysique?*, Gallimard, Paris 1938, 34: «*C'est le néant lui-même qui néantit.*» Sartre schreibt: «*... le Néant ... se néantise.*» Siehe dazu Glossar.

41 Zur «Zuhandenheit» = réalité-ustensile siehe Glossar. Martin Heidegger, *Sein und Zeit*, §§ 15–18, 69a, a.a.O., 66–89, 352–356: «Wir nennen das im Besorgen begegnende Seiende das *Zeug*... Die Seinsart von Zeug, in der es sich von ihm selbst her offenbart, nennen wir die Zuhandenheit.» (68f)

42 Martin Heidegger, *Vom Wesen des Grundes* (1929), Klostermann, Frankfurt ⁷1983, 37: «Welt als Ganzheit ‹ist› kein Seiendes, sondern das, aus dem her das Dasein *sich zu bedeuten gibt*, zu welchem Seienden und wie es sich dazu verhalten *kann*. Dasein gibt ‹*sich*› aus ‹*seiner*› Welt her zu bedeuten, heißt dann: in diesem Auf-es-zukommen aus der Welt zeitigt sich das Dasein als ein *Selbst*, d.h. als ein Seiendes, das *zu sein* ihm anheimgegeben ist.» Corbin übersetzt: «*Le monde comme totalité ‹est› non pas un existant, mais cela même d'où la réalité humaine se fait annoncer avec quel existant elle peut avoir des rapports et comment elle le peut. Que la réalité humaine ‹se› fasse ainsi annoncer, à soi-même de et par ‹son› monde, ce revient alors à dire: dans l'acte de cette venue-à-elle-même, à partir du monde, la réalité humaine se temporalise comme un Soi, c'est-à-dire comme un existant qu'il lui est réservé d'être, à elle en propre.*» *Qu'est-ce que la métaphysique?* a.a.O., 88. Sartre paraphrasiert: «*l'homme se fait annoncer à partir de ce complexe ce qu'il est.*»

43 Deutsch im Original in Klammern: *sich befinden*.

44 Deutsch im Original zusätzlich in Klammern.

45 Martin Heidegger. *Vom Wesen des Grundes*, a.a.O., 55.

46 Schlußfrage Martin Heideggers nach Leibniz in: *Was ist Metaphysik?*, a.a.O., 42.

47 Zum Beispiel des Kentauren siehe Edmund Husserl, *Ideen* I, § 23, a.a.O., 50f u. passim, und Jean-Paul Sartre, *Die Imagination* in: *Die Transzendenz des Ego*, a.a.O., 229.

48 Deutsch im Original in Klammern. Siehe Martin Heidegger, *Sein und Zeit*, § 23, a.a.O., 104ff.

49 Deutsch im Original. Nach der Gestalttheorie hat das Ganze nicht nur Eigenschaften, die an seinen Teilen nicht vorfindbar sind, sondern jeder Einzelinhalt ändert, gewinnt oder verliert ebenfalls gewisse Eigenschaften, wenn er zum Teil in einem Ganzen wird, aus einem Ganzen ausscheidet, seinen Ort in einem Ganzen wechselt oder von einem Ganzen in ein anderes Ganzes übergeht.

50 Siehe Anm. 28.

51 Zu «wird geseint» = *est été* siehe Glossar.

51a Jean-Paul Sartre, *La liberté cartésienne* in: *Situations* I, Gallimard, Paris 1947 (deutsch: *Die cartesianische Freiheit* in: *Situationen*, Rowohlt, Reinbek 1965).

52 Ἐποχή = Epochē = phänomenologische Reduktion. Edmund Husserl, *Ideen* I, § 90, a.a.O., 225 f: «Beginnen wir als natürlich eingestellte Menschen, so ist das wirkliche Objekt das Ding dort draußen. Wir sehen es, wir stehen davor, wir haben die Augen fixierend darauf gerichtet, und so wie wir es da als unser Gegenüber im Raume finden, beschreiben wir es und machen darüber unsere Aussagen. Desgleichen nehmen wir dazu Stellung im Werten; dieses Gegenüber, das wir im Raume sehen, gefällt uns, oder es bestimmt uns zum Handeln; was sich da gibt, fassen wir an, bearbeiten es usw. Vollziehen wir nun die phänomenologische Reduktion, so erhält jede transzendente Setzung, also vor allem die in der Wahrnehmung selbst liegende, ihre ausschaltende Klammer, und diese geht auf all die fundierten Akte über, auf jedes Wahrnehmungsurteil, auf die darin gründende Wertsetzung und das ev. Werturteil usw. Darin liegt: Wir lassen es nur zu, all diese Wahrnehmungen, Urteile usw. als die Wesenheiten, die sie in sich selbst sind, zu betrachten, zu beschreiben, was irgend an oder in ihnen evident gegeben ist, festzulegen; wir gestatten aber kein Urteil, das von der Thesis des ‹wirklichen› Dinges, wie der ganzen ‹transzendenten› Natur Gebrauch macht, sie ‹mitmacht›. Als *Phänomenologen* enthalten wir uns all solcher Setzungen. Wir werfen sie darum nicht weg, wenn wir uns ‹nicht auf ihren Boden stellen›, sie ‹nicht mitmachen›.»

52a G. W. F. Hegel, *Logik* II, Zweiter Teil, Dritter Abschnitt, Drittes Kapitel, a.a.O., Bd. 6, 563. *Enzyklopädie* III, § 382, a.a.O., Bd. 10, 25 ff. Edmund Husserl, *Ideen* I, § 36, a.a.O., 79–81. Franz Brentano, *Psychologie vom empirischen Standpunkte aus.* 1874.

53 Zu «Bild»= *image* siehe Glossar.
54 Hippolyte Taine, *De l'intelligence*, I, Paris 1871. Albert Spaier, *L'image mentale d'après les expériences d'introspection* in: *Revue philosophique*, 1914. Siehe dazu auch Jean-Paul Sartre, *L'imagination*, Alcan, Paris 1936 (deutsch: *Die Imagination* in: *Die Transzendenz des Ego*, a.a.O., 97ff).
55 Mit *intention vide* übersetzten Gabrielle Pfeiffer und Emmanuel Levinas den Begriff der «bloßen Meinung». Siehe Edmund Husserl, *Méditations cartésiennes*, Armand Colin, Paris 1931, 9: «*Un jugement qui se borne à une simple présomption, s'il passe dans la conscience à l'évidence corrélative, se conforme aux choses et aux ‹faits› eux-mêmes. Ce passsage a un caractère special. Par lui la simple intention* (Meinung) *vide ‹se remplit› et ‹se parfait›* (Erfüllung)...» Der Text lautet auf deutsch: «Ein bloß vermeinendes Urteil richtet sich durch bewußtseinsmäßige Überführung in die entsprechende Evidenz nach den Sachen, den Sachverhalten selbst. Diese Überführung trägt in sich den Charakter der Erfüllung der bloßen Meinung...» *Cartesianische Meditationen*, I, § 4, a.a.O., 51.
55a Siehe Anm. 52.
56 Zum Unterschied von *rien* und *néant* siehe Glossar.
57 Søren Kierkegaard, *Begrebet Angest*, 1844, in: *Samlede Vaerker*, Bd. 4, Kopenhagen 1902. Zur Unterscheidung von «Furcht» und «Angst» siehe Martin Heidegger, *Sein und Zeit*, §§ 30 u. 40, a.a.O., 140ff u. 184ff.
58 Sartre meint offenbar Berkeleys Formel *esse est percipi* und erweitert sie hier im Sinn von *esse est percipi vel posse percipi*=Sein ist Wahrgenommen werden oder Wahrgenommen werden können.
59 So deutsch im Original. Siehe G. W. F. Hegel, *Logik* II, Erster Teil, Zweites Buch, a.a.O., Bd. 6, 13: «Die Sprache hat im Zeitwort Sein das Wesen in der vergangenen Zeit ‹gewesen› behalten; denn das Wesen ist das vergangene, aber zeitlos vergangene Sein.»
60 Deutsch im Original.
61 Zum «Man» siehe Martin Heidegger, *Sein und Zeit*, §§ 25–27, a.a.O., 113–130: «‹Die Anderen›, die man so nennt, um die eigene wesenhafte Zugehörigkeit zu ihnen zu verdecken, sind die, die im alltäglichen Miteinandersein zunächst und zumeist *da sind*. Das Wer ist nicht dieser und nicht jener, nicht man selbst und nicht einige und nicht die Summe Aller. Das Wer ist das Neutrum, *das Man*.» (126)

62 Sartre meint Bergsons fundamentale Unterscheidung des oberflächlichen Ich vom «Ich, das ‹dauert›». Siehe z. B. Henri Bergson, *L'évolution créatrice*, Chapître III: Genèse simultanée de la matière et de l'intelligence, a. a. O., 664 ff.

63 Max Scheler, *Das Ressentiment im Aufbau der Moralen*, 1912 (französisch: *L'homme du ressentiment*, Gallimard, Paris 1933).

64 Hier und im folgenden deutsch im Original. Siehe Martin Heidegger, *Sein und Zeit*, §§ 25–27, a. a. O., 113–130: «Dieses Mitdasein der Anderen ist nur innerweltlich für ein Dasein und so auch nur für die Mitdaseienden erschlossen, weil das Dasein wesenhaft an ihm selbst Mitsein ist.» (120) Sartre beachtet allerdings nicht Heideggers Unterscheidung zwischen «Mitsein» und «Mitdasein».

65 Charles Sanders Peirce, *Comment rendre nos idées claires?* in: *Revue philosophique*, Januar 1879.

66 Deutsch im Original.

67 Deutsch im Original.

68 Wilhelm Stekel, *Die Geschlechtskälte der Frau*, Berlin–Wien 1920 (französisch: *La femme frigide*, Gallimard, Paris 1937). Diese Anm. ersetzt die Fußnote Sartres. Siehe auch Sartres *Esquisse d'une théorie des émotions*, Hermann, Paris 1939 (deutsch: *Skizze einer Theorie der Emotionen* in: *Die Transzendenz des Ego*, a. a. O., 284).

69 *Tel qu'en lui-même enfin l'éternité le change* aus *Tombeau pour Edgar Poe* von Stéphane Mallarmé.

70 Zu «Innerweltlich-sein» und «In-der-Welt-sein» siehe Martin Heidegger, *Sein und Zeit*, §§ 15–18, 43, a. a. O., 66–88, 200–212.

71 Edmund Husserl, *Cartesianische Meditationen*, V, a. a. O., 121 ff. Husserl spricht in diesem Zusammenhang von «Appräsentation».

72 Deutsch im Original. Siehe Anm. 64.

73 Deutsch im Original.

74 G. W. F. Hegel, *Phänomenologie des Geistes*, A, I: Die sinnliche Gewißheit oder Das Dieses und das Meinen, a. a. O., Bd. 3, 82 ff.

75 Deutsch im Original.

76 Seite 37. Siehe dazu Anm. 21.

77 Deutsch im Original. Siehe dazu Edmund Husserl, *Cartesianische Meditationen*, V, a. a. O., 121 ff.

78 Victor Cousin, *Du vrai, du beau et du bien*, Paris 1853.
79 Deutsch im Original. Siehe Anm. 52.
80 Baruch Spinoza, *Ethica*, Pars II, Def. 21. G. W. F. Hegel, *Logik* I, Erstes Buch, Erster Abschnitt, Zweites Kapitel, C, c. «*Die affirmative Unendlichkeit*», a.a.O., Bd. 5, 156ff; *Enzyklopädie* I, §§ 93–95, a.a.O., Bd. 8, 198ff.
81 G. W. F. Hegel, *Logik* II, Zweites Buch, Zweites Kapitel, B und C Der Unterschied und Der Widerspruch, a.a.O., Bd. 6, 46–80.
82 Deutsch im Original in Klammern. Martin Heidegger, *Sein und Zeit*, §§ 54–60, a.a.O., 267–301. Die Begriffe *authentique* und *inauthentique* werden bei Heidegger-Paraphrasen ausnahmsweise mit «eigentlich» und «uneigentlich» übersetzt. Siehe Glossar.
83 Gottfried Wilhelm Leibniz, *De Analysi Notionum et Veritatum*, §§ 56ff u. 130^{2}ff in: *Opuscules et fragments inédits de Leibniz*. Extraits des manuscrits de la Bibliothèque royale de Hanovre par Louis Couturat, Alcan, Paris 1903, 370ff u. 387ff (deutsch in: *Generales inquisitiones de Analysi Notionum et Veritatum / Allgemeine Untersuchungen über die Analyse der Begriffe und Wahrheiten*, Meiner, Hamburg 1982, 48ff u. 99ff). *Monadologie*, § 31ff (deutsch a.a.O., 41).
84 Siehe Seite 142: «Ich bin es nach dem Modus, *das zu sein, was ich nicht bin.*»
85 Platon, *Politeia*, 617d–618a, 619b–621a.
86 René Descartes, *Les méditations métaphysiques*, II, 6ff; VI.
87 René Descartes, *Les méditations métaphysiques*, II, III, 33f. Siehe dazu Jean Wahl, *Du rôle de l'idée d'instant dans la philosophie de Descartes*, Alcan, Paris 1920.
88 Hier und im folgenden deutsch im Original.
89 Deutsch im Original «Verstand» in Klammern. Martin Heidegger, *Sein und Zeit*, § 31, a.a.O., 142–148. Siehe auch Anm. 11.
90 Zum Mondbeispiel siehe Martin Heidegger, *Sein und Zeit*, § 48, a.a.O., 243.
91 Baruch Spinoza, *Ethica*, Pars II, Def. 23.
92 René Descartes, *Les méditations métaphysiques*, V.
93 Zum Hegelschen Begriff des «unglücklichen Bewußtseins» siehe seine *Phänomenologie des Geistes*, B. Selbstbewußtsein, IV, B, a.a.O., Bd. 3, 163ff. Siehe dazu Jean Wahl, *Le malheur de la conscience dans la philosophie de Hegel*, Paris 1929.
94 Max Scheler, *Der Formalismus in der Ethik und die materiale*

Wertethik, 1913. Siehe auch Georges Gurvitch, *Les tendances actuelles de la philosophie allemande*, Vrin, Paris 1930.
95 Aristoteles, *Metaphysik*, XII, 6.
96 Gottfried Wilhelm Leibniz, *Discours de métaphysique*, 14f, 32f (deutsch in: *Discours de métaphysique / Metaphysische Abhandlung*, Meiner, Hamburg 1975, 33ff, 81ff).
97 Deutsch im Original.
98 Deutsch im Original in Klammern.
99 Gottfried Wilhelm Leibniz, *De Analysi Notionum et Veritatum*, 56ff, 130²ff in: *Opuscules et fragments inédits*, a.a.O., 370–373, 387f (deutsch a.a.O., 49–55, 99f). *Monadologie*, 31ff (deutsch a.a.O., 41).
100 Baruch Spinoza, *Ethica*, Pars I.
101 Gottfried Wilhelm Leibniz, *De Analysi Notionum et Veritatum*, 73f, 131ff; *Notes sur les possibles*; *Résumé de métaphysique* in: *Opuscules et fragments inédits*, a.a.O., 375ff (deutsch a.a.O., 63f, 99ff); 529ff; 533ff.
102 Siehe Anm. 83.
103 Aristoteles, *Metaphysik*, IX, 1–9.
103a Siehe Anm. 52.
104 Protention = «vorblickende Erwartung». Siehe Edmund Husserl, *Ideen* I, § 77, a.a.O., 177f; *Zur Phänomenologie des inneren Zeitbewußtseins*, Martinus Nijhoff, Haag 1966, § 24, 52f.
105 Aristoteles, *Metaphysik*, XII, 3.
106 *La transcendance de l'ego* in: *Recherches philosophiques* VI, 1936-1937. Deutsch: *Die Transzendenz des Ego* in: Jean-Paul Sartre, *Die Transzendenz des Ego*, a.a.O., 39ff.
107 Deutsch im Original.
108 Siehe Anm. 42.
109 Deutsch im Original.
110 *Zerebralspuren* bezeichnen physiologisch-neurale Veränderungen innerhalb des Nervensystems infolge irgendeiner Nerventätigkeit. Man nimmt an, daß diese *Zerebralspuren* oder *Engramme* durch wiederholte Reize (z.B. Lernen) entstehen und so die physiologische Basis verschiedener Gedächtnisphänomene sind.
111 Zu «Bild» = *image* siehe Glossar.
112 Édouard Claparède, *L'association des idées*, Paris 1903. William James, *The Principles of psychology*, New York 1890.
113 Nach den «Genetisten» ist der Raum eine Synthese aus nicht-räumlichen Elementen. Siehe Herbert Spencer, *The principles of*

physiology, New York 1897, und Wilhelm Wundt, *Grundzüge der physiologischen Psychologie*, Leipzig 1874. Sartre denkt offenbar an die Kritik dieser Theorien durch Henri Bergson.

114 Henri Bergson, *Essai sur les données immédiates de la conscience* und *L'évolution créatrice*, a.a.O., 1 ff u. 487 ff.

115 Retention = «primäre» Erinnerung. Siehe Edmund Husserl, *Ideen* I, § 77, a.a.O., 177 f; *Zur Phänomenologie des inneren Zeitbewußtseins*, §§ 11-19, a.a.O., 29-47.

116 Henri Bergson, *Matière et mémoire*; *L'évolution créatrice*, Chapître premier; *La pensée et le mouvant*, IV: L'intuition philosophique, a.a.O., 223 ff; 495 ff; 1361 ff. Edmund Husserl, *Zur Phänomenologie des inneren Zeitbewußtseins*, ebd. René Descartes, *Les méditations métaphysiques*, III, 33-34.

117 Hysteresis = Zurückbleiben einer Wirkung hinter dem jeweiligen Stand der sie bedingenden veränderlichen Kraft.

118 Die Assoziationstheorie ist Kennzeichen der englischen empirischen Psychologie des 19. Jahrhunderts. Ihr Hauptvertreter ist John Stuart Mill (*Analysis of the phenomena of the human mind*, London 1829).

119 Hier und im folgenden deutsch im Original.

119a Jacques Chevalier, *L'habitude*, Paris 1929.

119b Nach Aristoteles ein logischer Beweisfehler, bei dem Elemente des zu beweisenden Späteren (hysteron) in die Beweisführung des Früheren (proteron) eingehen.

120 Vorszene, Vers 1-3. Übersetzung von W. Schadewaldt.

121 Siehe G. W. F. Hegel, *Phänomenologie des Geistes*, A, I: Die sinnliche Gewißheit oder Das Dieses und das Meinen, a.a.O., Bd. 3, 82 ff.

122 Siehe Anm. 59.

123 Edmund Husserl, *Zur Phänomenologie des inneren Zeitbewußtseins*, § 16, a.a.O., 38 ff.

124 Im Französischen bedeuten *la présence* die Anwesenheit *und* die Gegenwart, *le présent* die Gegenwart / das Präsens, *présent* anwesend *und* gegenwärtig. Um im Deutschen die räumliche Bedeutung und die zeitliche hervorzuheben, übersetzen wir meist *la présence* = die Anwesenheit, *le présent* = die Gegenwart, *présent* = gegenwärtig und *présent à* = anwesend bei.

125 Pierre Simon Marquis de Laplace, *Essai philosophique sur les probabilités*, (1814) 1840, 4: «Eine Intelligenz, die zu einem gegebenen Augenblick alle Kräfte kennen würde, von der die Natur belebt ist, und die jeweilige Situation der Wesen, aus denen

sie sich zusammensetzt, würde, wenn sie zudem weit genug wäre, diese Gegebenheiten der Analyse zu unterziehen, in ein und derselben Formel die Bewegungen der größten Körper des Universums und die der leichtesten Atome umfassen; nichts wäre für sie ungewiß, und Zukunft wie Vergangenheit wären ihren Augen präsent.»

126 Siehe Martin Heidegger, *Sein und Zeit*, § 31, a. a. O., 145: «Der Entwurfcharakter des Verstehens besagt ferner, daß dieses das, woraufhin es entwirft, selbst nicht thematisch erfaßt. Solches Erfassen benimmt dem Entworfenen gerade seinen Möglichkeitscharakter, zieht es herab zu einem gegebenen, gemeinten Bestand.»

127 Martin Heidegger, *Sein und Zeit*, § 31, a. a. O., 145. Im Französischen lautet das Zitat: «*En ce sens, Heidegger a raison de dire que le ‹Dasein› est ‹toujours infiniment plus que ce qu'il serait si on le limitait à son pur présent›.*»

128 Immanuel Kant, *Kritik der reinen Vernunft*, Die transzendentale Dialektik, Zweites Buch, 3. Hauptstück, 4. Abschnitt, a. a. O., 534: «Wenn ich also ein Ding, durch welche und wie viel Prädikate ich will..., denke, so kommt dadurch, daß ich noch hinzusetze, dieses Ding ist, nicht das mindeste zu dem Dinge hinzu. Denn sonst würde nicht eben dasselbe, sondern mehr existieren, als ich im Begriffe gedacht hatte, und ich könnte nicht sagen, daß gerade der Gegenstand meines Begriffs existiere.»

129 Siehe Anm. 21.

130 Deutsch im Original.

131 Immanuel Kant, *Kritik der reinen Vernunft*, Die transzendentale Analytik, Zweites Buch, 2. Hauptstück, 3. Abschnitt, 3. B., a. a. O., 236: «Hier muß man wohl bemerken, daß es auf die Ordnung der Zeit, und nicht auf den Ablauf derselben angesehen sei; das Verhältnis bleibt, wenn gleich keine Zeit verlaufen ist.»

132 Paul Claudel, *Der seidene Schuh*.

133 Siehe Anm. 87.

134 Immanuel Kant, *Kritik der reinen Vernunft*, Die transzendentale Analytik, Erstes Buch, 2. Hauptstück, 2. Abschnitt, §§ 15–19, a. a. O., 134–143.

135 David Hume, *Inquiry concerning human understanding*, 1758. Immanuel Kant schrieb zu Hume: «Hume ging hauptsächlich von einem einzigen, aber wichtigen Begriffe der Metaphysik,

nämlich dem der Verknüpfung der Ursache und Wirkung... aus und forderte die Vernunft... auf, ihm Rede und Antwort zu geben...» (Prolegomena zu einer jeden künftigen Metaphysik, Einleitung, 9. Absatz, a. a. O., Bd. V, 115.)

136 Siehe Anm. 134.

137 Gottfried Wilhelm Leibniz, *Nouveaux essais sur l'entendement humain*, Zweites Buch, Kapitel XIVf (deutsch in: *Neue Abhandlungen über den menschlichen Verstand*, Meiner, Hamburg 1971, 136ff). René Descartes, *Les principes de la philosophie*, I, 21, u. dazu Gottfried Wilhelm Leibniz, *Animadversiones in partem generalem Principiorum Cartesianorum* in: *Die philosophischen Schriften von Gottfried Wilhelm Leibniz*. Herausgegeben von C.J. Gerhardt, Vierter Bd., Olms, Hildesheim 1960, 360.

138 Immanuel Kant, *Kritik der reinen Vernunft*, Die transzendentale Ästhetik, Zweiter Abschnitt: Schlüsse aus diesen Begriffen; Die transzendentale Analytik, Erstes Buch, Zweites Hauptstück, 2. Abschnitt, § 17 und (A) 2., a. a. O., 81, 140 und 164. Henri Poincaré, *La science et l'hypothèse*, Paris 1902.

139 Henri Bergson, *Essai sur les données immédiates de la conscience*, Chapître II, bes. a. a. O. 59–74; *L'évolution créatrice*, Chapître premier, a. a. O., 495–503.

140 Henri Bergson, *Matière et mémoire*, a. a. O., 159ff.

141 Émile Meyerson, *Identité et réalité*, Alcan, Paris 1908.

142 Deutsch im Original.

143 Deutsch im Original.

144 Zu den Ekstasen der Zeitlichkeit siehe Martin Heidegger, *Sein und Zeit*, §§ 65, 68, 69c, 79, a. a. O., 323–331, 335–350, 364–366, 406–411.

145 Immanuel Kant, *Kritik der reinen Vernunft*, Die transzendentale Analytik, Zweites Buch, 2. Hauptstück, 3. Abschnitt, 4: Widerlegung des Idealismus, a. a. O., 254. Gottfried Wilhelm Leibniz, *Nouveaux essais sur l'entendement humain*, Zweites Buch, Kapitel XIVf (deutsch a. a. O., 136ff).

146 Vielleicht Immanuel Kant, *Kritik der reinen Vernunft*, Die transzendentale Dialektik, Zweites Buch, Zweites Hauptstück, 9. Abschnitt, III: Möglichkeit der Kausalität durch Freiheit, in Vereinigung mit dem allgemeinen Gesetze der Naturnotwendigkeit, a. a. O., 493f.

147 René Descartes, *Discours de la méthode* u. *Les méditations*

métaphysiques II. Edmund Husserl, *Ideen* I, §45, a.a.O., 104ff.
148 «Selbständigkeit» und «Unselbständigkeit» hier und im folgenden deutsch im Original.
149 Edmund Husserl, *Ideen* I, §§ 45, 77, a.a.O., 104–106, 177–181: «Das jeweilig wirklich erlebte Erlebnis gibt sich, neu in den reflektierenden Blick tretend, *als* wirklich erlebtes, als ‹jetzt› seiend; aber nicht nur das, es gibt sich auch als soeben *gewesen* seiend, und sofern es unerblicktes war, eben als solches, als unreflektiert gewesenes.» (178)
150 Baruch Spinoza, *Ethica*, Pars I, Def. 28.
151 Siehe Anm. 106.
152 Carlo Andrea Graf Pozzo di Borgo, Privatberater Kaiser Alexanders I. von Rußland und erbitterter Feind Napoleons I.
153 René Descartes, *Les passions de l'âme*, Paris 1649.
154 Siehe Anm. 139.
155 δυγχυδις = völlige Vermischung aller Körper, völliges Aufgehen eines Körpers in einem anderen: Ein Tropfen Wein, den man in das Meer gießt, dehnt sich auf das ganze Meer aus. Arkesilaos reagierte darauf in einer Diatribe, in der er behauptete, das gelte auch von einem abgehackten Bein, das man in das Meer würfe.
156 John Stuart Mill, *System of logic, ratiocinative and inductive*, London 1843, Drittes Buch, Erstes Kapitel.
157 Siehe Seite 50.
158 Siehe Seite 37.
159 Zusätzlich deutsch im Original in Klammern. Edmund Husserl, *Ideen* I, §§ 1, 3–8, 19, 39, 67, a.a.O., 10ff, 13–23, 42ff, 87ff, 155ff.
160 Jean-Jacques Rousseau, *Les rêveries du promeneur solitaire*, V. Promenade.
161 Martin Heidegger, *Was ist Metaphysik?*, a.a.O., 26: «Erforscht werden soll nur das Seiende und sonst – nichts; das Seiende allein und weiter – nichts; das Seiende einzig und darüber hinaus – nichts.»
162 Hier und im folgenden deutsch im Original. Siehe dazu Christian von Ehrenfels, *Über Gestaltqualitäten* in: *Vierteljahrsschrift für wissenschaftliche Philosophie*, 1890; Wolfgang Köhler, *Gestaltpsychology*, New York 1929; Kurt Koffka, *Principles of Gestaltpsychology*, London 1935; Max Wertheimer, *Drei Abhandlungen zur Gestalttheorie*, 1925. Diese Theorien waren in

Frankreich bekannt durch Paul Guillaume, *La psychologie de la Forme*, Flammarion, Paris 1937.
163 G. W. F. Hegel, *Logik* I, Erstes Buch, Erster Abschnitt, Zweites Kapitel, A, b, Anmerkung, a. a. O., Bd. 5, 121.
164 Deutsch im Original.
165 Edmund Husserl, *Ideen* I, § 97, a. a. O., 241–245.
166 Hier und im folgenden deutsch im Original in Klammern.
167 Siehe Glossar und Anm. 41.
168 Edmund Husserl, *Ideen* I, § 10f, a. a. O., 26–30.
169 Zum Mondbeispiel siehe Anm. 90.
170 Siehe Anm. 42.
171 Deutsch im Original in Klammern. Martin Heidegger, *Sein und Zeit*, § 18, a. a. O., 84: «Das primäre ‹Wozu› ist ein Worumwillen. Das ‹Um-willen› betrifft aber immer das Sein des *Daseins*, dem es in seinem Sein wesenhaft *um* dieses Sein selbst geht.»
172 Deutsch im Original.
173 Deutsch im Original. Siehe Anm. 162.
174 Siehe Anm. 141.
175 Anspielung auf die berühmte Kritik Pascals an Descartes: «Ich kann Descartes nicht verzeihen; er hätte gern, in seiner ganzen Philosophie, auf Gott verzichten wollen; aber er hat nicht umhin können, ihn der Welt einen Schnipser [*chiquenaude*] geben zu lassen, damit sie in Gang kommt.» (Blaise Pascal, *Pensées*, Fragment 194, in: *Œuvres complètes*, Gallimard, Paris 1954, 1137).
176 George Francis Fitzgerald entwickelte unabhängig von Lorentz die Kontraktionshypothese. Im Experiment von Michelson und Morley war nachgewiesen worden, daß die vorhergesagten Geschwindigkeitsdifferenzen von gegen einen hypothetisch angenommenen Äther bewegten Körpern *nicht* meßbar sind. Daraus folgte, daß die Lichtgeschwindigkeit in verschiedenen Richtungen gegen den Äther konstant sein muß. Deshalb ließ sich der Äther nicht nachweisen. Fitzgerald und Lorentz nahmen deshalb an, es gäbe eine Längenkontraktion von Körpern entlang der Ausbreitungsrichtung gegen den Äther, die dessen Beobachtung gerade verhindert. Diese Problematik wurde erst von Einstein durch die Einführung der speziellen Relativitätstheorie gelöst.
177 Berühmter Trugschluß des Eleaten Zenon: Achill könne eine Schildkröte nie einholen, wenn diese auch nur einen geringen Vorsprung habe, denn er müsse in jedem Augenblick erst den Punkt erreichen, von dem im selben Augenblick die Schildkröte

bereits aufbricht. Der Vorsprung der Schildkröte werde zwar immer kleiner, aber niemals gleich Null. Der Irrtum liegt in der Gleichsetzung von zeitlichem Nacheinander und räumlichem Hintereinander, d. h. in der Verkennung der Tatsache, daß die unendliche Teilbarkeit einer Strecke oder eines Zeitabschnitts nichts gegen dessen Endlichkeit besagt.

178 Deutsch im Original.

179 «Einfühlung» deutsch im Original. Edmund Husserl, *Ideen* I, §§ 1, 46, 151, a.a.O., 11, 107, 372f. Martin Heidegger, *Sein und Zeit*, § 26, a.a.O., 124f. Max Scheler, *Wesen und Formen der Sympathie*, 1923. Paul Guillaume, *La psychologie de la Forme*, Flammarion, Paris 1937.

180 Wilhelm Dilthey, *Einleitung in die Geisteswissenschaften*, 1883, in: *Gesammelte Schriften*, 9 Bde., 1921–1934, Bd. 1. Raymond Aron, *Introduction à la philosophie de l'histoire*, Gallimard, Paris 1938.

181 John Broadus Watson, *Behaviorism*, 1925. André Tilquin, *Le Behaviourisme*, Paris 1942.

182 Siehe Anm. 52.

183 Arthur Schopenhauser, *Die Welt als Wille und Vorstellung* II, § 19; *Sämtliche Werke*, dtv, Darmstadt 1961, Erster Band, 163: «Als ernstliche Überzeugung hingegen könnte er [der theoretische Egoismus] allein im Tollhaus gefunden werden... so werden wir... jenes sich uns hier entgegenstellende skeptische Argument des theoretischen Egoismus ansehen als eine kleine Grenzfestung, die zwar auf immer unbezwinglich ist, deren Besatzung aber durchaus nie aus ihr herauskam...»

184 Arthur Schopenhauer, ebd., I, §§ 2 u. 6., 33 u. 51ff.

185 Aristoteles, *Metaphysik*, 990b 17.

186 Gottfried Wilhelm Leibniz, *Monadologie*, 51, a.a.O., 49, und *Discours de métaphysique*, 32, a.a.O., 81ff.

187 Edmund Husserl, *Cartesianische Meditationen*, V., a.a.O., 121ff. *Formale und transzendentale Logik*, §§ 94ff, Martinus Nijhoff, Haag 1974, 239ff.

188 Siehe Anm. 71.

189 In den folgenden Abschnitten paßt sich die Übersetzung der Terminologie und Schreibweise Hegels an. So wird die bisher verwendete Übersetzung von *conscience de soi* mit «Bewußtsein von sich» hier zu «Selbstbewußtsein», damit die Konnotationsverschiebung deutlich wird. Stellen, die Sartre mehr oder weni-

ger wörtlich wiedergibt, werden als Zitate eingesetzt und kenntlich gemacht.
190 G. W. F. Hegel, *Bewußtseinslehre für die Mittelklasse* (1808/09), §22, a.a.O., Bd. 4, 79.
191 G. W. F. Hegel, *Bewußtseinslehre für die Mittelklasse* (1809ff), §23, ebd., 117.
192 Ebd., §24, ebd., 117.
193 Ebd., §31, ebd., 119.
194 G. W. F. Hegel, *Phänomenologie des Geistes*, B. Selbstbewußtsein, IV. Die Wahrheit der Gewißheit seiner selbst, a.a.O., Bd. 3, 137.
195 Ebd., A. Selbständigkeit und Unselbständigkeit des Selbstbewußtseins; Herrschaft und Knechtschaft; ebd., 152. Diese Anmerkung ersetzt die Fußnote Sartres.
196 G. W. F. Hegel, *Bewußtseinslehre für die Mittelklasse* (1809ff), §39, a.a.O., Bd. 4, 122. Diese Anmerkung ersetzt die Fußnote Sartres.
197 Ebd., §23, ebd., 117. Diese Anmerkung ersetzt die Fußnote Sartres.
198 G. W. F. Hegel, *Phänomenologie des Geistes*, B. Selbstbewußtsein, IV. Die Wahrheit der Gewißheit seiner selbst, A. Selbständigkeit und Unselbständigkeit des Selbstbewußtseins; Herrschaft und Knechtschaft, a.a.O., Bd. 3, 148.
199 G. W. F. Hegel, *Bewußtseinslehre für die Mittelklasse* (1809ff), §39, a.a.O., Bd. 4, 122.
200 Ebd., §38, ebd., 121f.
201 Ebd., §31, ebd., 119. Diese Anmerkung ersetzt die Fußnote Sartres.
202 G. W. F. Hegel, *Phänomenologie des Geistes*, B., IV., A. Selbständigkeit und Unselbständigkeit des Bewußtseins; Herrschaft und Knechtschaft, a.a.O., Bd. 3, 148.
203 Ebd. Diese Anmerkung ersetzt die Fußnote Sartres.
204 Ebd., 150.
205 Ebd., 147.
206 Deutsch im Original.
207 Martin Heidegger, *Sein und Zeit*, §26, a.a.O., 124f: «Im Sein mit und zu Anderen liegt demnach ein Seinsverhältnis von Dasein zu Dasein… Das Sein zu Anderen ist nicht nur ein eigenständiger, irreduzibler Seinsbezug, er ist als Mitsein mit dem Sein des Daseins schon seiend.» Zu «Dasein [*réalité-humaine*]» siehe Anm. 39.

208 Siehe Anm. 42.
209 Deutsch im Original «Befindlichkeit» und «Verstand». Ebd., § 28, 132f: «Das Seiende, das wesenhaft durch das In-der-Weltsein konstituiert wird, *ist* selbst je sein ‹Da›... Die beiden gleich-ursprünglichen konstitutiven Weisen, das Da zu sein, sehen wir in der *Befindlichkeit* und im *Verstehen*...»
210 Deutsch im Original. Siehe Anm. 64.
211 Deutsch im Original. Ebd., § 9, 41 und passim: «Das Sein dieses Seienden [des Daseins] ist *je meines.*»
212 Zu «Zeug [*ustensiles*]» siehe Anm. 41.
213 Ebd., § 12, 54.
214 Zu «Eigentlichkeit» [*authenticité*] und «Uneigentlichkeit» [*inauthenticité*] siehe Anm. 82 und Glossar.
215 Deutsch im Original. Siehe Anm. 42 u. 171.
215a Letzte Worte aus *Les Nourritures terrestres* von André Gide.
216 Siehe Anm. 119b.
217 Beide kursiven Begriffe deutsch zusätzlich im Original in Klammern. Zu «Entschlossenheit» siehe Heidegger, ebd., §§ 60–62, 295–310: «Diese ausgezeichnete, im Dasein selbst durch sein Gewissen bezeugte eigentliche Erschlossenheit – *das verschwiegene, angstbereite Sichentwerfen auf das eigenste Schuldigsein* – nennen wir die *Entschlossenheit.*» (296f)
218 Deutsch im Original.
219 Deutsch im Original.
219a Deutsch im Original. Siehe Anm. 64.
220 Deutsch im Original in Klammern: «es gibt».
220a Nicolas de Malebranche, *De la recherche de la vérité*, 1674–1678, Dritter Bd., Zweiter Teil, Sechstes Kapitel.
221 René Descartes, *Les méditations métaphysiques*, V.
222 Deutsch im Original. Immanuel Kant, *Kritik der reinen Vernunft*, Die transzendentale Ästhetik, Zweiter Abschnitt, § 8, a.a.O., 86ff.
223 Deutsch im Original. Siehe Anm. 49.
224 Siehe Anm. 71.
225 Siehe Anm. 52.
226 Deutsch im Original.
226a Siehe Anm. 52.
227 Siehe Anm. 187.
228 Deutsch im Original. G. W. F. Hegel, *Bewußtseinslehre für die Mittelklasse* (1809ff), § 22, a.a.O., Bd. 4, 117.
229 Deutsch im Original. Ebd.

230 Deutsch im Original.
231 Gemeint sind zwei Teile des Romanzyklus *À la recherche du temps perdu* von Marcel Proust: *Le côté de Guermantes* und *Du côté de chez Swann*. Zu «hodologisch» siehe Anm. 242.
232 Siehe Anm. 21.
233 Siehe Anm. 185.
234 Siehe Anm. 4.
235 Deutsch «mit-machen» in der Klammer. Siehe Anm. 52.
236 Die Beispiele mit dem französischen Verb *engager* sind im Deutschen nicht mit *einem* Verb übersetzbar.
237 Siehe Anm. 181.
238 Siehe z. B. G. W. F. Hegel, *Phänomenologie des Geistes*, Vorrede, a. a. O., Bd. 3, 11 ff: «Das Wahre ist das Ganze» (24).
239 François Pierre Maine de Biran, *Influence de l'habitude sur la faculté de penser*, 1803.
240 René Descartes, *Les méditations métaphysiques*, Titel der zweiten Meditation: «Von der Natur des menschlichen Geistes; und daß er leichter zu erkennen ist als der Körper.» *Les principes de la philosophie* 11: «Wieso wir unsere Seele klarer erkennen können als unseren Körper.»
241 Louis de Broglie, *La théorie de quanta*, 1924; Werner Heisenberg, *Physikalische Prinzipien der Quantentheorie*, 1930.
242 Siehe Paul Guillaume, *La psychologie de la Forme*, Flammarion, Paris 1937, 140, nach Kurt Lewin, *Der Richtungsbegriff in der Psychologie* in: *Psychologische Forschung* XIX, 1934, 249–299.
243 Deutsch im Original in Klammern.
243 a Der Punkt P, der sich in gleichem Abstand von den Enden des Segments einer Geraden befindet, scheint nach Hinzufügung der schrägen Linien weiter links zu liegen, so daß die beiden Teile des Segments der Geraden ungleich erscheinen:

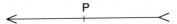

Paul Guillaume, *La psychologie de la Forme*, a.a.O., 83, u. Wolfgang Köhler, *Gestaltpsychology*, Liveright, New York, 1929, Drittes Kapitel nach Franz Müller-Lyer.
244 Epimenides-Paradoxie: Epimenides von Knossos sagt als ein Kreter: Alle Kreter lügen.
245 Edmund Husserl, *Ideen* I, § 97, a. a. O., 241 f.
245 a Anspielung auf den ständig wiederholten Redeschluß des römischen Censors Cato: «*Ceterum censeo Carthaginem esse delendam.*» («Übrigens bin ich der Meinung, daß Karthago ein zu

zerstörendes ist.») Für die Karthager ein «servanda», «ein zu bewahrendes».
246 Siehe Anm. 239.
247 Siehe Anm. 94.
248 James Mark Baldwin, *Handbook of psychology*, New York 1891.
249 Jean Laporte, *Le problème de l'abstraction*, Presses Universitaires de France, Paris 1940.
250 Siehe Anm. 94.
250a «Koenästhesie» nennt man ‹Gemeinempfindungen›, die einen ausschließlich subjektiven Charakter haben, die Empfindung unserer eigenen Existenz. Siehe: Wilhelm Wundt, *Grundzüge der physiologischen Psychologie*, 1874, und Théodule Ribot, *La psychologie des sentiments*, 1896.
251 Wenn zwei Bilder desselben Gegenstands in unterschiedlichen Positionen unter bestimmten Zeitbedingungen auf einen Bildschirm projiziert werden, sieht der Betrachter eine Bewegung dieses Gegenstands von der Position a zu einer anderen. Das ist das Prinzips des Films. Siehe Paul Guillaume, *La psychologie de la Forme*, a.a.O., 89 ff, nach Max Wertheimer, *Experimentelle Studien über das Sehen von Bewegung* in: *Zeitschrift für Psychologie* LXI, 1912, 161–265.
252 Jean-Paul Sartre, *La nausée*, Gallimard, Paris 1938 (deutsch: *Der Ekel*, Rowohlt, Reinbek 1981).
253 Pierre Abraham, *Proust*, Rieder, Paris 1930.
254 Zu den französischen Moralisten pflegt man zu rechnen La Rochefoucauld, Vauvenargues, Montesquieu, Chamfort, Rivarol.
255 Ernst Kretschmer, *Körperbau und Charakter*, Springer, Berlin 1921.
256 Paul-Auguste Sollier, *De l'influence de l'état de la sensibilité de l'estomac sur le chimisme estomacal*, Paris 1900.
257 G. W. F. Hegel, *Phänomenologie des Geistes*, B., IV., A. Selbständigkeit und Unselbständigkeit des Selbstbewußtseins; Herrschaft und Knechtschaft, a.a.O., Bd. 3, 145 ff.
258 Siehe Seite 332.
259 Deutsch im Original.
260 Leopold von Sacher-Masoch, *Venus im Pelz*, 1870.
261 François Béroalde de Verville, *Le moyen de parvenir*, 1610. Pierre Ambroise François Choderlos de Laclos, *Les liaisons dangereuses*, 1782. Marie-Jean Hérault de Séchelles, *Traité de l'ambition*, 1788.

262 Deutsch im Original.
263 Deutsch im Original.
264 Deutsch im Original zusätzlich in Klammern. Martin Heidegger, *Vom Wesen des Grundes*, a.a.O., 38: «Nie aber ist Selbstheit auf Du bezogen, sondern – weil all das erst ermöglichend – gegen das Ichsein und Dusein und erst recht etwa gegen die ‹Geschlechtlichkeit› neutral.»
265 Das Substantiv *trouble* heißt «Aufregung», «Streit», «Störung», das Adjektiv *trouble* heißt «undeutlich», «verschwommen», «trübe». Für eine Wiedergabe beider Bedeutungen im Deutschen bot sich das Paar «Aufgewühltheit» und «aufgewühlt» an.
266 Henri Bergson, *La pensée et le mouvant*, VIII. Sur le pragmatisme de William James. Vérité et réalité. Nature de la vérité, a.a.O., 1471 f.
267 *clinamen* ist die lateinische Übersetzung des griechischen *parenklisis*. Das ist die spontane Abweichung der Atome in ihrem senkrechten Fall nach der Lehre des Atomismus des Epikur. Seit Lukrez wird dieser Begriff auch für die Bezeichnung des Prinzips des freien Willens verwendet.
268 William Faulkner, *Light in August* (1932), Vintage Books, Random, New York 1987, 513. Hier übersetzt von Ilse Strasmann.
268a Jean Wahl, *Subjectivité et transcendance* in: *Bulletin de la Société française de philosophie*, Séance du 4 décembre 1937, u. *Existence humaine et transcendance*, Édition de la Baconnière, Neuchâtel 1944.
268b Immanuel Kant, *Grundlegung zur Metaphysik der Sitten*, Zweiter Abschnitt, a.a.O., Bd. 7, 61: «Handle so, daß du die Menschheit, sowohl in deiner Person, als in der Person eines jeden andern, jederzeit zugleich als Zweck, niemals bloß als Mittel brauchest.»
268c Jean-Jacques Rousseau, *Du contrat social*, Erstes Buch. Siebentes Kapitel: «Damit der Gesellschaftspakt nicht ein nutzloses Formular sei, schließt er stillschweigend jenes Engagement ein, das allein den anderen Kraft geben kann, daß wer auch immer sich weigern wird, dem Allgemeinwillen zu gehorchen, durch die ganze Körperschaft dazu gezwungen werden wird: was nichts anderes bedeutet, daß man ihn nötigen wird, frei zu sein.»
269 Deutsch im Original in Klammern. Siehe Anm. 64.
270 Deutsch im Original.

271 Deutsch im Original.
272 Im Französischen hat der Nominativ *wir (nous)* und der Akkusativ *uns (nous)* dieselbe Form. Daher werden die Beispiele im Deutschen mit Aktiv und Passiv wiedergegeben.
273 General Georges-Ernest Boulanger betrieb als französischer Kriegsminister 1886/87 eine chauvinistische Revanchepolitik gegen Deutschland und versuchte 1889 eine Militärdiktatur zu errichten. Der Boulangismus ist die nach ihm benannte chauvinistische Bewegung.
274 Deutsch im Original.
275 Martin Heidegger, *Sein und Zeit*, §§ 15 u. 26, a.a.O., 71 u. 117ff.
276 Hier und im folgenden deutsch im Original.
277 Deutsch im Original.
278 Deutsch im Original.
279 Da Henry Corbin den Heideggerschen Begriff «das Seiende» mit *l'existant* übersetzt, wird in dieser Heidegger-Paraphrase ausnahmsweise so rückübersetzt. Sonst immer *l'existant* = das Existierende. Siehe Glossar. Martin Heidegger, *Sein und Zeit*, § 7, C, a.a.O., 34–39.
280 Denis de Rougemont, *L'amour et l'occident*, Paris 1939.
280a Siehe S. 68 u. 345. Dazu G. W. F. Hegel, *Logik* I, Erstes Buch, Erster Abschnitt, Zweites Kapitel, A, b, Anmerkung, a.a.O., Bd. 5, 121.
281 Dazu aber G. W. F. Hegel, *Logik* II, Zweiter Teil, Dritter Abschnitt, Drittes Kapitel: die absolute Idee: «...das Negative des Negativen... ist... das *innerste objektivste Moment* des Lebens und Geistes...», a.a.O., Bd. 6, 563.
282 Deutsch im Original.
283 Martin Heidegger, *Sein und Zeit*, §§ 9, 25, 64, a.a.O., 42f, 117, 318: «Das ‹Wesen› dieses Seienden liegt in seinem Zu-sein. Das Was-sein (essentia) dieses Seienden muß, sofern überhaupt davon gesprochen werden kann, aus seinem Sein (existentia) begriffen werden... Die beiden skizzierten Charaktere des Daseins: einmal der Vorrang der ‹existentia› vor der essentia und dann die Jemeinigkeit...» (42 f). Siehe dazu die Bemerkungen Heideggers zu Sartre in: *Über den Humanismus*, Klostermann, Frankfurt 1949, [8]1981, 16, 19f: «In ‹Sein und Zeit› (S. 42) steht gesperrt der Satz: ‹Das ‚Wesen' des Daseins liegt in seiner Existenz.› Hier handelt es sich aber nicht um eine Entgegensetzung von existentia und essentia... Sartre spricht dagegen den Grundsatz des Exi-

stentialismus so aus: die Existenz geht der Essenz voran…
Aber der Hauptsatz des ‹Existentialismus› hat mit jenem Satz in
‹Sein und Zeit› nicht das geringste gemeinsam.»
284 Siehe Anm. 59.
284a Pathos = Erlebnis, Leiden, Leidenschaft.
285 Deutsch im Original.
286 Edmund Husserl, *Ideen* I, §31, a.a.O., 63ff. Siehe auch Anm. 52.
287 Siehe Anm. 267.
288 Deutsch im Original.
289 James Joyce, *Ulysses* II; *Frankfurter Ausgabe. Werke* 3.I; II, 97, in der Übersetzung von Hans Wollschläger.
290 Deutsch im Original.
291 Es handelt sich um das von der nach-euklidischen Geometrie als unbeweisbar erkannte Parallelen-Axiom Euklids: Werden zwei Parallelen von einer Geraden geschnitten, dann entstehen je zwei Winkel, die in der Summe zwei Rechte ergeben.
292 Deutsch im Original.
293 Martin Heidegger, *Sein und Zeit*, §47, a.a.O., 240, u. §53, a.a.O., 260–267.
294 Edmund Husserl, *Zur Phänomenologie des inneren Zeitbewußtseins*, a.a.O.
295 Gottfried Wilhelm Leibniz, *Essais de Théodicée*, 7ff, 155ff, 223ff, 318, 337; *Correspondance de Leibniz et d'Arnauld* in: *Die philosophischen Schriften von Gottfried Wilhelm Leibniz*, a.a.O., Sechster Bd., 106–108, 202–205, 251–257, 305, 341f; Zweiter Bd., 47ff.
296 ἀδιάφορα = *indifferentia*. Zenon zählte alles nicht zur Geistestugend bzw. zu dessen Gegenteil Gehörige zur Masse des Ununterschiedenen oder der ἀδιάφορα, innerhalb deren es keine artmäßige Scheidung nach gut und böse gibt.
297 Alfred Adler, *Menschenkenntnis*, Leipzig 1927.
298 Deutsch im Original.
299 Pierre Janet, *Les obsessions de la psychasthénie* I, Paris 1903.
300 André Gide, *Philoctète*, Paris 1899. Fjodor Dostojewski, *Schuld und Sühne* (1866).
301 Martin Heidegger, *Sein und Zeit*, §§13 u. 69b, a.a.O., 59–62 u. 356–364.
302 Immanuel Kant, *Kritik der reinen Vernunft*, Transzendentale Dialektik, Zweites Buch, 2. Hauptstück, 9.III: Möglichkeit der Kausalität durch Freiheit, a.a.O., 492ff.

303 René Descartes, *Discours de la méthode*, Dritter Teil, Dritte Maxime. *Les méditations métaphysiques*, IV.
304 Martin Heidegger, *Sein und Zeit*, §§ 15, 29, a.a.O., 70, 135.
305 Martin Heidegger, *Sein und Zeit*, § 40, a.a.O., 188: «Die Angst bringt das Dasein vor sein *Freisein für*... (propensio in...) die Eigentlichkeit seines Seins als Möglichkeit, die es immer schon ist. Dieses Sein aber ist es zugleich, dem das Dasein als In-der-Welt-sein überantwortet ist.»
306 Akkusativ.
307 *querencia* = Drang, in den Heimatort, den Stall zurückzukehren.
308 Martin Heidegger, *Sein und Zeit*, § 23, a.a.O., 107.
309 Deutsch im Original, dahinter: *être c'est avoir été* = «Sein ist gewesen sein». Siehe Anm. 59.
310 Slogan der amerikanischen Armee nach ihrem Eintritt in den Ersten Weltkrieg an der Seite Frankreichs, der zum Ausdruck brachte, daß sich die Amerikaner für Lafayettes aktive Teilnahme am amerikanischen Unabhängigkeitskrieg revanchieren wollten.
311 Deutsch im Original.
312 Siehe S. 35.
313 Deutsch im Original.
314 Deutsch im Original.
315 Jean Paulhan, *Les fleurs de Tarbes*, Gallimard, Paris 1941.
316 Deutsch im Original.
317 Grammatikregel der romanischen Sprachen.
318 Simon de Montfort war einer der Anführer des Kreuzzugs gegen die Albigenser oder Katharer, zu dem Papst Innozenz III. 1209 aufgerufen hatte. Raymund VI., Graf von Toulouse, und Trencavel, Vizegraf von Carcassonne, sympathisierten mit den Katharern.
319 Deutsch im Original.
320 Deutsch im Original.
321 Martin Heidegger, *Sein und Zeit*, §§ 35–38, 51–52, 68c, a.a.O., 167–180, 252–260, 346–349.
322 Im deutschen Kriegsgefangenenlager in Trier hatte Sartre 1940 vor seinen Priesterfreunden einen Vortrag gehalten über den Begriff des Todes bei Rilke, Malraux und Heidegger. Siehe Marius Perrin, *Avec Sartre au Stalag 12 D*, Opera Mundi, Paris 1980 (deutsch: *Mit Sartre im deutschen Kriegsgefangenenlager*, Rowohlt, Reinbek 1983).

323 Hier und im folgenden deutsch im Original. Siehe Anm. 293.
323a Deutsch im Original.
324 Deutsch im Original in Klammern. Siehe Anm. 217. Martin Heidegger, *Sein und Zeit*, § 54, a.a.O., 267–270.
325 Ebd., § 47, a.a.O., 240.
326 Deutsch im Original. Siehe Anm. 211.
327 Anspielung auf das Lied:

> *Il était un petit navire*
> *qui n'avait jamais navigué.*
> *Il partit pour un long voyage*
> *sur la mer méditerranée.*
> *Au bout de cinq à six semaines*
> *les vivres vinrent à manquer.*
> On tira-z-à la courte paille
> pour savoir qui serait mangé.
> Es war einmal ein kleines Schiff,
> das noch nie gesegelt war.
> Es brach zu einer langen Reise auf
> über das Mittelmeer.
> Am Ende von fünf bis sechs Wochen
> wurden die Lebensmittel knapp.
> *Man loste mit dem Strohhalm aus,*
> *wer gegessen werden sollte.*

328 Maurice Barrès, *Le mystère en pleine lumière*, Paris 1926.
329 Der Dominikanerpater Boisselot war einer der Priester, mit denen Sartre 1940/41 im deutschen Kriegsgefangenenlager in Trier über Philosophie diskutierte. Siehe Marius Perrin, *Avec Sartre au Stalag 12 D*, a.a.O.
330 Honoré de Balzac, *Le dernier chouan ou la Bretagne en 1800*, 1829. Veränderte 2. Auflage unter dem Titel *Les Chouans ou la Bretagne en 1799*, 1834. Chouans = Aufständische königstreue Bauern der Bretagne gegen die französische Revolution zwischen 1792 und 1796 unter der Führung von Jean Cottereau, genannt Jean Chouan.
331 *désespérée prudente* nennt François Mauriac seine Romanheldin Thérèse Desqueyroux aus *La fin de la nuit*, Paris 1935. Siehe dazu Sartres Artikel *M. François Mauriac et la liberté* in: *La Nouvelle Revue française* Nr. 305, Februar 1939; wiederabgedruckt in: *Situations I*, Gallimard, Paris 1947 (deutsch: *François*

Mauriac und die Freiheit in: *Der Mensch und die Dinge. Aufsätze zur Literatur 1938–1946*, Rowohlt, Reinbek 1978).

332 Friedrich Nietzsche, *Jenseits von Gut und Böse*, Drittes Hauptstück: Das religiöse Wesen, 45: «Um zum Beispiel zu erraten und festzustellen, was für eine Geschichte bisher das Problem von *Wissen und Gewissen* in der Seele der *homines religiosi* gehabt hat, dazu müßte einer vielleicht selbst so tief, so verwundet, so ungeheuer sein, wie es das intellektuelle Gewissen Pascals war...» A.a.O., 2. Bd., 609.

333 Deutsch im Original.

334 Deutsch im Original. Siehe Anm. 293.

335 François Arouet [Georges Politzer], *Fin d'une parade philosophique: le bergsonisme*, les Revues, Paris 1929.

336 Deutsch im Original.

337 Brief von Gustave Flaubert an Ernest Chevalier vom 23. Juli 1839.

338 Karl Jaspers, *Allgemeine Psychopathologie*, 1913. 1928 hatte Sartre gemeinsam mit Paul Nizan an der französischen Übersetzung dieses Werkes gearbeitet.

339 Als *Idéologues* bezeichnet man in Frankreich die Condillac-Schüler Georges Cabanis (1757–1808) und Antoine Louis Claude Destutt de Tracy (1754–1836), die durch Analyse der physiologischen und psychischen Organisation des Menschen, durch Analyse des Inhalts ihrer Vorstellungen praktische Regeln für Erziehung, Moral, Recht und Politik zu gewinnen suchten.

340 Wichtigster Begriff in Stendhal, *De l'amour*, Mongie l'aîné, Paris 1822.

341 Martin Heidegger, *Sein und Zeit*, §9, a.a.O., 41–45. Siehe Anm. 82.

342 Deutsch im Original. Siehe Anm. 6.

343 Siehe Anm. 328.

344 Jean-Paul Sartre, *L'idiot de la famille, Gustave Flaubert de 1821 à 1857*, 3 Bde., Gallimard, Paris 1971–72 (deutsch: *Der Idiot der Familie. Gustave Flaubert 1821 bis 1857*, 5 Bde., Rowohlt, Reinbek 1977–1980).

345 G. W. F. Hegel, *Enzyklopädie* III, Erste Abteilung: Der subjektive Geist, B. Die Phänomenologie des Geistes. Das Bewußtsein, b. Das Selbstbewußtsein, Die Begierde, §426, a.a.O., Bd. 10, 217f: «Nach der äußerlichen Seite bleibt es [Ich] in dieser Rückkehr zunächst als *Einzelnes* bestimmt und

hat sich als solches erhalten, weil es sich auf das selbstlose Objekt nur negativ bezieht, dieses insofern nur aufgezehrt wird. Die Begierde ist so in ihrer Befriedigung überhaupt *zerstörend*...»

346 Anspielung auf André Breton, *Introduction au discours sur le peu de réalité* von 1927, in der er nach dem ersten *Manifeste du surréalisme* von 1924 noch einmal die surrealistische Imaginationsmethode darlegte.

347 Immanuel Kant, *Kritik der reinen Vernunft*, Einleitung V, a.a.O., 57.

348 *Glissez, mortels, n'appuyez pas!* Lebensweisheit von Sartres Großmutter, Louise Schweitzer, die in *Les mots* mehrfach zitiert wird.

349 Deutsch im Original.

350 Deutsch im Original.

351 Bei nordamerikanischen Indianern und in Asien und Melanesien verbreiteter Brauch, bei Geschenkfesten, aber auch zur Unterwerfung anderer Gruppen angesammelte Reichtümer zu verschenken oder zu vernichten.

352 Siehe Anm. 340.

353 Deutsch im Original.

354 Gaston Bachelard, *L'eau et les rêves. Essai sur l'imagination de la matière*, José Corti, Paris 1943.

355 Zu «Bilder» = *images* siehe Glossar.

356 Gaston Bachelard, *La psychanalyse du feu*, Gallimard, Paris 1938.

357 Siehe Seite 348.

358 Platon, *Sophistes*, 252c–259d.

359 Deutsch im Original.

360 *to pan* und *to holon* = «Alles» und «das Ganze».

361 Erst postum erschien Jean-Paul Sartre, *Cahiers pour une morale*, Gallimard, Paris 1983 (deutsch: *Aufzeichnungen zu einer Moral*, Rowohlt, Reinbek, in Vorb.).

Glossar

deutsch–*französisch*

Abenteuer *aventure*
Ablaufen *écoulement*
affizieren *affecter*
der andere, der Andere, die Anderen, die anderen *l'autre, l'Autre, l'autrui, l'Autrui, les autres, les Autres*. Da hinsichtlich der Verwendung dieser verschiedenen Formen keine Differenzierung zu erkennen ist, unterscheidet die Übersetzung rein formal nur zwischen den Formen von *autre* (Kleinschreibung) und *autrui* (Großschreibung).
Anderer-sein *être-autre*
annehmen *assumer, reprendre, prendre sur son compte*
Annehmen, Annahme *assomption, reprise*
An-sich *en-soi*
Antrieb *mobile*
anwesend bei, Anwesenheit bei *présent à, présence à*
Anwesenheit bei sich *présence à soi*
Appräsentation *apprésentation*
auf sich nehmen *assumer, reprendre, prendre sur son compte, revendiquer*
Aufbrechen *éclatement*
Auffassung *acceptation*
Aufrichtigkeit *bonne foi*
Aufschub *sursis*
Aufspaltung *scissiparité, dédoublement*
auftauchen, Auftauchen *surgir, surgissement, surrection; émerger, émergence*

ausstehen *être en suspens*
authentisch, Authentizität *authentique, authenticité*. So übersetzt Corbin die Heideggerschen Begriffe «eigentlich» und «Eigentlichkeit». Sartre schreibt, daß diese Ausdrücke «auf Grund ihres impliziten moralischen Inhalts fragwürdig und wenig eindeutig» seien. Daher werden sie mit den neutraleren Begriffen «authentisch» und «Authentizität» übersetzt. Nur bei eindeutigen Heidegger-Zitaten und -Paraphrasen wird «eigentlich» und «Eigentlichkeit» dafür eingesetzt.

beanspruchen *revendiquer*
bedingen *conditionner*
Bedingtheit *conditionnement*
begründen *fonder*
behaupten *affirmer*
bestimmen *déterminer*
Bestimmtheit *détermination*
Bewußtsein (von) sich *conscience (de) soi*
Bild *image*. Nach der Bedeutungsvielfalt von *image* kann «Bild» auch die Bedeutung von «Abbild», «Abbildung», «Einbildung», «Phantasie», «Idee» oder «Vorstellung» haben.
sich darbieten *se donner, se présenter, se livrer*
Ding *chose*
sich distanzieren *se désolidariser*
Drang *impulsion*
engagieren in (Akk.) *engager dans*. Dieses Verb hat im Französischen viele Bedeutungen. Um die philosophische Konnotation dieses für den Existentialismus typischen Begriffs zu verdeutlichen, wird er auch da verwendet, wo er im Deutschen nicht üblich ist.
entäußern *extérioriser*
entgehen *échapper*
entgleiten *glisser*
enthüllen, aufdecken, offenbaren *dévoiler, déceler, découvrir, révéler*
entkommen *échapper*
entwerfen, Entwurf *projeter, projet*
ent-werfen, Ent-wurf *pro-jeter, pro-jet*
erfassen *saisir, appréhender, concevoir*
Erfassen *saisie, saisissement, appréhension*
Erklären / Verstehen *intellection / compréhension*
erscheinen, Erscheinen, Erscheinung *apparaître, apparence, apparition*

erstarren lassen, erstarren *figer, se figer*
Existierendes *existant*. So übersetzt Corbin «Seiendes». Bei Sartre kommt das Wort seltener vor. Wäre es mit «Seiendes» rückübersetzt worden, wäre dieser Begriff nur an wenigen Stellen aufgetaucht und an anderen, wo er auch hätte auftauchen können, wo aber *être* steht, nicht. Siehe dazu auch das Stichwort «Sein». Bei der Übersetzung mit «Existierendes» wird außerdem der Zusammenhang mit «Existenz» gewahrt.
Exteriorität *extériorité*
Für-Andere-sein *être-pour-autrui*
Für-sich *pour-soi*
Gegenwart *présent*
gegenwärtig machen *présentifier*
Gegenwärtigkeit *présence*
Geist der Ernsthaftigkeit *esprit de sérieux*
gelebt, das Gelebte *vécu, le vécu*
Geltung *droit*
geseint: es wird geseint *il est été*. Als Opposition zu *il est néantisé* = «es wird genichtet» wird diese neologistische Form mit einem deutschen Neologismus übersetzt. Die grammatisch genauere Möglichkeit «es wird gewesen» wurde verworfen, um die irreführende Vergangenheitskonnotation zu vermeiden. Andere Möglichkeiten wie «ins Sein gesetzt», «vom Sein unterhalten» usw. wurden als zu interpretierend ebenfalls verworfen. Sartre schreibt zu dieser Form: «Aber das Nichts *ist nicht*. Wenn wir davon sprechen können, so deshalb, weil es nur einen Anschein von Sein hat, ein entliehenes Sein... Das Nichts ist nicht, das Nichts ‹wird geseint›; das Nichts nichtet sich nicht, das Nichts ‹wird genichtet›. Also bleibt, daß ein Sein existieren muß... das die Eigenschaft hat, das Nichts zu nichten, es mit seinem Sein zu tragen, es ständig mit seiner eigenen Existenz zu stützen...» (80)
Gestalt/Hintergrund *forme/fond*
geworfen, Geworfensein *délaissé, délaissement*
gleichsetzen, Gleichsetzung *assimiler, confondre, assimilation, confusion*
gleiten *glisser*
Grund *fondement*, seltener *raison* oder *cause*. Fast immer im Sinn von *ens causa sui*, nicht im Sinn einer logischen oder handlungsmotivierenden Begründung.
Grundlage *fondement*
grundlos, Grundlosigkeit *gratuit, gratuité*

handeln *agir, faire*
Handeln *action*
Handlung *acte*
heimsuchen *hanter*. Im Sinn von «in etwas umgehen», «herumspuken», «etwas umtreiben».
Hervorbrechen *jaillissement*
Ichheit *moïté*
Ich-Objekt *moi-objet*
Ich-Subjekt *moi-sujet*
In-der-Welt-sein *être-dans-le-monde*
innerweltlich *au-milieu-du-monde, intra-mondain*
Innerweltlich-sein *être-au-milieu-du-monde*
instantan *instantané*
Instinkt *instinct*
Interiorität *intériorité*
leer (Adv.), in Leerform, im Leeren *à vide*
leibhaftig *en personne*
menschliche-Realität *réalité-humaine*. So übersetzt Corbin den Heideggerschen Begriff «Dasein». Nur bei Heidegger-Zitaten und -Paraphrasen wird *réalité-humaine* mit «Dasein» zurückübersetzt und der französische Begriff in Klammern hinzugefügt. Siehe «Zur Neuübersetzung».
Mirentgehen *échappement à moi*
mitanwesend, Mitanwesenheit *coprésent, coprésence*
mitgegenwärtig, Mitgegenwart *coprésent, coprésence*
Mitmöglichkeiten *compossibles*
Modus *mode*
Motiv *motif*
Negatität *négatité*
nichten *néantiser*
sich nichten *se néantiser*
Nichts, nichts *néant, rien*. Das *néant* ist Struktur des Bewußtseins, das *rien* ist unbewußtes Nichts (90). Sartre hält sich nicht immer an diese Unterscheidung. Wir unterscheiden durch Groß- und Kleinschreibung: *néant* = «Nichts», *rien* = «nichts». Wo Unklarheiten entstehen könnten oder beide Formen nebeneinander auftauchen, setzen wir den französischen Begriff in Klammern hinzu.
Nichtsheit *néantité*
Objekt-Anderer, Objekt-anderer *autrui-objet, autre-objet*
Objektheit *objectité*

Präsentation *présentation*
Scham, Sich-Schämen *honte*
Schein *apparence*
Sein *être*. Sartre verwendet dieses Wort für «Sein», «Seiendes». Wir übersetzen durchweg mit «Sein» – in wenigen Fällen mit «Wesen». Der deutsche Leser ist hier ebenso auf den Kontext angewiesen wie der französische. Bei französischen Heidegger-Zitaten wird übrigens oft auch nicht zwischen «Sein» und «Seiendem» unterschieden. Siehe die von Sartre zitierte Übersetzung eines Satzes aus *Sein und Zeit*, § 9, 42: «Das Was-sein (essentia) dieses Seienden muß, sofern überhaupt davon gesprochen werden kann, aus seinem Sein (existentia) begriffen werden.» = «*Le ‹comment› (essentia) de cet être doit, pour autant qu'il est possible en général d'en parler, être conçu à partir de son être (existentia).*» (24 f) Siehe dazu die Stichwörter «Existierendes» und «Wesen, die».
zu sein haben *avoir à être*. Anklang an Heidegger, z. B.: «Es [das Dasein] existiert als Seiendes, das, wie es ist und sein kann, zu sein hat.» *Sein und Zeit*, § 57, a.a.O., 276.
Sein zum Tode *être-pour-mourir*
Seinsentwurf *projet d'être*
Seinsweisen *êtres*. In einigen Fällen bedeutet der Plural von *être* «Seinsweisen». Sonst «Wesen» mit *êtres* in Klammern. Siehe dort.
Seinsinsuffizienz *insuffisance d'être*
Seins-Nichts *néant d'être*
Seinssuffizienz *suffisance d'être*
Selbstaffirmation *affirmation de soi*
Selbstheit *ipséité*
Selbstheitszirkel, Zirkel der Selbstheit *circuit d'ipséité*
setzend, Setzung *positionnel, position*
Sichentgehen *échappement-à-soi*
in Situation, in Situation sein *en situation, être en situation*
Spiegelung, spiegelnd, gespiegelt *reflet, reflétant, reflété*
Spiegelung-spiegelndes *reflet-reflétant*
Subjekt-Anderer, Subjekt-anderer *autrui-sujet, autre-sujet*
Tendenz *tendance*
thetisch *thétique*
Trieb *instinct, tendance*
über *à travers*. Im Sinn von «Über A habe ich B kennengelernt».
übernehmen *assumer, reprendre, prendre sur son compte, revendiquer*
Übernehmen, Übernahme *assomption, reprise, revendication*

überschreiten *dépasser*
Unaufrichtigkeit *mauvaise foi*
unauthentisch, Unauthentizität *inauthentique, inauthenticité*. Nur bei Heidegger-Paraphrasen steht «uneigentlich», «Uneigentlichkeit». Siehe das Stichwort «authentisch».
Utensil *ustensile*. Bei Heidegger-Paraphrasen «Zeug».
Utensilienkomplex *complexe d'ustensiles*. Nur bei Heidegger-Paraphrasen übersetzen wir mit «Zeugganzes». Siehe «Zur Neuübersetzung».

verdinglicht *chosiste, réifié*
Verdinglichung *chosisme, réification*
vereinigend *unitaire, unificateur*
vereinnahmen *récupérer*
sich verfestigen, verfestigt *s'empâter, empâté*
Vergangensein *passéité*
vergangen machen *passéifier*
vergeschichtlichen *historaliser*
verinnern *intérioriser*
verkleben *engluer*
vermindern, vermindert *se dégrader, dégradé*
vermöglichen *possibiliser*
verräumlichen *spatialiser*
Verstand *entendement*
verwahrscheinlichen *probabiliser*
verzeitlichen *temporaliser*
Von-sich-Losreißen *arrachement à soi*
wahrnehmen *percevoir, appréhender*
Wahrnehmung *perception, appréhension*
weltjenseitig *extra-mondain, trans-mondain, ultra-mondain*
Wesen, das *l'essence*. In wenigen Fällen *l'être* im Sinn von einzelnes Wesen.
Wesen, die *les êtres*. Da es im Deutschen keinen Plural von «Sein» gibt, übersetzen wir mit dem philosophisch etablierten Begriff «die Wesen» und setzen *les êtres* in Klammern dahinter, um ihn von «Wesen» = *essences* zu unterscheiden. Da es bei Sartre keine Differenzierung zwischen «Sein» und «Seiendes» gibt, haben wir die Übersetzung mit «Seiendes» oder «die Seienden» verworfen. Siehe auch «Existierendes», «Sein» und «Wesenheiten».
Wesenheiten, die *les essences*. Um den Plural von «Wesen» = *essence* vom Plural von «Sein» = «Wesen» = *êtres* zu unterscheiden, schreiben wir «Wesen-*heiten*».

Wiederaufnahme, Wieder-Aufnahme *reprise, re-prise*
Wollung *volition*
Zuhandenheit *réalité-ustensile*. So übersetzt Corbin den Heideggerschen Begriff. Wenn es sich um explizite Heidegger-Paraphrasen handelt, wird dieser Begriff mit «Zuhandenheit» rückübersetzt. Sonst übersetzen wir mit «Utensil». Siehe dazu «Zur Neuübersetzung».
zurückgewinnen, wiedergewinnen *récupérer*

französisch–deutsch

acceptation Auffassung
acte Handlung, Akt
action Handeln
affecter affizieren
affirmation de soi Selbstaffirmation
affirmer behaupten
apparaître, apparence, apparition erscheinen, Erscheinen, Erscheinung
apparence Schein
appréhender, appréhension erfassen, Erfassen, wahrnehmen, Wahrnehmen
apprésentation Appräsentation
arrachement à soi Von-sich-Losreißen
assimiler, assimilation gleichsetzen, Gleichsetzung
assumer, assomption annehmen, übernehmen, Annahme, Übernahme
au-milieu-du-monde innerweltlich
authentique, authenticité authentisch, Authentizität («eigentlich», «Eigentlichkeit» bei Heidegger)
l'autre, l'Autre der andere
les autres, les Autres die anderen
l'autrui, l'Autrui der Andere, die Anderen, Andere
autrui-objet, autre-objet Objekt-Anderer, Objekt-anderer
Autrui-sujet, autre-sujet Subjekt-Anderer, Subjekt-anderer
aventure Abenteuer
avoir à être zu sein [die Aufgabe] haben
bonne foi Aufrichtigkeit
cause Ursache

chose Ding
chosiste, chosisme verdinglicht, Verdinglichung
circuit d'ipséité Selbstheitszirkel, Zirkel der Selbstheit
complexe d'ustensiles Utensilienkomplex («Zeugganzes» bei Heidegger)
compossibles Mitmöglichkeiten
compréhension Verstehen, Verständnis
conditionner, conditionnement bedingen, Bedingtheit
confondre, confusion gleichsetzen, Gleichsetzung
conscience de soi Bewußtsein von sich («Selbstbewußtsein» bei Hegel)
conscience (de) soi Bewußtsein (von) sich
coprésent, coprésence mitanwesend, mitgegenwärtig, Mitanwesenheit, Mitgegenwart
dédoublement Aufspaltung
se dégrader, dégradé vermindern, vermindert
délaissé, délaissement geworfen, Geworfensein
dépasser, dépassement überschreiten, Überschreitung
se désolidariser sich distanzieren
déterminer, détermination bestimmen, Bestimmtheit
dévoiler enthüllen
se donner sich darbieten
droit Geltung
échappement à moi Mirentgehen
échappement-à-soi Sichentgehen
échapper, échappement entgehen, Entgehen
éclatement Aufbrechen
écoulement Ablaufen
émerger, émergence auftauchen, Auftauchen
s'empâter, empâté sich verfestigen, verfestigt
engager dans engagieren in (Akk.)
engluer, engluement verkleben, Verkleben
en-soi An-sich
entendement Verstand
esprit de sérieux Geist der Ernsthaftigkeit
l'essence das Wesen
les essences die Wesenheiten
il est été es wird geseint
l'être das Sein, selten das Wesen im Sinn von einzelnes Wesen
les êtres die Wesen, selten die Seinsweisen
être-au-milieu-du-monde Innerweltlich-sein

être-autre Anderer-sein
être-dans-le-monde In-der-Welt-sein
être en suspens ausstehen
être-pour-autrui Für-Andere-sein
être-pour-mourir Sein zum Tode
existant Existierendes (Seiendes bei Heidegger)
extérioriser entäußern
extériorité Exteriorität
extra-mondain weltjenseitig
figer, se figer erstarren lassen, erstarren
fondement Grund, Grundlage
fonder begründen
forme / fond Gestalt / Hintergrund
glisser entgleiten, gleiten
gratuit, gratuité grundlos, Grundlosigkeit
hanter heimsuchen
historaliser vergeschichtlichen
honte Scham, Sich-Schämen
image Bild
impulsion Drang, Impuls
inauthentique, inauthenticité unauthentisch, Unauthentizität
 («uneigentlich», «Uneigentlichkeit» bei Heidegger)
instantané instantan
instinct Instinkt, Trieb
insuffisance d'être Seinsinsuffizienz
intellection Erklären
intérioriser verinnern
intériorité Interiorität
intra-mondain innerweltlich
ipséité Selbstheit
jaillir, jaillissement hervorbrechen, Hervorbrechen
se livrer sich darbieten
mauvaise foi Unaufrichtigkeit
mobile Antrieb
mode Modus
moi-objet Ich-Objekt
moi-sujet Ich-Subjekt
moïté Ichheit
motif Motiv
néant / rien, Néant / Rien Nichts / nichts
néant d'être Seins-Nichts, Nichts an Sein

néantiser, néantisation nichten, Nichtung
néantité Nichtsheit
négatité Negatität
objectité Objektheit
passéifier vergangen machen
passéité Vergangensein
en personne leibhaftig
positionnel, position setzend, Setzung
possibiliser vermöglichen
pour-soi Für-sich
prendre sur son compte annehmen, übernehmen
présence Anwesenheit, Gegenwärtigkeit
présence à soi Anwesenheit bei sich
présent gegenwärtig, Gegenwart
présent à, présence à anwesend bei, Anwesenheit bei
présentation Präsentation
se présenter sich darbieten
présentifier gegenwärtig machen
probabiliser verwahrscheinlichen
projeter, projet entwerfen, Entwurf
pro-jeter, pro-jet ent-werfen, Ent-wurf
projet d'être Seinsentwurf
raison Grund, Regel
réalité-humaine menschliche-Realität («Dasein» bei Heidegger)
réalité-ustensile Zuhandenheit (nur bei Heidegger)
récupérer, récupération vereinnahmen, zurückgewinnen, wiedergewinnen, übernehmen, Vereinnahmung, Zurückgewinnung, Wiedergewinnung, Übernahme
reflet, reflétant, reflété Spiegelung, spiegelnd, gespiegelt
reflet-reflétant Spiegelung-spiegelnd
réifié, réification verdinglicht, Verdinglichung
reprendre, reprise annehmen, übernehmen, Annahme, Übernahme
reprise, re-prise Wiederaufnahme, Wieder-Aufnahme
révéler offenbaren, enthüllen
revendiquer beanspruchen, übernehmen
saisir, saisie, saisissement erfassen, Erfassen
scissiparité Aufspaltung
en situation, être en situation in Situation, in Situation sein
spatialiser verräumlichen
suffisance d'être Seinssuffizienz
surgir, surgissement, surrection auftauchen, Auftauchen

sursis Aufschub
temporaliser, temporalisation verzeitlichen, Verzeitlichung
tendance Trieb, Tendenz
thétique thetisch
trans-mondain weltjenseitig
à travers über
ultra-mondain weltjenseitig
unitaire, unificateur vereinigend
ustensile Utensil. Bei Heidegger-Paraphrasen «Zeug»
à vide leer, in Leerform, im Leeren
volition Wollung

Bibliographie

a) Deutsch

Bellinghausen, P., *Der Materialbegriff in Sartres «L'être et le néant»*, Diss., Köln 1976.

Biemel, Walter, *Das Wesen der Dialektik bei Hegel und Sartre*, in: Tijdschrift voor Philosophie 20, 1958.

Bluhm, R., *Zum Problem moralischen Argumentierens* in: N. Luhmann/St. H. Pfürtner (Hg.), *Theorietechnik und Moral*, Frankfurt 1978.

Bochenski, I. M., *Europäische Philosophie der Gegenwart*, Francke, Bern 1948.

Bubner, Rüdiger, *Phänomenologie, Reflexion und Cartesianische Existenz. Zu Jean-Paul Sartres Begriff des Bewußtseins*. Diss., Heidelberg 1964.

Dangelmayr, Siegfried, *Der Riß im Sein oder die Unmöglichkeit des Menschen. Interpretationen zu Kafka und Sartre*, Peter Lang, Berlin/Bern 1987.

Danto, Arthur C., *Jean-Paul Sartre*, Steidl, Göttingen 1986.

Dornberg, Martin, *Gewalt und Subjekt. Eine kritische Untersuchung zum Subjektbegriff in der Philosophie Jean-Paul Sartres*, Königshausen und Neumann, Würzburg 1989.

Faust, G., *Die Relationstheorie bei Jean-Paul Sartre*, Diss., Frankfurt 1969.

Fleischer, Margot, *Die Verantwortlichkeit für den Anderen im Handeln* in: Philosophisches Jahrbuch 93. Jg., 1986.

Fornet-Betancourt, Raúl, *Philosophie der Befreiung. Die phänomenologische Ontologie bei Jean-Paul Sartre*, Materialis, Frankfurt 1983.

Gadamer, Hans-Georg, «*Das Sein und das Nichts*» in: Traugott König (Herausgeber), *Sartre. Ein Kongreß*, Rowohlt, Reinbek 1988.

Gisi, Martin, *Der Begriff Spiel im Denken J.-P. Sartres*, Anton Hein, Königstein 1979.

Hammer, Felix, *Leib und Geschlecht. Philosophische Perspektiven von Nietzsche bis Merleau-Ponty und phänomenologisch-systematischer Aufriß*, Bouvier, Bonn 1974.

Hartmann, Klaus, *Grundzüge der Ontologie Sartres in ihrem Verhältnis zu Hegels Logik. Eine Untersuchung zu «L'être et le néant»*, de Gruyter, Berlin 1961; wiederabgedruckt in: *Die Philosophie J.-P. Sartres*, de Gruyter, Berlin 1983.

Haug, Wolfgang Fritz, *Jean-Paul Sartre und die Konstruktion des Absurden*, Suhrkamp, Frankfurt 1966. Zweite, überarb. Aufl. unter dem Titel *Kritik des Absurdismus*, Pahl-Rugenstein, Köln 1976.

Heinemann, Fritz H., *Sartre* in: *Existenzphilosophie. Lebendig oder tot?*, Kohlhammer, Stuttgart 1954.

Heinz, Rudolf, *Jean-Paul Sartres existentielle Psychoanalyse* in: *Archiv für Rechts- und Sozialphilosophie* 62, 1, 1976.

Hengelbrock, Jürgen, *Jean-Paul Sartre. Freiheit als Notwendigkeit. Einführung in das philosophische Werk*, Karl Alber, Freiburg/ München 1989.

Herpers, M., *Die ganzheitliche Struktur des Fürsichseins. Ein Beitrag zur Untersuchung des ontologischen Subjektbegriffs J.-P. Sartres*, Diss., Bonn 1965.

Hoche, Hans-Ulrich, *Bemerkungen zum Problem der Selbst- und Fremderfahrung bei Husserl und Sartre* in: *Zeitschrift für philosophische Forschung* 25, 1971.

Holz, Hans Heinz, *Jean-Paul Sartre. Darstellung und Kritik seiner Philosophie*, Hain, Meisenheim am Glan 1951.

Honneth, Axel, *Kampf um Anerkennung. Zu Sartres Theorie der Intersubjektivität* in: Traugott König (Hg.), *Sartre. Ein Kongreß*, Rowohlt, Reinbek 1988.

Hübner, K., *Fichte, Sartre und der Nihilismus* in: *Zeitschrift für philosophische Forschung* 10, 1956.

Kampits, Peter, *Sartre und die Frage nach dem Anderen*, Oldenbourg, Wien/München 1975.

Kemp, Peter, *Die göttliche Krankheit im Sein* in: *Neue Zeitschrift für systematische Theologie und Religionsphilosophie* 6, Nr. 3, 1964, 360-375.

Kempski, Jürgen von, *Jean-Paul Sartre: «Das Sein und das Nichts»* in: *Neue Deutsche Hefte*, Juli–August 1963.

Kuhn, Helmut, *Begegnung mit dem Nichts*, Tübingen 1950.

Lauth, R., *Versuche einer existentialistischen Wertlehre in der französischen Philosophie der Gegenwart: Sartre und Polin* in: *Zeitschrift für philosophische Forschung* 10, 1956.

Löw-Beer, Martin, *Ist die Leugnung von Willensfreiheit eine Selbsttäuschung? Zum Begriff der «mauvaise foi»* in: Traugott König (Hg.), *Sartre. Ein Kongreß*, Rowohlt, Reinbek 1988.

Löw-Beer, Martin, *Selbsttäuschung*, Karl Alber, Freiburg 1989.

Lukács, Georg, *Existentialismus oder Marxismus*, Aufbau-Verlag, Berlin 1951.

Lutz-Müller, Marcos, *Sartres Theorie der Negation*, Peter Lang/Herbert Lang, Frankfurt/Bern 1976.

Maier, Willy, *Das Problem der Leiblichkeit bei J.-P. Sartre und M. Merleau-Ponty*, Tübingen 1964.

Maler, Eduard, *Sartres Individual-Hermeneutik*, Fink, München 1987.

Marcel, Gabriel, *Homo Viator*, Düsseldorf 1949.

Marcuse, Herbert, *Existentialismus. Bemerkungen zu J.-P. Sartres «L'être et le néant»* in: *Sinn und Form* II, Nr. 1, 1950; wiederabgedruckt in: *Kultur und Gesellschaft* 2, Suhrkamp, Frankfurt 1965.

Möller, Joseph, *Absurdes Sein? Eine Auseinandersetzung mit der Ontologie J.-P. Sartres*, Kohlhammer, Stuttgart 1959.

Patočka, J., *Die Kritik des psychologischen Objektivismus und das Problem der phänomenologischen Psychologie bei Sartre und Merleau-Ponty* in: *Akten des XIV. Internationalen Kongresses für Philosophie*, Bd. 2, Universität Wien 1968.

Pivčević, E., *Von Husserl zu Sartre*, München 1972.

Planty-Bonjour, Guy, *Sartres Begriff der menschlichen Freiheit* in: *Perspektiven der Philosophie* XI, 1985.

Podlech, A., *Der Leib als Weise des In-der-Welt-Seins*, Bonn 1956.

Rave, D., *Phänomenologische Ontologie und dialektische Anthropologie*, Diss., Frankfurt 1968.

Reding, Marcel, *Die Existenzphilosophie: Heidegger, Sartre, G. Marcel und Jaspers in kritisch-systematischer Sicht*, Schwann, Düsseldorf 1949.

Regenbogen, Arnim, *Sartres Theorie der Intersubjektivität*, Diss., Berlin 1969.

Richter, Liselotte, *Jean-Paul Sartre oder Die Philosophie des Zwiespalts*, Gustav Spielberg Chronos, Berlin 1949.

Riefstahl, Hermann, *Jean-Paul Sartre: «L'être et le néant»* in: *Zeitschrift für philosophische Forschung* II/4, 1948.

Riefstahl, Hermann, *Jean-Paul Sartre: «Das Sein und das Nichts»* in: *Philosophischer Literaturanzeiger* 6, Nr. 6, 1954, 241–248.

Schadel, Erwin, *Sartres Dialektik von Sein und Freiheit* in: *Theologie und Philosophie* 62, 1987.

Schlisske, G., *Die Ontologie Jean-Paul Sartres als subjektiver Idealismus*, Diss., München 1961.

Schuppener, Bernd, *Phänomenologie und Dialektik in Sartres «L'être et le néant». Seins- und werttheoretische Untersuchungen zum Problem der Reflexionsinitiation*, Diss., Mainz, 1980.

Schwappach, Gerlinde, *Systematische Kritik der Grundlagen von Sartres «L'être et le néant»* in: *Zeitschrift für philosophische Forschung*, April–Juni 1970.

Seel, Gerhard, *Sartres Dialektik. Zur Methode und Begründung seiner Philosophie unter besonderer Berücksichtigung der Subjekts-, Zeit- und Werttheorie*, Bouvier, Bonn 1971.

Streller, Justus, *Zur Freiheit verurteilt. Ein Grundriß der Philosophie Sartres*, Meiner, Hamburg 1952.

Theunissen, Michael, *Der Andere. Studien zur Sozialontologie der Gegenwart*, de Gruyter, Berlin 1965.

Theunissen, Michael, *Sartres negationstheoretische Ontologie der Zeit und Phänomenologie der Zeitdimensionen* in: *Negative Theologie der Zeit*, Suhrkamp, Frankfurt 1991.

Thyssen, Johannes, *Vom Gegebenen zum Realen. Mit Blick auf die Erkenntnis-Metaphysik von Sartre* in: *Kant-Studien* 46, Nr. 1, 1954–1955 u. Nr. 2; wiederabgedruckt in: *Realismus und moderne Philosophie*, Bouvier, Bonn 1959.

Thyssen, Johannes, *Sartre und das alte Problem der Willensfreiheit* in: J. Derbolav/F. Nicolin (Hg.), *Erkenntnis und Verantwortung*, Düsseldorf 1960.

Turki, Mohamed, *Freiheit und Befreiung. Zur Dialektik der philosophischen Praxis bei Jean-Paul Sartre*, Germinal, Bochum 1986.

Waldenfels, Bernhard, *Phänomenologie in Frankreich*, Suhrkamp, Frankfurt 1983.

Weizsäcker, Victor von, *Jean-Paul Sartres «Sein und Nichts»* in: *Umschau*, 1947, H. 6/7, 666–675.

Zimmerningkat, Martin, *Das Tempus bei Sartre* in: *Die neueren Sprachen* 17, 1968.

b) Andere Sprachen

Aboulafia, Mitchell, *The mediating self. Mead, Sartre and self-determination*, Yale University Press, New Haven 1986.

Albérès, René-Marill, *«L'être et le néant»* in: *Essais et Études Universitaires* 1, 1943.

Albérès, René-Marill, *Jean-Paul Sartre*, Éditions Universitaires, Paris 1953, erg. Neuauflage 1972.

Alexander, Ian W., *Jean-Paul Sartre and existentialist philosophy* in: *The Cambridge Journal*, September 1948.

Alquié, Ferdinand, *«L'être et le néant» de Jean-Paul Sartre* in: *Cahiers du Sud* 23, Nr. 273 u. 274, 1945.

Ames, Van Meter, *Fetishism in the existentialism of Sartre* in: *The Journal of Philosophy* vom 6. Juli 1950. (Maurice Natanson, *Sartre's fetishism. A reply to Van Meter Ames* in: *Journal of Philosophy* vom 15. Februar 1951; Van Meter Ames, *Reply to Mr. Natanson*, in: *The Journal of Philosophy* 1951; John W. Yolton, *The metaphysics of «en-soi» and «pour-soi»* in: *Journal of Philosophy* 48, 1951).

Anderson, Thomas C., *Is a Sartrean ethics possible?* in: *Philosophy Today* 14, 1970.

Anderson, Thomas C., *Neglected Sartrean arguments for the freedom of consciousness* in: *Philosophy Today* 17, 1973.

Anderson, Thomas C., *The rationalism of absurdity* in: *Philosophy Today* 21, 1977.

Anderson, Thomas C., *The foundation and structure of Sartrean ethics*, Regents Press of Kansas, Lincoln 1979.

Aquila, Richard E., *Two problems of being and non-being in Sartre's «Being and nothingness»* in: *Philosophy and Phenomenological Research*, Dezember 1977.

Arino Verdu, Amparo, *El dualismo sartreano y la teoría de la corporeidad* in: Augustin González (Hg.), *Sartre. Antropología y compromiso*, Promociones y Publicaciones Universitarias, Barcelona 1988.

Aronson, Ronald, *Jean-Paul Sartre*, Schocken Books, New York 1980.

Aronson, Ronald, *Sartre's return to ontology. «Critique II» rethinks the bases of «L'être et le néant»* in: *Journal of History of Ideas*, Januar–März 1987.

Arras, John D., *A critique of Sartrian authenticity* in: *The Personalist* 57, Nr. 2, 1976.

Astruc, Alexandre, *«L'être et le néant»* in: *Poésie 44*, Januar–Februar 1944.

Atwell, John E., *Existence precedes essence* in: *Man and World*, November 1969.

Atwell, John E., *Sartre's conception of action and his utilization of «Wesensschau»* in: *Man and World* 5, Mai 1972.

Atwell, John E., *Sartre and action theory* in: Hugh J. Silverman/Frederick A. Elliston (Hg.), *Jean-Paul Sartre*, Duquesne University Press, Pittsburgh 1980.

Ayer, A. J., *Novelist-philosophers V. Jean-Paul Sartre* in: *Horizon*, Juli–August 1945.

Ayer, A. J., *Sartre's analysis of man's relationship* in: *Horizon*, August 1945.

Ayer, A. J., *Some aspects of existentialism* in: *The Rationalist Annual for the Year 1948*, Watts & Co., London 1948.

Ayer, A. J., *Reflections on existentialism* in: *Modern Languages*, März 1967.

Ayraud, Pierre, *Réflexions sur «L'être et le néant»* in: *Témoignages*, August 1946.

Baldwin, Thomas, *Sartre, Kant and the original choice of self* in: *Proceedings of the Aristotelian Society* 80, 1979–1980.

Bantel, Robyne. *The haunting image of the absolute in the work of Sartre* in: *Research in Phenomenology* 9, 1979.

Barger, Bill, *Sartre on original choice* in: *Philosophy Research Archives* 2, Nr. 1082, 1976.

Barnes, Hazel E., *Jean-Paul Sartre and the haunted self* in: *Western Humanities Review* 10, Frühjahr 1956.

Barnes, Hazel E., *Adler and Sartre* in: *Journal of Individual Psychology*, November 1965.

Barnes, Hazel E., *Transcendence toward what: Is the universe like us* in: *Religious Humanism* 4, Winter 1970.

Barnes, Hazel E., *Sartre*, Lippincott, New York 1973.

Barrett, William, *The talent and career of Jean-Paul Sartre* in: *Partisan Review* 13, Nr. 2, Frühjahr 1946.

Barrett, William, *What is existentialism?* in: *Partisan Review* 1947.

Barrett, William, *A study in existential philosophy* in: *Irrational man*, Doubleday, New York 1958.

Barrett, William, *Irrational Man*, Doubleday, Garden City, N. Y. 1962.

Bell, Linda A., *Sartre: Dialectic and the problem of overcoming bad faith* in: *Man and World* 10, 1977.

Bénezé, G. / Cuénot, Claude, *Qu'est-ce que l'existentialisme?*, Vrin, Paris 1947.

Bernstein, Richard J., *Consciousness, existence and action: Kierkegaard and Sartre* in: *Praxis and action. Contemporary philosophies of human activity*, University of Pennsylvania Press, Philadelphia 1971.

Bertrand, R., *Notes sur l'essence et l'existence* in: *Revue de Métaphysique et de Morale* 51, 1946.

Bhadra, Mrinal Kanti, *Human existence and body* in: *Darshan Mangari* 3–4, 1986–1987.

Birault, Henri, *Pour ou contre l'ontologie* in: *Critique*, Februar 1960.

Blackham, Harold J., *Jean-Paul Sartre* in: *Six existentialist thinkers*, Harper Torchbooks, New York 1959.

Blair, R. G., *Imagination and freedom in Spinoza and Sartre* in: *Journal of the British Society for Phenomenology*, Mai 1970.

Blondel, Maurice, *The inconsistency of Jean-Paul Sartre's Logic* in: *The Thomist* 10, 1947.

Borrajo, Mogin, O. P., *Moral perspectives in the existentialism of Sartre* in: *Phillipp. Sacra* 3, 1968.

Bosart, William, *Sartre's theory of consciousness and the zen doctrine of No mind* in: Edward S. Casey / Donald W. Morano (Hg.), *The life of the transcendental ego*, SUNY Press, Albany 1986.

Briosi, Sandro, *Il pensiero di Sartre*, Longo, Ravenna 1978.

Brown, M. Jr., *The atheistic existentialism of Jean-Paul Sartre* in: *Philosophic Review* 57, Nr. 2, 1948.

Brufau-Prats, Jaime, *Líneas fundamentales de la ontología y antropología de Sartre en «L'être et le néant»*, Universidad de Salamanca, Salamanca 1971.

Bruening, Sheila M., *Authenticity, love and the reality of hell* in: *Dialogue*, April 1977.

Bucio, Francisco, *De l'ontologie phénoménologique à la psychanalyse existentielle chez Sartre* in: *Revista Mexicana de Filosofía* IV, Nr. 4, 1961.

Bukala, C. R., *Sartrean ethics* in: *The New Scholasticism* 41, 1967.

Bukala, C. R., *Sartre's existentialistic view of space and time* in: *Philosophical Studies*, 24, 1976.

Busch, Thomas W., *Phenomenology as humanism. The case of Husserl and Sartre* in: *Research in Phenomenology* 9, 1979.

Busch, Thomas W., *Sartre's use of the reduction* in: Hugh J. Silverman / Frederick A. Elliston (Hg.), *Jean-Paul Sartre*, Duquesne University Press, Pittsburgh 1980.

Busch, Thomas, W., *The power of consciousness and the force of circumstance in Sartre's philosophy*, Indiana University Press, Bloomington 1989.
Butts, Robert E., *Does «intentionality» imply «being»? A paralogism in Sartre's ontology* in: *Kant-Studien* 52, 1960–1961.
Caes, P., *De Descartes à Sartre* in: *Synthèses*, November 1952.
Caillois, Roger, *Analyse réflexive et réflexion* in: *Deucalion* 1, 1946.
Campbell, Roger, *Jean-Paul Sartre ou une littérature philosophique*, Pierre Ardent, Paris 1945, erg. Neuauflage 1965.
Campbell, Roger, *Sartre's absolute freedom* in: *Laval Théologique et Philosophique* 33, 1977.
Canfield, John V. / Gustavson, Don F., *Self-deception* in: *Analysis*, Dezember 1962.
Carson, Ronald A., *Jean-Paul Sartre*, Judson Press, Valley Forge, Pa. 1974.
Caruso, Paolo, *L'existenza altrui in Sartre* in: *aut-aut* 47, 1958.
Caruso, Paolo, *L'ontologia fenomenologica di Sartre* in: *aut-aut* 51, 1959.
Carvalho, Manoel Joaquin, *In search of being. Man in conflict with the specter of nothingness*, Philosophical Library, New York 1985.
Catalano, Joseph S., *A commentary on Jean-Paul Sartre's «Being and nothingness»*, Harper and Row, New York 1974, University of Chicago Press, Chicago 1980.
Catalano, Joseph S., *On action and value* in: *Man and World*, Oktober 1988.
Cavaciuti, S., *L'ontologia di Jean-Paul Sartre*, Marzorati, Mailand 1969.
Caws, Peter, *Sartre*, Routledge and Kegan Paul, London / Boston 1979.
Ceroni, Angelo, *L'alterità in Sartre*, Marzorati, Mailand 1974.
Champigny, Robert, *L'expression élémentaire dans «L'être et le néant»* in: *Publications on Modern Language Association*, März 1953.
Champigny, Robert, *Le mot «être» dans «L'être et le néant»* in: *Revue de Métaphysique et de Morale*, April–Juni 1956.
Coates, J. B., *Existentialist ethics* in: *Fortnightly*, Mai 1954.
Cole, Preston J., *The function of choice in human existence* in: *The Journal of Religion*, Juli 1965.
Colin, Pierre, *La phénoménologie existentielle et l'absolu* in: *Recherches et Débats* 10, 1955.

Colin, Pierre, *La phénoménologie du corps dans «L'être et le néant» de Sartre* in: *L'âme et le corps. Recherches et Débats* 35, Juni 1961.

Collins, James, *The existentialism of J.-P. Sartre* in: *Thought* 23, 1948.

Collins, James, *Sartre's postulatory atheism* in: *The existentialists. A critical study*, Henry Regnery, Chicago 1952

Collins, Margery / Pierce, Christine, *Holes and slime: sexism in Sartre's psychoanalysis* in: *The Philosophical Forum* 5, Nr. 1–2, Herbst-Winter 1973–1974.

Conkling, Mark, *Sartre's refutation of the Freudian unconscious* in: *Review of Existential Psychology and Psychiatry* 8, 1969.

Cook, Gladys Calkins, *Jean-Paul Sartre's doctrine of human freedom and responsability* in: *Bucknell Review* 1, Nr. 2, Juni 1949.

Copleston, Frederick C., *Existentialism* in: *Philosophy*, Januar 1947.

Corvez, Maurice, *L'être-en-soi dans la philosophie de J.-P. Sartre. – L'être et la conscience dans la philosophie de Sartre. – Existence et essence* in: *Revue Thomiste* 50, Nr. 3 u. 51, Nr. 1 u. 2, 1950 u. 1951.

Cranston, Maurice, *Sartre*, Grove Press, New York 1962.

Crausaz, L., *Le néant dans l'ontologie de Jean-Paul Sartre*, Diss., Fribourg 1975.

Crawford, David R., *Interpretations of self-alienation* in: *International Philosophical Quarterly*, Dezember 1976.

Croteau, Jacques, *Notes sur l'ontologie phénoménologique de Sartre* in: *La Revue de l'Université d'Ottawa* 24, 1954.

Cunillera, Antonio, *Sartre y el existencialismo*, Cervantes, Barcelona 1968.

Dalma, Juan, *Jean-Paul Sartre*, Centro Editor de America Latina, Buenos Aires 1968.

Danto, Arthur C., *Jean-Paul Sartre*, Viking Press, New York 1975.

Dauenhauer, Bernhard P., *Silence. The phenomenon and its ontological significance*, Indiana University Press, Bloomington 1980.

Dempsey, Peter, *The psychology of Sartre*, Cork University Press, Cork 1950.

Desan, Wilfrid, *The tragic finale. An essay on the philosophy of Jean-Paul Sartre*, Harvard University Press, Cambridge 1954. Harper and Row, New York 1960.

De Soto, Anthony Essex, *The challenge of existentialism* in: *Journal of Thought*, April 1970.

Detmer, David, *Freedom as value. A critique of the ethical theory of Jean-Paul Sartre*, Open Court, La Salle, Ill. 1988.

Dillon, M. C., *Sartre and the phenomenal body and Merleau-Ponty's critique* in: *Journal of the British Society for Phenomenology*, Mai 1974.

Dinan, Stephan A., *Intentionality in the introduction to «Being and nothingness* in: *Research in Phenomenology* 1, 1971.

Dinan, Stephan A., *Sartre: Contingent being and the non-existence of God* in: *Philosophy today* 22, 1978.

Doeswage, A. P., *Existential psychological analysis* in: *Journal of Philosophy*, Juli 1955.

Doran, Robert M., *Sartre's critique of the Husserlian ego* in: *The Modern Schoolman*, Mai 1967.

Doubrowsky, Serge, *Sartre: retouche à un autoportrait (une autobiographie visqueuse)* in: Claude Burgelin (Hg.), *Lectures de Sartre*, Presses Universitaires de Lyon, Lyon 1986.

Dreyfus, Dina, *Sartre et le mal radical. De «L'être et le néant» à la «Critique de la raison dialectique»* in: *Mercure de France*, Januar 1961.

Dreyfus, H. L., *The priority of the world to my world: Heidegger's answer to Husserl (and Sartre)* in: *Man and World* 8, Mai 1975.

Drost, M. P., *Sartre's concept of a person as project* in: *Dialogos*, Januar 1988.

Dubarle, D., *L'ontologie phénoménologique de Jean-Paul Sartre* in: *Revue de Philosophie*, 1946.

Duméry, Henry, *La méthode complexe de Sartre* in: *La Vie intellectuelle*, Juli 1948.

École, Jean, *Essence et existence chez Sartre* in: *Les Études philosophiques* 6, Nr. 2-3, 1951.

École, Jean, *La création du moi par lui-même et l'optimisme sartrien* in: *Les Études philosophiques* 12, Nr. 3, 1957.

École, Jean, *Les pièces maîtresses de l'univers de l'être et l'échec de la théorie générale de l'être dans l'ontologie sartrienne* in: *Giornale di Metafisica* 15, 1960.

Edie, J. M., *Sartre as phenomenologist and as existential psychoanalyst* in: E. N. Lee/M. Mandelbaum (Hg.), *Phenomenology and existentialism*, Baltimore 1967.

Elliston, Frederick A., *Sartre and Husserl on interpersonal relationships* in: Hugh J. Silverman/Frederick A. Elliston (Hg.), *Jean-Paul Sartre*, Duquesne University Press, Pittsburgh 1980.

Elkin, Henry, *Comment on Sartre from the standpoint of existential psychotherapy* in: *Review of Existential Psychology and Psychiatry* 1, 1961.

Ewens, David, *Sartre's excessive ontologizing* in: *Gnosis* 1, Frühjahr 1975.

Fabre, Lucien, *Essentialisme et existentialisme. Le néant de M. Sartre* in: *Revue de Paris*, April 1947.

Falconi, Carlo, *Jean-Paul Sartre*, U. Guanda, Modena 1948.

Farrel, B. A., *The logic of existential psychoanalysis* in: *New Society*, Oktober 1965.

Fatone, Vicente, *El existencialismo y la liberdad creadora*, Argos, Buenos Aires 1948.

Faucitano, Filiberto, *«L'essere e il nulla» di Jean-Paul Sartre*, S. Iodice, Neapel 1959.

Fell, Joseph J., *Sartre's theory of motivation* in: *Journal of the British Society for Phenomenology*, Mai 1970.

Fell, Joseph P., *Emotion in the thought of Sartre*, Columbia University Press, New York 1965.

Fell, Joseph P., *Heidegger and Sartre. An essay of being and place*, Columbia University Press, New York 1979.

Féraud, Henri, *Une philosophie du naufrage: l'existentialisme* in: *Cahiers du Sud* 26, Nr. 281, 1947.

Finance, Joseph de, *La négation de la puissance chez Sartre* in: *Sapientia Aquinatis* 1, 1947.

Fingarette, Herbert, *Sartre and ‹mauvaise foi›* in: *Self-deception*, Humanities Press, New York 1969.

Fink, Paul F., *Jean-Paul Sartre. An existentialist approach to metaphysics* in: *The challenge of philosophy*, Chandler, San Francisco.

Fornet-Betancourt, Raúl, *El ser-en-si y sus niveles de significación en la ontología de Sartre* in: *Dialogos*, Juli 1987.

Foulquié, Paul, *L'existentialisme*, Presses Universitaires de France, Paris 1947.

Frank, Joseph, *God, man and Jean-Paul Sartre* in: *Partisan Review*, März 1952.

Fretz, Leo, *Le concept de l'individualité* in: *Obliques* 18/19, April 1979.

Fry, Christopher M., *Sartre and Hegel. The variations of an enigma in «L'être et le néant»*, Bouvier, Bonn 1988.

Gabel, Peter, *Freud's death instinct and Sartre's fundamental project* in: *Psychoanalytic Review* 61, Nr. 2, Sommer 1974.

Gahamanyi, Célestin, *La conception de la liberté chez Sartre et Merleau-Ponty*, Bern 1967.

Gandillac, Maurice de, *Apories de l'action et de la liberté dans la philosophie de Sartre* in: *Cahiers de la Nouvelle Époque* 1, 1945.

Garcia-Baca, J. D., *La ontología fenomenologica de J.-P. Sartre* in: *Filosofía y Letras* 15, Nr. 30, 1948.

Gasparini, Ludovico, *La libertà nell'ontologia di J.-P. Sartre*, Liviana, Padova 1974.

Giraldos Beccero, Amparo, *Un estudio sobre conciencia en Jean-Paul Sartre*, El Escorial, Madrid 1985.

Glynn, Simon, *The eye/I of the paradox. Sartre's view of consciousness* in: Simon Glynn (Hg.), *Sartre. An investigation of same major themes*, Avebury Gover, Aldershot, G. B., Brookfield, USA, Hongkong, Singapur, Sidney 1987.

Godet, Paul, *Note sur «L'être et le néant» de Jean-Paul Sartre* in: *Jahrbuch der Schweizerischen Philosophischen Gesellschaft* 5, 1945.

Gonzalez Gallego, Augustin, *Comprensión ontológica de la antropología* in: Augustin Gonzalez (Hg.), *Sartre. Antropología y compromiso*, Promociones y Publicaciones Universitarias, Barcelona 1988.

Greene, Norman N., *Jean-Paul Sartre. The existentialist ethic*, University of Michigan Press, Ann Arbor 1960.

Greenlee, Douglas, *Sartre: Presuppositions of freedom* in: *Philosophy Today* 12, Herbst 1968.

Gregory, J. C., *Sartre's existentialism* in: *Contemporary Review*, September 1949.

Grene, Marjorie, *«L'homme est une passion inutile»: Sartre and Heidegger* in: *Kenyon Review* 9, Nr. 1, Frühjahr 1947.

Grene, Marjorie, *Dreadful freedom*, Chicago University Press, Chicago 1948, 1960.

Grene, Marjorie, *Authenticity: An existential virtue* in: *Ethics*, Juli 1962.

Grene, Marjorie, *Sartre and the other* in: *Proceedings of the American Philosophical Association* 45, 1971–72.

Grene, Marjorie, *Sartre and Heidegger* in: *Dreadful freedom*, University of Chicago Press, Chicago 1960.

Grene, Marjorie, *Sartre*, New Viewpoints, New York 1973.

Grimsley, Ronald, *An aspect of Sartre and the unconscious* in: *Journal of Philosophy* 30, 1955.

Grimsley, Ronald, *Jean-Paul Sartre* in: *Existentialist Thought*, University of Wales Press, Cardiff 1960.

Grimsley, Ronald, *«Dread» as a philosophical concept* in: *The Philosophical Quarterly*, Juli 1956.

Grimsley, Ronald, *Jean-Paul Sartre* in: *Existentialist thought*, University of Wales Press, Cardiff 1960.

Grooten, Johan, *Le soi chez Kierkegaard et Sartre* in: *Revue philosophique de Louvain* 51, 1952.

Guerra Tejada, Ramón, *Jean-Paul Sartre filosofo de la libertad* in: *Filosofía y Letras* 15, Nr. 30, 1948.

Guthrie, George P., *The importance of Sartre's phenomenology for christian theology* in: *Journal of Religion*, Januar 1967.

Gutwirth, Rudolf, *La phénoménologie de Jean-Paul Sartre*, Éditions scientifiques Érasme, Antwerpen 1973.

Haar, Michel, *Sartre and Heidegger* in: Hugh J. Silverman / Frederick A. Elliston (Hg.), *Jean-Paul Sartre*, Duquesne University Press, Pittsburgh 1980.

Haarscher, Guy, *Sartre et Heidegger. À propos d'un malentendu* in: *Revue internationale de philosophie* 39, Nr. 1952–1953, 1985.

Hamilton, Kenneth, *Life in the house that angst built* in: *The Hibbert Journal*, Oktober 1958.

Hampshire, Stuart, *Sartre the philosopher* in: Mary Warnock (Hg.), *Sartre. A collection of critical essays*, Doubleday, New York 1971.

Hanly, C. M. T., *Phenomenology, consciousness and freedom* in: *Dialogue*, März 1966.

Harper, Ralph, *Existentialism, a theory of man*, Harvard University Press, Cambridge 1948.

Heidsieck, François, *Honor and nobility of soul: Descartes to Sartre* in: *International Philosophical Quarterly* 1, 1961.

Hellerich, G., *What is often overlooked in existentialist situation-ethics* in: *Journal of Thought*, Januar 1970.

Herrera, José Luis, *La «mala fe» en Jean-Paul Sartre* in: *Mercurio Peruano* 36, Nr. 410, 1961.

Hopkins, Jasper, *Theological language and the nature of man in Jean-Paul Sartre's philosophy* in: *Harvard Theological Review*, Januar 1968.

Horak, Petr, *Une lecture de Husserl. Jean-Paul Sartre et le concret de l'intentionalité* in: *Zur Problematik der transzendentalen Phänomenologie Edmund Husserls*, Tschechoslowakische Akademie der Wissenschaften, 1988.

Horosz, W., *The self-transcending totalizations of Jean-Paul Sartre* in: *Philosophy Today* 19, 1975.

Howells, Christina M., *Sartre and Freud* in: *French Studies*, April 1979.

Howells, Christina M., *Sartre. The necessity of freedom*, Cambridge University Press, Cambridge 1988.

Hudson, Yeager, *Existentialism: A salvation doctrine for modern man* in: *Religious Humanism* 2, Winter 1977.

Hyppolite, Jean, *La liberté chez Jean-Paul Sartre – La psychanalyse existentielle chez Jean-Paul Sartre* in: *Figures de la pensée philosophique* Bd. 2, Paris 1971.

Inboden, Roberta, *From the personal to the historical* in: Adrian van den Hoven/Walter Skakoon (Hg.), *Actes/Proceedings des colloques tenus à The University of Windsor, mai 1988 et l'Université Laval, mai 1989*, Bd. 1, University of Windsor, Ontario 1990.

Izard, Georges, *Une étape de la philosophie française: l'être et l'infini: essai de dépassement de la phénoménologie* in: *La Nef*, März 1945.

Javet, Pierre, *De «L'être et le néant» à la «Critique de la raison dialectique»* in: *Revue de Théologie et Philosophie* 11, Nr. 1, 1961.

Jeanson, Francis, *Le problème moral et la pensée de Sartre*, Seuil, Paris 1947, erg. Neuauflage 1965.

Jolivet, Régis, *Jean-Paul Sartre* in: *Les doctrines existentialistes de Kierkegaard à Jean-Paul Sartre*, Éditions de Fontenelle, Abbaye de Saint-Wandrille 1948.

Jolivet, Régis, *Le problème de la mort chez M. Heidegger et J.-P. Sartre*, Éditions de Fontenelle, Abbaye de Saint-Wandrille 1950.

Jolivet, Régis, *Le problème de la liberté selon Jean-Paul Sartre* in: *Humanitas* 2, Nr. 4, 1954.

Jolivet, Régis, *Sartre ou la théologie de l'absurde*, Fayard, Paris 1965.

Jopling, David, *Sartre's anti-psychiatry and philosophical anthropology* in: *Journal of the British Society for Phenomenology*, Januar 1987.

Juin, Hubert, *Jean-Paul Sartre ou la condition humaine*, Éditions de la Boétie, Brüssel 1946.

Kariuki, J., *The possibility of universal moral judgement in existentialist ethics*, Diss., Fribourg 1978.

Kaufmann, Walter, *Existentialism and death* in: *Chicago Review* 13, Nr. 2, Sommer 1959.

Kemp, Peter, *Le non de Sartre à la logique de Hegel* in: *Revue de Théologie et de Philosophie* 20, 1970.

Kenevan, Phyllis Berndt, *Time, consciousness and the ego in the philosophy of Sartre*, Diss., Northwestern University, 1969.

Kern, Edith (Hg.), *Sartre. A collection of critical essays*, Prentice-Hall, Englewood Cliffs, New Jersey 1962.

Kersten, Fred, *Can Sartre count?* in: *Philosophy and Phenomenological Research*, März 1974.

Kingston, F. Temple, *Freedom and being free* in: *Anglican Theological Review* 38, Nr. 2, 1956.

Knight, Everett W., *Sartre* in: *Literature considered as philosophy*, Macmillan/Routledge and Kegan, New York/London 1957.

Kuhn, Helmut, *Encounter with nothingness*, Henry Regnery, Chicago 1949.

Lacombe, R.-E., *Angoisse et liberté* in: *Revue philosophique de la France et de l'étranger* 153, 1963.

Lain Entralgo, Pedro, *Teoría y realidad del otro*, Revista de Occidente, Madrid ²1968.

Langlois, Jean, *Introduction à l'univers philosophique de Sartre* in: *Sciences Ecclésiastiques* 9, 1959.

Larson, Gerald J., *Classical samkhya and the phenomenological ontology of Sartre* in: *Philosophy East and West*, Januar 1969.

Lavelle, Louis, *Dissociation de l'essence et de l'existence* in: *Revue de Métaphysique et de Morale* 52, 1947.

Leak, Andrew M., *The perverted consciousness: sexuality and Sartre*, St. Martin's Press, New York 1989.

Lefebvre, Henri, *L'existentialisme*, La Sagittaire, Paris 1946.

Lefebvre, Luc J., *L'existentialiste est-il un philosophe?*, Alsatia 1946.

Le Meur, L., *Un nouveau système philosophique: l'existentialisme de Jean-Paul Sartre* in: *Recherches et Travaux* 1, Nr. 2, 1946.

Lopez, Salgado, C., *El prójimo en el existencialismo de J.-P. Sartre* in: *Estudios teológicos y filosoficos* 4, 1962.

Lowrie, Walter, *Existence as understood by Kierkegaard and/or Sartre* in: *Swanee Review*, Juli 1950.

Luijpen, William A., *The atheism of Sartre* in: *Existential Phenomenology*, Duquesne University Press, Pittsburgh 1960.

Lukács, Georg, *Existentialisme ou marxisme?*, Nagel, Genf-Paris 1948.

Luppé, Robert de, *La philosophie. Sartre et Bergson* in: *La Revue Française*, Juli 1953.

Lynch, L. E., *Past and being in Jean-Paul Sartre* in: *American Catholic Philosophical Association Proceedings* 22, 1947.

MacIntyre, Alasdair C., *Sartrian ontology* in: D. J. O'Connor (Hg.), *A critical history of western philosophy*, Macmillan, New York 1960.

Mackay, David, *Sartre and the problem of madness* in: *Journal of the British Society for Phenomenology*, Mai 1970.

Macniven, C. D., *Analytic and existential ethics* in: *Dialogue*, Juni 1970.

Magny, Claude-Edmonde, *Système de Sartre* in: *Esprit*, März 1945; wiederabgedruckt in: *Littérature et critique*, Payot, Paris 1971.

Manser, Anthony R., *Sartre and «le néant»* in: *Philosophy* 36, Nr. 137, Frühjahr 1961.

Manser, Anthony R., *Sartre. A philosophical study*, Oxford University Press, New York 1968.

Manser, Anthony R., *A new look at bad faith* in: Simon Glynn (Hg.); *Sartre. An investigation of same major themes*, Avebury / Gover, Aldershot, G. B., Brookfield, USA, Hongkong, Singapur, Sidney 1987.

Manser, Anthony R., *Sartre on temporality* in: *Journal of the British Society for Phenomenology*, Januar 1989.

Manser, Anthony R./Kolnai, Aurel, *Existence and ethics* in: *The Aristotelian Society*, Ergänzungsbd. 37, 1963.

Manser, Anthony R., *The non-being of nothingness* in: *Journal of the British Society for Phenomenology*, Januar 1988.

Mansfield, Lester, *Existentialism: A philosophy of hope and despair* in: *Rice Institute Pamphlet*, Oktober 1954.

Marcel, Gabriel, *«L'être et le néant»* in: *Rencontres*, März–April 1944; wiederabgedruckt in: *Homo viator*, Aubier, Paris 1945.

Marcel, Gabriel, *L'existence et la liberté humaine chez Jean-Paul Sartre* in: *Les grands appels de l'homme contemporain*, Édition du Temps présent, Paris 1946.

Mark, James, *Sartre and the atheism which purifies* in: *Prism*, September 1962.

Martin, Michael W., *Morality and self-deception* in: *Man and World* 12, 1979.

Martin, Michael W., *Sartre on lying to oneself* in: *Philosophy Research Archives* 4, Nr. 1252, 1978.

Martinez Contreras, Jorge, *La teoría existencial del ego* in: Augustin González (Hg.), *Sartre. Antropología y compromiso*, Promociones y Publicaciones Universitarias, Barcelona 1988.

McBride, William L., *Sartre. Man, freedom and praxis* in: George Schrader (Hg.), *Existential philosophers*, McGraw-Hill, New York 1967.

McGill, V. J., *Sartre's doctrine of freedom* in: *Revue internationale de philosophie* 3, 1949.

McInerney, Peter K., *Self-determination and the project* in: *Journal of Philosophy*, November 1979.

McMahon, Joseph J., *Humans being. The world of Jean-Paul Sartre*, University of Chicago Press, Chicago 1971.

Mercier, Jeanne, *Le ver dans le fruit* in: *Études*, Februar 1945.

Mercier, Jeanne, *L'homme, ce magicien du néant* in: *Hommes et Mondes*, Februar 1950.

Merleau-Ponty, Maurice, *Interrogation et dialectique* in: *Le visible et l'invisible*, Gallimard, Paris 1964.

Merleau-Ponty, Maurice, *La querelle de l'existentialisme* in: *Les Temps Modernes* 2, November 1945. Wiederabgedruckt in: *Sens et Non-Sens*, Nagel, Paris 1966.

Mészáros, István, *The Work of Sartre*. Bd. 1: Search of freedom, The Harvester Press, Brighton 1979.

Meyerhoff, Hans, *The return to the concrete* in: *Chicago Review* 13, Nr. 2, Sommer 1959.

Meyerhoff, Milton, *Sartre on man's incompleteness* in: *International Philosophical Quarterly*, Dezember 1963.

Mihalich, Joseph C., *Some aspects of freedom in Sartre's existentialism* in: *Existentialism and thomism*, Littlefield Adams, Totowa, New Jersey 1969.

Mirvish, Adrian, *Gestalt mechanisms and believing beliefs. Sartre's analysis of the phenomenon of bad faith* in: *Journal of the British Society for Phenomenology* 18, 1987.

Monasterio, Xavier, O., *The body in «Being and nothingness»* in: Hugh J. Silverman/Frederick A. Elliston (Hg.), *Jean-Paul Sartre*, Duquesne University Press, Pittsburgh 1980.

Montero Moliner, Fernando, *Intencionalidad y libertad* in: Augustin González (Hg.), *Sartre. Antropología y compromiso*, Promociones y Publicaciones Universitarias, Barcelona 1988.

Moreland, John M., *For-itself and in-itself in Sartre and Merleau-Ponty* in: *Philosophy Today* 4, Winter 1973.

Morris, Phyllis Sutton, *Sartre and the existence of other minds* in: *Journal of the British Society for Phenomenology*, Mai 1970.

Morris, Phyllis Sutton, *Sartre's concept of a person*, University of Massachusetts Press, Amherst 1976.

Morris, Phyllis Sutton, *Self-deception: Sartre's resolution of the paradox* in: Hugh J. Silverman/Frederick A. Elliston (Hg.), *Jean-Paul Sartre*, Duquesne University Press, Pittsburgh 1980.

Morriston, Wesley, *Freedom, determinism and chance in the early philosophy of Sartre* in: *The Personalist* 58, 1977.

Mullaney, James V., *Being and nothingness. An essay on phenomenological ontology* in: *The Thomist*, Januar 1957.
Murdoch, Iris, *Sartre, romantic rationalist*, London 1953.
Murdoch, Iris, *Hegel in modern dress* in: *The New Statesman* vom 25. Mai 1957.
Naess, Arne, *Jean-Paul Sartre* in: *Four modern philosophers*, University of Chicago Press, Chicago 1968.
Natanson, Maurice, *Jean-Paul Sartre's philosophy of freedom* in: *Social Research*, September 1952.
Natanson, Maurice, *Phenomenology and existentialism: Husserl and Sartre on intentionality* in: Jerry H. Gill (Hg.), *Philosophy Today* 3, Macmillan, New York 1970.
Natanson, Maurice, *A critique of Jean-Paul Sartre's ontology*, University of Nebraska Press, Lincoln 1951, ²Nijhoff, Haag 1972.
Netzky, Ralph, *Sartre's ontology re-appraised. Playful freedom* in: *Philosophy Today* 18, Nr. 2, Frühjahr 1974.
Neu, Jerome, *Divided minds. Sartre's «bad faith» critique of Freud* in: *Review of Metaphysics*, September 1988.
Olafson, Frederick A., *Existential psychoanalysis* in: *Ethics*, 1954.
Olafson, Frederick A., *Principles and persons: An ethical interpretation of existentialism*, The Johns Hopkins University Press, Baltimore 1967.
Olson, Robert G., *Three theories of motivation in the philosophy of Jean-Paul Sartre* in: *Ethics*, April 1956.
Olson, Robert G., *Sincerity and the moral life* in: *Ethics*, Juli 1958.
Owens, Thomas, *Absolute aloneness as man's existential structure. A study of Sartrean ontology* in: *New Scholasticism* 40, 1966.
Papone, Annagrazia, *Esistenza e corporeità in Sartre*, Le Monnier, Florenz 1969.
Parain-Vial, Jeanne, *L'existentialisme, philosophie du néant absolu* in: *La Table Ronde*, März 1963.
Pesch, Edgar, *L'existentialisme*, Dynamo 1946.
Peterson, Joel, *Problems in the Sartrean paradigm of life as project* in: *Philosophical Forum* 7, Winter 1975–1976.
Philips, James, *Bad faith and psychopathologie* in: *Journal of Phenomenological Psychology* 19, Nr. 2, 1988.
Philonenko, Alexis, *Liberté et mauvaise foi chez Sartre* in: *Revue de Métaphysique et de Morale*, 1981.
Philonenko, Alexis, *Sartre et la logique transcendentale classique. Les essences et les normes* in: *Revue de Métaphysique et de Morale*, Oktober–Dezember 1987.

Pilkington, A. E., *Sartre's existentialist ethic* in: *French Studies*, Januar 1969.
Piñera Llera, Humberto, *Heidegger y Sartre o dos modos de la filosofía existencial* in: *Revista Cubana* 23, 1948.
Pivčević, Edo, *Existentialism based on a phenomenology of consciousness* in: *Husserl and phenomenology*, Hutchinson University Library, London 1970.
Plantinga, A., *An existentialist's ethics* in: *Review of Metaphysics* 12, 1958.
Pleydell-Pearce, A. G., *Freedom, emotion and choice in the philosophy of Sartre* in: *Journal of the British Society for Phenomenology*, Mai 1970.
Pleydell-Pearce, A. G., *Freedom, necessity and existential choice* in: *Journal of the British Society for Phenomenology* 7, 1976.
Polin, Raymond, *Introduction à la philosophie de Sartre* in: *Revue de Paris*, April 1946.
Portman, S., *Existentialist ethics and being as a value* in: *Dialogue*, Oktober 1971.
Potoacki, Charles, *Freedom à la Sartre* in: *Annual Report, Duns Scotus Philosophical Association* 29, 1965.
Pouillon, Jean, *Une philosophie de la liberté* in: Colette Audry et al. (Hg.), *Pour et contre l'existentialisme*, Atlas, Paris 1948.
Prentice, R. P., *Phenomenological substitute for substance* in: *Antonianum* 46, Nr. 1, 1971.
Presseault, Jacques, *L'être-pour-autrui dans la philosophie de Jean-Paul Sartre*, Bellarmin/Desclée de Brouwer, Montreal/Paris 1970.
Pruche, Benoît, *L'homme de Sartre*, Arthaud, Paris 1949.
Pruche, Benoît, *Situation sartrienne de la conscience cartésienne d'après «Regulae I à VII»* in: *Sciences Ecclésiastiques* 31, 1979.
Quaglia, Paolo, *La concezione del tempo, nella filosofia di Jean-Paul Sartre* in: *Filosofia* 31, 1980.
Quiles, Ismael, *Sartre y su existencialismo*, [3] Espasa-Calpe, Madrid 1967.
Ramos, O. G., *La ontología fenomenologica de Jean-Paul Sartre* in: *Revista de la Universidad de Antioquia* 40, 1963.
Ramsey, Paul, *Jean-Paul Sartre. Sex in being* in: *Nine modern moralists*, Prentice-Hall, Englewood Cliffs, New Jersey 1964.
Rau, C., *The ethical theory of Jean-Paul Sartre* in: *The Journal of Philosophy* 46, 1949.

Roberts, David E., *Faith and freedom in existentialism: A study of Kierkegaard and Sartre* in: *Theology Today*, Januar 1952.

Roberts, David E., *Jean-Paul Sartre* in: *Existentialism and religious belief*, Oxford University Press, New York 1957.

Rodie, C. Ch., *Emotion, reflection and action in Sartre's ontology*, in: *Man and World* 7, 1974.

Royle, Peter, *«Weltanschauung» and ontology in Sartre's work and thought* in: *Theoria* 36, 1971.

Salvan, Jacques, *To be or not to be*, Wayne State University Press, Detroit 1962.

Santoni, Ronald E., *Bad faith and «lying to oneself»* in: *Philosophy and Phenomenological Research* 38, 1977/78.

Santoni, Ronald E., *Sartre on «sincerity»* in: Venant Cauchy (Hg.), *Philosophy and culture* Bd. 4, Montmorency, Montreal 1988.

Scanlon, John D., *Consciousness, the streetcar and the ego: Pro Husserl, contra Sartre* in: *The Philosophical Forum* 2, Nr. 3, Frühjahr 1971.

Scanlon, John D., *Desire, need and alienation in Sartre* in: Don Ihde/Richard M. Zaner (Hg.), *Dialogues in phenomenology*, Nijhoff, Den Haag 1975.

Schacht, Richard, *Alienation in Sartre's major works* in: *Alienation*, Doubleday, New York 1970.

Schaldenbrand, Mary A., *Phenomenologies of freedom. An essay on the philosophies of Sartre and G. Marcel*, Catholic University of America Press, Washington, D. C. 1960.

Schaldenbrand, Mary A., *Freedom and the «I»* in: *International Philosophical Quarterly*, Dezember 1963.

Schilpp, Paul Arthur (Hg.), *The philosophy of Jean-Paul Sartre*, Southern Illinois University, La Salle 1987.

Schindler, Stefan, *Consciousness in satisfaction as the pre-reflective cogito* in: *Process Studies* 5, Herbst 1975.

Schrader, George A., *Existential psychoanalysis and metaphysics* in: *Review of Metaphysics* 13, 1959.

Schütz, Alfred, *Sartre's theory of the alter ego* in: *Philosophy and Phenomenological Research* 9, 1948/49.

Scott, Nathan A. Jr., *Jean-Paul Sartre – Advocate of responsability in solitude* in: *The unquiet vision*, The World Publishing Co., New York 1969.

Shalom, Albert, *Remarques sur l'ontologie de Sartre* in: *Dialogue* V, 1967 (Roger Lapointe, *Revue du transphénomène sartrien vu par A. Shalom* in: *Dialogue* VI, 1967).

Shalom, Albert/Yolton, John, *Sartre's ontology* in *Dialogue*, Dezember 1967.
Shapiro, G., *Choice and universality in Sartre's ethics* in: *Man and World* 7, 1974.
Shouery, Imad T., *Reduction in Sartre's ontology* in: *Southwestern Journal of Philosophy* 2, Nr. 1–2, Frühjahr 1971.
Shouery, Imad T., *The phenomena of the «look», «shame» and «the other» in Sartre* in: *Darshana International*, April 1971.
Shouery, Imad T., *The paradoxical implications of the «epoche». Phenomenological reduction in Sartre's psychoanalysis* in: *Journal of Mind and Behavior* 7, Herbst 1986.
Silverman, Hugh J./Elliston, Frederick A., *Jean-Paul Sartre. Contemporary approaches to his philosophy*, Duquesne University Press, Pittsburgh 1980.
Smith, Colin, *The search for significance* in: *Contemporary french philosophy*, Methuen, London 1964.
Smith, Vincent E., *Existentialism and existence* in: *The Thomist*, April 1948 u. Juli 1948.
Smitheram, Verner, *Sartre and Ricœur on freedom and choice* in: *Philosophy Research Archives* 3, Nr. 1105, 1977.
Smoot, W., *The concept of authenticity in Sartre* in: *Man and World* 7, 1974.
Solomon, Robert C., *From rationalism to existentialism*, Harper and Row, New York 1972.
Spiegelberg, Herbert, *The phenomenology of Jean-Paul Sartre* in: *The phenomenological movement* Bd. 2, Nijhoff, Den Haag 1960.
Stack, George J., *Consciousness and concrete freedom* in: *Philosophy Today* 19, Winter 1975.
Stefani, Mario, *La libertà esistenziale in Jean-Paul Sartre*, Vita et Pensiero, Mailand 1949.
Stern, Alfred, *Sartre. His philosophy and psychoanalysis*, Liberal Arts Press, New York 1953; verb. Ausgabe: Delc., New York 1967.
Stern, Günther, *Emotion and reality* in: *Philosophy and Phenomenological Research*, 1950.
Stockwell, H. C. R., *Sartre's existentialist philosophy* in: *Cambridge Journal*, September 1953.
Strasser, Stephan, *The origin of the emotional world-view according to Jean-Paul Sartre* in: *The phenomenology of feeling*, Duquesne University Press, Pittsburgh, 1977.

Tauxe, H.-Ch., *Mise en question et fondement de la psychanalyse chez Sartre* in: *Studia philosophica* 21, 1961.

Theau, Jean, *La philosophie de Sartre*, Éditions de l'Université d'Ottawa, Ottawa 1978.

Thévenaz, Pierre, *La phénoménologie de Sartre* in: *De Husserl à Merleau-Ponty*, Éditions de la Baconnière, Neuchâtel 1956.

Tollenaere, Mide, *Intersubjectivity in Jean-Paul Sartre* in: *International Philosophical Quarterly*, Mai 1965.

Toombs, S. Kay, *Illness and the paradigma of lived body* in: *Theoretical Medicine*, 9, Juni 1988.

Tordai, Zádor, *Existence et réalité. Polémique avec certaines thèses fondamentales de «L'être et le néant» de Sartre*, Maison d'édition de l'Académie des Sciences de Hongrie, Budapest 1967.

Tournier, Michel, *La revanche de l'autodidacte* in: *Les Nouvelles littéraires* vom 29. Oktober 1964.

Troisfontaines, Roger, *Le choix de Jean-Paul Sartre*, Aubier, Paris 1945; verb. Ausgabe 1946.

Truc, Gonzague, *De Jean-Paul Sartre à Louis Lavelle ou Désagrégation et réintégration*, Tissot 1946.

Tuedio, James A., *Sartre's phenomenology of lived-immediacy* in: *Kinesis* 9, Frühjahr 1979.

Ussher, Arland, *Jean-Paul Sartre* in: *Journey through the dread*, Devin-Adair, New York 1955; verb. Ausgabe: Biblio and Tannen, New York 1968.

Vallin, J., *Essai sur le non-être et le néant* in: *Revue de Métaphysique et de Morale* 55, 1950.

Valone, James J., *Peeping through the keyhole* in: *International Philosophical Quarterly*, September 1985.

Van de Piette, M. M., *Sartre as a transcendental realist* in: *Journal of the British Society for Phenomenology*, Mai 1970.

Van de Piette, M. M., *On bracketing the epoche* in: *Dialogue*, Dezember 1972.

Varet, Gilbert, *L'ontologie de Sartre*, Presses Universitaires de France, Paris 1948.

Vedaparayan, G., *Jean-Paul Sartre's ontology of «negative enlightenment»* in: *Indian Philosophical Quarterly*, April 1988.

Ver Eecke, Wilfried, *The look, the body and the other* in: Don Ihde and Richard M. Zaner (Hg.), *Dialogues in phenomenology*, Nijhoff, Den Haag 1975.

Verneaux, R., *De l'absurde* in: *Revue de Philosophie* 2, 1946.

Verneaux, R., *Esquisse d'une ontologie du créé* in: *Revue des Sciences religieuses* 24, Nr. 3–4, 1950.

Vuillemin, Jules, *La dialectique négative dans la connaissance et l'existence* in: *Dialectica* 4, 1950.

Waelhens, Alphonse de, *Heidegger et Sartre* in: *Deucalion* 1, 1946.

Waelhens, Alphonse de, *Jean-Paul Sartre: «L'être et le néant»* in: *Erasmus*, Mai 1947.

Wahl, Jean, *Essai sur le néant d'un problème (Sur les pages 37–84 de «L'être et le néant» de Jean-Paul Sartre)* in: *Deucalion* 1, 1946.

Wahl, Jean, *Sur l'introduction à «L'être et le néant»* in: *Deucalion*, Oktober 1950.

Warnock, Mary, *The philosophy of Sartre*, Hutchinson, London 1965, Barnes and Noble, New York 1967.

Warnock, Mary (Hg.), *Sartre. A collection of critical essays*, Doubleday, New York 1971.

Whitney, Peter, *Sartre's phenomenological description of bad faith. Intentionality as ontological ground of experience* in: *Philosophy Today* 24, Nr. 3, Herbst 1980.

Whittemore, Robert C., *Metaphysical foundations of Sartre's ontology* in: *Tulane Studies in Philosophy* 8, 1959.

Wider, Kathleen, *Hell and the private language argument. Sartre and Wittgenstein on self-consciousness, the body and others* in: *Journal of the British Society for Phenomenology*, Mai 1987.

Wider, Kathleen, *Through the looking glass: Sartre on knowledge and the pre-reflective cogito* in: *Man and World* 22, Nr. 3, September 1989.

Wieczynski, Joseph, *A note on Jean-Paul Sartre: Monist or dualist?* in: *Philosophy Today* 12, Herbst 1968.

Wild, John D., *Existentialism as a philosophy* in: Edith Kern (Hg.), *Sartre. A collection of critical essays*, Prentice-Hall, Englewood Cliffs, New Jersey 1962.

Willis, Derrick T., *Sartre's conception of the human being* in: *Dialogue* 30, 1988.

Winthrop, H., *The Sartrean typology: Those who deny freedom and those who ignore it* in: *Journal of Existential-Psychiatry* 5, 1965.

Zaner, Richard M., *Sartre's ontology of the body* in: *The Problem of embodiment*, Nijhoff, Den Haag 1964.

Personenregister

Abraham, Pierre 615, Anm. 253
Adler, Alfred 135, 796, 819f, 1030, 1049, Anm. 297
Alain, Émile Auguste Chartier, gen. 20, 22, 85, 128, 947
Alexander I., Kaiser von Rußland Anm. 152
Amiel, Henri Frédérique 1076
Anders, Günther 1079, 1086
Anselm von Canterbury, der heilige 16
Aristoteles 197, 204, 209, 842, Anm. 95, 103, 105, 119b, 185, 233
Arkesilaos Anm. 155
Arnauld, Antoine d' Anm. 295
Aron, Raymond Anm. 180
Assoziationisten 223, 257f, 1027, Anm. 118
Audiberti, Jacques 1028

Bachelard, Gaston 574, 1026f, 1029ff, Anm. 354, 356
Bacon, Francis 991
Baldwin, James Mark 585, Anm. 248
Balzac, Honoré de 927, 930, 1007, Anm. 330, 343
Barrès, Maurice 924, Anm. 328

Bataille, Georges 1078
Beaumarchais, Pierre Augustin Caron de 136
Behavioristen 410, 418, 525f, 611, 824f, Anm. 181, 237
Berger, Gaston 762, 1079
Bergson, Henri 63, 113f, 219ff, 226, 262, 264, 314f, 321, 699, 771, 801, 860, 870, 944, 1043, 1087, Anm. 30, 62, 113f, 116, 139f, 266, 335
Berkeley, Georges 17, 94, 276, Anm. 8, 58
Béroalde de Verville, François Brouart, gen. 666, Anm. 261
Boisselot, Pater 925, Anm. 329
Boulanger, Georges-Ernest-Jean-Marie, General 734, Anm. 273
Bourget, Paul 957f, 966
Brentano, Franz 85, Anm. 52a
Breton, André Anm. 346
Broglie, Louis de 546, Anm. 241
Brummell, George 1017
Burman Anm. 25

Cabanis, Georges Anm. 339
Cato d. Ä. Anm. 245a
Cézanne, Paul 348

1150

Chamfort, Sébastien Roch Nicolas, gen. Anm. 254
Chardonne, Jacques 135
Chevalier, Ernest Anm. 337
Chevalier, Jacques 226, 228, Anm. 119a
Chlodwig, König 774, 777ff
Choderlos de Laclos, Pierre Ambroise François 666, Anm. 261
Chouan, Jean Cottereau, gen. Jean Anm. 330
Claparède, Édouard 218, 222, Anm. 112
Claudel, Paul 695, Anm. 132
Comte, Auguste 560, 964
Condillac, Étienne Bonnot de Anm. 339
Corbin, Henry 71, 1081f, 1084ff, Anm. 40, 42, 108, 279
Cousin, Victor 166, Anm. 78
Couturat, Louis 202, Anm. 83, 102

Daladier, Édouard 1028
Descartes, René 16, 22, 27, 31, 36, 49, 84f, 163, 173, 180f, 189f, 207, 215, 220f, 236, 257, 259, 262, 264, 288, 297f, 314, 324, 356, 385, 423, 425, 432, 444, 454f, 506, 543, 550, 762, 766, 801, 806, 834, 837, 899f, 989, 997, 1011, 1079, 1087, Anm. 20, 25, 51a, 55, 71, 77, 86f, 92, 116, 137, 147, 153, 175, 187, 221, 240, 303
Destutt de Tracy, Antoine Louis Claude Anm. 339
Diderot, Denis 926
Dilthey, Wilhelm 412, 1082, Anm. 180
Dostojewski, Fjodor Michailowitsch 97, 823, 986, Anm. 300
Duhem, Pierre 11, Anm. 4, 234
Duns, Scotus, Johannes 898f

Ehrenfels, Christian von Anm. 162, 173
Einstein, Albert 385, 916, 1067 Anm. 176
Eleaten 232, 385ff, Anm. 177
Elisabeth, Pfalzgräfin bei Rhein Anm. 25
Empiristen 257
Epikur 210, 700, 785, Anm. 267, 287
Epimenides von Knossos Anm. 244
Euklid von Alexandria 792, Anm. 291

Faulkner, William 708, Anm. 268
Fitzgerald, George Francis 385, Anm. 176
Flaubert, Achille 961
Flaubert, Gustave 957ff, 986, 1007, Anm. 337, 344
Freud, Sigmund 125, 127, 130f, 793f, 796, 970, 976, 979, 986, 1014, 1030, 1046, 1078, 1087

Genetisten 219, Anm. 113
Gerhardt, C. J. Anm. 137
Gestaltpsychologen 277, 341, 343, 382, 479, 526, 593, 610, 813, 825, 1068, 1087, Anm. 162
Gide, André 138, 478, 646, 776, 801, 823, 990, Anm. 215a, 217, 300
Greffrath, Mathias 1079, 1086
Grimm, Jacob und Wilhelm 1028

Guillaume, Paul 1087, Anm. 162, 173, 179, 242, 243 a, 251
Gurvitch, Georges 1076, Anm. 94

Halbwachs, Maurice 885
Hamelin, Octave 65, Anm. 32
Hartmann, Nicolai 1076
Hegel, Georg Wilhelm Friedrich 64 ff, 71 ff, 85, 101, 149, 156, 167, 169, 183 f, 197, 232, 238, 295, 345, 424, 429 f, 432 ff, 454, 456, 488, 491, 507, 533, 648, 758, 763, 929, 971, 992, 1065, 1075, 1077 f, Anm. 31, 33 ff, 52 a, 59, 74, 80 f, 93, 121 f, 163, 189 ff, 228 f, 238, 257, 280 a f, 284, 345
Heidegger, Martin 10, 15 f, 22, 24, 37 f, 50, 71 ff, 77, 83, 85, 91, 112, 122, 163 f, 174, 182, 214, 245, 247, 275, 339, 366, 370, 424, 443 ff, 447, 449, 451 f, 526, 574, 652, 670, 722, 743, 748, 761, 798, 825, 834, 838, 853, 913, 916, 918 f, 937 f, 968 f, 1075 ff, 1079 ff, Anm. 2 f, 7, 11, 14, 21 f, 26, 39 ff, 45 f, 48, 61, 64, 70, 72, 76, 82, 89 f, 108, 126 f, 129, 144, 161, 167, 169 ff, 179, 207 ff, 217, 219, 232, 264, 269, 275, 279, 283, 293, 301, 304 f, 308, 321 ff, 334, 341
Heisenberg, Werner 546, Anm 241
Heraklit 234
Hérault de Séchelles, Marie-Jean 666, Anm. 261
Hölderlin, Friedrich 653, 1080
Hugo, Victor 1007
Hume, David 258, 574, Anm. 135

Husserl, Edmund 10 f, 15, 17 ff, 25, 28, 31 f, 34 f, 49 f, 56, 85, 87, 144, 163, 165 f, 180, 182, 208, 220, 239, 261, 288, 291, 324, 348 f, 356, 424 ff, 432, 443 f, 463, 466, 489, 559, 574, 674, 762, 783, 806, 973, 1067, 1075 ff, 1082, 1087, Anm. 2, 5 ff, 15, 17 ff, 25, 29, 47, 52 f, 55 f, 71, 77, 79, 104, 115 f, 123, 147, 149, 159, 165, 168, 179, 182, 187 f, 224 f, 226 a, 227, 245, 286, 294, 342

Innozenz III., Papst Anm. 318

James, William 218, 1043, 1076, Anm. 112, 266
Janet, Pierre 821, 825, Anm. 299
Jankélévitch, Vladimir 1078
Jaspers, Karl 960, 1087, Anm. 338
Joyce, James 791, Anm. 289

Kafka, Franz 478 f, 866, 945
Kant, Immanuel 10, 13, 28, 36, 50, 54, 78, 145, 163, 175, 248, 255, 258 ff, 264, 276, 285, 399, 411 ff, 418 f, 425 f, 429, 448, 450 f, 458, 713, 751, 830, 998, 1079 f, 1087, Anm. 3, 28, 50, 128, 131, 134 ff, 138, 145 f, 222, 268 b, 302, 347
Kessel, Joseph 138
Kierkegaard, Søren 91, 198, 435, 995, 1082, Anm. 57
Koffka, Kurt Anm. 162, 173
Köhler, Wolfgang Anm. 162, 173, 243 a
König, Traugott 1075
Kojève, Alexandre 1078
Konstantin I., der Große, Kaiser 754, 775, 777

Kretschmer, Ernst 616, Anm. 255

Lacan, Jacques 1078
Lafayette, Marie-Joseph de Motier Marquis de 863, 933, Anm. 310
Lalande, André 453
Laplace, Pierre Simon Marquis de 245, Anm. 125
Laporte, Jean 49, 64, 585, Anm. 25, 249
La Rochefoucauld, François Duc de Anm. 254
Lask, Emil 1076
Lautréamont, Isidore Ducase, gen. Comte de 1029
Lawrence, David Herbert 135
Lefebvre, Henri 1078, Anm. 31
Leibniz, Gottfried Wilhelm 40, 175, 198, 201f, 262f, 276, 422, 810ff, 925, 1087, Anm. 23, 46, 83, 96, 99, 101, 137, 145, 186, 295
Le Senne, René 64, Anm. 32
Leukipp 535
Levinas, Emmanuel 1079, Anm. 55
Lewin, Kurt 547, Anm. 242
Lorentz, Hendrick Antoon Anm. 176
Lot, Ferdinand 775
Ludwig XV. 935
Ludwig XVIII. 867
Lukrez Anm. 267, 287

Maine de Biran, François Pierre 540, 574, Anm. 239, 246
Malebranche, Nicolas de 451, Anm. 220a
Mallarmé, Stéphane Anm. 69
Malraux, André 225, 230, 491, 752, 915f, 929, 938, Anm. 322

Man, Hendrik de 885
Marcel, Gabriel 1076
Marx, Karl 432, 885, 995
Mauriac, François 135, 851, 930, Anm. 331
Merleau-Ponty, Maurice 1078f
Meyerson, Émile 266, 382, Anm. 141, 174
Meyerson, Ignace 920
Michelson, Albert Anm. 176
Mill, John Stuart 317, Anm. 118, 156
Montfort, Simon de, Graf von Toulouse 899, Anm. 318
Montesquieu, Charles de Secondat, Baron de la Brède et de Anm. 254
Morgan, Charles 915
Morley, Edward Williams Anm. 176
Müller-Lyer, Franz 554, Anm. 243a

Napoleon I., Bonaparte 308, 867, Anm. 152
Newton, Isaac 545
Nietzsche, Friedrich 10, 930, 1082, Anm. 1, 332
Nizan, Paul 1087, Anm. 338

Ott, Karl August 1074

Parain, Brice 890
Parmenides 535, 1049
Pascal, Blaise 930, 965, Anm. 175, 332
Paulhan, Jean 887, 891, Anm. 315
Peirce, Charles Sanders 126, Anm. 65
Perrin, Marius 1080, Anm. 322, 329
Pfeiffer, Gabrielle 1079, Anm. 55

Piaget, Jean 22
Platon, Platonismus 86, 135, 179, 451, 497, 550, 702, 890, 915, 1056ff, Anm. 85, 358
Poe, Edgar Allan 1026, 1029, Anm. 69
Poincaré, Henri 11, 262, 512, Anm. 4, 138, 234
Politzer, Georges (Pseudonym: François Arouet) 944, Anm. 335
Pozzo di Borgo, Carlo Andrea Graf 368, Anm. 152
Proudhon, Pierre Joseph 1005
Proust, Marcel 11, 13, 135, 223, 257, 310, 318ff, 500f, 615, 642, 766, 965, 1076, Anm. 231

Queneau, Raymond 1078

Raymund VI., Graf von Toulouse 899, Anm. 318
Ribot, Théodule, Anm. 250a
Richelieu, Armand Jean du Plessis, Cardinal de 935
Rilke, Rainer Maria 915f., Anm. 322
Rimbaud, Arthur 1026, 1029
Rivarol, Antoine de Anm. 254
Robespierre, Maximilien 936
Romains, Jules, Louis Farigoule, gen. 721, 952
Rougemont, Denis de 751, Anm. 280
Rousseau, Jean-Jacques 333, 663, 713, Anm. 160, 268c

Sacher-Masoch, Leopold von 662, Anm. 260
Sarment, Jean 135
Sartre, Jean-Paul 87, 141, 143, 218, 428, 467, 527, 597, 684, 772, 986, 1027, 1076ff, 1087, Anm. 9, 21, 31, 33ff, 38, 40, 42, 47, 51a, 54, 58, 62, 64, 68, 76, 106, 113, 151, 189, 195ff, 201, 203, 215, 232, 252, 283, 322, 329, 331, 338, 344, 348, 360
Schadewaldt, Wolfgang Anm. 120
Scheler, Max 120, 195, 584f, 674, 1029, 1076ff, 1086f, Anm. 63, 94, 179, 247, 250
Schiller, Friedrich 991
Schlumberger, Jean 861
Schopenhauer, Arthur 418, 421, Anm. 183f
Schweitzer, Louise, Großmutter Sartres Anm. 348
Seneca, Lucius Annaeus Anm. 29
Shakespeare, William 141
Sokrates 69
Sollier, Paul-Auguste 628, Anm. 256
Sophisten 1056, Anm. 358
Sophokles 229, 923, 930, Anm. 120
Spaier, Albert 86, Anm. 54
Spencer, Herbert Anm. 113
Spinoza, Baruch 20, 31, 50, 68, 70, 167f, 186, 201f, 289, 301, 345, 411, 512, 751, 757, 904, 963, 967, 1065, 1087, Anm. 10, 27, 80, 91, 100, 150
Stekel, Wilhelm 131, Anm. 68
Stendhal, Henry Beyle, gen. 150, 965, 1020, Anm. 340, 352
Stern, Günther 1079
Stoiker 55f, 80, 84, 316, 648, 676, 743, 751, 766, 814, 837, 842, Anm. 29
Strasmann, Ilse Anm. 268
Streller, Justus 1074

Taine, Hippolyte 86, Anm. 54
Thomas von Aquin, der heilige Anm. 16
Tilquin, André Anm. 181
Tournier, Michel 1073
Trencavel, Vizegraf von Carcassonne 899, Anm. 318

Valéry, Paul 142, 150
Vauvenargues, Luc de Clapiers, Marquis de Anm. 254
Verstraeten, Pierre 1082f

Waehlens, Alphonse de 652, 1080f, 1082, 1085

Wagner, Alexa 1074
Wagner, H. 1074
Wahl, Jean 91, 712, 1076ff, 1081, Anm. 87, 93, 133, 268a
Watson, John Broadus 418, Anm. 181, 237
Wertheimer, Max Anm. 162, 173, 251
Whitehead, Alfred North 1076
Wollschläger, Hans Anm. 289
Wundt, Wilhelm Anm. 113, 250a

Zenon 387, Anm. 177, 296

Inhalt

Einleitung: Auf der Suche nach dem Sein

  I. Die Idee des Phänomens   9
  II. Das Seinsphänomen und das Sein des Phänomens   14
  III. Das *präreflexive* Cogito und das Sein des *percipere*   17
  IV. Das Sein des *percipi*   28
  V. Der ontologische Beweis   33
  IV. Das Sein an sich   37

Erster Teil: Das Problem des Nichts

Erstes Kapitel: Der Ursprung der Negation   49

  I. Die Frage   49
  II. Die Negationen   54
  III. Die dialektische Auffassung des Nichts   63
  IV. Die phänomenologische Auffassung des Nichts   71
  V. Der Ursprung des Nichts   79

Zweites Kapitel: Die Unaufrichtigkeit
[*La mauvaise foi*]   119

  I. Unaufrichtigkeit und Lüge   119
  II. Die Verhaltensweisen der Unaufrichtigkeit   132
  III. Der «Glaube [*foi*]» der Unaufrichtigkeit
    [*mauvaise foi*]   154

Zweiter Teil: Das Für-sich-sein

Erstes Kapitel:
Die unmittelbaren Strukturen des Für-sich 163

I. Die Anwesenheit bei sich 163
II. Die Faktizität des Für-sich 173
III. Das Für-sich und das Sein des Wertes 181
IV. Das Für-sich und das Sein der Möglichkeiten 200
V. Das Ich und der Zirkel der Selbstheit 212

Zweites Kapitel: Die Zeitlichkeit 216

I. Phänomenologie der drei zeitlichen Dimensionen 216
A) Die Vergangenheit 217
B) Die Gegenwart 239
C) Die Zukunft 244
II. Ontologie der Zeitlichkeit 254
A) Die statische Zeitlichkeit 254
B) Dynamik der Zeitlichkeit 275
III. Ursprüngliche Zeitlichkeit und psychische Zeitlichkeit: Die Reflexion 288

Drittes Kapitel: Die Transzendenz 322

I. Die Erkenntnis als Beziehungstypus zwischen dem Für-sich und dem An-sich 324
II. Über die Bestimmung als Negation 337
III. Qualität und Quantität, Potentialität, Utensilität 347
IV. Die Weltzeit 376
A) Die Vergangenheit 377
B) Die Gegenwart 384
C) Die Zukunft 393
V. Die Erkenntnis 396

Dritter Teil: Das Für-Andere

Erstes Kapitel: Die Existenz Anderer — 405
  I. Das Problem — 405
  II. Die Klippe des Solipsismus — 408
  III. Husserl, Hegel, Heidegger — 424
  IV. Der Blick — 457

Zweites Kapitel: Der Körper — 539
  I. Der Körper als Für-sich-sein: Die Faktizität — 543
  II. Der Körper-für-Andere — 598
  III. Die dritte ontologische Dimension des Körpers — 619

Drittes Kapitel: Die konkreten Beziehungen zu Anderen — 633
  I. Die erste Haltung gegenüber Anderen: die Liebe, die Sprache, der Masochismus — 638
  II. Zweite Haltung gegenüber Anderen: die Gleichgültigkeit, die Begierde, der Haß, der Sadismus — 664
  III. Das «Mitsein» und das «Wir» — 720
  A) Das Objekt-Wir — 723
  B) Das Subjekt-Wir — 736

Vierter Teil: Haben, Handeln und Sein

Erstes Kapitel: Sein und Handeln: Die Freiheit — 753
  I. Die erste Bedingung des Handelns ist die Freiheit — 753
  II. Freiheit und Faktizität: Die Situation — 833
  A) Mein Platz — 846
  B) Meine Vergangenheit — 856
  C) Meine Umgebung — 870
  D) Mein Nächster — 879
  E) Mein Tod — 914
  III. Freiheit und Verantwortlichkeit — 950

Zweites Kapitel: Handeln und Haben   956
   I. Die existentielle Psychoanalyse   956
   II. Handeln und Haben: Der Besitz   986
   III. Über die Qualität als seinsenthüllend   1026

Schlußfolgerungen
   I. An-sich und Für-sich: Metaphysische Aperçus   1055
   II. Moralische Perspektiven   1068

Zur Neuübersetzung   1073
Anmerkungen   1089
Glossar   1116
Bibliographie   1127
Personenregister   1150

Jean-Paul Sartre

Philosophische Schriften

Die Transzendenz des Ego
Philosophische Essays 1931–1939
Herausgegeben von Bernd Schuppener
Deutsch von Uli Aumüller, Traugott König
und Bernd Schuppener
360 Seiten. Gebunden

Das Imaginäre
Phänomenologische Psychologie
der Einbildungskraft
Deutsch von Hans Schöneberg und Leonhard Alfes
300 Seiten. Gebunden

Das Sein und das Nichts
Versuch einer phänomenologischen Ontologie
Herausgegeben von Traugott König
Deutsch von Hans Schöneberg und Traugott König
1168 Seiten. Gebunden

Kritik der dialektischen Vernunft 1
Theorie der gesellschaftlichen Praxis
Deutsch von Traugott König
880 Seiten. Gebunden

Bewußtsein und Selbsterkenntnis
Die Seinsdimension des Subjekts
Deutsch von Margot Fleischer und Hans Schöneberg
rororo Band 1649

Marxismus und Existentialismus.
Versuch einer Methodik
Deutsch von Herbert Schmitt
rde Band 196

Rowohlt

Jean-Paul Sartre

Romane und Erzählungen

Der Ekel
Roman. Deutsch von Uli Aumüller
352 Seiten. Gebunden (Sonderausgabe)
und als rororo Band 581

Die Kindheit eines Chefs
Gesammelte Erzählungen. Deutsch von Uli Aumüller
256 Seiten. Gebunden (Erzählerbibliothek)
und als rororo Band 5517

Zeit der Reife
Die Wege der Freiheit 1
Roman. Deutsch von Uli Aumüller
rororo Band 5813

Der Aufschub
Die Wege der Freiheit 2
Roman. Deutsch von Uli Aumüller
rororo Band 5935

Der Pfahl im Fleische
Die Wege der Freiheit 3
Roman. Deutsch von Uli Aumüller
Im Anhang: *Mathieus Tagebuch*
Deutsch von Andrea Spingler
rororo Band 12270

Die letzte Chance
Die Wege der Freiheit 4
Romanfragment. Deutsch von Uli Aumüller
rororo Band 5692

Gesammelte Werke. Romane und Erzählungen
Kassette mit vier Bänden. rororo 34008

Rowohlt

Jean-Paul Sartre

Theaterstücke

Geschlossene Gesellschaft
Stück in einem Akt
Neu übersetzt von Traugott König
rororo Band 5769

Die respektvolle Dirne
Stück in einem Akt und zwei Bildern
Neu übersetzt von Andrea Spingler
rororo Band 5838

Die schmutzigen Hände
Stück in sieben Bildern
Neu übersetzt von Eva Groepler
rororo Band 12485

Tote ohne Begräbnis
Stück in vier Akten
Neu übersetzt von Traugott König
rororo Band 12487

Die Eingeschlossenen von Altona
Stück in fünf Akten
Neu übersetzt von Traugott König
rororo Band 12525

Die Fliegen
Drama in drei Akten
Neu übersetzt von Traugott König
Bariona oder Der Sohn des Donners
Ein Weihnachtsspiel
Deutsch von Andrea Spingler
rororo Band 12942

Der Teufel und der liebe Gott
Drei Akte und elf Bilder
Neu übersetzt von Uli Aumüller
rororo Band 12951

Gesammelte Werke
Theaterstücke
Kassette mit neun Bänden
rororo 34011

Rowohlt

Jean-Paul Sartre

Schriften zur Literatur

Der Mensch und die Dinge
Aufsätze zur Literatur 1938–1946
Deutsch von Lothar Baier, Werner Bökenkamp,
Hans Georg Brenner, Abelle Christaller,
Günther Scheel und Christoph Schwerin
rororo Band 4260

Baudelaire
Ein Essay. Deutsch von Beate Möhring
rororo Band 4225

Was ist Literatur?
Herausgegeben, neu übersetzt und
mit einem Nachwort von Traugott König
rororo Band 4779

Saint Genet, Komödiant und Märtyrer
Deutsch von Ursula Dörrenbächer
992 Seiten. Gebunden

Schwarze und weiße Literatur
Aufsätze zur Literatur 1946–1960
Deutsch von Traugott König, Gilbert Strasmann
und Elmar Tophoven
rororo Band 5199

Was kann Literatur?
Interviews, Reden, Texte 1960–1976
Deutsch von Stefan Hermlin, Traugott König,
Joachim Ozdoba und Helmut Scheffel
Herausgegeben und mit einem Nachwort von Traugott König
rororo Band 4381

Der Idiot der Familie
Gustave Flaubert 1821–1857
Deutsch von Traugott König
I. Die Konstitution / dnb Band 78
II. Die Personalisation 1 / dnb Band 89
II. Die Personalisation 2 / dnb Band 90
III. Elbehnon oder Die letzte Spirale / dnb Band 114
IV. Objektive und subjektive Neurose / dnb Band 132

Mallarmés Engagement
Herausgegeben und übersetzt von Traugott König
224 Seiten. Gebunden

Gesammelte Werke. Schriften zur Literatur
Kassette mit acht Bänden. rororo 34007

Rowohlt

Jean-Paul Sartre

Politische Schriften

Paris unter der Besatzung
Artikel und Reportagen 1944–1945
Herausgegeben, übersetzt und
mit einem Nachwort von Hanns Grössel
rororo Band 4593

Krieg im Frieden 1
Artikel, Aufrufe, Pamphlete 1948–1954
Herausgegeben von Traugott König
Deutsch von Eva Moldenhauer
rororo Band 4904

Krieg im Frieden 2
Reden, Polemiken, Stellungnahmen 1952–1956
Herausgegeben von Traugott König und Dietrich Hoß
Deutsch von Abelle Christaller,
Dietrich Hoß, Traugott König und Eva Moldenhauer
rororo Band 4973

Wider das Unrecht
Die Affäre Henri Martin
Deutsch von Eva Moldenhauer
rororo Band 5096

Wir sind alle Mörder
Der Kolonialismus ist ein System
Artikel, Reden, Interviews 1947–1967
Herausgegeben von Traugott König
Deutsch von Monika Kind, Traugott König
und Eva Moldenhauer
rororo Band 12271

Jean-Paul Sartre, Philippe Gavi,
Pierre Victor
Der Intellektuelle als Revolutionär
Streitgespräche
Deutsch von Annette Lallemand
rororo Band 1994

Rowohlt

Jean-Paul Sartre

Schriften zu Theater und Film

Mythos und Realität des Theaters
Aufsätze und Interviews 1931–1970
Deutsch von Klaus Völker
rororo Band 4422

Drehbücher

Das Spiel ist aus
Deutsch von Alfred Dürr
rororo Band 59

Im Räderwerk
Neu übersetzt von Eva Groepler
rororo Band 12207

Tagebücher

Tagebücher
November 1939 – März 1940
Deutsch von Eva Moldenhauer
528 Seiten. Gebunden

Briefe

Briefe an Simone de Beauvoir
Band 1: 1926–1939
Deutsch von Andrea Spingler
rororo Band 5424

Briefe an Simone de Beauvoir
Band 2: 1940–1963
Deutsch von Andrea Spingler
rororo Band 5570

Rowohlt

Jean-Paul Sartre

Autobiographische Schriften

Die Wörter
Deutsch von Hans Mayer
rororo Band 1000

Sartre über Sartre
Aufsätze und Interviews 1940–1976
Deutsch von Gilbert Strasmann, Edmond Lutrand,
Hans-Heinz Holz, Annette Lallemand,
Leonhard Alfes, Peter Aschner
rororo Band 4040

Sartre. Ein Film
von Alexandre Astruc und Michel Contat
Deutsch von Linde Birk
dnb Band 101

Gesammelte Werke
Autobiographische Schriften, Briefe, Tagebücher
Kassette mit sechs Bänden
rororo 34009

Den Menschen erfinden. Lesebuch
Herausgegeben von Traugott König
Deutsch von Uli Aumüller, Ursula Dörrenbächer,
Hanns Grössel, Eva Moldenhauer u. a.
256 Seiten. Gebunden

Literatur für Kopf Hörer

Christian Brückner liest
Die Kindheit eines Chefs
3 Toncassetten im Schuber, 223 Minuten Spieldauer
rororo 66014

Rowohlt